K-IFRS
주석공시사항을
실제 공시 사례로 설명한
주석 실무서

제 3 판

K-IFRS
주석작성실무

윤현택 저

 조세통람

Preface

우리나라 회계 및 외부감사 환경은 2011년 국제회계기준(IFRS)을 전면 도입하면서 일대 변화를 맞이하게 되었습니다.
2011년 이전까지 우리나라의 기업환경을 반영한 기업회계기준에 따라 재무제표를 작성하던 방식이 국제회계기준(IFRS)에 따라 작성 · 공시하게 됨에 따라 여러 실무적인 어려움에 부딪히게 되었습니다.
국제회계기준(IFRS)이 기존 우리나라 기업회계기준과 달리 IASB(국제회계기준위원회)를 통해 국제적인 제정 과정을 거쳐 만들어진다는 점, 연결재무제표가 주재무제표라는 점, 공정가치 평가가 중심에 있다는 점과 규정 중심이 아닌 원칙 중심의 회계기준이라는 특징 등이 우리 기업 경영진과 회계실무자 및 외부감사인에게는 생소할 수밖에 없었습니다.

2001년부터 외부감사업무를 수행해 오던 저자도 2011년 이후 한국채택국제회계기준(K-IFRS)에 따라 재무제표를 작성 · 공시해야 하는 기업 경영진과 회계실무자의 현장에서의 어려움을 늘 지켜볼 수밖에 없었고, 그에 대한 명쾌한 해결 방안을 제시하지도 못하였습니다.
기업 경영진과 회계실무자의 한결같은 일성은 “IFRS는 어렵다.”였습니다.
특히 과거 우리나라 회계기준 대비 한국채택국제회계기준(K-IFRS)에서의 방대하고 어려운 주석공시사항은 기업 회계실무진에게는 더욱 막막한 분야였고, 단순하게는 회사의 전년도 주석공시사항을 업데이트하는 수준에 머무르는 경우도 적지 않게 볼 수 있었습니다.
이에 감독기관인 금융감독원도 기업 회계실무 현장에서 주석 작성에 어려움이 크다는 점을 인지하고, 주석 작성 가이드라인을 제시하는 주석공시 모범사례를 2013년부터 발표하기 시작하여 2024년 현재 12개 주제에 대한 모범사례가 실무에서 많은 도움을 주고 있습니다.
그럼에도 기업 회계실무 현장에는 주석 작성에 참고할 만한 자료가 부족하여 기업 회계실무자와 외부감사인의 어려움도 여전히 지속되고 있다고 생각됩니다.

2013년부터 우연한 기회에 기업 회계실무진을 대상으로 한국채택국제회계기준(K-IFRS) 주석 강의를 하면서 주석공시사항에 관심을 좀 더 가지게 되었으며, 이미 벌어져 있는 기업별 주석사항 공시수준의 격차를 줄이고 한국채택국제회계기준(K-IFRS) 주석공시 내용의 수준을 한 단계 업그레이드할 수 있는 방안을 고민하게 되었습니다.
이에 저자는 방대하고 어려운 한국채택국제회계기준(K-IFRS) 주석공시 요구사항을 완벽하진 않더라도 주석공시사항에 대한 작은 참고서 역할을 하기를 기대하며 이 책을 발간하게 되었습니다.
이 책은 한국채택국제회계기준(K-IFRS) 기준서별로 각 회계적 사건에 대한 주요 주석공시 요구사항을 예시 등을 통해 알기 쉽게 설명하였습니다. 주석공시사항 설명을 학습하며 기업 회계실무자들이 각 주석공시 요구사항에 대한 이해도를 높일 수 있으리라 기대합니다.
추가적으로 주요 항목별로 실제 금융감독원 전자공시시스템(Dart)에 공시된 회사 보고서 중 주석공시 내용이 충실한 사례를 선별 · 설명하여, 기업 실무진이 본인 회사의 공시 내용과 비교하는 과정을 거쳐 주석공시의 완전성을 높일 수 있도록 하였습니다.

이 책을 출간할 기회를 주시고 원고의 부족한 부분을 수정하는 데 많은 도움을 주신 (주)조세통람 임직원 여러분께 진심으로 감사 인사를 전합니다.
또한 지난 20년간 회계사로서 현장에서 외부감사 실무를 하는 과정에서, 그리고 수년간 여러 기관에서 K-IFRS 주석 강의를 하는 과정에서 끊임없이 질문을 던져 저자 스스로 주석사항에 대해 한 번 더 고민하게 하고 기준서를 찾아보게 해 준 기업 실무진 여러분에게 감사의 마음을 표합니다.

2024년 11월

저자 윤현택

일러두기

이 책은 한국채택국제회계기준(K-IFRS) 기준서별로 다음과 같이 구성하였습니다.

기준서 주요 내용

한국채택국제회계기준(K-IFRS) 기준서의 주요 회계처리 내용을 요약하였으며, 특히 주석공시사항과 관련된 회계처리 이슈는 예시를 들어 설명하였습니다.

주석 작성 주요 포인트

한국채택국제회계기준(K-IFRS) 기준서의 주석공시 요구사항을 요약하여 기업 회계실무자 및 외부감사인이 주요 주석공시사항의 완전성을 체크하는 데 도움을 주고자 하였습니다.

주석공시 요구사항

한국채택국제회계기준(K-IFRS) 기준서의 공시 관련 문단을 기술하였으며, 각 기준서별 주석공시 요구사항을 유형별로 그룹화하여 설명하였습니다.
한국채택국제회계기준(K-IFRS) 기준서의 주석공시 요구사항 중 이해가 어려운 부분은 예시를 포함하여 설명하여 이해도를 높이고자 하였습니다.
예시 부분과 설명 부분은 한국채택국제회계기준(K-IFRS) 기준서의 해당 문단을 표시하여 주석공시 요구사항을 확인하면서 학습할 수 있도록 하였습니다.

기준서 문단은 아래 예시와 같이 각 설명 후단에 표시하였습니다.
(예시) 한국채택국제회계기준(K-IFRS) 제1016호 문단 73(2)
감가상각방법[K-1016. 73(2)]

실제 공시 사례

각 기준서 내용을 충실하게 공시한 회사의 실제 공시 사례를 예로 들어 주석공시 요구사항과 비교 · 설명하였습니다.
실제 공시 사례 회사의 명칭과 회계연도를 표시하여 독자들에게 금융감독원 전자공시시스템(Dart)을 통해 복습할 수 있도록 하였습니다.

금융감독원 주석공시 모범사례

2013년부터 금융감독원이 제시한 주석공시 모범사례 12개를 모두 설명하였습니다.

금융감독원 감리지적사례

2012년부터 금융감독원이 발표한 감리지적사례 중 주석공시와 관련된 사항을 소개하여 기업 회계실무자 및 외부감사인에게 주석공시사항에 대한 감독기관의 요구사항을 설명하였습니다.

PART 01
K-IFRS 주석 개요

PART 02
재무상태표, 포괄손익계산서 주석

Contents

기타 주석

Contents

PART 05

금융감독원 주석공시 모범사례 · 감리지적사례

K-IFRS
주석작성실무

PART 1 K-IFRS 주석 개요

CHAPTER

01 K-IFRS 주석 개요

01 | K-IFRS 주석 개요

한국채택국제회계기준(이하 "K-IFRS")에서는 재무제표를 다음과 같이 정의하고 있다.

> **K-IFRS 제1001호(재무제표 표시)**
>
> 문단 10
>
> 전체 재무제표는 다음을 모두 포함하여야 한다.
>
> (1) 기말 재무상태표
>
> (2) 기간 포괄손익계산서
>
> (3) 기간 자본변동표
>
> (4) 기간 현금흐름표
>
> (5) 주석(유의적인 회계정책 및 그 밖의 설명으로 구성)
>
> (5-1) 비교정보 추가
>
> (6) 회계정책을 소급하여 적용하거나, 재무제표의 항목을 소급하여 재작성 또는 재분류하는 경우 가장 이른 비교기간의 기초 재무상태표

재무제표는 크게 5가지(재무상태표, 포괄손익계산서, 자본변동표, 현금흐름표, 주석)로 정의되며, 이 중 주석은 다음과 같이 정의된다.

> **K-IFRS 제1001호(재무제표 표시)**
>
> 문단 7(용어의 정의)
>
> 주석 : 재무상태표, 포괄손익계산서, 자본변동표 및 현금흐름표에 표시하는 정보에 추가하여 제공된 정보. 주석은 상기 재무제표에 표시된 항목을 구체적으로 설명하거나 세분화하며, 상기 재무제표 인식요건을 충족하지 못하는 항목에 대한 정보를 제공한다.

주석정보는 일반적으로 다음의 정보를 제공한다.

(1) 재무제표 작성 근거와 구체적인 회계정책에 대한 정보

(2) 한국채택국제회계기준에서 요구하는 정보이지만 재무제표 어느 곳에도 표시되지 않는 정보

(3) 재무제표 어느 곳에도 표시되지 않지만 재무제표를 이해하는 데 목적적합한 정보

한편, 주석공시와 관련해서는 다음과 같은 내용들의 순서를 체계적으로 공시하도록 요구하고 있다.

(1) 한국채택국제회계기준을 준수하였다는 사실

(2) 적용한 유의적인 회계정책

(3) 재무상태표, 포괄손익계산서, 자본변동표 및 현금흐름표에 표시된 항목에 대한 보충정보 (재무제표의 배열 및 각 재무제표에 표시된 개별 항목의 순서에 따라 표시)

(4) 우발부채와 재무제표에서 인식하지 아니한 계약상 약정사항

(5) 비재무적 공시항목, 예를 들어 기업의 재무위험관리목적과 정책

02 | 금융감독원 주석공시 모범사례

K-IFRS에서 요구하는 주석사항이 방대하고, 실무적으로 그 내용을 이해하고 적용하는 데 어려움이 있어 금융감독원에서는 2013년부터 주석공시 모범사례를 제공하여 기업의 충실한 주석 기재를 유도하여 정보의 유용성 및 기업 간 비교가능성을 제고할 수 있도록 하고 있다.

2013년부터 금융감독원이 제시한 모범사례는 다음과 같으며, 세부 내용은 **"CHAPTER 29 금융감독원 주석공시 모범사례"**에서 제시하였다.

[모범사례 2013-1] 특수관계자 주석공시(2013.11.)
[모범사례 2013-2] 타 기업에 대한 지분의 주석공시(2013.12.)
[모범사례 2014-1] 공정가치 측정 주석공시(2014.5.)
[모범사례 2015-1] 금융자산 양도 주석공시(2015.12.)
[모범사례 2016-1] K-IFRS 제1109호 및 제1115호 주석공시(2016.12.)
[모범사례 2018-1] K-IFRS 제1116호 '리스' 주석공시(2018.1.)
[모범사례 2018-2] 개발비 주석공시(2018.2.)
[모범사례 2021-1] 온실가스 배출권과 배출부채 관련 주석공시(2021.5.)
[모범사례 2021-2] K-IFRS 제1117호 '보험계약'관련 사전공시(2021.8.)
[모범사례 2023-1] 전기오류수정 관련 주석공시(2023.11.)
[모범사례] 가상자산 주석공시(2023.11.)
[모범사례] 건설회사의 건설계약 관련 '우발부채' 주석공시(2023.11.)

03 | 금융감독원 감리지적사례

금융감독원은 감리업무 결과 조치사항을 지속적으로 보도자료 등의 형태로 공유하고 있으며, 매년 지난 1년간 감리지적사항을 사례로 정리하여 감리지적사례를 공유하고 있다.

최근 금융감독원 감리지적 건수를 유형별로, 특히 주석을 중심으로 구분하면 다음과 같다.

유형별 구분	2017	2018	2019	2020	2021	2022	2023
A. 당기손익, 자기자본 등에 영향을 미치는 사항	55	66	114	116	109	82	54
B. 자산·부채 과대 계상 등	10	15	17	13	25	15	8
C. 주석 미기재	**30**	**27**	**32**	**27**	**42**	**15**	**11**
1. 특수관계자 등과의 거래내역 등	**11**	**15**	**24**	**21**	**24**	**9**	**7**
2. 지급보증 및 담보제공	**12**	**9**	**8**	**3**	**4**	**1**	**–**
3. 기타 주석 미기재	**7**	**3**	**–**	**3**	**12**	**5**	**4**
D. 계정과목 분류 오류 등	14	18	26	20	16	30	3
E. 외부감사방해 등 관련법규 위반사항	15	4	2	15	9	1	1
합계	124	130	191	191	201	143	77

출처 : 금융감독원 2023년 회계현안 설명회 자료, 2023.11월말 기준

최근 주석 관련 특수관계자 거래내역과 지급보증 및 담보제공에서 주로 감리에서 지적되고 있으며, 재무제표 작성자와 감사인은 이 부분에 특히 유의해야 하겠다.

감리지적사례 세부적인 내용은 **"CHAPTER 30 금융감독원 감리지적사례"**에서 제시하였다.

재무상태표, 포괄손익계산서 주석

CHAPTER

02 재무제표 표시

▶ 관련 기업회계기준서

K-IFRS 제1001호 재무제표 표시

K-IFRS 제1001호(재무제표 표시)에서 요구하고 있는 표시 및 공시 관련사항은 다음과 같다.

구분	표시 및 공시사례
1. 전체 재무제표	☞ 공시사례 2.1 - 전기 기초 재무상태표(회계정책의 변경)
2. 재무상태표 표시	☞ 공시사례 2.2 - 자본금 및 자본항목
3. 포괄손익계산서 표시	☞ 공시사례 2.3 - 포괄손익계산서 표시
	☞ 공시사례 2.4 - 비용의 성격별 분류(주석 - 방법 1)
	☞ 공시사례 2.5 - 비용의 성격별 분류(주석 - 방법 2)
	☞ 공시사례 2.6 - 비용의 성격별 분류(손익계산서)
4. 주석	☞ 공시사례 2.7 - 주석공시 일반사항
	☞ 공시사례 2.8 - 유의적인 회계정책
	☞ 공시사례 2.9 - 회계추정의 불확실성
	☞ 공시사례 2.10 - 이익잉여금처분계산서 및 배당금
	☞ 공시사례 2.11 - 회사의 개요
	☞ 공시사례 2.12 - 회사의 개요(존속기간)

01 | 전체 재무제표

K-IFRS 제1001호(재무제표 표시)에서 재무제표라 함은 다음으로 정의하고 있다.

10	전체 재무제표는 다음을 모두 포함하여야 한다. (1) 기말 재무상태표 (2) 기간 포괄손익계산서 (3) 기간 자본변동표 (4) 기간 현금흐름표 (5) 주석(유의적인 회계정책 및 그 밖의 설명으로 구성) (5-1) 비교정보 추가 (6) 회계정책을 소급하여 적용하거나, 재무제표의 항목을 소급하여 재작성 또는 재분류하는 경우 가장 이른 비교기간의 기초 재무상태표

재무제표는 크게 5가지(재무상태표, 포괄손익계산서, 자본변동표, 현금흐름표, 주석)를 말하며, 추가적으로 전기 기초 재무상태표를 포함한다(K-1001. 10).

| 전기 기초 재무상태표

일반적으로 재무상태표는 당기말과 전기말을 비교표시하는 것이지만, 때로는 전기 기초 재무상태표까지 표시해야 하는 경우가 존재한다.

기업이 회계정책을 소급하여 적용하거나, 재무제표의 항목을 소급하여 재작성 또는 재분류하는 경우에는 전기 기초 재무상태표도 같이 표시하여야 한다.

40A	다음 모두에 해당된다면, 최소한의 비교 재무제표에 추가하여 전기 기초를 기준으로 세 번째 재무상태표를 표시한다. (1) 회계정책을 소급하여 적용하거나, 재무제표 항목을 소급하여 재작성 또는 재분류한다. 그리고, (2) 이러한 소급적용, 소급재작성 또는 소급재분류가 전기 기초 재무상태표의 정보에 중요한 영향을 미친다.

| 전기 기초 재무상태표 사례

(1) K-IFRS를 대한민국에서 최초 적용하던 2011년에, 새로운 회계기준인 K-IFRS 적용으로 인하여 회계정책을 소급하였고 그 영향이 중요하기 때문에, 모든 K-IFRS 최초채택하는 기업은 당시

2011년 말, 2010년 말과 동시에 2010년 초 재무상태표를 같이 표시하였다.

(2) 상장예정법인은 「주식회사 등의 외부감사에 관한 법률」에 의거 최초채택 시 K-IFRS를 적용한 바, 상장예정법인의 K-IFRS 최초적용 시에도 적용한다.

(3) 회사의 주요 회계정책을 변경한 경우, 전기 이전 재무제표에 중요한 영향을 미친다고 판단되면 전기 기초 재무상태표도 수정한다.

공시사례 2.1 전기 기초 재무상태표(회계정책의 변경)

[출처 : 현대제철 2017년 감사보고서]

재무상태표

제53(당)기말 2017년 12월 31일 현재

제52(전)기말 2016년 12월 31일 현재

제52(전)기초 2016년 1월 1일 현재

현대제철주식회사 (단위 : 원)

과목	제53(당)기말		제52(전)기말		제52(전)기초	
자산						
Ⅰ. 유동자산		5,891,057,222,087		5,205,774,302,569		5,011,389,197,134
현금및현금성자산(주4,35)	651,458,921,110		637,071,199,734		617,211,093,137	
단기금융상품(주4,21,35)	154,525,834,853		168,849,278,807		187,398,147,137	
매출채권및기타채권(주5,35,36)	1,866,276,323,763		1,700,781,041,069		1,617,182,310,991	
재고자산(주6)	3,131,347,191,750		2,623,618,734,362		2,503,369,297,826	
파생금융자산(주22,35)	29,285,926		-		12,962,381,909	
기타금융자산(주7,35)	13,098,890,377		12,510,980,179		11,155,109,690	
기타유동자산(주8)	74,320,774,308		62,943,068,418		62,110,856,444	
Ⅱ. 비유동자산		25,298,840,272,533		25,449,350,611,611		25,104,186,708,736
매도가능금융자산(주9,21,35)	1,543,862,333,853		1,552,614,652,017		1,449,888,922,408	
관계기업투자주식(주10,21,36)	86,867,688,288		86,867,688,288		86,867,688,288	
종속기업투자주식(주10,21,36)	969,398,935,757		962,365,208,947		959,155,716,753	
투자부동산(주2,11)	323,358,797,630		316,379,971,690		277,217,580,042	
유형자산(주12,21)	20,563,399,731,902		20,826,195,075,166		20,623,391,647,126	
무형자산(주13,14)	1,505,148,071,055		1,515,116,699,980		1,552,372,457,873	
파생금융자산(주22,35)	6,597,298,777		314,502,685		275,784,034	
기타금융자산(주4,7,21,35)	296,580,044,742		189,152,434,038		154,656,866,747	
기타비유동자산(주8)	3,627,370,529		344,378,800		360,045,465	
자산총계		31,189,897,494,620		30,655,124,914,180		30,115,575,905,870

주석

2. 재무제표의 작성기준

(4) 회계정책의 변경

아래에서 설명하고 있는 2017년 1월 1일부터 최초로 적용되는 제 · 개정 기준서의 적용과 투자부동산에 대한 후속측정의 방법을 원가모형에서 공정가치모형으로 변경한 것을 제외하고 당사는 당기 및 비교표시된 전기 재무제표에 동일한 회계정책을 적용하고 있습니다.

③ 투자부동산의 공정가치모형 적용

투자부동산에 대한 후속측정방법을 원가모형에서 경제적 실질이 반영된 공정가치모형으로 변경하였는바, 이에 따라 투자부동산의 공정가치를 소급하여 수정하였으며 이로 인한 재무적 영향은 다음과 같습니다.

– 2016년 1월 1일 현재 재무상태 조정내역

(단위 : 천원)

구분	자산	부채	자본
변경 전	30,029,727,914	14,778,002,175	15,251,725,739
조정사항 :			
투자부동산 공정가치모형	85,847,992	-	85,847,992
조정사항에 따른 법인세 효과	-	20,775,214	(20,775,214)
합계	85,847,992	20,775,214	65,072,778
변경 후	30,115,575,906	14,798,777,389	15,316,798,517

– 2016년 12월 31일 현재 재무상태 및 경영성과 조정내역

(단위 : 천원)

구분	자산	부채	자본	당기순이익	총포괄손익
변경 전	30,529,462,773	14,451,354,820	16,078,107,953	810,388,566	877,850,695
조정사항 :					
투자부동산 공정가치모형	125,662,141	-	125,662,141	39,814,149	39,814,149
조정사항에 따른 법인세 효과	-	30,410,238	(30,410,238)	(9,635,024)	(9,635,024)
합계	125,662,141	30,410,238	95,251,903	30,179,125	30,179,125
변경 후	30,655,124,914	14,481,765,058	16,173,359,856	840,567,691	908,029,820

설명

사례회사는 2017년 말 기준으로 투자부동산의 후속측정모형을 원가모형에서 공정가치모형으로 변경하였으며, 이 회계정책의 변경은 소급적용하였으며[K-1008. 19(2)], 그 과정에서 전기 기초 재무상태표에 미치는 영향이 중요하다고 판단하여 전기 기초 재무상태표를 같이 표시하였다(K-1001. 40A).

02 | 재무상태표 표시

재무상태표 표시는 K-IFRS 제1001호에서 다음의 원칙을 제시하고 있다.

재무상태표	
Ⅰ. 유동자산	Ⅰ. 유동부채
현금및현금성자산	매입채무 및 기타채무
매출채권 및 기타채권	충당부채
재고자산	당기법인세부채
생물자산	금융부채
금융자산	Ⅱ. 비유동부채
Ⅱ. 매각예정비유동자산	이연법인세부채
Ⅲ. 비유동자산	부채총계
지분법투자자산	소유주 귀속 납입자본과 적립금
유형자산	비지배지분
투자부동산	
무형자산	
이연법인세자산	자본총계
자산총계	부채와자본총계

재무상태표는 최소한 상기와 같은 과목으로 구분 표시하고, 아래 항목들의 예시처럼 재무제표 주석에 그 세분류 내용을 공시하도록 규정하고 있다.

78 세분류상의 세부내용은 한국채택국제회계기준의 요구사항, 당해 금액의 크기, 성격 및 기능에 따라 달라진다. 문단 58에서 정하는 요소도 세분류 기준을 결정할 때 이용한다. 공시의 범위는 각 항목별로 다르며, 예를 들면 다음과 같다.

(1) **유형자산** 항목은 기업회계기준서 제1016호에 따른 분류로 세분화한다.

(2) **채권**은 일반상거래 채권, 특수관계자 채권, 선급금과 기타 금액으로 세분화한다.

(3) **재고자산**은 기업회계기준서 제1002호 '재고자산'에 따라 상품, 소모품, 원재료, 재공품 및 제품 등으로 세분화한다.

(4) **충당부채**는 종업원급여 충당부채와 기타 항목 충당부채로 세분화한다.

(5) **납입자본과 적립금**은 자본금, 주식발행초과금, 적립금 등과 같이 다양한 분류로 세분화한다.

| 자본금 주석 공시사항

재무상태표 관련 자본금에 대해서는 다음의 내용을 주석공시하도록 규정하고 있다.

79 재무상태표, 자본변동표 또는 주석에 다음 항목을 공시한다.

(1) **주식의 종류별로 다음의 사항**

(가) 수권주식수

(나) 발행되어 납입 완료된 주식수와 발행되었으나 부분 납입된 주식수

(다) 주당 액면가액 또는 무액면주식이라는 사실

(라) 유통주식수의 기초 수량으로부터 기말 수량으로의 조정내역

(마) 배당의 지급 및 자본의 환급에 대한 제한을 포함하여 각 종류별 주식에 부여된 권리, 우선권 및 제한사항

(바) 발행주식 중 당해 기업, 종속기업 또는 관계기업이 소유하고 있는 주식

(사) 옵션과 주식 매도 계약에 따라 발행 예정된 주식(조건과 금액 포함)

(2) **자본을 구성하는 각 적립금의 성격과 목적에 대한 설명**

공시사례 2.2 자본금 및 자본항목

주석

[출처 : 현대자동차 2023년 감사보고서]

19. 자본금

회사의 수권주식수는 600,000,000주이며 당기말과 전기말 현재 보통주 및 우선주 자본금의 내용은 다음과 같습니다.

(1) 보통주 자본금

(단위 : 주, 백만원)

구분	당기말	전기말
발행주식수	211,531,506	213,668,187
1주당금액	5,000원	5,000원
자본금	1,157,982	1,157,982

회사는 2001년 3월 5일, 2004년 5월 4일, 2018년 7월 27일, 2023년 2월 3일에 각각 보통주 10,000,000주, 1,320,000주, 6,608,292주, 2,136,681주를 이익소각 하였으며, 이로 인하여 당기말 및 전기말 현재 발행주식의 액면총액은 납입자본금과 상이합니다.

(2) 우선주 자본금

(단위 : 백만원)

종류	1주당금액	발행주식수	우선주자본금	배당률
1우선주	5,000원	24,113,119주	125,550	보통주배당률 + 1%

종류	1주당금액	발행주식수	우선주자본금	배당률
2우선주	5,000원	36,120,597주	193,069	최저우선배당률 : 2%
3우선주	〃	2,404,448주	12,392	최저우선배당률 : 1%
계		62,638,164주	331,011	

회사는 2001년 3월 5일에 2우선주 1,000,000주, 2018년 7월 27일에 1우선주 753,297주, 2우선주 1,128,414주, 3우선주 49,564주, 2023년 2월 3일에 1우선주 243,566주, 2우선주 364,854주, 3우선주 24,287주를 이익소각 하였으며, 이에 따라 발행주식의 액면총액과 납입자본금은 상이합니다.

설명

사례회사는 주식의 종류별(보통주, 우선주)로 수권주식수, 발행주식수, 주당 액면가액 등을 공시하고 있다(K-1001, 79).

20. 자본잉여금

당기말 및 전기말 현재 자본잉여금의 내역은 다음과 같습니다.

(단위 : 백만원)

구분	당기말	전기말
주식발행초과금	3,321,334	3,321,334
기타자본잉여금(*)	955,268	887,777
계	4,276,602	4,209,111

(*) 전기 중 (주)케이티와의 주식교환에 따라 자기주식 2,216,983주를 처분하였고, 자기주식처분이익을 118,686백만원 인식하였음.

21. 기타자본항목

기타자본항목은 전액 회사가 주가안정을 목적으로 보유한 자기주식이며, 당기말 및 전기말 현재 자기주식의 내역은 다음과 같습니다.

구분	당기말	전기말
보통주	7,700,625주	11,408,711주
1우선주	2,186,993주	2,430,559주
2우선주	1,353,570주	1,718,424주
3우선주	48,574주	72,861주

22. 기타포괄손익누계액

당기말 및 전기말 현재 기타포괄손익누계액의 내역은 다음과 같습니다.

(단위 : 백만원)

구분	당기말	전기말
기타포괄손익-공정가치측정 금융자산 평가이익	317,477	371,320
기타포괄손익-공정가치측정 금융자산 평가손실	(583,419)	(747,356)
현금흐름위험회피 파생상품 평가이익	61,599	177,167
현금흐름위험회피 파생상품 평가손실	(2,493)	(58,370)
계	(206,836)	(257,239)

23. 이익잉여금 및 배당금

(1) 당기말 및 전기말 현재 이익잉여금의 내역은 다음과 같습니다.

(단위 : 백만원)

구분	당기말	전기말
법정적립금(*)	744,836	744,836
임의적립금	49,710,496	47,307,996
미처분이익잉여금(미처리결손금)	5,970,162	3,976,046
계	56,425,494	52,028,878

(*) 상법상의 규정에 따라 납입자본의 50%에 달할 때까지 매 결산기마다 금전에 의한 이익배당액의 10% 이상을 이익준비금으로 적립하도록 되어 있음. 동 이익준비금은 현금배당의 재원으로 사용될 수 없으며, 자본전입 또는 결손보전을 위해서만 사용될 수 있음.

한편, 이익잉여금 중 1,852,871백만원은 과거 자산재평가법에 의한 자산재평가에서 발생한 재평가차익으로, 자본전입 또는 결손보전을 위해서만 사용될 수 있습니다.

설명

사례회사는 자본금 이외에 자본을 구성하는 각 적립금의 내용을 법정적립금, 임의적립금, 미처분이익잉여금으로 구분하여 그 성격과 목적을 설명하는 주석을 공시하고 있다[K-1001.79(2)].

03 | 포괄손익계산서 표시

포괄손익계산서 표시는 K-IFRS 제1001호에서 다음의 원칙을 제시하고 있다.

포괄손익계산서
수익
금융원가
지분법적용대상의 당기순손익에 대한 지분
법인세비용
중단영업손익
당기순손익(①)
기타포괄손익(②)
후속적으로 당기손익으로 재분류되는 항목
후속적으로 당기손익으로 재분류되지 않는 항목
총포괄손익(① + ②)

포괄손익계산서는 포괄손익계산서 1개 또는 손익계산서와 당기순이익에서 출발하는 포괄손익계산서 2개 중 1개로 표시할 수 있다.

아래 공시 사례처럼 삼성전자 등은 손익계산서와 포괄손익계산서로 구분 공시하고 있고, 포스코 등은 포괄손익계산서 1개로 공시하고 있다.

한138.2 기업은 수익에서 매출원가 및 판매비와관리비(물류원가 등을 포함)를 차감한 영업이익(또는 영업손실)을 포괄손익계산서에 구분하여 표시한다. 다만 영업의 특수성을 고려할 필요가 있는 경우(예 : 매출원가를 구분하기 어려운 경우)나 비용을 성격별로 분류하는 경우 영업수익에서 영업비용을 차감한 영업이익(또는 영업손실)을 포괄손익계산서에 구분하여 표시할 수 있다.

한138.3 영업이익(또는 영업손실) 산출에 포함된 주요항목과 그 금액을 포괄손익계산서 본문에 표시하거나 주석으로 공시한다.

한138.4 문단 한138.2에 따른 영업이익(또는 영업손실)에 포함되지 않은 항목 중 기업의 영업성과를 반영하는 그 밖의 수익 또는 비용 항목이 있다면 이러한 항목을 추가하여 조정영업이익(또는 조정영업손실) 등의 명칭을 사용하여 주석으로 공시할 수 있으며, 이 경우 다음 내용을 포함한다.
(1) 추가한 주요항목과 그 금액

한138.4	(2) 이러한 조정영업이익(또는 조정영업손실) 등은 해당 기업이 자체 분류한 영업이익(또는 영업손실)이라는 사실.

한편, 국제회계기준(IFRS)에서는 포괄손익계산서에 영업손익의 구분을 요구하지 않으나, 한국채택국제회계기준(K-IFRS)에서는 영업손익의 구분을 요구하고 있다(K-1001, 한138.2).

공시사례 2.3 포괄손익계산서 표시

[출처 : 삼성전자/에스케이하이닉스 2023년 감사보고서]

사례 1 손익계산서와 포괄손익계산서 2개로 표시

손익계산서

제55기 : 2023년 1월 1일부터 2023년 12월 31일까지

제54기 : 2022년 1월 1일부터 2022년 12월 31일까지

삼성전자주식회사 (단위 : 백만원)

과목	주석	제55(당)기		제54(전)기	
Ⅰ. 매출액	29		170,374,090		211,867,483
Ⅱ. 매출원가	21		144,023,552		152,589,393
Ⅲ. 매출총이익			26,350,538		59,278,090
판매비와관리비	21, 22	37,876,835		33,958,761	
Ⅳ. 영업이익	29		(11,526,297)		25,319,329
기타수익	23	29,643,315		4,576,378	
기타비용	23	375,723		296,344	
금융수익	24	7,388,664		9,734,299	
금융비용	24	7,598,459		9,641,742	
Ⅴ. 법인세비용차감전순이익			17,531,500		29,691,920
법인세비용	25	(7,865,599)		4,273,142	
Ⅵ. 당기순이익			25,397,099		25,418,778
Ⅶ. 주당이익	26				
기본주당이익(단위 : 원)			3,739		3,742
희석주당이익(단위 : 원)			3,739		3,742

포괄손익계산서

제55기 : 2023년 1월 1일부터 2023년 12월 31일까지

제54기 : 2022년 1월 1일부터 2022년 12월 31일까지

삼성전자주식회사

(단위 : 백만원)

과목	주석	제55(당)기		제54(전)기	
Ⅰ. 당기순이익			25,397,099		25,418,778
Ⅱ. 기타포괄손익			(216,079)		613,118
후속적으로 당기손익으로 재분류되지 않는 포괄손익			(216,079)		613,118
1. 기타포괄손익-공정가치금융자산평가손익	6, 20	356,472		(208,883)	
2. 순확정급여부채(자산) 재측정요소	14, 20	(572,551)		822,001	
후속적으로 당기손익으로 재분류되는 포괄손익			-		-
Ⅲ. 총포괄손익			25,181,020		26,031,896

사례 2 **포괄손익계산서 1개로 표시**

포괄손익계산서

제76기 : 2023년 1월 1일부터 2023년 12월 31일까지

제75기 : 2022년 1월 1일부터 2022년 12월 31일까지

에스케이하이닉스 주식회사

(단위 : 백만원)

과목	주석	제76기	제75기
Ⅰ. 매출액	24,31	27,639,997	37,878,699
Ⅱ. 매출원가	26,31	27,192,878	24,072,129
Ⅲ. 매출총이익		447,119	13,806,570
판매비와관리비		5,119,243	6,145,623
Ⅳ. 영업이익(손실)		(4,672,124)	7,660,947
금융수익		2,189,851	3,300,311
금융비용		5,133,547	3,570,784
기타영업외수익		330,240	300,267
기타영업외비용		293,122	3,223,701
Ⅴ. 법인세비용차감전순이익(손실)		(7,578,702)	4,467,040
법인세비용(수익)		(2,742,532)	1,676,583
Ⅵ. 당기순이익(손실)		(4,836,170)	2,790,457
Ⅶ. 법인세차감후 기타포괄손익		(38,433)	327,890
후속적으로 당기손익으로 재분류되지 않는 포괄손익			
확정급여제도의 재측정요소		(16,853)	323,701
후속적으로 당기손익으로 재분류되는 포괄손익			
파생상품평가이익(손실)		(21,580)	4,189
Ⅷ. 총포괄이익(손실)		(4,874,603)	3,118,347
Ⅸ. 주당손익			
기본주당순이익(손실)		(7,029) 원	4,058 원
희석주당순이익(손실)		(7,029) 원	4,058 원

| 비용의 분류(성격별 분류/기능별 분류)

K-IFRS 제1001호에서는 비용의 표시 방법을 다음과 같이 크게 2가지 중 1가지를 선택해서 표시하도록 요구하고 있다.

(1) 비용의 기능별 분류
(2) 비용의 성격별 분류

단, 포괄손익계산서에 비용을 기능별 분류 표시하는 경우, 비용의 성격별 분류 내용을 주석에 추가 공시하도록 요구하고 있다.

99	기업은 비용의 성격별 또는 기능별 분류방법 중에서 신뢰성 있고 더욱 목적적합한 정보를 제공할 수 있는 방법을 적용하여 당기손익으로 인식한 비용의 분석내용을 표시한다.

100	문단 99의 분석내용은 당기손익과 기타포괄손익을 표시하는 보고서에 표시할 것을 권장한다.

101	비용은 빈도, 손익의 발생가능성 및 예측가능성의 측면에서 서로 다를 수 있는 재무성과의 구성요소를 강조하기 위해 세분류로 표시한다. 분석내용은 두 가지 형태 중 하나로 제공된다.

102	분석의 첫 번째 형태는 성격별 분류이다. 당기손익에 포함된 비용은 그 성격(예 : 감가상각비, 원재료의 구입, 운송비, 종업원급여와 광고비)별로 통합하며, 기능별로 재배분하지 않는다. 비용을 기능별 분류로 배분할 필요가 없기 때문에 적용이 간단할 수 있다.

103	분석의 두 번째 형태는 기능별 분류법 또는 '매출원가'법으로서, 비용을 매출원가, 그리고 물류원가와 관리활동원가 등과 같이 기능별로 분류한다. 이 방법에서는 적어도 매출원가를 다른 비용과 분리하여 공시한다. 이 방법은 성격별 분류보다 재무제표이용자에게 더욱 목적적합한 정보를 제공할 수 있지만 비용을 기능별로 배분하는 데 자의적인 배분과 상당한 정도의 판단이 개입될 수 있다.

104	비용을 기능별로 분류하는 기업은 감가상각비, 기타 상각비와 종업원급여비용을 포함하여 비용의 성격에 대한 추가 정보를 공시한다.

비용의 기능별 분류 및 성격별 분류에 대해서 K-IFRS 제1001호(재무제표 표시)에서는 다음의 예시를 제시하고 있다.

비용의 기능별 분류(매출원가법) (K-1001. 103)		비용의 성격별 분류 (K-1001. 102)	
수익(revenue)	X	수익(revenue)	X
매출원가	(X)	기타 수익(other income)	X
매출총이익	X	제품과 재공품의 변동	X
기타 수익(other income)	X	원재료와 소모품의 사용액	X
물류원가	(X)	종업원급여비용	X
관리비	(X)	감가상각비와 기타 상각비	X
기타 비용	(X)	기타 비용	X
법인세비용차감전순이익	X	총 비용	(X)
		법인세비용차감전순이익	X
포괄손익계산서에 비용을 기능별로 표시하면, 주석에 비용의 성격별 분류를 공시한다.		포괄손익계산서에 비용을 성격별로 표시하면, 주석에 추가공시사항이 없다.	

사례

사례회사의 제조원가의 흐름을 T계정으로 표현하면 다음과 같다.

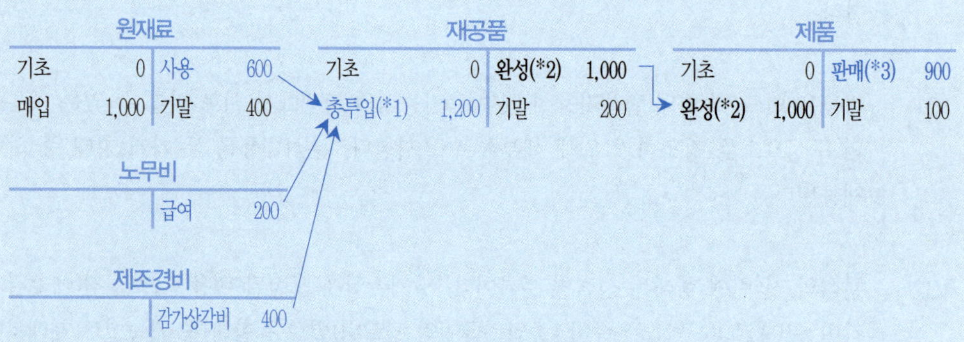

(*1) 총투입(당기총제조원가) : 원재료 사용(600) + 급여(200) + 감가상각비(400)
(*2) 완성(당기제품제조원가) : 재공품 완성(1,000) = 제품 완성(1,000)으로 대체
(*3) 판매 : 매출원가(900)

손익계산서 표시

과목	당기
매출액	1,500
매출원가	900
매출총이익	600
판매비와관리비	400
영업이익	200
…	

주석공시

비용의 성격별 분류

• 방법 1 : '제품 및 재공품의 변동'으로 구분

구분	제조원가	판매관리비	비용의 성격별분류 합계
제품 및 재공품의 변동	(300)	–	(300)
원재료 사용액	600	–	600
급여	200	100	300
감가상각비	400	300	700
합계	900	400	1,300

설명

원재료 사용액이 전액 사용되었다고 가정하는 방법이다.

즉, 원재료 사용액(600원)과 급여(200원), 감가상각비(400원)가 전액 비용화되었다고 우선 가정한다. 이후 실제 비용화되지 않은 금액을 차감(부인)하는 과정인데, 재공품의 기말잔액(200원)과 제품의 기말잔액(100원)이 실제 비용화되지 않았기 때문에 이 300원을 차감하면 실제 비용화한 금액이 산출된다.

• 방법 2 : '재고자산의 변동'으로 구분

구분	제조원가	판매관리비	비용의 성격별분류 합계
재고자산의 변동	(700)	–	(700)
원재료 매입액	1,000	–	1,000
급여	200	100	300
감가상각비	400	300	700
합계	900	400	1,300

설명

원재료 사용액이 아닌 매입액 전액이 사용되었다고 가정하는 방법이다.

즉, 원재료 매입액(1,000원)과 급여(200원), 감가상각비(400원)가 전액 비용화되었다고 우선 가정한다. 이후 실제 비용화되지 않은 금액을 차감(부인)하는 과정인데, 재공품의 기말잔액(200원)과 제품의 기말잔액(100원)에 추가하여 원재료 미사용액인 기말잔액(400원)까지 포함하여 실제 비용화되지 않았기 때문에 이 700원을 차감하면 실제 비용화한 금액이 산출된다.

여기서 표현을 '재고자산의 변동'으로 하지만, 실제 원재료가 추가되어 방법 1 대비 제품, 재공품 및 원재료의 변동과 같은 의미이다.

방법 1, 방법 2 모두 그 합계인 1,300원은 손익계산서의 매출원가(900원)와 판매비와관리비(400원)의 합계와 일치하여야 한다.

| 참고 |

실무적으로 기초 재고자산이 존재하는 게 일반적이므로, 재고자산의 변동은 기초와 기말의 차이로 표현된다. 예를 들어, 기초 제품이 100원이고, 기말 제품이 80원이면, 상기 부인(차감)했던 사례와 반대로 20원을 가산해주어야 한다. 이유는 당기 실제 발생한 비용이 재고자산의 변동보다 크기 때문이다.

공시사례 2.4 비용의 성격별 분류(주석 – 방법 1)

[출처 : 삼성전자 2023년 감사보고서]

손익계산서

제55기 : 2023년 1월 1일부터 2023년 12월 31일까지

제54기 : 2022년 1월 1일부터 2022년 12월 31일까지

삼성전자주식회사 (단위 : 백만원)

과목	주석	제55(당)기		제54(전)기	
Ⅰ. 매출액	29		170,374,090		211,867,483
Ⅱ. 매출원가	21		144,023,552		152,589,393
Ⅲ. 매출총이익			26,350,538		59,278,090
판매비와관리비	21, 22	37,876,835		33,958,761	
Ⅳ. 영업이익	29		(11,526,297)		25,319,329
기타수익	23	29,643,315		4,576,378	
기타비용	23	375,723		296,344	
금융수익	24	7,388,664		9,734,299	
금융비용	24	7,598,459		9,641,742	
Ⅴ. 법인세비용차감전순이익			17,531,500		29,691,920
법인세비용	25	(7,865,599)		4,273,142	
Ⅵ. 당기순이익			25,397,099		25,418,778
Ⅶ. 주당이익	26				
기본주당이익(단위 : 원)			3,739		3,742
희석주당이익(단위 : 원)			3,739		3,742

주석

21. 비용의 성격별 분류

당기 및 전기 중 비용의 성격별 분류 내역은 다음과 같습니다.

(단위 : 백만원)

구분	당기	전기
제품 및 재공품 등의 변동	(1,557,583)	(10,475,794)
원재료 등의 사용액 및 상품 매입액 등	89,350,845	107,383,581
급여	13,941,832	14,861,811
퇴직급여	736,004	974,711
감가상각비	25,619,594	24,311,940
무형자산상각비	2,614,189	2,605,067
복리후생비	3,307,047	3,220,421
유틸리티비	5,051,847	3,779,467
외주용역비	3,791,485	3,623,225
광고선전비	1,747,480	1,662,135
판매촉진비	1,298,806	1,385,835
기타비용	35,998,841	33,215,755
계(*)	181,900,387	186,548,154

(*) 손익계산서상 매출원가와 판매비와관리비를 합한 금액입니다.

설명

사례회사는 손익계산서에 비용을 기능별로 분류하고 있다. 즉, 제조 기능 관련 비용은 매출원가로, 판매 및 관리 기능 관련 비용은 판매비와관리비로 분리하여 공시하고 있다. 손익계산서에 비용을 기능별로 분류하는 경우, 비용의 성격별 분류 내용을 주석에 추가 공시한다(K-1001.103~104).

주석에 공시하는 비용의 성격별 분류의 합계(181,900,387백만원) = 손익계산서 매출원가(144,023,552백만원) + 판매비와관리비(37,876,835백만원)와 일치한다.

사례회사는 비용의 성격별 분류를 방법 1(제품 및 재공품의 변동, 원재료 사용액)을 따른다. 상당수 기업들이 상기 사례회사처럼 방법 1을 선택하고 있는데, 이는 K-IFRS 제1001호(재무제표 표시) 문단 102의 예시를 따른 것이다.

공시사례 2.5 비용의 성격별 분류(주석 – 방법 2)

[출처 : LX하우시스 2023년 감사보고서]

포괄손익계산서

제15기 : 2023년 1월 1일부터 2023년 12월 31일까지

제14기 : 2022년 1월 1일부터 2022년 12월 31일까지

주식회사 LX하우시스 (단위 : 백만원)

과목	주석	제15기	제14기
Ⅰ. 매 출 액	39	3,056,147	3,065,048
Ⅱ. 매 출 원 가	30	2,396,318	2,463,076
Ⅲ. 매출총이익		659,829	601,972
1. 판매비와 관리비	29,30	576,045	576,505
2. 대손상각비		2,148	426
Ⅳ. 영업이익		81,636	25,041
Ⅴ. 영업외손익		(51,409)	(129,735)
1. 영업외수익	31	18,719	46,918
2. 영업외비용	32	(48,233)	(157,433)
3. 기타의대손상각비환입(기타의대손상각비)		1,042	(696)
4. 금융수익	34	4,362	1,691
5. 금융수익-유효이자율법에따른이자수익		7,156	3,980
6. 금융비용	34	(34,455)	(24,195)
Ⅵ. 법인세비용차감전손익		30,227	(104,694)
Ⅶ. 법인세비용(수익)	35	1,345	(1,616)
Ⅷ. 계속영업당기손익		28,882	(103,078)
Ⅳ. 중단영업손익	38	-	13
Ⅹ. 당기순손익		28,882	(103,065)
Ⅺ. 주 당 손 익	36		
1. 보통주			
기본주당계속영업손익		2,889 원	(10,329) 원
기본주당중단영업손익		- 원	(4) 원
2. 우선주			
우선주당계속영업손익		2,939 원	(10,279) 원
우선주당중단영업손익		- 원	(4) 원

주석

10. 재고자산

당기말과 전기말 현재 재고자산의 내역은 다음과 같습니다.

(단위 : 백만원)

구분	당기말	전기말
제품 및 상품	133,277	141,199
반제품	17,159	19,144
원재료	38,716	39,926
저장품	3,258	4,988

구분	당기말	전기말
미착품	6,637	21,893
재고자산평가충당금	(7,029)	(6,611)
합계	192,018	220,539

30. 비용의 성격별 분류

당기와 전기 중 매출원가와 판매비와관리비를 성격별로 분류하면 다음과 같습니다.

(단위 : 백만원)

구분	당기	전기
재고자산의 변동	13,265	(18,413)
원재료 및 상품의 매입	1,854,688	1,948,894
종업원급여(주석 33)	345,058	332,825
광고선전비	36,930	36,925
운반비	62,688	91,078
지급수수료	126,926	136,048
감가상각비 및 무형자산상각비	141,973	142,935
여비교통비	10,646	8,707
임차료	1,719	2,374
견본비	19,019	19,133
기타비용	361,599	339,501
매출원가와 판매비와관리비의 합계	2,974,511	3,040,007

설명

사례회사는 손익계산서에 비용을 기능별로 분류하고 있다. 즉, 제조 기능 관련 비용은 매출원가로, 판매 및 관리 기능 관련 비용은 판매비와관리비로 분리하여 표시하고 있다. 손익계산서에 비용을 기능별로 분류하는 경우, 비용의 성격별 분류 내용을 주석에 추가 공시한다(K-1001.103~104).

주석에 공시하는 비용의 성격별 분류의 합계(2,974,511백만원) = 손익계산서 매출원가(2,396,318백만원) + 판매비와관리비(576,045백만원+2,148백만원)와 일치한다.

사례회사는 원재료 사용액이 아닌 매입액 전액이 사용되었다고 가정하는 방법을 적용하였다(방법 2). 즉, 상품 및 원재료 매입액(1,854,688백만원)과 급여 등 나머지 비용이 전액 비용화되었다고 가정한 후에, 실제 비용화하지 않은 (원재료를 포함한) 재고자산의 변동액(198,646백만원 − 185,381백만원 = 13,265백만원)을 가감해서 실제 비용화한 금액을 성격별로 공시하고 있다.

(*) 재고자산 증감액 13,265백만원 계산근거는 다음과 같다.

(단위 : 백만원)

구분	당기말	전기말	증감액	비고
제품 및 상품	133,277	141,199	7,922	
반제품	17,159	19,144	1,985	
원재료	38,716	39,926	1,210	
저장품	3,258	4,988	1,730	
미착품	6,637	21,893	제외	(*주1)
재고자산평가충당금	-7,029	-6,611	418	(*주2)
합 계	192,018	220,539		
변동액	185,381	198,646	13,265	

여기서 주의할 점은
(*주1) 재고자산평가충당금의 변동(재고자산평가손실 비용인식액)도 포함해야 하고,
(*주2) 미착품 등 비용과 무관한 계정과목은 제외해야 한다는 점이다.

공시사례 2.6 비용의 성격별 분류(손익계산서)

[출처 : LG유플러스 2023년 감사보고서]

손익계산서

제28기 : 2023년 1월 1일부터 2023년 12월 31일까지
제27기 : 2022년 1월 1일부터 2022년 12월 31일까지

주식회사 LG유플러스 (단위 : 백만원)

과목	주석	제26기		제25기	
영업수익	4,31		13,238,551		12,781,569
영업비용	31		12,251,392		11,731,739
상품구입원가	10	2,683,558		2,472,954	
종업원급여	20,31	1,140,382		1,073,306	
감가상각비와무형자산상각비	12,13,14,34	2,404,023		2,280,993	
판매수수료		1,984,608		2,027,675	
지급수수료		1,447,664		1,438,361	
기타영업비용	14,25	2,591,157		2,438,450	
영업이익			987,159		1,049,830
금융수익	27	47,476		50,886	
금융비용	27	275,670		212,600	

과목	주석	제26기		제25기	
기타영업외수익	26	90,002		79,436	
기타영업외비용	26	65,322		108,289	
법인세비용차감전순이익			783,645		859,263
법인세비용	28		137,344		197,571
당기순이익			646,301		661,692
주당이익(단위 : 원)	29		1,504		1,539

주석

공시 없음.

설명

사례회사는 손익계산서에서 비용을 성격별로 분류하고 있다(K-1001.102).

즉 손익계산서의 영업비용을 상품구입원가, 종업원급여, 감가상각비와 무형자산상각비, 판매수수료, 지급수수료, 기타영업비용으로 구분하여 영업비용을 표시하고 있다. 사례회사와 같은 서비스업의 경우 매출원가, 판매비와관리비 구분 없이 영업비용으로 손익계산서에 표시하는 경우가 많다.

이렇게 손익계산서에 비용을 성격별로 분류해서 표시하는 경우, 주석에 추가 공시할 사항이 없는 것이다.

04 | 주석

K-IFRS 제1001호(재무제표 표시)에서 주석 관련 요구사항은 다음과 같이 구분된다.

아래 사항들은 특정 K-IFRS 기준서에 포함되지 않으나, K-IFRS 제1001호(재무제표 표시)에서 요구하고 있는 주석공시와 관련된 요구사항임을 유의해야 한다.

문단	공시사항
112 ~ 116	구조
117 ~ 124	회계정책의 공시
125 ~ 133	추정 불확실성의 원천
134 ~ 136	자본
136A	자본으로 분류되는 풋가능 금융상품

문단	공시사항
137 ~ 138	기타 공시

구조

112 **주석은 다음의 정보를 제공한다.**

(1) 재무제표 작성 근거와 문단 117~124에 따라 사용한 구체적인 회계정책에 대한 정보

(2) 한국채택국제회계기준에서 요구하는 정보이지만 재무제표 어느 곳에도 표시되지 않는 정보

(3) 재무제표 어느 곳에도 표시되지 않지만 재무제표를 이해하는 데 목적적합한 정보

113 **주석은 실무적으로 적용 가능한 한 체계적인 방법으로 표시한다. 체계적인 방법을 결정할 때, 재무제표의 이해가능성과 비교가능성에 미치는 영향을 고려한다. 재무상태표, 포괄손익계산서, 자본변동표 및 현금흐름표에 표시된 개별 항목은 주석의 관련 정보와 상호 연결시켜 표시한다.**

114 주석을 체계적으로 배열하거나 집단으로 묶는 예는 다음과 같다.

(1) 특정한 영업활동에 대한 정보를 집단으로 묶는 것과 같이, 기업의 재무성과와 재무상태의 이해에 가장 목적적합할 것으로 판단되는 활동 분야를 부각시킨다.

(2) 공정가치로 측정되는 자산과 같이, 유사하게 측정되는 항목에 대한 정보를 집단으로 묶는다.

(3) 포괄손익계산서와 재무상태표의 항목 순서를 따른다. 예를 들면, 다음과 같다.

(가) 한국채택국제회계기준을 준수하였다는 사실(문단 16 참조)

(나) 적용한 유의적인 회계정책(문단 117 참조)

(다) 재무상태표, 포괄손익계산서, 자본변동표 및 현금흐름표에 표시된 항목에 대한 보충정보. 재무제표의 배열 및 각 재무제표에 표시된 개별 항목의 순서에 따라 표시한다.

(라) 다음을 포함한 기타 공시

① 우발부채(기업회계기준서 제1037호 참조)와 재무제표에서 인식하지 아니한 계약상 약정사항

② 비재무적 공시항목, 예를 들어 기업의 재무위험관리목적과 정책(기업회계기준서 제1107호 참조)

115 [국제회계기준위원회에 의하여 삭제됨]

116	재무제표의 작성 기준과 구체적 회계정책에 대한 정보를 제공하는 주석은 재무제표의 별도 부분으로 표시할 수 있다.

주석공시와 관련해서는 다음과 같은 내용들의 순서를 체계적으로 공시하도록 요구하고 있다 (K-1001, 114).

구분	주석공시사항
주석공시사항 요약 (순서 포함)	• 한국채택국제회계기준을 준수하였다는 사실 • 적용한 유의적인 회계정책 • 재무상태표, 포괄손익계산서, 자본변동표 및 현금흐름표에 표시된 항목에 대한 보충정보(재무제표의 배열 및 각 재무제표에 표시된 개별 항목의 순서에 따라 표시) • 우발부채와 재무제표에서 인식하지 아니한 계약상 약정사항 • 비재무적 공시항목, 예를 들어 기업의 재무위험관리목적과 정책

공시사례 2.7 **주석공시 일반사항**

주석

[출처 : 삼성전자 2023년 감사보고서]

2. 중요한 회계처리방침

다음은 재무제표의 작성에 적용된 주요한 회계정책입니다. 이러한 정책은 별도의 언급이 없다면, 표시된 회계기간에 계속적으로 적용됩니다.

2.1 재무제표 작성기준

회사의 재무제표는 한국채택국제회계기준에 따라 작성되었습니다. 한국채택국제회계기준은 국제회계기준위원회("IASB")가 발표한 기준서와 해석서 중 대한민국이 채택한 내용을 의미합니다.

한국채택국제회계기준은 재무제표 작성 시 중요한 회계추정의 사용을 허용하고 있으며, 회계정책을 적용함에 있어 경영진의 판단을 요구하고 있습니다. 보다 복잡하고 높은 수준의 판단이 요구되는 부분이나 중요한 가정 및 추정이 요구되는 부분은 주석 3에서 설명하고 있습니다.

2.5 현금및현금성자산

현금및현금성자산은 보유 중인 현금, 요구불예금 및 취득일 현재 확정된 금액의 현금으로 전환이 용이하고, 가치변동의 위험이 경미한 매우 유동적인 단기 투자자산으로 구성되어 있습니다.

16. 우발부채와 약정사항

가. 지급보증한 내역

(1) 보고기간종료일 현재 회사가 해외종속기업의 자금조달 등을 위하여 제공하고 있는 채무보증 내역은 다음과 같습니다.

(단위 : 백만원)

해외종속기업	보증처	보증종료일	당기말	
			관련 차입금	채무보증한도
SETK	BNP 외	2024-12-16	413,744	1,182,380
SEMAG	SocGen 외	2024-12-16	10,399	123,782
기타	기타	-	-	9,176,026
계			424,143 (US$ 328,958천)	10,482,188 (US$ 8,129,508천)

(2) 보고기간종료일 현재 회사가 해외종속기업의 계약이행을 위하여 제공하고 있는 지급보증 한도액은 478,560백만원입니다.

(3) 보고기간종료일 현재 회사가 특수관계자로부터 제공받고 있는 담보 및 지급보증은 없습니다.

나. 소송 등

보고기간종료일 현재 회사는 다수의 회사 등과 정상적인 영업과정에서 발생한 소송, 분쟁 및 규제기관의 조사 등이 진행 중에 있습니다. 이에 따른 자원의 유출금액 및 시기는 불확실하며 회사의 경영진은 이러한 소송 등의 결과가 회사의 재무상태에 중요한 영향을 미치지 않을 것으로 판단하고 있습니다.

다. 분할과 관련된 연대채무

회사와 삼성디스플레이㈜ 등은 분할된 삼성디스플레이㈜ 등의 분할 전 채무에 관하여 연대하여 변제할 책임이 있습니다.

라. 기타 약정사항

(1) 보고기간종료일 현재 회사는 우리은행 외 4개 은행과 무역금융, 상업어음할인 및 외상매출채권담보대출 등의 약정을 맺고 있으며 동 약정에 대한 통합한도액은 10,440,914백만원입니다. 이외에도 회사는 신한은행 외 18개 은행과 한도액 US$ 8,908백만의 무역금융 약정을 체결하고 있으며, 외상매출채권담보대출 등과 관련하여 기업은행 외 4개 은행과 한도액 470,602백만원의 외상매출채권담보대출 약정 등을 맺고 있습니다.

(2) 보고기간종료일 현재 발생하지 않은 유 · 무형자산의 취득을 위한 약정액은 6,962,653 백만원입니다.

28. 재무위험관리

회사는 영업활동에서 파생되는 시장위험, 신용위험, 유동성위험 등을 최소화하는데 중점을 두고 재무위험을 관리하고 있으며, 이를 위해 각각의 위험요인에 대해 면밀하게 모니터링 및 대응하고 있습니다.

재무위험은 글로벌 재무관리기준을 수립하고 고객과 거래선에 대한 주기적인 재무위험 측정, 환헷지 및 자금수지 점검 등을 통해 관리하고 있습니다.

한편, 해외 주요 권역별로 지역금융센터(미국, 영국, 싱가포르, 중국, 브라질, 러시아)에서 환율변동 모니터링 및 환거래 대행을 통해 환율변동위험을 관리하고 있으며, 권역 내 자금을 통합운용하여 유동성위험에 대응하고 있습니다.

회사의 재무위험관리의 주요 대상인 자산은 현금및현금성자산, 단기금융상품, 상각후원가금융자산, 매출채권 등으로 구성되어 있으며, 부채는 매입채무, 차입금 등으로 구성되어 있습니다.

설명

사례회사의 주석은 아래의 순서에 따라 공시되고 있다.

1. 한국채택국제회계기준을 준수하였다는 사실[K-1001. 114(3)(가)]
2. 유의적인 회계정책[K-1001. 114(3)(나)]
3. 재무상태표, 포괄손익계산서, 자본변동표 및 현금흐름표에 표시된 항목에 대한 보충정보[K- 1001. 114(3)(다)]
4. 우발부채와 약정사항[K-1001. 114(3)(라)①]
5. 기업의 재무위험관리목적과 정책[K-1001. 114(3)(라)②]

상기 우발부채는 K-IFRS 제1037호(충당부채, 우발부채)에, 재무위험관리목적과 정책은 K-IFRS 제1107호(금융상품 : 공시)에 구체적으로 공시요구사항이 규정되어 있으나, K-IFRS 제1001호(재무제표 표시)에서도 강조하고 있는 것이다.

한편, 상기 사례회사의 주석공시사항 중 유 · 무형자산의 취득을 위한 약정액(6,962,653 백만원) 주석사항은 유형자산 및 무형자산에서 각각 요구하는 공시사항이다. [K-1016. 74(3) 및 K-1038. 122(5)]

| 회계정책의 공시

117 **다음으로 구성된 유의적인 회계정책을 공시한다.**
(1) 재무제표를 작성하는 데 사용한 측정기준
(2) 재무제표를 이해하는 데 목적적합한 그 밖의 회계정책

118 재무제표이용자에게 재무제표 작성의 기초가 된 측정기준(예 : 역사적 원가, 현행원가, 순실현가능가치, 공정가치 또는 회수가능액)에 관한 정보를 제공하는 것은 중요하다. 왜냐하면 재무제표의 작성기준은 재무제표이용자의 분석에 유의적인 영향을 미치기 때문이다. 재무제표에 하나 이상의 측정기준을 사용한 경우, 예를 들어 특정 자산 집단을 재평가하는 경우, 각 측정기준이 적용된 자산과 부채의 범주를 표시한다.

119 경영진은 특정 회계정책의 공시 여부를 결정할 때 공시가 거래, 그 밖의 사건 및 상황이 보고된 재무성과와 재무상태에 어떻게 반영되었는지를 재무제표이용자가 이해하는 데 도움이 되는지를 고려한다. 각 기업은 재무제표이용자가 해당 유형의 기업에 공시될 것으로 기대하는 사업성격과 정책을 고려한다. 특정 회계정책이 한국채택국제회계기준에서 허용되는 여러 대안 중에서 선택된 경우에 그러한 회계정책의 공시는 특히 재무제표이용자에게 유용하다. 기업이 자신의 투자부동산에 공정가치모형을 적용하는지 또는 원가모형을 적용하는지에 대한 공시를 한 예로 들 수 있다(기업회계기준서 제1040호 '투자부동산' 참조). 일부 한국채택국제회계기준서는 동 기준서가 허용하는 상이한 회계정책에 대한 경영진의 선택을 포함하여, 구체적으로 특정 회계정책의 공시를 요구한다. 예를 들어, 기업회계기준서 제1016호는 유형자산의 유형별로 사용된 측정기준의 공시를 요구한다.

120 [국제회계기준위원회에 의하여 삭제됨]

121 회계정책은 당기 및 과거기간의 금액이 중요하지 않은 경우에도 사업의 성격 때문에 유의적일 수 있다. 또 한국채택국제회계기준에서는 구체적으로 요구하지 않더라도 기업회계기준서 제1008호에 따라 선택하여 적용하는 유의적인 회계정책은 공시하는 것이 적절하다.

122 회계정책을 적용하는 과정에서 추정에 관련된 공시와는 별도로(문단 125 참조), 재무제표에 인식되는 금액에 가장 유의적인 영향을 미친 경영진이 내린 판단은 유의적인 회계정

122 책 또는 기타 주석 사항과 함께 공시한다.

123 경영진은 추정과는 별도로 기업의 회계정책을 적용하는 과정에서 재무제표에 인식되는 금액에 유의적인 영향을 미칠 수 있는 다양한 판단을 한다. 예를 들어, 경영진은 다음 사항의 결정을 위해 판단과정을 거친다.

(1) [국제회계기준위원회에서 삭제함]

(2) 금융자산과 리스대상 자산(리스제공자인 경우)의 소유권에 대한 유의적인 위험과 효익의 대부분이 다른 기업에 이전되었는지의 여부

(3) 특정 매출이 실질적으로 차입거래이며 수익을 창출하지 않는 거래인지의 여부

(4) 금융자산의 계약조건이 특정일에 원금과 원금잔액에 대한 이자로만 구성된 현금흐름을 야기하는지의 여부

124 문단 122에 따라 작성되는 공시사항의 일부는 다른 한국채택국제회계기준서에서도 요구한다. 예를 들어, 기업회계기준서 제1112호 '타 기업에 대한 지분의 공시'에서 타 기업을 지배하는지 결정할 때 고려한 판단을 공시하도록 요구한다. 기업회계기준서 제1040호 '투자부동산'은 부동산의 분류가 어려운 경우, 자가사용부동산이나 정상영업활동에서 판매하기 위한 부동산과 구별하기 위하여 사용한 분류기준을 공시하도록 요구하고 있다.

유의적인 회계정책의 공시는 아래 2가지로 구분된다(K-1001, 117).

(1) 재무제표를 작성하는 데 사용한 측정기준

(2) 재무제표를 이해하는 데 목적적합한 그 밖의 회계정책

구분	주석공시사항
측정기준	• 측정기준(예 : 역사적 원가, 현행원가, 순실현가능가치, 공정가치 또는 회수가능액)에 관한 정보(K-1001, 118) – 예 : 재고자산의 측정기준은 순실현가능가치
회계정책	• 특정 회계정책이 한국채택국제회계기준에서 허용되는 여러 대안 중에서 선택된 경우(K-1001, 119) – 예 : 투자부동산의 후속측정모형을 선택가능한 상황에서 원가모형 또는 공정가치모형을 선택했는지에 대한 내용

공시사례 2.8 유의적인 회계정책

주석

[출처 : 삼성전자 2023년 감사보고서]

2. 중요한 회계처리방침

다음은 재무제표의 작성에 적용된 주요한 회계정책입니다. 이러한 정책은 별도의 언급이 없다면, 표시된 회계기간에 계속적으로 적용됩니다.

2.3 종속기업, 관계기업 및 공동기업

기업회계기준서 제1110호 '연결재무제표'에 의한 지배회사인 회사는 별도재무제표에서 종속기업, 관계기업 및 공동기업에 대한 투자를 기준서 제1027호 '별도재무제표'에 따라 원가법으로 처리하고 있습니다. 또한 종속기업, 관계기업 및 공동기업 투자에 대한 객관적인 손상의 징후가 있는 경우 종속기업, 관계기업 및 공동기업 투자의 회수가능액과 장부금액과의 차이는 손상차손으로 인식됩니다.

2.8 재고자산

회사는 미착품을 제외하고는 재고자산의 단위원가를 평균법에 따라 결정하고 있습니다. 제품과 재공품의 원가는 원재료비, 직접노무비 및 기타 직접원가와 정상조업도에 근거한 관련 제조간접비로 이루어지며, 유휴 생산설비 원가나 폐기비용은 제외하고 있습니다.

회사는 재고자산을 취득원가와 순실현가능가치 중 낮은 금액으로 측정하고 있습니다. 순실현가능가치는 정상적인 영업과정에서의 추정 판매가격에서 적용 가능한 변동 판매비용을 차감한 금액으로, 판가의 하락 또는 완성시까지의 원가 상승을 반영하는 저가법 평가와 재고의 과잉 또는 진부화로 인한 가치의 하락을 반영하는 과잉/진부화평가의 2가지 평가방법을 적용합니다.

설명

사례회사는 재무제표 작성 공시 관련 회사가 적용한 유의적인 회계정책을 측정기준과 그 밖의 회계정책을 공시하고 있다(K-1001. 117).

재고자산 관련 측정기준으로 회사는 "재고자산은 원가와 순실현가능가치 중 작은 금액으로 표시하고 있습니다."라고 공시하고 있다.

그 밖의 회계정책(즉, 선택대안이 있는 영역에서의 회사의 회계정책 선택) 관련해서 회사는 "별도재무제표에서 종속기업, 관계기업 및 공동기업에 대한 투자를 기준서 제1027호 '별도재무제표'에 따라 원가법으로 처리하고 있습니다(별도재무제표에서 지분법, 원가법 중 원가법 선택)."

유의한 회계정책 공시는 후술하는 회계추정의 불확실성과는 구분해서 공시한다.

추정 불확실성의 원천

125 **미래에 대한 가정과 보고기간 말의 추정 불확실성에 대한 기타 주요 원천에 대한 정보를 공시한다. 이러한 가정과 추정 불확실성에 대한 기타 주요 원천은 다음 회계연도에 자산과 부채의 장부금액에 대한 중요한 조정을 유발할 수 있는 유의적인 위험을 내포하고 있다. 따라서 이로부터 영향을 받을 자산과 부채에 대하여 다음 사항 등을 주석으로 기재한다.**

(1) 자산과 부채의 성격

(2) 보고기간 말의 장부금액

126 일부 자산과 부채의 장부금액은 불확실한 미래 사건이 보고기간 말의 자산과 부채에 미치는 영향을 추정하여 결정해야 한다. 예를 들어, 유형자산의 유형별 회수가능액, 재고자산에 대한 기술적 진부화의 영향, 진행 중인 소송사건의 미래 결과에 따라 변동되는 충당부채, 그리고 퇴직연금채무와 같은 장기 종업원급여부채를 측정할 때 최근에 관측된 시장가격이 존재하지 않는 경우에는 미래지향적인 추정에 의존하게 된다. 이러한 추정을 할 때 현금흐름 또는 할인율에 대한 위험조정, 급여의 미래변동 및 그 밖의 원가에 영향을 미치는 가격의 미래변동과 같은 항목에 대한 가정이 필요하다.

127 문단 125에 따라 공시한 가정과 추정 불확실성에 대한 기타 원천은 경영진에게 가장 어렵고 주관적이고 복잡한 판단을 요구하는 추정과 관련이 있다. 불확실성에 대한 미래 해소가능성에 영향을 주는 변수와 가정이 증가할수록 그러한 판단은 더욱 주관적이고 복잡해진다. 그에 따라 결과적으로 자산과 부채 장부금액의 중요한 조정 가능성은 일반적으로 증가하게 된다.

128 다음 회계연도에 장부금액이 중요하게 변동될 수 있는 유의적인 위험이 있는 자산과 부채라 할지라도 동일한 자산이나 부채에 대한 활성시장의 공시가격에 기초하여 보고기간 말의 공정가치를 측정한 경우에는 문단 125에서 요구하는 공시를 하지 아니한다. 그러한 공정가치가 다음 회계연도에 중요하게 변동될 수도 있지만 그러한 변동은 보고

128 기간 말의 가정 또는 추정 불확실성에 대한 기타 원천에서 발생한 것은 아니다.

129 문단 125의 공시사항은 미래와 추정 불확실성에 대한 기타 원천에 대해 경영진이 내린 판단을 재무제표이용자가 이해하는 데 도움을 줄 수 있도록 표시한다. 제공하는 정보의 성격과 범위는 가정 및 그 밖의 상황의 성격에 따라 다르다. 그러한 공시사항의 예는 다음과 같다.

(1) 가정 또는 기타 추정 불확실성의 성격

(2) 계산에 사용된 방법, 가정 및 추정에 따른 장부금액의 민감도와 그 이유

(3) 불확실성의 영향을 받는 자산 및 부채의 장부금액과 관련하여 다음 회계연도 내에 예상되는 불확실성의 해소방안과 가능성이 어느 정도 있는(reasonably possible) 결과의 범위

(4) 불확실성이 계속 미해소 상태인 경우, 해당 자산 및 부채에 대하여 과거에 사용한 가정과의 차이에 대한 설명

130 이 기준서는 문단 125의 공시사항으로 예산정보 또는 미래예측을 공시하도록 요구하지 않는다.

131 보고기간 말의 가정 또는 추정 불확실성의 기타 원천에 대한 잠재적 영향의 정도를 실무적으로 공시할 수 없는 경우가 있다. 이 경우 현재 알려진 정보에 의하면 다음 회계연도 중에 가정과 다른 결과가 발생하여 그 영향을 받는 자산과 부채의 장부금액이 중요하게 수정될 수도 있다는 사실을 공시해야 한다. 어떠한 경우라도 기업은 가정에 의해 영향을 받는 개별 자산이나 부채(또는 자산이나 부채의 집단)의 성격과 장부금액을 공시해야 한다.

132 회계정책을 적용하는 과정에서 경영진이 내린 특정 판단에 대한 문단 122의 공시는 문단 125의 추정 불확실성의 원천에 대한 공시와는 관련이 없다.

133 문단 125에서 요구하였을 가정 중 일부에 대한 공시를 다른 한국채택국제회계기준서에서 다루고 있다. 예를 들어, 기업회계기준서 제1037호는 특정 상황에서 유형별 충당부채에 영향을 미치는 미래 사건에 대한 주요 가정의 공시를 요구하고 있다. 기업회계기준

133 서 제1113호 '공정가치 측정'은 공정가치를 장부금액으로 하는 금융자산 및 금융부채의 공정가치를 측정할 때 사용한 유의적인 가정(가치평가기법과 투입변수 포함)에 대해 공시를 요구하고 있다.

유의적인 회계정책과는 별개로 각 자산 · 부채 관련 회계추정의 불확실성이 발생하는 원천에 대한 공시를 아래 2가지로 구분해서 요구한다(K-1001. 125).

(1) 자산과 부채의 성격
(2) 보고기간 말의 장부금액

상기 주석 중 '(2) 보고기간 말의 장부금액'은 회계추정의 불확실성 주석이 아닌 각 자산 · 부채 항목에서 공시한다(매출채권 대손충당금, 확정급여채무, 이연법인세자산 실현가능성 등).

공시사례 2.9 **회계추정의 불확실성**

주석

[출처 : 삼성전자 2023년 감사보고서]

3. 중요한 회계추정 및 가정

회사는 미래에 대하여 추정 및 가정을 하고 있습니다. 추정 및 가정은 지속적으로 평가되며, 과거 경험과 현재의 상황에서 합리적으로 예측가능한 미래의 사건을 고려하여 이루어집니다. 이러한 회계추정은 실제 결과와 다를 수도 있습니다. 다음 회계연도에 자산 및 부채 장부금액의 조정에 영향을 미칠 수 있는 유의적 위험에 대한 추정 및 가정은 다음과 같습니다.

가. 수익인식

회사는 고객에게 제품 판매 후 고객이 반품할 것으로 예상되는 제품에 대하여 환불부채와 회수할 재화에 대한 권리를 인식하고 있습니다. 판매시점에 포트폴리오 수준에서 누적된 경험에 기초하여 기댓값 방법으로 반품률을 예측하고 있으며, 회사의 수익은 예측된 반품률의 변동에 영향을 받습니다.

회사는 재화의 판매로 인한 수익을 통제가 이전되는 시점에 계약에 따른 대가에서 특정 매출장려활동을 차감한 금액으로 인식하고 있습니다. 과거의 경험 및 계약에 기초하여 매출차감액을 합리적으로 추정하고 있으며, 회사의 수익은 추정된 매출차감에 영향을 받습니다.

나. 판매보증충당부채

회사는 판매한 제품에 대하여 품질에 대한 보증의무를 부담하고 있습니다. 회사는 매 보고기간종료일 미래와 현재의 보증의무를 제공하는 데 필요하다고 판단되는 최선의 추정치를 기준으로 판매보증충당부채를 계상하고 있습니다. 이러한 최선의 추정치는 과거 경험에 기초하여 결정하고 있습니다.

다. 금융상품의 공정가치

회사는 활성시장에서 거래되지 않는 금융상품의 공정가치에 대하여 보고기간종료일 현재 주요한 시장상황을 기초로 다양한 평가기법 및 가정을 사용하여 결정하고 있습니다.

라. 금융자산의 손상

회사는 금융자산의 손실충당금을 측정할 때에 채무불이행위험과 기대신용률에 대한 가정에 근거하였습니다. 회사는 이러한 가정을 세우고 손상 계산을 위한 투입요소를 선택할 때 보고기간종료일의 미래 전망에 대한 추정 및 과거 경험, 현재 시장 상황에 근거하여 판단합니다.

마. 리스

회사는 리스기간을 산정할 때에 연장선택권을 행사하거나 종료선택권을 행사하지 않을 경제적 유인이 생기게 하는 관련되는 사실 및 상황을 모두 고려합니다. 연장선택권의 대상 기간(또는 종료선택권의 대상 기간)은 리스이용자가 연장선택권을 행사할 것(또는 행사하지 않을 것)이 상당히 확실한 경우에만 리스기간에 포함됩니다.

선택권이 실제로 행사되거나(행사되지 않거나) 회사가 선택권을 행사할(행사하지 않을) 의무를 부담하게 되는 경우에 리스기간을 다시 평가합니다. 리스이용자가 통제할 수 있는 범위에 있고 리스기간을 산정할 때에 영향을 미치는 유의적인 사건이 일어나거나 상황에 유의적인 변화가 있을 때에만 회사는 연장선택권을 행사할 것(또는 행사하지 않을 것)이 상당히 확실한지의 판단을 변경합니다.

바. 순확정급여부채(자산)

순확정급여부채(자산)는 많은 가정을 사용하는 보험수리적 방식에 의해 결정되는 다양한 요소들에 따라 달라질 수 있습니다. 퇴직연금의 순원가(이익)를 결정하는 데 사용되는 가정은 할인율을 포함하고 있으며, 이러한 가정의 변동은 순확정급여부채(자산)의 장부금액에 영향을 줄 것입니다. 회사는 매년 말 우량회사채 이자율을 고려하여 적절한 할인율을 결정하고 있으며 이러한 할인율은 순확정급여부채(자산)의 정산 시 발생할 것으로 예상되는 미래의 추정 현금 유출액의 현재가치를 결정할 때 사용되어야 하는 이자율을 나타냅니다. 순확정급여부채(자산)와 관련된 다른 주요한 가정들은 일부 현재의 시장 상황에 근거하고 있습니다.

사. 영업권 및 내용연수가 비한정인 무형자산의 손상

회사는 매년 영업권 및 내용연수가 비한정인 무형자산의 손상여부를 검토하고 있습니다.

현금창출단위 또는 자산의 회수가능금액은 사용가치의 계산에 기초하여 결정하고 있습니다. 이러한 계산은 추정에 근거하여 이루어집니다.

아. 법인세

회사의 과세소득에 대한 법인세는 다양한 국가의 세법 및 과세당국의 결정을 적용하여 산정되므로 최종 세효과를 산정하는 데에는 불확실성이 존재합니다. 회사는 보고기간종료일 현재까지의 영업활동의 결과로 미래에 부담할 것으로 예상되는 법인세효과를 최선의 추정과정을 거쳐 당기법인세 및 이연법인세로 인식하였습니다. 하지만 실제 미래 최종 법인세부담은 인식한 관련 자산 · 부채와 일치하지 않을 수 있으며, 이러한 차이는 최종 세효과가 확정된 시점의 당기법인세 및 이연법인세 자산 · 부채에 영향을 줄 수 있습니다.

회사는 특정 기간 동안 과세소득의 일정 금액을 투자, 임금증가 등에 사용하지 않았을 때 세법에서 정하는 방법에 따라 산정된 법인세를 추가로 부담합니다. 따라서 해당 기간의 당기법인세와 이연법인세를 측정할 때 이에 따른 세효과를 반영하여야 하고, 이로 인해 회사가 부담할 법인세는 각 연도의 투자, 임금증가 등의 수준에 따라 달라지므로 최종 세효과를 산정하는 데에는 불확실성이 존재합니다.

회사는 법인세 처리의 불확실성 여부를 검토하고 있으며, 과세당국이 불확실한 법인세 처리를 수용할 가능성이 높지 않다고 결론 내리는 경우에는 불확실한 법인세 처리 각각에 다음 방법 가운데 불확실성의 해소를 더 잘 예측할 것으로 예상하는 방법을 사용하여 불확실성의 영향을 재무제표에 반영하고 있습니다.

(1) 가능성이 가장 높은 금액 : 가능한 결과치 범위에서 가능성이 가장 높은 단일금액
(2) 기댓값 : 가능한 결과치의 범위에 있는 모든 금액에 각 확률을 곱한 금액의 합

설명

사례회사는 회계추정의 불확실성이 아래 영역에서 존재한다고 판단하고 주석공시하였다 (K-1001. 125).

가. 수익인식 : 반품 추정, 판매장려금 추정
나. 판매보증충당부채 : 품질보증의무 추정
다. 금융상품의 공정가치 : 수준 2, 수준 3 공정가치 추정
라. 금융자산의 손상 : 손실충당금(대손충당금) 추정
마. 리스 : 연장(종료)선택권 행사가능성 추정
바. 순확정급여부채(자산) : 미래 현금유출 추정
사. 영업권 및 내용연수가 비한정인 무형자산의 손상 : 사용가치 추정
아. 법인세 : 이연법인세자산 실현가능성 추정 등

| 자본

134 **재무제표이용자가 자본관리를 위한 기업의 목적, 정책 및 절차를 평가할 수 있도록 관련 정보를 공시한다.**

135 문단 134를 준수하기 위해 다음 항목을 공시한다.

(1) 자본관리를 위한 기업의 목적, 정책 및 절차에 대한 비계량적 정보(다음 사항을 포함한다.)

(가) 자본으로 관리하고 있는 항목에 대한 설명

(나) 외부적으로 부과된 자본유지요건이 있는 경우, 그러한 요건의 내용과 그 요건이 자본관리에 어떻게 반영되고 있는지에 대한 내용

(다) 자본관리의 목적을 어떻게 달성하고 있는지에 대한 내용

(2) 자본으로 관리하고 있는 항목에 대한 계량적 자료의 요약. 일부 기업은 특정 금융부채(예 : 일부의 후순위채무)를 자본의 일부로 간주한다. 또 다른 기업은 어떤 지분의 구성요소(예 : 현금흐름위험회피에서 발생하는 구성요소)를 자본의 개념에서 제외하기도 한다.

(3) 전기 이후 (1)과 (2)의 변경사항

(4) 외부적으로 부과된 자본유지요건을 회계기간동안 준수하였는지의 여부

(5) 외부적으로 부과된 자본유지요건을 준수하지 아니한 경우, 그 미준수의 결과

이러한 공시는 기업의 주요 경영진에게 내부적으로 제공된 정보에 기초한다.

136 기업은 다양한 방법으로 자본을 관리할 수 있으며 여러 가지 상이한 자본유지요건이 있을 수 있다. 예를 들어, 어떤 대기업 집단은 보험업과 은행업을 영위하는 기업을 포함할 수 있으며, 그러한 기업은 여러 국가에서 운영될 수도 있다. 자본유지요건과 자본이 어떻게 관리되는지에 대한 통합 공시가 유용한 정보를 제공하지 못하거나 기업의 자본 원천에 대한 재무제표이용자의 이해를 왜곡시키는 경우, 기업은 각각의 자본유지요건별로 분리하여 정보를 공시한다.

자본으로 분류되는 풋가능 금융상품

136A **지분상품으로 분류되는 풋가능 금융상품에 대하여 다음 사항을 공시한다(단, 다른 곳에서 공시되지 않은 사항).**

(1) 자본으로 분류되는 금액에 대한 양적요약자료

(2) 금융상품 보유자가 재매입 또는 상환을 요구할 때, 그 의무를 관리하기 위한 목적,

136A	정책 및 절차(전기 이후의 변경사항 포함) (3) 이러한 종류의 금융상품의 상환이나 재매입 시 기대되는 현금유출액 (4) 상환이나 재매입 시 기대되는 현금유출액의 결정 방법에 관한 정보

기타 공시

137	주석에는 다음 사항을 공시한다. (1) 재무제표 발행승인일 전에 제안 또는 선언되었으나 당해 기간 동안에 소유주에 대한 분배금으로 인식되지 아니한 배당금액과 주당배당금 (2) 미인식 누적우선주배당금

한138.1	상법 등 관련 법규에서 이익잉여금처분계산서(또는 결손금처리계산서)의 작성을 요구하는 경우에는 재무상태표의 이익잉여금(또는 결손금)에 대한 보충정보로서 이익잉여금처분계산서(또는 결손금처리계산서)를 주석으로 공시한다.

국제회계기준(IFRS)에서는 요구하고 있지 않지만 한국채택국제회계기준(K-IFRS)에서는 이익잉여금처분계산서(또는 결손금처리계산서)를 주석으로 공시하도록 요구하고 있다(K-1001. 한138.1).

공시사례 2.10 이익잉여금처분계산서 및 배당금

주석

[출처 : 삼성전자 2023년 감사보고서]

19. 이익잉여금

나. 당기 및 전기의 회사의 이익잉여금처분계산서는 다음과 같습니다.
당기의 이익잉여금처분계산서는 2024년 3월 20일 주주총회에서 확정될 예정입니다 (전기 처분확정일 : 2023년 3월 15일).

과목	제55(당)기		제54(전)기	
Ⅰ. 미처분이익잉여금		18,028,341		18,066,687
1. 전기이월이익잉여금	30		30	
2. 분기배당 주당배당금(률) 제55기 - 1,083원(1083%) 제54기 - 1,083원(1083%)	(7,356,461)		(7,356,461)	

과목	제55(당)기		제54(전)기	
3. 당기순이익	25,397,099		25,418,778	
4. 기타포괄손익-공정가치금융자산 처분	(12,327)		4,340	
Ⅱ. 임의적립금 등의 이입액		-		-
Ⅲ. 이익잉여금처분액		18,028,311		18,066,657
1. 배당금 주당배당금(률) 제55기 – 보통주 : 361원(361%) 우선주 : 362원(362%) 제54기 – 보통주 : 361원(361%) 우선주 : 362원(362%)	2,452,976		2,452,976	
2. 연구및인력개발준비금	15,575,335		15,613,681	
Ⅳ. 차기이월미처분이익잉여금		30		30

다. 당기 및 전기 중 배당금 산정내역은 다음과 같습니다.

(1) 분기배당(배당기준일 : 2023년과 2022년 3월 31일, 6월 30일, 9월 30일)

(단위 : 백만원)

구분			당기	전기
1분기	배당받을 주식	보통주	5,969,782,550주	5,969,782,550주
		우선주	822,886,700주	822,886,700주
	배당률(액면가 기준)	보통주 · 우선주	361%	361%
	배당금액	보통주	2,155,092	2,155,092
		우선주	297,062	297,062
		계	2,452,154	2,452,154
2분기	배당받을 주식	보통주	5,969,782,550주	5,969,782,550주
		우선주	822,886,700주	822,886,700주
	배당률(액면가 기준)	보통주 · 우선주	361%	361%
	배당금액	보통주	2,155,092	2,155,092
		우선주	297,062	297,062
		계	2,452,154	2,452,154
3분기	배당받을 주식	보통주	5,969,782,550주	5,969,782,550주
		우선주	822,886,700주	822,886,700주
	배당률(액면가 기준)	보통주 · 우선주	361%	361%
	배당금액	보통주	2,155,092	2,155,092
		우선주	297,062	297,062
		계	2,452,154	2,452,154

(2) 기말배당(배당기준일 : 2023년과 2022년 12월 31일)

(단위 : 백만원)

구분		당기	전기
배당받을 주식	보통주	5,969,782,550주	5,969,782,550주
	우선주	822,886,700주	822,886,700주
배당률(액면가 기준)	보통주	361%	361%
	우선주	362%	362%
배당금액	보통주	2,155,092	2,155,092
	우선주	297,884	297,884
	계	2,452,976	2,452,976

설명

사례회사는 한국채택국제회계기준(K-IFRS)에서 요구하는 이익잉여금처분계산서를 주석공시하였다(K-1001. 한138.1).

참고로, 사례회사의 연결재무제표 주석에는 이익잉여금처분계산서 주석공시 내용이 없다. 이는 이익잉여금 처분이 각 법인별로 이루어지고, 연결실체 개념의 이익잉여금 처분의 개념은 존재하지 않기 때문이다. (일부 회사는 연결재무제표 주석에 '지배기업'의 이익잉여금 처분계산서 내역이라고 구분하고 별도재무제표와 동일한 내용을 공시하는 회사도 존재한다.)

추가로, 배당에 대한 내용을 주석에 공시하였다(K-1001. 137).

138 **다음 항목이 재무제표와 함께 공표된 기타 정보에 공시되지 않았다면 주석으로 공시한다.**

(1) 기업의 소재지와 법적 형태, 설립지 국가 및 등록된 본점사무소(또는 등록된 본점사무소와 상이하다면, 주요 사업 소재지)의 주소

(2) 기업의 영업과 주요 활동의 내용에 대한 설명

(3) 지배기업과 연결실체 최상위 지배기업의 명칭

(4) 존속기간이 정해진 기업의 경우 그 존속기간에 관한 정보

K-IFRS 제1001호에서는 기업의 개요에 해당하는 내용을 주석에 공시하도록 요구하고 있다.

구분	주석공시사항
회사의 개요	• 기업의 소재지와 법적 형태, 설립지 국가 및 등록된 본점사무소의 주소[K-1001. 138(1)] • 기업의 영업과 주요 활동의 내용에 대한 설명[K-1001. 138(2)] • 지배기업, 최상위 지배기업[K-1001. 138(3)]
존속기간	• 존속기간이 정해진 기업의 경우 그 존속기간에 관한 정보[K-1001. 138(4)] – 유동화전문회사 등

공시사례 2.11 **회사의 개요**

주석

[출처 : 삼성전자 2023년 감사보고서]

1. 일반적 사항

삼성전자주식회사(이하 "회사")는 1969년 대한민국에서 설립되어 1975년에 대한민국의 증권거래소에 상장하였습니다. 회사의 사업은 DX 부문, DS 부문으로 구성되어 있습니다. DX(Device eXperience) 부문은 TV, 냉장고, 스마트폰, 통신시스템 등의 사업으로 구성되어 있으며, DS(Device Solutions) 부문은 메모리, Foundry, System LSI 등으로 구성되어 있습니다. 회사의 본점 소재지는 경기도 수원시입니다.

회사의 재무제표는 한국채택국제회계기준에 따라 작성되었으며, 기업회계기준서 제1027호 '별도재무제표'에 따른 별도재무제표입니다.

설명

사례회사는 회사의 개요 등 주석 요구사항을 공시하고 있다(K-1001, 138).

- 기업의 소재지와 법적 형태, 설립지 국가 및 등록된 본점사무소의 주소[K-1001, 138(1)]
- 기업의 영업과 주요 활동의 내용에 대한 설명[K-1001, 138(2)]

추가로, 지배기업 및 최상위 지배기업이 있는 경우, 주석에 공시하여야 한다[K-1001, 138(3)].

공시사례 2.12 **회사의 개요(존속기간)**

주석

[출처 : 유안타 제13호 기업인수목적 주식회사 2023년 감사보고서]

1. 일반사항

유안타 제13호 기업인수목적 주식회사(이하 "당사")는 자본시장과 금융투자업에 관한 법률에 따라 한국거래소의 유가증권시장 또는 코스닥시장에 상장한 후 다른 회사와 합병하는 것을 유일한 사업목적으로 하여 2022년 11월 4일에 설립되었으며, 2023년 2월 28일에 코스닥시장에 상장되었습니다.

당사의 본점소재지는 서울특별시 중구 을지로 76이며, 당사의 존속기간은 합병대상법인과 합병을 하지 못한 경우에 한하여 최초로 주권을 모집하여 주금을 납입받은 날로부터 36개월까지로 합니다.
당기말 현재 당사의 주요 주주현황은 다음과 같습니다.

주주명	소유주식수(주)	지분율(%)
우신벤처투자㈜	1,200,000	12.3
유안타증권㈜	10,000	0.1
메리츠증권㈜	10,000	0.1
㈜웰스자산운용	10,000	0.1
기타	8,500,000	87.4
합계	9,730,000	100.0

설명

사례회사는 회사의 개요 등 주석 요구사항을 공시하고 있다(K-1001. 138).

상기 '공시사례 2.11' 내용과 기본적인 개요 내용은 동일하며, 아래 존속기간에 대한 정보가 주석에 공시되고 있다.

- 존속기간이 정해진 기업의 경우 그 존속기간에 관한 정보[K-1001. 138(4)]

CHAPTER

03 재고자산

▶ 관련 기업회계기준서

K-IFRS 제1002호 재고자산

01 | 기준서 주요 내용

| 재고자산의 측정

재고자산은 취득원가와 순실현가능가치 중 낮은 금액으로 측정한다.

| 재고자산의 취득원가

재고자산의 취득원가는 매입원가, 전환원가 및 재고자산을 현재의 장소에 현재의 상태로 이르게 하는 데 발생한 기타 원가 모두를 포함한다.

구분	내용
매입원가	재고자산의 매입원가는 매입가격에 수입관세와 제세금(과세당국으로부터 추후 환급받을 수 있는 금액은 제외), 매입운임, 하역료 그리고 완제품, 원재료 및 용역의 취득과정에 직접 관련된 기타 원가를 가산한 금액이다. 매입할인, 리베이트 및 기타 유사한 항목은 매입원가를 결정할 때 차감한다.
전환원가	재고자산의 전환원가는 직접노무원가 등 생산량과 직접 관련된 원가를 포함한다. 또한 원재료를 완제품으로 전환하는 데 드는 고정 및 변동 제조간접원가의 체계적인 배부액도 포함한다.
기타원가	기타 원가는 재고자산을 현재의 장소에 현재의 상태로 이르게 하는 데 발생한 범위 내에서만 취득원가에 포함된다. 예를 들어 특정한 고객을 위한 비제조 간접원가 또는 제품 디자인원가를 재고자산의 원가에 포함하는 것이 적절할 수도 있다.

| 재고자산 취득원가에 포함되지 않는 원가

재고자산의 취득원가에 포함할 수 없으며 발생기간의 비용으로 인식하여야 하는 원가의 예는 다음과 같다.

(1) 재료원가, 노무원가 및 기타 제조원가 중 비정상적으로 낭비된 부분
(2) 후속 생산단계에 투입하기 전에 보관이 필요한 경우 이외의 보관원가
(3) 재고자산을 현재의 장소에 현재의 상태로 이르게 하는 데 기여하지 않은 관리간접원가
(4) 판매원가

| 단위원가결정방법

통상적으로 상호 교환될 수 없는 재고자산항목의 원가와 특정 프로젝트별로 생산되고 분리되는 재화 또는 용역의 원가는 개별법을 사용하여 결정한다.

개별법이 적용되지 않는 재고자산의 단위원가는 선입선출법이나 가중평균법을 사용하여 결정한다. 성격과 용도 면에서 유사한 재고자산에는 동일한 단위원가 결정방법을 적용하여야 하며, 성격이나 용도 면에서 차이가 있는 재고자산에는 서로 다른 단위원가 결정방법을 적용할 수 있다.

한편, 후입선출법은 재고자산 중 가장 최근의 품목이 우선 판매된 것으로 처리하여 결과적으로 재고자산에 남아 있는 품목은 가장 오래된 것처럼 인식하여 실제의 재고자산흐름을 신뢰성 있게 표시하지 않아 단위원가 결정방법으로 적용할 수 없다.

| 순실현가능가치

순실현가능가치(NRV : Net Realizable Value)는 통상적인 영업과정의 예상 판매가격에서 예상되는 추가 완성원가와 판매비용을 차감한 금액을 말한다.

다음의 경우에는 재고자산의 원가를 회수하기 어려울 수 있다.

(1) 물리적으로 손상된 경우
(2) 완전히 또는 부분적으로 진부화된 경우
(3) 판매가격이 하락한 경우
(4) 완성하거나 판매하는 데 필요한 원가가 상승한 경우

재고자산을 취득원가 이하의 순실현가능가치로 감액하는 저가법은 자산의 장부금액이 판매나 사용으로부터 실현될 것으로 기대되는 금액을 초과하여서는 아니 된다는 견해와 일관성이 있다.

재고자산을 순실현가능가치로 감액하는 저가법은 항목별로 적용한다. 그러나 경우에 따라서는 서로 비슷하거나 관련된 항목들을 통합하여 적용하는 것이 적절할 수 있다.

완성될 제품이 원가 이상으로 판매될 것으로 예상하는 경우에는 그 생산에 투입하기 위해 보유하는 원재료 및 기타 소모품을 감액하지 아니한다.

매 후속기간에 순실현가능가치를 재평가한다. 재고자산의 감액을 초래했던 상황이 해소되거나 경제상황의 변동으로 순실현가능가치가 상승한 명백한 증거가 있는 경우에는 최초의 장부금액을 초과하지 않는 범위 내에서 평가손실을 환입한다.

재고자산 저가법 예시

개요

회사의 20×1년 기말 재고자산 저가법 평가 이전의 장부금액의 현황은 다음과 같다.

과목	취득원가	평가충당금	장부금액
제품	100,000	(10,000)	90,000
재공품	100,000	–	100,000
원재료	100,000	–	100,000
합계	300,000	(10,000)	290,000

• 재고자산 중 제품수불부에 기초한 기말 제품의 저가법 평가 결과는 다음과 같다.

품목	취득원가 (a)	판매예상금액	추가판매비용	NRV (b)	차이 (a – b)
제품 A	20,000	24,000	2,000	22,000	2,000
제품 B	30,000	20,000	2,000	18,000	(12,000)
제품 C	50,000	52,000	5,000	47,000	(3,000)
제품 소계	100,000	94,000	9,000	83,000	(15,000)

회계처리

재고자산 저가법 평가 결과, 제품만 평가손실의 변동이 발생하였으며, 기말 결산조정사항은 다음과 같다.

• 20×1년 12월 31일(기말 결산조정)

차변		대변	
제품평가손실 (매출원가)	5,000	제품평가충당금	5,000

상기 결산조정 반영 후 재무제표의 재고자산 구성내역은 다음과 같이 변경된다.

과목	취득원가	평가충당금	장부금액
제품	100,000	(15,000)	85,000
재공품	100,000	–	100,000

과목	취득원가	평가충당금	장부금액
원재료	100,000	-	100,000
합계	300,000	(15,000)	285,000

20×2년 말 상기 재고자산 평가 결과, 제품 평가충당금 잔액이 5,000원인 경우, 다음과 같이 결산조정 회계처리한다.

• 20×2년 12월 31일(기말 결산조정)

차변		대변	
제품평가충당금	10,000	제품평가손실환입 (매출원가 차감)	10,000

02 | 주석 작성 핵심 포인트

재고자산 관련 주요 주석공시사항은 다음과 같이 요약된다.

Key Point

구분	주요 주석공시사항	비고
1. 회계정책	단위원가 결정방법 등 회계정책	
2. 장부금액	• 재고자산의 총 장부금액과 적절한 분류별 장부금액 • 순공정가치로 보고하는 재고자산의 장부금액 • 담보로 제공된 재고자산의 장부금액	
3. 재고평가손실(환입)	• 재고평가손실(환입) • 재고자산 평가손실환입을 초래한 상황이나 사건	
4. 비용의 성격별 분류	비용의 성격별 분류 공시	

03 | 주석공시 요구사항

▶ 주석공시 요구사항(K-IFRS 제1002호 재고자산)

재고자산 관련 주석 공시사항은 다음과 같이 구분된다.

문단	공시사항
36 ~ 38	1. 일반사항(회계정책, 재고자산 평가손실 등)
39	2. 비용의 성격별 분류

1. 일반사항(회계정책, 재고자산 평가손실 등)

36 재무제표에 다음 사항을 공시한다.

(1) 재고자산의 단위원가 결정방법 등 재고자산을 측정하는 데 적용된 회계정책
(2) 재고자산의 총 장부금액과 적절한 분류별 장부금액
(3) 순공정가치로 보고하는 재고자산의 장부금액
(4) 당기에 비용으로 인식한 재고자산의 금액
(5) 문단 34에 따라 당기에 비용으로 인식한 재고자산 평가손실 금액
(6) 문단 34에 따라 당기에 비용으로 인식한 재고자산 금액의 차감액으로 인식한 재고자산 평가손실환입액
(7) 문단 34에 따라 재고자산 평가손실환입을 초래한 상황이나 사건
(8) 담보로 제공된 재고자산의 장부금액

37 재고자산의 분류별 장부금액과 기중 증감액에 대한 정보는 재무제표이용자에게 유용하다. 일반적으로 재고자산은 상품, 소모품, 원재료, 재공품, 제품 등으로 분류한다.

38 당기에 비용으로 인식하는 재고자산 금액은 일반적으로 매출원가로 불리며, 판매된 재고자산의 원가와 배분되지 않은 제조간접원가 및 제조원가 중 비정상적인 부분의 금액으로 구성된다. 또한 기업의 특수한 상황에 따라 물류원가와 같은 다른 금액들도 포함될 수 있다.

재고자산 관련 주석공시사항과 그 예시는 다음과 같다.

(1) 재고자산 회계정책

주석사항

재고자산의 단위원가 결정방법 등 재고자산을 측정하는 데 적용된 회계정책[K-1002, 36(1)]

예시

재고자산의 원가는 상품, 제품, 재공품, 원재료 및 저장품은 월별 총평균법, 미착품은 개별법을 적용하여 결정하고 있습니다. [K-1002, 36(1)]

설명

재고자산의 단위원가 결정방법은 개별법, 총평균법, 선입선출법 등이 있다. 후입선출법은 K-IFRS에서는 허용되지 않는다.

(2) 재고자산 장부금액

주석사항

- 재고자산의 총장부금액과 적절한 분류별 장부금액[K-1002, 36(2)]
- 순공정가치로 보고하는 재고자산의 장부금액[K-1002, 36(3)]

예시

당기말과 전기말 현재 재고자산의 내역은 다음과 같습니다. [K-1002, 36(2) · (3)]

구분	당기말		
	평가전금액	평가손실충당금	장부금액
상품	1,000	-	1,000
제품	1,000	(500)	500
재공품	1,000	-	1,000
원재료	1,000	-	1,000
저장품	1,000	-	1,000
미착품	1,000	-	1,000
합계	6,000	(500)	5,500

설명

- 재고자산을 상품, 제품 등의 분류별 장부금액 및 재고자산의 총장부금액을 주석에 공시한다.
  - 재고자산 분류 예시 : 상품, 소모품, 원재료, 재공품, 제품 등(K-1002, 37)
- 재고자산 장부금액은 총취득원가에서 평가손실충당금을 차감하여 순공정가치로 보고한다.

(3) 비용(매출원가) 인식금액 및 재고자산 평가손실

주석사항

- 당기에 비용으로 인식한 재고자산의 금액[K-1002. 36(4)]
- 당기에 비용으로 인식한 재고자산 평가손실 금액[K-1002. 36(5)]
- 당기에 비용으로 인식한 재고자산 금액의 차감액으로 인식한 재고자산 평가손실환입액 [K-1002. 36(6)]
- 재고자산 평가손실환입을 초래한 상황이나 사건[K-1002. 36(7)]

예시

당기 중 회사는 생산 및 판매 중단한 재고자산을 순실현가능가치로 평가하고 원가와의 차이를 평가충당금으로 반영하였습니다.
당기 중 비용으로 인식한 재고자산의 금액은 12,000원입니다. [K-1002. 36(4)] 동 비용에는 재고자산 평가손실 금액 300원이 포함되어 있습니다. [K-1002. 36(5)]

설명

- 당기에 비용으로 인식한 재고자산 금액은 일반적으로 매출원가를 말한다.
- 당기에 비용(비용 차감)으로 인식한 재고자산 평가손실(환입) 금액을 주석공시한다.
- 재고자산 평가손실의 추가 공시는 요구하지 않으며, 평가손실환입을 초래한 상황이나 사건은 그 내용을 주석공시 요구한다.

| 참고 기준서 | K-IFRS 제1002호 문단 34

재고자산의 판매 시, 관련된 수익을 인식하는 기간에 재고자산의 장부금액을 비용으로 인식한다. 재고자산을 순실현가능가치로 감액한 평가손실과 모든 감모손실은 감액이나 감모가 발생한 기간에 비용으로 인식한다. 순실현가능가치의 상승으로 인한 재고자산 평가손실의 환입은 환입이 발생한 기간의 비용으로 인식된 재고자산 금액의 차감액으로 인식한다.

(4) 담보제공 재고자산

주석사항

담보로 제공된 재고자산의 장부금액[K-1002. 36(8)]

예시

회사의 재고자산 중 제품은 A사 차입금에 대해 담보로 제공되어 있습니다. [K-1002. 36(8)]

설명

실무적으로 금융부채에 대한 담보제공자산은 재고자산, 유형자산 등을 같이 공시한다.

···› 담보제공자산에 대한 주석 공시사례, CHAPTER 04 유형자산 공시사례 4.5 참조

☞ 공시사례 3.1 재고자산 일반

☞ 공시사례 3.2 재고자산 담보제공

2. 비용의 성격별 분류

39 일부 기업은 당기에 비용으로 인식하는 재고자산원가 대신에 다른 금액을 공시하는 손익계산서 양식을 채택하고 있다. 이러한 손익계산서 양식에서는 비용의 성격별 분류방식에 기초한 비용 분석을 표시한다. 그러한 경우에는 당기의 재고자산 순변동액과 함께 비용으로 인식한 원재료 및 소모품, 노무원가와 기타원가를 공시한다.

비용의 성격별 분류 관련 주석공시사항과 그 예시는 다음과 같다.

(1) 비용의 성격별 분류

주석사항

일부 기업은 당기에 비용으로 인식하는 재고자산원가 대신에 다른 금액을 공시하는 손익계산서 양식을 채택하고 있다. 이러한 손익계산서 양식에서는 비용의 성격별 분류방식에 기초한 비용 분석을 표시한다.

- 당기의 재고자산 순변동액과 함께 비용으로 인식한 원재료 및 소모품, 노무원가와 기타원가를 공시(K-1002, 39).

예시

회사의 비용의 성격별 분류 내역은 다음과 같습니다.

구분	제조원가	판매관리비	합계
제품 및 재공품의 변동	(300)	–	(300)
원재료 사용액	600	–	600
급여	200	100	300
감가상각비	400	300	700
합계	900	400	1,300

(주) 실제 주석공시에는 합계만 표시함.

··· 비용의 기능별 분류 또는 성격별 분류 관련 구체적인 내용은 'CHAPTER 02 재무제표 표시' 참조

설명

- 손익계산서에 비용을 인식하는 방식은 아래의 2가지로 구분된다.
  (1) 비용으로 인식하는 재고자산 원가(매출원가)로 표시(비용의 기능별 분류)
  (2) 비용의 성격별 분류방식에 기초한 비용 분석 표시(재고자산 순변동액 + 비용으로 인식한 원재료 및 소모품, 노무원가와 기타원가)
- 참고로 손익계산서에 '(1)' 비용의 기능별 분류방식으로 비용을 인식하는 경우, 주석에 '(2)' 비용의 성격별 분류 내역을 주석공시하여야 한다.

04 | 실제 공시 사례

공시사례 3.1 재고자산 일반

주석

[출처 : LF 2023년 감사보고서]

4. 유의적인 회계정책

(3) 재고자산

재고자산은 취득원가와 순실현가능가치 중 낮은 금액으로 측정하고 있습니다. 재고자산의 원가는 미착품을 제외하고는 총평균법에 따라 결정하고 있습니다. 재고자산의 취득원가는 매입원가, 전환원가 및 재고자산을 이용가능한 상태로 준비하는데 필요한 기타 원가를 포함하고 있습니다. 순실현가능가치는 정상적인 영업과정의 예상판매가격에서 예상되는 추가완성원가와 판매비용을 차감한 금액입니다.

매출원가는 재고자산 판매에 따른 수익을 인식하는 기간에 재고자산의 장부금액으로 인식하며, 재고자산을 순실현가능가치로 감액한 평가손실과 모든 감모손실은 감액이나 감모가 발생한 기간의 비용으로 인식하고 있습니다. 또한 재고자산의 순실현가능가치의 상승으로 인한 재고자산평가손실의 환입은 환입이 발생한 기간의 비용으로 인식된 재고자산의 매출원가에서 차감하고 있습니다.

설명

사례회사는 재고자산의 단위원가 결정방법 등 재고자산을 측정하는 데 적용된 회계정책을

공시하고 있다. 단위원가 결정방법은 미착품을 제외하고는 총평균법에 따라 결정하고 있다고 공시하고 있다[K-1002. 36(1)].

10. 재고자산

(1) 당기말과 전기말 현재 재고자산의 내역은 다음과 같습니다.

(단위 : 백만원)

구분	제18(당)기			제17(전)기		
	취득원가	평가손실충당금	장부금액	취득원가	평가손실충당금	장부금액
상품	259,887	(30,801)	229,086	243,540	(23,291)	220,249
제품	90,286	(10,717)	79,569	88,808	(8,493)	80,315
주재료	31,071	(7,477)	23,594	29,552	(4,614)	24,938
부재료	1,181	(51)	1,130	1,061	(69)	992
저장품	95	–	95	28	–	28
미착상품	22,754	–	22,754	24,157	–	24,157
미착재료	578	–	578	1,231	–	1,231
회수자산	794	–	794	638	–	638
합계	406,646	(49,046)	357,600	389,015	(36,467)	352,548

(2) 당기와 전기 중 재고자산과 관련하여 인식한 평가손실은 다음과 같습니다.

(단위 : 백만원)

구분	제18(당)기	제17(전)기
매출원가 :		
재고자산평가손실(환입)	12,578	8,627

설명

사례회사는 재고자산의 총장부금액(357,600백만원)과 분류별 장부금액을 공시하고 있다[K-1002. 36(2)].

분류별 장부금액에서 분류는 기준서에서는 상품, 소모품, 원재료, 재공품, 제품 등을 예시하고 있으며(K-1002. 37), 사례회사는 상품, 제품, 주재료, 부재료, 저장품, 미착상품, 미착재료, 회수자산으로 분류하고 있다.

상기 총장부금액은 평가전금액에서 평가손실충당금을 차감하여 순공정가치와 일치한다[K-1002. 36(3)].

당기에 비용으로 인식한 재고자산의 금액 중 재고자산 평가손실액은 12,578백만원이다[K-1002. 36(5)].

참고로, 재고자산평가손실과 달리 재고자산평가손실환입의 경우, 환입을 초래한 상황이나 사건에 대한 주석공시를 요구하고 있다[K-1002. 36(7)].

공시사례 3.2 **재고자산 담보제공**

주석

[출처 : 금호타이어 2023년 감사보고서]

9. 재고자산

보고기간종료일 현재 재고자산의 내역은 다음과 같습니다.

(단위 : 백만원)

구분	당기말	전기말
제품	124,347	145,687
상품	5,604	4,338
반제품	9,707	10,483
원재료	67,938	84,810
저장품	306	352
미착품	38,249	41,933
차감 : 재고자산평가충당금	(3,543)	(7,534)
합계	242,608	280,069

비용으로 인식되어 매출원가에 포함된 재고자산의 원가는 2,291,505백만원(전기 : 2,096,239백만원)입니다.

당기말 현재 당사의 재고자산 중 99,714백만원은 수출입은행 차입금 21,891백만원에 대해 담보로 제공되어 있습니다.

설명

사례회사는 재고자산 중 99,714백만원이 차입금 담보로 제공되고 있다고 공시하고 있다 [K-1002, 36(8)].

K-IFRS

주석작성실무

CHAPTER

04 유형자산

▶ 관련 기업회계기준서

- K-IFRS 제1016호 유형자산
- K-IFRS 제1020호 정부보조금의 회계처리와 정부지원의 공시
- K-IFRS 제1023호 차입원가

01 | 기준서 주요 내용

▶ K-IFRS 제1016호 유형자산

| 인식

유형자산으로 인식되기 위해서는 자산으로부터 발생하는 미래경제적효익이 기업에 유입될 가능성이 높고, 자산의 원가를 신뢰성 있게 측정할 수 있어야 한다.

| 인식시점의 측정

인식하는 유형자산은 원가로 측정한다.

| 감가상각

유형자산을 구성하는 일부의 원가가 전체원가에 비교하여 유의적이라면, 해당 유형자산을 감가상각할 때 그 부분은 별도로 구분하여 감가상각한다. 각 기간의 감가상각액은 다른 자산의 장부금액에 포함되는 경우가 아니라면 당기손익으로 인식한다.

| 최초 인식 후의 측정

최초 인식 후에는 원가모형이나 재평가모형 중 하나를 회계정책으로 선택하여 유형자산의 유형별로 동일하게 적용하여야 한다. 원가모형을 선택하는 경우, 유형자산은 원가에서 감가상각누계액과 손상차손누계액을 차감한 금액으로 평가한다. 재평가모형을 선택하는 경우, 유형자산은 재평가금액, 즉 재평가일의 공정가치에서 재평가일 이후의 감가상각누계액과 손상차손누계액을 차감한 금액으로 평가한다.

자산의 장부금액이 재평가로 인하여 증가된 경우에 그 증가액은 **기타포괄손익으로 인식**하고 재평가잉여금의 과목으로 자본에 가산한다. 그러나 동일한 자산에 대하여 이전에 당기손익으로 인식한 재평가감소액이 있다면 그 금액을 한도로 재평가증가액만큼 당기손익으로 인식한다.

자산의 장부금액이 재평가로 인하여 감소된 경우에 그 감소액은 **당기손익으로 인식**한다. 그러나 그 자산에 대한 재평가잉여금의 잔액이 있다면 그 금액을 한도로 재평가감소액을 기타포괄손익으로 인식한다. 재평가감소액을 기타포괄손익으로 인식하는 경우 재평가잉여금의 과목으로 자본에 누계한 금액을 감소시킨다.

유형자산 재평가모형 적용 예시

개요

회사의 20×1년 유형자산의 현황은 다음과 같다.

- 회사는 유형자산 중 건물유형에 대해 후속측정모형으로 재평가모형을 선택하였다.
- 취득일 20×1년 초, 취득원가 50,000원, 내용연수 5년, 감가상각방법 정액법, 잔존가치 0원

구분	취득원가 (a)	감가상각비	감가상각 누계액 (b)	상각 후 장부금액 (c=a-b)	공정가치 (d)	재평가차액 (c-d)
20×1년 초	50,000					
20×1년 말	50,000	10,000	10,000	40,000	50,000	10,000
20×2년 말	50,000	12,500	12,500	37,500	22,500	(5,000)
20×3년 말	50,000	7,500	12,500	15,000	25,000	10,000

- 20×1년 12월 31일(기말 감가상각비 인식)

차변		대변	
감가상각비	10,000	건물 감가상각누계액	10,000

- 20×1년 12월 31일(기말 재평가 - FV 50,000)

차변		대변	
건물 감가상각누계액	10,000	재평가잉여금	10,000

• 20×2년 12월 31일(기말 감가상각비 인식)

차변		대변	
감가상각비	12,500	건물 감가상각누계액	12,500

• 20×2년 12월 31일(기말 재평가 – FV 22,500)

차변		대변	
재평가잉여금	10,000	건물 감가상각누계액	15,000
재평가손실	5,000		

• 20×3년 12월 31일(기말 감가상각비 인식)

차변		대변	
감가상각비	7,500	건물 감가상각누계액	7,500

• 20×3년 12월 31일(기말 재평가 – FV 25,000)

차변		대변	
건물 감가상각누계액	10,000	재평가잉여금	5,000
		재평가이익	5,000

손상

유형자산의 손상여부를 결정하기 위해서는 기업회계기준서 제1036호 '자산손상'을 적용한다.

제거(처분)

유형자산은 처분하는 때, 또는 사용이나 처분을 통하여 미래경제적효익이 기대되지 않을 때 제거한다.

▶ K-IFRS 제1020호 정부보조금의 회계처리 및 정부지원의 공시

정부보조금의 인식

정부보조금은 다음 모두에 대한 합리적인 확신이 있을 때까지 인식하지 아니한다.

(1) 정부보조금에 부수되는 조건의 준수
(2) 보조금의 수취

정부보조금으로 보전하려 하는 관련원가와 대응시키기 위해 필요한 기간에 걸쳐 체계적인 기준에 따라 정부보조금을 수익으로 인식한다. 정부보조금은 주주지분에 직접 인식하지 아니한다.

이미 발생한 비용이나 손실에 대한 보전 또는 향후의 관련원가 없이 기업에 제공되는 즉각적인 금융지원으로 수취하는 정부보조금은 정부보조금을 수취할 권리가 발생하는 기간에 수익으로 인식한다.

| 자산관련정부보조금

자산관련정부보조금은 재무상태표에 이연수익으로 표시하거나 자산의 장부금액을 결정할 때 차감하여 표시한다.

| 수익관련보조금

수익관련보조금은 포괄손익계산서에 별도의 계정이나 '기타수익'과 같은 일반계정으로 표시할 수 있다. 대체적인 방법으로 관련비용에서 보조금을 차감할 수도 있다.

| 정부보조금의 상환

상환의무가 발생하게 된 정부보조금은 회계추정의 변경으로 회계처리한다.

자산관련보조금 회계처리 예시

개요

회사는 20×1년 초 유형자산(기계장치)을 10,000원에 취득하였으며, 이에 대해 정부로부터 20%인 2,000원을 국고보조금으로 보조받았다.

- 내용연수 10년, 감가상각방법 정액법, 잔존가치 0원

(1) 이연수익으로 표시하는 방법

- 20×1년 1월 1일(취득 및 정부보조금 수령)

차변		대변	
기계장치	10,000	현금	10,000
현금	2,000	이연수익	2,000

- 20×1년 12월 31일(기말 감가상각)

차변		대변	
감가상각비	1,000	건물 감가상각누계액	1,000
이연수익	200	기타수익	200

(2) 관련 자산에서 차감하여 표시하는 방법

• 20×1년 1월 1일(취득 및 정부보조금 수령)

차변		대변	
기계장치	10,000	현금	10,000
현금	2,000	국고보조금 (기계장치 차감)	2,000

• 20×1년 12월 31일(기말 감가상각)

차변		대변	
감가상각비	1,000	건물 감가상각누계액	1,000
국고보조금 (기계장치 차감)	200	감가상각비	200

수익관련보조금 회계처리 예시

개요

(1) 당기수익으로 표시하는 방법

• 20×1년 1월 1일(취득 및 정부보조금 수령)

차변		대변	
현금	2,000	국고보조금수익 (기타수익)	2,000

(2) 관련 비용에서 차감하는 방법

• 20×1년 1월 1일(취득 및 정부보조금 수령)

차변		대변	
현금	2,000	급여 (관련 비용 차감)	2,000

▶ K-IFRS 제1023호 차입원가

I 인식

적격자산의 취득, 건설 또는 생산과 직접 관련된 차입원가는 당해 자산 원가의 일부로 자본화하여야 한다. 기타 차입원가는 발생기간에 비용으로 인식하여야 한다.

차입원가 자본화가 선택사항인 일반기업회계기준과 달리 K-IFRS에서는 차입원가 자본화가 강제된다.

| 자본화가능차입원가

적격자산의 취득, 건설 또는 생산과 직접 관련된 차입원가는 당해 적격자산과 관련된 지출이 발생하지 아니하였다면 부담하지 않았을 차입원가이다. 특정 적격자산을 획득하기 위한 목적으로 특정하여 자금을 차입하는 경우 당해 적격자산과 직접 관련된 차입원가는 쉽게 식별할 수 있다.

적격자산을 취득하기 위한 목적으로 특정하여 차입한 자금에 한하여, 회계기간 동안 그 차입금으로부터 실제 발생한 차입원가에서 당해 차입금의 일시적 운용에서 생긴 투자수익을 차감한 금액을 자본화가능차입원가로 결정한다.

일반적인 목적으로 자금을 차입하고 이를 적격자산의 취득을 위해 사용하는 경우에 한하여 당해 자산 관련 지출액에 자본화이자율을 적용하는 방식으로 자본화가능차입원가를 결정한다. 자본화이자율은 회계기간에 존재하는 기업의 모든 차입금에서 발생된 차입원가를 가중평균하여 산정한다. 그러나 어떤 적격자산을 의도된 용도로 사용(또는 판매) 가능하게 하는 데 필요한 대부분의 활동이 완료되기 전까지는, 그 적격자산을 취득하기 위해 특정 목적으로 차입한 자금에서 생기는 차입원가는 위에서 기술된 자본화이자율 산정에서 제외한다. 회계기간 동안 자본화한 차입원가는 당해 기간 동안 실제 발생한 차입원가를 초과할 수 없다.

| 자본화의 개시

차입원가는 자본화 개시일부터 적격자산 원가의 일부로 자본화한다. 자본화 개시일은 최초로 다음 조건을 모두 충족시키는 날이다.

(1) 적격자산에 대하여 지출한다.
(2) 차입원가를 발생시킨다.
(3) 적격자산을 의도된 용도로 사용(또는 판매) 가능하게 하는 데 필요한 활동을 수행한다.

| 자본화의 중단

적격자산에 대한 적극적인 개발활동을 중단한 기간에는 차입원가의 자본화를 중단한다.

| 자본화의 종료

적격자산을 의도된 용도로 사용(또는 판매) 가능하게 하는 데 필요한 대부분의 활동이 완료된 시점에 차입원가의 자본화를 종료한다.

차입원가 자본화 예시

개요

회사의 차입금 및 투자 관련 내역은 다음과 같다.

- 회사는 올해(20×1년) 본사건물을 신축 중에 있으며, 내년(20×2년) 6월에 완공 예정이다.
- 올해 관련 지출액은 100,000원이다.
- 회사는 상기 투자와 관련하여 A차입금을 차입하였으며, 기존 운영자금 목적 차입금 B, C가 존재한다.

차입금	차입액	차입기간	연이자율	연이자비용
특정차입금 A	80,000	20×1.1.1. ~ 20×2.12.31.	10%	8,000
일반차입금 B	100,000	20×0.1.1. ~ 20×3.12.31.	8%	8,000
일반차입금 C	150,000	20×0.1.1. ~ 20×4.12.31.	8%	12,000
합계	330,000			28,000

회계처리

차입원가 자본화는 결산조정사항으로 차입원가 자본화 이전 차입금 및 이자비용 회계처리는 다음과 같다.

차변		대변	
건설중인자산	100,000	현금	100,000

차변		대변	
이자비용	28,000	현금	28,000

- 재무상태표(20×1년)

(단위 : 원)

과목	20×1년 말	20×0년 말
자산		
건설중인자산	100,000	-
부채		
장기차입금	330,000	-

- 포괄손익계산서(20×1년)

(단위 : 원)

과목	20×1년	20×0년
이자비용	28,000	-

차입원가 자본화 계산

1. 특정차입금 차입원가 자본화

자본화 지출액 100,000원 중 특정차입금 80,000원이 전액 사용되었다고 본다. 특정차입금 이자 8,000원 전액을 자본화한다.

2. 일반차입금 차입원가 자본화

자본화 지출액 100,000원 중 특정차입금을 제외한 20,000원은 나머지 차입금(일반차입금 B, C)에서 평균적으로 사용되었다고 간주한다.

관련 자본화 이자비용을 계산하기 위해 자본화 이자율을 산정한다. 자본화이자율은 특정차입금을 제외한 나머지 모든 차입금에서 발생된 차입원가를 가중평균하여 산정한다.

$$* \text{ 자본화이자율} = \frac{\text{이자비용}(8{,}000 + 12{,}000)}{\text{일반차입금}(100{,}000 + 150{,}000)} = 8.0\%$$

* 자본화가능차입원가 = 20,000(특정차입금 지출액 제외분) × 8.0%(자본화이자율) = 1,600원

3. 차입원가 자본화 반영

• 결산조정분개

차변		대변	
건설중인자산	9,600	이자비용	9,600

• 재무상태표(20×1년)

(단위 : 원)

과목	20×1년 말	20×0년 말
자산		
건설중인자산	109,600	-
부채		
장기차입금	330,000	-

• 포괄손익계산서(20×1년)

(단위 : 원)

과목	20×1년	20×0년
이자비용	18,400	-

이후 다음 사항을 주석공시한다(K-1023. 26).

(1) 회계기간 중 자본화된 차입원가의 금액 : 9,600원

(2) 자본화가능차입원가를 산정하기 위하여 사용된 자본화이자율 : 8.0%

02 | 주석 작성 핵심 포인트

유형자산 관련 주요 주석공시사항은 다음과 같이 요약된다.

Key Point

구분	주요 주석공시사항	비고
1. 유형자산		
(1) 유형자산 회계정책 및 회계추정	• 총장부금액을 결정하는 데 사용한 측정기준 • 감가상각방법 • 내용연수 또는 감가상각률	
(2) 장부금액 및 감가상각비	• 기초와 기말의 총장부금액, 감가상각누계액 • 기초장부금액에서 기말장부금액으로 조정한 내용 • 감가상각액 및 기말의 감가상각누계액 • 담보제공 유형자산	
(3) 기타	• 건설중인자산 지출액 • 유형자산 취득 약정 • 제3자 보상금	
(4) 회계추정의 변경	• 회계추정 변경의 성격과 당해 및 후속 회계연도에 미치는 영향	
(5) 재평가모형 적용 시	• 재평가기준일 • 독립적인 평가인이 평가에 참여했는지 여부 • 재평가된 유형자산의 유형별로 원가모형으로 평가되었을 경우 장부금액 • 재평가잉여금의 변동과 재평가잉여금에 대한 주주배당제한	
2. 정부보조금	• 정부보조금에 대해 채택한 회계정책 • 재무제표에 인식한 정부보조금의 성격과 정도 및 정부지원에 대한 내용 • 정부지원에 부수되는 미이행 조건과 기타 우발상황	
3. 차입원가	• 회계기간 중 자본화된 차입원가의 금액 • 자본화이자율	

03 | 주석 공시 요구사항

▶ 주석 공시 요구사항(K-IFRS 제1016호 유형자산)

유형자산 관련 주석공시사항은 다음과 같이 구분된다.

문단	공시사항
73 ~ 75	1. 일반사항
76	2. 회계추정의 변경
77	3. 재평가모형 적용 시 추가 공시사항
78	4. 손상(K-IFRS 제1036호 자산손상) 관련
79	5. 공시 권고사항(추가)

1. 일반사항

73 재무제표에 다음 사항을 공시한다.

(1) 총장부금액을 결정하는 데 사용한 측정기준

(2) 감가상각방법

(3) 내용연수 또는 감가상각률

(4) 기초와 기말의 총장부금액, 감가상각누계액(손상차손누계액을 합한 금액)

(5) 기초장부금액에 다음의 변동내용을 가감하여 기말장부금액으로 조정한 내용

(가) 증가

(나) 기업회계기준서 제1105호에 따라 매각예정으로 분류된 자산이나 매각예정으로 분류된 처분자산집단에 포함된 자산과 그 밖의 처분한 자산

(다) 사업결합을 통한 취득

(라) 문단 31, 39 및 40에 따른 재평가로 인하여 발생한 당기 증가금액이나 감소금액과 기업회계기준서 제1036호에 따라 기타포괄손익으로 인식되거나 환입된 손상차손으로 인한 당기 증가금액이나 감소금액

(마) 기업회계기준서 제1036호에 따라 당기손익으로 인식한 손상차손

(바) 기업회계기준서 제1036호에 따라 당기손익으로 환입한 손상차손

(사) 감가상각액

(아) 외화표시 재무제표를 기능통화에서 표시통화로 환산할 때 발생하는 순외환차이(예 : 해외사업장의 재무제표를 보고기업의 표시통화로 환산할 때 발생하는 순외환차이)

(자) 기타 변동사항

74 재무제표에 다음 사항도 공시한다.

(1) 소유권이 제한되거나 부채의 담보로 제공된 유형자산의 내용과 금액

(2) 건설중인 자산의 장부금액에 인식된 지출액

(3) 유형자산을 취득하기 위한 약정액

74 (4) 포괄손익계산서에 별도의 계정으로 분리하여 표시하지 않은 경우 손상, 소실 또는 포기된 유형자산에 대해 제3자에게서 수취한 보상금으로서 당기손익으로 인식된 금액

75 감가상각방법의 선택과 내용연수의 추정은 판단을 요구하는 문제이다. 그러므로 적용하고 있는 감가상각방법과 추정내용연수 또는 감가상각률을 공시하면 경영진이 선택한 회계정책에 대해 재무제표 이용자들이 검토할 수 있게 되고 기업 간의 비교도 가능하게 된다. 이와 유사한 이유로 다음과 같은 사항도 공시한다.

(1) 당기손익으로 인식되었거나 다른 자산의 원가에 포함된 감가상각액

(2) 기말의 감가상각누계액

유형자산 일반사항 관련 주석공시사항과 그 예시는 다음과 같다.

(1) 유형자산 회계정책 및 회계추정

주석사항

- 총장부금액을 결정하는 데 사용한 측정기준[(K-1016, 73(1)]
- 감가상각방법[K-1016, 73(2)]
- 내용연수 또는 감가상각률[K-1016, 73(3)]

예시

유형자산은 역사적원가에서 감가상각누계액과 손상차손누계액을 차감하여 표시하고 있습니다. 역사적원가는 자산의 취득에 직접적으로 관련된 지출을 포함합니다. [K-1016, 73(1)] - 후속측정 원가모형

유형자산 중 토지는 독립적인 외부평가인이 평가한 금액에 기초하여 공정가치로 측정됩니다. 재평가는 보고기간 말에 자산의 장부금액이 공정가치와 중요하게 차이가 나지 않도록 주기적으로 수행됩니다. [K-1016, 73(1)] - 후속측정 재평가모형

토지는 감가상각을 하고 있지 아니하며, 그 외 자산의 감가상각액은 자산의 취득원가에서 잔존가치를 제외한 금액에 대하여 다음의 추정 경제적 내용연수에 걸쳐 정액법에 따라 산정하고 있습니다. [K-1016, 73(2)·(3)]

과목	대표추정 내용연수
건물 및 구축물	20년, 40년
기계장치	5년, 10년
공구와기구	5년

과목	대표추정 내용연수
비품	5년
기타의유형자산	5년

설명

- 측정기준
  - 최초측정 : 유형자산의 취득원가에 포함되는 금액
  - 후속측정 : 원가모형 또는 재평가모형
- 감가상각방법 : 정액법, 체감잔액법(정률법 등), 생산량비례법

(2) 유형자산 장부금액

주석사항

- 기초와 기말의 총장부금액, 감가상각누계액(손상차손누계액을 합한 금액)[K-1016, 73(4)]
- 기초장부금액에 다음의 변동내용을 가감하여 기말장부금액으로 조정한 내용[K-1016, 73(5)]

구분	기준서 [K-1016, 73]
기초 순장부금액	(4)
증가(취득)	(5)(가)
매각예정으로 분류된 자산	(5)(나)
사업결합을 통한 취득	(5)(다)
재평가로 인한 변동	(5)(라)
손상차손(환입)	(5)(마)(바)
감가상각비	(5)(사)
순외환차이(*1)	(5)(아)
처분 등	(5)(나)
기타	(5)(자)
기말 순장부금액	(4)

(*1) 순외환차이
연결재무제표 작성 시 해외종속기업이 있는 경우, 해외사업장의 재무제표(예 : USD)를 보고기업의 표시통화(예 : KRW)로 환산할 때 발생하는 순외환차이를 별도로 구분하여 공시한다.

예시

기말의 총장부금액은 다음과 같습니다. [K-1016, 73(4), 75(2)]

구분	토지	건물	건설중인자산	합계
취득원가	1,300	3,000	700	5,000
감가상각누계액		(1,900)		(1,900)
손상차손누계액		(300)		(300)
순장부금액	1,300	800	700	2,800

유형자산의 기초 장부금액에서 기말 장부금액으로의 조정내용은 다음과 같습니다. [K-1016. 73(5)]

구분	토지	건물	건설중인자산	합계
기초 순장부금액	1,000	1,000	1,000	3,000
증가(취득)			100	100
매각예정으로 분류된 자산		(200)		(200)
사업결합을 통한 취득	100	100		200
재평가로 인한 변동	200			200
손상차손(환입)		(300)		(300)
감가상각비		100		100
순외환차이				
처분 등		(300)		(300)
기타		400	(400)	–
기말 순장부금액	1,300	800	700	2,800

설명

- 기초 장부금액에서 기말 장부금액으로의 조정은 취득원가와 감가상각누계액을 모두 공시하지 않고, 장부금액 기준으로 그 변동을 공시한다.
- 예를 들어, 처분으로 인한 변동이 취득원가 400, 감가상각누계액 100인 건물이라고 하면, 건물의 장부금액 300을 감소 표시한다.
- 이와 별도로 취득원가와 감가상각누계액을 각 금액을 기초와 기말로 구분하여 공시 요구하고 있다.

(3) 감가상각비

주석사항

- 당기손익으로 인식되었거나 다른 자산의 원가에 포함된 감가상각액[K-1016. 75(1)]
- 기말의 감가상각누계액[K-1016. 75(2)]

예시

감가상각비가 포함되어 있는 계정과목별 금액은 다음과 같습니다. [K-1016. 75(1)]

구분	당기
매출원가	50
판매비와관리비	30
개발비	20
합계	100

설명

- 당기손익으로 인식된 감가상각비는 판매비와관리비에 해당되며, 다른 자산의 원가에 포함된 감가상각비는 개발비에 해당된다.
- 매출원가는 판매로 인한 매출원가(당기손익으로 인식) 또는 미판매로 인해 재고자산(다른 자산의 원가에 포함) 2가지로 구분된다.

☞ 공시사례 4.1 유형자산 일반
☞ 공시사례 4.2 감가상각비와 감가상각누계액 구분

(4) 담보제공 유형자산

주석사항

소유권이 제한되거나 부채의 담보로 제공된 유형자산의 내용과 금액[K-1016. 74(1)]

예시

당기말 현재 소유권이 제한되거나 부채의 담보로 제공된 유형자산의 내용은 다음과 같습니다. [K-1016. 74(1)]

담보제공자산	장부금액	담보설정액	차입금종류	차입금액	담보권자
A공장 토지	100	52	시설자금	40	K은행

설명

- 차입금이 존재하는 경우, 유형자산 등을 담보로 제공하거나 지급보증이 존재하기 때문에 주석공시에 누락이 있는지를 검토할 필요가 있다.
- 지배기업이 신용도나 담보여력이 약한 종속기업을 위해 종속기업의 차입금에 대해 담보를 제공하거나 지급보증을 제공하는 경우가 있으니, 별도재무제표 특수관계자 주석공시에 누락 여부를 검토할 필요가 있다.
- 금융감독원 감리지적사례 중 담보제공 유형자산에 대한 주석공시 미흡사례를 참고하여 주석 작성에 유의해야 하겠다(참고 1 및 참고 2).

| 참고 1 | 금융감독원 감리지적사례 – 담보제공 유형자산 주석공시 유의사항

회사의 유형자산이 차입금 등의 담보로 제공된 경우, 주석에 다음 사항을 공시하여야 한다. [K-1016. 74(1)]

주석사항에는 차입금 내역과 대응되는 담보제공자산을 공시해야 하며, 차입금액과 통상적으로 차입금액의 120% 또는 130%에 해당하는 담보설정액을 구분하여 공시하여야 한다. 담보설정액은 부동산의 경우 관련 부동산 등기부등본의 을구에서 채권최고액으로 확인하며, 추가로 은행연합회 자료 조회를 통해 확인할 수 있다.

[쟁점 1] 담보제공자산 주석의 '장부금액'과 '담보설정액' 중 필수 주석공시사항은?

담보제공자산	장부금액	담보설정액	차입금종류	차입금액	담보권자
A공장 토지	100억	52억	시설자금	40억	K은행

[쟁점 2] 담보제공 주석기재 일부 미흡한 경우, 지적 대상 금액은?

사례	담보제공자산	장부금액	담보설정액	차입금종류	차입금액	담보권자	감리지적금액
1	A공장 토지	100억	40억	시설자금	40억	K은행	과소기재금액 12억
2	A공장 토지	-	-	시설자금	40억	K은행	담보설정액 누락 52억
3	A공장 토지	100억	-	시설자금	40억	K은행	담보설정액 누락 52억

| 참고 2 | 금융감독원 감리지적사례 자료(2018년도~2019년도 주요 감리지적사례 및 유의사항)

감리지적사례 FSS/1912-20 : 담보제공자산 주석 미기재

- 쟁점분야 : 주석 미기재
- 관련기준 : 기업회계기준서 제1016호, 제1107호
- 결정일 : 2019년
- 회계결산일 : 2016.12.31.

1. 회사의 회계처리

A사는 ×1년 10월 C은행 등 금융기관으로부터 자금을 조달하면서 회사 소유의 재고자산 33억원, 공장부지 및 기계장치 등 유형자산 100억원을 담보로 제공하였으나 ×1년부터 ×7년 1분기까지의 재무제표 주석에 이를 기재하지 아니하였다.

2. 회계기준 위반 지적내용

A사는 금융기관으로부터 차입하면서 담보로 제공한 재고자산 및 유형자산 등을 ×1년부터 ×7년 1분기까지의 재무제표 주석에 기재하지 아니하였다.

3. 지적근거 및 판단 내용

① 기업회계기준서 제1002호(재고자산) 문단 36 및 제1016호(유형자산) 문단 74에 따르면 담보로 제공된 재고자산 및 유형자산의 내용과 금액을 재무제표에 공시하여야 한다.

② 금융감독원은 A사가 금융기관으로부터 자금을 조달하면서 재고자산 및 유형자산을 담보로 제공한 사실이 차입약정서, 부동산 등기부등본 등에 기재되어 있음에도 이를 주석에 공시하지 않아 상기 회계처리기준을 위반하였다고 판단하였다.

4. 감사절차 미흡사항

① 회계감사기준 505(외부조회) 등에 따르면 감사인은 외부조회에 대한 회신에서 발견

된 불일치 사항이 재무제표의 왜곡표시 등에 해당하는지 검토하고 왜곡표시로 식별될 경우 부정의 징후나 내부통제의 미비점에 해당하는지 평가하여야 한다.

② 동 사례의 경우 외부감사인은 금융기관 조회서에 재고자산, 유형자산 등의 담보제공 사실이 기재되어 있었음에도 동 내역이 재무제표 주석에 누락된 사실을 간과하는 등 감사절차를 소홀히 하였다.

5. 시사점

회사 및 감사인은 담보제공 내역의 완전성을 확보하기 위해 이사회의사록, 차입약정서, 부동산 등기부등본, 금융기관조회서 · 은행연합회 자료 등을 검토하여 담보제공 자산이 재무제표 주석에 적절히 공시되었는지를 확인할 필요가 있다.

☞ 공시사례 4.5 유형자산 담보제공

(5) 건설중인자산 지출액

주석사항

건설중인자산의 장부금액에 인식된 지출액[K-1016. 74(2)]

예시

당기 중 건설중인자산의 장부금액에 인식된 지출액은 총 100원입니다. [K-1016. 74(2)]

설명

일반적으로 건설중인자산의 당기 증가액과 일치한다.

(6) 유형자산 취득 약정

주석사항

유형자산을 취득하기 위한 약정액[K-1016. 74(3)]

예시

당기말 현재 발생하지 아니한 유형자산의 취득을 위한 약정액은 100원입니다. [K-1016. 74(3)]

설명

유형자산 취득을 위한 약정액을 주석공시 요구한다.

이는 그 중요성에 따라 우발부채와 약정사항 주석 및 특수관계자와의 주요약정사항 주석 공시에도 포함시킬지 여부를 고려하여야 한다.

(7) 제3자 보상금

주석사항

포괄손익계산서에 별도의 계정으로 분리하여 표시하지 않은 경우 손상, 소실 또는 포기된 유형자산에 대해 제3자에게서 수취한 보상금으로서 당기손익으로 인식된 금액[K-1016. 74(4)]

예시

당기 중 회사 소유 공장에서 발생한 화재로 인한 보험금수익 200원이 포함되어 있습니다. [K-1016. 74(4)]

설명

공장 화재 등으로 인하여 유형자산이 손상, 소실된 경우 보험회사로부터 수취한 보험금 등 보상금은 당기손익으로 인식하고 주석공시한다.

☞ 공시사례 4.6 유형자산 보상금 수익

2. 회계추정의 변경

76 회계추정을 변경한 경우 회계추정 변경의 성격과 당해 회계연도에 미치는 영향이나 후속 회계연도에 미치는 영향을 기업회계기준서 제1008호에 따라 공시한다. 이러한 공시는 다음과 같은 추정치에서 변경이 일어날 경우 필요한 것이다.

(1) 잔존가치

(2) 유형자산의 해체, 제거 또는 복구 추정원가

(3) 내용연수

(4) 감가상각방법

회계추정의 변경 관련된 주석공시사항과 그 예시는 다음과 같다.

(1) 유형자산 회계추정 변경 공시

주석사항

회계추정을 변경한 경우 회계추정 변경의 성격과 당해 회계연도에 미치는 영향이나 후속 회계연도에 미치는 영향을 기업회계기준서 제1008호에 따라 공시한다(K-1016. 76).

예시

당사는 당기부터 일부 기계장치의 추정내용연수를 10년에서 15년으로 변경하였습니다.

이러한 추정의 변경은 수익과 비용의 적절한 대응 및 거래의 실질과 경제적 사실을 보다 정확하게 재무제표에 반영하기 위한 것입니다. 이로 인하여 당기 및 후속 회계연도에 미치는 영향은 다음과 같습니다. (K-1008. 39)

구분	당기 (20×1년)	20×2년	20×3년	20×4년
변경 전 감가상각비	100	100	100	100
변경 후 감가상각비	90	95	92	94
손익 영향	10	5	8	6

설명

- 회계추정의 변경은 유형자산이건 다른 항목이건 간에 K-IFRS 제1008호(회계변경 등)에 따라 전진적으로 회계처리하고, 그 변경내용과 변경효과의 금액을 주석공시한다.
- 상기 예시는 유형자산(기계장치)의 추정내용연수에 대한 회계추정 변경으로서 그 변경내용과 변경으로 인한 금액적 영향을 주석공시하고 있다.
- 참고로 회계정책의 변경은 소급 회계처리하므로, 회계추정의 변경보다 복잡한 회계처리 및 주석공시사항이 요구된다.

| 참고 기준서 | K-IFRS 제1008호(회계정책, 회계추정의 변경 및 오류)

문단 39

당기에 영향을 미치거나 미래기간에 영향을 미칠 것으로 예상되는 회계추정의 변경에 대하여 변경내용과 변경효과의 금액을 공시한다. 다만 미래기간에 미치는 영향을 실무적으로 추정할 수 없는 경우에는 공시하지 아니할 수 있다.

문단 40

미래기간에 미치는 영향을 실무적으로 추정할 수 없기 때문에 공시하지 아니한 경우에는 그 사실을 공시한다.

⋯› 회계추정의 변경과 그에 따른 주석 공시사항은 'CHAPTER 22 회계변경 및 오류수정' 참조

3. 재평가모형 적용 시 추가 공시사항

77 유형자산의 항목이 재평가금액으로 기재된 경우 기업회계기준서 제1113호에서 요구하는 공시 사항에 추가하여 다음 사항을 공시한다.

(1) 재평가기준일

77 (2) 독립적인 평가인이 평가에 참여했는지 여부

(3) [국제회계기준위원회에 의하여 삭제됨]

(4) [국제회계기준위원회에 의하여 삭제됨]

(5) 재평가된 유형자산의 유형별로 원가모형으로 평가되었을 경우 장부금액

(6) 재평가잉여금의 변동과 재평가잉여금에 대한 주주배당제한

유형자산의 후속측정모형으로 재평가모형을 선택한 경우 원가모형 대비 다음의 주석사항이 추가로 요구된다.

(1) 재평가모형 적용 시

주석사항

- 재평가기준일[K-1016. 77(1)]
- 독립적인 평가인이 평가에 참여했는지 여부[K-1016. 77(2)]
- 재평가된 유형자산의 유형별로 원가모형으로 평가되었을 경우 장부금액[K-1016. 77(5)]
- 재평가잉여금의 변동과 재평가잉여금에 대한 주주배당제한[K-1016. 77(6)]

예시

회사의 토지는 20×1년 12월 31일을 기준일로 하여 독립된 평가기관인 ABC 감정평가법인에 의하여 재평가되었습니다. [K-1016. 77(1)·(2)]

당기말 현재 재평가에 따른 토지의 장부금액과 원가모형으로 평가되었을 경우의 장부금액은 다음과 같습니다. [K-1016. 77(5)]

구분	재평가모형	원가모형
토지	2,500	1,000

상기 금액은 법인세효과 차감 전 금액이며, 재평가 증가액 1,500원은 기타포괄손익으로 인식하고 재평가잉여금으로 반영하였으며, 동 금액은 주주에 대한 배당금의 재원으로 사용할 수 없습니다. [K-1016. 77(6)]

설명

- 유형자산의 후속측정은 원가모형 또는 재평가모형 중 선택하여야 한다.
- 회사가 특정 유형의 후속측정모형을 재평가모형으로 선택한 경우, 원가모형 대비 공정가치 측정으로 인한 정보들을 추가로 주석공시가 요구된다.
- 유형자산은 사용목적이라는 특성상 재평가모형으로 후속측정해서 기말 장부금액이 공정가치로 측정되더라도 재평가하지 않았을 경우의 원가모형 시 장부금액 정보가 주석공시 요구되므로, 별도의 원가모형 정보가 관리되어야 한다.

☞ 공시사례 4.3 유형자산 재평가모형
☞ 공시사례 4.4 유형자산 재평가모형

4. 손상(K-IFRS 제1036호 자산손상) 관련

78	기업회계기준서 제1036호에 따르면 이 기준서의 문단 73(5)(라) ~ (바)에서 요구하는 공시사항에 추가하여 손상된 유형자산에 관한 정보를 공시한다.

유형자산의 개별자산 또는 현금창출단위에서 손상차손 또는 손상차손환입이 발생한 경우, 손상된 유형자산에 관한 정보를 공시한다.

…› 손상차손과 관련된 구체적인 내용은 'CHAPTER 11 자산손상' 참조

5. 공시 권고사항(추가)

79 재무제표의 이용자들에게는 다음과 같은 정보도 목적적합할 수 있다.

(1) 일시 운휴 중인 유형자산의 장부금액
(2) 감가상각이 완료되었으나 아직 사용되고 있는 유형자산의 총장부금액
(3) 사용이 중지되었지만 기업회계기준서 제1105호에 따라 매각예정으로 분류되지 않은 유형자산의 장부금액
(4) 원가모형을 적용하는 경우, 유형자산의 공정가치가 장부금액과 중요한 차이가 있을 때 그 공정가치

따라서 기업이 이러한 금액을 공시할 것이 권장된다.

유형자산은 관련 추가 주석공시 권고사항의 내용과 예시는 다음과 같다.

(1) 일시 운휴 유형자산

주석사항

일시 운휴 중인 유형자산의 장부금액[K-1016, 79(1)]

예시

당기말 현재 일시 운휴 중인 유형자산의 장부금액은 100원입니다. [K-1016, 79(1)]

설명

• 유형자산은 운휴 여부와 무관하게 사용가능시점부터 계속 감가상각을 수행한다.
• 다만, 일시 운휴 중인 유형자산 장부금액을 정보이용자에게 주석으로 제공함으로써 계속 사용 중인 유형자산과 구분이 가능해진다.

☞ 공시사례 4.7 일시 운휴 중인 유형자산

(2) 감가상각 완료 유형자산

주석사항

감가상각이 완료되었으나 아직 사용되고 있는 유형자산의 총장부금액[K-1016. 79(2)]

예시

당기말 현재 감가상각이 완료되었으나 사용 중인 유형자산으로 일부 비품이 존재하며 그 장부금액은 0원입니다. [K-1016. 79(2)]

설명

감가상각은 취득 시 추정된 내용연수에 따라 감가상각하나, 추정된 내용연수가 모두 경과된 이후에도 사용 중일 수 있다. 이러한 상각 완료 후 사용 중인 자산의 장부금액은 정보이용자에게 도움을 줄 수 있다.

☞ 공시사례 4.7 일시 운휴 중인 유형자산

(3) 사용중지 유형자산

주석사항

사용이 중지되었지만 기업회계기준서 제1105호에 따라 매각예정으로 분류되지 않은 유형자산의 장부금액[K-1016. 79(3)]

예시

당기말 현재 사용이 중지되었지만 기업회계기준서 제1105호에 따라 매각예정으로 분류되지 않은 유형자산의 장부금액은 100원입니다. [K-1016. 79(3)]

설명

• K-IFRS 제1105호(매각예정비유동자산과 중단영업)에서 경영진이 자산의 매각계획을 확약하고, 매수자를 물색하고 매각계획을 이행하기 위한 적극적인 업무진행을 이미 시작하였어야 하는 요건이 충족되어야 매각예정으로 분류된다.

따라서 사용이 중지되었지만 매각하겠다는 경영진의 의지만으로 매각예정으로 분류되지 않으므로, 사용중지와 매각예정은 구분된다.

• 매각예정으로 분류되지 않는 사용중지 유형자산의 장부금액은 정보이용자에게 도움을 줄 것이다.

(4) 원가모형 적용 시 공정가치

주석사항

원가모형을 적용하는 경우, 유형자산의 공정가치가 장부금액과 중요한 차이가 있을 때 그 공정가치[K-1016. 79(4)]

예시

당기말 현재 원가모형을 적용하는 토지의 공정가치가 장부금액과 중요한 차이가 존재하며, 그 공정가치 금액은 다음과 같습니다. [K-1016. 79(4)]

구분	장부금액	공정가치
토지	1,000	9,000

설명

• 유형자산의 후속측정모형으로 원가모형을 적용하는 경우, 사용 목적인 유형자산의 공정가치는 주석공시 요구사항이 아니다.
• 다만, 원가모형을 적용함에도 불구하고 원가모형상의 금액과 공정가치가 중요한 차이가 있을 때 그 정보는 정보이용자에게 도움을 줄 것이다.
• 참고로 투자 목적인 투자부동산은 후속측정모형으로 원가모형을 적용하는 경우, 반드시 공정가치를 주석에 공시하도록 요구하고 있다.

▶ 주석 공시 요구사항(K-IFRS 제1020호 정부보조금의 회계처리와 정부지원의 공시)

정부보조금 관련 주석공시사항은 다음과 같다.

문단	공시사항
39	1. 일반사항

1. 일반사항

39	다음 사항을 공시한다.

39	(1) 정부보조금에 대해 채택한 회계정책(재무제표에 표시하는 방법 포함) (2) 재무제표에 인식한 정부보조금의 성격과 정도 및 직접적으로 효익을 얻는 그 밖의 정부지원에 대한 내용 (3) 인식된 정부지원에 부수되는 미이행 조건과 기타 우발상황

정부보조금 관련 주석공시사항과 그 예시는 다음과 같다.

(1) 회계정책

주석사항

정부보조금에 대해 채택한 회계정책(재무제표에 표시하는 방법 포함)[K-1020. 39(1)]

예시

정부보조금은 보조금의 수취와 정부보조금에 부가된 조건의 준수에 대한 합리적인 확신이 있을 때 공정가치로 인식됩니다.

자산관련보조금은 자산의 장부금액을 결정할 때 차감하여 표시되며, 해당 정부보조금은 관련자산의 내용연수에 걸쳐 감가상각비를 감소시키는 방식으로 당기손익으로 인식하고 있습니다.

수익관련보조금은 이연하여 정부보조금의 교부 목적과 관련된·비용에서 차감하여 표시됩니다. [K-1020. 39(1)]

설명

- 자산관련보조금은 이연수익으로 표시하거나 자산의 장부금액에서 차감할 수 있으며, 수익관련보조금은 수익으로 인식하거나 또는 관련 비용에서 보조금을 차감할 수도 있다.
- 각각의 자산관련 또는 수익관련 정부보조금의 회계정책이 주석공시 요구된다.

(2) 정부보조금 내용 및 금액

주석사항

재무제표에 인식한 정부보조금의 성격과 정도 및 직접적으로 효익을 얻는 그 밖의 정부지원에 대한 내용[K-1020. 39(2)]

예시

당기 중 정부보조금 등의 변동내역은 다음과 같습니다. [K-1020. 39(2)]

구분	기계장치
기초금액	1,000

구분	기계장치
당기발생	50
감가상각비 상계	(100)
기말금액	950

당사는 포항공장 폐수처리설비와 관련하여 당기 중 50원의 정부보조금을 수취하였으며, 해당기계장치의 내용연수에 걸쳐 상각하고 있습니다.

설명

예시는 자산관련 보조금 수령액 50원이 있으며, 기초금액과 합하여 기계장치의 감가상각비 금액과 장부금액 비율로 상계하고 있음을 주석공시하고 있다.

(3) 미이행조건 및 우발상황

주석사항

인식된 정부지원에 부수되는 미이행 조건과 기타 우발상황[K-1020, 39(3)]

예시

기타손익의 정부보조금수익에는 수출관련 정부보조금 100원이 포함되어 있습니다. 이 정부보조금과 관련하여 이행하지 않은 조건이나 그 밖의 우발상황은 없습니다. [K-1020, 39(3)]

설명

정부보조금은 지원과정에 여러 가지 요구사항이 존재할 수 있으며, 이러한 요구사항 중 미이행된 내역이나 실패 시 환급하는 등의 우발상황이 존재하는 경우 그 내용에 대한 주석공시가 요구된다.

☞ 공시사례 4.8 정보보조금
☞ 공시사례 4.9 정보보조금

▶ 주석 공시 요구사항(K-IFRS 제1023호 차입원가)

차입원가 관련 주석공시사항은 다음과 같다.

문단	공시사항
26	1. 일반사항

1. 일반사항

26	다음 사항을 재무제표의 주석으로 공시한다. (1) 회계기간 중 자본화된 차입원가의 금액 (2) 자본화가능차입원가를 산정하기 위하여 사용된 자본화이자율

차입원가 자본화 관련 주석공시사항은 다음과 같다.

(1) 자본화 차입원가 금액 및 자본화이자율

주석사항

- 회계기간 중 자본화된 차입원가의 금액[K-1023. 26(1)]
- 자본화가능차입원가를 산정하기 위하여 사용된 자본화이자율[K-1023. 26(2)]

예시

당기 중 자본화된 차입원가와 자본화이자율은 다음과 같습니다. [K-1023. 26(1) · (2)]

구분	20×1년
자본화된 차입원가	100원
자본화이자율(%)	3.10%

설명

- 당기 중 자본화된 차입원가는 일반적으로 이자비용이 아닌 건설중인자산 계정에 포함된다. 건설중인자산 계정에 포함된 자본화된 차입원가 금액을 주석에 별도로 공시한다.
- 추가로 차입원가 자본화 과정에서의 일반차입금에 대한 자본화이자율에 대한 정보를 주석 공시한다.

☞ 공시사례 4.1 유형자산 일반

04 | 실제 공시 사례

공시사례 4.1 유형자산 일반

주석

[출처 : LG전자 2023년 감사보고서]

2.11 유형자산

유형자산은 역사적원가에서 감가상각누계액과 손상차손누계액을 차감하여 표시하고 있습니다. 역사적원가는 자산의 취득에 직접적으로 관련된 지출을 포함합니다.
후속원가는 자산으로부터 발생하는 미래경제적효익이 회사에 유입될 가능성이 높으며 그 원가를 신뢰성 있게 측정할 수 있는 경우에 한하여 자산의 장부금액에 포함되거나 적절한 경우 별도의 자산으로 인식하고 있습니다. 대체된 부분의 장부금액은 제거하고 있습니다. 그 외의 모든 수선 및 유지비는 발생한 기간의 비용으로 인식하고 있습니다.

토지를 제외한 자산은 취득원가에서 잔존가치를 제외하고, 다음의 추정 경제적 내용연수에 걸쳐 정액법으로 상각됩니다.

과목	대표추정 내용연수
건물 및 구축물	20년, 40년
기계장치	5년, 10년
공구와기구	5년
비품	5년
기타의유형자산	5년

매 회계연도 말에 자산의 감가상각방법, 잔존가치와 경제적 내용연수를 검토하고 필요한 경우 조정을 하고 있습니다. 자산의 장부금액이 추정 회수가능액을 초과하는 경우 자산의 장부금액을 회수가능액으로 즉시 감소시키고 있습니다. 자산의 처분손익은 처분대가와 자산의 장부금액의 차이로 결정되며, 손익계산서의 '기타영업외수익(비용)'으로 표시하고 있습니다.

설명

사례회사는 유형자산의 측정기준 등을 다음과 같이 공시하고 있다.

주석공시 요구사항	공시내용	기준서 (K-1016)
총장부금액을 결정하는 데 사용한 측정기준	유형자산은 역사적원가에서 감가상각누계액과 손상차손누계액을 차감하여 표시하고 있습니다. (원가모형)(*1)	73(1)
감가상각방법	정액법	73(2)
내용연수 또는 감가상각률	20년 등	73(3)

(*1) 후속측정모형으로 원가모형이 아닌 재평가모형을 선택한 경우는 "토지는 최초 인식 후에 재평가일의 공정가치에서 이후의 손상차손누계액을 차감한 재평가금액을 장부금액으로 하고 있습니다." 등으로 기술하게 된다. (후술하는 공시사례 4.3 참조)

2.12 차입원가

적격자산을 취득 또는 건설하는 데 발생한 차입원가는 해당 자산을 의도된 용도로 사용할 수 있도록 준비하는 기간 동안 자본화되고, 적격자산을 취득하기 위한 특정목적차입금의 일시적 운용에서 발생한 투자수익은 당 회계기간 동안의 자본화 가능 차입원가에서 차감합니다. 기타 차입원가는 발생기간에 비용으로 인식하고 있습니다.

2.13 정부보조금

정부보조금은 보조금의 수취와 정부보조금에 부가된 조건의 준수에 대한 합리적인 확신이 있을 때 공정가치로 인식됩니다. 자산관련보조금은 자산의 장부금액을 계산할 때 차감하여 표시되며, 수익관련보조금은 이연하여 정부보조금의 교부 목적과 관련된 비용에서 차감하여 표시됩니다.

11. 유형자산

(1) 유형자산의 상세내역

(단위 : 백만원)

구분	2023.12.31								
	토지	건물	구축물	기계장치	공구와기구	비품	기타의 유형자산	건설중인 유형자산	합계
취득원가	2,064,518	3,928,169	195,613	1,520,920	1,761,878	420,375	867,775	259,919	11,019,167
감가상각누계액	(3,462)	(1,396,722)	(119,064)	(1,031,010)	(1,503,459)	(303,329)	(520,538)	-	(4,877,584)
손상차손누계액	-	(45,033)	(5,096)	(23,235)	(29,080)	(6,108)	(2,901)	-	(111,453)
순장부금액	2,061,056	2,486,414	71,453	466,675	229,339	110,938	344,336	259,919	6,030,130

(단위 : 백만원)

구분	2022.12.31								
	토지	건물	구축물	기계장치	공구와기구	비품	기타의 유형자산	건설중인 유형자산	합계
취득원가	2,050,475	3,875,838	197,857	1,469,466	1,765,878	402,345	1,045,378	157,052	10,964,289
감가상각누계액	(5)	(1,309,653)	(117,352)	(958,854)	(1,526,164)	(289,714)	(609,455)	-	(4,811,197)
손상차손누계액	-	(79,580)	(5,105)	(23,325)	(29,144)	(4,712)	(3,627)	-	(145,493)
순장부금액	2,050,470	2,486,605	75,400	487,287	210,570	107,919	432,296	157,052	6,007,599

(2) 유형자산의 변동내역

(단위 : 백만원)

구분	2023년								
	토지	건물	구축물	기계장치	공구와기구	비품	기타의 유형자산	건설중인 유형자산	합계
기초 순장부금액	2,050,470	2,486,605	75,400	487,287	210,570	107,919	432,296	157,052	6,007,599
취득	14,166	105,877	2,014	67,187	121,485	41,944	72,776	233,384	658,833
대체(*1)	-	76,423	-	26,693	24,003	26	55,303	(130,517)	51,931

구분	2023년								
	토지	건물	구축물	기계장치	공구와기구	비품	기타의 유형자산	건설중인 유형자산	합계
처분 등	(123)	(5,424)	(140)	(3,721)	(3,230)	(450)	(2,300)	-	(15,388)
사업양도로 인한 감소	-	-	-	-	-	-	-	-	-
감가상각비	(3,457)	(175,353)	(5,778)	(110,258)	(121,198)	(36,961)	(198,163)	-	(651,168)
손상차손(*2)	-	(1,714)	(43)	(513)	(2,291)	(1,540)	(15,576)	-	(21,677)
기말 순장부금액	2,061,056	2,486,414	71,453	466,675	229,339	110,938	344,336	259,919	6,030,130

(단위 : 백만원)

구분	2022년								
	토지	건물	구축물	기계장치	공구와기구	비품	기타의 유형자산	건설중인 유형자산	합계
기초 순장부금액	2,056,039	2,882,624	85,448	477,809	191,941	85,867	563,518	81,539	6,424,785
취득	39,944	132,553	167	69,317	120,184	57,593	10,077	222,508	652,343
대체(*1)	7,648	45,436	-	62,899	27,550	-	103,347	(146,995)	99,885
처분 등	(53,156)	(280,150)	(3,645)	(9,009)	(8,242)	(1,630)	(1,832)	-	(357,664)
사업양도로 인한 감소	-	-	-	-	(51)	(5)	-	-	(56)
감가상각비	(5)	(183,517)	(6,274)	(112,675)	(117,576)	(33,994)	(222,479)	-	(676,520)
손상차손(*2),(*3)	-	(110,341)	(296)	(1,054)	(3,236)	88	(20,335)	-	(135,174)
기말 순장부금액	2,050,470	2,486,605	75,400	487,287	210,570	107,919	432,296	157,052	6,007,599

(*1) 기타의 유형자산 대체 금액 51,931백만원은 재고자산에서 렌탈자산으로 대체된 금액입니다(2022년 : 103,298백만원).

(*2) 회사는 정기 손상검사를 수행하여 향후 판매부진이 예상되는 HE, BS, VS사업부문의 일부 사업에서 3,334백만원(HE : 1,091백만원, BS : 1,542만원, VS : 701백만원)의 손상을 '기타영업외비용'으로 인식하였습니다(2022년 : 9,593백만원). 해당 손상금액은 현금창출단위의 기계장치 및 비품 등에 배분되었습니다. 현금창출단위의 회수가능액은 처분부대원가를 차감한 공정가치와 사용가치 중 큰 금액으로 측정되었으며, 이는 공정가치서열체계 수준 3에 해당합니다.

(*3) 2022년 중 에너지 사업의 영업 중단에 따른 유형자산의 손상차손 75,629백만원이 포함되어 있습니다.

(3) 유형자산 감가상각비가 포함되어 있는 계정과목과 금액

(단위 : 백만원)

구분	2023년	2022년
계속영업 :		
매출원가	483,470	506,030
판매비	37,984	39,455
관리비	63,648	51,685
연구개발비	38,404	44,101
서비스비	20,341	18,787

구분	2023년	2022년
기타영업외비용	7,309	1,404
계속영업 소계	651,156	661,462
중단영업	12	15,058
합계	651,168	676,520

설명

유형자산의 증감은 기초에서 기말 장부금액으로의 변동을 요구하고 있다. 이 주석요구사항을 표로 정리하면 다음과 같다[K-1016, 73(4)·(5)].

구분	기준서 (K-1016, 73)	토지	건물	…	건설중인자산	합계
기초 순장부금액	(4)	1,000	1,000	1,000	1,000	4,000
증가(취득)	(5)(가)					
매각예정으로 분류된 자산	(5)(나)					
사업결합을 통한 취득	(5)(다)					
재평가로 인한 변동	(5)(라)					
손상차손(환입)	(5)(마)(바)					
감가상각비	(5)(사)					
순외환차이(*1)	(5)(아)					
처분 등	(5)(나)					
기타	(5)(자)					
기말 순장부금액	(4)					

(*1) 순외환차이
연결재무제표 작성 시 해외종속기업이 있는 경우, 해외사업장의 재무제표(예 : USD)를 보고기업의 표시통화(예 : KRW)로 환산할 때 발생하는 순외환차이를 별도로 구분하여 공시한다.

(5) 자본화된 차입원가와 자본화 이자율

(단위 : 백만원)

구분	2023년	2022년
자본화된 차입원가	3,422	2,916
자본화 이자율(%)	3.51	3.05

(6) 보고기간 말 현재 차입금 등과 관련하여 담보로 제공된 유형자산은 없습니다.

설명

차입원가 자본화한 경우, 자본화한 차입원가 금액과 자본화 이자율을 공시하도록 요구한다(K-1023, 26).

주석공시 요구사항	공시내용	기준서 (K-1023)
회계기간 중 자본화된 차입원가의 금액	3,442백만원	26(1)
자본화가능차입원가를 산정하기 위하여 사용된 자본화이자율	3.51%	26(2)

공시사례 4.2 감가상각비와 감가상각누계액 구분

주석

[출처 : 셀트리온 2023년 감사보고서]

12. 유형자산

(1) 유형자산 변동내역은 다음과 같습니다.

(단위 : 천원)

구분	2023.1.1	사업결합 (*1)	취득	대체	처분	감가상각	손상	2023.12.31	감가상각 누계액	손상차손 누계액
토지	275,791,752	-	-	(1,228,620)	-	-	-	274,563,132	-	-
건물	168,841,269	-	90,024,787	114,708,610	363,930	9,346,967	-	363,863,769	(81,391,541)	-
건물-사용권자산(*2)	3,466,992	109,891	1,051,168	-	-	1,760,862	-	2,867,189	(5,141,351)	-
생산시설	123,007,695	-	-	-	-	18,862,051	-	104,145,644	(290,391,165)	-
구축물	3,538,552	-	455,044	5,340	-	406,612	-	3,592,324	(4,717,131)	-
기계장치	34,929,701	-	8,949,110	2,169,095	7,352	14,935,078	1,143,917	29,961,559	(87,351,595)	(1,143,917)
차량운반구	168,953	-	86,380	-	-	72,481	-	182,852	(539,168)	-
차량운반구-사용권자산(*2)	930,821	178,137	793,910	-	88,960	509,992	-	1,303,916	(1,053,775)	-
비품	8,397,376	247,557	6,667,291	427,201	2,537	3,529,115	11,684	12,196,089	(20,283,259)	(11,684)
건설중인자산	156,920,622	-	148,749,787	(140,436,506)	-	-	-	165,233,903	-	-
합계	775,993,733	535,585	256,777,477	(24,354,880)	462,779	49,423,158	1,155,601	957,910,377	(490,868,985)	(1,155,601)

(단위 : 천원)

구분	2022.1.1	취득	대체	처분	감가상각	2022.12.31	감가상각 누계액
토지	275,791,752	-	-	-	-	275,791,752	-
건물	175,733,218	342,000	99,000	861,813	6,471,136	168,841,269	(72,143,753)
건물-사용권자산(*2)	4,666,439	349,816	-	31	1,549,232	3,466,992	(3,380,489)
생산시설	146,872,058	435,382	-	330	24,299,415	123,007,695	(271,564,410)
구축물	3,458,389	452,093	-	-	371,930	3,538,552	(4,310,519)
기계장치	39,523,978	8,683,116	982,680	3,702	14,256,371	34,929,701	(73,021,892)

구분	2022.1.1	취득	대체	처분	감가상각	2022.12.31	감가상각 누계액
차량운반구	207,655	38,400	-	4	77,098	168,953	(466,688)
차량운반구-사용권자산(*2)	993,039	528,943	-	143,560	447,601	930,821	(895,423)
비품	9,161,473	1,929,205	231,285	33,807	2,890,780	8,397,376	(17,002,286)
건설중인자산	49,779,828	108,480,489	(1,339,695)	-	-	156,920,622	-
합계	706,187,829	121,239,444	(26,730)	1,043,247	50,363,563	775,993,733	(442,785,460)

(*1) 당기 중 셀트리온헬스케어를 흡수 합병함에 따라 추가 인식하였습니다(주석 36 참조).

(*2) 당사는 단기리스 및 소액자산리스에 대하여 인식면제 규정을 적용하였으며 당기 중 단기리스에 따른 리스료 197백만원(전기 : 187백만원), 소액자산리스에 따른 리스료 164백만원(전기 : 153백만원)을 비용으로 인식하였습니다. 한편 당기 중 리스의 총 현금유출은 2,862백만원(전기 : 2,550백만원)이며, 상기 리스이용자의 사용권자산전대리스와 관련하여 당기 중 인식한 리스료 수익은 5백만원(전기 : 11백만원)입니다. 또한 당기 중 리스부채와 관련한 이자비용은 129백만원(전기 : 111백만원)입니다.

(2) 감가상각비가 포함되어 있는 계정과목별 금액은 다음과 같습니다.

(단위 : 천원)

구분	2023년	2022년
매출원가	37,238,096	41,791,483
판매비와관리비	8,634,066	5,930,241
개발비	3,550,996	2,641,839
합계	49,423,158	50,363,563

설명

사례회사는 유형자산의 기초에서 기말의 변동내역을 공시하고 있으며(K-1016. 73), 기말 감가상각누계액을 공시하고 있다[K-1016. 75(2)].

감가상각비는 손익계산서의 판매비와관리비 이외에도 그 기능에 따라 여러 원가에 포함될 수 있으며, 사례회사는 감가상각비가 인식되는 매출원가, 판매비와관리비, 개발비, 건설중인자산대체 등으로 구분하여 각각의 감가상각비를 공시하고 있다[K-1016. 75(1)].

공시사례 4.3 **유형자산 재평가모형**

주석

[출처 : 한진칼 2023년 감사보고서]

2. 중요한 회계정책

2.9 유형자산

당사의 토지는 사무용 부지로 구성돼 있습니다. 토지는 외부평가인이 평가한 금액에 기초하여 공정가치로 측정됩니다. 재평가는 보고기간말에 자산의 장부금액이 공정가치와 중요하게 차이가 나지 않도록 주기적으로 수행됩니다.

토지를 제외한 유형자산은 원가에서 감가상각누계액과 손상차손누계액을 차감하여 표시됩니다. 역사적 원가는 자산의 취득에 직접적으로 관련된 지출을 포함합니다.

자산의 장부금액이 재평가로 인하여 증가된 경우에 그 증가액은 기타포괄손익으로 인식되고 이연법인세를 차감하여 재평가잉여금의 과목으로 자본에 가산됩니다. 그러나 동일한 자산에 대하여 이전에 당기손익으로 인식한 재평가감소액이 있다면 그 금액을 한도로 재평가증가액만큼 당기손익으로 인식됩니다. 자산의 장부금액이 재평가로 인하여 감소된 경우에 그 감소액은 당기손익으로 인식되나, 그 자산에 대한 재평가잉여금의 잔액이 있다면 그 금액을 한도로 재평가감소액은 기타포괄손익으로 인식됩니다. 재평가된 금액에 근거한 감가상각액과 최초원가에 근거한 감가상각액의 차이는 재평가잉여금에서 이익잉여금으로 대체됩니다.

토지를 제외한 자산은 취득원가에서 잔존가치를 제외하고, 다음의 추정 경제적 내용연수에 걸쳐 정액법으로 상각됩니다.

구분	추정 내용연수
건물	40년
기계장치	10년
비품	6년
시설장치	10년

유형자산의 감가상각방법과 잔존가치 및 경제적 내용연수는 매 회계연도 말에 재검토되고 필요한 경우 추정의 변경으로 조정됩니다.

유형자산을 처분하거나 사용이나 처분을 통한 미래경제적효익이 기대되지 않을 때 해당 유형자산의 장부금액을 재무제표에서 제거하고 있습니다. 유형자산의 제거로 인하여 발생하는 손익은 순매각금액과 장부금액의 차이로 결정하고 있으며, 해당 유형자산이 제거되는 시점에 당기손익으로 인식하고 있습니다. 재평가된 자산을 제거하는 경우, 관련된 재평가잉여금은 이익잉여금으로 대체하고 있습니다.

11. 유형자산

(1) 당기말 및 전기말 현재 유형자산 장부금액의 구성내역은 다음과 같습니다.

(단위 : 천원)

구분	당기말				전기말			
	취득원가	감가상각누계액	손상누계액	장부금액	취득원가	감가상각누계액	손상누계액	장부금액
토지	12,024,336	-	-	12,024,336	17,294,631	-	-	17,294,631
건물	936,547	(366,738)	-	569,809	1,347,037	(473,585)	-	873,452
기계장치	15,700	(13,214)	-	2,486	15,700	(11,644)	-	4,056
비품	-	-	-	-	-	-	-	-
시설장치	25,039	(15,232)	-	9,807	25,039	(12,728)	-	12,311
건설중인자산	305,000	-	(305,000)	-	476,150	-	(305,000)	171,150
합계	13,306,622	(395,184)	(305,000)	12,606,438	19,158,557	(497,958)	(305,000)	18,355,600

(2) 당기 및 전기 중 유형자산 장부금액의 변동내역은 다음과 같습니다.

(당기)

(단위 : 천원)

구분	기초	감가상각비	취득	대체	처분	손상	기말
토지	17,294,631	-	-	(5,270,295)	-	-	12,024,336
건물	873,452	(49,789)	-	(253,854)	-	-	569,809
기계장치	4,056	(1,570)	-	-	-	-	2,486
시설장치	12,311	(2,504)	-	-	-	-	9,807
건설중인자산	171,150	-	424,568	-	(595,718)	-	-
합계	18,355,600	(53,863)	424,568	(5,524,149)	(595,718)	-	12,606,438

(전기)

(단위 : 천원)

구분	기초	감가상각비	대체	재평가(주1)	손상	기말
토지	9,921,615	-	-	7,373,016	-	17,294,631
건물	927,347	(53,894)	-	-	-	873,452
기계장치	5,626	(1,570)	-	-	-	4,056
시설장치	14,815	(2,504)	-	-	-	12,311
건설중인자산	-	-	171,150	-	-	171,150
합계	10,869,403	(57,968)	171,150	7,373,016	-	18,355,600

(주1) 전기 중 토지 재평가를 실시하였고, 이에 따른 재평가이익을 인식하였습니다.

설명

사례회사는 유형자산 중 토지 유형에 대해서만 후속측정모형으로 재평가모형을 선택하였다. 재평가모형 선택 시 유형자산의 증감을 공시하는 경우 재평가로 인한 손익을 증감 내역에 포함하여 공시하도록 요구한다[K-1016. 73(5)(라)].
유형자산의 재평가 빈도는 공정가치의 변동이 경미하여 빈번한 재평가가 필요하지 않은 경우 3~5년마다 재평가하는 것이 가능하다[K-1016. 34]. 사례회사는 전기(2022년)은 토지에 대해 재평가를 수행하였으며, 당기(2023년)에는 재평가를 수행하지 않았다.
사례회사는 토지의 재평가로 인해 전기 중 토지 장부금액이 7,373,016천원 증가하였음을 구분하여 공시하고 있다.

(3) 당사는 유형자산 중 토지에 대해 재평가모형을 적용하고 있으며, 평가방법은 대상토지와 인근 지역에 있는 유사한 이용가치를 지닌 표준지의 공시지가를 기준으로 공시기준일로부터 기준시점 현재까지의 지가변동률, 생산자물가상승률, 당해 토지의 위치, 형상, 환경, 이용상황, 기타 가치형성요인 등을 종합 고려하여 공시지가기준법 등으로 평가하였습니다.

한편, 당사는 유형자산 중 토지에 대해 재평가모형을 적용하고 있으며, 당기말 및 전기말 현재 재평가에 따른 토지의 장부금액과 원가모형으로 평가되었을 경우의 장부금액은 다음과 같습니다.

(단위 : 천원)

구분	당기말	전기말
재평가모형	12,024,336	17,294,631
원가모형	4,943,153	7,109,749

설명

사례회사는 유형자산 중 토지 유형에 대해 후속측정모형으로 재평가모형을 선택하였다. 재평가모형 관련 주석공시사항은 다음과 같다.

주석공시 요구사항	공시내용	기준서 (K-1016)
재평가기준일	–	77(1)
독립적인 평가인이 평가에 참여했는지 여부	–	77(2)
재평가된 유형자산의 유형별로 원가모형으로 평가되었을 경우 장부금액	4,943,153천원	77(5)
재평가잉여금의 변동	당기말 재평가잉여금 5,407,126천원 (주석 23. 기타자본구성요소에서 공시)	77(6)

상기 주석공시사항 중 원가모형으로 평가되었을 경우의 장부금액 공시를 위해 해당 내역을 별도로 관리하는 게 필요하다.

(4) 당기말 및 전기말 현재 토지의 공정가치측정치에 대한 공정가치 서열체계 수준별 내역은 다음과 같습니다.

(당기말)

(단위 : 천원)

구분	수준 1	수준 2	수준 3	합계
토지	-	-	12,024,336	12,024,336

(전기말)

(단위 : 천원)

구분	수준 1	수준 2	수준 3	합계
토지	-	-	17,294,631	17,294,631

설명

사례회사의 토지 유형에 대한 재평가는 기말에 장부금액을 공정가치로 측정하는 것이다. 즉 재평가를 하게 되면 회사의 재평가된 토지는 K-IFRS 제1113호(공정가치 측정) 기준서 요구사항을 충족해야 한다.

사례회사의 공정가치 측정은 공정가치 서열체계 수준 3에 해당되며, K-IFRS 제1113호(공정가치 측정) 기준서에 따라 다음 사항을 공시하고 있다.

주석공시 요구사항	공시내용	기준서 (K-1113)
가치평가기법	비교표준지 공시지가 기준법	93(4)
투입변수	지가변동률, 생산자물가상승률, 당해 토지의 위치, 형상, 환경, 이용상황, 기타 가치형성요인 등	93(4)
자산 · 부채의 당기 변동내역	기초, 매입, 매도, 평가 등	93(5)
미실현손익의 변동	전기중 7,373,016천원 변동	93(6)

공시사례 4.4 유형자산 재평가모형

주석

[출처 : 두산 2023년 연결감사보고서]

2. 연결재무제표 작성기준 및 중요한 회계정책

(18) 유형자산

유형자산은 최초에 원가로 측정하고 있으며 최초 인식 후에 재평가모형을 적용하는 토지를 제외하고는 최초 인식 후에 취득원가에서 감가상각누계액과 손상차손누계액을 차감한 금액을 장부금액으로 표시하고 있습니다. 유형자산의 원가는 당해 자산의 매입 또는 건설과 직접적으로 관련되어 발생한 지출로서 경영진이 의도하는 방식으로 자산을 가동하는 데 필요한 장소와 상태에 이르게 하는 데 직접 관련되는 원가와 자산을 해체, 제거하거나 부지를 복구하는 데 소요될 것으로 최초에 추정되는 원가를 포함하고 있습니다.

후속원가는 자산으로부터 발생하는 미래경제적효익이 유입될 가능성이 높으며, 그 원가를 신뢰성 있게 측정할 수 있는 경우에 한하여 자산의 장부금액에 포함하거나 적절한 경우 별도의 자산으로 인식하고 있으며, 이때 대체된 부분의 장부금액은 제거하고 있습니다. 한편 일상적인 수선 · 유지와 관련하여 발생하는 원가는 발생시점에 당기손익으로 인식하고 있습니다.

유형자산 중 토지는 감가상각을 하지 않으며, 이를 제외한 유형자산은 아래에 제시된 개별 자산별로 추정 내용연수 동안 정액법으로 감가상각하고 있습니다.

구분	추정내용연수
건물	4 ~ 50년
구축물	2 ~ 40년
기계장치	2 ~ 20년
기타의 유형자산	1 ~ 20년

유형자산을 구성하는 일부의 원가가 당해 유형자산의 전체원가에 비교하여 중요하다면, 해당 유형자산을 감가상각할 때 그 부분은 별도로 구분하여 감가상각하고 있습니다.

유형자산의 감가상각방법, 잔존가치 및 내용연수는 매 보고기간 말에 재검토하고 있으며, 이를 변경하는 것이 적절하다고 판단되는 경우 회계추정의 변경으로 회계처리하고 있습니다.

유형자산을 처분하거나 사용이나 처분을 통한 미래경제적효익이 기대되지 않을 때 해당 유형자산의 장부금액을 연결재무상태표에서 제거하고 있습니다. 유형자산의 제거로 인하여 발생하는 손익은 순매각금액과 장부금액의 차이로 결정하고 있으며, 해당 유형자산이 제거되는 시점에 당기손익으로 인식하고 있습니다.

12. 유형자산

1) 당기와 전기의 유형자산 변동내역은 다음과 같습니다.

(1) 당기

(단위 : 백만원)

	토지	건물 및 구축물	기계장치	기타유형자산	건설중인자산	합계
기초장부금액	3,259,477	1,281,174	1,259,748	146,797	326,120	6,273,316

	토지	건물 및 구축물	기계장치	기타유형자산	건설중인자산	합계
취득/자본적지출	1,535	109,500	162,430	47,586	430,422	751,473
대체(주1)	(12,308)	94,012	175,917	23,407	(304,433)	(23,405)
처분(주2)	(1,965)	(5,833)	(4,537)	(3,404)	(4,438)	(20,177)
감가상각	(1,969)	(147,342)	(336,510)	(61,683)	-	(547,504)
손상차손	(19,114)	(6,142)	(7,730)	(42)	(240)	(33,268)
자산재평가	64,664	-	-	-	-	64,664
기타(주3)	2,729	12,212	15,178	2,936	11,281	44,336
기말장부금액	3,293,049	1,337,581	1,264,496	155,597	458,712	6,509,435
- 취득원가	1,682,753	2,566,369	3,949,406	646,040	501,556	9,346,124
- 감가상각누계액 및 손상차손누계액	(4,347)	(1,228,788)	(2,684,910)	(490,443)	(42,844)	(4,451,332)
- 재평가이익누계액	1,614,643	-	-	-	-	1,614,643

(주1) 당기 중 매각예정자산으로 대체된 토지 및 건물 일부가 포함되어 있습니다(주석 37 참조).
(주2) 사용권자산의 계약 해지로 인한 금액이 포함되어 있습니다.
(주3) 환율차이 등으로 인한 변동입니다.

(2) 전기

(단위 : 백만원)

	토지	건물 및 구축물	기계장치	기타유형자산	건설중인자산	합계
기초장부금액	3,484,374	1,206,515	817,516	137,971	300,886	5,947,262
취득/자본적지출	10,326	162,470	109,454	51,870	502,031	836,151
대체(주1)	(42,236)	29,929	242,847	10,972	(457,512)	(216,000)
처분(주2)	(9,147)	(18,186)	(9,424)	(6,597)	(23,196)	(66,550)
감가상각	(1,910)	(134,789)	(269,461)	(50,238)	-	(456,398)
손상차손	(3,655)	(641)	(8,290)	(611)	(18,900)	(32,097)
사업결합	29,601	62,752	358,796	3,298	7,246	461,693
연결범위의 변동	(208,550)	(51,984)	(11,586)	(1,068)	(100)	(273,288)
기타(주3)	674	25,108	29,896	1,200	15,665	72,543
기말장부금액	3,259,477	1,281,174	1,259,748	146,797	326,120	6,273,316
- 취득원가	1,681,180	2,383,717	3,691,510	622,857	373,040	8,752,304
- 감가상각누계액 및 손상차손누계액	(2,124)	(1,102,543)	(2,431,762)	(476,060)	(46,920)	(4,059,409)
- 재평가이익누계액	1,580,421	-	-	-	-	1,580,421

(주1) 전기 중 토지, 건물 및 건설중인자산의 일부를 투자부동산으로 재분류하였으며, 매각예정자산으로 대체된 기타의 유형자산이 포함되어 있습니다.
(주2) 사용권자산의 계약 해지로 인한 금액이 포함되어 있습니다.
(주3) 환율차이 등으로 인한 변동입니다.

상기 연결기업의 유형자산 중 토지, 건물 및 기계장치의 일부는 채무 등에 대한 담보로 제공되어 있습니다(주석 33 참조).

설명

사례회사는 유형자산 중 토지에 대해 후속측정모형으로 재평가모형을 선택하였다. 재평가모형을 선택하는 경우 재평가로 인한 공정가치의 변동을 유형자산 증감 표에 공시한다. 사례회사는 전기에는 재평가 내역이 없고, 당기에 토지 64,664백만원의 변동사항이 있음을 공시하고 있다.
이는 재평가모형 적용 시 매년 재평가하는 것이 원칙이긴 하나, 공정가치 변동이 경미한 경우 3년이나 5년마다 재평가하는 것을 허용하고 있기 때문에, 당기에는 재평가를 수행하였으나 전기는 재평가를 수행하지 않은 것으로 판단된다(K-1016. 34).

3) 토지에 대해 적용한 재평가모형의 내용은 다음과 같습니다.

연결기업은 토지에 대해 후속측정을 재평가금액으로 인식하고 있으며, 재평가금액은 재평가일의 공정가치입니다. 당기말 토지의 공정가치는 연결기업과 관계없는 독립적인 제일감정평가법인과 미래새한감정평가법인이 2023년 10월 31일자 기준으로 수행한 평가에 근거하여 결정되었습니다.

제일감정평가법인과 미래새한감정평가법인은 감정평가협회의 구성원으로서 부동산의 평가와 관련하여 적절한 자격과 경험을 보유하고 있습니다.

토지에 대한 재평가모형의 적용과 관련되어 당기 중 연결포괄손익계산서상 인식한 세전기타포괄손익은 64,654백만원입니다.

한편, 원가모형을 적용하여 토지를 측정하였을 경우 당기말 현재 장부금액은 1,678,406백만원(전기말 : 1,679,056백만원)입니다.

4) 당기말과 전기말 현재 토지에 대한 공정가치의 서열체계는 다음과 같습니다.

(단위 : 백만원)

구분	당기말			전기말		
	수준1	수준2	수준3	수준1	수준2	수준3
토지	-	-	3,293,049	-	-	3,259,477

상기 토지의 공정가치(수준 3) 측정에 사용된 평가기법과 투입변수의 내용은 다음과 같습니다.

평가기법	유의적인 관측가능하지 않은 투입변수	관측가능하지 않은 투입변수와 공정가치와의 연관성
공시지가기준 평가법 : 측정대상 토지와 인근한 토지의 표준지 공시지가를 기초로 하여 결정하되, 공시지가 기준일과의 시점수정, 개별요인 및 그 밖의 요인에 대한 보정치를 반영하여 공정가치를 측정함	시점수정(지가변동률)	지가변동률이 상승(하락)하면 공정가치는 증가(감소)함
	개별요인(획지조건 등)	획지조건 등의 보정치가 증가(감소)하면 공정가치는 증가(감소)함
	그 밖의 요인(지가수준 등)	지가수준 등에 대한 보정치가 증가(감소)하면 공정가치는 증가(감소)함
거래사례 비교법 : 대상물건과 유사성 있는 물건의 거래사례와 비교하여 대상물건의 현황에 맞게 사정보정, 시점수정, 가치형성요인 비교 등의 과정을 거쳐 공정가치를 측정함	사정보정	사정보정치가 증가(감소)하면 공정가치가 증가(감소)함
	시점수정	시점수정이 증가(감소)하면 공정가치가 증가(감소)함
	가치형성요인	가치형성요인이 증가(감소)하면 공정가치가 증가(감소)함

설명

재평가모형의 재평가와 관련된 주석공시사항은 다음과 같다.

주석공시 요구사항	공시내용	기준서 (K-1016)
재평가기준일(*1)	2023년 10월 31일자	77(1)
독립적인 평가인이 평가에 참여했는지 여부	독립적인 제일감정평가법인과 미래새한감정평가법인	77(2)
재평가된 유형자산의 유형별로 원가모형으로 평가되었을 경우 장부금액	1,678,406백만원	77(5)
재평가잉여금의 변동	세전 64,654백만원 증가	77(6)

(*1) 재평가모형 선택 시 재평가의 빈도는 재평가되는 유형자산의 공정가치의 변동에 따라 달라지며, 매 3년에서 5년 주기의 평가도 가능하다(K-1016, 34).
사례회사는 일정한 주기로 재평가를 수행하는 것으로 분석되며, 전기(2022년)에는 재평가를 하지 않고, 당기(2023년) 기준으로 재평가를 수행하였다.

사례회사의 공정가치 측정은 공정가치 서열체계 수준 3에 해당되며, K-IFRS 제1113호(공정가치 측정) 기준서에 따라 다음 사항을 공시하고 있다.

주석공시 요구사항	공시내용	기준서 (K-1113)
가치평가기법	공시지가기준 평가법 :	93(4)
투입변수	시점수정(지가변동률) 개별요인(획지조건 등) 등	93(4)
자산·부채의 당기 변동내역	기초, 매입, 매도, 평가 등	93(5)
미실현손익의 변동	세전 64,654백만원 증가	93(6)

공시사례 4.5 유형자산 담보제공

주석

[출처 : 삼성중공업 2023년 감사보고서]

17. 유형자산

마. 회사의 차입금 및 선수금환급보증에 대한 유형자산 담보제공 내역은 다음과 같습니다.

(단위 : 백만원)

당기말	장부금액	담보설정금액	관련 계정과목	관련 금액	담보권자
토지	845,822	1,550,200	차입금 (주석21)	1,139,385	한국수출입은행
건물	412,345				
구축물	889,696		계약이행보증	2,450	
기계장치	215,019				
운반장비	189,606		하자보수보증	29,500	
토지	1,062,634	900,000	차입금 (주석21)	380,000	한국산업은행
건물	284,217				
구축물	109,669		선수금환급보증 (주석23)	1,917,734	
기계장치	19,278				
운반장비	123				

설명

사례회사는 차입금별 차입금 장부금액과 담보제공자산의 담보설정액을 구분하여 공시하고 있다[(K-1016, 74(1))].

해당내역은 관련 토지, 건물의 부동산 등기부등본의 을구 또는 은행연합회 자료 담보잔액 자료를 통해 확인이 가능하다.

공시사례 4.6 유형자산 보상금 수익

주석

[출처 : 효성티앤씨 2023년 감사보고서]

15. 유형자산

(전기)

(단위 : 천원)

구분	토지	건물	구축물	기계장치	차량운반구	공구와비품	건설중인자산	미착유형자산	합계
기초금액	96,978	96,696	13,256	66,550	146	2,966	1,221	47	277,861
취득	-	1,125	453	12,023	-	164	22,901	8,840	45,506

구분	토지	건물	구축물	기계장치	차량운반구	공구와비품	건설중인자산	미착유형자산	합계
처분	-	-	(1)	(28)	-	(7)	-	-	(36)
감가상각	-	(4,618)	(698)	(18,590)	(84)	(1,334)	-	-	(25,324)
계정대체(주2)	-	577	37	10,261	110	1,025	(3,227)	(8,783)	-
기타(주3)	-	(9,506)	(237)	(2,467)	-	(400)	-	-	(12,610)
기말금액	96,978	84,274	12,810	67,749	172	2,414	20,895	104	285,396

(주1) 나이론사업부 손상차손 40,969백만원을 유형자산 40,875백만원, 사용권자산 94백만원으로 배분하여 영업외비용으로 인식하였습니다(주석 1.1 참조).

(주2) 계정대체에는 건설중인자산의 본계정 대체, 미착유형자산의 본계정 대체 등이 포함되어 있습니다.

(주3) 전기 울산공장 화재로 건축물, 기계장치 등 손실로 재해발생금액 12,610백만원이 발생하였습니다.

36. 기타수익 및 기타비용

당기와 전기 중 발생한 기타손익의 상세내역은 다음과 같습니다.

(단위 : 백만원)

구분	당기	전기
기타수익		
임대료수익	2,844	2,794
유형자산처분이익	83	323
사용권자산처분이익	199	34
잡이익(주1, 주2)	75,698	41,518
사용권자산손상차손환입(주2)	23,383	-
기타충당부채환입(주2)	63,095	-
배당금수익	35,151	187,240
기타수익 계	200,452	231,909
기타비용		
유형자산처분손실	7	26
사용권자산처분손실(주2)	2,607	70
기부금	7,908	6,053
지급보증충당부채전입	-	8,606
유형자산손상차손	40,969	-
무형자산손상차손	-	74
기타손상차손(주2)	83,708	-
잡손실(주1)	4,039	45,800
기타비용 계	139,237	60,629
순기타수익(비용)	61,215	171,280

(주1) 2022년 1월 울산공장에서 화재가 발생하여 일부 건물 및 생산설비에 피해가 발생하였습니다. 전기까지 울산공장 화재로 인한 건축물, 기계장치 및 재고자산 손실 및 관련 철거비용 등의 잡손실 42,177백만원이, 불용자재 매각으로 4,261백만원의 잡이익이 발생하였습니다. 당사는 관련 화재보험에 가입되어 있으며,

2022년 4분기 보험금수익 32,035백만원을 인식하였고, 정확한 피해 및 보상 금액 산정에 따라 2023년 4분기에 67,000백만원의 보험금수익을 추가로 인식하였습니다.

(주2) 당기 당사는 ㈜세빛섬에 대해 회계처리 가정을 변경함에 따라 사용권자산손상환입 23,383백만원, 지급보증충당부채환입 62,744백만원, 예치보증금-현재가치할인차금회입 5,090백만원의 기타수익을 인식하였고, 예치보증금손상차손 14,000백만원, 대여금손상차손 69,708백만원, 사용권자산처분손실 2,585백만원의 기타비용을 인식하였습니다.

설명

사례회사는 공장 화재 발생으로 소실된 유형자산을 손상차손으로 인식하였으며, 유형자산 증감 표에 공시하였다.

추가적으로 화재로 인한 보상금은 별도의 계정으로 포괄손익계산서에 공시하지 않고 잡이익 계정에 포함하였다.

주석공시 요구사항	공시내용	기준서 (K-1016)
제3자에게서 수취한 보상금으로서 당기손익으로 인식된 금액	67,000백만원(보험금수익)	74(4)

공시사례 4.7 일시 운휴 중인 유형자산

[출처 : 바이오니아 2023년 감사보고서]

주석

13. 유형자산

(4) 당기말과 전기말 현재 유형자산 관련 기타사항은 다음과 같습니다.

(단위 : 천원)

구분	당기말	전기말
일시 운휴 중인 유형자산	21	21
사용중인 감가상각완료 유형자산	2,384	2,307

설명

유형자산 관련 주석 중 필수주석사항은 아니나, 주석 공시를 권장하는 항목들이 있다. 사례회사처럼 일시 운휴 중인 유형자산의 장부금액[K-1016, 79(1)]이나, 감가상각이 완료되었으나 아직 사용되고 있는 유형자산이 총장부금액[K-1016, 79(2)] 등을 공시하는 경우 재무제표 이용자들에게 목적적합한 정보가 될 수 있다.

공시사례 4.8 정부보조금

주석

[출처 : 한국남동발전 2023년 감사보고서]

2. 재무제표의 작성기준 및 중요한 회계정책

(6) 정부보조금

당사는 정부보조금에 부수되는 조건의 준수와 보조금 수취에 대한 합리적인 확신이 있을 경우에만 정부보조금을 인식하고 있습니다.

시장이자율보다 낮은 이자율인 정부대여금의 효익은 정부보조금으로 처리하고 있으며, 해당 정부보조금은 시장이자율에 기초하여 산정된 정부대여금 공정가치와 수취한 대가의 차이로 측정하고 있습니다.

자산관련정부보조금은 자산의 장부금액을 결정할 때 차감하여 재무상태표에 표시하고 있습니다. 해당 정부보조금은 관련자산의 내용연수에 걸쳐 감가상각비를 감소시키는 방식으로 당기손익으로 인식하고 있습니다.

수익관련정부보조금은 보상하도록 의도된 비용에 대응시키기 위해 체계적인 기준에 따라 해당기간에 걸쳐 수익으로 인식하며, 이미 발생한 비용이나 손실에 대한 보전 또는 향후 관련원가의 발생 없이 당사에 제공되는 즉각적인 금융지원으로 수취하는 정부보조금은 수취할 권리가 발생하는 기간에 당기손익으로 인식하고 있습니다.

16. 유형자산

(1) 보고기간말 현재 유형자산 장부금액의 구성내역은 다음과 같습니다.

(단위 : 원)

구분	취득원가	정부보조금	감가상각누계액	손상차손누계액	장부금액
토지	1,265,512,209,045	-	-	-	1,265,512,209,045
건물	1,451,267,894,452	(608,251,913)	(690,280,367,980)	-	760,379,274,559
구축물	1,694,668,530,049	(841,803,688)	(798,846,474,456)	-	894,980,251,905
기계장치	8,841,706,886,412	(6,123,812,668)	(5,554,218,677,039)	(2,365,738,857)	3,278,998,657,848
차량운반구	23,766,733,903	(39,655,002)	(20,632,435,692)	-	3,094,643,209
집기와비품	64,720,491,945	-	(58,875,610,079)	-	5,844,881,866
공구와기구	19,225,046,423	-	(18,186,837,768)	-	1,038,208,655
건설중인자산	659,404,509,636	-	-	-	659,404,509,636
사용권자산	1,667,121,626,964	-	(1,003,647,160,694)	-	663,474,466,270
합계	15,687,393,928,829	(7,613,523,271)	(8,144,687,563,708)	(2,365,738,857)	7,532,727,102,993

(2) 당기 및 전기 중 유형자산 장부금액의 변동내역은 다음과 같습니다.

(단위 : 원)

구분	기초금액	취득/자본적지출	처분	감가상각	기타증감(*1,2)	기말금액
토지	1,265,344,264,163	-	(552,987,159)	-	720,932,041	1,265,512,209,045
건물	735,487,079,246	-	(701,887,341)	(55,264,252,721)	81,466,587,288	760,987,526,472
정부보조금	(668,550,376)	-	-	60,298,463	-	(608,251,913)
구축물	836,261,984,421	-	(583,235)	(57,264,154,573)	116,824,808,980	895,822,055,593
정부보조금	(964,151,172)	-	-	122,347,484	-	(841,803,688)
기계장치	3,243,240,387,741	29,454,465,777	(3,353,839,298)	(506,388,061,359)	522,169,517,655	3,285,122,470,516
정부보조금	(6,610,179,566)	-	-	486,366,898	-	(6,123,812,668)
차량운반구	2,290,875,404	-	(3,000)	(1,571,446,569)	2,414,872,376	3,134,298,211
정부보조금	(34,049,168)	(25,600,000)	-	19,994,166	-	(39,655,002)
집기와비품	7,381,972,054	46,800,000	(56,000)	(3,857,035,214)	2,273,201,026	5,844,881,866
공구와기구	1,529,638,361	-	(19,000)	(850,035,953)	358,625,247	1,038,208,655
건설중인자산	887,211,302,550	492,290,166,286	-	-	(720,096,959,200)	659,404,509,636
사용권자산	797,690,347,994	-	-	(132,636,179,267)	(1,579,702,457)	663,474,466,270
합계	7,768,160,921,652	521,765,832,063	(4,609,375,033)	(757,142,158,645)	4,551,882,956	7,532,727,102,993

(*1) 기타증감액은 건설중인자산의 본계정 대체 금액 및 차입원가 자본화로 인한 건설중인자산으로 대체된 금액, 그리고 건설중인자산에서 무형자산으로 대체된 금액 등으로 구성되어 있습니다.

(*2) 당기에 자본화된 차입원가는 16,068백만원이며, 자본화금액을 산정하기 위한 일반차입금 이자율은 2.81%입니다.

23. 정부보조금

(1) 정부보조금 회계처리

당사는 자산의 취득에 충당할 정부보조금으로 자산을 취득하는 경우에는 이를 취득자산에서 차감하는 형식으로 표시하고 있습니다.

(2) 보고기간 말 현재 정부보조금 자산의 구성내역은 다음과 같습니다.

(단위 : 원)

구분	당기말	전기말
건물	(608,251,913)	(668,550,376)
구축물	(841,803,688)	(964,151,172)
기계장치	(6,123,812,668)	(6,610,179,566)
차량운반구	(39,655,002)	(34,049,168)
합계	(7,613,523,271)	(8,276,930,282)

(3) 당기 및 전기 중 정부보조금 자산의 변동내역은 다음과 같습니다.

(당기) (단위 : 원)

구분	기초	자산처분	감가상각비 상계	기말
건물	(668,550,376)	-	60,298,463	(608,251,913)
구축물	(964,151,172)	-	122,347,484	(841,803,688)
기계장치	(6,610,179,566)	-	486,366,898	(6,123,812,668)
차량운반구	(34,049,168)	(25,600,000)	19,994,166	(39,655,002)
합계	(8,276,930,282)	(25,600,000)	689,007,011	(7,613,523,271)

(전기) (단위 : 원)

구분	기초	자산취득	처분	감가상각비 상계	기말
건물	(728,848,839)	-	-	60,298,463	(668,550,376)
구축물	(1,087,200,264)	-	513,370	122,535,722	(964,151,172)
기계장치	(7,115,532,284)	-	-	505,352,718	(6,610,179,566)
차량운반구	(30,768,335)	(18,100,000)	-	14,819,167	(34,049,168)
합계	(8,962,349,722)	(18,100,000)	513,370	703,006,070	(8,276,930,282)

32. 기타수익 및 기타비용

(1) 당기 및 전기 중 기타수익의 내역은 다음과 같습니다.

(단위 : 원)

구분	당기	전기
기타충당부채의환입	367,695,868	11,224,152,676
기타대손충당금환입	1,941,284,160	-
보상및배상금수익	22,880,044,491	23,210,243,296
임대료수익	11,993,425,358	13,398,559,212
정부보조금수익	239,400,000	286,075,850
자산수증이익	46,800,000	-
그 밖의 기타수익	19,481,190	19,044,210
합계	37,488,131,067	48,138,075,244

설명

사례회사는 자산관련정부보조금과 수익관련정부보조금을 수취하고 각각 주석에서 별도로 공시하고 있다.
사례회사는 유형자산 취득관련정부보조금을 보조받았으며, 자산관련정부보조금을 이연수익으로 표시하는 방법과 자산에서 차감하는 형식으로 표시하는 방식 중 자산에서 차감하는 형식으로 표시하는 것을 회계정책으로 선택하였다[K-1020. 39(1)].

사례회사의 정부보조금은 건물, 기계장치 등 유형자산의 취득을 보조받고 있음을 그 정부보조금의 성격과 정도를 금액 포함하여 표로 공시하고 있다[K-1020. 39(2)].

사례회사는 정부보조금으로 인한 미이행 조건과 기타 우발상황을 별도로 공시하고 있지는 않다[K-1020. 39(3)].

사례회사는 수익관련정부보조금을 수취하고, 기타수익에 정부보조금수익을 인식하고 있다[K-1020. 39(2)].

공시사례 4.9 **정부보조금**

주석

[출처 : LG 2023년 연결감사보고서]

2. 연결재무제표 작성기준 및 중요한 회계정책

(22) 정부보조금

연결실체는 정부보조금에 부수되는 조건의 준수와 보조금 수취에 대한 합리적인 확신이 있을 경우에만 정부보조금을 인식하고 있습니다.

시장이자율보다 낮은 이자율인 정부대여금의 효익은 정부보조금으로 처리하고 있으며, 해당 정부보조금은 시장이자율에 기초하여 산정된 정부대여금 공정가치와 수취한 대가의 차이로 측정하고 있습니다.

자산관련 정부보조금은 자산의 장부금액을 결정할 때 차감하여 재무상태표에 표시하고 있습니다. 해당 정부보조금은 관련자산의 내용연수에 걸쳐 감가상각비를 감소시키는 방식으로 당기손익으로 인식하고 있습니다.

수익관련정부보조금은 보전하려 하는 비용에 대응시키기 위해 체계적인 기준에 따라 해당 기간에 걸쳐 수익으로 인식하며, 이미 발생한 비용이나 손실에 대한 보전 또는 향후 관련원가의 발생 없이 연결실체에 제공되는 즉각적인 금융지원으로 수취하는 정부보조금은 수취할 권리가 발생하는 기간에 당기손익으로 인식하고 있습니다.

종업원교육에 소요되는 비용을 보전하기 위한 정부보조금은 관련 원가와 대응하는 데 필요한 기간에 걸쳐 손익으로 인식되며 관련 비용에서 차감하고 있습니다.

10. 유형자산

(1) 당기말과 전기말 현재 유형자산 장부가액 구성내역은 다음과 같습니다.

(당기말)

(단위 : 백만원)

계정과목	토지	건물	구축물	기계장치	차량운반구	공구와기구	비품	건설중인자산	기타유형자산	합계
취득원가	433,566	1,173,684	284,081	112,773	28,332	237	192,590	46,201	480,562	2,752,026

계정과목	토지	건물	구축물	기계장치	차량운반구	공구와기구	비품	건설중인자산	기타유형자산	합계
감가상각누계액	-	(511,610)	(160,692)	(108,639)	(19,108)	(177)	(113,373)	-	(302,647)	(1,216,246)
손상차손누계액	-	-	(2,975)	-	-	(7)	(6,730)	-	(4)	(9,716)
정부보조금	(14)	(973)	-	-	-	-	(48)	-	-	(1,035)
장부가액	433,552	661,101	120,414	4,134	9,224	53	72,439	46,201	177,911	1,525,029

(3) 당기와 전기 중 정부보조금 등의 변동내역은 다음과 같습니다.

(당기)

(단위 : 백만원)

계정과목	토지	건물	차량운반구	비품	합계
기초금액	-	1,012	23	79	1,114
정부보조금 등 대체	14	48	-	-	62
감가상각비 상계	-	(87)	(23)	(31)	(141)
기말금액	14	973	-	48	1,035

설명

사례회사는 유형자산 취득관련정부보조금을 보조받았으며, 자산관련정부보조금을 이연수익으로 표시하는 방법과 자산에서 차감하는 형식으로 표시하는 방식 중 자산에서 차감하는 형식으로 표시하는 것을 회계정책으로 선택하였다[K-1020. 39(1)].

사례회사의 정부보조금은 건물, 기계장치 등 유형자산의 취득을 보조받고 있음을 그 정부보조금의 성격과 정도를 금액 포함하여 표로 공시하고 있다[K-1020. 39(2)].
사례회사는 정부보조금으로 인한 미이행 조건과 기타 우발상황을 별도로 공시하고 있지는 않다[K-1020. 39(3)].

K-IFRS

주석작성실무

CHAPTER

05 무형자산

▶ 관련 기업회계기준서

K-IFRS 제1038호 무형자산

01 | 기준서 주요 내용

| 무형자산의 정의

무형자산은 '물리적 실체는 없지만 식별가능한 비화폐성자산'으로 정의하고 있으며, 이 점이 물리적 실체가 있는 유형자산과의 차이점이다.

무형자산에서는 K-IFRS 제1016호(유형자산)에서 규정하고 있는 기준서의 내용과 인식, 측정 등 대체로 유사하다.

무형자산의 예에는 컴퓨터소프트웨어, 특허권, 저작권, 영화필름, 고객목록, 모기지관리용역권, 어업권, 수입할당량, 프랜차이즈, 고객이나 공급자와의 관계, 고객충성도, 시장점유율과 판매권 등이 있다.

무형자산은 회계처리 및 주석공시사항 관점에서는 일반적인 무형자산, 개발비, 영업권으로 구분될 수 있다.

| 인식

다음의 조건을 모두 충족하는 경우에만 무형자산을 인식한다.

(1) 자산에서 발생하는 미래경제적효익이 기업에 유입될 가능성이 높다.
(2) 자산의 원가를 신뢰성 있게 측정할 수 있다.

무형자산 원가의 인식은 그 자산을 경영자가 의도하는 방식으로 운용될 수 있는 상태에 이르면 중지한다.

| 최초측정

무형자산을 최초로 인식할 때에는 원가로 측정한다.

| 영업권

내부적으로 창출한 영업권은 자산으로 인식하지 아니한다. 반면, 사업결합으로 취득한 영업권은 합병 등의 경우 별도재무제표 또는 연결 등의 경우 연결재무제표에서 자산으로 인식한다.

| 내부적으로 창출한 무형자산(개발비)

연구 단계에서 발생하는 무형자산을 인식하지 않는다. 연구(또는 내부 프로젝트의 연구단계)에 대한 지출은 발생시점에 비용으로 인식한다.

다음 사항을 모두 제시할 수 있는 경우에만 개발활동(또는 내부 프로젝트의 개발단계)에서 발생한 무형자산을 인식한다(K-1038. 57).

No.	자산인식요건
(1)	무형자산을 사용하거나 판매하기 위해 그 자산을 완성할 수 있는 기술적 실현가능성
(2)	무형자산을 완성하여 사용하거나 판매하려는 기업의 의도
(3)	무형자산을 사용하거나 판매할 수 있는 기업의 능력
(4)	무형자산이 미래경제적효익을 창출하는 방법. 그중에서도 특히 무형자산의 산출물이나 무형자산 자체를 거래하는 시장이 존재함을 제시할 수 있거나 또는 무형자산을 내부적으로 사용할 것이라면 그 유용성을 제시할 수 있다.
(5)	무형자산의 개발을 완료하고 그것을 판매하거나 사용하는 데 필요한 기술적, 재정적 자원 등의 입수가능성
(6)	개발과정에서 발생한 무형자산 관련 지출을 신뢰성 있게 측정할 수 있는 기업의 능력

| 내부적으로 창출한 무형자산의 원가

내부적으로 창출한 무형자산의 원가는 그 자산의 창출, 제조 및 경영자가 의도하는 방식으로 운영될 수 있게 준비하는 데 필요한 직접 관련된 모든 원가를 포함한다. 직접 관련된 원가의 예는 다음과 같다.

(1) 무형자산의 창출에 사용되었거나 소비된 재료원가, 용역원가 등
(2) 무형자산의 창출을 위하여 발생한 종업원급여(기업회계기준서 제1019호의 정의 참조)
(3) 법적 권리를 등록하기 위한 수수료
(4) 무형자산의 창출에 사용된 특허권과 라이선스의 상각비

내부적으로 창출한 무형자산의 원가에 포함되지 않은 원가

다음 항목은 내부적으로 창출한 무형자산의 원가에 포함하지 아니한다.

(1) 판매비, 관리비 및 기타 일반경비 지출. 다만, 자산을 의도한 용도로 사용할 수 있도록 준비하는 데 직접 관련된 경우는 제외한다.
(2) 자산이 계획된 성과를 달성하기 전에 발생한 명백한 비효율로 인한 손실과 초기 영업손실
(3) 자산을 운용하는 직원의 교육훈련과 관련된 지출

한편, 내부적으로 창출한 브랜드, 제호, 출판표제, 고객 목록 등은 무형자산으로 인식하지 아니한다.

인식 이후의 측정

무형자산의 회계정책으로 원가모형이나 재평가모형을 선택할 수 있다. 재평가모형을 적용하여 무형자산을 회계처리하는 경우에는, 같은 유형의 기타 모든 자산도 그에 대한 활성시장이 없는 경우를 제외하고는 동일한 방법을 적용하여 회계처리한다.

무형자산의 장부금액이 재평가로 인하여 증가된 경우에 그 증가액은 기타포괄손익으로 인식하고 재평가잉여금의 과목으로 자본에 가산하고, 감소된 경우 그 감소액은 당기손익으로 인식한다.

상각

무형자산은 내용연수가 유한한 경우 내용연수 동안 상각하고, 내용연수가 비한정인 무형자산은 상각하지 아니한다.

특허권, 상표권 등 계약상 권리 또는 기타 법적 권리로부터 발생하는 무형자산의 내용연수는 그러한 계약상 권리 또는 기타 법적 권리의 기간을 초과할 수는 없지만, 자산의 예상사용기간에 따라 더 짧을 수는 있다.

무형자산의 상각은 정액법, 체감잔액법(정률법)과 생산량비례법 등 내용연수 동안 체계적으로 배분하기 위해 다양한 방법을 사용할 수 있다.

무형자산 중 회원권 및 영업권은 비한정 내용연수로 상각하지 아니한다.

손상

무형자산의 손상은 기본적으로 K-IFRS 제1036호(자산손상) 기준서에 따른다.

비한정 내용연수로 상각하지 아니하는 회원권과 영업권은 매년 손상검사를 수행하고, 나머지 무형자산은 손상징후가 있을 때 손상검사를 수행한다.

02 주석 작성 핵심 포인트

무형자산 관련 주요 주석공시사항은 다음과 같이 요약된다.

Key Point

구분	주요 주석공시사항	비고
1. 무형자산		
(1) 무형자산 회계정책 및 회계추정	• 내용연수가 비한정인지 아니면 유한한지와, 내용연수가 유한한 경우에는 내용연수나 사용된 상각률 • 내용연수가 유한한 무형자산에 사용된 상각방법	
(2) 장부금액 및 감가상각비	• 기초와 기말의 총장부금액, 감가상각누계액 • 기초장부금액에서 기말장부금액으로 조정한 내용 • 무형자산상각액 및 기말의 감가상각누계액 • 내용연수가 비한정인 무형자산의 장부금액과 비한정 내용연수에 대한 평가를 정당화하는 근거 • 담보제공 무형자산	
(3) 중요한 개별 무형자산	기업의 재무제표에 중요한 개별 무형자산에 대한 설명, 장부금액과 잔여상각기간	개발비 등 금융감독원 모범사례
(4) 기타	무형자산 취득 약정	
(5) 회계추정의 변경	회계추정 변경의 성격과 당해 및 후속 회계연도에 미치는 영향	
(6) 재평가모형 적용 시	• 재평가 시행일 • 재평가된 무형자산의 장부금액 • 재평가된 무형자산의 유형별로 원가모형으로 평가되었을 경우 장부금액 • 재평가잉여금의 변동과 재평가잉여금에 대한 주주배당제한	
2. 연구와 개발 지출	당기에 비용으로 인식한 연구와 개발 지출의 총액	

03 주석 공시 요구사항

무형자산 관련 주석공시사항은 다음과 같이 구분된다.

문단	공시사항
118 ~ 119, 122 ~ 123	1. 일반사항
120	2. 손상(K-IFRS 제1036호 자산손상) 관련

문단	공시사항
121	3. 회계추정의 변경
124 ~ 125	4. 재평가모형 적용 시 추가 공시사항
126 ~ 127	5. 연구와 개발 지출
128	6. 공시 권고사항(추가)

1. 일반사항

118 무형자산은 각 유형별로, 내부적으로 창출한 무형자산과 기타 무형자산을 구분하여 다음 사항을 공시한다.

(1) 내용연수가 비한정인지 아니면 유한한지와, 내용연수가 유한한 경우에는 내용연수나 사용된 상각률

(2) 내용연수가 유한한 무형자산에 사용된 상각방법

(3) 기초와 기말의 총장부금액, 상각누계액(손상차손누계액을 합산)

(4) 무형자산의 상각액이 포함되어 있는 포괄손익계산서의 계정과목

(5) 무형자산 기초장부금액에 다음의 변동내용을 가감하여 기말장부금액으로 조정한 내용

(가) 증가금액 : 내부적으로 개발한 부분, 개별 취득한 부분과 사업결합으로 취득한 부분을 구분하여 표시

(나) 기업회계기준서 제1105호에 따라 매각예정으로 분류되는 자산이나 매각예정으로 분류되는 처분자산집단에 포함되는 자산, 그리고 기타 처분자산

(다) 문단 75, 85와 86의 재평가로 인하여 발생한 당기 증가금액이나 감소금액과 기업회계기준서 제1036호에 따라 기타포괄손익에서 인식되거나 환입된 손상차손으로 인한 당기 증가금액이나 감소금액

(라) 기업회계기준서 제1036호에 따라 당기손익으로 인식한 손상차손

(마) 기업회계기준서 제1036호에 따라 당기손익으로 환입한 손상차손

(바) 당기 중에 인식한 상각액

(사) 재무제표를 표시통화로 환산할 때 발생하는 순외환차이와 해외사업장을 기업의 표시통화로 환산할 때 발생하는 순외환차이

(아) 당기 중 장부금액의 기타 변동

119 무형자산의 유형은 기업의 영업에서 특성과 용도가 비슷한 자산의 집합이다. 개별 유형의 예는 다음을 포함할 수 있다.

(1) 브랜드명

(2) 제호와 출판표제

119	(3) 컴퓨터소프트웨어 (4) 라이선스와 프랜차이즈 (5) 저작권, 특허권, 기타 산업재산권, 용역운영권 (6) 기법, 방식, 모형, 설계 및 시제품 (7) 개발 중인 무형자산 재무제표 이용자에게 더 목적적합한 정보를 제공할 수 있다면 무형자산의 유형은 더 큰 단위로 통합하거나 더 작은 단위로 구분할 수 있다.

122	다음 사항도 추가로 공시한다. (1) 내용연수가 비한정인 무형자산에 대하여, 그러한 자산의 장부금액과 비한정 내용연수에 대한 평가를 정당화하는 근거. 제시하는 근거에는 그 자산의 내용연수가 비한정이라고 결정하는 데 유의적인 역할을 한 요소에 대하여 설명한다. (2) 기업의 재무제표에 중요한 개별 무형자산에 대한 설명, 장부금액과 잔여상각기간 (3) 정부보조금을 통하여 취득하고 최초에 공정가치로 인식한 무형자산과 관련된 다음 사항(문단 44 참조) (가) 최초로 인식한 공정가치 (나) 장부금액 (다) 최초 인식 후의 측정방법(원가모형 또는 재평가모형) (4) 권리가 제한되어 있는 무형자산이 존재한다면 그 사실과 장부금액 및 부채에 대하여 담보로 제공되어 있는 무형자산의 장부금액 (5) 무형자산을 취득하기 위한 계약상 약정금액

123	무형자산의 내용연수가 비한정이라고 결정하는 데 유의적인 역할을 한 요소를 설명하기 위하여 문단 90에 열거된 사항들을 고려한다.

무형자산은 각 유형별로, 내부적으로 창출한 무형자산과 기타 무형자산을 구분하여 주석공시하도록 요구한다(K-1038. 118).

무형자산의 유형은 기업의 영업에서 특성과 용도가 비슷한 자산의 집합으로 다음과 같이 예시하고 있다(K-1038. 119).

무형자산의 유형 예시
(1) 브랜드명
(2) 제호와 출판표제
(3) 컴퓨터소프트웨어

무형자산의 유형 예시
(4) 라이선스와 프랜차이즈
(5) 저작권, 특허권, 기타 산업재산권, 용역운영권
(6) 기법, 방식, 모형, 설계 및 시제품
(7) 개발 중인 무형자산

무형자산 일반사항 관련 주석공시사항과 그 예시는 다음과 같다.

(1) 무형자산 회계정책 및 회계추정

주석사항

• 내용연수가 비한정인지 아니면 유한한지와, 내용연수가 유한한 경우에는 내용연수나 사용된 상각률[K-1038, 118(1)]

• 내용연수가 유한한 무형자산에 사용된 상각방법[K-1038, 118(2)]

예시

무형자산은 원가로 측정하며, 최초 인식 후에 원가에서 상각누계액과 손상차손누계액을 차감한 금액을 장부금액으로 표시하고 있습니다. 무형자산은 당해 자산이 사용가능한 시점부터 잔존가치를 영("0")으로 하여 아래의 내용연수 동안 정액법으로 상각하고 있습니다. 다만, 시설이용권으로 분류되는 회원권은 내용연수가 비한정적인 것으로 평가하여 상각하고 있지 아니합니다. [K-1038, 118(1)·(2)]

과목	추정 내용연수
소프트웨어	5년
기타무형자산	1년 ~ 10년
시설이용권	비한정

설명

내용연수가 비한정인 무형자산과 영업권은 상각하지 아니하며, 내용연수가 한정이 무형자산은 아래의 상각방법에 따라 상각한다.

• 상각방법 : 정액법, 체감잔액법(정률법 등), 생산량비례법(K-1038, 98)

(2) 무형자산 장부금액

주석사항

• 기초와 기말의 총장부금액, 상각누계액(손상차손누계액을 합산)[K-1038, 118(3)]

• 무형자산 기초장부금액에 다음의 변동내용을 가감하여 기말 장부금액으로 조정한 내용 [K-1038, 118(5)]

구분	기준서 (K-1038. 118)
기초 순장부금액	(3)
증가(내부개발)	(5)(가)
증가(개별취득)	(5)(가)
증가(사업결합취득)	(5)(가)
매각예정으로 분류된 자산	(5)(나)
재평가로 인한 변동	(5)(다)
손상차손(환입)	(5)(라)(마)
상각비	(5)(바)
순외환차이(*1)	(5)(사)
기타	(5)(아)
기말 순장부금액	(3)

(*1) 순외환차이

연결재무제표 작성 시 해외종속기업이 있는 경우, 해외사업장의 재무제표(예 : USD)를 보고기업의 표시통화(예 : KRW)로 환산할 때 발생하는 순외환차이를 별도로 구분하여 공시한다.

예시

기말의 총장부금액은 다음과 같습니다. [K-1038. 118(3)]

구분	소프트웨어	기타	시설이용권	합계
취득원가	2,000	3,000	1,100	6,100
감가상각누계액	(700)	(2,500)		(3,200)
손상차손누계액		(300)		(300)
순장부금액	1,300	200	1,100	2,600

무형자산의 기초 장부금액에서 기말 장부금액으로의 조정내용은 다음과 같습니다. [K-1038. 118(5)]

구분	소프트웨어	기타	시설이용권	합계
기초 순장부금액	1,000	1,000	1,000	3,000
증가(내부개발)				
증가(개별취득)			100	100
증가(사업결합취득)	400	100		500
매각예정으로 분류된 자산		(200)		(200)
재평가로 인한 변동				
손상차손(환입)		(300)		(300)
상각비	(100)	(100)		(200)
순외환차이				
처분 등		(300)		(300)
기타				-
기말 순장부금액	1,300	200	1,100	2,600

설명

- 기초 장부금액에서 기말 장부금액으로의 조정은 취득원가와 상각누계액을 모두 공시하지 않고, 장부금액 기준으로 그 변동을 공시한다.
- 예를 들어, 처분으로 인한 변동이 취득원가 400, 감가상각누계액 100인 기타무형자산이라고 하면, 기타무형자산의 장부금액 300을 감소 표시한다.
- 이와 별도로 취득원가와 상각누계액을 각 금액을 기초와 기말로 구분하여 공시 요구하고 있다.

(3) 무형자산상각비

주석사항

무형자산의 상각액이 포함되어 있는 포괄손익계산서의 계정과목[K-1038, 118(4)]

예시

무형자산상각비가 포함되어 있는 계정과목별 금액은 다음과 같습니다. [K-1038, 118(4)]

구분	당기
매출원가	150
판매비와관리비	50
합계	200

설명

- 당기손익으로 인식된 무형자산상각비는 판매비와관리비에 해당된다.
- 매출원가는 판매로 인한 매출원가(당기손익으로 인식) 또는 미판매로 인해 재고자산(다른 자산의 원가에 포함) 2가지로 구분된다.

☞ 공시사례 5.1 무형자산 일반

(4) 비한정 내용연수 무형자산

주석사항

내용연수가 비한정인 무형자산[K-1038, 122(1)]

- 무형자산의 장부금액
- 비한정 내용연수에 대한 평가를 정당화하는 근거

예시

무형자산 중 그 자산이 순현금유입을 창출할 것으로 기대되는 기간에 대하여 예측가능한 제한이 없을 경우는 무형자산의 내용연수가 비한정인 것으로 평가하고 상각하지 아니하고 있습니다.

당기말 현재 비한정 내용연수의 무형자산의 장부금액은 다음과 같습니다. [K-1038, 122(1)]

무형자산	장부금액
회원권	100

설명

• 자산이 순현금유입을 창출할 것으로 기대되는 기간에 대하여 예측가능한 제한이 없을 경우, 무형자산의 내용연수가 비한정인 것으로 본다.

• 통상 회원권(시설이용권이라는 명칭도 사용)은 비한정 내용연수 무형자산으로 본다.

(5) 중요한 개별 무형자산

주석사항

기업의 재무제표에 중요한 개별 무형자산에 대한 설명, 장부금액과 잔여상각기간[K-1038, 122(2)]

예시

당기말 현재 중요한 무형자산인 개발비의 장부금액 및 잔여상각기간은 다음과 같습니다. [K-1038, 122(2)]

구분	장부금액	잔여상각기간
K-101 프로젝트	1,000	5.5년
K-102 프로젝트	500	3.4년

설명

개발비와 같이 중요한 개별 무형자산의 경우 해당 무형자산에 대한 내용 및 장부금액, 잔여상각기간에 대한 주석공시가 요구된다.

금융감독원 [주석공시 모범사례 2018-2] 개발비 관련 주석공시에서는 중요한 개별 무형자산에 대한 설명 등에 대한 주석공시 내용이 포함되어 있다.

| 참고 | 금융감독원 [주석공시 모범사례 2018-2] 개발비 관련 주석공시

3. 중요한 개별 무형자산에 대한 설명 등 (단위 : 천원)

분류	개별자산명	장부금액	잔여상각기간[1]
개발비	○○○	×××	×년
	△△△	×××	×년
	◇◇◇	×××	–

분류	개별자산명	장부금액	잔여상각기간[1]
…	…	×××	×년

주1) 상각을 시작한 경우 잔여 상각기간을 기재하고, 시작하지 않은 경우 '–'로만 표시

가. ○○○은 고지혈증 및 고혈압 등의 대사성 질환 통합 치료가 가능한 제품으로 201×년 판매승인 후 현재 발매 중입니다.

나. △△△은 기미치료제로서 201×년 계약을 통해 기술이전을 완료하였습니다.

다. ◇◇◇은 심장질환 신약을 개발하는 프로젝트이며, 현재 임상 3단계로 201×년 허가를 목표로 하고 있습니다.

···› 'CHAPTER 29 금융감독원 주석공시 모범사례' 7. [금융감독원 주석공시 모범사례 2018-2] 중 중요한 개별 무형자산에 대한 설명 등 참조

(6) 정부보조금 취득 무형자산

주석사항

정부보조금을 통하여 취득하고 최초에 공정가치로 인식한 무형자산과 관련된 다음 사항 [K-1038, 122(3)]

- 최초로 인식한 공정가치
- 장부금액
- 최초 인식 후의 측정방법(원가모형 또는 재평가모형)

예시

당기 중 정부보조금 등의 변동내역은 다음과 같습니다. [K-1038, 122(3)]

구분	개발비	소프트웨어
기초금액	1,000	500
당기발생	500	100
무형자산상각비 상계	(300)	(200)
기말금액	1,200	400

당사는 K개발프로젝트와 관련하여 당기 중 개발비 500원 및 소프트웨어 100원의 정부보조금을 수취하였으며, 해당 무형자산의 내용연수에 걸쳐 상각하고 있습니다.
당사는 해당 무형자산의 후속측정모형으로 원가모형을 적용하고 있습니다.

설명

- 예시는 무형자산관련보조금 수령액 600원이 있으며, 기초금액과 합하여 무형자산상각비 금액과 장부금액 비율로 상계하고 있음을 주석공시하고 있다.

• 해당 무형자산은 최초 인식 후의 측정방법으로 원가모형을 적용하고 있다고 공시하고 있다.

(7) 담보제공 무형자산

주석사항

권리가 제한되어 있는 무형자산이 존재한다면 그 사실과 장부금액 및 부채에 대하여 담보로 제공되어 있는 무형자산의 장부금액[K-1038, 122(4)]

예시

당기말 현재 소유권이 제한되거나 부채의 담보로 제공된 유무형자산의 내용은 다음과 같습니다. [K-1038, 122(4)]

담보제공자산	장부금액	담보설정액	차입금종류	차입금액	담보권자
건물 및 토지사용권	100	52	시설자금	40	J은행

(토지사용권은 해외종속기업의 무형자산임)

설명

• 차입금에 대해 무형자산 등을 담보로 제공하는 경우 장부금액 및 그 내용에 대한 주석공시가 요구된다.
• 일반적으로 무형자산은 담보제공되는 경우가 거의 없으며, (중국 또는 베트남 등) 해외종속기업의 경우 토지사용권을 무형자산으로 인식하는 경우가 있으며, 이때 해당 토지사용권이 담보제공되었다면 그 내역을 주석공시한다.

(8) 무형자산 취득 약정

주석사항

무형자산을 취득하기 위한 계약상 약정금액[K-1038, 122(5)]

예시

당기말 현재 발생하지 아니한 무형자산(소프트웨어)의 취득을 위한 약정액은 100원입니다. [K-1038, 122(5)]

설명

무형자산 취득을 위한 약정액을 주석공시 요구한다.

유형자산과 무형자산의 주석공시 일반사항을 비교하면 다음과 같다.

구분	유형자산 (K-1016, 73 · 75)	무형자산 (K-1038, 118)
(1) 유 · 무형자산 회계정책 및 회계추정	• 총장부금액을 결정하는 데 사용한 측정 기준[K-1016, 73(1)] • 감가상각방법[K-1016, 73(2)] • 내용연수 또는 감가상각률[K-1016, 73(3)]	• 내용연수가 비한정인지 아니면 유한한지와, 내용연수가 유한한 경우에는 내용연수나 사용된 상각률[K-1038, 118(1)] • 내용연수가 유한한 무형자산에 사용된 상각방법[K-1038, 118(2)]
(2) 유 · 무형자산 장부금액	• 기초와 기말의 총장부금액, 감가상각누계액(손상차손누계액을 합한 금액)[K-1016, 73(4)] • 유형자산 기초장부금액에 변동내용을 가감하여 기말장부금액으로 조정한 내용[K-1016, 73(5)]	• 기초와 기말의 총장부금액, 상각누계액(손상차손누계액을 합산)[K-1038, 118(3)] • 무형자산 기초장부금액에 변동내용을 가감하여 기말 장부금액으로 조정한 내용[K-1038, 118(5)]
(3) 감가상각비	• 당기손익으로 인식되었거나 다른 자산의 원가에 포함된 감가상각액[K-1016, 75(1)] • 기말의 감가상각누계액[K-1016, 75(2)]	무형자산의 상각액이 포함되어 있는 포괄손익계산서의 계정과목[K-1038, 118(4)]

유형자산과 무형자산의 주석공시 추가사항을 비교하면 다음과 같다.

구분	유형자산 (K-1016, 74)	무형자산 (K-1038, 122)
(1) 담보제공 유 · 무형자산 등	소유권이 제한되거나 부채의 담보로 제공된 유형자산의 내용과 금액[K-1016, 74(1)]	권리가 제한되어 있는 무형자산이 존재한다면 그 사실과 장부금액 및 부채에 대하여 담보로 제공되어 있는 무형자산의 장부금액[K-1038, 122(4)]
(2) 건설중인자산 지출액	건설중인자산의 장부금액에 인식된 지출액[K-1016, 74(2)]	해당 없음.
(3) 유 · 무형자산 취득 약정	유형자산을 취득하기 위한 약정액[K- 1016, 74(3)]	무형자산을 취득하기 위한 계약상 약정금액[K-1038, 122(5)]
(4) 제3자 보상금	포괄손익계산서에 별도의 계정으로 분리하여 표시하지 않은 경우 손상, 소실 또는 포기된 유형자산에 대해 제3자에게서 수취한 보상금으로서 당기손익으로 인식된 금액[K-1016, 74(4)]	해당 없음.
(5) 비한정 내용연수 무형자산	해당 없음.	내용연수가 비한정인 무형자산에 대하여, 그러한 자산의 장부금액과 비한정 내용연수에 대한 평가를 정당화하는 근거. 제시하는 근거에는 그 자산의 내용연수가 비한정이라고 결정하는 데 유의적인 역할을 한 요소에 대하여 설명한다[K-1038, 122(1)].
(6) 중요한 개별 무형자산	해당 없음.	기업의 재무제표에 중요한 개별 무형자산에 대한 설명, 장부금액과 잔여상각기간[K-1038, 122(2)]

구분	유형자산 (K-1016. 74)	무형자산 (K-1038. 122)
(7) 정부보조금 취득 무형자산	해당 없음.	정부보조금을 통하여 취득하고 최초에 공정가치로 인식한 무형자산과 관련된 다음 사항[K-1038. 122(3)] (가) 최초로 인식한 공정가치 (나) 장부금액 (다) 최초 인식 후의 측정방법(원가모형 또는 재평가모형)

☞ 공시사례 5.2 개발비(제약 · 바이오)
☞ 공시사례 5.3 정보보조금(무형자산)

2. 손상(K-IFRS 제1036호 자산손상) 관련

120 문단 118(5)(다) ~ (마)에서 요구하는 정보 외에 기업회계기준서 제1036호에 따라 손상차손이 발생한 무형자산에 대한 정보를 추가로 공시한다.

무형자산의 개별자산 또는 현금창출단위에서 손상차손 또는 손상차손환입이 발생한 경우, 손상된 무형자산에 관한 정보를 공시한다.

…→ 손상차손과 관련된 구체적인 내용은 'CHAPTER 11 자산손상' 참조

금융감독원 [주석공시 모범사례 2018-2] 개발비 관련 주석공시에서는 개발비 손상차손 관련 주석공시 내용이 포함되어 있다.

…→ 'CHAPTER 29 금융감독원 주석공시 모범사례' 7. [주석공시 모범사례 2018-2] 중 개발비 손상차손 참조

3. 회계추정의 변경

121 기업회계기준서 제1008호에 따라 당기에 중요한 영향을 미치거나 차기 이후에 중요한 영향을 미칠 것으로 예상되는 회계추정의 변경 내용과 금액을 공시한다. 다음 중 하나가 변경되는 경우 그러한 공시가 필요할 수 있다.

(1) 무형자산의 내용연수의 평가
(2) 상각방법
(3) 잔존가치

회계추정의 변경 관련된 주석공시사항과 그 예시는 다음과 같다.

(1) 무형자산 회계추정 변경 공시

주석사항

기업회계기준서 제1008호에 따라 당기에 중요한 영향을 미치거나 차기 이후에 중요한 영향을 미칠 것으로 예상되는 회계추정의 변경 내용과 금액을 공시한다(K-1038. 121).

예시

당사는 당기부터 개발비의 추정내용연수를 5년에서 10년으로 변경하였습니다. 이러한 추정의 변경은 수익과 비용의 적절한 대응 및 거래의 실질과 경제적 사실을 보다 정확하게 재무제표에 반영하기 위한 것입니다. 이로 인하여 당기 및 후속 회계연도에 미치는 영향은 다음과 같습니다. (K-1038. 121)

구분	당기 (20×1년)	20×2년	20×3년	20×4년
변경 전 개발비상각비	100	100	100	100
변경 후 개발비상각비	90	95	92	94
손익 영향	10	5	8	6

설명

- 회계추정의 변경은 무형자산이건 다른 항목이건 간에 K-IFRS 제1008호(회계변경 등)에 따라 전진적으로 회계처리하고, 그 변경내용과 변경효과의 금액을 주석공시한다.
- 상기 예시는 무형자산(개발비)의 추정내용연수에 대한 회계추정 변경으로서 그 변경내용과 변경으로 인한 금액적 영향을 주석공시하고 있다.
- 참고로 회계정책의 변경은 소급 회계처리하므로, 회계추정의 변경보다 복잡한 회계처리 및 주석공시사항이 요구된다.

| 참고 기준서 | K-IFRS 제1008호(회계정책, 회계추정의 변경 및 오류)

문단 39

당기에 영향을 미치거나 미래기간에 영향을 미칠 것으로 예상되는 회계추정의 변경에 대하여 변경내용과 변경효과의 금액을 공시한다. 다만 미래기간에 미치는 영향을 실무적으로 추정할 수 없는 경우에는 공시하지 아니할 수 있다.

문단 40

미래기간에 미치는 영향을 실무적으로 추정할 수 없기 때문에 공시하지 아니한 경우에는 그 사실을 공시한다.

⋯› 회계추정의 변경과 그에 따른 주석공시사항은 'CHAPTER 22 회계변경 및 오류수정' 참조

유형자산과 무형자산의 회계추정 변경 관련 주석공시사항을 비교하면 다음과 같다.

구분	유형자산 (K-1016, 76)	무형자산 (K-1038, 121)
회계추정 변경	회계추정을 변경한 경우 회계추정 변경의 성격과 당해 회계연도에 미치는 영향이나 후속 회계연도에 미치는 영향을 기업회계기준서 제1008호에 따라 공시한다. 이러한 공시는 다음과 같은 추정치에서 변경이 일어날 경우 필요한 것이다(K-1016, 76). (1) 잔존가치 (2) 유형자산의 해체, 제거 또는 복구 추정원가 (3) 내용연수 (4) 감가상각방법 금액	기업회계기준서 제1008호에 따라 당기에 중요한 영향을 미치거나 차기 이후에 중요한 영향을 미칠 것으로 예상되는 회계추정의 변경 내용과 금액을 공시한다. 다음 중 하나가 변경되는 경우 그러한 공시가 필요할 수 있다(K-1038, 121). (1) 무형자산의 내용연수의 평가 (2) 상각방법 (3) 잔존가치

4. 재평가모형 적용 시 추가 공시사항

124 무형자산을 재평가금액으로 회계처리하는 경우에는 다음 사항을 공시한다.

(1) 무형자산의 유형별로 다음 사항을 기재한다.

(가) 재평가 시행일

(나) 재평가된 무형자산의 장부금액

(다) 재평가된 무형자산의 유형에 대하여 최초 인식 후에 문단 74의 원가모형에 따라 측정하였다면 인식하였을 장부금액

(2) 기초와 기말의 무형자산 관련 재평가잉여금의 금액. 당기 중 변동사항과 주주에 대한 배당의 제한이 있다면 그 내용을 기재한다.

(3) [국제회계기준위원회에 의하여 삭제됨]

125 공시 목적상 재평가된 무형자산의 유형을 더 큰 유형으로 통합하는 것이 필요할 수도 있다. 그러나 통합으로 인하여 원가모형으로 측정한 금액과 재평가모형으로 측정한 금액이 결합된다면 그러한 통합은 하지 아니한다.

무형자산의 후속측정모형으로 재평가모형을 선택한 경우 원가모형 대비 다음의 주석사항이 추가로 요구된다.

(1) 재평가모형 적용 시

주석사항

- 재평가시행일[K-1038. 124(1)(가)]
- 재평가된 무형자산의 장부금액[K-1038. 124(1)(나)]
- 재평가된 무형자산의 유형에 대하여 최초 인식 후에 문단 74의 원가모형에 따라 측정하였다면 인식하였을 장부금액[K-1038. 124(1)(다)]
- 기초와 기말의 무형자산 관련 재평가잉여금의 금액. 당기 중 변동사항과 주주에 대한 배당의 제한이 있다면 그 내용을 기재한다[K-1038. 124(2)].

예시

회사의 무형자산(라이선스)은 20×1년 12월 31일을 기준일로 하여 재평가되었습니다. [K-1038. 124(1)(가)]

당기말 현재 재평가에 따른 라이선스의 장부금액과 원가모형으로 평가되었을 경우의 장부금액은 다음과 같습니다. [K-1038. 124(1)(나) · (다)]

구분	재평가모형	원가모형
라이선스	2,500	1,000

재평가잉여금의 기초 및 기말 장부금액은 다음과 같습니다. [K-1038. 124(2)]

구분	기초 장부금액	증감	기말 장부금액
라이선스	1,200	300	1,500

상기 재평가 증가액 300원은 기타포괄손익으로 인식하고 재평가잉여금으로 반영하였으며, 동 금액은 주주에 대한 배당금의 재원으로 사용할 수 없습니다.

설명

- 무형자산의 후속측정은 원가모형 또는 재평가모형 중 선택하여야 한다.
- 회사가 특정 유형의 후속측정모형을 재평가모형으로 선택한 경우, 원가모형 대비 공정가치 측정으로 인한 정보들을 추가로 주석공시가 요구된다.
- 다만, 대부분 무형자산은 그 특성상 활성시장이 존재하지 않아 후속측정모형으로 재평가모형을 선택하는 경우는 매우 드물다.

한편, 무형자산의 재평가모형은 K-IFRS 제1038호(무형자산) 문단 75 및 문단 78에서 기술하듯이 활성시장이 존재해야 적용 가능하나, 무형자산의 특성상 활성시장이 존재하는 것이 흔하지는 않다고 보고 있다.

75 최초 인식 후에 무형자산은 재평가일의 공정가치에서 이후의 상각누계액과 손상차손누계액을 차감한 재평가금액을 장부금액으로 한다. 이 기준서의 재평가 목적상 공정가치는 활성시장을 기초로 하여 측정한다. 보고기간 말에 자산의 장부금액이 공정가치와 중요하게 차이가 나지 않도록 주기적으로 재평가를 실시한다.

78 무형자산에 대하여 활성시장이 존재하는 것이 흔하지는 않다. 예를 들면, 어떤 국가에서는 자유롭게 양도가 가능한 택시 라이선스, 어업권이나 생산할당량에 대하여 활성시장이 존재할 수 있다. 그러나 브랜드, 신문 제호, 음악과 영화 출판권, 특허권이나 상표는 성격상 독특하기 때문에 활성시장이 존재할 수 없다. 또한 무형자산이 매매되더라도 계약은 개별 매수자와 매도자 간에 협상이 되고 상대적으로 거래는 자주 일어나지 않는다. 이러한 이유로 어떤 자산에 대하여 지급한 가격이 다른 자산의 공정가치에 대한 충분한 증거를 제공하지 않을 수도 있다. 게다가 가격에 대한 정보가 공개적으로 이용가능하지 않을 수 있다.

유형자산과 무형자산의 재평가모형 적용 시 주석공시 추가사항을 비교하면 다음과 같다.

유형자산 (K-1016. 77)	무형자산 (K-1038. 124)
재평가기준일[K-1016. 77(1)]	재평가시행일[K-1038. 124(1)(가)]
독립적인 평가인이 평가에 참여했는지 여부[K-1016. 77(2)]	해당 없음.
해당 없음.	재평가된 무형자산의 장부금액[K-1038. 124 (1)(나)]
재평가된 유형자산의 유형별로 원가모형으로 평가되었을 경우 장부금액[K-1016. 77(5)]	재평가된 무형자산의 유형에 대하여 최초 인식 후에 문단 74의 원가모형에 따라 측정하였다면 인식하였을 장부금액[K-1038. 124(1)(다)]
재평가잉여금의 변동과 재평가잉여금에 대한 주주배당 제한[K-1016. 77(6)]	기초와 기말의 무형자산 관련 재평가잉여금의 금액. 당기 중 변동사항과 주주에 대한 배당의 제한이 있다면 그 내용을 기재한다[K-1038. 124(2)].

5. 연구와 개발 지출

126 당기에 비용으로 인식한 연구와 개발 지출의 총액을 공시한다.

127 연구와 개발 지출은 연구활동이나 개발활동과 직접 관련이 있는 모든 지출을 포함한다(문단 126의 공시 사항에 포함될 지출 유형에 대해서는 문단 66과 67을 참조).

비용으로 인식한 연구개발 관련 지출의 주석공시사항과 그 예시는 다음과 같다.

(1) 연구와 개발 지출

주석사항

- 당기에 비용으로 인식한 연구와 개발 지출의 총액(K-1038. 126)
- 연구와 개발 지출은 연구활동이나 개발활동과 직접 관련이 있는 모든 지출을 포함(문단 126의 공시 사항에 포함될 지출 유형에 대해서는 문단 66과 67을 참조)(K-1038. 127)

예시

당기 중 비용으로 인식한 연구개발 관련 지출은 다음과 같습니다. (K-1038. 126)

구분	당기
매출원가	100
판매비와관리비	100
개발비(무형자산)	100
합계	300

설명

- 연구개발 관련 지출은 무형자산의 개발비 또는 판매비와관리비의 경상연구개발비 등으로 인식된다.
- 자산으로 인식한 개발 지출은 무형자산의 증감 주석에서 공시되며[K-1038. 118(5)(가)], 비용으로 인식한 연구 개발 지출은 이 주석요구사항에 따라 공시한다.

금융감독원 [주석공시 모범사례 2018-2] 개발비 관련 주석공시에서는 연구개발 지출총액에 대한 주석공시 내용이 포함되어 있다.

| 참고 | 금융감독원 [주석공시 모범사례 2018-2] 개발비 관련 주석공시

4. 당기에 비용으로 인식한 연구개발 관련 지출총액

(단위 : 천원)

구분	당기	전기
매출원가(제조원가)	×××	×××
판매비와관리비	×××	×××
…	×××	×××
정부보조금	(×××)	(×××)
합계	×××	×××

⋯› 'CHAPTER 29 금융감독원 주석공시 모범사례' 7. [주석공시 모범사례 2018-2] 중 연구개발 관련 지출총액 참조

금융위원회와 금융감독원은 2018년 9월에 제약 · 바이오 업계의 회계처리 관련 불확실성을 해소하고 회계투명성을 제고하기 위해 '제약 · 바이오 기업의 연구개발비 회계처리 관련 감독지침'을 마련하여 발표하였다.

K-IFRS 제1038호(무형자산) 문단 57에서 요구하고 있는 개발활동 관련 무형자산 인식요건 6개 중 첫 번째인 '(1) 무형자산을 사용하거나 판매하기 위해 그 자산을 완성할 수 있는 기술적 실현가능성'에 대한 세부적인 판단지침을 제시하고 있으며, 추가로 관련 주석공시사항을 제시하고 있다.

| 참고 | 제약 · 바이오 기업의 연구개발비 회계처리 관련 감독지침(금융감독원 2018.9.19.)

〈약품유형별 연구개발비의 자산화가 가능한 단계〉

유형	자산화 가능 단계	설정근거
신약	임상 3상 개시 승인	• 장기간 다수의 환자를 대상으로 시험약의 안전성 · 약효에 대한 검증을 거치지 않은 상태(임상 3상 개시 승인 이전)에서는 일반적으로 자산가치의 객관적 입증이 어려울 것으로 판단됨. • 미(美) 제약 · 바이오 업계 통계에 따르면 최근 10년간 임상 3상 개시 승인 이후 정부 최종 승인율이 약 50%
바이오 시밀러	임상 1상 개시 승인	• 정부가 오리지널 약과의 유사성 검증자료를 확인하지 않은 상태(임상 1상 개시 승인 이전)에서는 일반적으로 자산가치의 객관적 입증이 어려울 것으로 판단됨. • 미(美) 연구결과, 임상 1상 개시 승인 이후 최종 승인율 약 60%
제네릭	생동성시험* 계획 승인 * 오리지널 약품과 생체이용률이 통계적으로 동등한지 검증	정부가 오리지널 약과의 화학적 동등성 검증자료를 확인하지 않은 상태에서는 일반적으로 자산가치의 객관적 입증이 어려울 것으로 판단됨.
진단 시약	제품 검증 (허가신청, 외부임상신청 등)	외부의 객관적인 제품검증이 없는 상태에서는 일반적으로 자산가치의 객관적 입증이 어려울 것으로 판단됨.

〈연구개발비 자산화 금액 주석공시 양식〉

분류	단계	구분	개별 자산명	자산화한 연구개발비 금액(누계액)						연구개발비		잔여 상각기간
				前임상	임상 1상	임상 2상	임상 3상	판매 승인	계	장부 금액	손상차손 누계액	
개발비	개발 완료	개량신약	○○○				×××		×××	×××		×년
			△△△				×××		×××	×××		
		소계					×××		×××	×××		
	개발 중	신약	◇◇◇				×××		×××	×××		–
		바이오시밀러	☆☆☆		×××							–
		소계			×××							
…	…	합계		×××	×××		×××		×××	×××	×××	

가. ○○○은 … 질환 통합 치료가 가능한 제품으로 201×년 판매승인 후 현재 발매 중입니다.
나. △△△은 … 치료제로서 201×년 계약을 통해 기술이전을 완료하였습니다.
다. ◇◇◇은 … 신약 개발 프로젝트이며, 현재 임상 3단계로 201×년 허가를 목표로 하고 있습니다.
라. ☆☆☆은 …을 치료하는 바이오시밀러를 개발하는 프로젝트이며, 기술이전을 목표로 하고 있습니다.

☞ 공시사례 5.2 개발비(제약 · 바이오)

6. 공시 권고사항(추가)

128 다음의 사항을 추가로 주석으로 기재할 수 있다.
(1) 상각은 완료하였으나 계속 사용 중인 무형자산의 내용
(2) 이 기준서의 인식기준을 충족하지 못하였거나 이 기준서가 시행되기 전에 취득하거나 창출하였기 때문에, 자산으로 인식하지 않았지만 통제하고 있는 중요한 무형자산에 대한 내용

무형자산은 관련 추가 주석공시 권고사항의 내용과 예시는 다음과 같다.

(1) 상각 완료 무형자산

주석사항

상각은 완료하였으나 계속 사용 중인 무형자산의 내용[K-1038, 128(1)]

예시

당기말 현재 상각이 완료되었으나 사용 중인 무형자산으로 일부 컴퓨터소프트웨어가 존재하며 그 장부금액은 0원입니다. [K-1038, 128(1)]

설명

감가상각은 취득 시 추정된 내용연수에 따라 감가상각하나, 추정된 내용연수가 모두 경과된 이후에도 사용 중일 수 있다. 이러한 상각 완료 후 사용 중인 자산의 장부금액은 정보이용자에게 도움을 줄 수 있다.

(2) 자산 미인식 중요 무형자산

주석사항

이 기준서의 인식기준을 충족하지 못하였거나 이 기준서가 시행되기 전에 취득하거나 창출하였기 때문에, 자산으로 인식하지 않았지만 통제하고 있는 중요한 무형자산에 대한 내용 [K-1038, 128(2)]

유형자산과 무형자산의 공시가 권장되는 기타 주석사항을 비교하면 다음과 같다.

구분	유형자산 (K-1016, 79)	무형자산 (K-1038, 128)
(1) 일시 운휴 유형자산	일시 운휴 중인 유형자산의 장부금액 금액 [K-1016, 79(1)]	해당 없음.
(2) 감가상각 완료 유무형자산	감가상각이 완료되었으나 아직 사용되고 있는 유형자산의 총장부금액[K-1016, 79(2)]	상각은 완료하였으나 계속 사용 중인 무형자산의 내용[K-1038, 128(1)]
(3) 사용중지 유형자산	사용이 중지되었지만 기업회계기준서 제1105호에 따라 매각예정으로 분류되지 않은 유형자산의 장부금액[K-1016, 79(3)]	해당 없음.
(4) 원가모형 적용 시 공정가치	원가모형을 적용하는 경우, 유형자산의 공정가치가 장부금액과 중요한 차이가 있을 때 그 공정가치[K-1016, 79(4)]	해당 없음.
(5) 자산 미인식 중요 무형자산	해당 없음.	이 기준서의 인식기준을 충족하지 못하였거나 이 기준서가 시행되기 전에 취득하거나 창출하였기 때문에, 자산으로 인식하지 않았지만 통제하고 있는 중요한 무형자산에 대한 내용[K-1038, 128(2)]

04 | 실제 공시 사례

공시사례 5.1 무형자산 일반

주석

[출처 : LG전자 2023년 감사보고서]

2.14 무형자산

(1) 영업권

이전대가와 취득자가 이전에 보유하고 있던 피취득자에 대한 지분의 취득일 현재의 공정가치 합계액이 취득한 식별가능한 순자산을 초과하는 금액은 영업권으로 인식합니다. 영업권은 매년 손상검사를 하고 원가에서 손상차손누계액을 차감한 가액으로 표시하고 있으며, 영업권에 대한 손상차손은 환입하지 아니하고 있습니다.

(2) 산업재산권

취득한 산업재산권은 역사적원가로 표시하고 있습니다. 산업재산권은 한정된 내용연수를 가지고 있으며 원가에서 상각누계액을 차감한 가액으로 표시하고 있습니다. 산업재산권은 추정 경제적 내용연수(대표추정 내용연수 : 10년) 동안 원가를 배분하기 위하여 정액법에 따라 상각하고 있습니다.

(3) 개발비

신제품 개발 프로젝트는 상품 기획, 설계 기획, 설계 시작, 양산 검증, 양산 승인, 출하 승인 단계로 진행됩니다. 일반적으로 설계 시작 단계부터 발생한 지출을 개발비로 인식하고, 이전 단계에서 발생한 지출은 연구개발비로 보아 당기 비용 처리하고 있습니다. 개발비로 계상된 원가는 회사에 의해 통제되면서, 식별 가능하고 고유한 개발 프로젝트에서 발생되었으며, 다음의 요건을 모두 충족합니다.

- 무형자산을 사용하거나 판매하기 위해 그 자산을 완성할 수 있도록 기술적으로 실현가능성이 높음.
- 경영진은 무형자산을 완성하여 사용하거나 판매하려는 의도가 있음.
- 무형자산을 사용하거나 판매할 능력이 있음.
- 무형자산이 어떻게 미래경제적 효익을 창출할 것인지를 제시할 수 있음.
- 개발을 완성하여 무형자산을 사용하거나 판매하는 데 필요한 적절한 기술적, 재정적 및 기타 자원이 이용 가능함.
- 개발단계에서 발생한 무형자산 관련 지출을 신뢰성 있게 측정할 수 있음.

개발비는 관련 제품 등의 판매 또는 사용이 가능한 시점부터 추정 경제적 내용연수(대표추정 내용연수 : 1년, 3년) 동안 정액법에 따라 상각하고 있습니다.

(4) 회원권

회원권은 이용 가능 기간에 대하여 예측가능한 제한이 없으므로, 내용연수가 비한정인 것으로 보아 상각하지 않고 있으며, 매년 손상검사를 하고 원가에서 손상차손누계액을 차감한 가액으로 표시하고 있습니다.

(5) 기타의 무형자산

기타의 무형자산은 무형자산의 정의를 충족하는 라이선스자산, 고객관계, 기술가치, 소프트웨어 등을 포함하고 있으며, 사용이 가능한 시점부터 추정 경제적 내용연수(대표추정 내용연수 : 5년, 10년) 동안 정액법에 따라 상각하고 있습니다.

설명

사례회사의 무형자산은 영업권, 산업재산권, 개발비, 회원권, 기타의 무형자산의 5개의 유형으로 구분되어 있다.

각 유형별 내용연수의 비한정, 유한 여부 및 내용연수 유한한 무형자산의 내용연수와 상각방법은 다음과 같이 공시하고 있다[K-1038. 118(1)·(2)].

- 영업권 : 상각하지 않음.
- 산업재산권 : 대표내용연수 10년, 정액법
- 개발비 : 대표내용연수 1년, 3년, 정액법
- 회원권 : 비한정 내용연수, 상각하지 않음
- 기타의 무형자산(라이선스자산, 고객관계, 기술가치, 소프트웨어 등) : 대표내용연수 5년, 10년, 정액법

12. 무형자산

(1) 무형자산의 상세내역

(단위 : 백만원)

구분	2023.12.31.						
	영업권	산업재산권	개발비(*)	회원권	기타의 무형자산	건설중인 무형자산(*)	합계
취득원가	86,528	871,906	3,292,895	19,115	1,042,569	848,249	6,161,262
상각 및 손상차손누계액	(86,337)	(466,470)	(2,691,973)	(633)	(799,171)	(19,279)	(4,063,863)
순장부금액	191	405,436	600,922	18,482	243,398	828,970	2,097,399

(단위 : 백만원)

구분	2022.12.31.						
	영업권	산업재산권	개발비(*)	회원권	기타의 무형자산	건설중인 무형자산(*)	합계
취득원가	86,528	869,793	3,012,065	19,192	1,077,074	568,952	5,633,604
상각 및 손상차손 누계액	(86,337)	(461,863)	(2,544,826)	(633)	(816,657)	(8,017)	(3,918,333)
순장부금액	191	407,930	467,239	18,559	260,417	560,935	1,715,271

(*) 보고기간말 현재 개발비와 건설중인 무형자산은 각각 337,570백만원과 552,114백만원의 내부취득 개발비를 포함하고 있습니다(2022년 말 : 개발비 332,363백만원, 건설중인 무형자산 301,792백만원).

설명

사례회사는 기초와 기말의 총장부금액 및 상각누계액(손상차손누계액)을 상기 표에서 공시하고 있다[K-1038. 118(3)].

(2) 무형자산의 변동내역

(단위 : 백만원)

구분	2023년						
	영업권	산업재산권	개발비	회원권	기타의 무형자산	건설중인 무형자산	합계
기초 순장부금액	191	407,930	467,239	18,559	260,417	560,935	1,715,271
취득	–	–	132,489	–	145,924	184,639	463,052
내부개발에 의한 취득	–	–	–	–	–	406,249	406,249
대체	–	99,036	201,287	–	–	(300,434)	(111)
처분 등	–	(24,341)	(53)	(77)	(93)	(22,419)	(46,983)
무형자산상각비	–	(75,524)	(192,831)	–	(158,063)	–	(426,418)
손상차손(*1),(*2),(*3)	–	(1,665)	(7,209)	–	(4,787)	–	(13,661)
기말 순장부금액	191	405,436	600,922	18,482	243,398	828,970	2,097,399

(단위 : 백만원)

구분	2022년						
	영업권	산업재산권	개발비	회원권	기타의 무형자산	건설중인 무형자산	합계
기초 순장부금액	191	399,024	494,467	37,715	273,567	553,754	1,758,718
취득	–	–	25,731	–	109,607	227,401	362,739
내부개발에 의한 취득	–	–	–	–	–	159,819	159,819
대체	–	96,171	125,013	–	–	(356,023)	(134,839)
처분 등	–	(12,447)	–	(19,156)	(742)	(19,289)	(51,634)

구분	2022년						
	영업권	산업재산권	개발비	회원권	기타의 무형자산	건설중인 무형자산	합계
사업양도로 인한 감소	–	–	(7,810)	–	(34)	(4,363)	(12,207)
무형자산상각비	–	(74,202)	(201,996)	–	(121,031)	–	(397,229)
손상차손(*1),(*2),(*3)	–	(616)	31,834	–	(950)	(364)	29,904
기말 순장부금액	191	407,930	467,239	18,559	260,417	560,935	1,715,271

(*1) 회사는 정기 손상검사를 수행하여 향후 판매부진이 예상되는 HE, BS, VS 사업부문의 일부 사업에서 6,725백만원(HE : 6,475백만원, BS : 241백만원, VS : 9백만원)의 손상을 '기타영업외비용'으로 인식하였습니다(2022년 : 1,340백만원). 해당 손상금액은 산업재산권 등에 배분되었습니다. 현금창출단위의 회수가능액은 처분부대원가를 차감한 공정가치와 사용가치 중 큰 금액으로 측정되었으며, 이는 공정가치 서열체계 수준 3에 해당합니다.

(*2) 내부개발에 의해 취득되는 개발비 등과 관련된 모든 프로젝트의 손상검토 결과, 사업성이 낮은 것으로 판단되는 일부 프로젝트와 관련된 개발비 등 7,209백만원(2022년 : 31,470백만원 손상 환입)을 손상하여 '기타영업외비용'으로 인식하였습니다.

설명

사례회사는 무형자산 기초장부금액에서 기말장부금액으로 조정한 내용을 상기 표와 같이 공시하고 있다[K-1038, 118(5)].

구분	기준서 (K-1038, 118)	산업재산권	소프트웨어	…	개발비	합계
기초 순장부금액	(3)	1,000	1,000	1,000	1,000	4,000
증가(내부개발)	(5)(가)				100	
증가(개별취득)	(5)(가)	100	100			
증가(사업결합취득)	(5)(가)		100			
매각예정으로 분류된 자산	(5)(나)					
재평가로 인한 변동	(5)(다)					
손상차손(환입)	(5)(라)(마)					
상각비	(5)(바)					
순외환차이(*1)	(5)(사)					
기타	(5)(아)					
기말 순장부금액	(3)					

추가로 무형자산 관련 영업권, 산업재산권, 개발비 등에 K-IFRS 제1036호(자산손상)에 해당하는 손상차손이 발생하여 해당 정보를 추가로 공시하고 있다(K-1038, 120).

(3) 무형자산상각비가 포함되어 있는 계정과목별 금액

(단위 : 백만원)

구분	2023년	2022년
계속영업 :		
매출원가	320,787	300,705
판매비	10,971	9,792
관리비	37,354	29,087
연구개발비	53,877	53,911
서비스비	3,374	2,550
기타영업외비용	8	3
계속영업 소계	426,371	396,048
중단영업	47	1,181
합계	426,418	397,229

설명

사례회사의 무형자산상각비가 포함된 포괄손익계산서 계정과목은 상기 표와 같다[K-1038, 118(4)].

(4) 자본화된 차입원가와 자본화 이자율

(단위 : 백만원)

구분	2023년	2022년
자본화된 차입원가	907	2,880
자본화 이자율(%)	3.51	3.05

설명

차입원가 자본화한 경우, 자본화한 차입원가 금액과 자본화 이자율을 공시하도록 요구한다(K-1023, 26).

주석공시 요구사항	공시내용	기준서 (K-1023)
회계기간 중 자본화된 차입원가의 금액	907백만원	26(1)
자본화가능차입원가를 산정하기 위하여 사용된 자본화이자율	3.51%	26(2)

사례회사는 유형자산 취득 관련 자본화뿐만 아니라, 무형자산 취득 관련 자본화가 발생한 것으로 판단된다.
예를 들어, 회사의 ERP시스템을 취득하는 경우 등은 취득에 상당한 기간이 소요되는 적격자산에 해당될 수 있다.

(5) 보고기간 말 현재 차입금 등과 관련하여 담보로 제공된 무형자산은 없습니다.

설명

사례회사는 담보로 제공된 무형자산이 존재하지 않다고 공시하고 있다[K-1038, 122(4)].

(6) 영업권의 손상검사

1) 영업권은 영업부문별로 식별된 현금창출단위에 배분하고 있으며, 보고기간 말 현재 Home Appliance & Air Solution 사업부문에 영업권 191백만원을 배분하고 있습니다.

2) 현금창출단위의 회수가능액은 사용가치 또는 처분부대원가를 차감한 공정가치에 기초하여 결정되었으며, 사용가치는 경영진에 의해 승인된 사업계획에 기초한 세전현금흐름추정을 사용하여 계산되었습니다. 경영진은 이러한 사업계획 승인시 산업 및 사업의 특수성을 고려하여 추정방법, 가정 및 추정기간을 검토하였습니다. 사업계획을 초과한 현금흐름은 식별된 현금창출단위가 속해 있는 산업의 장기 평균 성장률을 초과하지 않는 범위 내에서 추정하였습니다.

3) 경영진은 과거 실적과 시장 성장에 대한 예측에 근거하여 세전현금흐름 추정액을 결정하였습니다. 사용가치 계산에 적용된 할인율은 Home Appliance & Air Solution 사업부문의 공조 사업에서 식별된 현금창출단위의 특수한 위험을 반영한 할인율 11.32% 및 명목영구성장률 1%입니다.

4) 당기 중 현금창출단위별로 순공정가치에 근거하여 계산된 회수가능액을 토대로 영업권에 대한 손상차손으로 인식한 금액은 없습니다.

설명

사례회사는 영업권이 배분된 Home Appliance & Air Solution 사업부문에 대해 손상평가를 수행하였으며, 손상차손 인식 여부와 무관하게 다음 사항을 공시하고 있다(K-1036, 134).

주석공시 요구사항	공시내용	기준서 (K-1036)
영업권의 장부금액	191백만원	134(1)
회수가능액을 산정한 기준	사용가치 또는 처분부대원가를 차감한 공정가치에 기초하여 결정	134(3)
최근 재무예산/예측에서 대상으로 한 기간의 현금흐름을 추정할 때 경영진이 근거한 주요 가정	과거 실적과 시장 성장에 대한 예측에 근거하여 세전 현금흐름 추정액을 결정	134(4)(가)
경영진이 주요 가정치를 결정하는 방식	경영진은 과거 실적과 시장 성장에 대한 예측에 근거하여 세전 현금흐름 추정액을 결정	134(4)(나)

주석공시 요구사항	공시내용	기준서 (K-1036)
경영진이 승인한 재무예산/예측을 기초로 미래현금흐름을 추정할 때 추정 대상 기간과 현금창출단위(현금창출단위집단)에 사용하는 기간이 5년을 초과한 경우에 이를 정당화 할 수 있는 이유를 설명	경영진에 의해 승인된 사업계획에 기초한 세전 현금흐름추정을 사용하여 계산 & 사업계획을 초과한 현금흐름은 식별된 현금창출단위가 속해 있는 산업의 장기 평균 성장률을 초과하지 않는 범위 내에서 추정	134(4)(다)
최근 재무예산/예측의 대상 기간을 초과하는 기간의 현금흐름을 추정하기 위해 사용한 성장률	명목 영구성장률 1.0%	134(4)(라)
미래현금흐름 추정치에 적용한 할인율(들)	세전 할인율 11.32%	134(4)(마)

참고로 영업권이 배분되지 않은 현금창출단위는 손상차손을 인식한 경우에만 상기 구체적인 가정치 등을 공시하도록 요구하고 있다.

(7) 연구 및 개발 지출액

당기와 전기 중 비용으로 인식한 연구 및 개발 지출액은 다음과 같습니다.

(단위 : 백만원)

구분	2023년	2022년
계속영업 :		
연구비 및 자본화되지 않은 개발비 원가	3,002,698	2,840,889
내부취득 개발비 상각비	139,591	159,440
계속영업 소계	3,142,289	3,000,329
중단영업	-	8,267
합계	3,142,289	3,008,596

설명

사례회사는 연구 및 개발비 지출액 3,142,289백만원을 공시하고 있다(K-1038, 126). 이는 당기 비용 인식한 연구비와 개발비, 무형자산으로 인식한 개발비 모두를 포함한다.

공시사례 5.2 **개발비(제약 · 바이오)**

주석

[출처 : 셀트리온 2023년 감사보고서]

13. 무형자산

(1) 당사의 무형자산 변동내역은 다음과 같습니다.

(단위 : 천원)

구분	2023.1.1	사업결합(*1)	내부창출	개별취득	대체	처분(*)	상각	2023.12.31	상각누계액	손상차손누계액
영업권	-	7,441,429,952	-	-	-	-	-	7,441,429,952	-	-
판권	-	113,694,943	-	-	-	-	-	113,694,943	-	-
고객관계	-	66,385,703	-	-	-	-	-	66,385,703	-	-
소프트웨어	7,223,092	718,703	-	412,872	-	-	4,104,574	4,250,093	(20,783,877)	-
지적재산사용승인권	1	-	-	-	-	-	1	-	(39,000,000)	-
개발비	1,284,499,398	-	180,706,496	33,644,352	-	-	141,996,888	1,356,853,358	(853,715,847)	(47,437,674)
기타무형자산	16,829,518	-	-	-	980,253	63,932	2,984,423	14,761,416	(9,792,215)	(8,037,234)
시설이용권	10,004,070	4,659,340	-	2,044,000	-	-	-	16,707,410	-	-
합계	1,318,556,079	7,626,888,641	180,706,496	36,101,224	980,253	63,932	149,085,886	9,014,082,875	(923,291,939)	(55,474,908)

(단위 : 천원)

구분	2022.1.1	내부창출	개별취득(*2)	대체	처분	손상	상각	2022.12.31	상각누계액	손상차손누계액
소프트웨어	10,742,959	-	532,977	26,730	-	-	4,079,574	7,223,092	(16,679,303)	-
지적재산사용승인권	2,082,827	-	-	-	-	-	2,082,826	1	(38,999,999)	-
개발비	1,140,698,779	266,146,103	-	-	-	2,633,876	119,711,608	1,284,499,398	(713,873,645)	(58,216,151)
기타무형자산	11,215,538	-	14,753,566	779,148	2,541	7,988,162	1,928,031	16,829,518	(9,051,517)	(13,909,585)
시설이용권	10,004,070	-	-	-	-	-	-	10,004,070	-	-
합계	1,174,744,173	266,146,103	15,286,543	805,878	2,541	10,622,038	127,802,039	1,318,556,079	(778,604,464)	(72,125,736)

(*1) 당기 중 셀트리온헬스케어를 흡수 합병함에 따라 추가 인식하였습니다(주석 36 참조).
(*2) Celltrion Asia Pacific PTE로부터 부여받은 라이선스 6,152백만원을 포함하고 있습니다.

(2) 중요한 무형자산의 내역

1) 개발비 외 무형자산의 내역

구분	내역	잔존상각기간
영업권	사업결합에 의해 식별된 영업권	비한정
판권	사업결합에 의해 식별된 판권	0.5년
고객관계	사업결합에 의해 식별된 고객관계	9년
소프트웨어	ERP 및 기타 운영지원 소프트웨어	1년 ~ 5년
지적재산사용승인권	바이오의약품 항원제조 및 대량생산기술 사용에 대한 권리	상각완료
기타무형자산	특허권, 산업재산권, 라이선스 등	1년 ~ 11년
시설이용권	콘도 및 골프시설 이용권	비한정

2) 개발비 세부내역

(단위 : 천원)

2023.12.31		내역	자산화한 개발비 누계						잔존상각기간(*6)
			임상1상(*5)	임상3상	정부승인	손상차손 인식 전 장부금액	손상차손 누계액	장부금액	
바이오의약품	면역질환 관련 치료제(*1)	개발중인 개발비	64,136,539	177,992,862	34,076,460	276,205,861	-	276,205,861	-
		상각중인 개발비	128,490,034	423,428,504	74,281,076	626,199,614	-	626,199,614	11년
	암 치료제(*2)	개발중인 개발비	50,718,039	254,040,898	57,430,835	362,189,772	-	362,189,772	8년
	기타질환 관련 치료제(*3)	개발중인 개발비	-	77,084,419	21,016,163	98,100,582	(6,471,307)	91,629,275	-
		상각중인 개발비	-	34,333,490	2,416,776	36,750,266	(36,750,266)	-	-
케미컬의약품(*4)		개발중인 개발비	174,607	-	1,305,009	1,479,616	(1,392,268)	87,348	-
		상각중인 개발비	744,134	-	2,621,187	3,365,321	(2,823,833)	541,488	6년
합계			244,263,353	966,880,173	193,147,506	1,404,291,032	(47,437,674)	1,356,853,358	

(단위 : 천원)

2022.12.31		내역	자산화한 개발비 누계						잔존상각기간(*6)
			임상1상(*5)	임상3상	정부승인	손상차손 인식 전 장부금액	손상차손 누계액	장부금액	
바이오의약품	면역질환 관련 치료제(*1)	개발중인 개발비	96,993,303	377,230,090	38,952,913	513,176,306	-	513,176,306	-

2022.12.31		내역	자산화한 개발비 누계						잔존상각기간 (*6)
			임상1상(*5)	임상3상	정부승인	손상차손 인식 전 장부금액	손상차손 누계액	장부금액	
바이오 의약품	면역질환 관련 치료제(*1)	상각중인 개발비	86,960,020	121,435,392	41,563,808	249,959,220	-	249,959,220	10년
	암 치료제(*2)	개발중인 개발비	63,725,839	324,205,673	72,833,883	460,765,395	-	460,765,395	9년
	기타질환 관련 치료제(*3)	개발중인 개발비	-	63,201,243	3,240,417	66,441,660	(6,471,307)	59,970,353	-
		상각중인 개발비	-	34,333,490	2,416,776	36,750,266	(36,750,266)	-	-
케미컬의약품(*4)		개발중인 개발비	174,607	-	1,217,661	1,392,268	(1,392,268)	-	-
		상각중인 개발비	4,027,199	-	10,203,235	14,230,434	(13,602,310)	628,124	7년
합계			251,880,968	920,405,888	170,428,693	1,342,715,549	(58,216,151)	1,284,499,398	

(*1) 램시마 및 유플라이마 등 단일클론 항체 면역질환관련 바이오의약품입니다.
(*2) 허쥬마, 트룩시마 및 베그젤마 등 단일클론 항체 암 관련 바이오의약품입니다.
(*3) 감염성 질환 및 안과 질환 등의 기타질환관련 바이오의약품입니다.
(*4) 순환기계, 신경계 및 항 HIV 등 케미컬의약품입니다.
(*5) 케미컬의약품의 경우 생물학적 동등성시험을 포함하고 있습니다.
(*6) 각 프로젝트별로 상각기간이 상이하므로 보고기간 종료일 현재 개발비의 잔여내용연수를 가중평균하였습니다.

설명

사례회사는 중요한 개별 무형자산에 설명과 장부금액 및 잔여상각기간에 대해 공시하고 있다[K-1038. 122(2)].

개발비(기말 장부금액 1,356,853,358천원) 세부내역에 대해서는 금융감독원 보도자료인 '제약 · 바이오 기업의 연구개발비 회계처리 관련 감독지침(2018.9.19.)'의 연구개발비 자산화 금액 주석공시 양식에 따라 개별자산별 자산화한 연구개발비 누계 및 잔여상각기간을 공시하고 있다.

공시사례 5.3 **정부보조금(무형자산)**

주석

[출처 : 세원이앤씨 2023년 감사보고서]

2. 중요한 회계정책

2.12 정부보조금

정부보조금은 보조금의 수취와 정부보조금에 부가된 조건의 준수에 대한 합리적인 확신이 있을 때 공정가치로 인식됩니다. 자산관련보조금은 자산의 장부금액을 계산할 때 차감하여 표시되며, 수익관련보조금은 이연하여 정부보조금의 교부 목적과 관련된 비용에서 차감하여 표시됩니다.

15. 무형자산

(1) 보고기간말 현재 회사의 무형자산의 내역은 다음과 같습니다.

(단위 : 천원)

구분	당기말				전기말			
	취득원가	상각누계액(주1)	정부보조금	합계	취득원가	상각누계액(주1)	정부보조금	합계
개발비	3,759,012	(2,889,089)	(869,923)	-	3,761,271	(2,160,808)	(871,724)	728,739
회원권(주2)	43,785	-	-	43,785	43,785	-	-	43,785
기타의무형자산	1,525,959	(1,438,890)	-	87,069	1,454,033	(1,389,989)	-	64,044
합계	5,328,756	(4,327,979)	(869,923)	130,854	5,259,089	(3,550,797)	(871,724)	836,568

(주1) 손상차손누계액을 합산한 금액입니다.
(주2) 회원권을 비한정내용연수를 가진 무형자산으로 분류하여 상각하고 있지 않습니다.

(2) 보고기간 중 회사의 무형자산 장부금액의 변동내역은 다음과 같습니다.

\- 당기

(단위 : 천원)

구분	기초장부금액	취 득	상 각	기 타	기말장부금액
개발비	3,761,271	575	(2,835)	-	3,759,011
손상차손(주1)	(2,160,808)	-	-	(728,280)	(2,889,088)
정부보조금(개발비)	(871,724)	(1,034)	2,835	-	(869,923)
소계	728,739	(459)	-	(728,280)	-
회원권	43,785	-	-	-	43,785
기타의무형자산	68,647	71,927	(47,032)	-	93,542
손상차손	(4,604)		-	(1,869)	(6,473)
합계	836,567	71,468	(47,032)	(730,149)	130,854

(주1) 각 현금창출단위의 손상검사 결과 장부금액을 회수가능액으로 감액하였으며, 자산의 공정가치를 신뢰성 있게 추정할 수 없어 회수가능액을 사용가치로 측정하였습니다. 회수가능액과 장부금액의 차이를 손상차손으로 인식하였으며, 손익계산서의 기타비용으로 인식하였습니다(주석 14 참조).

- 전기

(단위 : 천원)

구분	기초장부금액	취 득	상 각	기 타	기말장부금액
개발비	3,187,032	577,074	(2,835)	-	3,761,271
손상차손(주1)	(2,160,808)	-	-	-	(2,160,808)
정부보조금(개발비)	(545,479)	(329,080)	2,835	-	(871,724)
소계	480,745	247,994	-	-	728,739
회원권	43,785	-	-	-	43,785
기타의무형자산	87,694	29,471	(48,518)	-	68,647
손상차손	(4,603)	-	-	-	(4,603)
합계	607,621	277,465	(48,518)	-	836,568

(3) 보고기간 중 회사의 무형자산 상각액이 포함되어 있는 계정과목별 금액은 다음과 같습니다.

(단위 : 천원)

구분	당기	전기
매출원가	25,760	25,760
판매비와관리비	14,355	22,010
경상연구개발비	6,917	748
합계	47,032	48,518

16. 정부보조금

(1) 보고기간말 현재 회사의 국책과제 등과 관련하여 수령한 정부보조금의 내역은 다음과 같습니다.

(단위 : 천원)

구분	당기	전기
개발비	869,923	871,724
소계	869,923	871,724
미지급금	162,618	162,424
소계	162,618	162,424

(2) 보고기간 중 회사의 이연수익에 계상된 정부보조금의 변동내역은 다음과 같습니다.

(단위 : 천원)

구분	당기	전기
기초금액	-	-
정부보조금 수령액	1,294	411,918
유 · 무형자산 취득	(1,034)	(329,080)
정부보조금 상환	-	-
미지급금 대체	(194)	(61,788)
비용상계 등	(66)	(21,050)
기말금액	-	-

설명

사례회사는 무형자산 중 소프트웨어 및 개발비 취득에 정보보조금을 수취하고 있다. 사례회사는 해당 무형자산 관련 정부보조금의 증감(무형자산 차감 및 무형자산상각비 상계) 내역을 정부보조금의 장부금액 포함하여 주석공시하고 있다[K-1038. 122(3), K-1020. 39].

K-IFRS

주석작성실무

CHAPTER

06 투자부동산

▶ 관련 기업회계기준서

K-IFRS 제1040호 투자부동산

01 | 기준서 주요 내용

투자부동산의 인식 및 최초측정

투자부동산은 임대수익이나 시세차익 또는 둘 다를 얻기 위하여 소유자가 보유하거나 리스이용자가 사용권자산으로 보유하고 있는 부동산이다. 다만, 다음 목적으로 보유하는 부동산은 제외한다.

(1) 재화나 용역의 생산 또는 제공이나 관리목적에 사용
(2) 통상적인 영업과정에서의 판매

투자부동산은 투자부동산에서 생기는 미래 경제적 효익의 유입 가능성이 높고 투자부동산의 원가를 신뢰성 있게 측정할 수 있을 때 자산으로 인식한다.

투자부동산은 최초 인식시점에 원가로 측정한다. 거래원가는 최초 측정치에 포함된다.

후속측정

투자부동산의 후속측정은 공정가치모형과 원가모형 중 하나를 선택하여 모든 투자부동산에 적용한다.

공정가치모형을 선택하는 경우, 투자부동산의 공정가치 변동으로 발생하는 손익은 발생한 기간의 당기손익에 반영한다.

원가모형은 선택하는 경우, 투자부동산 중 건물은 감가상각을 수행한다. 원가모형인 경우 투자부동산의 공정가치를 주석에 공시한다.

| 공정가치 측정

모든 기업은 투자부동산의 측정(공정가치모형을 사용하는 기업)이나 공시(원가모형을 사용하는 기업)를 위하여 공정가치를 측정하여야 한다. 이 경우 평가 대상 투자부동산의 소재 지역에서 최근에 유사한 부동산을 평가한 경험이 있고 전문적 자격이 있는 독립된 평가인의 가치평가에 기초하여 공정가치를 측정할 것을 권고하나 반드시 의무적으로 할 필요는 없다.

투자부동산(투자건물)의 취득원가가 100원인 경우의 후속측정모형을 원가모형 또는 공정가치모형으로 선택했을 경우의 회계처리와 주석공시사항은 다음과 같이 구분된다.

취득원가 100원	원가모형	공정가치모형
후속측정 (기말 공정가치 120원인 경우)	기말장부금액 100원	기말장부금액 120원 (투자부동산평가이익 20원)
후속측정 (기말 공정가치 80원인 경우)	기말장부금액 100원	기말장부금액 80원 (투자부동산평가손실 20원)
감가상각	감가상각 수행	감가상각 수행하지 않음.
공정가치 주석공시	공정가치 주석공시	해당 없음.

투자부동산 공정가치모형 적용 예시

개요

회사가 20×1년 초 취득한 투자부동산의 현황은 다음과 같다.

- 회사는 투자부동산 중 건물유형에 대해 후속측정모형으로 공정가치모형을 선택하였다.

구분	평가 전 장부금액 (a)	공정가치 (b)	재평가액 (a－b)	평가 후 장부금액 (b)
20×1년 초	100,000			
20×1년 말	100,000	120,000	20,000	120,000
20×2년 말	120,000	70,000	(50,000)	70,000
20×3년 말	70,000	80,000	10,000	80,000

- 20×1년 12월 31일(기말 재평가 – FV 120,000)

차변		대변	
투자부동산	20,000	투자부동산평가이익 (기타수익)	20,000

• 20×2년 12월 31일(기말 재평가 - FV 70,000)

차변		대변	
투자부동산평가손실 (기타비용)	50,000	투자부동산	50,000

• 20×3년 12월 31일(기말 재평가 - FV 80,000)

차변		대변	
투자부동산	10,000	투자부동산평가이익 (기타수익)	10,000

02 | 주석 작성 핵심 포인트

투지부동산 관련 주요 주석공시사항은 다음과 같이 요약된다.

Key Point

구분	주요 주석공시사항	비고
1. 일반사항	• 공정가치모형이나 원가모형의 적용 여부 • 공정가치가 독립된 평가인의 가치평가에 근거한 정도	공정가치모형이나 원가모형 모두 공정가치 정보가 필요함.
2. 임대관련 손익	• 투자부동산에서 생긴 임대수익 • 임대수익이 생긴 투자부동산과 직접 관련된 운영비용(수선 · 유지 비용 포함) • 임대수익이 생기지 않은 투자부동산과 직접 관련된 운영비용(수선 · 유지 비용 포함)	
3. 공정가치 모형	기초장부금액에 기말장부금액으로 조정한 내용(공정가치 변동으로 인한 순손익 포함)	
4. 원가모형	• 감가상각방법 • 내용연수 또는 감가상각률 • 기초와 기말의 총장부금액과 감가상각누계액(손상차손누계액을 합산한 금액) • 기초장부금액에 기말장부금액으로 조정한 내용(감가상각비 포함) • 투자부동산의 공정가치	

투자부동산의 공정가치를 표시(공정가치모형) 또는 주석공시(원가모형)하는 경우 공정가치 측정에 대해 서열체계 등을 K-IFRS 제1113호(공정가치 측정)에 따라 추가로 주석공시한다.

03 | 주석 공시 요구사항

투자부동산 관련 주석공시사항은 다음과 같이 구분된다.

문단	공시사항
74 ~ 75	1. 일반사항
76 ~ 78	2. 공정가치모형
79	3. 원가모형

1. 일반사항

74 다음 문단의 공시사항을 기업회계기준서 제1116호에서 정하는 공시사항에 추가하여 기재한다. 투자부동산 소유자가 리스계약을 체결한 경우에는 해당기준서에 따라 리스제공자의 공시사항을 기재한다. 리스이용자가 사용권자산으로 투자부동산을 보유하는 경우에는 기업회계기준서 제1116호에서 요구하는 바에 따라 리스이용자의 공시사항을 기재하며, 운용리스에 대해서는 기업회계기준서 제1116호에서 요구하는 바에 따라 리스제공자의 공시사항을 기재한다.

75 다음 사항을 주석으로 공시한다.

(1) 공정가치모형이나 원가모형의 적용 여부

(2) [국제회계기준위원회에서 삭제함]

(3) 분류하기가 어려운 경우(문단 14 참조)에는 투자부동산을 자가사용부동산 및 통상적인 영업과정에서 판매하기 위한 부동산과 구별하기 위하여 사용한 분류기준

(4) [국제회계기준위원회에서 삭제함]

(5) 재무제표에 인식되었거나 주석으로 공시된 투자부동산의 공정가치가 독립된 평가인의 가치평가에 근거한 정도. 평가인은 인정되는 전문자격을 갖추고 있고 평가대상 투자부동산의 소재 지역에서 최근에 유사한 부동산을 평가한 경험이 있어야 한다. 이러한 방법으로 가치평가를 하지 않은 경우, 그 사실을 주석으로 공시한다.

75 (6) 당기손익으로 인식한 다음 사항의 금액

(가) 투자부동산에서 생긴 임대수익

(나) 임대수익이 생긴 투자부동산과 직접 관련된 운영비용(수선 · 유지 비용 포함)

(다) 임대수익이 생기지 않은 투자부동산과 직접 관련된 운영비용(수선 · 유지 비용 포함)

(라) 원가모형을 적용하는 투자부동산 범주에서 공정가치모형을 적용하는 투자부동산의 범주로 처분하는 경우에 당기손익으로 인식한 공정가치변동누계액(문단 32C 참조)

(7) 투자부동산의 실현 가능성에 대한 제약 여부와 해당 금액, 임대수익과 처분대금의 송금에 대한 제약 여부와 해당 금액

(8) 투자부동산의 구입, 건설이나 개발, 개량, 수선, 유지보수 등에 대한 계약상 의무

투자부동산 관련 주석공시 일반사항 및 그 예시는 다음과 같다.

(1) 측정기준 및 분류

주석사항

- 공정가치모형이나 원가모형의 적용 여부[K-1040. 75(1)]
- 분류하기가 어려운 경우(문단 14 참조)에는 투자부동산을 자가사용부동산 및 통상적인 영업과정에서 판매하기 위한 부동산과 구별하기 위하여 사용한 분류기준[K-1040. 75(3)]

예시

임대수익이나 시세차익을 얻기 위하여 보유하고 있는 부동산은 투자부동산으로 분류하고 있으며, 취득 시 발생한 거래원가를 가산하여 최초 인식시점에 원가로 측정하며, 최초 인식 후 원가에서 감가상각누계액과 손상차손누계액을 차감한 금액을 장부금액으로 표시하고 있습니다. [K-1040. 75(1)] – 후속측정 원가모형

임대수익이나 시세차익 또는 두 가지 모두를 얻기 위하여 보유하고 있는 부동산은 투자부동산으로 분류하고 있습니다. 투자부동산은 최초 인식시점에 거래원가를 포함하여 원가로 측정하고 있으며, 최초 인식 후에는 공정가치로 측정하고 공정가치 변동으로 발생하는 손익은 발생한 기간의 당기손익에 반영하고 있습니다. [K-1040. 75(1)] – 후속측정 공정가치모형

설명

- 투자부동산은 임대수익이나 시세차익을 얻기 위하여 보유하는 부동산이다.
- 투자부동산의 분류가 어려운 경우는 분류기준에 대한 내용을 주석에 공시가 필요하다.

K-IFRS 제1040호(투자부동산)에서 투자부동산은 임대수익이나 시세차익을 얻기 위하여 보유하는 부동산으로 정의되며, 동 기준서에서 제시하고 있는 투자부동산의 분류 예시는 다음과 같다.

한편, 아래의 분류 예시에도 불구하고 투자부동산 여부를 분류하기가 어려운 경우에는 투자부동산을 자가사용부동산 및 통상적인 영업과정에서 판매하기 위한 부동산과 구별하기 위하여 사용한 분류기준을 주석공시한다[K-1040. 75(3)].

투자부동산에 해당 (K-1040. 8)	투자부동산에 해당하지 않음 (K-1040. 9)
• 장기 시세차익을 얻기 위하여 보유하고 있는 토지 • 장래 용도를 결정하지 못한 채로 보유하고 있는 토지 • 직접 소유하고 운용리스로 제공하는 건물 • 운용리스로 제공하기 위하여 보유하는 미사용 건물 • 미래에 투자부동산으로 사용하기 위하여 건설 또는 개발 중인 부동산	• 통상적인 영업과정에서 판매하기 위한 부동산이나 이를 위하여 건설 또는 개발 중인 부동산 • 자가사용부동산 • 금융리스로 제공한 부동산

(2) 공정가치 평가

주석사항

- 재무제표에 인식되었거나 주석으로 공시된 투자부동산의 공정가치가 독립된 평가인의 가치평가에 근거한 정도
- 평가인은 인정되는 전문자격을 갖추고 있고 평가 대상 투자부동산의 소재 지역에서 최근에 유사한 부동산을 평가한 경험이 있어야 한다. 이러한 방법으로 가치평가를 하지 않은 경우, 그 사실을 주석으로 공시한다[K-1040. 75(5)].

예시

투자부동산의 평가는 외부 감정평가기관인 A감정평가법인이 당해 투자부동산과 유사성이 있는 물건의 거래사례와 비교하여 대상이 되는 투자부동산의 현황에 맞게 가격형성요인 등을 수정하여 독립적으로 수행하였습니다. [K-1040. 75(5)]

설명

- 투자부동산의 후속측정모형이 공정가치모형인 경우 재무제표 인식을 위해 공정가치 평가가 필요하며, 원가모형인 경우에도 공정가치에 대한 주석공시를 위해 공정가치 평가가 필요하므로, 공정가치 평가의 독립성과 전문성 등에 대한 내용을 주석에 공시한다.
- 독립적이고 전문적인 평가에 근거하지 않은 경우 그 사실을 주석에 공시해야 한다.

(3) 임대 관련 손익

주석사항

당기손익으로 인식한 다음 사항의 금액[K-1040. 75(6)]

- 투자부동산에서 생긴 임대수익
- 임대수익이 생긴 투자부동산과 직접 관련된 운영비용(수선 · 유지 비용 포함)
- 임대수익이 생기지 않은 투자부동산과 직접 관련된 운영비용(수선 · 유지 비용 포함)
- 원가모형을 적용하는 투자부동산 범주에서 공정가치모형을 적용하는 투자부동산의 범주로 처분하는 경우에 당기손익으로 인식한 공정가치변동누계액(문단 32C 참조)

예시

당기 중 투자부동산과 관련하여 손익으로 인식한 내역은 다음과 같습니다. [K-1040. 75(6)]

(단위 : 천원)

구분	당기	전기
임대수익 등	4,000	4,000
직접운영비용	(1,000)	(1,000)

설명

투자부동산을 임대한 경우 관련 임대수익과 비용을 주석에 공시해야 한다.

(4) 투자부동산의 제약

주석사항

투자부동산의 실현 가능성에 대한 제약 여부와 해당 금액, 임대수익과 처분대금의 송금에 대한 제약 여부와 해당 금액[K-1040. 75(7)]

(5) 투자부동산의 계약상 의무

주석사항

투자부동산의 구입, 건설이나 개발, 개량, 수선, 유지보수 등에 대한 계약상 의무[K-1040. 75(8)]

2. 공정가치모형

후속측정모형으로 공정가치모형을 선택한 경우의 주석공시사항은 다음과 같다.

76 문단 33 ~ 55의 공정가치모형을 적용한 경우, 문단 75의 공시사항에 추가하여 투자부동산의 기초 및 기말의 장부금액의 변동 내용에 대하여 다음의 사항을 주석으로 공시한다.

(1) 취득과 자산의 장부금액으로 인식한 후속지출을 구분한 기중 증가 내용
(2) 사업결합으로 인한 증가
(3) 기업회계기준서 제1105호에 따라 매각예정으로 분류된 자산이나 처분자산집단에 포함된 자산 또는 그 밖의 처분 자산
(4) 공정가치 변동으로 인한 순손익
(5) 재무제표를 다른 표시통화로 환산하면서 발생한 순외환차이와 해외사업장을 보고실체의 표시통화로 환산하면서 발생한 순외환차이
(6) 투자부동산을 재고자산이나 자가사용부동산으로 대체한 내용과 재고자산이나 자가사용부동산을 투자부동산으로 대체한 내용
(7) 그 밖의 변동 사항

77 획득한 투자부동산의 평가액을 재무제표 작성 목적으로 유의적으로 조정한 경우, 예를 들면 문단 50과 같이 별도로 분리하여 인식한 자산이나 부채와 이중으로 계산되지 않도록 조정한 경우 획득한 평가액과 재무제표에 포함된 조정된 평가액 사이의 조정내용을 주석으로 공시한다. 이 경우 가산한 리스부채의 총액과 기타 유의적인 조정액을 구분하여 표시한다.

78 문단 53과 같이 공정가치를 신뢰성 있게 측정하기 어려워 기업회계기준서 제1016호의 원가모형을 사용하거나 기업회계기준서 제1116호에 따른 원가모형을 사용하여 투자부동산을 측정하는 예외적인 경우, 공정가치모형을 적용한 투자부동산과 별도로 구분하여 문단 76에 따라 해당 투자부동산의 기중 변동 내용을 주석으로 공시하고 추가적으로 다음의 사항을 주석으로 공시한다.

(1) 해당 투자부동산의 개요
(2) 공정가치를 신뢰성 있게 측정할 수 없는 이유
(3) 가능한 경우, 공정가치가 포함될 가능성이 매우 높은 추정치의 범위
(4) 공정가치로 평가하지 않은 투자부동산을 처분한 경우
　(가) 공정가치로 평가하지 않은 투자부동산을 처분하였다는 사실

78	(나) 처분시점의 투자부동산 장부금액 (다) 인식한 처분손익의 금액

투자부동산의 후속측정모형으로 공정가치모형을 적용한 경우의 주석공시사항과 그 예시는 다음과 같다.

(1) 투자부동산 장부금액 변동내역

주석사항

기초와 기말의 장부금액의 변동내역(K-1040, 76)

구분	기준서 (K-1040, 76)
기초 장부금액	
취득/후속지출 구분한 기중 증가 내용	(1)
사업결합으로 인한 증가	(2)
매각예정으로 분류된 자산	(3)
공정가치 변동으로 인한 순손익	(4)
~~감가상각비~~	
순외환차이(*1)	(5)
투자부동산을 재고자산이나 자가사용부동산으로 대체한 내용과 재고자산이나 자가사용부동산을 투자부동산으로 대체한 내용	(6)
기타	(7)
기말 장부금액	

(*1) 순외환차이
연결재무제표 작성 시 해외종속기업이 있는 경우, 해외사업장의 재무제표(예 : USD)를 보고기업의 표시통화(예 : KRW)로 환산할 때 발생하는 순외환차이를 별도로 구분하여 공시한다.

예시

투자부동산의 기초 장부금액에서 기말 장부금액으로의 조정내용은 다음과 같습니다. [K-1040, 76)]

구분	토지	건물	합계
기초 순장부금액	1,000	2,000	3,000
증가(취득)		100	100
사업결합을 통한 취득	100	100	200
매각예정으로 분류된 자산		(200)	(200)
공정가치 변동으로 인한 순손익	200	100	300
순외환차이			

구분	토지	건물	합계
자가사용부동산(유형자산)으로 대체		(300)	(300)
처분 등		(300)	(300)
기타			
기말 순장부금액	1,300	1,500	2,800

설명

- 투자부동산의 후속측정모형이 공정가치모형인 경우, 공정가치 변동을 투자부동산 장부금액에 반영하므로 '공정가치 변동으로 인한 순손익'이 별도 구분된다.
- 또한, 공정가치모형 시 원가모형 대비 감가상각을 수행하지 않는다.

☞ 공시사례 6.2 투자부동산(공정가치모형)

(2) 투자부동산 평가내역 조정의 경우

주석사항

획득한 투자부동산의 평가액을 재무제표 작성 목적으로 유의적으로 조정한 경우, 예를 들면 문단 50과 같이 별도로 분리하여 인식한 자산이나 부채와 이중으로 계산되지 않도록 조정한 경우 획득한 평가액과 재무제표에 포함된 조정된 평가액 사이의 조정내용을 주석으로 공시한다. 이 경우 가산한 리스부채의 총액과 기타 유의적인 조정액을 구분하여 표시한다(K-1040, 77).

설명

가구가 포함된 투자부동산을 임대하는 경우와 같이 임대와 무관하게 투자부동산의 공정가치를 평가할 경우 가구의 가치는 차감하여 평가하는 경우처럼, 공정가치모형에 따라 투자부동산의 장부금액을 산정할 때, 별도로 분리하여 인식한 자산이나 부채와 이중으로 계산되지 않도록 하여야 한다.

| 참고 기준서 | K-IFRS 제1040호 문단 50

(1) 승강기나 공기조절장치 같은 시설물은 보통 건물을 구성하는 설비이므로 별도의 유형자산으로 인식하기보다는 일반적으로 투자부동산의 공정가치에 포함한다.

(2) 가구가 구비된 사무실을 리스하는 경우, 임대수익은 가구가 구비된 사무실이라는 점이 반영되어 결정되기 때문에 사무실의 공정가치에는 일반적으로 가구의 공정가치가 포함되어 있다. 가구가 투자부동산의 공정가치에 포함된 경우, 가구를 별도의 자산으로 구분하여 인식하지 아니한다.

(3) 투자부동산의 공정가치는 선수운용리스료수익이나 미수운용리스료수익을 포함하지 아니한다. 이는 별도의 부채나 자산으로 인식하기 때문이다.

(4) 리스이용자가 사용권자산으로 보유한 투자부동산의 공정가치는 기대현금흐름(지급할 것으로 예상

되는 변동리스료 포함)을 반영한다. 따라서 부동산을 모든 현금흐름유입액에서 현금유출액을 차감한 순액으로 평가한다면, 공정가치모형을 사용하여 투자부동산의 장부금액을 산정하기 위해서는 인식된 리스부채를 가산할 필요가 있다.

(3) 공정가치를 신뢰성 있게 측정하기 어려워 원가모형을 사용하는 경우

주석사항

공정가치를 신뢰성 있게 측정하기 어려운 경우 다음 사항을 공시

- 해당 투자부동산의 개요[K-1040. 78(1)]
- 공정가치를 신뢰성 있게 측정할 수 없는 이유[K-1040. 78(2)]
- 가능한 경우, 공정가치가 포함될 가능성이 매우 높은 추정치의 범위[K-1040. 78(3)]
- 공정가치로 평가하지 않은 투자부동산을 처분한 경우[K-1040. 78(4)]
  - 공정가치로 평가하지 않은 투자부동산을 처분하였다는 사실
  - 처분시점의 투자부동산 장부금액
  - 인식한 처분손익의 금액

설명

처음으로 취득한 투자부동산 또는 건설중인 투자부동산 등 투자부동산의 공정가치를 신뢰성 있게 측정하기가 어려울 것이라는 명백한 증거가 있는 경우, 원가모형을 적용하고, 관련 내용을 주석공시한다.

| 참고 기준서 | K-IFRS 제1040호 문단 53

기업은 투자부동산의 공정가치를 계속 신뢰성 있게 측정할 수 있다고 추정한다.

그러나 예외적인 경우에 처음으로 취득(또는 부동산의 용도 변경으로 처음으로 투자부동산으로 분류)한 투자부동산의 공정가치를 계속 신뢰성 있게 측정하기가 어려울 것이라는 명백한 증거가 있을 수 있다.

이러한 경우는 비교할 수 있는 부동산의 시장이 활성화되어 있지 않고(예 : 최근 거래가 거의 없거나, 공시가격이 현행 가격이 아니거나, 관찰되는 거래가격이 매도자가 강제적으로 매도했음을 나타내는 경우) 신뢰성 있는 공정가치 측정치의 대안(예 : 할인현금흐름 예측에 근거)을 사용할 수 없는 경우에만 생긴다.

만일 기업이 건설중인 투자부동산의 공정가치를 신뢰성 있게 측정할 수 없지만, 건설이 완료된 시점에는 공정가치를 신뢰성 있게 측정할 수 있다고 예상하는 경우에는, 공정가치를 신뢰성 있게 측정할 수 있는 시점과 건설이 완료되는 시점 중 이른 시점까지는 건설중인 투자부동산을 원가로 측정한다.

만약 기업이 투자부동산(건설중인 투자부동산 제외)의 공정가치를 계속 신뢰성 있게 측정할 수 없다고 판단하면, 소유 투자부동산에는 기업회계기준서 제1016호의 원가모형을 사용하고 리스이용자가 사용권자산으로 보유하는 투자부동산에는 기업회계기준서 제1116호에 따라 원가모형을 사용하여 그 투자부동

산을 측정한다. 투자부동산의 잔존가치는 영(0)으로 가정하며, 해당 투자부동산은 처분할 때까지 기업회계기준서 제1016호나 제1116호를 계속 적용한다.

3. 원가모형

후속측정모형으로 원가모형을 선택한 경우의 주석공시사항은 다음과 같다.

79 문단 56의 원가모형을 적용하는 경우, 문단 75의 주석사항에 추가하여 다음의 사항을 주석으로 공시한다.

(1) 감가상각방법

(2) 내용연수 또는 감가상각률

(3) 기초와 기말의 총장부금액과 감가상각누계액(손상차손누계액을 합산한 금액)

(4) 다음을 포함한 기초와 기말의 투자부동산 장부금액의 변동 내용

(가) 취득과 자산으로 인식한 후속지출을 구분한 기중 증가 내용

(나) 사업결합으로 인한 증가

(다) 기업회계기준서 제1105호에 따라 매각예정으로 분류된 자산이나 처분자산집단에 포함된 자산 또는 그 밖의 처분 자산

(라) 감가상각비

(마) 기업회계기준서 제1036호에 따라 기중 인식한 손상차손과 손상차손환입

(바) 재무제표를 다른 표시통화로 환산하면서 발생한 순외환차이와 해외사업장을 보고실체의 표시통화로 환산하면서 발생한 순외환차이

(사) 투자부동산을 재고자산이나 자가사용부동산으로 대체한 내용과 재고자산이나 자가사용부동산을 투자부동산으로 대체한 내용

(아) 그 밖의 변동 사항

(5) 투자부동산의 공정가치. 문단 53과 같이 투자부동산의 공정가치를 신뢰성 있게 측정할 수 없는 예외적인 경우에는 다음의 내용

(가) 해당 투자부동산의 개요

(나) 공정가치를 신뢰성 있게 측정할 수 없는 이유

(다) 가능한 경우, 공정가치가 포함될 가능성이 매우 높은 추정치의 범위

투자부동산의 후속측정모형으로 원가모형을 적용한 경우의 주석공시사항과 그 예시는 다음과 같다.

(1) 원가모형 투자부동산 장부금액 변동

주석사항

- 감가상각방법[K-1040, 79(1)]
- 내용연수 또는 감가상각률[K-1040, 79(2)]
- 기초와 기말의 장부금액의 변동내역

구분	기준서 [K-1040, 79(4)]
기초 장부금액	
취득/후속지출 구분한 기중 증가 내용	(가)
사업결합으로 인한 증가	(나)
매각예정으로 분류된 자산	(다)
~~공정가치 변동으로 인한 순손익~~	
감가상각비	(라)
손상차손(환입)	(마)
순외환차이(*1)	(바)
투자부동산을 재고자산이나 자가사용부동산으로 대체한 내용과 재고자산이나 자가사용부동산을 투자부동산으로 대체한 내용	(사)
기타	(아)
기말 장부금액	

(*1) 순외환차이

연결재무제표 작성 시 해외종속기업이 있는 경우, 해외사업장의 재무제표(예 : USD)를 보고기업의 표시통화(예 : KRW)로 환산할 때 발생하는 순외환차이를 별도로 구분하여 공시한다.

예시

투자부동산 중 토지에 대해서는 감가상각을 하지 않으며, 토지를 제외한 투자부동산은 경제적 내용연수에 따라 25 ~ 50년 동안 정액법으로 상각하고 있습니다. [K-1040, 79(1) · (2)]

투자부동산의 기초 장부금액에서 기말 장부금액으로의 조정내용은 다음과 같습니다. [K-1040, 79(3) · (4)]

구분	토지	건물	합계
기초 순장부금액	1,000	2,000	3,000
증가(취득)		100	100
사업결합을 통한 취득	100	100	200
매각예정으로 분류된 자산		(200)	(200)
감가상각비		400	400
손상차손(환입)		(100)	(100)
순외환차이			
자가사용부동산(유형자산)으로 대체		(300)	(300)

구분	토지	건물	합계
처분 등		(300)	(300)
기타			
기말 순장부금액	1,100	1,700	2,800

설명

투자부동산의 후속측정모형이 원가모형인 경우, 공정가치 변동을 투자부동산 장부금액에 반영하지 않고, 대신 '감가상각'을 수행한다.

(2) 투자부동산의 공정가치

주석사항

- 투자부동산의 공정가치[K-1040, 79(5)]
- 단, 공정가치를 신뢰성 있게 측정하기 어려운 예외적인 경우
  - 해당 투자부동산의 개요[K-1040, 79(5)(가)]
  - 공정가치를 신뢰성 있게 측정할 수 없는 이유[K-1040, 79(5)(나)]
  - 가능한 경우, 공정가치가 포함될 가능성이 매우 높은 추정치의 범위[K-1040, 79(5)(다)]

예시

투자부동산의 공정가치는 평가 대상 투자부동산의 소재 지역에서 최근에 유사한 부동산을 평가한 경험이 있고 전문적 자격이 있는 독립된 A감정평가법인에서 측정한 가치에 따라 결정되었습니다. [K-1040, 75(5)]

당기말 및 전기말 현재 투자부동산의 공정가치는 다음과 같습니다[K-1040, 79(5)].

구분	당기말	전기말
토지	100	100
건물	200	100
계	300	200

설명

- 투자부동산의 후속측정모형이 원가모형인 경우, 공정가치 변동을 투자부동산 장부금액에 반영하지 않고, 대신 '감가상각'을 수행한다.
- 다만, 투자부동산의 목적상 투자부동산의 공정가치를 주석에 공시하도록 요구한다.
- 결론적으로 회사는 투자부동산을 보유하는 경우, 후속측정모형이 공정가치모형이건 원가모형이건 모두 공정가치 정보를 산출하여 자산에 인식하거나 주석에 공시하게 된다.

- 추가적으로 투자부동산의 공정가치에 대해서는 K-IFRS 제1113호(공정가치 측정)에 따라 공정가치의 서열체계 정보 등을 주석공시한다.

☞ 공시사례 6.1 투자부동산(원가모형)

투자부동산의 후속측정모형을 원가모형과 공정가치모형으로 적용할 경우 각각의 주석공시사항을 비교하면 다음과 같다.

구분	원가모형 (K-1040, 79)	공정가치모형 (K-1040, 76~78)
(1) 장부금액의 증감내역	• 취득/후속지출 구분한 기중 증가 내용 • 사업결합으로 인한 증가 • 매각예정으로 분류된 자산 • ~~공정가치 변동으로 인한 순손익~~ • 감가상각비 • 손상차손(환입) • 순외환차이 • 타계정대체	• 취득/후속지출 구분한 기중 증가 내용 • 사업결합으로 인한 증가 • 매각예정으로 분류된 자산 • 공정가치 변동으로 인한 순손익 • ~~감가상각비~~ • ~~손상차손(환입)~~ • 순외환차이 • 타계정대체
(2) 투자부동산 공정가치	투자부동산의 공정가치	해당 없음(공정가치를 재무제표에 기반영).

04 | 실제 공시 사례

공시사례 6.1 투자부동산(원가모형)

주석

[출처 : 현대자동차 2023년 감사보고서]

2. 재무제표 작성기준 및 유의적 회계정책

(11) 투자부동산

임대수익이나 시세차익을 얻기 위하여 보유하고 있는 부동산은 투자부동산으로 분류하고 있으며, 취득 시 발생한 거래원가를 가산하여 최초 인식시점에 원가로 측정하며, 최초 인식 후 원가에서 감가상각누계액과 손상차손누계액을 차감한 금액을 장부금액으로 표시하고 있습니다.

후속원가는 자산으로부터 발생하는 미래 경제적효익이 기업에 유입될 가능성이 높으며, 그 원가를 신뢰성 있게 측정할 수 있을 때에 한하여 자산의 장부금액에 포함하거나 적절한 경우 별도의 자산으로 인식하고 있으며, 대체된 부분의 장부금액은 제거하고 있습니다.

투자부동산 중 토지에 대해서는 감가상각을 하지 않으며, 토지를 제외한 투자부동산은 경제적 내용연수에 따라 25 ~ 50년 동안 정액법으로 상각하고 있습니다. 한편, 회사는 투자부동산의 상각방법, 잔존가치 및 내용연수를 매 보고기간종료일에 재검토하고 있으며, 재검토 결과 추정치의 변경이 필요한 경우 회계추정의 변경으로 회계처리하고 있습니다.

10. 투자부동산

(1) 당기말 및 전기말 현재 투자부동산의 내역은 다음과 같습니다.

(단위 : 백만원)

구분	당기말			전기말		
	취득원가	상각누계액	장부금액	취득원가	상각누계액	장부금액
토지	44,310	–	44,310	44,310	–	44,310
건물	183,044	(113,638)	69,406	183,045	(108,644)	74,401
구축물	18,629	(8,931)	9,698	18,629	(8,524)	10,105
계	245,983	(122,569)	123,414	245,984	(117,168)	128,816

(2) 당기 중 투자부동산 장부금액의 변동내역은 다음과 같습니다.

(단위 : 백만원)

구분	기초	감가상각비	기말
토지	44,310	–	44,310
건물	74,401	(4,995)	69,406
구축물	10,105	(407)	9,698
계	128,816	(5,402)	123,414

전기 중 투자부동산 장부금액의 변동내역은 다음과 같습니다.

(단위 : 백만원)

구분	기초	감가상각비	기타(*)	기말
토지	44,310	–	–	44,310
건물	79,194	(4,994)	201	74,401
구축물	10,513	(408)	–	10,105
계	134,017	(5,402)	201	128,816

(*) 기타증감액은 유형자산에서(으로) 대체로 인한 증감 등으로 구성되어 있음.

설명

사례회사는 투자부동산의 후속측정모형을 원가모형으로 선택하고 있으며, 원가모형 적용 시 토지를 제외하고 감가상각을 수행한다.

사례회사의 토지를 제외한 투자부동산은 25 ~ 50년 동안 정액법으로 상각한다[K-1040.79(1) · (2)].

사례회사는 표로 기초(128,816백만원)와 기말(123,414백만원)의 총장부금액과 감가상각누계액(122,569백만원)을 공시하고 있다[K-1040. 79(3)].

또한, 기초와 기말의 투자부동산 장부금액의 변동내역을 다음의 구분으로 공시하고 있다[K-1040. 79(4)].

구분	기준서 (K-1040. 79)	토지	건물	…	합계
기초 순장부금액	(3)	1,000	1,000	1,000	4,000
증가(취득)	(4)(가)				
대체	(4)(사)				
처분	(4)(아)				
감가상각비	(4)(라)				
기타	(4)(아)				
기말 순장부금액	(3)				

사례회사는 투자부동산을 원가모형을 적용하고 있기 때문에, 공정가치모형과 달리 감가상각비를 주석공시한다[K-1040. 79(4)(라)].

(3) 당기말 및 전기말 현재 투자부동산의 공정가치는 다음과 같습니다.

(단위 : 백만원)

구분	당기말	전기말
토지	44,310	44,310
건물	134,304	134,304
구축물	15,496	15,496
계	194,110	194,110

투자부동산의 공정가치 평가는 독립된 평가인에 의해 수행되었으며, 회사는 투자부동산 최초 인식 시 수행한 공정가치 평가 이후 공정가치 변동이 중요하지 않은 것으로 판단하고 있습니다. 한편, 투자부동산의 공정가치는 가치평가기법에 사용된 투입변수에 기초하여 수준 3으로 분류하고 있습니다. 공정가치 측정에 사용된 가치평가기법은 원가접근법 등이며, 원가접근법 적용 시 건물 구조, 설계 등과 부대설비 현황 및 감가상각 기간을 고려하여 산정한 재조달원가로 공정가치를 측정합니다.

설명

사례회사는 투자부동산을 원가모형을 적용하고 있기 때문에, 투자부동산의 공정가치를 주석에 공시하고 있다[K-1040. 79(5)].

투자부동산의 공정가치는 독립적인 평가인에 의해 수행되었다고 공시하고 있다[K-1040.

75(5)].

기말 현재 투자부동산의 장부금액은 123,414백만원인 반면, 공정가치는 194,110백만원이라고 공시하고 있다.

공정가치 측정치에 대해서는 K-IFRS 제1113호(공정가치 측정) 기준서에 따라, 수준 3에 대한 가치평가기법(원가접근법 등) 및 투입변수(재조달원가 등)를 공시하고 있다.

(4) 당기와 전기 중 투자부동산 관련 수익(비용)은 다음과 같습니다.

(단위 : 백만원)

구분	당기	전기
임대수익	26,348	26,368
운영/유지보수비용	519	621

설명

투자부동산의 후속측정모형의 원가모형 또는 공정가치모형 여부와 상관없이 투자부동산의 임대로 인한 수익과 비용이 발생하면 주석에 공시한다.

주석공시 요구사항	공시내용	기준서 (K-1040)
투자부동산에서 생긴 임대수익	26,348	75(6)(가)
임대수익이 생긴 투자부동산과 직접 관련된 운영비용(수선 · 유지 비용 포함)	519	75(6)(나)
임대수익이 생기지 않은 투자부동산과 직접 관련된 운영비용(수선 · 유지 비용 포함)	–	75(6)(다)

공시사례 6.2 투자부동산(공정가치모형)

[출처 : 현대제철 2023년 감사보고서]

주석

3. 유의적인 회계정책

(11) 투자부동산

임대수익이나 시세차익 또는 두 가지 모두를 얻기 위하여 보유하고 있는 부동산은 투자부동산으로 분류하고 있습니다. 투자부동산은 최초 인식시점에 거래원가를 포함하여 원가로 측정하고 있으며, 최초 인식 후에는 공정가치로 측정하고 공정가치 변동으로 발생하는 손익은 발생한 기간의 당기손익에 반영하고 있습니다.

자가사용의 개시나 정상적인 영업과정에서 판매를 위한 개발의 시작으로 공정가치로 평가한 투자부동산을 유형자산이나 재고자산으로 대체하는 경우에는 사용목적 변경시점의 공정가치를 간주원가로 평가하고 있습니다.

자가사용의 종료로 자가사용부동산을 공정가치로 평가하는 투자부동산으로 대체하는 경우 사용목적 변경시점의 공정가치로 재측정하고 투자부동산으로 재분류하고 있습니다.

11. 투자부동산

(1) 당기와 전기 중 투자부동산의 변동내역은 다음과 같습니다.

① 당기

(단위 : 천원)

구분	기초	공정가치 변동	처분	대체	기말
토지	15,102,578	–	–	–	15,102,578
건물	4,822,468	–	–	–	4,822,468
합계	19,925,046	–	–	–	19,925,046

② 전기

(단위 : 천원)

구분	기초	공정가치 변동	처분	대체(*)	기말
토지	412,115,576	(14,096,760)	(553,198)	(382,363,040)	15,102,578
건물	4,799,919	–	–	22,549	4,822,468
합계	416,915,495	(14,096,760)	(553,198)	(382,340,491)	19,925,046

(*) 매각예정자산으로 대체된 금액 및 건설중인자산에서 대체된 금액이 포함되어 있습니다.

설명

사례회사는 투자부동산의 후속측정모형을 공정가치모형으로 선택하고 있으며, 공정가치모형 적용 시에는 감가상각을 수행하지 않고 공정가치 변동분을 재무제표에 인식한다.

기초와 기말의 투자부동산 장부금액의 변동내역을 다음의 구분으로 공시하고 있다(K-1040. 76).

구분	기준서 (K-1040. 76)	토지	건물	…	합계
기초 순장부금액	76	1,000	1,000	1,000	4,000
증가(취득)	(1)				
대체	(6)				
처분	(3)				
공정가치 변동으로 인한 순손익	(4)				

구분	기준서 (K-1040, 76)	토지	건물	…	합계
기타	(7)				
기말 순장부금액	76				

사례회사는 투자부동산을 공정가치모형을 적용하고 있기 때문에, 원가모형과 달리 감가상각비를 주석 공시하지 않고, 공정가치 변동으로 인한 순손익을 변동내역에 구분 공시한다 [K-1040, 76(4)].

(2) 당사는 투자부동산에 대하여 후속측정을 공정가치로 평가하고 있으며, 투자부동산의 공정가치는 평가대상 투자부동산과 유사한 부동산을 평가한 경험이 있고 전문적 자격이 있는 독립된 평가기관에서 측정한 가치에 따라 결정되었습니다.

(3) 당기말과 전기말 현재 공정가치로 측정되는 투자부동산의 서열체계에 따른 수준별 공정가치 측정치는 다음과 같습니다.

(단위 : 천원)

구분	수준 1	수준 2	수준 3(*)	합계
당기말				
토지	-	-	15,102,578	15,102,578
건물	-	-	4,822,468	4,822,468
전기말				
토지	-	-	15,102,578	15,102,578
건물	-	-	4,822,468	4,822,468

(*) 투자부동산에 대하여 공정가치 측정에 사용한 평가방법은 다음과 같습니다.

가치평가기법	관측불가능한 투입변수	주요 관측불가능한 변수와 공정가치의 상관관계
공시지가기준 평가법	시점수정 (지가변동률)	지가변동률이 상승(하락)하면 공정가치는 증가(감소)함
	개별요인 (획지조건 등)	획지조건 등의 보정치가 증가(감소)하면 공정가치는 증가(감소)함
	그 밖의 요인 (지가수준 등)	지가수준 등에 대한 보정치가 증가(감소)하면 공정가치는 증가(감소)함
원가법에 의한 적산가격 평가법	재조달원가	재조달원가가 증가(감소)하면 공정가치가 감소(증가)함

설명

사례회사는 투자부동산을 공정가치모형을 적용하고 있기 때문에, 투자부동산의 공정가치 변동분을 재무제표에 인식한다.

공정가치 변동분 측정 및 재무제표 인식을 위해 평가대상 투자부동산과 유사한 부동산을 평가한 경험이 있고 전문적 자격이 있는 독립된 평가기관에서 측정한 가치에 따라 결정되었다고 공시하고 있다[K-1040. 75(5)].

공정가치 측정치에 대해서는 K-IFRS 제1113호(공정가치 측정) 기준서에 따라, 수준 3에 대한 가치평가기법(공시지가기준 접근법 등) 및 투입변수(지가변동률, 재조달원가 등)를 공시하고 있다.

(4) 당기와 전기의 투자부동산과 관련하여 손익으로 인식한 내역은 다음과 같습니다.

(단위 : 천원)

구분	당기	전기
투자부동산처분이익	-	35,682
투자부동산평가손실	-	14,096,760
임대수익 등	310,697	3,326,978
직접운영비용	42,458	46,636

설명

투자부동산의 후속측정모형의 원가모형 또는 공정가치모형 여부와 상관없이 투자부동산의 임대로 인한 수익과 비용이 발생하면 주석에 공시한다.

주석공시 요구사항	공시내용	기준서 (K-1040)
투자부동산에서 생긴 임대수익	310,697	75(6)(가)
임대수익이 생긴 투자부동산과 직접 관련된 운영비용(수선 · 유지 비용 포함)	42,458	75(6)(나)
임대수익이 생기지 않은 투자부동산과 직접 관련된 운영비용(수선 · 유지 비용 포함)	-	75(6)(다)

(5) 운용리스 제공 내역

당기말과 전기말 현재 상기 투자부동산에 대한 운용리스계약으로 당사가 받게 될 것으로 기대되는 미래 최소 리스료 내역은 다음과 같습니다.

(단위 : 천원)

구분	당기	전기
1년 이내	310,697	295,281
1년 초과 2년 미만	310,697	295,281
합계	621,394	590,562

설명

회사가 보유한 투자부동산을 리스로 제공하는 경우, 금융리스 또는 운용리스 여부에 따라 회계처리 및 관련주석 내용이 달라진다.
사례회사는 투자부동산의 일부를 운용리스로 제공한 바, 그에 따른 운용리스료 만기분석 내용을 주석에 공시하도록 요구하고 있다(K-1116, 97).

CHAPTER

07 리스

▶ 관련 기업회계기준서

K-IFRS 제1116호 리스

01 | 기준서 주요 내용

과거 리스 기준서인 K-IFRS 제1017호(리스)에서는 리스이용자와 리스제공자 모두에게 리스거래를 금융리스와 운용리스로 구분하여 회계처리하도록 요구하여 경제적 실질이 비슷한 리스거래에 금융리스로 분류한 리스이용자는 재무제표에 자산과 부채를 인식하여야 하고, 운용리스로 분류한 리스이용자는 재무제표에 리스비용만을 인식하도록 하여 기업들에게 금융리스 실질을 운용리스로 회계처리하도록 거래를 구조화하는 기회를 제공하였다는 비판이 제기되었다.

이에 새로운 리스 기준서인 K-IFRS 제1116호(리스)가 제정이 되었고, 이 기준서 적용 시점인 2019년 1월 1일부터 모든 리스거래를 단일의 리스거래(과거의 금융리스와 유사)로 회계처리하도록 규정하였다.

새롭게 제정된 K-IFRS 제1116호(리스) 기준서에서는 단일 리스이용자 회계모형을 도입하여 리스기간이 12개월을 초과하고 기초자산이 소액이 아닌 모든 리스에 대하여 리스이용자가 자산과 부채를 인식하도록 요구한다. 리스이용자는 리스 기초자산의 사용권을 나타내는 사용권자산과 리스료 지급의무를 나타내는 리스부채를 인식해야 한다.

| 적용 범위

K-IFRS 제1116호(리스)에서는 '리스'를 다음과 같이 정의하고, 다음 리스의 정의를 충족하는 모든 리스거래에서 단일의 회계모형, 즉 리스부채와 사용권자산을 인식하도록 규정한다.

리스 : 대가와 교환하여 자산(기초자산)의 사용권을 일정 기간 이전하는 계약이나 계약의 일부(부록 A. 용어의 정의)

계약이 식별되는 자산의 사용 통제권을 일정 기간 이전하는지를 판단하기 위하여 고객이 사용기간 내내 다음 권리를 모두 갖는지를 판단한다.

(1) 식별되는 자산의 사용으로 생기는 경제적 효익의 대부분을 얻을 권리
(2) 식별되는 자산의 사용을 지시할 권리

일반적으로 기업이 사무실을 일정 기간 동안 임차하거나, 차량을 렌트하는 경우는 모두 상기 리스의 정의를 충족하여 사용권자산과 리스부채를 인식하여야 한다.

인식면제

리스이용자는 다음 리스에는 사용권자산과 리스부채를 인식하지 않고, 리스료 지급 시 당기 비용으로 회계처리할 수 있도록 선택할 수 있다.

(1) 단기리스
(2) 소액 기초자산 리스

단기리스는 리스개시일에 리스기간이 12개월 이하인 리스를 말한다.

소액리스는 각 리스계약의 기초자산이 새것일 때 대략 USD 5,000 이하로 예시되고 있다(K-1116. BC100).

상기 인식면제 규정은 기업이 선택하는 것이다. 즉, 동일한 단기리스여도 기업이 인식면제 규정을 선택하면 단기리스를 사용권자산과 리스부채로 인식하지 않는 것이고, 인식면제 규정을 선택하지 않으면 사용권자산과 리스부채를 인식하는 것이다. 소액리스도 마찬가지이다.

다만, 단기리스는 리스유형별로 선택하여야 하며, 소액리스는 개별자산별로 선택이 가능하다. 리스유형은 기업이 리스계약을 부동산, 차량운반구, 기타 등으로 구분하는 유형을 의미하며, 이는 기본적인 회계정책의 선택단위이다. 즉, 기업이 부동산 리스유형에 해당하는 단기리스가 2건 이상 존재하는 경우, 2건 모두 단기리스 인식면제를 선택하거나 사용권자산과 리스부채의 인식을 선택하거나 하여야 한다.

리스식별

계약의 약정시점에, 계약 자체가 리스인지, 계약이 리스를 포함하는지를 판단한다. 계약에서 대가와 교환하여, 식별되는 자산의 사용 통제권을 일정 기간 이전하게 한다면 그 계약은 리스이거나

리스를 포함한다.

리스계약이나 리스를 포함하는 계약에서 계약의 각 리스요소를 리스가 아닌 요소(이하 '비리스요소'라고 한다)와 분리하여 리스로 회계처리한다.

실무적 간편법으로, 리스이용자는 비리스요소를 리스요소와 분리하지 않고, 각 리스요소와 이에 관련되는 비리스요소를 하나의 리스요소로 회계처리하는 방법을 기초자산의 유형별로 선택할 수 있다.

| 리스기간

리스기간은 리스의 해지불능기간과 다음 기간을 포함하여 산정한다.

(1) 리스이용자가 리스 연장선택권을 행사할 것이 상당히 확실한(reasonably certain) 경우에 그 선택권의 대상 기간
(2) 리스이용자가 리스 종료선택권을 행사하지 않을 것이 상당히 확실한 경우에 그 선택권의 대상 기간

리스이용자의 연장선택권 또는 종료선택권의 행사가능성 여부의 판단은 다음의 지표들을 고려한다.

- 선택권 기간 중 해당 리스에 대한 지급액의 시장요율과의 비교
- 유의한 리스개량
- 리스 종료에 관련되는 원가(예 : 협상원가, 재배치원가 등)
- 리스이용자의 영업에서 기초자산이 차지하는 중요성(특수성, 입지, 대체가능 자산 여부 등)
- 선택권의 행사에 관련되는 조건 여부

예시로는 상가건물임대차보호법에서는 임차인에게 최장 10년 계약갱신요구권이 부여되어 있으며, 이는 연장선택권에 해당하며, 이 연장선택권의 허용가능기간인 10년 내 상기 지표들을 고려하여 임차인의 계약갱신요구권이라는 연장선택권의 행사가능성을 판단하여야 할 것이다.

| 리스이용자 회계처리

리스이용자는 리스개시일에 사용권자산과 리스부채를 인식한다.

리스이용자는 리스개시일에 그날 현재 지급되지 않은 리스료의 현재가치로 리스부채를 측정한다. 리스의 내재이자율을 쉽게 산정할 수 있는 경우에는 그 이자율로 리스료를 할인한다. 그 이자율을 쉽게 산정할 수 없는 경우에는 리스이용자의 증분차입이자율을 사용한다.

리스이용자는 리스개시일에 사용권자산을 원가로 측정한다. 사용권자산의 원가는 리스부채의 최초 측정금액에 선급리스료, 리스이용자 부담 리스개설직접원가, 복구원가를 가산하여 측정한다.

즉, 리스이용자의 최초 측정시점에 리스부채 금액과 사용권자산 금액은 달라질 수 있는 것이다.

다만, 2019년 1월 1일 리스기준서 회계변경을 수정소급법으로 적용하는 경우 실무적 간편법으로 최초 적용 시점의 사용권자산은 리스부채와 동일한 금액을 사용할 수 있다. 물론 2019년 1월 1일 이후 신규 리스계약에는 실무적 간편법의 적용대상은 아니다.

리스부채의 후속측정은 다른 여타 장기금융부채와 동일하게 유효이자율법 상각을 한다. 사용권자산의 후속측정은 원가모형 또는 재평가모형(또는 공정가치모형)을 선택하여 측정한다.

리스이용자 리스회계처리 사례

회사는 2019년 1월 1일 현재 다음과 같은 리스계약을 유지하고 있다.

(단위 : 원)

중분류	소분류	리스계약명	임차료(월)	임차료(연)	회계처리
1. 부동산	사무실	A사무실	10,000	120,000	리스부채 인식
	매장	B매장	변동	34,000	변동리스료
2. 차량운반구	차량	대표이사 차량렌트	5,000	60,000	잔여리스기간 1년 미만
3. 기타	정수기	정수기	500	6,000	소액리스

회사는 상기 리스계약 중 소액리스(정수기)는 리스부채 인식면제 규정을 적용하여, 당기 비용처리하고 있으며, B매장 임대료는 변동리스료이므로 리스부채를 인식하지 아니하였으며, 대표이사 차량은 2019년 1월 1일 현재 리스기간이 1년 미만이라 단기리스와 동일하게 인식면제를 적용하였다. 즉, 회사는 A사무실에 대해서만 사용권자산/리스부채를 재무제표에 인식하였다.

상기 A사무실은 다음과 같은 리스계약조건이며, 2019년 1월 1일 현재 증분차입이자율(5%)로 산출한 결과 리스부채와 사용권자산은 326,790원이다.

리스개시일	리스종료일	리스기간	진행기간	잔여리스기간	총 리스부채
2019-1-1	2021-12-31	3년	0	3년	326,790

리스부채의 상각스케줄은 다음과 같다.

기간	리스료	이자비용	상각액	리스부채
0				326,790
1	120,000	16,340	103,660	223,130
2	120,000	11,157	108,843	114,287
3	120,000	5,713	114,287	-

사용권자산의 상각스케줄은 다음과 같다.

	상각비	사용권자산
0	-	326,790
1	108,930	217,860

	상각비	사용권자산
2	108,930	108,930
3	108,930	–

회사의 회계처리는 다음과 같다.

• 2019년 1월 1일(리스개시일)

차변		대변	
사용권자산	326,790	리스부채(유동)	103,660
		리스부채(비유동)	223,130

• 2019년 12월 31일(기말)

차변		대변	
사용권자산상각비	108,930	사용권자산상각누계액	108,930
리스부채(유동)	103,660	현금	120,000
이자비용	16,340		

• 2019년 12월 31일(기말) - 리스부채 유동성대체

차변		대변	
리스부채(비유동)	108,843	리스부채(유동)	108,843

| 전대리스

리스이용자는 리스개시일에 사용권자산과 리스부채를 인식한다.

전대리스는 리스이용자(중간 리스제공자)가 기초자산을 제3자에게 다시 리스하는 거래로서, 전대리스 제공부분은 금융리스 또는 운용리스의 분류요건을 판단하여 각각 리스제공자의 회계처리를 한다.

전대리스가 금융리스에 해당하는 경우 리스이용자(중간 리스제공자)는 해당 부분에 대한 사용권자산을 인식하지 아니하고, 전대리스 이용자에게 받을 채권을 금융리스채권으로 인식한다.

02 | 주석 작성 핵심 포인트

리스 관련 주요 주석공시사항은 다음과 같이 요약된다.

Key Point

구분	주요 주석공시사항	비고
1. 리스이용자		
(1) 리스이용자 일반	• 기초자산 유형별 사용권자산의 감가상각비 • 리스부채에 대한 이자비용 • 단기리스에 관련되는 비용 • 소액자산 리스에 관련되는 비용 • 리스부채 측정치에 포함되지 않은 변동리스료에 관련되는 비용 • 사용권자산의 전대리스에서 생기는 수익 • 리스의 총 현금유출 • 사용권자산의 추가 • 판매후리스 거래에서 생기는 모든 차손익 • 보고기간 말 현재 기초자산 유형별 사용권자산의 장부금액	지배 · 종속기업 간의 전대리스는 연결재무제표 시 내부거래 제거됨.
(2) 리스부채	리스부채 만기분석	금융상품 유동성위험 주석에 포함(추가)
(3) 리스활동에 대한 질적 · 양적 정보	• 리스 활동의 특성 • 변동리스료, 연장선택권과 종료선택권, 잔존가치보증 • 판매후리스 거래	
2. 리스제공자		
(1) 리스제공자 – 금융리스제공자	• 매출손익 • 리스순투자의 금융수익 • 리스순투자 측정치에 포함되지 않은 변동리스료에 관련되는 수익 • 금융리스 순투자 장부금액의 유의적인 변동 • 금융리스채권의 만기분석 내용	
(2) 리스제공자 – 운용리스제공자	• 운용리스의 경우에 리스수익 • 리스제공자는 운용리스 대상 유형자산 항목에 기업회계기준서 제1016호의 공시 요구사항을 적용 • 리스료의 만기분석 내용	
(3) 공통	• 리스제공자의 리스제공 활동의 특성 • 리스제공자가 기초자산에서 계속 보유하는 모든 권리에 관련되는 위험을 관리하는 방법	

03 | 주석 공시 요구사항

K-IFRS 제1116호(리스) 관련 주석공시 요구사항은 다음과 같이 구분된다.

리스는 리스이용자와 리스제공자의 회계처리가 구분되듯이, 리스이용자와 리스제공자의 주석공시 요구사항도 구분된다.

문단	공시사항
51 ~ 58, 60	1. 리스이용자 - 일반정보
59	2. 리스이용자 - 리스활동에 대한 질적 · 양적 정보
89 ~ 92	3. 리스제공자
93 ~ 94	3. 리스제공자 - 금융리스
95 ~ 97	3. 리스제공자 - 운용리스

1. 리스이용자 - 일반정보

51 공시의 목적은 재무제표이용자가 리스이용자의 재무상태, 재무성과, 현금흐름에 리스가 미치는 영향을 평가할 때 기초가 되는 정보를, 리스이용자가 재무상태표, 손익계산서, 현금흐름표에 제공하는 정보와 함께 주석에 공시하게 하는 것이다. 문단 52 ~ 60에서는 이 목적을 이루기 위한 요구사항을 규정한다.

52 리스이용자는 재무제표에서 하나의 주석이나 별도로 구분되는 난(section)으로 리스이용자의 리스에 대한 정보를 공시한다. 그러나 리스이용자는 리스에 대한 정보가 하나의 주석이나 별도로 구분되는 난에 상호 참조되어 있다면 재무제표의 다른 부분에 이미 표시된 정보를 중복할 필요가 없다.

54 다른 형식이 더 적절하지 않다면, 리스이용자는 표 형식으로 문단 53에서 규정하는 내용을 공시한다. 공시하는 금액에는 리스이용자가 보고기간 중에 다른 자산의 장부금액에 포함한 원가를 포함한다.

대부분의 기업은 K-IFRS 제1116호 적용 대상이 리스이용자 입장의 회계처리 및 주석 정보 공시일 것이다. 리스이용자 주석은 별도의 주석항목으로 공시하고, 주석 정보는 아래 주요 내용을 '표 형식'으로 공시하는 것을 요구하고 있다.

53 리스이용자는 보고기간의 다음 금액을 공시한다.

(1) 기초자산 유형별 사용권자산의 감가상각비

(2) 리스부채에 대한 이자비용

(3) 문단 6을 적용하여 회계처리하는 단기리스에 관련되는 비용. 1개월 이하인 리스기간에 관련되는 비용은 이 비용에 포함할 필요가 없다.

(4) 문단 6을 적용하여 회계처리하는 소액자산 리스에 관련되는 비용. 문단 53(3)에 포함되는, 소액자산의 단기리스에 관련되는 비용은 이 비용에 포함하지 않는다.

(5) 리스부채 측정치에 포함되지 않은 변동리스료에 관련되는 비용

(6) 사용권자산의 전대리스에서 생기는 수익

(7) 리스의 총 현금유출

(8) 사용권자산의 추가

(9) 판매후리스 거래에서 생기는 모든 차손익

(10) 보고기간 말 현재 기초자산 유형별 사용권자산의 장부금액

55 보고기간 말 현재 약정된 단기리스 포트폴리오가 문단 53(3)을 적용하여 공시하는 단기리스 비용에 관련되는 단기리스 포트폴리오와 다른 경우에, 리스이용자는 문단 6을 적용하여 회계처리하는 단기리스의 리스약정 금액을 공시한다.

56 사용권자산이 투자부동산의 정의를 충족한다면, 리스이용자는 기업회계기준서 제1040호의 공시 요구사항을 적용한다. 이 경우에 리스이용자는 해당 사용권자산에 대하여 문단 53(1)·(6)·(8)·(10)의 내용을 공시할 필요는 없다.

57 리스이용자가 기업회계기준서 제1016호를 적용하여 사용권자산을 재평가금액으로 측정하는 경우에, 해당 사용권자산에 대하여 기업회계기준서 제1016호 문단 77에서 요구하는 정보를 공시한다.

58 리스이용자는 다른 금융부채의 만기분석과는 별도로 기업회계기준서 제1107호 '금융상품 : 공시'의 문단 39와 B11을 적용하여 리스부채의 만기분석 내용을 공시한다.

60 단기리스나 소액자산 리스에 문단 6을 적용하는 리스이용자는 그 사실을 공시한다.

리스이용자 주석공시 일반사항과 그 예시는 다음과 같다.

(1) 리스이용자 – 재무상태표 항목

주석사항

• 보고기간 말 현재 기초자산 유형별 사용권자산의 장부금액[K-1116. 53(10)]
• 사용권자산의 추가[K-1116. 53(8)]

예시

리스와 관련해 재무상태표에 인식된 금액은 다음과 같습니다. [K-1116. 53(10)]

구분	당기말	당기초
사용권자산		
부동산	1,200	1,000
기계장치	400	500
차량운반구	400	600
합계	2,000	2,100

구분	당기말	당기초
리스부채		
유동	900	1,100
비유동	800	1,000
합계	1,700	2,100

당기 중 증가된 사용권자산은 300원입니다. [K-1116. 53(8)]

설명

• 사용권자산의 기초자산의 유형은 기업의 영업에서 특성과 용도가 비슷한 기초자산의 집합으로 정의되며, 통상 부동산, 차량운반구, 기타사용권자산 등의 유형으로 구분된다. 유형은 회계정책 선택의 기본단위로 단기리스 인식면제 규정을 적용하는데 부동산 유형에는 단기리스 인식면제 선택은 가능하나, 부동산 유형에 있는 건물 1은 단기리스 인식면제하고 건물 2는 단기리스 인식하는 것은 허용되지 않는다(K-1116. 8).
• 사용권자산의 감가상각비와 동일하게 보고기간 말 사용권자산 장부금액을 주석공시할 경우 기초자산의 유형별(부동산, 차량, 기계장치 등)로 구분하여 공시한다.
• 사용권자산에 대한 자본적지출이 있는 경우 그 내역을 주석공시한다[K-1116. BC217(5)].

(2) 리스이용자 – 포괄손익계산서 항목 등

주석사항

- 기초자산 유형별 사용권자산의 감가상각비[K-1116. 53(1)]
- 리스부채에 대한 이자비용[K-1116. 53(2)]
- 단기리스료[K-1116. 53(3)]
- 소액리스료[K-1116. 53(4)]
- 변동리스료[K-1116. 53(5)]
- 사용권자산의 전대리스에서 생기는 수익[K-1116. 53(6)]
- 리스의 총현금유출[K-1116. 53(7)]
- 판매후리스 거래에서 생기는 모든 차손익[K-1116. 53(9)]

예시

리스와 관련해서 포괄손익계산서에 인식된 주요 항목은 다음과 같습니다.

구분	기준서 (K-1116)	당기
사용권자산의 감가상각비	53(1)	
부동산		1,000
기계장치		100
차량운반구		100
합계		1,200
리스부채에 대한 이자비용	53(2)	100
단기리스료	53(3)	150
단기리스가 아닌 소액자산 리스료	53(4)	50
리스부채 측정치에 포함되지 않은 변동리스료	53(5)	200
사용권자산의 전대리스에서 생기는 수익	53(6)	100
판매후리스 거래로 인한 손익	53(9)	120

당기 중 리스의 총 현금유출은 500원입니다. [K-1116. 53(7)]

설명

- 단기리스료, 소액리스료는 K-IFRS 제1116호(리스)의 요건을 충족하는 리스 계약 중 인식면제를 선택하여 사용권자산과 리스부채로 인식하지 않는 정보에 대한 주석공시 요구사항이다(리스부채 측정치에 포함되지 않는 변동리스료도 동일함).
- 손익계산서 금융비용에는 다른 차입부채에 대한 이자비용과 리스부채 이자비용이 통합하여 표시될 수 있으며, 리스 주석에서는 다른 차입부채 이자비용과 구분하여 리스이자비용을 공시한다.
- 리스 관련 총 현금유출을 공시하도록 요구하고 있으며, 이는 현금흐름표상의 리스부채의

상환액과는 다르다. 이는 K-IFRS 제1116호(리스)에서 리스의 정의에 충족하는 모든 리스로 인한 총 현금유출을 의미하므로, 리스부채로 인식한 리스 상환액뿐만 아니라 리스부채로 인식하지 아니한 단기리스, 소액리스, 변동리스료로 인한 현금유출액을 모두 포함하여야 한다.

• 사용권자산을 전대하는 경우 전대리스로 인한 수익이 발생하여 이를 주석공시한다.

☞ 공시사례 7.1 리스이용자 일반

(3) 리스이용자 – 리스부채 만기분석

주석사항

리스이용자는 다른 금융부채의 만기분석과는 별도로 기업회계기준서 제1107호 '금융상품 : 공시'의 문단 39와 B11을 적용하여 리스부채의 만기분석 내용을 공시한다(K-1116. 58).

예시

금융상품 금융위험 주석 중 유동성위험 분석(K-1107. 39)

(1) 20×1년 말 유동성위험(만기분석)

(단위 : 원)

구분	장부금액	계약상 현금흐름	1년 이내	1년 초과 등
매입채무	×××	×××	×××	×××
차입금	×××	×××	×××	×××
사채	×××	×××	×××	×××
리스부채	223,130	240,000	120,000	120,000
합계	×××	×××	×××	×××

설명

• K-IFRS 제1107호(금융상품 : 공시)에서는 금융부채의 만기분석 내용의 주석공시를 요구한다.

• 리스이용자의 리스부채도 금융부채이므로 K-IFRS 제1116호(리스)를 최초 적용하는 2019년부터 금융부채의 만기분석 내용에 리스부채를 추가한다.

• 상기 리스부채의 상각스케줄 예시

기간	리스료	이자비용	상각액	리스부채
0				326,790
20×1년 말	120,000	16,340	103,660	223,130
20×2년 말	120,000	11,157	108,843	114,287
20×3년 말	120,000	5,713	114,287	–

(*) 20×1년 말 리스부채는 총 223,130원임. 리스의 계약상 현금흐름은 리스원금 및 이자부분을 포함하여

1년 이내 120,000원, 1년 초과 120,000원임(유동성위험의 만기분석 정보는 계약상 할인되지 않은 현금흐름이므로 항상 장부금액보다 크거나 같음).

☞ 공시사례 7.2 리스부채 만기분석

2. 리스이용자 – 리스활동에 대한 질적 · 양적 정보

59 문단 53 ~ 58에서 요구하는 공시에 추가하여, 리스이용자는 문단 51의 공시 목적을 이루기 위하여 필요한, 리스 활동에 대한 추가 질적 · 양적 정보를 공시한다(문단 B48에서 기술함). 이 추가 정보는 재무제표이용자가 다음을 파악할 때 필요한 정보를 포함할 수 있으나 이에 한정되지는 않는다.

(1) 리스이용자의 리스 활동의 특성

(2) 리스이용자가 잠재적으로 노출되어 있으나 리스부채의 측정치에는 반영되지 않은 미래 현금유출. 이는 다음 항목에서 생기는 익스포저를 포함한다.

(가) 변동리스료(문단 B49에서 기술함)

(나) 연장선택권과 종료선택권(문단 B50에서 기술함)

(다) 잔존가치보증(문단 B51에서 기술함)

(라) 리스이용자가 약정하였으나 아직 개시되지 않은 리스

(3) 리스에서 부과하는 제약 또는 규약

(4) 판매후리스 거래(문단 B52에서 기술함)

리스이용자의 리스활동에 대한 질적 · 양적 정보 주석공시사항과 그 예시는 다음과 같다.

(1) 리스이용자 – 리스활동에 대한 질적 · 양적 정보

주석사항

- 리스이용자의 리스 활동의 특성[K-1116, 59(1)]
- 리스이용자가 잠재적으로 노출되어 있으나 리스부채의 측정치에는 반영되지 않은 미래 현금유출. 이는 다음 항목에서 생기는 익스포저를 포함한다[K-1116, 59(2)].
  (가) 변동리스료
  (나) 연장선택권과 종료선택권
  (다) 잔존가치보증
  (라) 리스이용자가 약정하였으나 아직 개시되지 않은 리스
- 리스에서 부과하는 제약 또는 규약[K-1116, 59(3)]
- 판매후리스 거래[K-1116, 59(4)]

예시

(1) 리스활동의 특성[K-1116, 59(1)]

당사는 사무실, 사택, 차량운반구를 리스하고 있습니다. 리스계약은 일반적으로 1 ~ 5년의 고정기간으로 체결됩니다. 리스조건은 개별적으로 협상되며 다양한 계약조건을 포함합니다. 리스계약에 따라 부과되는 다른 제약은 없습니다.

(2) 리스이용자가 잠재적으로 노출되어 있으나 리스부채의 측정치에는 반영되지 않은 미래 현금유출[K-1116, 59(2)]

(가) 변동리스료

당사가 체결하고 있는 매장 등 일부 리스계약은 매출액에 연동되는 변동리스료 조건을 포함하며, 이러한 변동리스료 조건은 리스제공자와의 협상 결과에 따라 결정됩니다. 변동리스료 조건은 당사가 체결한 개별 리스계약에 따라 다양하며, 일부 변동리스료 조건에는 최소지급액과 한도조항 등이 포함되어 있습니다.

리스부채 측정치에 포함되지 않은 변동리스료 조건에 기초하여 당기 중 당사가 지급한 리스료는 총 리스료 지급액의 약 30%를 차지하고 있습니다. 향후 변동리스료 조건과 관련된 매출액 등이 증가하는 경우, 당사가 부담할 변동리스료 금액은 증가할 수 있습니다.

(나) 연장선택권과 종료선택권

당사는 짧은 해지불능기간(예를 들어, 1년에서 3년)의 리스에 대한 리스기간의 일부로서 연장기간을 포함합니다. 대체자산을 쉽게 구할 수 없다면 영업활동에 유의적인 부정적 영향이 있으므로 당사는 일반적으로 리스에 대한 연장선택권을 행사합니다.

긴 해지불능기간(예를 들어, 10년에서 20년)의 리스에 대한 연장기간은 연장선택권을 행사할 것이 상당히 확실하지 않으므로 리스기간의 일부로 포함되지 않습니다.

또한 당사는 일반적으로 차량운반구를 3년 이하로 리스하며, 연장 선택권을 행사하지 않으므로 차량운반구 리스에 대한 연장선택권은 리스기간의 일부로 포함되지 않습니다. 더 나아가, 종료선택권이 적용되는 기간은 행사되지 않을 것이 상당히 확실한 경우에만 리스기간의 일부로 포함됩니다.

(다) 잔존가치보증

계약기간 동안 리스원가를 최적화하기 위해 당사는 시설장치 리스와 관련하여 잔존가치보증을 제공하는 경우가 있습니다. 당사는 최초 인식시점에 잔존가치보증에 따라 지급할 것으로 예상되는 금액을 추정하여 리스부채의 일부로 인식합니다.

(라) 리스이용자가 약정하였으나 아직 개시되지 않은 리스

당사는 신규사업 관련 총 3건의 사무실 임대차계약을 체결하였으며, 2020년 중 리스개시시점이 도래합니다. 이와 관련하여 미래 지급할 최소보장 임차료는 100원입니다.

(3) 리스에서 부과하는 제약 또는 규약[K-1116. 59(3)]

당사는 신규 기계장치 리스와 관련하여 당사의 부채비율을 특정 기준 이상으로 유지하는 조건으로 K리스회사와 계약하였습니다.

(4) 판매후리스 거래[K-1116. 59(4)]

당사는 당기에 재무구조 개선을 위하여 본사 사옥을 판매후리스를 통해 자산유동화하였으며, 그로 인한 현금유입액은 1,000원입니다.

설명

리스이용자의 사용권자산과 리스부채로 인식한 내역 이외에도 리스계약의 질적 · 양적 정보에 대한 주석정보를 요구한다.

☞ 공시사례 7.4 리스활동의 특성

☞ 공시사례 7.5 판매후리스

참고로 K-IFRS 제1116호(리스) 적용지침 B48 ~ B52에서는 문단 59 관련 고려사항을 다음과 같이 제시하고 있다.

| K-IFRS 제1116호(리스) 적용지침 |

B48(리스활동에 대한 추가정보가 필요한지에 대한 판단 시 고려사항)

(1) 재무제표이용자에게 목적 적합한지 여부

(가) 리스에서 제공하는 탄력성(예를 들면 리스이용자가 유리한 조건으로 종료선택권을 행사하거나 리스를 갱신하여 리스이용자의 익스포저를 줄일 수 있는 경우가 리스에서 탄력성을 제공하는 경우에 해당될 수 있다)

(나) 리스에서 부과하는 제약(예를 들면 리스는 리스이용자가 특정한 재무비율을 유지하도록 요구하는 제약을 부과할 수 있다)

(다) 보고 정보의 주요 변수에 대한 민감도(보고 정보는 예를 들면 미래 변동리스료에 민감할 수 있다)

(라) 리스에서 생기는 그 밖의 위험에 대한 익스포저

(마) 산업 관행에서 벗어남(그러한 예로 리스이용자의 리스 포트폴리오에 영향을 미치는, 일상적이지 않고 독특한 리스 조건을 포함할 수 있다)

(2) 주요 재무제표에 표시되거나 주석에 공시되는 정보에서 분명하게 드러나는지 여부

B49(변동리스료 관련 추가정보)

(1) 리스이용자가 변동리스료를 사용하는 이유와 그 변동리스료의 사용 정도

(2) 고정리스료 대비 변동리스료의 상대적인 크기

(3) 변동리스료가 달라지게 하는 주요 변수와 그 주요 변수의 변동에 따라 리스료가 어떻게 달라질 것으로 예상하는지
(4) 변동리스료에 따른 그 밖의 영업적 · 재무적 영향

B50(연장선택권 또는 종료선택권 관련 추가정보)
(1) 리스이용자가 연장선택권이나 종료선택권을 사용하는 이유와 그 선택권의 사용 정도
(2) 리스료 대비 선택권 리스료의 상대적인 크기
(3) 리스부채 측정에 포함되지 않았던 선택권의 행사 정도
(4) 그 선택권에 따른 그 밖의 영업적 · 재무적 영향

B51(잔존가치보증 관련 추가정보)
(1) 리스이용자가 잔존가치보증을 제공하는 이유와 그 보증의 제공 정도
(2) 리스이용자의 잔존가치 위험에 대한 익스포저의 크기
(3) 그 보증이 제공되는 기초자산의 특성
(4) 그 보증에 따른 그 밖의 영업적 · 재무적 영향

B52(판매후리스 관련 추가정보)
(1) 리스이용자가 판매후리스를 한 이유와 판매후리스 거래의 정도
(2) 개별 판매후리스 거래의 주요 조건
(3) 리스부채의 측정치에 포함되지 않은 지급액
(4) 보고기간에 판매후리스 거래가 현금흐름에 미치는 영향

3. 리스제공자

리스제공자의 주석공시사항은 리스제공자 공통으로 적용되는 공시요구사항과 리스제공된 리스거래가 금융리스로 분류될 경우와 운용리스로 분류될 경우로 구분되어 아래의 주석공시사항이 요구된다.

공시

89 공시의 목적은 재무제표이용자가 리스제공자의 재무상태, 재무성과, 현금흐름에 리스가 미치는 영향을 평가할 때 기초가 되는 정보를, 리스제공자가 재무상태표, 손익계산서, 현금흐름표에 제공하는 정보와 함께 주석에 공시하게 하는 것이다. 문단 90 ~ 97에서는 이 목적을 이루기 위한 요구사항을 규정한다.

90 리스제공자는 보고기간의 다음 금액을 공시한다.

(1) 금융리스의 경우
  (가) 매출손익
  (나) 리스순투자의 금융수익
  (다) 리스순투자 측정치에 포함되지 않은 변동리스료에 관련되는 수익

(2) 운용리스의 경우에 리스수익. 지수나 요율(이율)에 따라 달라지지 않는 변동리스료 관련 수익은 별도로 공시한다.

91 다른 형식이 더 적절하지 않다면, 리스제공자는 표 형식으로 문단 90에서 규정하는 내용을 공시한다.

92 리스제공자는 문단 89의 공시 목적을 이루기 위하여 필요한, 리스 활동에 대한 추가 질적 · 양적 정보를 공시한다. 이 추가 정보는 재무제표이용자가 다음을 파악할 때 필요한 정보를 포함할 수 있으나 이에 한정되지는 않는다.

(1) 리스제공자의 리스제공 활동의 특성

(2) 리스제공자가 기초자산에서 계속 보유하는 모든 권리에 관련되는 위험을 관리하는 방법. 특히, 리스제공자는 기초자산에서 계속 보유하는 권리에 대한 위험관리 전략(해당 위험을 줄이는 수단을 포함함)을 공시한다. 그러한 수단의 예로는 재구매약정, 잔존가치보증, 특정한 한도를 넘어서는 사용에 대한 변동리스료를 들 수 있다.

금융리스

93 리스제공자는 금융리스 순투자 장부금액의 유의적인 변동에 대한 질적 · 양적 설명을 제공한다.

94 리스제공자는 금융리스채권의 만기분석 내용을 공시한다. 이 만기분석에서는 적어도 처음 5년간 매년 연간 기준으로 받게 될 할인되지 않은 리스료와 나머지 기간에 받게 될 총 리스료를 보여준다. 리스제공자는 할인되지 않은 리스료를 리스순투자로 조정하는 내용을 공시한다. 이 조정 내용에서는 리스채권에 관련되는 미실현 금융수익과 할인된 무보증잔존가치를 식별한다.

95 리스제공자는 운용리스 대상 유형자산 항목에 기업회계기준서 제1016호의 공시 요구사항을 적용한다. 기업회계기준서 제1016호의 공시 요구사항을 적용할 때, 리스제공자는 유형자산의 각 유형을 운용리스 대상 자산과 그 밖의 자산으로 구분한다. 따라서 리스제공자는 보유하고 사용하는 소유 자산과는 별도로 운용리스 대상 자산에 대하여 (기초자산 유형별로) 기업회계기준서 제1016호에서 요구하는 내용을 공시한다.

96 리스제공자는 운용리스 대상 자산에 기업회계기준서 제1036호, 제1038호, 제1040호, 제1041호의 공시 요구사항을 적용한다.

97 리스제공자는 리스료의 만기분석 내용을 공시한다. 이 만기분석에서는 적어도 처음 5년간 매년 연간 기준으로 받게 될 할인되지 않은 리스료와 나머지 기간에 받게 될 총 리스료를 보여준다.

리스제공자의 주석공시사항과 그 예시는 다음과 같이 금융리스 또는 운용리스를 제공하는 경우로 구분된다.

(1) 리스제공자 – 금융리스

주석사항

- 금융리스 리스제공자는 보고기간의 다음 금액을 공시한다[K-1116, 90(1)].
  (가) 매출손익
  (나) 리스순투자의 금융수익
  (다) 리스순투자 측정치에 포함되지 않은 변동리스료에 관련되는 수익
- 금융리스 순투자 장부금액의 유의적인 변동에 대한 질적 · 양적 설명(K-1116, 93)
- 금융리스채권의 만기분석 내용(K-1116, 94)
  - 적어도 처음 5년간 매년 연간 기준으로 받게 될 할인되지 않은 리스료와 나머지 기간에 받게 될 총 리스료를 보여준다.
  - 리스제공자는 할인되지 않은 리스료를 리스순투자로 조정하는 내용을 공시한다.
  - 이 조정 내용에서는 리스채권에 관련되는 미실현 금융수익과 할인된 무보증잔존가치를 식별한다.

예시

(1) 금융리스채권

당사는 일부 사용권자산을 전대리스하고 있으며, 이를 금융리스로 분류하고 있습니다.

1) 당기말 현재 금융리스채권의 내용은 다음과 같습니다. (K-1116. 93)

구분	유동	비유동	합계
금융리스채권	950	325	1,275

2) 당기 중 금융리스 관련 손익은 다음과 같습니다. [K-1116. 90(1)]

구분	금액
매출손익	100
리스순투자의 금융수익	200
리스순투자 측정치에 포함되지 않은 변동리스료 관련 수익	50
합계	350

3) 금융리스채권의 만기분석 내용은 다음과 같습니다. (K-1116. 94)

구분	최소리스료	최소리스료의 현재가치
1년 이내	1,000	950
1년 초과 2년 이내	100	90
2년 초과 3년 이내	100	85
3년 초과 4년 이내	100	80
4년 초과 5년 이내	100	70
5년 초과	-	-
소계	1,400	1,275
차감 : 미실현이자수익	(125)	-
리스순투자	1,275	1,275

설명

• 회사가 리스제공자로서 회사의 자산을 금융리스로 제공하는 경우도 있으며, 때로는 회사가 리스이용자로서 제공받은 리스를 제3자(종속기업 등 특수관계자 등)에게 전대리스로 제공하는 경우도 있다.

• 전대리스 제공 시 리스거래의 성격에 따라 금융리스 또는 운용리스로 분류한다.

• 이 경우 전대리스의 리스제공자인 회사는 금융리스 또는 운용리스의 리스제공자 회계처리를 수행한다.

• 금융리스 제공자인 경우, 리스자산(사용권자산)을 전대리스 사용자가 보유하므로, 리스제공자는 마치 금융회사와 같은 지위를 가지게 된다.

• 금융리스 제공자의 금융리스채권에 대해 매년도 수령할 리스료를 5년 수준으로 나누어 명목가액(최소리스료)과 현재가치(최소리스료의 현재가치)로 구분해서 만기분석 내용을

주석공시 요구한다.

- 추가로 금융리스 제공자의 리스 거래로 인한 손익 영향을 주석에 공시하도록 요구한다.
- 예시에서 금융리스채권 장부금액(1,275원)은 최소리스료의 현재가치(1,275원)와 일치하게 된다.

☞ 공시사례 7.6 리스제공자(금융리스채권)

☞ 공시사례 7.7 리스제공자(금융리스채권)

(2) 리스제공자 – 운용리스

주석사항

- 운용리스 리스제공자는 보고기간의 다음 금액을 공시한다[K-1116. 90(2)].
  - 운용리스의 경우에 리스수익[지수나 요율(이율)에 따라 달라지지 않는 변동리스료 관련 수익은 별도로 공시]
- 리스제공자는 운용리스 대상 유형자산 항목에 기업회계기준서 제1016호의 공시 요구사항을 적용한다(K-1116. 95).
- 리스료의 만기분석 내용(K-1116. 97)
  - 적어도 처음 5년간 매년 연간 기준으로 받게 될 할인되지 않은 리스료와 나머지 기간에 받게 될 총 리스료를 보여준다.

예시

1. 운용리스자산

(1) 당기말 및 전기말 현재 운용리스자산의 내역은 다음과 같습니다.

구분	당기말	전기말
취득원가	1,000	900
감가상각누계액	(400)	(350)
계	600	550

(2) 당기말 및 전기말 현재 운용리스자산에 대한 향후 예상되는 연도별 미래 최소리스료의 합계는 다음과 같습니다.

구분	당기말	전기말
1년 이내	400	300
1년 초과 5년 이내	300	200
5년 초과	100	200
계	800	700

(3) 당기와 전기 중 리스수익의 내역은 다음과 같습니다.

구분	당기	전기
운용리스수익	200	180

설명

- 운용리스 제공자의 경우 유형자산을 보유하는 것과 동일하게 리스자산을 보유하게 된다. 따라서 유형자산과 동일하게 감가상각 등을 수행하고 유형자산의 주석공시사항에 포함한다(K-1116, 95).
- 운용리스 제공자는 리스 제공에 대한 대가로 리스이용자로부터 리스료를 수취하므로, 해당 리스료 수취에 대한 수익을 인식한다.
- 운용리스 제공자의 주석에는 리스로 인한 수익인식 내역을 공시하고, 미래 리스료의 현재가치를 주석공시한다.

☞ 공시사례 7.8 리스제공자(운용리스자산)

(3) 리스제공자 – 공통

주석사항

- 리스제공자의 리스제공 활동의 특성[K-1116, 92(1)]
- 리스제공자가 기초자산에서 계속 보유하는 모든 권리에 관련되는 위험을 관리하는 방법[K-1116, 92(2)]

설명

- 리스제공자는 리스이용자와 유사하게 리스제공 활동의 특성을 주석공시한다.
- 추가로 리스제공자는 금융리스 제공자이건 운용리스 제공자이건 리스 제공자로서 리스계약의 위험관리 방법을 주석공시한다(재구매약정, 잔존가치보증, 특정한 한도를 넘어서는 사용에 대한 변동리스료 등).

| 참고 |

K-IFRS 제1116호(리스)는 2019년 1월 1일부터 최초로 적용되다 보니, K-IFRS를 적용하고 있는 기업들의 주석공시에 여러 가지 미비점들이 존재하였다. 금융감독원은 2019년 1분기 K-IFRS 적용대상기업들의 리스 관련 주석공시사항을 점검하고, 아래의 유의사항(미흡사례)을 보도자료를 통해 공지하였다.

금융감독원 보도자료(2019.8.2.)

K-IFRS 新리스기준 도입 효과 및 주석공시 유의사항 안내

	주석공시 미흡사례	유의사항
新리스기준 최초 적용 관련 정보 (누적효과 일괄조정법을 적용하는경우)	① 최초적용일 효과 미공시 - 新리스기준의 최초적용 효과를 전혀 공시하지 않거나, 일부만을 공시	⇒ 최초적용일에 자산 · 부채 · 자본에 인식되는 누적효과, 사용권자산과 리스부채 인식 금액 등을 각각 공시(K-1008. 28)
	② 증분차입 이자율 미공시 - 증분차입이자율을 사용했다는 사실만을 공시하고, 적용 이자율은 공시하지 않음.	⇒ 최초적용일의 리스부채 측정 시 사용된 리스이용자의 실제 가중평균 증분차입이자율을 공시[K-1116. C12(1)]
	③ 종전 운용리스의 전환시점 정보 미공시 - 최초적용일의 리스부채 총액만을 공시(전기말 운용리스약정과의 비교가 어렵고, 종전 금융리스부채 효과가 불명확한 등 회계 기준 변경의 영향을 파악하기 어려움)	⇒ 2018년 말 공시한 운용리스약정액 및 이를 할인한 금액에서, 종전 금융리스부채, 단기 · 소액리스 등의 조정사항을 반영하여 최초적용일의 리스부채 금액을 산출하는 과정을 상세하게 공시[K-1116. C12(2)]
리스 이용 관련 정보	① 유형별 사용권자산 금액 · 상각비 미공시 - 유형*별 구분 없이 총 합계액만 공시 * 특성과 용도가 비슷한 기초자산의 집합	⇒ 기초자산의 각 유형별(예 : 토지, 건물, 기계장치, 선박, 항공기 등)로 구분하여 사용권자산의 장부금액 및 감가상각비를 각각 공시[K-1116. 53(1) · (10)]
	② 리스부채 이자비용 미공시 - 리스부채와 다른 차입금 관련 이자비용을 구분하지 않고 이자비용 총액만을 공시	⇒ 리스부채에 대한 이자비용과 다른 부채(차입금 등)에 대한 이자비용을 각각 구분하여 공시[K-1116. 53(2)]
	③ 리스의 총 현금유출 미공시 - 현금흐름표상의 리스부채 상환 관련 현금흐름만을 파악 가능	⇒ 리스부채 상환뿐 아니라, 단기 · 소액리스료, 변동리스료 등을 포함한 리스의 총 현금유출액을 공시[K-1116. 53(7)]
	④ 리스부채 만기분석 미공시 - 각 잔여기간별 만기분석 내용을 공시하지 않고, 리스부채의 유동성 여부만 구분	⇒ 잔여기간별(예 : 1개월 이하, 3개월 이하, 1년 이하, 5년 이하 등) 리스부채의 만기분석 내용을 공시(K-IFRS 1116. 58)
	⑤ 사용권자산 · 리스부채 포함 항목 미공시 - 별도 항목으로 구분 표시하지 않았음에도, 재무상태표에 포함된 항목을 미공시	⇒ 사용권자산과 리스부채를 구분 표시하지 않은 경우, 재무상태표의 어떤 항목에 포함되어 있는지 공시(K-1116. 47)

04 | 실제 공시 사례

공시사례 7.1 리스이용자 일반

주석

[출처 : 카카오 2023년 감사보고서]

20. 리스

회사가 리스이용자인 경우의 리스에 대한 정보는 다음과 같습니다.

가. 재무상태표에 인식된 금액

보고기간 종료일 현재 재무상태표에 인식된 금액은 다음과 같습니다.

(단위 : 천원)

구분	당기	전기
〈사용권자산〉		
부동산	674,531,277	744,686,996
기계장치	123,883,515	84,631,688
차량운반구	1,369,388	1,416,393
계	799,784,180	830,735,077

(단위 : 천원)

구분	당기	전기
〈리스부채〉		
유동	150,322,639	141,734,343
비유동	1,309,612,529	1,306,442,097
계	1,459,935,168	1,448,176,440

당기 중 증가된 사용권자산은 123,963백만원(전기 : 357,112백만원)입니다. 해당 금액에는 전대로 인해 제거된 사용권자산의 감소분은 포함되지 않았습니다.

설명

리스이용자인 사례회사는 표 형식으로 리스 관련 주석사항을 공시하고 있다(K-1116. 54).

사례회사는 사용권자산의 유형을 부동산, 기계장치, 차량운반구로 구분하여 유형별 사용권자산의 기초 장부금액과 기말 장부금액을 비교하는 형식으로 공시하고 있다[K-1116. 53(10)].

당기 중 사용권자산의 증가를 별도로 공시하고 있다[K-1116. 53(8)].

나. 포괄손익계산서에 인식된 금액

당기 및 전기 중 포괄손익계산서에 인식된 금액은 다음과 같습니다.

(단위 : 천원)

구분	당기	전기
사용권자산의 감가상각비		
부동산	48,939,076	56,275,896
기계장치	49,301,887	37,407,620
차량운반구	997,663	743,121
계	99,238,626	94,426,637
리스부채에 대한 이자비용(금융원가에 포함)	52,503,630	49,792,760
단기리스료(영업비용에 포함)	423,260	374,853
단기리스가 아닌 소액자산 리스료(영업비용에 포함)	529,484	590,626
리스부채 측정치에 포함되지 않은 변동리스료(영업비용에 포함)	24,034,005	18,139,809
사용권자산의 전대리스에서 생기는 수익	6,533,554	6,403,817

당기와 전기 중 리스의 총 현금유출은 177,358백만원, 132,426백만원입니다.

설명

리스이용자인 사례회사는 표 형식으로 리스 관련 손익계산서 항목을 공시하고 있다.

주석공시 요구사항	공시내용	기준서 (K-1116)
사용권자산의 감가상각비(유형별 구분)	99,238,626천원	53(1)
리스부채에 대한 이자비용	52,503,630천원	53(2)
단기리스료	423,260천원	53(3)
소액리스료	529,484천원	53(4)
리스부채 측정치에 포함되지 않는 변동리스료	24,034,005천원	53(5)
사용권자산의 전대리스에서 생기는 수익	6,533,554천원	53(6)

리스의 총 현금유출은 리스부채의 상환액 이외에도 리스의 요건을 충족하는 단기리스료, 소액리스료, 변동리스료로 인한 총 현금유출을 공시하여야 한다.

사례회사의 리스의 총현금유출(177,358백만원)은 다음과 같이 검증이 가능하다.

구분	금액 (단위 : 백만원)	참조
1. 리스부채의 총현금유출		
리스부채 원금상환액	99,868	현금흐름표
리스부채 이자비용	52,503	리스 주석
소계	152,371	

구분	금액 (단위 : 백만원)	참조
2. 비용인식 리스의 총현금유출		
단기리스료	423	리스 주석
소액리스료	529	리스 주석
리스부채 측정치에 포함되지 않는 변동리스료	24,034	리스 주석
소계	24,986	
3. 리스의 총현금유출	177,358	

공시사례 7.2 리스부채 만기분석

주석

[출처 : 카카오 2023년 감사보고서]

4. 재무위험관리

(3) 유동성 위험

현금흐름의 예측은 회사의 재무부서가 수행합니다. 회사의 재무부서는 영업자금 수요를 충족시킬 수 있도록 유동성에 대한 예측을 항시 모니터링하여 약정을 위반하는 일이 없도록 하고 있습니다. 유동성에 대한 예측 시에는 회사의 자금조달 계획, 약정 준수, 회사 내부의 목표재무비율 및 통화에 대한 제한과 같은 외부 법규나 법률 요구사항이 있는 경우 그러한 요구사항을 고려하고 있습니다.

보고기간종료일 현재 회사의 유동성위험 분석내용은 다음과 같습니다.

1) 당기말

(단위 : 천원)

구분	1년 이하	1년에서 2년 이하	2년 초과	합계
매입채무및기타채무	532,093,172	-	-	532,093,172
장 · 단기차입금	250,000,000	-	-	250,000,000
장 · 단기리스부채	153,085,368	138,085,440	1,649,627,032	1,940,797,840
기타유동금융부채	7,930,022	-	-	7,930,022
중개예수금	1,413,997,836	-	-	1,413,997,836
비유동매입채무및기타채무	-	-	38,822,688	38,822,688
금융보증부채(주1)	3,080,000	-	-	3,080,000
계	2,360,186,398	138,085,440	1,688,449,720	4,186,721,558

(주1) 재무제표에 표시되지 않은 금융보증계약에 의한 금액입니다.

2) 전기말

(단위 : 천원)

구분	1년 이하	1년에서 2년 이하	2년 초과	합계
매입채무및기타채무	546,776,267	-	-	546,776,267
장 · 단기차입금(주1)	28,767,710	-	-	28,767,710
장 · 단기리스부채	144,165,614	131,991,193	1,682,255,505	1,958,412,312
기타유동금융부채	6,559,710	-	-	6,559,710
비유동매입채무및기타채무	-	-	39,553,547	39,553,547
금융보증부채(주2)	907,200	5,552,000	-	6,459,200
계	727,176,501	137,543,193	1,721,809,052	2,586,528,746

(주1) 교환사채의 경우, 계약상 조기상환 가능시점을 만기로 하여 현금흐름 총액을 표시하였습니다.
(주2) 재무제표에 표시되지 않은 금융보증계약에 의한 금액입니다.

위의 분석에 포함된 비파생금융부채는 보고기간종료일로부터 계약 만기일까지의 잔여기간에 따라 만기별로 구분되었습니다. 만기별 구분에 포함된 현금흐름은 현재가치 할인을 하지 않은 금액으로 이자를 포함한 금액입니다.

설명

사례회사는 K-IFRS 제1107(금융상품 : 공시) 기준서에 따라 금융부채의 만기분석을 주석공시해오고 있다(K-1107, 39).
2019년부터 K-IFRS 제1116호(리스)를 적용하면서 2019년부터의 만기분석 정보에 리스부채에 대한 정보가 추가되었다(K-1116, 58).
참고로 유동성위험의 만기분석은 만기를 1개월 이하, 1개월 초과 ~ 3개월 이하, 3개월 초과 ~ 1년 이하, 1년 초과 ~ 5년 이하 등으로 구분하는 적용지침을 제시하고 있으나, 이를 반드시 강제하는 것은 아니다(K-1107, B11).

공시사례 7.3 리스이용자 회계정책의 변경

주석

[출처 : 카카오 2019년 감사보고서]

39. 회계정책의 변경

회사는 기업회계기준서 제1116호를 2019년 1월 1일부터 소급하여 적용하였으나 기준서의 경과 규정에 따라 허용되는 방법으로 전기재무제표를 재작성하지 않았습니다. 따라서 새로운 리스 기준에 따른 재분류와 조정은 2019년 1월 1일의 개시 재무상태표에 인식되었습니다.

가. 기업회계기준서 제1116호 '리스'의 채택에 따라 인식된 조정

회사는 기업회계기준서 제1116호의 적용으로 종전에 기업회계기준서 제1017호의 원칙에 따라 '운용리스'로 분류하였던 리스와 관련하여 리스부채를 인식하였습니다. 해당 리스부채는 2019년 1월 1일 현재 리스이용자의 증분차입이자율로 할인한 나머지 리스료의 현재가치로 측정되었습니다. 2019년 1월 1일 현재 리스부채의 측정에 사용된 리스이용자의 가중평균 증분차입이자율은 2.46%입니다.

(단위 : 천원)

구분	당기초
전기말 현재 운용리스약정	104,154,950
최초 적용일 현재 리스이용자의 증분차입이자율을 사용한 할인액	96,072,842
(차감) : 정액법으로 비용 인식한 단기리스료	(4,450,185)
(차감) : 정액법으로 비용 인식한 소액자산리스료	(248,700)
최초 적용일 현재 인식된 리스부채	91,373,956
인식된 리스부채의 유동분류	
유동 리스부채	18,123,938
비유동 리스부채	73,250,017
합계	91,373,956

사용권자산은 리스부채와 동일한 금액에 전기말 현재 재무상태표에 인식된 리스와 관련하여 선급하거나 미지급한 리스료 금액을 조정하여 측정하였습니다. 최초 적용일 현재 사용권자산의 조정이 요구되는 손실부담리스는 없었습니다.

(1) 당기재무상태표에 인식된 금액

리스와 관련해 당기재무상태표에 인식된 금액은 다음과 같습니다.

(단위 : 천원)

구분	당기말	당기초
사용권자산		
부동산	59,905,982	71,902,177
기계장치	41,457,337	18,868,847
차량운반구	618,524	602,932
합계	101,981,843	91,373,956

(단위 : 천원)

구분	당기말	당기초
리스부채		
유동	31,494,695	18,123,938
비유동	88,642,651	73,250,017

구분	당기말	당기초
합계	120,137,346	91,373,956

당기 중 증가된 사용권자산은 49,916백만원입니다.

회계정책의 변경으로 최초 적용일 현재 재무상태표의 다음 항목이 조정되었습니다.

- 사용권자산 : 91,374백만원 증가
- 리스부채 : 91,374백만원 증가

(3) 실무적 간편법의 사용

회사는 기업회계기준서 제1116호를 최초 적용하면서 기준서에서 허용하는 다음의 실무적 간편법을 사용하였습니다.

- 특성이 상당히 비슷한 리스 포트폴리오에 단일 할인율의 적용
- 리스가 손실부담계약인지에 대한 종전 평가에 의존한 사용권자산의 손상검토
- 최초 적용일 현재 12개월 이내에 리스기간이 종료되는 운용리스를 단기리스와 같은 방식으로 회계처리
- 최초 적용일의 사용권자산 측정에 리스개설직접원가를 제외
- 연장선택권이나 종료선택권이 있는 계약의 리스기간 결정에 사후판단 사용

또한 회사는 최초 적용일 현재 계약이 리스에 해당하는지 또는 리스가 내재되었는지를 재평가하지 않았습니다. 대신 최초 적용일 이전에 체결된 계약에 대하여 기업회계기준서 제1017호와 기업회계기준해석서 제2104호 '약정에 리스가 포함되어 있는지의 결정'을 적용하여 종전에 리스로 식별된 계약에 기업회계기준서 제1116호를 적용하였습니다.

설명

상기 사례는 K-IFRS 제1116호(리스)를 최초 적용하는 회계연도에만 공시하는 회계정책의 변경 주석공시사항이다.

2019년 K-IFRS 제1116호(리스)를 최초 적용한 이후, 2020년부터는 상기 회계정책의 변경효과를 공시하지 않는다.

사례회사는 2018년 말까지는 기존의 리스 기준서인 K-IFRS 제1017호(리스)에 따라 리스를 운용리스로 회계처리하다가, 2019년 1월 1일부터 K-IFRS 제1116호(리스)를 적용하였다. 그리고 이러한 회계정책 변경을 과거 기간으로 소급[K-1116. C5(1)]하지 않고, 최초적용일인 2019년 1월 1일에 이 기준서의 최초 적용 누적효과를 인식하도록 소급 적용하는 방법(수정소급법)을 선택하였다[K-1116. C5(2)].

사례회사는 회계정책의 변경사실과 관련 K-IFRS 제1008호(회계정책, 회계추정의 변경 및 오류)의 요구사항을 아래와 같이 공시하고 있다.

주석공시 요구사항	공시내용	기준서 (K-1008)
관련 한국채택국제회계기준의 명칭	회사는 기업회계기준서 제1116호를 2019년 1월 1일부터 소급하여 적용하였으나	28(1)
경과규정에 따라 회계정책을 변경한 경우 그 사실	기준서의 경과 규정에 따라 허용되는 방법으로 전기재무제표를 재작성하지 않았습니다. 따라서 새로운 리스 기준에 따른 재분류와 조정은 2019년 1월 1일의 개시 재무상태표에 인식되었습니다.	28(2)
경과규정이 있는 경우 그 내용	기준서의 경과 규정에 따라 허용되는 방법으로 전기재무제표를 재작성하지 않았습니다. 따라서 새로운 리스 기준에 따른 재분류와 조정은 2019년 1월 1일의 개시 재무상태표에 인식되었습니다.	28(4)

추가적으로 회계정책의 변경효과를 K-IFRS 제1116호(리스) 경과규정에 따라 선택하였으며, 관련 주석사항을 아래와 같이 공시하고 있다.

주석공시 요구사항	공시내용	기준서 (K-1116)
최초 적용일 현재 재무상태표에 인식된 리스부채에 적용된 리스이용자의 가중평균 증분차입이자율	2.46%	C12(1)
최초 적용일 직전 회계연도 말에 기업회계기준서 제1017호를 적용하여 공시한 운용리스약정을 문단 C8(1)에서 기술하는 최초 적용일의 증분차입이자율을 사용하여 할인한 금액과 최초 적용일 재무상태표에 인식된 리스부채의 차이 설명	사례회사는 최초 적용일인 2019년 1월 1일 시점의 리스약정을 모두 새롭게 할인한 금액은 96,072,842천원이며[K-1116. C12(2)(가)], 이는 최초 적용일 현재 인식된 리스부채금액인 91,373,956천원[K-1116. C12(2)(나)]과 차이가 나는데, 그 이유는 리스의 정의는 충족하나 회사가 정책으로 인식면제를 선택한 단기리스와 소액리스라고 설명하고 있다.	C12(2)

차이 설명[K-1116. C12(2)]

구분	당기초
최초 적용일 현재 리스이용자의 증분차입이자율을 사용한 할인액 [K-1116. C12(2)(가)]	96,072,842
최초 적용일 현재 인식된 리스부채 [K-1116. C12(2)(나)]	91,373,956
차이[K-1116. C12(2)]	
(차감) : 정액법으로 비용 인식한 단기리스료	(4,450,185)
(차감) : 정액법으로 비용 인식한 소액자산리스료	(248,700)

공시사례 7.4 리스활동의 특성

주석

[출처 : 호텔신라 2023년 감사보고서]

16. 리스

(1) 당기와 전기 중 사용권자산의 변동내용은 다음과 같습니다.

① 당기

(단위 : 천원)

구분	기 초	취득 및 변경	계약의 종료	상각액	기 말
취득원가 :					
영업공간	566,329,611	86,553,140	(353,508,847)	–	299,373,904
기타공간	39,703,962	4,480,646	(5,865,978)	–	38,318,630
차량리스	242,672	328,709	(56,176)	–	515,205
기타	232,424	53,090	–	–	285,514
소계	606,508,669	91,415,585	(359,431,001)	–	338,493,253
상각 및 손상차손누계액 :					
영업공간	(429,459,047)	–	353,508,847	(22,338,277)	(98,288,477)
기타공간	(27,438,433)	–	5,865,978	(5,397,459)	(26,969,914)
차량리스	(162,265)	–	53,480	(82,461)	(191,246)
기타	(209,588)	–	–	(53,878)	(263,466)
소계	(457,269,333)	–	359,428,305	(27,872,075)	(125,713,103)
순장부금액 :					
영업공간	136,870,564	86,553,140	–	(22,338,277)	201,085,427
기타공간	12,265,529	4,480,646	–	(5,397,459)	11,348,716
차량리스	80,407	328,709	(2,696)	(82,461)	323,959
기타	22,836	53,090	–	(53,878)	22,048
합계	149,239,336	91,415,585	(2,696)	(27,872,075)	212,780,150

② 전기

(단위 : 천원)

구분	기 초	취득 및 변경	계약의 종료	상각액	기 말
취득원가 :					
영업공간	564,282,913	2,046,698	–	–	566,329,611
기타공간	36,599,179	3,355,586	(250,803)	–	39,703,962
차량리스	321,257	(986)	(77,599)	–	242,672
기타	177,225	55,199	–	–	232,424
소계	601,380,574	5,456,497	(328,402)	–	606,508,669
상각 및 손상차손누계액 :					

구분	기 초	취득 및 변경	계약의 종료	상각액	기 말
영업공간	(410,264,365)	–	–	(19,194,682)	(429,459,047)
기타공간	(22,209,863)	–	242,918	(5,471,488)	(27,438,433)
차량리스	(164,147)	–	64,829	(62,947)	(162,265)
기타	(165,093)	–	–	(44,495)	(209,588)
소계	(432,803,468)	–	307,747	(24,773,612)	(457,269,333)
순장부금액 :					
영업공간	154,018,548	2,046,698	–	(19,194,682)	136,870,564
기타공간	14,389,316	3,355,586	(7,885)	(5,471,488)	12,265,529
차량리스	157,110	(986)	(12,770)	(62,947)	80,407
기타	12,132	55,199	–	(44,495)	22,836
합계	168,577,106	5,456,497	(20,655)	(24,773,612)	149,239,336

(2) 당기와 전기 중 리스부채의 변동내역은 다음과 같습니다.

(단위 : 천원)

구분	당기	전기
기초	170,619,976	271,829,491
취득 및 변경	19,359,375	5,456,497
계약의 종료	(2,696)	(21,157)
이자비용	3,977,298	5,714,587
지급	(31,177,451)	(29,468,767)
임차료 감면 등	(7,395,488)	(82,890,891)
기타증감(*)	12	216
기말	155,381,026	170,619,976

(*) 환율변동액 등으로 구성되어 있습니다.

(3) 보고기간종료일 현재 리스부채의 연도별 상환계획으로서 할인되지 않은 계약상의 금액은 다음과 같습니다.

(단위 : 천원)

구분	당기말	전기말
최소리스료 총액		
1년 이내	26,953,079	37,673,856
1년 초과 5년 이내	96,103,610	86,732,905
5년 초과	46,692,931	64,368,613
합계	169,749,620	188,775,374

(4) 당기 및 전기 중 소액리스 및 단기리스 면제규정에 의하여 리스로 인식되지 않고 당기비용으로 인식된 금액은 다음과 같습니다.

(단위 : 천원)

구분	당기	전기
소액리스	1,926,563	1,768,934
단기리스	2,290,820	696,954

(5) 당기 및 전기 중 리스부채 측정치에 포함되지 않은 변동리스료에 관련되는 비용은 각각 138,855,517천원 및 부(-)의 임차료 17,521,205천원입니다.

(6) 당기 및 전기 중 리스계약과 관련하여 발생한 총 현금유출액은 각각 181,645,839천원 및 54,625,773천원입니다.

설명

사례회사는 상기 공시사례 7.1 ~ 7.3 리스이용자와 마찬가지로 사용권자산/리스부채에 대한 주석사항을 공시하고 있다.

(7) 연장선택권

당사는 일부 리스계약에 해지불능기간 종료 전에 리스기간을 연장할 수 있는 선택권을 포함합니다. 당사는 운영의 효율성을 위하여 가능하면 새로운 리스계약에 연장선택권을 포함하려고 노력합니다. 당사는 리스개시일에 연장선택권을 행사할 것이 상당히 확실한지 평가합니다. 당사는 당사가 통제 가능한 범위에 있는 유의적인 사건이 일어나거나 상황에 유의적인 변화가 있을 때 연장선택권을 행사할 것이 상당히 확실한지 다시 평가합니다. 당사는 연장선택권의 행사를 가정한 경우의 잠재적인 미래 리스료를 추정하였으며, 이는 당기말 현재 리스부채를 338,579천원 증가시켰습니다.

(8) 당사가 체결하고 있는 공항면세점과 호텔건물 등 일부 리스계약은 여객증감률이나 매출액에 연동되는 변동리스료 조건을 포함하며, 이러한 변동리스료 조건은 리스제공자와의 협상 결과에 따라 결정됩니다. 변동리스료 조건은 당사가 체결한 개별 리스계약에 따라 다양하며, 일부 변동리스료 조건에는 최소 지급액과 한도조항 등이 포함되어 있습니다. 리스부채 측정치에 포함되지 않은 변동리스료 조건에 기초하여 당기 중 당사가 지급한 리스료는 총 리스료 지급액의 약 80.5%를 차지하고 있습니다. 향후 변동리스료 조건과 관련된 여객증감률이나 매출액 등이 증가하는 경우, 당사가 부담할 변동리스료 금액은 증가할 수 있습니다.

(9) 전기 중 기업회계기준서 제1116호의 경과규정 '리스이용자를 위한 코로나19 관련 임차료 할인 등' 기준이 개정되었습니다. 당사는 동 규정에 따라 전기 중 발생한 영업공간 임차료

할인을 리스변경으로 회계처리하지 않는 실무적 간편법을 적용하였으며, 41,106,654천원을 부(-)의 임차료로 계상하였습니다.

설명

리스이용자는 리스거래의 리스 활동에 대한 추가 질적 · 양적 정보를 공시하고 있다(K-1116, 59). 특히 사례회사는 아래 2가지 질적 · 양적 특성을 구체적으로 공시하고 있다.

- 연장선택권[K-1116, 59(2)(나)]
- 변동리스료 조건[K-1116, 59(2)(가)]

K-IFRS 제1116호(리스) 적용지침에서는 그 세부적인 가이드를 제공하고 있다(K-1116, B48 ~ B52).

한편, 사례회사는 2021년 4월 1일 발표된 K-IFRS 1116호(리스)의 코로나19 관련 임차료 할인 등 개정사항을 적용하였으며, 해당 영향을 주석에 공시하고 있습니다 (K-1116, 46B, C20A8 ~ C20BC).

공시사례 7.5 판매후리스

주석

[출처 : SK에너지 2021년 감사보고서]

10. 리스

(4) 판매후리스

당사는 자산 유동화 및 재무구조 개선을 위해 당기 중 소유주유소(일부) 토지 및 건물등을 매각하였고, 판매후리스 거래를 통해 임차하였습니다. 판매후리스 거래의 주요 조건은 다음과 같습니다.

구분	내용
거래방식	판매후리스
거래상대	클린에너지위탁관리부동산투자회사(주)
거래금액	764,796백만원
거래목적물	소유주유소(일부) 토지 및 건물 등

당기 중 판매후리스 거래로 인해 인식한 내역은 다음과 같습니다.

(단위 : 백만원)

구분	당기
사용권자산의 증가	191,960
리스부채의 증가	289,194

구분	당기
유형자산의 감소	499,530
유형자산처분이익 발생	204,734
유형자산처분손실 발생	36,703

설명

사례회사는 당기 중 판매후리스 거래가 발생하였으며, 이로 인한 차손익(유형자산처분손익)을 주석공시하고 있다[K-1116. 53(9)].

추가적으로 판매후리스거래에 대한 추가 질적 · 양적 정보를 주석공시하고 있다[K-1116. 59(3)].

공시사례 7.6 리스제공자(금융리스채권)

주석

[출처 : 넷마블 2023년 감사보고서]

11. 리스

(1) 리스채권

당기말과 전기말 현재 금융리스채권의 내역은 다음과 같습니다.

(단위 : 천원)

구분	당기말		전기말	
	유동	비유동	유동	비유동
금융리스채권	118,267	168,978	117,437	287,246
차감 : 손실충당금	–	–	–	–
순액	118,267	168,978	117,437	287,246

당사의 모든 리스계약은 원화로 체결되어 당사는 리스약정으로 인해 환위험에 노출되어 있지 아니합니다.

(2) 당기말과 전기말 현재 금융리스채권의 내역은 다음과 같습니다.

(단위 : 천원)

구분	당기말	전기말
1년 이내	119,910	119,910
1년 초과 5년 이내	169,873	289,784
리스료 계	289,783	409,694

구분	당기말	전기말
차감 : 미실현이자수익(-)	(2,538)	(5,011)
최소리스료의 현재가치	287,245	404,683
리스 순투자 계	287,245	404,683

(3) 당기 및 전기 중 리스순투자의 금융수익은 다음과 같습니다.

(단위 : 천원)

구분	당기	전기
금융리스 순투자 금융수익	2,473	3,298

당사의 금융리스약정은 변동리스료를 포함하고 있지 아니하며, 리스약정의 평균 내재이자율은 약 연 0.705%입니다.

당기말 현재 금융리스채권 중 연체된 채권은 없으며, 과거 채무불이행 경험과 리스이용자가 속한 산업에 대한 미래전망 등을 고려할 때 경영진은 금융리스채권 중 손상된 채권은 없다고 판단하고 있습니다.

당기 중 금융리스채권에 대한 손실충당금을 평가할 때 적용된 추정기법이나 중요한 가정의 변경은 없습니다.

설명

사례회사는 전대리스로 인한 리스제공자로서 금융리스채권을 인식하고 있다.
사례회사는 금융리스채권 순투자의 질적 · 양적 정보를 표 형식으로 공시하고 있다(K-1116. 93).
표 형식으로 공시하는 금융리스채권의 순투자 내역을 만기정보를 포함해서 1년 이내, 1년 초과 5년 이내로 구분하여 공시하고 있다(K-1116. 94).
금융리스로 인한 손익항목으로 매출손익과 리스순투자의 금융수익을 구분하여 공시하고 있다[K-1116. 90(1)].

공시사례 7.7 **리스제공자(금융리스채권)**

주석

[출처 : 현대캐피탈 2023년 감사보고서]

9. 금융리스채권

(1) 리스총투자와 최소리스료의 현재가치

당기말과 전기말 현재 금융리스의 리스총투자 및 최소리스료의 현재가치는 다음과 같습니다.

(단위 : 백만원)

구분	당기말		전기말	
	리스총투자	최소리스료의 현재가치	리스총투자	최소리스료의 현재가치
1년 이내	816,022	685,441	879,407	769,217
1년 초과 2년 이내	574,063	488,090	601,861	535,483
2년 초과 3년 이내	458,307	403,538	427,034	387,440
3년 초과 4년 이내	331,707	304,541	271,951	252,570
4년 초과 5년 이내	167,461	161,269	134,224	129,242
5년 초과	5,497	5,295	4,851	4,625
계	2,353,057	2,048,174	2,319,328	2,078,577

(2) 미실현이자수익

당기말과 전기말 현재 금융리스의 미실현이자수익 내역은 다음과 같습니다.

(단위 : 백만원)

구분	당기말	전기말
리스총투자	2,353,057	2,319,328
리스순투자		
최소리스료의 현재가치	2,048,174	2,078,577
무보증잔존가치의 현재가치	650	3,650
계	2,048,824	2,082,227
미실현이자수익	304,233	237,101

19. 순이자수익

당기와 전기 중 순이자수익의 내역은 다음과 같습니다.

(단위 : 백만원)

구분	당기	전기
이자수익		
유효이자율법을 사용하여 인식한 이자수익		
예치금	22,230	1,867

구분	당기	전기
기타포괄손익-공정가치 측정 유가증권	557	899
대출채권	874,914	904,350
할부금융자산	827,740	610,493
리스채권(*1)	148,599	127,023
기타(*2)	1,283	1,326
소계	1,875,323	1,645,958
이자비용		
차입금	277,925	171,450
사채	795,424	532,120
기타(*2)	13,947	7,997
소계	1,087,296	711,567
순이자수익	788,027	934,391

(*1) 보증금 중 리스 관련 현재가치할인차금 상각액을 포함한 금액입니다.
(*2) 유효이자율법에 따른 현재가치할인차금 상각액 등입니다.

설명

사례회사는 리스제공자로서 금융리스채권을 인식하고 있다.

사례회사는 금융리스채권 순투자의 질적·양적 정보를 표 형식으로 공시하고 있다(K-1116. 93). 표 형식으로 공시하는 금융리스채권의 순투자 내역을 만기정보를 포함해서 1년 이내, 1년 초과 2년 이내, 2년 초과 3년 이내, 3년 초과 4년 이내, 4년 초과 5년 이내, 5년 초과로 구분하여 공시하고 있으며, 미실현금융수익도 표 형식으로 공시하고 있다(K-1116. 94).

사례회사는 금융리스로 인한 손익항목으로 매출손익은 손익계산서에 별도로 표시하고, 리스순투자의 금융수익은 주석에 구분하여 공시하고 있다[K-1116. 90(1)].

공시사례 7.8 리스제공자(운용리스자산)

주석

[출처 : 현대캐피탈 2023년 감사보고서]

10. 리스자산

(1) 리스자산 내역

당기말과 전기말 현재 리스자산의 내역은 다음과 같습니다.

(단위 : 백만원)

구분	당기말				전기말			
	취득원가	감가상각 누계액	손상차손 누계액	장부금액	취득원가	감가상각 누계액	손상차손 누계액	장부금액
운용리스자산	8,129,861	(2,231,027)	(29,276)	5,869,558	7,397,072	(1,827,988)	(39,183)	5,529,901
해지리스자산	10,296	-	(2,960)	7,336	11,110	-	(2,925)	8,185
계	8,140,157	(2,231,027)	(32,236)	5,876,894	7,408,182	(1,827,988)	(42,108)	5,538,086

(2) 운용리스자산 변동내역

당기와 전기 중 운용리스자산의 변동내역은 다음과 같습니다.

1) 당기

(단위 : 백만원)

구분	기초	취득	처분	감가상각	손상차손환입	기말
차량운반구	5,529,901	1,976,526	(572,537)	(1,074,239)	9,907	5,869,558

2) 전기

(단위 : 백만원)

구분	기초	취득	처분	감가상각	손상차손환입	기말
차량운반구	4,547,755	2,345,965	(433,525)	(930,355)	61	5,529,901

(3) 리스료

당기말과 전기말 현재 리스자산으로부터 향후 예상되는 리스료는 다음과 같습니다.

(단위 : 백만원)

구분	당기말	전기말
1년 이내	1,292,146	1,183,039
1년 초과 2년 이내	981,833	916,754
2년 초과 3년 이내	704,211	649,335
3년 초과 4년 이내	421,446	382,392
4년 초과 5년 이내	135,767	146,252
5년 초과	233	111
계	3,535,636	3,277,883

21. 순리스수익

당기와 전기 중 순리스수익의 내역은 다음과 같습니다.

(단위 : 백만원)

구분	당기	전기
리스수익(*1)		

구분	당기	전기
운용리스수익	1,350,580	1,125,998
리스자산처분이익	591,276	464,513
운용리스수수료수익	233,099	209,309
리스자산손상차손환입	10,495	-
소계	2,185,450	1,799,820
리스비용(*1)		
리스자산감가상각비	1,074,239	930,355
리스자산처분손실	571,165	450,683
리스자산손상차손(환입)	622	(209)
운용리스수수료비용	120,334	109,883
기타비용	9,735	9,471
소계	1,776,095	1,500,183
순리스수익	409,355	299,637

(*1) 리스관련 순이자수익 및 순수수료수익을 제외한 금액입니다.

설명

사례회사는 리스제공자로서 금융리스채권(공시사례 7.6)뿐만 아니라 운용리스자산을 인식하고 있다.

사례회사는 운용리스의 리스수익을 운용리스수익과 기타로 구분하여 공시하고 있다[K-1116. 90(2)].

운용리스는 리스제공자가 해당 리스대상자산을 자산으로 인식하고 있기 때문에, 유형자산(K-IFRS 제1016호) 등과 동일한 주석공시사항을 요구한다.

사례회사는 운용리스자산을 전기와 당기 모두 차량운반구 유형만 구분되며 유형자산의 공시요구사항을 주석공시하고 있다(K-1116. 95·96).

사례회사는 리스제공자가 운용리스인 경우에도 리스료의 만기분석을 주석공시하고 있다. 만기분석 정보는 처음 5년간은 매년, 이후는 5년 이후로 구분하여 공시하고 있다(K-1116. 97).

CHAPTER

08 금융상품

▶ 관련 기업회계기준서

- K-IFRS 제1032호 금융상품 : 표시
- K-IFRS 제1109호 금융상품
- K-IFRS 제1107호 금융상품 : 공시
- K-IFRS 제1113호 공정가치 측정

01 | 기준서 주요 내용

금융상품 기준서의 구성

금융상품 관련 기준서는 크게 4가지로 구성된다.

엄밀한 의미에서 K-IFRS 제1113호(공정가치 측정)는 비금융상품도 포괄하기 때문에 금융상품 기준서는 아니나, 금융상품에서 공정가치의 비중이 크기 때문에 금융상품 관련 기준서의 범위에 포함하기도 한다.

기준서	구성
K-IFRS 제1032호(금융상품 : 표시)	금융상품의 정의 및 분류에 대한 내용으로 구성
K-IFRS 제1109호(금융상품)	금융상품의 인식과 측정에 대한 내용으로 구성 금융상품의 최초측정과 후속측정에 대해서 정의하고, 공정가치로 후속측정 하는 경우의 공정가치 변동분을 당기손익으로 인식하는 경우와 기타포괄손익으로 인식하는 경우로 구분
K-IFRS 제1107호(금융상품 : 공시)	금융상품의 공시 내용으로 구성
K-IFRS 제1113호(공정가치 측정)	금융상품과 비금융상품을 포함하여 관련 공정가치로 측정하는 경우의 내용으로 구성

▶ K-IFRS 제1032호 금융상품 : 표시

| 금융상품의 정의

금융상품이란, 거래당사자 어느 한쪽에게는 금융자산이 생기게 하고 거래상대방에게 금융부채나 지분상품이 생기게 하는 모든 계약을 말한다(K-1032. 11).

| 금융자산과 금융부채

금융자산과 금융부채는 다음으로 구분 정의된다(K-1032. 11).

금융자산 (K-1032. 11)	금융부채 (K-1032. 11)
(1) 현금	-
(2) 다른 기업의 지분상품	-
(3) 다음 중 어느 하나에 해당하는 계약상 권리 (가) **거래상대방에게서 현금 등 금융자산을 수취할 계약상 권리** (나) 잠재적으로 유리한 조건으로 거래상대방과 금융자산이나 금융부채를 교환하기로 한 계약상 권리	(1) 다음 중 어느 하나에 해당하는 계약상 의무 (가) **거래상대방에게 현금 등 금융자산을 인도하기로 한 계약상 의무** (나) 잠재적으로 불리한 조건으로 거래상대방과 금융자산이나 금융부채를 교환하기로 한 계약상 의무
(4) 기업 자신의 지분상품(이하 '자기지분상품'이라 한다)으로 결제하거나 결제할 수 있는 다음 중 하나의 계약 (가) 수취할 자기지분상품의 수량이 변동 가능한 비파생상품 (나) 확정 수량의 자기지분상품을 확정 금액의 현금 등 금융자산과 교환하여 결제하는 방법 외의 방법으로 결제하거나 결제할 수 있는 파생상품	(2) 자기지분상품으로 결제하거나 결제할 수 있는 다음 중 하나의 계약 (가) 인도할 자기지분상품의 수량이 변동 가능한 비파생상품 (나) 확정 수량의 자기지분상품을 확정 금액의 현금 등 금융자산과 교환하여 결제하는 방법 외의 방법으로 결제하거나 결제할 수 있는 파생상품

상기 정의에서 보듯이, 거래상대방에게 현금 등 금융자산을 수취할 계약상 권리가 금융자산이므로, 매출채권, 미수금은 대표적인 금융자산이다.

동일하게 거래상대방에게 현금 등 금융자산을 인도하기로 한 계약상 의무가 금융부채이므로 매입채무, 미지급금이 대표적인 금융부채이다.

금융상품(금융자산 및 금융부채)의 정의를 충족하지 않는 비금융자산 및 비금융부채는 다음의 예시와 같다.

비금융자산	비금융부채
재고자산 유형자산 무형자산 투자부동산	–
선급금	선수금
–	충당부채 이연수익
당기법인세자산(선급법인세), 이연법인세자산	당기법인세부채(미지급법인세), 이연법인세부채

한편, 금융상품의 정의는 충족하나, 금융상품 기준서(K-IFRS 제1032호, 제1107호, 제1109호) 적용대상이 아닌 자산 부채의 예시는 다음과 같다.

금융상품	적용 기준서
관계기업, 종속기업투자주식	K-IFRS 제1027호(별도재무제표), 제1028호(관계기업과 공동기업에 대한 투자)
확정급여채무	K-IFRS 제1019호(종업원급여)
주식선택권	K-IFRS 제1102호(주식기준보상)

| 자기주식

기업이 자기지분상품을 재취득하는 경우에는 이러한 지분상품('자기주식')은 자본에서 차감한다. 자기지분상품을 매입, 매도, 발행, 소각하는 경우의 손익은 당기손익으로 인식하지 않는다. 기업이나 연결실체 내의 다른 기업이 이러한 자기주식을 취득하여 보유할 수 있다. 이 경우 지급하거나 수취한 대가는 자본으로 직접 인식한다(K-1032, 33).

| 이자, 배당, 손익의 회계처리

금융부채인 금융상품이나 금융부채인 구성요소와 관련하여 생기는 이자, 배당, 손익은 수익이나 비용으로 당기손익에 인식한다. 지분상품의 보유자에 대한 분배는 자본으로 직접 인식한다. 자본거래의 거래원가는 자본에서 차감하여 회계처리한다(K-1032, 35).

| 금융자산과 금융부채의 상계

다음 조건을 모두 충족하는 경우에만 금융자산과 금융부채를 상계하고 재무상태표에 순액으로 표시한다(K-1032, 42).

(1) 인식한 자산과 부채에 대해 법적으로 집행가능한 상계권리를 현재 갖고 있다.

(2) 차액으로 결제하거나, 자산을 실현하는 동시에 부채를 결제할 의도가 있다.

▶ K-IFRS 제1109호 금융상품

| 금융상품의 인식

금융자산이나 금융부채는 금융상품의 계약당사자가 되는 때에만 재무상태표에 인식한다(K-1109. 3.1.1).

| 금융자산의 제거

다음 중 하나에 해당하는 경우에만 금융자산을 제거한다(K-1109. 3.2.3).

(1) 금융자산의 현금흐름에 대한 계약상 권리가 소멸한 경우

(2) 금융자산의 양도가 제거의 조건을 충족하는 경우

| 금융부채의 제거

금융부채(또는 금융부채의 일부)는 소멸한 경우(계약상 의무가 이행, 취소, 만료된 경우)에만 재무상태표에서 제거한다(K-1109. 3.3.1).

| 금융자산의 분류

금융자산은 채무상품과 지분상품별로 다음의 흐름에 따라 3가지 범주로 분류된다(K-1109. 4.1).

(1) 상각후원가 측정 금융자산

(2) 기타포괄손익-공정가치 측정 금융자산

(3) 당기손익-공정가치 측정 금융자산

구분	채무상품			지분상품
사업모형	계약상 현금흐름 수취 목적	계약상 현금흐름 수취 및 매도 목적	기타	–
계약상 현금흐름 특성	원금과 이자지급만으로 구성된 현금흐름 (SPPI)(*)		기타	–
분류	**상각후원가 측정 금융자산**	**기타포괄손익-공정가치 측정 금융자산**	**당기손익-공정가치 측정 금융자산**	**당기손익-공정가치 측정 금융자산**
선택(**)				**(지정)기타포괄손익-공정가치 측정 금융자산**

(*) SPPI : Solely Payments of Principal and Interest on the principal amount outstanding

(**) 1) 선택 : 최초인식시점에 선택 가능하며, 한 번 선택하면 취소할 수 없다(K-1109. 4.1.4).

2) 회계불일치 발생 시, 불일치를 제거하기 위해 당기손익-공정가치 측정 금융자산으로 선택할 수 있으며, 이 또한 한 번 선택하면 취소할 수 없다(K-1109. 4.1.4).

금융부채의 분류

금융부채는 일부 예외를 제외하고 다음처럼 크게 2가지 범주로 분류된다(K-1109. 4.2).

(1) 상각후원가 측정 금융부채(원칙)

(2) 당기손익-공정가치 측정 금융부채(예외 1)

구분	분류	후속측정방법
원칙	**상각후원가 측정 금융부채**	상각후원가로 측정
예외(*)	당기손익-공정가치 측정 금융부채	공정가치로 측정
	금융자산의 양도가 제거 조건을 충족하지 못하거나 지속적 관여 접근법이 적용되는 경우에 생기는 금융부채	금융자산은 양도자산 전체를 계속 인식하며 수취한 대가는 금융부채(단기차입금)로 인식(예 : 받을어음 할인 또는 L/C 네고하는 경우)
	금융보증계약	손실충당금과 최초인식금액에서 이익누계액을 차감한 금액 중 큰 금액
	시장이자율보다 낮은 이자율로 대출하기로 한 약정	손실충당금과 최초인식금액에서 이익누계액을 차감한 금액 중 큰 금액
	기업회계기준서 제1103호를 적용하는 사업결합에서 취득자가 인식하는 조건부 대가	공정가치로 측정

(*) 회계불일치 발생 시, 불일치를 제거하기 위해 당기손익-공정가치 측정 금융부채로 선택할 수 있으며, 이 또한 한 번 선택하면 취소할 수 없다(K-1109. 4.2.2).

재분류

금융자산을 관리하는 사업모형을 변경하는 경우에만, 영향받는 모든 금융자산을 재분류한다(K-1109. 4.2.1).

금융부채는 재분류하지 아니한다(K-1109. 4.4.2).

최초측정

최초 인식시점에 금융자산이나 금융부채를 공정가치로 측정한다(K-1109. 5.1).

단, 매출채권은 유의적인 금융요소를 포함하지 않는 경우, 즉 단기매출채권인 경우는 거래가격으로 측정한다.

당기손익-공정가치 측정 금융자산 또는 당기손익-공정가치 측정 금융부채가 아닌 경우에 해당 금융자산의 취득이나 해당 금융부채의 발행과 직접 관련되는 거래원가는 공정가치에 가감한다.

금융자산의 후속측정

최초 인식 후에는 금융자산은 다음 중 하나로 측정한다(K-1109. 5.2).

(1) 상각후원가

(2) 기타포괄손익-공정가치
(3) 당기손익-공정가치

금융부채의 후속측정

최초 인식 후에는 금융부채를 상기 분류기준의 후속측정방식에 따라 측정한다(K-1109. 5.3).

손상 – 기대신용손실 인식

상각후원가 측정 금융자산 및 기타포괄손익-공정가치 측정 금융자산, 리스채권, 계약자산, 대출약정, 금융보증계약의 기대신용손실을 손실충당금으로 인식한다(기대신용손실 인식)(K-1109. 5.5).

손상 – 기대신용손실 측정

금융상품의 기대신용손실은 다음 사항을 반영하도록 측정한다(K-1109. 5.5).

(1) 일정 범위의 발생 가능한 결과를 평가하여 산정한 금액으로서 편의가 없고 확률로 가중한 금액
(2) 화폐의 시간가치
(3) 보고기간 말에 과거사건, 현재 상황과 미래 경제적 상황의 예측에 대한 정보로서 합리적이고 뒷받침될 수 있으며 과도한 원가나 노력 없이 이용할 수 있는 정보

매출채권이나 계약자산 등은 전체기간 기대신용손실을 손실충당금으로 측정한다.

02 | 주석 작성 핵심 포인트

금융상품 관련 주요 주석공시사항은 다음과 같이 요약된다.

Key Point

구분	주요 주석공시사항	비고
1. 범주별 공시		
(1) 금융상품 범주별 장부금액	• 금융자산을 3가지 범주로 구분 공시 – 상각후원가 측정 금융자산 – 기타포괄손익-공정가치 측정 금융자산 – 당기손익-공정가치 측정 금융자산	

구분	주요 주석공시사항	비고
(1) 금융상품 범주별 장부금액	• 금융부채를 2가지 범주로 구분 공시 – 상각후원가 측정 금융부채 – 당기손익–공정가치 측정 금융부채	
(2) 금융상품 범주별 순손익	각 범주별 포괄손익계산서 손익을 공시(기타포괄손익 포함)	
2. 공정가치 측정		
(1) 공정가치/장부금액	공정가치와 장부금액 비교 공시	
(2) 공정가치 서열체계	• 금융상품 중 공정가치로 측정하는 금융상품은 서열체계(수준 1, 2, 3) 구분 공시 • 수준 2에 대한 추가 공시(가치평가기법, 투입변수) • 수준 3에 대한 추가 공시(가치평가기법, 투입변수, 투입변수 범위, 민감도분석, 수준 3 당기증감)	
3. 금융위험 공시		
(1) 위험관리방안	위험관리방안 공시	
(2) 금융위험	신용위험, 유동성위험, 시장위험(환위험, 이자율위험, 가격위험) 공시	
4. 금융자산 양도	금융자산 양도 공시	
5. 위험회피회계		
(1) 위험회피전략	위험범주별 위험관리전략	
(2) 미래현금흐름의 금액, 시기, 불확실성	• 위험회피수단의 명목금액 시기 • 위험회피의 비효과적인 부분	
(3) 재무제표 영향	• 위험회피수단의 장부금액 • 위험회피수단의 공정가치 변동금액 • 공정가치위험회피 범주 – 위험회피대상항목의 장부금액 – 위험회피대상항목의 공정가치 변동 – 당기손익 인식한 위험회피 비효과적인 부분 • 현금흐름위험회피, 해외순투자위험회피 범주 – 위험회피대상항목의 공정가치 변동 – 위험회피적립금의 잔액 – 기타포괄손익으로 인식한 위험회피손익 – 당기손익 인식한 위험회피 비효과적인 부분	

03 | 주석공시 요구사항

▶ 주석공시 요구사항(K-IFRS 제1107호 금융상품 : 공시)

금융상품 관련 주석공시 요구사항은 다음과 같이 구분된다.

문단	공시사항
7 ~ 21	1. 재무상태와 재무성과에 미치는 금융상품의 유의성
25 ~ 30 (K-1113, 90 ~ 99)	2. 공정가치 측정
31 ~ 42	3. 금융상품에서 생기는 위험의 특성 및 정도
42A ~ 42H	4. 금융자산 양도
21A ~ 24H	5. 위험회피회계

1. 재무상태와 재무성과에 미치는 금융상품의 유의성

구분	기준서 (K-1107)
(1) 금융자산과 금융부채의 범주	8, 20, 20A
(2) 당기손익-공정가치 측정 금융자산이나 금융부채	9 ~ 11
(3) 기타포괄손익-공정가치 측정 항목으로 지정한 지분상품에 대한 투자	11A ~ 11B
(4) 재분류	12, 12B ~ 12D, 13
(5) 금융자산과 금융부채의 상계	13A ~ 13F
(6) 담보	14 ~ 15
(7) 기타포괄손익-공정가치 측정 금융자산의 대손충당금	16A
(8) 복수의 내재파생상품을 포함한 복합금융상품	17
(9) 채무불이행과 계약 위반	18 ~ 19
(10) 회계정책	21

(1) 금융자산과 금융부채의 범주

금융자산과 금융부채의 범주

8 기업회계기준서 제1109호에서 정의하는 다음의 각 범주별 장부금액을 재무상태표나 주석에 공시한다.

(1) 당기손익-공정가치 측정 금융자산은 다음과 같이 구분하여 별도로 각각 표시한다.

(가) 기업회계기준서 제1109호 문단 6.7.1에 따라 최초 인식시점이나 후속적으로 당기손익-공정가치 측정 항목으로 지정한 금융자산

8 (나) 기업회계기준서 제1109호에 따라 의무적으로 당기손익-공정가치로 측정하는 금융자산

(2)~(4) [국제회계기준위원회에서 삭제함]

(5) 당기손익-공정가치 측정 금융부채는 다음과 같이 구분하여 별도로 각각 표시한다.

(가) 기업회계기준서 제1109호 문단 6. 7. 1에 따라 최초 인식시점이나 후속적으로 당기손익-공정가치 측정 항목으로 지정한 금융부채

(나) 기업회계기준서 제1109호에 따라 단기매매의 정의를 충족하는 금융부채

(6) 상각후원가 측정 금융자산

(7) 상각후원가 측정 금융부채

(8) 기타포괄손익-공정가치 측정 금융자산은 다음과 같이 구분하여 별도로 각각 표시한다.

(가) 기업회계기준서 제1109호 문단 4. 1. 2A에 따라 기타포괄손익-공정가치로 측정하는 금융자산

(나) 기업회계기준서 제1109호 문단 5. 7. 5에 따라 최초 인식시점에 기타포괄손익-공정가치 측정 항목으로 지정한 지분상품에 대한 투자

수익 · 비용 · 손익의 항목

20 다음과 같은 수익 · 비용 · 손익의 항목을 포괄손익계산서나 주석에 공시한다.

(1) 다음과 같은 금융상품 범주별 순손익

(가) 기업회계기준서 제1109호 문단 6. 7. 1에 따라 최초 인식시점이나 후속적으로 당기손익-공정가치 측정 항목으로 지정한 금융자산이나 금융부채는 기업회계기준서 제1109호에 따라 의무적으로 당기손익-공정가치로 측정하는 금융자산이나 금융부채(예 : 기업회계기준서 제1109호에서 단기매매의 정의를 충족하는 금융부채)와 구분하여 별도로 표시한다. 당기손익-공정가치 측정 항목으로 지정한 금융부채는 기타포괄손익으로 인식한 손익의 금액과 당기손익으로 인식한 금액을 별도로 구분하여 표시한다.

(나)~(라) [국제회계기준위원회에서 삭제함]

(마) 상각후원가 측정 금융부채

(바) 상각후원가 측정 금융자산

(사) 기업회계기준서 제1109호 문단 5. 7. 5에 따라 기타포괄손익-공정가치 측정 항목으로 지정한 지분상품에 대한 투자

(아) 기업회계기준서 제1109호 문단 4. 1. 2A에 따라 기타포괄손익-공정가치로

20 측정하는 금융자산은, 기타포괄손익으로 인식한 손익의 금액과 제거 시점에 누적기타포괄손익에서 당기손익으로 재분류한 금액을 별도로 구분하여 표시한다.

(2) 상각후원가로 측정하는 금융자산이나 기업회계기준서 제1109호 문단 4. 1. 2A에 따라 기타포괄손익-공정가치로 측정하는 금융자산의(유효이자율법으로 계산한) 총 이자수익과 당기손익-공정가치로 측정하지 않는 금융부채의 (유효이자율법으로 계산한) 총 이자비용

(3) 다음에서 생기는 수수료 수익과 수수료 비용. 다만, 유효이자율을 결정할 때 포함하는 금액은 제외한다.

(가) 당기손익-공정가치로 측정하지 않는 금융자산과 금융부채

(나) 개인, 신탁, 퇴직연금, 그 밖의 기관을 대리하여 자산을 보유하거나 투자하는 신탁활동이나 이와 비슷한 활동

(4) [국제회계기준위원회에서 삭제함]

(5) [국제회계기준위원회에서 삭제함]

20A 상각후원가로 측정하는 금융자산의 제거로 인해 포괄손익계산서에 인식하는 손익의 분석내용을 공시한다. 이러한 금융자산의 제거에서 생기는 손익은 별도로 구분하여 표시한다. 이 공시에는 해당 금융자산을 제거하는 이유를 포함한다.

금융자산과 금융부채의 범주 관련 주석공시사항과 그 예시는 다음과 같다.

주석사항

금융자산과 금융부채의 범주

기업회계기준서 제1109호에서 정의하는 다음의 각 범주별 장부금액을 재무상태표나 주석에 공시한다(K-1107. 8).

(1) 당기손익-공정가치 측정 금융자산

(가) 당기손익-공정가치 측정 항목으로 지정한 금융자산

(나) 의무적으로 당기손익-공정가치로 측정하는 금융자산

(5) 당기손익-공정가치 측정 금융부채

(가) 당기손익-공정가치 측정 항목으로 지정한 금융부채

(나) 단기매매의 정의를 충족하는 금융부채

(6) 상각후원가 측정 금융자산

(7) 상각후원가 측정 금융부채

(8) 기타포괄손익–공정가치 측정 금융자산

(가) 기타포괄손익–공정가치로 측정하는 금융자산

(나) 기타포괄손익–공정가치 측정 항목으로 지정한 지분상품에 대한 투자

수익 · 비용 · 손익의 항목

다음과 같은 수익 · 비용 · 손익의 항목을 포괄손익계산서나 주석에 공시한다(K–1107. 20).

(1) 다음과 같은 금융상품 범주별 순손익

(가) 당기손익–공정가치 측정 항목으로 지정한 금융자산이나 금융부채는 의무적으로 당기손익–공정가치로 측정하는 금융자산이나 금융부채와 구분. 당기손익–공정가치 측정 항목으로 지정한 금융부채는 기타포괄손익으로 인식한 손익의 금액과 당기손익으로 인식한 금액을 별도로 구분

(마) 상각후원가 측정 금융부채

(바) 상각후원가 측정 금융자산

(사) 기타포괄손익–공정가치 측정 항목으로 지정한 지분상품에 대한 투자

(아) 기타포괄손익–공정가치로 측정하는 금융자산은, 기타포괄손익으로 인식한 손익의 금액과 제거 시점에 누적기타포괄손익에서 당기손익으로 재분류한 금액을 별도로 구분하여 표시

(2) 상각후원가로 측정하는 금융자산이나 기타포괄손익–공정가치로 측정하는 금융자산의 (유효이자율법으로 계산한) 총 이자수익과 당기손익–공정가치로 측정하지 않는 금융부채의 (유효이자율법으로 계산한) 총 이자비용

(3) 다음에서 생기는 수수료 수익과 수수료 비용. 다만, 유효이자율을 결정할 때 포함하는 금액은 제외한다.

(가) 당기손익–공정가치로 측정하지 않는 금융자산과 금융부채

(나) 개인, 신탁, 퇴직연금, 그 밖의 기관을 대리하여 자산을 보유하거나 투자하는 신탁활동이나 이와 비슷한 활동

예시

1. 금융자산과 금융부채의 범주별 장부금액은 다음과 같습니다. (K–1107. 8)

(1) 금융자산

재무상태표	상각후원가 측정 금융자산 [K–1107. 8(6)]	당기손익–공정가치 측정 금융자산 [K–1107. 8(1)]	기타포괄손익–공정가치 측정 금융자산 [K–1107. 8(8)]	합계
현금및현금성자산	1,000	–	–	1,000
매출채권및기타채권	1,000	–	–	1,000
당기손익–공정가치 금융자산	–	2,000	–	2,000

재무상태표	상각후원가 측정 금융자산 [K-1107. 8(6)]	당기손익-공정가치 측정 금융자산 [K-1107. 8(1)]	기타포괄손익-공정가치 측정 금융자산 [K-1107. 8(8)]	합계
기타포괄손익-공정 가치 금융자산	–	–	500	500
기타금융자산	1,000	–	–	1,000
…				

(2) 금융부채

재무상태표	상각후원가 측정 금융부채 [K-1107. 8(7)]	당기손익-공정가치 측정 금융부채 [K-1107. 8(5)]	합계
단기차입금	1,000	–	1,000
매입채무및기타채무	1,000	–	1,000
사채	1,000	–	1,000
파생상품부채	–	800	800
…			

2. 금융자산과 금융부채의 범주별 순손익은 다음과 같습니다. [K-1107. 20(1)]

(1) 금융상품 범주별 순손익 구분

금융자산	상각후원가 측정 금융자산	기타포괄손익-공정가치 측정 금융자산	당기손익-공정가치 측정 금융자산	계
평가손익(기타포괄손익)	–	100	–	100
평가/처분손익(당기손익)	–	–	100	100
이자수익	100	–	–	100
외환차이(당기손익)	(50)	–	–	(50)
배당금수익	–	10	10	20
손상/환입(당기손익)	200	–	–	200

금융부채	상각후원가 측정 금융부채	기타금융부채	계
이자비용	(100)	(100)	(200)
외환차이(당기손익)	20	40	60

설명

- 금융자산과 금융부채는 범주별 장부금액을 구분 공시한다(K-1107. 8).
- 당기손익-공정가치 측정 금융자산과 금융부채 : 의무적으로 지정하는 경우와 선택 지정하는 경우를 별도의 범주로 구분하는 것이 원칙이다.
- 기타포괄손익-공정가치 측정 금융자산 : 의무적으로 지정하는 경우와 선택 지정하는 경우(지분상품 투자)를 별도의 범주로 구분하는 것이 원칙이다.

• 금융상품 관련 손익은 다음과 같이 요구된다. 범주별로 구분한 금융자산 · 금융부채 각각에 대한 범주별 순손익을 공시하고, 총이자손익, 수수료손익, 상각후원가 측정 금융자산 처분손익은 별도로 구분 공시한다(K-1107. 20 ~ 20A).

구분	공시사항
금융상품 범주별 순손익 [K-1107. 20(1)]	범주별로 구분한 금융자산 금융부채 각각에 대한 범주별 순손익 공시
금융상품 순손익 [K-1107. 20(2) · (3)]	• 유효이자율법으로 상각한 총이자수익, 총이자비용 • 수수료수익, 수수료비용
상각후원가 측정 금융자산 처분손익(K-1107. 20A)	상각후원가 측정 금융자산의 처분손익은 별도로 구분 공시

☞ 공시사례 8.1 금융상품 공시 일반

(2) 당기손익–공정가치 측정 금융자산이나 금융부채

9 기업이 금융자산(또는 금융자산의 집단)을 기타포괄손익–공정가치나 상각후원가로 측정하지 않고 당기손익–공정가치 측정 항목으로 지정한다면 다음 사항을 공시한다.

(1) 보고기간 말 현재 금융자산(또는 금융자산의 집합)의 신용위험에 대한 최대 익스포저[문단 36(1) 참조]

(2) 관련 신용파생상품이나 이와 비슷한 금융상품이 신용위험에 대한 최대 익스포저를 줄이는 금액[문단 36(2) 참조]

(3) 회계기간 중 신용위험의 변동으로 생긴 금융자산(또는 금융자산의 집합)의 공정가치 변동금액과 변동누계액. 이는 다음 중 하나의 금액으로 결정한다.

(가) **시장위험**을 일으키는 시장상황의 변동에 기인하지 않은 공정가치 변동금액

(나) 해당 자산의 신용위험의 변동이 원인인 공정가치 변동금액을 더 충실하게 나타낼 수 있다고 판단하는 대체 방법을 사용하여 산출한 금액

시장위험을 일으키는 시장상황의 변동에는 관측된 (기준)금리, 일반상품가격, 환율, 가격 또는 비율의 지수 등의 변동이 포함된다.

(4) 금융자산이 지정된 이후의 해당기간에 생긴 관련 신용파생상품이나 이와 비슷한 금융상품의 공정가치 변동금액과 변동누계액

10 기업회계기준서 제1109호 문단 4.2.2에 따라 금융부채를 당기손익–공정가치 측정 항목으로 지정하고 그 부채의 신용위험의 변동효과를 기타포괄손익에 표시하도록 요구(기업회계기준서 제1109호 문단 5.7.7 참조)된다면 다음 사항을 공시한다.

(1) 금융부채의 신용위험 변동으로 생긴 해당 금융부채의 공정가치 변동누계액(부채의

10 신용위험의 변동효과를 결정하는 지침은 기업회계기준서 제1109호 문단 B5.7.13 ~ B5.7.20 참조)

(2) 금융부채의 장부금액과 계약조건에 따라 채권자에게 만기에 상환할 금액과의 차이

(3) 보고기간에 자본 내에서 대체된 누적손익과 그러한 대체의 이유

(4) 보고기간에 부채를 제거하였다면 제거로 실현되어 기타포괄손익에 표시한 금액

10A 기업회계기준서 제1109호 문단 4.2.2에 따라 금융부채를 당기손익-공정가치 측정 항목으로 지정하고 그 부채의 공정가치의 모든 변동(그 부채의 신용위험 변동효과 포함)을 당기손익으로 표시하도록 요구(기업회계기준서 제1109호 문단 5.7.7과 5.7.8 참조)된다면 다음 사항을 공시한다.

(1) 보고기간에 금융부채의 신용위험의 변동으로 생긴 해당 금융부채의 공정가치 변동금액과 변동누계액(부채의 신용위험 변동효과를 결정하는 지침은 기업회계기준서 제1109호 문단 B5.7.13 ~ 5.7.20 참조)

(2) 금융부채의 장부금액과 계약조건에 따라 채권자에게 만기에 상환할 금액과의 차이

11 다음 사항을 공시한다.

(1) 문단 9(3), 10(1), 10A(1), 기업회계기준서 제1109호 문단 5.7.7(1)에 따르기 위해 사용한 방법의 자세한 설명과 사용한 방법이 적정한 이유에 대한 설명

(2) 문단 9(3), 10(1), 10A(1), 또는 기업회계기준서 제1109호 문단 5.7.7(1)을 따르기 위해 재무상태표나 주석에 공시한 사항이 신용위험 변동에서 생기는 금융자산 또는 금융부채의 공정가치 변동을 충실하게 표현하지 못한다고 판단하는 경우에는 이러한 결론을 내린 이유와 목적적합하다고 판단하는 요인

(3) 부채의 신용위험 변동효과를 기타포괄손익에 표시하는 것이 당기손익의 회계불일치를 일으키거나 확대하는지를 판단하기 위해 사용한 방법을 자세히 설명(기업회계기준서 제1109호의 문단 5.7.7과 5.7.8 참조). 부채의 신용위험 변동효과를 당기손익에 표시하도록 요구한 경우(기업회계기준서 제1109호의 문단 5.7.8 참조)에는, 기업회계기준서 제1109호의 문단 B5.7.6에서 설명한 경제적 관계에 대한 자세한 설명을 공시에 포함해야 한다.

당기손익-공정가치 측정 금융자산이나 금융부채 관련 주석공시사항은 다음과 같다.

주석사항

당기손익-공정가치 측정 항목으로 지정한 금융자산

기업이 금융자산(또는 금융자산의 집단)을 기타포괄손익-공정가치나 상각후원가로 측정하지 않고 당기손익-공정가치 측정 항목으로 지정한다면 다음 사항을 공시한다(K-1107. 9).

(1) 보고기간 말 현재 금융자산의 신용위험에 대한 최대 익스포저

(2) 관련 신용파생상품이나 이와 비슷한 금융상품이 신용위험에 대한 최대 익스포저를 줄이는 금액

(3) 회계기간 중 신용위험의 변동으로 생긴 금융자산의 공정가치 변동금액과 변동누계액. 이는 다음 중 하나의 금액으로 결정한다.

(가) **시장위험**을 일으키는 시장상황의 변동에 기인하지 않은 공정가치 변동금액

(나) 해당 자산의 신용위험의 변동이 원인인 공정가치 변동금액을 더 충실하게 나타낼 수 있다고 판단하는 대체 방법을 사용하여 산출한 금액

시장위험을 일으키는 시장상황의 변동에는 관측된 (기준)금리, 일반상품가격, 환율, 가격 또는 비율의 지수 등의 변동이 포함된다.

(4) 금융자산이 지정된 이후의 해당기간에 생긴 관련 신용파생상품이나 이와 비슷한 금융상품의 공정가치 변동금액과 변동누계액

당기손익-공정가치 측정 항목으로 지정한 금융부채(신용위험 변동을 기타포괄손익에 표시)

기업회계기준서 제1109호 문단 4.2.2에 따라 금융부채를 당기손익-공정가치 측정 항목으로 지정하고 그 부채의 신용위험의 변동효과를 기타포괄손익에 표시하도록 요구된다면 다음 사항을 공시한다(K-1107. 10).

(1) 금융부채의 신용위험 변동으로 생긴 해당 금융부채의 공정가치 변동누계액

(2) 금융부채의 장부금액과 계약조건에 따라 채권자에게 만기에 상환할 금액과의 차이

(3) 보고기간에 자본 내에서 대체된 누적손익과 그러한 대체의 이유

(4) 보고기간에 부채를 제거하였다면 제거로 실현되어 기타포괄손익에 표시한 금액

당기손익-공정가치 측정 항목으로 지정한 금융부채(신용위험 변동을 당기손익으로 표시)

기업회계기준서 제1109호 문단 4.2.2에 따라 금융부채를 당기손익-공정가치 측정 항목으로 지정하고 그 부채의 공정가치의 모든 변동(그 부채의 신용위험 변동효과 포함)을 당기손익으로 표시하도록 요구(기업회계기준서 제1109호 문단 5.7.7과 5.7.8 참조)된다면 다음 사항을 공시한다(K-1107. 10A).

(1) 보고기간에 금융부채의 신용위험의 변동으로 생긴 해당 금융부채의 공정가치 변동금액과 변동누계액

(2) 금융부채의 장부금액과 계약조건에 따라 채권자에게 만기에 상환할 금액과의 차이

설명

• 금융자산이나 금융부채를 당기손익-공정가치 측정 항목으로 지정하는 경우는 금융자산의 신용위험에 대한 최대 익스포저 등과 금융부채의 신용위험 변동으로 생긴 해당 금융부채의

공정가치 변동누계액 등을 주석에 공시하도록 요구하고 있다(K-1107. 9~10).

• 그러나, 이러한 기타포괄손익-공정가치나 상각후원가로 측정하지 않고 당기손익-공정가치 측정 항목으로 지정하는 경우는 회계불일치 해소 등을 위한 일반적이지 않은 상황이므로 해당 주석을 공시하는 경우는 그리 많지 않을 것으로 보인다.

(3) 기타포괄손익-공정가치 측정 항목으로 지정한 지분상품에 대한 투자

11A 지분상품에 대한 투자를 기업회계기준서 제1109호 문단 5.7.5에서 허용하는 기타포괄손익-공정가치 측정 항목으로 지정한다면 다음 사항을 공시한다.

(1) 지분상품에 대한 투자 중 기타포괄손익-공정가치 측정으로 지정한 항목
(2) 이 표시 대안을 사용하는 이유
(3) 해당 투자 각각의 보고기간 말 공정가치
(4) 보고기간에 인식한 배당금(보고기간에 제거한 지분상품과 관련된 금액과 보고기간 말 현재 보유하고 있는 지분상품과 관련된 금액을 별도로 표시)
(5) 보고기간에 자본 내에서 대체된 누적손익과 그러한 대체의 이유

11B 기타포괄손익-공정가치로 측정하는 지분상품에 대한 투자를 제거하는 경우에는 다음 사항을 공시한다.

(1) 지분상품에 대한 투자를 처분하는 이유
(2) 제거일 현재 지분상품에 대한 투자의 공정가치
(3) 처분시점의 누적손익

기타포괄손익-공정가치 측정 항목으로 지정한 지분상품에 대한 투자 관련 주석공시사항은 다음과 같다.

주석사항

기타포괄손익-공정가치 측정 항목으로 지정한 지분상품에 대한 투자

지분상품에 대한 투자를 기업회계기준서 제1109호 문단 5.7.5에서 허용하는 기타포괄손익-공정가치 측정 항목으로 지정한다면 다음 사항을 공시한다(K-1107. 11A).

(1) 지분상품에 대한 투자 중 기타포괄손익-공정가치 측정으로 지정한 항목
(2) 이 표시 대안을 사용하는 이유
(3) 해당 투자 각각의 보고기간 말 공정가치
(4) 보고기간에 인식한 배당금(보고기간에 제거한 지분상품과 관련된 금액과 보고기간 말 현재 보유하고 있는 지분상품과 관련된 금액을 별도로 표시)
(5) 보고기간에 자본 내에서 대체된 누적손익과 그러한 대체의 이유

기타포괄손익-공정가치로 측정하는 지분상품에 대한 투자 제거

기타포괄손익-공정가치로 측정하는 지분상품에 대한 투자를 제거하는 경우에는 다음 사항을 공시한다(K-1107. 11B).

(1) 지분상품에 대한 투자를 처분하는 이유

(2) 제거일 현재 지분상품에 대한 투자의 공정가치

(3) 처분시점의 누적손익

설명

- 금융자산 중 지분상품에 대한 투자는 원칙적으로 당기손익-공정가치로 측정하나, 단기매매목적이 아닌 지분상품에 대한 투자는 기타포괄손익-공정가치 측정 항목으로 지정하는 것을 허용하고 있다(K-1109. 5.7.5).
- 실무적으로 상당수 기업들이 이 규정에 의해 단기매매목적이 아닌 지분상품 금융자산을 기타포괄손익-공정가치 측정 항목으로 지정하고 있다.
- 예를 들어, A기업이 B기업 주식 10%를 100원에 취득하였고, A기업은 단기매매목적이 아닌 이 B기업주식을 기타포괄손익-공정가치 측정 항목으로 지정하는 경우이다.
- 이렇게 지정한 금융자산은 추가적인 정보를 주석에 공시하도록 요구한다(K-1107. 11A, 11B).

(4) 재분류

12 ~ 12A	[국제회계기준위원회에서 삭제함]

12B	기업회계기준서 제1109호 문단 4.4.1에 따라 당기나 이전 보고기간에 금융자산을 재분류하였다면 재분류한 금융자산을 공시한다. 이러한 사건별로 다음 사항을 공시한다. (1) 재분류일 (2) 사업모형 변경에 대한 상세한 설명과 그 변경이 기업의 재무제표에 미치는 영향에 대한 질적 설명 (3) 범주별로 재분류한 금액

12C	기업회계기준서 제1109호 문단 4.4.1에 따라 당기손익-공정가치 측정 범주에서 상각후원가나 기타포괄손익-공정가치 측정 범주로 재분류한 금융자산에 대해 재분류한 이후 해당 자산을 제거하기 전까지 매 보고기간에 다음 사항을 공시한다. (1) 재분류일에 결정한 유효이자율 (2) 인식한 이자수익

12D	최근의 연차 보고일 이후 금융자산을 기타포괄손익-공정가치 측정 범주에서 상각후원가로 재분류하거나, 당기손익-공정가치 측정 범주에서 상각후원가나 기타포괄손익-공정가치 측정 범주로 재분류한다면, 다음 사항을 공시한다. (1) 보고기간 말 금융자산의 공정가치 (2) 금융자산을 재분류하지 않았다면 보고기간에 당기손익이나 기타포괄손익으로 인식하였을 공정가치 손익

13	[국제회계기준위원회에서 삭제함]

재분류 관련 주석공시사항과 그 예시는 다음과 같다.

주석사항

금융자산 재분류

기업회계기준서 제1109호 문단 4.4.1에 따라 당기나 이전 보고기간에 금융자산을 재분류하였다면 재분류한 금융자산을 공시한다. 이러한 사건별로 다음 사항을 공시한다(K-1107, 12B).

(1) 재분류일

(2) 사업모형 변경에 대한 상세한 설명과 그 변경이 기업의 재무제표에 미치는 영향에 대한 질적 설명

(3) 범주별로 재분류한 금액

당기손익-공정가치 측정 범주에서 상각후원가나 기타포괄손익-공정가치 측정 범주로 재분류

기업회계기준서 제1109호 문단 4.4.1에 따라 당기손익-공정가치 측정 범주에서 상각후원가나 기타포괄손익-공정가치 측정 범주로 재분류한 금융자산에 대해 재분류한 이후 해당 자산을 제거하기 전까지 매 보고기간에 다음 사항을 공시한다(K-1107, 12C).

(1) 재분류일에 결정한 유효이자율

(2) 인식한 이자수익

기타포괄손익-공정가치 측정 범주에서 상각후원가로 재분류하거나, 당기손익-공정가치 측정 범주에서 상각후원가나 기타포괄손익-공정가치 측정 범주로 재분류

최근의 연차 보고일 이후 금융자산을 기타포괄손익-공정가치 측정 범주에서 상각후원가로 재분류하거나, 당기손익-공정가치 측정 범주에서 상각후원가나 기타포괄손익-공정가치 측정 범주로 재분류한다면, 다음 사항을 공시한다(K-1107, 12D).

(1) 보고기간 말 금융자산의 공정가치

(2) 금융자산을 재분류하지 않았다면 보고기간에 당기손익이나 기타포괄손익으로 인식하였을 공정가치 손익

예시

(1) 당기손익-공정가치 측정 범주에서 상각후원가 측정 범주로 재분류한 금융자산 (K-1107. 12C)

회사는 일부 채무증권의 보유의도가 변경됨에 따라 전기 중 당기손익-공정가치측정금융자산 900원을 상각후원가측정금융자산으로 분류변경하였습니다. 분류변경된 채무증권은 분류변경일의 공정가액과 미래예상현금흐름을 일치시키는 유효이자율을 재산정하여 향후 이자수익을 인식합니다. 분류변경된 채무증권의 재분류일 시점에 산출한 유효이자율은 1.50%이며, 인식한 이자수익은 50원입니다.

(2) 기타포괄손익-공정가치 측정 범주에서 상각후원가로 재분류한 금융자산 (K-1107. 12D)

당기말과 전기말 현재 기타포괄손익-공정가치측정금융자산에서 상각후원가측정금융자산으로 재분류된 금융상품의 장부금액과 공정가치는 다음과 같습니다.

구분	당기		전기	
	장부금액	공정가치	장부금액	공정가치
상각후원가측정금융자산	1,000	1,200	900	1,300

범주별 재분류되지 않았더라면 인식되었을 매도가능금융자산의 기타포괄손익은 100원입니다.

설명

- 금융부채는 재분류를 허용하지 않는다(K-1109. 4.4.2).
- 반면, 금융자산은 사업모형을 변경하는 경우에는 재분류가 가능하다(K-1109. 4.4.1).
- 다만, 특정 금융자산 관련 경영진의 보유 의도의 변경이나 특정 시장의 일시적 소멸 등과 같은 경우 사업모형의 변경에 해당되지 않기 때문에, 사업모형의 변경으로 인한 금융자산의 재분류도 실무적으로 극히 드물 것으로 예상된다.
- 금융자산을 3가지 범주(상각후원가, 기타포괄손익-공정가치 측정, 당기손익-공정가치 측정) 간 재분류의 경우 주석공시사항은 다음과 같다(K-1107. 12B ~ 12D).

당기손익-공정가치 측정 → 상각후원가, 기타포괄손익-공정가치 측정 범주로 재분류	최근 연차 보고일 이후 기타포괄손익-공정가치 측정 → 상각후원가 측정 범주로 재분류
(1) 재분류일 (2) 사업모형 변경에 대한 상세한 설명과 그 변경이 기업의 재무제표에 미치는 영향에 대한 질적 설명 (3) 범주별로 재분류한 금액	(1) 재분류일 (2) 사업모형 변경에 대한 상세한 설명과 그 변경이 기업의 재무제표에 미치는 영향에 대한 질적 설명 (3) 범주별로 재분류한 금액
(1) 재분류일에 결정한 유효이자율 (2) 인식한 이자수익	(1) 보고기간 말 금융자산의 공정가치 (2) 금융자산을 재분류하지 않았다면 보고기간에 당기손익이나 기타포괄손익으로 인식하였을 공정가치 손익

(5) 금융자산과 금융부채의 상계

13A 문단 13B ~ 13E의 공시는 이 기준서의 다른 공시 규정을 보완한다. 기업회계기준서 제1032호 문단 42에 따라 상계되는 인식된 모든 금융상품은 문단 13B ~ 13E의 공시를 해야 한다. 이러한 공시는 인식된 금융상품이 기업회계기준서 제1032호 문단 42에 따라 상계되는지에 상관없이, 집행 가능한 일괄상계약정 또는 이와 비슷한 약정의 대상인 인식된 금융상품에도 적용한다.

13B 상계약정이 기업의 재무상태에 미치는 영향 또는 잠재적 영향을 재무제표 이용자가 평가할 수 있게 하는 정보를 공시한다. 이러한 공시에는 문단 13A의 적용범위에 포함되는 인식된 금융자산 및 금융부채와 관련된 상계 권리의 영향 또는 잠재적 영향이 포함된다.

13C 문단 13B의 목적을 이루기 위하여, 문단 13A의 적용범위에 포함되는 인식된 금융자산 및 금융부채 각각에 대해 다음의 양적 정보를 보고기간 말에 공시한다.

(1) 인식된 해당 금융자산 및 금융부채의 총액
(2) 재무상태표에 표시되는 순액을 결정할 때에 기업회계기준서 제1032호 문단 42의 기준에 따라 상계된 금액
(3) 재무상태표에 표시된 순액
(4) 집행 가능한 일괄상계약정 또는 이와 비슷한 약정의 대상인 금액[문단 13C(2)에 포함되는 금액은 제외]. 다음을 포함한다.
  (가) 기업회계기준서 제1032호 문단 42의 상계기준 중 일부나 모두를 충족하지 못하는 인식된 금융상품과 관련된 금액
  (나) 금융담보(현금담보 포함)와 관련된 금액
(5) 위의 (3)의 금액에서 (4)의 금액을 차감한 후의 순액

이 문단에서 요구하는 정보는 다른 형식이 더 적절하지 않다면, 금융자산과 금융부채로 구분하여 표 형식으로 표시한다.

13D 하나의 금융상품에 대하여 문단 13C(4)에 따라 공시하는 총액은 그 금융상품에 대한 문단 13C(3)의 금액을 한도로 한다.

13E 문단 13C(4)에 따라 공시하는, 집행 가능한 일괄상계약정 또는 이와 비슷한 약정의 대상인 인식된 금융자산 · 금융부채와 관련된 상계 권리에 대한 설명(이러한 권리의 특성 포함)을 공시사항에 포함한다.

13F 문단 13B ~ 13E에서 요구하는 정보가 재무제표에 대한 둘 이상의 주석에 공시된다면, 그 주석끼리 서로 참조하였음을 표시한다.

금융자산과 금융부채를 상계하는 경우의 주석공시사항과 그 예시는 다음과 같다.

주석사항

금융자산과 금융부채의 상계

금융자산 및 금융부채 각각에 대해 다음의 양적 정보를 보고기간 말에 공시한다(K-1107. 13C).

(1) 인식된 해당 금융자산 및 금융부채의 총액

(2) 재무상태표에 표시되는 순액을 결정할 때에 상계된 금액

(3) 재무상태표에 표시된 순액

(4) 집행 가능한 일괄상계약정 또는 이와 비슷한 약정의 대상인 금액. 다음을 포함한다.

(가) 상계기준 중 일부나 모두를 충족하지 못하는 인식된 금융상품과 관련된 금액

(나) 금융담보(현금담보 포함)와 관련된 금액

(5) 위의 (3)의 금액에서 (4)의 금액을 차감한 후의 순액

이 문단에서 요구하는 정보는 다른 형식이 더 적절하지 않다면, 금융자산과 금융부채로 구분하여 표 형식으로 표시한다.

예시

1. 금융자산과 금융부채의 상계내역은 다음과 같습니다.

구분	인식된 금융자산/부채 총액 [K-1107. 13C(1)]	상계되는 인식된 금융자산/부채 총액 [K-1107. 13C(2)]	재무상태표에 표시되는 금융자산/부채 순액 [K-1107. 13C(3)]	재무상태표에 상계되지 않는 관련금액		순액 [K-1107. 13C(5)]
				금융상품 [K-1107. 13C(4)]	수취한 현금담보 [K-1107. 13C(4)]	
미회수채권	1,200	1,000	200	-	-	200
미지급채무	1,300	1,000	300	-	-	300

설명

금융자산과 금융부채를 상계하는 약정이 체결된 경우, 해당 금액을 상계하고, 상계 전 금액과 상계 후 금액(순액)을 주석에 공시한다.

| 참고 기준서 | K-IFRS 제1032호(금융상품 : 표시)

금융자산과 금융부채의 상계(문단 AG38A ~ AG38F, AG39 참조)

- 다음 조건을 모두 충족하는 경우에만 금융자산과 금융부채를 상계하고 재무상태표에 순액으로 표시한다(K-1032. 42).

(1) 인식한 자산과 부채에 대해 법적으로 집행가능한 상계권리를 현재 갖고 있다.
(2) 차액으로 결제하거나, 자산을 실현하는 동시에 부채를 결제할 의도가 있다.

• 제거 조건을 충족하지 않는 금융자산의 양도에 관하여 회계처리하는 경우에 양도 자산과 이와 관련된 부채는 상계하지 않는다(기업회계기준서 제1109호 문단 3.2.22 참조).

☞ 공시사례 8.6 상계약정(금융업)
☞ 공시사례 8.7 상계약정(비금융업)

(6) 담보

14 다음 사항을 공시한다.

(1) 부채 또는 우발부채의 담보로 제공한 금융자산의 장부금액[기업회계기준서 제1109호 문단 3.2.23(1)에 따라 재분류한 금액 포함]
(2) 담보와 관련된 조건

15 담보물 소유자(담보 제공자)가 채무를 이행하지 못하는 경우가 아니더라도 기업이 보유한 담보물(금융자산이나 비금융자산)을 매도하거나 다시 담보로 제공할 수 있는 경우에는 다음 사항을 공시한다.

(1) 보유하고 있는 담보물의 공정가치
(2) 매도하거나 다시 담보로 제공한 담보물의 공정가치와 이러한 담보물을 반환해야 하는 의무의 유무
(3) 담보물의 사용에 관련된 조건

담보로 제공한 금융자산과 관련 주석공시사항은 다음과 같다.

주석사항

다음 사항을 공시한다(K-1107. 14).

(1) 부채 또는 우발부채의 담보로 제공한 금융자산의 장부금액
(2) 담보와 관련된 조건

담보물 소유자(담보 제공자)가 채무를 이행하지 못하는 경우가 아니더라도 기업이 보유한 담보물(금융자산이나 비금융자산)을 매도하거나 다시 담보로 제공할 수 있는 경우에는 다음 사항을 공시한다(K-1107. 15).

(1) 보유하고 있는 담보물의 공정가치

(2) 매도하거나 다시 담보로 제공한 담보물의 공정가치와 이러한 담보물을 반환해야 하는 의무의 유무

(3) 담보물의 사용에 관련된 조건

설명

- 차입금 등 부채에 대해서는 일반적으로 담보를 제공한다. 담보는 금융자산인 경우 또는 비금융자산인 경우 등 다양하다.
- 이 기준서(K-1109)에서는 현금성자산 등 금융자산을 담보로 제공한 경우의 일반적인 주석공시사항을 규정하고 있다.
- 특정 차입금에 대한 기말잔액이 없더라도 담보물(특히 비금융자산) 자체가 제공되어 있는 경우에는 그 사실과 담보물의 공정가치(통상 부동산등기부등본상 을구의 채권최고액)를 공시한다[K-1109. 15(1)].

담보제공과 관련하여 K-IFRS 각 기준서에서 규정하고 있는 내용은 다음과 같이 요약된다.

| 담보제공 관련 K-IFRS 기준서 |

관련 기준서	주석공시사항
K-IFRS 제1002호(재고자산) 문단 36	재무제표에 다음 사항을 공시한다. (8) 담보로 제공된 재고자산의 장부금액
K-IFRS 제1016호(유형자산) 문단 74	재무제표에 다음 사항도 공시한다. (1) 소유권이 제한되거나 부채의 담보로 제공된 유형자산의 내용과 금액
K-IFRS 제1038호(무형자산) 문단 122	다음 사항도 추가로 공시한다. (4) 권리가 제한되어 있는 무형자산이 존재한다면 그 사실과 장부금액 및 부채에 대하여 담보로 제공되어 있는 무형자산의 장부금액
K-IFRS 제1107호(금융상품 : 공시) 문단 14 ~ 15	다음 사항을 공시한다. (1) 부채 또는 우발부채의 담보로 제공한 금융자산의 장부금액 (2) 담보와 관련된 조건
K-IFRS 제1024호(특수관계자공시) 문단 21	특수관계자와의 거래가 있는 경우, 공시하는 거래의 예는 다음과 같다. (8) 보증이나 담보의 제공

(7) 기타포괄손익–공정가치 측정 금융자산의 대손충당금

16 [국제회계기준위원회에서 삭제함]

16A 기업회계기준서 제1109호 문단 4.1.2A에 따라 기타포괄손익–공정가치로 측정하는 금융자산의 장부금액은 손실충당금에 의해 감소되지 않으며, 금융자산 장부금액에서

16A	차감하는 형식으로 손실충당금을 재무상태표에 별도로 표시하지 않는다. 그러나 재무제표의 주석에 손실충당금을 공시한다.

기타포괄손익-공정가치 측정 금융자산의 대손충당금 관련 주석공시사항은 다음과 같다.

주석사항

기업회계기준서 제1109호 문단 4.1.2A에 따라 기타포괄손익-공정가치로 측정하는 금융자산의 장부금액은 손실충당금에 의해 감소되지 않으며, 금융자산 장부금액에서 차감하는 형식으로 손실충당금을 재무상태표에 별도로 표시하지 않는다. 그러나 재무제표의 주석에 손실충당금을 공시한다(K-1107. 16A).

설명

- 기타포괄손익-공정가치로 측정하는 금융자산(채권 등 채무상품)은 기말에 해당 채무상품의 공정가치로 후속측정하며, 공정가치 변동분을 기타포괄손익으로 인식한다.
- 후속적인 공정가치 측정과 손실충당금 인식은 다른 것이다.
- 일반적이지는 않으나, 기타포괄손익-공정가치로 측정하는 금융자산의 기대신용손실에 따른 손실충당금이 추정되는 경우가 있는데, 이 경우 손실충당금을 인식하나 기타포괄손익으로 인식하고, 금융자산의 장부금액에는 영향을 미치지 않는다.

| 참고 기준서 | K-IFRS 제1109호(금융상품)

- 문단 4.1.2A에 따른 기타포괄손익-공정가치 측정 금융자산의 손실충당금을 인식하고 측정하는 데 손상 요구사항을 적용한다. 그러나 해당 손실충당금은 기타포괄손익에서 인식하고 재무상태표에서 금융자산의 장부금액을 줄이지 아니한다(K-1109. 5.5.2).
- 상기 K-IFRS 제1109호 문단 5.5.2의 규정은 다음의 예시와 같으며, K-IFRS 제1107호 문단 16A에 의해서 손실충당금(손상차손) 50원을 주석에 공시한다.

예시

20×1년 말에 기업은 1,000원의 채무상품을 취득하였으며, 기타포괄손익-공정가치 측정 금융자산으로 분류하였다.
20×2년 말에 공정가치는 800원이었으며, 12개월 기대신용손실은 50원이었다.

회계처리는 다음과 같다.

- 20×1년 12월 31일(금융상품 취득일)

차변		대변	
금융자산(채무상품)	1,000	현금	1,000

• 20×2년 12월 31일

차변		대변	
기타포괄손익	200	금융자산(채무상품)	200
손상차손(당기손익)	50	기타포괄손익	50

(8) 복수의 내재파생상품을 포함한 복합금융상품

17	부채요소와 자본요소를 모두 포함하는 금융상품(기업회계기준서 제1032호 문단 28 참조)을 발행하였고 그 금융상품에 내재된 복수의 파생상품의 가치가 상호의존적이라면(예 : 상환이 가능한 전환채무상품), 이러한 특성이 존재한다는 사실을 공시한다.

복수의 내재파생상품을 포함한 복합금융상품 관련 주석공시사항은 다음과 같다.

주석사항

부채요소와 자본요소를 모두 포함하는 금융상품(기업회계기준서 제1032호 문단 28 참조)을 발행하였고 그 금융상품에 내재된 복수의 파생상품의 가치가 상호의존적이라면(예 : 상환이 가능한 전환채무상품), 이러한 특성이 존재한다는 사실을 공시한다(K-1107, 17).

설명

- 전환사채, 신주인수권부사채, 전환상환우선주 등의 복합금융상품은 상품에 전환권(신주인수권), 상환권 등의 파생상품이 포함되어 있으며, 해당 전환권과 상환권은 전환을 할 수 있는 권리와 상환을 청구할 수 있는 권리이므로 상호의존적이라 할 수 있다.
- 이러한 특성의 전환증권이 존재하는 경우 해당 사실과 전환증권의 내역을 주석에 공시한다.

☞ 공시사례 8.8 복합금융상품(전환사채)

(9) 채무불이행과 계약 위반

18	보고기간 말 현재 인식된 **차입금**에 대하여 다음 사항을 공시한다. (1) 회계기간 중 이러한 차입금의 원금, 이자, 감채기금, 상환조건의 (채무)불이행 명세 (2) 보고기간 말 현재 채무가 이행되지 않은 차입금의 장부금액 (3) 재무제표의 발행이 승인되기 전에 (채무)불이행의 해소 여부 또는 차입 조건의 재협상 여부

19 회계기간에 문단 18에서 기술한 사항 외에 차입약정의 조건을 위반하여 대여자가 조기 상환을 요구할 수 있다면 기업은 문단 18에서 요구하는 것과 같은 정보를 공시한다. 다만, 보고기간 말이나 그 전에 계약 위반 상태가 해소되거나 차입조건을 재협상한 경우에는 그러하지 아니한다.

채무불이행과 계약 위반 관련 주석공시사항은 다음과 같다.

주석사항

보고기간 말 현재 인식된 차입금에 대하여 다음 사항을 공시한다(K-1107. 18).

(1) 회계기간 중 이러한 차입금의 원금, 이자, 감채기금, 상환조건의 (채무)불이행 명세

(2) 보고기간 말 현재 채무가 이행되지 않은 차입금의 장부금액

(3) 재무제표의 발행이 승인되기 전에 (채무)불이행의 해소 여부 또는 차입 조건의 재협상 여부

차입약정의 조건을 위반하여 대여자가 조기 상환을 요구할 수 있다면 기업은 문단 18에서 요구하는 것과 같은 정보를 공시한다(K-1107. 19).

설명

- 차입금은 차입금별로 차입원금, 이자, 기말 장부금액을 구분하여 공시한다.
- 보고기간 말 기준으로 차입약정을 불이행하는 경우 그 사실을 공시해야 하며, 보고기간 말 이후 재무제표 발행 승인 전에 해소되면 해당 내용을 공시하지 않는다.

☞ 공시사례 8.8 복합금융상품(전환사채)

(10) 회계정책

21 기업회계기준서 제1001호 '재무제표 표시'의 문단 117에 따라 재무제표를 작성할 때 사용한 측정기준과 재무제표를 이해하기 위하여 목적 적합한 그 밖의 회계정책으로 구성된 유의적인 회계정책을 공시한다.

회계정책 관련 주석공시사항은 다음과 같다.

주석사항

기업회계기준서 제1001호 '재무제표 표시'의 문단 117에 따라 재무제표를 작성할 때 사용한 측정기준과 재무제표를 이해하기 위하여 목적 적합한 그 밖의 회계정책으로 구성된 유의적인 회계정책을 공시한다(K-1107. 21).

설명

- 측정기준은 역사적 원가, 현행원가, 순실현가능가치, 공정가치 또는 회수가능액 등을 말하는 것으로 금융상품에서는 상각후원가로 측정 또는 공정가치로 측정 여부로 구분된다.
- 측정기준 이외에도 대손충당금, 담보, 복합금융상품 등에 대한 회계정책을 공시한다.

| 참고 기준서 | K-IFRS 제1001호(재무제표 표시)

다음으로 구성된 유의적인 회계정책을 공시한다.

(1) 재무제표를 작성하는 데 사용한 측정기준

(2) 재무제표를 이해하는 데 목적적합한 그 밖의 회계정책

2. 공정가치 측정

25 금융자산과 금융부채의 종류별(문단 6 참조)로 공정가치와 장부금액을 비교하는 형식으로 공시한다. 다만, 문단 29의 경우에는 그러하지 아니한다.

26 공정가치를 공시할 때 금융자산과 금융부채는 종류별로 분류하지만, 금융자산과 금융부채의 장부금액이 재무상태표에서 상계되는 정도까지만 그 공정가치를 상계한다.

27～27B [국제회계기준위원회에서 삭제함]

28 일부의 경우에는 금융자산이나 금융부채의 공정가치가 같은 자산 또는 부채의 활성시장 공시가격(수준 1 투입변수)으로 입증할 수도 없고, 관측가능한 시장 자료만을 이용하는 가치평가기법에 기초하지도 않기 때문에[기업회계기준서 제1109호 문단 B5.1.2A 참조], 그러한 금융자산이나 금융부채의 최초 인식시점에는 손익을 인식하지 않는 경우가 있다. 이 경우 금융자산이나 금융부채의 종류별로 다음 사항을 공시한다.

(1) 시장참여자들이 자산의 가격이나 부채의 가격을 결정할 때 고려하였을 요소(예 : 시간)의 변동을 반영하기 위하여 최초 인식시점의 공정가치와 거래가격의 차이를 당기손익으로 인식하는 회계정책[기업회계기준서 제1109호 문단 B5.1.2A(2) 참조]

(2) 기초와 기말 현재 당기손익으로 아직 인식하지 아니한 총 차이금액과 그 차이조정

(3) 거래가격이 공정가치의 최선의 증거가 아니라고 결론을 내린 이유(공정가치를 뒷받침하는 증거에 대한 설명 포함)

29 다음 중 어느 하나의 경우에는 공정가치를 공시할 필요는 없다.
(1) 장부금액이 공정가치에 상당히 가까운 경우. 이러한 예로는 단기 매출채권이나 단기 매입채무와 같은 금융상품을 들 수 있다.
(2) [국제회계기준위원회에서 삭제함]
(3) 기업회계기준서 제1104호에서 기술하는 임의배당요소가 있는 계약으로서 그러한 특성의 공정가치를 신뢰성 있게 측정할 수 없는 경우
(4) 리스부채

30 문단 29(3)의 경우에는 재무제표이용자가 금융자산 또는 금융부채의 장부금액과 공정가치 사이에 생길 수 있는 차이의 정도를 스스로 판단하는 데에 도움이 되도록 다음을 포함한 정보를 공시한다.
(1) 해당 금융상품의 공정가치를 신뢰성 있게 측정할 수 없어 공정가치 정보를 공시하지 않았다는 사실
(2) 해당 금융상품에 대한 설명, 장부금액, 공정가치를 신뢰성 있게 측정할 수 없는 이유
(3) 해당 금융상품의 시장에 대한 정보
(4) 해당 금융상품을 처분할 의도의 유무와 처분방법에 관한 정보
(5) 공정가치를 신뢰성 있게 측정할 수 없었던 금융상품을 제거한 경우 그 사실, 제거 시점의 장부금액, 손익으로 인식한 금액

금융상품의 공정가치 측정 관련 주석공시사항과 그 예시는 다음과 같다.

(1) 공정가치

주석사항

금융자산과 금융부채의 종류별(문단 6 참조)로 공정가치와 장부금액을 비교하는 형식으로 공시한다. 다만, 문단 29의 경우에는 그러하지 아니한다(K-1107. 25).

공정가치를 공시할 때 금융자산과 금융부채는 종류별로 분류하지만, 금융자산과 금융부채의 장부금액이 재무상태표에서 상계되는 정도까지만 그 공정가치를 상계한다(K-1107. 26).

다음 중 어느 하나의 경우에는 공정가치를 공시할 필요는 없다(K-1107. 29).
(1) 장부금액이 공정가치에 상당히 가까운 경우. 이러한 예로는 단기 매출채권이나 단기 매입채무와 같은 금융상품을 들 수 있다.

(3) 기업회계기준서 제1104호에서 기술하는 임의배당요소가 있는 계약으로서 그러한 특성의 공정가치를 신뢰성 있게 측정할 수 없는 경우

(4) 리스부채

예시

1. 공정가치

금융자산과 금융부채의 장부금액과 공정가치를 비교하면 다음과 같다. (K-1107. 25)

재무상태표	장부금액	공정가치
〈금융자산〉		
현금및현금성자산	100	(*1)
매출채권및기타채권	100	(*1)
당기손익-공정가치 금융자산	100	100
기타포괄손익-공정가치 금융자산	100	100
기타금융자산	100	(*1)
…		
〈금융부채〉		
단기차입금	100	(*1)
매입채무및기타채무	100	(*1)
유동성장기부채	100	(*1)(*2)
…		

(*1) 장부금액이 공정가치의 합리적인 근사치이므로 공정가치 공시에서 제외함. [K-1107. 29(1)]

(*2) 유동성장기부채에 포함되어 있는 리스부채는 기업회계기준서 제1107호 '금융상품 : 공시'에 따라 공정가치 공시에서 제외함. [K-1107. 29(4)]

설명

- 상당수 금융상품은 장부금액이 공정가치와 일치할 것이다. 그럼에도 불구하고 K-IFRS 제1107호 문단 25에서는 금융자산과 금융부채의 "종류별"로 장부금액과 공정가치를 비교하는 형식으로 공시할 것으로 요구한다.
- 금융상품을 "종류별"로 분류하는 것은, K-IFRS 제1109호(금융상품의 측정방법과 공정가치 변동의 인식 방법을 결정하는)에서 규정한 금융상품의 "범주"와는 구별된다.
- 금융상품의 종류 결정은 기업의 특성을 고려하지만, 최소한 다음 사항을 고려하여야 한다 (K-1109. 부록 B. 적용지침 B2).
  (1) 상각후원가로 측정하는 금융상품과 공정가치로 측정하는 금융상품을 구분한다.
  (2) 이 기준서의 적용범위에서 벗어나는 금융상품은 다른 종류로 처리한다.

실무 유의사항

상기 예시와 달리, 단기 매출채권 및 단기 매입채무 등의 경우와 같이 공정가치로 측정하지 않는 금융상품에도 일괄적으로 장부금액과 공정가치를 동일한 금액으로 공시하는 경우가 있다.

재무상태표	장부금액	공정가치
〈금융자산〉		
현금및현금성자산	100	100
매출채권및기타채권	100	100
당기손익-공정가치 금융자산	100	100
기타포괄손익-공정가치 금융자산	100	100
기타금융자산	100	100
…		
〈금융부채〉		
단기차입금	100	100
매입채무및기타채무	100	100
유동성장기부채	100	100
…		

이 경우는 공정가치를 재무제표 주석에 "공시"하게 되는 결과를 가져와서, 추가적인 주석공시 요구사항에 대한 부담이 생기게 된다.

즉, K-IFRS 제1113호(공정가치 측정) 문단 97에서는 **공정가치로 측정되지는 않으나 공정가치가 공시되는** 자산과 부채의 종류별로 공정가치 서열체계 주석공시를 요구하고 있다.

예를 들어, 매출채권은 공정가치로 측정되지는 않으나(상각후원가로 측정), 상기 K-IFRS 제1107호(금융상품 : 공시) 문단 25 때문에 공정가치를 공시한 결과, 공정가치 서열체계 주석공시를 요구받게 되는 것이다.

| 참고 기준서 | K-IFRS 제1113호(공정가치 측정)

문단 97

재무상태표에서 공정가치로 측정되지는 않으나 공정가치가 공시되는 자산과 부채의 종류별로 문단 93(2), (4), (9)에서 요구하는 정보를 공시한다. 그러나 공정가치 서열체계의 수준 3으로 분류하는 공정가치 측정에 사용한 유의적이고 관측할 수 없는 투입변수에 대해 문단 93(4)에서 요구하는 양적 공시를 해야 하는 것은 아니다. 그러한 자산과 부채의 경우에는 이 기준서에서 요구하는 다른 공시사항은 제공할 필요가 없다.

☞ 공시사례 8.1 금융상품 공시 일반

3. 금융상품에서 생기는 위험의 특성 및 정도

31 보고기간 말 현재 금융상품에서 생기어 기업이 노출되는 위험의 특성 및 정도를 재무제표이용자가 평가할 수 있게 하는 정보를 공시한다.

32 문단 33 ~ 42의 공시는 금융상품에서 생기는 위험과 이러한 위험의 관리방법에 중점을 두고 있다. 이러한 위험은 전형적으로 신용위험, 유동성위험, 시장위험을 포함하지만, 이러한 위험에만 한정되지 않는다.

32A 양적 공시와 관련하여 질적 공시를 제공하는 것은 이용자들이 관련된 공시를 연계할 수 있도록 하고, 그에 따라 금융상품에서 생기는 위험의 특성 및 정도를 전반적으로 이해할 수 있도록 한다. 질적 공시와 양적 공시의 상호작용은 이용자가 기업이 위험에 노출되는 정도를 더 잘 평가할 수 있게 하는 방식으로 정보를 공시하는 데 도움을 준다.

질적 공시

33 금융상품에서 생기는 위험의 각 유형별로 다음 사항을 공시한다.

(1) 위험에 노출되는 정도와 위험이 생기는 형태

(2) 위험관리의 목적, 방침, 절차와 위험측정방법

(3) 위 (1) 또는 (2)가 과거 기간과 달라진 내용

양적 공시

34 금융상품에서 생기는 위험의 각 유형별로 다음 사항을 공시한다.

(1) 보고기간 말 현재 위험에 노출되는 정도에 대한 간략한 양적 자료. 이러한 사항은 이사회나 대표이사 등과 같은 주요 경영진(기업회계기준서 제1024호 '특수 관계자 공시'의 정의 참조)에게 내부적으로 제공하는 정보에 기초하여 공시한다.

(2) 문단 35A ~ 42의 공시사항. 다만, 위 (1)에 따라 공시한 부분은 제외한다.

(3) 위험의 집중에 관한 정보. 다만, 위 (1)과 (2)에 따라 명확하게 공시하는 경우에는 제외한다.

35 보고기간 말 현재를 기준으로 공시된 양적 자료가 회계기간 중 위험에 노출되는 정도를 적절하게 반영하지 못하는 경우에는 기중 익스포저를 반영하는 정보를 추가로 공시한다.

금융자산이나 금융부채 등 금융상품을 보유하게 되면, 위험(불확실성)에 노출된다. 기업은 금융상품에서 생기는 위험을 신용위험, 유동성위험, 시장위험 등 각 위험의 유형별로 질적, 양적 공시를 한다.

질적 공시는 대표적으로 위험의 내용과 관리방침에 대한 정보를 제공하고, 양적 공시는 위험에 노출된 정도를 각 위험 유형별로 제공한다.

K-IFRS 제1107호(금융상품 : 공시) 기준서에서는 위험의 유형을 크게 아래 3가지로 분류해서 공시사항을 요구하고 있다.

1) 신용위험
2) 유동성위험
3) 시장위험

3-1. 신용위험

범위와 목적

35A 기업회계기준서 제1109호의 손상 요구사항을 적용하는 금융상품에 문단 35F ~ 35N의 공시 요구사항을 적용한다.

(1) 매출채권, 계약자산, 리스채권의 경우에 해당 금융자산의 연체일수가 30일을 초과하였지만 변경되었다면, 기업회계기준서 제1109호 문단 5.5.15에 따라 전체기간 기대신용손실을 인식해야 하는 매출채권, 계약자산, 리스채권에는 문단 35J(1)을 적용한다.

(2) 리스채권에는 문단 35K(2)를 적용하지 않는다.

35B 문단 35F ~ 35N에 따른 신용위험 공시로 재무제표이용자는 미래현금흐름의 금액, 시기, 불확실성에 대한 신용위험의 영향을 이해할 수 있다. 이를 위해 신용위험 공시로서 다음 사항을 공시한다.

(1) 기업의 신용위험 관리실무에 대한 정보와 기대신용손실을 측정하기 위해 사용한 방법, 가정, 정보를 포함하여 기대신용손실의 인식 방법과 측정 방법

(2) 재무제표이용자가 기대신용손실에서 생긴 재무제표의 금액, 기대신용손실액의 변동과 그 변동 원인을 파악할 수 있는 양적, 질적 정보

(3) 유의적인 신용위험의 집중도를 포함한 기업의 신용위험 익스포저에 대한 정보(기업의 금융자산에 내재된 신용위험과 신용대출약정)

35C 다른 보고서(예 : 재무제표이용자가 재무제표와 같은 조건과 같은 시기에 이용할 수 있는 경영진분석보고서나 위험보고서)를 상호 참조하여 재무제표에 포함한 정보로서 이미 다른 보고서에 표시한 정보는 거듭하여 공시할 필요는 없다. 정보를 상호 참조하여 포함하고 있지 않다면 그 재무제표는 불완전하다.

35D 문단 35B의 목적을 이루기 위해 특별히 정한 경우를 제외하고는 공시의 상세정도, 공시 요구사항의 서로 다른 부분에 대한 강조의 정도, 통합과 세분화의 적정수준, 재무제표이용자가 공시된 양적 정보를 평가하기 위해 추가설명이 필요한지를 고려한다.

35E 문단 35F ~ 35N에 따라 제공한 정보가 문단 35B의 목적을 이루기에 충분하지 않다면, 그 목적을 이루기 위해 필요한 추가 정보를 공시한다.

신용위험 관리실무

35F 신용위험 관리실무를 설명하고 신용위험 관리실무가 기대신용손실의 인식과 측정에 어떻게 관련되는지를 설명한다. 이 목적을 이루기 위하여 재무제표이용자가 다음을 이해하고 평가할 수 있는 정보를 공시한다.

(1) 최초 인식 후 금융상품의 신용위험이 유의적으로 증가했는지를 판단하는 방법. 이에는 다음 (가)와 (나)에 해당하는지 여부와 그 판단 방법을 포함한다.

(가) 금융상품을 기업회계기준서 제1109호 문단 5.5.10에 따라 신용위험이 낮은 것으로 본다(이 문단을 적용하는 금융상품의 종류 포함)

(나) 기업회계기준서 제1109호 문단 5.5.11의 간주규정(금융자산의 연체일수가 30일을 초과한 경우에 최초 인식 후 신용위험이 유의적으로 증가한 것으로 봄)이 반증된다.

(2) 채무불이행에 대한 기업의 정의와 그 정의를 선택한 이유

(3) 기대신용손실을 집합기준으로 측정한다면 금융상품을 집합으로 구성하는 방법

(4) 신용이 손상된 금융자산인지를 판단하는 방법

(5) 기업의 제각정책(계약상 현금흐름의 회수에 대한 기대가 합리적이지 않다는 지표와 제각되었지만 여전히 회수활동이 계속되고 있는 금융자산에 대한 정보 포함)

(6) 금융자산의 계약상 현금흐름의 변경에 대한 기업회계기준서 제1109호 문단 5.5.12의 요구사항을 적용하는 방법. 다음을 포함하여 공시한다.

(가) 전체기간 기대신용손실에 해당하는 금액으로 손실충당금을 측정하는 중에 변경된 금융자산의 신용위험이 기업회계기준서 제1109호 문단 5.5.5에 따라 12개월 기대신용손실에 해당하는 금액으로 손실충당금을 측정할 수 있을 정도로 개선되었는지를 판단하는 방법

(나) 위 (가)의 기준을 충족하는 금융자산의 손실충당금을 후속적으로 기업회계기준서 제1109호 문단 5.5.3에 따라 전체기간 기대신용손실에 해당하는 금액으로 다시 측정하는 정도를 관찰하는 방법

35G 기업회계기준서 제1109호 제5.5절의 요구사항을 적용하기 위해 사용한 투입요소, 가정, 추정방법을 설명한다. 이를 위해 기업은 다음 사항을 공시한다.

(1) 투입요소, 가정의 근거, 다음에 사용한 추정기법
  (가) 12개월과 전체기간 기대신용손실의 측정
  (나) 금융상품의 신용위험이 최초 인식 후 유의적으로 증가하였는지의 판단
  (다) 신용이 손상된 금융자산인지의 판단
(2) 기대신용손실을 산정할 때 미래전망 정보를 활용하는 방법(거시경제 정보의 활용을 포함)
(3) 보고기간 중 추정방법이나 유의적인 가정의 변경과 그 변경의 이유

기대신용손실에서 생기는 금액에 대한 양적 정보와 질적 정보

35H 손실충당금의 변동과 변동 이유를 설명하기 위하여, 손실충당금의 기초 잔액에서 기말 잔액으로의 조정은 기간 동안의 변동을 표 형식으로 금융상품의 종류별로 다음 사항을 각각 공시한다.

(1) 12개월 기대신용손실에 해당하는 금액으로 측정된 손실충당금
(2) 전체기간 기대신용손실에 해당하는 금액으로 측정된 손실충당금
  (가) 최초 인식 후 신용위험이 유의적으로 증가하였지만 신용이 손상되지 않은 금융자산
  (나) 보고기간 말에 신용이 손상된 금융자산[단, 최초 발생시점이나 매입할 때 신용이 손상되어 있는 금융자산(이하 '취득 시 신용이 손상되어 있는 금융자산'이라 한다)이 아닌 경우]
  (다) 기업회계기준서 제1109호 문단 5.5.15에 따라 손실충당금을 측정한 매출채권, 계약자산, 리스채권
(3) 취득 시 신용이 손상되어 있는 금융자산. 보고기간에 최초로 인식된 금융자산에 대해서는 조정내역뿐만 아니라 최초 인식시점에 할인되지 않은 기대신용손실의 총 금액을 공시한다.

35I 재무제표이용자가 문단 35H에 따라 공시되는 손실충당금의 변동을 이해할 수 있도록, 보고기간에 금융상품의 총 장부금액의 유의적인 변동이 손실충당금의 변동에 어떤 영향을 주었는지에 대한 설명을 공시한다. 문단 35H(1) ~ (3)에서 열거한 손실충당금을 표시하는 금융상품에 대해 별도로 구분하여 이 정보를 제공하며 관련된 양적이고 질적인 정보를 포함한다. 손실충당금의 변동에 영향을 주는 금융상품의 총 장부금액의 변동의 예는 다음 사항을 포함할 수 있다.

35I (1) 보고기간에 발행되었거나 취득한 금융상품으로 인한 변동
(2) 기업회계기준서 제1109호에 따라 해당 금융자산은 제거에는 해당하지 않는, 금융자산의 계약상 현금흐름의 변경
(3) 보고기간에 제거된 금융상품으로 인한 변동(제각한 금융상품 포함)
(4) 손실충당금을 12개월 또는 전체기간 기대신용손실에 해당하는 금액으로 측정함으로써 비롯되는 변동

35J 제거에는 해당하지 않는, 금융자산의 계약상 현금흐름 변경의 특성과 영향을 재무제표 이용자가 이해하고 그러한 변경이 기대신용손실의 측정에 미치는 영향을 이해할 수 있도록 다음 사항을 공시한다.
(1) 손실충당금을 전체기간 기대신용손실에 해당하는 금액으로 측정해온 경우에 보고기간 중에 계약상 현금흐름이 변경된 금융자산의 변경 전 상각후원가와 변경에 따라 인식한 순손익
(2) 전체기간 기대신용손실에 해당하는 금액으로 손실충당금을 측정하였으나 최초 인식 후 보고기간 중에 12개월 기대신용손실에 해당하는 금액으로 손실충당금을 측정하는 것으로 바뀐 금융자산의 보고기간 말 총 장부금액

35K 재무제표이용자가 기대신용손실액에 대한 담보 효과와 그 밖의 신용보강의 효과를 이해하도록 금융상품의 종류별로 다음 사항을 공시한다.
(1) 보유하고 있는 담보나 그 밖의 신용보강(예 : 기업회계기준서 제1032호에 따른 상계조건을 충족하지 않는 상계약정)을 고려하지 않고 보고기간 말 신용위험에 대한 최대 익스포저를 가장 잘 나타내는 금액
(2) 보유하고 있는 담보와 그 밖의 신용보강에 대한 서술적 설명
(가) 보유하고 있는 담보의 특성과 질에 대한 설명
(나) 보고기간에 담보나 신용보강의 가치가 하락되었거나 기업의 담보정책 변경으로 인한 담보나 신용보강의 질의 유의적인 변동에 대한 설명
(다) 담보가 있어서 손실충당금을 인식하지 않은 금융상품에 대한 정보
(3) 보고일에 신용이 손상된 금융자산에 대해 보유하고 있는 담보와 그 밖의 신용보강에 관한 양적 정보(예 : 담보와 그 밖의 신용보강으로 신용위험이 감소되는 정도의 계량화)

35L 보고기간에 제각되었지만 여전히 회수활동이 계속되고 있는 금융자산의 계약상 미회수 금액을 공시한다.

신용위험 익스포저

35M 재무제표이용자가 기업의 신용위험 익스포저를 평가하고 유의적인 신용위험의 집중도를 이해할 수 있도록 신용위험 등급별로 금융자산의 총 장부금액, 대출약정의 신용위험 익스포저, 금융보증계약의 신용위험 익스포저를 공시한다. 이 정보는 다음의 금융상품에 대해 별도로 공시한다.

(1) 손실충당금을 12개월 기대신용손실에 해당하는 금액으로 측정하는 금융상품

(2) 손실충당금을 전체기간 기대신용손실에 해당하는 금액으로 측정하고 다음에 해당하는 금융상품

(가) 최초 인식 후 신용위험이 유의적으로 증가하였지만 신용이 손상되지 않은 금융자산

(나) 보고기간 말에 신용이 손상된 금융자산(단, 취득 시 신용이 손상되어 있는 금융자산이 아닌 경우)

(다) 기업회계기준서 제1109호 문단 5.5.15에 따라 손실충당금을 측정한 매출채권, 계약자산, 리스채권

(3) 취득 시 신용이 손상되어 있는 금융자산

35N 기업회계기준서 제1109호 문단 5.5.15를 적용하는 매출채권, 계약자산, 리스채권에 대해서 문단 35M에 따라 제공되는 정보는 충당금 설정률표에 기초할 수 있다(기업회계기준서 제1109호 문단 B5.5.35).

36 이 기준서의 적용대상이지만 기업회계기준서 제1109호의 손상 요구사항을 적용하지 않는 모든 금융자산에 대해서 금융상품의 종류별로 다음 사항을 공시한다.

(1) 보고기간 말 현재 신용위험의 최대 익스포저를 가장 잘 나타내는 금액. 이 경우에는 보유한 담보나 그 밖의 신용보강(예 : 기업회계기준서 제1032호의 상계조건을 충족하지 못하는 상계 약정)은 고려하지 않는다. 다만 금융상품의 장부금액이 신용위험의 최대 익스포저를 가장 잘 나타내는 경우에는 이 공시를 할 필요는 없다.

(2) 보유한 담보 및 그 밖의 신용보강, 신용위험의 최대 익스포저를 가장 잘 나타내는 금액[위 (1)에 따라 공시하거나 금융상품의 장부금액을 나타내는 금액]에 미치는 재무 영향(예 : 담보와 그 밖의 신용보강으로 신용위험이 줄어드는 정도를 계량화)

(3) [국제회계기준위원회에서 삭제함]

(4) [국제회계기준위원회에서 삭제함]

37	[국제회계기준위원회에서 삭제함]

담보물과 그 밖의 신용보강

38	회계기간에 담보권을 실행하거나 그 밖의 신용보강(예 : 보증)을 요구하여 취득하게 된 금융자산 또는 비금융자산이 다른 한국채택국제회계기준서의 인식기준을 충족하는 경우에는 보고일 현재 해당 자산에 대하여 다음 사항을 공시한다. (1) 자산의 특성 및 장부금액 (2) 자산을 쉽게 현금화할 수 없는 경우 해당 자산의 처분 방침이나 영업상 이용 방침

신용위험은 금융상품의 당사자 중 어느 한 편이 의무를 이행하지 않아 상대방에게 재무손실을 입힐 위험으로 정의된다.

신용위험 관련 주석공시사항은 다음과 같이 요약된다.

구분	공시세부사항
1. 신용위험 관리실무	
1-1. 신용위험 관리실무를 설명하고 신용위험 관리실무가 기대신용손실의 인식과 측정에 어떻게 관련되는지를 설명(K-1107. 35F)	(1) 최초 인식 후 금융상품의 신용위험이 유의적으로 증가했는지를 판단하는 방법 (2) 채무불이행에 대한 기업의 정의와 그 정의를 선택한 이유 (3) 기대신용손실을 집합기준으로 측정한다면 금융상품을 집합으로 구성하는 방법 (4) 신용이 손상된 금융자산인지를 판단하는 방법 (5) 기업의 제각정책 (6) 금융자산의 계약상 현금흐름의 변경에 대한 기업회계기준서 제1109호 문단 5.5.12의 요구사항을 적용하는 방법
1-2. 기업회계기준서 제1109호 제5.5절의 요구사항을 적용하기 위해 사용한 투입요소, 가정, 추정방법(K-1107. 35G)	(1) 투입요소, 가정의 근거, 다음에 사용한 추정기법 (가) 12개월과 전체기간 기대신용손실의 측정 (나) 금융상품의 신용위험이 최초 인식 후 유의적으로 증가하였는지의 판단 (다) 신용이 손상된 금융자산인지의 판단 (2) 기대신용손실을 산정할 때 미래전망 정보를 활용하는 방법 (3) 보고기간 중 추정방법이나 유의적인 가정의 변경과 그 변경의 이유
2. 기대신용손실에서 생기는 금액에 대한 양적 정보와 질적 정보	
2-1. **손실충당금의 기초 잔액에서 기말 잔액으로의 조정은 기간 동안의 변동을 표 형식으로 금융상품의 종류별로 공시**(K-1107. 35H)	(1) 12개월 기대신용손실에 해당하는 금액으로 측정된 손실충당금 (2) 전체기간 기대신용손실에 해당하는 금액으로 측정된 손실충당금 (가) 최초 인식 후 신용위험이 유의적으로 증가하였지만 신용이 손상되지 않은 금융자산 (나) 보고기간 말에 신용이 손상된 금융자산

구분	공시세부사항
2-1. 손실충당금의 기초 잔액에서 기말 잔액으로의 조정은 기간 동안의 변동을 표 형식으로 금융상품의 종류별로 공시(K-1107. 35H)	**(다) 실무적 간편법으로 손실충당금을 측정한 매출채권, 계약자산, 리스채권** (3) 취득 시 신용이 손상되어 있는 금융자산
2-2. 보고기간에 금융상품의 총 장부금액의 유의적인 변동이 손실충당금의 변동에 어떤 영향을 주었는지에 대한 설명(K-1107. 35I ~ 35J) 2-2. 보고기간에 금융상품의 총 장부금액의 유의적인 변동이 손실충당금의 변동에 어떤 영향을 주었는지에 대한 설명(K-1107. 35I ~ 35J)	(1) 보고기간에 발행되었거나 취득한 금융상품으로 인한 변동 (2) 금융자산은 제거에는 해당하지 않는, 금융자산의 계약상 현금흐름의 변경 – 손실충당금을 전체기간 기대신용손실에 해당하는 금액으로 측정해온 경우에 보고기간 중에 계약상 현금흐름이 변경된 금융자산의 변경 전 상각후원가와 변경에 따라 인식한 순손익 – 전체기간 기대신용손실에 해당하는 금액으로 손실충당금을 측정하였으나 최초 인식 후 보고기간 중에 12개월 기대신용손실에 해당하는 금액으로 손실충당금을 측정하는 것으로 바뀐 금융자산의 보고기간 말 총 장부금액 (3) 제거된 금융상품으로 인한 변동(제각 포함) (4) 손실충당금을 12개월 또는 전체기간 기대신용손실에 해당하는 금액으로 측정함으로써 비롯되는 변동
2-3. 기대신용손실액에 대한 담보 효과와 그 밖의 신용보강의 효과를 이해하도록 금융상품의 종류별로 다음 사항을 공시(K-1107. 35K)	(1) 보유하고 있는 담보나 그 밖의 신용보강을 고려하지 않고 보고기간 말 신용위험에 대한 최대 익스포저를 가장 잘 나타내는 금액 (2) 보유하고 있는 담보와 그 밖의 신용보강에 대한 서술적 설명 변경 (3) 보고일에 신용이 손상된 금융자산에 대해 보유하고 있는 담보와 그 밖의 신용보강에 관한 양적 정보
2-4. 보고기간에 제각되었지만 여전히 회수활동이 계속되고 있는 금융자산의 계약상 미회수 금액을 공시(K-1107. 35L)	보고기간에 제각되었지만 여전히 회수활동이 계속되고 있는 금융자산의 계약상 미회수 금액을 공시
3. 신용위험 익스포저	
3-1. 신용위험 등급별로 금융자산의 총 장부금액, 대출약정의 신용위험 익스포저, 금융보증계약의 신용위험 익스포저를 공시(K-1107. 35M ~ 35N)	(1) 손실충당금을 12개월 기대신용손실에 해당하는 금액으로 측정하는 금융상품 (2) 손실충당금을 전체기간 기대신용손실에 해당하는 금액으로 측정하고 다음에 해당하는 금융상품 (가) 최초 인식 후 신용위험이 유의적으로 증가하였지만 신용이 손상되지 않은 금융자산 (나) 보고기간 말에 신용이 손상된 금융자산 **(다) 실무적 간편법으로 손실충당금을 측정한 매출채권, 계약자산, 리스채권 – 충당금 설정률표 가능**(K-1107. 35N) (3) 취득 시 신용이 손상되어 있는 금융자산
4. 담보물과 그 밖의 신용보강	
4-1. 회계기간에 담보권을 실행하거나 그 밖의 신용보강(예 : 보증)을 요구하여 취득하게 된 금융자산 또는 비금융자산(K-1107. 38)	(1) 자산의 특성 및 장부금액 (2) 자산을 쉽게 현금화할 수 없는 경우 해당 자산의 처분 방침이나 영업상 이용 방침

충당금 설정률표와 관련하여 K-IFRS 제1109호(금융상품) 적용사례에서 아래와 같이 사례를 제시하고 있다.

사례 12 **충당금 설정률표**

IE74

제조업체인 기업 M은 20×1년에 30,000,000원에 해당하는 매출채권 포트폴리오를 갖고 있으며 한 지역에서만 영업한다. 고객들은 다수의 작은 고객들로 구성되어 있으며 매출채권은 계약에 따른 모든 금액을 지급할 수 있는 고객의 능력을 나타내는 공통의 위험특성으로 범주화 된다. 매출채권은 기업회계기준서 제1115호에 따른 유의적인 금융요소가 없다. 이 기준서의 문단 5.5.15에 따라 유의적인 금융요소가 없는 매출채권의 손실충당금은 항상 전체기간 기대신용손실에 해당하는 금액으로 측정한다.

IE75

기업 M은 포트폴리오의 기대신용손실을 산정하기 위해 충당금 설정률표를 이용한다. 충당금 설정률표는 과거에 매출채권의 기대존속기간에 관측된 채무불이행률에 기초하며 미래전망적인 추정을 위해 조정된다. 매 보고기간 말에 과거에 관측된 채무불이행률을 갱신하며 미래전망 추정치의 변동을 분석한다. 이 사례의 경우 경제상황이 내년에 악화될 것으로 예측한다.

IE76

이러한 기준으로 기업 M은 다음의 충당금 설정률표를 추정한다.

	현재	1 ~ 30일 연체	31 ~ 60일 연체	61 ~ 90일 연체	90일 초과 연체
채무불이행률	0.3%	1.6%	3.6%	6.6%	10.6%

IE77

다수의 작은 고객들로 구성된 매출채권들은 30,000,000원이고 충당금 설정률표를 이용하여 측정한다.

	총 장부금액	전체기간 기대신용손실 충당금 (총 장부금액 × 전체기간 기대신용손실률)
연체되지 않음.	15,000,000원	45,000원
1 ~ 30일 연체	7,500,000원	120,000원
31 ~ 60일 연체	4,000,000원	144,000원
61 ~ 90일 연체	2,500,000원	165,000원
90일 초과 연체	1,000,000원	106,000원
	30,000,000원	**580,000원**

손실충당금의 변동과 관련한 실무적용지침은 다음과 같다.

| K-IFRS 제1107호 실무적용지침 IG20B

손실충당금의 변동(문단 35H, 35I)

IG20B

다음의 사례는 문단 35H ~ 35I의 규정에 따라 보고기간 중 손실충당금의 변동을 초래하는 금융자산의 총 장부금액의 유의적인 변동과 손실충당금의 변동에 대한 정보를 제공하는 한 방법을 예시한 것이다. 이 사례는 취득 시 신용이 손상되어 있는 금융자산에 대한 요구사항을 예시한 것은 아니다.

(단위 : 천원)

주택담보-손실충당금	12개월 기대신용 손실	전체기간 기대신용손실 (집합 평가)	전체기간기대 신용손실 (개별 평가)	신용이 손상된 금융자산(전체기간기대신용손실)
1월 1일 손실충당금	X	X	X	X
1월 1일 인식된 금융상품으로 인한 변동				
– 전체기간기대신용손실로 대체	(X)	X	X	–
– 신용이 손상된 금융자산으로 대체	(X)	–	(X)	X
– 12개월 기대신용손실로 대체	X	(X)	(X)	–
– 보고기간 중 제거된 금융자산	(X)	(X)	(X)	(X)
발행 또는 매입한 새로운 금융자산	X	–	–	–
상각	–	–	(X)	(X)
모형/위험매개변수의 변동	X	X	X	X
외화환산과 그 밖의 변동	X	X	X	X
12월 31일 손실충당금	X	X	X	X

손실충당금의 변동을 초래하는 주택담보대출의 총 장부금액의 유의적인 변동은 다음과 같습니다.

- ABC 우량주택담보대출 포트폴리오의 취득으로 주택담보대출 장부금액이 X% 증가하였으며, 이와 관련하여 12개월 기준으로 측정한 손실충당금의 증가하였습니다.
- 국내시장의 침체로 DEF 포트폴리오 XX원을 상각하였고 이로 인해 손상의 객관적 증거가 있는 금융자산의 손실충당금이 X원으로 감소하였습니다.
- 지역 X에서 실업의 증가가 예상됨에 따라 전체기간 기대신용손실로 측정하는 금융자산이 순증가하였고 전체기간 기대신용손실 충당금이 X원으로 순증가하였습니다.

주택담보대출의 총 장부금액의 유의적인 변동에 대한 상세한 설명은 다음과 같습니다.

(단위 : 천원)

주택담보대출-손실충당금	12개월 기대신용손실	전체기간 기대신용손실 (집합 평가)	전체기간 기대신용손실 (개별 평가)	신용이 손상된 금융자산 (전체기간기대신용손실)
1월 1일 총 장부금액	X	X	X	X
전체기간기대신용손실로 대체된 개별금융자산	(X)	-	X	-
신용이 손상된 금융자산으로 대체된 개별금융자산	(X)	-	(X)	X
신용이 손상된 자산에서 대체된 개별금융자산	X	-	X	(X)
집합기준으로 평가한 금융자산	(X)	X	-	-
발행 또는 매입한 새로운 금융자산	X	-	-	-
상각	-	-	(X)	(X)
제거된 금융자산	(X)	(X)	(X)	(X)
제거를 초래하지 않는 변동	(X)	-	(X)	(X)
기타 변동	X	X	X	X
12월 31일 총 장부금액	X	X	X	X

신용위험 관련 주석공시사항 예시는 다음과 같다.

예시

2-1. 손실충당금의 기초 잔액에서 기말 잔액으로의 조정은 기간 동안의 변동을 표 형식으로 금융상품의 종류별로 공시

(1) 당기 중 상각후원가 측정 금융자산의 손실충당금의 변동내역은 다음과 같습니다. (K-1107, 35H)

구분	집합평가			개별평가	합계
	12개월 기대신용손실	전체기간 기대신용손실	손상채권 전체기간	전체기간 기대신용손실	
기초	100	100	200	100	300
순전입(환입)	10	20	30	(20)	10
실행 또는 매입한 금융자산	10	-	10	-	10
기말	120	120	240	80	320

3-1. 신용위험 등급별로 금융자산의 총 장부금액, 대출약정의 신용위험 익스포저, 금융보증계약의 신용위험 익스포저를 공시 (K-1107, 35M~35N)

충당금설정률표 예시 (K-1107, 35N)

구분	매출채권 발생일수				합계
	3개월 미만	3개월 ~ 6개월 미만	6개월 ~ 12개월 미만	12개월 초과	
기대신용손실률	0.05%	3.40%	19.00%	33.78%	12.57%
장부금액	100,000	50,000	200,000	20,000	370,000
기대신용손실	50	1,700	38,000	6,756	46,506

☞ 공시사례 8.1 금융상품 공시 일반
☞ 공시사례 8.4 금융위험 공시

3-2. 유동성위험

39 다음 사항을 공시한다.

(1) 남은 계약기간을 나타내는 비파생금융부채(발행된 금융보증계약 포함)의 만기분석

(2) 파생금융부채의 만기분석. 파생금융부채의 계약상 만기가 현금흐름의 시기를 이해하기 위하여 반드시 필요한 경우에는 남은 계약기간을 만기분석에 포함한다(문단 B11B 참조).

(3) 위 (1)과 (2)에 내재된 유동성위험을 관리하는 방법에 대한 설명

유동성위험 공시 관련 실무적용지침은 다음과 같다.

| K-IFRS 제1107호 실무적용지침 IG31A

비파생금융부채의 만기분석[문단 39(1)]

IG31A

다음 사례에서는 기업이 문단 39(1)의 요구사항을 어떻게 따르는지를 설명한다.

할인되지 않은 현금흐름 : 비파생금융부채								
	만기							
	합계	1개월 미만	1개월 이상~ 3개월 이하	3개월 초과~ 6개월 이하	6개월 초과~ 1년 이하	1년 초과~ 3년 이하	3년 초과~ 5년 이하	5년 초과
은행차입금	1,625				285	740	600	
리스부채	2,300	70	140	210	400	750	620	110
매입채무 및 기타채무	350	70	190	90				

할인되지 않은 현금흐름 : 비파생금융부채									
	만기								
	합계	1년 미만	1년 이상~ 2년 이하	2년 초과~ 3년 이하	3년 초과~ 4년 이하	4년 초과~ 5년 이하	5년 초과~ 7년 이하	7년 초과~ 10년 이하	10년 초과
은행 차입금	3,100	40	300	38	280	2,442			
리스부채	4,400	500	500	480	430	430	790	800	470
매입채무 및 기타채무	95	95							

할인되지 않은 현금흐름 : 비파생금융부채							
	만기						
	합계	1개월 미만	1개월 이상~6개월 이하	6개월 초과~1년 이하	1년 초과~2년 이하	2년 초과~3년 이하	3년 초과
사채	2,100	7	34	40	79	1,940	
리스부채*	4,970			340	310	290	4,030
매입채무 및 기타채무	980	280	700				

* 리스부채의 만기 관련 추가 정보는 다음 표에서 제공된다.

	만기						
	합계	1년 이하	1년 초과~5년 이하	5년 초과~10년 이하	10년 초과~15년 이하	15년 초과~20년 이하	20년 초과~25년 이하
리스부채	4,970	340	1,200	1,110	1,050	970	300

유동성위험 관련 주석공시사항은 다음과 같다.

주석사항

다음 사항을 공시한다(K-1107. 39).

(1) 남은 계약기간을 나타내는 비파생금융부채(발행된 금융보증계약 포함)의 만기분석

(2) 파생금융부채의 만기분석. 파생금융부채의 계약상 만기가 현금흐름의 시기를 이해하기 위하여 반드시 필요한 경우에는 남은 계약기간을 만기분석에 포함한다(문단 B11B 참조).

(3) 위 (1)과 (2)에 내재된 유동성위험을 관리하는 방법에 대한 설명

설명

1. 비파생금융부채

남은 계약기간의 예시는 적용지침에 아래와 같이 예시되어 있으나, 실무적으로 그 구분기준은 회사의 판단에 따른다(K-1107. 부록 B. 적용지침 B11).

만기를 분석하는 경우에 적절한 수의 기간을 결정한다. 예를 들면, 다음과 같은 기간의 간격이 적절하다고 결정할 수도 있다.

(1) 1개월 이하

(2) 1개월 초과~3개월 이하

(3) 3개월 초과~1년 이하

(4) 1년 초과~5년 이하

2. 파생금융부채

파생금융부채의 계약상 만기가 현금흐름의 시기를 이해하기 위하여 반드시 필요하다면, 남은 계약기간을 보여주는 양적 만기분석을 공시하도록 요구하고 있으며, 관련해서 실무상 적용지침과 그 예시를 다음과 같이 제시하고 있다(K-1107, 부록 B, 적용지침 B11B).

파생금융부채의 계약상 만기가 현금흐름의 시기를 이해하기 위하여 반드시 필요하다면, 남은 계약기간을 보여주는 양적 만기분석을 공시하도록 요구한다. 예를 들면 다음과 같은 경우가 이에 해당할 수 있다.

(1) 변동이자율 금융자산 또는 금융부채에 대한 현금흐름 위험회피에서 남은 기간이 5년인 이자율스왑

(2) 모든 대출약정

유동성위험 관련 주석공시사항 예시는 다음과 같다.

1. 비파생금융부채 만기분석

예시

회사의 금융부채 중 차입금과 리스부채의 사례이다.

- 금융기관 차입금 총액이 계약상 600,000원, 연이자 총액이 60,000원임(20×1년 말 장부금액은 572,000원).
- 리스부채 만기 3년 리스계약의 1년 경과분임(20×1년 말 장부금액은 223,130원)

과목	20×1기말
유동부채	
매입채무	×××
미지급금	×××
유동성장기차입금	95,000
유동리스부채	108,843
비유동부채	
장기성매입채무	×××
장기차입금	477,000
비유동리스부채	114,287

리스상각스케줄

기간	리스료	이자비용	상각액	리스부채
20×0				326,790
20×1	120,000	16,340	103,660	223,130
20×2	120,000	11,157	108,843	114,287
20×3	120,000	5,713	114,287	-

공시 예시

	장부금액	계약상 현금흐름	1년 이내	1년~5년 이하
매입채무	×××	×××	×××	×××
미지급금	×××	×××	×××	-
차입금	572,000	660,000	110,000	550,000
리스부채	223,130	240,000	120,000	120,000

설명

- 만기분석 공시사항은 각 만기기간의 할인하지 않은 계약상 원금과 이자 합계를 공시한다.
- 계약상 현금흐름의 합계(660,000원)는 장부금액(572,000원)보다 작을 수 없다(현재가치 할인 없고, 약정이자가 없는 경우 같을 수는 있다).
- 리스부채의 계약상 현금흐름은 금융원가 차감 전 리스부채 총액이다(240,000원).

2. 파생금융부채 만기분석

예시

당기말 및 전기말 현재 은행의 파생금융상품의 유동성 분석내역은 다음과 같습니다. 아래 주석은 파생상품의 각 계약별 현금흐름에 기초하여 작성되었습니다. 수취금액이나 지급금액이 확정되지 않은 경우에는 보고기간 말 현재 수익률곡선을 토대로 한 추정이자율을 이용하여 결정하였습니다.

〈당기말〉

구분	즉시지급	1개월 이하	1개월 초과 3개월 이하	3개월 초과 1년 이하	1년 초과 5년 이하	5년 초과	합계
통화선도	-	100	100	100	100	100	500
옵션	200	-	-	-	-	-	200
합계	200	100	100	100	100	100	700

☞ 공시사례 8.1 금융상품 공시 일반

☞ 공시사례 8.4 금융위험 공시

3-3. 시장위험

민감도 분석

40 문단 41을 따르지 아니하는 경우에는 다음 사항을 공시한다.

(1) 보고기간 말 현재 노출된 시장위험의 각 유형별 민감도 분석. 이러한 분석에는 보고기간 말 현재 가능성이 어느 정도 있는(reasonably possible) 관련 위험변수의 변동이 손익과 자본에 미치는 영향을 포함한다.

(2) 민감도 분석을 수행할 때 사용한 방법과 가정

(3) 이전 회계기간에 적용한 방법과 가정을 바꾼 경우 그 변경 내용과 이유

41 위험변수(예 : 이자율과 환율) 사이의 상호의존도를 반영하는 민감도 분석[예 : 최대손실예상액(VaR, value-at-risk)]을 수행하여 금융위험을 관리하는 경우에는 문단 40에서 규정하는 분석 대신에 이 민감도 분석을 사용할 수 있다. 이 경우 다음 사항도 공시한다.

(1) 이러한 민감도 분석을 수행할 때 사용한 방법과 자료에 내재된 주요 매개변수 및 가정에 대한 설명

(2) 사용한 방법의 목적에 대한 설명, 관련 자산 및 부채의 공정가치를 해당 정보가 완전하게 반영하지 못하는 결과를 가져올 수 있는 제약에 대한 설명

그 밖의 시장위험 공시

42 문단 40 또는 41에 따라 공시한 민감도 분석이 금융상품에 내재된 위험을 적절하게 반영하지 못하는 경우(예 : 연말 익스포저가 연중 익스포저를 반영하지 못하는 경우)에는 민감도 분석이 위험을 적절하게 반영하지 못한다는 사실과 그렇게 판단한 이유를 공시한다.

시장위험은 시장가격의 변동으로 금융상품의 공정가치 또는 미래현금흐름이 변동될 위험으로 정의된다.

시장위험은 **환위험, 이자율위험**과 **그 밖의 가격위험**의 세 유형의 위험으로 구성된다.

시장위험	정의 (K-1107, 부록 A)	실무지침 (K-1107, 부록 B17 ~ 28)
환위험	환율의 변동으로 금융상품의 공정가치 또는 미래현금흐름이 변동될 위험	• 환위험(또는 외환위험)은 외화로, 즉 금융상품을 측정하는 기능통화 외의 통화로 표시된 금융상품에서 생긴다. 이 기준서의 목적상 비화폐성 항목이나 기능통화로 표시된 금융상품에서는 환위험이 생기지 않는다. • 유의적으로 노출된 외화별로 민감도 분석을 공시한다.

시장위험	정의 (K-1107, 부록 A)	실무지침 (K-1107, 부록 B17 ~ 28)
이자율위험	시장이자율의 변동으로 금융상품의 공정가치 또는 미래현금흐름이 변동될 위험	이자율위험은 재무상태표에 인식된 이자부 금융상품(예 : 취득하거나 발행한 채무상품)과 재무상태표에 인식되지 않은 금융상품의 일부(예 : 일부 대출약정)에서 생긴다.
그 밖의 가격위험	이자율위험이나 환위험에서 생기는 시장가격 변동 외에, 시장가격의 변동으로 금융상품의 공정가치 또는 미래현금흐름이 변동될 위험. 다만, 이러한 변동은 개별 금융상품이나 발행자에게 특정되는 요인에 따라 생길 수 있고, 시장에서 거래되는 모든 비슷한 금융상품에 영향을 주는 요인에 따라 생길 수도 있다.	• 특정 주식시장지수, 일반상품가격, 그 밖의 위험변수의 하락에 따른 영향을 공시할 수 있다. • 특정 수량의 지분상품을 매입하거나 매도할 수 있는 선도계약 · 옵션과 지분가격에 연계된 스왑을 들 수 있다. 이러한 금융상품의 공정가치는 기초자산인 지분상품의 시장가격 변동에 영향을 받는다. • 당기손익에 대한 민감도(예 : 당기손익-공정가치 측정 금융자산에서 생기는 당기손익에 대한 민감도)는 기타포괄손익에 대한 민감도(예 : 공정가치의 변동을 기타포괄손익으로 표시하는 지분상품에 대한 투자에서 생기는 기타포괄손익에 대한 민감도)를 구분하여 별도로 공시한다.

시장위험 관련 주석공시사항 예시는 다음과 같다.

예시

1. 환위험

외화금융상품의 내역은 다음과 같습니다.

금융상품	통화	외화금액	기말 환산환율	원화환산금액
외화예금	USD	100	1,000원/USD	100,000
외화차입금	JPY	100	100원/JPY	10,000

[환위험 주석공시]

보고기간종료일 현재 기능통화와 다른 주요 외화로 표시된 금융자산 및 금융부채에 대하여 환율이 5% 변동할 경우 당기손익(법인세효과 반영 전)에 미치는 영향은 다음과 같습니다.

통화	환율 상승 시 (5%)	환율 하락 시 (5%)
USD	5,000	(5,000)
JPY	(500)	500

설명

• 비화폐성 항목이나 기능통화로 표시된 금융상품(원화)에서는 환위험이 생기지 않는다.
• 민감도 분석은 주요 외화별로 구분한다.

| K-IFRS 제1107호 실무적용지침 IG36 | 외화환율위험

20×2년 12월 31일에 다른 모든 변수가 변동되지 않은 상태에서, 원화가 미국 달러화에 대하여 10% 평가절하되었다면, 세후 당기이익은 2.8백만원(20×1년 : 6.4백만원) 감소했을 것이며, 기타포괄손익은 1.2백만원(20×1년 : 1.1백만원) 증가하게 될 것입니다. 이와는 반대로 다른 모든 변수가 변동되지 않은 상태에서 원화가 미국 달러화에 대하여 10% 평가절상되었다면, 세후 당기이익은 2.8백만원(20×1년 : 1.1백만원) 증가했을 것이고, 기타포괄손익은 1.2백만원(20×1년 : 1.1백만원) 감소했을 것입니다. 20×1년과 비교하여 20×2년에 외화환율이 당기이익에 미치는 민감도가 낮아진 것은 외화표시부채의 감소에 기인합니다. 자본은 20×1년보다 20×2년에 더 민감한데, 이는 외화부채는 감소하였지만 이를 상쇄하여 외화매입의 위험회피가 증가하였기 때문입니다.

2. 이자율위험

차입금의 내역은 다음과 같습니다.

금융상품	차입금	이자율
차입금 A	1,000,000	변동금리 5%
차입금 B	500,000	고정금리 5%

[이자율위험 주석공시]

이자율이 5%이고, 50 베이시스 포인트의 상하 변동 가능성이 어느 정도 있는 것이라고 가정합니다.

통화	이자율 상승 시 (50 bps)	환율 하락 시 (50 bps)
차입금	(5,000)	5,000

설명

- 이자율 변동위험이 존재하지 않는 고정금리부 차입금(차입금B)은 공시대상이 아니다.
- '상황이 최악인' 시나리오나 '위기상황분석(stress test)'을 포함해서는 안 된다.
- 이자율이 4.5% 또는 5.5%로 변동되는 경우에 당기손익과 자본에 미치는 영향을 공시하게 될 것이다.
- 다음 회계기간에 이자율이 5.5%로 오르더라도, 가능성이 어느 정도 있는 변동은 여전히 50 베이시스 포인트의 상하 변동이라고(이자율의 변동이 안정적이다) 판단할 수 있다.
- 이자율의 변동성이 유의적으로 커질 것이라는 증거가 없다면, 이자율 50 베이시스 포인트의 상하 변동 가능성이 어느 정도 있을 것이라는 판단을 수정할 필요는 없다.

| K-IFRS 제1107호 실무적용지침 IG36 | 이자율위험

20×2년 12월 31일에 다른 모든 변수는 변동되지 않은 상태에서, 같은 날의 이자율이 10 베이시스 포인트 하락했다면, 세후 당기이익은 1.7백만원(20×1년 : 2.4백만원) 증가했을

것이며, 이는 주로 변동금리부 차입금의 이자비용 감소에 기인합니다. 이자율 이외의 모든 변수는 변동되지 않은 상태에서 이자율이 10 베이시스 포인트 상승했다면, 세후 당기이익은 1.5백만원(20×1년 : 2.1백만원) 감소했을 것이며, 이는 주로 변동금리부 차입금의 이자비용 증가에 기인합니다. 이자율 상한이 있는 차입금이 존재하기 때문에 당기이익은 이자율이 증가하는 경우보다 감소하는 경우에 더 민감합니다. 민감도는 20×1년보다 20×2년에 더 낮은데, 이는 부채의 만기가 도래하여 미상환 차입금이 감소하였기 때문입니다.

3. 그 밖의 가격위험

(2) 주가변동위험

회사는 전략적 목적 등으로 기타포괄손익-공정가치금융자산으로 분류된 지분상품에 투자하고 있습니다. 이를 위하여 직 · 간접적 투자수단을 이용하고 있습니다.

보고기간종료일 현재 지분상품(상장주식)의 주가가 1% 변동할 경우 기타포괄손익(법인세효과 반영 전)에 미치는 영향은 100백만원입니다.

☞ 공시사례 8.1 금융상품 공시 일반
☞ 공시사례 8.4 금융위험 공시

4. 금융자산 양도

42A 금융자산 양도와 관련된 문단 42B ~ 42H의 공시 규정은 이 기준서의 다른 공시 규정을 보충한다. 문단 42B ~ 42H의 공시 규정은 재무제표에서 하나의 주석으로 표시한다. 해당 양도거래가 있었던 시기와 관계없이, 보고일에 존재하나 제거되지 않은 모든 양도 금융자산과 양도자산에 대한 지속적 관여에 대해 필요한 공시를 한다. 해당 문단의 공시 규정을 적용하는 목적상 다음 중 어느 하나에 해당하는 경우에만 금융자산(양도된 금융자산)의 전체나 일부를 양도한 것이다.

(1) 해당 금융자산의 현금흐름을 받을 계약상 권리를 양도한 경우

(2) 해당 금융자산의 현금흐름을 받을 계약상 권리를 유지하고 있으나, 어떤 약정에 따라 하나 이상의 수취인에게 해당 현금흐름을 지급할 계약상 의무를 부담하는 경우

42B 재무제표이용자가 다음을 할 수 있게 하는 정보를 공시한다.

(1) 전체가 제거되지는 않은 양도 금융자산과 관련 부채의 관계에 대한 이해

(2) 제거된 금융자산에 대한 양도자의 지속적 관여의 특성 및 관련된 위험에 대한 평가

42C 문단 42E ~ 42H의 공시 요구사항을 적용하는 목적상 양도의 일부로, 양도자가 양도한 금융자산에 내재된 계약상 권리 또는 의무를 유지하거나 양도한 금융자산과 관련된 새로운 계약상 권리 또는 의무를 갖게 되는 경우에는 양도자가 양도 금융자산에 지속적으로 관여하는 것이다. 문단 42E ~ 42H의 공시 요구사항을 적용하는 목적상 다음은 지속적 관여에 해당하지 않는다.

(1) 법적 소송의 결과로 양도를 무효화할 수 있는 부정양도와 합리성, 선의, 공정거래의 개념에 관련된 일반적인 표명과 보증
(2) 양도 금융자산을 재매입하는 선도, 옵션, 그 밖의 계약으로서 계약금액(또는 행사가격)이 해당 양도자산의 공정가치인 경우
(3) 금융자산의 현금흐름을 받을 계약상 권리를 갖지만, 해당 현금흐름을 하나 이상의 기업에 지급할 계약상 의무를 부담하고 기업회계기준서 제1109호의 문단 3.2.5(1) ~ (3)의 조건을 충족하는 계약

전체가 제거되지는 않은 양도 금융자산

42D 금융자산의 일부나 전체가 제거 조건을 충족하지 못하는 방식으로 금융자산을 양도할 수 있다. 문단 42B(1)에서 설명하는 목적을 이루기 위하여, 양도하였으나 그 전체가 제거되지는 않은 금융자산의 종류별로 다음 사항을 보고기간 말마다 공시한다.

(1) 양도자산의 특성
(2) 소유권에 따라 기업이 노출되는 위험 및 보상의 특성
(3) 양도자산과 관련 부채의 관계에서 나타나는 특성에 대한 기술(양도로 생기는 보고기업의 양도자산 사용 제약을 포함)
(4) 관련 부채의 거래상대방이 양도자산에 대해 소구권만 가지고 있는 경우에는 양도자산의 공정가치, 관련 부채의 공정가치, 순포지션(net position, 양도자산과 관련 부채의 공정가치의 차이)을 나타내는 명세
(5) 양도자산 전체를 계속 인식하는 경우 해당 자산의 장부금액과 관련 부채의 장부금액
(6) 양도자가 지속적으로 관여하는 정도까지만 양도자산을 계속 인식하는 경우[기업회계기준서 제1109호의 문단 3.2.6(3)(나)와 3.2.16 참조], 양도 전 원래 자산의 총 장부금액, 양도자가 계속 인식하는 자산의 장부금액, 관련 부채의 장부금액

전체가 제거된 양도 금융자산

42E 문단 42B(2)의 목적을 이루기 위하여, 양도 금융자산 전체를 제거하지만[기업회계기준서

42E 제1109호 문단 3.2.6(1)과 (3)(가) 참조] 해당 자산에 지속적으로 관여하는 경우에 양도자는 지속적 관여의 각 유형별로 최소한 다음 사항을 보고기간 말마다 공시한다.

(1) 제거된 금융자산에 대한 양도자의 지속적 관여를 나타내어 양도자의 재무상태표에 인식된 자산과 부채의 장부금액, 그리고 해당 자산과 부채의 장부금액이 인식된 개별 항목
(2) 제거된 금융자산에 대한 양도자의 지속적 관여를 나타내는 자산과 부채의 공정가치
(3) 제거된 금융자산에 양도자가 지속적으로 관여하여 생길 수 있는 손실에 최대로 노출되는 금액을 가장 잘 나타내는 금액, 그리고 손실에 최대로 노출되는 금액이 어떻게 결정되는지를 보여주는 정보
(4) 제거된 금융자산을 재매입하기 위해 필요하거나 필요할 수 있는 미할인 현금유출액(예 : 옵션계약의 행사가격)이나 양도자산과 관련되어 양수자에게 지급해야 하는 그 밖의 금액. 현금유출액이 달라질 수 있다면 공시하는 금액은 매 보고기간 말에 존재하는 조건에 기초하여야 한다.
(5) 제거된 금융자산을 재매입하기 위해 필요하거나 필요할 수 있는 미할인 현금유출액의 만기분석이나 양도자산과 관련하여 양수자에게 지급해야 하는 그 밖의 금액의 만기분석(양도자의 지속적 관여의 남은 계약기간을 나타냄)
(6) (1) ~ (5)에서 요구하는 양적 공시를 설명하고 보완하는 질적 정보

42F 제거된 금융자산에 둘 이상의 유형으로 지속적으로 관여한다면 양도자는 문단 42E에서 요구하는 정보를 그 자산과 관련하여 통합할 수 있고, 한 가지 유형의 지속적 관여로 보고할 수 있다.

42G 양도자는 다음 사항도 지속적 관여의 유형별로 공시한다.

(1) 자산의 양도일에 인식한 손익
(2) 제거된 금융자산에 대해 양도자의 지속적 관여로 보고기간에 인식된 수익 및 비용과 그 누계액(예 : 파생상품의 공정가치 변동)
(3) (제거조건을 충족하는) 양도 행위의 대가총액이 보고기간에 걸쳐 균등하게 생기지 않는 경우(예 : 양도 행위의 총 금액 중 많은 액수가 보고기간 종료일에 생김)에 다음 사항을 공시한다.
  (가) 보고기간 중 가장 큰 양도 행위가 일어난 시점(예 : 보고기간 말 직전 마지막 5일간)
  (나) 보고기간 중 (가)에 해당하는 기간에 일어난 양도 행위로 인식된 금액(예 : 관련 손익)

42G (다) 보고기간 중 (가)에 해당하는 기간에 일어난 양도 행위의 대가총액

양도자는 이 정보를 포괄손익계산서가 표시되는 기간마다 제공한다.

보충 정보

42H 양도자는 문단 42B의 공시 목적을 이루기 위해 필요하다고 판단한 추가 정보를 공시한다.

기업들은 매출채권 등 채권 성격의 금융상품을 만기까지 채권으로 보유할지, 만기 이전에 현금화할지에 대한 지속적인 의사결정을 한다.

매출채권을 금융기관을 통해 만기 이전에 현금화하는 방안이 매출채권 할인이다. 매출채권 할인은 어음의 만기이전 할인 또는 L/C 네고 등을 통해 이루어진다.

그러나 이러한 매출채권을 할인한 고객사가 어음 또는 L/C의 결제일 이전에 부도 등 지급불능 상태가 되면 기업이 금융기관에 할인해서 현금화한 금액을 되갚아야 하는데, 이를 금융기관의 소구권(recourse)이라 한다.

이러한 소구권이 부여된 매출채권 할인거래는 어음 또는 L/C의 만기까지는 기업이 매출채권을 보유함으로 인한 위험을 지속적으로 보유하고 있다고 판단하여, 기업이 매출채권을 담보로 은행에서 차입한 것으로 보며, 매출채권을 제거하지 않고 동액을 금융부채(차입금)로 계상한다.

동 매출채권과 차입금은 만기시점에 상계제거된다.

K-IFRS 제1107호에서는 매출채권 양도 관련 주석공시사항을 요구하고 있으며, 추가적으로 금융감독원에서도 모범사례를 제시하고 있다.

금융자산 양도 관련 금융감독원 주석공시 모범사례에서 제시하는 예시는 다음과 같다.

예시

2.1 전체가 제거되지는 않은(양도거래 후에도 해당 금융자산 전체나 일부가 재무상태표에 표시되는) 양도 금융자산

2.1.1 당기말 및 전기말 현재 존재하는, 전체가 제거되지 못한(양도거래 후에도 해당 자산 전체가 재무상태표에 표시되는) 양도 금융자산과 관련 부채에 대한 정보는 다음과 같습니다.

(단위 : 백만원)

구분	매출채권		매도가능증권		…	
	당기말[1), 2)]	전기말[2)]	당기말[3), 4)]	전기말[4)]	당기말	전기말
• 양도 자산의 장부금액	×	×	×	×	×	×
• 관련 부채의 장부금액	(×)	(×)	(×)	(×)	(×)	(×)

구분	매출채권		매도가능증권		…	
	당기말[1), 2)]	전기말[2)]	당기말[3), 4)]	전기말[4)]	당기말	전기말
• 양수인이 양도자산에 대해서만 소구권을 갖고 있는 경우[2)] :			–	–	–	–
양도 자산의 공정가치(A)	×	×				
관련 부채의 공정가치(B)	(×)	(×)				
순포지션(A – B)	×	×				

주 : 1) 20××.×.×. 연결회사는 ○○은행 등과의 매출채권 팩토링 계약에 따라 매출채권을 할인하였습니다. 이 거래는 해당 매출채권이 만기에 회수되지 않는 경우 연결회사가 은행 등에 그 회수되지 않은 매출채권 금액을 지급할 의무를 부담하고 있으므로 소구권(상환청구권)이 있는 거래에 해당합니다. 연결회사는 양도 후에도 해당 매출채권에 대한 위험과 보상 대부분을 보유하고 있어, 동 거래를 담보부 차입으로 회계처리하였습니다.

2) 20××.×.×. 종속기업인 ○○사는 보유 중인 매출채권을 유동화하기 위해 ○○제×차유동화전문유한회사(이하 'SPC')에 매출채권을 양도하였습니다. SPC는 양수한 매출채권을 기초자산으로 선순위 및 후순위 유동화증권을 발행하였으며, 종속기업인 ○○사는 후순위 유동화증권을 전액 인수하는 방법으로 신용보강을 제공하고 있어 기초자산인 매출채권에 대손이 발생할 경우 그 위험은 연결실체에 우선적으로 귀속됩니다. SPC는 양수한 매출채권에 대해서만 소구권을 갖고 있습니다. 연결회사는 양도 후에도 해당 매출채권에 대한 위험과 보상 대부분을 보유하고 있어, 동 거래를 담보부 차입으로 회계처리하였습니다.

3) 20××.×.×. 연결회사는 보유 중인 ○○사 주식(매도가능증권)을 총수익스왑(TRS; Total Return Swap) 조건으로 매각하였습니다. 총수익스왑 계약에 따르면, 양수인이 ○○사 주식을 처분하거나 계약기간이 종료할 때까지 ○○사 주식에서 발생하는 배당금은 연결회사가 수취하며, 양수인이 ○○사 주식을 처분할 때나 계약기간이 종료할 때 주식의 처분가격 또는 공정가치와 연결회사가 양도한 가격과의 차이를 추가 정산(가치 상승분은 추가 수취, 가치 하락분은 추가 지급)하기로 되어있습니다. 연결회사는 양도 후에도 ○○사 주식의 위험과 보상 대부분을 보유하고 있어, 동 거래를 담보부 차입으로 회계처리하였습니다.

4) 연결회사는 보유 중인 국 · 공채(매도가능증권)를 ○○증권에 환매조건부로 매각하였습니다. 연결회사는 매각과 동시에, 계약종료일에 특정가격으로 증권을 재매입하기로 약정하였고, 그 환매약정기간에 ○○증권은 매입한 국 · 공채를 매각하거나 다른 금융기관에 담보로 제공하는 것이 금지됩니다. 연결회사는 양도 후에도 해당 국 · 공채에 대한 위험과 보상 대부분을 보유하고 있어, 동 거래를 담보부 차입으로 회계처리하였습니다.

☞ 공시사례 8.5 금융자산 양도

기업회계기준서 제1109호의 최초 적용

42I 기업회계기준서 제1109호의 최초 적용일을 포함한 보고기간에 최초 적용일 현재 금융자산과 금융부채의 각 종류별로 다음 정보를 공시한다.

(1) 기업회계기준서 제1039호에 따라 결정된 최초의 측정 범주와 장부금액

(2) 기업회계기준서 제1109호에 따라 결정된 새로운 측정 범주와 장부금액

(3) 이전에 당기손익-공정가치 측정 항목으로 지정하였으나, 그러한 지정에서 제외된 금융자산과 금융부채의 재무상태표상 금액. 이 금액은 최초 적용일에 기업회계기준

42I 제1109호에 따라 재분류가 요구되는 금융상품과 기업이 재분류를 선택한 금융상품으로 구분하여 공시한다.

기업회계기준서 제1109호 문단 7.2.2에 따라 그 기준서를 적용하기 위해 기업이 선택한 접근법에 따라, 관련 경과 규정은 둘 이상의 최초 적용일과 관련될 수 있다. 따라서 이 문단에 따라 둘 이상의 최초 적용일에 공시할 수 있다. 다른 형식이 더 적절하지 않다면 표 형식으로 이러한 양적 정보를 공시한다.

42J 기업회계기준서 제1109호의 최초 적용일을 포함한 보고기간에 이용자가 다음을 이해할 수 있도록 다음의 질적 정보를 공시한다.

(1) 기업회계기준서 제1109호의 적용으로 금융자산의 분류가 바뀐 경우에는 제1109호의 분류 요구사항을 적용하는 방법
(2) 최초 적용일에 금융자산이나 금융부채를 당기손익-공정가치 측정 항목으로 지정한 이유나 지정을 취소한 이유

기업회계기준서 제1109호 문단 7.2.2에 따르면 그 기준서를 적용하기 위해 기업이 선택한 접근법에 따라 경과규정은 둘 이상의 최초 적용일과 관련될 수 있다. 따라서 이 문단에 따라 둘 이상의 최초 적용일에 공시가 될 수 있다.

42K 기업회계기준서 제1109호에 따라 금융자산의 분류와 측정을 처음으로 적용하는 보고기간에(금융자산에 대해 기업회계기준서 제1039호에서 기업회계기준서 제1109호로 변경할 때) 기업회계기준서 제1109호 문단 7.2.15의 요구에 따라 이 기준서 문단 42L ~ 42O에서 정한 공시사항을 표시한다.

42L 문단 42K의 요구에 따라 기업회계기준서 제1109호의 최초 적용일에 금융자산과 금융부채의 분류의 변동을 다음과 같이 구분하여 공시한다.

(1) 기업회계기준서 제1039호에 따른 금융상품의 측정범주에 기초한 장부금액의 변동(즉, 기업회계기준서 제1109호로의 전환에 따른 측정속성의 변동 금액은 제외)
(2) 기업회계기준서 제1109호로의 전환에 따른 측정속성의 변동에서 생기는 장부금액의 변동

이 문단의 공시는 기업회계기준서 제1109호에 따른 금융자산의 분류와 측정 요구사항을 최초로 적용한 연차보고기간 이후에 공시할 필요는 없다.

42M 문단 42K의 요구에 따라, 기업회계기준서 제1109호의 경과규정의 적용 결과 상각후원가 측정 금융상품으로 재분류한 금융자산과 금융부채, 당기손익-공정가치 측정 범주에서 기타포괄손익-공정가치 측정 범주로 재분류한 금융자산에 대해서 다음 사항을 공시한다.

(1) 보고기간 말 금융자산이나 금융부채의 공정가치

(2) 금융자산이나 금융부채를 재분류하지 않았다면 보고기간에 당기손익이나 기타포괄손익으로 인식되었을 공정가치 평가손익

이 문단의 공시는 기업회계기준서 제1109호에 따른 금융자산의 분류와 측정 요구사항을 최초로 적용한 연차보고기간 이후에 공시할 필요는 없다.

42N 문단 42K의 요구에 따라 기업회계기준서 제1109호의 경과규정을 적용한 결과 당기손익-공정가치 측정 범주에서 재분류된 금융자산과 금융부채에 대해 다음 사항을 공시한다.

(1) 최초 적용일에 산정한 유효이자율

(2) 인식한 이자수익이나 이자비용

최초 적용일의 금융자산이나 금융부채의 공정가치를 새로운 총 장부금액으로 보는 경우(기업회계기준서 제1109호 문단 7.2.11)에 금융상품을 제거할 때까지 각 보고기간에 이 문단에 따라 공시한다. 그 외의 경우에는 이 문단의 공시는 기업회계기준서 제1109호에 따른 금융자산의 분류와 측정 요구사항을 최초로 적용한 연차보고기간 이후에 공시할 필요는 없다.

42O 문단 42K ~ 42N에서 정한 공시를 표시할 때 그 공시와 이 기준서의 문단 25의 공시는 최초 적용일 현재 다음 (1)과 (2) 간의 조정이 가능하도록 해야 한다.

(1) 기업회계기준서 제1039호와 제1109호에 따라 표시된 측정 범주

(2) 금융상품의 종류

42P 기업회계기준서 제1109호 제5.5절의 최초 적용일에 (1) 제1039호에 따른 손상충당금과 제1037호에 따른 충당부채의 기말잔액과 (2) 제1109호에 따라 산정된 손실충당금의 차이조정 정보를 공시한다. 최초 적용일에 금융자산은 기업회계기준서 제1039호와 제1109호에 따른 관련 금융자산의 측정 범주별로 공시하며 측정 범주의 변동이 손실충당금에 미치는 영향을 별도로 공시한다.

42Q 기업회계기준서 제1109호의 최초 적용일을 포함한 보고기간에 다음 (1)과 (2)의 분류와 측정 요구사항(기업회계기준서 제1109호 제5.4절과 제5.5절의 금융자산의 상각후원가 측정 관련 요구사항과 손상관련 요구사항 포함)에 따라 보고하였을 각 항목의 금액을

42Q 공시할 필요는 없다.
(1) 과거 기간에 대해 기업회계기준서 제1109호
(2) 당기에 대해 기업회계기준서 제1039호

42R 기업회계기준서 제1109호 문단 7.2.4에 따라 제1109호의 최초 적용일에 그 기준서 문단 B4.1.9B ~ B4.1.9D에 따라 금융자산의 최초 인식시점에 존재하는 사실과 상황에 기초하여 변형된 화폐의 시간가치 요소를 평가하는 것이 실무적으로 불가능하다면(기업회계기준서 제1008호 참조), 기업회계기준서 제1109호 문단 B4.1.9B ~ B4.1.9D에 따른 화폐의 시간가치 요소의 변형과 관련한 요구사항을 고려하지 않고 금융자산의 최초 인식시점에 존재하는 사실과 상황에 기초하여 금융자산의 계약상 현금흐름의 특성을 평가한다. 기업회계기준서 제1109호 문단 B4.1.9B ~ B4.1.9D에서 변형된 화폐의 시간가치 요소와 관련한 요구사항을 고려하지 않고 보고기간 말에 금융자산의 최초 인식시점에 존재하는 사실과 상황에 기초하여 금융자산의 계약상 현금흐름의 특성을 평가한 경우에 해당 금융자산이 제거될 때까지 해당 금융자산의 장부금액을 공시한다.

42S 기업회계기준서 제1109호 문단 7.2.5에 따라 금융자산의 최초 인식시점에 존재하는 사실과 상황에 기초하여 중도상환특성의 공정가치가 해당 기준서 문단 B4.1.12(3)에 따라 경미한지를 판단하는 것이 실무적으로 불가능하다면(기업회계기준서 제1008호 참조), 기업회계기준서 제1109호 문단 B4.1.12에 따른 중도상환특성에 대한 예외를 고려하지 않고 금융자산의 최초 인식시점에 존재하는 사실과 상황에 기초하여 금융자산의 계약상 현금흐름의 특성을 평가한다. 기업회계기준서 제1109호 문단 B4.1.12에 따른 중도상환특성에 대한 예외를 고려하지 않고, 보고기간 말에 금융자산의 최초 인식시점에 존재하는 사실과 상황에 기초하여 금융자산의 계약상 현금흐름의 특성을 평가한 경우에는 금융자산의 장부금액을 해당 금융자산이 제거될 때까지 공시한다.

5. 위험회피회계

21A 기업이 회피하려는 위험 익스포저에 대해 위험회피회계를 적용하기로 선택한 경우에 문단 21B ~ 24F의 공시 요구사항을 적용한다. 위험회피회계 공시에는 다음의 정보를 제공한다.
(1) 위험관리전략과 위험관리를 위한 적용방법
(2) 위험회피활동이 미래현금흐름의 금액, 시기, 불확실성에 어떤 영향을 미치는지
(3) 위험회피회계가 재무상태표, 포괄손익계산서, 자본변동표에 미치는 영향

21B 규정된 공시사항은 재무제표에 단일의 주석이나 별도의 절에서 표시한다. 다른 보고서(예 : 재무제표와 같은 조건과 같은 시기에 재무제표이용자가 이용할 수 있는 경영진분석보고서, 위험보고서)를 상호 참조하여 재무제표에 포함한 정보로 이미 다른 보고서에 표시한 정보는 거듭해서 공시할 필요는 없다. 정보를 상호 참조하여 포함하고 있지 않다면 재무제표는 불완전하다.

21C 문단 22A ~ 24F에 따라 정보를 위험범주별로 구분하여 공시할 때 위험을 회피하기로 결정하여 위험회피회계를 적용하는 위험 익스포저를 기준으로 각 위험범주를 결정한다. 모든 위험회피회계 공시사항에 위험범주를 일관되게 결정한다.

21D 문단 21A의 목적을 이루기 위해 기업은 다음을 결정한다(다만, 아래에서 구체적으로 정한 경우는 제외).

(1) 공시가 얼마나 상세해야 하는지
(2) 공시 요구사항의 서로 다른 부분에 대한 강조의 정도
(3) 통합과 세분화의 적정한 수준
(4) 재무제표이용자가 계량적 공시정보를 평가하기 위한 추가 설명의 필요 여부

다만, 이 기준서와 기업회계기준서 제1113호 '공정가치 측정'에서 관련 정보의 공시를 위해 이용한 통합과 세분화는 같은 수준이어야 한다.

위험관리전략

22 [국제회계기준위원회에서 삭제함]

22A 위험을 회피하기로 결정하여 위험회피회계를 적용하는 위험 익스포저의 각 위험범주별로 위험관리전략을 설명한다. 아울러, 재무제표이용자가 다음(예시)을 평가할 수 있는 설명을 포함한다.

(1) 각 위험이 어떻게 생기는지
(2) 각 위험을 관리하는 방법. 모든 위험에 대해 항목을 전체로 위험회피하는지, 항목의 위험요소(또는 위험요소들)별로 위험회피를 하는지와 그 이유를 포함한다.
(3) 기업이 관리하는 위험 익스포저의 정도

22B 문단 22A의 요건을 충족하기 위해, 정보에는 다음의 설명을 포함한다(이에 한정되는 것은 아님).

(1) 위험 익스포저를 회피하기 위하여 사용된 위험회피수단
(2) 위험회피효과를 평가하기 위해 위험회피대상항목과 위험회피수단 간의 경제적 관계가 어떻게 결정되는지
(3) 위험회피비율을 설정하는 방법과 위험회피의 비효과적인 부분의 원천

22C 특정 위험요소를 위험회피대상항목으로 지정할 때(기업회계기준서 제1109호 문단 6.3.7 참조) 문단 22A와 22B에서 요구하는 공시사항뿐만 아니라 다음 사항에 대한 질적 또는 양적 정보를 제공한다.

(1) 위험회피대상항목으로 지정한 위험요소를 결정하는 방법(위험요소와 전체 항목 사이의 관계의 특성에 대한 설명 포함)
(2) 위험요소가 전체 항목과 어떻게 관련되어 있는지(예 : 지정된 위험요소가 과거에 전체 항목의 공정가치 변동의 평균 80%를 차지한다.)

미래현금흐름의 금액, 시기, 불확실성

23 [국제회계기준위원회에서 삭제함]

23A 문단 23C에서 제외한 경우가 아니라면, 재무제표이용자가 위험회피수단의 조건을 평가하고 위험회피수단이 기업의 미래현금흐름의 금액, 시기, 불확실성에 어떤 영향을 미치는지를 평가할 수 있도록 양적 정보를 위험범주별로 공시한다.

23B 문단 23A의 요구사항을 충족하기 위해 다음 사항의 내역을 공시한다.

(1) 위험회피수단의 명목 금액의 시기 명세
(2) 적용할 수 있다면, 위험회피수단의 평균가격이나 평균비율(예 : 행사가격이나 선도가격 등)

23C 위험회피수단과 위험회피대상항목 모두 자주 변동하기 때문에 위험회피관계를 다시 구성(중단하고 재시작)하는 경우[기업회계기준서 제1109호 문단 B6.5.24(2)의 예와 같이 오랫동안 똑같이 유지되지 않는 익스포저와 이를 관리하기 위해 사용하는 위험회피수단에 동적 과정을 사용하는 경우]에 기업은 다음에 따른다.

23C (1) 문단 23A와 23B에서 규정한 공시를 면제

(2) 다음 사항을 공시한다.

(가) 그 위험회피관계와 관련하여 궁극적인 위험관리전략이 무엇인지에 대한 정보

(나) 위험회피회계를 사용하고 특정한 위험회피관계를 지정하여 위험관리전략을 어떻게 반영하는지에 대한 설명

(다) 해당 위험회피관계와 관련하여 기업 절차의 일부로 위험회피관계를 중단하고 재시작하는 빈도를 표시

23D 위험회피기간에 위험회피관계에 영향을 미칠 것으로 예상되는 위험회피의 비효과적인 부분의 원천에 대한 설명을 위험범주별로 공시한다.

23E 위험회피가 비효과적인 그 밖의 원천이 위험회피관계에서 나타난다면, 위험범주별로 그 원천을 공시하고 이에 따라 위험회피가 비효과적인 부분을 설명한다.

23F 현금흐름위험회피의 경우에는, 이전 기간에 위험회피회계를 사용해왔으나 더 이상 일어날 것으로 예상되지 않는 예상거래에 대한 설명을 공시한다.

재무상태와 재무성과에서 위험회피회계의 효과

24 [국제회계기준위원회에서 삭제함]

24A 위험회피수단으로 지정된 항목과 관련하여 위험회피의 각 유형(공정가치위험회피, 현금흐름위험회피, 해외사업장순투자의 위험회피)을 위험범주별로 구분하여 다음의 금액을 표 형식으로 공시한다.

(1) 위험회피수단의 장부금액(금융자산과 금융부채를 별도로 표시)

(2) 위험회피수단을 포함한 재무상태표의 항목

(3) 해당기간에 위험회피의 비효과적인 부분을 인식하기 위해 기초로 사용한 위험회피수단의 공정가치변동

(4) 위험회피수단의 명목금액(톤이나 세제곱미터와 같은 양적 정보를 포함)

24B 위험회피대상항목과 관련하여 위험회피의 유형을 위험범주별로 구분하여 다음의 금액

24B 을 표 형식으로 공시한다.

(1) 공정가치위험회피

(가) 재무상태표에 인식한 위험회피대상항목의 장부금액(자산과 부채를 별도로 표시)

(나) 재무상태표에 인식한 위험회피대상항목의 장부금액에 포함된 위험회피대상항목의 공정가치위험회피조정누적액(자산과 부채를 별도로 표시)

(다) 위험회피대상항목을 포함하고 있는 재무상태표의 항목

(라) 해당기간에 위험회피의 비효과적인 부분을 인식하기 위한 기초로 사용된 위험회피대상항목의 가치변동

(마) 기업회계기준서 제1109호 문단 6.5.10에 따라 위험회피 손익 조정을 위해 중단한 위험회피대상항목에 대해 재무상태표에 남아있는 공정가치위험회피조정누적액

(2) 현금흐름위험회피와 해외사업장순투자의 위험회피

(가) 해당기간에 위험회피의 비효과적인 부분을 인식하기 위하여 기초로 사용된 위험회피대상항목의 가치변동[현금흐름위험회피에서 기업회계기준서 제1109호 문단 6.5.11(3)에 따라 인식하는 위험회피의 비효과적인 부분을 판단하기 위하여 사용되는 가치의 변동]

(나) 기업회계기준서 제1109호 문단 6.5.11과 6.5.13(1)에 따라 계속해서 위험회피회계를 적용하는 위험회피에 대한 현금흐름위험회피적립금과 외화환산적립금의 잔액

(다) 더 이상 위험회피회계를 적용하지 않는 위험회피관계에서 현금흐름위험회피적립금과 외화환산적립금의 잔액

24C 위험회피유형을 각 위험범주별로 별도로 구분하여 다음의 금액을 표 형식으로 공시한다.

(1) 공정가치위험회피의 경우

(가) 위험회피의 비효과적인 부분(위험회피수단과 위험회피대상항목의 위험회피손익의 차이)으로 당기손익으로 인식한 금액(또는 기업회계기준서 제1109호 문단 5.7.5에 따라 공정가치변동을 기타포괄손익으로 표시하는 것을 선택한 기업은 지분상품의 위험회피에 대해 기타포괄손익으로 인식한 손익)

(나) 위험회피의 비효과적인 부분으로 인식한 항목을 포함하는 포괄손익계산서의 항목

(2) 현금흐름위험회피와 해외사업장순투자위험회피의 경우

(가) 기타포괄손익으로 인식한 보고기간의 위험회피손익

(나) 당기손익으로 인식한 위험회피의 비효과적인 부분

24C (다) 인식한 위험회피의 비효과적인 부분을 포함한 포괄손익계산서의 항목

(라) 현금흐름위험회피적립금이나 외화환산적립금에서 재분류 조정으로 당기손익으로 재분류되는 금액(기업회계기준서 제1001호 참조) (위험회피회계를 적용하였으나 더 이상 발생할 것으로 예상되지 않는 위험회피대상 미래현금흐름의 금액과 위험회피대상항목이 당기손익에 영향을 미치기 때문에 위험회피대상항목으로 대체되는 금액과의 차이)

(마) 재분류조정에 포함되는 포괄손익계산서의 항목(기업회계기준서 제1001호 참조)

(바) 순포지션 위험회피의 경우에 포괄손익계산서의 별도 항목으로 인식한 위험회피손익(기업회계기준서 제1109호 문단 6.6.4)

24D 문단 23C의 면제가 적용되는 위험회피관계의 규모가 해당기간 동안 통상적인 규모를 나타내지 못할 때(예 : 보고기간 말의 규모가 보고기간의 규모를 반영하지 못하는 경우) 그 규모가 통상적이지 못하다고 판단하는 사실과 이유를 공시한다.

24E 기업회계기준서 제1001호에 따라 자본의 각 구성요소에 대한 조정내역과 기타포괄손익의 분석내용을 다음과 같이 구분하여 공시한다.

(1) 최소한 기업회계기준서 제1109호 문단 6.5.11(4)(가)와 (4)(다)에 따라 회계처리된 금액뿐만 아니라 문단 24C(2)(가)와 (2)(라)의 공시와 관련된 금액을 구분한다.

(2) 기업회계기준서 제1109호 문단 6.5.15에 따라 옵션의 시간가치를 회계처리하는 경우, 다음 (가)와 (나)를 구분한다.

(가) 거래 관련 위험회피대상항목의 위험을 회피하는 옵션의 시간가치와 관련된 금액

(나) 기간 관련 위험회피대상항목의 위험을 회피하는 옵션의 시간가치와 관련된 금액

(3) 기업회계기준서 제1109호 문단 6.5.16에 따라 회계처리하는 경우, 다음 (가)와 (나)를 구분한다.

(가) 거래 관련 위험회피대상항목의 위험을 회피하는 선도계약의 선도요소와 금융상품의 외화 베이시스 스프레드와 관련된 금액

(나) 기간 관련 위험회피대상항목의 위험을 회피하는 선도계약의 선도요소와 금융상품의 외화 베이시스 스프레드와 관련된 금액

24F 문단 24E에서 요구하는 정보를 위험범주별로 별도로 공시한다. 위험별로 정보를 세분화하여 재무제표의 주석에 공시할 수 있다.

신용 익스포저를 당기손익-공정가치 측정 항목으로 지정한 옵션

24G 금융상품의 신용위험을 관리하기 위하여 신용파생을 이용할 수 있기 때문에 금융상품이나 금융상품의 일부를 당기손익-공정가치 측정 항목으로 지정한다면 다음 사항을 공시한다.

(1) 기업회계기준서 제1109호 문단 6.7.1에 따라서 당기손익-공정가치 측정 항목으로 지정한 금융상품의 신용위험을 관리하기 위해 사용해온 신용파생상품의 경우에는, 보고기간의 기초와 기말의 명목금액과 공정가치 각 금액의 조정

(2) 기업회계기준서 제1109호 문단 6.7.1에 따라 금융상품 또는 금융상품의 일부를 당기손익-공정가치 측정 항목으로 지정한 경우에는 당기손익으로 인식한 손익

(3) 금융상품이나 금융상품의 일부를 당기손익-공정가치로 측정하는 것을 중단한 경우에는 기업회계기준서 제1109호 문단 6.7.4에 따라 새로운 금융상품의 장부금액이 된 금융상품의 공정가치와 이와 관련된 명목금액이나 원금(다만 기업회계기준서 제1001호에 따라 비교정보를 제공한다면 후속기간에 해당 공시를 계속할 필요는 없다.)

위험회피회계와 관련한 주석공시사항은 아래의 3가지로 구분되며, 다음 표로 요약된다.

(1) 위험관리전략과 위험관리를 위한 적용방법
(2) 위험회피활동이 미래현금흐름의 금액, 시기, 불확실성에 어떤 영향을 미치는지
(3) 위험회피회계가 재무상태표, 포괄손익계산서, 자본변동표에 미치는 영향

구분	세부 구분	공시사항
1. 위험관리전략	위험 익스포저의 각 위험범주별로 위험관리전략을 설명	• 각 위험이 어떻게 생기는지 • 각 위험을 관리하는 방법 • 기업이 관리하는 위험 익스포저의 정도
	위험회피수단	• 사용된 위험회피수단 • 위험회피대상항목과 위험회피수단 간의 경제적 관계가 어떻게 결정되는지 • 위험회피비율을 설정하는 방법과 위험회피의 비효과적인 부분의 원천
	위험회피대상항목 지정	• 위험회피대상항목으로 지정한 위험요소를 결정하는 방법 • 위험요소가 전체 항목과 어떻게 관련되어 있는지 여부
2. 미래현금흐름의 금액, 시기, 불확실성	위험회피수단	• 위험회피수단의 명목 금액의 시기 명세 • 위험회피수단의 평균가격이나 평균비율(예 : 행사가격이나 선도가격 등)
	위험회피의 비효과적인 부분	위험회피의 비효과적인 부분의 원천에 대한 설명을 위험범주별로 공시
	현금흐름위험회피	이전 기간에 위험회피회계를 사용해왔으나 더 이상 일어날 것으로 예상되지 않는 예상거래에 대한 설명

구분	세부 구분	공시사항
	위험회피수단	• 위험회피수단의 장부금액 • 위험회피수단을 포함한 재무상태표의 항목 • 해당기간에 위험회피의 비효과적인 부분을 인식하기 위해 기초로 사용한 위험회피수단의 공정가치변동 • 위험회피수단의 명목금액
	위험회피대상-재무상태표 영향	• 공정가치위험회피 – 위험회피대상항목의 장부금액 – 위험회피대상항목의 장부금액에 포함된 위험회피대상항목의 공정가치위험회피조정누적액 – 위험회피대상항목을 포함하고 있는 재무상태표의 항목 – 위험회피의 비효과적인 부분을 인식하기 위한 기초로 사용된 위험회피대상항목의 가치변동 – 위험회피 손익 조정을 위해 중단한 위험회피대상항목에 대해 재무상태표에 남아있는 공정가치위험회피조정누적액 • 현금흐름위험회피와 해외사업장순투자의 위험회피 – 위험회피의 비효과적인 부분을 인식하기 위한 기초로 사용된 위험회피대상항목의 가치변동 – 위험회피회계를 적용하는 위험회피에 대한 현금흐름위험회피적립금과 외화환산적립금의 잔액 – 더 이상 위험회피회계를 적용하지 않는 위험회피관계에서 현금흐름위험회피적립금과 외화환산적립금의 잔액
3. 재무제표 영향	위험회피대상-포괄손익계산서 영향	• 공정가치위험회피 – 위험회피의 비효과적인 부분으로 당기손익으로 인식한 금액 – 위험회피의 비효과적인 부분으로 인식한 항목을 포함하는 포괄손익계산서의 항목 • 현금흐름위험회피와 해외사업장순투자의 위험회피 – 기타포괄손익으로 인식한 보고기간의 위험회피손익 – 당기손익으로 인식한 위험회피의 비효과적인 부분 – 인식한 위험회피의 비효과적인 부분을 포함한 포괄손익계산서의 항목 – 현금흐름위험회피적립금이나 외화환산적립금에서 재분류 조정으로 당기손익으로 재분류되는 금액 – 재분류조정에 포함되는 포괄손익계산서의 항목 – 순포지션 위험회피의 경우에 포괄손익계산서의 별도 항목으로 인식한 위험회피손익 – 더 이상 위험회피회계를 적용하지 않는 위험회피관계에서 현금흐름위험회피적립금과 외화환산적립금의 잔액
	위험회피대상-자본 영향	• 옵션계약의 내재가치와 시간가치를 구분하고 옵션의 내재가치 변동만을 위험회피수단으로 지정하는 경우 – 거래 관련 위험회피대상항목의 위험을 회피하는 옵션의 시간가치와 관련된 금액 – 기간 관련 위험회피대상항목의 위험을 회피하는 옵션의 시간가치와 관련된 금액

구분	세부 구분	공시사항
3. 재무제표 영향	위험회피대상-자본 영향	• 선도계약의 선도요소와 현물요소를 구분하여 선도계약의 현물요소의 가치 변동만을 위험회피수단으로 지정하는 경우 – 거래 관련 위험회피대상항목의 위험을 회피하는 선도계약의 선도요소와 금융상품의 외화 베이시스 스프레드와 관련된 금액 – 기간 관련 위험회피대상항목의 위험을 회피하는 선도계약의 선도요소와 금융상품의 외화 베이시스 스프레드와 관련된 금액
4. 신용 익스포저를 당기손익-공정가치 측정 항목으로 지정한 옵션	금융상품을 당기손익-공정가치 측정 항목으로 지정하는 신용파생	• 신용파생상품의 경우에는, 보고기간의 기초와 기말의 명목금액과 공정가치 각 금액의 조정 • 당기손익으로 인식한 손익 • 중단 시, 새로운 금융상품의 장부금액이 된 금융상품의 공정가치와 이와 관련된 명목금액이나 원금

위험회피회계 공시 관련 실무적용지침은 다음과 같다.

| K-IFRS 제1107호 실무적용지침 IG13C ~ 13E

위험회피회계(문단 24A ~ 24C)

IG13C

기업회계기준서 제1107호 문단 24A는 기업이 위험회피수단으로 지정된 항목과 관련된 금액을 표 형식으로 공시하도록 규정한다. 다음의 사례는 이러한 정보를 공시하는 방법을 예시한 것이다.

	위험회피수단의 명목금액	위험회피수단의 장부금액		재무상태표상 위험회피수단의 계정과목	20×1년의 위험회피의 비효과적인 부분을 계산하기 위해 사용된 공정가치의 변동
		자산	부채		
현금흐름위험회피					
일반상품가격위험 – 선도매출계약	××	××	××	계정과목 ××	××
공정가치위험회피					
이자율위험 – 이자율스왑	××	××	××	계정과목 ××	××
외화환산위험 – 외화대출	××	××	××	계정과목 ××	××

IG13D

기업회계기준서 제1107호 문단 24B는 기업이 위험회피항목으로 지정한 항목과 관련된 금액을 표 형식으로 공시하도록 규정한다. 다음의 사례는 정보를 공시하는 방법을 예시한 것이다.

	위험회피항목의 장부금액		위험회피항목의 장부금액에 포함된 공정가치위험회피 조정의 누적금액		재무상태표상 위험회피항목을 포함한 계정과목	20×1의 위험회피의 비효과적인 부분을 계산하기 위해 사용된 가치 변동	현금흐름 위험회피 적립금
	자산	부채	자산	부채			
현금흐름위험회피							
일반상품가격위험							
– 예상매출	n/a	n/a	n/a	n/a	n/a	n/a	n/a
– 위험회피중단(예상매출)	n/a	n/a	n/a	n/a	n/a	n/a	n/a
공정가치위험회피							
이자율위험							
– 차입금	–	××	–	××	계정과목 ××	××	n/a
– 위험회피중단(차입금)	–	××	–	××	계정과목 ××	n/a	n/a
외화환산위험							
– 확정계약	××	××	××	××	계정과목 ××	××	n/a

IG13E

기업회계기준서 제1107호 문단 24C는 기업이 위험회피회계를 적용한 결과로 포괄손익계산서에 영향을 미치는 금액을 표 형식으로 공시하도록 규정한다. 다음의 사례는 이러한 정보를 공시하는 방법을 예시한 것이다.

현금흐름위험회피(1)	순포지션위험회피로 당기손익으로 인식된 별도의 계정과목(2)	기타포괄손익으로 인식된 위험회피수단의 가치변동	당기손익으로 인식된 위험회피회계의 비효과적인 부분	당기손익으로 인식된 계정과목 (위험회피의 비효과적인 부분 포함)	현금흐름위험회피적립금에서 당기손익으로 재분류한 금액	재분류로 당기손익에 영향을 미치는 계정과목
일반상품가격위험	n/a			계정과목 ××	××	계정과목 ××
일반상품X-위험회피중단	n/a	××	××	n/a	××	계정과목 ××

(1) 자본변동표에 공시된 정보(현금흐름위험회피적립금)는 이 공시와 같은 수준으로 상세하게 제공해야 한다.
(2) 이 공시는 외화위험의 현금흐름위험회피에만 적용한다.

공정가치 위험회피	당기손익으로 인식된 위험회피회계의 비효과적인 부분	당기손익으로 인식된 계정과목 (위험회피의 비효과적인 부분 포함)
이자율위험	××	계정과목 ××
외화환산위험	××	계정과목 ××

☞ 공시사례 8.9 위험회피회계 일반
☞ 공시사례 8.10 현금흐름위험회피

▶ 주석공시 요구사항(K-IFRS 제1113호 공정가치 측정)

91 재무제표이용자가 다음의 사항을 평가하는 데에 도움이 되는 정보를 공시한다.

(1) 최초 인식 후 반복적으로나 비반복적으로 재무상태표에 공정가치로 측정하는 자산과 부채의 경우에, 가치평가기법과 그러한 측정치를 개발하기 위해 사용한 투입변수

(2) 유의적이지만 관측할 수 없는 투입변수(수준 3)를 사용하여 반복적으로 공정가치를 측정하는 경우에, 해당 기간 중 그러한 측정치가 당기손익이나 기타포괄손익에 미친 영향

92 문단 91의 목적을 이루기 위하여 다음의 모든 사항을 고려한다.

(1) 공시 요구사항을 충족하기 위하여 필요한 상세화의 수준

(2) 다양한 요구사항 각각을 강조하는 정도

(3) 통합하거나 세분화하는 수준

(4) 재무제표이용자가 공시된 양적 정보를 평가하기 위해 추가 정보가 필요한지

이 기준서와 다른 기준서에 따라 제공된 공시가 문단 91의 목적을 이루기에는 불충분하다면 이러한 목적을 이루기 위해 필요한 추가 정보를 공시한다.

93 문단 91의 목적을 이루기 위해서는 최초 인식 후 재무상태표에 공정가치(이 기준서의 적용범위에 포함되는 공정가치에 근거한 측정치를 포함)로 측정하는 자산과 부채의 종류별(자산과 부채의 적절한 종류를 판단하기 위한 정보에 대해서는 문단 94를 참조)로 최소한 다음의 정보를 공시한다.

(1) 반복적인 공정가치 측정치와 비반복적인 공정가치 측정치의 경우에는 보고기간 말의 공정가치 측정치, 비반복적인 공정가치 측정치의 경우에는 그러한 측정의 이유. 자산이나 부채의 반복적인 공정가치 측정은 다른 기준서에서 보고기간 말마다 재무상태표에 요구하거나 허용하는 경우이다. 자산이나 부채의 비반복적인 공정가치 측정은 다른 기준서에서 특정 상황의 경우에 재무상태표에 요구하거나 허용하는 경우(예 : 기업회계기준서 제1105호 '매각예정비유동자산과 중단영업'에 따라 매각예정자산의 순공정가치가 장부금액보다 작아 순공정가치로 그 자산을 측정하는 경우)이다.

(2) 반복적인 공정가치 측정치와 비반복적인 공정가치 측정치의 경우에, 공정가치 서열체계에서 공정가치 측정치 전체를 분류하는 수준(수준 1, 2, 3)

(3) 보고기간 말에 보유하고 있으며, 반복적으로 공정가치로 측정하는 자산과 부채의

93 경우에, 공정가치 서열체계의 수준 1과 수준 2 사이에 이동한 금액, 그러한 이동의 이유와 수준 사이에 이동을 하게 되었다고 여겨지는 시점을 판단하는 기업의 정책(문단 95 참조). 각 수준으로의 이동은 각 수준에서의 이동과 별도로 공시하고 논의한다.

(4) 공정가치 서열체계에서 수준 2와 수준 3으로 분류하는 반복적인 공정가치 측정치와 비반복적인 공정가치 측정치의 경우, 가치평가기법과 공정가치 측정에 사용한 투입변수에 대한 설명. 가치평가기법에 변경(예 : 시장접근법에서 이익접근법으로의 변경이나 추가적인 가치평가기법의 사용)이 있었다면 이러한 변경사실과 그 이유(들)를 공시한다. 공정가치 서열체계의 수준 3으로 분류하는 공정가치 측정치의 경우에, 공정가치 측정에 사용한 유의적이고 관측할 수 없는 투입변수에 대해서는 양적 정보를 공시한다. 만일 관측할 수 없는 양적 투입변수가 공정가치를 측정할 때 기업에서 개발한 것이 아니라면(예 : 이전의 거래나 제삼자의 가격결정 정보에서 얻은 가격을 조정 없이 사용하는 경우) 이 공시요구사항을 따르기 위하여 양적 정보를 반드시 산출해야 하는 것은 아니다. 그러나 이러한 공시를 제공하는 경우에 기업은 공정가치 측정에 유의적이고 합리적으로 구할 수 있지만 관측할 수 없는 양적 투입변수를 무시할 수 없다.

(5) 반복적인 공정가치 측정치를 공정가치 서열체계에서 수준 3으로 분류하는 경우에, 기초 잔액과 기말 잔액의 차이조정. 다음 항목에 해당하는 기간 동안의 변동을 구분하여 공시한다.

(가) 당기손익으로 인식된 해당 기간의 동안의 총 손익과 그 손익으로 인식된 당기손익의 개별 항목

(나) 기타포괄손익으로 인식된 해당 기간 동안의 총 손익과 그 손익으로 인식된 기타포괄손익의 개별 항목

(다) 매입, 매도, 발행, 결제(변동의 각 형태별로 구분하여 공시)

(라) 공정가치 서열체계의 수준 3으로의 이동이나 수준 3으로부터의 이동 금액, 그러한 이동의 이유와 수준 사이에 이동을 하게 되었다고 여겨지는 시점을 판단하는 기업의 정책(문단 95 참조). 수준 3으로의 이동은 수준 3으로부터의 이동과 별도로 공시하고 논의를 설명한다.

(6) 반복적인 공정가치 측정치를 공정가치 서열체계에서 수준 3으로 분류하는 경우에, 보고기간 말에 보유하고 있는 자산과 부채와 관련된 미실현손익의 변동으로 인해 당기손익에 포함된 위 (5)(가)의 해당 기간 동안의 총 손익금액과 그러한 미실현손익이 인식된 당기손익의 개별 항목(들)

(7) 공정가치 서열체계에서 수준 3으로 분류하는 반복적인 공정가치 측정치와 비반복적인 공정가치 측정치의 경우에, 기업이 사용한 가치평가과정(예 : 기업이 가치평가정

93 책과 절차를 결정하는 방법과 기간별 공정가치 측정치의 변동을 분석하는 방법)에 대한 설명

(8) 공정가치 서열체계의 수준 3으로 분류하는 반복적인 공정가치 측정치의 경우에는 다음을 공시한다.

(가) 그러한 측정치 모두에 대하여, 관측할 수 없는 투입변수가 다른 금액으로 변동됨으로써 공정가치 측정치가 유의적으로 더 높아지거나 낮아질 수 있다면 관측할 수 없는 그 투입변수의 변동으로 인한 공정가치 측정치의 민감도에 대한 서술적 기술. 그러한 투입변수와 공정가치 측정에 사용한 그 밖의 관측할 수 없는 투입변수 간 상호관계가 있는 경우에는 그러한 상호관계에 대해서도 설명하고, 그 상호관계가 관측할 수 없는 투입변수의 변동이 공정가치 측정치에 어떻게 영향을 미치는지(확대 또는 축소)에 대해서도 설명한다. 이러한 요구사항에 따라 공시할 때에는, 최소한 (4)에 따라 공시되는 관측할 수 없는 투입변수 변동으로 인한 민감도에 대한 서술적 기술에 그러한 투입변수를 포함한다.

(나) 금융자산과 금융부채의 경우에, 가능성이 어느 정도 있고(reasonably possible) 대체할 수 있는 가정을 반영하기 위해 하나 이상의 관측할 수 없는 투입변수 변동이 공정가치를 유의적으로 변동시킨다면, 그러한 사실을 언급하고 변동의 영향을 공시한다. 합리적으로 가능한 대체할 수 있는 가정을 반영한 변동의 영향이 어떻게 계산되었는지를 공시한다. 이러한 목적을 위하여, 유의성은 당기손익, 그리고 총자산이나 총부채와 관련하여 판단하거나, 공정가치의 변동이 기타포괄손익으로 인식되는 경우에는 총자본과 관련하여 판단한다.

(9) 반복적인 공정가치 측정치와 비반복적인 공정가치 측정치의 경우에, 비금융자산의 최고 최선의 사용이 현재의 사용과 다르다면, 그러한 사실과 비금융자산을 최고 최선의 사용과 다른 방식으로 사용하는 이유를 공시한다.

94 다음에 기초하여 자산과 부채의 적절한 종류를 판단한다.

(1) 자산이나 부채의 성격, 특성, 위험

(2) 공정가치 서열체계에서 공정가치 측정치를 분류하는 수준

공정가치 서열체계의 수준 3으로 분류하는 공정가치 측정치의 경우에 더 많은 불확실성과 주관성이 있을 수 있기 때문에 더 많은 종류가 필요할 수 있다. 공정가치 측정에 대해 공시해야 하는 자산과 부채의 적절한 종류에 대한 판단이 필요하다. 자산과 부채의 종류는 재무상태표에 표시하는 항목보다 종종 더 세분화할 필요가 있을 것이다. 그러나 재무상태표에 표시하는 개별 항목과 대조할 수 있도록 충분한 정보를 제공해야 한다. 다른 기준서에서 자산이나 부채의 종류를 특정하고 있는 경우에, 그러한 종류가 이

94 문단의 요구사항을 충족한다면 이 기준서에서 요구하는 공시사항을 제공할 때 그 종류를 사용할 수 있다.

95 문단 93(3)과 (5)(라)에 따라 공정가치 서열체계의 수준 사이에 이동되었다고 여겨지는 시점을 판단하는 기업의 정책을 공시하고 그 정책을 일관되게 적용한다. 이동을 인식하는 시기에 대한 정책은 수준으로의 이동과 수준으로부터의 이동이 같다. 이동의 시기를 판단하는 정책의 예는 다음과 같다.

(1) 이동을 초래한 사건이나 상황 변동이 발생한 날짜
(2) 보고기간 초
(3) 보고기간 말

96 문단 48의 예외 규정을 사용하기로 회계정책을 결정한 경우에는 그러한 사실을 공시한다.

97 재무상태표에서 공정가치로 측정되지는 않으나 공정가치가 공시되는 자산과 부채의 종류별로 문단 93(2), (4), (9)에서 요구하는 정보를 공시한다. 그러나 공정가치 서열체계의 수준 3으로 분류하는 공정가치 측정에 사용한 유의적이고 관측할 수 없는 투입변수에 대해 문단 93(4)에서 요구하는 양적 공시를 해야 하는 것은 아니다. 그러한 자산과 부채의 경우에는 이 기준서에서 요구하는 다른 공시사항은 제공할 필요가 없다.

98 분리할 수 없는 제삼자의 신용보강을 포함하여 발행하고 공정가치로 측정하는 부채에 대해 발행자는 그러한 신용보강이 존재한다는 사실과 부채의 공정가치 측정에 이를 반영하였는지를 공시한다.

99 이 기준서에서 요구하는 양적 공시는 표 형태로 표시한다. 다만 다른 형태가 더 적절한 경우에는 그러한 형태로 표시한다.

금융상품 중 상각후원가로 측정하는 금융자산, 금융부채를 제외하고, 공정가치로 측정하는 금융자산, 금융부채는 공정가치가 어떻게 측정되었는지를 주석에 추가적으로 공시하여 정보이용자에게 제공해야 한다.

공정가치로 측정되는 금융자산과 금융부채는 종류별로 아래의 사항을 주석공시한다(문단 93).
수준 1보다 수준 2가 더, 수준 2보다 수준 3이 더 불확실성과 주관성이 크기 때문에 공시요구사항이 증가된다.

공정가치 측정 관련 금융감독원 주석공시 모범사례에서 제시하는 주석공시 요구사항은 다음과 같다.

구분	주석공시 요구사항	기준서 (K-1113)
자산 · 부채의 공정가치 서열체계별 공정가치 측정치	• 보고기간 말의 공정가치 측정치 • 비반복적인 공정가치 측정치의 경우(예 : 매각예정자산) 그러한 측정의 이유 • 공정가치 서열체계에서 공정가치 측정치 전체가 분류되는 수준(수준 1, 2 또는 3) • 수준 1과 수준 2 사이에서 이동한 금액	93(1) ~ (3)
공정가치 평가기법 및 투입변수	• 수준 2와 수준 3의 공정가치 평가기법과 공정가치 측정에 사용된 투입변수에 대한 설명 • 가치평가기법에 변경이 있었다면 이러한 변경 사실과 그 이유 • 수준 3의 공정가치 측정에 사용된 유의적이지만 관측가능하지 않은 투입변수에 대한 양적 정보 • 수준 3에 대해 기업이 사용한 가치평가과정에 대한 설명	93(4), (7)
수준 3으로 측정된 공정가치 변동내역	• 수준 3으로 측정한 공정가치의 기초잔액과 기말잔액의 변동내역 – 당기손익금액 및 관련 계정과목 – 기타포괄손익금액 및 관련 계정과목 – 매입, 매도, 발행 및 결제 – 수준 3으로의 이동 – 수준 3으로부터의 이동 • 수준 3으로의 이동 및 수준 3으로부터의 이동의 이유 및 이동 시점을 결정한 기업의 정책 • 보고기간 말 보유하고 있는 수준 3으로 측정된 자산 · 부채와 관련된 당기손익금액 및 인식된 계정과목	93(5) ~ (6)
수준 3으로 측정된 공정가치의 민감도	• 관측가능하지 않은 투입변수의 변동으로 인한 공정가치 측정치의 민감도에 대한 서술적 기술 • 관측가능하지 않은 투입변수의 변동으로 공정가치가 유의적으로 변동한다면 그러한 변동의 효과	93(8)
공정가치가 공시되는 자산 · 부채에 대한 공정가치 관련 정보 등	• 공정가치로 측정되지 않으나 공정가치가 공시되는 자산 · 부채의 서열체계별(수준 1, 수준 2, 수준 3) 공정가치 현황과 수준 2와 수준 3의 가치평가기법 및 투입변수 등 • 비금융자산이 최고 최선의 사용과 다른 방식으로 사용되는 경우 그 이유 • 금융자산 · 부채를 순노출에 근거하여 관리하는 등 공정가치 측정의 예외를 적용하는 경우 그러한 사실 • 신용보강이 존재하는 부채를 공정가치로 측정하는 경우 공정가치 측정 시 신용보강을 반영하였는지 여부 등	97 93(9) 96 98

K-IFRS 제1113호 적용사례에서는 공정가치로 측정하는 자산 관련 다음과 같은 적용사례를 제시하고 있다.

| 적용사례 IE60(수정)

사례 15 공정가치로 측정하는 자산

보고기간 말에 공정가치로 측정된 자산과 부채에 대해, 이 기준서는 자산과 부채의 종류별로 공정가치 측정치에 대한 양적 공시를 요구한다. 이 기준서의 문단 93(1)(가)와 (나)를 따르기 위하여 자산에 대해 다음 사항을 공시할 수 있다.

(단위 : 백만원)

구분	X9년 12월 31일	수준 1	수준 2	수준 3	총이익 (손실)
1. 반복적인 공정가치 측정치					
단기매매 지분증권[(1)] :					
부동산 산업	93	70	23		
석유와 가스 산업	45	45			
기타	15	15			
기타 지분증권[(1)] :					
금융 서비스 산업	150	150			
의료 산업	163	110		53	
에너지 산업	32			32	
사모투자펀드에 대한 투자[(2)]	25			25	
기타	15	15			
채무증권 :					
주택담보부증권	149		24	125	
상업용부동산담보부증권	50			50	
부채담보부증권	35			35	
무위험 정부채	85	85			
회사채	93	9	84		
헤지펀드 투자 :					
주식매입매도 (Equity long/short)	55		55		
국제적 기회 (Global opportunities)	35		35		
고수익채무증권 (High-yield debt securities)	90			90	
파생상품 :					
이자율계약	57		57		
외환계약	43		43		
신용계약	38			38	
일반상품선물계약	78	78			
일반상품선도계약	20		20		

구분		X9년 12월 31일	수준 1	수준 2	수준 3	총이익 (손실)
투자부동산 :						
상업용 : 아시아		31			31	
상업용 : 유럽		27			27	
반복적인 공정가치 측정치 총계		1424	577	341	506	
2. 비반복적인 공정가치 측정치						
매각예정자산[(3)]		26		26		−15
비반복적인 공정가치 측정치 총계		26		26		−15

(1) 증권의 성격, 특성 및 위험에 대한 분석에 기초하여, 산업별로 표시하는 것이 적절하다고 결정하였다.
(2) 투자의 성격, 특성 및 위험에 대한 분석에 기초하여, 단일한 종류로 표시하는 것이 적절하다고 결정하였다.
(3) 기업회계기준서 제1105호에 따라, 장부금액이 35백만원인 매각예정자산은 공정가치인 26백만원에서 매각부대비용 6백만원을 차감한 금액(20백만원)으로 감액되었다. 그 결과 15백만원의 손실은 해당 기간의 당기손익에 포함되었다.

K-IFRS 제1113호 적용사례에서는 공정가치 서열체계 수준 3의 차이조정 관련 다음과 같은 적용사례를 제시하고 있다.

| 적용사례 IE61(수정)

사례 16 **공정가치 서열체계의 수준 3으로 분류하는 공정가치 측정치의 차이조정**

공정가치 서열체계의 수준 3으로 분류하는, 반복적인 공정가치 측정치에 대해 이 기준서는 자산과 부채의 종류별로 기초 잔액과 기말 잔액의 차이조정을 요구한다. 이 기준서의 문단 93(5)와 (6)을 따르기 위해 자산에 대해 다음 사항을 공시할 수도 있다.

(단위 : 백만원)

구분	기타지분증권	채무증권	…	투자부동산
	의료산업	주택담보부증권	…	아시아
기초	49	105		28
수준 3으로의 이동		60[(1)(2)]		
수준 3에서의 이동		(5)[(2)(3)]		
당기 총손익				
− 당기손익		(23)		3
− 기타포괄손익	3			
매입, 발행, 매도 및 결제				
− 매입	1			
− 발행				

구분	기타지분증권	채무증권	…	투자부동산
	의료산업	주택담보부증권	…	아시아
– 매도		(12)		
– 결제				
기말잔액	53	125		31

(1) 해당 증권에 대한 시장 활동의 감소로 인해 관측가능한 시장 자료가 부족하기 때문에 수준 2에서 수준 3으로 이동하였다.

(2) 기업의 정책은 수준 3의 이동과 수준 3에서의 이동을 그러한 이동을 가져온 사건이나 상황의 변동이 일어난 날에 인식하는 것이다.

(3) 해당 증권에 대한 관측가능한 시장 자료가 이용가능해졌기 때문에 수준 3에서 수준2로 이동되었다.

K-IFRS 제1113호 적용사례에서는 수준 3 공시사항인 가치평가기법과 투입변수 관련 다음과 같은 적용사례를 제시하고 있다.

| 적용사례 IE63(수정)

사례 17 가치평가기법과 투입변수

공정가치 서열체계의 수준 2와 수준 3으로 분류하는 공정가치 측정치에 대해, 이 기준서는 공정가치 측정에 사용한 가치평가기법과 투입변수에 대한 설명을 공시하도록 요구한다.

공정가치 서열체계의 수준 3으로 분류하는 공정가치 측정치에 대해 사용한 투입변수로서 유의적이지만 관측할 수 없는 사용한 투입변수에 대한 정보는 양적 정보이어야 한다. 이 기준서의 문단 93(4)에 따라 공정가치 측정에 사용한 유의적이지만 관측할 수 없는 투입변수를 공시하는 요구사항을 따르기 위해 자산에 대해 다음 사항을 공시할 수도 있다.

(단위 : 백만원)

구분	×9년 12월 31일 현재 공정가치	가치평가기법	관측가능하지 않은 투입변수	범위(가중평균)
기타 지분증권 :				
의료 산업	53	할인된 현금흐름	가중평균 자본원가	7% ~ 16%(12.1%)
			장기 수익 성장률	2% ~ 5%(4.2%)
			장기 세전 영업이익률	3% ~ 20%(10.3%)
			시장성 부족에 따른 할인(1)	5% ~ 20%(17%)
			지배력 할증(1)	10% ~ 30%(20%)
		시장에서 비교가능한 기업	이자, 세금, 감가상각비 이전 이익(EBITDA) 배수(2)	10 ~ 13(11.3)
			수익 배수(2)	1.5 ~ 2.0(1.7)
			시장성 부족에 따른 할인(1)	5% ~ 20%(17%)
			지배력 할증(1)	10% ~ 30%(20%)

구분	X9년 12월 31일 현재 공정가치	가치평가기법	관측가능하지 않은 투입변수	범위(가중평균)
에너지 산업	32	할인된 현금흐름	가중평균 자본원가	8%~12%(11.1%)
			장기 수익 성장률	3%~5.5%(4.2%)
			장기 세전 영업이익률	7.5%~13%(9.2%)
			시장성 부족에 따른 할인(1)	5%~20%(10%)
			지배력 할증(1)	10%~20%(12%)
		시장에서 비교가능한 기업	이자, 세금 ,감가상각비 이전 이익(EBITDA) 배수(2)	6.5~12(9.5)
			수익 배수(2)	1.0~3.0(2.0)
			시장성 부족에 따른 할인(1)	5%~20%(10%)
			지배력 할증(1)	10%~20%(12%)
사모투자펀드에 대한 투자	25	순자산가치(3)	해당사항 없음	해당사항 없음
채무증권 :				
주택담보증권	125	할인된 현금흐름	고정 조기상환율	3.5%~5.5%(4.5%)
			부도율	5%~50%(10%)
			손실률	40%~100%(60%)
상업용부동산담보부증권	50	할인된 현금흐름	고정 조기상환율	3%~5%(4.1%)
			부도율	2%~25%(5%)
			손실률	10%~50%(20%)
부채담보부증권	35	합의 가격	매도가격(offered quotes)	20~45
			비교 가능성 조정 (comparability adjustments)(%)	-10%~+15%(+5%)
헤지펀드 투자 :				
고수익채무증권	90	순자산가치(3)	해당사항 없음.	해당사항 없음.
파생상품 :				
신용 계약	38	옵션 모형	연환산 신용 변동성(4)	10%~20%
			거래상대방 신용위험(5)	0.5%~3.5%
			자기 신용위험(5)	0.3%~2.0%
투자부동산 :				
상업용 : 아시아	31	할인된 현금흐름	장기 순영업이익률	18%~32%(20%)
			자본환원율(cap rate)	0.08~0.12(0.10)
		시장비교방법	평방미터당 가격(미국 달러)	$3,000~$7,000($4,500)
상업용 : 유럽	27	할인된 현금흐름	장기 순영업이익률	15%~25%(18%)
			자본환원율(cap rate)	0.06~0.10(0.08)
		시장비교방법	평방미터당 가격(유로)	€4,000~€12,000(€8,500)

(1) 시장참여자가 투자 가격을 결정할 때 이러한 할증과 할인을 고려할 것이라고 기업이 결정한 경우 사용된 금액을 나타낸다.
(2) 시장참여자가 투자가격을 결정할 때 이러한 배수를 사용할 것 이라고 기업이 결정한 경우 사용된 금액을 나타낸다.
(3) 기업은 보고된 순자산가치가 보고기간 말 공정가치를 나타낸다고 결정하였다.
(4) 시장참여자가 계약의 가격을 결정할 때 사용할 것이라고 기업이 결정한 것으로서 가치평가분석에 사용되는 변동성 곡선의 범위를 나타낸다.
(5) 시장참여자가 계약의 가격을 결정할 때 사용할 것이라고 기업이 결정한 것으로서 가치평가분석에 사용되는 신용부도스왑 스프레드의 범위를 나타낸다.
(주 : 다른 형식이 더 적절하다고 판단하지 않는다면 부채에 대해서도 이와 유사한 표로 표시될 것이다.)

☞ 공시사례 8.1 금융상품 공시 일반

04 | 실제 공시 사례

공시사례 8.1 금융상품 공시 일반

주석

[출처 : 삼성전자 2023년 감사보고서]

4. 범주별 금융상품

가. 보고기간종료일 현재 범주별 금융상품 내역은 다음과 같습니다.

(1) 당기말

(단위 : 백만원)

금융자산	상각후원가 측정 금융자산	기타포괄손익-공정가치 측정 금융자산	당기손익-공정가치 측정 금융자산	계
현금및현금성자산	6,061,451	-	-	6,061,451
단기금융상품	50,071	-	-	50,071
매출채권	27,363,016	-	-	27,363,016
기타포괄손익-공정가치금융자산	-	1,854,503	-	1,854,503
당기손익-공정가치 금융자산	-	-	1	1
기타	4,972,284	-	393,235	5,365,519
계	38,446,822	1,854,503	393,236	40,694,561

(단위 : 백만원)

금융부채	상각후원가 측정 금융부채	기타금융부채(*)	계
매입채무	7,943,834	–	7,943,834
단기차입금	–	5,625,163	5,625,163
미지급금	15,015,578	–	15,015,578
유동성장기부채	6,354	222,137	228,491
사채	19,064	–	19,064
장기차입금	21,990,000	912,035	22,902,035
장기미지급금	4,486,390	–	4,486,390
기타	3,652,969	–	3,652,969
계	53,114,189	6,759,335	59,873,524

(*) 기타금융부채는 담보부차입금과 기업회계기준서 제1109호의 금융부채의 범주로 분류되지 않는 리스부채 등을 포함하고 있습니다.

설명

사례회사는 금융상품의 범주별 분류를 공시하고 있다(K-1107, 8).
각 금융자산 및 금융부채 범주별 장부금액의 합계는 재무상태표 금액과 일치해야 한다.

금융자산	금액	금융부채	금액
상각후원가 측정 금융자산(AC)	38,840,057	상각후원가 측정 금융부채(AC)	53,114,189
기타포괄손익-공정가치 측정 금융자산(FVOCI)	1,854,503		
당기손익-공정가치 측정 금융자산(FVPL)	1	당기손익-공정가치 측정 금융부채(FVPL)	–
		기타부채	6,759,335
합계	40,694,561		59,873,524

기타부채는 금융자산(매출채권) 양도에 따른 단기차입금에 해당하며, 이는 범주별로 분류하지 않고 기타부채로 분류하고 있다.

한편, 이 중 공정가치로 측정한 아래 분류는 공정가치 측정치에 대한 추가적인 주석공시가 필요하다.
이는 후술하는 주석 "28. 재무위험관리, 마. 공정가치 측정"에서 공시하고 있다.

금융자산	금액
기타포괄손익-공정가치 측정 금융자산(FVOCI)	1,854,503
당기손익-공정가치 측정 금융자산(FVPL)	1

나. 금융상품 범주별 순손익 구분

(1) 당기

(단위 : 백만원)

금융자산	상각후원가 측정 금융자산	기타포괄손익-공정가치 측정 금융자산	당기손익-공정가치 측정 금융자산	계
평가손익(기타포괄손익)	-	356,472	-	356,472
평가 · 처분손익(당기손익)	-	-	365,387	365,387
이자수익	371,106	-	-	371,106
외환차이(당기손익)	(216,145)	-	-	(216,145)
배당금수익	-	4,081	637	4,718
손상(환입)	(2,113)	-	-	(2,113)

(단위 : 백만원)

금융부채	상각후원가 측정 금융부채	기타금융부채(*)	계
이자비용	(310,267)	(285,498)	(595,765)
외환차이(당기손익)	5,103	31,557	36,660

(*) 기타금융부채는 담보부차입금과 기업회계기준서 제1109호의 금융부채의 범주로 분류되지 않는 리스부채 등을 포함하고 있습니다.

설명

사례회사는 범주별로 분류한 금융상품 각각에 대해 포괄손익계산서의 순손익을 공시하고 있다(K-1107, 20).

여기서 순손익은 당기순손익뿐만 아니라, 총포괄손익을 의미한다. 즉, 기타포괄손익으로 공정가치 변동분을 인식하는 기타포괄손익-공정가치 측정 금융자산(FVOCI) 평가손익도 포함된다.

28. 재무위험관리

재무위험은 글로벌 재무관리기준을 수립하고 고객과 거래선에 대한 주기적인 재무위험 측정, 환헷지 및 자금수지 점검 등을 통해 관리하고 있습니다.

한편, 해외 주요 권역별로 지역금융센터(미국, 영국, 싱가포르, 중국, 브라질, 러시아)에서 환율변동 모니터링 및 환거래 대행을 통해 환율변동위험을 관리하고 있으며, 권역 내 자금을 통합운용하여 유동성위험에 대응하고 있습니다.

회사의 재무위험관리의 주요 대상인 자산은 현금및현금성자산, 단기금융상품, 상각후원가 금융자산, 매출채권 등으로 구성되어 있으며, 부채는 매입채무, 차입금 등으로 구성되어 있습니다.

가. 시장위험

(1) 환율변동위험

회사는 통화별 자산과 부채규모를 일치하는 수준으로 유지하여 환율변동 영향을 최소화하는 데 주력하고 있습니다. 이를 위해 수출입 등의 경상거래 및 예금, 차입 등의 금융거래 발생시 기능통화로 거래하거나 입금 및 지출 통화를 일치시킴으로써 환포지션 발생을 최대한 억제하고 있으나, 일부 발생된 환포지션은 채권매각, 선물환 등을 활용하여 환변동영향을 축소하고 있습니다. 이는 회사가 노출된 환율변동위험을 감소시키지만 완전히 제거하지는 않을 수 있습니다. 또한, 회사는 효율적인 환율변동위험 관리를 위해 환위험을 주기적으로 모니터링 및 평가하고 있으며 투기적 외환거래는 엄격히 금지하고 있습니다.

보고기간종료일 현재 기능통화와 다른 주요 외화로 표시된 금융자산 및 금융부채에 대하여 환율이 5% 변동할 경우 당기손익(법인세효과 반영 전)에 미치는 영향은 다음과 같습니다.

(단위 : 백만원)

구분	당기말		전기말	
	환율 상승 시	환율 하락 시	환율 상승 시	환율 하락 시
USD	201,224	(201,224)	77,795	(77,795)
EUR	(25,356)	25,356	(53,114)	53,114

(2) 이자율변동위험

이자율변동위험은 시장금리 변동으로 인해 투자 및 재무활동으로부터 발생하는 이자수익, 비용의 현금흐름이 변동될 위험으로서, 주로 예금 및 변동금리부 차입금에서 비롯됩니다. 회사는 내부자금 공유를 통해 외부차입금을 최소화하여 이자율 변동으로 인한 금융비용과 불확실성을 최소화하고 있습니다.

(3) 주가변동위험

회사는 전략적 목적 등으로 기타포괄손익-공정가치금융자산 및 당기손익-공정가치금융자산으로 분류된 지분상품에 투자하고 있습니다. 이를 위하여 직 · 간접적 투자수단을 이용하고 있습니다.

보고기간종료일 현재 지분상품(상장주식)의 주가가 1% 변동할 경우 기타포괄손익(법인세효과 반영 전)에 미치는 영향은 17,573백만원(전기 : 12,479백만원)입니다.

나. 신용위험

신용위험은 통상적인 거래 및 투자활동에서 발생하며 고객 또는 거래상대방이 계약조건상 의무사항을 지키지 못하였을 때 발생합니다. 이러한 신용위험을 관리하기 위하여 고객과 거래상대방의 재무상태와 과거 경험 및 기타 요소를 고려하여 주기적으로 재무신용도를 평가하고 있으며, 고객과 거래상대방 각각에 대한 신용한도를 설정 · 관리하고 있습니다. 그리고 위험국가에 소재한 거래처의 매출채권은 보험한도 내에서 적절하게 위험 관리되고 있습니다.

신용위험은 금융기관과의 거래에서도 발생할 수 있으며 해당 거래는 현금및현금성자산, 각종 예금 그리고 파생금융상품 등의 금융상품 거래를 포함합니다. 이러한 위험을 줄이기 위해, 회사는 국제 신용등급이 높은 은행(S&P A등급 이상)에 대해서만 거래를 하는 것을 원칙으로 하고 있으며, 기존에 거래가 없는 금융기관과의 신규 거래는 해당 기관에 대한 건전성 평가 등을 거쳐 시행하고 있습니다. 회사가 체결하는 금융계약은 부채비율 제한 조항, 담보제공, 차입금 회수 등의 제약조건이 없는 계약을 위주로 체결하고 있으며, 기타의 경우 별도의 승인을 받아 거래하도록 되어 있습니다.

회사의 금융자산 장부금액은 손상차손 차감 후 금액으로 회사의 신용위험 최대노출액은 금융자산 장부금액과 동일합니다.

다. 유동성 위험

유동성위험이란 회사가 금융부채와 관련된 모든 의무를 이행하는 데 어려움을 겪게 될 위험을 의미합니다. 회사의 주요 유동성 공급원은 영업에서 창출한 현금 및 자본시장 및 금융기관에서 조달한 자금이며, 주요 유동성 수요는 생산, 연구개발을 위한 투자를 비롯해, 운전자본, 배당 등에 있습니다. 대규모 투자가 많은 회사 사업 특성상 적정 유동성의 유지가 매우 중요합니다. 회사는 주기적인 자금수지 예측, 필요 현금수준 산정 및 수입, 지출 관리 등을 통하여 적정 유동성을 유지 · 관리하고 있습니다.

회사는 권역별로 Cash Pooling을 구축하여 권역 내 개별 법인의 자금이 부족한 경우에도 유동성 위험에 효율적으로 대응하고 있습니다. Cash Pooling은 자금 부족 회사와 자금 잉여 회사 간 자금을 공유하는 시스템으로 개별회사의 유동성 위험을 최소화하고 자금운용 부담을 경감시키며, 금융비용을 절감하는 등의 효과가 있습니다.

또한, 대규모 유동성이 필요한 경우에 대비하여 본사의 지급보증을 통해 해외 종속기업이 활용할 수 있는 차입한도를 확보하고 있으며, 보고기간종료일 현재 국제신용평가기관인 Moody's로부터 Aa2, S&P로부터 AA- 등 투자적격등급을 부여받고 있어, 필요시 자본시장을 통해 적기에 자금조달이 가능합니다.

보고기간종료일 현재 금융부채에 대하여 보고기간종료일로부터 계약만기일까지의 잔여만기에 따라 만기별로 구분된 유동성은 다음과 같습니다.

(1) 당기말

(단위 : 백만원)

구분	3개월 이내	~6개월	~1년	1~5년	5년 초과
금융부채	32,311,019	374,370	980,835	27,454,095	1,378,061

(2) 전기말

(단위 : 백만원)

구분	3개월 이내	~6개월	~1년	1~5년	5년 초과
금융부채	31,354,944	316,725	1,096,183	2,431,415	472,135

위의 분석에 포함된 금융부채는 보고기간종료일로부터 계약 만기일까지의 잔여기간에 따라 만기별로 구분되었습니다. 계약 만기일까지의 잔여기간에 따른 만기별 구분에 포함된 현금흐름은 현재가치 할인을 하지 않은 금액입니다.

당기말 현재 상기 금융부채 외 종속기업 지급보증 및 이행보증 등으로 노출된 유동성위험의 최대금액은 10,960,748백만원(전기말 : 10,793,412백만원)입니다.

라. 자본위험

회사의 자본관리 목적은 계속기업으로서 주주 및 이해관계자에게 이익을 지속적으로 제공할 수 있는 능력을 보호하고 건전한 자본구조를 유지하는 것입니다. 회사는 신용등급, 부채비율 등의 지표를 이용하여 자본위험을 관리하고 있습니다.

당기말 현재 회사는 S&P로부터 AA-, Moody's로부터 Aa2 평가등급을 받고 있으며, 보고기간종료일 현재 부채비율은 다음과 같습니다.

(단위 : 백만원)

구분	당기말	전기말
부채	72,069,515	50,667,559
자본	224,787,774	209,416,191
부채비율	32.1%	24.2%

설명

사례회사는 금융위험을 아래와 같이 구분하여 공시하고 있다.

금융위험	주석공시사항
신용위험	별도의 매출채권 주석에서 신용위험 양적 공시
유동성위험	금융부채에 대한 만기분석 정보 공시
시장위험	• 환위험 : 환율 5% 변동 시 민감도분석 공시 • 이자율위험 : 질적 정보 공시 • 가격위험(주가) : 주가 1% 변동 시 민감도분석 공시

1. 유동성위험(만기분석)

주석공시 요구사항	공시내용	기준서 (K-1107)
비파생금융부채의 만기분석	3개월 이내, ~6개월, ~1년, 1~5년, 5년 초과로 구분하여 만기분석 공시	39(1)
파생금융부채의 만기분석	n/a	39(2)
유동성위험을 관리하는 방법 설명	권역별 Cash Pooling 구축·활용 등 관리방법 설명 공시	39(3)

2. 시장위험(민감도분석)

주석공시 요구사항	공시내용	기준서 (K-1107)
환율변동위험(민감도 분석)	환율이 5% 변동할 경우 당기손익(법인세효과 반영 전)에 미치는 영향 공시	40(1)
이자율위험(민감도 분석)	변동금리부 금융상품의 이자율변동위험을 설명으로 공시	40(1)
기타 시장가격위험 - 주가변동위험	보고기간종료일 현재 상장주식의 주가가 1% 변동할 경우 기타포괄손익에 미치는 영향 공시	40(1)

한편, 시장위험 민감도분석은 외부평가기관 평가보고서를 활용하는 공정가치 측정 수준 3 민감도분석 정보와 달리 회사 결산담당자가 계산해서 산출하여야 한다.

마. 공정가치 측정

(1) 보고기간종료일 현재 금융상품의 장부금액과 공정가치는 다음과 같습니다.

(단위 : 백만원)

구분	당기말		전기말	
	장부금액	공정가치	장부금액	공정가치
금융자산 :				
현금및현금성자산	6,061,451	(*1)	3,921,593	(*1)
단기금융상품	50,071	(*1)	137	(*1)
매출채권	27,363,016	(*1)	20,503,223	(*1)
기타포괄손익-공정가치금융자산	1,854,503	1,854,503	1,364,325	1,364,325
당기손익-공정가치금융자산	1	1	283	283
기타(*2)	5,365,519	393,235	5,470,355	(*1)
계	40,694,561		31,259,916	
금융부채 :				
매입채무	7,943,834	(*1)	8,729,315	(*1)
단기차입금	5,625,163	(*1)	2,381,512	(*1)

구분	당기말		전기말	
	장부금액	공정가치	장부금액	공정가치
미지급금	15,015,578	(*1)	18,324,604	(*1)
유동성장기부채	228,491	6,757	135,753	6,580
– 유동성장기차입금	222,137	(*3)	129,525	(*3)
– 유동성사채	6,354	6,757	6,228	6,580
사채	19,064	21,695	24,912	27,845
장기차입금	22,902,035	(*1)(*3)	654,979	(*3)
장기미지급금	4,486,390	(*1)	2,083,790	(*1)
기타	3,652,969	(*1)	3,145,473	(*1)
계	59,873,524		35,480,338	

(*1) 장부금액이 공정가치의 합리적인 근사치이므로 공정가치 공시대상에서 제외하였습니다.
(*2) 보고기간종료일 현재 장부금액이 공정가치의 합리적인 근사치인 금융자산 4,972,284백만원은 공정가치 공시에서 제외하였습니다.
(*3) 리스부채는 기업회계기준서 제1107호 '금융상품 : 공시'에 따라 공정가치 공시에서 제외하였습니다.

설명

사례회사는 금융자산과 금융부채의 종류별로 공정가치와 장부금액을 비교하는 형식으로 공시하고 있다(K-1107. 25).
다만, 매출채권 · 매입채무는 장부금액이 공정가치에 상당히 가까운 경우로서 공정가치 공시를 생략할 수 있어, 공정가치 공시에서 제외하고 있다고 공시하고 있다[K-1107. 29(1)].
추가적으로 리스부채도 공정가치 공시에서 제외하고 있다[K-1107. 29(4)].

한편, 사례회사는 금융부채 중 사채는 상각후원가 측정 금융부채(AC)이므로 장부금액을 원가로 측정하는 반면, 이 주석에서 장부금액과 다른 금액으로 공정가치를 공시하고 있다. 이는 후술하는 공정가치로 측정되지는 않으나 공정가치가 공시되는 자산부채에 해당되어 그 서열체계를 공시하여야 한다.

(2) 보고기간종료일 현재 공정가치로 측정 및 공시되는 금융상품의 공정가치 서열체계에 따른 수준별 공시는 다음과 같습니다.

(단위 : 백만원)

구분	당기말			
	수준 1	수준 2	수준 3	계
금융자산 :				
기타포괄손익–공정가치금융자산	1,757,336	–	97,167	1,854,503
당기손익–공정가치금융자산	–	–	1	1
기타	–	–	393,235	393,235
금융부채 :				

구분	당기말			
	수준 1	수준 2	수준 3	계
유동성사채	-	6,757	-	6,757
사채	-	21,695	-	21,695

(단위 : 백만원)

구분	전기말			
	수준 1	수준 2	수준 3	계
금융자산 :				
기타포괄손익-공정가치금융자산	1,247,882	-	116,443	1,364,325
당기손익-공정가치금융자산	-	-	283	283
금융부채 :				
유동성사채	-	6,580	-	6,580
사채	-	27,845	-	27,845

공정가치 측정의 투입변수 특징에 따른 공정가치 서열체계는 다음과 같습니다.

- '수준 1' : 동일한 자산이나 부채에 대한 시장 공시가격
- '수준 2' : 시장에서 관측가능한 투입변수를 활용한 공정가치
  (단, '수준 1'에 포함된 공시가격은 제외)
- '수준 3' : 관측가능하지 않은 투입변수를 활용한 공정가치

설명

사례회사는 공정가치로 측정되는 금융자산과 금융부채를 서열체계(수준 1, 2, 3)로 구분하여 공시하고 있다[K-1113, 93(2)].

한편, 사례회사는 금융부채 중 사채를 장부금액과 다른 공정가치를 공시하고 있다. 이는 사채는 상각후원가 측정 금융부채(AC)이나, 공정가치를 공시하고 있으며, 이에 대한 서열체계를 추가로 공시하고 있다(K-1113, 97).

활성시장에서 거래되는 금융상품의 공정가치는 보고기간종료일 현재 고시되는 시장가격에 기초하여 산정됩니다. 거래소, 판매자, 중개인, 산업집단, 평가기관 또는 감독기관을 통해 공시가격이 용이하게 그리고 정기적으로 이용가능하고, 그러한 가격이 독립된 당사자 사이에서 정기적으로 발생한 실제 시장거래를 나타낸다면, 이를 활성시장으로 간주하며, 이러한 상품은 '수준 1'에 포함됩니다. '수준 1'에 포함된 상품은 대부분 기타포괄손익-공정가치금융자산으로 분류된 상장주식으로 구성됩니다.

활성시장에서 거래되지 않는 금융상품의 공정가치는 가치평가기법을 사용하여 측정하고 있습니다. 이러한 평가기법은 관측가능한 시장정보를 최대한 사용하고 기업고유정보는 최

소한으로 사용합니다. 이때, 해당 상품의 공정가치 측정에 요구되는 모든 유의적인 투입변수가 관측가능하다면 해당 상품은 '수준 2'에 포함됩니다. '수준 2'에 포함된 상품은 파생상품, 사채 등이 있습니다.

만약 하나 이상의 유의적인 투입변수가 관측가능한 시장정보에 기초한 것이 아니라면 해당 상품은 '수준 3'에 포함됩니다.

회사는 '수준 3'으로 분류되는 공정가치 측정을 포함하여 재무보고 목적의 공정가치를 측정하고 있습니다. 재무보고 일정에 맞추어 공정가치 평가 과정 및 그 결과에 대해 협의하고 있고, 공정가치 '수준' 간 이동을 발생시키는 사건이나 상황의 변동이 일어난 보고기간종료일에 '수준' 변동을 인식하고 있습니다.

금융상품의 공정가치를 측정하는 데 사용되는 평가기법에는 다음이 포함됩니다.
- 유사한 상품의 공시시장가격 또는 딜러가격
- 파생상품의 공정가치는 보고기간종료일 현재의 선도환율 등을 사용하여 해당 금액을 현재가치로 할인하여 측정

나머지 금융상품에 대해서는 현금흐름의 할인기법, 이항분포 모형 등의 기타 가치평가기법을 사용합니다. 유동자산으로 분류된 매출채권 및 기타채권의 경우 장부금액을 공정가치의 합리적인 근사치로 추정하고 있습니다.

(3) 가치평가기법 및 투입변수

회사는 공정가치 서열체계에서 '수준 2'로 분류되는 회사채, 국공채, 금융채 등에 대하여 미래현금흐름을 적정이자율로 할인하는 현재가치법을 사용하고 있습니다.

보고기간종료일 현재 '수준 3'으로 분류된 주요 금융상품에 대하여 사용된 가치평가기법과 투입변수는 다음과 같습니다.

(단위 : 백만원, %)

구분	공정가치	가치평가기법	'수준 3' 투입변수	투입변수 범위
기타포괄손익-공정가치금융자산 :				
삼성벤처투자㈜	32,286	현금흐름할인법	영구성장률	1.0%
			가중평균자본비용	17.1%
㈜미코세라믹스	33,973	현금흐름할인법 등	영구성장률	0.0%
			가중평균자본비용	15.8%
기타				
지분 콜옵션	393,235	이항모형	무위험 이자율	3.2%
			가격 변동성	69.5%

(4) '수준 3'에 해당하는 금융상품의 변동내역

(단위 : 백만원)

금융자산	당기	전기
기초	116,726	120,347
매입	27,784	–
매도	(343)	(12,720)
당기손익으로 인식된 손익	365,451	(108)
기타포괄손익으로 인식된 손익	(19,215)	22,926
기타	–	(13,719)
기말	490,403	116,726

(5) '수준 3'으로 분류된 반복적인 공정가치 측정치의 민감도분석

금융상품의 민감도분석은 통계적 기법을 이용한 관측 불가능한 투입변수의 변동에 따른 금융상품의 가치 변동에 기초하여 유리한 변동과 불리한 변동으로 구분하여 이루어집니다. 그리고 공정가치가 두 개 이상의 투입변수에 영향을 받는 경우에는 가장 유리하거나 또는 가장 불리한 금액을 바탕으로 산출됩니다.

민감도 분석 대상인 '수준 3'으로 분류되는 주요 금융상품의 투입변수의 변동에 따른 손익효과(자본은 법인세효과 반영 전 효과)에 대한 민감도분석 결과는 다음과 같습니다.

(단위 : 백만원)

구분	유리한 변동 효과		불리한 변동 효과	
	당기손익	자본	당기손익	자본
기타포괄손익–공정가치금융자산(*1)	–	2,792	–	(2,458)
기타(*2)	97,309	–	(96,785)	–

(*1) 주요 관측불가능한 투입변수인 영구성장률 및 가중평균자본비용을 1% 증가 또는 감소시킴으로써 공정가치 변동을 산출하였습니다.

(*2) 주요 관측불가능한 투입변수인 기초자산 가격(20%) 및 가격 변동성(10%)을 증가 또는 감소시킴으로써 공정가치 변동을 산출하였습니다.

설명

사례회사는 공정가치로 측정되는 금융자산과 금융부채에 대해 서열체계별로 아래의 주석사항을 추가하고 있다(K-1113, 93).

서열체계	금액
수준 1	추가 공시요구사항 없음.
수준 2	공정가치 서열체계 수준 2로 분류된 항목의 가치평가기법과 투입변수
수준 3	• 공정가치 서열체계 수준 3으로 분류된 자산 · 부채의 당기 변동내역 • 공정가치 서열체계 수준 3으로 분류된 항목의 가치평가기법, 투입변수, 유의적이

서열체계	금액
	지만 관측가능하지 않은 투입변수에 대한 범위 • 관측가능하지 않은 투입변수의 변동에 의한 공정가치 측정치의 민감도

수준 1은 서열체계 공시 이후, 추가적인 주석공시를 요구하지 않는다. 반면, 수준 2와 수준 3은 그 공정가치의 신뢰성을 높일 수 있는 아래의 추가적인 공시사항이 요구된다.

수준 2

주석공시 요구사항	공시내용	기준서 (K-1113)
가치평가기법	현재가치법	93(4)
투입변수	이자율	93(4)

수준 3 (기타포괄손익-공정가치금융자산 예시)

주석공시 요구사항	공시내용	기준서 (K-1113)
가치평가기법	현금흐름할인법	93(4)
투입변수	영구성장률, 가중평균자본비용	93(4)
투입변수에 대한 범위	1.0%, 17.1% 등	93(4)
민감도분석	유리한 변동 2,792 불리한 변동 (2,458)	93(8)(가)
자산 · 부채의 당기 변동내역	기초, 매입, 매도, 평가 등	93(5)

한편, 수준 3 민감도분석 정보는 외부평가기관이 수행한 해당 비상장주식에 대한 주식가치 평가보고서에 포함되어 수령하여야 공시할 수 있다.

공시사례 8.2 공정가치로 측정되지는 않으나 공정가치가 공시되는 자산 · 부채(금융자산 · 부채)

[출처 : LG전자 2023년 감사보고서]

주석

38.3 공정가치 추정

(1) 보고기간 말 현재 회사의 금융자산과 금융부채의 장부금액과 공정가치는 다음과 같습니다.

(단위 : 백만원)

구분	2023.12.31			
	유동		비유동	
	장부금액	공정가치	장부금액	공정가치
[공정가치로 인식된 자산]				

구분	2023.12.31			
	유동		비유동	
	장부금액	공정가치	장부금액	공정가치
당기손익-공정가치 측정 금융자산				
기타금융자산	–	–	80,702	80,702
기타포괄손익-공정가치 측정 금융자산				
매출채권	222,605	(*1)	–	–
기타금융자산	–	–	66,926	66,926
위험회피목적파생상품				
기타금융자산	19,106	19,106	135,980	135,980
[상각후원가로 인식된 자산]				
상각후원가 측정 금융자산				
현금및현금성자산	2,349,705	(*1)	–	–
금융기관예치금	20,863	(*1)	120,652	120,652
매출채권	5,074,359	(*1)	105,720	105,720
기타수취채권	458,642	(*1)	1,169,185	1,163,774
[기타 자산]				
매출채권	96,240	(*1)	512,172	512,172
금융자산 합계	8,241,520		2,191,337	
[공정가치로 인식된 부채]				
당기손익-공정가치 측정 금융부채				
기타금융부채	–	–	18,304	18,304
위험회피목적파생상품				
기타금융부채	6,610	6,610	40,848	40,848
[상각후원가로 인식된 부채]				
상각후원가 측정 금융부채				
매입채무	5,808,472	(*1)	–	–
차입금	1,604,369	(*1)	7,620,242	7,288,520
기타지급채무	2,156,944	(*1)	11,960	10,158
[기타 부채]				
리스부채	74,853	(*2)	80,611	(*2)
기타금융부채	6,856	(*3)	4,285	(*3)
금융부채 합계	9,658,104		7,776,250	

(*1) 장부금액이 공정가치의 합리적인 근사치이므로 공정가치 서열체계 및 측정방법등 공시에 포함하지 않았습니다.

(*2) 리스부채는 기업회계기준서 제1107호 '금융상품 : 공시'에 따라 공정가치 공시에서 제외하였습니다.

(*3) 기업회계기준서 제1109호 '금융상품'에 따라 산정한 손실충당금과 최초 인식금액에서 기업회계기준서 제1115호 '고객과의 계약에서 생기는 수익'에 따라 인식한 이익누계액을 차감한 금액 중 큰 금액으로 장부금액을 측정하고 있으며, 공정가치와 유의적인 차이가 없으므로 공시에 포함하지 않았습니다.

(2) 공정가치로 측정되는 자산과 부채의 공정가치 측정치

(3) 공정가치로 측정되지는 않으나 공정가치가 공시되는 자산과 부채

보고기간 말 현재 공정가치로 측정되지는 않으나 공정가치가 공시되는 자산과 부채의 공정가치 서열체계에 따른 수준별 현황은 다음과 같습니다.

(단위 : 백만원)

구분		2023.12.31			합계
		수준 1	수준 2	수준 3	
자산	비유동성 금융기관예치금	-	-	120,652	120,652
	비유동성 매출채권	-	-	617,892	617,892
	비유동성 기타수취채권	-	-	1,163,774	1,163,774
부채	비유동성 차입금	-	-	7,288,520	7,288,520
	비유동성 기타지급채무	-	-	10,158	10,158

① 공정가치 서열체계 '수준 2'의 가치평가기법 및 투입변수

보고기간 말 현재 공정가치로 측정되지는 않으나 공정가치가 공시되는 자산과 부채 중 공정가치 서열체계에 '수준 2'로 분류된 항목은 없습니다.

② 공정가치 서열체계 '수준 3'

보고기간 말 현재 공정가치로 측정되지는 않으나 공정가치가 공시되는 자산과 부채 중 공정가치 서열체계에 '수준 3'으로 분류된 항목의 가치평가기법, 투입변수, 관측가능하지 않은 투입변수 등의 현황은 다음과 같습니다.

(단위 : 백만원)

구분		2023.12.31		2022.12.31		가치평가기법	투입변수	유의적이지만 관측 가능하지 않은 투입변수	유의적이지만 관측 가능하지 않은 투입변수의 범위
		장부금액	공정가치	장부금액	공정가치				
자산	비유동성 금융기관 예치금	120,652	120,652	490	490	현금흐름 할인모형	할인율	할인율	0.1%~4.4%
	비유동성 매출채권	617,892	617,892	138,712	138,712	현금흐름 할인모형	할인율 및 환율	할인율	5.3%~7.0%
	비유동성 기타수취 채권	1,169,185	1,163,774	163,543	149,780	현금흐름 할인모형	할인율 및 환율	할인율	4.7%~5.4%
부채	비유동성 차입금	7,620,242	7,288,520	6,472,122	5,638,608	현금흐름 할인모형	할인율 및 환율	할인율	3.8%~5.4%
	비유동성 기타지급 채무	11,960	10,158	7,723	5,955	현금흐름 할인모형	할인율	할인율	3.9%~4.8%

설명

사례회사는 공정가치로 측정되지는 않으나 공정가치가 공시되는 자산과 부채로, 상각후원가로 측정하는 금융자산과 금융부채를 주석공시하고 있다.

이 경우 자산과 부채의 종류별로 문단 93(2), (4), (9)에서 요구하는 정보를 공시한다 (K-1113, 97).

주석공시 요구사항	공시내용	기준서 (K-1113)
공정가치 서열체계(수준 1, 2, 3)	수준 3	93(2)
수준 2, 수준 3의 경우, 가치평가기법과 공정가치 측정에 사용한 투입변수에 대한 설명	• 가치평가기법 : 현금흐름 할인모형 • 투입변수 : 할인율 환율 등(기타 투입변수의 범위에 대한 설명 포함)	93(4)
비금융자산의 최고 최선의 사용이 현재의 사용과 다르다면, 그러한 사실과 비금융자산을 최고 최선의 사용과 다른 방식으로 사용하는 이유를 공시	해당 없음. (*1)	93(9)

(*1) 사례회사의 경우는 비금융자산이 아님.

공시사례 8.3 공정가치로 측정되지는 않으나 공정가치가 공시되는 자산(비금융자산)

주석

[출처 : 에이프로젠제약 2023년 감사보고서]

38. 위험관리

(6) 공정가치

4) 공정가치로 측정되지는 않으나 공정가치가 공시되는 자산이나 부채는 다음과 같습니다.

① 공정가치로 측정되지는 않으나 공정가치가 공시되는 자산, 부채의 공정가치 서열체계에 따른 수준별 현황은 다음과 같습니다.

(단위 : 천원)

구분	당기말					전기말				
	장부가액	수준 1	수준 2	수준 3	합계	장부가액	수준 1	수준 2	수준 3	합계
투자부동산	3,841,347	-	-	5,526,286	5,526,286	944,359	-	-	1,364,072	1,364,072

② 재무상태표에서 공정가치로 측정되지는 않으나 공정가치가 공시되는 자산, 부채 중 공정가치 서열체계에 수준3으로 분류된 항목의 가치평가기법, 투입변수, 관측가능하지 않은 투입변수 등에 대한 현황은 다음과 같습니다.

(단위 : 천원)

구분	공정가치	가치평가기법	투입변수	수준 3 투입변수 범위(가중평균)	관측가능하지 않은 투입변수가 공정가치 측정에 미치는 영향
투자부동산	5,526,286	거래사례비교법등	거래가격 등	거래가격 등	거래가격상승하면 공정가치 상승

설명

사례회사는 투자부동산의 후속측정모형으로 원가모형을 선택하여 적용하고 있다. 원가모형 적용 시, 기말에 투자부동산의 공정가치를 주석공시한다.

이는 공정가치로 측정되지는 않으나 공정가치가 공시되는 자산에 해당된다.

이 경우 자산과 부채의 종류별로 문단 93(2), (4), (9)에서 요구하는 정보를 공시한다 (K-1113, 97).

주석공시 요구사항	공시내용	기준서 (K-1113)
공정가치 서열체계(수준 1, 2, 3)	수준 3	93(2)
수준 2, 수준 3의 경우, 가치평가기법과 공정가치 측정에 사용한 투입변수에 대한 설명.	• 가치평가기법 : 거래사례비교법 등 • 투입변수 : 거래가격 등	93(4)
비금융자산의 최고 최선의 사용이 현재의 사용과 다르다면, 그러한 사실과 비금융자산을 최고 최선의 사용과 다른 방식으로 사용하는 이유를 공시	해당 없음.	93(9)

공시사례 8.4 금융위험 공시

주석

[출처 : SK텔레콤 2023년 감사보고서]

35. 금융위험관리

(1) 금융위험관리

당사는 신용위험, 유동성위험과 시장위험에 노출되어 있습니다. 시장위험은 다시 환율변동위험, 이자율변동위험과 가격변동위험 등으로 구분됩니다. 당사는 이러한 위험요소들을 관리하기 위하여 각각의 위험요인에 대해 면밀하게 모니터링하고 대응하는 위험관리 정책 및 프로그램을 운용하고 있습니다.

재무위험관리의 대상이 되는 당사의 금융자산은 현금및현금성자산, 장 · 단기금융상품, 장기투자자산, 매출채권및기타채권 등으로 구성되어 있으며 금융부채는 미지급금및기타채무, 차입금, 사채 및 리스부채 등으로 구성되어 있습니다.

1) 시장위험

① 환율변동위험

당사의 외환위험은 주로 인식된 자산과 부채의 환율변동과 관련하여 발생하고 있습니다. 당사는 당사의 영업목적상 외환위험에 대한 회피가 필요하다고 판단하는 경우 통화스왑거래 등을 통해 외환위험을 관리하고 있습니다. 외환위험은 미래예상거래 및 인식된 자산 · 부채가 기능통화 외의 통화로 표시될 때 발생합니다.

당기말 현재 당사의 화폐성 외화자산 및 외화부채의 내역은 다음과 같습니다.

(원화단위 : 백만원, 외화단위 : 외화 천단위)

통화	자산		부채	
	현지통화	원화환산	현지통화	원화환산
USD	24,551	31,656	706,572	911,054
EUR	654	933	3	4
기타	–	336	–	–
합계		32,925		911,058

또한, 당사는 외화사채 및 차입금의 환위험을 회피하기 위하여 주석 19에서 설명하는 바와 같이 통화스왑계약을 체결하고 있습니다.

당기말 현재 각 외화에 대한 기능통화의 환율이 10% 변동 시, 동 환율변동이 법인세비용차감전순이익 및 자본에 미치는 영향은 다음과 같습니다.

(단위 : 백만원)

통화	세전이익에 미치는 효과		자본에 미치는 효과	
	10% 상승 시	10% 하락 시	10% 상승 시	10% 하락 시
USD	1,982	(1,982)	1,982	(1,982)
EUR	93	(93)	93	(93)
기타	34	(34)	34	(34)
합계	2,109	(2,109)	2,109	(2,109)

② 이자율위험

당사의 이자율위험은 사채, 차입금 및 장기미지급금에서 비롯됩니다. 당사의 이자부자산은 대부분 고정이자율로 확정되어 있어, 당사의 수익 및 영업현금흐름은 시장이자율의 변동으로부터 실질적으로 독립적입니다.

당사는 이자율위험에 대해 다양한 방법의 분석을 수행하고 있습니다. 당사는 이자율변동위험을 최소화하기 위해 재융자, 기존 차입금의 갱신, 대체적인 융자 및 위험회피 등 다양한 방법을 검토하여 당사 입장에서 가장 유리한 자금조달 방안에 대한 의사결정을 수행하고 있습니다.

당기말 현재 변동금리부차입금 및 사채는 각각 40,000백만원 및 386,820백만원이며, 당사는 변동금리부사채의 이자율 위험을 회피하기 위하여 모든 변동금리부사채에 대하여 이자율스왑계약을 체결하고 있습니다. 따라서, 이자율 변동에 따른 변동금리부사채에 대한 이자비용의 변동으로 인하여 당기 법인세비용차감전순이익은 변동하지 않습니다. 한편, 다른 모든 변수가 일정하고 이자율이 1%p 상승(하락)할 경우, 이자율스왑계약을 체결하지 않은 변동금리부 차입금에 대한 이자비용으로 인하여 당기법인세비용차감전순이익은 400백만원 감소 또는 증가하였을 것이며, 당기말 자본도 동일한 금액만큼 감소 또는 증가하였을 것입니다.

한편, 당기말 현재 변동금리부 장기미지급금의 액면금액은 1,290,225백만원입니다. 다른 모든 변수가 일정하고 이자율이 1%p 상승(하락)할 경우, 당기 법인세비용차감전순이익은 12,902백만원 감소 또는 증가하였을 것이며, 당기말 자본도 동일한 금액만큼 감소 또는 증가하였을 것입니다.

③ 가격변동위험

당기말 현재 회사는 활성거래시장이 존재하는 지분상품을 보유하고 있으며, 이에 따른 가격변동위험에 노출되어 있습니다. 다른 모든 변수가 일정하다고 가정할 때 당기말 현재의 지분증권의 주당 주식가액이 10% 변동시, 동 주가지수 변동이 회사의 법인세차감전순이익 및 자본에 미치는 영향은 다음과 같습니다.

(단위 : 백만원)

세전이익에 미치는 효과		자본에 미치는 효과	
10% 상승 시	10% 하락 시	10% 상승 시	10% 하락 시
-	-	84,647	(84,647)

설명

사례회사는 시장위험을 다음과 같이 공시하고 있다.

주석공시 요구사항	공시내용	기준서 (K-1107)
환율변동위험(민감도 분석)	환율이 10% 변동할 경우 당기손익(법인세효과 반영 전)과 자본에 미치는 영향 공시	40(1)
이자율위험(민감도 분석) - 변동금리부사채	변동금리부차입금 40,000백만원 변동금리부사채 386,820백만원 - 이자율스왑계약으로 이자율변동위험 없다고 공시	40(1)
이자율위험(민감도 분석) - 변동금리부 장기미지급금	변동금리부 장기미지급금 1,290,225백만원 - 이자율 1%p 상승(하락) 시 당기 법인세비용차감전순이익은 12,902백만원 증가 또는 감소	40(1)

주석공시 요구사항	공시내용	기준서 (K-1107)
기타 시장가격위험 - 주가변동위험	활성거래시장이 존재하는 지분상품 - 당 주식가액이 10% 변동시 84,647백만원의 증가 또는 감소	40(1)

2) 신용위험

당기말과 전기말 현재 당사의 신용위험에 대한 최대 노출정도는 다음과 같습니다.

(단위 : 백만원)

구분	당기말	전기말
현금및현금성자산	631,021	1,217,467
장단기금융상품	186,718	170,183
장단기투자자산	-	900
매출채권	1,495,617	1,425,695
계약자산	21,613	33,098
대여금및기타채권	886,377	1,039,894
파생금융자산	118,533	250,736
합계	3,339,879	4,137,973

설명

사례회사는 보고기간 말 현재 신용위험의 최대 익스포저를 가장 잘 나타내는 금액을 공시하고 있다[K-1107, 36(1)].

신용위험은 당사의 통상적인 거래 및 투자활동에서 발생하며 고객 또는 거래상대방이 계약조건상 의무사항을 지키지 못하였을 때 발생합니다. 이러한 신용위험을 관리하기 위하여 당사는 주기적으로 고객과 거래상대방의 재무상태와 과거 경험 및 기타 요소들을 고려하여 재무신용도를 평가하고 있으며 고객과 거래상대방 각각에 대한 신용한도를 설정하고 있습니다.

① 매출채권과 계약자산

당사는 매출채권에 대해 발생할 것으로 기대되는 손실에 대해 충당금을 설정하고 있습니다. 이 충당금은 개별적으로 유의적인 항목에 대한 구체적인 손상차손과 유사한 특성을 가진 금융자산 집합에서 발생할 것으로 기대되는 손상차손으로 구성됩니다. 금융자산 집합의 충당금은 유사한 금융자산의 회수에 대한 과거 자료에 근거하여 결정되며, 당기 발생한 손실충당금의 변동은 주석 5에서 설명하고 있습니다.

② 채무증권

신용위험은 당사가 보유하고 있는 장단기금융상품 186,718백만원, 대여금및기타채권

886,377백만원에 포함된 채무증권에서도 발생할 수 있습니다. 이러한 위험을 줄이기 위해, 당사는 신용도가 높은 금융기관들과 거래를 하고 있습니다.

당사가 보유하는 대부분의 채무증권은 채무불이행 발생 위험이 낮고, 단기적으로 차입자가 계약상 현금흐름 지급의무를 이행할 수 있는 강한 능력을 갖고 있기 때문에 신용위험이 낮은 것으로 보고 있습니다. 따라서 손실충당금은 12개월 기대신용손실로 인식하였습니다.

한편, 당사는 매 보고기간 말 거래상대방의 신용위험 변동을 관찰하고 있으며, 계약상 지급의 연체일수가 30일을 초과하는 경우에는 신용위험이 유의적으로 증가한 것으로 간주하여, 전체기간 기대신용손실을 손실충당금으로 인식하였습니다.

당사의 신용위험에 대한 최대 노출금액은 각 금융자산의 장부금액과 동일하며, 당기말 현재 매출채권 및 파생금융자산을 제외한 신용위험 등급별 금융자산의 총 장부금액은 아래와 같습니다.

(단위 : 백만원)

구분	당기손익-공정가치 측정	상각후원가		
		12개월 기대신용손실	전체기간 기대신용손실 - 신용이 손상되지 않음	전체기간 기대신용손실 - 신용 손상
총장부금액	321,309	747,476	7,570	66,295
손실충당금	-	(2,590)	(3,089)	(63,876)
순장부금액	321,309	744,886	4,481	2,419

설명

사례회사는 신용위험 등급별로 금융자산의 손실충당금과 총 장부금액을 아래와 같이 구분하여 공시하고 있다.

주석공시 요구사항	공시내용	기준서 (K-1107)
(1) 손실충당금을 12개월 기대신용손실에 해당하는 금액으로 측정하는 금융상품	(2,590)	35M(1)
(2) 손실충당금을 전체기간 기대신용손실에 해당하는 금액으로 측정하고 다음에 해당하는 금융상품		35M(2)
(가) 최초 인식 후 신용위험이 유의적으로 증가하였지만 신용이 손상되지 않은 금융자산	(3,089)	35M(2)(가)
(나) 보고기간 말에 신용이 손상된 금융자산	(63,876)	35M(2)(나)
(다) 실무적 간편법으로 손실충당금을 측정한 매출채권, 계약자산, 리스채권 - 충당금 설정률표 가능		35M(1)(다)
(3) 취득 시 신용이 손상되어 있는 금융자산	n/a	35M(3)

당기 중 발생한 채무증권의 손실충당금 변동은 아래와 같습니다.

(단위 : 백만원)

구분	12개월 기대신용손실	전체기간 기대신용손실 – 신용이 손상되지 않음	전체기간 기대신용손실 – 신용 손상	합계
전기말(2022.12.31)	2,803	3,314	68,332	74,449
손실충당금재측정	655	3,043	651	4,349
전체기간 기대신용손실 – 신용이 손상되지 않음으로 이전	(868)	868	–	–
전체기간 기대신용손실 – 신용 손상으로 이전	–	(4,136)	4,136	–
제각	–	–	(16,156)	(16,156)
제각채권의 회수	–	–	6,913	6,913
당기말(2023.12.31)	2,590	3,089	63,876	69,555

설명

사례회사는 채무증권의 손실충당금 변동 내역을 재측정, 손실충당금 전입(환입), 제각 및 제각채권의 회수 등으로 구분하여 공시하고 있다.

③ 현금및현금성자산

당사는 당기말 현재 현금및현금성자산 631,021백만원(전기말 : 1,217,467백만원)을 평가기관의 신용평가등급이 일정 등급 이상인 은행 및 금융기관에 예치하고 있습니다. 현금및현금성자산에 대한 손상은 12개월 기대손실로 측정하였으며, 익스포저의 만기가 단기인 것을 반영하였습니다. 당사는 상대방의 외부신용등급에 기초하여 현금및현금성자산의 위험이 낮다고 판단하였습니다.

3) 유동성위험

당사의 유동성 관리방법은 충분한 현금및현금성자산을 유지하고 금융기관으로부터의 신용한도 확보를 통해 충분한 유동성을 확보하는 것입니다. 당사는 적극적인 영업활동을 통해 신용한도 내에서 충분한 유동성을 유지하고 있습니다. 당기말 현재 당사가 보유한 금융부채의 계약상 만기는 다음과 같습니다.

(단위 : 백만원)

구분	장부금액	계약상 현금흐름	1년 미만	1년～5년	5년 이상
차입금(*)	640,000	656,806	401,710	255,096	–
사채(*)	6,666,939	7,684,857	1,083,773	4,416,636	2,184,448

구분	장부금액	계약상 현금흐름	1년 미만	1년～5년	5년 이상
리스부채	1,226,545	1,346,200	345,144	839,668	161,388
미지급금및기타채무(*)	4,146,076	4,256,188	3,266,135	990,053	-
합 계	12,679,560	13,944,051	5,096,762	6,501,453	2,345,836

(*) 계약상 현금흐름은 이자지급액을 포함한 금액입니다.

당사는 이 현금흐름이 유의적으로 더 이른 기간에 발생하거나, 유의적으로 다른 금액일 것으로 기대하지 않습니다.

당기말 현재 현금흐름위험회피가 적용되는 파생상품과 관련된 현금흐름이 발생할 것으로 예상되는 기간은 다음과 같습니다.

(단위 : 백만원)

구분	장부금액	계약상 현금흐름	1년 미만	1년～5년
자산	116,210	123,260	30,928	92,332

설명

사례회사는 다음과 같이 비파생금융부채와 파생금융부채의 유동성위험을 공시하고 있다.

주석공시 요구사항	공시내용	기준서 (K-1107)
비파생금융부채의 만기분석	• 차입금, 사채, 리스부채 등을 1년 미만, 1년～5년, 5년 이상으로 구분하여 만기분석함. • 계약상 현금흐름은 할인하지 않은 원금과 이자의 합임.	39(1)
파생금융부채의 만기분석	현금흐름위험회피가 적용되는 파생상품과 관련된 현금흐름의 만기분석 정보 공시	39(2)
유동성위험을 관리하는 방법 설명	적극적인 영업활동을 통해 신용한도 내에서 충분한 유동성을 유지하고 있음을 공시	39(3)

(2) 자본관리

당사는 부채와 자본 잔액의 최적화를 통하여 주주이익을 극대화시키는 동시에 계속기업으로서 지속될 수 있도록 자본을 관리하고 있습니다. 당사의 전반적인 자본관리 전략은 전기와 변동이 없습니다.

당사는 자본관리지표로 부채비율을 이용하고 있으며 이 비율은 총부채를 총자본으로 나누어 산출됩니다. 총부채 및 총자본은 재무제표의 금액을 기준으로 계산됩니다.

당기말과 전기말 현재 부채비율은 다음과 같습니다.

(단위 : 백만원)

구분	당기말	전기말
부채	14,559,839	16,048,739
자본	10,436,093	10,383,382
부채비율	139.51%	154.56%

공시사례 8.5 금융자산 양도

[출처 : 삼성전자 2023년 감사보고서]

[재무상태표 일부]

삼성전자주식회사 (단위 : 백만원)

과목	당기말	전기말
자산		
매출채권	27,363,016	20,503,223
부채		
단기차입금	5,625,163	2,381,512

주석

5. 금융자산의 양도

회사는 당기 및 전기 중 은행과의 매출채권 팩토링 계약을 통해 매출채권을 할인하였습니다. 회사가 매출채권 팩토링 거래에서 제공한 매출채권은 채무자의 채무불이행 시의 소구조건 등으로 대부분의 위험과 보상을 회사가 보유하므로 금융자산의 제거요건을 충족하지 않아 제거되지 않았습니다. 이러한 거래에서 인식한 금융부채는 재무상태표에 '단기차입금'으로 분류되어 있습니다(주석 12 참조).

보고기간종료일 현재 매출채권의 할인된 내역은 다음과 같습니다.

(단위 : 백만원)

구분	당기말	전기말
할인된 매출채권의 장부금액	5,625,163	2,381,512
관련 차입금의 장부금액	5,625,163	2,381,512

설명

사례회사는 양도하였으나 그 전체가 제거되지는 않은 금융자산의 종류별로 관련 부채의 거래상대방이 양도자산에 대해 소구권만 가지고 있는 경우에는 양도자산의 공정가치, 관련 부채의 공정가치를 주석에 공시하고 있다[K-1107, 42D(4)].
즉, 사례회사는 보고기간 말 현재 양도하였으나 그 전체가 제거되지는 않은 금융자산이 5,625,163백만원 존재한다고 공시하고 있다(단기차입금으로 회계처리함).

공시사례 8.6 상계약정(금융업)

주석

[출처 : 제주은행 2023년 감사보고서]

4-6. 금융자산과 금융부채의 상계

당기말 및 전기말 현재 실행가능한 일괄 상계약정 및 이와 유사한 약정의 적용을 받는 금융상품의 내역은 다음과 같습니다.

〈당기말〉

(단위 : 백만원)

구분	인식된 금융자산/부채 총액	상계되는 인식된 금융자산/부채 총액	재무상태표에 표시되는 금융자산/부채 순액	재무상태표에 상계되지 않는 관련금액		순액
				금융상품	수취한 현금담보	
미회수내국환채권	231,805	197,722	34,083	–	–	34,083
미지급내국환채무	281,094	197,722	83,372	–	–	83,372

은행 간의 내국환거래에 따른 채권 및 채무를 처리하는 계정으로 법적 상계권리를 보유하고 순액으로 결제하고 있으므로 재무상태표에 순액으로 표시하고 있습니다.

설명

사례회사는 상계한 금융자산 및 금융부채에 대해 다음의 정보를 주석에 공시하고 있다.

주석공시 요구사항	공시내용		기준서 (K-1107)
	자산	부채	
(1) 인식된 해당 금융자산 및 금융부채의 총액	231,805	281,094	13C(1)
(2) 재무상태표에 표시되는 순액을 결정할 때에 상계된 금액	197,722	197,722	13C(2)
(3) 재무상태표에 표시된 순액	34,083	83,372	13C(3)
(4) 집행 가능한 일괄상계약정 또는 이와 비슷한 약정의 대상인 금액(금융담보 등)	–	–	13C(4)

주석공시 요구사항	공시내용		기준서 (K-1107)
	자산	부채	
(5) 위 (3)의 금액에서 (4)의 금액을 차감한 후의 순액	34,083	83,372	13C(5)

공시사례 8.7 상계약정(비금융업)

주석

[출처 : 한국철강 2023년 감사보고서]

4.3 금융자산과 금융부채의 상계

4.3.1 실행가능한 일괄 상계약정 또는 이와 유사한 약정의 적용을 받는 인식된 금융자산의 종류별 내역

(단위 : 천원)

구분	당기말					
	자산총액	상계된 부채총액	재무상태표 표시 순액	상계되지 않은 금액		순액
				금융상품	현금담보	
매출채권	2,984,463	2,420,152	564,311	-	-	564,311

4.3.2 실행가능한 일괄 상계약정 또는 이와 유사한 약정의 적용을 받는 인식된 금융부채의 종류별 내역

(단위 : 천원)

구분	당기말					
	부채총액	상계된 자산총액	재무상태표 표시 순액	상계되지 않은 금액		순액
				금융상품	현금담보	
매입채무	2,425,649	2,420,152	5,497	-	-	5,497

회사는 특수관계자인 환영철강공업(주)와 매월 말 매출채권과 매입채무의 잔액을 상계 후 잔액을 지급하는 약정을 체결하고 있습니다.

설명

사례회사는 상계한 금융자산 및 금융부채에 대해 다음의 정보를 주석에 공시하고 있다.

주석공시 요구사항	공시내용		기준서 (K-1107)
	자산	부채	
(1) 인식된 해당 금융자산 및 금융부채의 총액	2,984,463	2,425,649	13C(1)

주석공시 요구사항	공시내용		기준서 (K-1107)
	자산	부채	
(2) 재무상태표에 표시되는 순액을 결정할 때에 상계된 금액	2,420,152	2,420,152	13C(2)
(3) 재무상태표에 표시된 순액	564,311	5,497	13C(3)
(4) 집행 가능한 일괄상계약정 또는 이와 비슷한 약정의 대상인 금액(금융담보 등)	–	–	13C(4)
(5) 위 (3)의 금액에서 (4)의 금액을 차감한 후의 순액	564,311	5,497	13C(5)

공시사례 8.8 복합금융상품(전환사채)

[출처 : LG디스플레이 2021년 감사보고서]

주석

11. 금융부채

(1) 당기말과 전기말 현재 금융부채의 내역은 다음과 같습니다.

(단위 : 백만원)

구분	당기말	전기말
유동부채		
단기차입금	–	326,400
유동성장기부채	2,529,388	1,769,735
유동성지급보증부채	3,462	4,576
파생상품부채(*1)	8,594	58,875
현금흐름위험회피 파생상품부채(*2)	13,400	–
리스부채	2,852	3,403
합계	2,557,696	2,162,989
비유동부채		
원화장기차입금	2,173,500	2,435,000
외화장기차입금	1,861,235	1,572,160
사채	995,976	1,948,541
비유동성지급보증부채	2,746	5,797
파생상품부채(*1)	2,331	108,750
리스부채	2,367	1,977
합계	5,038,155	6,072,225

(*1) 위험회피수단 미지정 파생상품으로, 외화차입금 및 외화사채로부터 발생하는 위험을 관리하기 위해 체결된 통화이자율스왑 계약 등에서 발생하였습니다.

(*2) 위험회피수단 지정 파생상품으로, 예상 외화 매출에서 발생하는 환위험을 관리하기 위해 체결된 통화선물 계약에서 발생하였습니다.

(5) 당기말과 전기말 현재 사채의 내역은 다음과 같습니다.

(외화단위 : 백만, 원화단위 : 백만원)

구분	만기일	당기말 연이자율(%)	당기말	전기말
상각후원가 측정 원화사채(*1)				
공모사채	2022.02~2026.09	2.29~2.95	1,320,000	1,320,000
사모사채	2022.05~2033.05	3.25~4.25	160,000	160,000
사채할인발행차금			(2,534)	(1,798)
차감 : 유동성대체			(599,825)	(499,796)
소계			877,641	978,406
상각후원가 측정 외화사채(*2)				
공모사채	2021.11	–	–	326,400
사모사채	2023.04	3ML+1.47	118,550	108,800
외화상당액			USD 100	USD 400
사채할인발행차금			(215)	(3,161)
차감 : 유동성대체			–	(323,579)
소계			118,335	108,460
당기손익-공정가치 측정 금융부채				
외화전환사채(*3)	2024.08	1.5	1,015,760	861,675
외화상당액			USD 857	USD 792
차감 : 유동성 대체			(1,015,760)	–
소계			–	861,675
합계			995,976	1,948,541

(*1) 원화사채는 만기 일시 상환되며, 이자는 3개월마다 지급됩니다.
(*2) 외화사채는 만기 일시 상환되며, 이자는 3개월 또는 6개월마다 지급됩니다.
(*3) 사채권자의 조기상환청구권(Put option)을 고려하여 유동성 대체하였습니다.

설명

사례회사는 보고기간 말 현재 인식된 차입금에 대해 다음 사항을 공시하고 있다.

주석공시 요구사항	공시내용 (예 : 원화공모사채)	기준서 (K-1107)
회계기간 중 차입금의 원금, 이자, 감채기금, 상환조건의 (채무)불이행 명세	• 원금 : ×××백만원 • 이자 : 2.29~2.95%	18(1)
보고기간 말 현재 채무가 이행되지 않은 차입금의 장부금액	장부금액 : 1,320,000백만원	18(2)

주석공시 요구사항	공시내용 (예 : 원화공모사채)	기준서 (K-1107)
재무제표의 발행이 승인되기 전에 (채무) 불이행의 해소 여부 또는 차입 조건의 재협상 여부	n/a	18(3)
차입약정의 조건을 위반하여 대여자가 조기 상환을 요구할 수 있는 경우 상기 문단 18 주석공시	n/a	19

일반적으로 차입금, 사채 등은 차입금의 원금, 이자, 기말 장부금액이 요구되고 있다.

(6) 당사가 발행한 전환사채의 만기 및 전환조건에 대한 정보는 다음과 같습니다.

구분	내역
사채의 종류	기명식 무보증 해외전환사채
발행 시 권면총액	USD 687,800,000
표면 연이자율(%)	1.50
발행일	2019년 8월 22일
만기일	2024년 8월 22일
이자지급방법	원금상환기일 전일까지 발행일로부터 매 6개월마다 지급
원금상환방법	1. 만기상환 : 조기상환 또는 전환권 행사 후 잔존 사채 원리금을 만기일에 일시상환 2. 조기상환 : 회사의 조기상환권(Call option) 또는 사채권자의 조기상환청구권(Put option) 행사 시 사채 원금 및 상환예정일까지의 미지급이자를 상환
전환가액	보통주 1주당 19,845원(유 · 무상증자, 주식배당 또는 병합 시 희석효과를 고려하여 전환가격 조정)
전환청구기간	2020년 8월 23일 ~ 2024년 8월 12일
발행자의 조기상환권 (Calloption)	– 납입일로부터 3년 후부터, 30연속 거래일 중 주가(종가기준)가 전환가격의 130% 이상인 날이 20거래일 이상일 경우 – 미상환채권규모가 최초발행채권규모의 10% 미만인 경우 – 관련 법령의 개정 등으로 인한 추가 조세부담 사유가 발생하는 경우
사채권자의 조기상환청구권 (Putoption)	납입일로부터 3년째 되는 날

당사는 전환사채를 당기손익–공정가치 측정 금융부채로 지정하였으며, 공정가치의 변동을 당기손익으로 인식하였습니다. 당사는 블룸버그에 공시되는 전환사채 거래가격을 이용하여 전환사채를 공정가액으로 평가하고 있으며, 당기말 현재 전환가능 주식수는 다음과 같습니다.

구분	당기말
전환가능사채가액	813,426,670,000원
전환가격	19,845원
전환가능주식수	40,988,998주

설명

사례회사는 부채요소와 자본요소를 모두 포함하는 해외전환사채를 발행하였고, 해당 해외전환사채에 내재된 복수의 파생상품의 가치가 상호의존적이라는 특성이 존재한다는 사실을 주석공시하고 있다(K-1107, 17).

사례회사는 내재된 복수의 파생상품을 사채권자의 조기상환청구권(Put option)과 전환권이라고 공시하고 있다.

공시사례 8.9 위험회피회계 일반

[출처 : KB금융지주 2023년 연결감사보고서]

연결재무상태표

제16기말 : 2023년 12월 31일 현재
제15기말 : 2022년 12월 31일 현재
제15기초 : 2022년 1월 1일 현재

주식회사 KB금융지주와 그 종속기업

(단위 : 백만원)

과목	제16(당)기말		제15(전)기말		제15(전)기초
Ⅲ. 파생금융자산(주석4, 6, 9)	6,157,628		9,446,580		3,721,370
…					
Ⅱ. 파생금융부채(주석4, 6, 9)	6,210,639		9,509,769		3,684,334

연결포괄손익계산서

제16기 : 2023년 1월 1일부터 2023년 12월 31일까지
제15기 : 2022년 1월 1일부터 2022년 12월 31일까지

주식회사 KB금융지주와 그 종속기업

(단위 : 백만원)

과목	제16(당)기	제15(전)기
…	…	…

과목	제16(당)기	제15(전)기
XIV. 법인세비용차감후기타포괄손익	1,066,624	123,168
후속적으로 당기손익으로 재분류될 수 있는 포괄손익	1,122,054	776,487
…	…	…
4. 현금흐름위험회피손익(주석9)	53,923	26,168
5. 해외사업장순투자위험회피수단의 손익(주석9)	(14,659)	(79,085)

주석

9. 파생금융상품 및 위험회피회계

연결실체의 파생금융상품업무는 리스크를 회피하고자 하는 기업고객의 요구에 부응하고, 동 계약에서 발생하는 연결실체의 리스크를 회피하는 데 초점을 두고 있습니다. 연결실체는 또한 연결실체의 자산과 부채에서 발생하는 이자율 및 환리스크를 회피하기 위하여 파생금융상품을 거래하고 있습니다. 아울러 연결실체는 수익을 창출하기 위한 목적으로 정해진 거래한도 내에서 파생금융상품을 매매하고 있습니다.

연결실체가 거래하는 파생상품은 주로 다음과 같습니다.

- 원화이자율위험과 관련된 이자율스왑
- 환율위험과 관련된 통화스왑, 선도 및 옵션
- KOSPIIndex에 연동된 주가지수옵션

특히, 연결실체는 원화구조화사채, 외화발행금융사채 및 외화구조화예금 등의 이자율변동 및 환율변동 등으로 인한 공정가치변동위험을 회피하기 위하여 이자율스왑 또는 통화선도 등을 활용하는 공정가치위험회피회계를 적용하고 있으며, 원화변동금리채권 및 외화차입금 등의 현금흐름변동위험을 회피하기 위하여 이자율스왑 또는 통화스왑 등을 활용하는 현금흐름위험회피회계를 적용하고 있고, 해외사업장의 순투자 환율변동위험을 회피하기 위하여 외화발행금융사채 및 통화선도를 위험회피수단으로 지정하여 해외사업장순투자 위험회피회계를 적용하고 있습니다.

(1) 당기말 및 전기말 현재 매매목적 파생금융상품의 내역은 다음과 같습니다.

(단위 : 백만원)

구분	당기말			전기말		
	약정금액	자산	부채	약정금액	자산	부채
이자율관련						
선도	14,872,481	488,542	465,983	8,261,663	821,603	431,002
선물(*)	5,398,495	6,226	4,576	4,450,505	765	256
스왑	416,613,927	556,985	574,865	359,581,194	859,670	694,713
옵션	9,384,000	203,718	208,277	10,508,000	274,596	272,284
소계	446,268,903	1,255,471	1,253,701	382,801,362	1,956,634	1,398,255

구분	당기말			전기말		
	약정금액	자산	부채	약정금액	자산	부채
통화관련						
선도	136,805,906	1,316,968	1,273,558	115,682,577	2,813,603	2,472,119
선물(*)	576,730	696	989	413,960	36	2,364
스왑	84,027,181	2,731,314	2,426,152	91,646,725	3,525,458	4,049,390
옵션	1,238,475	7,668	4,713	1,852,065	27,258	13,025
소계	222,648,292	4,056,646	3,705,412	209,595,327	6,366,355	6,536,898
주식 및 주가지수관련						
선물(*)	1,352,920	11,179	13,232	1,828,302	37,455	89,624
스왑	5,165,523	330,132	493,475	6,649,735	377,840	492,275
옵션	4,880,805	80,576	240,274	7,257,715	168,311	359,274
소계	11,399,248	421,887	746,981	15,735,752	583,606	941,173
신용관련						
스왑	2,864,357	17,799	8,695	3,006,114	32,860	17,468
소계	2,864,357	17,799	8,695	3,006,114	32,860	17,468
상품관련						
선물(*)	26,037	1,305	106	28,577	1,970	941
스왑	31,635	4,348	4,352	–	–	–
옵션	100,484	1,091	1,147	131,500	887	885
소계	158,156	6,744	5,605	160,077	2,857	1,826
기타	788,841	19,135	246,118	1,003,301	41,859	313,917
합계	684,127,797	5,777,682	5,966,512	612,301,933	8,984,171	9,209,537

(*) 일부의 선물거래는 일일정산되어 예치금에 반영됨.

(2) 당기말 및 전기말 현재 위험회피 유형별 미래 명목현금흐름의 평균 가격조건은 다음과 같습니다.

(단위 : 백만원)

구분	당기말						
	1년	2년	3년	4년	5년	5년 초과	합계
공정가치위험회피							
위험회피수단의 명목금액	2,998,238	3,555,510	1,667,087	349,482	267,778	2,304,270	11,142,365
평균가격조건(%)	4.77	4.86	5.18	5.23	5.73	4.93	4.95
평균가격조건(KRW/USD)	1,257.22	1,277.42	1,242.04	–	–	–	1,257.90
평균가격조건(KRW/EUR)	1,373.58	1,427.96	1,436.77	–	–	–	1,404.28
평균가격조건(KRW/AUD)	872.12	840.73	–	–	–	–	869.67
평균가격조건(KRW/GBP)	–	1,536.92	–	–	–	–	1,536.92
현금흐름위험회피							
위험회피수단의 명목금액	1,651,669	2,035,885	1,994,375	1,364,708	154,813	160,000	7,361,450

구분	당기말						
	1년	2년	3년	4년	5년	5년 초과	합계
평균가격조건(%)	4.60	3.05	11.94	7.98	2.67	3.11	10.68
평균가격조건(KRW/USD)	1,220.93	1,221.93	1,230.48	1,325.04	1,147.95	-	1,235.39
평균가격조건(KRW/EUR)	1,364.00	1,374.73	-	-	1,392.00	-	1,372.29
평균가격조건(KRW/AUD)	856.40	851.50	889.00	-	-	-	866.92
해외사업장순투자위험회피							
위험회피수단의 명목금액	31,332	-	207,593	-	-	-	238,925
평균가격조건(KRW/USD)	1,071.00	-	1,178.92	-	-	-	1,164.76

(단위 : 백만원)

구분	전기말						
	1년	2년	3년	4년	5년	5년 초과	합계
공정가치위험회피							
위험회피수단의 명목금액	5,677,321	1,921,072	2,701,675	1,883,332	426,551	2,147,845	14,757,796
평균가격조건(%)	4.17	4.52	4.64	4.56	4.36	4.64	4.43
평균가격조건(KRW/USD)	1,197.01	1,262.56	1,276.70	-	-	-	1,240.59
평균가격조건(KRW/EUR)	1,363.42	1,373.32	-	1,436.86	-	-	1,387.71
평균가격조건(KRW/AUD)	886.23	895.76	-	-	-	-	890.17
평균가격조건(KRW/GBP)	1,617.02	-	1,535.25	-	-	-	1,537.85
현금흐름위험회피							
위험회피수단의 명목금액	3,033,420	892,720	1,846,139	771,585	1,078,676	210,000	7,832,540
평균가격조건(%)	2.90	2.60	4.42	4.62	4.95	3.99	3.54
평균가격조건(KRW/USD)	1,178.13	1,196.80	1,166.24	1,225.35	1,252.61	-	1,202.02
평균가격조건(KRW/EUR)	1,321.00	1,364.00	1,374.73	-	-	-	1,362.51
평균가격조건(KRW/AUD)	-	856.40	851.50	-	-	-	853.40
해외사업장순투자위험회피							
위험회피수단의 명목금액	65,012	27,499	-	-	-	-	92,511
평균가격조건(KRW/USD)	1,071.00	-	-	-	-	-	1,071.00
평균가격조건(KRW/GBP)	-	1,465.26	-	-	-	-	1,465.26

(3) 공정가치위험회피

1) 당기말 및 전기말 현재 공정가치위험회피대상의 내역은 다음과 같습니다.

(단위 : 백만원)

구분	당기말				
	장부금액		공정가치 조정 누계액		당기중 공정가치 변동
	자산	부채	자산	부채	
위험회피적용					

구분		당기말				
		장부금액		공정가치 조정 누계액		당기중 공정가치 변동
		자산	부채	자산	부채	
이자율관련	원화채무증권	1,975,442	–	(50,746)	–	49,323
	외화채무증권	2,585,073	–	(111,902)	–	74,080
	원화예수부채	–	49,985	–	(15)	15
	외화예수부채	–	32,016	–	(6,667)	(1,924)
	원화발행금융채권	–	5,678,927	–	(141,073)	(94,418)
	외화발행금융채권	–	1,310,952	–	(68,706)	(27,159)
	소계	4,560,515	7,071,880	(162,648)	(216,461)	(83)
통화관련	외화채무증권	1,525,072	–	140,391	–	40,857
	소계	1,525,072	–	140,391	–	40,857
합계		6,085,587	7,071,880	(22,257)	(216,461)	40,774

(단위 : 백만원)

구분		전기말				
		장부금액		공정가치 조정 누계액		당기중 공정가치 변동
		자산	부채	자산	부채	
위험회피적용						
이자율관련	원화채무증권	2,467,171	–	(107,444)	–	(86,757)
	외화채무증권	3,142,973	–	(232,085)	–	(215,183)
	외화예수부채	–	29,429	–	(8,591)	6,976
	원화발행금융채권	–	5,690,371	–	(249,629)	171,841
	외화발행금융채권	–	1,196,781	–	(95,865)	123,817
	소계	5,610,144	6,916,581	(339,529)	(354,085)	694
통화관련	외화채무증권	1,651,268	–	(86,778)	–	152,893
	소계	1,651,268	–	(86,778)	–	152,893
합계		7,261,412	6,916,581	(426,307)	(354,085)	153,587

2) 당기말 및 전기말 현재 공정가치위험회피수단으로 지정된 파생금융상품의 내역과 당기 및 전기 중 공정가치 변동은 다음과 같습니다.

(단위 : 백만원)

구분	당기말			
	약정금액	장부금액		당기중 공정가치 변동
		자산	부채	
이자율관련				
스왑	9,654,617	111,360	75,776	(15,927)
통화관련				

구분	당기말			
	약정금액	장부금액		당기중 공정가치 변동
		자산	부채	
선도	1,487,748	18,916	28,793	(42,969)
합계	11,142,365	130,276	104,569	(58,896)

(단위 : 백만원)

구분	전기말			
	약정금액	장부금액		당기중 공정가치 변동
		자산	부채	
이자율관련				
스왑	13,290,183	186,258	104,856	(1,244)
통화관련				
선도	1,467,613	37,015	29,069	(132,524)
합계	14,757,796	223,273	133,925	(133,768)

3) 당기 및 전기 중 위험회피수단 파생상품의 손익 중 비효과적인 부분은 다음과 같습니다.

(단위 : 백만원)

구분	당기	전기
위험회피회계 적용		
이자율 관련	6,513	(550)
통화관련	(2,112)	20,369
합계	4,401	19,819

4) 당기 및 전기 중 위험회피수단 손익 및 공정가치위험회피대상항목의 회피위험 관련 손익은 다음과 같습니다.

(단위 : 백만원)

구분	당기	전기
위험회피수단 손익	(36,372)	(104,354)
위험회피대상항목의 회피위험 관련 손익	35,011	124,142
합계	(1,361)	19,788

설명

사례회사는 위험회피대상인 원화채무증권과 외화채무증권 등의 이자율위험과 외화채무증권의 환율위험을 회피하기 위해 위험회피수단으로 이자율스왑계약과 통화선도계약을 체결하고 있다.

사례회사의 주석공시사항은 다음과 같이 구분된다.

1. 위험회피수단(공정가치 위험회피)

주석공시 요구사항	공시내용 (단위 : 백만원)	기준서 (K-1107)
위험회피수단의 장부금액		24A(1)
– 이자율스왑	자산 111,360 / 부채 75,776	
– 통화선도	자산 18,916 / 부채 28,793	
위험회피수단을 포함한 재무상태표의 항목	파생금융자산/파생금융부채	24A(2)
해당기간에 위험회피의 비효과적인 부분을 인식하기 위해 기초로 사용한 위험회피수단의 공정가치변동	(58,896)	24A(3)
– 이자율스왑	(15,927)	
– 통화선도	(42,969)	
위험회피수단의 명목금액	11,142,365	24A(4)
– 이자율스왑	9,654,617	
– 통화선도	1,487,748	

2. 공정가치위험회피

주석공시 요구사항	공시내용 (단위 : 백만원)	기준서 (K-1107)
(재무상태표)		
위험회피대상항목의 장부금액	자산 6,085,587 / 부채 7,071,880	24B(1)(가)
위험회피대상항목의 장부금액에 포함된 위험회피대상항목의 공정가치위험회피조정누적액	자산 (22,257)/ 부채 (216,461)	24B(1)(나)
위험회피대상항목을 포함하고 있는 재무상태표의 항목		24B(1)(다)
위험회피의 비효과적인 부분을 인식하기 위한 기초로 사용된 위험회피대상항목의 가치변동	(58,896)	24B(1)(라)
– 이자율스왑	(15,927)	
– 통화선도	(42,969)	
(포괄손익계산서)		
위험회피의 비효과적인 부분으로 당기손익으로 인식한 금액	4,401	24C(1)(가)
– 이자율스왑	6,513	
– 통화선도	(2,112)	
위험회피의 비효과적인 부분으로 인식한 항목을 포함하는 포괄손익계산서의 항목	기타영업손익(외화거래손익 등)	24C(1)(나)

(4) 현금흐름위험회피

1) 당기말 및 전기말 현재 현금흐름위험회피대상의 내역은 다음과 같습니다.

(단위 : 백만원)

구분	현금흐름위험회피적립금		공정가치 변동	
	당기말	전기말	당기	전기
위험회피적용				
이자율위험	113,361	46,234	(89,536)	(107,134)
환율변동위험	(39,806)	(26,602)	68,868	14,289
합계	73,555	19,632	(20,668)	(92,845)

2) 당기말 및 전기말 현재 현금흐름위험회피수단으로 지정된 파생금융상품의 내역과 당기 및 전기 중 공정가치 변동은 다음과 같습니다.

(단위 : 백만원)

구분	당기말			당기
	약정금액	장부금액		공정가치 변동
		자산	부채	
이자율관련				
선도	750,396	105,124	7,856	57,623
스왑	3,115,818	59,376	3,547	(40,188)
통화관련				
스왑	3,495,236	85,170	122,848	(8,604)
합계	7,361,450	249,670	134,251	8,831

(단위 : 백만원)

구분	전기말			전기
	약정금액	장부금액		공정가치 변동
		자산	부채	
이자율관련				
선도	1,079,652	20,200	56,753	(36,553)
스왑	3,231,288	101,975	124	111,902
통화관련				
스왑	3,521,600	116,961	98,237	1,042
합계	7,832,540	239,136	155,114	76,391

3) 당기 및 전기 중 위험회피수단 손익 및 위험회피대상항목의 회피위험 관련 손익은 다음과 같습니다.

(단위 : 백만원)

구분	당기	전기
위험회피수단 손익	8,831	76,391
현금흐름위험회피지정 효과적 손익(기타포괄손익)	7,328	71,754
현금흐름위험회피지정 비효과 손익(당기손익)	1,503	4,637

4) 당기 및 전기 중 현금흐름위험회피지정 파생상품과 관련하여 기타포괄손익으로 인식한 금액 및 자본에서 당기손익으로 재분류한 금액은 다음과 같습니다.

(단위 : 백만원)

구분	당기	전기
기타포괄손익 인식 금액	7,328	71,754
기타포괄손익의 당기손익 재분류 금액	48,508	(20,537)
법인세효과	(1,913)	(25,049)
합계	53,923	26,168

설명

사례회사는 위험회피대상인 이자율위험 및 환율위험을 회피하기 위해 위험회피수단으로 통화스왑계약 및 이자율스왑계약을 체결하고 있다.
사례회사의 주석공시사항은 다음과 같이 구분된다.

1. 위험회피수단(현금흐름 위험회피)

주석공시 요구사항	공시내용 (단위 : 백만원)	기준서 (K-1107)
위험회피수단의 장부금액		24A(1)
– 이자율선도	자산 105,124 / 부채 7,856	
– 이자율스왑	자산 59,376 / 부채 3,547	
– 통화스왑	자산 23,382 / 부채 73,067 자산 85,170 / 부채 122,848	
위험회피수단을 포함한 재무상태표의 항목	파생금융자산/파생금융부채	24A(2)
해당기간에 위험회피의 비효과적인 부분을 인식하기 위해 기초로 사용한 위험회피수단의 공정가치변동	8,831	24A(3)
– 이자율선도	57,623	
– 이자율스왑	(40,188)	
– 통화스왑	(8,604)	
위험회피수단의 명목금액	7,361,450	24A(4)
– 이자율선도	750,396	

주석공시 요구사항	공시내용 (단위 : 백만원)	기준서 (K-1107)
- 이자율스왑	3,115,818	
- 통화스왑	3,495,236	

2. 현금흐름위험회피

주석공시 요구사항	공시내용 (단위 : 백만원)	기준서 (K-1107)
(재무상태표)		
위험회피의 비효과적인 부분을 인식하기 위한 기초로 사용된 위험회피대상항목의 가치변동		24B(2)(가)
- 이자율선도	57,623	
- 이자율스왑	(40,188)	
- 통화스왑	(8,604)	
위험회피회계를 적용하는 위험회피에 대한 현금흐름위험회피적립금의 잔액	73,555	24B(2)(나)
(포괄손익계산서)		
기타포괄손익으로 인식한 보고기간의 위험회피손익	7,328	24C(2)(가)
당기손익으로 인식한 위험회피의 비효과적인 부분	1,503	24C(2)(나)
인식한 위험회피의 비효과적인 부분을 포함한 포괄손익계산서의 항목	기타영업손익(외화거래손익 등)	24C(2)(다)
현금흐름위험회피적립금에서 재분류 조정으로 당기손익으로 재분류되는 금액	53,923	24C(2)(라)
재분류조정에 포함되는 포괄손익계산서의 항목	현금흐름위험회피손익	24C(2)(마)

(5) 해외사업장순투자의 위험회피

1) 당기말 및 전기말 현재 해외사업장순투자위험회피대상의 내역과 당기 및 전기 중 공정가치 변동은 다음과 같습니다.

(단위 : 백만원)

구분	외화환산적립금		공정가치 변동	
	당기말	전기말	당기	전기
위험회피적용				
통화관련(환율변동위험)	(129,401)	(114,742)	19,590	104,021

2) 당기말 및 전기말 현재 해외사업장순투자위험회피수단으로 지정된 금융상품의 내역과 당기 및 전기 중 공정가치 변동은 다음과 같습니다.

(단위 : 백만원)

구분	당기말			당기
	약정금액	장부금액		공정가치 변동
		자산	부채	
통화관련				
선도	31,332	–	5,307	6,923
외화발행금융채권	1,435,817	–	1,435,817	(26,513)
합계	1,467,149	–	1,441,124	(19,590)

(단위 : 백만원)

구분	전기말			전기
	약정금액	장부금액		공정가치 변동
		자산	부채	
통화관련				
선도	92,511	–	11,194	(16,168)
외화발행금융채권	1,361,080	–	1,361,080	(87,853)
합계	1,453,591	–	1,372,274	(104,021)

3) 당기말 및 전기말 현재 위험회피수단으로 지정된 비파생금융상품의 공정가치는 다음과 같습니다.

(단위 : 백만원)

구분	당기말	전기말
외화발행금융채권	1,509,978	1,211,215

4) 당기 및 전기 중 위험회피수단 손익 및 위험회피대상항목의 회피위험 관련 손익은 다음과 같습니다.

(단위 : 백만원)

구분	당기	전기
위험회피수단손익	(19,590)	(104,021)
해외사업장순투자위험회피지정 효과적 손익(기타포괄손익)	(19,590)	(104,021)
해외사업장순투자위험회피지정 비효과적 손익(당기손익)	–	–

5) 당기 및 전기의 위험회피수단의 손익 중 위험회피에 효과적인 부분으로 기타포괄손익에 반영된 금액은 다음과 같습니다.

(단위 : 백만원)

구분	당기	전기
기타포괄손익	(19,590)	(104,021)

구분	당기	전기
기타포괄손익의 당기손익 재분류 금액	–	–
법인세효과	4,931	24,936
합계	(14,659)	(79,085)

설명

사례회사는 해외사업장 순투자의 환율변동위험을 회피하기 위하여 파생금융상품(통화선도)과 비파생금융상품(외화발행금융채권)을 위험회피수단으로 지정하고 있다.
사례회사의 주석공시사항은 다음과 같이 구분된다.

1. 위험회피수단(해외사업장순투자 위험회피)

주석공시 요구사항	공시내용 (단위 : 백만원)	기준서 (K-1107)
위험회피수단의 장부금액		24A(1)
– 통화선도	자산 – / 부채 5,307	
– 외화발행금융채권	자산 – / 부채 1,435,817	
위험회피수단을 포함한 재무상태표의 항목	파생금융자산/파생금융부채	24A(2)
해당기간에 위험회피의 비효과적인 부분을 인식하기 위해 기초로 사용한 위험회피수단의 공정가치변동	(19,590)	24A(3)
– 통화선도	6,923	
– 외화발행금융채권	(26,513)	
위험회피수단의 명목금액	1,453,591	24A(4)
– 통화선도	31,332	
– 외화발행금융채권	1,435,817	

2. 해외사업장순투자 위험회피

주석공시 요구사항	공시내용 (단위 : 백만원)	기준서 (K-1107)
(재무상태표)		
위험회피의 비효과적인 부분을 인식하기 위한 기초로 사용된 위험회피대상항목의 가치변동	(19,590)	24B(2)(가)
– 통화선도	6,923	
– 외화발행금융채권	(26,513)	
위험회피회계를 적용하는 위험회피에 대한 외화환산적립금의 잔액	(129,401)	24B(2)(나)
(포괄손익계산서)		
기타포괄손익으로 인식한 보고기간의 위험회피 손익	(19,590)	24C(2)(가)

주석공시 요구사항	공시내용 (단위 : 백만원)	기준서 (K-1107)
당기손익으로 인식한 위험회피의 비효과적인 부분	-	24C(2)(나)
인식한 위험회피의 비효과적인 부분을 포함한 포괄손익계산서의 항목	기타영업손익(외화거래손익 등)	24C(2)(다)
외화환산적립금에서 재분류 조정으로 당기손익으로 재분류되는 금액	(14,659)	24C(2)(라)
재분류조정에 포함되는 포괄손익계산서의 항목	해외사업장순투자위험회피수단의 손익	24C(2)(마)

공시사례 8.10 현금흐름위험회피

[출처 : SK하이닉스 2023년 감사보고서]

재무상태표

제76기 2023년 12월 31일 현재

제75기 2022년 12월 31일 현재

에스케이하이닉스 주식회사 (단위 : 백만원)

과목	주석	제76기		제75기	
Ⅱ. 비유동부채					
…					
기타금융부채	4, 5, 6, 21	1,398		-	

포괄손익계산서

제76기 2023년 1월 1일부터 2023년 12월 31일까지

제75기 2022년 1월 1일부터 2022년 12월 31일까지

에스케이하이닉스 주식회사 (단위 : 백만원)

과목	주석	제76기	제75기
…		…	…
Ⅶ. 법인세차감후 기타포괄손익			
…			
후속적으로 당기손익으로 재분류되는 포괄손익			
파생상품평가이익(손실)	21	(21,580)	4,189

주석

3. 유의적인 회계정책

(6) 파생금융상품

파생상품은 최초 인식 시 계약일의 공정가치로 측정되며, 후속적으로 매 보고기간 말의 공정가치로 측정됩니다. 파생상품의 공정가치 변동으로 인한 평가손익은 각각 아래와 같이 인식됩니다.

① 위험회피회계

당사는 이자율위험과 환율위험을 회피하기 위하여 통화스왑계약 및 통화이자율스왑계약을 체결하고 있습니다.

당사는 위험회피관계의 개시시점에 위험회피관계, 위험관리목적과 위험회피전략을 공식적으로 지정하고 문서화를 수행하고 있습니다. 또한 이 문서에는 위험회피수단, 위험회피대상항목 및 위험회피관계의 개시시점과 그 후속기간에 회피대상위험으로 인한 위험회피대상항목의 공정가치 또는 현금흐름의 변동을 위험회피수단이 상쇄하는 효과를 평가하는 방법 등이 포함되어 있습니다.

– 현금흐름위험회피

위험회피수단으로 지정되고 현금흐름위험회피회계의 적용요건을 충족한 파생상품의 공정가치 변동분 중 위험회피에 효과적인 부분은 자본으로 처리되며, 위험회피에 비효과적인 부분은 당기손익으로 인식됩니다. 현금흐름위험회피회계는 당사가 더 이상 위험회피관계를 지정하지 않거나 위험회피수단이 소멸, 매각, 청산, 행사되거나, 현금흐름위험회피회계의 적용요건을 더 이상 충족하지 않을 경우 중단됩니다. 자본으로 인식된 파생상품의 누적평가손익은 현금흐름위험회피회계의 중단시점부터 향후 예상거래가 발생하는 보고기간에 걸쳐 당기손익으로 인식됩니다.

② 기타

위험회피수단으로 지정되어 위험회피에 효과적인 파생상품을 제외한 모든 파생상품은 공정가치로 측정되며, 공정가치 변동으로 인한 평가손익은 당기손익으로 인식됩니다.

21. 파생상품거래

(1) 통화스왑 및 이자율 스왑

① 당기말 현재 현금흐름위험회피회계를 적용한 통화스왑 및 이자율스왑 거래내역은 다음과 같습니다.

(원화단위 : 백만원, 외화단위 : 외화 천단위)

위험회피대상			위험회피수단		
차입일	대상항목	대상위험	계약종류	체결기관	계약기간
2019.9.17.	고정금리외화사채 (액면금액 USD 500,000)	환율변동위험	통화스왑계약	국민은행 등 2개 은행	2019.9.17. ~ 2024.9.17.
2019.10.2.	변동금리외화시설대출 (액면금액 USD 375,000)	환율변동위험 및 이자율위험	통화이자율스 왑계약	산업은행	2019.10.2. ~ 2026.10.2.
2023.1.17.	고정금리외화사채 (액면가액 USD 750,000)	환율변동위험	통화스왑계약	국민은행 등 4개 은행	2023.1.17. ~ 2026.1.17.
2023.4.4.	변동금리시설대출 (액면가액 KRW 100,000)	이자율위험	이자율스왑계약	우리은행	2023.4.4. ~ 2028.4.4.

② 회사가 보유하고 있는 파생금융자산 및 파생금융부채의 당기말 공정가치는 재무상태표의 기타금융자산 및 기타금융부채의 계정으로 계상되어 있으며, 그 내역은 다음과 같습니다.

(원화단위 : 백만원, 외화단위 : 외화 천단위)

구분	위험회피대상항목	현금흐름위험회피 회계적용	공정가치
통화스왑	고정금리외화사채 (액면금액 USD 1,250,000)	90,016	90,016
통화이자율스왑	변동금리외화시설대출 (액면금액 USD 375,000)	56,562	56,562
파생금융자산 합계			146,578
이자율스왑	변동금리시설대출 (액면금액 KRW 100,000)	1,398	1,398
파생금융부채 합계			1,398

당기말 현재 위험회피수단으로 지정된 파생상품의 공정가치 변동은 모두 위험회피에 효과적이므로 전액 기타포괄손익으로 인식하였습니다.

설명

사례회사는 달러표시 사채 및 차입금을 부채로 인식하고 있으며, 이 외화사채 및 차입금의 이자율위험 및 환율위험을 회피하기 위해 통화스왑계약 및 통화이자율스왑계약을 체결하고 있다.

즉, 위험회피대상항목은 외화표시 사채 및 차입금이며, 위험회피수단은 통화스왑계약 및 통화이자율스왑계약이다.

사례회사의 주석공시사항은 다음과 같이 구분된다.

1. 위험회피수단(현금흐름 위험회피)

주석공시 요구사항	공시내용 (단위 : 백만원)	기준서 (K-1107)
위험회피수단의 장부금액	자산 146,578 부채 1,398	24A(1)
– 통화스왑	90,016	
– 통화이자율스왑	56,562	
– 이자율스왑	1,398	
위험회피수단을 포함한 재무상태표의 항목	기타금융부채(비유동)	24A(2)
해당기간에 위험회피의 비효과적인 부분을 인식하기 위해 기초로 사용한 위험회피수단의 공정가치변동	(21,580)	24A(3)

2. 현금흐름위험회피

주석공시 요구사항	공시내용 (단위 : 백만원)	기준서 (K-1107)
(재무상태표)		
위험회피의 비효과적인 부분을 인식하기 위한 기초로 사용된 위험회피대상항목의 가치변동	(21,580)	24B(2)(가)
위험회피회계를 적용하는 위험회피에 대한 현금흐름 위험회피적립금의 잔액	(21,580) (*)기타포괄손익누계액 주석에 공시	24B(2)(나)
(포괄손익계산서)		
기타포괄손익으로 인식한 보고기간의 위험회피손익	(21,580)	24C(2)(가)
당기손익으로 인식한 위험회피의 비효과적인 부분	–	24C(2)(나)
인식한 위험회피의 비효과적인 부분을 포함한 포괄손익계산서의 항목	파생금융상품평가손익	24C(2)(다)

CHAPTER

09 사업결합

▶ 관련 기업회계기준서

K-IFRS 제1103호 사업결합

01 | 기준서 주요 내용

사업결합 개요

기업이 성장하는 방식 중 M&A(Merger & Acquisition)가 일반적으로 통용된다. M&A는 합병(Merger)과 인수(acquisition)로 구분된다.

합병(Merger)은 한 기업이 다른 기업의 자산 · 부채를 취득 · 인수함으로써 그 다른 기업을 법적으로 지배하는 것이며, 다른 기업은 소멸된다.

인수(Acquisition)는 한 기업이 다른 기업의 의결권 있는 지분(주식)을 취득하여 그 다른 기업을 실질적으로 지배하는 것이며, 다른 기업은 소멸되지 않는다.

K-IFRS 제1103호(사업결합)에서의 사업결합에는 상기 합병(Merger)과 인수(Acquisition) 중에서 연결재무제표를 작성하는 지배력을 획득하는 연결에 적용되는 기준서이다.

사업결합의 정의

취득자가 하나 이상의 사업에 대한 지배력을 획득하는 거래나 그 밖의 사건. '진정한 합병' 또는 '대등합병'으로 불리기도 하는 거래도 역시 이 기준서에서 사용하는 용어인 사업결합에 해당한다.

사업결합은 별도재무제표에서는 합병을 의미하며, 연결재무제표에서는 지배력을 획득하는 지분인수를 의미한다.

따라서, 사업결합의 회계처리는 별도재무제표와 연결재무제표 모두에 나타날 수 있다.

합병은 피합병법인 법적 실체 전체를 합병하는 반면, 연결에서의 지분인수는 100% 인수가 아닌 경우 비지배지분을 고려하여야 한다.

| 사업결합의 핵심원칙

사업의 취득자는 취득법을 적용하여 취득 자산과 인수 부채를 취득일의 공정가치로 인식하고 재무제표이용자가 사업결합의 내용과 재무영향을 평가할 수 있는 정보를 공시한다.

| 취득법의 적용

사업결합은 동일 지배하에 있는 기업실체 또는 사업을 수반하는 결합이 아니거나 피취득자가 기업회계기준서 제1110호 '연결재무제표'에 따라 공정가치로 측정하여 당기손익에 반영하는 투자기업의 종속기업이 아닌 경우, 취득법을 적용하여 회계처리하여야 한다. 사업결합의 결합참여기업 중 한 기업은 항상 취득자로 식별될 수 있으며, 취득자는 피취득자에 대한 지배력을 획득하는 결합참여기업을 말한다. 공동기업의 구성 또는 사업을 구성하지 않는 자산이나 자산 집단의 취득은 사업결합이 아니다.

이 기준서에서는 식별할 수 있는 취득 자산, 인수 부채, 피취득자에 대한 비지배지분의 인식 및 측정 원칙을 정한다. 그러한 항목의 인식에서 항목의 분류와 지정은 취득일에 존재하는 계약 조건, 경제상황, 취득자의 영업정책이나 회계정책, 그 밖의 요소에 기초한다.

식별할 수 있는 각 자산과 부채는 취득일의 공정가치로 측정한다. 피취득자에 대한 비지배지분은 공정가치나 피취득자의 식별할 수 있는 순자산 인식금액 중 비지배지분에 비례하는 지분으로 측정한다. 그 밖의 모든 비지배지분 요소는 한국채택국제회계기준에서 측정기준을 달리 요구하는 경우가 아니라면 취득일의 공정가치로 측정한다.

사업결합에서 이전대가(조건부 대가 포함)는 공정가치로 측정한다.

| 영업권(염가매수차익)의 인식

사업결합에서 식별할 수 있는 자산, 부채, 비지배지분을 인식한 취득자에게 (1)과 (2)의 차이를 인식하도록 요구한다.

(1) 이전대가, 피취득자에 대한 비지배지분, 그리고 단계적으로 이루어진 사업결합이라면 취득자가 보유하고 있던 피취득자에 대한 지분의 취득일의 공정가치를 합산한 금액
(2) 취득한 식별할 수 있는 순자산

이 차이는 일반적으로 영업권으로 인식한다. 취득자가 염가매수차익을 인식한다면 그 차익은 당기손익으로 인식한다.

합병 사례

[합병 사례 1]

A사는 B사를 20×1년 1월 1일을 취득일로 1,300원에 합병하였다.
B사의 취득일 현재 순자산 공정가치는 다음과 같다. (단, 순자산 공정가치는 장부금액과 같다.)

• B사(피투자회사) 순자산 공정가치

자산	금액	부채와 자본	금액
매출채권	200	단기차입금	400
재고자산	200	자본금	200
토지	1,000	이익잉여금	800
합계	1,400	합계	1,400

A사의 사업결합 회계처리는 다음과 같다.

• 20×1년 1월 1일(취득일)

차변		대변	
매출채권	200	단기차입금	400
재고자산	200	현금	1,300
토지	1,000		
영업권	300		

Ⅰ 합병차익의 계산 Ⅰ

구분	금액
이전대가	1,300
순자산 공정가치	1,000
차이(영업권)	300

[합병 사례 2]

A사는 B사를 20×1년 1월 1일을 취득일로 900원에 합병하였다.
나머지 상황은 상기 [합병 사례 1]과 동일하다.

A사의 사업결합 회계처리는 다음과 같다.

• 20×1년 1월 1일(취득일)

차변		대변	
매출채권	200	단기차입금	400
재고자산	200	현금	900
토지	1,000	염가매수차익	100

| 합병차익의 계산 |

구분	금액
이전대가	900
순자산 공정가치	1,000
차이(염가매수차익)	△100

인수(연결) 사례

[인수(연결) 사례 1]

A사는 B사를 20×1년 1월 1일을 취득일로 1,300원에 80% 지분을 인수하였다. B사의 취득일 현재 순자산 공정가치는 다음과 같다. (단, 순자산 공정가치는 장부금액과 같다.)

• B사(피투자회사) 순자산 공정가치

자산	금액	부채와자본	금액
매출채권	200	단기차입금	400
재고자산	200	자본금	200
토지	1,000	이익잉여금	800
합계	1,400	합계	1,400

A사의 사업결합 회계처리는 다음과 같다.

• (별도재무제표) 20×1년 1월 1일(취득일)

차변		대변	
종속기업투자주식	1,300	현금	1,300

• (연결재무제표) 투자자본 상계제거 – 20×1년 1월 1일(취득일)

차변		대변	
매출채권	200	단기차입금	400
재고자산	200	종속기업투자주식	1,300
토지	1,000	비지배지분	200
영업권	500		

| 합병차익의 계산 |

구분	금액
이전대가	1,300
순자산 공정가치(80%)	800
차이(영업권)	500

[인수(연결) 사례 2]

A사는 B사를 20×1년 1월 1일을 취득일로 700원에 80% 지분을 인수하였다. 나머지 상황은 상기 [인수(연결) 사례 1]과 동일하다.

A사의 사업결합 회계처리는 다음과 같다.

• (별도재무제표) 20×1년 1월 1일(취득일)

차변		대변	
종속기업투자주식	700	현금	700

• (연결재무제표) 투자자본 상계제거 – 20×1년 1월 1일(취득일)

차변		대변	
매출채권	200	단기차입금	400
재고자산	200	종속기업투자주식	700
토지	1,000	비지배지분	200
		염가매수차익	100

| 합병차익의 계산 |

구분	금액
이전대가	700
순자산 공정가치(80%)	800
차이(영업권)	△100

02 | 주석 작성 핵심 포인트

사업결합 관련 주요 주석공시사항은 다음과 같이 요약된다.

Key Point

구분	주요 주석공시사항	비고
1. 사업결합 기본 정보		
(1) 취득정보	• 피취득자의 명칭과 설명, 취득일, 취득한 의결권 있는 지분율 • 사업결합의 주된 이유와 피취득자에 대한 취득자의 지배력 획득 방법에 대한 설명 및 시너지 효과	

구분	주요 주석공시사항	비고
(1) 취득정보	• 총 이전대가의 취득일의 공정가치와 대가의 주요 종류별 취득일의 공정가치 부채에 대한 이자비용 • 조건부 대가 약정과 보상자산	
(2) 순자산 공정가치 정보	• 취득한 수취채권에 대한 금액 • 취득 자산과 인수 부채의 주요 종류별로 취득일 현재에 인식한 금액 • 우발부채 • 세무상 차감할 것으로 예상하는 영업권 총액	
(3) 별도로 인식한 거래	• 사업결합에서 비롯한 자산의 취득과 부채의 인수와는 별도로 인식한 거래	
(4) 염가매수 사항	• 각 거래에 대한 설명 • 각 거래에 대한 취득자의 회계처리방법	
(5) 비지배지분	• 취득일에 인식한 피취득자에 대한 비지배지분의 금액과 그 금액의 측정기준 • 비지배지분의 평가기법	
(6) 단계적 사업결합	• 취득일 직전에 취득자가 보유하고 있는 피취득자에 대한 지분의 취득일의 공정가치 • 사업결합 전에 취득자가 보유하고 있던 피취득자 지분을 공정가치로 재측정한 결과 인식한 차손익의 금액과 그 차손익을 인식한 포괄손익계산서의 항목	
(7) 손익 정보	• 취득일 이후 피취득자의 수익과 당기손익 금액 • 기초 취득이라고 가정한 경우의 해당 보고기간 중 결합기업의 수익과 당기손익	
2. 사업결합 추가정보	• 사업결합의 첫 회계처리를 완료하지 못한 경우 – 사업결합의 첫 회계처리를 완료하지 못한 이유 – 첫 회계처리를 완료하지 못한 자산, 부채, 지분이나 대가 항목 • 취득일 후 조건부 대가 자산에 대한 권리를 회수 · 매각 · 상실할 때까지 인식한 금액의 변동 등 • 사업결합에서 인식한 우발부채 • 보고기간 기초와 기말의 영업권 장부금액의 조정내용	

03 | 주석공시 요구사항

사업결합은 별도재무제표에서의 합병과 연결재무제표에서의 연결 모두 아래의 주석공시사항이 요구된다.

문단	공시사항
59 ~ 60(B64 ~ B66)	1. 사업결합 기본 정보
61 ~ 62(B67)	2. 사업결합 추가 정보
63	3. 기타

1. 사업결합 기본 정보

사업결합 관련 기본 주석공시 요구사항은 다음과 같다.

59 취득자는 재무제표이용자가 다음 기간에 생긴 사업결합의 내용과 재무영향을 평가할 수 있도록 정보를 공시한다.

(1) 해당 보고기간

(2) 보고기간 종료일 후부터 재무제표 발행승인 전까지의 기간

60 취득자는 문단 59의 목적을 달성하기 위하여 문단 B64 ~ B66에서 정한 정보를 공시한다.

사업결합 관련 내용은 해당 보고기간뿐만 아니라, 보고기간 후 사건에 해당하는 기간(보고기간 종료일 후부터 재무제표 발행승인 전까지의 기간)에 대한 내용도 포함해서 공시해야 한다(K-1103. 59).

B64 문단 59의 목적을 충족하기 위하여, 취득자는 보고기간에 생긴 모든 사업결합에 대해 다음 정보를 공시한다.

(1) 피취득자의 명칭과 설명

(2) 취득일

(3) 취득한 의결권 있는 지분율

(4) 사업결합의 주된 이유와 피취득자에 대한 취득자의 지배력 획득 방법에 대한 설명

(5) 피취득자와 취득자의 여러 영업활동이 결합하여 기대하는 시너지 효과, 분리 인식 조건을 충족하지 못하는 무형자산 또는 그 밖의 요소와 같이 인식한 영업권의 구성요소에 대한 질적 설명

(6) 총 이전대가의 취득일의 공정가치와 다음과 같은 대가의 주요 종류별 취득일의 공정가치

B64 (가) 현금
(나) 그 밖의 유형자산이나 무형자산(취득자의 사업이나 종속기업 포함)
(다) 생겨난 부채(예 : 조건부 대가에 대한 부채)
(라) 취득자의 지분(발행하였거나 발행할 금융상품 또는 지분의 수량과 그러한 금융상품이나 지분의 공정가치 측정 방법 포함)

(7) 조건부 대가 약정과 보상자산
(가) 취득일 현재 인식한 금액
(나) 지급액을 결정하기 위한 약정과 기준에 대한 설명
(다) 결과(할인하지 않은) 범위에 대한 추정치 또는 범위를 추정할 수 없다면 그 사실과 범위를 추정할 수 없는 이유. 최대 지급액을 한정할 수 없는 경우에는 그러한 사실을 공시한다.

(8) 취득한 수취채권에 대한 다음 금액
(가) 수취채권의 공정가치
(나) 수취채권의 계약상 총액
(다) 회수될 것으로 기대하지 않는 계약상 현금흐름에 대한 취득일의 최선의 추정치
공시는 대여금, 직접 금융리스, 그 밖의 수취채권의 종류와 같은 수취채권의 주요 종류별로 제공한다.

(9) 취득 자산과 인수 부채의 주요 종류별로 취득일 현재에 인식한 금액

(10) 문단 23에 따라 인식한 각 우발부채에 대하여 기업회계기준서 제1037호 '충당부채, 우발부채, 우발자산' 문단 85에서 요구하고 있는 정보. 우발부채의 공정가치를 신뢰성 있게 측정할 수 없어 인식하지 못한 경우에는 다음 사항을 공시한다.
(가) 기업회계기준서 제1037호 문단 86에서 요구하고 있는 정보
(나) 그러한 부채를 신뢰성 있게 측정할 수 없는 이유

(11) 세무상 차감할 것으로 예상하는 영업권 총액

(12) 문단 51에 따라 사업결합에서 비롯한 자산의 취득과 부채의 인수와는 별도로 인식한 거래
(가) 각 거래에 대한 설명
(나) 각 거래에 대한 취득자의 회계처리방법
(다) 각 거래에서 인식한 금액과 그 금액이 인식된 재무제표상의 항목
(라) 기존 관계를 사실상 정산하는 거래의 경우에 정산금액을 결정할 때 사용한 방법

(13) 별도로 인식한 거래에 대해 (12)에서 요구한 공시는 취득 관련 원가의 금액과 그 금액 중 별도로 비용으로 인식한 금액과 그 비용이 인식된 포괄손익계산서의 각 항목이나 항목들을 포함한다. 또 발행 원가 중 비용으로 인식하지 않은 금액과

B64 그 금액을 인식한 방법을 공시한다.

(14) 염가매수(문단 34 ~ 36 참조)의 경우에는 다음 사항

(가) 문단 34에 따라 인식한 차익 금액과 그 차익을 인식한 포괄손익계산서의 항목

(나) 거래에서 차익이 생긴 이유에 대한 설명

(15) 취득일에 피취득자에 대한 취득자의 지분율로 100% 미만을 보유하고 있는 각 사업결합의 경우에 다음 사항

(가) 취득일에 인식한 피취득자에 대한 비지배지분의 금액과 그 금액의 측정기준

(나) 공정가치로 측정한 각 피취득자에 대한 비지배지분의 평가기법과 그 가치를 측정하기 위하여 사용한 유의적 투입물

(16) 단계적으로 이루어지는 사업결합의 경우에 다음 사항

(가) 취득일 직전에 취득자가 보유하고 있는 피취득자에 대한 지분의 취득일의 공정가치

(나) 사업결합 전에 취득자가 보유하고 있던 피취득자 지분을 공정가치로 재측정한 결과 인식한 차손익의 금액과 그 차손익을 인식한 포괄손익계산서의 항목

(17) 다음의 정보

(가) 해당 보고기간의 연결포괄손익계산서에 포함한 취득일 이후 피취득자의 수익과 당기손익 금액

(나) 해당 연도에 생긴 모든 사업결합에 대하여 그 취득일이 연차 보고기간의 개시일 현재라고 가정할 경우에 해당 보고기간 중 결합기업의 수익과 당기손익

만약 이 하위 문단에서 요구하고 있는 정보를 실무적으로 공시할 수 없는 경우에는 취득자는 그 사실과 실무적으로 공시할 수 없는 이유를 기술한다. 이 기준서에서 '실무적으로 할 수 없는'이라는 용어는 기업회계기준서 제1008호 '회계정책, 회계추정의 변경, 오류'의 용어와 같은 의미로 사용한다.

B65 보고기간에 생긴 여러 사업결합이 개별적으로는 중요하지 않지만 집합하여 중요해지면, 문단 B64(5) ~ (17)의 정보를 합산하여 공시한다.

B66 사업결합 취득일이 보고기간 말 이후 재무제표 발행승인일 전인 경우에는 재무제표 발행승인일에 사업결합에 대한 첫 회계처리를 완료하지 못한 경우가 아니라면 문단 B64에서 요구하는 정보를 공시한다. 그러한 상황에서 공시할 수 없는 사항의 내용과 이유를 기술한다.

사업결합 관련 기본 주석공시사항과 그 예시는 다음과 같이 구분된다.

(1) 사업결합 기본 정보

주석사항

- 피취득자의 명칭과 설명[K-1103, B64(1)]
- 취득일[K-1103, B64(2)]
- 취득한 의결권 있는 지분율[K-1103, B64(3)]
- 사업결합의 주된 이유와 피취득자에 대한 취득자의 지배력 획득 방법에 대한 설명[K-1103, B64(4)]
- 피취득자와 취득자의 여러 영업활동이 결합하여 기대하는 시너지 효과, 분리 인식조건을 충족하지 못하는 무형자산 또는 그 밖의 요소와 같이 인식한 영업권의 구성요소에 대한 질적 설명[K-1103, B64(5)]
- 총 이전대가의 취득일의 공정가치와 다음과 같은 대가의 주요 종류별 취득일의 공정가치 부채에 대한 이자비용[K-1103, B64(6)]
  (가) 현금
  (나) 그 밖의 유형자산이나 무형자산(취득자의 사업이나 종속기업 포함)
  (다) 생겨난 부채(예 : 조건부 대가에 대한 부채)
  (라) 취득자의 지분(발행하였거나 발행할 금융상품 또는 지분의 수량과 그러한 금융상품이나 지분의 공정가치 측정 방법 포함)
- 조건부 대가 약정과 보상자산[K-1103, B64(7)]
  (가) 취득일 현재 인식한 금액
  (나) 지급액을 결정하기 위한 약정과 기준에 대한 설명
  (다) 결과(할인하지 않은) 범위에 대한 추정치 또는 범위를 추정할 수 없다면 그 사실과 범위를 추정할 수 없는 이유. 최대 지급액을 한정할 수 없는 경우에는 그러한 사실을 공시한다.

예시

연결회사인 A사는 신성장 분야인 AI 사업의 강화를 위해 20×1년 1월 10일자로 K사의 지분 100%를 인수하였습니다. [K-1103, B64(1)~(4)]

가. 피인수회사의 개요

구분	내용
피인수회사명	K사
본점소재지	대한민국 서울
대표이사	홍길동
업종	인공지능(AI)솔루션 공급

영업권은 피취득자 개발자의 기술적 능력에 따라 발생하였으며, 피취득자를 연결실체의 기존 사업과 통합하여 시너지효과를 얻을 것으로 기대됩니다. [K-1103. B64(5)]

나. 이전대가

사업결합으로 인한 이전대가의 주요 종류별 공정가치는 다음과 같습니다. [K-1103. B64(6)]

구분	금액
현금	1,000
기존 주식 공정가치	500
사채의 상계납입	300
합계	1,800

다. 보상자산

피인수기업이 원고로 진행 중인 소송 관련 패소 시 매도자로부터 전액 손실보전받기로 약속받은 소가 상당액이 200원입니다. [K-1103. B64(7)]

설명

- 재무제표에는 사업결합의 결과로 인한 아래의 재무제표의 변동이 발생하며, 이에 대한 보충적 정보로 주석에 상기 사업결합의 내용에 대한 설명이 요구된다.
  - 연결 사업결합 시 : 종속기업의 추가로 인한 연결재무제표상 자산, 부채의 증감 발생, 추가적으로 연결재무제표의 영업권(무형자산) 또는 염가매수차익 발생
  - 합병 사업결합 시 : 합병으로 인한 별도재무제표상 자산, 부채의 증감 발생, 추가적으로 별도재무제표의 영업권(무형자산) 또는 염가매수차익 발생

(2) 순자산 공정가치 정보

주석사항

- 취득한 수취채권에 대한 다음 금액[K-1103. B64(8)]
  (가) 수취채권의 공정가치
  (나) 수취채권의 계약상 총액
  (다) 회수될 것으로 기대하지 않는 계약상 현금흐름에 대한 취득일의 최선의 추정치. 공시는 대여금, 직접 금융리스, 그 밖의 수취채권의 종류와 같은 수취채권의 주요 종류별로 제공한다.
- 취득 자산과 인수 부채의 주요 종류별로 취득일 현재에 인식한 금액[K-1103. B64(9)]
- 문단 23에 따라 인식한 각 우발부채에 대하여 기업회계기준서 제1037호 '충당부채, 우발부채, 우발자산' 문단 85에서 요구하고 있는 정보. 우발부채의 공정가치를 신뢰성 있게 측정할 수 없어 인식하지 못한 경우에는 다음 사항을 공시한다[K-1103. B64(10)].

(가) 기업회계기준서 제1037호 문단 86에서 요구하고 있는 정보

(나) 그러한 부채를 신뢰성 있게 측정할 수 없는 이유

• 세무상 차감할 것으로 예상하는 영업권 총액[K-1103, B64(11)]

예시

식별가능한, 취득한 자산과 인수한 부채의 계상액은 다음과 같습니다. [K-1103, B64(9)]

구분	금액
현금및현금성자산	100
매출채권	100
재고자산	100
유형자산	100
투자부동산	100
무형자산	100
자산총계	600
매입채무	100
사채및장기차입금	100
이연법인세부채	100
충당부채	100
부채총계	400
식별가능 순자산의 공정가치	200

연결실체가 취득한 매출채권의 공정가치는 100원입니다. 취득일의 매출채권의 약정상 총액은 120원이며 이 중 20원은 회수가능하지 않을 것으로 예상됩니다. [K-1103, B64(8)]
연결실체는 사업결합에서 피취득자의 통상임금 소송사건의 1심 결과를 합리적으로 예측할 수 없어 우발부채의 공정가치를 신뢰성 있게 측정할 수 없습니다. [K-1103, B64(10)]

설명

• 사업결합 시의 이전대가와 교환하는 피투자자의 순자산(자산 및 부채) 세부정보를 주석공시 요구된다.
• 피투자자의 순자산 중 매출채권 등 수취채권에 대한 세부정보, 취득과정에서 거래가격으로 인식된 우발부채의 세부정보가 추가적으로 공시 요구된다.

(3) 별도로 인식한 거래

주석사항

• 문단 51에 따라 사업결합에서 비롯한 자산의 취득과 부채의 인수와는 별도로 인식한 거래[K-1103, B64(12)]

(가) 각 거래에 대한 설명

(나) 각 거래에 대한 취득자의 회계처리방법

(다) 각 거래에서 인식한 금액과 그 금액이 인식된 재무제표상의 항목

(라) 기존 관계를 사실상 정산하는 거래의 경우에 정산금액을 결정할 때 사용한 방법

• 별도로 인식한 거래에 대해 상기 '(가)~(라)'에서 요구한 공시는 취득 관련 원가의 금액과 그 금액 중 별도로 비용으로 인식한 금액과 그 비용이 인식된 포괄손익계산서의 각 항목이나 항목들을 포함한다. 또 발행 원가 중 비용으로 인식하지 않은 금액과 그 금액을 인식한 방법 [K-1103, B64(13)]

예시

사업결합 시 이전대가에는 지배권 프리미엄 및 사업에 대한 노하우 등이 포함되기 때문에 영업권이 발생합니다. 또한 사업결합을 위해 지급한 대가에는 기대되는 시너지효과, 수익증대, 향후 시장 성장과 관련된 금액이 포함되어 있습니다. 이러한 효익 중 A사의 사업결합에서 식별가능한 무형자산의 인식요건을 충족하여 영업권과 분리하여 별도로 인식한 무형자산의 구분내역은 다음과 같습니다. [K-1103, B64(12)]

구분	금액
A. 인수금액	1,000
B. 인수된 순자산의 공정가치	600
C. 무형자산배부가능금액(A-B)	400
D. 식별가능한 무형자산평가액	
기타의 무형자산(고객관계)	100
E. 영업권(C-D)	300

사업결합 관련 비용

연결실체는 사업결합과 관련하여 발생한 법률수수료와 실사 수수료 등의 취득관련비용을 전액 판매비와관리비로 인식하였습니다. [K-1103, B64(13)]

설명

사업결합이라는 특정시점(취득일)의 거래와 별개로 연계된 거래가 존재할 수 있으며, 이를 별도로 공시하도록 요구된다.

(4) 염가매수 사항

주석사항

염가매수(문단 34 ~ 36 참조)의 경우에는 다음 사항[K-1103, B64(14)]

(가) 각 거래에 대한 설명

(나) 각 거래에 대한 취득자의 회계처리방법

예시

인수회계처리[K-1103, B64(14)]

구분	금액
Ⅰ. 이전대가	800
Ⅱ. 식별가능한 자산과 부채로 인식된 금액	1,000
식별가능한 순자산	1,500
비지배지분	(500)
Ⅲ. 염가매수차익 (Ⅰ－Ⅱ)	200

설명

피취득자의 순자산 공정가치보다 이전대가가 낮은 경우, 즉 100원 가치의 회사를 90원에 취득하는 경우 10원의 염가매수차익이 발생하며, 이러한 염가매수 거래에 대한 세부 정보를 주석 요구된다.

(5) 비지배지분

주석사항

취득일에 피취득자에 대한 취득자의 지분율로 100% 미만을 보유하고 있는 각 사업결합의 경우에 다음 사항[K-1103, B64(15)]

(가) 취득일에 인식한 피취득자에 대한 비지배지분의 금액과 그 금액의 측정기준

(나) 공정가치로 측정한 각 피취득자에 대한 비지배지분의 평가기법과 그 가치를 측정하기 위하여 사용한 유의적 투입물

예시

사업결합에서 발생한 영업권은 다음과 같습니다.

구분	K사
가. 총 이전대가	2,000
현금	1,500
이전 보유지분의 공정가치 [K-1103, B64(16)]	500
나. 인수지분 순자산공정가치	
식별가능순자산 공정가치	1,500
비지배주주지분(주1)	(300)
소계	1,200
다. 영업권(다＝가－나)	800

(주1) 사업결합에서 발생한 비지배지분은 식별가능한 순자산에 대해 인식한 금액 중 취득일현재의 비지배지분의 비례적지분으로 측정하였습니다. [K-1103, B64(15)]

설명

종속기업을 취득하는 사업결합의 경우, 100% 지분을 인수하지 않는 경우 비지배지분이 발생하며, 비지배지분의 내용에 대한 설명이 주석으로 요구된다.

(6) 단계적 사업결합

주석사항

단계적으로 이루어지는 사업결합의 경우에 다음 사항[K-1103, B64(16)]

(가) 취득일 직전에 취득자가 보유하고 있는 피취득자에 대한 지분의 취득일의 공정가치

(나) 사업결합 전에 취득자가 보유하고 있던 피취득자 지분을 공정가치로 재측정한 결과 인식한 차손익의 금액과 그 차손익을 인식한 포괄손익계산서의 항목

예시

상기 '(5) 비지배지분' 예시 참조

설명

예를 들어, 20%의 지분을 보유하고 있다가 추가로 30% 이상을 취득하면 단계적 사업결합에 해당되며, 사업결합이 적용되는 취득일의 공정가치를 재측정하며 이의 손익을 주석공시하도록 요구된다.

(7) 기타

주석사항

다음의 정보[K-1103, B64(17)]

(가) 해당 보고기간의 연결포괄손익계산서에 포함한 취득일 이후 피취득자의 수익과 당기손익 금액

(나) 해당 연도에 생긴 모든 사업결합에 대하여 그 취득일이 연차 보고기간의 개시일 현재라고 가정할 경우에 해당 보고기간 중 결합기업의 수익과 당기손익

예시

상기 사업결합에 의하여 취득한 종속기업의 취득일 후 창출한 추가 사업과 관련한 매출액 1,000원, 당기순이익 100원이 연결실체의 당기 연결포괄손익계산서에 포함되어 있습니다. [K-1103, B64(17)]

설명

예를 들어 사업결합이 기중인 6월 1일에 발생하는 경우, 6월 1일 ~ 12월 31일까지의 손익을 주석에 공시하며, 추가적으로 1월 1일에 취득하였을 경우의 연간 손익을 주석에 공시한다.

☞ 공시사례 9.1 사업결합(별도, 영업권)
☞ 공시사례 9.2 사업결합(연결, 영업권)
☞ 공시사례 9.3 사업결합(연결, 영업권/염가매수차익)
☞ 공시사례 9.4 사업결합(연결, 비지배지분)

2. 사업결합 추가 정보

61 취득자는 재무제표이용자가 해당 보고기간이나 이전 보고기간에 생긴 사업결합과 관련하여 해당 보고기간에 인식한 조정의 재무영향을 평가할 수 있는 정보를 공시한다.

62 취득자는 문단 61의 목적을 달성하기 위하여 문단 B67에서 정한 정보를 공시한다.

B67 문단 61의 목적을 충족하기 위하여 각 중요한 사업결합별로 또는 여러 사업결합이 개별적으로는 중요하지 않지만 집합하여 중요해지면 그 사업결합의 집합에 대하여 합산하여 다음 사항을 공시한다.

(1) 특정 자산, 부채, 비지배지분 또는 대가의 항목에 대한 사업결합의 첫 회계처리를 완료하지 못하여(문단 45 참조) 그 사업결합에 대해 재무제표에 인식한 금액을 잠정적으로만 결정한 경우에는 다음의 사항
  (가) 사업결합의 첫 회계처리를 완료하지 못한 이유
  (나) 첫 회계처리를 완료하지 못한 자산, 부채, 지분이나 대가 항목
  (다) 문단 49에 따라 보고기간에 인식한 측정기간의 조정 사항의 성격과 금액
(2) 취득일 후 조건부 대가 자산에 대한 권리를 회수 · 매각 · 상실할 때까지, 또는 조건부 대가 부채를 결제하거나 그 부채가 취소되거나 소멸할 때까지, 각 보고기간에 다음 사항을 공시한다.
  (가) 인식한 금액의 변동(결제로 생긴 차이 포함)
  (나) 결과(할인하지 않은) 범위의 변동과 그 변동 이유
  (다) 조건부 대가를 측정하기 위하여 사용한 평가기법과 주요 모형 투입물
(3) 사업결합에서 인식한 우발부채에 대하여 기업회계기준서 제1037호 문단 84와 85에서 충당부채의 종류별로 요구하고 있는 정보를 공시한다.
(4) 보고기간 기초와 기말의 영업권 장부금액의 조정내용을 다음 항목별로 공시한다.
  (가) 보고기간 기초의 총액과 손상차손누계액
  (나) 보고기간에 추가로 인식한 영업권(취득시점에 기업회계기준서 제1105호 '매각예정비유동자산과 중단영업'에 따라 매각예정으로 분류하는 기준을 충족하는 처분자산집단에 포함한 영업권 제외)

B67 (다) 보고기간에 문단 67에 따라 이연법인세자산의 후속 인식으로 생기는 조정

(라) 기업회계기준서 제1105호에 따라 매각예정으로 분류한 처분자산집단에 포함한 영업권. 그리고 이전에 매각예정으로 분류한 처분자산집단에 포함한 적이 없는 영업권으로서 보고기간에 제거한 영업권

(마) 기업회계기준서 제1036호에 따라 보고기간에 인식한 손상차손(기업회계기준서 제1036호는 이 요구사항에 추가하여 영업권의 회수가능액과 손상에 관한 정보의 공시를 요구한다)

(바) 기업회계기준서 제1021호 '환율변동효과'에 따라 보고기간에 생긴 순외환차이

(사) 보고기간에 생긴 그 밖의 장부금액 변동

(아) 보고기간 기말의 총액과 손상차손누계액

(5) 다음 사항에 모두 해당할 경우에 현행 보고기간에 인식한 차손익 금액과 관련한 설명

(가) 해당 보고기간 또는 이전 보고기간에 이루어진 사업결합에서 식별할 수 있는 취득 자산과 인수 부채와 관련한 차손익

(나) 그 크기, 성격, 발생(률)으로 보아 차손익을 공시하는 것이 결합기업의 재무제표를 이해하는 데에 적합한 경우

사업결합 관련 추가적인 주석공시사항은 다음과 같이 구분된다.

문단 61의 목적을 충족하기 위하여 각 중요한 사업결합별로 또는 여러 사업결합이 개별적으로는 중요하지 않지만 집합하여 중요해지면 그 사업결합의 집합에 대하여 합산하여 다음 사항을 공시한다(K-1103, B67).

(1) 사업결합 추가정보

주석사항

- 특정 자산, 부채, 비지배지분 또는 대가의 항목에 대한 사업결합의 첫 회계처리를 완료하지 못하여 그 사업결합에 대해 재무제표에 인식한 금액을 잠정적으로만 결정한 경우에는 다음의 사항[K-1103, B67(1)]

(가) 사업결합의 첫 회계처리를 완료하지 못한 이유

(나) 첫 회계처리를 완료하지 못한 자산, 부채, 지분이나 대가 항목

(다) 문단 49에 따라 보고기간에 인식한 측정기간의 조정 사항의 성격과 금액

- 취득일 후 조건부 대가 자산에 대한 권리를 회수·매각·상실할 때까지, 또는 조건부 대가 부채를 결제하거나 그 부채가 취소되거나 소멸할 때까지, 각 보고기간에 다음 사항을 공시한다[K-1103, B67(2)].

(가) 인식한 금액의 변동(결제로 생긴 차이 포함)
(나) 결과(할인하지 않은) 범위의 변동과 그 변동 이유
(다) 조건부 대가를 측정하기 위하여 사용한 평가기법과 주요 모형 투입물

• 사업결합에서 인식한 우발부채에 대하여 기업회계기준서 제1037호 문단 84와 85에서 충당부채의 종류별로 요구하고 있는 정보를 공시한다[K-1103, B67(3)].

• 보고기간 기초와 기말의 영업권 장부금액의 조정내용을 다음 항목별로 공시한다[K-1103, B67(4)].

(가) 보고기간 기초의 총액과 손상차손누계액
(나) 보고기간에 추가로 인식한 영업권(취득시점에 기업회계기준서 제1105호 '매각예정비유동자산과 중단영업'에 따라 매각예정으로 분류하는 기준을 충족하는 처분자산집단에 포함한 영업권 제외)
(다) 보고기간에 문단 67에 따라 이연법인세자산의 후속 인식으로 생기는 조정
(라) 기업회계기준서 제1105호에 따라 매각예정으로 분류한 처분자산집단에 포함한 영업권, 그리고 이전에 매각예정으로 분류한 처분자산집단에 포함한 적이 없는 영업권으로서 보고기간에 제거한 영업권
(마) 기업회계기준서 제1036호에 따라 보고기간에 인식한 손상차손(기업회계기준서 제1036호는 이 요구사항에 추가하여 영업권의 회수가능액과 손상에 관한 정보의 공시를 요구한다)
(바) 기업회계기준서 제1021호 '환율변동효과'에 따라 보고기간에 생긴 순외환차이
(사) 보고기간에 생긴 그 밖의 장부금액 변동
(아) 보고기간 기말의 총액과 손상차손누계액

• 다음 사항에 모두 해당할 경우에 현행 보고기간에 인식한 차손익 금액과 관련한 설명[K-1103, B67(5)]

(가) 해당 보고기간 또는 이전 보고기간에 이루어진 사업결합에서 식별할 수 있는 취득자산과 인수 부채와 관련한 차손익
(나) 그 크기, 성격, 발생(률)으로 보아 차손익을 공시하는 것이 결합기업의 재무제표를 이해하는 데에 적합한 경우

예시

당사는 K사를 당기 20×1년 10월 13일자로 합병하였으나, 피합병법인인 K사의 결산미완료 등의 이유로 연결재무제표 발행승인일까지 해당 사업결합의 첫 회계처리를 완료하지 못하였습니다. [K-1103, B67(1)(가)]

합병 이전대가 및 보고기간 말 현재 피합병회사인 K사의 연결 재무정보상의 자산 · 부채의

내역은 다음과 같습니다. [K-1103. B67(1)(가)]

구분	금액
Ⅰ. 이전대가	400
Ⅱ. K사의 자산 · 부채 등(20×1년 결산완료일 현재)	
유동자산	100
유형자산	300
기타자산	100
자산 총계	500
유동부채	100
비유동부채	100
부채 총계	200
순자산 금액	300

설명

사업결합이 기중에 발생하고, 기말 결산완료일 이전에 피합병법인의 사유 등으로 사업결합 회계처리가 완료되지 않는 경우, 그 내역을 주석공시 요구한다.

☞ 공시사례 9.5 첫 회계처리 완료 못한 사업결합(합병)

3. 기타

63 이 기준서와 다른 한국채택국제회계기준서에서 요구하는 특정 공시만으로 문단 59와 문단 61의 목적을 달성하지 못하는 경우에 취득자는 이러한 목적을 달성하기 위하여 필요한 추가 정보가 있다면 그 정보를 공시한다.

사업결합 공시 요구사항인 문단 59와 문단 61의 목적을 달성하지 못한다고 판단되는 경우 추가 정보를 공시한다.

사업결합 주석공시 관련 기준서 적용사례는 다음과 같다.

K-IFRS 제1103호 적용사례 IE72

다음 사례는 이 기준서의 공시 요구사항의 일부를 예시한다. 이 사례는 실제 거래에 기초하지 않는다. 이 사례에서 AC사는 상장기업이고 TC사는 비상장기업이라고 가정한다. 이 사례에서는 예시한 특정 공시 요구사항을 참조하는 표 형식으로 표시한다. 실제 주석은 다수의 공시사항을 간단한 서술형식으로 표시할 수 있다.

주석공시 X : 취득

20×0년 6월 30일에 AC사는 TC사의 유통보통주식 중 15%를 취득하였습니다. 20×2년 6월 30일에 AC사는 TC사의 유통보통주식 중 60%를 취득하였고 TC사에 대한 지배력을 획득하였습니다. TC사는 캐나다와 멕시코에서 정보네트워크 제품과 용역을 제공합니다. 취득의 결과로 AC사는 그 시장에서 정보네트워크 제품과 용역제공의 선두업체가 될 것으로 예상합니다. 또 규모의 경제에 따른 원가절감도 예상합니다. [K-1103, B64(1) ~ (4)]

취득으로 생긴 영업권 2,500원은 주로 AC사와 TC사의 영업결합에서 예상하는 시너지 효과와 규모의 경제로 얻어진 것입니다. [K-1103, B64(5)]

인식한 영업권은 법인세 목적상 차감될 것으로 예상하지 않습니다. 다음 표에서는 TC사에 대한 비지배지분의 취득일의 공정가치뿐만 아니라 TC사에 지급한 대가와 취득일에 인식한 취득 자산과 인수 부채를 요약합니다. [K-1103, B64(11)]

20×2년 6월 30일

(단위 : 원)

구분	금액	기준서 (K-1103)
대가		
현금	5,000	B64(6)(가)
지분상품(AC사의 보통주 100,000주)	4,000	B64(6)(라)
조건부 대가 약정	1,000	B64(6)(다) · B64(7)(가)
이전대가 총계	**10,000**	B64(6)
사업결합 전 보유했던 TC사에 대한 AC사 지분의 공정가치	**2,000**	B64(16)(가)
	12,000	
취득 관련 원가(AC사의 20×2년 12월 31일에 종료하는 회계연도의 포괄손익계산서의 판매관리비에 포함됨)	1,250	B64(13)
식별할 수 있는 취득 자산 및 인수 부채의 인식된 금액		B64(9)
금융자산	3,500	
재고자산	1,000	
유형자산	10,000	
식별할 수 있는 무형자산	3,300	
금융부채	(4,000)	
우발부채	(1,000)	
식별할 수 있는 순자산 총계	12,800	
TC사에 대한 비지배지분	(3,300)	B64(15)(가)
영업권	2,500	
	12,000	

TC사에 대해 지급 대가의 일부로 발행한 보통주 100,000주의 공정가치(4,000원)는 취득일의 AC사 보통주의 시장 종가를 이용하여 측정하였습니다. [K-1103, B64(6)(라)]

조건부 대가 약정에 따라 AC사는 TC사가 소유한 비연결지분투자 ×C사의 수익 중 20×3년에 대해서 7,500원을 초과하는 금액의 5%를 TC사의 이전 소유주에게 지급해야 하며, 최대 지급액은 2,500원(미할인)입니다. [K-1103, B64(6)(다) · B64(7) · B67(2)]

조건부 대가 약정에 따라 AC사가 미래에 지급해야 할 수 있는 모든 미래 지급액의 잠재적 미할인금액은 0원 ~ 2,500원 사이입니다.

조건부 대가 약정의 공정가치 1,000원은 이익접근법을 적용하여 추정하였습니다. 공정가치 측정치는 기업회계기준서 제1113호 '공정가치 측정'에서 수준 3 투입변수로 명시한, 시장에서 관측가능하지 않은 유의적인 투입물에 기초합니다. 주요 가정은 할인율 20 ~ 25%와 가정된 확률변수에 따라 조정한 XC사의 수익 10,000원 ~ 20,000원을 포함합니다.

20×2년 12월 31일 현재 조건부 대가 약정에 대해 인식한 금액과 그 추정치를 마련하는 데 사용된 가정과 결과의 범위는 변경되지 않았습니다.

취득한 금융자산의 공정가치는 정보네트워킹 장비의 금융리스계약에 따른 금융리스채권의 공정가치 2,375원을 포함합니다. 계약상 지급받을 금액은 3,100원이며, 그중 450원은 회수할 수 없을 것으로 예상됩니다. [K-1103, B64(8)]

취득한 식별할 수 있는 무형자산의 공정가치 3,300원은 잠정 금액이며 그 자산의 최종 평가는 아직 완료되지 않았습니다. [K-1103, B67(1)]

지난 3년 동안 TC사가 판매한 제품에 대해 예상되는 보증청구액에 대해 충당부채 1,000원을 인식하였습니다. 이 지출의 대부분은 20×3년에 발생할 것으로 예상되며, 모든 지출은 20×4년 말까지는 발생할 것으로 예상합니다. 보증약정에 따라 AC사가 지급해야 할 수 있는 모든 미래 지급액의 잠재적 미할인금액은 500원에서 1,500원 사이가 될 것으로 추정됩니다. 20×2년 12월 31일 현재 20×2년 6월 30일 이후 부채로 인식된 금액이나 그 추정치를 마련하는 데 사용된 가정과 결과의 범위는 변경되지 않았습니다. [K-1103, B64(10) · B67(3), IAS 37.84 및 85]

비상장기업인 TC사에 대한 비지배지분의 공정가치는 시장접근법과 이익접근법을 적용하여 추정하였습니다. 그 공정가치 측정치는 시장에서 관측가능하지 않은 유의적인 투입변수에 기초하며 따라서 기업회계기준서 제1113호에서 설명한 공정가치 서열체계의 수준 3으로 분류되는 공정가치 측정치를 나타냅니다. 주요 가정은 다음을 포함합니다. [K-1103, B64(15)]

(1) 20 ~ 25%의 할인율 범위
(2) 3 ~ 5 사이의 잔존 EBITDA 배수 범위에 기초한 (또는 적절하다면, 3%에서 6%까지의 지속가능한 장기성장률에 기초한) 잔존가치
(3) TC사와 유사하다고 간주되는 기업의 재무승수

(4) TC사에 대한 비지배지분의 공정가치를 측정할 때, 지배력 또는 시장성 부족으로 인하여 시장참여자가 고려할 수 있는 조정

AC사는 사업결합 전에 보유했던 TC사에 대한 15%의 지분을 공정가치로 측정한 결과, 500원의 차익을 인식하였습니다. 그 차익은 AC사의 20×2년 12월 31일에 종료하는 회계연도 포괄손익계산서의 기타 수익에 포함되어 있습니다. [K-1103. B64(16)(나)]

20×2년 6월 30일 이후 TC사가 기여한 수익으로서 연결포괄손익계산서에 포함된 금액은 4,090원입니다. 또한 TC사는 동일 기간에 1,710원의 당기손익을 기여하였습니다. [K-1103. B64(17)(가)]

만일 TC사가 20×2년 1월 1일부터 연결되었다면, 연결재무제표의 포괄손익계산서에는 수익 27,670원과 당기손익 12,870원이 포함되었을 것입니다. [K-1103. B64(17)(나)]

04 | 실제 공시 사례

공시사례 9.1 사업결합(별도, 영업권)

주석

[출처 : 삼성전자 2019년 감사보고서]

33. 사업결합

회사는 2019년 4월 30일자 이사회 결의에 의거 2019년 6월 1일자로 차세대 패키지 기술 확보를 통한 반도체 경쟁력을 강화하기 위하여 관계기업인 삼성전기㈜의 PLP 사업을 785,000백만원에 양수하였습니다.

(단위 : 백만원)

구분	금액
Ⅰ. 이전대가의 공정가치	785,000
Ⅱ. 식별가능한 자산과 부채로 인식된 금액	
재고자산	10,906
유형자산	398,984
무형자산	182,171
기타자산	1,561
기타부채	15,363
총 식별가능한 순자산	578,259
Ⅲ. 영업권(Ⅰ- Ⅱ)	206,741

PLP 사업이 2019년 1월 1일부터 사업양수되었다고 가정할 경우 편입될 매출은 없으며 당기순손실은 200,635백만원입니다. 또한 사업양수 이후 PLP 사업으로부터 발생한 매출은 없으며 당기순손실은 109,504백만원입니다.

설명

사례회사는 보고기간 중 흡수합병을 하였으며, 별도재무제표에서 다음의 주석사항을 공시하고 있다.

주석공시 요구사항	공시내용	기준서 (K-1103)
(1) 사업결합 기본 정보	• 피취득자 : 삼성전기㈜의 PLP 사업 • 취득일 : 2019년 6월 1일자 • 사업결합의 주된 이유 : 차세대 패키지 기술 확보를 통한 반도체 경쟁력을 강화 • 영업권 : 206,741백만원 • 총 이전대가의 취득일의 공정가치 : 785,000백만원	B64(1) ~ (7)
(2) 순자산 공정가치 정보	재고자산, 기타부채 등 순자산 공정가치 정보를 표로 공시함.	B64(8) ~ (11)
(3) 기타	• 해당 보고기간의 취득일(6월 1일) 이후 피취득자의 수익과 당기손익 금액 : 0 및 당기순손실 109,504백만원 • 취득일이 연차 보고기간의 개시일(1월 1일) 현재라고 가정할 경우에 해당 보고기간 중 결합기업의 수익과 당기손익 : 0 및 당기순손실 200,635백만원	B64(17)

공시사례 9.2 사업결합(연결, 영업권)

주석

[출처 : 삼성전자 2023년 연결감사보고서]

32. 사업결합

연결회사의 종속기업 Samsung Display America Holdings, Inc. (SDAH)는 Micro Display 기술 경쟁력을 확보를 위해 2023년 10월 18일자로 eMagin Corporation의 지분 100%를 인수하였습니다.

(1) 피인수회사의 개요

구분	내용
피인수회사명	eMagin Corporation

구분	내용
본점소재지	New York, USA
대표이사	Andrew G. Sculley Jr.
업종	디스플레이 개발 및 생산

나. 인수회계처리

(단위 : 백만원)

구분	금액
Ⅰ. 이전대가	
현금및현금성자산	295,291
추가 이전대가의 공정가치	15,164
총 이전대가	310,455
Ⅱ. 식별가능한 자산과 부채로 인식된 금액	
현금및현금성자산	4,473
매출채권 및 기타채권	13,033
재고자산	13,753
유형자산	77,500
무형자산	15,580
기타자산	1,691
매입채무 및 기타채무	(22,370)
기타부채	(69,653)
총 식별가능한 순자산	34,007
Ⅲ. 영업권(Ⅰ- Ⅱ)	276,448

eMagin Corporation이 2023년 1월 1일부터 연결대상에 편입되었다고 가정할 경우 매출 및 당기순손실은 27,781백만원 및 36,021백만원이며, 연결대상 편입 이후 eMagin Corporation으로부터 발생한 매출 및 당기순손실은 4,684백만원 및 6,847백만원입니다.

설명

사례회사는 보고기간 중 지분인수를 통한 사업결합을 하였으며, 연결재무제표에서 다음의 주석사항을 공시하고 있다.

주석공시 요구사항	공시내용	기준서 (K-1103)
(1) 사업결합 기본 정보	• 피취득자 : eMagin Corporation • 취득일 : 2023년 10월 18일 • 사업결합의 주된 이유 : Micro Display 기술 경쟁력을 확보 • 영업권 : 276,448백만원 • 총 이전대가의 취득일의 공정가치 : 310,455백만원	B64(1) ~ (7)

주석공시 요구사항	공시내용	기준서 (K-1103)
(2) 순자산 공정가치 정보	현금및현금성자산, 재고자산, 매입채무 및 기타채무 등 순자산 공정가치 정보를 표로 공시함.	B64(8) ~ (11)
(3) 기타	• 해당 보고기간의 취득일(10월 18일) 이후 피취득자의 수익과 당기손익 금액 : 4,684백만원 및 (-)6,847백만원 • 취득일이 연차 보고기간의 개시일(1월 1일) 현재라고 가정할 경우에 해당 보고기간 중 결합기업의 수익과 당기손익 : 27,781백만원 및 (-)36,021백만원	B64(17)

공시사례 9.3 사업결합(연결, 영업권/염가매수차익)

주석

[출처 : HD현대 2022년 연결감사보고서]

33. 종속기업의 취득, 처분

(1) 사업결합

1) 일반사항

① 한국조선해양㈜의 취득

연결실체는 당기 중 자회사에 대한 안정적인 경영권 확보 및 책임경영 강화를 목적으로 ㈜케이씨씨 등으로부터 한국조선해양㈜의 지분 4.1%를 인수하였습니다.

② ㈜현대플라스포의 취득

연결실체는 당기 중 전력변환장치 등 제품 라인업 추가를 통한 신재생에너지 사업기회 확대를 목적으로 ㈜현대플라스포의 지분 61.84%를 인수하였습니다.

③ Tianjin Hyundai Doosan Engine Co., Ltd.의 취득

연결실체는 당기 중 Arbos Technology Group Co., Ltd.로부터 Tianjin Hyundai Doosan Engine Co.,Ltd.의 지분 50%를 추가취득하였습니다.

2) 이전대가

취득일 현재 이전대가는 다음과 같습니다.

(단위 : 백만원)

구분	한국조선해양㈜와 그 종속기업	㈜현대플라스포와 그 종속기업	Tianjin Hyundai Doosan Engine Co.,Ltd.
현금	251,455	22,865	5,017
이전 보유지분의 공정가치	1,899,538	-	5,017
합계	2,150,993	22,865	10,034

3) 식별가능한 취득자산과 인수부채

취득일의 인수한 식별가능한 취득자산 및 인수부채의 공정가치 합계는 다음과 같습니다.

(단위 : 백만원)

구분	한국조선해양㈜와 그 종속기업	㈜현대플라스포와 그 종속기업	Tianjin Hyundai Doosan Engine Co.,Ltd.
자산 :			
현금및현금성자산	3,011,195	8,536	932
장,단기금융자산	2,105,077	-	-
매출채권및기타채권	1,076,134	4,626	1,933
계약자산	5,939,988	170	-
재고자산	1,666,721	2,782	5,099
유형자산	9,956,935	10,105	15,199
사용권자산	45,313	1,541	18,110
무형자산	1,400,537	5,445	-
투자부동산	252,949	-	-
확정계약자산	458,601	-	-
파생상품자산	61,586	-	-
이연법인세자산	1,515,890	772	-
기타자산	1,469,464	4,306	296
자산 총계	28,960,390	38,283	41,569
부채 :			
장,단기금융부채	5,099,568	8,151	-
매입채무및기타채무	3,007,114	3,163	13,366
계약부채	4,261,371	311	-
확정계약부채	6,966	-	-
파생상품부채	611,639	425	-
리스부채	39,708	920	18,169
충당부채	2,223,590	250	-
이연법인세부채	441,779	1,575	-
기타부채	92,624	4	-
부채 총계	15,784,359	14,799	31,535
순자산 금액	13,176,031	23,484	10,034

4) 염가매수차익 및 공정가치차액

사업결합과 관련된 종속기업투자의 취득금액(이전대가) 및 염가매수차익 및 영업권의 내역은 다음과 같습니다.

(단위 : 백만원)

구분	한국조선해양㈜와 그 종속기업	㈜현대플라스포와 그 종속기업	Tianjin Hyundai Doosan Engine Co.,Ltd.(*)
총 이전대가	2,150,993	22,865	10,034
식별가능순자산 공정가치	13,176,031	23,484	10,034
비지배지분	9,524,552	9,183	-
염가매수차익	1,500,486	-	-
영업권	-	8,564	-

(*) 연결실체의 사업결합일 현재 취득한 자산과 인수한 부채에 대한 공정가치는 잠정금액이며, 취득일로부터 1년 이내에 측정절차를 완료할 예정입니다. 측정완료과정에서 추가 자산과 부채가 인식될 수 있으며, 이로 인하여 염가매수차익 및 영업권 금액이 변경될 수 있습니다.

5) 주요 자산의 가치평가 기법

구분	한국조선해양㈜와 그 종속기업
유형자산	시장접근법 또는 원가접근법 : 이용가능한 유사한 자산들의 시장거래에서 생성된 가격이나, 적절한 감가상각을 고려한 대체원가를 고려하여 공정가치를 결정하였습니다.
무형자산	다기간초과이익접근법 또는 로열티 면제법 : 다기간초과이익법은 고객관계로부터 발생될 것으로 기대되는 순현금흐름의 현재가치를 고려하여 결정하였으며, 로열티 면제법은 기술관련 무형자산에 대하여 해당 기술의 보유로 인해 절감되는 로열티 지급액의 현재가치로 평가하였습니다.

설명

사례회사는 보고기간 중 지분인수를 통한 사업결합을 하였으며, 연결재무제표에서 다음의 주석사항을 공시하고 있다.

- 피투취득자 1 : 한국조선해양㈜와 그 종속기업

주석공시 요구사항	공시내용	기준서 (K-1103)
(1) 사업결합 기본 정보	• 피취득자 : 한국조선해양㈜와 그 종속기업 • 취득일 : 당기중 • 염가매수차익 : 1,500,486백만원 • 총 이전대가의 취득일의 공정가치 : 현금과 이전 보유 지분의 공정가치 합계 2,150,993백만원	B64(1) ~ (7)
(2) 순자산 공정가치 정보	현금및현금성자산, 재고자산, 매입채무 및 기타채무 등 순자산 공정가치 정보를 표로 공시함.	B64(8) ~ (11)

주석공시 요구사항	공시내용	기준서 (K-1103)
(3) 염가매수 사항	염가매수차익 : 1,500,486백만원	B64(14)
(4) 기타	종속기업으로 분류하였던 한국조선해양㈜와 그 종속기업의 지분을 4.1% 추가 취득함으로써 안정적인 경영권 확보를 도모함. (단계적 사업결합은 아님)	

공시사례 9.4 사업결합(연결, 비지배지분)

주석

[출처 : LG유플러스 2019년 연결감사보고서]

22. 사업결합

(1) 일반사항

연결실체는 2019년 12월 24일, ㈜엘지헬로비전의 주식 38,723,433주(50% + 1주)를 취득하였으며, 지배력을 획득하였습니다.

㈜엘지헬로비전에 대한 지배력을 획득함에 따라 연결실체는 유료방송시장의 경쟁력을 강화하고 시장점유율 향상 및 네트워크설비의 공유에 따른 원가절감의 효과를 기대하고 있습니다. 인수에서 발생한 531,358백만원의 영업권은 연결실체와 ㈜엘지헬로비전과의 네트워크 설비의 공유를 통한 비용절감효과 등에서 발생하였으며, 인식된 영업권은 세무상 손금으로 인정되지 않습니다.
2019년 12월 31일을 간주취득일로 하여 취득일 이후 ㈜엘지헬로비전을 통해 인식한 수익과 이익은 없으며, ㈜엘지헬로비전의 지분취득과 관련된 직접원가는 당기 비용으로 계상되었습니다.

(2) ㈜엘지헬로비전에 대하여 지불한 이전대가와 취득일의 인수한 자산, 부채의 가액 및 ㈜엘지헬로비전에 대한 취득일의 비지배지분은 아래와 같습니다.

(단위 : 백만원)

구분	금액
이전대가	
현금및현금성자산	800,000
사업결합의 이전대가 합계	800,000
취득한 자산과 인수한 부채의 계상액	
현금및현금성자산	80,742

구분	금액
금융기관예치금	3
매출채권	207,445
기타채권	39,169
재고자산	5,152
기타금융자산	1,119
기타자산(주1)	15,020
매도가능금융자산	4,334
관계기업투자	3,759
유형자산	725,786
투자부동산	4,362
무형자산	318,914
자산총계	1,405,805
매입채무	19,815
미지급금및기타채무	192,427
사채및장기차입금	518,642
기타금융부채	11,062
당기법인세부채	5,422
기타부채(주1)	97,569
순확정급여부채	2,779
이연법인세부채	16,835
충당부채	3,970
부채총계	868,521
식별가능 순자산의 공정가치	537,284
비지배지분	(268,642)
영업권	531,358
합계	800,000

(주1) 기타자산과 기타부채에는 계약자산 7,245백만원, 계약부채 3,242백만원이 포함되어 있습니다.

(3) 연결실체가 취득한 매출채권의 공정가치는 207,445백만원입니다. 취득일의 매출채권의 약정상 총액은 241,112백만원이며 이 중 33,667백만원은 회수가능하지 않을 것으로 예상됩니다.

(4) 연결실체가 취득한 기타채권의 공정가치는 39,169백만원입니다. 취득일의 기타채권의 약정상 총액은 44,145백만원이며 이 중 4,976백만원은 회수가능하지 않을 것으로 예상됩니다.

(5) ㈜엘지헬로비전이 당기 기초시점부터 연결됐다면, 연결포괄손익계산서에 계상되었을 연결실체의 매출과 순이익은 각각 13,492,414백만원 및 453,234백만원입니다.

설명

사례회사는 보고기간 중 지분인수를 통한 사업결합을 하였으며, 연결재무제표에서 다음의 주석사항을 공시하고 있다.

주석공시 요구사항	공시내용	기준서 (K-1103)
(1) 사업결합 기본 정보	• 피취득자 : ㈜엘지헬로비전 • 취득일 : 2019년 12월 24일 • 사업결합의 이유 : ㈜엘지헬로비전에 대한 지배력을 획득함에 따라 연결실체는 유료방송시장의 경쟁력을 강화하고 시장점유율 향상 및 네트워크설비의 공유에 따른 원가절감의 효과를 기대 • 영업권 : 531,358백만원 • 총 이전대가의 취득일의 공정가치 : 현금 800,000백만원	B64(1) ~ (7)
(2) 순자산 공정가치 정보	• 현금및현금성자산, 재고자산, 매입채무 등 순자산 공정가치 정보를 표로 공시함. • 취득한 매출채권의 공정가치는 207,445백만원. 취득일의 매출채권의 약정상 총액은 241,112백만원이며 이 중 33,667백만원은 회수가능하지 않을 것으로 예상됨. • 취득한 기타채권의 공정가치는 39,169백만원. 취득일의 기타채권의 약정상 총액은 44,145백만원이며 이 중 4,976백만원은 회수가능하지 않을 것으로 예상됨.	B64(8) ~ (11)
(3) 비지배지분	• ㈜엘지헬로비전의 주식 38,723,433주(50% + 1주)를 취득 • 비지배지분 금액 : (268,642)백만원	B64(15)
(4) 기타	취득일이 연차 보고기간의 개시일(1월 1일) 현재라고 가정할 경우에 해당 보고기간 중 결합기업의 수익과 당기손익 : 13,492,414백만원 및 453,234백만원	B64(17)

공시사례 9.5 첫 회계처리 완료 못한 사업결합(합병)

주석

[출처 : KG모빌리언스 2019년 연결감사보고서]

46. 보고기간 후 사건

당사는 2019년 11월 18일자 이사회 결의 및 2020년 1월 20일자 임시주주총회의 결의에 의거 2020년 2월 27일을 합병기준일로 하여 주식회사 케이지올앳을 흡수합병하였습니다.

당사는 ㈜케이지올앳의 합병기준일의 결산미완료 등의 이유로 연결재무제표 발행승인일까지 해당 사업결합의 첫 회계처리를 완료하지 못하였습니다.

합병 이전대가 및 보고기간 말 현재 피합병회사인 ㈜케이지올앳의 연결 재무정보상의 자산 부채의 내역은 다음과 같습니다.

(단위 : 천원)

구분	금액
Ⅰ. 이전대가	53,146,003
Ⅱ. 케이지올앳의 연결 자산 · 부채 등(2019년 12월 31일 현재)	
유동자산	44,425,111
유형자산	23,464,384
무형자산	14,358,396
기타비유동자산	108,147,668
자산 총계	190,395,559
유동부채	115,119,628
비유동부채	65,470,003
부채 총계	180,589,631
순자산 금액	9,805,928

설명

사례회사는 보고기간 후 사건으로 흡수합병을 주석공시하고 있다.

다만, 보고기간 후 사건의 해당일인 재무제표 발행승인일까지 피합병회사[㈜케이지올앳]의 결산 미완료를 첫 회계처리를 완료하지 못한 이유로 공시하고 있다[K-1103. B67(1)(가)].

첫 회계처리를 완료하지 못한 피합병회사[㈜케이지올앳]의 자산, 부채 및 이전대가를 주석공시하고 있다[K-1103. B67(1)(나)].

K-IFRS

주석작성실무

CHAPTER

10 종속기업, 관계기업

▶ 관련 기업회계기준서

- K-IFRS 제1112호 타 기업에 대한 지분의 공시
- K-IFRS 제1027호 별도재무제표
- K-IFRS 제1028호 관계기업과 공동기업에 대한 투자
- K-IFRS 제1110호 연결재무제표

01 | 기준서 주요 내용

기업은 종속기업, 관계기업, 공동기업에 투자를 한다. 이러한 투자에 대한 정보이용자의 공시요구사항이 있으며, 별도재무제표 및 연결재무제표에서의 공시요구사항에는 차이가 있다.

별도재무제표에서의 종속기업, 관계기업 및 공동기업에 대한 투자의 주석공시사항은 각 기준서에서 규정하고 있으며, 연결재무제표에서의 종속기업, 관계기업 및 공동기업에 대한 투자의 주석공시사항은 'K-IFRS 제1112호 타 기업에 대한 지분의 공시'에서 규정하고 있다.

결론적으로 종속기업, 관계기업 및 공동기업에 대한 투자는 별도재무제표와 연결재무제표에서의 공시요구사항이 다르다. 별도재무제표는 종속기업 등의 현황 수준 정도 간단하게 주석공시가 필요하고, 연결재무제표에서는 이보다 많은 주석공시를 요구하고 있다.

종속기업, 관계기업 및 공동기업은 다음과 같이 정의되고 구분된다.

구분	정의 및 회계처리	비고
1. 종속기업	• 한 기업(지배기업)이 다른 기업(종속기업)에 지배력이 있으면 이를 하나의 경제적 실체로 보아 연결재무제표를 작성 · 공시한다.	• 지배력 : 투자자는 피투자자에 관여함에 따라 변동이익에 노출되거나 변동이익에 대한 권리가 있고, 피투자자에 대한 자신

구분	정의 및 회계처리	비고
1. 종속기업	• 통상적으로 지분율 50% 초과 • 별도재무제표 : 원가법, 지분법 등 회계처리 • 연결재무제표 : 연결재무제표에 합산	의 힘으로 변동이익에 영향을 미칠 능력이 있는 경우 피투자자를 지배한다(K-1110. 부록 A). • 피투자자를 지배하는지 결정하기 위하여, 투자자는 다음 조건을 모두 충족하는지 평가한다(K-1110. B2). (1) 피투자자에 대한 힘이 있다. (2) 피투자자에 관여함에 따라 변동이익에 노출되거나 변동이익에 대한 권리가 있다. (3) 투자자의 이익 금액에 영향을 미치기 위하여 피투자자에 대한 자신의 힘을 사용하는 능력이 있다.
2. 관계기업	• 관계기업 : 투자자가 유의적인 영향력을 보유하는 기업(K-1028. 3) • 통상적으로 지분율 20 ~ 50% • 지분법 : 투자자산을 최초에 원가로 인식하고, 취득시점 이후 발생한 피투자자의 순자산 변동액 중 투자자의 몫을 해당 투자자산에 가감하여 보고하는 회계처리방법. 투자자의 당기순손익에는 피투자자의 당기순익 중 투자자의 몫에 해당하는 금액을 포함하고, 투자자의 기타포괄손익에는 피투자자의 기타포괄손익 중 투자자의 몫에 해당하는 금액을 포함한다(K-1028. 3). • 별도재무제표 : 원가법, 지분법 등 회계처리 • 연결재무제표 : 지분법 회계처리	• 유의적인 영향력 : 피투자자의 재무정책과 영업정책에 관한 의사결정에 참여할 수 있는 능력. 그러나, 그러한 정책의 지배력이나 공동지배력은 아니다(K-1028. 3). • 기업이 직접 또는 간접(예 : 종속기업을 통하여)으로 피투자자에 대한 의결권의 20% 이상을 소유하고 있다면 유의적인 영향력을 보유하는 것으로 본다(K-1028. 5). • 기업이 다음 중 하나 이상에 해당하는 경우 일반적으로 유의적인 영향력을 보유한다는 것이 입증된다(K-1028. 6). (1) 피투자자의 이사회나 이에 준하는 의사결정기구에 참여 (2) 배당이나 다른 분배에 관한 의사결정에 참여하는 것을 포함하여 정책결정과정에 참여 (3) 기업과 피투자자 사이의 중요한 거래 (4) 경영진의 상호 교류 (5) 필수적 기술정보의 제공
3. 공동기업	• 공동기업 : 약정의 공동지배력을 보유하는 당사자들이 그 약정의 순자산에 대한 권리를 보유하는 공동약정 • 통상적으로 지분율 50% • 별도재무제표 : 원가법, 지분법 등 회계처리 • 연결재무제표 : 지분법 회계처리	공동지배력 : 약정의 지배력에 대한 계약상 합의된 공유로서, 관련활동에 대한 결정에 지배력을 공유하는 당사자들 전체의 동의가 요구될 때에만 존재한다(K-1028. 3).
4. 금융상품 (지분상품)	• 지분 취득 시, 상기 종속기업, 관계기업 또는 공동기업에 해당되지 않는 경우에는 금융상품으로 분류함. • 통상적으로 지분율 20% 미만 • 지분상품인 금융상품은 후속측정으로 공정가치로 측정하고, 공정가치 변동분을 당기	

구분	정의 및 회계처리	비고
4. 금융상품 (지분상품)	손익으로 인식하는 것이 원칙이고, 공정가치 변동분을 기타포괄손익으로 인식하는 것을 지정할 수 있음. • 별도재무제표 : 금융상품 회계처리 • 연결재무제표 : 금융상품 회계처리	

(*) 지분법 관련 기준서 개정

별도재무제표는 연결재무제표에 대한 추가적인 정보로서, 종속기업, 관계기업, 공동기업 등의 실적이 영향을 받지 않는 상태로 대상회사만의 실적으로 제공하는 정보이다.

따라서 별도재무제표에서는 종속기업, 관계기업, 공동기업에 대해 원칙적으로 취득원가로 측정한다.

그러나 아래 결론도출근거에서 주장 등을 받아들여 2014년에 K-IFRS 제1027호(별도재무제표)를 개정하였으며, 별도재무제표에서의 종속기업, 관계기업 등의 투자주식에 지분법 회계처리를 허용하였다. 2016년 이후 이 기준서 개정에 의해 주요 종속기업 또는 관계기업 등에서 이익이 실현되는 기업들 중 일부가 별도재무제표에서 지분법을 적용하기 시작하였다.

정의 및 회계처리
별도재무제표에 대한 지분법(2014년 개정) BC10A IASB의 2011년 안건선정 협의에서 일부 응답자들은 다음과 같은 의견을 제시하였다. (1) 일부 국가의 법률에서는 상장기업에게 현지 법규에 따라 작성된 별도재무제표를 표시하도록 요구하고 있으며, 이러한 현지 법규에서는 종속기업, 공동기업 및 관계기업의 투자에 대한 회계처리에 지분법의 사용을 요구한다. (2) 대부분의 경우 IFRS에 따라 작성된 별도재무제표와 현지 법규에 따라 작성된 별도재무제표 간의 유일한 차이는 지분법의 사용이다. BC10B 이러한 응답자들은 별도재무제표에서 종속기업, 공동기업 및 관계기업에 대한 투자를 측정하는 선택방법 중 하나로 지분법이 포함되어야 한다고 강하게 주장하였다. 2012년 5월 IASB는 별도재무제표 회계처리에 지분법의 사용을 선택사항으로 되돌리는 것을 제한된 범위의 프로젝트를 통하여 고려하기로 결정하였다. 그 결과, IASB는 2013년 12월에 별도재무제표에 대한 IFRS와 각국 회계기준 간의 정합을 용이하게 하고 일부 기업들이 정보의 손실 없이 법규준수 원가를 절감할 수 있는 공개초안을 발표하였다.

지분법 회계처리 예시

개요

회사의 지분법 관련 투자 내역은 다음과 같다.

- 회사는 20×1년 1월 1일에 B사 주식의 30%를 100원에 취득하였다(B사 순자산 공정가치 200원).
- 20×1년 B사 당기순이익은 200원 발생하였으며, B사 기타자본이 100원 증가하였다.
- 20×2년 B사로부터 배당금 50원을 수취하였다.

- 20×1년 초

재무상태표			B사
자산	300	부채	100
		자본금	50
		기타자본	50
		이익잉여금	100

- 20×1년

포괄손익계산서			B사
매출원가	400	매출액	1,000
기타비용	400		
당기순이익	200		
기타포괄손익	100		
총포괄손익	300		

- 20×1년 말

재무상태표			B사
자산	600	부채	100
		자본금	50
		기타자본	150
		이익잉여금	300

회계처리

- 20×1년 1월 1일(주식 취득)

차변		대변	
관계기업투자주식	100	현금	100

(*) B사 순자산 공정가치 200원의 30%를 100원에 취득하였으므로 순자산 공정가치(60원)보다 높게 지급한 취득대가(40원)가 영업권에 해당하나 관계기업투자주식은 사업결합에 해당되지 않아 별도로 영업권 40원을 인식하지 않음.

• 20×1년 12월 31일(기말 지분법 평가)

차변		대변	
관계기업투자주식	90	지분법이익	60
		지분법자본변동	30

(*) 지분법이익 : B사 당기순이익(200원) × 지분율(30%) = 60원
(*) 지분법자본변동 : B사 기타포괄손익(100원) × 지분율(30%) = 30원

• 20×2년 3월 31일(배당금 수취 시) – 배당금 수령이 확정되는 시점

차변		대변	
현금	50	관계기업투자주식	50

(*) 지분법에서는 배당금 수취를 투자주식의 환원으로 회계처리함.

02 | 주석 작성 핵심 포인트

종속기업, 관계기업 및 공동기업에 대한 주요 주석공시사항은 다음과 같이 요약된다.

Key Point

구분	주요 주석공시사항	비고
1. 종속기업	• 지배력을 보유한다고 판단한 근거 • 연결실체의 구성 • 비지배지분이 갖는 몫 • 연결실체 내 자산이전 등에 대한 제약 • 소유지분의 변동이 자본에 미치는 영향 • 지배력 상실에 따른 발생 손익 등 • 연결구조화기업의 지분관련 위험	금융감독원 모범사례 참조
2. 관계기업과 공동기업	• 유의적 영향력을 보유한다고 판단한 근거 등 • 관계기업과 공동약정에 대한 현황 • 관계기업과 공동기업의 지분법 평가 정보 • 지분법 중단 시 미인식 손실 등 • 관계기업과 공동기업에 대한 지분과 관련된 위험	금융감독원 모범사례 참조
3. 비연결구조화기업	• 비연결구조화 기업에 대한 지분 및 위험의 성격 • 후원하는 비연결구조화 기업에서 발생한 수익 등	금융감독원 모범사례 참조

03 | 주석공시 요구사항

종속기업, 관계기업 및 공동기업에 대한 주석공시 요구사항은 연결재무제표와 별도재무제표에서 다음과 같이 구분된다.

구분	적용 기준서
연결재무제표	K-IFRS 제1112호(타 기업에 대한 지분의 공시)
별도재무제표	K-IFRS 제1027호(별도재무제표) 문단 15 ~ 17

▶ K-IFRS 제1112호 타 기업에 대한 지분의 공시

연결재무제표에서는 타 기업에 대한 지분(종속기업, 관계기업 및 공동기업)에 대해 K-IFRS 제1112호에서 아래의 주석공시사항을 요구한다.

문단	공시사항
1 ~ 4	1. 목적
5 ~ 6	2. 적용범위
7 ~ 9	3. 유의적인 판단과 가정
10 ~ 19	4. 종속기업에 대한 지분
19A ~ 19G	4-1. 비연결대상 종속기업의 지분(투자기업들)
20 ~ 23	5. 공동약정과 관계기업에 대한 지분
24 ~ 31	6. 비연결구조화기업에 대한 지분

1. 목적

1 이 기준서의 목적은 재무제표이용자들이 다음을 평가할 수 있는 정보를 기업이 공시하도록 요구하는 데 있다.

(1) 타 기업에 대한 지분의 성격과 타 기업의 지분과 관련된 위험

(2) 그 지분이 기업의 재무상태, 재무성과 및 현금흐름에 미치는 영향

목적의 달성

2 문단 1의 목적을 달성하기 위하여, 기업은 다음을 공시한다.

(1) 다음을 결정할 때 내린 유의적인 판단과 가정

(가) 타 기업이나 약정에 대한 지분의 성격과

2	(나) 지분을 보유한 공동약정의 유형(문단7 ~ 9) (다) 적용가능하다면, 투자기업의 정의를 충족하는지(문단 9A) (2) 다음의 지분에 대한 정보 (가) 종속기업(문단 10 ~ 19) (나) 공동약정과 관계기업(문단 20 ~ 23) (다) 기업이 지배하고 있지 않는 구조화기업(비연결구조화기업)(문단 24 ~ 31)

3	타 기준서에서 요구하는 공시사항과 함께 이 기준서에서 요구하는 공시사항으로 문단 1의 목적을 달성하지 못하는 경우, 기업은 그 목적을 달성하기 위하여 필요한 모든 추가 정보를 공시한다.

4	기업은 공시 목적을 달성하기 위하여 얼마나 상세한 수준이 필요한지와 이 기준서의 각 요구사항에 얼마나 중점을 두어야 하는지를 고려한다. 기업은 많은 양의 경미한 세부사항을 포함하거나 다른 특성을 가지는 항목들을 통합함에 따라 유용한 정보가 모호하게 되지 않도록 공시사항을 통합하거나 분리한다(문단 B2 ~ B6 참조).

K-IFRS 제1112호(타 기업에 대한 지분의 공시)에서는 타 기업에 대한 지분 취득 시, 종속기업, 관계기업 또는 비연결구조화기업으로 구분되는 (1) 유의적인 판단과 가정 및 (2) 각 지분의 정보를 주요 주석공시사항으로 요구하고 있다.

구분	내용
목적	• 타 기업에 대한 지분의 성격과 타 기업의 지분과 관련된 위험[K-1112. 1(1)] • 그 지분이 기업의 재무상태, 재무성과 및 현금흐름에 미치는 영향[K-1112. 1(2)]
주요 공시사항	문단 1의 목적을 달성하기 위하여, 기업은 다음을 공시한다. • 다음을 결정할 때 내린 유의적인 판단과 가정[K-1112. 2(1)] (가) 타 기업이나 약정에 대한 지분의 성격 (나) 지분을 보유한 공동약정의 유형(문단 7 ~ 9) (다) 적용가능하다면, 투자기업의 정의를 충족하는지(문단 9A) • 다음의 지분에 대한 정보[K-1112. 2(2)] (가) 종속기업(문단 10 ~ 19) (나) 공동약정과 관계기업(문단 20 ~ 23) (다) 기업이 지배하고 있지 않는 구조화기업(비연결구조화기업)(문단 24 ~ 31)

2. 적용범위

5 이 기준서는 다음에 대한 지분을 보유하는 기업에 적용한다.

(1) 종속기업

(2) 공동약정(예 : 공동영업이나 공동기업)

(3) 관계기업

(4) 비연결구조화기업

5A 문단 5에서 열거된 기업의 지분이 기업회계기준서 제1105호 '매각예정비유동자산과 중단영업'에 따라 매각예정이나 중단영업으로 분류(또는 그렇게 분류된 처분자산집단에 포함)되는 경우, 그러한 지분에 대해서는 문단 B17을 제외한 이 기준서의 요구사항을 적용하여야 한다.

6 이 기준서는 다음에는 적용하지 않는다.

(1) 기업회계기준서 제1019호 '종업원급여'를 적용하는 퇴직급여제도 또는 기타장기종업원급여제도

(2) 기업회계기준서 제1027호 '별도재무제표'를 적용하는 기업의 별도재무제표. 그러나

(가) 기업이 비연결구조화기업에 대한 지분을 보유하고 자신의 유일한 재무제표로서 별도재무제표를 작성한다면, 별도재무제표를 작성할 때 문단 24 ~ 31의 요구사항을 적용한다.

(나) IFRS 10 문단 31에 따라 모든 종속기업을 공정가치로 측정하고 당기손익에 반영하여 재무제표를 작성하는 투자기업은 이 기준서에서 요구하는 투자기업과 관련된 공시사항을 표시하여야 한다.

(3) 공동약정에 참여하지만 공동지배력을 보유하지 않는 지분. 다만, 그 지분이 약정에 대하여 유의적인 영향력이 있거나 그 지분이 구조화기업에 대한 지분인 경우는 제외한다.

(4) 기업회계기준서 제1109호 '금융상품'에 따라 회계처리된 타 기업에 대한 지분. 그러나 다음의 경우 이 기준서를 적용한다.

(가) 그 지분이 기업회계기준서 제1028호 '관계기업과 공동기업에 대한 투자'에 따라 공정가치로 측정하여 당기손익으로 인식한 관계기업과 공동기업에 대한 지분인 경우

(나) 그 지분이 비연결구조화기업에 대한 지분인 경우

K-IFRS 제1112호(타 기업에 대한 지분의 공시) 기준서의 적용범위는 다음과 같다.

K-IFRS 제1112호(타 기업에 대한 지분의 공시) 적용범위 (K-1112. 5)	적용 제외 (K-1112. 6)
(1) 종속기업 (2) 공동약정(예 : 공동영업이나 공동기업) (3) 관계기업 (4) 비연결구조화기업	(1) 퇴직급여제도 또는 기타장기종업원급여제도 (2) '별도재무제표'를 적용하는 기업의 별도재무제표 (3) 공동약정에 참여하지만 공동지배력을 보유하지 않는 지분 (4) 기업회계기준서 제1109호 '금융상품'에 따라 회계처리된 타 기업에 대한 지분

3. 유의적인 판단과 가정

7 기업은 다음의 결정을 할 때 내린 유의적인 판단과 가정(그리고 그러한 판단과 가정에 대한 변동)의 정보를 공시한다.

(1) 타 기업에 대하여 즉, 기업회계기준서 제1110호 '연결재무제표' 문단 5와 6에 기술된 피투자자에 대하여 지배력을 보유한다는 결정

(2) 약정에 대하여 공동지배력을 보유하거나 타 기업에 대하여 유의적인 영향력을 보유한다는 결정

(3) 약정이 별도 기구를 통하여 구조화된 경우, 공동약정의 유형(즉, 공동영업이나 공동기업)에 대한 결정

8 문단 7에 따라 공시되는 유의적인 판단과 가정은 사실과 환경의 변화로 보고기간 동안에 지배력, 공동지배력 또는 유의적인 영향력 유무에 대한 결론에 변동이 있을 때 기업이 내린 판단과 가정을 포함한다.

9 문단 7을 따르기 위하여 기업은 예를 들어, 다음을 결정할 때 내린 유의적인 판단과 가정을 공시한다.

(1) 타 기업에 대한 의결권을 과반 이상 보유하더라도 그 기업을 지배하지 않는다.

(2) 타 기업에 대한 의결권을 과반 미만 보유하더라도 그 기업을 지배한다.

(3) 기업이 대리인 또는 본인이다(기업회계기준서 제1110호 문단 58 ~ 72 참조).

(4) 타 기업에 대한 의결권을 20% 이상 보유하더라도 유의적인 영향력이 없다.

(5) 타 기업에 대한 의결권을 20% 미만 보유하더라도 유의적인 영향력이 있다.

타 기업에 대한 지분을 구분하기 위해서는 종속기업 등에 대한 판단이 필요하다.

그 판단의 결과 타 기업에 대한 지분은 아래와 같이 구분되며, 각각의 주석공시사항과 그 예시는 다음과 같다.

(1) 유의적인 판단과 가정

주석사항

유의적인 판단과 가정(그리고 그러한 판단과 가정에 대한 변동)의 정보(K-1112. 7)

구분	유의적인 판단과 가정 (K-1112. 7)	예시 (K-1112. 9)
1. 종속기업	타 기업에 대하여 지배력을 보유한다는 결정[K-1112. 7(1)]	• 타 기업에 대한 의결권을 과반 미만 보유하더라도 그 기업을 지배한다. [K-1112. 9(2)] • 기업이 대리인 또는 본인이다(기업회계기준서 제1110호 문단 58 ~ 72 참조). [K-1112. 9(3)]
2. 공동기업과 관계기업	약정에 대하여 공동지배력을 보유하거나 타 기업에 대하여 유의적인 영향력을 보유한다는 결정[K-1112. 7(2)]	• 타 기업에 대한 의결권을 과반 이상 보유하더라도 그 기업을 지배하지 않는다. [K-1112. 9(1)] • 기업이 대리인 또는 본인이다(기업회계기준서 제1110호 문단 58 ~ 72 참조). [K-1112. 9(3)] • 타 기업에 대한 의결권을 20% 이상 보유하더라도 유의적인 영향력이 없다. [K-1112. 9(4)] → 관계기업 등으로 분류하지 않음. • 타 기업에 대한 의결권을 20% 미만 보유하더라도 유의적인 영향력이 있다. [K-1112. 9(5)]
3. 비연결구조화기업	약정이 별도 기구를 통하여 구조화된 경우, 공동약정의 유형(즉, 공동영업이나 공동기업)에 대한 결정[K-1112. 7(3)]	

예시

1. 종속기업에 대한 지분

(1) 20××년 ×월 ×일 현재 연결대상 종속기업 현황은 다음과 같습니다. [K-1112. 10(1)(가)]

기업명	소유지분율		소재지	사용재무제표일	업종
	당기말	전기말			
A사	48%(*1)	48%	한국	12월 31일	건설업
B사	45%(*2)	40%	한국	12월 31일	컴퓨터부품 제조
C사	1%(*3)	1%	미국	9월 30일(*4)	자산유동화업
…	…	…	…	…	…

(*1) A사에 대해서는 소유지분율이 과반수 미만이나, 나머지 주주는 모두 1% 이하 주주로 넓게 분산되어 있으며 과거 5년간 주주총회 참석률이 평균 60%로 지배기업의 지분율만으로도 의사결정과정에서 과반수의 의결권을 행사할 수 있었던 상황 등을 감안하여 지배력이 있는 것으로 판단됩니다. [K-1112. 9(2)]

(*2) B사에 대해서는 소유지분율이 과반수 미만이나, 주주 간 약정에 의해 의사결정기구의 의사결정에 과반수 이상의 의결권을 행사할 수 있는 등 실질적인 지배력이 있는 것으로 판단됩니다. [K-1112. 9(2)]

(*3) C사에 대해서는 소유지분율이 과반수 미만이나, C사는 구조화기업으로 보고기업이 약정 등을 통해 관련활동을 지시할 수 있는 능력을 보유하고 변동이익에 유의적으로 노출되므로 지배력이 있는 것으로 판단됩니다. [K-1112. 9(2)]

2. 관계기업과 공동약정에 대한 지분

1) 20××년 ×월 ×일 현재 중요한 관계기업과 공동약정의 현황은 다음과 같습니다. (K-1112. 21)

가. 관계기업

기업명 [21(1)(가)]	소유지분율 [21(1)(라)]		주된사업장 [21(1)(다)]	사용재무제표일	관계기업 활동의 성격 [21(1)(나)]
	당기말	전기말			
A사	19%(*1)	19%	한국	12월 31일	
B사	25%(*2)	25%	미국	9월 30일(*3)	
C사	30%(*4)	28%	한국	12월 31일	
…	…	…	…	…	…

(*1) A사에 대한 지분율은 20% 미만이나 대표이사 등 임원 겸직을 통하여 피투자회사에 대한 유의적인 영향력을 보유하는 것으로 판단됩니다. [K-1112. 9(5)]

(*2) B사의 소유지분율은 25%이나 B사가 보유한 자기주식으로 인해 의결권 지분율은 30%입니다. [K-1112. 21(1)(라)]

(*3) 해외 관계기업 B사는 12월 결산 재무제표를 입수할 수 없어 9월 결산 재무제표를 사용하여 지분법을 적용하였으며, 10 ~ 12월 중 발생한 유의적인 거래나 사건의 영향을 검토 후 반영하였습니다. [K-1112. 22(2)]

(*4) C사의 소유지분율 30% 중 3%는 종속회사인 ××벤처캐피탈이 보유하고 있는 지분으로 지분법 적용이 면제되어 공정가치로 평가하였습니다. [K-1112. 21(1)(가)]

나. 공동약정

기업명(*1) [21(1)(가)]	소유지분율 [21(1)(라)]		주된사업장 [21(1)(다)]	사용재무제표일	공동약정 활동의 성격 [21(1)(나)]
	당기말	전기말			
A사	50%	50%	한국	12월 31일	
B사	45%(*2)	45%	중국	9월 30일(*3)	
…	…	…	…	…	…

(*1) 연결실체가 공동지배력을 보유하고 있는 모든 공동약정들은 별도의 회사를 통하여 구조화되었으며, 공동약정에 대하여 공동지배력을 보유하는 당사자들이 약정의 순자산에 대한 권리를 보유하고 있다고 판단하여 공동기업으로 분류하고 있습니다. [K-1112. 7(3)]

(*2) B사의 소유지분율은 45%이나 B사가 보유한 자기주식으로 인해 의결권 지분율은 50%입니다. [K-1112. 21(1)(라)]

(*3) B사는 해외에 소재한 공동기업으로 12월 결산 재무제표를 입수할 수 없어 9월 결산 재무제표를 사용하여 지분법을 적용하였으며, 10 ~ 12월 중 발생한 유의적인 거래나 사건의 영향을 검토 후 반영하였습니다. [K-1112. 22(2)]

설명

- 상기 예시는 금융감독원 주석공시 모범사례에 근거한다.
- 타 기업에 대한 지분을 보유하고 있으면, 원칙적으로 금융상품이 아닌 경우 종속기업, 공동기업 또는 관계기업으로 분류된다.
- 지분율 요건 또는 지분율 이외의 요건에 의해 각각 지배력, 공동지배력 또는 유의적인 영향력 등이 있다고 판단한 유의적인 판단과 가정을 공시한다.

4. 종속기업에 대한 지분

10 기업은 연결재무제표의 이용자들이 다음을 가능하게 하는 정보를 공시한다.

(1) 다음을 이해할 수 있게 한다.

(가) 연결실체의 구성

(나) 연결실체의 활동과 현금흐름에 대해 비지배지분이 갖는 몫(문단 12)

(2) 다음을 평가할 수 있게 한다.

(가) 연결실체의 자산에 접근하거나 자산을 사용할 수 있는 능력과 부채를 상환할 수 있는 능력에 유의적인 제약이 있는 경우 그 제약의 성격과 범위(문단 13)

(나) 연결구조화기업에 대한 지분과 관련된 위험이 있는 경우 그 위험의 성격과 변동(문단 14 ~ 17)

(다) 지배력 상실 없이 종속기업에 대한 지배기업의 소유지분이 변동한 결과(문단 18)

(라) 보고기간 동안의 종속기업에 대한 지배력 상실의 결과(문단 19)

11 연결재무제표의 작성에 사용되는 종속기업 재무제표의 보고기간종료일이나 보고기간이 연결재무제표의 그것과 다른 경우(문단 B92와 B93 참조), 다음을 공시한다.

(1) 종속기업 재무제표의 보고기간종료일

(2) 다른 보고기간종료일이나 보고기간을 사용한 이유

연결실체의 활동과 현금흐름에 대해 비지배지분이 갖는 몫

12 종속기업에 대한 비지배지분이 보고기업에 중요한 경우, 각 해당 종속기업에 대해 다음을 공시한다.

(1) 종속기업의 명칭

(2) 종속기업의 주된 사업장(그리고 이와 다른 경우 설립지의 국가명)

12 (3) 비지배지분이 보유한 소유지분율
(4) 소유지분율과 다른 경우, 비지배지분이 보유한 의결권비율
(5) 보고기간 동안에 종속기업의 비지배지분에 배분된 당기순손익
(6) 보고기간 말 종속기업의 누적 비지배지분
(7) 종속기업의 요약재무정보(문단 B10 참조)

유의적인 제약의 성격과 범위

13 기업은 다음을 공시한다.

(1) 연결실체의 자산에 접근하거나 자산을 사용할 수 있는 능력과 부채를 상환할 수 있는 능력에 대한 다음과 같은 유의적인 제약(예 : 법, 계약 및 규제상 제약)
  (가) 연결실체 내의 다른 기업들에게(또는 다른 기업들로부터) 현금이나 그 밖의 자산을 이전하는 지배기업이나 종속기업의 능력을 제약
  (나) 연결실체 내의 다른 기업들에게(또는 다른 기업들로부터) 배당과 그 밖의 자본배분의 지급이나, 차입금의 차입 또는 상환 및 선수금의 수령 또는 반환을 제약할 수도 있는 보증이나 그 밖의 요구사항

(2) 연결실체의 자산에 접근하거나 자산을 사용할 수 있는 능력과 부채를 상환할 수 있는 능력을 유의적으로 제약할 수 있는 비지배지분의 방어권의 성격과 범위(예 : 지배기업이 자신의 부채를 상환하기 전에 종속기업의 부채를 상환해야 하는 의무가 있는 경우, 또는 종속기업의 자산에 접근하거나 부채를 상환하기 위해서는 비지배지분의 승인이 요구되는 경우)

(3) 그러한 제약이 적용되는 자산과 부채의 연결재무제표상 장부금액

연결구조화기업에 대한 지분과 관련된 위험의 성격

14 보고기업을 손실에 노출시킬 수 있는 사건이나 상황을 포함하여, 지배기업이나 종속기업으로 하여금 연결구조화기업에게 재무지원을 제공하도록 요구할 수 있는 모든 계약상 약정의 조건을 공시한다(예 : 구조화기업의 자산을 구입하거나 재무지원을 제공할 의무와 관련된 유동성 약정 또는 신용등급조정 요인).

15 보고기간 동안에 지배기업이나 종속기업이 지원을 제공하는 계약상 의무 없이 연결구조화기업에게 재무지원이나 그 밖의 지원(예 : 자산을 구입하거나 구조화기업이 발행한 상품을 구입)을 제공하고 있는 경우, 다음을 공시한다.

15 (1) 제공되는 지원의 유형과 금액. 구조화기업이 재무지원을 받도록 지배기업이나 종속기업이 도와주는 상황을 포함한다.

(2) 지원을 제공하는 이유

16 보고기간 동안에 지배기업이나 종속기업이 지원을 제공하는 계약상 의무 없이 재무지원이나 그 밖의 지원을 이전에 비연결구조화기업에게 제공하고 그 지원의 결과 구조화기업을 지배하게 되는 경우, 그 결정과 관련된 요인들에 대한 설명을 공시한다.

17 재무지원을 받도록 구조화기업을 돕고자 하는 의도를 포함하여, 연결구조화기업에 대한 재무지원이나 그 밖의 지원을 제공하는 현재의 모든 의도를 공시한다.

지배력 상실 없이 종속기업에 대한 지배기업의 소유지분이 변동한 결과

18 지배력 상실 없이 종속기업에 대한 지배기업의 소유지분이 변동하여 지배기업의 소유주에 귀속되는 자본에 미치는 영향을 나타내는 명세를 표시한다.

보고기간 동안의 종속기업에 대한 지배력 상실의 결과

19 기업회계기준서 제1110호 문단 25에 따라 계산된 손익이 있다면 이를 다음과 함께 공시한다.

(1) 종전의 종속기업에 대하여 보유하고 있던 투자를 지배력을 상실한 날의 공정가치로 측정함에 따른 손익 부분

(2) 손익이 인식된 당기손익 항목(별도로 표시되지 않은 경우)

종속기업에 대한 지분 관련 주석공시사항과 그 예시는 다음과 같이 구분된다.

구분	기준서 (K-1112)
(1) 연결실체의 구성	11
(2) 연결실체의 활동과 현금흐름에 대해 비지배지분이 갖는 몫	12
(3) 연결실체의 자산에 접근하거나 자산을 사용할 수 있는 능력과 부채를 상환할 수 있는 능력에 유의적인 제약이 있는 경우 그 제약의 성격과 범위	13
(4) 연결구조화기업에 대한 지분과 관련된 위험이 있는 경우 그 위험의 성격과 변동	14 ~ 17
(5) 지배력 상실 없이 종속기업에 대한 지배기업의 소유지분이 변동한 결과	18
(6) 보고기간 동안의 종속기업에 대한 지배력 상실의 결과	19

(1) 연결실체의 구성

주석사항

- 연결실체의 구성(종속기업의 정보 등)
- 연결재무제표의 보고기간 종료일과 종속기업 재무제표의 보고기간종료일이 다른 경우 (K-1112, 11)

  (1) 종속기업 재무제표의 보고기간종료일

  (2) 다른 보고기간종료일이나 보고기간을 사용한 이유

예시

1. 종속기업에 대한 지분

(1) 20××년 ×월 ×일 현재 연결대상 종속기업 현황은 다음과 같습니다. [K-1112, 10(1)(가)]

기업명	소유지분율		소재지	사용재무제표일	업종
	당기말	전기말			
A사	48%(*1)	48%	한국	12월 31일	건설업
B사	45%(*2)	40%	한국	12월 31일	컴퓨터부품 제조
C사	1%(*3)	1%	미국	9월 30일(*4)	자산유동화업
…	…	…	…	…	…

(*4) 해외 종속기업 C사는 12월 결산 재무제표를 입수할 수 없어 9월 결산 재무제표를 사용하여 연결하였으며, 10 ~ 12월 중 발생한 유의적인 거래나 사건의 영향을 검토 후 반영하였습니다. (K-1112, 11)

설명

- 상기 예시는 금융감독원 주석공시 모범사례에 근거한다.
- 예시의 C사와 같이 종속기업 재무제표의 보고기간종료일이 지배기업과 다른 경우 그 사용 이유를 주석공시한다.

(2) 연결실체의 활동과 현금흐름에 대해 비지배지분이 갖는 몫

주석사항

종속기업에 대한 비지배지분이 보고기업에 중요한 경우, 각 해당 종속기업에 대해 다음을 공시한다(K-1112, 12).

(1) 종속기업의 명칭

(2) 종속기업의 주된 사업장(그리고 이와 다른 경우 설립지의 국가명)

(3) 비지배지분이 보유한 소유지분율

(4) 소유지분율과 다른 경우, 비지배지분이 보유한 의결권비율

(5) 보고기간 동안에 종속기업의 비지배지분에 배분된 당기순손익

(6) 보고기간 말 종속기업의 누적 비지배지분

(7) 종속기업의 요약재무정보(문단 B10 참조)

– 비지배지분에 지급한 배당금[K-1112, B10(1)]

– 종속기업의 자산, 부채, 당기손익 및 현금흐름에 대한 요약재무정보(유동자산, 비유동자산, 유동부채, 비유동부채, 수익, 당기순손익 및 총포괄손익을 포함)[K-1112, B10(2)]

예시

1. 비지배지분에 대한 정보

가. 누적지배지분의 변동

당기말 연결실체에 포함된 비지배지분이 중요한 종속기업의 당기손익 및 자본 중 비지배지분에 배분된 당기순손익 및 누적비지배지분은 다음과 같습니다. (K-1112, 12)

구분	비지배지분율(%) [K-1112, 12(3)]	비지배지분에 배분된당기순손익 [K-1112, 12(5)]	누적비지배지분 [K-1112, 12(6)]	비지배지분에 지급한 배당금 [K-1112, 12(7)]
A사	52.00% (주1)	(100)	200	10
B사	40.00%	1,000	3,000	500
C사	10.00%	×××	–	–

(주1) A사는 비지배지분율이 52.00%이나 실질지배력 판단에 근거하여 연결재무제표 작성 대상으로 판단하였습니다. [K-1112, 12(4)]

나. 비지배지분이 연결실체에 중요한 종속기업의 내부거래 제거 전 요약 재무정보는 다음과 같습니다. [K-1112, 12(7)]

구분	A사	B사	C사
〈요약 재무상태표〉			
유동자산	×××	×××	×××
비유동자산	×××	×××	×××
유동부채	×××	×××	×××
비유동부채	×××	×××	×××
〈요약 포괄손익계산서〉			
수익	×××	×××	×××
당기손익	(100)	1,000	×××
총포괄손익	×××	×××	×××
〈요약 현금흐름〉			
영업활동현금흐름	×××	×××	×××
투자활동현금흐름	×××	×××	×××
재무활동현금흐름	×××	×××	×××
현금및현금성자산의증감	×××	×××	×××

설명

• 상기 예시는 금융감독원 주석공시 모범사례에 근거한다.

- 종속기업 중 비지배지분의 중요한 종속기업에 대해서는 해당 종속기업의 주요 재무정보와 비지배지분의 몫 등에 대한 주석공시를 요구한다.
- 일반적으로 종속기업의 명칭, 사업장, 주요 재무정보 등은 모든 종속기업에 대해 공시하는 경우도 있으므로, 해당 주석에서 일부 요구사항이 충족되기도 한다.
- 다만, 누적비지배지분, 비지배지분에 지급한 배당금 등의 주석정보 공시를 누락하면 안 되는 점을 유의해야 한다.

☞ 공시사례 10.3 비지배지분의 몫

(3) 유의적인 제약의 성격과 범위

주석사항

기업은 다음을 공시한다(K-1112. 13).

(1) 연결실체의 자산에 접근하거나 자산을 사용할 수 있는 능력과 부채를 상환할 수 있는 능력에 대한 다음과 같은 유의적인 제약(예 : 법, 계약 및 규제상 제약)

(가) 연결실체 내의 다른 기업들에게(또는 다른 기업들로부터) 현금이나 그 밖의 자산을 이전하는 지배기업이나 종속기업의 능력을 제약

(나) 연결실체 내의 다른 기업들에게(또는 다른 기업들로부터) 배당과 그 밖의 자본 배분의 지급이나, 차입금의 차입 또는 상환 및 선수금의 수령 또는 반환을 제약할 수도 있는 보증이나 그 밖의 요구사항

(2) 연결실체의 자산에 접근하거나 자산을 사용할 수 있는 능력과 부채를 상환할 수 있는 능력을 유의적으로 제약할 수 있는 비지배지분의 방어권의 성격과 범위(예 : 지배기업이 자신의 부채를 상환하기 전에 종속기업의 부채를 상환해야 하는 의무가 있는 경우, 또는 종속기업의 자산에 접근하거나 부채를 상환하기 위해서는 비지배지분의 승인이 요구되는 경우)

(3) 그러한 제약이 적용되는 자산과 부채의 연결재무제표상 장부금액

예시

(3) 종속기업에 대해 다음과 같은 유의적인 제약이 있습니다. (K-1112. 13)

가. 연결실체의 자산에 접근하거나 자산을 사용할 수 있는 능력과 부채를 상환할 수 있는 능력에 대한 유의적인 제약[K-1112. 13(1)·(3)]

구분	유의적 제약 내용	유의적인 제약이 적용되는 자산·부채의 장부가액	
		자산	부채
A사	A사는 ××국가에 위치한 종속기업으로 보유한 현금 및 단기금융상품 등은 해당국가의 외환규제를 받습니다. 따라서	×××	×××

구분	유의적 제약 내용	유의적인 제약이 적용되는 자산 · 부채의 장부가액	
		자산	부채
A사	해당 국가의 현금 및 단기금융상품의 외부 반출에 대한 제약이 존재합니다.		
…	…		

나. 연결실체의 자산에 접근하거나 자산을 사용할 수 있는 능력과 부채를 상환할 수 있는 능력을 유의적으로 제약할 수 있는 비지배지분의 방어권의 성격과 범위[K-1112. 13(2) · (3)]

구분	유의적 제약 내용	유의적인 제약이 적용되는 자산 · 부채의 장부가액	
		자산	부채
A사	다음 사항에 대해서는 비지배주주가 임명한 이사의 동의가 필요 – 사업계획에 포함되지 아니한 ××억 초과 자산의 취득 및 처분 – 사업계획에 포함되지 아니한 ××억 초과 차입 및 사채의 발행 – 사업계획에 포함되지 아니한 ××억 초과 지출	×××	×××
B사	배당 결정 시 비지배주주를 포함한 모든 주주의 승인 필요	×××	×××
…	…		

설명

- 상기 예시는 금융감독원 주석공시 모범사례에 근거한다.
- 종속기업, 특히 해외종속기업의 경우 각 소재국가의 정치적, 법률적 이슈로 인해 여러 가지 제약이 존재할 수 있다[K-1112. 13(1)].
- 또한, 비지배지분 주주에 의해 연결실체에 포함된 종속기업의 자산, 부채가 유의적인 제약을 받을 수도 있으며, 이러한 내용도 제약사항으로 주석공시가 요구된다[K-1112. 13(2)].
- 주석에는 이러한 종속기업 또는 비지배지분에 의한 제약이 영향을 미치는 자산, 부채의 장부금액에 대한 주석공시를 요구한다.

☞ 공시사례 10.4 유의적인 제약(종속기업)

(4) 연결구조화기업에 대한 지분과 관련된 위험의 성격

주석사항

- 보고기업을 손실에 노출시킬 수 있는 사건이나 상황을 포함하여, 지배기업이나 종속기업으로 하여금 연결구조화기업에게 재무지원을 제공하도록 요구할 수 있는 모든 계약상 약정의 조건을 공시한다(예 : 구조화기업의 자산을 구입하거나 재무지원을 제공할 의무와 관련된

유동성 약정 또는 신용등급조정 요인)(K-1112. 14).

- 보고기간 동안에 지배기업이나 종속기업이 지원을 제공하는 계약상 의무 없이 연결구조화기업에게 재무지원이나 그 밖의 지원(예 : 자산을 구입하거나 구조화기업이 발행한 상품을 구입)을 제공하고 있는 경우, 다음을 공시한다(K-1112. 15).
  (1) 제공되는 지원의 유형과 금액. 구조화기업이 재무지원을 받도록 지배기업이나 종속기업이 도와주는 상황을 포함한다.
  (2) 지원을 제공하는 이유
- 보고기간 동안에 지배기업이나 종속기업이 지원을 제공하는 계약상 의무 없이 재무지원이나 그 밖의 지원을 이전에 비연결구조화기업에게 제공하고 그 지원의 결과 구조화기업을 지배하게 되는 경우, 그 결정과 관련된 요인들에 대한 설명을 공시한다(K-1112. 16).
- 재무지원을 받도록 구조화기업을 돕고자 하는 의도를 포함하여, 연결구조화기업에 대한 재무지원이나 그 밖의 지원을 제공하는 현재의 모든 의도를 공시한다(K-1112. 17).

예시

(4) 연결구조화기업에게 재무지원을 제공하는 계약상 약정의 성격 및 의도는 다음과 같습니다.
(K-1112. 14 · 17)

기업명	재무지원을 제공하는 계약상 약정	지원을 제공하는 의도
A사	지배회사(또는 종속회사 甲)는 A사가 발행한 ABCP에 대해 ××백만원의 매입약정을 제공하고 있습니다. 이 매입약정은 구조화기업이 발행한 ABCP를 인수하는 투자자가 부족한 경우 지배회사(또는 종속회사 D)가 그 부족분을 인수할 것을 요구하고 있습니다.	
B사	지배회사(또는 종속회사 乙)는 B사와 출자약정을 체결하였습니다. 동 출자약정 중 현재 미집행된 금액은 ××백만원입니다. 이 출자약정에 따르면, 자산운용사의 요청 또는 출자 당사자들의 동의가 있는 경우 기존 출자자에게 출자금액의 증액을 요청할 수 있도록 되어 있습니다.	
C사	지배회사(또는 종속회사 丙)는 신탁상품 중에서 일부 상품에 원리금보전 약정과 원금보전 약정을 제공하고 있습니다. 이 원리금 보전 약정은 신탁상품의 운용결과 상품가입장의 약정된 원리금 또는 원금이 부족한 경우 그 부족분을 지배회사(또는 종속회사 丙)가 보존해 줄 것을 요구하고 있습니다.	
…	…	

설명

- 상기 예시는 금융감독원 주석공시 모범사례에 근거한다.
- 구조화기업은 기업을 누가 지배하는지를 결정할 때, 의결권이나 그와 유사한 권리는 주된 요소가 되지 않도록 설계(예 : 의결권이 관리 업무에만 관계되어 있고 관련활동은 계약상 약정에 따라 지시되는 경우)된 기업이다(K-1112. B21).

• 구조화기업으로 간주되는 기업의 예는 다음을 포함하며, 이에 한정되는 것은 아니다 (K-1112, B23).

(1) 증권화 기구

(2) 자산유동화 자금조달

(3) 일부 투자펀드

• 지배기업 또는 종속기업에 대해 SPC와 같은 연결구조화기업에 대한 재무지원 약정이 있을 수 있으며, 이에 대한 내용을 각 연결구조화기업별로 주석공시가 요구된다.

☞ 공시사례 10.10 연결구조화기업

(5) 지배력 상실 없이 종속기업에 대한 지배기업의 소유지분이 변동한 결과

주석사항

지배력 상실 없이 종속기업에 대한 지배기업의 소유지분이 변동하여 지배기업의 소유주에 귀속되는 자본에 미치는 영향을 나타내는 명세를 표시한다(K-1112, 18).

예시

1. 종속기업에 대한 지분

(1) 20××년 ×월 ×일 현재 연결대상 종속기업 현황은 다음과 같습니다. [K-1112, 10(1)(가)]

기업명	소유지분율		소재지	사용재무제표일	업종
	당기말	전기말			
B사	45%(*2)	55%	한국	12월 31일	컴퓨터부품 제조
…	…	…	…	…	…

(*2) B사에 대해서는 당기 중 제3자 유상증자로 인하여 소유지분율이 45%로 감소하였으며, 실질지배력을 계속 보유하고 있어 종속기업으로 분류하고 있습니다. 지배력 상실 없는 지분율 변동으로 인하여 자본에 미치는 영향은 당기말 현재 ×××백만원입니다.

설명

• 종속기업으로 분류되는 지배력 여부는 지분율만을 기준으로 판단하지 않으므로, 회사가 보유한 종속기업에 대한 지분이 하락하더라도 지배력을 상실하지 않고 계속 종속기업에 해당될 수 있다.

• 이러한 경우 소유지분율의 하락이 지배력 상실 없는 경우, 해당 지분변동 내역을 주석공시 요구한다.

• 지배기업이 종속기업에 대한 지배력을 상실하지 않는다면, 자본거래로 회계처리한다 (K-1110, 23).

☞ 공시사례 10.5 지배력 상실 없는 종속기업 소유지분 변동

(6) 보고기간 동안의 종속기업에 대한 지배력 상실의 결과

주석사항

기업회계기준서 제1110호 문단 25에 따라 계산된 손익이 있다면 이를 다음과 함께 공시한다(K-1112, 19).

(1) 종전의 종속기업에 대하여 보유하고 있던 투자를 지배력을 상실한 날의 공정가치로 측정함에 따른 손익 부분

(2) 손익이 인식된 당기손익 항목(별도로 표시되지 않은 경우)

예시

1. 연결에서 제외된 회사

회사명	사유
A	당기 중 투자주식 처분하였습니다.
B	당기 중 제3자 유상증자로 인한 지분율 하락에 따라 관계기업으로 분류되었습니다.
…	…

※ 연결에서 제외된 회사와 관련해서, 지배력 상실에 따라 손익이 발생한 경우 ① 처분손익, ② 손익 인식 계정과목, ③ 종전 종속기업에 대한 투자를 공정가치로 측정함에 따른 손익 부분을 추가로 기재(K-1112, 19)

설명

- 상기 예시는 금융감독원 주석공시 모범사례에 근거한다.
- 일반적으로 종속기업에 대한 소유지분을 과반수 미만으로 처분하는 경우 지배력을 상실하게 된다. 지배력을 상실하면 관계기업 등으로 재분류하고 재분류시점의 공정가치로 측정하고 그 차이를 당기손익(종속기업투자주식처분손익)으로 회계처리한다.
- 지배력 상실로 인한 손익항목과 손익금액을 주석공시 요구한다.
- 종속기업에 대한 지배력을 상실한 소유지분의 변동은, 종전 종속기업에 대한 잔존 투자는 지배력을 상실한 때의 공정가치로 인식하고 차이는 손익거래로 회계처리한다(K-1110, 25).

☞ 공시사례 10.6 지배력 상실

종속기업에 대한 지분 관련 종합적인 주석공시사항 사례는 다음과 같다.

☞ 공시사례 10.1 종속기업 등(별도재무제표)
☞ 공시사례 10.2 종속기업 등(연결재무제표)

5. 공동약정과 관계기업에 대한 지분

20 기업은 재무제표이용자들이 다음을 평가할 수 있도록 하는 정보를 공시한다.

(1) 공동약정과 관계기업에 대한 지분의 성격, 범위 및 재무영향. 공동약정과 관계기업

20 에 대하여 공동지배력이나 유의적인 영향력을 보유하는 다른 투자자들과의 계약상 관계에 대한 성격 및 영향(문단 21 및 22); 그리고

(2) 공동기업과 관계기업의 지분과 관련된 위험의 성격과 변동(문단 23)

공동약정과 관계기업에 대한 지분의 성격, 범위 및 재무영향

21 기업은 다음을 공시한다.

(1) 보고기업에 중요한 각 공동약정과 관계기업에 대한 다음 사항

(가) 공동약정이나 관계기업의 명칭

(나) 공동약정이나 관계기업과의 관계의 성격(예 : 공동약정이나 관계기업 활동의 성격에 대한 서술과 그 활동들이 기업의 활동에 전략적인지에 대한 서술)

(다) 공동약정이나 관계기업의 주된 사업장(그리고 이와 다른 경우 설립지의 국가명)

(라) 기업이 보유한 소유지분율이나 참여지분율. 그리고 이와 다른 경우 보유한 의결권 지분율(적용되는 경우에 한함)

(2) 보고기업에 중요한 각 공동기업과 관계기업에 대한 다음 사항

(가) 공동기업이나 관계기업 투자에 대해 지분법을 사용하여 측정하였는지 또는 공정가치로 측정하였는지 여부

(나) 문단 B12와 B13에 명시된 공동기업이나 관계기업의 요약재무정보

(다) 공동기업이나 관계기업에 지분법을 사용하여 회계처리한 경우, 공표된 시장가격이 있다면 공동기업이나 관계기업 투자의 공정가치

(3) 개별적으로 중요하지 않은 공동기업과 관계기업 투자에 대하여 문단 B16에 명시된 다음의 재무정보

(가) 개별적으로 중요하지 않은 모든 공동기업에 대한 총액. 이와 별도로,

(나) 개별적으로 중요하지 않은 모든 관계기업에 대한 총액

21A 투자기업은 문단 21(2)~(3)에 따라 요구되는 공시사항을 제공하지 않아도 된다.

22 기업은 다음도 공시한다.

(1) 현금 배당의 형식으로 기업에게 자금을 이전하거나, 기업에 대한 차입금이나 선수금을 상환하거나 반환하는 공동기업이나 관계기업의 능력에 유의적인 제약(예 : 공동기업이나 관계기업에 대하여 공동지배력이나 유의적인 영향력을 보유하는 투자자들 간의 차입 약정, 규제 요구사항 또는 계약상 약정)이 있는 경우 그 제약의 성격과 범위

22	(2) 지분법을 적용할 때 보고기간종료일이나 보고기간이 기업의 그것과 다른 공동기업이나 관계기업의 재무제표를 사용한 경우 다음을 공시한다. (가) 공동기업이나 관계기업 재무제표의 보고기간종료일 (나) 다른 보고기간종료일이나 보고기간을 사용한 이유 (3) 지분법을 적용할 때 공동기업이나 관계기업의 손실에 대한 기업의 지분에 대해 인식을 중지한 경우, 공동기업이나 관계기업의 손실 중 인식하지 못한 지분의 당기분과 누계액

공동기업과 관계기업에 대한 지분과 관련된 위험

23	기업은 다음을 공시한다. (1) 문단 B18 ~ B20에 명시된 것처럼, 다른 약정금액과 구분하여 공동기업과 관련된 약정금액 (2) 기업회계기준서 제1037호 '충당부채, 우발부채 및 우발자산'에 따라, 손실의 발생가능성이 희박하지 않다면, 공동기업이나 관계기업에 대한 지분과 관련하여 발생한 우발부채(공동기업이나 관계기업에 대하여 공동지배력이나 유의적인 영향력을 보유하는 다른 투자자들과 공동으로 발생한 우발부채의 지분을 포함)를 다른 우발부채 금액과 구분하여 공시한다.

관계기업과 공동약정에 대한 지분 관련 주석공시사항과 그 예시는 다음과 같이 구분된다.

구분	기준서 (K-1112)
(1) 관계기업과 공동약정에 대한 현황	21(1)
(2) 관계기업과 공동기업의 지분법 평가 정보	21(2)
(3) 미인식 지분법손실 정보	22(1) ~ (3)
(4) 유의적인 제약의 성격과 범위	22(1)
(5) 중요하지 않은 공동기업과 관계기업 투자 정보	21(3)
(6) 공동기업과 관계기업에 대한 지분과 관련된 위험	23

(1) 관계기업과 공동약정에 대한 현황

주석사항

보고기업에 중요한 각 공동약정과 관계기업에 대한 다음 사항[K-1112, 21(1)]

(가) 공동약정이나 관계기업의 명칭

(나) 공동약정이나 관계기업과의 관계의 성격(예 : 공동약정이나 관계기업 활동의 성격에

대한 서술과 그 활동들이 기업의 활동에 전략적인지에 대한 서술)

(다) 공동약정이나 관계기업의 주된 사업장(그리고 이와 다른 경우 설립지의 국가명)

(라) 기업이 보유한 소유지분율이나 참여지분율, 그리고 이와 다른 경우 보유한 의결권 지분율(적용되는 경우에 한함)

기업은 다음도 공시한다[K-1112, 22(2)].

(2) 지분법을 적용할 때 보고기간종료일이나 보고기간이 기업의 그것과 다른 공동기업이나 관계기업의 재무제표를 사용한 경우 다음을 공시한다.

(가) 공동기업이나 관계기업 재무제표의 보고기간종료일

(나) 다른 보고기간종료일이나 보고기간을 사용한 이유

예시

2. 관계기업과 공동약정에 대한 지분

(1) 20××년 ×월 ×일 현재 중요한 관계기업과 공동약정의 현황은 다음과 같습니다. (K-1112, 21)

가. 관계기업

기업명 [21(1)(가)]	소유지분율 [21(1)(라)]		주된사업장 [21(1)(다)]	사용재무제표일	관계기업 활동의 성격 [21(1)(나)]
	당기말	전기말			
A사	19%(*1)	19%	한국	12월 31일	
B사	25%(*2)	25%	미국	9월 30일(*3)	
C사	30%(*4)	28%	한국	12월 31일	
…	…	…	…	…	…

(*1) A사에 대한 지분율은 20% 미만이나 대표이사 등 임원 겸직을 통하여 피투자회사에 대한 유의적인 영향력을 보유하는 것으로 판단됩니다. [K-1112, 9(5)]

(*2) B사의 소유지분율은 25%이나 B사가 보유한 자기주식으로 인해 의결권 지분율은 30%입니다. [K-1112, 21(1)(라)]

(*3) 해외 관계기업 B사는 12월 결산 재무제표를 입수할 수 없어 9월 결산 재무제표를 사용하여 지분법을 적용하였으며, 10～12월 중 발생한 유의적인 거래나 사건의 영향을 검토 후 반영하였습니다. [K-1112, 22(2)]

(*4) C사의 소유지분율 30% 중 3%는 종속회사인 ××벤처캐피탈이 보유하고 있는 지분으로 지분법 적용이 면제되어 공정가치로 평가하였습니다. [K-1112, 21(1)(가)]

나. 공동약정

기업명(*1) [21(1)(가)]	소유지분율 [21(1)(라)]		주된사업장 [21(1)(다)]	사용재무제표일	공동약정 활동의 성격 [21(1)(나)]
	당기말	전기말			
A사	50%	50%	한국	12월 31일	
B사	45%(*2)	45%	중국	9월 30일(*3)	
…	…	…	…	…	…

(*1) 연결실체가 공동지배력을 보유하고 있는 모든 공동약정들은 별도의 회사를 통하여 구조화되었으며, 공동약정에 대하여 공동지배력을 보유하는 당사자들이 약정의 순자산에 대한 권리를 보유하고 있다고 판단하여 공동기업으로 분류하고 있습니다. [K-1112. 7(3)]

(*2) B사의 소유지분율은 45%이나 B사가 보유한 자기주식으로 인해 의결권 지분율은 50%입니다. [K-1112. 21(1)(라)]

(*3) B사는 해외에 소재한 공동기업으로 12월 결산 재무제표를 입수할 수 없어 9월 결산 재무제표를 사용하여 지분법을 적용하였으며, 10 ~ 12월 중 발생한 유의적인 거래나 사건의 영향을 검토 후 반영하였습니다. [K-1112. 22(2)]

설명

- 상기 예시는 금융감독원 주석공시 모범사례에 근거한다.
- 관계기업이나 공동기업에 대해서는 연결재무제표에서 지분법 평가를 수행한다(별도재무제표에서도 지분법 평가 선택 가능).
- 관계기업이나 공동기업에 대한 투자는 종속기업과도 비슷하므로 기본적으로 투자한 관계기업이나 공동기업의 현황(명칭, 소재지, 지분율, 보고기간종료일 등)을 주석공시한다.
- 예시의 B사와 같이 관계기업 또는 공동기업 재무제표의 보고기간종료일이 지배기업과 다른 경우 그 사용 이유를 주석공시한다[K-1112. 22(2)].

(2) 관계기업과 공동기업의 지분법 평가 정보

주석사항

보고기업에 중요한 각 공동기업과 관계기업에 대한 다음 사항[K-1112. 21(2)]

(가) 공동기업이나 관계기업 투자에 대해 지분법을 사용하여 측정하였는지 또는 공정가치로 측정하였는지 여부

(나) 문단 B12와 B13에 명시된 공동기업이나 관계기업의 요약재무정보

- 공동기업이나 관계기업으로부터 수령한 배당금[K-1112. B12(1)]
- 공동기업이나 관계기업의 요약재무정보(유동자산, 비유동자산, 유동부채, 비유동부채, 수익, 계속영업손익, 세후중단영업손익, 기타포괄손익 및 총포괄손익을 포함)[K-1112. B12(2)]
- 공동기업이나 관계기업의 추가 정보[현금 및 현금성자산, 유동 금융부채(매입채무, 기타채무 및 충당부채 제외), 비유동 금융부채(매입채무, 기타채무 및 충당부채 제외), 감가상각비와 상각비, 이자수익, 이자비용, 법인세비용이나 법인세이익](K-1112. B13)

(다) 공동기업이나 관계기업에 지분법을 사용하여 회계처리한 경우, 공표된 시장가격이 있다면 공동기업이나 관계기업 투자의 공정가치

| 추가 | 순자산 장부금액 차이조정 내역

문단 B12와 B13에 따라 표시된 요약재무정보는 공동기업이나 관계기업의 한국채택국제회계기준 재무제표 금액이다(그러한 금액에 대한 기업의 몫이 아님). 기업이 지분법을 사용하여 공동기업이나 관계기업에 대한 지분을 회계처리하는 경우, 다음을 수행한다(K-1112, B14).

(1) 공동기업이나 관계기업의 한국채택국제회계기준 재무제표 금액은 지분법을 사용할 때 수행된 조정(예 : 취득일에 이루어진 공정가치 조정, 회계정책의 차이 조정)사항을 반영하여 조정한다.

(2) 기업은 표시된 요약재무정보 금액을 공동기업이나 관계기업에 대한 지분의 장부금액으로 조정하는 내역을 제공한다.

예시

(1) 20××년 ×월 ×일 현재 중요한 관계기업과 공동기업의 재무정보 등은 다음과 같습니다.

가. 관계기업 [K-1112, 21(2)(나), B12]

기업명	관계기업의 요약재무정보									관계기업에서 수령한 배당금
	유동자산	비유동자산	유동부채	비유동부채	수익	계속영업손익	세후중단영업손익	기타포괄손익	총포괄손익	
A										
B										
…										

나. 공동기업

– 요약재무정보 등 [K-1112, 21(2)(나), B12]

기업명	공동기업의 요약재무정보									공동기업에서 수령한 배당금
	유동자산	비유동자산	유동부채	비유동부채	수익	계속영업손익	세후중단영업손익	기타포괄손익	총포괄손익	
A										
B										
…										

– 추가 재무정보 [K-1112, 21(2)(나), B13]

기업명	현금 및 현금성자산	유동 금융부채	비유동 금융부채	감가상각비	기타 상각비	이자수익	이자비용	법인세 비용(이익)
A								
B								
…								

(2) 당기 중 중요한 관계기업 및 공동기업에 대한 지분법 평가내역은 다음과 같습니다.

가. 관계기업

기업명	기초	취득(처분)	지분법평가내역			기말
			지분법손익	지분법 자본변동	…	
A						
…						
합계						

나. 공동기업

기업명	기초	취득(처분)	지분법평가내역			기말
			지분법손익	지분법 자본변동	…	
A						
…						
합계						

(3) 20××년 ×월 ×일 현재 중요한 관계기업 및 공동기업의 재무정보금액을 관계기업 및 공동기업에 대한 지분의 장부금액으로 조정한 내역은 다음과 같습니다. [K-1112, B14(2)]

가. 관계기업

기업명	당기말 순자산(a)	연결실체 지분율(b)	순자산지분금액 (a × b)	영업권	내부거래	…	장부금액
A							
…							

나. 공동기업

기업명	당기말 순자산(a)	연결실체 지분율(b)	순자산지분금액 (a × b)	영업권	내부거래	…	장부금액
A							
…							

(4) 20××년 ×월 ×일 현재 보유한 시장성 있는 관계기업 · 공동기업 투자주식의 시장가격 정보는 다음과 같습니다. [K-1112, 21(2)(다)]

구분	기업명	시장가치	장부가액
관계기업	A		
	…		
공동기업	B		
	…		

설명

- 상기 예시는 금융감독원 주석공시 모범사례에 근거한다.
- 관계기업이나 공동기업투자는 지분법 평가를 수행하며, 관련 아래의 주석내용이 공시 요구된다.
  (1) 관계기업이나 공동기업의 요약재무정보(배당금 포함)[K-1112, B12(1)]
  (2) 지분법 평가내역
  (3) 순자산 장부금액으로의 조정내역[K-1112, B14(2)]
  (4) 상장된 관계기업이나 공동기업의 시장가격 정보[K-1112, 21(2)(다)]

*지분법 평가내역과 순자산 장부금액으로의 조정내역의 관계는 아래 별도 참고 참조

중요한 종속기업에 대한 재무정보와 관계기업과 공동기업에 대한 재무정보는 아래와 같은 주석공시 요구사항의 차이가 존재한다.

구분	종속기업 (K-1112, B10)	관계기업, 공동기업 [K-1112, B12~B13)]
1. 배당금	• 비지배지분에 지급한 배당금 [K-1112, B10(1)]	• 공동기업이나 관계기업으로부터 수령한 배당금[K-1112, B12(1)]
2. 요약재무정보	• 종속기업의 자산, 부채, 당기손익 및 현금흐름에 대한 요약재무정보[K-1112, B10(2)] – 유동자산 – 비유동자산 – 유동부채 – 비유동부채 – 수익 – 당기순손익 – 총포괄손익	• 공동기업이나 관계기업의 요약재무정보 [K-1112, B12(2)] – 유동자산 – 비유동자산 – 유동부채 – 비유동부채 – 수익 – 계속영업손익 – 세후중단영업손익 – 기타포괄손익 – 총포괄손익
3. 추가정보	• 해당 없음.	• 공동기업이나 관계기업의 추가정보 (K-1112, B13) – 현금 및 현금성자산 – 유동 금융부채(매입채무, 기타채무 및 충당부채 제외) – 비유동 금융부채(매입채무, 기타채무 및 충당부채 제외) – 감가상각비와 상각비 – 이자수익 – 이자비용 – 법인세비용(법인세이익)

| 참고 | 지분법 평가내역과 순자산 장부금액으로의 조정내역

예시

회사는 20×1년 초 B사 주식의 20%를 120원에 취득하였으며, 영업권이 발생하였다.
영업권 : 취득대가(120원) - 순자산 공정가치(장부금액)의 지분가액(500원×20%) = 20원

• 20×1년 초(취득시점)

재무상태표			B사
자산	1,000	부채	500
		자본금	200
		이익잉여금	300

• 20×1년 말

재무상태표			B사
자산	1,500	부채	500
		자본금	200
		이익잉여금	800

B사는 20×1년 당기순이익 500원이 발생하였으며, 이로 인해 20×1년 말 순자산 장부금액이 1,000원으로 증가하였다.

주석공시 - 지분법 평가

(2) 당기 중 중요한 관계기업에 대한 지분법 평가내역은 다음과 같습니다.

기업명	기초	취득 (처분)	지분법평가내역			기말
			지분법손익	지분법 자본변동	…	
B사	120	-	100	-	-	220

(3) 20×1년 말 현재 중요한 관계기업의 재무정보금액을 관계기업에 대한 지분의 장부금액으로 조정한 내역은 다음과 같습니다. [K-1112. B14(2)]

기업명	당기말 순자산(a)	연결실체 지분율(b)	순자산지분금액 (a×b)	영업권	내부거래	…	장부금액
B사	1,000	20%	200	20	-	-	220

☞ 공시사례 10.7 지분법 평가

(3) 미인식 지분법손실 정보

주석사항

기업은 다음도 공시한다[K-1112. 22(3)].

(3) 지분법을 적용할 때 공동기업이나 관계기업의 손실에 대한 기업의 지분에 대해 인식을 중지한 경우, 공동기업이나 관계기업의 손실 중 인식하지 못한 지분의 당기분과 누계액

예시

(7) 지분법 적용의 중지로 인하여 인식하지 못한 당기 및 누적 미반영 지분법 손실 금액은 다음과 같습니다. [K-1112. 22(3)]

회사명	미반영 당기 지분법 손실	미반영 누적 지분법 손실
A		
…		

설명

- 상기 예시는 금융감독원 주석공시 모범사례에 근거한다.
- 관계기업이나 공동기업에 대한 지분법 평가를 적용하다가, 피투자기업의 순자산 장부금액이 0이 되면, 관계기업 또는 공동기업투자주식은 0 이하로 감소할 수 없으며(미인식), 이 금액의 내용을 주석에 공시한다.

| 참고 기준서 | K-IFRS 제1028호(관계기업과 공동기업에 대한 투자)

관계기업이나 공동기업의 손실 중 기업의 지분이 관계기업이나 공동기업에 대한 투자지분과 같거나 초과하는 경우, 기업은 관계기업 투자지분 이상의 손실에 대하여 인식을 중지한다(K-1028. 35).

☞ 공시사례 10.8 미인식 지분법손실

(4) 유의적인 제약의 성격과 범위

주석사항

기업은 다음도 공시한다[K-1112. 22(1)].

(1) 현금 배당의 형식으로 기업에게 자금을 이전하거나, 기업에 대한 차입금이나 선수금을 상환하거나 반환하는 공동기업이나 관계기업의 능력에 유의적인 제약(예 : 공동기업이나 관계기업에 대하여 공동지배력이나 유의적인 영향력을 보유하는 투자자들 간의 차입 약정, 규제 요구사항 또는 계약상 약정)이 있는 경우 그 제약의 성격과 범위

예시

(3) 관계기업에 대해 다음과 같은 유의적인 제약이 있습니다.

가. 관계기업의 차입금이나 선수금을 상환하거나 반환하는 공동기업이나 관계기업의 능력에 유의적인 제약 [K-1112. 22(1)]

구분	유의적 제약 내용
A사	관계기업인 A사와 금융기관이 체결한 대출약정서상의 조건이 충족되거나 금융기관의 사전 서면동의를 받은 경우에만 출자자들에 대한 배당이 가능합니다. 또한 금융기관의 사전 서면동의 없이는 보유하고 있는 주식의 전부 또는 일부를 양도할 수 없습니다.
…	…

설명

- 종속기업에 대한 유의적인 제약과 유사하게, 관계기업이나 공동기업도 유의적인 제약이 존재할 수 있다.
- 관계기업이나 공동기업의 자금 상환 등에 대한 유의적인 제약이나, 투자자들 간의 요구사항이 존재하는 경우 그 제약의 성격과 범위에 대한 주석공시가 요구된다.

☞ 공시사례 10.9 유의적인 제약(관계기업)

(5) 중요하지 않은 공동기업과 관계기업 투자 재무정보

주석사항

기업은 다음을 공시한다[K-1112. 21(3)].

(3) 개별적으로 중요하지 않은 공동기업과 관계기업 투자에 대하여 문단 B16에 명시된 다음의 재무정보

(가) 개별적으로 중요하지 않은 모든 공동기업에 대한 총액. 이와 별도로,

(나) 개별적으로 중요하지 않은 모든 관계기업에 대한 총액

예시

(3) 개별적으로 중요하지 않은 관계기업 및 공동기업의 손익 중 연결회사의 지분 해당액은 다음과 같습니다. [K-1112. 21(3)]

구분	당기		전기	
	관계기업	공동기업	관계기업	공동기업
당기순손익	100	100	100	100
기타포괄손익	20	20	20	20
총포괄손익	120	120	120	120

설명

- 개별적으로 중요하지 않은 관계기업과 공동기업은 간략하게 주석공시하도록 요구한다.
- 개별적으로 중요하지 않은 관계기업과 공동기업의 주석공시사항은 적용지침에서 별도로 규정하고 있다(K-1112. B16).

(1) 계속영업손익

(2) 세후중단영업손익

(3) 기타포괄손익

(4) 총포괄손익

• 상기 예시는 적용지침 B16에 따라 관계기업과 공동기업의 당기순이익, 기타포괄손익, 총포괄손익의 총액을 한 줄로 공시하고 있다.

(6) 공동기업과 관계기업에 대한 지분과 관련된 위험

주석사항

기업은 다음을 공시한다(K-1112, 23).

(1) 문단 B18 ~ B20에 명시된 것처럼, 다른 약정금액과 구분하여 공동기업과 관련된 약정금액

(2) 기업회계기준서 제1037호 '충당부채, 우발부채 및 우발자산'에 따라, 손실의 발생가능성이 희박하지 않다면, 공동기업이나 관계기업에 대한 지분과 관련하여 발생한 우발부채(공동기업이나 관계기업에 대하여 공동지배력이나 유의적인 영향력을 보유하는 다른 투자자들과 공동으로 발생한 우발부채의 지분을 포함)를 다른 우발부채 금액과 구분하여 공시한다.

예시

(3) 공동기업에 대해 다음과 같은 약정사항이 있습니다.

구분	약정사항 등
A사	공동기업인 A사의 차입금과 관련하여 채무원금 100원 중 50원에 대한 자금보충 의무를 부담하고 있습니다.
B사	관계기업인 B사의 시설대 차입금 100원에 대하여 지분율(45%)에 해당하는 자금보충약정을 체결하였습니다.
…	…

설명

• 관계기업이나 공동기업의 경우, 보고기업이 절대적인 지배력을 보유하고 있지 못하기 때문에, 타 주주와의 약정 등에 의해 다양한 위험요인이 발생할 수 있으며, 그 내역을 다음과 같이 구분하여 주석공시하도록 요구한다.

(1) 공동기업 : 약정사항 공시[K-1112, 23(1)]

(2) 공동기업과 관계기업 : 우발상황에 대한 공시[K-1112, 23(2)]

• 공동기업은 상기 '(1) 약정사항'과 '(2) 우발상황' 모두 공시대상이며, 관계기업은 '(2) 우발상황'만 공시사항이다.

• 공동기업에 대한 약정사항은 다음과 같이 적용지침에서 예시하고 있다(K-1112, B19).

(1) 다음의 결과로서 자금이나 자원을 제공할 미인식 약정

(가) 공동기업의 설립합의나 인수합의(예 : 기업에게 특정 기간 동안 자금을 제공하도록 요구)

(나) 공동기업에 의해 착수되는 자본 집약적인 프로젝트

(다) 기업이 공동기업으로부터 또는 공동기업을 대신하여 구매를 약정한 장비, 재고자산 또는 용역을 조달하기로 하는 무조건적인 구매 의무

(라) 공동기업에게 대여금이나 그 밖의 재무지원을 제공하기로 하는 미인식 약정

(마) 공동기업에게 자산이나 용역 등의 자원을 제공하기로 하는 미인식 약정

(바) 공동기업과 관련한 그 밖의 취소 불가능한 미인식 약정

(2) 특정 사건이 미래에 발생하거나 발생하지 않을 경우, 공동기업에 대한 다른 당사자의 소유 지분(혹은 소유 지분의 일부분)을 취득하기로 하는 미인식 약정

6. 비연결구조화기업에 대한 지분

24 기업은 재무제표이용자들이 다음을 가능하게 하는 정보를 공시한다.

(1) 비연결구조화기업에 대한 기업의 지분의 성격과 범위를 이해하고(문단 26 ~ 28);

(2) 비연결구조화기업에 대한 기업의 지분과 관련된 위험의 성격과 변동에 대해 평가한다(문단 29 ~ 31).

25 문단 24(2)에서 요구하는 정보는, 보고기간종료일 현재 기업이 더 이상 비연결구조화기업에 대해 계약상 관여가 없더라도, 이전기간에 있었던 비연결구조화기업에 대한 관여(예 : 구조화기업 후원)로 인해 발생하는 위험에 대한 기업의 노출 정보를 포함한다.

25A 투자기업은 지배하는 비연결구조화기업에 대해 문단 19A ~ 19G에서 요구하는 공시사항을 표시하는 경우 문단 24에 따라 공시사항을 제공하지 않아도 된다.

지분의 성격

26 비연결구조화기업에 대한 지분에 대하여 절적 정보와 양적 정보를 공시한다. 그 구조화기업의 성격, 목적, 규모 및 활동과 그 구조화기업의 자금 조달 방법을 포함하며, 이에 한정되는 것은 아니다.

27 기업이 문단 29에서 요구하는 정보를 제공하지 않는(예 : 보고기간종료일에 그 기업에 대한 지분을 보유하고 있지 않기 때문에) 비연결구조화기업을 후원하고 있다면, 다음을 공시한다.

(1) 기업이 어떤 구조화기업을 후원하고 있는지를 결정한 방법
(2) 보고기간 동안에 그러한 구조화기업에서 발생한 수익. 표시된 수익의 유형에 대한 설명을 포함한다.
(3) 보고기간 동안에 그러한 구조화기업으로 이전한 모든 자산의 (이전 시점의) 장부금액

28 보다 적절한 다른 형식이 없다면, 문단 27(2)와 (3)에 대한 정보를 표 형식으로 표시하고 후원 활동을 관련 범주로 분류한다(문단 B2 ~ B6 참조).

위험의 성격

29 보다 적절한 다른 형식이 없다면, 기업은 다음에 대한 요약정보를 표 형식으로 공시한다.

(1) 비연결구조화기업에 대한 지분에 관하여 기업의 재무제표에 인식된 자산과 부채의 장부금액
(2) 그러한 자산과 부채가 인식된 재무상태표상의 항목
(3) 비연결구조화기업에 대한 지분에서 발생하는 손실에 대한 기업의 최대 노출을 가장 잘 나타내는 금액(손실에 대한 최대 노출의 결정 방법을 포함). 기업은 비연결구조화기업에 대한 지분에서 발생하는 손실에 대한 자신의 최대 노출을 계량화할 수 없다면, 그 사실과 이유를 공시한다.
(4) 비연결구조화기업에 대한 지분과 관련된 자산과 부채의 장부금액과 비연결구조화기업에서 발생하는 손실에 대한 기업의 최대 노출과의 비교

30 보고기간 동안에 기업이 지원을 제공해야 할 계약상 의무 없이, 이전에 지분을 보유하였거나 현재 보유하고 있는 비연결구조화기업에게 재무지원이나 그 밖의 지원을 제공(예 : 구조화기업의 자산 구입 또는 구조화기업이 발행한 상품을 구입)하고 있는 경우, 다음을 공시한다.

(1) 제공되는 지원의 유형과 금액. 구조화기업이 재무지원을 얻도록 기업이 도와주는 상황을 포함한다.
(2) 지원을 제공하는 이유

31 기업은 재무지원을 받도록 비연결구조화기업을 돕고자 하는 의도를 포함하여, 그 구조화기업에게 재무지원이나 그 밖의 지원을 제공하는 현재의 의도를 공시한다.

비연결구조화기업에 대한 지분 관련 주석공시사항과 그 예시는 다음과 같이 구분된다.

구분	기준서 (K-1112)
(1) 비연결구조화기업에 대한 기업의 지분의 성격과 범위	26 ~ 28
(2) 비연결구조화기업에 대한 기업의 지분과 관련된 위험의 성격과 변동	29 ~ 31

(1) 비연결구조화기업에 대한 기업의 지분의 성격과 범위

주석사항

- 비연결구조화기업에 대한 지분에 대하여 절적 정보와 양적 정보를 공시한다. 그 구조화기업의 성격, 목적, 규모 및 활동과 그 구조화기업의 자금 조달 방법을 포함하며, 이에 한정되는 것은 아니다(K-1112, 26).
- 기업이 문단 29에서 요구하는 정보를 제공하지 않는(예 : 보고기간종료일에 그 기업에 대한 지분을 보유하고 있지 않기 때문에) 비연결구조화기업을 후원하고 있다면, 다음을 공시한다(K-1112, 27).
  (1) 기업이 어떤 구조화기업을 후원하고 있는지를 결정한 방법
  (2) 보고기간 동안에 그러한 구조화기업에서 발생한 수익. 표시된 수익의 유형에 대한 설명을 포함한다.
  (3) 보고기간 동안에 그러한 구조화기업으로 이전한 모든 자산의 (이전 시점의) 장부금액
- 상기 '(2) 수익'과 '(3) 이전 자산 장부금액'은 가능하면 표 형식으로 제공한다(K-1112, 28).

예시

1. 비연결구조화기업에 대한 지분

(1) 연결실체가 보유 중인 지분 중 지배력을 보유하지 아니한 비연결구조화기업의 성격, 목적, 활동과 비연결구조화기업의 자금조달 방법은 다음과 같습니다. (K-1112, 26, B26)

구분	성격, 목적, 활동 등
A	A는 유동화자산을 기초로 자산유동화증권을 발행하고 당해 유동화자산의 관리, 운용 및 처분에 의한 수익이나 차입금 등으로 자산유동화증권의 원리금 또는 배당금을 지급하는 기업입니다. 연결실체는 자산유동화증권 매입약정 체결 또는 신용공여를 통해 자산유동화증권 발행에 따른 관련위험을 이전하고 있으며, 이와 관련하여 연결실체는 이자수익 또는 수수료 수익을 인식하고 있습니다. 연결실체의 재무지원에 앞서 자금보충 및 유동화자산에 대한 조건부 채무인수 약정 등을 제공하는 실체가 존재하나, 당 비연결구조화기업의 차환발행 실패 등이 발생할 경우 연결실체가 발행한 금융자산을 구입하여야 하는 손실에 노출될 수 있습니다.
B	B는 부동산 프로젝트파이낸싱투자회사로 사업을 효율적으로 추진하기 위해 한정된 목적의 별도 회사로 설립되어, 금융기관 및 참여기관 등으로부터 지분투자 또는 대출 등을 통해 자금을 조달합니다. 프로젝트파이낸싱투자회사는 주로 대규모 위험 사업에 대한 자금조달 방법으로써, 사업추진 주체의 신용이나 물적담보가 아닌 특정 프로젝트 자체의 경제성에

구분	성격, 목적, 활동 등
B	근거하여 해당기업에 투자가 이루어지고, 사업의 진행에서 발생하는 수익을 투자자들이 취하는 구조입니다. 연결실체는 이와 관련하여 이자수익, 지분투자평가손익 또는 배당수익을 인식하고 있습니다. 프로젝트파이낸싱투자회사의 불확실성에 대해 연결실체에 앞서 자금보충, 연대보증, 선순위신용 공여 등의 재무지원을 제공하는 실체가 존재하나, 계획된 일정에 따른 자금 회수 실패, 프로젝트의 중단 등이 발생 시 회사는 투자지분 가치 하락에 따른 원금손실 또는 대출금 회수 불가로 인한 손실에 노출될 수 있습니다.
C	C는 투자신탁으로 신탁약정에 따라 투자 및 운용을 신탁업자에게 지시하고 투자신탁 투자자에게 운용수익을 배분하는 구조입니다. 연결실체는 투자신탁에 대한 투자자로서 지분율에 비례하여 지분투자 평가손익과 배당수익을 인식하고 있으며, 해당 투자신탁의 가치 하락 시 원금 손실에 노출될 수 있습니다.
D	D는 사모투자전문회사로 경영권 참여, 지배구조 개선 등을 위한 지분증권의 투자자금을 사모로 조달하고 발생하는 수익을 투자사원들 간에 배분하는 구조입니다. 연결실체는 사모투자전문회사에 대한 투자자로서 지분율에 비례하여 지분투자 평가손익과 배당수익을 인식하고 있으며, 해당 사모투자전문회사의 가치 하락 시 원금 손실에 노출될 수 있습니다.
…	…

설명

- 상기 예시는 금융감독원 주석공시 모범사례에 근거한다.
- 비연결구조화기업은 연결재무제표에 종속기업 등으로는 표시되지 않으나, 이러한 부외활동에 대한 정보이용자들의 요구로 인하여 주석으로 그 성격과 노출되는 위험을 공시하도록 하고 있다.

(2) 비연결구조화기업에 대한 기업의 지분과 관련된 위험의 성격과 변동

주석사항

- 보다 적절한 다른 형식이 없다면, 기업은 다음에 대한 요약정보를 표 형식으로 공시한다 (K-1112, 29).
  (1) 비연결구조화기업에 대한 지분에 관하여 기업의 재무제표에 인식된 자산과 부채의 장부금액
  (2) 그러한 자산과 부채가 인식된 재무상태표상의 항목
  (3) 비연결구조화기업에 대한 지분에서 발생하는 손실에 대한 기업의 최대 노출을 가장 잘 나타내는 금액(손실에 대한 최대 노출의 결정 방법을 포함). 기업은 비연결구조화기업에 대한 지분에서 발생하는 손실에 대한 자신의 최대 노출을 계량화할 수 없다면, 그 사실과 이유를 공시한다.
  (4) 비연결구조화기업에 대한 지분과 관련된 자산과 부채의 장부금액과 비연결구조화기업에서 발생하는 손실에 대한 기업의 최대 노출과의 비교

- 보고기간 동안에 기업이 지원을 제공해야 할 계약상 의무 없이, 이전에 지분을 보유하였거나 현재 보유하고 있는 비연결구조화기업에게 재무지원이나 그 밖의 지원을 제공(예 : 구조화기업의 자산 구입 또는 구조화기업이 발행한 상품을 구입)하고 있는 경우, 다음을 공시한다(K-1112. 30).
  (1) 제공되는 지원의 유형과 금액. 구조화기업이 재무지원을 얻도록 기업이 도와주는 상황을 포함한다.
  (2) 지원을 제공하는 이유
- 기업은 재무지원을 받도록 비연결구조화기업을 돕고자 하는 의도를 포함하여, 그 구조화기업에게 재무지원이나 그 밖의 지원을 제공하는 현재의 의도를 공시한다(K-1112. 31).

예시

1. 비연결구조화기업에 대한 지분

(2) 당기말 현재 비연결구조화기업의 규모 및 비연결구조화기업에 대한 연결실체의 지분과 관련된 위험의 성격은 다음과 같습니다.

구분	A	B	C	D	…
비연결구조화기업의 자산총액 (K-1112. 26)					
재무상태표에 인식된 자산 [K-1112. 29(1) · (2)]					
지분법적용투자주식					
파생상품금융자산					
…					
재무상태표에 인식된 부채 [K-1112. 29(2)]					
파생상품부채					
충당부채					
…					
최대손실 노출액(*1) [K-1112. 29(32]					
투자자산					
매입약정					
신용공여					
…					
비연결구조화기업으로부터 발생한 손실 [K-1112. B26(2)]					

(*1) 최대손실 노출액은 재무제표에 인식한 투자자산금액과 매입약정, 신용공여 등 계약에 의해 장래에 일정한 조건 충족 시 확정될 가능성이 있는 금액을 포함합니다.

설명

- 상기 예시는 금융감독원 주석공시 모범사례에 근거한다.
- 비연결구조화기업에 대한 지분의 위험은 아래 항목으로 구분하여 표 형식으로 공시한다.
  - 재무상태표에 인식된 자산, 부채
  - 최대손실 노출액

☞ 공시사례 10.11 비연결구조화기업(비금융업)
☞ 공시사례 10.12 비연결구조화기업(금융업)

종속기업, 관계기업 및 공동기업 등에 대한 연결재무제표에서의 주석공시사항은 K-IFRS 제1112호(타 기업에 대한 지분의 공시)에서 요구하고 있다.

연결재무제표가 주재무제표인 K-IFRS에서는 별도재무제표에서는 종속기업, 관계기업 및 공동기업 등에 간략하게 종속기업 등의 현황 등에 대한 내용 정도의 주석공시사항이 요구된다.

▶ 주석공시 요구사항(K-IFRS 제1027호 별도재무제표)

15 별도재무제표에서 공시를 제공할 때 문단 16 ~ 17의 규정을 포함하여 적용할 수 있는 모든 한국채택국제회계기준을 적용한다.

16 기업회계기준서 제1110호 문단 4(1)에 따라 연결재무제표를 작성하지 않기로 한 지배기업이 별도재무제표를 작성하는 경우에는 다음의 사항을 별도재무제표에 공시한다.

(1) 재무제표가 별도재무제표라는 사실, 연결재무제표 작성 면제 규정을 적용하였다는 사실, 한국채택국제회계기준을 적용하여 공용으로 이용가능한 연결재무제표를 작성한 기업의 명칭과 주요사업장(과 설립지의 국가명과 다른 경우 설립지의 국가명) 및 이러한 연결재무제표를 입수할 수 있는 주소

(2) 종속기업, 공동기업 및 관계기업에 대한 유의적인 투자의 목록. 다음을 포함한다.

(가) 피투자자의 명칭

(나) 피투자자의 주된 사업장(과 설립지의 국가명과 다른 경우 설립지의 국가명)

(다) 피투자자에 대한 소유지분율(과 소유지분율과 다른 경우 의결권 지분율)

(3) 위 (2)에 따라 기재한 투자의 회계처리방법에 대한 설명

16A 지배기업(문단 16의 지배기업 제외)인 투자기업은 문단 8A에 따라 유일한 재무제표로

16A	서 별도재무제표를 작성할 경우, 그러한 사실을 공시한다. 투자기업은 기업회계기준서 제1112호 '타 기업에 대한 지분의 공시'에서 요구하는 투자기업과 관련된 공시를 표시한다.

17	지배기업(문단 16 ~ 16A의 지배기업 제외) 또는 피투자자에 대하여 공동지배력이나 유의적인 영향력이 있는 투자자가 별도재무제표를 작성하는 경우에, 지배기업 또는 투자자는 관련된 기업회계기준서 제1110호, 제1111호 및 제1028호(2011년 개정)에 따라 작성된 재무제표와 구별되도록 하여야 한다. 또한 지배기업 또는 투자자는 다음 사항을 별도재무제표에 공시한다. (1) 재무제표가 별도재무제표라는 사실과 법적 규정이 아닌 경우 별도재무제표를 작성한 이유 (2) 종속기업, 공동기업 및 관계기업에 대한 유의적인 투자의 목록. 다음을 포함한다. (가) 피투자자의 명칭 (나) 피투자자의 주된 사업장(과 설립지의 국가명과 다른 경우 설립지의 국가명) (다) 피투자자에 대한 소유지분율(과 소유지분율과 다른 경우 의결권 지분율) (3) 위 (2)에 따라 기재한 투자의 회계처리방법에 대한 설명

별도재무제표에서 종속기업 등에 대한 지분 관련 주석공시사항과 그 예시는 다음과 같이 구분된다.

구분	기준서 (K-1027)
(1) 연결재무제표를 작성하지 않기로 한 지배기업이 별도재무제표를 작성하는 경우	16
(2) 연결재무제표를 작성하는 지배기업이 별도재무제표를 작성하는 경우	17

(1) 별도재무제표에서 종속기업 등 정보 공시

주석사항

(1) 연결재무제표를 작성하지 않기로 한 지배기업이 별도재무제표를 작성하는 경우(K-1027. 16)

- 재무제표가 별도재무제표라는 사실, 연결재무제표 작성 면제 규정을 적용하였다는 사실, 한국채택국제회계기준을 적용하여 공용으로 이용가능한 연결재무제표를 작성한 기업의 명칭과 주요사업장(과 설립지의 국가명과 다른 경우 설립지의 국가명) 및 이러한 연결재무제표를 입수할 수 있는 주소[K-1027. 16(1)]
- 종속기업, 공동기업 및 관계기업에 대한 유의적인 투자의 목록. 다음을 포함[K-1027. 16(2)]
  (가) 피투자자의 명칭

(나) 피투자자의 주된 사업장(과 설립지의 국가명과 다른 경우 설립지의 국가명)

(다) 피투자자에 대한 소유지분율(과 소유지분율과 다른 경우 의결권 지분율)

• 투자의 회계처리방법에 대한 설명[K-1027. 16(3)]

(2) 연결재무제표를 작성하는 지배기업이 별도재무제표를 작성하는 경우(K-1027. 17)

• 재무제표가 별도재무제표라는 사실과 법적 규정이 아닌 경우 별도재무제표를 작성한 이유 [K-1027. 17(1)]

• 종속기업, 공동기업 및 관계기업에 대한 유의적인 투자의 목록. 다음을 포함[K-1027. 17(2)]

(가) 피투자자의 명칭

(나) 피투자자의 주된 사업장(과 설립지의 국가명과 다른 경우 설립지의 국가명)

(다) 피투자자에 대한 소유지분율(과 소유지분율과 다른 경우 의결권 지분율)

• 투자의 회계처리방법에 대한 설명[K-1027. 17(3)]

예시

1. 재무제표 작성기준 및 회계정책

회사의 재무제표는 기업회계기준서 제1027호 '별도재무제표'에 따른 별도재무제표입니다. 종속기업, 공동기업 및 관계기업 투자는 직접적인 지분투자에 근거하여 원가로 측정하고 있으며, 다만 한국채택국제회계기준으로의 전환일 시점에는 전환일 시점의 과거회계기준에 따른 장부금액을 간주원가로 사용하였습니다. 또한, 종속기업, 공동기업 및 관계기업으로부터 수취하는 배당금은 배당에 대한 권리가 확정되는 시점에 당기손익으로 인식하고 있습니다. [K-1027. 17(1) · (3)]

2. 종속기업 및 관계기업 투자

(1) 종속기업 및 관계기업 투자현황 [K-1027 · 17(2)]

구분	회사명	소재국가	당기말		전기말	
			지분율(%)	장부금액	지분율(%)	장부금액
종속기업	A사	중국	90.5	×××	90.5	×××
	B사	베트남	100.0	×××	100.0	×××
	소 계			×××		×××
관계기업	C사	중국	49.0	×××	49.0	×××
	D사		33.0	×××	41.0	×××
	소 계			×××		×××
합계				×××		×××

설명

• 연결재무제표가 주재무제표인 K-IFRS에서는 연결재무제표에서 종속기업, 관계기업, 공동기업에 대한 세부적인 내용을 주석공시하고 있으며, 이는 K-IFRS 제1112호(타

기업에 대한 지분의 공시) 기준서에 따른다.

• 반면, 별도재무제표에서는 종속기업, 관계기업, 공동기업의 현황 정도만 공시 요구하고 있으며, 이는 K-IFRS 제1027호(별도재무제표)의 주석공시 관련 문단 16, 17에 따른다.

☞ 공시사례 10.1 종속기업 등(별도재무제표)

04 | 실제 공시 사례

공시사례 10.1 종속기업 등(별도재무제표)

주석

[출처 : 크라운해태홀딩스 2023년 감사보고서]

4. 유의적인 회계정책

(2) 별도재무제표에서의 종속기업투자자산

당사의 재무제표는 기업회계기준서 제1027호에 따른 별도재무제표입니다. 당사는 종속기업에 대한 투자자산에 대해서 기업회계기준서 제1027호에 따른 원가법을 선택하여 회계처리하고 있습니다.

9. 종속기업투자자산

당기말과 전기말 현재 종속기업투자자산의 내역은 다음과 같습니다.

(단위 : 천원)

종속기업명	소재지	주요 영업활동	제57(당)기		제56(전)기	
			지분율(%)	장부금액	지분율(%)	장부금액
(주)크라운제과(*1)	한국	과자류 제조 및 판매	41.17	92,081,012	41.17	92,081,012
해태제과식품(주)(*2)	한국	과자류 제조 및 판매	65.84	173,692,638	65.84	163,243,638
(주)아트밸리	한국	문화 관련 서비스업 및 임업, 부동산임대업	96.26	70,549,248	96.26	70,549,248
(주)영그린	한국	단미사료 제조 및 판매	100.00	3,976,125	100.00	3,976,125
(주)씨에이치테크	한국	기계제작	100.00	3,286,126	100.00	3,286,126
합계				343,585,149		333,136,149

(*1) 당사는 (주)크라운제과의 소유지분율이 50% 미만이나 과거 주주총회 참석경험률 등을 고려시 과반수의 의결권을 행사할 수 있다고 판단하여, 상기 투자자산을 종속기업투자자산으로 분류하였습니다.

(*2) 당사는 당기 중 보유 중인 종속기업투자자산 중 하나인 해태제과식품(주)에 대하여 손상차손환입 10,449,000천원을 인식하였습니다.

설명

- 사례회사는 종속기업이 존재하여 별도재무제표와 연결재무제표를 작성 · 공시하고 있다.
- 별도재무제표와 연결재무제표에서 종속기업 등 관련 주석공시사항은 다음과 같이 구분된다.
  - 별도재무제표 : K-IFRS 제1027호(별도재무제표) 문단 15 ~ 17 (공시사례 10.1)
  - 연결재무제표 : K-IFRS 제1112호(타 기업에 대한 지분의 공시) (공시사례 10.2 이하)
- 상기 적용기준서의 차이에 의해, 별도재무제표에서는 종속기업 등의 정보만을 간략하게 공시하고, 연결재무제표에서는 충분한 정보를 공시하게 된다.
- 사례회사는 우선 해당 재무제표가 별도재무제표임을 주석에 공시한다[K-1027, 17(1)].
- 사례회사는 별도재무제표 주석에 종속기업 등에 대한 아래의 정보를 주석공시한다 [K-1027, 17(2)].

주석공시 요구사항	공시내용	기준서 (K-1027)
피투자자의 명칭	(주)크라운제과	17(2)(가)
피투자자의 주된 사업장	한국	17(2)(나)
피투자자에 대한 소유지분율	41.17%	17(2)(다)

- 사례회사는 종속기업 등에 원가법을 적용하여 회계처리하고 있다고 설명하고 있다 [K-1027, 17(3)].

공시사례 10.2 종속기업 등(연결재무제표)

[출처 : 크라운해태홀딩스 2023년 연결감사보고서]

주석

1. 일반사항

(2) 종속기업의 개요

당기말과 전기말 현재 연결대상 종속기업의 개요는 다음과 같습니다.

회사명	소재지	결산일	지분율(%)(*1)				업종
			제57(당)기		제56(전)기		
			지배기업 보유	종속기업 보유	지배기업 보유	종속기업 보유	
(주)크라운제과(*2)	한국	12월 31일	41.17	-	41.17	-	과자류 제조 및 판매
해태제과식품(주)	한국	12월 31일	65.84	-	65.84	-	과자류 제조 및 판매
(주)아트밸리	한국	12월 31일	96.49	-	96.49	-	문화 관련 서비스업 및 임업, 부동산임대업

회사명	소재지	결산일	지분율(%)(*1)				업종
			제57(당)기		제56(전)기		
			지배기업 보유	종속기업 보유	지배기업 보유	종속기업 보유	
(주)씨에이치테크	한국	12월 31일	100.00	-	100.00	-	기계제작
(주)영그린	한국	12월 31일	100.00	-	100.00	-	단미사료 제조 및 판매
(주)빨라쪼	한국	12월 31일	-	100.00	-	100.00	아이스크림 제조 및 판매
(주)코디서비스코리아	한국	12월 31일	-	100.00	-	100.00	업무대행서비스 제공업
PALAZZO DEL FREDDO GIOVANNI FASSI S.R.L	이탈리아	12월 31일	-	100.00	-	100.00	아이스크림 제조 및 판매
훼미리식품(주)	한국	12월 31일	-	96.79	-	95.67	과자류 및 아이스크림 제조 및 판매

(*1) 종속기업 보유 지분율을 포함한 의결권 있는 주식 기준입니다.
(*2) 연결실체의 (주)크라운제과 소유지분율이 50% 미만이나 과거 주주총회 참석경험률 등을 고려 시 과반수의 의결권을 행사할 수 있다고 판단하여, 연결대상 종속기업에 포함하였습니다.

(3) 종속기업의 요약 재무정보

당기와 전기의 연결대상 주요 종속기업의 요약재무정보는 다음과 같습니다.

① 57(당)기

(단위 : 천원)

구분	자산총계	부채총계	자본총계	매출액	당기순이익 (손실)	총포괄이익 (손실)
(주)크라운제과	338,608,142	133,792,953	204,815,189	434,728,793	23,453,590	15,747,781
해태제과식품(주)	642,376,924	383,334,841	259,042,083	586,284,505	19,949,044	18,273,092
(주)아트밸리	80,815,618	19,351,757	61,463,861	6,628,807	465,636	465,636
(주)씨에이치테크	5,866,929	852,539	5,014,390	8,728,170	62,577	62,577
(주)영그린	7,581,927	302,747	7,279,180	4,612,430	595,267	595,267
(주)빨라쪼	4,084,526	3,107,445	977,081	4,302,852	(1,132,760)	(1,132,760)
(주)코디서비스코리아	8,352,124	7,062,990	1,289,134	48,585,760	740,449	740,449
PALAZZO DEL FREDDO GIOVANNI FASSI S.R.L.	1,197,425	514,885	682,540	2,621,058	65,602	95,908
훼미리식품(주)	59,297,110	35,927,072	23,370,038	67,656,075	1,739,804	1,512,523

② 56(전)기

(단위 : 천원)

구분	자산총계	부채총계	자본총계	매출액	당기순이익 (손실)	총포괄이익 (손실)
(주)크라운제과	330,163,311	137,897,080	192,266,231	413,638,465	27,057,204	34,910,544
해태제과식품(주)	648,531,684	402,459,161	246,072,523	555,798,238	(2,918,021)	(1,468,544)
(주)아트밸리	78,464,057	17,465,831	60,998,226	6,181,060	846,726	846,726
(주)씨에이치테크	5,017,740	65,927	4,951,813	5,205,766	(71,852)	(71,852)
(주)영그린	7,191,402	507,490	6,683,912	5,117,933	616,592	616,592
(주)빨라쪼	4,913,850	2,804,009	2,109,841	3,970,792	(1,392,896)	(1,392,896)
(주)코디서비스코리아	7,706,887	7,158,202	548,685	50,395,581	(5,357)	(5,357)
PALAZZO DEL FREDDO GIOVANNI FASSI S.R.L.	1,275,106	688,473	586,633	2,220,094	83,093	86,019
훼미리식품(주)	61,748,515	39,794,003	21,954,512	67,550,003	1,693,153	1,903,839

한편, 당기말과 전기말 현재 연결실체의 자산에 접근하거나 자산을 사용할 수 있는 능력과 부채를 상환할 수 있는 능력에 대한 유의적인 제약은 없습니다.

31. 비지배지분

당기와 전기 중 연결실체의 비지배지분과 관련된 종속기업 정보(내부거래 제거 전)는 다음과 같습니다.

(1) 제57(당)기

(단위 : 천원)

구분	(주)크라운제과	해태제과식품(주)	(주)아트밸리	(주)빨라쪼	PALAZZO DEL FREDO GIOVANNI FASSI S.R.L.	훼미리식품(주)	내부거래	합계
비지배지분 지분율(*)	61.02%	34.16%	3.51%	34.16%	34.16%	36.27%		
유동자산	100,944,500	121,608,279	1,070,495	1,026,211	890,442	13,742,642		
비유동자산	257,024,652	520,768,645	79,745,123	3,058,314	306,984	45,973,872		
유동부채	79,037,558	221,887,358	3,018,965	2,806,053	383,108	32,890,267		
비유동부채	59,136,091	161,447,483	16,332,792	301,392	131,777	3,270,639		
순자산	219,795,503	259,042,083	61,463,861	977,080	682,541	23,555,608		
비지배지분	134,111,711	88,480,479	2,156,252	333,739	233,134	8,544,477	(5,131,402)	228,728,390
매출	434,728,793	586,284,505	6,628,807	4,302,852	2,621,058	67,656,075		
당기순손익	23,453,590	19,949,044	465,636	(1,132,760)	65,602	1,739,804		
기타포괄손익	(7,705,809)	(1,675,952)	-	-	30,306	(227,281)		
총포괄손익	15,747,781	18,273,092	465,636	(1,132,760)	95,908	1,512,523		

구분	(주)크라운 제과	해태제과 식품(주)	(주)아트밸리	(주)빨라쪼	PALAZZO DEL FREDO GIOVANNI FASSI S.R.L.	훼미리 식품(주)	내부거래	합계
비지배지분 당기순손익	14,310,580	6,813,955	16,335	(386,915)	22,408	631,090	(896,545)	20,510,908
비지배지분 총포괄손익	9,608,758	6,241,503	16,335	(386,915)	32,759	548,647	(898,206)	15,162,881
영업활동현금흐름	12,137,440	17,665,174	28,654	(86,513)	(78,049)	2,413,166		
투자활동현금흐름	(20,401,153)	(6,587,439)	(76,002)	56,463	(61,361)	(597,072)		
재무활동현금흐름	(5,571,326)	(10,545,451)	56,955	28,537	(1,281)	(1,678,268)		
현금및현금성자산 순증감	(13,835,039)	532,284	9,607	(1,513)	(140,691)	137,826		

(2) 제56(전)기

(단위 : 천원)

구분	(주)크라운 제과	해태제과 식품(주)	(주)아트밸리	(주)빨라쪼	PALAZZO DEL FREDO GIOVANNI FASSI S.R.L.	훼미리 식품(주)	내부거래	합계
비지배지분 지분율(*)	61.02%	34.16%	3.51%	34.16%	34.16%	37.00%		
유동자산	146,160,880	119,546,012	1,571,019	1,232,512	1,088,412	15,109,369		
비유동자산	207,433,011	528,985,672	76,893,038	3,681,338	186,694	47,141,556		
유동부채	94,168,048	243,285,544	1,113,024	2,473,983	221,158	36,308,435		
비유동부채	49,141,496	159,173,617	16,352,807	330,026	467,315	3,683,944		
순자산	210,284,347	246,072,523	60,998,226	2,109,841	586,633	22,258,546		
비지배지분	128,308,328	84,050,492	2,139,916	720,654	200,375	8,236,763	(684,313)	222,972,215
매출	413,638,465	555,798,238	6,181,060	3,970,792	2,220,094	67,550,003		
당기순손익	27,057,204	(2,918,021)	846,726	(1,392,896)	83,093	1,693,153		
기타포괄손익	7,853,340	1,449,477	-	-	2,926	210,686		
총포괄손익	34,910,544	(1,468,544)	846,726	(1,392,896)	86,019	1,903,839		
비지배지분 당기순손익	16,509,382	(996,703)	29,705	(475,769)	28,382	626,550	(333,920)	15,387,627
비지배지분 총포괄손익	21,301,222	(501,608)	29,705	(475,769)	29,381	704,515	(333,796)	20,753,650
영업활동현금흐름	14,981,132	5,566,287	31,681	(305,350)	101,412	850,582		
투자활동현금흐름	10,342,841	(14,304,779)	(20,461)	89,299	(873)	(1,307,506)		
재무활동현금흐름	(24,467,555)	8,516,604	(17,996)	247,613	-	318,693		
현금및현금성자산 순증감	856,418	(221,888)	(6,776)	31,562	100,539	(138,231)		

설명

- 사례회사는 종속기업이 존재하여 별도재무제표와 연결재무제표를 작성 · 공시하고 있다.
- 별도재무제표와 연결재무제표에서 종속기업 등 관련 주석공시사항은 다음과 같이 구분된다.

– 별도재무제표 : K-IFRS 제1027호(별도재무제표) 문단 15 ~ 17 (공시사례 10.1)
– 연결재무제표 : K-IFRS 제1112호(타 기업에 대한 지분의 공시) (공시사례 10.2 이하)

- 상기 적용기준서의 차이에 의해, 별도재무제표에서는 종속기업 등의 정보만을 간략하게 공시하고, 연결재무제표에서는 충분한 정보를 공시하게 된다.
- 사례회사는 연결재무제표에서 종속기업에 대한 아래의 정보를 주석공시하고 있다.

주석공시 요구사항	공시내용	기준서 (K-1112)
1. 연결실체의 구성	• 사례회사는 크라운제과 등 종속기업에 대해 소재지, 결산일, 지분율, 업종 등의 정보를 공시함. • 종속기업의 주요 재무정보를 자산, 부채, 자본, 매출, 당기순손익, 총포괄손익 등으로 구분하여 공시함.	10(1)(가), 11
2. 지배력을 보유한다고 판단한 근거	종속기업 등에 대해 종속기업 보유 지분율을 포함한 의결권 있는 주식 기준이라고 지배력 보유의 판단을 공시함 : "크라운제과 지분율 41.17% 등"	7(1), 9(1) ~ (3)
3. 비지배지분이 갖는 몫	종속기업에 대한 비지배지분이 보고기업에 중요한 경우, 각 해당 종속기업에 대한 아래의 정보를 공시함. (1) 종속기업의 명칭 : "크라운제과 등" (2) 종속기업의 주된 사업장(그리고 이와 다른 경우 설립지의 국가명) : "한국 등" (3) 비지배지분이 보유한 소유지분율 : 61.02% 등" (4) 소유지분율과 다른 경우, 비지배지분이 보유한 의결권비율 : 해당 없음. (5) 보고기간 동안에 종속기업의 비지배지분에 배분된 당기순손익 : "크라운제과 23,453,590천원 등" (6) 보고기간 말 종속기업의 누적 비지배지분 : "크라운제과 134,111,711천원 등" (7) 종속기업의 요약재무정보 : "크라운제과 등 표 형식으로 공시함"	12(1) ~ (7)
4. 연결실체 내 자산이전 등에 대한 제약	연결실체의 자산에 접근하거나 자산을 사용할 수 있는 능력과 부채를 상환할 수 있는 능력에 대한 유의적인 제약은 없다고 공시함.	13(1) ~ (3)
5. 소유지분의 변동이 자본에 미치는 영향	해당 없음.	18
6. 지배력 상실에 따른 발생손익 등	해당 없음.	9

10. 관계기업및공동기업투자자산

(1) 당기말과 전기말 현재 관계기업투자자산의 내역은 다음과 같습니다.

(단위 : 천원)

구분	소재지	주요 영업활동	결산일	제57(당)기		제56(전)기	
				지분율(%)	장부금액	지분율(%)	장부금액
글리코해태(주)	한국	스낵류판매	12월 31일	40.00	4,663,759	40.00	3,933,510

(2) 당기말과 전기말 현재 공동기업투자자산의 내역은 다음과 같습니다.

(단위 : 천원)

구분	소재지	주요 영업활동	결산일	제 57(당) 기		제 56(전) 기	
				지분율(%)	장부금액	지분율(%)	장부금액
해태가루비(주)	한국	스낵류제조 및 판매	12월 31일	50.00	19,479,020	50.00	19,933,640

(3) 관계기업및공동기업투자자산은 모두 시장성 없는 주식입니다.

(4) 당기와 전기 중 관계기업 및 공동기업투자자산의 지분법평가 및 기타변동내역은 다음과 같습니다.

① 제57(당)기

(단위 : 천원)

구분	기초금액	지분법손익	기말금액
관계기업투자자산 :			
글리코해태(주)	3,933,510	730,249	4,663,759
공동지배기업투자자산 :			
해태가루비(주)	19,933,640	(454,620)	19,479,020
합계	23,867,150	275,629	24,142,779

② 제56(전)기

(단위 : 천원)

구분	기초금액	지분법손익	기말금액
관계기업투자자산 :			
글리코해태(주)	3,514,150	419,360	3,933,510
공동지배기업투자자산 :			
해태가루비(주)	20,922,972	(989,332)	19,933,640
합계	24,437,122	(569,972)	23,867,150

(5) 당기말과 전기말 현재 관계기업 및 공동기업의 재무정보 등은 다음과 같습니다.

① 제57(당)기

(단위 : 천원)

구분	유동자산	비유동자산	유동부채	비유동부채	매출액	당기순손익	총포괄손익
관계기업투자자산 :							

구분	유동자산	비유동자산	유동부채	비유동부채	매출액	당기순손익	총포괄손익
글리코해태(주)	10,734,800	3,495,631	2,136,428	66,524	19,094,127	1,994,304	1,994,304
공동지배기업투자자산 :							
해태가루비(주)	28,679,042	24,102,867	5,717,426	3,429,149	52,550,415	(871,915)	(871,915)

② 제56(전)기

(단위 : 천원)

구분	유동자산	비유동자산	유동부채	비유동부채	매출액	당기순손익	총포괄손익
관계기업투자자산 :							
글리코해태(주)	8,575,376	3,580,368	2,132,776	47,178	16,350,448	915,146	915,146
공동지배기업투자자산 :							
해태가루비(주)	28,812,183	25,017,668	6,115,917	3,125,195	56,213,009	(2,011,388)	(2,011,388)

(6) 당기말과 전기말 현재 관계기업 및 공동기업의 재무정보금액을 관계기업 및 공동기업에 대한 지분의 장부금액으로 조정한 내역은 다음과 같습니다.

① 제57(당)기

(단위 : 천원)

구분	당기말 순자산 (a)	연결실체 지분율(%) (b)	순자산 대비 지분금액 (a × b)	내부거래	손상누계	장부금액
글리코해태(주)	12,027,479	40.00%	4,810,992	(147,233)	-	4,663,759
해태가루비(주)	43,635,334	50.00%	21,817,667	3,456	(2,342,103)	19,479,020

② 제56(전)기

(단위 : 천원)

구분	당기말 순자산 (a)	연결실체 지분율(%) (b)	순자산 대비 지분금액 (a × b)	내부거래	손상누계	장부금액
글리코해태(주)	9,975,790	40.00%	3,990,316	(56,806)	-	3,933,510
해태가루비(주)	44,588,739	50.00%	22,294,370	(18,627)	(2,342,103)	19,933,640

(7) 당기와 전기 중 미실현손익의 변동내역은 다음과 같습니다.

① 제57(당)기

(단위 : 천원)

구분	기초금액	발생금액	실현금액	기말
글리코해태(주)	56,806	147,233	(56,806)	147,233
해태가루비(주)	18,627	(3,456)	(18,627)	(3,456)
합계	75,433	143,777	(75,433)	143,777

② 제56(전)기

(단위 : 천원)

구분	기초금액	발생금액	실현금액	기말
글리코해태(주)	98,854	56,806	(98,854)	56,806
해태가루비(주)	31,929	18,627	(31,929)	18,627
합계	130,783	75,433	(130,783)	75,433

설명

- 사례회사는 종속기업이 존재하여 별도재무제표와 연결재무제표를 작성 · 공시하고 있다.
- 별도재무제표와 연결재무제표에서 종속기업 등 관련 주석공시사항은 다음과 같이 구분된다.
  - 별도재무제표 : K-IFRS 제1027호(별도재무제표) 문단 15 ~ 17 (공시사례 10.1)
  - 연결재무제표 : K-IFRS 제1112호(타 기업에 대한 지분의 공시) (공시사례 10.2 이하)
- 상기 적용기준서의 차이에 의해, 별도재무제표에서는 종속기업 등의 정보만을 간략하게 공시하고, 연결재무제표에서는 충분한 정보를 공시하게 된다.
- 사례회사는 연결재무제표에서 공동기업 및 관계기업에 대한 아래의 정보를 주석공시하고 있다.

주석공시 요구사항	공시내용	기준서 (K-1112)
1. 관계기업과 공동약정에 대한 현황	사례회사는 글리코해태(관계기업), 해태가루비(공동기업)에 대해 소재지, 주요 영업활동, 결산일, 지분율, 장부금액 등의 현황 정보를 공시함.	21(1)
2. 유의적 영향력을 보유한다고 판단한 근거 등	관계기업은 40%, 공동기업은 50%라 유의적인 영향력 및 공동지배력에 대한 별도의 설명을 공시하지는 않음.	7(2) ~ (3), 9(4) ~ (5)
3. 관계기업과 공동기업의 지분법 평가 정보	• 관계기업 등이 보고기업에 중요한 경우, 각 해당 관계기업 등에 대한 요약재무정보를 공시함. – 유동자산 – 비유동자산 – 유동부채 – 비유동부채 – 매출액 – 당기순손익 – 총포괄손익 • 관계기업 등에 지분법 평가를 수행하고 그 내역을 공시함	21(2), B12 ~ 13, B16
4. 지분법 중단 시 미인식 손실 등	해당 없음.	22(1) ~ (3)
5. 관계기업과 공동기업에 대한 지분과 관련된 위험	해당 없음.	23(1) ~ (2)

공시사례 10.3 **비지배지분의 몫**

[출처 : 삼성전자 2023년 연결감사보고서]

주석

31. 비지배지분

보고기간종료일 현재 종속기업에 대한 비지배지분이 연결회사에게 중요한 종속기업의 정보는 다음과 같습니다.

가. 비지배지분이 보유한 소유지분율 및 누적 비지배지분의 변동

(단위 : 백만원)

구분	삼성디스플레이㈜와 그 종속기업	
	당기	전기
비지배지분율	15.2%	15.2%
기초	8,853,712	8,028,555
당기순이익	941,786	853,290
배당금	(43,646)	(3,947)
기타	(24,178)	(24,186)
기말	9,727,674	8,853,712

나. 종속기업의 요약 재무정보(내부거래 제거 전)

(1) 요약 연결재무상태표

(단위 : 백만원)

구분	삼성디스플레이㈜와 그 종속기업	
	당기말	전기말
유동자산	24,721,411	42,082,412
비유동자산	46,413,723	23,070,658
유동부채	5,821,885	6,294,310
비유동부채	1,485,250	1,220,097
자본	63,827,999	57,638,663
– 지배기업 소유주지분	63,769,776	57,552,528
– 비지배지분	58,223	86,135

(2) 요약 연결포괄손익계산서

(단위 : 백만원)

구분	삼성디스플레이㈜와 그 종속기업	
	당기	전기
매출	30,950,579	34,298,283
당기순이익	6,331,238	6,614,496
기타포괄손익	(108,689)	(67,942)
총포괄손익	6,222,549	6,546,554

구분	삼성디스플레이㈜와 그 종속기업	
	당기	전기
– 지배기업 소유주지분	6,217,248	6,539,633
– 비지배지분	5,301	6,921

(3) 요약 연결현금흐름표

(단위 : 백만원)

구분	삼성디스플레이㈜와 그 종속기업	
	당기	전기
영업활동 현금흐름	9,244,331	11,395,827
투자활동 현금흐름	(3,931,091)	(8,654,933)
재무활동 현금흐름	(277,515)	(1,146,117)
매각예정분류	(14,153)	–
외화환산으로 인한 현금의 변동	(1,534)	(44,426)
현금및현금성자산의 증가(감소)	5,020,038	1,550,351
기초의 현금및현금성자산	2,309,210	758,859
기말의 현금및현금성자산	7,329,248	2,309,210

설명

사례회사는 연결재무제표에서 다음 종속기업을 비지배지분이 보고기업에 중요한 회사로 구분하였다(K-1112. 12).

• 삼성디스플레이㈜와 그 종속기업

해당 종속기업에 대해 다음 사항을 주석공시하고 있다(K-1112. 12).

주석공시 요구사항	공시내용	기준서 (K-1112)
종속기업의 명칭	삼성디스플레이㈜와 그 종속기업	12(1)
종속기업의 주된 사업장(그리고 이와 다른 경우 설립지의 국가명)	국내	12(2)
비지배지분이 보유한 소유지분율	15.2%	12(3)
소유지분율과 다른 경우, 비지배지분이 보유한 의결권비율	해당 없음.	12(4)
보고기간 동안에 종속기업의 비지배지분에 배분된 당기순손익	941,786백만원	12(5)
보고기간 말 종속기업의 누적 비지배지분	9,727,674백만원	12(6)
비지배지분에 지급한 배당금	(43,646)백만원	B10(1)
종속기업의 요약재무정보	요약 연결재무상태표 등	B10(2)

종속기업의 요약재무정보는 내부거래 제거 전의 금액으로 요구된다(K-1112. B11).

공시사례 10.4 **유의적인 제약(종속기업)**

주석

[출처 : LG전자 2019년 연결감사보고서]

1. 일반사항

(4) 종속기업에 대한 유의적인 제약

1) 연결회사의 자산 사용 및 부채 상환에 대한 유의적인 제약

이집트, 알제리, 러시아 및 카자흐스탄 등에 위치한 종속기업이 보유한 현금 및 단기금융상품 등은 해당 국가의 외환규제를 받습니다. 따라서, 해당 국가의 현금 및 단기금융상품의 외부 반출에 대한 제약이 존재합니다.

2) 연결회사의 자산 사용 및 부채 상환을 제약할 수 있는 비지배지분 방어권의 성격과 범위는 다음과 같습니다.

종속기업	비지배지분 방어권의 성격과 범위
LG-Shaker Co., Ltd.(LGESR)	재무제표 확정 및 배당 결정 시 만장일치 승인 필요

설명

사례회사는 연결재무제표에서 종속기업에 대한 유의적인 제약이 존재하여, 해당 내용을 주석공시하고 있다.

주석공시 요구사항	공시내용	기준서 (K-1112)
유의적인 제약의 내용	이집트, 알제리, 러시아 및 카자흐스탄 등에 위치한 종속기업이 보유한 현금 및 단기금융상품 등은 해당 국가의 외환규제를 받습니다. 따라서, 해당 국가의 현금 및 단기금융상품의 외부 반출에 대한 제약이 존재합니다.	13(1)
비지배지분의 방어권의 성격과 범위	재무제표 확정 및 배당 결정 시 만장일치 승인 필요	13(2)

공시사례 10.5 **지배력 상실 없는 종속기업 소유지분 변동**

주석

[출처 : 한국조선해양 2021년 연결감사보고서]

32. 종속기업의 취득과 비지배지분

(2) 당기와 전기 중 지배력 상실 없이 종속기업에 대한 지배기업의 소유지분이 변동하여 지배기업의 소유주에게 귀속되는 자본에 미치는 영향은 다음과 같습니다.

① 소유지분이 증가한 경우

해당사항 없습니다.

② 소유지분이 감소한 경우

1) 당기

(단위 : 백만원)

종속기업명	거래 전 지분율	거래 후 지분율	지분변동사유	매각대금 등	비지배지분의 증감	지배주주지분의 증감
현대중공업㈜	100.00%	79.72%	유가증권시장 상장공모	–	1,287,101	(219,047)

2) 전기

(단위 : 백만원)

종속기업명	거래 전 지분율	거래 후 지분율	지분변동사유	매각대금 등	비지배지분의 증감	지배주주지분의 증감
현대에너지솔루션㈜	71.43%	53.57%	지분매각	57,571	57,051	429

(3) 당기와 전기 중 지배력 상실에 따라 계산된 손익은 다음과 같습니다.

(단위 : 백만원)

구분	당기			전기
지배력을 상실한 종속기업	PHECO Inc.	현대중공업 파워시스템㈜	Hyundai Heavy Industries Brasil – Manufacturing and Trading of Construction Equipment	현대(산동)중공업 기계유한공사
지배력 상실에 따른 처분손익(*1)	(11)	88,539	(34,195)	(2,169)
종전 종속기업에 대한 투자를 공정가치로 측정함에 따른 손익(*2)	–	18,833	–	–
지배력상실로 제거되는 비지배지분	–	23,717	–	–

(*1) 지배력 상실에 따른 처분손익은 기타영업외손익으로 계상하였으며, 해외사업환산손익등의 재분류조정손익, 종전 종속기업에 대한 투자를 공정가치로 측정함에 따른 손익이 포함되어 있습니다.

(*2) 현대중공업파워시스템㈜의 매각후 보유지분(20%)에 대하여 공정가치로 측정함에 따른 손익입니다.

설명

사례회사는 당기 중 일부 소유지분율의 변동이 발생하였다.
지배력을 상실하는 지분율 변동과 지배력을 상실하지 않은 지분율 변동을 각각 구분하여 주석공시하고 있다.
해당 종속기업에 대해 다음 사항을 각각 구분하여 주석공시하고 있다.

주석공시 요구사항	공시내용	기준서 (K-1112)
1. 지배력을 상실하지 않은 지분율 변동(자본거래)	(당기) 현대중공업㈜/연결자본에의 영향 공시	18
2. 지배력을 상실한 지분율 변동(손익거래)	(당기) PHECO Inc.등 3개사 : 종속기업투자 처분손익 공시	19

공시사례 10.6 지배력 상실

주석

[출처 : 삼성바이오로직스 2015년 감사보고서]

1-2 종속기업 현황

당사는 당기 중 삼성바이오에피스㈜에 대한 지배력을 상실하여, 해당기업 및 동기업의 종속회사를 연결대상 종속기업에서 제외하고, 동 주식의 공정가치 금액을 관계기업투자주식으로 분류하였습니다.

당기말 현재 당사는 종속기업투자주식을 보유하고 있지 않으며, 이러한 변화로 당사는 당기부터 연결재무제표를 작성하지 않습니다. 따라서 당기의 재무제표는 개별재무제표이며, 비교표시되는 2014년과 12월 31일과 2014년 1월 1일로 종료하는 보고기간에 대한 재무제표를 연결기준으로 작성하였습니다.

삼성바이오에피스㈜ 투자 지분에 대한 지배력이 상실되어 계산된 처분 손익은 다음과 같습니다.

(단위 : 천원)

구분	금액
취득 주식의 공정가치(A)	4,808,578,367
지배력 상실 시점의 순자산(B)	290,531,810
비지배지분(C)	25,563,205
당기손익으로 재분류되는 포괄손익(D)	773
종속기업투자이익(A - B + C + D)	4,543,610,535

설명

사례회사는 다음 종속기업에 대한 지배력을 상실하여 연결재무제표상 종속기업에서 제외하고, 별도재무제표에서 지배력 상실의 내용을 주석공시하고 있다(K-1112, 19).

- 삼성바이오에피스㈜

주석공시 요구사항	공시내용	기준서 (K-1112)
종전의 종속기업에 대하여 보유하고 있던 투자를 지배력을 상실한 날의 공정가치로 측정함에 따른 손익 부분	4,543,610,535천원	19(1)
손익이 인식된 당기손익 항목(별도로 표시되지 않은 경우)	종속기업투자이익	19(2)

사례회사는 지배력을 보유한 전기까지는 연결재무제표를 작성 · 공시하였으나, 당기 중 유일한 종속기업을 처분하여 당기부터는 개별재무제표만을 공시하고 있다.

공시사례 10.7 지분법 평가

주석

[출처 : 삼성전자 2023년 연결감사보고서]

9. 관계기업 및 공동기업 투자

가. 당기 및 전기 중 관계기업 및 공동기업 투자의 변동내역은 다음과 같습니다.

(단위 : 백만원)

구분	당기	전기
기초	10,893,869	8,932,251
취득	78,690	1,006,998
처분	(33,464)	(20,894)
이익 중 지분해당액	887,550	1,090,643
기타(*)	(59,201)	(115,129)
기말	11,767,444	10,893,869

(*) 기타는 배당, 손상, 계정재분류 등으로 구성되어 있습니다.

나. 보고기간종료일 현재 주요 관계기업 및 공동기업 투자 현황은 다음과 같습니다.

(1) 관계기업 투자

기업명	관계의 성격	지분율(%)(*1)	주사업장	결산월
삼성전기㈜	수동소자, 회로부품, 모듈 등 전자부품의 생산 및 공급	23.7	한국	12월
삼성에스디에스㈜	컴퓨터 프로그래밍, 시스템 통합 · 관리 등 IT 서비스 및 물류서비스 제공	22.6	한국	12월
삼성바이오로직스㈜	신사업 투자	31.2	한국	12월
삼성SDI㈜(*2)	2차전지 등 전자부품의 생산 및 공급	19.6	한국	12월
㈜제일기획	광고 대행업	25.2	한국	12월

(*1) 총발행보통주식수 기준 지분율입니다.
(*2) 유통보통주식수 기준 지분율은 20.6%입니다.

(2) 공동기업 투자

기업명	관계의 성격	지분율(%)(*)	주사업장	결산월
삼성코닝어드밴스드글라스(유)	기타 산업용 유리제품 생산 및 공급	50.0	한국	12월

(*) 총발행보통주식수 기준 지분율입니다.

설명

사례회사는 연결재무제표에서 공동기업 및 관계기업에 대한 아래의 정보를 주석공시하고 있다.

주석공시 요구사항	공시내용	기준서 (K-1112)
1. 관계기업과 공동약정에 대한 현황	• 관계기업 : 삼성전기㈜ 등 • 공동기업 : 삼성코닝어드밴스드글라스(유)	21(1)
2. 유의적 영향력을 보유한다고 판단한 근거 등	• 관계기업 : 지분율 등(삼성SDI는 지분율 19.6%이나, 유통보통주시수 기준 20%를 초과하여 유의적인 영향력이 있다고 판단하였다고 공시함) • 공동기업 : 지분율 50%	7(2)~(3), 9(4)~(5)

다. 보고기간종료일 현재 관계기업 및 공동기업 투자 내역은 다음과 같습니다.

(1) 관계기업 투자

(단위 : 백만원)

기 업 명	당기말			전기말		
	취득원가	순자산가액(*)	장부금액	취득원가	순자산가액(*)	장부금액
삼성전기㈜	359,237	1,837,925	1,841,393	359,237	1,765,507	1,764,249
삼성에스디에스㈜	147,963	1,955,699	1,966,206	147,963	1,857,481	1,870,338
삼성바이오로직스㈜	1,424,358	3,068,636	3,073,595	1,424,358	2,804,547	2,808,673
삼성SDI㈜	1,242,605	3,726,675	2,912,564	1,242,605	3,318,875	2,691,223
㈜제일기획	506,162	368,875	669,363	506,162	347,510	649,161
기타	690,481	844,645	1,093,799	645,255	718,801	907,333
계	4,370,806	11,802,455	11,556,920	4,325,580	10,812,721	10,690,977

(*) 순자산가액은 지분해당액 기준입니다.

(2) 공동기업 투자

(단위 : 백만원)

기 업 명	당기말			전기말		
	취득원가	순자산가액(*)	장부금액	취득원가	순자산가액(*)	장부금액
삼성코닝어드밴스드글라스(유)	215,000	138,939	138,938	215,000	137,727	137,745

기 업 명	당기말			전기말		
	취득원가	순자산가액(*)	장부금액	취득원가	순자산가액(*)	장부금액
기타	259,994	72,215	71,586	259,994	67,632	65,147
계	474,994	211,154	210,524	474,994	205,359	202,892

(*) 순자산가액은 지분해당액 기준입니다.

라. 당기 및 전기 중 지분법평가 내역은 다음과 같습니다.

(1) 당기

(단위 : 백만원)

기 업 명	기초	지분법평가 내역			기말
		지분법손익	지분법자본변동	기타증감액(*)	
삼성전기㈜	1,764,249	106,455	7,844	(37,155)	1,841,393
삼성에스디에스㈜	1,870,338	154,282	(2,503)	(55,911)	1,966,206
삼성바이오로직스㈜	2,808,673	267,614	(2,692)	–	3,073,595
삼성SDI㈜	2,691,223	214,702	20,506	(13,867)	2,912,564
㈜제일기획	649,161	53,690	(94)	(33,394)	669,363
삼성코닝어드밴스드글라스(유)	137,745	1,336	(124)	(19)	138,938
기타	972,480	89,471	52,175	51,259	1,165,385
계	10,893,869	887,550	75,112	(89,087)	11,767,444

(*) 기타증감액은 취득, 처분, 배당, 손상 및 계정재분류 등으로 구성되어 있습니다.

(2) 전기

(단위 : 백만원)

기 업 명	기초	지분법평가 내역			기말
		지분법손익	지분법자본변동	기타증감액(*)	
삼성전기㈜	1,556,386	242,139	2,880	(37,156)	1,764,249
삼성에스디에스㈜	1,652,155	241,962	18,154	(41,933)	1,870,338
삼성바이오로직스㈜	1,577,664	250,028	(183)	981,164	2,808,673
삼성SDI㈜	2,529,650	194,242	(19,207)	(13,462)	2,691,223
㈜제일기획	621,292	55,476	1,140	(28,747)	649,161
삼성코닝어드밴스드글라스(유)	135,580	1,999	144	22	137,745
기타	859,524	104,797	(53,438)	61,597	972,480
계	8,932,251	1,090,643	(50,510)	921,485	10,893,869

(*) 기타증감액은 취득, 처분, 배당, 손상, 계정재분류 등으로 구성되어 있습니다.

마. 주요 관계기업 및 공동기업 투자의 요약 재무정보 등은 다음과 같습니다.

(1) 주요 관계기업

(단위 : 백만원)

구분	당기				
	삼성전기㈜	삼성에스디에스㈜	삼성바이오로직스㈜	삼성SDI㈜	㈜제일기획
Ⅰ. 요약 재무정보(연결재무제표 기준)					
요약 재무상태표 :					
유동자산	5,208,418	8,160,300	5,521,988	9,187,029	2,372,420
비유동자산	6,449,453	4,160,724	10,524,209	24,851,831	517,085
유동부채	2,900,460	2,391,861	4,157,861	8,518,933	1,375,034
비유동부채	727,087	953,592	2,057,844	5,612,677	216,707
비지배지분	182,613	317,562	–	1,395,877	11,206
요약 포괄손익계산서 :					
매출	8,909,348	13,276,844	3,694,589	22,708,300	4,138,275
계속영업손익(*1)	430,839	693,422	857,691	2,009,207	187,302
세후중단영업손익(*1)	(7,883)	–	–	–	–
기타포괄손익(*1)	45,054	(11,085)	(11,673)	85,394	3,685
총포괄손익(*1)	468,010	682,337	846,018	2,094,601	190,987
Ⅱ. 관계기업 투자의 장부금액으로의 조정 내역					
순자산(a)	7,847,711	8,658,009	9,830,492	18,511,373	1,286,558
연결실체지분율(b)(*2)	23.4%	22.6%	31.2%	20.1%	28.7%
순자산지분금액(a×b)	1,837,925	1,955,699	3,068,636	3,726,675	368,875
영업권	7,081	26,801	3,645	–	298,779
내부거래 등(*3)	(3,613)	(16,294)	1,314	(814,111)	1,709
장부금액	1,841,393	1,966,206	3,073,595	2,912,564	669,363
Ⅲ. 배당					
배당	37,155	55,911	–	13,867	33,394

(*1) 지배기업의 소유주에 귀속될 손익입니다.
(*2) 보통주와 우선주 포함 지분율입니다.
(*3) 미실현손익과 기타차이로 구성되어 있습니다.

(단위 : 백만원)

구분	전기				
	삼성전기㈜	삼성에스디에스㈜	삼성바이오로직스㈜	삼성SDI㈜	㈜제일기획
Ⅰ. 요약 재무정보(연결재무제표 기준)					
요약 재무상태표 :					
유동자산	4,888,319	8,005,764	6,457,657	9,651,702	2,193,979
비유동자산	6,108,852	3,946,660	10,124,394	20,605,823	557,466
유동부채	2,525,123	2,493,323	4,181,542	8,006,939	1,335,643

구분	전기				
	삼성전기㈜	삼성에스디에스㈜	삼성바이오로직스㈜	삼성SDI㈜	㈜제일기획
비유동부채	778,563	992,132	3,416,034	5,033,084	194,373
비지배지분	154,991	243,777	–	731,779	9,388
요약 포괄손익계산서 :					
매출	9,441,276	17,234,750	3,001,295	20,124,070	4,253,367
계속영업손익(*1)	1,009,739	1,099,745	798,056	1,952,149	193,732
세후중단영업손익(*1)	(29,187)	–	–	–	–
기타포괄손익(*1)	(2,215)	80,368	6,995	(139,877)	(1,122)
총포괄손익(*1)	978,337	1,180,113	805,051	1,812,272	192,610
Ⅱ. 관계기업 투자의 장부금액으로의 조정 내역					
순자산(a)	7,538,494	8,223,192	8,984,475	16,485,723	1,212,041
연결실체지분율(b)(*2)	23.4%	22.6%	31.2%	20.1%	28.7%
순자산지분금액(a×b)	1,765,507	1,857,481	2,804,547	3,318,875	347,510
영업권	7,081	26,801	3,645	–	298,779
내부거래 등(*3)	(8,339)	(13,944)	481	(627,652)	2,872
장부금액	1,764,249	1,870,338	2,808,673	2,691,223	649,161
Ⅲ. 배당					
배당	37,155	41,933	–	13,463	28,748

(*1) 지배기업의 소유주에 귀속될 손익입니다.
(*2) 보통주와 우선주 포함 지분율입니다.
(*3) 미실현손익과 기타차이로 구성되어 있습니다.

(2) 주요 공동기업

(단위 : 백만원)

구분	삼성코닝어드밴스드글라스(유)	
	당기	전기
Ⅰ. 요약 재무정보		
요약 재무상태표 :		
유동자산	116,372	170,103
비유동자산	185,100	125,507
유동부채	22,684	19,794
비유동부채	911	363
요약 포괄손익계산서 :		
매출	122,446	133,634
계속영업손익(*1)	2,672	3,998
세후중단영업손익(*1)	–	–
기타포괄손익(*1)	–	288

구분	삼성코닝어드밴스드글라스(유)	
	당기	전기
총포괄손익(*1)	2,672	4,286
Ⅱ. 공동기업 투자의 장부금액으로의 조정 내역		
순자산(a)	277,877	275,453
연결실체지분율(b)	50.0%	50.0%
순자산지분금액(a×b)	138,939	137,727
내부거래 등(*2)	(1)	18
장부금액	138,938	137,745
Ⅲ. 배당		
배당	-	-

(*1) 공동기업별 지배기업의 소유주에 귀속될 손익입니다.
(*2) 미실현손익과 기타차이로 구성되어 있습니다.

설명

1. 지분법평가내역과 순자산 장부금액으로의 조정내역

사례회사의 지분법 평가 대상회사 중 아래 1개사를 예를 들면 지분법 평가내역과 순자산 장부금액으로의 조정내역과의 관계는 다음과 같다[K-1112. B14(2)].

(2) 당기 중 중요한 관계기업에 대한 지분법 평가내역은 다음과 같습니다.

기업명	기초	취득(처분)	지분법평가내역			기말
			지분법손익	지분법 자본변동	기타	
삼성전기㈜	1,764,249	-	106,455	7,844	(37,155)	1,841,393

(3) 2021년말 현재 중요한 관계기업의 재무정보금액을 관계기업에 대한 지분의 장부금액으로 조정한 내역은 다음과 같습니다. [K-1112. B14(2)]

기업명	당기말 순자산(a)	연결실체 지분율(b)	순자산지분금액(a×b)	영업권	내부거래	…	장부금액
삼성전기㈜	7,847,711	23.4%	1,837,925	7,081	(3,613)	-	1,841,393

상기 사례회사의 지분법 평가(지분법손익 및 지분법자본변동) 결과 기말금액은 피투자회사[삼성전기(주)]의 기말 순자산 장부금액에 지분율을 곱한 금액과 일치하지 않는다. 그 이유는 취득시점에 영업권이 존재하며, 당기 중 내부거래가 존재하기 때문인 것으로 파악된다. 이러한 순자산 장부금액에 지분율을 곱한 금액과 지분법 평가 결과의 차이 원인을 설명하는 것이 상기 주석이다.

2. 중요한 관계기업과 공동기업의 요약재무정보

사례회사는 주요 관계기업과 공동기업의 배당금과 요약재무정보를 공시하고 있다(K-1112.

B12~B13).

주석공시 요구사항	공시내용	기준서 (K-1112)
1. 수령한 배당금	배당금 금액 (예 : 삼성전기 37,155백만원)	B12(1)
2. 요약재무정보	유동자산, 비유동자산 등	B12(2)
3. 추가정보	현금및현금상자산, 금융부채 등	B13

(3) 개별적으로 중요하지 않은 관계기업 및 공동기업의 손익 중 연결회사의 지분 해당액은 다음과 같습니다.

(단위 : 백만원)

구분	당기		전기	
	관계기업	공동기업	관계기업	공동기업
당기순손익	87,072	2,399	102,930	1,867
기타포괄손익	50,260	1,915	(50,761)	(2,677)
총포괄손익	137,332	4,314	52,169	(810)

설명

개별적으로 중요하지 않은 모든 공동기업과 관계기업에 대해서는 다음 각각의 항목의 총액 수준의 주석공시를 요구한다.
(1) 계속영업손익
(2) 세후중단영업손익
(3) 기타포괄손익
(4) 총포괄손익

주석공시 요구사항	공시내용 (관계기업)	공시내용 (공동기업)	기준서 (K-1112)
(1) 계속영업손익	87,072	2,399	B16(1)
(2) 세후중단영업손익	해당 없음.	해당 없음.	B16(2)
(3) 기타포괄손익	50,260	1,915	B16(3)
(4) 총포괄손익	137,332	4,314	B16(4)

바. 보고기간종료일 현재 시장성 있는 관계기업 투자주식의 내역은 다음과 같습니다.

(단위 : 주, 백만원)

구분	당기말		전기말
	주식수(주)	시장가치	시장가치
삼성전기㈜	17,693,084	2,710,580	2,308,947

구분	당기말		전기말
	주식수(주)	시장가치	시장가치
삼성에스디에스㈜	17,472,110	2,970,259	2,149,070
삼성바이오로직스㈜	22,217,309	16,885,155	18,240,411
삼성SDI㈜	13,462,673	6,354,382	7,956,440
㈜제일기획	29,038,075	552,595	669,328

설명

지분법 적용 대상 관계기업 또는 공동기업이 상장주식인 경우, 해당 시장가격을 주석공시하고 있다[K-1112, 21(2)(다)].

공시사례 10.8 미인식 지분법손실

주석

[출처 : SK텔레콤 2023년 연결감사보고서]

12. 관계기업 및 공동기업투자

(6) 지분법적용 중지로 인하여 인식하지 못한 지분변동액

당기말 현재 지분법적용의 중지로 인하여 인식되지 아니한 미반영 지분변동액은 다음과 같습니다.

(단위 : 백만원)

구분	미반영손실		미반영자본조정	
	당 기	누 적	당 기	누 적
인바이츠지노믹스 주식회사 (구, 인바이츠헬스케어 주식회사)	7,844	7,844	1,179	1,179
대한강군비씨앤(주) 외	–	5,780	–	(124)
합계	7,844	13,624	1,179	1,055

설명

사례회사는 관계기업과 공동기업에 대해 연결재무제표에서 지분법을 적용하고 있다. 지분법 적용 대상 중 지분법손실이 장부금액 미만으로 지분법적용을 중지한 경우의 미반영 지분법손실을 주석공시하고 있다[K-1112, 22(3)].

공시사례 10.9 유의적인 제약(관계기업)

주석

[출처 : 한국남부발전 2021년 연결감사보고서]

18. 관계기업투자 및 공동기업

(5) 투자기업에게 자금을 이전하거나, 투자기업에 대한 차입금이나 선수금을 상환하거나 반환하는 공동기업이나 관계기업의 능력에 대해 다음과 같은 유의적인 제약이 있습니다.

기 업 명	유의적 제약의 성격과 범위
대구그린파워(주)	대구그린파워(주)와 금융기관이 체결한 대출약정서상의 조건이 충족되거나 금융기관의 사전 서면동의를 받은 경우에만 출자자들에 대한 배당이 가능합니다. 또한 금융기관의 사전 서면동의 없이는 보유하고 있는 주식의 전부 또는 일부를 양도할 수 없습니다.
평창풍력발전(주)	평창풍력발전(주)와 금융기관이 체결한 대출약정서상의 조건이 충족되거나 금융기관의 사전 서면동의를 받은 경우에만 출자자 후순위대출금에 대한 원리금 지급 또는 출자자들에 대한 배당이 가능합니다. 또한, 이해관계자의 동의 없이는 보유하고 있는 주식의 전부 또는 일부를 양도할 수 없습니다.
(주)대륜발전	(주)대륜발전과 금융기관이 체결한 대출약정서상의 조건이 충족되거나 금융기관의 사전 서면동의를 받은 경우에만 출자자 후순위대출금에 대한 원리금 지급 또는 출자자들에 대한 배당이 가능합니다. 또한 다수 대주의 동의 없이는 보유하고 있는 주식의 전부 또는 일부를 양도할 수 없습니다.
케이앤에이치솔라(주)	케이앤에이치솔라(주)는 대출 금융기관의 사전 서면동의를 받은 경우에만 출자자 후순위대출금에 대한 원리금 지급 또는 출자자들에 대한 배당이 가능합니다. 또한 타주주의 동의 없이는 보유하고 있는 주식의 전부 또는 일부를 양도할 수 없습니다.
한국파워엔지니어링서비스(주)	이사회의 동의 없이는 보유하고 있는 주식의 전부 또는 일부를 양도할 수 없습니다.
Daehan Wind Power PSC	대출약정서상의 조건이 충족되는 경우에만 출자자들에 대한 배당이 가능합니다. 또한 이해관계자의 동의 없이는 보유하고 있는 주식의 전부 또는 일부를 양도할 수 없습니다.
대정해상풍력(주)	본 사업의 운영기간 개시 전까지 이해관계자의 동의 없이는 보유하고 있는 주식의 전부 또는 일부를 양도할 수 없습니다.
한국해상풍력(주)	대출약정서상의 조건이 충족되는 경우에만 출자자들에 대한 배당이 가능합니다. 또한 금융기관의 서면 동의 없이는 보유하고 있는 주식의 전부 또는 일부를 양도할 수 없습니다.
내포그린에너지(주)	대출약정서상의 조건이 충족되는 경우에만 출자자들에 대한 배당이 가능합니다. 또한 이해관계자의 동의 없이는 보유하고 있는 주식의 전부 또는 일부를 양도할 수 없습니다.
삼척에코건자재(주)	주주협약서상의 조건이 충족되는 경우에만 출자자들에 대한 배당이 가능합니다. 한편, 이해관계자의 동의 없이는 보유하고 있는 주식의 전부 또는 일부를 양도할 수 없습니다.
케이피지이(주)	이해관계자의 동의 없이는 보유하고 있는 주식의 전부 또는 일부를 양도할 수 없습니다.

기 업 명	유의적 제약의 성격과 범위
태백귀네미풍력발전(주)	주주협약서상의 조건이 충족되는 경우에만 출자자들에 대한 배당이 가능합니다. 한편, 이해관계자의 동의 없이는 보유하고 있는 주식의 전부 또는 일부를 양도할 수 없습니다.
솔라시도태양광발전(주)	주주협약서상의 조건이 충족되는 경우에만 출자자들에 대한 배당이 가능합니다. 한편, 이해관계자의 동의 없이는 보유하고 있는 주식의 전부 또는 일부를 양도할 수 없습니다.
Chester Solar Ⅳ SpA	대출약정서상의 조건이 충족되는 경우에만 출자자들에 대한 배당이 가능합니다. 또한 이해관계자의 동의 없이는 보유하고 있는 주식의 전부 또는 일부를 양도할 수 없습니다.
Chester Solar Ⅴ SpA	
Diego de Almagro Solar SpA	
Laurel SpA	
Chester Solar Ⅰ SpA	
Kelar S.A.	
Indeck Niles Asset Management, LLC	이해관계자의 동의 없이는 보유하고 있는 주식의 전부 또는 일부를 양도할 수 없습니다.
Indeck Niles Development, LLC	
오미산풍력발전(주)	대출약정서상의 조건이 충족되고 대리은행의 사전 서면 동의를 받지 않은 이상, 출자자에 대하여 후순위조건 채무를 상환하거나 배당을 선언하거나 지급할 수 없습니다. 또한 당사와 유니슨은 종합준공 후 4년이 경과하기 전까지 어느 당사자도 다른 당사자들의 사전 서면동의를 받지 아니하고는 자신의 보유 주식의 전부 또는 일부를 제3자에게 양도할 수 없으며, 보유 주식 양도결과 각 사의 잔여 주식수가 오미산풍력발전 주식회사 총 주식수의 10% 이하가 될 경우는 당사자의 사전 서면동의를 받아야 합니다.
금성산풍력발전㈜	대출약정서상의 조건이 충족되는 경우에만 출자자들에 대한 배당이 가능합니다. 또한 상업운전 3년 경과하는 날까지 주식의 전부 또는 일부를 양도할 수 없으며, 대리은행의 사전 서면동의 없이 금융서류에서 허용되지 아니하는 방식으로 회사의 주식을 제3자에게 양도하거나 달리 처분할 수 없습니다.
㈜코스처	이해관계자의 동의 없이는 보유하고 있는 주식의 전부 또는 일부를 양도할 수 없습니다.

설명

사례회사는 관계기업에 대한 유의적인 제약이 존재하여, 해당 내용을 주석공시하고 있다 [K-1112, 20(1)].

공시사례 10.10 **연결구조화기업**

주석

[출처 : 두산중공업(두산에너빌리티) 2021년 연결감사보고서]

32. 우발채무와 약정사항

(8) 연결구조화기업 관련 약정

당기말 현재 연결실체가 연결구조화기업에 대한 지분과 관련된 자산과 부채의 장부금액과 제공한 재무적 지원의 내역 및 최대손실노출액은 다음과 같습니다.

(단위 : 백만원)

구분	구조화기업명	구조화기업에 대한 재무적 지원	구조화기업지분 관련 부채의 장부금액	구조화기업의 손실에 대한 연결실체의 최대노출액
두산중공업(주)	케이디피피제오차 주식회사(주1)	대출 원리금 등 자금보충의무	49,600	64,480

(주1) 케이디피피제오차주식회사는 지배기업이 보유하는 미래공사채권을 유동화할 목적으로 설립된 회사로 주로 금융기관으로부터 ABCP 등을 발행하여 재원을 조달하고 있으며, 당기말 현재 기초자산의 규모는 유동화회사 재무제표상 장부금액을 기준으로 49,600백만원입니다.

설명

사례회사는 연결재무제표에서 연결구조화기업에 대해 다음의 주석사항을 공시하고 있다.

주석공시 요구사항	공시내용	기준서 (K-1112)
연결구조화기업에게 재무지원을 제공하도록 요구할 수 있는 모든 계약상 약정	대출 원리금 등 자금보충의무 등	14
계약상 의무 없이 연결구조화기업에게 재무지원이나 그 밖의 지원(예 : 자산을 구입하거나 구조화기업이 발행한 상품을 구입)을 제공하고 있는 경우, 제공되는 지원의 유형과 금액	해당 없음.	15
지원을 제공하는 의도	미래공사채권을 유동화할 목적	17

공시사례 10.11 비연결구조화기업(비금융업)

주석

[출처 : 아이에스동서 2023년 연결감사보고서]

10. 비연결구조화기업에 대한 지분

연결기업이 보유 중인 지분 중 지배력을 보유하지 아니한 비연결구조화기업은 늘푸른학교㈜ 등 민간투자사업과 관련되어 있습니다. 연결기업은 관련 기업들에 대한 투자자로서 배당수익을 인식하고 있으며, 해당기업의 가치 하락 시 원금 손실에 노출될 수 있습니다.

(단위 : 천원)

구분	금액
비연결구조화기업 자산총액	261,292,305
비연결구조화기업 관여로 인해 인식한 자산	806,442
기타포괄손익 공정가치 측정 지분상품	806,442
비연결구조화기업 관여로 인해 인식한 부채	-
최대손실 노출액	806,442
투자자산	806,442
비연결구조화기업으로부터 손실	-

설명

사례회사는 비금융회사로서 연결재무제표에 비연결구조화기업에 대해 다음의 주석사항을 공시하고 있다.

주석공시 요구사항	공시내용	기준서 (K-1112)
비연결구조화기업에 대한 지분에 대한 정보(성격, 목적, 규모, 활동, 자금 조달 방법 등)	지배력을 보유하지 아니한 비연결구조화기업은 늘푸른학교㈜ 등 민간투자사업과 관련되어 있습니다.	26
기업의 재무제표에 인식된 자산과 부채의 장부금액	(자산) 806,442	29(1)
자산과 부채가 인식된 재무상태표상의 항목	(자산) 기타포괄손익 공정가치 측정 지분상품	29(2)
최대손실 노출액	806,442	29(3)
비연결구조화기업으로부터 손실	해당 없음.	B26(2)

공시사례 10.12 **비연결구조화기업(금융업)**

주석

[출처 : 미래에셋증권 2023년 연결감사보고서]

50. 비연결구조화기업에 대한 지분

(1) 비연결구조화기업 관련 지분의 성격과 범위

당기말과 전기말 현재 연결실체가 지분을 보유하고 있는 비연결구조화기업의 성격, 목적, 규모 및 활동과 자금 조달 방법은 다음과 같습니다.

(단위 : 백만원)

성격	목적	활동	자금조달방법	자산총액	
				제55(당)기말	제54(전)기말
자산유동화	자산의 조기현금화를 통한 자산보유자의 유동성개선	- 자산유동화계획의 실행 - 유동화자산의 양수 및 회수 - ABS의 발행 및 상환	유동화자산을 기초로 한 ABS발행	24,458,005	25,285,025
PF 및 인수금융	- 사회간접자본(SOC) 및 부동산 개발을 위한 자금조달 및 투자 - 기타 부동산 SPC에 대한 자금 대출 및 인수금융	- 사회간접자본 건설 및 부동산 개발 - 부동산 제조 및 구입 등	투자자출자 및 금융기관 차입 등	44,366,708	36,240,264
투자펀드(*)	금융상품 / 비금융상품 투자를 통한 수익 추구	- 펀드자산의 관리 및 운용 - 펀드보수의 지급 및 운용수익의 배분	- 수익증권의 판매 - 업무집행사원 및 유한 책임사원의 출자	72,695,346	63,192,743

(*) 수익증권, PEF 등을 포함하고 있으며, 그 중 ETF의 자산총액은 장부금액을 사용하였습니다.

설명

사례회사는 금융회사로서 연결재무제표에 비연결구조화기업에 대해 지분의 성격과 범위 등을 다음과 같이 공시하고 있다.

주석공시 요구사항	공시내용	기준서 (K-1112)
비연결구조화기업에 대한 지분에 대한 정보(성격, 목적, 규모, 활동, 자금 조달 방법 등)		26
성격	자산유동화	26
목적	자산의 조기현금화를 통한 자산보유자의 유동성개선	26

주석공시 요구사항	공시내용	기준서 (K-1112)
활동	– 자산유동화계획의 실행 – 유동화자산의 양수 및 회수 – ABS의 발행 및 상환	26
자금조달방법	유동화자산을 기초로 한 ABS 발행	26

(2) 비연결구조화기업 지분 관련 위험의 성격

당기말과 전기말 현재 연결재무제표에 인식된 비연결구조화기업 관련 지분의 장부금액과 최대손실노출액은 다음과 같습니다.

– 제55(당)기말

(단위 : 백만원)

구분	자산유동화	PF 및 인수금융	투자펀드	합계
자산				
당기손익–공정가치 측정 금융자산	1,869,644	243,870	8,320,358	10,433,872
기타포괄손익–공정가치 측정금융자산	644,850	–	–	644,850
관계기업	–	28,624	721,825	750,449
대출채권	52,987	1,319,940	159,159	1,532,086
기타자산	6,195	20,958	76	27,229
합계	2,573,676	1,613,392	9,201,418	13,388,486
부채				
기타부채	15,401	53,743	25	69,169
매입약정 및 지급보증 등	705,206	767,671	1,131,509	2,604,386
최대손실노출액	3,278,882	2,381,063	10,332,927	15,992,872

– 제54(전)기말

(단위 : 백만원)

구분	자산유동화	PF 및 인수금융	투자펀드	합계
자산				
당기손익–공정가치 측정 금융자산	1,884,821	272,217	8,048,874	10,205,912
기타포괄손익–공정가치 측정금융자산	827,784	–	–	827,784
관계기업	–	28,758	818,890	847,648
대출채권	65,469	1,372,709	124,619	1,562,797

구분	자산유동화	PF 및 인수금융	투자펀드	합계
기타자산	7,033	16,417	1,641	25,091
합계	2,785,107	1,690,101	8,994,024	13,469,232
부채				
기타부채	68,862	33,289	113	102,264
매입약정 및 지급보증 등	989,423	1,408,235	1,221,633	3,619,291
최대손실노출액	3,774,530	3,098,336	10,215,657	17,088,523

설명

사례회사는 금융회사로서 연결재무제표에 비연결구조화기업에 대한 지분 관련 위험의 성격을 다음과 같이 공시하고 있다.

주석공시 요구사항	공시내용 (예 : 자산유동화)	기준서 (K-1112)
기업의 재무제표에 인식된 자산과 부채의 장부금액	(자산) 2,573,676	29(1)
자산과 부채가 인식된 재무상태표상의 항목	(자산) 당기손익-공정가치 측정 금융자산 등	29(2)
최대손실 노출액	3,278,882	29(3)
비연결구조화기업으로부터 손실	해당 없음.	B26(2)

K-IFRS

주석작성실무

CHAPTER

11 자산손상

▶ 관련 기업회계기준서

K-IFRS 제1036호 자산손상

01 | 기준서 주요 내용

| 자산손상의 개요

자산의 장부금액이 회수가능액을 초과할 때 자산은 손상된 것이다. 손상여부에 대한 평가는 손상의 징후가 있는 경우에 손상평가하는 경우와, 손상 징후와 관계없이 손상평가하는 2가지로 구분된다.

보고기간 말마다 자산손상 징후가 있는지를 검토한다. 그러한 징후가 있다면 해당 자산의 회수가능액을 추정한다.

다음의 경우에는 자산손상 징후가 있는지에 관계없이 1년에 한 번은 회수가능액과 장부금액을 비교하여 손상검사를 한다.

- 내용연수가 비한정인 무형자산
- 아직 사용할 수 없는 무형자산
- 사업결합으로 취득한 영업권

| 자산손상 징후

손상의 징후는 자산가치 하락, 기업의 시가총액보다 낮은 순자산 장부금액 등의 외부정보원천과 자산의 진부화 또는 물리적인 손상 등의 내부정보원천 등을 최소한으로 고려한다.

또한, 별도재무제표에서의 종속기업투자주식, 관계기업투자주식 등 투자의 장부금액이 연결재무제표에 있는 관련 영업권을 포함한 피투자자의 순자산의 장부금액을 초과하는 경우도 손상의 징후이다.

예를 들어, 연결재무제표에 포함된 종속기업의 순자산 장부금액이 100원인데, 별도재무제표에 종속기업투자주식 금액이 120원인 상황이 손상의 징후인 경우이다.

| 회수가능액의 측정

회수가능액을 자산 또는 현금창출단위의 처분부대원가를 뺀 공정가치와 사용가치 중 더 많은 금액으로 정의한다.

즉, 회수가능액 = Max[(1) 처분부대원가를 뺀 공정가치, (2) 사용가치]이다.

처분부대원가를 뺀 공정가치는 보고기간 말 현재 정상적인 과정으로 처분했을 때의 가치이며, 사용가치는 자산이나 현금창출단위에서 얻을 것으로 예상되는 미래현금흐름의 현재가치로 일반적으로 이익접근법인 현금흐름할인모형(DCF : Discounted Cash Flow)을 적용하여 산출한다.

| 손상차손의 인식과 측정

자산의 회수가능액이 장부금액에 못 미치는 경우에 자산의 장부금액을 회수가능액으로 감액한다. 해당 감소금액은 손상차손이다.

손상차손은 곧바로 당기손익으로 인식한다. 그러나 재평가자산의 손상차손은 해당 자산에서 생긴 재평가잉여금에 해당하는 금액까지는 기타포괄손익으로 인식한다.

| 현금창출단위 손상검토

자산손상 징후가 있다면 개별 자산별로 회수가능액을 추정한다.

개별 자산의 회수가능액을 추정할 수 없다면 그 자산이 속하는 현금창출단위(CGU : Cash Generating Unit)의 회수가능액을 산정한다. 기계장치 등 유형자산은 대부분 개별 자산별로 회수가능액을 추정할 수 없어 현금창출단위로 추정한다.

| 현금창출단위 손상차손 배분

현금창출단위에서 손상차손이 발생한 경우, 현금창출단위를 구성하는 각 자산에 손상차손을 배분해야 하며, 그 배분의 순서는 다음과 같다.

손상차손은 다음과 같은 순서로 배분하여 현금창출단위에 속하는 자산의 장부금액을 감액한다.

(1) 우선 현금창출단위에 배분한 영업권의 장부금액을 감액한다.

(2) 그 다음에 현금창출단위에 속하는 다른 자산에 각각의 장부금액에 비례하여 배분한다.

현금창출단위의 손상차손 배분 시 현금창출단위에 속하는 각 개별자산의 공정가치가 장부금액을 초과하는 경우에는 그 자산을 제외하고 나머지 자산에 손상차손을 배분한다.

예시

현금창출단위의 회수가능액이 600원인 경우의 손상차손을 배분하는 예시는 다음과 같다.

(단위 : 원)

구분	장부금액	손상차손	공정가치	손상차손 배분
영업권	300		–	300
건물	500		600	–
기계장치 A	100		–	50
비품 B	100		–	50
합계	1,000	400		400

상기 현금창출단위의 장부금액은 1,000원, 회수가능액이 600원이므로, 손상차손을 400원 인식한다.
손상차손은 우선 영업권에 300원 배분한다.
나머지 손상차손 100원은 현금창출단위에 포함된 유형자산(건물, 기계장치 A, 비품 B)의 장부금액 비율로 안분한다.

다만, 유형자산 중 건물의 개별 공정가치(600원)가 장부금액(500원)을 초과하기 때문에, 건물에는 손상차손을 배분하지 않고, 손상차손 100원은 나머지 유형자산(기계장치 A, 비품 B)의 장부금액 비율로 안분한다.

회계처리는 다음과 같다.

차변		대변	
무형자산손상차손	300	영업권	300
유형자산손상차손	100	기계장치 손상차손누계액	50
		비품 손상차손누계액	50

영업권은 손상차손환입을 하지 않으며, 영업권 이외의 자산은 손상차손환입 사유가 발생 시 환입한다.

02 | 주석 작성 핵심 포인트

자산손상 관련 주요 주석공시사항은 다음과 같이 요약된다.

Key Point

구분	주요 주석공시사항	비고
1. 손상차손 인식한 경우	• 손상차손이나 손상차손환입을 불러온 사건과 상황 • 인식한 손상차손 금액이나 손상차손환입 금액 • 개별 자산의 특성 또는 현금창출단위의 설명	
2. 손상평가 정보	• 자산(현금창출단위)의 회수가능액 • 그 회수가능액이 처분부대원가를 뺀 공정가치인지 또는 사용가치인지 여부	
(1) 회수가능액이 순공정가치(처분부대원가를 뺀 공정가치)인 경우	• 공정가치 서열체계 • 수준 2, 3의 경우 추가정보 공시	
(2) 회수가능액이 사용가치인 경우	사용가치의 현재 추정치와 과거 추정치(해당되는 경우)에 사용된 할인율	
3. 영업권 등이 포함된 현금창출단위 회수가능액 산정에 사용한 추정치		
(1) 회수가능액이 순공정가치(처분부대원가를 뺀 공정가치)인 경우	가치평가기법 등	
(2) 회수가능액이 사용가치인 경우	• 현금흐름을 추정할 때 경영진이 근거한 주요 가정 • 경영진이 주요 가정치를 결정하는 방식 • 경영진이 승인한 재무예산/예측을 기초로 미래현금흐름을 추정할 때 추정 대상 기간과 현금창출단위(현금창출단위집단)에 사용하는 기간이 5년을 초과한 경우에 이를 정당화할 수 있는 이유를 설명 • 영구현금흐름 추정 시 사용한 성장률 • 미래현금흐름 추정치에 적용한 할인율(들)	

03 | 주석공시 요구사항

자산손상 관련 주석공시사항은 다음과 같이 구분된다.

문단	공시사항
126 ~ 129	1. 일반사항
130	2. 손상차손(환입) 인식한 경우 공시사항
131	3. 손상차손(환입)이 중요하지 않은 경우 공시사항
134 ~ 137	4. 영업권 등이 포함된 현금창출단위 회수가능액 산정에 사용한 추정치

1. 일반사항

126 자산의 분류별로 다음 항목을 공시한다.

(1) 회계기간 중 당기손익으로 인식한 손상차손 금액과 해당 손상차손이 포함된 포괄손익계산서 항목

(2) 회계기간 중 당기손익으로 인식한 손상차손환입 금액과 해당 손상차손환입이 포함된 포괄손익계산서 항목

(3) 회계기간 중 기타포괄손익으로 인식한 재평가자산의 손상차손금액

(4) 회계기간 중 기타포괄손익으로 인식한 재평가자산의 손상차손환입 금액

127 자산의 분류란 기업의 영업에서 특성과 용도가 비슷한 자산의 집단을 말한다.

128 문단 126에서 요구하는 정보는 자산 분류별로 공시하는 다른 정보와 함께 표시할 수 있다. 예를 들면 이 정보는 기업회계기준서 제1016호에 따라 유형자산의 기초 장부금액에 변동 내용을 가감하여 기말 장부금액으로 조정하는 내용에 포함할 수 있다.

129 기업회계기준서 제1108호에 따라 부문정보를 보고하는 경우에는 각 보고부문에 대하여 다음 항목을 공시한다.

(1) 회계기간 중 당기손익과 기타포괄손익으로 인식한 손상차손 금액

(2) 회계기간 중 당기손익과 기타포괄손익으로 인식한 손상차손환입 금액

자산손상 관련 손상차손 공시 일반사항과 그 예시는 다음과 같이 구분된다.

(1) 손상차손 공시 일반사항

주석사항

자산의 분류별로 다음 항목을 공시한다.

- 회계기간 중 당기손익으로 인식한 손상차손(환입) 금액과 해당 손상차손(환입)이 포함된 포괄손익계산서 항목[K-1036, 126(1) · (2)]
- 회계기간 중 기타포괄손익으로 인식한 재평가자산의 손상차손(환입)금액[K-1036, 126(3) · (4)]

기업회계기준서 제1108호에 따라 부문정보를 보고하는 경우에는 각 보고부문에 대하여 다음 항목을 공시한다.

- 회계기간 중 당기손익과 기타포괄손익으로 인식한 손상차손(환입) 금액[K-1036, 129(1) · (2)]

예시

(1) 유형자산

유형자산의 기초 장부금액에서 기말 장부금액으로의 조정내용은 다음과 같습니다. [K-1016, 73(5)]

구분	토지	건물	건설중인자산	합계
기초 순장부금액	1,000	1,000	1,000	3,000
증가(취득)			100	100
매각예정으로 분류된 자산		(200)		(200)
사업결합을 통한 취득	100	100		200
재평가로 인한 변동	200			200
손상차손(환입)(*)		(300)		(300)
감가상각비		100		100
순외환차이				
처분 등		(300)		(300)
기타		400	(400)	–
기말 순장부금액	1,300	800	700	2,800

(*) 당기 중 A 현금창출단위의 회수가능액이 장부가액보다 낮아 손상차손을 300원 인식하였으며, 기타비용의 유형자산손상차손으로 인식하였습니다. [K-1036, 126(1) · (2)]

설명

- 자산의 분류는 기업의 영업에서 특성과 용도가 비슷한 자산의 집단을 말하며 토지, 건물, 기계장치 등으로 구분된다(K-1036, 127).
- 유형자산의 기초에서 기말의 증감분석은 취득, 처분, 감가상각비 등으로 구분되며, 이 증감분석 중 손상차손의 내용을 유형자산 분류별로 공시할 수 있다(K-1036, 128).

2. 손상차손(환입) 인식한 경우 공시사항

130 회계기간 중 손상차손이나 손상차손환입을 인식한 개별 자산(영업권 포함) 또는 현금창출단위에 대해서는 다음 사항을 공시한다.

(1) 손상차손이나 손상차손환입을 불러온 사건과 상황

(2) 인식한 손상차손 금액이나 손상차손환입 금액

(3) 개별 자산에 대한 다음 사항

(가) 자산의 특성

(나) 기업회계기준서 제1108호에 따라 부문정보를 보고하는 경우에 해당 자산이 속하는 보고부문

(4) 현금창출단위에 대한 다음 사항

(가) 현금창출단위에 대한 설명(예 : 현금창출단위가 제품라인, 공장, 사업, 지역, 기업회계기준서 제1108호에서 정의하는 보고부문 중 어디에 해당하는지에 대한 설명)

(나) 자산 분류별로 인식한 손상차손 금액과 손상차손환입 금액. 기업회계기준서 제1108호에 따라 부문정보를 보고하는 경우에 보고부문별로 인식한 손상차손 금액과 손상차손환입 금액

(다) 현금창출단위의 회수가능액을 과거에 추정한 이후 현금창출단위를 식별하기 위한 자산의 구성방법을 변경한 경우에 변경 전과 후의 자산 구성방법과 변경한 이유

(5) 자산(현금창출단위)의 회수가능액과 그 회수가능액이 처분부대원가를 뺀 공정가치인지 또는 사용가치인지

(6) 회수가능액이 처분부대원가를 뺀 공정가치인 경우에 다음의 정보

(가) 자산(현금창출단위)의 공정가치 측정치가 그 전체로서 분류되는 공정가치 서열체계(기업회계기준서 제1113호 참조) 수준('처분부대원가'를 관측할 수 있는지는 고려하지 않음)

(나) 공정가치 서열체계에서 수준 2와 수준 3으로 분류되는 공정가치 측정치의 경우에 처분부대원가를 뺀 공정가치 측정에 사용한 가치평가기법(들)에 대한 기술. 가치평가기법이 변경되었다면 그 변경 사실과 그 이유(들)를 공시한다.

(다) 공정가치 서열체계에서 수준 2와 수준 3으로 분류되는 공정가치 측정치의 경우에 처분부대원가를 뺀 공정가치를 산정할 때 근거한 각 주요 가정. 주요 가정들이란 자산(현금창출단위)의 회수가능액이 가장 민감하게 반응하는 가정들을 말한다. 처분부대원가를 뺀 공정가치가 현재가치기법을 사용하여 측정된 경우에 당기 및 전기의 측정치에 사용한 할인율(들)도 공시한다.

130	(7) 회수가능액이 사용가치인 경우에 사용가치의 현재 추정치와 과거 추정치(해당되는 경우)에 사용된 할인율

손상차손을 인식한 경우의 주석공시사항과 그 예시는 다음과 같이 구분된다.

손상차손을 인식한 경우 공통적인 주석공시사항 이외에, 회수가능액의 산정이 순공정가치인지, 사용가치인지에 따라 주석공시사항이 달리 요구된다.

참고로 아래 주석공시사항은 손상차손을 인식한 경우에 해당되므로, 손상차손을 인식하지 않은 경우에는 아래 주석공시사항이 필수적으로 요구되지 않는다.

구분	기준서 (K-1036)
(1) 손상차손(환입) 정보	130(1) ~ (4)
(2) 회수가능액이 순공정가치(처분부대원가를 뺀 공정가치)인 경우	130(5) · (6)
(3) 회수가능액이 사용가치인 경우	130(5) · (7)

(1) 손상차손(환입) 정보

주석사항

회계기간 중 손상차손이나 손상차손환입을 인식한 개별 자산(영업권 포함) 또는 현금창출단위에 대해서는 다음 사항을 공시한다.

- 손상차손이나 손상차손환입을 불러온 사건과 상황[K-1036, 130(1)]
- 인식한 손상차손 금액이나 손상차손환입 금액[K-1036, 130(2)]
- 개별 자산에 대한 다음 사항[K-1036, 130(3)]
  - 자산의 특성
  - 기업회계기준서 제1108호에 따라 부문정보를 보고하는 경우에 해당 자산이 속하는 보고부문 금액
- 현금창출단위에 대한 다음 사항[K-1036, 130(4)]
  - 현금창출단위에 대한 설명(예 : 현금창출단위가 제품라인, 공장, 사업, 지역, 보고부문 중 어디에 해당하는지에 대한 설명)
  - 자산 분류별로 인식한 손상차손 금액과 손상차손환입 금액
  - 현금창출단위의 회수가능액을 과거에 추정한 이후 현금창출단위를 식별하기 위한 자산의 구성방법을 변경한 경우에 변경 전과 후의 자산 구성방법과 변경한 이유

예시

독립된 현금창출단위로 관리되고 있는 A사업부와 B사업부는 해당 산업의 경기침체 및 영업손실의 누적 등으로 손상검사를 수행하였습니다. [K-1036, 130(1) · (4)]

손상검사 결과 A사업부에서 손상차손 100원을 인식하였습니다. [K-1036, 130(2)]
당기 중 인식한 손상차손 100원은 해당 현금창출단위의 자산 분류별로 아래와 같이 배분 인식하였습니다. [K-1036, 130(4)]

구분	손상차손 금액
토지	-
건물	50
기계장치	30
기타의유형자산	20
합계	100

설명

• 자산의 분류는 기업의 영업에서 특성과 용도가 비슷한 자산의 집단을 말하며 토지, 건물, 기계장치 등으로 구분된다(K-1036, 127).
• 유형자산의 기초에서 기말의 증감분석은 취득, 처분, 감가상각비 등으로 구분되며, 이 증감분석 중 손상차손의 내용을 유형자산 분류별로 공시할 수 있다(K-1036, 128).

(2) 회수가능액이 순공정가치(처분부대원가를 뺀 공정가치)인 경우

주석사항

• 자산(현금창출단위)의 회수가능액[K-1036, 130(5)]
• 그 회수가능액이 처분부대원가를 뺀 공정가치인지 또는 사용가치인지 여부[K-1036, 130(5)]
• 회수가능액이 공정가치에서 처분부대원가를 뺀 금액인 경우에 다음의 정보[K-1036, 130(6)]
  - 공정가치 서열체계[K-1036, 130(6)(가)]
  - 공정가치 서열체계에서 수준 2와 수준 3으로 분류되는 공정가치 측정치의 경우에 처분부대원가를 뺀 공정가치 측정에 사용한 가치평가기법(들)에 대한 기술[K-1036, 130(6)(나)]
  - 공정가치 서열체계에서 수준 2와 수준 3으로 분류되는 공정가치 측정치의 경우에 처분부대원가를 뺀 공정가치를 산정할 때 근거한 각 주요 가정[주요 가정들이란 자산(현금창출단위)의 회수가능액이 가장 민감하게 반응하는 가정들을 말한다. 처분부대원가를 뺀 공정가치가 현재가치기법을 사용하여 측정된 경우에 당기 및 전기의 측정치에 사용한 할인율(들)도 공시한다][K-1036, 130(6)(다)]

예시

현금창출단위의 회수가능액은 처분부대원가를 뺀 공정가치에 기초하여 결정되었으며, A사업부의 회수가능액은 1,200원입니다. [K-1036, 130(5)]
회수가능액은 처분부대원가를 뺀 공정가치로 측정하였으며, 독립적인 감정평가법인을 통하여 평가를 수행하였습니다. 평가방법은 공시지가기준법 및 거래사례비교법 등을 사용하였으며 공정가치 측정치는 지가변동률, 물가지수 등의 관측 가능하지 않은 투입변수를 고려하여 공정가치 서열체계 수준 3에 해당하는 것으로 분류하였습니다. [K-1036, 130(6)]

설명

- 개별자산 또는 현금창출단위에서 손상차손이 발생한 경우, 장부가액과 비교되는 회수가능액을 공시하고, 회수가능액의 산출내역을 주석공시한다.
- 회수가능액이 순공정가치(처분부대원가를 뺀 공정가치)인 경우는 감정평가 등을 통해 이루어질 수 있다.
- 이는 비금융자산의 공정가치 측정과 같으므로 K-IFRS 제1113호(공정가치 측정)의 개념을 적용하여 공정가치 서열체계를 공시하고, 서열체계가 수준 1이 아닌 수준 2 또는 수준 3인 경우 구체적인 산정 내역을 주석공시하도록 요구한다.

(3) 회수가능액이 사용가치인 경우

주석사항

- 자산(현금창출단위)의 회수가능액[K-1036, 130(5)]
- 그 회수가능액이 처분부대원가를 뺀 공정가치인지 또는 사용가치인지 여부[K-1036, 130(5)]
- 회수가능액이 자산의 사용가치인 경우 다음의 정보[K-1036, 130(7)]
  - 사용가치의 현재 추정치와 과거 추정치(해당되는 경우)에 사용된 할인율

예시

현금창출단위의 회수가능액은 사용가치의 계산에 기초하여 결정되었으며, A사업부의 회수가능액은 1,200원입니다. [K-1036, 130(5)]
A사업부의 사용가치의 현재 추정치에 사용된 할인율은 5.12%입니다. [K-1036, 130(7)]

설명

- 개별자산(현금창출단위)에서 손상차손이 발생한 경우, 장부가액과 비교되는 회수가능액을 공시하고, 회수가능액의 산출내역을 주석공시한다.
- 회수가능액이 사용가치인 경우, 일반적으로 현금흐름할인모형(DCF : Discounted Cash Flow) 등을 통해 가치평가를 하게 되며, 추정 과정에서 적용한 할인율(WACC)을 주석공시한다.
- 한편, 회계기간 중에 자산(현금창출단위)의 회수가능액을 산정하기 위해 사용한 주요 가정을 공시할 것을 권장하고, 후술하는 영업권이나 내용연수가 비한정인 무형자산이 포함된 현금창출단위의 회수가능액을 측정하는 데 사용한 추정치에 대한 정보는 필수적으로 공시해야 한다(K-1036, 132).

☞ 공시사례 11.1 자산손상(별도, 현금창출단위)
☞ 공시사례 11.2 자산손상(영업권)
☞ 공시사례 11.3 종속기업 손상(별도, 연결)
☞ 공시사례 11.4 자산손상(별도, 순공정가치)

3. 손상차손(환입)이 중요하지 않은 경우 공시사항

손상차손(환입)이 재무제표에서 중요하지 않을 수 있다. 이러한 경우 상기 문단 130에 대한 정보를 공시하지 않고, 간략하게 다음의 내용을 주석공시할 수 있다.

131 손상차손이나 손상차손환입이 중요하지 않아 관련 정보를 문단 130에 따라 공시하지 않은 경우에는 회계기간 중 인식한 해당 손상차손의 총계와 손상차손환입의 총계에 대하여 다음 정보를 공시한다.
(1) 손상차손과 손상차손환입에서 영향을 받는 주요 자산 분류
(2) 손상차손과 손상차손환입을 인식하게 한 주요 사건과 상황

손상차손(환입)이 재무제표에서 중요하지 않은 경우 주석공시사항은 다음과 같다.

(1) 손상차손(환입)이 중요하지 않은 경우

주석사항

손상차손이나 손상차손환입이 중요하지 않아 관련 정보를 문단 130에 따라 공시하지 않은 경우에는 회계기간 중 인식한 해당 손상차손의 총계와 손상차손환입의 총계에 대하여 다음 정보를 공시한다.
• 손상차손과 손상차손환입에서 영향을 받는 주요 자산 분류[K-1036, 131(1)]
• 손상차손과 손상차손환입을 인식하게 한 주요 사건과 상황[K-1036, 131(2)]

설명

손상차손(환입)이 중요하지 않은 경우에는 손상차손 총액, 자산 분류, 손상인식 사건 정도를 주석공시한다.

4. 영업권 등이 포함된 현금창출단위 회수가능액 산정에 사용한 추정치

134 현금창출단위(현금창출단위집단)에 배분된 영업권 또는 내용연수가 비한정인 무형자산의 장부금액이 영업권 전체나 내용연수가 비한정인 무형자산 전체의 장부금액과 비교하여 유의적인 경우에는 각 현금창출단위(현금창출단위집단)에 대해 다음 사항을 공시한다.

134 (1) 현금창출단위(현금창출단위집단)에 배분한 영업권의 장부금액

(2) 현금창출단위(현금창출단위집단)에 배분한 내용연수가 비한정인 무형자산의 장부금액

(3) 현금창출단위(현금창출단위집단)의 회수가능액을 산정한 기준(사용가치, 처분부대원가를 뺀 공정가치)

(4) 현금창출단위(현금창출단위집단)의 회수가능액을 사용가치에 기초하여 산정하는 경우

(가) 최근 재무예산/예측에서 대상으로 한 기간의 현금흐름을 추정할 때 경영진이 근거한 주요 가정. 주요 가정들이란 현금창출단위(현금창출단위집단)의 회수가능액이 가장 민감하게 반응하는 가정들을 말한다.

(나) 경영진이 주요 가정치를 결정하는 방식, 주요 가정치가 과거의 경험치를 반영하거나 외부정보원천과 일치하는지, 차이가 난다면 그 차이의 정도와 이유

(다) 경영진이 승인한 재무예산/예측을 기초로 미래현금흐름을 추정할 때 추정 대상 기간과 현금창출단위(현금창출단위집단)에 사용하는 기간이 5년을 초과한 경우에 이를 정당화할 수 있는 이유를 설명

(라) 최근 재무예산/예측의 대상 기간을 초과하는 기간의 현금흐름을 추정하기 위해 사용한 성장률, 그리고 기업의 제품, 기업이 속한 산업, 기업이 영업하는 국가(들), 현금창출단위(현금창출단위집단)를 활용하는 시장의 장기 평균성장률을 초과하는 성장률을 사용한 경우에 그 성장률이 정당화될 수 있는 근거

(마) 미래현금흐름 추정치에 적용한 할인율(들)

(5) 현금창출단위(현금창출단위집단)의 회수가능액을 처분원가를 뺀 공정가치에 기초하여 측정하는 경우에 처분부대원가를 뺀 공정가치를 측정할 때 사용한 가치평가기법. 기업회계기준서 제1113호에서 요구하는 공시를 제공해야 하는 것은 아니다. 처분부대원가를 뺀 공정가치가 동일한 현금창출단위(현금창출단위집단)의 공시가격을 사용하여 측정한 것이 아니라면 다음 정보를 공시한다.

(가) 처분부대원가를 뺀 공정가치를 산정할 때 근거한 주요 가정. 주요 가정들이란 현금창출단위(현금창출단위집단)의 회수가능액이 가장 민감하게 반응하는 가정들을 말한다.

(나) 경영진이 주요 가정치를 산정하는 방식을 설명. 주요 가정치가 과거의 경험치를 반영하거나 외부정보원천과 일치하는지, 차이가 난다면 그 차이의 정도와 이유

(나)-(1) 공정가치 측정치가 그 전체로서 분류되는 공정가치 서열체계의 수준(기업회계기준서 제1113호 참조)(처분부대원가의 관측 가능성과 관계없음)

(나)-(2) 가치평가기법을 바꾸었다면, 그 바꾼 내용과 바꾼 이유

134 할인현금흐름 추정을 사용하여 처분부대원가를 뺀 공정가치를 측정한다면, 다음 정보를 공시한다.

(다) 경영진이 현금흐름을 추정한 기간

(라) 현금흐름 추정에 사용한 성장률

(마) 현금흐름 추정에 적용한 할인율

(6) 현금창출단위(현금창출단위집단)의 회수가능액을 산정할 때 근거한 주요 가정이 가능성이 어느 정도 있는(reasonably possible) 범위에서 변동될 경우에 현금창출단위(현금창출단위집단)의 장부금액이 회수가능액을 초과할 수 있다면 다음 항목을 공시한다.

(가) 현금창출단위(현금창출단위집단)의 회수가능액이 장부금액을 초과하는 금액

(나) 주요 가정치

(다) 현금창출단위(현금창출단위집단)의 회수가능액과 장부금액을 일치시키는 주요 가정치의 변동폭. 이 경우에 회수가능액 측정에 사용하는 다른 변수 중 주요 가정치의 변동으로 영향을 받는 변수를 고려한다.

135 현금창출단위(현금창출단위집단)에 배분한 영업권 장부금액이나 내용연수가 비한정인 무형자산의 장부금액이 영업권 전체의 장부금액이나 내용연수가 비한정인 무형자산 전체의 장부금액과 비교하여 유의적이지 않은 경우에는 그 사실과 그 현금창출단위(현금창출단위집단)에 배분한 장부금액의 합계액을 공시한다. 또 이 중 같은 주요 가정을 사용하여 회수가능액을 산정한 현금창출단위(현금창출단위집단)가 있는 경우에 해당 현금창출단위(현금창출단위집단)들에 배분한 영업권의 장부금액이나 내용연수가 비한정인 무형자산의 장부금액의 합계액이 영업권 전체의 장부금액이나 내용연수가 비한정인 무형자산 전체의 장부금액과 비교하여 유의적이라면 그 사실과 함께 다음을 공시한다.

(1) 현금창출단위(현금창출단위집단)에 배분된 영업권의 장부금액 합계액

(2) 현금창출단위(현금창출단위집단)에 배분된 내용연수가 비한정인 무형자산의 장부금액 합계액

(3) 주요 가정의 내용

(4) 경영진이 주요 가정치를 결정하는 방식, 주요 가정치가 과거의 경험을 반영하거나 외부정보원천과 일치하는지, 차이가 난다면 그 차이의 정도와 이유

(5) 주요 가정이 가능성이 어느 정도 있는 범위에서 변동될 경우에 현금창출단위(현금창출단위집단)들의 장부금액 합계액이 회수가능액 합계액을 초과할 수 있다면 다음 항목을 공시한다.

(가) 현금창출단위(현금창출단위집단)들의 회수가능액 합계액이 장부금액 합계액

135 을 초과하는 금액

(나) 주요 가정치(들)

(다) 현금창출단위(현금창출단위집단)들의 회수가능액 합계액과 장부금액 합계액을 일치시키는 주요 가정치(들)의 변동폭. 이 경우에 회수가능액 측정에 사용하는 다른 변수 중 주요 가정치(들)의 변동으로 영향을 받는 변수를 참고한다.

136 현금창출단위(현금창출단위집단)의 회수가능액에 대해 과거 회계기간에 실시한 최근의 상세한 계산 결과는 문단 24이나 99에서 정하는 기준을 충족하는 경우에 해당 회계기간에 현금창출단위(현금창출단위집단)의 손상을 검사할 때 이월하여 사용할 수 있다. 이 경우에 해당 현금창출단위(현금창출단위집단)와 관련하여 문단 134와 135에서 요구하는 공시 정보는 이월한 회수가능액 계산과 관련된 것이다.

137 적용사례의 사례 9에서는 문단 134와 135에서 요구하는 공시를 예시한다.

영업권이나 내용연수가 비한정인 무형자산을 포함하는 현금창출단위의 회수가능액을 산정하는데 사용한 추정치의 주석공시사항과 그 예시는 다음과 같다.

영업권 등 관련 공통적인 주석공시사항 이외에, 회수가능액의 산정이 순공정가치인지, 사용가치인지에 따라 주석공시사항이 달리 요구된다.

영업권 등과 관련해서는 손상징후와 무관하게 매년 손상검사를 수행해야 하므로, 회수가능액에 대한 정보는 항상 공시가 필요하다.

구분	기준서 (K-1036)
(1) 영업권 등의 정보	134(1) ~ (3)
(2) 현금창출단위의 회수가능액을 사용가치에 기초하여 산정하는 경우	134(4)
(3) 현금창출단위의 회수가능액을 처분원가를 뺀 공정가치에 기초하여 측정하는 경우에 경우	134(5)
(4) 현금창출단위의 회수가능액 산정 시 가정치 변동 있는 경우	134(6)
(5) 영업권 등이 유의적이지 않은 경우	135

(1) 영업권 등의 정보

주석사항

- 현금창출단위에 배분한 영업권의 장부금액[K-1036, 134(1)]
- 현금창출단위에 배분한 내용연수가 비한정인 무형자산의 장부금액[K-1036, 134(2)]

• 현금창출단위의 회수가능액을 산정한 기준(사용가치, 처분부대원가를 뺀 공정가치) [K-1036, 134(3)]

예시

(1) 당기말과 전기말 현재 영업권 장부금액의 구성내역은 다음과 같습니다. [K-1036, 134(1)]

구분	당기말	전기말
A사 합병 관련 영업권	1,000	1,200
B사 취득 관련 영업권	1,000	1,000
C사 취득 관련 영업권	900	900
합계	2,900	3,300

당사는 영업권이 포함된 현금창출단위의 손상검사를 수행하였으며, A사와 C사의 영업권의 회수가능액은 사용가치로 측정되었으며, B사 영업권의 회수가능액은 처분부대원가를 뺀 공정가치로 측정되었습니다. [K-1036, 134(3)]

(2) 당기말과 전기말 현재 내용연수가 비한정인 무형자산의 장부금액은 다음과 같습니다. [K-1036, 134(2)]

구분	당기말	전기말
회원권	500	400

설명

• 영업권이 포함된 현금창출단위나 내용연수가 비한정인 무형자산은 상각을 하지 않고, 대신 매년 손상검사를 한다.
• 이러한 영업권 등의 장부금액 공시가 필요하며, 손상검사 시 회수가능액을 사용가치 또는 순공정가치인지를 주석에 공시한다.
• 영업권은 별도재무제표에서는 합병 과정에서, 연결재무제표에서는 합병 및 연결(종속기업) 과정에서 발생한다. 따라서, 회사의 별도재무제표에 영업권이 인식되지 않더라도 연결재무제표에서 종속기업 연결 때문에 영업권이 인식되는 경우가 많다.

(2) 현금창출단위의 회수가능액을 사용가치에 기초하여 산정하는 경우

주석사항

• 최근 재무예산/예측에서 대상으로 한 기간의 현금흐름을 추정할 때 경영진이 근거한 주요 가정. 주요 가정들이란 현금창출단위(현금창출단위집단)의 회수가능액이 가장 민감하게 반응하는 가정들을 말한다[K-1036, 134(4)(가)].
• 경영진이 주요 가정치를 결정하는 방식, 주요 가정치가 과거의 경험치를 반영하거나 외부 정보원천과 일치하는지, 차이가 난다면 그 차이의 정도와 이유[K-1036, 134(4)(나)]

- 경영진이 승인한 재무예산/예측을 기초로 미래현금흐름을 추정할 때 추정 대상 기간과 현금창출단위(현금창출단위집단)에 사용하는 기간이 5년을 초과한 경우에 이를 정당화할 수 있는 이유를 설명[K-1036, 134(4)(다)]
- 최근 재무예산/예측의 대상 기간을 초과하는 기간의 현금흐름을 추정하기 위해 사용한 성장률, 그리고 기업의 제품, 기업이 속한 산업, 기업이 영업하는 국가(들), 현금창출단위(현금창출단위집단)를 활용하는 시장의 장기 평균성장률을 초과하는 성장률을 사용한 경우에 그 성장률이 정당화될 수 있는 근거[K-1036, 134(4)(라)]
- 미래현금흐름 추정치에 적용한 할인율(들)[K-1036, 134(4)(마)]

예시

(2) A사 영업권 회수가능액 산정

A사 현금창출단위의 회수가능액은 현금창출단위에서 창출될 미래현금흐름을 할인한 사용가치에 기초하여 추정하였습니다.

현금창출단위의 장부금액이 회수가능액인 1,000원을 초과하여 당기 중 200원의 손상차손을 인식하였습니다. 손상차손은 모두 영업권에 배분하였으며, 기타비용으로 반영하였습니다.

사용가치 추정을 위해 사용한 주요 가정은 다음과 같습니다. [K-1036, 134(4)]

구분	당기	전기
할인율	10.5%	11%
영구성장률	1.0%	0%

현금창출단위의 회수가능액은 향후 5년간의 재무예산에 근거하여 추정한 현금흐름에 연 10.5%의 할인율을 적용하여 계산한 사용가치로 측정되었습니다. [K-1036, 134(4)(가)·(나)·(마)]
5년을 초과하는 기간에 발생할 것으로 예상되는 현금흐름에 대해서는 연 1.0%의 성장률이 지속될 것이라고 가정되었으며, 이러한 성장률은 산업의 장기평균성장률을 초과하지 않을 것으로 판단됩니다. [K-1036, 134(4)(라)]
경영진은 회수가능액을 추정하기 위하여 사용된 주요 가정에서 합리적으로 발생가능한 변동의 경우에도 현금창출단위의 총 장부금액이 총 회수가능액을 초과하지는 않을 것으로 판단하고 있습니다.

설명

- 영업권이 포함된 현금창출단위나 내용연수가 비한정인 무형자산은 상각을 하지 않고, 대신 매년 손상검사를 하므로, 손상검사 과정에서의 산출된 회수가능액에 대한 정보를 주석공시한다.
- 회수가능액이 사용가치인 경우, 일반적으로 현금흐름할인모형(DCF : Discounted Cash Flow) 등을 통해 가치평가를 하게 되며, 현금창출단위의 손상검사와 달리 할인율 이외에도 추정에서 사용한 가정과 방법, 영구성장률 정보 등을 주석공시한다.

☞ 공시사례 11.1 자산손상(별도, 현금창출단위)
☞ 공시사례 11.3 종속기업 손상(별도, 연결)

(3) 현금창출단위의 회수가능액을 처분원가를 뺀 공정가치에 기초하여 측정하는 경우에 경우

주석사항

- 처분부대원가를 뺀 공정가치를 측정할 때 사용한 가치평가기법[K-1036, 134(5)]
- 처분부대원가를 뺀 공정가치가 동일한 현금창출단위의 공시가격을 사용하여 측정한 것이 아닌 경우[K-1036, 134(5)]
  - 처분부대원가를 뺀 공정가치를 산정할 때 근거한 주요 가정[K-1036, 134(5)(가)]
  - 경영진이 주요 가정치를 산정하는 방식을 설명. 주요 가정치가 과거의 경험치를 반영하거나 외부정보원천과 일치하는지, 차이가 난다면 그 차이의 정도와 이유[K-1036, 134(5)(나)]
  - 공정가치 측정치가 그 전체로서 분류되는 공정가치 서열체계의 수준[K-1036, 134(5)(나)-(1)]
  - 가치평가기법을 바꾸었다면, 그 바꾼 내용과 바꾼 이유[K-1036, 134(5)(나)-(2)]
- 할인현금흐름 추정을 사용하여 처분부대원가를 뺀 공정가치를 측정한다면, 다음 정보를 공시한다.
  - 경영진이 현금흐름을 추정한 기간[K-1036, 134(5)(다)]
  - 현금흐름 추정에 사용한 성장률[K-1036, 134(5)(라)]
  - 현금흐름 추정에 적용한 할인율[K-1036, 134(5)(마)]

예시

(3) B사 영업권 회수가능액 산정

B사 현금창출단위의 회수가능액은 처분부대원가 차감 후 공정가치에 기초하였으며, 할인현금흐름으로 추정하였습니다. 공정가치 측정치는 가치평가기법에 사용된 투입변수에 기초하여 수준 3으로 분류되었습니다. [K-1036, 134(5)(나)-(1)]

향후 5년간 현금흐름 추정액은 연결실체의 사업계획에 기초하였으며, 그 이후의 현금흐름은 고정된 영구성장률을 사용하여 추정하였습니다. 성장률은 장기 연간 EBITDA 성장률에 대한 경영진의 추정에 근거하였으며, 시장참여자들의 가정과 일치합니다. [K-1036, 134(5)(가)]

현금흐름 추정을 위해 사용한 주요 가정은 다음과 같습니다. [K-1036, 134(5)(라)·(마)]

구분	당기	전기
할인율	12.5%	14.2%
영구성장률	0.0%	0.0%

설명

- 영업권이 포함된 현금창출단위나 내용연수가 비한정인 무형자산은 상각을 하지 않고, 대신 매년 손상검사를 하므로, 손상검사 과정에서의 산출된 회수가능액에 대한 정보를

주석공시한다.

• 회수가능액이 처분원가를 뺀 공정가치에 기초하여 측정하는 경우, 공시가격을 사용하는 것이 아니라면 현금흐름 추정의 과정을 거치며, 추정 과정의 가정들과 할인율 정보 등을 주석에 공시한다.

(4) 현금창출단위의 회수가능액 산정 시 가정치 변동 있는 경우

주석사항

현금창출단위(현금창출단위집단)의 회수가능액을 산정할 때 근거한 주요 가정이 가능성이 어느 정도 있는(reasonably possible) 범위에서 변동될 경우에 현금창출단위(현금창출단위집단)의 장부금액이 회수가능액을 초과할 수 있다면 다음 항목을 공시한다.

• 현금창출단위의 회수가능액이 장부금액을 초과하는 금액[K-1036. 134(6)(가)]
• 주요 가정치[K-1036. 134(6)(나)]
• 현금창출단위의 회수가능액과 장부금액을 일치시키는 주요 가정치의 변동폭. 이 경우에 회수가능액 측정에 사용하는 다른 변수 중 주요 가정치의 변동으로 영향을 받는 변수를 고려한다[K-1036. 134(6)(다)].

예시

C사의 영업권이 포함된 현금창출단위의 회수가능액은 장부금액을 200원 초과하였습니다. 경영진은 합리적으로 발생가능한 유의적인 두 가정의 변동에 따라 장부금액이 회수가능액을 초과하게 될 수 있다는 사실을 확인하였습니다. 유의적인 두 가정이 다음과 같이 변동할 경우, 추정 회수가능액이 장부금액과 같게 될 수 있습니다.

구분	당기
할인율	12.0%
5년을 초과하는 기간에 발생할 것으로 예상되는 현금흐름에 대해 적용된 성장률	0.0%

설명

현금창출단위의 회수가능액을 산정할 때 근거한 주요 가정이 가능성이 어느 정도 있는(reasonably possible) 범위에서 변동될 경우에 현금창출단위의 장부금액이 회수가능액을 초과할 수 있다면(위 예시 C사의 경우 장부금액 900원이 회수가능액 1,100원을 초과할 수 있다면), 현재 장부금액을 초과하는 금액(200원)과 주요 가정치의 변동폭을 주석공시한다.

(5) 영업권 등이 유의적이지 않은 경우

주석사항

현금창출단위(현금창출단위집단)에 배분한 영업권 장부금액이나 내용연수가 비한정인 무형자산의 장부금액이 영업권 전체의 장부금액이나 내용연수가 비한정인 무형자산 전체의 장부금액과 비교하여 유의적이지 않은 경우

- 유의적이지 않은 사실
- 그 현금창출단위에 배분한 장부금액의 합계액

이 중 같은 주요 가정을 사용하여 회수가능액을 산정한 현금창출단위(현금창출단위집단)가 있는 경우에 해당 현금창출단위(현금창출단위집단)들에 배분한 영업권의 장부금액이나 내용연수가 비한정인 무형자산의 장부금액의 합계액이 영업권 전체의 장부금액이나 내용연수가 비한정인 무형자산 전체의 장부금액과 비교하여 유의적이라면 그 사실과 함께 다음을 공시

- 현금창출단위에 배분된 영업권의 장부금액 합계액[K-1036. 135(1)]
- 현금창출단위(현금창출단위집단)에 배분된 내용연수가 비한정인 무형자산의 장부금액 합계액[K-1036. 135(2)]
- 주요 가정의 내용[K-1036. 135(3)]
- 경영진이 주요 가정치를 결정하는 방식, 주요 가정치가 과거의 경험을 반영하거나 외부정보원천과 일치하는지, 차이가 난다면 그 차이의 정도와 이유[K-1036. 135(4)]
- 주요 가정이 가능성이 어느 정도 있는 범위에서 변동될 경우에 현금창출단위(현금창출단위집단)들의 장부금액 합계액이 회수가능액 합계액을 초과할 수 있다면 다음 항목을 공시한다[K-1036. 135(5)].
  (가) 현금창출단위들의 회수가능액 합계액이 장부금액 합계액을 초과하는 금액
  (나) 주요 가정치(들)
  (다) 현금창출단위들의 회수가능액 합계액과 장부금액 합계액을 일치시키는 주요 가정치(들)의 변동폭. 이 경우에 회수가능액 측정에 사용하는 다른 변수 중 주요 가정치(들)의 변동으로 영향을 받는 변수를 참고한다.

설명

현금창출단위에 배분한 영업권 장부금액 등이 유의적이지 않은 경우, 유의적이지 않은 사실과 해당 장부금액의 합계액을 주석공시한다.

K-IFRS 제1036호(자산손상) 사례 9에서는 상기 영업권 관련 현금창출단위에 대한 공시 적용사례를 예시하고 있다(K-1036. 137).

사례 9 영업권이나 내용연수가 비한정인 무형자산을 포함하는 현금창출단위에 대한 공시

다음 사례의 목적은 이 기준서 문단 134와 135에서 요구하는 공시를 예시하는 것이다.

배경

IE80 기업 M은 다국적 제조회사이며 부문정보를 보고하기 위해 지역부문을 사용한다. M의 3개 보고부문은 유럽, 북미, 아시아이다. 영업권은 손상검사 목적으로 3개의 개별 현금창출단위(유럽 2개 : A와 B, 북미 1개 : C)와 아시아에 있는 1개의 현금창출단위집단(영업 XYZ로 구성)에 각각 배분되었다. 현금창출단위 A, B, C와 영업 XYZ는 내부관리 목적으로 영업권이 관찰되는 최저 수준을 나타낸다.

IE81 M은 20×2년 12월에 북미에 있는 제조영업 C를 취득하였다. M의 다른 북미의 영업과는 달리, C는 고이윤 · 고성장 산업에 속해 있으며 주제품에 대해 10년간의 특허권을 보유하고 있다. 이 특허권은 M이 C를 인수하기 직전에 C에 부여된 것이다. C의 인수에 대한 회계처리의 일부로 M은 특허권 외에 영업권 3,000원과 브랜드명 1,000원도 인식하였다. M의 경영진은 취득한 브랜드명의 내용연수가 비한정이라고 판단하였다. M은 브랜드명 외에 내용연수가 비한정인 그 밖의 무형자산은 없다.

IE82 현금창출단위 A, B, C, 영업 XYZ에 배분된 영업권과 내용연수가 비한정인 무형자산의 장부금액은 다음과 같다.

(단위 : 원)

	영업권	내용연수가 비한정인 무형자산
A	350	–
B	450	–
C	3,000	1,000
XYZ	1,200	–
합계	5,000	1,000

IE83 20×3년 12월 31일로 종료되는 회계연도에 M은 영업권이나 내용연수가 비한정인 무형자산을 포함하는 현금창출단위 또는 현금창출단위집단 어디에도 손상이 없다고 판단하였다. 그 현금창출단위와 현금창출단위집단의 회수가능액(사용가치와 처분부대원가를 뺀 공정가치 중 더 많은 금액)은 사용가치 계산에 기초하여 산정한다. M은 회수가능액 계산이 다음 가정의 변화에 가장 민감하다고 판단하였다.

현금창출단위 A, B	현금창출단위 C	영업 XYZ
예산 기간의 매출총이익률 (예산 기간 = 4년)	예산 기간의 5년 만기 미국 국채수익률 (예산 기간 = 5년)	예산 기간의 매출총이익률 (예산 기간 = 5년)
예산 기간의 원재료 가격 상승률	예산 기간의 원재료 가격 상승률	예산 기간의 일본 엔화 대 미국 달러화 환율
예산 기간의 시장점유율	예산 기간의 시장점유율	예산 기간의 시장점유율

현금창출단위 A, B	현금창출단위 C	영업 XYZ
예산 기간을 넘는 현금흐름을 추정하기 위해 사용하는 성장률	예산 기간을 넘는 현금흐름을 추정하기 위해 사용하는 성장률	예산 기간을 넘는 현금흐름을 추정하기 위해 사용하는 성장률

IE84 현금창출단위 A와 B, 영업 XYZ의 예산 기간의 매출총이익률은 예산기간이 시작되기 직전의 회계연도에 달성된 매출총이익률에 기초하여 추정하되, 예상되는 효율 개선의 결과로 매년 매출총이익률이 5%씩 오를 것으로 가정한다. A와 B는 상호 보완적인 제품을 생산하고 있으며, M은 같은 매출총이익률을 달성하도록 A와 B를 운영하고 있다.

IE85 예산 기간의 시장점유율은 예산 기간이 시작되기 직전의 회계연도에 달성한 시장점유율(각 연도의 시장점유율의 증감이 예상되는 경우에 이를 조정함)에 기초하여 추정한다. M은 다음과 같이 예상한다.

(1) A와 B의 시장점유율은 서로 다르겠지만 지속적인 품질 개선의 결과로 예산 기간에 매년 3%씩 오를 것이다.

(2) C의 시장점유율은 광고비 지출 증가와 주제품에 대한 10년간 특허권 보호에서 생기는 효익으로 예산 기간에 매년 6%씩 오를 것이다.

(3) XYZ의 시장점유율은 예산 기간에 변함없이 유지될 것이다. 지속적으로 품질이 개선되는 반면에 경쟁은 점점 심화될 것으로 예상되기 때문이다.

IE86 A와 B는 유럽에 있는 같은 공급업체에서 원재료를 구매하는 반면, C는 북미의 여러 공급업체에서 원재료를 구매한다. M은 예산 기간의 원재료 가격 상승률이 유럽과 북미 국가의 관련 정부기관에서 발표하는 예상 소비자물가지수와 일치할 것으로 추정한다.

IE87 M은 예산 기간의 5년 만기 미국 국채수익률이 예산 기간이 시작되는 시점의 그러한 국채수익률과 일치할 것으로 추정한다. M은 일본 엔화 대 미국 달러화 환율을 예산 기간에 대한 평균 시장선도환율과 일치할 것으로 추정한다.

IE88 M은 예산 기간 후의 현금흐름을 추정하기 위해 일정한 성장률을 사용한다. M은 A, B, XYZ의 성장률은 A, B, XYZ가 영업활동을 하고 있는 시장의 장기 평균성장률에 관한 공개된 정보와 일치할 것으로 추정한다. 그러나 C의 성장률은 C가 영업활동을 하고 있는 시장의 장기 평균성장률을 초과한다. M의 경영진은 C의 주제품에 10년간 특허권 보호가 있기 때문에 이러한 견해가 합리적이라고 판단한다.

IE89 M은 20×3년 12월 31일에 종료되는 회계연도의 재무제표 주석에 다음 공시를 포함한다.

영업권과 내용연수가 비한정인 무형자산에 대한 손상검사

영업권은 손상검사 목적으로 3개의 현금창출단위(유럽 2개 : A와 B, 북미 1개 : C)와 아시아에 있는 1개의 현금창출단위집단(영업 XYZ로 구성)에 각각 배분되었습니다. 현금창출단위

C와 영업 XYZ에 배분된 영업권의 장부금액은 영업권의 총 장부금액과 비교하여 유의적이지만, 현금창출단위 A와 B 각각에 배분된 영업권의 장부금액은 총 장부금액과 비교하면 유의적이지 않습니다. 그러나 현금창출단위 A와 B의 회수가능액은 같은 주요 가정의 일부에 근거하는데, A와 B에 배분된 영업권의 장부금액을 합한 금액은 유의적입니다.

영업 XYZ

영업 XYZ의 회수가능액은 사용가치의 계산에 기초하여 산정하고 있습니다. 사용가치를 계산할 때에는 경영진이 승인한 5년을 추정 대상 기간으로 하는 재무예산에 기초한 현금흐름 추정과 8.4%의 할인율을 사용하였습니다. 5년을 넘는 기간의 현금흐름은 6.3%의 고정 성장률을 일관되게 사용하여 추정하였습니다. 이러한 성장률은 XYZ가 영업을 하는 시장의 장기 평균성장률을 초과하지 않습니다. 경영진은 XYZ의 회수가능액이 기초한 주요 가정치가 가능성이 어느 정도 있는 범위에서 변동되더라도 XYZ의 장부금액이 회수가능액을 초과하지는 않을 것으로 판단하였습니다.

현금창출단위 C

현금창출단위 C의 회수가능액도 사용가치의 계산에 기초하여 산정하고 있습니다. 사용가치를 계산할 때에는 경영진이 승인하고 5년을 추정 대상 기간으로 하는 재무예산에 기초한 현금흐름 추정과 9.2%의 할인율을 사용하였습니다. 5년을 넘는 기간의 현금흐름은 12%의 고정 성장률을 사용하여 추정하였습니다. 이 성장률은 C가 영업을 하는 시장의 장기 평균성장률을 4%포인트만큼 초과하는 것입니다. 그러나 C는 주제품에 대해 20×2년 12월에 부여된 10년간의 특허권 보호에서 효익을 얻고 있습니다. 경영진은 그 특허권의 효익을 고려할 때 12%의 성장률은 합리적이라고 판단하였습니다. 또 경영진은 현금창출단위 C의 회수가능액이 기초한 주요 가정치가 가능성이 어느 정도 있는 범위에서 변동되더라도 C의 장부금액이 회수가능액을 초과하지는 않을 것으로 판단하였습니다.

현금창출단위 A와 B

현금창출단위 A와 B의 회수가능액은 사용가치의 계산에 기초하여 산정하고 있습니다. 현금창출단위 A와 B는 상호 보완적인 제품을 생산하고 있으며, A와 B의 회수가능액은 서로 같은 주요 가정의 일부에 기초합니다. 둘 다 사용가치를 계산할 때에는 경영진이 승인한 4년을 추정 대상 기간으로 하는 재무예산에 기초한 현금흐름 추정과 7.9%의 할인율을 사용하였습니다. 4년을 초과하는 기간의 현금흐름은 모두 5%의 고정 성장률을 사용하여 추정하였습니다. 이 성장률은 A와 B가 영업을 하는 시장의 장기 평균성장률을 초과하지 않습니다.

또 A와 B의 예산 기간의 현금흐름 추정은 예산 기간에 같은 예상 매출총이익률과 원재료가격 상승률에 기초하였습니다. 경영진은 A와 B의 회수가능액을 산정할 때 사용한 주요 가정치가 가능성이 어느 정도 있는 범위에서 변동되더라도 A와 B의 장부금액 합계가 회수가능액 합계를 초과하지는 않을 것으로 판단하였습니다.

(단위 : 원)

	영업 XYZ	현금창출단위 C	현금창출단위 A와 B(합계)
영업권 장부금액	1,200	3,000	800
내용연수가 비한정인 브랜드명의 장부금액	–	1,000	–
사용가치 계산에 사용한 주요 가정(1)			
• 주요 가정 • 주요 가정치를 결정하는 기준	• 예산 매출총이익률 • 예산 기간이 시작되기 직전의 회계연도에 달성되고, 예상되는 효율 개선을 고려하여 상승한 평균 매출총이익률 • 주요 가정치는 효율 개선을 제외하고는 과거 경험치를 반영함. 경영진은 매년 5%의 개선은 상당히 달성 가능하다고 판단함.	• 5년 만기 미국국채수익률 • 예산 기간이 시작되는 시점의 5년 만기 미국국채수익률 • 주요 가정치는 외부정보원천과 일치함.	• 예산 매출총이익률 • 예산 기간이 시작되기 직전의 회계연도에 달성되고, 예상되는 효율 개선을 고려하여 상승한 평균매출총이익률 • 주요 가정치는 효율 개선을 제외하고는 과거 경험치를 반영함. 경영진은 매년 5%의 개선은 상당히 달성 가능하다고 판단함.
• 주요 가정 • 주요 가정치를 결정하는 기준	• 예산 기간 동안의 일본 엔화 대 미국 달러 환율 • 예산 기간에 대한 평균 시장선도환율 • 주요 가정치는 외부정보원천과 일치함.	• 원재료 가격 상승률 • 원재료 구매처인 북미 국가의 예산 기간 동안의 예상 소비자물가지수 • 주요 가정치는 외부정보원천과 일치함.	• 원재료 가격 상승률 • 원재료 구매처인 유럽 국가의 예산 기간 동안의 예상 소비자물가지수 • 주요 가정치는 외부정보원천과 일치함.
• 주요 가정 • 주요 가정치를 결정하는 기준	• 예산 시장점유율 • 예산 기간이 시작되기 직전의 회계연도의 시장점유율	• 예산 시장점유율 • 예산 기간이 시작되기 직전 회계연도의 평균 시장점유율(각 연도의 시장점유율의 상승을 예상을 고려하여 조정함)	

	영업 XYZ	현금창출단위 C	현금창출단위 A와 B(합계)
	• 주요 가정치는 과거 경험치를 반영함. 지속적으로 품질이 개선되는 반면에 경쟁이 점점 심화될 것으로 예상되기 때문에, 시장점유율이 변동되지 않을 것으로 판단함.	• 광고비 지출 증대와 주제품에 대한 특허권(10년간 보호), 그리고 M의 북미부문의 일부인 현금창출단위 C에서 창출될 것으로 예상되는 시너지 효과로 시장점유율이 예산 기간에 매년 6%씩 성장은 상당히 달성 가능하다고 판단함.	

(1) 이 표에서 제시하는 현금창출단위 A와 B에 대한 주요 가정은 두 현금 창출단위 모두의 회수가능액 계산에 사용된 가정들만임.

04 | 실제 공시 사례

공시사례 11.1 자산손상(별도, 현금창출단위)

[출처 : HMM 2023년 감사보고서]

주석

9. 유형자산 및 사용권자산

(1) 당기와 전기 중 유형자산 증감내역은 다음과 같습니다.

(단위 : 백만원)

당기	기초금액	취득	대체 (*1)	처분	감가상각비	손상차손 (*2)	기타 (*3)	기말금액
토지	1,419	–	–	–	–	–	25	1,444
건물	1,069	–	–	–	(44)	–	19	1,044
구축물	180	–	–	–	(9)	–	2	173
선박	2,777,277	–	1,996,609	(135)	(157,192)	(43,063)	167,151	4,740,647
차량운반구	23	–	–	(1)	(10)	–	1	13
공기구비품	570,461	1,196	54,635	(6,914)	(57,788)	–	9,937	571,527
기계장치	17,080	–	–	–	(2,767)	–	332	14,645

당기	기초금액	취득	대체 (*1)	처분	감가상각비	손상차손 (*2)	기타 (*3)	기말금액
건설중인자산	791,969	1,968,006	(463,069)	-	-	-	(11,273)	2,285,633
합계	4,159,478	1,969,202	1,588,175	(7,050)	(217,810)	(43,063)	166,194	7,615,126

(*1) 당기 중 BBCHP로 용선 취득한 선박 6척의 선급용선료 155,978백만원을 유형자산에서 사용권자산으로 대체하였으며, 만기 및 조기 상환으로 소유권을 취득한 BBCHP 선박 15척 및 컨테이너의 장부금액 1,744,153백만원을 사용권자산에서 유형자산으로 대체하였습니다.

(*2) 독립된 현금창출단위로 관리되고 있는 컨테이너부문 및 벌크선박에 대해 손상검사를 수행하였으며, 벌크선박 유형자산에 대해 43,063백만원의 손상차손을 인식하였습니다. 한편, 회수가능액 추정시 평가대상 선박의 순공정가치는 공신력 있는 외부기관을 통해 공시된 정보(수준 2)를 활용하였으며, 사용가치는 경영진이 승인한 재무자료와 향후 5년치의 재무예산에 근거하여 현금흐름추정치를 사용하였습니다. 평가 대상 컨테이너 부문의 사용가치 산정에 사용된 세전할인율은 10.08%이며, 벌크선박의 사용가치 산정에 사용된 세전할인율은 9.0%입니다.

(*3) 환율변동으로 인한 효과가 반영되어 있습니다.

(단위 : 백만원)

전기	기초금액	취득 (*1)	대체 (*2)	처분	감가상각비	손상차손 (*3)	손상차손 환입 (*3)	기타 (*4)	기말금액
토지	1,327	-	-	-	-	-	-	92	1,419
건물	1,040	-	-	-	(44)	-	-	73	1,069
구축물	269	-	51	(128)	(15)	-	-	3	180
선박	2,097,956	-	603,348	-	(101,557)	(2,811)	7,044	173,297	2,777,277
차량운반구	51	-	-	(5)	(26)	-	-	3	23
공기구비품	430,830	4,509	161,927	(3,358)	(48,633)	-	-	25,186	570,461
기계장치	18,491	-	-	-	(2,739)	-	-	1,328	17,080
건설중인자산	571,565	592,131	(396,786)	-	-	-	-	25,059	791,969
합계	3,121,529	596,640	368,540	(3,491)	(153,014)	(2,811)	7,044	225,041	4,159,478

(*1) 전기 실제 현금의 유출이 없이 단기 대여금과 상계하여 취득한 중고선 2척의 취득금액 107,321백만원이 포함되어 있습니다.

(*2) 전기 중 선박 사용권자산 356,450백만원과 컨테이너 기기 사용권자산 12,090백만원을 유형자산으로 대체하였습니다.

(*3) 독립된 현금창출단위로 관리되고 있는 벌크선박에 대해 손상검사를 수행하였으며, 벌크선박 유형자산에 대해 2,811백만원의 손상차손과 7,044백만원의 손상차손환입을 인식하였습니다. 한편, 회수가능액 추정시 평가대상 선박의 순공정가치는 공신력 있는 외부기관을 통해 공시된 정보(수준 2)를 활용하였으며, 사용가치는 경영진이 승인한 재무자료와 향후 5년치의 재무예산에 근거하여 현금흐름추정치를 사용하였습니다. 평가 대상 벌크선박의 사용가치 산정에 사용된 세전할인율은 10.68%입니다.

(*4) 환율변동으로 인한 효과가 반영되어 있습니다.

..(중략)..

(4) 사용권자산

회사는 선박, 건물과 컨테이너 등을 리스하였으며 평균 잔여리스기간은 4년입니다. 회사는 일부 선박 및 컨테이너에 대하여 리스계약 종료시점에 행사할 수 있는 매수선택권을 가지고 있습니다.

당기와 전기 중 기초자산 유형별 사용권자산의 변동 내역은 다음과 같습니다.

(단위 : 백만원)

당기	건물	토지	선박	공기구비품	차량운반구	합계
기초	39,179	4,283	3,730,654	677,722	241	4,452,079
취득 및 재측정(*1)	2,484	99,544	486,892	15,738	227	604,885
감가상각비	(9,315)	(7,505)	(481,157)	(124,826)	(174)	(622,977)
손상차손(*2)	-	-	(4,157)	-	-	(4,157)
손상차손환입(*2)	-	-	4,525	-	-	4,525
대체(*3)	-	-	(1,584,850)	(3,325)	-	(1,588,175)
기타(*4)	2,001	(3,284)	(46,141)	12,607	-	(34,817)
기말	34,349	93,038	2,105,766	577,916	294	2,811,363

(*1) 리스부채의 재측정에 따른 사용권자산 조정금액 222,687백만원이 포함되어 있습니다.

(*2) 독립된 현금창출단위로 관리되고 있는 컨테이너부문 및 벌크선박에 대해 손상검사를 수행하였으며, 벌크선박 사용권자산에 대해 4,157백만원의 손상차손 및 4,525백만원의 손상차손환입을 인식하였습니다. 한편, 평가대상 선박의 사용가치는 경영진이 승인한 재무자료와 향후 5년치의 재무예산에 근거하여 현금흐름추정치를 사용하였습니다. 평가 대상 컨테이너 부문의 사용가치 산정에 사용된 세전할인율은 10.08%이며, 벌크 선박의 사용가치 산정에 사용된 세전할인율은 9.0%입니다.

(*3) 당기 중 BBCHP로 용선 취득한 선박 6척의 선급용선료 155,978백만원을 유형자산에서 사용권자산으로 대체하였으며, 만기 및 조기 상환으로 소유권을 취득한 BBCHP 선박 15척 및 컨테이너의 장부금액 1,744,153백만원을 사용권자산에서 유형자산으로 대체하였습니다.

(*4) 환율변동으로 인한 효과가 반영되어 있습니다.

(단위 : 백만원)

전기	건물	토지	선박	공기구비품	차량운반구	합계
기초	7,789	8,815	3,993,204	724,974	167	4,734,949
취득 및 재측정(*1)	40,933	-	533,629	46,224	193	620,979
처분	-	-	(3,305)	-	-	(3,305)
감가상각비	(12,450)	(5,240)	(495,647)	(135,117)	(126)	(648,580)
손상차손(*2)	-	-	(12,508)	-	-	(12,508)
손상차손환입(*2)	-	-	12,355	-	-	12,355
대체(*3)(*4)	-	-	(552,158)	(12,091)	-	(564,249)
기타(*5)	2,907	708	255,084	53,732	7	312,438
기말	39,179	4,283	3,730,654	677,722	241	4,452,079

(*1) 리스부채의 재측정에 따른 사용권자산 조정금액 27,047백만원이 포함되어 있습니다.

(*2) 독립된 현금창출단위로 관리되고 있는 벌크선박에 대해 손상검사를 수행하였으며, 벌크 선박 사용권자산에

대해 12,508백만원의 손상차손 및 12,355백만원의 손상차손환입을 인식하였습니다. 한편, 평가 대상 선박의 사용가치는 경영진이 승인한 재무자료와 향후 5년치의 재무예산에 근거한 현금흐름추정치를 사용하였습니다. 벌크 선박의 사용가치 산정에 사용된 세전할인율은 10.68%입니다.

(*3) VLCC 5척(Universal호)과 컨테이너 기기금융 1건(BOA)의 리스부채를 모두 상환 후, 매입선택권을 행사하여 유형자산으로 대체하였습니다.

(*4) GS칼텍스 및 GS에너지와의 VLCC BBC 및 CVC 계약 관련, 사용권자산 195,708백만원을 금융리스채권으로 대체하였습니다.

(*5) 환율변동으로 인한 효과가 반영되어 있습니다.

설명

사례회사는 특정 현금창출단위에서 손상징후가 발생하여 손상평가 결과 당기에 손상차손을 인식하고 있다.

현금창출단위	손상검사 사유	손상차손 인식
컨테이너부문	손상징후 있음	-
벌크선박	손상징후 있음	43,063백만원

사례회사는 당기손익으로 인식한 상기 손상차손 금액과 해당 손상차손이 포함된 포괄손익계산서 항목(기타영업외비용)으로 공시하고 있다[K-1036, 126(1)].

손상차손을 인식한 현금창출단위의 주석사항을 다음과 같이 공시하고 있다.(사용권자산 사례)

주석공시 요구사항	공시내용 (당기 사용권자산 사례)		기준서 (K-1036)
	컨테이너부문	벌크선박	
손상차손이나 손상차손환입을 불러온 사건과 상황	손상징후 있음	손상징후 있음	130(1)
인식한 손상차손 금액이나 손상차손환입 금액	-	손상차손 4,157백만원 손상차손환입 4,525백만원	130(2)
현금창출단위에 대한 사항		-	130(4)
그 회수가능액이 처분부대원가를 뺀 공정가치인지 또는 사용가치인지 여부	사용가치의 계산에 기초하여 결정	사용가치의 계산에 기초하여 결정	130(5)
사용가치의 현재 추정치와 과거 추정치(해당되는 경우)에 사용된 할인율	10.08%	9.0%	130(7)

공시사례 11.2 **자산손상(영업권)**

주석

[출처 : 롯데하이마트 2023년 감사보고서]

15. 영업권과 무형자산

(1) 당기와 전기 중 영업권과 무형자산의 변동내역은 다음과 같습니다.

① 제37(당)기

(단위 : 천원)

과목	영업권	상표권	회원권	기타의 무형자산	합계
취득원가					
기초금액	1,683,324,078	353,605	4,804,999	64,113,076	1,752,595,758
취득금액	-	13,235	153,300	1,636,769	1,803,304
처분금액	-	-	(194,927)	(3,872)	(198,799)
기타증(감)액(*)	-	515	-	291,544	292,059
기말금액	1,683,324,078	367,355	4,763,372	66,037,517	1,754,492,322
상각누계액 및 손상차손누계액					
기초금액	(845,744,409)	(295,277)	(1,072,676)	(52,364,012)	(899,476,374)
무형자산상각비	-	(22,405)	-	(4,431,751)	(4,454,156)
처분금액	-	-	15,229	969	16,198
기타증(감)액(*)	-	(163)	-	163	-
손상차손환입	-	-	123,939	-	123,939
기말금액	(845,744,409)	(317,845)	(933,508)	(56,794,631)	(903,790,393)
장부금액					
기초금액	837,579,669	58,328	3,732,323	11,749,064	853,119,384
기말금액	837,579,669	49,510	3,829,864	9,242,886	850,701,929

(*) 건설중인자산의 본계정 대체 등으로 구성되어 있습니다.

② 제36(전)기

(단위 : 천원)

과목	영업권	상표권	회원권	기타의 무형자산	합계
취득원가					
기초금액	1,683,324,078	336,478	4,804,999	62,436,126	1,750,901,681
취득금액	-	17,127	-	1,490,061	1,507,189
기타증(감)액(*)	-	-	-	186,889	186,889
기말금액	1,683,324,078	353,605	4,804,999	64,113,076	1,752,595,759
상각누계액 및 손상차손누계액					
기초금액	(412,619,384)	(266,030)	(1,032,446)	(46,407,873)	(460,325,733)

과목	영업권	상표권	회원권	기타의 무형자산	합계
무형자산상각비	–	(29,247)	–	(5,956,139)	(5,985,386)
손상차손	(433,125,025)	–	(40,230)	–	(433,165,255)
기말금액	(845,744,409)	(295,277)	(1,072,676)	(52,364,012)	(899,476,374)
장부금액					
기초금액	1,270,704,694	70,448	3,772,553	16,028,253	1,290,575,948
기말금액	837,579,669	58,328	3,732,323	11,749,064	853,119,384

(*) 건설중인자산의 본계정 대체 등으로 구성되어 있습니다.

(2) 영업권의 손상검사

① 당사는 매년 영업권의 손상 발생여부에 대한 손상검사를 수행하고 있습니다. 영업권의 손상차손은 현금창출단위집단을 기준으로 회수가능가액을 산출하며, 이러한 산출과정은 회계추정을 요구하고 있습니다.

② 현금창출단위집단의 회수가능액은 사용가치의 계산에 기초하여 산정되었습니다. 사용가치는 경영진에 의해 승인된 5년간의 추정 사업계획에 기초한 세후 현금흐름추정을 사용하여 계산되었으며, 5년을 초과한 현금흐름은 1.0%의 영구성장률을 이용하여 추정되었습니다.

③ 당기말과 전기말 현재 추정 기간 동안 사용가치 계산에 사용된 주된 가정은 다음과 같습니다.

(단위 : %)

구분	제37(당)기	제36(전)기
할인율	7.4	7.9
영구성장률	1.0	1.0
매출총이익률	25.3~26.2	22.0~23.1
매출액성장률	2.6~9.1	(-)8.17~8.2

경영진은 과거 실적과 시장성장에 대한 예측에 근거하여 추정된 사업계획상 총이익과 매출액 성장률을 적용하였습니다. 사용된 할인율은 관련된 영업부문의 특수한 위험을 반영한 세후 할인율입니다.

사용가치는 현금흐름할인모형에서 사용된 할인율과 영구성장률 같은 주요 가정에 많은 영향을 받습니다. 할인율이 1.0% 증가할 경우 사용가치는 20.3% 감소하고 영구성장률이 0.5% 감소할 경우 사용가치는 8.2% 감소하게 됩니다.

④ 주요 가정을 통한 해당 사용가치는 경영진의 사업에 대한 기대 추세의 추정을 나타내고 있으며, 외부자료와 내부자료(역사적 자료)를 근거로 손상검사 결과 사용가치가 장부금액을 초과하여 손상을 인식하지 않았습니다(전기 : 433,125백만원).

설명

영업권이 포함된 현금창출단위는 손상차손 인식여부와 무관하게 주석공시사항이 요구되며, 사례회사는 아래 내용을 공시하고 있다.
참고로 사례회사는 영업권 손상검사 결과 인식한 손상차손은 없습니다.

주석공시 요구사항	공시내용	기준서 (K-1036)
현금창출단위에 배분한 영업권의 장부금액	837,579,669천원	134(1)
현금창출단위의 회수가능액을 사용가치에 기초하여 산정하는 경우의 정보		134(4)
최근 재무예산/예측에서 대상으로 한 기간의 현금흐름을 추정할 때 경영진이근거한 주요 가정	매출총이익률(25.3~26.2%) 매출액성장률(2.6~9.1%) 등	134(4)(가)
경영진이 주요 가정치를 결정하는 방식, 주요 가정치가 과거의 경험치를 반영하거나 외부정보원천과 일치하는지, 차이가 난다면 그 차이의 정도와 이유	경영진은 과거 실적과 시장성장에 대한 예측에 근거하여 추정된 사업계획상 총이익과 매출액 성장률을 적용함	134(4)(나)
경영진이 승인한 재무예산/예측을 기초로 미래현금흐름을 추정할 때 추정 대상 기간과 현금창출단위(현금창출단위집단)에 사용하는 기간이 5년을 초과한 경우에 이를 정당화할 수 있는 이유를 설명	경영진에 의해 승인된 5년간의 추정 사업계획에 기초한 세후 현금흐름추정을 사용하여 계산되었으며, 5년을 초과한 현금흐름은 1.0%의 영구성장률을 이용하여 추정됨	134(4)(다)
최근 재무예산/예측의 대상 기간을 초과하는 기간의 현금흐름을 추정하기 위해 사용한 성장률	영구성장률 1.0%	134(4)(라)
미래현금흐름 추정치에 적용한 할인율(들)	할인율 7.4%	134(4)(마)

공시사례 11.3 종속기업 손상(별도, 연결)

주석

[출처 : 현대홈쇼핑 2023년 별도/연결감사보고서]

별도재무제표 주석

10. 종속기업투자

(1) 보고기간종료일 현재 종속기업투자의 내역은 다음과 같습니다.

(단위 : 천원)

기업명	소재지	주요 영업활동	결산월	당기말		전기말	
				지분율 (%)	장부금액	지분율 (%)	장부금액
(주)현대렌탈케어(*1)	한국	가정용품 임대업	12월	-	-	100.0	25,279,948

기업명	소재지	주요 영업활동	결산월	당기말		전기말	
				지분율 (%)	장부금액	지분율 (%)	장부금액
(주)현대엘앤씨(*2)	한국	건축자재 제조 및 판매	12월	100.0	216,491,750	100.0	233,410,750
(주)현대퓨처넷(*3)	한국	유선방송업	12월	48.0	169,998,145	–	–
합계					386,489,895		258,690,698

(*1) 전기말 (주)현대렌탈케어 종속기업투자의 80% 해당액인 101,120백만원은 재무상태표상 매각예정비유동자산으로 표시되었으며, 당기 중 매각이 완료되어 잔여 지분 20%는 종속기업에서 관계기업으로 분류가 변경되었습니다.

(*2) 당기말과 전기말 현재 (주)현대엘앤씨의 투자주식에 손상을 시사하는 징후가 존재하는 것으로 판단하여 손상검사를 수행하였습니다. 지분의 회수가능액은 사용가치의 계산에 기초하여 결정되었으며, 당기 및 전기의 손상검사 결과 회수가능가액이 장부금액을 미달하여 각각 16,919백만원 및 51,353백만원의 손상차손을 인식하였습니다. 손상차손은 포괄손익계산서상 기타비용으로 표시되었습니다.

(*3) 당기 중 (주)현대퓨처넷의 지분 8.7%를 추가로 취득하였으며, 이에 따라 (주)현대퓨처넷에 대한 지배력을 획득하여 관계기업에서 종속기업으로 분류가 변경되었습니다. (주)현대퓨처넷에 대한 지분율은 종속기업의 총 발행주식수에서 자기주식수를 차감하여 계산하였습니다.

(2) 회수가능액 측정을 위해 사용된 평가기법과 유의적이지만 관측가능하지 않은 투입변수는 다음과 같습니다.

구분	평가기법	유의적이지만 관측가능하지 않은 투입변수	공정가치측정과 유의적이지만 관측가능하지 않은 투입변수 간 상호관계
(주)현대엘앤씨 종속기업투자	현금흐름할인법	할인율 : 11.4% 영구성장률 : 1.0% 시장프리미엄 : 8%	추정된 사용가치는 다음에 따라 증가(감소)됩니다. – 할인율이 낮아지는 (높아지는) 경우 – 영구성장률이 높아지는 (낮아지는) 경우 – 시장프리미엄이 낮아지는 (높아지는) 경우

(3) 종속기업투자의 회수가능액에 대해 다른 투입변수가 일정하게 유지되는 경우 유의적이지만 관측가능하지 않은 투입변수 중 하나가 보고기간종료일에 합리적으로 변동하는 경우의 영향은 다음과 같습니다.

(단위 : 천원)

구분	증가	감소
할인율(1.0% 변동)	(18,962)	20,875
영구성장률(0.5% 변동)	9,299	(8,448)

설명

사례회사는 특정 종속기업투자주식(현금창출단위)에서 손상징후가 발생하여 손상평가 결과 당기에 손상차손을 인식하고 있다.

사례회사는 당기손익으로 인식한 상기 손상차손 금액과 해당 손상차손이 포함된 포괄손익계산서 항목(기타비용)으로 공시하고 있다[K-1036. 126(1)].

손상차손을 인식한 종속기업투자주식(현금창출단위)의 주석사항을 다음과 같이 공시하고 있다.

주석공시 요구사항	공시내용 (주)현대엘앤씨	기준서 (K-1036)
손상차손이나 손상차손환입을 불러온 사건과 상황	순자산가액이 투자주식장부금액에 미달	130(1)
인식한 손상차손 금액이나 손상차손환입 금액	당기 : 16,919백만원	130(2)
현금창출단위에 대한 사항	종속기업투자주식	130(4)
그 회수가능액이 처분부대원가를 뺀 공정가치인지 또는 사용가치인지 여부	사용가치의 계산에 기초하여 결정	130(5)
순공정가치로 회수가능액 산정 시 - 공정가치 서열체계 등	해당 없음.	130(6)
사용가치로 회수가능액 산정 시 - 사용가치의 현재 추정치와 과거 추정치(해당되는 경우)에 사용된 할인율	11.4%	130(7)

연결재무제표 주석

14. 무형자산

(1) 보고기간종료일 현재 무형자산의 상세내역은 다음과 같습니다.

(단위 : 천원)

구분	당기말				전기말			
	취득원가	감가상각 누계액	손상차손 누계액	장부금액	취득원가	감가상각 누계액	손상차손 누계액	장부금액
회원권	7,510,514	-	(937,277)	6,573,237	6,045,900	-	(625,736)	5,420,164
기타의 무형자산	113,875,648	(51,469,874)	-	62,405,774	5,030,978	(4,368,271)	-	662,707
영업권	218,840,147	-	(165,910,871)	52,929,276	218,840,147	-	(139,377,872)	79,462,275
고객관계	37,993,205	(17,730,077)	-	20,263,128	21,071,000	(10,316,218)	-	10,754,782
수주잔고	2,510,000	(2,510,000)	-	-	2,510,000	(2,008,000)	-	502,000
브랜드	14,484,000	(7,242,000)	-	7,242,000	14,484,000	(5,793,600)	-	8,690,400
개발비	4,562,732	(484,750)	-	4,077,982	-	-	-	-
합계	399,776,246	(79,436,701)	(166,848,148)	153,491,397	267,982,025	(22,486,089)	(140,003,608)	105,492,328

(2) 당기와 전기 중 무형자산의 변동은 다음과 같습니다.

〈당기〉

(단위 : 천원)

구 분	기초	취득	손상차손	상각	기타(*1)	연결범위 변동(*2)	당기말
회원권	5,420,164	-	-	-	-	1,153,073	6,573,237
기타의 무형자산	662,707	68,153	-	(3,712,252)	40,265,211	25,121,956	62,405,775
영업권	79,462,275	-	(26,533,000)	-	-	-	52,929,275
고객관계	10,754,782	-	-	(2,778,655)	-	12,287,001	20,263,128
수주잔고	502,000	-	-	(502,000)	-	-	-
브랜드	8,690,400	-	-	(1,448,400)	-	-	7,242,000
개발비	-	-	-	-	-	4,077,982	4,077,982
합계	105,492,328	68,153	(26,533,000)	(8,441,307)	40,265,211	42,640,012	153,491,397

(*1) 건설중인자산에서의 대체 및 환율변동효과 등으로 구성되어 있습니다.
(*2) 당기 중 ㈜현대퓨처넷의 지분 8.7%를 추가로 취득하였으며, 이에 따라 (주)현대퓨처넷에 대한 지배력을 획득하여 관계기업에서 종속기업으로 분류가 변경되어 인식된 금액입니다.

〈전기〉

(단위 : 천원)

구 분	기초	취득	처분	상각	기타(*)	손상차손	당기말
회원권	6,549,251	567,433	(1,696,520)	-	-	-	5,420,164
기타의 무형자산	1,744,850	77,400	-	(536,545)	933,644	(1,556,642)	662,707
영업권	132,003,170	-	-	-	(294,895)	(52,246,000)	79,462,275
고객관계	13,533,437	-	-	(2,778,655)	-	-	10,754,782
수주잔고	1,004,000	-	-	(502,000)	-	-	502,000
브랜드	10,138,800	-	-	(1,448,400)	-	-	8,690,400
합계	164,973,508	644,833	(1,696,520)	(5,265,600)	638,749	(53,802,642)	105,492,328

(*) 환율변동효과 등으로 구성되어 있습니다.

(3) 무형자산상각비는 전액 판매비와관리비에 포함되어 있습니다.

(4) 당기말과 전기말 현재 현금창출단위에 배분된 영업권의 장부금액은 다음과 같습니다.

(단위 : 천원)

구 분	당기말			전기말		
	취득원가	손상차손누계액	장부금액	취득원가	손상차손누계액	장부금액
(주)현대엘앤씨	215,330,354	(165,910,871)	49,419,483	215,983,146	(139,377,871)	76,605,275
지배기업 보험대리사업	2,857,000	-	2,857,000	2,857,000	-	2,857,000
합 계	218,187,354	(165,910,871)	52,276,483	218,840,146	(139,377,871)	79,462,275

영업권의 손상평가를 위해 현금창출단위를 기준으로 회수가능액을 산출하고 있습니다. 현금

창출단위의 회수가능액은 사용가치의 계산에 기초하여 결정되었으며, 사용가치는 경영진에 의해 승인된 5년간의 사업계획에 기초한 세전 현금흐름추정을 기초로 하여 산정되었습니다. 5년을 초과한 현금흐름은 (주)현대엘앤씨 및 지배기업 보험대리사업이 속해 있는 산업의 장기 평균 성장률을 초과하지 않는 범위 내에서 추정하였습니다.

(5) 당기 손상평가 수행 결과 (주)현대엘앤씨 부문 영업용자산의 장부금액이 사용가치를 초과하여 26,533백만원(전기 : 52,246백만) 손상을 인식하였습니다.

사용가치는 현금흐름할인모형에서 사용된 장기성장률과 할인율 같은 주요 가정에 많은 영향을 받습니다. (주)현대엘앤씨 부문의 당기 사용가치 추정시 사용한 영구성장률 및 할인율은 각각 1%, 11.45%입니다.

(주)현대엘앤씨 부문의 사용가치 추정시 사용한 영구성장률 및 할인율의 변동이 사용가치에 미치는 영향은 다음과 같습니다.

(단위 : 천원)

구분	증가	감소
할인율(0.5% 변동)	(18,962)	20,875
영구성장률(0.5% 변동)	9,299	(8,448)

(6) 당기 손상평가 수행 결과 현대홈쇼핑 보험대리사업 부문 영업용자산의 사용가치가 장부금액을 초과하여 손상차손을 인식하지 않았습니다.

사용가치는 현금흐름할인모형에서 사용된 장기성장률과 할인율 같은 주요 가정에 많은 영향을 받습니다. 현대홈쇼핑 보험대리사업 부문의 당기 사용가치 추정시 사용한 영구성장률 및 할인율은 각각 1%, 9.79%입니다.

현대홈쇼핑 보험대리사업 부문의 사용가치 추정시 사용한 영구성장률 및 할인율의 변동이 사용가치에 미치는 영향은 다음과 같습니다.

(단위 : 천원)

구분	증가	감소
할인율(0.5% 변동)	(1,419,972)	1,590,904
영구성장률(0.5% 변동)	1,067,954	(952,981)

설명

종속기업투자주식은 연결재무제표에서는 각각이 하나의 현금창출단위를 구성하거나, 다른 현금창출단위에 포함될 수도 있다.
예를 들어, 지배기업이 TV를 제조하는 법인이고, 별도의 판매법인을 별도의 종속기업투자주식으로 보유하고 있다면, 별도재무제표에서는 종속기업투자주식의 손상여부를 평가하지만, 연결재무제표에는 TV를 제조하는 지배기업과 판매하는 종속기업이 하나의 현금창출단위를 구성하여 손상차손을 인식하지 않을 수도 있다.

사례회사는 별도재무제표에서는 종속기업투자주식[(주)현대엘앤씨]에 대해 손상차손을 인식하고 있다.

사례회사의 연결재무제표에서는 영업권이 포함된 "(주)현대엘앤씨" 현금창출단위에 대해 손상평가를 하고 있다고 공시하고 있다.

영업권이 포함된 현금창출단위는 손상징후 여부와 무관하게 매년 손상평가를 수행해야 하며, 손상차손 발생 여부와 무관하게 손상평가의 세부적인 내용을 주석공시해야 한다.

사례회사는 연결재무제표 단위에서 영업권을 포함하는 (주)현대엘앤씨 현금창출단위에 대해 손상평가를 수행하였으며, 그 결과 인식한 손상차손(26,533백만원)을 기타비용으로 인식하고 있다[K-1036, 126(1)].

손상차손을 인식한 영업권이 포함된 현금창출단위의 주석사항을 다음과 같이 공시하고 있다.

주석공시 요구사항	공시내용 ((주)현대엘앤씨 현금창출단위)	기준서 (K-1036)
현금창출단위(현금창출단위집단)에 배분한 영업권의 장부금액	(기초) 76,605,275천원	134(1)
현금창출단위(현금창출단위집단)의 회수가능액을 산정한 기준(사용가치, 공정가치에서 처분부대원가를 뺀 금액)	사용가치에 기초하여 추정	134(3)
현금창출단위(현금창출단위집단)의 회수가능액을 사용가치에 기초하여 산정하는 경우		134(4)
최근 재무예산/예측에서 대상으로 한 기간의 현금흐름을 추정할 때 경영진이 근거한 주요 가정	5년간의 수익성장률은 과거 평균성장률의 추세를 분석 및 사업계획을 기초로 산정	134(4)(가)
경영진이 주요 가정치를 결정하는 방식	현금흐름은 과거 경험, 실질적인 영업결과와 향후 5년간의 사업계획을 근거로 추정	134(4)(나)
경영진이 승인한 재무예산/예측을 기초로 미래현금흐름을 추정할 때 추정 대상 기간과 현금창출단위(현금창출단위집단)에 사용하는 기간이 5년을 초과한 경우에 이를 정당화할 수 있는 이유를 설명 여부	해당 없음(5년간만 경영진 추정치 사용, 이후는 영구현금흐름 가정 사용).	134(4)(다)
최근 재무예산/예측의 대상 기간을 초과하는 기간의 현금흐름을 추정하기 위해 사용한 성장률 등	영구성장률 : 1%	134(4)(라)
미래현금흐름 추정치에 적용한 할인율(들)	할인율 : 11.45%	134(4)(마)

공시사례 11.4 **자산손상(별도, 순공정가치)**

[출처 : 대한제당 2019년 감사보고서]

주석

13. 유형자산

(1) 당기 및 전기 중 유형자산의 변동내역은 다음과 같습니다.

① 제64(당)기

한편, 당기 중 당사는 영업손실을 기록하고 있는 한국의 사료사업부문 현금창출단위에 대해 기업회계기준서 제1036호에 따라 손상검사를 수행하였습니다. 한국의 사료사업부문에 배분된 유형자산은 토지, 건물, 기계장치, 사용권자산 및 기타유형자산이며 금액은 각각 43,567,001천원, 4,257,770천원, 7,222,591천원, 246,147천원 및 1,226,551천원입니다.

회수가능액은 처분부대원가를 뺀 공정가치로 측정하였으며, 독립적인 감정평가법인을 통하여 평가를 수행하였습니다. 평가방법은 공시지가기준법 및 거래사례비교법 등을 사용하였으며 공정가치 측정치는 지가변동률, 물가지수 등의 관측 가능하지 않은 투입변수를 고려하여 공정가치 서열체계 수준 3에 해당하는 것으로 분류하였습니다.

상기 사료사업부문의 유형자산에 대한 손상검사 결과 회수가능액이 장부금액을 초과하고 있습니다.

설명

사례회사는 특정 현금창출단위에서 손상징후가 발생하여 손상평가를 수행하였으며, 손상평가 결과 회수가능액이 장부금액을 초과하고 있다(즉, 손상차손이 발생하지 않았다). 영업권을 포함한 현금창출단위는 손상평가 결과와 무관하게 손상평가에 대한 주석정보를 공시해야 하나, 영업권을 포함하지 않는 현금창출단위는 손상징후로 인해 손상평가를 수행하더라도 손상평가 결과 손상차손이 발생하지 않으면 손상평가 내용을 주석공시 요구하지 않는다.

사례회사는 특정 현금창출단위("사료사업부문")에 손상징후가 발생하여 손상평가를 수행하였다. 손상평가 시 회수가능액은 독립적인 감정평가법인을 통하여 처분부대원가를 뺀 공정가치로 측정하였다.

사례회사는 회수가능액이 장부금액을 초과하고 있어 손상차손 및 손상평가에 대한 추가적인 주석공시는 요구하지 않고 있다.

CHAPTER

12 수익인식

▶ 관련 기업회계기준서

K-IFRS 제1115호 고객과의 계약에서 생기는 수익

01 | 기준서 주요 내용

| 수익인식 5단계

K-IFRS 제1115호(고객과의 계약에서 생기는 수익)은 기업이 고객에게 약속한 재화나 용역의 이전을 나타내도록 해당 재화나 용역의 대가로 받을 권리를 갖게 될 것으로 예상하는 대가를 반영한 금액으로 수익을 인식해야 한다는 것이다. 핵심 원칙에 따라 수익을 인식하기 위해서는 다음의 단계를 적용해야 한다(K-1115, IN7).

단계	내용
1단계 고객과의 계약 식별	계약은 둘 이상의 당사자 사이에 집행 가능한 권리와 의무가 생기게 하는 합의이다. IFRS 15의 요구사항은 정해진 조건을 충족하는, 고객과 체결한 계약에만 적용한다. 어떤 경우에는 이 기준서에서 여러 계약을 결합하여 하나의 계약으로 회계처리할 것을 요구하기도 한다. 이 기준서에서는 계약 변경의 회계처리에 관한 요구사항도 제공한다.
2단계 수행의무 식별	하나의 계약은 고객에게 재화나 용역을 이전하는 여러 약속을 포함한다. 그 재화나 용역들이 구별된다면 약속은 수행의무이고 별도로 회계처리한다. 고객이 재화나 용역 그 자체에서나 쉽게 구할 수 있는 다른 자원과 함께하여 효익을 얻을 수 있고, 그 약속을 계약 내의 다른 약속과 별도로 식별해 낼 수 있다면 재화나 용역은 구별된다.

단계	내용
3단계 거래가격 산정	거래가격은 고객에게 약속한 재화나 용역을 이전하고 그 대가로 기업이 받을 권리를 갖게 될 것으로 예상하는 금액이다. 거래가격은 고객이 지급하는 고정된 금액일 수도 있으나, 어떤 경우에는 변동대가를 포함하거나 현금 외의 형태로 지급될 수도 있다. 거래가격은 계약에 유의적인 금융요소가 포함된다면 화폐의 시간가치 영향을 조정하며, 고객에게 지급하는 대가가 있는 경우에도 거래가격에서 조정한다. 대가가 변동된다면, 고객에게 약속한 재화나 용역을 이전하고 그 대가로 받을 권리를 갖게 될 것으로 예상하는 금액을 추정한다. 변동대가는 변동대가와 관련된 불확실성이 나중에 해소될 때, 인식된 누적 수익 금액 중 유의적인 부분을 되돌리지(환원하지) 않을 가능성이 매우 높은 정도까지만 거래가격에 포함한다.
4단계 거래가격을 계약 내 수행의무에 배분	거래가격은 일반적으로 계약에서 약속한 각 구별되는 재화나 용역의 상대적 개별 판매가격을 기준으로 배분한다. 개별 판매가격을 관측할 수 없다면 추정해야 한다. 거래가격에 계약의 일부분에만 관련되는 할인액이나 변동대가(금액)가 포함되는 경우가 있다. 이 기준서에서는 할인액이나 변동대가를 일부 수행의무에만 배분하는 경우를 구체적으로 규정하고 있다.
5단계 수행의무를 이행할 때 (또는 기간에 걸쳐 이행하는 대로) 수익을 인식	기업이 약속한 재화나 용역을 고객에게 이전하여 수행의무를 이행할 때(이행하는 대로)(고객이 재화나 용역을 통제하게 되는 때) 수익을 인식한다. 인식하는 수익 금액은 이행한 수행의무에 배분된 금액이다. 수행의무는 한 시점에 이행하거나(일반적으로 고객에게 재화를 이전하는 약속의 경우), 기간에 걸쳐 이행한다(일반적으로 고객에게 용역을 이전하는 약속의 경우). 기간에 걸쳐 이행하는 수행의무의 수익은 그 수행의무의 진행률을 적절하게 측정하는 방법을 선택하여 기간에 걸쳐 인식한다.

수익인식 5단계를 아래 사례를 예를 들면 다음과 같다.

단계	사례
1단계 고객과의 계약 식별	고객인 A사와 단일의 계약을 체결하였다.
2단계 수행의무 식별	A사와의 계약내용은 다음과 같이 구분되며, 이는 각각의 수행의무로 구분된다. • 제품 인도 : 20×1년 12월 1일 • 설치 : 20×1년 12월 1일 ~ 20×2년 2월 28일
3단계 거래가격 산정	A사로부터 수령할 계약상 대가는 1,000원이다.
4단계 거래가격을 계약 내 수행의무에 배분	• 상대적 시장가격은 다음과 같이 조사된다. – 제품 인도 : 840원(70%) – 설치용역 : 360원(30%) • 거래가격(1,000원)을 수행의무별로 다음과 같이 배분한다. – 제품 인도 : 700원 – 설치용역 : 300원
5단계 수행의무를 이행할 때 (또는 기간에 걸쳐 이행하는 대로) 수익을 인식	수익인식은 수행의무별로 다음과 같이 인식한다. • 제품 인도 : 700원 인도시점(20×1년 12월 1일)에 수익인식 • 설치용역 : 300원 진행기준에 따라 20×1년에 100원 수익인식, 20×2년에 200원 수익인식(진행률이 기간경과에 따라 일정하다고 가정)

인식

계약을 식별함

다음 기준을 모두 충족하는 때에만, 이 기준서의 적용범위에 포함되는 고객과의 계약으로 회계처리한다.

(1) 계약 당사자들이 계약을 (서면으로, 구두로, 그 밖의 사업 관행에 따라) 승인하고 각자의 의무를 수행하기로 확약한다.
(2) 이전할 재화나 용역과 관련된 각 당사자의 권리를 식별할 수 있다.
(3) 이전할 재화나 용역의 지급조건을 식별할 수 있다.
(4) 계약에 상업적 실질이 있다(계약의 결과로 기업의 미래 현금흐름의 위험, 시기, 금액이 변동될 것으로 예상된다).
(5) 고객에게 이전할 재화나 용역에 대하여 받을 권리를 갖게 될 대가의 회수 가능성이 높다. 대가의 회수 가능성이 높은지를 평가할 때에는 지급기일에 고객이 대가(금액)를 지급할 수 있는 능력과 지급할 의도만을 고려한다. 기업이 고객에게 가격할인(price concessions)을 제공할 수 있기 때문에 대가가 변동될 수 있다면, 기업이 받을 권리를 갖게 될 대가는 계약에 표시된 가격보다 적을 수 있다.

계약의 결합

다음 기준 중 하나 이상을 충족한다면, 같은 고객(또는 그 고객의 특수관계자)과 동시에 또는 가까운 시기에 체결한 둘 이상의 계약을 결합하여 단일 계약으로 회계처리한다.

(1) 복수의 계약을 하나의 상업적 목적으로 일괄 협상한다.
(2) 한 계약에서 지급하는 대가(금액)는 다른 계약의 가격이나 수행에 따라 달라진다.
(3) 복수의 계약에서 약속한 재화나 용역(또는 각 계약에서 약속한 재화나 용역의 일부)은 문단 22 ~ 30에 따른 단일 수행의무에 해당한다.

계약 변경

계약 변경에 해당하는 경우와 계약변경에 해당하지 않는 경우 다음과 같이 각각 구분하여 회계처리한다.

단계	내용
계약변경을 별도의 계약으로 회계처리	다음 2 조건 모두 충족 시 (1) 구별되는 약속한 재화나 용역이 추가되어 계약의 범위가 확장된다. (2) 계약가격이 추가로 약속한 재화나 용역의 개별 판매가격에 특정 계약 상황을 반영하여 적절히 조정한 대가(금액)만큼 상승한다.

단계	내용
계약변경을 별도의 계약으로 회계처리하지 않는 경우	상기 2 조건을 충족하지 않는 경우 (1) 나머지 재화나 용역이 계약변경일이나 그 전에 이전한 재화나 용역과 구별된다면, 그 계약변경은 기존 계약을 종료하고 새로운 계약을 체결한 것처럼 회계처리한다. (2) 나머지 재화나 용역이 구별되지 않아서 계약변경일에 부분적으로 이행된 단일 수행의무의 일부를 구성한다면, 그 계약변경은 기존 계약의 일부인 것처럼 회계처리한다. (3) 나머지 재화나 용역이 (1)과 (2)의 경우로 결합되어 있다면, 변경된 계약에서 이행되지 아니한 수행의무(일부 미이행 포함)에 미치는 계약변경의 영향을 이 문단의 목적에 맞는 방법으로 회계처리한다.

| 수행의무를 식별함

계약 개시시점에 고객과의 계약에서 약속한 재화나 용역을 검토하여 고객에게 다음 중 어느 하나를 이전하기로 한 각 약속을 하나의 수행의무로 식별한다.

(1) 구별되는 재화나 용역(또는 재화나 용역의 묶음)

(2) 실질적으로 서로 같고 고객에게 이전하는 방식도 같은 '일련의 구별되는 재화나 용역'

구분	내용
고객과의 계약으로 한 약속	계약에는 암묵적, 명시적 계약 모두 포함된다. 계약을 준비하기(set up) 위한 관리 업무 등은 고객에게 용역이 이전되지 않으므로 수행의무가 아니다.
구별되는 재화나 용역	재화나 용역은 다음이 유형 등으로 구분된다. (1) 기업이 생산한 재화의 판매(예 : 제조업자의 재고자산) (2) 기업이 구매한 재화의 재판매(예 : 소매업자의 상품) (3) 기업이 구매한 재화 또는 용역에 대한 권리의 재판매 (4) 고객을 위해 계약상 합의한 업무의 수행 (5) 재화나 용역을 언제라도 제공할 수 있는 상태에 있어야 하는 용역의 제공[예 : 사용할 수 있을 때 고객이 사용하면 제공되는, 소프트웨어의 특정되지 않은 갱신(update)]이나 고객이 결정하는 시점에 그 결정에 따라 재화나 용역을 사용할 수 있는 용역의 제공 (6) 다른 당사자가 재화나 용역을 고객에게 이전하도록 주선하는 용역의 제공(예 : 다른 당사자의 대리인 역할 수행) (7) 고객이 자신의 고객에게 재판매하거나 공급할 수 있도록 기업이 미래에 제공할 재화나 용역에 대한 권리를 고객에게 부여(예 : 소매업자에게 제품을 판매한 기업이 그 소매업자에게서 그 제품을 구매하는 개인에게 추가 재화나 용역을 이전하기로 약속한다) (8) 고객을 위하여 자산을 건설, 제조, 개발 (9) 라이선스 부여 (10) 추가 재화나 용역을 구매할 수 있는 선택권 부여

수행의무의 이행

고객에게 약속한 재화나 용역, 즉 자산을 이전하여 수행의무를 이행할 때(또는 기간에 걸쳐 이행하는 대로) 수익을 인식한다. 자산은 고객이 그 자산을 통제할 때(또는 기간에 걸쳐 통제하게 되는 대로) 이전된다.

(1) 한 시점에 이행하는 수행의무(인도기준)

수행의무가 기간에 걸쳐 이행되지 않는다면, 그 수행의무는 한 시점에 이행되는 것이다. 다음과 같은 통제 이전의 지표를 참고하여야 한다.

통제 이전의 지표
(1) 기업은 자산에 대해 현재 지급청구권이 있다.
(2) 고객에게 자산의 법적 소유권이 있다.
(3) 기업이 자산의 물리적 점유를 이전하였다.
(4) 자산의 소유에 따른 유의적인 위험과 보상이 고객에게 있다.
(5) 고객이 자산을 인수하였다.

(2) 기간에 걸쳐 이행하는 수행의무(진행기준)

다음 기준 중 어느 하나를 충족하면, 기간에 걸쳐 수행의무를 이행하는 것이고 기간에 걸쳐 수익을 인식한다.

진행기준 적용 기준
(1) 고객은 기업이 수행하는 대로 기업의 수행에서 제공하는 효익을 동시에 얻고 소비한다.
(2) 기업이 수행하여 만들어지거나 가치가 높아지는 대로 고객이 통제하는 자산(예 : 재공품)을 기업이 만들거나 그 자산 가치를 높인다.
(3) 기업이 수행하여 만든 자산이 기업 자체에는 대체 용도가 없고, 지금까지 수행을 완료한 부분에 대해 집행 가능한 지급청구권이 기업에 있다.

기간에 걸쳐 이행하는 수행의무 각각에 대해, 그 수행의무 완료까지의 **진행률**(이하 '수행의무의 진행률'이라 한다)을 측정하여 기간에 걸쳐 수익을 인식한다. 진행률을 측정하는 목적은 고객에게 약속한 재화나 용역에 대한 통제를 이전(기업의 수행의무 이행)하는 과정에서 기업의 수행 정도를 나타내기 위한 것이다.

구분	내용
진행률 측정방법	적절한 진행률 측정방법에는 산출법과 투입법이 포함된다. 적절한 진행률 측정방법을 결정할 때, 고객에게 이전하기로 약속한 재화나 용역의 특성을 고려한다.

구분	내용
합리적인 진행률 측정	수행의무의 진행률을 합리적으로 측정할 수 있는 경우에만, 기간에 걸쳐 이행하는 수행의무에 대한 수익을 인식한다. 어떤 상황(예 : 계약 초기 단계)에서는 수행의무의 결과를 합리적으로 측정할 수 없으나, 수행의무를 이행하는 동안에 드는 원가는 회수될 것으로 예상한다. 그 상황에서는 수행의무의 결과를 합리적으로 측정할 수 있을 때까지 발생원가의 범위에서만 수익을 인식한다.

진행률 측정방법인 산출법과 투입법의 차이는 다음과 같고, 각각의 조건에 맞게 적용하여야 한다 (K-1115, B14 ~ B19).

구분	산출법	투입법
정의	산출법은 계약에서 약속한 재화나 용역의 나머지 부분의 가치와 비교하여 지금까지 이전한 재화나 용역이 고객에 주는 가치의 직접 측정에 기초하여 수익을 인식한다.	투입법은 해당 수행의무의 이행에 예상되는 총 투입물 대비 수행의무를 이행하기 위한 기업의 노력이나 투입물에 기초하여 수익을 인식하는 것이다. 기업의 노력이나 투입물을 수행기간에 걸쳐 균등하게 소비한다면, 정액법으로 수익을 인식하는 것이 적절할 수 있다.
예시	산출법은 지금까지 수행을 완료한 정도를 조사, 달성한 결과에 대한 평가, 도달한 단계, 경과한 시간, 생산한 단위나 인도한 단위와 같은 방법이 포함된다.	수행의무를 이행하기 위한 기업의 노력이나 투입물(예 : 소비한 자원, 사용한 노동시간, 발생원가, 경과한 시간, 사용한 기계시간)
단점	산출법의 단점은 진행률을 측정하는 데에 사용하는 산출물을 직접 관측하지 못할 수 있고, 과도한 원가를 들이지 않고는 산출법을 적용하기 위해 필요한 정보를 구하지 못할 수도 있다는 점이다. 그러므로 투입법이 필요할 수 있다.	투입법의 단점은 기업의 투입물과 고객에게 재화나 용역에 대한 통제를 이전하는 것 사이에 직접적인 관계가 없을 수 있다는 것이다.
고려 사항	기업이 지금까지 수행을 완료한 정도가 고객에게 주는 가치에 직접 상응하는 금액을 고객에게서 받을 권리가 있다면(예 : 기업이 제공한 용역 시간당 고정금액을 청구할 수 있는 용역계약), 기업은 청구권이 있는 금액으로 수익을 인식하는 실무적 간편법을 쓸 수 있다.	고객에게 재화나 용역에 대한 통제를 이전하는 과정에서 기업의 수행 정도를 나타내지 못하는 투입물의 영향은 투입법에서 제외한다. 원가기준 투입법을 사용할 때, 다음 상황에서는 진행률 측정에 조정이 필요할 수 있다. (1) 발생원가가 기업이 수행의무를 이행할 때 그 진척도에 이바지하지 않는 경우 : 유의적인 비효율로 인한 원가(예상 밖으로 낭비된 재료원가, 노무원가 등) (2) 발생원가가 기업이 수행의무를 이행할 때 그 진척도에 비례하지 않는 경우

측정

수행의무를 이행할 때(또는 이행하는 대로), 그 수행의무에 배분된 거래가격을 수익으로 인식한다.

| 거래가격을 산정함

거래가격을 산정하기 위해서는 계약 조건과 기업의 사업 관행을 참고한다. 거래가격은 고객에게 약속한 재화나 용역을 이전하고 그 대가로 기업이 받을 권리를 갖게 될 것으로 예상하는 금액이며, 제삼자를 대신해서 회수한 금액(예 : 일부 판매세)은 제외한다. 고객과의 계약에서 약속한 대가는 고정금액, 변동금액 또는 둘 다를 포함할 수 있다.

구분	내용
변동대가	계약에서 약속한 대가에 변동금액이 포함된 경우에 고객에게 약속한 재화나 용역을 이전하고 그 대가로 받을 권리를 갖게 될 금액을 추정한다. 대가(금액)는 할인(discount), 리베이트, 환불, 공제(credits), 가격할인(price concessions), 장려금(incentives), 성과보너스, 위약금이나 그 밖의 비슷한 항목 때문에 변동될 수 있다. • 변동대가의 추정 – (1) 기댓값, (2) 가능성이 가장 높은 금액 중 변동대가를 가장 잘 추정하는 방법을 선택해서 추정한다. • 환불부채 – 고객에게서 받은 대가의 일부나 전부를 고객에게 환불할 것으로 예상하는 경우에는 환불부채를 인식한다. – 반품권이 있는 판매 관련 환불부채는 반품자산과 환불부채로 총액으로 인식한다.
변동대가 추정치의 제약	변동대가와 관련된 불확실성이 나중에 해소될 때, 이미 인식한 누적 수익 금액 중 유의적인 부분을 되돌리지(환원하지) 않을 가능성이 매우 높은(highly probable) 정도까지만 변동대가(금액)의 일부나 전부를 거래가격에 포함한다.
계약에 있는 유의적인 금융요소	거래가격을 산정할 때, 계약 당사자들 간에 (명시적으로나 암묵적으로) 합의한 지급 시기 때문에 고객에게 재화나 용역을 이전하면서 유의적인 금융 효익이 고객이나 기업에 제공되는 경우에는 화폐의 시간가치가 미치는 영향을 반영하여 약속된 대가(금액)를 조정한다. 그 상황에서 계약은 유의적인 금융요소를 포함한다. 즉, 장기성매출채권의 경우 유의적인 금융요소를 포함하여 현재가치할인차금을 인식한다.
비현금 대가	고객이 현금 외의 형태로 대가를 약속한 계약의 경우에 거래가격을 산정하기 위하여 비현금 대가를 공정가치로 측정한다.
고객에게 지급할 대가	고객에게 지급할 대가에는 기업이 고객(또는 고객에게서 기업의 재화나 용역을 구매하는 다른 당사자)에게 지급하거나 지급할 것으로 예상하는 현금 금액을 포함한다. 기업이 고객에게 지급할 대가에는 고객이 기업에 갚아야 할 금액에 적용될 수 있는 공제나 그 밖의 항목(예 : 쿠폰이나 상품권)도 포함된다. 고객에게 지급할 대가는 고객이 기업에 이전하는 구별되는 재화나 용역의 대가로 지급하는 것이 아니라면, 그 대가는 거래가격, 즉 수익에서 차감하여 회계처리한다.

거래가격을 수행의무에 배분함

거래가격을 배분하는 목적은 기업이 고객에게 약속한 재화나 용역을 이전하고 그 대가로 받을 권리를 갖게 될 금액을 나타내는 금액으로 각 수행의무(또는 구별되는 재화나 용역)에 거래가격을 배분하는 것이다.

거래가격을 상대적 개별 판매가격에 기초하여 각 수행의무에 배분하기 위하여 계약 개시시점에 계약상 각 수행의무의 대상인 구별되는 재화나 용역의 개별 판매가격을 산정하고 이 개별 판매가격에 비례하여 거래가격을 배분한다.

개별 판매가격은 기업이 고객에게 약속한 재화나 용역을 별도로 판매할 경우의 가격이다.

개별 판매가격을 직접 관측할 수 없다면 개별 판매가격을 추정하며, 추정방법에는 다음이 포함된다.

구분	내용
(1) 시장평가 조정 접근법	기업이 재화나 용역을 판매하는 시장을 평가하여 그 시장에서 고객이 그 재화나 용역에 대해 지급하려는 가격을 추정할 수 있다. 비슷한 재화나 용역에 대한 경쟁자의 가격을 참조하고 그 가격에 기업의 원가와 이윤을 반영하기 위해 필요한 조정을 하는 방법을 포함할 수도 있다.
(2) 예상원가이윤 가산 접근법	수행의무를 이행하기 위한 예상원가를 예측하고 여기에 그 재화나 용역에 대한 적절한 이윤을 더할 수 있다.
(3) 잔여접근법	재화나 용역의 개별 판매가격은 총 거래가격에서 계약에서 약속한 그 밖의 재화나 용역의 관측 가능한 개별 판매가격의 합계를 차감하여 추정할 수 있다.

거래가격의 변동

계약을 개시한 다음에 거래가격은 여러 가지 이유로 변동될 수 있다. 거래가격의 후속 변동은 계약 개시시점과 같은 기준으로 계약상 수행의무에 배분한다.

계약원가

계약원가는 (1) 계약체결 증분원가와 (2) 계약이행원가로 구분된다.

계약체결 증분원가는 계약 체결하는 과정에서 발생하는 원가이며, 계약이행원가는 계약체결 이후 계약을 이행하는 과정에서 발생하는 원가이며, 다음과 같이 구분된다.

구분	계약체결 증분원가	계약이행원가
회계처리	고객과의 계약체결 증분원가가 회수될 것으로 예상된다면 이를 자산으로 인식한다(다만, 상각기간이 1년 이하라면 발생시점에 비용으로 인식하는 실무적 간편법 가능).	고객과의 계약을 이행할 때 드는 원가는 다음 기준을 모두 충족해야만 자산으로 인식한다. (1) 원가가 계약이나 구체적으로 식별할 수 있는 예상 계약에 직접 관련된다(예 : 기존 계약의 갱신에 따라 제공할 용역에 관련되는 원가, 아직 승인되지 않은 특정 계약에 따라 이전할 자산의 설계원가). (2) 원가가 미래의 수행의무를 이행(또는 계속 이행)할 때 사용할 기업의 자원을 창출하거나 가치를 높인다. (3) 원가는 회수될 것으로 예상된다.

구분	계약체결 증분원가	계약이행원가
예시	계약체결 증분원가는 고객과 계약을 체결하기 위해 들인 원가로서 계약을 체결하지 않았다면 들지 않았을 원가이다(예 : 판매수수료).	(1) 직접노무원가(예 : 고객에게 약속한 용역을 직접 제공하는 종업원의 급여와 임금) (2) 직접재료원가(예 : 고객에게 약속한 용역을 제공하기 위해 사용하는 저장품) (3) 계약이나 계약활동에 직접 관련되는 원가 배분액(예 : 계약의 관리 · 감독 원가, 보험료, 계약의 이행에 사용된 기기 · 장비 · 사용권자산의 감가상각비) (4) 계약에 따라 고객에게 명백히 청구할 수 있는 원가 (5) 기업이 계약을 체결하였기 때문에 드는 그 밖의 원가(예 : 하도급자에게 지급하는 금액)
비용으로 인식	계약 체결 여부와 무관하게 드는 계약체결원가는 발생시점에 비용으로 인식한다.	다음 원가는 발생시점에 비용으로 인식한다. (1) 일반관리원가 (2) 계약을 이행하는 과정에서 낭비된 재료원가, 노무원가, 그 밖의 자원의 원가로서 계약가격에 반영되지 않은 원가 (3) 이미 이행한 계약상 수행의무와 관련된 원가(과거의 수행 정도와 관련된 원가) (4) 이행하지 않은 수행의무와 관련된 원가인지 이미 이행한 수행의무와 관련된 원가인지 구별할 수 없는 원가

상각과 손상

계약체결 증분원가나 계약이행원가 중 자산으로 인식한 경우 그 자산과 관련된 재화나 용역을 고객에게 이전하는 방식과 일치하는 체계적 기준으로 상각한다.

인식한 자산의 장부금액이 받을 것으로 예상되는 금액(대가)을 초과하는 경우 그 금액까지는 손상차손을 인식한다.

표시

계약 당사자 중 어느 한 편이 계약을 수행했을 때, 기업의 수행 정도와 고객의 지급과의 관계에 따라 그 계약을 계약자산이나 계약부채로 재무상태표에 표시한다.

대가를 받을 무조건적인 권리는 수취채권으로 구분하여 표시한다.

이 기준서에서는 '계약자산'과 '계약부채'라는 용어를 사용하지만 재무상태표에서 그 항목에 대해 다른 표현을 사용하는 것을 금지하지는 않는다.

02 | 주석 작성 핵심 포인트

수익인식 관련 주요 주석공시사항은 다음과 같이 요약된다.

Key Point

구분	주요 주석공시사항	비고
1. 고객과의 계약	• 수익의 범주별 구분 • 수취채권 · 계약자산 · 계약부채의 기초 잔액과 기말 잔액 • 계약자산과 계약부채 • 수행의무 • 나머지 수행의무에 배분된 거래가격	
2. 유의적인 판단	• 수행의무의 이행 시기 • 거래가격과 수행의무에 배분하는 금액	
3. 계약체결 증분원가와 계약이행원가	• 고객과의 계약체결원가나 계약이행원가를 산정하면서 내린 판단 • 주요 범주별로 구분한 기말 잔액 • 보고기간에 인식한 상각금액과 손상차손 금액	
4. 실무적 간편법	• 유의적인 금융요소의 존재 예외 • 계약체결 증분원가 예외	
5. 원가 기준 투입법 적용 계약	• 직전 회계연도 매출액의 5% 이상인 계약 – 계약을 구별할 수 있는 명칭 – 계약일 – 계약상 완성기한 또는 납품기한 – 진행률 – 계약자산과 손실충당금 – 수취채권과 손실충당금 • 발생원가에 기초한 투입법을 진행률 측정에 사용하는 계약 – 회계추정 변경에 따른 공사손익 변동금액, 오류 수정에 따른 공사손익 변동금액 – 회계추정 변경에 따른 추정총계약원가의 변동금액, 오류 수정에 따른 추정총계약원가의 변동금액	K-IFRS에서만 적용

03 | 주석공시 요구사항

▶ 주석공시 요구사항(K-IFRS 제1115호 고객과의 계약에서 생기는 수익)

수익인식 관련 주석공시사항은 다음과 같이 구분된다.

문단	공시사항
110 ~ 112	1. 공시 일반
113 ~ 122	2. 고객과의 계약
123 ~ 126	3. 유의적인 판단
127 ~ 128	4. 계약체결 증분원가와 계약이행원가 중에서 인식한 자산
129	5. 실무적 간편법
한129.1 ~ 한129.5	6. 원가 기준 투입법 적용 계약의 추가 공시(K-IFRS only)

1. 공시 일반

110 **공시 요구사항의 목적은 재무제표이용자가 고객과의 계약에서 생기는 수익 및 현금흐름의 특성, 금액, 시기, 불확실성을 이해할 수 있도록 충분한 정보를 공시하는 것이다. 그 목적을 이루기 위해 다음 모두에 대한 질적 정보와 양적 정보를 공시한다.**

(1) 고객과의 계약(문단 113 ~ 122 참조)

(2) 고객과의 계약에 이 기준서를 적용할 때 내린 유의적인 판단과 그 판단의 변경(문단 123 ~ 126 참조)

(3) 고객과의 계약을 체결하거나 이행하기 위해 들인 원가 중 문단 91이나 95에 따라 인식한 자산(문단 127 ~ 128 참조)

111 공시 목적을 이루기 위하여 공시 수준이 얼마나 상세해야 하는지와 각 요구사항에 얼마나 중점을 두어야 하는지를 고려한다. 사소한 상세항목을 다수 포함하거나 실질적으로 특성이 다른 항목들을 통합하여 유용한 정보가 이해하기 어렵게 되지 않도록 공시사항을 통합하거나 구분한다.

112 다른 기준서에 따라 정보를 제공했다면, 이 기준서에 따라 그 정보를 공시할 필요는 없다.

K-IFRS 제1115호(고객과의 계약에서 생기는 수익)에서는 주요 주석공시요구사항을 아래 3가지로 구분하고 있다(K-1115. 110).

구분	기준서 (K-1115)
(1) 고객과의 계약	113 ~ 122
(2) 고객과의 계약에 이 기준서를 적용할 때 내린 유의적인 판단과 그 판단의 변경	123 ~ 126
(3) 고객과의 계약을 체결하거나 이행하는 데 든 원가 중에서 인식한 자산	127 ~ 128

2. 고객과의 계약

113 보고기간의 다음 금액을 모두 공시한다. 다만 다른 기준서에 따라 포괄손익계산서에서 구분하여 표시한 금액은 제외한다.

(1) 고객과의 계약으로 인식한 수익. 이 수익을 자신의 다른 수익원천과 별도로 공시한다.

(2) 고객과의 계약에서 생기는 수취채권이나 계약자산에 대해 (기업회계기준서 제1109호에 따라) 인식한 손상차손. 이 손상차손을 다른 계약의 손상차손과 별도로 공시한다.

수익의 구분

114 경제적 요소가 수익 및 현금흐름의 특성, 금액, 시기, 불확실성에 어떻게 영향을 주는지를 나타내도록, 고객과의 계약에서 인식한 수익을 범주별로 구분한다. 수익 구분에 사용하기 위한 범주를 선정할 때에는 문단 B87 ~ B89의 지침을 적용한다.

115 또 (문단 114에 따라) 구분된 수익 공시와 기업회계기준서 제1108호 '영업부문'을 적용하는 경우에 보고부문별로 공시된 수익정보의 관계를 재무제표이용자가 이해할 수 있도록 충분한 정보를 공시한다.

계약잔액

116 다음 정보를 모두 공시한다.

(1) 고객과의 계약에서 생기는 수취채권 · 계약자산 · 계약부채의 기초 잔액과 기말 잔액. 다만 구분하여 표시하거나 별도로 공시한 경우는 제외한다.

(2) 보고기간 초의 계약부채 잔액 중 해당 보고기간에 인식한 수익

(3) 과거 보고기간에 이행한(또는 부분적으로 이행한) 수행의무에 대해 해당 보고기간에 인식한 수익(예 : 거래가격의 변동)

117 수행의무의 이행시기[문단 119(1) 참조]가 일반적인 지급시기[문단 119(2) 참조]와 어떻게 관련되는지를 그리고 그 요소들이 계약자산 잔액과 계약부채 잔액에 미치는 영향을 설명한다. 이 설명은 질적 정보를 사용하여 할 수도 있다.

118 해당 보고기간에 생긴 계약자산 잔액과 계약부채 잔액의 유의적인 변동을 설명한다. 이 설명에는 질적 정보와 양적 정보를 포함한다. 계약자산 잔액과 계약부채 잔액 변동의 예에는 다음이 포함된다.

(1) 사업결합에 따른 변동
(2) 계약자산이나 계약부채에 영향을 미치는 수익의 누적효과 일괄조정. 이에는 진행률 측정치의 변경, 거래가격 추정치의 변경(변동대가의 추정치가 제약되는지에 대한 평가의 변경 포함), 계약변경에 따른 조정이 포함된다.
(3) 계약자산의 손상
(4) 대가를 받을 권리가 무조건적이 되는(계약자산이 수취채권으로 재분류되는) 일정의 변동
(5) 수행의무를 이행하는(계약부채에서 수익으로 인식되는) 기간의 변동

수행의무

119 다음에 대한 서술을 모두 포함하여 고객과의 계약에서 자신의 수행의무에 대한 정보를 공시한다.

(1) 기업이 수행의무를 일반적으로 이행하는 시기(예 : 선적시점, 인도시점, 용역 제공이 진행되는 시기, 용역 완료시점). 미인도청구약정에서 수행의무를 이행하는 시기를 포함한다.
(2) 유의적인 지급조건(예 : 일반적인 지급기일이 언제인지, 계약에 유의적인 금융요소가 있는지, 변동대가인지, 변동대가의 추정치가 문단 56 ~ 58에 따라 일반적으로 제약되는지)
(3) 기업이 이전하기로 약속한 재화나 용역의 특성. 다른 당사자가 재화나 용역을 이전하도록 주선하는 수행의무가 기업에 있다면(기업이 대리인으로서 활동한다면) 이를 강조한다.
(4) 반품의무, 환불의무, 그 밖에 이와 비슷한 의무
(5) 보증의 유형과 이와 관련된 의무

나머지 수행의무에 배분된 거래가격

120 나머지 수행의무에 대해서는 다음 정보를 공시한다.

(1) 보고기간 종료일 현재, 이행되지 않은(또는 부분적으로 이행되지 않은) 수행의무에 배분된 거래가격 총액

(2) 문단 120(1)에 따라 공시하는 금액을 수익으로 인식할 것으로 예상하는 시기에 대한 설명. 이러한 설명은 다음 중 어느 하나의 방법으로 공시한다.

(가) 나머지 수행의무의 존속 기간에 가장 적절한 기간 범위를 사용한 양적 기준에 따른 방법

(나) 질적 정보를 사용한 방법

121 다음 조건 중 어느 하나를 충족한다면 문단 120의 수행의무에 대한 정보를 공시하지 않는 실무적 간편법을 쓸 수 있다.

(1) 수행의무가 최초 예상 존속 기간이 1년 이내인 계약의 일부이다.

(2) 수행의무의 이행으로 생기는 수익을 문단 B16에 따라 인식한다.

122 문단 121의 실무적 간편법을 적용하고 있는지와 고객과의 계약에서 생기는 대가를 거래가격에 포함하지 않아 문단 120에 따라 공시하는 정보에 포함되지 않는지를 질적으로 설명한다. 예를 들면 변동대가 추정치 중 제약받는 금액은 거래가격 추정치에는 포함되지 않을 것이다(문단 56 ~ 58 참조).

기준서 부록 B의 적용지침에서는 상기 수익의 구분공시 관련 문단 114 ~ 115의 적용지침을 제공하고 있다.

▶ K-IFRS 제1115호 부록 B 적용지침

수익의 구분 공시

B87 문단 114에서는 경제적 요소가 수익 및 현금흐름의 특성, 금액, 시기, 불확실성에 어떻게 영향을 주는지를 나타내는 범주로 고객과의 계약에서 생기는 수익을 구분하도록 요구한다. 따라서 이 공시의 목적상 수익을 구분하는 정도는 고객과의 계약에 관련된 사실 및 상황에 달려있다. 일부 기업은 수익의 구분에 대한 문단 114의 목적을 이루기 위해

B87 두 가지 유형 이상의 범주를 사용할 필요가 있을 수 있다. 다른 기업은 단일 유형의 범주만을 사용하여도 수익 구분의 목적을 이룰 수 있을 것이다.

B88 수익을 구분하기 위해 사용하는 (여러) 범주의 유형을 선택할 때 그 밖의 목적을 위해 기업의 수익 정보가 어떻게 표시되었는지를 고려하며, 이에는 다음 사항이 모두 포함된다.

(1) 재무제표 외에 표시되는 공시자료(예 : 실적 공개, 연차 보고, 투자자 설명)

(2) 영업부문의 재무성과를 평가하기 위해 최고 영업의사 결정자가 정기적으로 검토하는 정보

(3) 문단 B88(1) · (2)에서 식별된 정보의 유형과 비슷한 그 밖의 정보로서 기업이나 재무제표이용자가 기업의 재무성과를 평가하거나 자원배분 의사결정을 하기 위해 사용하는 다른 정보

B89 적절할 수 있는 범주의 예에는 다음 사항이 포함되며 이에 한정되지는 않는다.

(1) 재화 또는 용역의 유형(예 : 주요 제품계열)

(2) 지리적 지역(예 : 국가나 지역)

(3) 시장이나 고객의 유형(예 : 정부 고객과 비정부 고객)

(4) 계약의 유형[예 : 고정가격계약과 원가보상(time-and-materials)계약]

(5) 계약의 존속 기간(예 : 단기 계약과 장기 계약)

(6) 재화나 용역의 이전 시기(예 : 한 시점에 고객에게 이전하는 재화나 용역의 수익과 기간에 걸쳐 이전하는 재화나 용역의 수익)

(7) 판매망(예 : 고객에게 직접 판매하는 재화와 중개인을 거쳐 판매하는 재화)

고객과의 계약 관련 주석공시사항과 그 예시는 다음과 같이 구분된다.

구분	기준서 (K-1115)
(1) 수익의 구분	113 ~ 115
(2) 계약잔액	116 ~ 118
(3) 수행의무	119
(4) 나머지 수행의무에 배분된 거래가격	120 ~ 122

(1) 수익의 구분

주석사항

- 보고기간의 다음 금액을 모두 공시한다. 다만 다른 기준서에 따라 포괄손익계산서에서 구분하여 표시한 금액은 제외한다(K-1115, 113).
  (1) 고객과의 계약으로 인식한 수익. 이 수익을 자신의 다른 수익원천과 별도로 공시한다.
  (2) 고객과의 계약에서 생기는 수취채권이나 계약자산에 대해 (기업회계기준서 제1109호에 따라) 인식한 손상차손. 이 손상차손을 다른 계약의 손상차손과 별도로 공시한다.
- 고객과의 계약에서 인식한 수익을 **범주별**로 구분한다(범주 선정 시 B87 ~ B89의 지침을 적용)(K-1115, 114).
- K-IFRS 제1108호 '영업부문'을 적용하는 경우에 보고부문별로 공시된 수익정보의 관계를 공시(K-1115, 115)

수익의 범주별 구분 예시(K-1115, B89)

(1) 재화 또는 용역의 유형(예 : 주요 제품계열)
(2) 지리적 지역(예 : 국가나 지역)
(3) 시장이나 고객의 유형(예 : 정부 고객과 비정부 고객)
(4) 계약의 유형[예 : 고정가격계약과 원가보상(time-and-materials)계약]
(5) 계약의 존속 기간(예 : 단기 계약과 장기 계약)
(6) 재화나 용역의 이전 시기(예 : 한 시점에 고객에게 이전하는 재화나 용역의 수익과 기간에 걸쳐 이전하는 재화나 용역의 수익)
(7) 판매망(예 : 고객에게 직접 판매하는 재화와 중개인을 거쳐 판매하는 재화)

예시

1. 수익 (K-1115.114)

(1) 수익의 원천 [K-1115, B89(1)]

구분	당기	전기
고객과의 계약에서 생기는 수익 :		
TV 제품	1,000	900
스마트폰 제품	800	700
기타수익 :		
배당금수익	200	100
합계	2,000	1,700

(2) 수익의 구분 [K-1115, B89(2)]

고객과의 계약에서 생기는 수익의 지역별 정보는 다음과 같습니다.

구분	당기	전기
대한민국	500	1,000
북미	500	200
아시아	–	200
유럽	500	–
기타	500	300
합계	2,000	1,700

(3) 수익인식 시기 구분 [K-1115. B89(6)]

고객과의 계약에서 생기는 수익을 한 시점에 인식된 수익과 기간에 걸쳐 인식된 수익으로 구분하면 다음과 같습니다.

구분	당기	전기
한 시점에 인식된 수익	1,600	1,500
기간에 걸쳐 인식된 수익	400	200
합계	2,000	1,700

설명

- 기본적으로 고객과의 계약으로 인식한 수익(매출액)과 이로 인한 수취채권(매출채권), 계약자산(미청구공사 등)의 손상차손(대손충당금) 금액을 주석에 공시한다(K-1115. 113).
- 다만, 수익은 매출액 주석에 기타 수익원천과 구분하여 주석공시하고 있으며, 수취채권 등의 손상차손(대손충당금)은 매출채권 신용위험 주석에서 공시하고 있으므로, 공시가 중복되지 않게 하는 데 유의한다.
- 고객과의 계약에서 인식한 수익은 범주별로 구분하여 주석공시한다. 범주는 적용지침 B89에서 예시를 제시하고 있다.
- 연결재무제표에서 K-IFRS 제1108호 '영업부문'을 적용하는 경우, 보고부문별 손익 정보를 공시하는데, 이때 보고부문별 손익을 범주별로 구분하여 공시한다.

(2) 계약잔액

주석사항

다음 정보를 모두 공시한다(K-1115. 116).

- 고객과의 계약에서 생기는 수취채권 · 계약자산 · 계약부채의 기초 잔액과 기말 잔액 [K-1115. 116(1)]
- 보고기간 초의 계약부채 잔액 중 해당 보고기간에 인식한 수익[K-1115. 116(2)]
- 과거 보고기간에 이행한 수행의무에 대해 해당 보고기간에 인식한 수익(예 : 거래가격의 변동)[K-1115. 116(3)]

수행의무의 이행시기가 일반적인 지급시기와 어떻게 관련되는지 공시한다(K-1115. 117).

계약자산 잔액과 계약부채 잔액의 유의적인 변동을 설명한다(K-1115. 118).

(1) 사업결합에 따른 변동

(2) 계약자산이나 계약부채에 영향을 미치는 수익의 누적효과 일괄조정

(3) 계약자산의 손상

(4) 대가를 받을 권리가 무조건적이 되는(계약자산이 수취채권으로 재분류되는) 일정의 변동

(5) 수행의무를 이행하는(계약부채에서 수익으로 인식되는) 기간의 변동

예시

(1) 계약 잔액

당기말과 전기말 현재 고객과의 계약에서 생기는 수취채권, 계약자산과 계약부채는 다음과 같습니다. [K-1115. 116(1)]

구분	당기말	전기말
매출채권	500	800
계약자산	200	300
계약부채	400	300

(2) 계약부채에 대해 인식한 수익

전기에서 이월된 계약부채와 관련하여 당기에 수익으로 인식한 금액과 이중 전기에 이행한 수행의무와 관련된 금액은 다음과 같습니다. [K-1115. 116(2)·(3)]

구분	금액
기초의 계약부채 잔액 중 당기에 인식한 수익 :	
재화의 판매	100
유지보수 등	100
합계	200
전기에 이행한 수행의무에 대해 당기에 인식한 수익	80

(3) 계약자산 및 계약부채의 유의적인 변동 (K-1115. 118)

당기에 계약자산과 관련된 고객의 신용등급과 연령 등을 고려하여 200원의 대손충당금환입을 인식하였고, 전기에는 300원의 손상차손을 인식하였습니다. 계약부채는 재화나 용역을 제공하기 이전에 대가를 미리 받은 계약이 증가함에 따라 증가하였습니다.

설명

• 계약자산과 계약부채는 수취채권(매출채권)과 동일하게 기초, 기말 장부금액 공시를 요구한다[K-1115. 116(1)].

- 기초의 계약부채는 고객으로부터 현금 등을 수취하였으나 수행의무를 아직 이행하지 않은 부분이므로, 이 수행의무를 이행하면 당기에 계약부채가 소멸되며 수익을 인식하게 된다. 이러한 기초 계약부채 잔액 중 당기에 수익으로 인식한 부분을 주석공시 요구한다(K-1115. 116(2)).
- 계약자산 잔액은 손상차손 등에 의해, 계약부채 잔액은 기간에 걸쳐 인식하는 수익에 대한 이연수익으로 신규 발생 및 기간 경과에 따라 변동되며, 그 내역이 주석공시 요구된다(K-1115. 118).
- 예를 들어, 항공사의 고객 마일리지는 적립시점에 고객충성제도로서 이연수익으로 계약부채로 인식하다가, 고객이 마일리지를 사용하는 시점에 계약부채가 감소하게 되며 수익을 인식하게 된다.

(3) 수행의무

주석사항

다음 사항을 포함한 수행의무에 대한 정보를 공시한다(K-1115. 119).

(1) 기업이 수행의무를 일반적으로 이행하는 시기(예 : 선적시점, 인도시점, 용역 제공이 진행되는 시기, 용역 완료시점). 미인도청구약정에서 수행의무를 이행하는 시기를 포함

(2) 유의적인 지급조건

(3) 기업이 이전하기로 약속한 재화나 용역의 특성

(4) 반품의무, 환불의무, 그 밖에 이와 비슷한 의무

(5) 보증의 유형과 이와 관련된 의무

예시

(1) 고객과의 계약에서 생기는 수익

1) 수행의무의 식별

연결실체는 A제품의 제조 및 종합건설업 등을 주요사업으로 영위하고 있으며, 기업회계기준서 제1115호에 따라 연결실체는 고객과의 계약에서 구별되는 수행의무를 식별하고, 식별된 각각의 수행의무를 한 시점에 이행하는지, 기간에 걸쳐 이행하는지를 결정합니다.

2) 변동대가

연결실체는 기업회계기준서 제1115호에 따라 받을 권리를 갖게 될 대가를 더 잘 예측할 것으로 예상하는 기댓값 방법을 사용하여 변동 대가를 추정합니다. 기업회계기준서 제1115호에 따라 연결실체는 고객이 제품을 반품하는 경우 고객에게 환불할 것으로 예상되는 총액을 계약부채(환불부채)로 인식합니다.

또한, 고객에게 지급할 대가에는 연결실체가 고객(또는 고객에게서 기업의 재화나 용역을 구매하는 다른 당사자)에게 지급하거나 지급할 것으로 예상하는 현금 금액을 포함합니다.

또한, 고객이 연결실체에(또는 고객에게서 기업의 재화나 용역을 구매하는 다른 당사자에게) 갚아야 할 금액에 적용될 수 있는 공제나 그 밖의 항목도 포함됩니다. 기업회계기준서 제1115호에 따라 연결실체가 고객에게 지급한 대가 중 고객이 연결실체에 이전하는 구별되는 재화나 용역의 대가로 지급하지 않는 대가는 수익에서 차감하여 인식하였습니다.

3) 유의적인 금융요소

연결실체는 기업회계기준서 제1115호에 따라 거래가격 산정 시, 계약 당사자들 간에 합의한 지급시기 때문에 고객에게 재화나 용역을 이전하면서 유의적인 금융 효익이 고객이나 연결실체에 제공되는 경우, 그 고객이 그 재화나 용역 대금을 현금으로 결제했다면 지급하였을 가격을 반영하는 금액으로 수익을 인식하였습니다.

4) 기간에 걸쳐 이행하는 수행의무

연결실체는 고객이 설계요소를 지정하여 주문한 제품 등을 제작하여 판매하는 영업을 영위하고 있습니다. 연결실체는 1) 기업의 이행 의무 중 기업이 이행함으로써 자신이 대체 사용할 수 있는 자산을 발생시키지 않으며, 2) 현재까지 완료된 이행에 대해 강제할 수 있는 지급청구권을 보유한 경우에 한하여 해당 재화나 용역의 통제가 기간에 걸쳐 이전되는 것으로 보고 진행률에 따라 수익을 인식합니다.

설명

고객에 대한 수행의무를 재무제표에 인식하는 내용은 수행의무를 이행하는 시기, 유의적인 지급조건, 재화나 용역의 특성, 반품, 환불, 보증 등에 의해 달라지는 데 회사별로 그 내용에 대한 주석공시를 요구한다.

(4) 나머지 수행의무에 배분된 거래가격

주석사항

나머지 수행의무에 대해서는 다음 정보를 공시한다(K-1115, 120).

- 보고기간 종료일 현재, 이행되지 않은 수행의무에 배분된 거래가격
- 수익으로 인식할 것으로 예상하는 시기에 대한 설명(다음 중 하나의 방법으로 공시)
  (가) 나머지 수행의무의 존속 기간에 가장 적절한 기간 범위를 사용한 양적 기준에 따른 방법
  (나) 질적 정보를 사용한 방법

다음 조건 중 어느 하나를 충족한다면 나머지 수행의무에 대한 정보를 공시하지 않는 실무적 간편법을 쓸 수 있다(K-1115, 121).

(1) 수행의무가 최초 예상 존속 기간이 1년 이내인 계약의 일부이다.

(2) 수행의무의 이행으로 생기는 수익을 문단 B16에 따라 인식한다.

문단 121의 실무적 간편법을 적용하고 있는지와 고객과의 계약에서 생기는 대가를 거래가격에 포함하지 않아 문단 120에 따라 공시하는 정보에 포함되지 않는지를 질적으로 설명한다 (K-1115. 122).

예시

(1) 나머지 수행의무(이행되지 않거나 부분적으로 미이행된)에 배분된 거래가격

당기말 현재 이행되지 않은(또는 부분적으로 이행되지 않은) 수행의무에 배분된 거래가격은 1,000원입니다. [K-1115. 120(1)]

기업회계기준서 제1115호의 경과규정에서 허용한 바에 따라, 전기말 현재 이행되지 않은(또는 부분적으로 이행되지 않은) 수행의무에 배분된 거래가격은 공시하지 않았습니다.

연결실체는 당기말 현재 이행되지 않은 계약에 배분된 거래가격 중 500원은 보고기간 종료 후 1년 이내에 수익으로 인식할 것으로 예상하고 있습니다. (K-1115. 121)

설명

- 회사가 고객과의 계약을 1,000원으로 하고, 2개 이상의 수행의무가 존재하는 경우, 당기 중 600원의 수행의무를 제공하였다면, 400원은 나머지 수행의무에 해당된다.
- 당기 중 이행되지 않은 나머지 수행의무에 배분된 거래가격(400원)을 주석공시한다 [K-1115. 120(1)].
- 다만, 이행되지 않은 나머지 수행의무가 1년 이내 이행될 것으로 예상되면, 그 정보를 공시하지 않는 실무적 간편법을 쓸 수 있다(K-1115. 121).

3. 유의적인 판단

123 이 기준서를 적용하면서 내린, 고객과의 계약에서 생기는 수익의 금액과 시기의 결정에 유의적인 영향을 미친 판단과 그 판단의 변경을 공시한다. 특히 다음 모두를 결정할 때 내린 판단과 그 판단의 변경을 설명한다.

(1) 수행의무의 이행 시기(문단 124 ~ 125 참조)

(2) 거래가격과 수행의무에 배분하는 금액(문단 126 참조)

수행의무를 이행하는 시기를 판단함

124 기간에 걸쳐 이행하는 수행의무에 대해 다음을 모두 공시한다.

(1) 수익인식에 사용한 방법(예 : 사용한 산출법이나 투입법과 그 방법들을 어떻게 적용하는지를 기술)

124	(2) 사용한 방법이 재화나 용역의 이전을 충실히 나타내는 이유를 설명

125	한 시점에 이행하는 수행의무에 대해, 약속한 재화나 용역을 고객이 언제 통제하는지를 검토하면서 내린 유의적인 판단을 공시한다.

거래가격과 수행의무에 배분하는 금액을 산정함

126	다음 모두에 대해 각각 사용한 방법, 투입변수와 가정에 대한 정보를 공시한다. (1) 거래가격의 산정, 변동대가의 추정, 화폐의 시간가치 영향을 고려한 대가의 조정, 비현금 대가의 측정을 포함하며, 이에 한정되지는 않는다. (2) 변동대가 추정치가 제약되는지의 평가 (3) 거래가격의 배분, 약속한 재화나 용역의 개별 판매가격 추정, 계약의 특정 부분에 할인액과 변동대가 배분(해당되는 경우)을 포함한다. (4) 반환의무, 환불의무, 그 밖에 이와 비슷한 의무의 측정

고객과의 계약 관련 유의적인 판단과 그 변경의 경우의 주석공시사항과 그 예시는 다음과 같이 구분된다.

구분	기준서 (K-1115)
(1) 수행의무를 이행하는 시기를 판단함.	124 ~ 125
(2) 거래가격과 수행의무에 배분하는 금액을 산정함.	126

(1) 수행의무를 이행하는 시기를 판단함

주석사항

기간에 걸쳐 이행하는 수행의무에 대해 다음을 모두 공시한다(K-1115, 124).

(1) 수익인식에 사용한 방법(예 : 사용한 산출법이나 투입법과 그 방법들을 어떻게 적용하는지를 기술)

(2) 사용한 방법이 재화나 용역의 이전을 충실히 나타내는 이유를 설명

한 시점에 이행하는 수행의무에 대해, 약속한 재화나 용역을 고객이 언제 통제하는지를 검토하면서 내린 유의적인 판단을 공시한다(K-1115, 125).

예시

(1) 수익인식에 사용한 방법

가. 투입법 예시 (K-1115. 124)

당사는 고객과의 장기계약에 따라 토목, 주택, 플랜트 사업에 대하여 건설공사를 수행하고 있습니다. 이러한 계약은 건설용역이 시작되기 전에 체결됩니다. 경영진은 개별 계약별로 계약조건을 검토하고, 투입법을 사용하는 것이 기업회계기준서 제1115호하에서 수행의무의 완료까지의 진행률을 측정하는 적절한 방법이라 보았습니다. 또한 당 수익에서 발생되는 수익은 원가기준 투입법에 따라(즉 예상원가 대비 그때까지 수행한 업무에 대해 발생한 원가에 비례하여) 기간에 걸쳐 인식합니다.

나. 산출법 예시 (K-1115. 124)

당사는 고객에게 광고대행 서비스를 제공하는 사업과 유지보수 하는 사업을 영위하고 있습니다. 이러한 서비스 제공 사업 중 일부의 계약은 고객에게 일정한 산출물을 제공하는 성격이며, 이러한 산출물 제공에는 상당한 기간이 소요되는 경우가 있습니다. 당사는 산출법 기준으로 산정한 진행률에 따라 수익을 인식하고 있습니다.

(2) 통제를 이전하는 시점 (K-1115. 125)

회사가 고객과의 계약에 따라 제공하는 용역계약은 해당 용역에 대한 통제를 기간에 걸쳐 이전하므로 기간에 걸쳐 수행의무를 이행하는 것이고 기간에 걸쳐 수익을 인식합니다. 회사는 재화나 용역에 대한 통제를 기간에 걸쳐 이전하는지 판단하기 위해 만들어지거나 가치가 높아지는 대로 고객이 통제하는 자산을 기업이 만들거나 그 자산 가치를 높이는지, 기업이 수행하여 만든 자산이 기업 자체에는 대체 용도가 없고 지금까지 수행을 완료한 부분에 대해 집행 가능한 지급청구권이 기업에 있는지 등을 검토합니다.

설명

- 수익인식에 사용한 방법은 인도기준(한 시점에 수익을 인식)보다는 진행기준(기간에 걸쳐 수익을 인식)인 경우가 복잡할 수 있다.
- 기간에 걸쳐 수익을 인식하는 경우 수행의무의 정도를 측정하는 방식이 산출법 또는 투입법이 존재하는바, 그 방법과 해당 방법으로 통제를 이전하는 방식을 주석에 설명할 것으로 요구한다(K-1115. 124 ~ 125).

(2) 거래가격과 수행의무에 배분하는 금액을 산정함

주석사항

다음 모두에 대해 각각 사용한 방법, 투입변수와 가정에 대한 정보를 공시한다(K-1115. 126).

(1) 거래가격의 산정. 변동대가의 추정, 화폐의 시간가치 영향을 고려한 대가의 조정, 비현금 대가의 측정을 포함하며, 이에 한정되지는 않는다.

(2) 변동대가 추정치가 제약되는지의 평가

(3) 거래가격의 배분. 약속한 재화나 용역의 개별 판매가격 추정, 계약의 특정 부분에 할인액과 변동대가 배분(해당되는 경우)을 포함한다.

(4) 반환의무, 환불의무, 그 밖에 이와 비슷한 의무의 측정

예시

③ 거래가격 산정 (K-1115, 126)

거래가격은 고객에게 약속한 재화나 용역을 이전하고 그 대가로 기업이 받을 권리를 갖게 될 것으로 예상하는 금액입니다. 거래가격은 고정된 금액일 수도 있으나 어떤 경우에는 변동대가를 포함하거나 현금 외의 형태로 지급될 수 있으며, 거래가격 산정 시 변동대가, 변동대가의 추정치 제약, 계약에 있는 유의적인 금융요소, 비현금대가, 고객에게 지급할 대가가 미치는 영향을 모두 고려합니다.

(가) 변동대가

계약에서 약속한 대가에 변동금액이 포함된 경우에 고객에게 약속한 재화나 용역을 이전하고 그 대가로 받을 권리를 갖게 될 금액을 추정합니다. 대가(금액)는 할인, 리베이트, 환불, 공제, 가격할인, 장려금, 성과보너스, 위약금이나 그 밖의 비슷한 항목 때문에 변동될 수 있습니다. 변동대가는 받을 권리를 갖게 될 대가를 더 잘 예측할 수 있는지를 고려하여 가능성이 가장 높은 금액으로 추정하고 있으며 비슷한 종류의 계약에 일관되게 적용하고 있습니다.

(나) 변동대가 추정치의 제약 [K-1115, 126(2)]

변동대가와 관련된 불확실성이 나중에 해소될 때, 인식된 누적 수익 금액 중 유의적인 부분을 되돌리지 않을 가능성이 매우 높은 정도까지만 변동대가 추정치의 일부나 전부를 거래가격에 포함합니다.

(다) 계약에 있는 유의적인 금융요소

금융지원 약속이 계약에 분명하게 기재되어 있든지 아니면 그 약속이 계약 당사자들의 합의한 지급조건에 암시되는지에 관계없이 유의적인 금융요소가 있을 수 있으며 고객에게 재화나 용역을 이전하면서 계약 당사자들 간에 합의한 지급시기 때문에 유의적인 금융효익이 고객이나 기업에 제공되는 경우에는 화폐의 시간가치가 미치는 영향을 반영하여 약속된 대가를 조정합니다.

(라) 반품

회사는 고객이 환불할 것으로 예상되는 총액을 반품충당부채로 인식하고, 수익을 조정하며, 고객이 반품권리를 행사할 때 고객으로부터 제품을 회수할 권리를 가지므로 그 자산을 인식하고 해당 금액만큼 매출원가를 조정합니다.

④ 거래가격을 수행의무에 배분 [K-1115. 126(3)]

거래가격은 고객에게 약속한 재화나 용역의 이전 대가로 받을 권리를 갖게 될 금액으로 고객에게 제공되는 재화나 용역의 상대적 개별 판매가격을 기준으로 각 수행의무에 배분합니다.

설명

- 거래가격은 여러 개의 수행의무로 구별될 수 있다. 이 경우 거래가격 산정을 위한 방법, 가정 등을 주석에 공시한다(K-1115. 126).
- 거래가격은 각각의 수행의무별로 배분해야 하는데, 수행의무의 배분 방법 및 가정 등을 주석공시한다[K-1115. 126(3)].
- 예시에서는 수행의무의 배분을 상대적 개별 판매가격을 기준으로 배분한다고 공시하고 있다.

☞ 공시사례 12.2 유의적인 판단

4. 계약체결 증분원가와 계약이행원가 중에서 인식한 자산

127 다음을 모두 기술한다.

(1) (문단 91이나 95에 따라) 고객과의 계약체결원가나 계약이행원가를 산정하면서 내린 판단

(2) 각 보고기간의 상각금액을 산정하기 위해 사용한 방법

128 다음을 모두 공시한다.

(1) (문단 91이나 95에 따라) 고객과의 계약을 체결하거나 이행하기 위해 들인 원가 중에서 인식한 자산의 기말 잔액을 주요 범주별[예 : 고객과의 계약체결원가, 계약 전 원가(pre-contract costs), 준비원가]로 구분한 기말 잔액

(2) 보고기간에 인식한 상각금액과 손상차손 금액

계약체결 증분원가와 계약이행원가 관련 다음 사항을 추가적으로 주석공시한다.

(1) 계약체결 증분원가와 계약이행원가

주석사항

- 고객과의 계약체결원가나 계약이행원가를 산정하면서 내린 판단[K-1115. 127(1)]
- 각 보고기간의 상각금액을 산정하기 위해 사용한 방법[K-1115. 127(2)]

• 고객과의 계약을 체결하거나 이행하기 위해 들인 원가 중에서 인식한 자산의 기말 잔액을 주요 범주별로 구분한 기말 잔액[K-1115. 128(1)]
  – 범주 예시 : 고객과의 계약체결원가, 계약 전 원가(pre-contract costs), 준비원가
• 보고기간에 인식한 상각금액과 손상차손 금액[K-1115. 128(2)]

예시

(1) 계약이행원가 (K-1115. 127 ~ 128)

당사는 아직 승인되지 않은 특정 계약에 따라 이전할 자산의 설계 원가 등을 고객과의 계약이나 구체적으로 식별할 수 있는 예상 계약에 직접 관련되고, 미래의 수행의무를 이행할 때 사용할 기업의 자원을 창출하거나 가치를 높이며, 회수될 것으로 예상되어 자산으로 인식하였습니다. [K-1115. 127(1)]

당기말 현재 계약이행원가 관련 세부 내역은 다음과 같습니다.

구분	당기말	전기말
당기말 현재 자산으로 인식한 계약이행원가 [K-1115. 128(1)]	1,000	800
당기 중 매출원가로 인식한 상각액 [K-1115. 128(2)]	200	150

계약이행원가는 관련된 재화나 용역을 고객에게 이전하는 방식과 일치하는 체계적 기준으로 상각되어 비용으로 처리됩니다. [K-1115. 127(2)]

(2) 계약체결 증분원가 (K-1115. 127 ~ 128)

당사는 고객과 계약을 체결하기 위해 투입한 원가로서 계약을 체결하지 않았다면 투입되지 않았을 원가인 중개수수료 등에 대하여 자산을 인식하였습니다. [K-1115. 127(1)]

당기말 및 전기말 현재 계약체결 증분원가 관련 세부 내역은 다음과 같습니다.

구분	당기말	전기말
당기말 현재 자산으로 인식한 계약체결 증분원가 [K-1115. 128(1)]	400	350
당기 중 매출원가로 인식한 상각액 [K-1115. 128(2)]	100	50

상기 계약체결 증분원가는 관련된 특정 계약의 진행률에 걸쳐 해당 수익을 인식하는 방법과 동일하게 상각되어 비용으로 처리됩니다. [K-1115. 127(2)]

설명

• 계약이행원가와 계약체결 증분원가를 산정하는 판단 근거와 상각하는 방법을 주석에 기술한다(K-1115. 127).
• 계약이행원가와 계약체결 증분원가는 자산으로 인식하는 경우, 기말 장부금액과 당기 중 상각액을 주석공시한다(K-1115. 128).

☞ 공시사례 12.3 계약체결 증분원가와 계약이행원가

5. 실무적 간편법

129	문단 63(유의적인 금융요소의 존재)이나 문단 94(계약체결 증분원가)의 실무적 간편법을 사용하기로 한 경우에는 그 사실을 공시한다.

유의적인 금융요소나 계약체결 증분원가의 실무적 간편법을 적용하는 경우 주석공시사항과 그 예시는 다음과 같다.

(1) 실무적 간편법

주석사항

문단 63(유의적인 금융요소의 존재)이나 문단 94(계약체결 증분원가)의 실무적 간편법을 사용하기로 한 경우에는 그 사실을 공시한다(K-1115, 129).

예시

(1) 유의적인 금융요소

일반적인 경우 재화나 용역을 이전하는 시점과 대가를 지급하는 시점 간의 기간은 1년 이내이며, 이 경우 유의적인 금융요소의 영향을 반영하여 약속한 대가를 조정하지 않는 실무적 간편법을 사용합니다. (K-1115, 129)

(2) 계약체결 증분원가

기업회계기준서 제1115호에 따르면 계약체결 증분원가는 자산으로 인식하고, 계약 기간에 걸쳐 상각합니다. 다만, 연결회사는 상각기간이 1년 이하인 경우 계약체결 증분원가를 발생 시점에 비용으로 인식하는 실무적 간편법을 적용합니다. (K-1115, 129)

설명

- 유의적인 금융요소 기간이 1년 이내인 경우는 실무적 간편법으로 유의적인 금융요소를 반영하지 않을 수 있으며, 계약체결 증분원가의 상각기간이 1년 이하인 경우 실무적 간편법으로 계약체결 증분원가를 비용으로 인식할 수 있다.
- 이러한 실무적 간편법을 사용하는 경우 그 사실을 주석공시한다.

| 참고 기준서 | K-IFRS 제1115호 문단 63 및 문단 94

- 유의적인 금융요소 기간이 1년 이내인 경우는 실무적 간편법으로 유의적인 금융요소를 반영하지 않을 수 있다(K-1115, 63).
- 계약체결 증분원가의 상각기간이 1년 이하인 경우 실무적 간편법으로 계약체결 증분원가를 비용으로 인식할 수 있다(K-1115, 94).

6. 원가 기준 투입법 적용 계약의 추가 공시

– 한국채택국제회계기준(K-IFRS)에만 적용되는 규정

한129.1 **발생원가에 기초한 투입법을 진행률 측정(이하 '발생원가 투입법')에 사용하는 경우에는 보고기간 말 현재 고객과의 계약에 대한 거래가격(문단 47 및 용어의 정의에 따른 거래가격을 의미하며, 문단 73에 따라 수행의무에 배분된 금액이 아니다)이 직전 회계연도 매출액의 5% 이상인 계약(고객과 체결한 개별 계약 또는 문단 17에 따른 계약을 말한다. 이하 같다)별로 다음을 해당 계약의 이행이 완료된 보고기간까지 주석으로 공시한다. 다만 하나의 계약에 발생원가 투입법을 사용하지 않은 거래가격이 포함된 경우에는 이를 구분하여 발생원가 투입법을 사용한 부분에 대하여만 다음을 주석으로 공시하고, 실무상 구분이 어려운 경우에는 구분하지 않을 수 있다.**

(1) 계약을 구별할 수 있는 명칭

(2) 계약일

(3) 계약상 완성기한 또는 납품기한

(4) 진행률

(5) 계약자산과 손실충당금

(6) 수취채권과 손실충당금

한편, 공시 대상에 포함된 계약은 이후에 공시 대상 조건을 충족하지 못하더라도 해당 계약의 이행이 완료된 보고기간까지 계속 공시한다.

한129.2 문단 한129.1에도 불구하고 문단 한129.1(2) ~ (6)에 따른 공시 사항 중 다음 어느 하나의 경우에 해당하는 사항은 공시하지 않을 수 있다.

(1) 관련 법령에서 비밀이나 비공개 사항으로 규정하는 경우

(2) 계약에서 비밀이나 비공개 사항으로 규정하고, 계약 당사자가 문단 한129.1에 따른 공시를 동의하지 않아 같은 문단에 따른 공시 항목 중 일부나 전부를 공시하면 기업에 현저한 손실을 초래할 가능성이 높은 경우

한129.3 문단 한129.2에 따라 문단 한129.1에서 요구하는 공시를 하지 않는 경우에는 생략한 사항별로 다음을 공시하고, 문단 한129.1 (5) 또는(및) (6)의 공시를 생략한 경우에는 해당 사항이 포함된 영업부문(기업회계기준서 제1108호에서 정의함)에 대하여 문단 한129.1 (5) 또는(및) (6)을 공시한다.

(1) 계약별 공시를 생략한 사실과 사유(객관적인 근거를 제시하여야 함)

(2) 다른 방법으로 공시하거나 공개하지 않았다는 사실

한129.3	(3) 문단 한129.2를 적용한다는 사실을 상법에 따른 감사위원회(감사위원회가 없는 경우에는 감사)에 보고 여부

한129.4	발생원가에 기초한 투입법을 진행률 측정에 사용하는 계약의 경우에는 다음을 영업부문별로 구분하여 주석으로 공시한다. (1) 회계추정 변경에 따른 공사손익 변동금액, 오류 수정에 따른 공사손익 변동금액 (2) 회계추정 변경에 따른 추정총계약원가의 변동금액, 오류 수정에 따른 추정총계약원가의 변동금액

한129.5	「자본시장과 금융투자업에 관한 법률」에 따른 사업보고서 제출대상법인이 아닌 경우에는 문단 한129.1부터 한129.4까지의 공시를 하지 않을 수 있다.

IFRS(국제회계기준)와는 달리 한국채택국제회계기준에서만 문단 한129.1에 따라 건설 · 조선업 등 진행기준 적용 시 진행률을 산출법이 아닌 발생원가 투입법에 따라 측정하는 법인은 중요한 계약건에 대한 추가 공시를 요구한다.

발생원가 투입법에 따른 추가 공시 관련 주석공시사항과 그 예시는 다음과 같다.

구분	기준서 (K-1115)
(1) 발생원가 투입법 추가 공시	한129.1 ~ 한129.3
(3) 영업부문별 추정의 변경 공시	한129.4
(3) 공시생략 대상	한129.5

(1) 발생원가 투입법 추가 공시

주석사항

발생원가 투입법 추가 공시

• '발생원가 투입법'에 사용하는 경우에는 보고기간 말 현재 고객과의 계약에 대한 거래가격이 직전 회계연도 매출액의 5% 이상인 계약별로 다음을 해당 계약의 이행이 완료된 보고기간까지 주석으로 공시한다(K-1115, 한129.1).
 (1) 계약을 구별할 수 있는 명칭
 (2) 계약일
 (3) 계약상 완성기한 또는 납품기한
 (4) 진행률

(5) 계약자산과 손실충당금
(6) 수취채권과 손실충당금

• 한편, 공시 대상에 포함된 계약은 이후에 공시 대상 조건을 충족하지 못하더라도 해당 계약의 이행이 완료된 보고기간까지 계속 공시한다.

발생원가 투입법 추가 공시 생략 가능한 경우

• 문단 한129.1(2) ~ (6)에 따른 공시 사항 중 다음 어느 하나의 경우에 해당하는 사항은 공시하지 않을 수 있다(K-1115. 한129.2).
(1) 관련 법령에서 비밀이나 비공개 사항으로 규정하는 경우
(2) 계약에서 비밀이나 비공개 사항으로 규정하고, 계약 당사자가 문단 한129.1에 따른 공시를 동의하지 않아 같은 문단에 따른 공시 항목 중 일부나 전부를 공시하면 기업에 현저한 손실을 초래할 가능성이 높은 경우

• 문단 한129.2에 따라 문단 한129.1에서 요구하는 공시를 하지 않는 경우에는 생략한 사항별로 다음을 공시하고, 문단 한129.1 (5) 또는(및) (6)의 공시를 생략한 경우에는 해당 사항이 포함된 영업부문에 대하여 문단 한129.1 (5) 또는(및) (6)을 공시한다(K-1115. 한129.3).
(1) 계약별 공시를 생략한 사실과 사유(객관적인 근거를 제시하여야 함)
(2) 다른 방법으로 공시하거나 공개하지 않았다는 사실
(3) 문단 한129.2를 적용한다는 사실을 상법에 따른 감사위원회(감사위원회가 없는 경우에는 감사)에 보고 여부

예시

(1) 당기말 현재 직전 회계연도 매출액의 5% 이상인 계약은 다음과 같습니다. (K-1115. 한129.1)

공사명	계약일	계약상 공사기한	진행률	미청구공사		수취채권	
				총액	손상차손 누계액	총액	대손충당금
A 아파트 사업	2017.10.31.	2022.11.11.	44.5%	100	-	1,000	-
B 도로공사	2019.3.3.	2024.11.11.	19.2%	-	-	900	-

한편, 관련 법령 또는 계약에서 비밀이나 비공개 사유로 규정하여 공시하지 않은 계약은 없습니다. (K-1115. 한129.2)

설명

• 직전 회계연도 매출액의 5% 이상인 계약별로 계약기간, 진행률, 수취채권, 계약자산 등을 주석에 공시한다(K-1115. 한129.1).
• 일단 공시 대상이 되는 경우에는 매년 직전 회계연도 매출액의 5% 이상 여부와 무관하게 공사가 완료되는 시점까지 계속 주석공시한다.

• 다만, 법령이나 계약에서 비밀이나 비공개 사항으로 규정하는 경우는 그 사실을 공시하고 상기 주석공시를 생략할 수 있다(K-1115. 한129.2).

(2) 영업부문별 추정의 변경 공시

주석사항

발생원가에 기초한 투입법을 진행률 측정에 사용하는 계약의 경우에는 다음을 영업부문별로 구분하여 주석으로 공시한다(K-1115. 한129.4).

(1) 회계추정 변경에 따른 공사손익 변동금액, 오류 수정에 따른 공사손익 변동금액

(2) 회계추정 변경에 따른 추정총계약원가의 변동금액, 오류 수정에 따른 추정총계약원가의 변동금액

예시

(1) 당기 중 진행한 계약과 관련하여 총계약금액 및 추정총계약원가가 변동되었고, 이에 따라 당기와 미래기간의 손익에 영향을 미치는 금액은 다음과 같습니다.

영업부문	도급금액 변동금액	예정원가 변동금액	총 손익효과	당기손익효과	차기이후 손익효과	공사손실 충당부채
건축부문	1,000	800	200	300	(100)	–
토목부문	200	500	(300)	(100)	(200)	(100)
합계	1,200	1,300	(100)	200	(300)	(100)

설명

발생원가에 기초한 투입법을 진행률 측정에 사용하는 계약의 경우에는 영업부문별로 구분하여 변동된 추정총계약원가금액과 공사손익 금액을 주석으로 공시한다(K-1115. 한129.4). 상기 예시에서 도급금액 변동금액과 예정원가 변동금액의 차이는 당기 및 미래(차기 이후)의 합인 총 손익효과와 일치한다.

(3) 공시생략 대상

고려사항

「자본시장과 금융투자업에 관한 법률」에 따른 사업보고서 제출대상법인이 아닌 경우에는 문단 한129.1부터 한129.4까지의 공시를 하지 않을 수 있다(K-1115. 한129.5).

☞ 공시사례 12.4 투입법 진행률

☞ 공시사례 12.5 투입법 진행률

수익인식 관련 주석공시 사례를 종합하면 다음과 같다.

☞ 공시사례 12.1 수익인식 일반

04 | 실제 공시 사례

공시사례 12.1 수익인식 일반

주석

[출처 : LG전자 2023년 연결감사보고서]

2.24 수익인식

(1) 수행의무의 식별

연결회사는 고객에게 생활가전제품, TV와 모니터, 자동차 부품 및 인포메이션 디스플레이 등 재화를 판매하는 사업을 주로 영위하고 있습니다. 고객과의 제품 판매계약에서 재화 판매 외 별도로 제공하는 용역은 계약을 분리하여 수행의무를 식별합니다.

국제무역거래의 조건에 대한 해석에 따른 국제규칙(INCOTERMS 2020) 중 수출자가 운송료(보험료 포함)를 부담하는 선적지 인도 조건을 적용하여 계약된 수출 거래에 대해서는 고객에게 제공하는 운송 용역을 재화의 판매와 구분되는 별도의 수행의무로 식별하여 수익을 인식합니다.

고객과 제품 판매계약 체결 당시, 법정 보증기간 등을 고려하여 제품별, 국가별 표준 보증기간을 산정하고 있습니다. 표준 보증기간을 경과한 후에도 제품의 품질에 대한 추가적인 보증을 제공하거나, 고객이 추가 보증을 별도로 구매할 수 있는 선택권이 있는 경우 그 보증은 별도의 수행의무로 식별하여 수익을 인식합니다.

(2) 한 시점에 이행하는 수행의무

재화의 판매에 따른 수익은 재화가 구매자에게 인도되는 시점에 인식하고 있습니다. 재화의 인도는 재화가 특정 장소로 이전되고, 재화의 진부화와 손실에 대한 위험이 구매자에게 이전되며, 구매자가 판매 계약에 따라 재화의 수령을 승인하거나 그 승인기간이 만료되거나 또는 재화의 수령 승인요건이 충족되었다는 객관적인 증거를 가지는 시점이 되어야 발생합니다.

재화의 판매에 대한 수량할인이 제공되는 경우가 많으며, 고객은 불량재화를 반품할 권리가 있습니다. 할인과 반품에 대한 추정은 과거의 축적된 경험에 근거하며, 수량할인은 연간예상판매에 근거하여 산출하고 있습니다. 판매로 인하여 부담하는 보증책임에 대한 충당부채 및 반품가능성에 대한 계약부채를 합리적으로 추정하여 인식하고 있습니다.

로열티 계약에서 라이선스 제공 의무 외에 계약상 고객에게 이전할 다른 재화나 용역이 없는 경우, 해당 라이선스 계약은 라이선스를 부여한 시점에 존재하는 지적재산을 사용할 권리에 해당하는데, 이는 라이선스를 이전하는 시점에 고객이 라이선스의 사용을 지시할 수 있고 라이선스에서 생기는 나머지 효익의 대부분을 획득할 수 있음을 의미합니다. 연결회사는 동 로열티 수익을 한 시점에 이행하는 수행의무로 회계처리합니다.

(3) 기간에 걸쳐 이행하는 수행의무

연결회사는 고객이 주문한 기계 또는 설계도면을 제작하여 판매하는 사업을 영위하고 있습니다. 기업이 의무를 수행하여 만든 자산이 기업 자체에는 대체용도가 없고, 지금까지 의무수행을 완료한 부분에 대해 집행 가능한 지급청구권이 기업에 있어야 진행기준을 적용하여 수익을 인식합니다. 연결회사는 계약 조건을 분석한 결과 지금까지 수행을 완료한 부분에 대해 집행 가능한 지급청구권이 있다고 판단되어, 투입법을 이용하여 진행률을 측정하여 기간에 걸쳐 수익을 인식합니다.

고객에게 별도로 제공하는 용역의 제공으로 인한 수익은 용역제공거래의 성과를 신뢰성 있게 추정할 수 있는 경우에는 진행기준을 적용하여 수익을 인식합니다. 예상수익금액, 원가 및 용역 제공 정도에 변동이 발생하는 경우 이에 대한 추정을 변경하고 있으며 예상수익 및 원가의 증감은 해당 기간의 손익에 반영하고 있습니다.

회사는 회사가 보유한 상표권에 대한 라이선스 대가를 종속기업 및 관계기업으로부터 수령하고 있습니다. 회사는 상표권 가치를 지속적으로 업그레이드 하면서, TV, 인터넷 포털, 전시회, 로드쇼 등 다양한 매체를 활용한 홍보활동을 하고 있습니다. 상표권 라이선스 약속의 성격은 고객에게 라이선스 기간 동안 회사의 지적재산에 접근할 수 있도록 하는 것이므로 약속된 라이선스를 기간에 걸쳐 이행하는 수행의무로 회계처리합니다.

그 밖에 렌탈사업 및 임대, 추가 보증 등에서 발생하는 수익은 계약기간에 걸쳐 정액기준으로 인식하고 있습니다.

(4) 변동대가

받을 권리를 갖게 될 대가를 더 잘 예측할 것으로 예상하는 기댓값 방법을 사용하여 변동대가를 추정하고, 반품기한이 경과할 때 이미 인식한 누적 수익금액 중 유의적인 부분을 되돌리지 않을 가능성이 매우 높은 금액까지만 변동대가를 거래가격에 포함하여 수익을 인식합니다. 연결회사가 받았거나 받을 대가 중에서 권리를 갖게 될 것으로 예상하지 않는 금액은 환불부채로 계상합니다.

(5) 거래가격의 배분

하나의 계약에서 식별된 여러 수행의무에 상대적 개별 판매가격을 기초로 거래가격을 배분합니다. 각 수행의무의 개별 판매가격을 추정하기 위하여 '시장평가 조정 접근법'을 사용하며, 일부 거래에 대해서는 예상원가를 예측하고 적절한 이윤을 더하는 '예상원가 이윤 가산 접근법'을 사용합니다.

(6) 반품

고객에게 환불할 것으로 예상되는 총액을 계약부채(환불부채)로 인식하고 수익을 조정하며, 고객이 반품 권리를 행사할 때 고객으로부터 제품을 회수할 권리를 계약자산으로 인식하고 해당 금액만큼 매출원가를 조정합니다. 제품을 회수할 권리는 제품의 과거 장부금액에서 제품을 회수하는데 드는 원가를 차감하여 측정합니다.

(7) 유의적인 금융요소

일반적인 경우 재화나 용역을 이전하는 시점과 대가를 지급하는 시점 간의 기간은 1년 이내이며, 이 경우 유의적인 금융요소의 영향을 반영하여 약속한 대가를 조정하지 않는 실무적 간편법을 사용합니다.

설명

사례회사는 고객과의 계약에서 생기는 수익 관련 수행의무 정보를 다음과 같이 공시하고 있다.

주석공시 요구사항	공시내용	기준서 (K-1115)
기업이 수행의무를 일반적으로 이행하는 시기	한 시점에 이행하는 수행의무와 기간에 걸쳐 이행하는 수행의무가 구분됨.	119(1)
유의적인 지급조건	변동대가 포함	119(2)
기업이 이전하기로 약속한 재화나 용역의 특성	제품 등 판매의 특성	119(3)
반품의무, 환불의무 등	반품(계약부채와 계약자산 인식)	119(4)
보증의 유형과 이와 관련된 의무	표준보증과 이를 초과하는 별도의 수행의무로 구분	119(5)

25. 매출액

(1) 매출액의 내역

(단위 : 백만원)

구분	2023년	2022년
계속영업 :		
고객과의 계약에서 생기는 수익 :		
재화의 판매	80,871,410	79,876,537
용역 및 기타	2,353,839	2,820,733
소계	83,225,249	82,697,270
기타 원천으로부터의 수익 :		
임대 수익 등	1,002,516	770,048
계속영업 소계	84,227,765	83,467,318
중단영업	801	378,597
합계	84,228,566	83,845,915

(2) 고객과의 계약에서 생기는 수익의 구분

(단위 : 백만원)

구분	2023년	2022년
주요 제품별 :		
냉장고/세탁기/에어컨 등	29,161,943	29,139,750
TV/AV 등	14,210,034	15,710,118
차량용 인포테인먼트 등	10,145,060	8,646,019
모니터/PC 등	5,405,212	6,086,709
카메라모듈 등	20,597,447	19,591,338
기타(*1)	3,705,553	3,523,336
주요 지리적 시장(*2) :		
대한민국	33,312,733	32,542,794
북미	20,337,424	19,736,196
아시아	7,464,047	7,836,156
유럽	12,123,832	11,992,639
중남미	3,112,176	3,208,494
중동 및 아프리카	3,286,382	3,356,250
중국	2,541,072	2,638,833
러시아 등	1,047,583	1,385,908
수익 인식시기 :		
한 시점에 이전	79,254,602	79,503,867
기간에 걸쳐 이전	3,970,647	3,193,403
합계	83,225,249	82,697,270

(*1) 기타는 설비 제작 및 내부거래 등을 포함하고 있습니다.
(*2) 주요 지리적 시장별 매출액은 연결회사가 소재한 지역별 매출액입니다.

설명

사례연결실체는 고객과의 계약에서 생기는 수익을 다음의 범주별로 구분하여 공시하고 있다(K-1115, 114).

- 재화의 판매, 용역 및 기타 : 합계 83,225,249백만원

사례연결실체는 수익정보의 관계를 다음과 같이 구분하여 공시하고 있다(K-1115, 115).

주석공시 요구사항	공시내용	기준서 (K-1115)
재화 또는 용역의 유형(예 : 주요 제품계열)	제품 유형별 구분	B89(1)
지리적 지역(예 : 국가나 지역)	지역별(국내/해외)구분	B89(2)
재화나 용역의 이전 시기	한 시점에 이전(인도기준)/ 기간에 걸쳐 이전(진행기준) 구분	B89(6)

• 각각의 합계는 상기 수익 범주별 합계(83,225,249백만원)와 일치한다.

(3) 총 계약수익과 총 계약원가의 추정치 변동

당기 중 VS사업본부 및 기타 부문의 원가 변동 요인이 있어 보고기간말 현재 진행 중인 계약의 총 계약수익과 총 계약원가가 변동되었고, 이에 따라 당기와 보고기간말 이후기간의 손익에 영향을 미치는 금액은 다음과 같습니다.

(단위 : 백만원)

구분	총 계약수익의 변동	총 계약원가의 변동	이익(손실)에 미치는 영향	
			2023년	보고기간말 이후
VS사업본부	23,269	9,283	11,745	2,241
기타	46,051	72,805	(25,721)	(1,033)
합계	69,320	82,088	(13,976)	1,208

설명

사례연결실체의 보고부문 중 발생원가 투입법을 사용하는 기타부문에 대해서는 '한국'채택국제회계기준에서만 적용하는 K-IFRS 제1115호 문단 한129.4에 따라 회계추정의 변경에 다른 총계약수익 및 총계약원가의 변동을 주석공시하고 있다.

주석공시 요구사항	공시내용	기준서 (K-1115)
공사수익 변동금액	69,320	한124(1)
추정총계약원가의 변동금액	82,088	한124(2)

10. 계약자산 및 계약부채

(1) 계약자산

(단위 : 백만원)

구분	2023.12.31.	2022.12.31.
미청구공사	842,113	639,024
(차감 : 대손충당금)	(3,786)	(4,170)
반품회수권	98,111	126,522
계약이행원가 등	619,239	307,306
합계	1,555,677	1,068,682
유동항목	1,129,399	704,039
비유동항목	426,278	364,643

(2) 계약부채

(단위 : 백만원)

구분	2023.12.31.	2022.12.31.
예상 거래선장려금	870,426	739,990
예상 고객 환불	213,712	221,652
고객충성제도	100,951	113,625
보증용역 제공	150,670	136,636
초과청구공사 등	625,743	279,286
합계	1,961,502	1,491,189
유동항목	1,898,005	1,443,977
비유동항목	63,497	47,212

(3) 계약부채에 대해 인식한 수익

(단위 : 백만원)

구분	2023년	2022년
기초의 계약부채 잔액 중 당기에 인식한 수익 :		
초과청구공사 등	216,923	183,570
고객충성제도	88,146	85,169
보증용역 제공	58,668	46,908
합계	363,737	315,647
전기에 이행한 수행의무에 대해 당기에 인식한 수익	23,574	11,075

설명

사례연결실체는 고객과의 계약에서 생기는 수취채권, 계약자산, 계약부채의 기초 잔액과 기말 잔액을 공시하고 있다[K-1115. 116(1)].

주석공시 요구사항	공시내용 (기초/기말잔액)	비고
고객과의 계약에서 생기는 수취채권, 계약자산, 계약부채의 기초 잔액과 기말 잔액	수취채권 8,216,512 / 9,265,022	연결재무상태표
	계약자산 1,068,682/ 1,555,677	
	계약부채 1,491,189 / 1,961,502	

사례연결실체는 계약부채 주석내용에 보고기간 초의 계약부채 잔액 중 해당 보고기간에 인식한 수익과 전기에 이행한 수행의무에 대해 당기에 인식한 수익의 주석사항을 공시하고 있다 [K-1115. 116(2)~(3)].

주석공시 요구사항	공시내용	기준서 (K-1115)
보고기간 초의 계약부채 잔액 중 해당 보고기간에 인식한 수익	363,737	116(2)

주석공시 요구사항	공시내용	기준서 (K-1115)
전기에 이행한 수행의무에 대해 당기에 인식한 수익	23,574	116(3)

(4) 장기 계약 중 미이행 부분

보고기간말 현재, 이행되지 않았거나 부분적으로 이행되지 않은 수행의무에 배분된 거래가격 총액은 1,297,935백만원(2022년 말 : 1,584,092백만원)이며, 최장 2031년 내에 완료될 것으로 예상하고 있습니다. 수행의무의 최초 예상 존속기간이 1년 이내인 계약은 실무적 간편법을 사용하여 제외하였습니다.

설명

사례연결실체는 나머지 수행의무에 대해 다음의 주석사항을 공시하고 있다.

주석공시 요구사항	공시내용	기준서 (K-1115)
보고기간 말 현재, 이행되지 않았거나 부분적으로 이행되지 않은 수행의무에 배분된 거래가격	1,297,935백만원	120(1)
수익으로 인식할 것으로 예상하는 시기에 대한 설명	최장 2031년 내에 완료될 것으로 예상하고 있습니다.	120(2)
수행의무에 대한 정보를 공시하지 않는 실무적 간편법 적용 사실(수행의무가 최초 예상 존속기간이 1년 이내인 계약의 일부인 경우)	수행의무가 최초 예상 존속기간이 1년 이내인 계약의 일부인 건은 실무적 간편법을 사용하여 제외하였습니다.	121(1)

(5) 당기 중 연결회사가 미청구공사에 대하여 인식한 손상환입금액은 355백만원(2022년 : 손상 337백만원)이며, 계약이행원가에 대하여 인식한 상각금액 등은 178,650백만원(2022년 : 95,792백만원)입니다.

설명

사례연결실체는 계약자산 및 계약이행원가 관련 다음의 주석사항을 공시하고 있다.

주석공시 요구사항	공시내용	기준서 (K-1115)
계약자산 잔액과 계약부채 잔액의 유의적인 변동 (3) 계약자산의 손상	환입 355백만원	118(3)
계약체결 증분원가와 계약이행원가 - 보고기간에 인식한 상각금액과 손상차손 금액	계약이행원가에 대하여 인식한 상각금액 등은 178,650백만원	128(2)

공시사례 12.2 **유의적인 판단**

주석

[출처 : HD현대 2023년 감사보고서]

29. 수익

(1) 수익의 원천

(단위 : 백만원)

구분	당기	전기
고객과의 계약에서 생기는 수익 :		
용역의 제공	41,616	10,083
이외의 수익 :		
배당금 수익	476,254	333,394
임대료 수익	65,232	3,753
합계	583,102	347,230

(2) 수익의 구분

고객과의 계약에서 생기는 수익의 지역별 정보는 다음과 같습니다.

(단위 : 백만원)

구분	당기	전기
대한민국	40,118	9,914
북미	229	3
아시아	967	165
유럽	73	–
기타	229	1
합계	41,616	10,083

(3) 수익인식 시기 구분

고객과의 계약에서 생기는 수익을 한 시점에 인식된 수익과 기간에 걸쳐 인식된 수익으로 구분하면 다음과 같습니다.

(단위 : 백만원)

구분	당기	전기
한 시점에 인식된 수익	–	–
기간에 걸쳐 인식된 수익	41,616	10,083
합계	41,616	10,083

4. 중요한 회계정책

(11) 고객과의 계약에서 생기는 수익

기업회계기준서 제1115호 하에서 수익은 고객과의 계약에서 약속된 대가를 기초로 측정됩니다. 당사는 고객에게 재화나 용역에 대한 통제가 이전될 때 수익을 인식합니다. 통제는 한 시점 또는 기간에 걸쳐 이전되며 판단이 필요합니다.

– 거래가격의 산정

고객으로부터 수령한 선수금 등과 관련하여 유의적인 금융효익이 고객이나 기업에 제공되는 경우에는 화폐의 시간가치가 미치는 영향을 거래가격에 반영합니다. 다만, 고객에게 약속한 재화를 이전하는 시점과 고객이 그에 대한 대가를 지급하는 시점 간의 기간이 1년 이내일 것이라고 예상되는 경우 유의적인 금융요소의 영향을 반영하지 않는 실무적 간편법을 적용합니다.

– 수행의무의 식별

고객과의 계약에서 약속한 재화나 용역을 검토하여 고객에게 구별되는 재화나 용역을 이전하기로 한 약속은 별도의 수행의무로 식별하나, 일부 주문변경이 계약의 맥락에서 구별되지 않는 경우 수행의무를 분리하지 않습니다.

1) 재화나 용역의 특성 및 수행의무 이행시기

당사의 수익은 용역의 제공 및 상표권사용수익으로 인한 수익 등으로 구성되어 있습니다.

지원서비스 용역은 고객이 사업을 운영하기 위해 필수적인 업무이지만 자체적으로 수행하기 어려운 업무들을 고객별 계약을 통해 통합하여 운용하는 서비스를 제공하고 있습니다. 일반적으로 계약기간은 1년 단위이며 고객의 특별한 요청이 없는 경우 갱신됩니다. 고객이나 다른 당사자의 사유로 계약을 종료하는 경우 이미 진행을 완료한 부분에 대해서는 투입한 원가 및 이익을 청구할 수 있으며 용역 제공의 특성상 용역을 수행하는 대로 효익이 제공되고 소비되므로 기업회계기준서 제1115호에 따라 기간에 걸쳐 수익을 인식합니다.

수행의무를 기간에 걸쳐 이행하는 경우에는 재화나 용역에 대한 통제를 고객에게 이전할 때 당사의 수행정도를 나타내는 진행률 측정방법에 따라 이행시기를 결정합니다. 다만, 수행을 완료한 정도가 고객에게 주는 가치에 직접 상응하는 금액을 고객에게서 받을 권리가 있는 경우 청구권이 있는 금액으로 수익을 인식하는 실무적 간편법을 사용하여 수익을 인식합니다.

상표권사용수익은 상표권을 제공하는 대가로 약속된 판매기준이나 사용기준의 수익을 후속 판매나 사용이 있는 경우에 인식하고 있습니다. 상표권의 계약기간은 계약당사자마다 상이하고, 고객의 특별한 요청이 없는 경우 갱신됩니다. 고객이나 다른 당사자의 사유로 계약을 종료하는 경우 이미 진행을 완료한 부분에 대해서는 투입한 원가 및 이익을 청구할 수 있으며 용역 제공의 특성상 용역을 수행하는 대로 효익이 제공되고 소비되므로 기업회계기준서 제1115호에 따라 기간에 걸쳐 수익을 인식합니다.

그 외 투자부동산의 임대로부터 발생한 임대료 수익은 임대기간에 걸쳐 수익을 인식하고 있으며, 종속기업 및 관계기업 등으로부터 발생하는 배당금 수익은 받을 권리와 금액이 확정되는 시점에서 인식하고 있습니다. 한편, 임대료 수익 및 배당금 수익은 기업회계기준서 제1115호 '고객과의 계약에서 생기는 수익'의 적용범위에 포함되지 않습니다.

2) 유의적인 지급조건

경영지원서비스 용역 및 상표권 사용수익은 매월 청구권이 있는 금액을 청구, 수금하고 있습니다. 지급조건에 따라 당사가 고객으로부터 재화나 용역에 대한 대가를 지급받는 시점과 고객에게 약속한 재화나 용역을 이전할 것으로 예상하는 시점 간의 차이가 발생하면서 화폐의 시간가치가 미치는 영향을 반영하여 약속된 대가를 조정하는 유의적인 금융요소가 있을 수 있습니다.

3) 거래가격 산정방법, 변동대가의 추정, 투입변수, 정보

경영지원서비스 및 상표권 사용의 경우 단일의 수행의무에 해당되어 거래가격의 배분을 위해 개별 판매가격을 추정할 필요는 없습니다. 경영지원서비스의 경우 용역범위 변경으로 인하여 고객에게서 받을 대가가 변동될 수 있으며 수익금액 중 유의적인 부분을 되돌리지 않을 가능성이 매우 높은 금액까지만 변동대가를 거래가격에 포함하고 있습니다.

설명

사례회사는 수익인식에 대해 수익의 원천 등을 분류하여 공시하고 있다.
기준서 K-IFRS 제1115호(고객과의 계약에서 생기는 수익)에서는 수행의무를 이행하는 시기를 판단하는 과정과 거래가격을 수행의무에 배분하는 과정에 대한 질적인 정보를 주석공시 요구한다.

주석공시 요구사항	공시내용	기준서 (K-1115)
(1) 수행의무를 이행하는 시기를 판단함.	기간에 걸쳐 이행되는 것으로 보아 수익을 인식 등	124
(2) 고객이 통제하는 시점	수행의무 이행시기는 해당 부문이 보유한 자산이 고객에게 이전되어 고객의 통제를 받는 시기	125

공시사례 12.3 **계약이행원가**

[출처 : LG유플러스 2023년 감사보고서]

주석

7. 계약자산과 계약부채

(1) 당사가 인식하고 있는 계약자산과 계약부채는 아래와 같습니다.

(단위 : 백만원)

구분	당기말		전기말	
	유동	비유동	유동	비유동
계약자산				
계약자산 – 거래가격배분	383,944	128,183	407,743	133,305
계약자산 – 계약이행원가(주1)	29,931	22,659	32,771	23,124
계약자산 합계	413,875	150,842	440,514	156,429
계약부채				
계약부채 – 거래가격배분	116,820	37,650	119,433	39,250
계약부채 – 기타	48,930	27,478	33,859	20,942
계약부채 합계	165,750	65,128	153,292	60,192

(주1) 당사는 인터넷, IPTV 등 홈서비스관련 설치수수료를 '계약자산 – 계약이행원가'로 인식하고, 예상 계약기간에 걸쳐 상각하고 있습니다.

(2) 당기 및 전기 중 계약자산 – 계약이행원가의 상각액은 다음과 같습니다.

(단위 : 백만원)

구분	당기	전기
기초	55,895	65,562
인식	39,947	38,918
상각	(43,252)	(48,585)
기말	52,590	55,895

(3) 계약부채에 대해 인식한 수익

직전기로부터 이월된 계약부채와 관련하여 당기 및 전기에 수익으로 인식한 금액은 다음과 같습니다.

(단위 : 백만원)

구분	당기	전기
계약부채 – 거래가격배분	125,242	144,383
계약부채 – 기타	34,907	46,603

거래가격 배분 관련 계약부채는 예상 계약기간인 2년 이내에 수익으로 인식될 것으로 예상

되고 있습니다.

설명

사례회사는 계약 관련 계약이행원가를 각각의 특성을 반영하여 구분 · 인식하고 있다. 계약이행원가를 산정하면서 내린 판단과 상각방법을 다음과 같이 기술하고 있다.

주석공시 요구사항	공시내용		기준서 (K-1115)
고객과의 계약체결원가나 계약이행원가를 산정하면서 내린 판단과 상각방법	계약자산 – 계약이행원가	당사는 인터넷, IPTV 등 홈서비스관련 설치수수료를 '계약자산 – 계약이행원가'로 인식하고, 예상 계약기간에 걸쳐 상각하고 있습니다.	127

사례회사는 계약체결원가나 계약이행원가의 기말잔액과 상각금액을 다음과 같이 공시하고 있다.

주석공시 요구사항	공시내용		기준서 (K-1115)
계약자산 – 계약이행원가	기말잔액	52,590	128(1) ~ (2)
	상각금액	43,252	
	손상차손 금액	–	

공시사례 12.4 **계약체결 증분원가**

주석

[출처 : SK텔레콤 2023년 감사보고서]

7. 선급비용

당사는 이동전화서비스 등 당사 서비스 고객 모집 및 재계약 실적에 따라 대리점에 수수료를 지급하고 있으며, 이러한 수수료 중 고객과 계약을 체결하지 않았다면 지출되지 않았을 원가를 선급비용으로 인식하였습니다. 이 자산은 관련된 고객과의 예상 계약기간에 걸쳐 정액법으로 상각됩니다.

(1) 당기말과 전기말 현재 당사의 선급비용 내역은 다음과 같습니다.

(단위 : 백만원)

구분	당기말	전기말
유동자산 :		
자산으로 인식된 계약체결 증분원가	1,795,410	1,877,900

구분	당기말	전기말
기타	33,236	31,087
합계	1,828,646	1,908,987
비유동자산 :		
자산으로 인식된 계약체결 증분원가	863,650	904,746
기타	35,104	30,964
합계	898,754	935,710

(2) 자산으로 인식된 계약체결 증분원가

당기 및 전기 중 자산으로 인식된 계약체결 증분원가에서 손익계산서상의 지급수수료 등으로 인식된 상각비는 다음과 같습니다.

(단위 : 백만원)

구분	당기	전기
지급수수료 등으로 인식된 상각비	2,390,984	2,407,314

설명

사례회사는 계약 관련 계약체결 증분원가를 그 특성을 반영하여 구분 · 인식하고 있다. 계약체결 증분원가를 산정하면서 내린 판단과 상각방법을 다음과 같이 기술하고 있다.

주석공시 요구사항	공시내용		기준서 (K-1115)
고객과의 계약체결원가나 계약이행원가를 산정하면서 내린 판단과 상각방법	계약체결 증분원가	당사는 이동전화서비스 등 당사 서비스 고객 모집 및 재계약 실적에 따라 대리점에 수수료를 지급하고 있으며, 이는 지급수수료의 상당 부분을 차지하고 있습니다. 이러한 수수료 중 일부는 고객과 계약을 체결하지 않았다면 지출되지 않았을 원가로 당사는 자산으로 인식하여 예상계약기간에 걸쳐 상각하고 있습니다.	127

사례회사는 계약체결원가나 계약이행원가의 기말잔액과 상각금액을 다음과 같이 공시하고 있다.

주석공시 요구사항	공시내용		기준서 (K-1115)
계약체결 증분원가	기말잔액	유동 1,795,410 비유동 863,650	128(1) ~ (2)
	상각금액	2,390,984	
	손상차손 금액	–	

공시사례 12.5 **투입법 진행률**

주석

[출처 : 대우건설 2023년 감사보고서]

7. 건설계약

7.1 공사계약 잔액의 변동내역

① 2023년

(단위 : 백만원)

구분	기초잔액	증감액(*1)	공사수익인식	기말잔액(*2)
토목	7,509,925	1,722,453	2,367,964	6,864,414
주택건축	33,288,524	7,416,997	6,923,021	33,782,500
플랜트	2,312,119	1,161,518	893,275	2,580,362
합계	43,110,568	10,300,968	10,184,260	43,227,276

(*1) 당기 중 신규수주 등 도급증가액은 11,919,927백만원이며, 공사규모의 변동 등으로 인한 도급감소액은 1,618,959백만원입니다.

(*2) 상기의 수치와 별도로 당기말 현재 인도기준으로 수익을 인식하는 계약관련 잔액 316,361백만원이 있습니다.

② 2022년

(단위 : 백만원)

구분	기초잔액	증감액(*1)	공사수익인식	기말잔액(*2)
토목	7,699,517	1,688,733	1,878,325	7,509,925
주택건축	29,049,085	10,288,140	6,048,701	33,288,524
플랜트	2,190,122	1,162,443	1,040,446	2,312,119
합계	38,938,724	13,139,316	8,967,472	43,110,568

(*1) 전기 중 신규수주 등 도급증가액은 13,895,402백만원이며, 공사규모의 변동 등으로 인한 도급감소액은 756,086백만원입니다.

(*2) 상기의 수치와 별도로 전기말 현재 인도기준으로 수익을 인식하는 계약관련 잔액 438,625백만원이 있습니다.

7.2 진행 중인 건설계약과 관련하여 인식한 공사손익 등의 내역

① 2023년

(단위 : 백만원)

구분	누적공사수익	누적공사원가	누적공사손익	선수금(*1)	유보금(*2)
토목	7,942,186	7,571,937	370,249	118,853	68,263
주택건축	7,446,469	7,122,931	323,538	17,594	1,028
플랜트	7,616,618	7,946,814	(330,196)	25,159	70,056
합계	23,005,273	22,641,682	363,591	161,606	139,347

(*1) 미착공현장관련 금액이 포함되어 있으며, 계약자산 및 부채 상계 후 금액입니다.

(*2) 유보금은 재무상태표상 단기 및 장기기타수취채권으로 계상되어 있습니다.

② 2022년

(단위 : 백만원)

구분	누적공사수익	누적공사원가	누적공사손익	선수금(*1)	유보금(*2)
토목	6,464,904	6,216,716	248,188	66,405	58,313
주택건축	7,024,649	6,422,385	602,264	15,166	696
플랜트	8,645,429	9,092,609	(447,180)	62,026	238,644
합계	22,134,982	21,731,710	403,272	143,597	297,653

(*1) 미착공현장관련 금액이 포함되어 있으며, 계약자산 및 부채 상계 후 금액입니다.
(*2) 유보금은 재무상태표상 단기 및 장기기타수취채권으로 계상되어 있습니다.

7.3 계약자산 및 계약부채 내역

(단위 : 백만원)

구분(*1)	2023.12.31			2022.12.31		
	계약자산	계약부채(*2)		계약자산	계약부채(*2)	
	미청구공사(*3)	초과청구공사(*3)	선수금(*4)	미청구공사(*3)	초과청구공사(*3)	선수금(*4)
토목	474,212	68,522	120,843	347,413	54,173	69,304
주택건축	673,468	545,249	91,889	756,163	1,025,292	122,030
플랜트	124,956	129,390	28,311	93,824	310,798	64,897
합계	1,272,636	743,161	241,043	1,197,400	1,390,263	256,231

(*1) 상기 계약자산 · 계약부채 이외에 계약이행원가 182,517백만원(전기말 : 147,006백만원)이 재무상태표상 선급비용에 반영되어 있습니다.
(*2) 전기말 계약부채 잔액 중 당기에 인식한 수익은 1,599,387백만원(전기 : 1,478,315백만원)입니다.
(*3) 상기 미청구공사 및 초과청구공사는 보고기간말 현재 자체사업에 대한 미청구공사 26,648백만원(전기말 : 32,924백만원)과 초과청구공사 166,576백만원(전기말 : 399,830백만원)이 포함된 금액입니다.
(*4) 미착공현장 관련 금액이 포함되어 있습니다.

7.4 보고기간 중 진행한 계약과 관련하여 원가 증감 요인 등이 있어 추정 총계약원가가 변동되었고, 이에 따라 보고기간과 미래기간의 손익, 미청구공사에 영향을 미치는 금액은 다음과 같습니다.

(단위 : 백만원)

구분	공사손실 충당부채	추정 총계약 수익의 변동(A)	추정 총계약 원가의 변동(B)	공사손익변동 (A-B)	당기 손익에 미친 영향	미래 손익에 미칠 영향	미청구공사 변동
토목	123,551	538,826	572,887	(34,061)	(75,991)	41,930	(75,991)
주택건축	97,162	285,231	344,565	(59,334)	(41,506)	(17,828)	(41,506)
플랜트	4,098	136,847	112,425	24,422	5,028	19,394	5,028
합계	224,811	960,904	1,029,877	(68,973)	(112,469)	43,496	(112,469)

보고기간과 미래 손익에 미치는 영향은 계약 개시 후 보고기간말까지 발생한 상황에 근거하여 추정한 총계약원가와 보고기간말 현재 계약수익의 추정치에 근거하여 산정한 것이며, 계약원가와 계약수익은 미래기간에 변동될 수 있습니다.

설명

사례회사의 보고부문 중 발생원가 투입법을 사용하는 부문(토목, 주택건축, 플랜트)에 대해서는 '한국'채택국제회계기준에서만 적용하는 K-IFRS 제1115호 문단 한129.4에 따라 회계추정의 변경에 다른 총계약수익 및 총계약원가의 변동을 영업부문별로 주석공시하고 있다.

주석공시 요구사항	공시내용	기준서 (K-1115)
공사수익 변동금액	960,904	
추정총계약원가의 변동금액	1,029,877	한124(2)
공사손익 변동금액	(68,973)	한124(1)

한편, K-IFRS 제1037호(충당부채, 우발부채, 우발자산) 문단 한92.1에서는 K-IFRS 제1115호 문단 한129.4와 연계되어 투입법 공사 관련 해당 계약의 예상손실과 관련하여 인식한 손실부담계약의 충당부채를 영업부문별로 구분하여 주석으로 공시도록 요구한다.

주석공시 요구사항	공시내용	기준서 (K-1037)
공사손실충당부채	224,811	한92.1

7.5 보고기간말 현재 계약수익 금액이 직전 회계연도 매출액의 5% 이상인 계약은 다음과 같으며, 보고기간말 현재 수익이 발생하지 않은 착공 전인 건설계약은 제외하였습니다. 또한 관련 법령 또는 계약에서 비밀이나 비공개 사유로 규정하여 공시하지 않은 계약은 없습니다.

(단위 : 백만원)

현장명	계약일	계약상 공사기한	진행률	미청구공사		수취채권	
				총액	손상차손 누계액	총액	대손 충당금
BOUGHZOUL NEW TOWN	2008.09.01	2024.09.23	88.3%	-	-	10,887	-
카타르 E-RING도로(*1)	2017.02.01	2023.04.05	96.3%	9,541	-	78,023	-
CFP(*1)	2014.04.13	2018.10.18	99.5%	2,316	-	701	-
JAZAN REFINERY&TERMINAL(*1)	2012.12.01	2018.04.30	99.9%	1,043	-	12,185	-
AL ZOUR REFINERY(*1)	2015.10.28	2019.07.28	100.0%	6,016	-	42,075	-
OMAN DUQM REFINERY PJ(*1)	2018.06.03	2023.07.01	98.5%	36,333	-	-	-

현장명	계약일	계약상 공사기한	진행률	미청구공사		수취채권	
				총액	손상차손 누계액	총액	대손 충당금
RDPP	2012.10.24	2023.01.09	100.0%	21,823	-	-	-
LIBYA ZWITINA POWER PLANT PJ(*2)	2013.01.28	2018.12.31	35.2%	-	-	16,092	-
MUMBAI TRANS-HARBOR LINK PJ(*1)	2018.03.23	2023.12.15	99.8%	12,792	-	9,671	-
NIGERIA GBARAN INFILL PJ	2014.05.01	2024.08.05	88.3%	5,110	-	5,208	-
GTX-A	2019.03.20	2024.06.29	68.8%	36,438	-	16,763	-
검암역로열파크씨티푸르지오1단지사업	2019.01.21	2023.06.29	100.0%	-	-	-	-
검암역로열파크씨티푸르지오2단지사업	2019.01.21	2023.06.29	100.0%	-	-	-	-
올림픽파크포레온사업	2016.10.31	2024.11.30	55.2%	203,881	-	-	-
산성역자이푸르지오사업	2015.08.28	2024.08.30	91.5%	-	-	53	-
영통푸르지오트레센츠사업	2022.06.14	2025.03.31	38.3%	-	-	-	-
영통푸르지오파인베르사업	2022.06.14	2025.03.31	34.5%	-	-	-	-
백운호수푸르지오숲속의아침사업	2022.06.14	2025.10.29	16.3%	-	-	-	-
싱가포르 지하철216공구(*1)	2014.04.21	2021.08.25	99.3%	13,389	-	-	-
싱가포르도시철도CR108	2021.04.27	2029.12.31	11.4%	-	-	8,997	-
이라크 신항만1단계	2021.08.15	2025.12.24	56.1%	-	-	38,068	-
이라크 침매터널	2021.08.15	2025.08.14	47.7%	101,149	-	12,150	-
이라크 알포연결도로	2021.08.15	2025.05.14	48.7%	-	-	19,811	-
나이지리아 INDORAMA FERTILIZER II	2018.05.03	2023.01.26	100.0%	-	-	-	-
모잠비크 LNG AREA 1(*3)	2020.12.22	2024.02.24	3.2%	-	-	-	-
NIGERIA NLNG T7 OFFSHORE PJ	2020.05.13	2026.06.13	80.1%	-	-	704	-

(*1) 발주자와 공사기한 연장 협의 중이며, 공사기한 연장에 대하여 변경계약 체결 예정입니다.
(*2) 리비아 내전 등에 따른 공사 중단 현장으로 발주자와 공사기한 연장 협의 중이며, 공사기한 연장에 대하여 변경계약 체결 예정입니다.
(*3) 2024년 프로젝트 재개 예정으로, 발주처와 계약변경 및 공사재개 협의중입니다.

설명

사례회사는 발생원가 투입법을 사용하고 있어, '한국'채택국제회계기준에서만 적용하는 K-IFRS 제1115호 문단 한129.1에 따라 직전연도 매출액 5% 이상의 계약 건에 대해 계약 관련 세부적인 내용을 추가로 주석공시하고 있다.

주석공시 요구사항	공시내용	기준서 (K-1115)
계약을 구별할 수 있는 명칭	BOUGHZOUL NEW TOWN	한129.1(1)
계약일	2008.09.01	한129.1(2)

주석공시 요구사항	공시내용	기준서 (K-1115)
계약상 완성기한 또는 납품기한	2024.09.23	한129.1(3)
진행률	88.3%	한129.1(4)
계약자산과 손실충당금	–	한129.1(5)
수취채권과 손실충당금	– 10,887백만원	한129.1(6)

추가적으로 관련 법령 또는 계약에서 비밀이나 비공개 사유로 규정하는 경우에는 상기 내역의 주석공시를 생략할 수 있으나, 사례회사는 이러한 계약은 없다고 공시하고 있다 (K-1115, 한129.2).

공시사례 12.6 투입법 진행률

주석

[출처 : LIG넥스원 2023년 감사보고서]

17. 수익

(8) 당기말 현재 계약수익금액이 직전 회계연도 매출액의 5% 이상인 주요 계약에 대한 정보는 다음과 같습니다.

(단위 : 백만원)

구분	계약일	공사기한	진행률	계약자산		매출채권	
				총액	대손충당금	총액	대손충당금
U계약	2014.01.10	2021.08.31	99.95%	–	–	–	–
V계약	2018.09.07	2024.05.31	99.90%	8,969,575	–	22,880,040	–
W계약	2018.08.31	2024.04.30	98.91%	9,659,725	–	–	–
Z계약	2017.12.22	2024.04.04	93.88%	12,426,804	–	–	–
AA계약	2018.10.30	2024.11.30	95.53%	2,658,141	–	2	–
AB계약	2018.12.27	2024.12.30	91.67%	4,160,305	–	–	–
AC계약	2019.09.27	2024.12.31	93.53%	2,629,058	–	–	–
AD계약	2019.12.12	2023.06.15	100.00%	–	–	4,145,480	–
AE계약	2019.12.27	2025.12.15	93.61%	13,999,817	–	–	–
AF계약	2019.12.30	2024.11.10	80.80%	–	–	1,601,200	–
AH계약	2021.05.14	2026.09.30	46.52%	–	–	–	–
AI계약	2021.05.31	2024.12.30	98.24%	71,855	–	2,072,581	–
AJ계약	2021.09.15	2025.12.31	82.21%	15,820,373	–	–	–
AK계약	2019.12.11	2027.09.07	64.10%	28,901,907	–	–	–

구분	계약일	공사기한	진행률	계약자산		매출채권	
				총액	대손충당금	총액	대손충당금
AL계약	2021.11.10	2030.12.31	8.83%	-	-	-	-
AM계약	2021.12.23	2026.06.30	24.62%	-	-	-	-
AN계약	2021.12.24	2027.04.30	35.89%	4,155,213	-	-	-
AO계약	2021.12.27	2024.12.31	85.12%	-	-	-	-
AP계약	2022.04.07	2026.12.31	32.99%	-	-	-	-
AQ계약	2022.08.11	2029.07.28	6.89%	-	-	-	-
AR계약	2022.12.19	2029.12.31	3.85%	-	-	-	-
AS계약	2022.12.28	2027.12.20	27.56%	15,994,174	-	-	-
AT계약	2022.12.28	2027.12.20	12.59%	-	-	-	-
AU계약	2023.06.23	2027.12.22	1.49%	-	-	-	-
AV계약	2023.06.23	2026.12.31	1.02%	-	-	-	-
AW계약	2023.06.28	2027.12.31	2.08%	-	-	-	-
AX계약	2023.12.20	2030.09.30	0.00%	-	-	-	-
AY계약	2023.12.05	2027.05.31	0.10%	-	-	-	-
AZ계약	2023.12.21	2025.12.19	2.71%	-	-	9,117,626	-
합계				119,446,947	-	39,816,929	-

관련 법령에서 비밀이나 비공개 사항으로 규정한 계약과 고객과 체결한 계약서에 의해 비공개로 규정된 계약은 이를 공시할 경우 당사에 현저한 손실을 초래할 것으로 예상되어 공시를 생략하였으며, 공시를 생략한 계약의 계약자산과 매출채권 총액은 각각 169,533,935천원 및 139,114,882천원입니다. 당사는 생략된 공시 항목을 사업(분 · 반기)보고서 등에서 공시 · 공개한 사실이 없으며, 이 항목을 2023 회계연도 재무제표의 주석에 공시하지 않는다는 사실을 2024년 2월 7일 감사위원회에 보고하였습니다. 또한 상기 부호화되어 기재된 계약들은 독립된 계약이며, 당사는 동 주석 기재시 한번 사용한 부호화된 명칭을 재사용하지 않습니다.

설명

사례회사는 발생원가 투입법을 사용하고 있어, '한국'채택국제회계기준에서만 적용하는 K-IFRS 제1115호 문단 한129.1에 따라 직전연도 매출액 5% 이상의 계약건에 대해 계약 관련 세부적인 내용을 추가로 주석공시하고 있다.

주석공시 요구사항	공시내용	기준서 (K-1115)
계약을 구별할 수 있는 명칭	V계약	한129.1(1)
계약일	2018.09.07	한129.1(2)

주석공시 요구사항	공시내용	기준서 (K-1115)
계약상 완성기한 또는 납품기한	2024.05.31	한129.1(3)
진행률	99.90%	한129.1(4)
계약자산과 손실충당금	8,969,575	한129.1(5)
수취채권과 손실충당금	22,880,040	한129.1(6)

한편, 관련 법령에서 비밀이나 비공개 사항으로 규정한 계약과 고객과 체결한 계약서에 의해 비공개로 규정된 계약은 이를 공시할 경우 당사에 현저한 손실을 초래할 것으로 예상되어 공시를 생략하였다(K-1115, 한129.2).

이러한 공시 생략의 경우 사례회사는 그 사유 등을 아래처럼 주석공시하고 있다.

주석공시 요구사항	공시내용	기준서 (K-1115)
계약별 공시를 생략한 사실과 사유	공시할 경우 당사에 현저한 손실을 초래할 것으로 예상되어 공시를 생략	한129.3(1)
다른 방법으로 공시하거나 공개하지 않았다는 사실	당사는 생략된 공시 항목을 사업(분 · 반기)보고서 등에서 공시 · 공개한 사실이 없으며	한129.3(2)
문단 한129.2를 적용한다는 사실을 상법에 따른 감사위원회(감사위원회가 없는 경우에는 감사)에 보고 여부	이 항목을 2023 회계연도 재무제표의 주석에 공시하지 않는다는 사실을 2024년 2월 7일 감사위원회에 보고하였습니다.	한129.3(3)

K-IFRS

주석작성실무

CHAPTER

13 종업원급여

▶ 관련 기업회계기준서

K-IFRS 제1019호 종업원급여

01 | 기준서 주요 내용

| 종업원급여 범주

종업원급여는 단기급여, 퇴직급여, 해고급여, 기타장기종업원급여의 4가지 범주로 식별된다.

구분	내용
단기종업원급여	임금, 사회보장분담금, 유급연차휴가, 유급병가, 이익분배금 · 상여금, 현직 종업원을 위한 비화폐성급여(예 : 의료, 주택, 자동차, 무상이나 일부 보조로 제공되는 재화 · 용역) 등
퇴직급여	퇴직금(예 : 퇴직연금과 퇴직일시금), 그 밖의 퇴직급여(예 : 퇴직후생명보험, 퇴직후의료급여 등)
기타장기종업원급여	장기유급휴가(예 : 장기근속휴가, 안식년휴가), 그 밖의 장기근속급여, 장기장애급여 등
해고급여	다음 중 어느 하나의 결과로서, 종업원을 해고하는 대가로 제공하는 종업원급여 (1) 기업이 통상적인 퇴직시점 전에 종업원을 해고하는 결정 (2) 종업원이 해고의 대가로 기업에서 제안하는 급여를 받아들이는 결정

상기 종업원급여 중 확정급여제도의 퇴직급여 및 기타장기종업원급여의 회계처리 및 주석공시사항이 주요 이슈이다.

| 단기종업원급여

종업원이 회계기간에 근무용역을 제공할 때, 그 대가로 지급이 예상되는 단기종업원급여를 할인하지 않은 금액으로 다음과 같이 인식한다.

(1) 이미 지급한 금액이 있다면 이를 차감한 후 부채(미지급비용)로 인식한다. 이미 지급한 금액이 해당 급여의 할인하지 않은 금액보다 많은 경우, 그 초과액으로 미래 지급액이 감소하거나 현금이 환급된다면 그만큼을 자산(선급비용)으로 인식한다.

(2) 다른 한국채택국제회계기준서(예 : 기업회계기준서 제1002호 '재고자산', 제1016호 '유형자산')에 따라 해당 급여를 자산의 원가에 포함하는 경우가 아니라면, 비용으로 인식한다.

| 단기유급휴가

유급휴가 형식의 단기종업원급여의 예상원가는 다음과 같이 회계처리한다.

(1) 누적 유급휴가는 종업원이 미래 유급휴가 권리를 확대하는 근무용역을 제공할 때 인식한다.

(2) 비누적 유급휴가는 종업원이 휴가를 실제로 사용할 때 인식한다.

누적 유급휴가의 예상원가는 보고기간 말 현재 미사용 유급휴가가 누적되어 기업이 지급할 것으로 예상하는 추가 금액으로 측정한다.

| 퇴직급여 – 확정기여형(DC : Defined Contribution)

확정기여제도에서, 기업은 별도의 실체(기금)에 고정기여금을 납부하고, 그 기금이 당기와 과거 기간에 제공된 종업원 근무용역과 관련된 모든 종업원급여를 지급할 수 있을 정도로 자산을 충분히 보유하지 못하더라도 기여금을 추가 납부해야 하는 법적 의무나 의제의무가 없을 것이다. 이 기준서에 따라 기업은 확정기여제도에 대한 기여금을 그 기여금의 대가로 종업원이 근무용역을 제공하는 때에 인식한다.

| 퇴직급여 – 확정급여형(DB : Defined Benefit)

확정기여제도 외의 모든 퇴직급여제도는 확정급여제도이다.

순확정급여부채를 구성하는 확정급여채무의 현재가치와 사외적립자산의 공정가치의 재무제표 표시 및 회계처리는 다음 예시와 같다.

확정급여제도 회계처리 예시

재무상태표

과목	20×2년(당기) 말	20×1년(전기) 말
부채		
비유동부채		
확정급여채무의 현재가치	1,800	1,500
사외적립자산의 공정가치	(1,350)	(1,000)
순확정급여부채	**450**	**500**
…		

회계처리

20×2년 말 회사는 계리전문가로부터 계리보고서를 입수하였으며, 계리보고서에 근거한 회계처리는 다음과 같다.

1. 확정급여채무의 현재가치

• 20×2년 기중(퇴직금 지급)

차변		대변	
확정급여채무	200	현금	200

• 20×2년 12월 31일(기말) - 당기근무원가(300원) 및 이자원가(100원)

차변		대변	
퇴직급여(*)	400	확정급여채무	400

(*) 퇴직급여는 제조원가와 판매비와관리비로 구분됨.

• 20×2년 12월 31일(기말) - 재측정요소

차변		대변	
재측정요소(OCI)	100	확정급여채무	100

2. 사외적립자산의 공정가치

• 20×2년 기중(퇴직금 지급 및 기금납입)

차변		대변	
현금	100	사외적립자산	100
사외적립자산	300	현금	300

• 20×2년 12월 31일(기말) - 이자수익(100원)

차변		대변	
사외적립자산	100	퇴직급여(*)	100

(*) 퇴직급여는 제조원가와 판매비와관리비로 구분됨.

• 20×2년 12월 31일(기말) - 재측정요소

차변		대변	
사외적립자산	50	재측정요소(OCI)	50

기타장기종업원급여

장기근속자에 대한 포상제도 등 기타장기종업원급여는 초과적립액이나 과소적립액을 인식하고 측정할 때 확정급여제도와 동일하게 예측단위적립방식으로 측정한다.

이는 확정급여채무의 현재가치와 마찬가지로 각 종업원의 퇴직시기에 대한 추정이 가능해야 하기 때문에 계리보고서를 입수하여야 한다.

기타장기종업원급여의 회계처리는 확정급여채무의 현재가치와 동일하나, 재측정요소의 경우 기타장기종업원급여의 금액적 중요성에 의해 기타포괄손익이 아닌 당기손익으로 인식하도록 하고 있다.

02 | 주석 작성 핵심 포인트

종업원급여 관련 주요 주석공시사항은 다음과 같이 요약된다.

Key Point

구분	주요 주석공시사항	비고
1. 단기종업원급여	공시사항을 특정하고 있지 않음.	
2. 퇴직급여 : 확정기여제도	확정기여제도와 관련하여 비용으로 인식한 금액 공시	
3. 퇴직급여 : 확정급여제도		
(1) 제도의 특성과 위험	• 확정급여제도의 특성에 관한 정보 • 제도로 인해 기업이 노출되는 위험에 대한 설명 • 제도의 개정, 정산, 축소에 대한 설명	
(2) 재무제표 항목 정보	• 순확정급여부채(자산) 재무상태표 금액 구성 • 순확정급여부채(자산) 증감 내역 • 사외적립자산의 구성 • 유의적인 보험수리적 가정	계리보고서 활용
(3) 미래현금흐름의 금액, 시기, 불확실성	• 유의적인 보험수리적 가정 각각에 대한 민감도분석 • 다음 연차 보고기간의 제도에 대한 예상기여금 • 확정급여채무의 만기구성에 대한 정보	계리보고서 활용

구분	주요 주석공시사항	비고
4. 기타장기종업원급여 / 해고급여	공시사항을 특정하고 있지 않음.	

03 | 주석공시 요구사항

K-IFRS 제1019호(종업원급여)에서는 퇴직급여를 포함한 종업원급여에 대한 주석공시 요구사항을 규정하고 있다.

K-IFRS 제1019호(종업원급여) 관련 주석공시 요구사항은 다음과 같이 구분된다.

문단	공시사항
25	1. 단기종업원급여
53 ~ 54	2. 퇴직급여 : 확정기여제도
135 ~ 152	3. 퇴직급여 : 확정급여제도
135 ~ 138	3-1. 공시 일반
139	(1) 확정급여제도의 특성과 이와 관련된 위험
140 ~ 144	(2) 재무제표상 금액에 대한 설명
145 ~ 147	(3) 미래현금흐름의 금액, 시기, 불확실성
148	3-2. 복수사용자제도
149 ~ 150	3-3. 동일 지배 아래에 있는 기업들이 위험을 공유하는 확정급여제도
151 ~ 152	3-4. 다른 기준서의 공시요구사항
158, 171	4. 기타장기종업원급여/해고급여

1. 단기종업원급여

25 이 기준서에서는 단기종업원급여에 관한 공시사항을 특정하고 있지 않지만, 다른 한국채택국제회계기준서에서 공시를 요구는 경우가 있을 수 있다. 예를 들어, 기업회계기준서 제1024호에서 주요 경영진의 종업원급여에 관한 정보를 공시하도록 요구한다. 또 기업회계기준서 제1001호 '재무제표 표시'에서도 종업원급여비용을 공시하도록 요구한다.

단기종업원급여 관련 K-IFRS 제1019호(종업원급여)에서는 특별한 공시사항을 규정하고 있지 아니한다. 다만, 아래 2개의 기준서에 따라 종업원급여를 공시하는 것을 강조하고 있다.

(1) 주요 경영진의 종업원급여 공시(K-IFRS 제1024호 특수관계자공시)

주석사항

주요 경영진에 대한 보상의 총액과 다음 분류별 금액을 공시한다(K-1024.17).

(1) 단기종업원급여
(2) 퇴직급여
(3) 기타 장기급여
(4) 해고급여
(5) 주식기준보상

설명

- 특수관계자에 대한 공시사항 중에는 주요 경영진의 보상내역을 분류별로 공시하도록 요구한다.
- 주요 경영진의 보상내역은 K-IFRS 제1019호(종업원급여)의 4가지 종업원급여별로 구분하고, 추가로 K-IFRS 제1102호(주식기준보상) 내역을 공시하도록 요구한다.

(2) 종업원급여비용 공시(K-IFRS 제1001호 재무제표 표시)

주석사항

기업은 비용의 성격별 또는 기능별 분류방법 중에서 신뢰성 있고 더욱 목적적합한 정보를 제공할 수 있는 방법을 적용하여 당기손익으로 인식한 비용의 분석내용을 표시한다(K-1001.99).

분석의 첫 번째 형태는 성격별 분류이다. 당기손익에 포함된 비용은 그 성격(예 : 감가상각비, 원재료의 구입, 운송비, 종업원급여와 광고비)별로 통합하며, 기능별로 재배분하지 않는다. 비용을 기능별 분류로 배분할 필요가 없기 때문에 적용이 간단할 수 있다. 비용의 성격별 분류의 예는 다음과 같다(K-1001. 102).

• 수익(revenue)	X
• 기타 수익(other income)	X
• 제품과 재공품의 변동	X
• 원재료와 소모품의 사용액	X
• 종업원급여비용	X
• 감가상각비와 기타 상각비	X
• 기타 비용	X
• 총 비용	(X)
• 법인세비용차감전순이익	X

분석의 두 번째 형태는 기능별 분류법 또는 '매출원가'법으로서, 비용을 매출원가, 그리고 물류원가와 관리활동원가 등과 같이 기능별로 분류한다. 이 방법에서는 적어도 매출원가를 다른 비용과 분리하여 공시한다. 이 방법은 성격별 분류보다 재무제표이용자에게 더욱 목적적합한 정보를 제공할 수 있지만 비용을 기능별로 배분하는 데 자의적인 배분과 상당한 정도의 판단이 개입될 수 있다. 비용의 기능별 분류의 예는 다음과 같다(K-1001. 103).

• 수익(revenue)	X
• 매출원가	(X)
• 매출총이익	X
• 기타 수익(other income)	X
• 물류원가	(X)
• 관리비	(X)
• 기타 비용	(X)
• 법인세비용차감전순이익	X

비용을 기능별로 분류하는 기업은 감가상각비, 기타 상각비와 종업원급여비용을 포함하여 비용의 성격에 대한 추가 정보를 공시한다(K-1001. 104).

설명

K-IFRS 제1001호(재무제표 표시)에서는 비용을 성격별 또는 가능별로 공시하도록 요구한다. 해당 비용의 공시방법에서는 종업원급여비용은 구분해서 공시하도록 예시하고 있다.

2. 퇴직급여 : 확정기여제도

퇴직급여는 다음과 같이 기업의 선택에 따른 확정기여제도 및 확정급여제도 별로 주석공시 요구사항이 달라진다.

53	확정기여제도와 관련하여 비용으로 인식한 금액을 공시한다.

54	기업회계기준서 제1024호에서 요구하는 경우에는 주요 경영진에 대한 확정기여제도의 기여금 정보를 공시한다.

확정기여제도는 확정급여제도와 달리 당기 중 발생한 비용 정도만 주석공시한다.

(1) 확정기여제도

주석사항

확정기여제도와 관련하여 비용으로 인식한 금액을 공시한다(K-1019. 53).

설명

- 확정기여제도는 종업원 기여금의 발생시점(근로제공에 대한 퇴직금)에 퇴직급여로 비용을 인식한다(퇴직급여/미지급비용).
- 확정기여제도 퇴직연금을 연금기관에 납입할 때 미지급비용을 상계한다(미지급비용/현금).

☞ 공시사례 13.2 확정기여제도

3. 퇴직급여 : 확정급여제도

3-1. 공시 일반

135	기업은 다음 정보를 공시한다. (1) 확정급여제도의 특성과 이와 관련된 위험을 설명하는 정보(문단 139 참조) (2) 확정급여제도에서 생기는 재무제표상의 금액을 식별하고 설명하는 정보 (3) 확정급여제도가 어떻게 기업의 미래현금흐름의 금액, 시기, 불확실성에 영향을 미칠 수 있는지를 기술하는 정보

136	문단 135의 목적을 달성하기 위하여 다음 사항을 고려한다. (1) 공시요구사항을 충족하기 위하여 필요한 상세함의 수준 (2) 각각의 다양한 규정을 강조하는 정도 (3) 수행하여야 할 통합과 세분화의 정도 (4) 재무제표이용자가 양적 정보를 평가하기 위한 추가 정보의 필요 유무

137 이 기준서와 다른 한국채택국제회계기준의 요구사항에 따라 제공되는 공시사항이 문단 135의 목적을 달성하기에 충분하지 않는 경우 이 목적을 달성하기 위해 필요한 추가 정보를 공시한다. 예를 들면, 확정급여채무의 성격, 특성, 위험을 구분하는 확정급여채무의 현재가치 분석을 보여줄 수도 있다. 이러한 공시사항에서 다음을 구분할 수 있을 것이다.

(1) 현재 근무 중인 가입자, 퇴직급여 수령 대기자, 연금수령자에게 생기는 금액
(2) 가득된 급여와 생겼으나 가득되지 아니한 급여
(3) 조건부급여, 미래임금상승 금액, 그 밖의 급여

138 중요하게 다른 위험을 가진 제도나 제도의 집합을 구분하기 위하여 공시의 전부나 일부를 세분화할지를 판단한다. 예를 들면, 다음 특성 중 하나 이상이 있는 제도에 관한 공시를 세분화할 수도 있다.

(1) 지리적 위치의 차이
(2) 정액임금기준 연금제도, 최종임금기준 연금제도, 퇴직후의료급여제도 등 특성에 따른 차이
(3) 감독 환경의 차이
(4) 보고부문의 차이
(5) 기금적립약정의 차이(예 : 미적립, 전부 적립, 일부 적립 등 기금의 적립 수준)

확정급여제도의 특성과 이와 관련된 위험

139 다음을 공시한다.

(1) 다음을 포함하는 확정급여제도의 특성에 관한 정보
  (가) 제도에서 제공하는 급여의 성격(예 : 최종임금기준 확정급여제도나 보장부기여금기준제도)
  (나) 제도를 운영하는 감독체계에 대한 설명[예 : 최소적립요구액의 수준, 자산인식상한 등 제도에 대한 규제체계의 영향(문단 64참조)]
  (다) 제도의 지배구조에 대한 기업의 그 밖의 책임에 대한 설명(예 : 제도의 기금관리자나 이사의 책임)
(2) 제도로 인해 기업이 노출되는 위험에 대한 설명(기업이나 제도에 특유한 비일상적 위험에 초점을 맞춤)과 유의적인 위험의 집중에 대한 설명. 예를 들면 사외적립자산이 주로 부동산과 같은 한 종류에 투자되는 경우 그 기업은 그 제도로 인해 부동산시장위험에 집중적으로 노출될 수 있다.
(3) 제도의 개정, 정산, 축소에 대한 설명

140 다음 각 항목(해당되는 경우)의 기초잔액에서 기말잔액으로 조정한 내용을 공시한다.

(1) 순확정급여부채(자산). 다음 각각의 조정내용을 구분한다.

(가) 사외적립자산

(나) 확정급여채무의 현재가치

(다) 자산인식상한효과

(2) 보상권. 보상권과 관련 의무의 상호관계를 설명한다.

141 문단 140에서 열거한 각 조정내용은 다음 사항(해당되는 경우)을 공시한다.

(1) 당기근무원가

(2) 이자수익이나 이자비용

(3) 순확정급여부채(자산)의 재측정요소에 대하여 다음을 각각 구분하여 공시한다.

(가) 사외적립자산의 수익[위 (2)의 이자에 포함된 금액 제외]

(나) 인구통계적 가정의 변동에서 생기는 보험수리적손익[문단 76(1) 참조]

(다) 재무적 가정의 변동에서 생기는 보험수리적손익[문단 76(2) 참조]

(라) 순확정급여자산을 자산인식상한으로 제한하는 영향의 변동[위 (2)의 이자에 포함된 금액 제외]. 그리고 이용할 수 있는 최대의 경제적 효익을 결정한 방법, 즉 이 경제적 효익이 환급의 형태인지 또는 미래기여금 감소의 형태인지 아니면 둘을 혼합한 형태인지를 공시한다.

(4) 과거근무원가와 정산 손익. 문단 100에서 허용하는 바와 같이, 과거근무원가와 정산 손익이 동시에 생기는 경우 이를 구분할 필요는 없다.

(5) 환율변동의 영향

(6) 제도에 납부하는 기여금. 기업이 납부한 기여금과 제도가입자가 납부한 기여금을 별도로 구분한다.

(7) 제도에서 지급한 금액. 정산하기 위해 지급한 금액을 별도로 구분한다.

(8) 사업결합과 사업처분의 영향

142 사외적립자산의 공정가치를 사외적립자산의 속성과 위험을 구분하는 종류별로 세분하고, 각 종류의 사외적립자산을 활성시장에서 공시되는 가격(기업회계기준서 제1113호 '공정가치 측정')이 있는 자산과 그렇지 않은 자산으로 다시 세분한다. 예를 들면, 문단 136에서 논의한 공시수준을 고려하여 다음과 같이 구분할 수 있다.

(1) 현금 및 현금등가물

142 (2) 지분상품(산업유형, 회사의 규모, 지역 등에 따라 구분)

(3) 채무상품(발행자의 유형, 신용 건전성, 지역 등에 따라 구분)

(4) 부동산(지역 등에 따라 구분)

(5) 파생상품(이자율계약, 통화선도계약, 지분계약, 신용계약, 장수스왑(longevity swaps) 등 계약이 기초하는 위험의 유형에 따라 구분)

(6) 투자펀드(펀드 유형에 따라 구분)

(7) 자산담보부증권

(8) 구조화채무상품

143 기업이 사외적립자산으로 보유하고 있는, 양도 가능한 기업 자신의 금융상품의 공정가치와 기업이 점유한 부동산이나 사용 중인 그 밖의 자산의 공정가치를 공시한다.

144 확정급여채무의 현재가치를 결정할 때 사용한 유의적인 보험수리적 가정을 공시한다(문단 76 참조). 그러한 가정은 절대 숫자로 공시한다(예를 들면 절대 백분율로 공시하며 다른 백분율과의 차이나 다른 변수와의 차이로 공시하지 아니한다). 여러 제도를 묶어 합산하여 공시하는 경우 그러한 가정은 가중평균치나 비교적 좁은 범위 값의 형태로 공시한다.

미래현금흐름의 금액, 시기, 불확실성

145 다음 사항을 공시한다.

(1) 보고기간 말 현재 (문단 144에 따라 공시한) 유의적인 보험수리적 가정 각각에 대한 민감도분석. 이를 통해 보고기간 말에 유의적인 보험수리적 가정에 대해 가능성이 어느 정도 있는 범위에서 변동한다면 확정급여채무에 미치게 될 영향을 나타낸다.

(2) 위 (1)에서 요구하는 민감도분석을 수행할 때 사용한 방법 · 가정과 이 방법의 한계

(3) 민감도분석을 수행할 때 사용한 방법과 가정이 종전기간과 달라진 경우 그 내용과 이유

146 제도나 기업이 위험을 관리하기 위해 사용한 자산부채대응전략에 대한 설명(연금보험이나 장수스왑과 같은 그 밖의 기법 사용을 포함)을 공시한다.

147 기업의 미래현금흐름에 대한 확정급여제도의 영향을 나타내기 위하여 다음 사항을 공시한다.

(1) 미래기여금에 영향을 미치는 기금적립약정과 기금적립방침에 대한 설명

(2) 다음 연차 보고기간의 제도에 대한 예상기여금

(3) 확정급여채무의 만기구성에 대한 정보. 이 정보에는 확정급여채무의 가중평균만기가 포함되며, 급여 지급 시기의 분포에 관한 정보(예 : 급여 지급의 만기분석)가 포함될 수도 있다.

확정급여제도를 선택한 기업은 아래 3가지의 주요 정보를 공시한다(K-1019. 135).

3가지 주요 정보에 대한 구체적인 공시사항은 아래 문단에서 세부적으로 요구한다.

구분	기준서 (K-1019)
(1) 확정급여제도의 특성과 이와 관련된 위험을 설명하는 정보(문단 139 참조)	139
(2) 확정급여제도에서 생기는 재무제표상의 금액을 식별하고 설명하는 정보	140 ~ 144
(3) 확정급여제도가 어떻게 기업의 미래현금흐름의 금액, 시기, 불확실성에 영향을 미칠 수 있는지를 기술하는 정보	145 ~ 147

(1) 확정급여제도의 특성과 이와 관련된 위험

주석사항

다음을 공시한다(K-1019. 139).

(1) 다음을 포함하는 확정급여제도의 특성에 관한 정보

(가) 제도에서 제공하는 급여의 성격(예 : 최종임금기준 확정급여제도나 보장부 기여금 기준제도)

(나) 제도를 운영하는 감독체계에 대한 설명[예 : 최소적립요구액의 수준, 자산인식상한 등 제도에 대한 규제체계의 영향(문단 64 참조)]

(다) 제도의 지배구조에 대한 기업의 그 밖의 책임에 대한 설명(예 : 제도의 기금관리자나 이사의 책임)

(2) 제도로 인해 기업이 노출되는 위험에 대한 설명(기업이나 제도에 특유한 비일상적 위험에 초점을 맞춤)과 유의적인 위험의 집중에 대한 설명. 예를 들면 사외적립자산이 주로 부동산과 같은 한 종류에 투자되는 경우 그 기업은 그 제도로 인해 부동산시장위험에 집중적으로 노출될 수 있다.

(3) 제도의 개정, 정산, 축소에 대한 설명

예시

(1) 확정급여제도(K-1019. 139)

회사가 운영하고 있는 확정급여제도는 최종임금기준 연금제도입니다. 연금의 수준은 종업원의 근무기간 및 최종 임금에 근거하여 산출되며, 연금의 대부분은 기금에 적립되어 외부 전문 신탁사에 의해 운영되나, 일부 연금은 기금에 적립되어 있지 않습니다. 한편, 기금을 운영하는 외부 전문 신탁사는 국가의 규제를 받습니다.

제도 개정, 축소 또는 정산이 발생한 경우에는 과거근무원가 또는 정산으로 인한 손익은 당기손익으로 인식됩니다.

설명

확정급여제도는 확정기여제도를 제외한 모든 퇴직연금제도이다. 확정급여제도의 성격과 위험을 주석에 공시요구한다.

(2) 재무제표상 금액에 대한 설명

주석사항

1. 순확정급여부채(자산) 재무상태표 금액 구성

다음 각 항목(해당되는 경우)의 기초잔액에서 기말잔액으로 조정한 내용을 공시한다(K-1019. 140).

(1) 순확정급여부채(자산). 다음 각각의 조정내용을 구분한다.
  (가) 사외적립자산
  (나) 확정급여채무의 현재가치
  (다) 자산인식상한효과
(2) 보상권. 보상권과 관련 의무의 상호관계를 설명한다.

2. 순확정급여부채(자산) 증감 내역

문단 140에서 열거한 각 조정내용은 다음 사항을 공시한다(K-1019. 141).

(1) 당기근무원가
(2) 이자수익이나 이자비용
(3) 순확정급여부채(자산)의 재측정요소에 대하여 다음을 각각 구분하여 공시한다.
  (가) 사외적립자산의 수익[위 (2)의 이자에 포함된 금액 제외]
  (나) 인구통계적 가정의 변동에서 생기는 보험수리적손익[문단 76(1) 참조]
  (다) 재무적 가정의 변동에서 생기는 보험수리적손익[문단 76(2) 참조]
  (라) 순확정급여자산을 자산인식상한으로 제한하는 영향의 변동[위 (2)의 이자에 포함된 금액 제외]. 그리고 이용할 수 있는 최대의 경제적 효익을 결정한 방법, 즉 이

경제적 효익이 환급의 형태인지 또는 미래기여금 감소의 형태인지 아니면 둘을 혼합한 형태인지를 공시한다.

(4) 과거근무원가와 정산 손익

(5) 환율변동의 영향

(6) 제도에 납부하는 기여금. 기업이 납부한 기여금과 제도가입자가 납부한 기여금을 별도로 구분한다.

(7) 제도에서 지급한 금액. 정산하기 위해 지급한 금액을 별도로 구분한다.

3. 사외적립자산의 구성

사외적립자산의 공정가치를 사외적립자산의 속성과 위험을 구분하는 종류별로 세분하고, 각 종류의 사외적립자산을 활성시장에서 공시되는 가격이 있는 자산과 그렇지 않은 자산으로 다시 세분한다. 예를 들면, 문단 136에서 논의한 공시수준을 고려하여 다음과 같이 구분할 수 있다(K-1019. 142).

(1) 현금 및 현금등가물

(2) 지분상품(산업유형, 회사의 규모, 지역 등에 따라 구분)

(3) 채무상품(발행자의 유형, 신용 건전성, 지역 등에 따라 구분)

(4) 부동산(지역 등에 따라 구분)

(5) 파생상품(이자율계약, 통화선도계약, 지분계약, 신용계약, 장수스왑(longevity swaps) 등 계약이 기초하는 위험의 유형에 따라 구분)

(6) 투자펀드(펀드 유형에 따라 구분)

(7) 자산담보부증권

(8) 구조화채무상품

기업이 사외적립자산으로 보유하고 있는, 양도 가능한 기업 자신의 금융상품의 공정가치와 기업이 점유한 부동산이나 사용 중인 그 밖의 자산의 공정가치를 공시한다(K-1019. 143).

4. 보험수리적 가정

확정급여채무의 현재가치를 결정할 때 사용한 유의적인 보험수리적 가정을 공시한다(문단 76 참조)(K-1019. 144).

예시

1. 순확정급여부채

(1) 보고기간종료일 현재 순확정급여부채와 관련하여 재무상태표에 인식한 내역은 다음과 같습니다. (K-1019. 140)

구분	당기말	전기말
확정급여채무의 현재가치	1,200	1,000

구분	당기말	전기말
사외적립자산의 공정가치	(1,100)	(900)
순확정급여(자산) 계	100	100

(2) 확정급여채무의 변동내역과 사외적립자산의 변동내역은 다음과 같습니다.

구분	확정급여채무의 현재가치	사외적립자산	기준서 (K-1019)
기초	1,000	900	
당기근무원가	200	(*)	141(1)
이자비용(이자수익)	100	100	141(2)
재측정요소	200	100	141(3)
– 인구통계적가정	50	40	141(3)(나)
– 재무적가정	150	40	141(3)(다)
– 사외적립자산의 수익	(*)	20	141(3)(가)
– 순확정급여자산을 자산인식상한으로 제한하는 영향의 변동	–	–	141(3)(라)
과거근무원가	–	–	141(4)
납부한 기여금	(*)	200	141(6)
퇴직금 지급액	(300)	(200)	141(7)
사업결합, 환율변동 영향	–	–	141(5) · (8)
기말	1,200	1,100	

(*) 해당 없음.

(3) 당기말과 전기말 현재 사외적립자산의 구성내역은 다음과 같습니다. (K-1019, 142)

구분	당기말	전기말
은행 예금 등	700	500
투자펀드	350	300
채권	50	100
합계	1,100	900

(4) 당기말 및 전기말 현재 유의적인 보험수리적 가정은 다음과 같습니다. (K-1019, 144)

구분	당기말	전기말
할인율	2.50	2.70
예정급여상승률	2.90	2.50

설명

- 순확정급여부채는 확정급여채무의 현재가치와 사외적립자산의 공정가치의 차이로 재무상태표에 인식한다.

- 확정급여채무의 현재가치보다 사외적립자산의 공정가치가 더 큰 경우, 순확정급여자산을 투자자산으로 인식한다.
- 확정급여채무의 현재가치와 사외적립자산의 공정가치의 구성내역을 표 형식으로 공시한다.
- 사외적립자산의 외부 연금기관에 불입하며, 해당 불입액이 어떠한 상품으로 구성되어 있는지를 주석공시 요구한다.
- 사외적립자산은 종업원의 퇴직금에 대한 기금이므로 대부분 예금, 채무상품 등 위험이 낮은 금융상품 등에 투자하고 있다.
- 유의적인 보험수리적 가정은 절대 숫자로 공시한다[예를 들면 절대 백분율로 공시(3.2%, 5.7% 등)하며 다른 백분율과의 차이나 다른 변수와의 차이로 공시하지 아니한다](K-1019. 144).
- 보험수리적 가정은 인구통계적 가정과 재무적 가정으로 구성된다(K-1019. 76).

보험수리적 가정	세부 내용
(1) 인구통계적 가정	(가) 사망률 (나) 이직률, 신체장애율 및 조기퇴직률 (다) 급여 수령권을 갖는 피부양자가 있는 종업원의 비율 (라) 제도규약에 따라 이용할 수 있는 지급 선택권의 각 형태를 선택할 종업원의 비율 (마) 의료급여제도의 경우 의료원가 청구율
(2) 재무적 가정	(가) 할인율 (나) 급여 수준(종업원이 부담할 수 있는 급여의 원가는 제외)과 미래의 임금 (다) 의료급여의 경우 보험금청구원가(즉, 보험금을 처리하고 해소할 때 생기는 원가로서 법정수수료와 손해사정인 수수료를 포함)를 포함하는 미래 의료원가 (라) 보고일 이전의 근무용역과 관련된 기여금이나 보고일 이전의 근무용역에서 생기는 급여에 부과되고 제도가 납부할 세금

☞ 공시사례 13.1 확정급여제도

(3) 미래현금흐름의 금액, 시기, 불확실성

주석사항

1. 민감도분석

다음 사항을 공시한다(K-1019. 145).

(1) 보고기간 말 현재 유의적인 보험수리적 가정 각각에 대한 민감도분석. 이를 통해 보고기간 말에 유의적인 보험수리적 가정에 대해 가능성이 어느 정도 있는 범위에서 변동한다면 확정급여채무에 미치게 될 영향을 나타낸다.

(2) 위 '(1)'에서 요구하는 민감도분석을 수행할 때 사용한 방법 · 가정과 이 방법의 한계

(3) 민감도분석을 수행할 때 사용한 방법과 가정이 종전기간과 달라진 경우 그 내용과 이유

2. 자산부채대응전략

제도나 기업이 위험을 관리하기 위해 사용한 자산부채대응전략에 대한 설명(연금보험이나 장수스왑과 같은 그 밖의 기법 사용을 포함)을 공시한다(K-1019. 146).

3. 다음 연차기간의 예상기여금 등

기업의 미래현금흐름에 대한 확정급여제도의 영향을 나타내기 위하여 다음 사항을 공시한다(K-1019. 147).

(1) 미래기여금에 영향을 미치는 기금적립약정과 기금적립방침에 대한 설명
(2) 다음 연차 보고기간의 제도에 대한 예상기여금
(3) 확정급여채무의 만기구성에 대한 정보. 이 정보에는 확정급여채무의 가중평균만기가 포함되며, 급여 지급 시기의 분포에 관한 정보(예 : 급여 지급의 만기분석)가 포함될 수도 있다.

예시

(5) 당기에 적용한 주요 보험수리적 가정에 대한 민감도분석은 다음과 같습니다. (K-1019. 145)

보험수리적 가정	1%p 증가	1%p 감소
할인율	(200)	180
예정급여상승률	350	(320)

상기의 민감도분석은 다른 가정은 일정하다는 가정하에 각각의 가정이 변동할 때의 확정급여채무 증감액을 나타냅니다. 확정급여채무의 민감도는 재무상태표에 인식된 순확정급여부채 산정 시 사용한 예측단위접근법과 동일한 방법을 사용하여 산정하였습니다.

(6) 확정급여채무의 가중평균만기는 10.5년이며, 20×2년 12월 31일로 종료하는 회계연도의 예상기여금은 300백만원입니다. (K-1019. 147)

설명

- 확정급여채무의 현재가치와 사외적립자산은 추정에 의한 측정을 통해 이루어지며, 매년 추정치의 변동에 의한 재측정을 해야 한다. 이러한 측정상의 특성상 불확실성이 존재하는바, 그 불확실성을 민감도분석의 방식으로 정보이용자에게 제공하기를 요구하고 있다.
- 민감도분석은 대상이 유의적인 보험수리적 가정 각각에 대한 분석을 요구하며, 민감도분석의 방법, 가정 및 한계를 공시하며, 분석방법의 변동이 있는 경우 그 내용과 이유를 공시해야 한다.
- 다음 연차 보고기간의 제도에 대한 예상기여금 정보를 계리보고서를 통해 입수하고 주석공시한다. 이 정보는 다음 연차기간의 중간재무보고시 활용할 수 있다.

• 확정급여채무의 만기구성에 대한 정보도 추가로 공시한다.

☞ 공시사례 13.1 확정급여제도

3-2. 복수사용자제도

복수사용자제도는 다음의 특성을 모두 갖고 있는 확정급여제도(공공제도 제외)나 확정기여제도(공공제도 제외)를 말한다.

(1) 동일 지배 아래에 있지 않는 여러 기업이 출연한 자산을 공동 관리한다.

(2) 둘 이상의 기업의 종업원에게 급여를 제공하기 위해 그 자산을 사용하며, 기여금과 급여 수준은 종업원을 고용하고 있는 개별 기업과 관계없이 결정된다.

148 복수사용자 확정급여제도에 참여하고 있는 경우 다음을 공시한다.

(1) 기금적립약정에 대한 설명(기업이 기여금을 결정할 때 사용하는 방법과 최소 적립 요구사항을 포함)

(2) 복수사용자제도의 규약과 조건에 따라 다른 기업의 의무에 대하여 기업이 제도에 납부할 의무를 부담할 수 있는 정도에 대한 설명

(3) 다음의 경우 과소적립액이나 초과적립액의 배분약정에 대한 설명

(가) 제도의 청산

(나) 제도에서 탈퇴

(4) 문단 34에 따라 복수사용자제도를 확정기여제도로 보아 회계처리하는 경우, 문단 139 ~ 147에서 요구하는 정보 대신에 위 (1) ~ (3)에서 요구하는 정보에 추가하여 다음을 공시한다.

(가) 그 제도가 확정급여제도라는 사실

(나) 확정급여제도에 관한 회계처리를 하기 위한 충분한 정보를 얻을 수 없는 이유

(다) 다음 연차 보고기간의 제도에 대한 예상기여금

(라) 미래의 기여금에 영향을 미칠 수 있는 제도의 과소적립액이나 초과적립액에 대한 정보(과소적립액이나 초과적립액을 결정할 때 사용하는 기준과 초과적립액이나 과소적립액이 있다는 사실이 기업에 시사하는 바가 있다면 그 의미를 포함)

(마) 기업이 제도에 참여하는 정도를 다른 참여기업과 비교하여 나타내는 지표. 이러한 지표로 제공할 수 있는 예로는 제도에 대한 총 기여금에서 기업이 차지하는 비율이나 급여를 받을 수 있는 현재 근무 중인 종업원, 퇴직자, 전직 종업원의 전체 인원수 중 기업이 차지하는 비율(이 정보를 얻을 수 있는 경우)을 들 수 있다.

복수사용자제도 관련 주석공시사항은 다음과 같다.

(1) 복수사용자 확정급여제도

주석사항

복수사용자 확정급여제도에 참여하고 있는 경우 다음을 공시한다[K-1019. 148(1) ~ (3)].

(1) 기금적립약정에 대한 설명(기업이 기여금을 결정할 때 사용하는 방법과 최소 적립 요구사항을 포함)

(2) 복수사용자제도의 규약과 조건에 따라 다른 기업의 의무에 대하여 기업이 제도에 납부할 의무를 부담할 수 있는 정도에 대한 설명

(3) 다음의 경우 과소적립액이나 초과적립액의 배분약정에 대한 설명

(가) 제도의 청산

(나) 제도에서 탈퇴

설명

- 복수사용자제도는 둘 이상의 기업의 종업원에게 급여를 제공하기 위해 같은 재산에 여러 기업의 종업원이 가입할 수 있는 제도로서, 연금사업자의 비용절감을 위해 활용이 가능하다.
- 복수사용자제도를 기업이 선택하는 경우, 확정급여제도인 경우와 확정기여제도인 경우로 구분하여 회계처리 및 추가적인 주석공시를 한다.

(2) 복수사용자제도를 확정기여제도로 보아 회계처리하는 경우

주석사항

복수사용자제도를 확정기여제도로 보아 회계처리하는 경우, 문단 139 ~ 147에서 요구하는 정보 대신에 문단 148(1)~(3)에서 요구하는 정보에 추가하여 다음을 공시한다[K-1019. 148(4)].

(가) 그 제도가 확정급여제도라는 사실

(나) 확정급여제도에 관한 회계처리를 하기 위한 충분한 정보를 얻을 수 없는 이유

(다) 다음 연차 보고기간의 제도에 대한 예상기여금

(라) 미래의 기여금에 영향을 미칠 수 있는 제도의 과소적립액이나 초과적립액에 대한 정보(과소적립액이나 초과적립액을 결정할 때 사용하는 기준과 초과적립액이나 과소적립액이 있다는 사실이 기업에 시사하는 바가 있다면 그 의미를 포함)

(마) 기업이 제도에 참여하는 정도를 다른 참여기업과 비교하여 나타내는 지표. 이러한 지표로 제공할 수 있는 예로는 제도에 대한 총 기여금에서 기업이 차지하는 비율이나 급여를 받을 수 있는 현재 근무 중인 종업원, 퇴직자, 전직 종업원의 전체 인원수 중 기업이 차지하는 비율(이 정보를 얻을 수 있는 경우)을 들 수 있다.

설명

복수사용자 확정급여제도에 해당하지만 확정급여제도의 회계처리를 하기 위해 필요한 정보를 충분히 얻을 수 없는 경우에는 다음과 같이 처리한다[K-1019. 34)].

(1) 그 제도를 확정기여제도로 보아 문단 51과 52에 따라 회계처리한다.

(2) 문단 148에서 요구하는 정보를 공시한다.

3-3. 동일 지배 아래에 있는 기업들이 위험을 공유하는 확정급여제도

149 동일 지배 아래에 있는 기업들이 위험을 공유하는 확정급여제도에 참여하는 경우 다음을 공시한다.

(1) 순확정급여원가의 부담에 관한 계약상 합의나 명시적 방침. 만약 그러한 합의나 방침이 없다면 그 사실

(2) 각 기업이 지급할 기여금 결정 방침

(3) 문단 41에서 언급한 바와 같이 순확정급여원가 배분액을 인식하는 경우 그 제도 전체에 대해 문단 135~147에서 요구하는 정보

(4) 문단 41에서 언급한 바와 같이 지급 의무가 있는 해당기간의 기여금을 회계처리하는 경우, 그 제도 전체에 대해 문단 135~137, 139, 142~144, 147(1) · (2)에서 요구하는 정보

150 다음의 경우 문단 149의 (3)과 (4)에서 요구하는 정보는 연결실체 내 다른 기업의 재무제표의 공시를 상호 참조하여 공시할 수 있다.

(1) 연결실체 내 다른 기업의 재무제표가 제도에 대해 요구되는 정보를 별도로 식별하여 공시하는 경우

(2) 연결실체 내 다른 기업의 재무제표가 기업의 재무제표와 같은 조건으로 그리고 동시에 또는 그보다 이른 시점에 재무제표이용자가 이용할 수 있는 경우

3-4. 다른 기준서의 공시요구사항

151 기업회계기준서 제1024호에 따라 다음 사항에 관한 정보를 공시한다.

(1) 퇴직급여제도와의 특수관계자거래

(2) 주요 경영진에 대한 퇴직급여

152 기업회계기준서 제1037호에 따라 퇴직급여채무에서 비롯되는 우발부채에 관한 정보를 공시한다.

4. 기타장기종업원급여/해고급여

158 이 기준서에서는 기타장기종업원급여에 관한 공시사항을 특정하지 않지만 다른 한국채택국제회계기준서에서는 공시를 요구할 수 있다. 예를 들어, 기업회계기준서 제1024호에서 주요 경영진의 종업원급여에 관한 정보를 공시하도록 요구한다. 또 기업회계기준서 제1001호에서 종업원급여비용을 공시하도록 요구한다.

171 이 기준서에서는 해고급여에 관한 공시사항을 특정하고 있지 않지만, 다른 한국채택국제회계기준서에서는 공시를 요구할 수도 있다. 예를 들어, 기업회계기준서 제1024호에서는 주요 경영진의 종업원급여에 관한 정보를 공시하도록 요구한다. 그리고 기업회계기준서 제1001호에서도 종업원급여비용을 공시하도록 요구한다.

기타장기종업원급여는 회사의 퇴직급여제도가 확정기여제도 또는 확정급여제도와 무관하게 별도로 고려하는 급여이다. 따라서, 회사의 퇴직급여제도가 확정기여제도라 하더라도 기타장기종업원급여가 존재하고 그 규모가 유의적인 경우에는 외부전문가의 기타장기종업원급여에 대한 계리보고서를 입수한 후 회계처리가 필요하다.

기타장기종업원급여의 회계처리는 재측정요소를 당기손익으로 인식한다는 점 이외에는 확정급여채무의 현재가치와 동일하다.

기타장기종업원급여와 해고급여는 별도의 주석공시사항을 요구하고 있지 않다.
다만, 다른 특수관계자 공시의 주요 경영진의 종업원급여 및 재무제표 표시의 종업원급여비용의 주석공시사항만 별도의 기준서에서 요구하고 있다.

☞ 공시사례 13.3 기타장기종업원급여

04 | 실제 공시 사례

공시사례 13.1 **확정급여제도**

주석

[출처 : 삼성전자 2023년 감사보고서]

14. 순확정급여부채(자산)

가. 보고기간종료일 현재 순확정급여자산과 관련하여 재무상태표에 인식한 내역은 다음과 같습니다.

(단위 : 백만원)

구분	당기말	전기말
기금이 적립된 확정급여채무의 현재가치	11,959,655	10,729,126
기금이 적립되지 않은 확정급여채무의 현재가치	22,672	29,546
소계	11,982,327	10,758,672
사외적립자산의 공정가치	(15,728,024)	(15,168,895)
순확정급여부채(자산) 계	(3,745,697)	(4,410,223)

나. 당기 및 전기 중 손익계산서에 인식한 확정급여제도 관련 비용의 세부 내역은 다음과 같습니다.

(단위 : 백만원)

구분	당기	전기
당기근무원가	962,366	1,030,033
순이자원가(수익)	(275,246)	(91,902)
계	687,120	938,131

한편, 당기 중 확정기여제도와 관련하여 비용으로 인식한 금액은 48,884백만원(전기 : 36,580백만원)입니다.

설명

사례회사는 확정기여제도와 확정급여제도를 퇴직연금제도로 도입하고 있다.
확정급여제도와는 달리, 확정기여제도와 관련하여 당기 중 비용으로 인식한 금액만 주석으로 공시하고 있다(K-1019. 53).

다. 당기 및 전기 중 손익계산서에 인식한 확정급여제도 관련 비용의 계정과목별 금액은 다음과 같습니다.

(단위 : 백만원)

구분	당기	전기
매출원가	271,113	373,835
판매비와관리비 등	416,007	564,296
계	687,120	938,131

라. 당기 및 전기 중 확정급여채무의 변동내역은 다음과 같습니다.

(단위 : 백만원)

구분	당기	전기
기초	10,758,672	11,173,636
당기근무원가	962,366	1,030,033
이자원가	613,363	401,973
확정급여채무의 재측정요소 :		
– 인구통계적가정의 변동으로 인한 보험수리적손익	(61,559)	–
– 재무적가정의 변동으로 인한 보험수리적손익	226,995	(1,779,803)
– 기타사항에 의한 효과	117,800	356,672
급여지급액	(653,343)	(455,787)
기타	18,033	31,948
기말	11,982,327	10,758,672

마. 당기 및 전기 중 사외적립자산 공정가치의 변동내역은 다음과 같습니다.

(단위 : 백만원)

구분	당기	전기
기초	15,168,895	13,497,927
사외적립자산의 이자수익	888,609	493,875
사외적립자산의 재측정요소	(494,687)	(249,943)
사용자의 기여금	694,100	1,757,800
급여지급액	(537,855)	(355,311)
기타	8,962	24,547
기말	15,728,024	15,168,895

설명

사례회사의 확정급여제도는 다음으로 구성되어 있다고 공시하고 있다.

주석공시 요구사항	공시내용	기준서 (K-1019)
확정급여채무의 현재가치	11,982,327	140(1)(나)

주석공시 요구사항	공시내용	기준서 (K-1019)
사외적립자산	(15,728,024)	140(1)(가)
순확정급여부채(자산)	(3,745,697)	

확정급여채무의 현재가치 및 사외적립자산 각각에 대해서 다음 조정내용을 주석공시하고 있다.

주석공시 요구사항	공시내용		기준서 (K-1019)
	확정급여채무의 현재가치	사외적립자산	
기초	10,758,672	15,168,895	
당기근무원가	962,366		141(1)
이자비용(이자수익)	613,363	888,609	141(2)
재측정요소			141(3)
– 인구통계적가정	(61,559)		141(3)(나)
– 재무적가정	226,995		141(3)(다)
– 사외적립자산의 수익		(494,687)	141(3)(가)
– 순확정급여자산을 자산인식상한으로 제한하는 영향의 변동			141(3)(라)
– 기타	117,800		
과거근무원가			141(4)
납부한 기여금		694,100	141(6)
퇴직금 지급액	(653,343)	(537,855)	141(7)
사업결합, 환율변동 영향			141(5) · (8)
기타	18,033	8,962	
기말	11,982,327	15,728,024	

한편, 확정급여제도와 관련하여 2024년도에 납입할 것으로 예상되는 사용자 기여금의 합리적인 추정치는 1,347,628백만원입니다.

설명

사례회사의 다음 연차 보고기간의 제도에 대한 예상기여금이 1,347,628백만원으로 추정된다고 공시하고 있다[K-1019, 147(2)].

바. 보고기간종료일 현재 사외적립자산은 원금보장형 고정수익 상품에 투자되어 있습니다.

설명

사례회사의 사외적립자산의 구성이 원금보장형 고정수익 상품에 투자되어 있다고 공시하고 있다(K-1019. 142).

사. 보고기간종료일 현재 사용한 주요 보험수리적 가정은 다음과 같습니다.

(단위 : %)

구분	당기말	전기말
할인율	5.6	6.1
미래임금상승률 (인플레이션 효과 포함)	5.6	5.8

설명

사례회사의 확정급여채무의 현재가치를 결정할 때 사용한 아래의 유의적인 보험수리적 가정을 공시하고 있다(K-1019. 144).

- 할인율
- 미래임금상승률

아. 보고기간종료일 현재 주요 가정의 변동에 따른 확정급여채무의 민감도분석은 다음과 같습니다.

(단위 : 백만원)

구분	당기말	전기말
할인율 :		
1%p 증가	10,888,509	9,947,680
1%p 감소	13,258,187	11,689,622
임금상승률 :		
1%p 증가	13,242,324	11,703,469
1%p 감소	10,880,916	9,922,271

자. 보고기간종료일 현재 확정급여채무의 가중평균만기는 9.89년입니다.

설명

사례회사는 보고기간 말 현재 유의적인 보험수리적 가정 각각에 대한 민감도분석 내용을 공시하고 있다[K-1019. 145(1)].

- 할인율
- 미래임금상승률

상기 민감도분석 정보는 외부계리전문가의 계리보고서상의 민감도분석 내용을 참고하여 주석공시한다.

사례회사는 확정급여채무의 만기구성에 대한 정보로 가중평균만기 9.89년을 주석공시하고 있다[K-1019. 147(3)].

공시사례 13.2 **확정기여제도**

주석

[출처 : 아모레퍼시픽그룹 2023년 연결감사보고서]

2.21 종업원급여

(1) 퇴직급여

연결회사의 퇴직연금제도는 확정기여제도와 확정급여제도로 구분됩니다. 확정기여제도는 연결회사가 고정된 금액의 기여금을 별도 기금에 지급하는 퇴직연금제도이며, 기여금은 종업원이 근무 용역을 제공하였을 때 비용으로 인식됩니다. 확정급여제도는 확정기여제도를 제외한 모든 퇴직연금제도입니다.

20.2 확정기여제도

당기 중 확정기여제도와 관련하여 비용으로 인식한 금액은 1,171백만원(전기 : 804백만원)입니다.

설명

사례회사는 확정기여제도와 확정급여제도를 퇴직연금제도로 도입하고 있다.
확정급여제도와는 달리, 확정기여제도와 관련하여 당기 중 비용으로 인식한 금액만 주석으로 공시하고 있다(K-1019. 53).

공시사례 13.3 **기타장기종업원급여**

주석

[출처 : 엠에스씨 2023년 감사보고서]

18. 종업원급여

(7) 기타장기종업원급여부채

1) 당기 및 전기 중 기타장기종업원급여부채의 변동내역은 다음과 같습니다.

(단위 : 천원)

구분	당기	전기
기초 장부금액	228,521	264,080
당기근무원가	20,372	28,044
이자원가	10,046	6,574
재측정요소(법인세 차감전)	83,232	(34,682)
지급액	(54,894)	(35,495)
기말 장부금액	287,277	228,521

2) 보험수리적가정의 주요 내용은 다음과 같습니다.

구분	당기	전기
할인율	4.30%	5.32%
미래임금상승률	3.00%	4.22%

설명

기타장기종업원급여부채는 장기유급휴가(예 : 장기근속휴가, 안식년휴가), 그 밖의 장기근속급여, 장기장애급여 등에 대한 회사의 지급의무이다.

사례회사는 기타장기종업원급여부채를 계리보고서를 입수하여 부채로 인식하고 있다(기말 287,277천원).

K-IFRS 제1019호(종업원급여)에서는 기타장기종업원급여에 관한 공시사항을 특정하지 않고 있다(K-1019, 158).

다만, 사례회사는 정보이용자의 이해를 위해 기타장기종업원급여부채에 대해 기초/기말 장부금액으로의 증감내역과 주요 보험수리적 가정 정도 주석사항을 공시하고 있다.

K-IFRS

주석작성실무

CHAPTER

14 충당부채, 우발부채

▶ 관련 기업회계기준서

K-IFRS 제1037호 충당부채, 우발부채, 우발자산

01 | 기준서 주요 내용

| 충당부채의 인식

(1) 충당부채는 다음의 요건을 모두 충족하는 경우에 인식한다.
(가) 과거사건의 결과로 현재의무가 존재한다.
(나) 해당 의무를 이행하기 위하여 경제적 효익이 있는 자원을 유출할 가능성이 높다.
(다) 해당 의무를 이행하기 위하여 필요한 금액을 신뢰성 있게 추정할 수 있다.

(2) 현재의무의 존재 여부가 불분명한 경우에는 사용할 수 있는 모든 증거를 고려하여 보고기간 말에 현재의무가 존재할 가능성이 존재하지 않을 가능성보다 높은 경우에는 과거사건이 현재의무를 생기게 한 것으로 본다.

| 충당부채와 기타부채의 차이점(K-1037, 11)

충당부채는 결제에 필요한 미래 지출의 시기 또는 금액에 불확실성이 있다는 점에서 매입채무와 미지급비용과 같은 그 밖의 부채와 구별된다.

매입채무는 공급받은 재화나 제공받은 용역에 대하여, 청구서를 받았거나 공급자와 공식적으로 합의한 경우에 지급하여야 하는 부채이다.

미지급비용은 공급받은 재화나 제공받은 용역에 대하여, 아직 그 대가를 지급하지 않았거나 청구서

를 받지 않았거나 공급자와 공식적으로 합의하지 않은 경우에 지급하여야 하는 부채(미지급 유급휴가비용처럼 종업원에게 지급할 의무가 있는 금액 포함)이다.

미지급비용도 지급하는 시기나 금액의 추정이 필요한 경우가 있지만 일반적으로 충당부채보다는 불확실성이 훨씬 작다.

| 충당부채와 우발부채의 차이점(K-1037. 12)

일반적으로 모든 충당부채는 결제에 필요한 지출의 시기 또는 금액이 불확실하므로 우발적이라고 할 수 있다. 그러나 이 기준서에서는 기업이 전적으로 통제할 수는 없는 하나 이상의 불확실한 미래 사건의 발생 여부로만 부채나 자산의 존재 유무를 확인할 수 있는데 이를 확인할 수 없어 재무제표에 부채나 자산으로 인식하지 않는 경우에 '우발'이라는 용어를 사용한다. 그리고 인식기준을 충족하지 못하여 부채로 인식하지 않는 경우에는 '우발부채'라는 용어를 사용한다.

| 충당부채와 우발부채는 다음과 같이 구별된다

(1) 충당부채는 현재의무이고 이를 이행하기 위하여 경제적 효익이 있는 자원을 유출할 가능성이 높고 해당 금액을 신뢰성 있게 추정할 수 있으므로 부채로 인식한다.

(2) 우발부채는 다음의 (가)나 (나)의 이유로 부채로 인식하지 아니한다.

(가) 기업이 경제적 효익이 있는 자원을 유출할 현재의무를 가지고 있는지가 아직 확인되지 않은 잠재적 의무이다.

(나) 현재의무이지만 이를 이행하기 위하여 경제적 효익이 있는 자원을 유출할 가능성이 높지 않거나 해당 금액을 신뢰성 있게 추정할 수 없으므로 이 기준서의 인식기준을 충족하지 못한다.

충당부채와 우발부채는 다음과 같이 구분 요약된다(K-1037. 실무지침 A 표).

과거사건의 결과로 생겼으며, 다음과 같은 의무를 이행하기 위하여 경제적 효익이 있는 자원이 유출될 수 있는 경우 (1) 현재의무 (2) 기업이 전적으로 통제할 수는 없는 하나 이상의 불확실한 미래 사건의 발생 여부로만 그 존재 유무를 확인할 수 있는 잠재적 의무		
자원 유출이 필요할 가능성이 높은 현재 의무가 존재한다.	자원 유출이 필요할 수는 있지만, 그렇지 않을 가능성이 높은 잠재적 의무 또는 현재의무가 존재한다.	자원 유출 가능성이 희박한 잠재적 의무 또는 현재의무가 존재한다.
충당부채 인식	충당부채 인식 ×	충당부채 인식 ×
충당부채 주석공시	우발부채 주석공시	공시 ×

| 참고 | 금융감독원 보도자료(2019.6.26.)

금융감독원은 매년 상장법인에 대한 재무제표 중점 점검분야를 사전예고하고 있으며, 2020년에는 중점 점검분야 4개 분야 중 하나로 충당부채, 우발부채 등 관련 적정성을 선정하였다. 이는 기업들이 충당부채의 요건을 충족함에도 불구하고, 우발부채로 분류하여 주석공시만을 함으로 인하여 부채가 과소계상되거나, 우발부채를 주석 미공시한 사례가 지적되었기 때문이다.

선정배경 제품보증, 복구의무, 소송 등과 관련하여 **기업**의 **부담수준**을 나타내는 **충당부채**는 최선의 추정치로 산정해야 함에도 기업이 **자의적**으로 판단하여 **과소계상**하려는 **유인**이 상존하고,

- 경영활동에 중대한 영향을 미치는 지급보증, 금융약정 등 **우발부채** 등의 경우 **주석공시**를 **간과**하는 등 오류사례가 빈번

충당부채, 우발부채 등 관련 내용

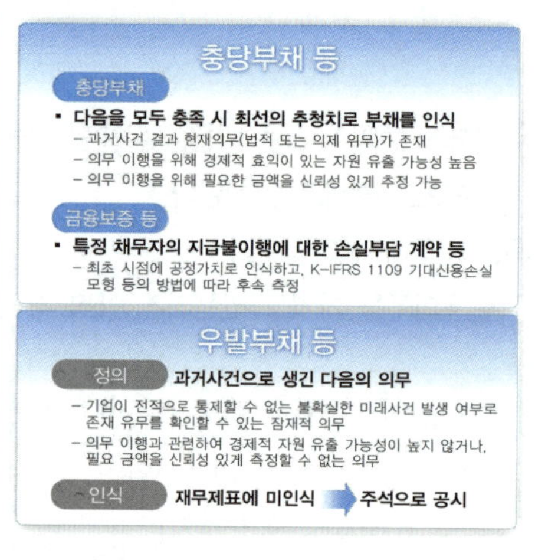

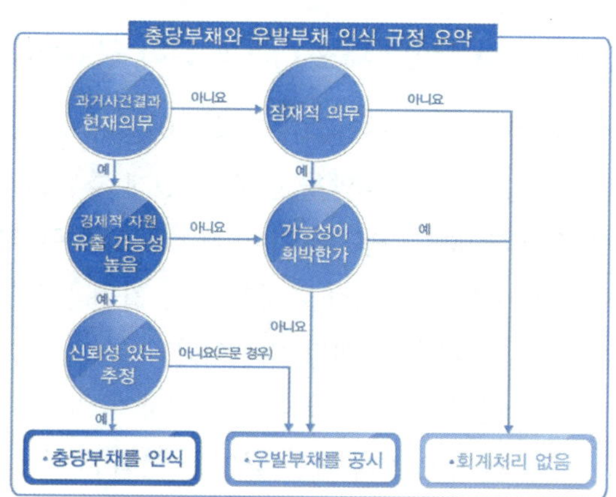

회계오류 예시

- 코스닥 기계제조업체 ■■는 모든 구매고객을 대상으로 제품보증기간(3년) 내 제조 결함에 대해 판매계약 조건에 따라 수선이나 교체 등을 실시하기로 한 상황에서, 고객의 제품보증 청구 가능성이 실제로 높았음에도 관련 충당부채를 미계상
- 통신장비제조업을 영위하는 코스닥 상장사 ▲▲는 생산에 중대한 영향을 미치는 특허권 관련 소송에서 법률전문가가 동사의 패소가능성이 높다고 조언하였음에도 소송 관련 충당부채를 미계상
- 코스피 건설업체 ●●는 대지급의무 발생 가능성이 높은 보증채무에 대해 충당부채를 계상하지 아니하고, PF보증채무 인수 약정과 관련한 우발부채를 주석에 공시하지 아니함.

선정기준 **충당부채의 변동성**, 매출액 대비 **충당부채 비율**, **동종 업종 내 비교** 및 관련 **주석공시사항** 등을 감안하여 대상 회사 선정

충당부채의 측정

충당부채로 인식하는 금액은 현재의무를 보고기간 말에 이행하기 위하여 필요한 지출에 대한 최선의 추정치이어야 한다.

충당부채의 변제

충당부채를 결제하기 위하여 필요한 지출액의 일부나 전부를 제삼자가 변제할 것으로 예상되는 경우에는 기업이 의무를 이행한다면 변제를 받을 것이 거의 확실하게 되는 때에만 변제금액을 인식하고 별도의 자산으로 회계처리한다. 다만 자산으로 인식하는 금액은 관련 충당부채 금액을 초과할 수 없다.

충당부채와 관련하여 포괄손익계산서에 인식된 비용은 제삼자의 변제와 관련하여 인식한 금액과 상계하여 표시할 수 있다.

충당부채의 변동

보고기간 말마다 충당부채의 잔액을 검토하고, 보고기간 말 현재 최선의 추정치를 반영하여 조정한다. 의무의 이행을 위하여 경제적 효익이 있는 자원을 유출할 가능성이 높지 않게 된 경우에는 관련 충당부채를 환입한다.

충당부채의 사용

충당부채는 최초 인식과 관련 있는 지출에만 사용한다.

인식기준과 측정기준의 적용

미래의 예상 영업손실은 충당부채로 인식하지 아니한다.

손실부담계약을 체결하고 있는 경우에는 관련된 현재의무를 충당부채로 인식하고 측정한다.

기업이 매각의 이행을 확약하기 전까지, 즉 구속력 있는 매각계약을 체결할 때까지는 사업매각과 관련된 의무가 생기지 않는다.

구조조정충당부채로 인식할 수 있는 지출은 구조조정에서 생기는 직접비용만 포함하고 다음의 요건을 모두 충족하여야 한다.

(1) 구조조정 때문에 반드시 생기는 지출

(2) 기업의 계속적인 활동과 관련 없는 지출

| 우발자산

우발자산은 과거사건으로 생겼으나, 기업이 전적으로 통제할 수는 없는 하나 이상의 불확실한 미래 사건의 발생 여부로만 그 존재 유무를 확인할 수 있는 잠재적 자산을 말한다. 기업이 제기하였으나 그 결과가 불확실한 소송을 그 예로 들 수 있다.

우발자산의 인식 및 공시여부는 다음과 같이 구분된다(K-1037, 실무지침 A 표).

과거사건의 결과로 생겼으며, 기업이 전적으로 통제할 수는 없는 하나 이상의 불확실한 미래 사건의 발생 여부로만 그 존재 유무를 확인할 수 있는 잠재적 자산의 경우		
경제적 효익의 유입이 거의 확실하다.	경제적 효익의 유입 가능성은 높지만 거의 확실하지는 않다.	경제적 효익의 유입 가능성이 높지 않다.
자산 인식(우발자산이 아님)	자산 인식 ×	자산 인식 ×
	우발자산 주석공시	공시 ×

02 | 주석 작성 핵심 포인트

충당부채와 우발부채 관련 주요 주석공시사항은 다음과 같이 요약된다.

Key Point

구분	주요 주석공시사항	비고
1. 충당부채	• 충당부채의 유형별 기초 장부금액과 기말 장부금액 • 당기 증가(전입), 감소(사용, 환입) • 제3자의 제예상금액과 이와 관련하여 인식한 자산 금액	비교 표시 정보는 생략 가능
2. 우발부채	• 측정된 재무적 영향의 추정 금액 • 자원의 유출 금액 또는 시기와 관련된 불확실성의 정도 • 변제 가능성	
3. 투입법 관련 충당부채	발생원가에 기초한 투입법을 진행률 측정 시 손실충당부채 공시	K-IFRS에서만 적용

03 | 주석공시 요구사항

K-IFRS 제1037호(충당부채, 우발부채, 우발자산) 관련 주석공시 요구사항은 다음과 같이 구분된다.

문단	공시사항
84 ~ 85	1. 충당부채
86	2. 우발부채
87 ~ 88, 92	3. 충당부채와 우발부채 공시
89 ~ 91	4. 우발자산
한92.1	5. 투입법 관련 충당부채

1. 충당부채

84 충당부채의 유형별로 다음의 내용을 공시한다. 비교 표시 정보는 생략할 수 있다.

(1) 기초 장부금액과 기말 장부금액

(2) 당기에 추가된 충당부채 금액(기존 충당부채의 증가금액 포함)

(3) 당기에 사용된 금액(지출하여 충당부채에서 차감한 금액)

(4) 당기에 환입된 금액

(5) 현재가치로 평가한 충당부채의 기간 경과에 따른 당기 증가금액과 할인율 변동에 따른 영향

85 충당부채의 유형별로 다음의 내용을 공시한다.

(1) 충당부채의 특성과 경제적 효익의 유출이 예상되는 시기

(2) 경제적 효익의 유출 금액 또는 시기의 불확실성 정도(충분한 정보 제공이 필요한 경우에는 문단 48에서 규정하고 있는 바와 같이 미래 사건과 관련된 주요 가정의 공시 포함)

(3) 제삼자의 변제예상금액과 이와 관련하여 인식한 자산 금액

충당부채를 인식한 경우의 주석공시사항과 그 예시는 다음과 같다.

(1) 충당부채

주석사항

충당부채의 유형별로 다음의 내용을 공시한다. 비교 표시 정보는 생략할 수 있다(K-1037, 84).

(1) 기초 장부금액과 기말 장부금액

(2) 당기에 추가된 충당부채 금액(기존 충당부채의 증가금액 포함)

(3) 당기에 사용된 금액(지출하여 충당부채에서 차감한 금액)

(4) 당기에 환입된 금액

(5) 현재가치로 평가한 충당부채의 기간 경과에 따른 당기 증가금액과 할인율 변동에 따른 영향

충당부채의 유형별로 다음의 내용을 공시한다(K-1037, 85).

(1) 충당부채의 특성과 경제적 효익의 유출이 예상되는 시기

(2) 경제적 효익의 유출 금액 또는 시기의 불확실성 정도(충분한 정보 제공이 필요한 경우에는 문단 48에서 규정하고 있는 바와 같이 미래 사건과 관련된 주요 가정의 공시 포함)

(3) 제삼자의 변제예상금액과 이와 관련하여 인식한 자산 금액

예시

(1) 당기말 현재 충당부채의 변동내역은 다음과 같습니다. (K-1037, 84)

구분	판매보증 충당부채	소송 충당부채	기준서 (K-1037)
기초 장부금액	1,000	-	84(1)
당기에 추가된 충당부채 금액(기존 충당부채의 증가금액 포함)	500	400	84(2)
당기에 사용된 금액(지출하여 충당부채에서 차감한 금액)	(200)	-	84(3)
당기에 환입된 금액	(100)	-	84(4)
현재가치로 평가한 충당부채의 기간 경과에 따른 당기 증가금액과 할인율 변동에 따른 영향 항목	-	-	84(5)
기말 장부금액	1,200	400	84(1)

(2) 당기말 현재 충당부채 성격과 자원의 유출이 예상되는 시기는 다음과 같습니다. (K-1037, 85)

가. 판매보증충당부채

당사는 고객과의 계약을 통해 판매된 제품 등과 관련하여 보증의무를 부담하고 있습니다. 당사는 과거경험률에 근거하여 발생비율 및 보증기간을 추정하였고, 대부분의 지출이 판매 후 3년 이내 발생, 향후 5년 이내 완료될 것으로 예상하였으며, 이러한 추정치를 판매보증충당부채로 회계처리하고 있습니다.

한편, 당사는 매입처와의 약정을 통해 변제받을 것이 거의 확실하다고 판단되는 변제예상금액을 자산으로 인식하고 충당자산으로 회계처리하고 있습니다. [K-1037, 85(3)]

설명

- 비교표시되는 전기 충당부채 공시는 생략 가능하다(K-1037. 84).
- 충당부채는 판매보증충당부채, 소송충당부채 등 '유형별'로 구분하여 재무상태표의 증감 내역을 공시한다.
- 당기 감소는 사용액과 환입액을 각각 구분하여 공시한다[K-1037. 84(3) · (4)].
- 충당부채의 유출 예상시기로 인해 비유동부채로 인식되어 현재가치 평가되는 경우, 현재가치 평가로 인한 당기 증가액과 할인율 변동에 따른 금액적 영향을 구분해서 공시한다[K-1037. 84(5)].
- 비교표시되는 전기 충당부채 공시는 생략 가능하다(K-1037. 84).
- 충당부채 '유형별'로 각 충당부채의 특성과 유출 예상시기 및 유출금액과 시기의 불확실성을 공시한다.
- 제삼자 변제예상금액은 별도의 자산으로 인식하여야 하며, 이 금액을 주석에 공시한다[K-1037. 85(3)].

☞ 공시사례 14.1 충당부채 일반
☞ 공시사례 14.2 충당부채(온실가스배출부채 포함)
☞ 공시사례 14.6 충당자산

2. 우발부채

86 의무를 이행하기 위한 자원의 유출 가능성이 희박하지 않다면 보고기간 말에 우발부채의 분류별로 그 특성을 공시하고 실무적으로 적용할 수 있는 경우에는 다음의 내용을 공시한다.

(1) 문단 36 ~ 52에 따라 측정된 재무적 영향의 추정 금액
(2) 자원의 유출 금액 또는 시기와 관련된 불확실성의 정도
(3) 변제 가능성

우발부채는 재무상태표에 인식하지 않고, 주석에 공시한다.
우발부채의 주석공시사항과 그 예시는 다음과 같다.

(1) 우발부채

주석사항

의무를 이행하기 위한 자원의 유출 가능성이 희박하지 않다면 보고기간 말에 우발부채의 분류별로 그 특성을 공시하고 실무적으로 적용할 수 있는 경우에는 다음의 내용을 공시한다[K-1037. 86)].

(1) 문단 36 ~ 52에 따라 측정된 재무적 영향의 추정 금액
(2) 자원의 유출 금액 또는 시기와 관련된 불확실성의 정도
(3) 변제 가능성

예시

1. 우발부채와 약정사항
(1) 계류 중인 소송사건
당사가 피고로서 계류 중인 사건의 소송가액은 400백만원, 원고로서 계류 중인 사건의 소송가액은 200백만원입니다. 한편, 당기말 현재 상기 소송의 전망은 예측할 수 없습니다.
(K-1037. 86)

설명

- 우발부채는 잠재적 의무이거나, 자원의 유출가능성이 높지 않거나 신뢰성 있는 추정할 수 없는 경우에 해당한다. 이 경우 우발부채는 자원의 유출가능성이 희박하지 않은 경우 우발부채의 '분류별'로 그 특성을 공시한다.
- 실무적으로 가능한 경우에 한해 재무적 영향의 추정금액, 유출 금액 및 시기의 불확실성 정도, 변제가능성 등을 주석에 공시하며, 실무적으로 가능하지 않은 경우는 우발상황에 대해서만 공시한다.

☞ 공시사례 14.3 우발부채
☞ 공시사례 14.4 충당부채와 우발부채
☞ 공시사례 14.5 충당부채와 우발부채

3. 충당부채와 우발부채 공시

87 어떤 충당부채나 우발부채를 하나의 유형으로 통합할 수 있는지를 판단할 때 해당 항목의 특성이 문단 85(1) · (2)와 문단 86(1) · (2)를 충족하기 위하여 하나의 주석항목으로 기재할 수 있을 만큼 충분히 비슷한지를 고려한다. 따라서 다양한 제품의 보증과 관련된 충당부채는 하나의 유형으로 통합하여 처리할 수 있으나 그러한 제품보증과 관련된 것이더라도 법적 소송 중인 것은 별도의 유형으로 분리하여 처리하는 것이 적절할 것이다.

88 같은 상황에서 충당부채와 우발부채가 함께 생기는 경우에는 해당 충당부채와 우발부채의 상호관계를 나타낼 수 있는 방식으로 문단 84 ~ 86에서 요구하는 사항을 공시한다.

92 극히 드문 경우이지만 문단 84 ~ 89에서 요구하는 모든 사항이나 일부 사항을 공시하는 것이 해당 충당부채, 우발부채, 우발자산과 관련하여 진행 중인 상대방과의 분쟁에 현저하게 불리한 영향을 미칠 것으로 예상되는 경우에는 그에 관한 공시를 생략할 수 있다. 다만 해당 분쟁의 전반적인 특성과 공시를 생략한 사실 및 사유는 공시하여야 한다.

충당부채와 우발부채 공시 관련 다음 사항을 고려한다.

(1) 우발부채

주석사항

(1) 충당부채, 우발부채 유형의 통합 고려

어떤 충당부채나 우발부채를 하나의 유형으로 통합할 수 있는지를 판단할 때 해당 항목의 특성이 문단 85(1) · (2)와 문단 86(1) · (2)를 충족하기 위하여 하나의 주석항목으로 기재할 수 있을 만큼 충분히 비슷한지를 고려한다. 따라서 다양한 제품의 보증과 관련된 충당부채는 하나의 유형으로 통합하여 처리할 수 있으나 그러한 제품보증과 관련된 것이더라도 법적 소송 중인 것은 별도의 유형으로 분리하여 처리하는 것이 적절할 것이다(K-1037, 87).

(2) 충당부채, 우발부채 동시 발생 시 상호관계 고려

같은 상황에서 충당부채와 우발부채가 함께 생기는 경우에는 해당 충당부채와 우발부채의 상호관계를 나타낼 수 있는 방식으로 문단 84 ~ 86에서 요구하는 사항을 공시한다(K-1037, 88).

(3) 분쟁에 불리한 경우

극히 드문 경우이지만 문단 84 ~ 89에서 요구하는 모든 사항이나 일부 사항을 공시하는 것이 해당 충당부채, 우발부채, 우발자산과 관련하여 진행 중인 상대방과의 분쟁에 현저하게 불리한 영향을 미칠 것으로 예상되는 경우에는 그에 관한 공시를 생략할 수 있다. 다만 해당 분쟁의 전반적인 특성과 공시를 생략한 사실 및 사유는 공시하여야 한다(K-1037, 92).

예시

1. 우발부채와 약정사항

(1) 계류 중인 소송사건

당기말 현재 당사는 손해배상 등과 관련하여 총 5건의 소송에 피고로 계류 중이며 총 소송가액은 400백만원입니다. 당사는 동 소송사건의 전망을 합리적으로 예측할 수 없으나, 최종결과가 재무제표에 중요한 영향을 미치지 않을 것으로 판단하고 있습니다.

한편, 당사는 소송의 일부 사항을 공시하는 것이 진행 중인 상대방과의 분쟁에 현저하게 불리한 영향을 미칠 것으로 예상되어 그와 관련한 공시를 생략하였습니다. (K-1037, 92)

설명

- 충당부채 또는 우발부채는 다양한 제품이나 유형에서 발생할 수 있다. 이러한 다양한 제품이나 유형을 하나의 '유형'으로 통합하여 공시하는 것으로 고려해야 한다.
- 제품보증 유형과 법적 소송 유형은 각각 다른 유형에 해당하므로 별도로 구분하여 충당부채 또는 우발부채를 공시한다. 예를 들어, 법적 소송 중에 충당부채의 요건을 충족하는 소송은 소송충당부채로 인식, 요건을 충족하지 못하는 소송은 우발부채로 공시하는 경우가 가능하다.
- 법적 소송 등과 같은 경우는 그 성격상 관련 충당부채의 인식 또는 우발부채의 공시 자체가 상대방과의 분쟁에 현저하게 불리한 영향을 미칠 수 있으며, 이 경우는 공시를 생략할 수 있다. 다만 K-IFRS 제1037호에서도 극히 드문 경우로 한정하고 있다.
- 한편, 공시 생략만을 가능하게 하므로 관련 충당부채가 존재하는 경우 해당 충당부채의 재무상태표 인식은 생략가능하지 않다.

| 참고 기준서 | K-IFRS 제1037호 문단 85(1) · (2)

충당부채의 유형별로 다음의 내용을 공시한다.

(1) 충당부채의 특성과 경제적 효익의 유출이 예상되는 시기

(2) 경제적 효익의 유출 금액 또는 시기의 불확실성 정도(충분한 정보 제공이 필요한 경우에는 문단 48에서 규정하고 있는 바와 같이 미래 사건과 관련된 주요 가정의 공시 포함)

| 참고 기준서 | K-IFRS 제1037호 문단 86(1) · (2)

의무를 이행하기 위한 자원의 유출 가능성이 희박하지 않다면 보고기간 말에 우발부채의 분류별로 그 특성을 공시하고 실무적으로 적용할 수 있는 경우에는 다음의 내용을 공시한다.

(1) 문단 36 ~ 52에 따라 측정된 재무적 영향의 추정 금액

(2) 자원의 유출 금액 또는 시기와 관련된 불확실성의 정도

기업의 상황에 현저하게 불리한 영향을 미칠 것으로 예상될 수 있기 때문에 해야 하는 일부 공시를 생략한 경우에 문단 92에서 요구하는 공시의 사례는 다음과 같다(K-1037. 실무지침 D. 사례 3).

사례 3 공시 면제
기업이 특허권을 침해하였다고 주장하며 1억원의 손해배상을 청구한 경쟁 기업과 분쟁 중이다. 기업은 최선의 추정치로 충당부채를 인식하였으나 이 기준서의 문단 84와 85에서 요구하는 정보를 공시하지는 않는다. 다음과 같은 정보를 공시한다. 특허권을 침해했다고 주장하며 1억원의 배상을 청구한 경쟁 기업과의 분쟁과 관련하여 소송이

사례 3 공시 면제
진행되고 있습니다. 일반적으로는 기업회계기준서 제1037호 '충당부채, 우발부채, 우발자산'에 따라 공시를 해야 하는 정보지만 그 정보가 소송 결과에 현저하게 불리한 영향을 미칠 것으로 예상될 수 있기 때문에 공시하지 않았습니다. 기업의 이사들은 기업이 승소할 수 있을 것으로 보고 있습니다.

☞ 공시사례 14.7 우발부채(분쟁에 현저히 불리)

4. 우발자산

89 경제적 효익의 유입 가능성이 높은 우발자산에 대해서는 보고기간 말에 우발자산의 특성에 대해 간결하게 설명을 공시하고 실무적으로 적용할 수 있는 경우에는 문단 36 ~ 52에 따라 측정된 재무적 영향의 추정 금액을 공시한다.

90 우발자산을 공시할 때에는 우발자산에서 수익이 생길 가능성이 있다는 오해를 주지 않도록 주의한다.

91 문단 86과 89에서 요구하는 정보 중에서 실무적인 이유로 공시하지 않은 사항이 있는 경우에는 그 사실을 공시한다.

우발자산은 재무제표에 자산으로 인식하지 아니한다(K-1037, 31).

다만, 우발자산의 경제적 효익의 유입 가능성이 높은 경우에는 그 내용을 주석공시하고, 재무적 영향의 추적이 가능한 경우 그 추정금액을 공시한다(K-1037, 89).

5. 투입법 관련 충당부채

한92.1 발생원가에 기초한 투입법을 진행률 측정에 사용하는 계약의 경우에는 해당 계약의 예상손실과 관련하여 이 기준서에 따라 인식한 손실부담계약의 충당부채를 영업부문(기업회계기준서 제1108호에서 정의함)별로 구분하여 주석으로 공시한다. 다만 「자본시장과 금융투자업에 관한 법률」에 따른 사업보고서 제출대상법인이 아닌 경우에는 공시하지 않을 수 있다.

K-IFRS 제1037호(충당부채 등)에서 IFRS와는 별도로 한국채택국제회계기준에서만 요구되는 주석공시사항은 다음과 같다.

(1) 우발부채

주석사항

발생원가에 기초한 투입법을 진행률 측정에 사용하는 계약의 경우에는 해당 계약의 예상손실과 관련하여 이 기준서에 따라 인식한 손실부담계약의 충당부채를 영업부문(기업회계기준서 제1108호에서 정의함)별로 구분하여 주석으로 공시한다. 다만 「자본시장과 금융투자업에 관한 법률」에 따른 사업보고서 제출대상법인이 아닌 경우에는 공시하지 않을 수 있다(K-1037. 한92.1).

예시

1. 계약자산과 계약부채

(8) 전기말 현재 진행 중이었던 원가기준 투입법을 적용하여 진행기준수익을 인식하는 계약으로서 계약의 총계약금액 및 총계약원가에 대한 당기 중 추정의 변경과 그러한 추정의 변경이 당기와 미래기간의 손익, 미청구공사에 미치는 영향은 다음과 같습니다. (K-1037. 한92.1)

구분	추정총계약금액 및 원가의 변동	당기 손익에 미치는 영향	미래 손익에 미치는 영향	미청구공사 (초과청구공사)의 변동	공사손실 충당부채
건축부문	200	300	(100)	50	-
토목부문	(300)	(100)	(200)	(100)	(100)
합계	(100)	200	(300)	(50)	(100)

설명

- K-IFRS 제1115호(고객과의 계약에서 생기는 수익)에서는 수행의무를 한 시점에 이행하는 수행의무(통상 인도기준)와 기간에 걸쳐 이행하는 수행의무(통상 진행기준)로 구분하여 수익을 인식하도록 요구하고 있다.
- 통상 진행기준으로 인식하는 기간에 걸쳐 이행하는 수행의무는 해당 기간 동안 수익 인식을 위한 진행률 측정방법에 산출법과 투입법이 포함된다(K-1115. 41).
- K-IFRS 제1115호(고객과의 계약에서 생기는 수익)에서는 원가 기준 투입법 적용 계약을 추가 공시하도록 요구하고 있으며, 이는 IFRS와는 별도로 한국채택국제회계기준에서만 요구되는 주석공시사항이다.
- 이 경우 추가해서 K-IFRS 제1037호(충당부채 등)의 공시손실충당부채를 영업부문별로 구분하여 주석공시하도록 요구한다.
- 다만, 이 요구사항은 사업보고서 제출대상법인이 아닌 경우에는 공시 생략이 가능하다.

| 참고 기준서 | K-IFRS 제1115호 문단 한129.1

발생원가에 기초한 투입법을 진행률 측정(이하 '발생원가 투입법')에 사용하는 경우에는 보고기간 말 현재 고객과의 계약에 대한 거래가격(문단 47 및 용어의 정의에 따른 거래가격을 의미하며, 문단 73에 따라 수행의무에 배분된 금액이 아니다)이 직전 회계연도 매출액의 5% 이상인 계약(고객과 체결한 개별 계약 또는 문단 17에 따른 계약을 말한다. 이하 같다)별로 다음을 해당 계약의 이행이 완료된 보고기간까지 주석으로 공시한다. 다만 하나의 계약에 발생원가 투입법을 사용하지 않은 거래가격이 포함된 경우에는 이를 구분하여 발생원가 투입법을 사용한 부분에 대하여만 다음을 주석으로 공시하고, 실무상 구분이 어려운 경우에는 구분하지 않을 수 있다.

(1) 계약을 구별할 수 있는 명칭
(2) 계약일
(3) 계약상 완성기한 또는 납품기한
(4) 진행률
(5) 계약자산과 손실충당금
(6) 수취채권과 손실충당금

한편, 공시 대상에 포함된 계약은 이후에 공시 대상 조건을 충족하지 못하더라도 해당 계약의 이행이 완료된 보고기간까지 계속 공시한다.

☞ 공시사례 14.8 투입법 손실충당부채

04 | 실제 공시 사례

공시사례 14.1 충당부채 일반

주석

[출처 : 유니켐 2021년 감사보고서]

19. 충당부채

당기 중 충당부채의 변동내역은 다음과 같습니다.

(단위 : 천원)

구분	기초잔액	증가액	환입액	사용금액	기말잔액
〈당기〉					
품질보증충당부채	308,062	3,494,736	-	(3,518,878)	283,920

제품의 판매와 관련하여 동 제품의 보증기간에 발생이 예상되는 금액을 보증기간 및 과거 경험률 등을 기초로 추정하여 품질보증충당부채로 계상하고 있습니다. 당사는 지난 5회계연도 동안에 판매된 제품과 관련하여 예상되는 보증청구를 충족시키기 위하여 283,920천원의 품질보증충당부채를 설정하였습니다. 이와 관련된 지출의 대부분이 2022년도에 발생할 것으로 예상되며, 향후 5년 이내에 모든 지출이 발생될 것으로 예상됩니다.

설명

사례회사는 품질보증충당부채를 부채로 인식하고 있으며, 단일의 유형이므로 별도의 유형별로 구분하지 않고 있다.

사례회사는 품질보증충당부채의 기초, 증가액, 환입액, 사용액, 기말 장부금액을 구분하여 공시하고 있으며, 전기 비교표시를 생략하고 있다.

주석공시 요구사항	공시내용	기준서 (K-1037)
기초 장부금액	308,062	84(1)
당기에 추가된 충당부채 금액 (기존 충당부채의 증가금액 포함)	3,494,736	84(2)
당기에 사용된 금액 (지출하여 충당부채에서 차감한 금액)	(3,518,878)	84(3)
당기에 환입된 금액	-	84(4)
현재가치로 평가한 충당부채의 기간 경과에 따른 당기 증가금액과 할인율 변동에 따른 영향 항목	-	84(5)
기말 장부금액	283,920	84(1)

또한 품질보증충당부채의 특성과 경제적 효익의 유출이 예상되는 시기를 다음과 같이 공시하고 있다.

주석공시 요구사항	공시내용	기준서 (K-1037)
충당부채의 특성	제품의 보증기간에 발생이 예상되는 금액을 보증기간 및 과거 경험률 등을 기초로 추정	85(1)
경제적 효익의 유출이 예상되는 시기	대부분이 2022년도에 발생할 것으로 예상되며, 향후 5년 이내에 모든 지출이 발생될 것으로 예상	85(1)

공시사례 14.2 **충당부채(온실가스배출부채 포함)**

주석

[출처 : 삼성전자 2023년 감사보고서]

15. 충당부채

당기 중 충당부채 변동내역은 다음과 같습니다.

(단위 : 백만원)

구분	판매보증 (가)	기술사용료 (나)	장기성과급 (다)	기타 (라), (마)	계
기초	587,665	1,546,606	549,181	2,799,204	5,482,656
순전입(환입)	815,216	573,194	348,381	2,052,943	3,789,734
사용	(728,930)	(299,250)	(183,843)	(1,111,233)	(2,323,256)
기타	-	(4,612)	-	9,313	4,701
기말	673,951	1,815,938	713,719	3,750,227	6,953,835

가. 회사는 출고한 제품에 대한 품질보증, 교환, 하자보수 및 그에 따른 사후서비스 등으로 인하여 향후 부담할 것으로 예상되는 비용을 보증기간 및 과거 경험률 등을 기초로 추정하여 충당부채로 설정하고 있습니다.

나. 회사는 협상 진행 중인 기술사용계약과 관련하여 향후 지급이 예상되는 기술사용료를 추정하여 충당부채로 계상하고 있습니다. 지급시기 및 금액은 협상결과에 따라 변동될 수 있습니다.

다. 회사는 임원을 대상으로 부여연도를 포함한 향후 3년간의 경영실적에 따라 성과급을 지급하는 장기성과 인센티브를 부여하였는바, 향후 지급이 예상되는 금액의 경과기간 해당분을 충당부채로 계상하고 있습니다.

라. 회사는 생산 및 판매 중단한 제품에 대하여 향후 부담할 것으로 예상되는 비용 등을 추정하여 충당부채로 계상하고 있습니다.

마. 회사는 온실가스 배출과 관련하여 해당 이행연도분 배출권의 장부금액과 이를 초과하는 배출량에 대해 향후 부담할 것으로 예상되는 비용을 추정하여 충당부채로 계상하고 있습니다.

설명

사례회사는 충당부채를 재무상태표 부채로 인식하고 있으며, 충당부채를 판매보증, 기술사용료 등 각 '유형별'로 구분하여 기초, 순전입액(환입액), 사용액, 기타 및 기말 장부금액을 공시하고 있으며, 전기 비교표시를 생략하고 있다(K-1037. 84).

사례회사의 판매보증충당부채의 기초, 증가액, 환입액, 사용액, 기말 장부금액을 구분하여 공시하는 내역은 다음과 같다.

주석공시 요구사항	판매보증충당부채	기준서 (K-1037)
기초 장부금액	587,665	84(1)
당기에 추가된 충당부채 금액(기존 충당부채의 증가금액 포함)	815,216	84(2)
당기에 사용된 금액(지출하여 충당부채에서 차감한 금액)	(728,930)	84(3)
당기에 환입된 금액	순전입액으로 표시	84(4)
현재가치로 평가한 충당부채의 기간 경과에 따른 당기 증가금액과 할인율 변동에 따른 영향 항목	n/a	84(5)
기말 장부금액	673,951	84(1)

또한 각 '유형별' 충당부채의 특성과 경제적 효익의 유출이 예상되는 시기를 추가적으로 공시하고 있다(K-1037, 85).

(1) 보고기간종료일 현재 당기 이행연도에 대한 무상할당 배출권과 온실가스 배출량 추정치는 다음과 같습니다.

(단위 : 만톤(tCO2-eq))

구분	당기말
무상할당 배출권	1,176
배출량 추정치	1,362

(*) 보고기간종료일 현재 잔여 계획기간에 대해 무상할당 받은 배출권 수량은 2,234만톤(2024년 1,117만톤, 2025년 1,117만톤)입니다.

(2) 당기 및 전기 중 배출권 변동 내역은 다음과 같습니다.

(단위 : 백만원)

구분	당기	전기
기초	19,567	46,073
증가	1,265	1,872
사용	(17,695)	(28,378)
기말	3,137	19,567

(*) 보고기간종료일 현재 보유중인 배출권 수량은 3,964만톤이며, 담보로 제공한 배출권은 없습니다.

(3) 당기 및 전기 중 배출부채 변동 내역은 다음과 같습니다.

(단위 : 백만원)

구분	당기	전기
기초	32,825	45,049
순전입	(15,348)	16,154
사용	(17,477)	(28,378)

구분	당기	전기
기말	-	32,825

설명

온실가스 배출권과 배출부채 관련해서 K-IFRS에서는 별도의 규정이 존재하지 않고 있다. 다만, 우리나라는 2014년부터 일반기업회계기준 제33장(온실가스 배출권과 배출부채)을 제정하여 적용하고 있어, 대부분 회사들처럼 사례회사는 온실가스 배출권 및 배출부채를 일반기업회계기준에 따라 회계처리하고 주석공시하고 있다.
추가로 금융감독원은 온실가스 배출권과 배출부채 관련 주석공시 모범사례(2021.5.)를 발표하였으며, 이후 K-IFRS를 적용하는 기업들은 이 모범사례를 따라 주석공시하고 있다.

사례회사는 온실가스 배출권과 배출부채에 대해 일반기업회계기준과 금융감독원 주석공시모범사례에 따라 다음 주석사항을 공시하고 있다.

주석공시 요구사항	공시내용	기준서 (일반기업회계기준 33장. 온실가스배출권과 배출부채)
배출권		33.15
(1) 계획기간 및 이행연도별 무상할당 배출권의 수량	당기 1,176 만톤(tCO2-eq)	33.15(1)
(2) 기초 및 기말 배출권의 수량, 장부금액과 당기 증감 내용	기초 19,567 / 기말 3,137백만원	33.15(2)
(3) 담보로 제공한 배출권	na	33.15(3)
배출부채		33.16
(1) 기초 및 기말 장부금액과 당기 증감 내용	기초 32,825 / 기말 - 백만원	33.16(1)
(2) 보고기간의 온실가스 배출량 추정치	1,362	33.16(2)

공시사례 14.3 우발부채

주석 [출처 : 삼성전자 2023년 감사보고서]

16. 우발부채와 약정사항

나. 소송 등

보고기간종료일 현재 회사는 다수의 회사 등과 정상적인 영업과정에서 발생한 소송, 분쟁 및 규제기관의 조사 등이 진행 중에 있습니다. 이에 따른 자원의 유출금액 및 시기는 불확실하며 회사의 경영진은 이러한 소송 등의 결과가 회사의 재무상태에 중요한 영향을 미치지 않을 것으로 판단하고 있습니다.

설명

사례회사는 소송 관련 우발상황을 충당부채로 인식하지 않고, 우발부채로 주석에 공시하고 있다.
자원의 유출금액 및 시기는 불확실하다는 정도로 주석에 그 불확실성의 사실 수준으로 공시하고 있다(K-1037. 86).

공시사례 14.4 충당부채와 우발부채

주석

[출처 : 기아 2019년 감사보고서]

13. 충당부채

당사는 출고한 제품과 관련하여 확신유형보증 제공에 따른 경상적 부품수리 및 비경상적인 부품개체, 수출제품의 하자로 인한 사고 보상을 위하여 관련 제품의 매출시점에 판매보증충당부채를 설정하고 있습니다. 또한, 진행 중인 소송사건 등과 관련하여 향후 지급이 예상되는 지출액을 추정하여 기타충당부채를 설정하고 있습니다.

당기 및 전기 중 충당부채의 증감내역은 다음과 같습니다.

(단위 : 백만원)

구분	제76(당)기			제75(전)기		
	판매보증 충당부채	기타 충당부채(*)	합계	판매보증 충당부채	기타 충당부채	합계
기초 잔액	1,929,549	1,088,588	3,018,137	1,874,573	997,949	2,872,522
설정(환입)액	980,251	(396,544)	583,707	827,811	112,110	939,921
사용액	(818,714)	(475,627)	(1,294,341)	(772,835)	(21,471)	(794,306)
대체	-	(23,938)	(23,938)	-	-	-
기말 잔액	2,091,086	192,479	2,283,565	1,929,549	1,088,588	3,018,137
유동부채	1,130,040	-	1,130,040	500,437	-	500,437
비유동부채	961,046	192,479	1,153,525	1,429,112	1,088,588	2,517,700

(*) 당기말 현재 당사는 통상임금 관련 소송 사건(3심 진행 중) 등으로부터 예상되는 손실금액 174,707백만원을 기타충당부채로 재무제표에 반영하였습니다. 한편, 당기 중 동 소송과 관련하여 당사자와의 합의로 인하여 일부 충당부채 금액이 환입되었습니다.

14. 우발부채와 약정사항

(3) 진행 중인 소송사건

당기말 현재 당사가 피소되어 계류 중인 소송사건으로는 손해배상소송 등과 제조물책임(Product Liability) 등 영업과 관련된 소송 등이 있습니다. 이러한 소송사건의 결과에 대한 합리적인 예측이 불가능하고 자원의 유출금액 및 시기가 불확실하며 그 결과가 재무제표에 미치는 영향은 중요하지 않을 것으로 당사의 경영진은 예측하고 있습니다. 또한 세타2 엔진 리콜과 관련하여 국내외 관계기관의 조사를 받고 있으며, 그로 인한 결과 및 영향은 당기말 현재 예측할 수 없습니다.

설명

사례회사는 충당부채를 재무상태표 부채로 인식하고 있으며, 충당부채를 판매보증, 기타 등 각 '유형별'로 구분하여 기초, 설정액(환입액), 사용액, 대체 및 기말 장부금액을 공시하고 있다(K-1037, 84).

사례회사는 전기 비교표시를 하고 있다.

한편, 사례회사는 동일한 소송 관련 사건을 일부(통상임금 소송)는 충당부채로, 일부(제조물책임 소송)는 우발부채로 분류하고 있다(K-1037, 84~86).
통상임금 관련 소송충당부채는 그 금액적 효과와 충당부채의 특성 등을 주석에 공시하고 있으며, 제조물책임 소송 등은 자원의 유출금액 및 시기가 불확실하며 그 결과가 재무제표에 미치는 영향은 중요하지 않을 것으로 예측하고 우발부채로 주석공시하고 있다.

공시사례 14.5 충당부채와 우발부채

주석

[출처 : 한국전력공사 2023년 감사보고서]

3. 유의적인 회계정책

(16) 충당부채

충당부채는 과거의 사건으로 인한 현재의무(법적 의무 또는 의제의무)로서, 당해 의무를 이행할 가능성이 높으며 그 의무의 이행에 소요될 금액을 신뢰성 있게 추정할 수 있을 경우에 인식하고 있습니다.

충당부채로 인식하는 금액은 관련된 사건과 상황에 대한 불가피한 위험과 불확실성을 고려하여 현재 의무의 이행에 소요되는 지출에 대한 각 보고기간 말 현재 최선의 추정치입니다. 화폐의 시간가치 효과가 중요한 경우 충당부채는 의무를 이행하기 위하여 예상되는 지출액의 현재가치로 평가하고 있습니다. 할인율은 부채의 고유한 위험과 화폐의 시간가치에 대한 현행 시장의 평가를 반영한 세전 이자율입니다. 시간경과에 따른 충당부채의 증가는 발생 시 금융원가로 당기손익에 인식하고 있습니다.

충당부채를 결제하기 위해 필요한 지출액의 일부 또는 전부를 제3자가 변제할 것이 예상되는 경우 당사가 의무를 이행한다면 변제를 받을 것이 거의 확실하고 그 금액을 신뢰성 있게 측정할 수 있는 경우에는 당해 변제금액을 자산으로 인식하고 있습니다.

매 보고기간 말마다 충당부채의 잔액을 검토하고, 보고기간 말 현재 최선의 추정치를 반영하여 조정하고 있습니다. 의무이행을 위하여 경제적효익이 내재된 자원이 유출될 가능성이 더 이상 높지 아니한 경우에는 관련 충당부채를 환입하고 있습니다.

1) Polychlorinated Biphenyls (이하 'PCBs') 충당부채
당사는 PCBs를 절연체로 사용한 변압기 등을 관리대상기기로 지정하고, 관리대상기기 보유자에게 PCBs에 대한 검사, 구분보관, 폐기의무를 부여한 잔류성유기오염물질관리법에 따른 현재의무를 충당부채로 인식, 측정하고 있습니다.

2) 종업원급여충당부채
당사는 경영평가 성과급에 따른 성과상여에 대하여 당기 경영성과 및 경영평가 기준을 기초로 하여 추정하고 있습니다.

3) 송변전주변지역지원사업충당부채
송 · 변전설비를 보유한 사업자인 당사는 "송 · 변전설비 주변지역의 보상 및 지원에 관한 법률"에 따라 송 · 변전설비 주변지역의 지원사업을 시행할 현재의무를 가지고 있으며, 당해 의무의 이행에 소요될 것으로 추정되는 금액을 충당부채로 인식하고 있습니다.

25. 충당부채

(1) 당기말과 전기말 현재 충당부채의 내역은 다음과 같습니다.

(단위 : 백만원)

구분	제63(당)기말		제62(전)기말	
	유동	비유동	유동	비유동
종업원급여				
종업원급여충당부채	364,048	-	414,438	-
법적소송				
법적소송충당부채	-	53,692	-	140,966
사후처리, 복구, 정화비용				
PCBs 복구충당부채	-	57,944	-	88,359

구분	제63(당)기말		제62(전)기말	
	유동	비유동	유동	비유동
기타				
금융보증충당부채	25,816	23,742	23,149	44,248
송변전주변지역지원 사업충당부채 (주1)	256,006	-	239,235	-
온실가스배출충당부채	267	-	316,384	-
하자보수충당부채	-	149,908	-	-
기타의충당부채	45,558	-	75,446	-
합계	691,695	285,286	1,068,652	273,573

(주1) 당기말 및 전기말 현재 송변전주변지역지원사업충당부채와 관련하여 제3자 변제자산을 38,997백만원 및 38,970백만원 인식하였습니다.

(2) 당기와 전기 중 충당부채의 변동내역은 다음과 같습니다.

① 제63(당)기

(단위 : 백만원)

구분	기초금액	설정액	충당부채전입액(이자비용)	충당부채 사용액	충당부채 환입액	기말금액
종업원급여						
종업원급여충당부채	414,438	357,460	-	(228,339)	(179,511)	364,048
법적소송						
법적소송충당부채	140,966	31,152	-	(39,341)	(79,085)	53,692
사후처리, 복구, 정화비용						
PCBs 복구충당부채	88,359	-	1,699	(17,100)	(15,014)	57,944
기타						
금융보증충당부채	67,397	7,335	-	(25,174)	-	49,558
송변전주변지역지원 사업충당부채	239,235	177,520	-	(160,749)	-	256,006
온실가스배출충당부채	316,384	267	-	(316,384)	-	267
하자보수충당부채	-	149,908	-	-	-	149,908
기타의충당부채	75,446	14,066	-	(43,954)	-	45,558
합계	1,342,225	737,708	1,699	(831,041)	(273,610)	976,981

② 제62(전)기

(단위 : 백만원)

구분	기초금액	설정액	충당부채전입액(이자비용)	충당부채 사용액	충당부채 환입액	기말금액
종업원급여						
종업원급여충당부채	427,263	340,500	-	(353,325)	-	414,438

구분	기초금액	설정액	충당부채전입액 (이자비용)	충당부채 사용액	충당부채 환입액	기말금액
법적소송						
법적소송충당부채	69,163	93,204	-	(17,288)	(4,113)	140,966
사후처리, 복구, 정화비용						
PCBs 복구충당부채	103,665	-	1,949	(17,156)	(99)	88,359
기타						
금융보증충당부채	81,041	4,269	-	(17,913)	-	67,397
송변전주변지역지원사업충당부채	250,288	176,424	-	(187,477)	-	239,235
온실가스배출충당부채	604,061	59,055	-	(346,732)	-	316,384
기타의충당부채	49,631	28,409	-	(2,594)	-	75,446
합계	1,585,112	701,861	1,949	(942,485)	(4,212)	1,342,225

설명

사례회사는 충당부채를 재무상태표 부채로 인식하고 있으며, 충당부채를 종업원급여, 법적소송, 복구충당 등 각 '유형별'로 구분하여 기초, 설정액, 전입액, 사용액, 환입액 및 기말 장부금액을 공시하고 있다(K-1037, 84).

사례회사의 PCBs 복구충당부채의 기초, 증가액, 환입액, 사용액, 기말 장부금액을 구분하여 공시하는 내역은 다음과 같다.

주석공시 요구사항	PCBs 복구충당부채	기준서 (K-1037)
기초 장부금액	88,359	84(1)
당기에 추가된 충당부채 금액(기존 충당부채의 증가금액 포함)	-	84(2)
당기에 사용된 금액(지출하여 충당부채에서 차감한 금액)	(17,100)	84(3)
당기에 환입된 금액	(15,014)	84(4)
현재가치로 평가한 충당부채의 기간 경과에 따른 당기 증가금액과 할인율 변동에 따른 영향 항목	1,699	84(5)
기말 장부금액	57,944	84(1)

또한 각 '유형별' 충당부채의 특성과 경제적 효익의 유출이 예상되는 시기를 추가적으로 공시하고 있다(K-1037, 85).

한편, 사례회사는 제삼자의 변제예상금액과 이와 관련하여 인식한 충당자산 금액(송변전주변지역지원사업충당부채 관련 제3자 변제자산 38,997백만원)을 주석에 공시하고 있다[K-1037, 85(3)].

46. 우발부채 및 약정사항

(1) 당기말과 전기말 현재 당사의 계류 중인 소송사건 내역은 다음과 같습니다.

(단위 : 건, 백만원)

구분	제63(당)기말		제62(전)기말	
	건수	금액	건수	금액
진행 중인 소송(피소)	490	467,177	485	504,706
진행 중인 소송(제소)	166	136,970	162	142,936

(2) 당기말 현재 당사의 진행 중인 소송 이외 중재사건은 총 4건이며 세부 내용은 아래와 같습니다.

① 전기 중 원전수출통제절차 대상 여부에 대하여 Westinghouse Electric Company LCC를 대상으로 대한상사중재원에 중재신청을 하였으나, 해당 중재의 결과로 인한 경제적효익의 유입가능성을 합리적으로 추정할 수 없습니다.

② 당기 중 신성남변전소(345kV) STATCOM(수도권 전압안정용 무효전력보상장치)장치운전성능 미달과 관련하여 대한상사중재원에 중재신청을 하였습니다. 해당 중재의 결과로 인한 경제적 효익의 유입가능성을 합리적으로 추정할 수 없습니다.

③ 당기 중 신영주, 신제천변전소 TCSC 건설사업 관련하여 히타치에너지스웨덴은 일부설비의 용량증대에 따른 추가금액 지급요청 및 지연상금철회와 관련하여 대한상사중재원에 중재신청을 하였습니다. 해당 중재의 결과로 자원유출금액과 시기를 합리적으로 추정할 수 없습니다.

④ 당기 중 진도~제주 간 직류연계(HVDC)건설사업 케이블부문 계약에 대하여 감시선박 운용비용 등의 지급을 구하는 것과 관련하여 대한상사중재원에 중재신청을 하였습니다. 해당 중재의 결과로 자원유출금액과 시기를 합리적으로 추정할 수 없습니다.

설명

사례회사는 소송 관련 우발상황을 충당부채로 인식하지 않고, 우발부채로 주석에 공시하고 있다(K-1037, 86).

공시사례 14.6 충당자산

[출처 : 현대글로비스 2023년 감사보고서]

주석

18. 충당부채

18.1 당기와 전기 중 충당부채의 변동내역은 다음과 같습니다.

〈당기〉

(단위 : 천원)

구분	충당부채
기초	208,359,889
증가	5,694,890
감소	(60,088,037)
기말	153,966,742

〈전기〉

(단위 : 천원)

구분	충당부채
기초	183,266,752
증가	94,003,690
감소	(68,910,553)
기말	208,359,889

18.2 당기와 전기 중 충당자산의 변동내역은 다음과 같습니다.

〈당기〉

(단위 : 천원)

구분	충당자산
기초	175,485,757
증가	2,441,411
감소	(42,694,901)
기말	135,232,267

〈전기〉

(단위 : 천원)

구분	충당자산
기초	163,027,899
증가	76,765,707
감소	(64,307,849)
기말	175,485,757

18.3 보고기간종료일 현재 충당부채의 내역은 다음과 같습니다.

(단위 : 천원)

구분	당기말		전기말	
	유동	비유동	유동	비유동
판매보증충당부채	36,075,719	99,163,151	43,756,358	131,740,646
화물클레임충당부채	2,511,782	124,798	4,826,606	1,355,914
기타충당부채	11,610,017	4,481,275	22,392,076	4,288,289
합계	50,197,518	103,769,224	70,975,040	137,384,849

18.4 보고기간종료일 현재 충당자산의 내역은 다음과 같습니다.

(단위 : 천원)

구분	당기말		전기말	
	유동	비유동	유동	비유동
판매보증충당자산	36,069,116	99,163,151	43,745,111	131,740,646

18.5.1 판매보증충당부채

당사는 고객과의 계약을 통해 판매된 CKD 부품 등과 관련하여 보증의무를 부담하고 있습니다. 당사는 과거경험률에 근거하여 발생비율 및 보증기간을 추정하였고, 대부분의 지출이 판매 후 3년 이내 발생하고, 향후 10년 이내 완료될 것으로 예상하였으며, 이러한 추정치를 판매보증충당부채로 회계처리하고 있습니다. 한편, 당사는 매입처와의 약정을 통해 변제받을 것이 거의 확실하다고 판단되는 변제예상금액을 자산으로 인식하고 충당자산으로 회계처리하고 있습니다.

18.5.2 화물클레임충당부채

당사가 항로에서 운행 중 발생하는 여러 사고들에 대해 고객으로부터 제기되는 클레임의 보상의무를 부담함에 따라 보상해야 할 의무가 발생할 것으로 예상되는 금액에 대해 충당부채를 인식하고 있습니다.

18.5.3 기타충당부채

당사가 거래처와의 소송, 중재 절차 등에 따라 보상해야 할 의무를 부담하거나, 정부에 온실가스 배출권을 제출해야 할 의무를 부담하거나, 계약상 의무의 이행에 필요한 회피 불가능한 원가가 그 계약에서 받을 것으로 예상되는 경제적 효익을 초과하는 계약에 대해서 경제적 효익을 초과하는 원가에 해당하는 금액을 추정하여 기타충당부채로 회계처리하고 있습니다.

설명

사례회사는 충당부채를 재무상태표 부채로 인식하고 있으며, 충당부채를 판매보증, 화물클레임 등 각 '유형별'로 구분하여 기초, 증가, 감소, 기말 장부금액을 공시하고 있다(K-1037. 84). 또한 각 '유형별' 충당부채의 특성과 경제적 효익의 유출이 예상되는 시기를 추가적으로 공시하고 있다(K-1037. 85).

한편, 사례회사는 제삼자의 변제예상금액과 이와 관련하여 인식한 충당자산 금액을 주석에 공시하고 있다[K-1037. 85(3)].

공시사례 14.7 **우발부채(분쟁에 현저히 불리)**

주석

[출처 : 에스엠 2015년 분기보고서(연결)]

36. 우발부채와 약정사항

(1) 당분기말 현재 연결실체는 소속 아티스트 등에 대해 현대해상화재보험㈜ 등에 제 보험을 가입하고 있으며, 부보금액은 124,000,000천원입니다.

(2) 당분기말 현재 연결실체는 한국수출입은행과 한도 20,000,000천원의 차입약정을 체결하고 있으며 실행금액은 없습니다.

(3) 당분기말 현재 연결실체는 서울보증보험으로부터 1,026백만원의 이행지급보증을 제공받고 있습니다.

(4) 계류 중인 소송사건

① 지배기업

당분기말 현재 지배기업은 전속계약효력부존재, 손해배상, 등록무효 등과 관련하여 총 5건의 소송에 피고로 계류 중이며 총 소송가액은 220,000천원입니다. 지배기업은 동 소송사건의 전망을 합리적으로 예측할 수 없으나, 최종결과가 재무제표에 중요한 영향을 미치지 않을 것으로 판단하고 있습니다. 한편, 지배기업은 기업회계기준서 제1037호 충당부채, 우발부채 및 우발자산에서 규정하고 있는 사항의 전부 또는 일부를 공시하는 것이 진행 중인 상대방과의 분쟁에 현저하게 불리한 영향을 미칠 것으로 예상되어 그와 관련한 공시를 생략하였습니다.

② 종속기업

종속기업인 ㈜에스엠컬처앤콘텐츠는 2007년 합병 시 영업권에 대하여 익금산입을 누락하였다는 사유로 전기 중 과세당국으로부터 2007년 귀속 법인세 3,654백만원을 부과받았으며, 동 금액을 납부하였습니다. 이후 불복청구서를 제출하여 심판청구를 진행하였으나, 2015년 2월 9일 심판청구가 기각되었습니다. 종속기업은 향후 행정소송을 진행할 예정이며, 소송의 최종결과는 예측할 수 없습니다. 또한, 종속기업인 에브리싱코리아[구, ㈜에스엠어뮤즈먼트]는 약정금 청구소송에 피고로 계류 중이며 총 소송가액은 212,466천원입니다. 연결실체는 해당 소송의 향후 결과 및 재무제표에 미칠 영향을 합리적으로 추정할 수 없습니다.

설명

사례회사는 소송관련 자원의 유출금액 및 시기가 불확실하여 우발부채로 주석공시하고 있다(K-1037, 86).

한편, 사례회사는 분쟁에 현저하게 불리하다고 판단되는 소송의 일부사항을 주석공시 생략하였다(K-1037, 92).

공시사례 14.8 **투입법 손실충당부채**

주석

[출처 : 현대건설 2023년 감사보고서]

28. 건설계약

(4) 전기말 현재 진행 중이었던 원가기준 투입법을 적용하여 진행기준수익을 인식하는 계약으로서 계약의 총계약금액 및 총계약원가에 대한 당기 중 추정의 변경과 그러한 추정의 변경이 당기와 미래기간의 손익(법인세차감전) 및 미청구공사 등에 미치는 영향은 다음과 같습니다.

– 당기말

(단위 : 백만원)

구분	추정총계약금액의 변동	추정총계약원가의 변동	당기 손익에 미치는 영향	미래 손익에 미치는 영향	미청구공사 변동	초과청구공사 변동	공사손실 충당부채
토목	461,705	492,864	(103,075)	71,916	(131,168)	(28,093)	3,473
건축/주택	1,112,832	1,803,038	(674,465)	(15,741)	(688,495)	(14,030)	2,019
플랜트/전력	331,953	512,210	(181,871)	1,614	(179,106)	2,765	2,871
합계	1,906,490	2,808,112	(959,411)	57,789	(998,769)	(39,358)	8,363

– 전기말

(단위 : 백만원)

구분	추정총계약금액의 변동	추정총계약원가의 변동	당기 손익에 미치는 영향	미래 손익에 미치는 영향	미청구공사 변동	초과청구공사 변동	공사손실 충당부채
토목	624,138	737,943	(164,405)	50,600	(195,634)	(31,229)	1,826
건축/주택	1,512,263	1,609,425	(211,974)	114,812	(251,952)	(39,978)	2,506
플랜트/전력	950,612	988,488	(122,538)	84,662	(190,806)	(68,268)	1,699
합계	3,087,013	3,335,856	(498,917)	250,074	(638,392)	(139,475)	6,031

설명

사례회사는 투입법으로 진행률을 측정하고 있다.
이 경우 예상손실과 관련된 손실부담계약의 충당부채(공사손실충당부채)를 영업부문별로 구분하여 주석공시하고 있다(K-1037, 한92.1).

CHAPTER

15 주식기준보상

▶ 관련 기업회계기준서

K-IFRS 제1102호 주식기준보상

01 | 기준서 주요 내용

주식기준보상거래 유형

통상 스톡옵션(Stock Option)이라 불리는 주식기준보상거래를 다음 세 가지 유형으로 나누어 각각에 대해 인식과 측정의 원칙을 규정한다.

구분	정의
(1) 주식결제형 주식기준보상거래	기업이 재화나 용역을 제공받는 대가로 자신의 지분상품(주식이나 주식선택권 등)을 부여하는 주식기준보상거래
(2) 현금결제형 주식기준보상거래	기업이 재화나 용역을 제공받는 대가로 기업이나 연결실체 내 다른 기업의 지분상품(주식이나 주식선택권 등) 가격(또는 가치)에 기초한 금액만큼 현금이나 그 밖의 자산을 지급해야 하는 부채를 재화나 용역의 공급자에게 부담하는 주식기준보상거래
(3) 선택형 주식기준보상거래	기업이 제공받는 재화나 용역에 대한 대가의 결제방식으로, 기업 또는 재화나 용역의 공급자가 약정에 따라 현금(또는 그 밖의 자산) 지급이나 지분상품발행 중 하나를 선택할 수 있는 거래

주식기준보상거래에서 정의하고 있는 일부 용어에 대한 이해 내용은 다음과 같다.

구분	정의
가득기간	주식기준보상약정에 따라 거래상대방이 현금 또는 기업의 지분상품을 받을 권리를 획득하게 하는 조건을 충족해야 하는 기간 [예 : 종업원에게 3년 근속 용역을 제공하는 경우에 종업원이 기업의 주식을 행사(행사가격에 취득)할 수 있는 경우, 이 3년이 가득기간임]
내재가치	거래상대방이 청약할 수 있는 권리나 제공받을 권리가 있는 주식의 공정가치와 거래상대방이 해당 주식에 대해 지급해야 하는 가격의 차이 [예 : 주식선택권의 행사가격이 15원이고 기초주식의 공정가치가 20원이라면 내재가치는 5원(20원-15원)임]

| 주식결제형 주식기준보상거래의 인식과 측정

주식결제형 주식기준보상거래의 경우, 제공받는 재화나 용역과 그에 상응하는 자본의 증가를 제공받는 재화나 용역의 공정가치로 직접 측정한다. 그러나 제공받는 재화나 용역의 공정가치를 신뢰성 있게 추정할 수 없다면 제공받는 재화나 용역과 그에 상응하는 자본의 증가는 부여한 지분상품의 공정가치에 기초하여 간접 측정한다. 구체적인 회계처리는 다음과 같다.

(1) 종업원에게서 제공받는 용역의 공정가치는 일반적으로 신뢰성 있게 추정할 수 없어, 부여한 지분상품의 공정가치에 기초하여 측정한다. 부여한 지분상품의 공정가치는 부여일 기준으로 측정한다.

(2) 부여한 지분상품의 공정가치에 기초하여 거래를 측정하는 때에는, 구할 수 있는 시장가격을 기초로 하되 지분상품의 부여조건을 고려하여 측정기준일 현재 공정가치를 측정한다. 시장가격이 없다면 측정기준일 현재 합리적 판단력과 거래의사가 있는 독립된 당사자 사이의 거래에서 결정될 지분상품 가격을 추정할 때 적용할 수 있는 가치평가기법을 사용하여 공정가치를 추정한다.

(3) 이 기준서에서는 부여한 지분상품의 조건을 변경(예 : 주식선택권의 행사가격 인하)하는 경우와 부여한 지분상품을 취소하거나 중도청산하거나 다른 지분상품부여로 대체하는 경우도 규정한다. 이 기준서에 따르면 기업은 지분상품을 부여한 당시의 조건을 변경하는지, 부여한 지분상품을 취소하거나 중도청산할지와는 관계없이 일반적으로 종업원에게서 제공받는 근무용역을 최소한 지분상품 부여일의 공정가치로 인식한다.

주식결제형 주식기준보상거래의 기본적인 회계처리는 다음 예시와 같다.

주식결제형 주식기준보상거래 회계처리 예시

개요

회사는 20×1년 초에 종업원에게 아래 조건의 주식결제형 주식기준보상을 제공하였다.

구분	내용
부여수량	1,000개
가득조건	2년 근무 시 행사가능
행사가능시점	가득 직후 1년간
행사가격	100원(액면가 10원)

연도별 공정가치 측정치 내역은 다음과 같다.

시기	공정가치
20×1년 초(부여일)	100
20×1년 말	250
20×2년 말	200
행사일	300

회계처리

회사는 주식선택권 부여시점에 주식선택권(자본)으로 인식하고, 주식선택권 행사시점에 자본금의 증가가 발생한다.

• 주식선택권 부여시점(20×1년 말)

차변		대변	
주식보상비용(판관비)	50,000(*)	주식선택권(자본)	50,000

(*) 100 × 1,000 × 1/2 = 50,000

• 주식선택권 부여(20×2년 말)

차변		대변	
주식보상비용(판관비)	50,000(*)	주식선택권(자본)	50,000

(*) 100 × 1,000 − 50,000 = 50,000

• 행사시점(20×3년 기중)

차변		대변	
주식선택권(자본)	100,000	자본금	10,000
현금	100,000	자본잉여금	190,000

| 현금결제형 주식기준보상거래의 인식과 측정

현금결제형 주식기준보상거래의 경우에는 제공받는 재화나 용역과 그 대가로 부담하는 부채를 부채의 공정가치로 측정한다. 구체적인 회계처리는 다음과 같다.

(1) 부채가 결제될 때까지 매 보고기간 말과 결제일에 부채의 공정가치를 재측정하고, 공정가치의 변동액은 당기손익으로 인식한다.

(2) 부채의 공정가치를 측정할 때 가득조건과 비가득조건을 고려하는 방법은 주식결제형 주식기준보상거래를 측정할 때의 고려방법과 동일하다.

(3) 이 기준서에서는 현금결제형에서 주식결제형 주식기준보상거래로 분류를 바꾸는 조건변경에 대해서도 규정한다. 조건변경일에 부여된 지분상품의 공정가치에 기초하여 측정하여 주식결제형 주식기준보상거래 중 재화나 용역을 제공받은 만큼은 자본으로 인식하고, 현금결제형 주식기준보상거래 관련 부채는 제거하며, 그 차이금액은 즉시 당기손익으로 인식한다.

현금결제형 주식기준보상거래의 기본적인 회계처리는 다음 예시와 같다.

현금결제형 주식기준보상거래 회계처리 예시

개요

회사는 20×1년 초에 종업원에게 아래 조건의 현금결제형 주식기준보상을 제공하였다.

구분	내용
부여수량	1,000개
가득조건	2년 근무 시 행사가능
행사가능시점	가득 직후 1년간
행사가격	100원

연도별 공정가치 측정치 내역은 다음과 같다.

시기	공정가치
20×1년 초(부여일)	100
20×1년 말	120
20×2년 말	130
행사일	130

회계처리

회사는 주식선택권 부여시점에 장기미지급비용(부채)으로 인식하고, 주식선택권 행사시점에 현금의 감소가 발생한다. 현금결제형 주식기준보상거래는 매 보고기간 말 해당 주식기준보상의 공정가치로 재측정한다.

• 주식선택권 부여시점(20×1년 말)

차변		대변	
주식보상비용(판관비)	60,000(*)	장기미지급비용(부채)	60,000

(*) 120 × 1,000 × 1/2 = 60,000

• 주식선택권 부여(20×2년 말)

차변		대변	
주식보상비용(판관비)	70,000(*)	장기미지급비용(부채)	70,000

(*) 130 × 1,000 − 60,000 = 70,000

• 행사시점(20×3년 기중)

차변		대변	
장기미지급비용(부채)	130,000	현금	130,000

| 현금결제선택권이 있는 주식기준보상거래

기업이 거래상대방에게 주식기준보상거래를 현금이나 지분상품발행으로 결제 받을 수 있는 선택권을 부여한 때에는, 부채요소(거래상대방의 현금결제요구권)와 자본요소(거래상대방의 지분상품결제요구권)가 포함된 복합금융상품을 부여한 것이다.

이 경우 부채요소는 현금결제형 규정을 적용하고, 자본요소는 주식결제형 규정을 적용하는 것이다. 즉, 기업이 현금으로 결제해야 하는 부채를 부담하는 부분만큼만 현금결제형 주식기준보상거래로 회계처리하고, 그러한 부채를 부담하지 않는 부분은 주식결제형 주식기준보상거래로 회계처리한다.

기업이 결제일에 현금을 지급하는 대신에 지분상품을 발행하는 때에는, 부채를 발행되는 지분상품의 대가로 보아 자본으로 직접 대체한다.

기업이 결제할 때 지분상품을 발행하는 대신 현금을 지급한다면, 현금지급액은 모두 부채의 상환액으로 보며, 이미 인식한 자본요소는 계속 자본으로 분류한다.

| 기업이 결제방식을 선택할 수 있는 주식기준보상거래

기업이 현금이나 지분상품발행으로 결제할 수 있는 선택권을 갖는 조건이 있는 주식기준보상거래의 경우에는, 현금을 지급해야 하는 현재의무가 있는지를 결정하고 그에 따라 주식기준보상거래를 회계처리한다.

즉, 현금 지급의무가 있으면 현금결제형, 현금 지급의무가 없으면 주식결제형으로 회계처리한다.

현금을 지급해야 하는 현재의무가 있다고 보는 경우는 다음과 같다.

(1) 지분상품을 발행하여 결제하는 선택권에 상업적 실질이 없는 경우(예 : 법률에 따른 주식발행의 금지)

(2) 현금으로 결제한 과거의 실무관행이 있거나 현금으로 결제한다는 방침이 명백한 경우

(3) 거래상대방이 현금결제를 요구할 때마다 일반적으로 기업이 이를 수용하는 경우

02 | 주석 작성 핵심 포인트

주식기준보상거래 관련 주요 주석공시사항은 다음과 같이 요약된다.

Key Point

구분	주요 주석공시사항	비고
1. 회계기간에 존재한 주식기준보상약정의 특성과 범위	• 주식기준보상약정의 각 유형에 대한 기술(가득조건, 만기, 결제방식 등) • 주식선택권 수량 및 행사가격(기초, 부여, 상실, 행사, 소멸 등)	• 주식결제형 또는 현금결제형 • 부여 차수별 공시
2. 회계기간에 제공된 재화나 용역의 공정가치 또는 부여된 지분상품의 공정가치가 결정된 방법	• 부여한 지분상품의 공정가치에 기초하여 간접 측정한 경우 – 주식선택권 공정가치 측정방법(사용한 옵션가격결정모형/가격결정요소 : 가중평균 주가, 행사가격, 기대주가변동성, 옵션만기, 기대배당금, 무위험이자율 등) • 제공한 재화 용역의 공정가치를 직접 측정한 경우 – 공정가치가 결정된 방법	
3. 주식기준보상거래가 기업의 경영성과와 재무상태에 미치는 영향	• 주식기준보상거래 관련 인식한 총 비용 • 주식기준보상거래 관련 부채 총 장부금액 • 가득한 권리에 대해 인식한 부채의 총 내재가치	

03 | 주석공시 요구사항

K-IFRS 제1102호(주식기준보상) 관련 주석공시 요구사항은 다음과 같이 구분된다.

문단	공시사항
44 ~ 45	1. 회계기간에 존재한 주식기준보상약정의 특성과 범위
46 ~ 49	2. 회계기간에 제공된 재화나 용역의 공정가치 또는 부여된 지분상품의 공정가치가 결정된 방법
50 ~ 52	3. 주식기준보상거래가 기업의 경영성과와 재무상태에 미치는 영향

1. 회계기간에 존재한 주식기준보상약정의 특성과 범위

44 재무제표이용자가 회계기간에 존재한 주식기준보상약정의 특성과 범위를 이해하는 데 도움이 되는 정보를 공시한다.

45 문단 44의 원칙을 충족하기 위해서는 최소한 다음 사항을 공시한다.

(1) 회계기간에 존재한 주식기준보상약정의 각 유형에 대한 기술. 이 경우에 가득조건, 부여된 주식선택권의 최장 만기, 결제방식(현금이나 주식) 등과 같은 조건을 각 유형별 기술에 포함한다. 문단 44의 원칙을 충족하기 위해 약정별로 구분하여 기술할 필요가 있는 경우가 아니라면, 실질적으로 비슷한 주식기준보상약정들을 통합하여 기술할 수 있다.

(2) 다음 각각에 대한 주식선택권의 수량과 가중평균 행사가격

(가) 회계기간 초 현재 존속하는 주식선택권

(나) 회계기간에 부여한 주식선택권

(다) 회계기간에 상실된 주식선택권

(라) 회계기간에 행사된 주식선택권

(마) 회계기간에 만기 소멸된 주식선택권

(바) 회계기간 말 현재 존속하는 주식선택권

(사) 회계기간 말 현재 행사 가능한 주식선택권

(3) 회계기간에 행사된 주식선택권의 행사일 현재 주가의 가중평균. 주식선택권이 회계기간에 걸쳐 일상적으로(on a regular basis) 행사된 때에는 회계기간의 가중평균 주가를 대신 공시할 수 있다.

(4) 회계기간 말 현재 남아 있는 주식선택권의 행사가격 범위와 가중평균 잔여만기.

45 행사가격 범위가 넓은 경우에는, 주식선택권의 행사로 발행되는 주식의 수와 발행 시기, 그리고 행사대금으로 유입되는 현금흐름을 판단하는 데 도움이 될 만큼 의미 있는 범위별로 남아 있는 주식선택권을 세분화할 필요가 있다.

회계기간에 존재한 주식기준보상약정의 특성과 범위의 주석공시사항과 그 예시는 다음과 같다.

(1) 주식기준보상약정의 특성과 범위

주석사항

문단 44의 원칙을 충족하기 위해서는 최소한 다음 사항을 공시한다(K-1102. 45).

(1) 회계기간에 존재한 주식기준보상약정의 각 유형에 대한 기술
- 가득조건
- 부여된 주식선택권의 최장 만기
- 결제방식(현금이나 주식)

(2) 다음 각각에 대한 주식선택권의 수량과 가중평균 행사가격
(가) 회계기간 초 현재 존속하는 주식선택권
(나) 회계기간에 부여한 주식선택권
(다) 회계기간에 상실된 주식선택권
(라) 회계기간에 행사된 주식선택권
(마) 회계기간에 만기 소멸된 주식선택권
(바) 회계기간 말 현재 존속하는 주식선택권
(사) 회계기간 말 현재 행사 가능한 주식선택권

(3) 회계기간에 행사된 주식선택권의 행사일 현재 주가의 가중평균. 주식선택권이 회계기간에 걸쳐 일상적으로(on a regular basis) 행사된 때에는 회계기간의 가중평균주가를 대신 공시할 수 있다.

(4) 회계기간 말 현재 남아 있는 주식선택권의 행사가격 범위와 가중평균 잔여만기. 행사가격 범위가 넓은 경우에는, 주식선택권의 행사로 발행되는 주식의 수와 발행 시기, 그리고 행사대금으로 유입되는 현금흐름을 판단하는 데 도움이 될 만큼 의미있는 범위별로 남아 있는 주식선택권을 세분화할 필요가 있다.

예시

1. 주식보상비용

(1) 회사는 주주총회 결의에 의거하여 회사의 임직원에게 주식선택권을 부여했으며, 그 주요 내용은 다음과 같습니다. [K-1102. 45(1)]

구분	내용
주식선택권으로 발행한 주식의 종류	A사 보통주
부여방법	신주교부
부여시기	20×1년 6월 30일
가득조건	부여일로부터 3년간 근속
행사가능조건	부여일 이후 3년 이상 회사의 임직원으로 재직한 자에 한해 행사 가능

(2) 당기 중 주식매수선택권 수량 및 가중평균 행사가격의 내역은 다음과 같습니다. [K-1102. 45(2)]

구분	수량	가중평균 행사가격
(가) 회계기간 초 현재 존속하는 주식선택권	5,000	100
(나) 회계기간에 부여한 주식선택권	10,000	200
(다) 회계기간에 상실된 주식선택권	(500)	120
(라) 회계기간에 행사된 주식선택권(*1)	(1,500)	120
(마) 회계기간에 만기 소멸된 주식선택권	(1,000)	120
(바) 회계기간 말 현재 존속하는 주식선택권(*2)	9,000	170
(사) 회계기간 말 현재 행사 가능한 주식선택권	2,000	100

(*1) 당기 중 행사된 주식기준보상약정의 행사일 현재 가중평균주가는 120원입니다. [K-1102. 45(3)]
(*2) 당기말 현재 존속하는 주식선택권의 가중평균 잔여만기는 3.25년입니다. [K-1102. 45(4)]

설명

- 주식기준보상거래는 주식결제형이건 현금결제형이건 거의 동일한 내역을 주석공시한다.
- 회계기간에 존재한 주식기준보상약정의 각 유형에 대한 기본적인 내용(가득조건, 만기, 결제방식 등)은 유형별로 공시한다. 다만, 유형의 실질적으로 비슷하면 해당 약정 등을 통합하여 기술할 수 있다.
- 회계기간에 존재한 주식기준보상약정의 기초/증가(부여)/감소(상실, 행사, 만기소멸)/기말의 주식선택권 수량과 가중평균 행사가격을 주석공시한다.
- 기중 행사된 주식선택권은 행사일 현재의 가중평균주가를, 기말에 남아 있는 주식선택권은 가중평균 잔여만기를 공시한다.

2. 회계기간에 제공된 재화나 용역의 공정가치 또는 부여된 지분상품의 공정가치가 결정된 방법

46 회계기간에 제공된 재화나 용역의 공정가치나 부여된 지분상품의 공정가치가 어떻게 결정되었는지 재무제표이용자가 이해하는 데 도움이 되는 정보를 공시한다.

47 지분상품의 대가로 제공받는 재화나 용역의 공정가치를, 부여한 지분상품의 공정가치에 기초하여, 간접 측정하는 때에는 문단 46의 원칙을 충족하기 위하여 최소한 다음 사항을 공시한다.

(1) 회계기간에 부여한 주식선택권의 측정기준일 현재 공정가치의 가중평균과 공정가치 측정방법에 관한 다음 사항을 포함한 정보
   (가) 사용한 옵션가격결정모형과 그 모형의 가격결정요소에 대한 정보. 가격결정요소에는 가중평균 주가, 행사가격, 기대주가변동성, 옵션만기, 기대배당금, 무위험이자율 등이 포함되며, 예상되는 조기행사의 효과를 모형 안에 반영하기 위해 사용한 방법과 가정에 관한 정보도 함께 공시한다.
   (나) 기대주가변동성의 결정방법에 관한 정보. 이와 관련하여 기대주가변동성이 과거의 주가변동성에 기초하고 있는 정도에 관한 설명도 포함한다.
   (다) 주식선택권의 그 밖의 특성(예 : 시장조건 등)이 공정가치를 측정할 때 모형 안에 반영되었는지와 반영된 경우에 그 방법에 관한 정보
(2) 회계기간에 부여한 그 밖의 지분상품(주식선택권이 아닌 지분상품)의 부여 수량, 측정기준일 현재 공정가치의 가중평균과 공정가치 측정방법에 관한 다음 사항을 포함한 정보
   (가) 공정가치가 관측할 수 있는 시장주가에 기초하고 있지 않은 때에는 그 결정방법에 관한 정보
   (나) 기대배당금이 공정가치를 측정할 때 반영되었는지와 반영되었다면 그 방법에 관한 정보
   (다) 지분상품의 그 밖의 특성이 공정가치를 측정할 때 반영되었는지와 반영되었다면 그 방법에 관한 정보
(3) 회계기간에 조건이 변경된 주식기준보상약정에 관한 다음의 정보
   (가) 조건변경에 대한 설명
   (나) 조건변경의 결과로 부여된 증분공정가치
   (다) 증분공정가치 측정방법에 관한 정보. 이 정보는 위 (1)과 (2)에서 공정가치 측정방법에 관한 요구사항과 일관되어야 한다.

48 회계기간에 제공받는 재화나 용역의 공정가치를 직접 측정하는 때에는 그 공정가치가 결정된 방법에 관한 정보를 공시한다. 예를 들면 공정가치가 재화나 용역의 시장가격으로 결정되었는지에 관한 정보를 공시한다.

49 문단 13의 가정과 달리, 종업원이 아닌 거래상대방에게서 제공받는 재화나 용역의 공정가치를 신뢰성 있게 추정할 수 없는 때에는 그 사실과 이유를 공시한다.

회계기간에 제공된 재화나 용역의 공정가치 또는 부여된 지분상품의 공정가치가 결정된 방법 관련 주석공시사항과 그 예시는 다음과 같다.

(1) 제공된 재화나 용역의 공정가치 또는 부여된 지분상품의 공정가치가 결정된 방법

주석사항

지분상품의 대가로 제공받는 재화나 용역의 공정가치를, 부여한 지분상품의 공정가치에 기초하여, 간접 측정하는 때에는 문단 46의 원칙을 충족하기 위하여 최소한 다음 사항을 공시한다(K-1102, 47).

(1) 회계기간에 부여한 주식선택권의 측정기준일 현재 공정가치의 가중평균과 공정가치 측정방법에 관한 다음 사항을 포함한 정보
 (가) 사용한 옵션가격결정모형과 그 모형의 가격결정요소에 대한 정보
 • 가격결정요소 : 가중평균 주가, 행사가격, 기대주가변동성, 옵션만기, 기대배당금, 무위험이자율 등이 포함
 • 예상되는 조기행사의 효과를 모형 안에 반영하기 위해 사용한 방법과 가정에 관한 정보도 함께 공시한다.
 (나) 기대주가변동성의 결정방법에 관한 정보
 • 기대주가변동성이 과거의 주가변동성에 기초하고 있는 정도에 관한 설명도 포함
 (다) 주식선택권의 그 밖의 특성(예 : 시장조건 등)이 공정가치를 측정할 때 모형 안에 반영되었는지와 반영된 경우에 그 방법에 관한 정보

(2) 회계기간에 부여한 그 밖의 지분상품(주식선택권이 아닌 지분상품)의 부여 수량, 측정기준일 현재 공정가치의 가중평균과 공정가치 측정방법에 관한 다음 사항을 포함한 정보
 (가) 공정가치가 관측할 수 있는 시장주가에 기초하고 있지 않은 때에는 그 결정방법에 관한 정보
 (나) 기대배당금이 공정가치를 측정할 때 반영되었는지와 반영되었다면 그 방법에 관한 정보
 (다) 지분상품의 그 밖의 특성이 공정가치를 측정할 때 반영되었는지와 반영되었다면 그 방법에 관한 정보

(3) 회계기간에 조건이 변경된 주식기준보상약정에 관한 다음의 정보
 (가) 조건변경에 대한 설명
 (나) 조건변경의 결과로 부여된 증분공정가치

(다) 증분공정가치 측정방법에 관한 정보. 이 정보는 위 (1)과 (2)에서 공정가치 측정방법에 관한 요구사항과 일관되어야 한다.

예시

1. 주식보상비용

(1) 보고기간 말 현재 이항모형으로 평가한 주식매수선택권 가중평균 공정가치 및 평가모형에 적용된 주요 가격 결정 요소는 다음과 같습니다. [K-1102. 47(1)]

구분	내용
당기 중 부여된 선택권의 공정가치	1,200원
주가	10,000원
행사가격	8,500원
주가변동성	10.44%
기대배당금	-
기대만기	2022년 2월 28일
무위험수익률	1.50%

(4) 당기 중 당사는 남아 있는 1차 주식선택권의 행사가격을 재조정하였습니다. 행사가격은 9,000원에서 현행시장가치 8,500원으로 감소되었으며, 증분공정가치 300백만원은 잔여가득에 걸쳐 비용으로 인식됩니다. [K-1102. 47(3)]

설명

회계기간에 존재한 주식기준보상약정의 각 유형에 대한 기본적인 내용(가득조건, 만기, 결제방식 등)은 유형별로 공시한다. 다만, 유형의 실질적으로 비슷하면 해당 약정 등을 통합하여 기술할 수 있다[K-1102. 45(1)].

(2) 기타

주석사항

- 회계기간에 제공받는 재화나 용역의 공정가치를 직접 측정하는 때에는 그 공정가치가 결정된 방법에 관한 정보를 공시한다. 예를 들면 공정가치가 재화나 용역의 시장가격으로 결정되었는지에 관한 정보를 공시한다(K-1102. 48).
- 문단 13의 가정과 달리, 종업원이 아닌 거래상대방에게서 제공받는 재화나 용역의 공정가치를 신뢰성 있게 추정할 수 없는 때에는 그 사실과 이유를 공시한다(K-1102. 49).

설명

- 주식기준보상거래는 공정가치를 측정하여 회계처리하며, 일반적으로 제공한 지분상품의 공정가치를 측정하여 회계처리한다.

- 때로는 제공받는 재화나 용역의 시장가격을 공정가치로 결정하는 경우 그 정보를 주석공시한다.
- 또한 제삼자에게 주식기준보상을 제공한 경우, 제삼자로부터 받는 재화나 용역의 공정가치를 신뢰성 있게 추정할 수 없는 경우 그 사실과 이유를 주석공시한다.

| 참고 기준서 | K-IFRS 제1102호 문단 13

- 종업원이 아닌 거래상대방과의 거래에 문단 10을 적용할 때, 반증이 없는 한 제공받는 재화나 용역의 공정가치는 신뢰성 있게 추정할 수 있다고 본다. 이때 공정가치는 재화나 용역을 제공받는 날을 기준으로 측정한다.
- 그러나 드물지만, 제공받는 재화나 용역의 공정가치를 신뢰성 있게 추정할 수 없다면, 제공받는 재화나 용역과 그에 상응하는 자본의 증가는 부여된 지분상품의 공정가치에 기초하여 간접 측정한다. 다만 이때에도 재화나 용역을 제공받는 날을 기준으로 측정한다.

3. 주식기준보상거래가 기업의 경영성과와 재무상태에 미치는 영향

50 기업의 경영성과와 재무상태에 미치는 주식기준보상거래의 영향을 재무제표이용자가 이해하는 데 도움이 되는 정보를 공시한다.

51 문단 50의 원칙을 충족하기 위해서는 적어도 다음 사항을 공시한다.

(1) 제공받는 재화나 용역이 자산의 인식기준을 충족하지 못해 즉시 비용으로 인식하는 주식기준보상거래에서 해당 회계기간에 인식한 총 비용. 이때 총 비용 중 주식결제형 주식기준보상거래와 관련된 부분을 별도로 구분하여 공시한다.

(2) 주식기준보상거래와 관련하여 인식한 부채에 대한 다음의 정보

(가) 회계기간 말 현재의 총 장부금액

(나) 거래상대방이 회계기간 말까지 가득한 현금이나 그 밖의 자산을 받을 수 있는 권리(예 : 가득된 주가차액보상권)에 대해 인식한 부채의 회계기간 말 현재 총 내재가치

52 이 기준서에서 공시하도록 요구하는 정보만으로 문단 44, 46, 50의 원칙을 충족할 수 없는 때에는, 그러한 원칙을 충족하는 데에 필요한 추가 정보를 공시한다. 예를 들어 주식기준보상거래를 문단 33F에 따라 주식결제형으로 분류하는 경우, 재무제표이

52 용자에게 주식기준보상약정에 따른 미래현금흐름효과에 대한 정보를 제공할 필요가 있다면 종업원 납세의무를 결제하기 위해 과세당국에 이전할 것으로 예상하는 금액의 추정치를 공시한다.

주식기준보상거래가 기업의 경영성과와 재무상태에 미치는 영향 관련 주석공시사항과 그 예시는 다음과 같다.

(1) 주식기준보상거래가 기업의 경영성과와 재무상태에 미치는 영향

주석사항

문단 50의 원칙을 충족하기 위해서는 적어도 다음 사항을 공시한다(K-1102. 51).

(1) 제공받는 재화나 용역이 자산의 인식기준을 충족하지 못해 즉시 비용으로 인식하는 주식기준보상거래에서 해당 회계기간에 인식한 총 비용. 이때 총 비용 중 주식결제형 주식기준보상거래와 관련된 부분을 별도로 구분하여 공시한다.

(2) 주식기준보상거래와 관련하여 인식한 부채에 대한 다음의 정보

(가) 회계기간 말 현재의 총 장부금액

(나) 거래상대방이 회계기간 말까지 가득한 현금이나 그 밖의 자산을 받을 수 있는 권리(예 : 가득된 주가차액보상권)에 대해 인식한 부채의 회계기간 말 현재 총 내재가치)

예시

1. 주식보상비용

(4) 주식기준보상과 관련하여 인식한 부채의 장부금액, 내재가치, 비용으로 인식한 금액은 다음과 같습니다. (K-1102. 51)

구분	금액
부채 장부금액	77,000,000원
내재가치	200원
당기 비용인식액	42,000,000원

설명

- 주식기준보상거래는 제공한 시점부터 가득기간 동안 재무제표에 영향을 미친다.
- 일반적으로 임직원에게 제공하는 경우 판매비와관리비 또는 제조원가에 비용으로 인식하는데 그 비용을 주석공시한다.
- 추가로 현금결제형의 경우 해당 주식기준보상의 누적액이 부채로 인식되며 그 장부금액을 주석공시한다.

(2) 추가 정보

주석사항

이 기준서에서 공시하도록 요구하는 정보만으로 문단 44, 46, 50의 원칙을 충족할 수 없는 때에는, 그러한 원칙을 충족하는 데에 필요한 추가 정보를 공시한다(K-1102. 52).

- 예를 들어 주식기준보상거래를 문단 33F에 따라 주식결제형으로 분류하는 경우, 재무제표 이용자에게 주식기준보상약정에 따른 미래현금흐름효과에 대한 정보를 제공할 필요가 있다면 종업원 납세의무를 결제하기 위해 과세당국에 이전할 것으로 예상하는 금액의 추정치를 공시한다.

주석공시 예시(K-IFRS 1102. IG23)

주식기준보상

기업은 20×5년 12월 31일에 종료하는 회계연도 중에 다음에서 설명하고 있는 4개의 주식기준보상약정을 보유하였습니다.

약정유형	고위경영진 주식선택권 제도	일반종업원 주식선택권 제도	임원 주식제도	고위경영진 주가차액현금제도
부여일	20×4.1.1.	20×5.1.1.	20×5.1.1.	20×5.7.1.
부여수량	50,000	75,000	50,000	25,000
계약기간	10년	10년	해당사항 없음.	10년
가득조건	• 1.5년 근무 • 시장성과조건 : 목표주가달성(달성됨)	3년 근무	• 3년 근무 • 주당이익의 성장 목표치 달성	• 3년 근무 • 시장점유율의 증가목표치 달성

일반 직원에게 부여한 주식선택권의 추정공정가치는 단위당 23.60원이며, 동 공정가치는 이항옵션가격결정모형에 따라 산정한 것입니다. 이항모형의 가격결정요소는 부여일 현재 주가 50원, 행사가격 50원, 기대주가변동성 30%, 기대배당금 0원, 약정만기 10년, 그리고 무위험이자율 5%입니다. 한편, 주식선택권의 조기행사효과를 고려하기 위해 가득일 이후 주가가 행사가격의 두 배가 되는 시점에 동 주식선택권이 행사된다고 가정하였습니다. 과거의 경험자료에 의하면 기업의 주가변동성은 40%인데 이는 현재 기업의 설립초기를 포함한 수치입니다. 기업은 향후 기업이 성숙단계에 접어들면서 주가변동성이 줄어들 것으로 기대하고 있습니다.

기업은 임원에게 부여한 주식의 부여일 공정가치를 부여일 현재 주가와 같은 50.00원으로 추정하였습니다.

두 가지 주식선택권제도에 관한 더 상세한 내용은 다음과 같습니다.

	20×4년		20×5년	
	주식선택권 수량	가중평균 행사가격	주식선택권 수량	가중평균 행사가격
연초 – 미행사	0	–	45,000	40원
부여	50,000	40원	75,000	50원
상실	(5,000)	40원	(8,000)	46원
행사	0	–	(4,000)	40원
연말 – 미행사	45,000	40원	108,000	46원
연말 현재 행사가능	0	40원	38,000	40원

당기에 행사된 주식선택권의 행사일 현재 가중평균주가는 52원입니다. 20×5년 12월 31일 현재 미행사된 주식선택권의 행사가격은 40원이나 50원이며 가중평균잔여계약기간은 8.64년입니다.

(단위 : 원)

	20×4년	20×5년
주식기준보상거래에서 발생한 비용	495,000	1,105,867
주식제도와 주식선택권제도에서 발생한 비용	495,000	1,007,000
현금주가차액보상권제도에 관한 부채의 기말 잔액	18,20	98,867
현금주가차액보상권제도에 관한 부채의 공정가치가 증가하여 발생한 비용	21,40	9,200

주식기준보상거래 관련 주석공시 사례를 종합하면 다음과 같다.

☞ 공시사례 15.1 주식결제형 주식기준보상
☞ 공시사례 15.2 주식결제형 및 현금결제형 주식기준보상
☞ 공시사례 15.3 선택형 주식기준보상

04 | 실제 공시 사례

공시사례 15.1 주식결제형 주식기준보상

주석

[출처 : 넷마블 2019년 감사보고서]

28. 주식기준보상

(1) 당기말 현재 당사가 보유하고 있는 주식기준 보상약정은 다음과 같습니다.

구분	1차	2차	3차	4차
부여일	2015-03-27	2015-10-15	2016-03-31	2016-05-13
최초부여수량(주)	674,769	22,099	750,611	3,691
행사가격(원)	25,188	25,188	66,326	66,326
부여방법	회사선택형			
가득조건	약정용역기간 2년 또는 3년		약정용역기간 3년	
권리행사가능기간	가득조건 충족 후 2년 또는 3년 이내		가득조건 충족 후 2년 이내	

설명

사례회사는 주식기준보상약정의 각 유형별 내용을 기술하고 있다.
여기서 유형은 주식결제형 또는 현금결제형이며, 사례회사는 주식결제형 주식기준보상이다. 주식기준보상은 부여한 차수별로 조건 등이 다르므로 구분해서 공시한다.

주석공시 요구사항	공시내용	기준서 (K-1102)
가득조건	약정용역기간 2년 또는 3년 등	45(1)
부여된 주식선택권의 최장 만기	가득조건 충족 후 2년 또는 3년 이내 등	
결제방식(현금이나 주식)		

(2) 당사는 부여일 현재 추정 공정가치를 이항옵션가격결정모형에 따라 산정하였으며, 주식선택권의 공정가치 산정에 적용된 가정은 다음과 같습니다.

구분	1차	2차	3차	4차
부여일 공정가치	4,167원	6,675원	3,339원	2,585원
기대존속기간	3.5년 또는 4년	3.5년 또는 4년	4년	4년
기대변동성	33.24%	33.26%	31.40%	28.46%
무위험이자율	1.85%	1.77%	1.55%	1.53%

(*) 5차 주식선택권은 가득기간 미충족으로 인해 취소되었습니다.

설명

주식기준보상거래는 부여한 지분상품의 공정가치에 기초하여 측정하는 것이 일반적이다.
사례회사는 공정가치 측정 사용한 측정방법 등을 다음과 같이 주석공시하고 있다.

주석공시 요구사항	공시내용 (1차 부여분)	기준서 (K-1102)
옵션가격결정모형	이항옵션가격결정모형	47(1)(가)
가격결정요소	• 공정가치 등 : 4,167원 • 기대존속기간 : 3.5년 또는 4년 • 기대변동성 : 33.24% • 무위험이자율 : 1.85%	

(3) 당기 및 전기 주식선택권의 변동내역은 다음과 같습니다.

(단위 : 주)

구분	당기	전기
기초	703,663	1,015,954
부여	–	7,111
퇴사/소멸	(13,629)	(79,922)
행사	(478,699)	(239,480)
기말	211,335	703,663
기말 현재 행사가능	211,335	91,769

설명

사례회사는 주식선택권 부여 수량의 변동을 다음과 같이 공시하고 있다.

주석공시 요구사항	공시내용 (수량)	기준서 (K-1102)
회계기간 초 현재 존속하는 주식선택권	703,663	45(2)(가)
회계기간에 부여한 주식선택권	–	45(2)(나)
회계기간에 상실된 주식선택권	–	45(2)(다)
회계기간에 행사된 주식선택권	(478,699)	45(2)(라)
회계기간에 만기 소멸된 주식선택권	(13,629)	45(2)(마)
회계기간 말 현재 존속하는 주식선택권	211,335	45(2)(바)
회계기간 말 현재 행사 가능한 주식선택권	211,335	45(2)(사)

(4) 당사는 종업원주식선택권제도와 관련하여 당기와 전기에 각각 (124,476)천원 및 (207,078)천원을 주식기준보상비용(환입)으로 인식하였습니다.

설명

사례회사는 주식기준보상거래에서 해당 회계기간에 인식한 총 비용을 공시하고 있다[K-1102, 51(1)].

사례회사의 주식기준보상거래는 주식결제형이라 총부채와 내재가치 정보는 공시하지 않고 있다[K-1102, 51(2)].

공시사례 15.2 **주식결제형 및 현금결제형 주식기준보상**

주석

[출처 : 네이버 2023년 감사보고서]

22. 주식기준보상

당기말 현재 회사는 주주총회 및 이사회 결의에 의거하여 회사의 임직원과 주식기준보상약정을 체결하고 있습니다.

가. 주식선택권

(1) 주식결제형 주식선택권

(가) 당기 중 회사는 종업원에게 주식결제형 주식선택권을 부여하였으며 부여한 주식선택권의 내용은 다음과 같습니다.

구분	2019.2.27. 부여	2019.3.22. 부여	2020.2.26. 부여	2020.2.26. 부여
부여주식	네이버 주식회사 주식			
가득요건	부여일로부터 2년 동안 재직	부여일로부터 3년 동안 재직	부여일로부터 2년 이상 재직	부여일로부터 3년 이상 재직
행사가능 기간 및 조건	행사가능일로부터 5년간	- 행사가능일로부터 5년간 - 행사개시일 직전 10영업일 동안의 일별 종가가 모두 192,000원 이상을 기록하거나 또는 행사가능 기간 중 연속된 10영업일 동안의 각 종가가 모두 192,000원 이상을 기록한 경우	행사가능일로부터 5년간	- 행사가능일로부터 5년간 - 행사개시일 직전 10영업일 동안의 일별 종가가 모두 192,000원 이상을 기록하거나 또는 행사가능 기간 중 연속된 10영업일 동안의 각 종가가 모두 192,000원 이상을 기록한 경우
발행할 주식	보통주			
부여방법	보통주 신주발행 또는 자기주식 교부 중 결정			

구분	2020.3.27. 부여	2021.2.23. 부여	2021.2.23. 부여	2021.3.24. 부여
부여주식	네이버 주식회사 주식			
가득요건	부여일로부터 3년 이상 재직	부여일로부터 2년 이상 재직	부여일로부터 3년 이상 재직	부여일로부터 3년 이상 재직
행사가능 기간 및 조건	- 행사가능일로부터 5년간 - 행사개시일 직전 10영업일 동안의	행사가능일로부터 5년간	행사가능일로부터 5년간	행사가능일로부터 5년간

구분	2020.3.27. 부여	2021.2.23. 부여	2021.2.23. 부여	2021.3.24. 부여
	일별 종가가 모두 192,000원 이상을 기록하거나 또는 행사가능 기간 중 연속된 10영업일 동안의 각 종가가 모두 192,000원 이상을 기록한 경우			
발행할 주식	보통주			
부여방법	보통주 신주발행 또는 자기주식 교부 중 결정			

설명

사례회사는 주식결제형 또는 현금결제형 주식기준보상거래가 존재하며, 각각 주석공시 요구사항을 공시하고 있다.

주식결제형 주식기준보상 관련 부여한 차수별로 아래 거래의 조건과 특성을 공시하고 있다.

주석공시 요구사항	공시내용	기준서 (K-1102)
가득조건	부여일로부터 2년 동안 재직 등	45(1)
부여된 주식선택권의 최장 만기	행사가능일로부터 5년간 등	
결제방식(현금이나 주식)	기명식 보통주식	

(나) 당기와 전기 중 주식선택권의 수량과 가중평균 행사가격의 변동은 다음과 같습니다.

〈당기〉

(단위 : 주, 원)

부여일	기초 미행사수량	부여수량	행사수량	소멸수량	관계사 전출입 수량	기말 미행사수량
2019.2.27.	56,604	-	(4,244)	(37)	(5,543)	46,780
2019.3.22.	382,760	-	(33,210)	-	(56,300)	293,250
2020.2.26.	67,959	-	(3,692)	(394)	(8,148)	55,725
2020.2.26.	797,500	-	(58,000)	(6,000)	(103,000)	630,500
2020.3.27.	548,000	-	(26,000)	-	(78,000)	444,000
2021.2.23.	75,114	-	-	(1,782)	(10,098)	63,234
2021.2.23.	914,000	-	-	(26,000)	(135,000)	753,000
2021.3.24.	707,000	-	-	(33,000)	(94,000)	580,000
주식선택권 수량 합계	3,548,937	-	(125,146)	(67,213)	(490,089)	2,866,489

부여일	기초 미행사수량	부여수량	행사수량	소멸수량	관계사 전출입 수량	기말 미행사수량
가중평균 행사가격(원)	267,893	-	169,468	356,382	269,364	269,864

〈전기〉

(단위 : 주, 원)

부여일	기초 미행사수량	부여수량	행사수량	소멸수량	관계사 전출입 수량	기말 미행사수량
2019.2.27.	78,485	-	(21,912)	(77)	108	56,604
2019.3.22.	708,000	-	(320,240)	(2,000)	(3,000)	382,760
2020.2.26.	142,524	-	(72,498)	(1,961)	(106)	67,959
2020.2.26.	844,500	-	-	(46,000)	(1,000)	797,500
2020.3.27.	604,000	-	-	(8,000)	(48,000)	548,000
2021.2.23.	81,324	-	-	(6,210)	-	75,114
2021.2.23.	988,500	-	-	(74,500)	-	914,000
2021.3.24.	765,000	-	-	(8,000)	(50,000)	707,000
주식선택권 수량 합계	4,212,333	-	(414,650)	(146,748)	(101,998)	3,548,937
가중평균 행사가격(원)	256,551	-	140,505	293,115	281,749	267,893

설명

사례회사는 주식선택권 부여 수량의 변동을 다음과 같이 공시하고 있다.

주석공시 요구사항	공시내용		기준서 (K-1102)
	수량	가중평균 행사가격	
회계기간 초 현재 존속하는 주식선택권	3,548,937	267,893	45(2)(가)
회계기간에 부여한 주식선택권	-	-	45(2)(나)
회계기간에 상실된 주식선택권	-	-	45(2)(다)
회계기간에 행사된 주식선택권	(125,146)	169,468	45(2)(라)
회계기간에 만기 소멸된 주식선택권	(67,213)	356,382	45(2)(마)
관계사 전출입 수량	(490,089)	269,364	
회계기간 말 현재 존속하는 주식선택권	2,866,489	269,864	45(2)(바)
회계기간 말 현재 행사 가능한 주식선택권			45(2)(사)

각 수량에 대한 가중평균 행사가격도 공시하고 있다[K-1102, 45(2)].

(다) 회사는 주식선택권의 보상원가를 이항모형 및 LSMC(Least Square Monte-Carlo)을 이용한 공정가치접근법을 적용하여 산정하였으며, 보상원가를 산정하기 위한 제반

가정 및 변수는 다음과 같습니다.

(단위 : %, 원)

구분	2019.2.27.	2019.3.22.	2020.2.26.	2020.2.26.	2020.3.27.	2021.2.23.	2021.2.23.	2021.3.24.
무위험이자율	1.98	1.92	1.4	1.4	1.48	1.02	1.19	1.44
기대만기	7년	8년	7년	8년	8년	3년	4년	4년
예상주가변동성	24.30	24.00	20.40	20.40	24.00	26.12	25.09	25.11
기대배당률	0.2	0.2	0.16	0.16	0.2	0.2	0.2	0.2
부여일 주식가격	129,500	127,000	190,500	190,500	152,500	386,500	386,500	386,000
부여일 공정가액	39,906	19,365	48,526	37,580	18,219	81,253	89,003	79,368
행사가격	128,900	131,000	186,000	186,000	186,000	362,500	362,500	384,500

설명

주식기준보상거래는 부여한 지분상품의 공정가치에 기초하여 측정하는 것이 일반적이다. 사례회사는 공정가치 측정 사용한 측정방법 등을 다음과 같이 주석공시하고 있다.

주석공시 요구사항	공시내용 (2019.2.27. 부여분)	기준서 (K-1102)
옵션가격결정모형	이항모형 및 LSMC(Least Square Monte-Carlo)	47(1)(가)
가격결정요소	• 공정가치 등 : 39,906원 • 기대만기 : 7년 • 기대변동성 : 24.30% • 기대배당률 : 0.2% • 무위험이자율 : 1.98%	

(라) 당기 중 주식결제형 주식선택권과 관련하여 인식한 비용은 44,219백만원(전기 : 67,253백만원)이며, 종속기업의 출자 및 환급으로 인식한 금액은 2,616백만원(전기 : 6,738백만원)입니다.

설명

사례회사는 주식기준보상거래에서 해당 회계기간에 인식한 총 비용을 공시하고 있다 [K-1102, 51(1)].

(2) 차액결제형 주식선택권

(가) 당기말 현재 종업원에게 부여한 차액결제형 주식선택권의 내용은 다음과 같습니다.

구분	2019.2.27. 부여	2019.3.22. 부여	2020.2.26. 부여	2020.2.26. 부여	2020.3.27. 부여
부여법인	네이버 주식회사의 일부 종속기업				
가득요건	부여일로부터 2년 동안 재직	부여일로부터 3년 동안 재직	부여일로부터 2년 동안 재직	부여일로부터 3년 동안 재직	부여일로부터 3년 동안 재직

구분	2019.2.27. 부여	2019.3.22. 부여	2020.2.26. 부여	2020.2.26. 부여	2020.3.27. 부여
행사가능 기간 및 조건	행사가능일로부터 5년간	- 행사가능일로부터 5년간 - 행사개시일 직전 10영업일 동안의 일별 종가가 모두 192,000원 이상을 기록하거나 또는 행사가능 기간 중 연속된 10영업일 동안의 각 종가가 모두 192,000원 이상을 기록한 경우	행사가능일로부터 5년간	- 행사가능일로부터 5년간 - 행사개시일 직전 10영업일 동안의 일별 종가가 모두 192,000원 이상을 기록하거나 또는 행사가능 기간 중 연속된 10영업일 동안의 각 종가가 모두 192,000원 이상을 기록한 경우	- 행사가능일로부터 5년간 - 행사개시일 직전 10영업일 동안의 일별 종가가 모두 192,000원 이상을 기록하거나 또는 행사가능 기간 중 연속된 10영업일 동안의 각 종가가 모두 192,000원 이상을 기록한 경우

구분	2020.4.30. 부여	2020.4.30. 부여	2021.2.23. 부여	2021.2.23. 부여	2021.3.24. 부여
부여법인	네이버 주식회사의 일부 종속기업				
가득요건	부여일로부터 2년 동안 재직	부여일로부터 3년 동안 재직	부여일로부터 2년 동안 재직	부여일로부터 3년 동안 재직	부여일로부터 3년 동안 재직
행사가능 기간 및 조건	행사가능일로부터 5년간	- 행사가능일로부터 5년간 - 행사개시일 직전 10영업일 동안의 일별 종가가 모두 192,000원 이상을 기록하거나 또는 행사가능 기간 중 연속된 10영업일 동안의 각 종가가 모두 192,000원 이상을 기록한 경우	행사가능일로부터 5년간	행사가능일로부터 5년간	행사가능일로부터 5년간

설명

사례회사는 주식결제형 또는 현금결제형 주식기준보상거래가 존재하며, 각각 주석공시 요구사항을 공시하고 있다.

현금결제형 주식기준보상 관련 부여한 차수별로 아래 거래의 조건과 특성을 공시하고 있다.

주석공시 요구사항	공시내용 (2019.2.27. 부여분)	기준서 (K-1102)
가득조건	부여일로부터 2년 동안 재직 등	45(1)

주석공시 요구사항	공시내용 (2019.2.27. 부여분)	기준서 (K-1102)
부여된 주식선택권의 최장 만기	행사가능일로부터 5년간 등	45(1)
결제방식(현금이나 주식)	현금	

(나) 당기 중 발행된 차액결제형 주식선택권의 수량과 가중평균 행사가격의 변동은 다음과 같습니다.

〈당기〉

(단위 : 주, 원)

부여일	기초 미행사수량	부여수량	행사수량	소멸수량	관계사 전출입 수량	기말 미행사수량
2019.2.27.	4,660	–	(354)	–	822	5,128
2019.3.22.	4,750	–	–	–	–	4,750
2020.2.26.	2,120	–	(159)	–	742	2,703
2020.2.26.	2,106	–	–	–	894	3,000
2020.3.27.	4,000	–	–	–	–	4,000
2020.4.30.	530	–	–	–	–	530
2020.4.30.	2,000	–	–	–	106	2,106
2021.2.23.	1,539	–	–	–	216	1,755
2021.2.23.	10,108	–	–	(27)	3,946	14,027
2021.3.24.	6,000	–	–	–	–	6,000
주식선택권 수량 합계	37,813	–	(513)	(27)	6,726	43,999
가중평균 행사가격(원)	257,916	–	146,598	362,500	288,239	263,785

〈전기〉

(단위 : 주, 원)

부여일	기초 미행사수량	부여수량	행사수량	소멸수량	관계사 전출입 수량	기말 미행사수량
2019.2.27.	4,459	–	(77)	–	278	4,660
2019.3.22.	3,000	–	(1,250)	–	3,000	4,750
2020.2.26.	2,383	–	(371)	–	108	2,120
2020.2.26.	4,000	–	–	–	(1,894)	2,106
2020.3.27.	–	–	–	–	4,000	4,000
2020.4.30.	424	–	–	–	106	530
2020.4.30.	1,553	–	–	(106)	553	2,000
2021.2.23.	972	–	–	(54)	621	1,539

부여일	기초 미행사수량	부여수량	행사수량	소멸수량	관계사 전출입 수량	기말 미행사수량
2021.2.23.	6,554	–	–	(2,000)	5,554	10,108
2021.3.24.	–	–	–	–	6,000	6,000
주식선택권 수량 합계	23,345	–	(1,698)	(2,160)	18,326	37,813
가중평균 행사가격(원)	224,926	–	142,922	353,838	300,592	257,916

설명

사례회사는 주식선택권 부여 수량의 변동을 다음과 같이 공시하고 있다.

주석공시 요구사항	공시내용		기준서 (K-1102)
	수량	가중평균 행사가격	
회계기간 초 현재 존속하는 주식선택권	37,813	257,916	45(2)(가)
회계기간에 부여한 주식선택권	–	–	45(2)(나)
회계기간에 상실된 주식선택권	–	–	45(2)(다)
회계기간에 행사된 주식선택권	(513)	146,598	45(2)(라)
회계기간에 만기 소멸된 주식선택권	(27)	362,500	45(2)(마)
관계사 전출입 수량	6,726	288,239	
회계기간 말 현재 존속하는 주식선택권	43,999	263,785	45(2)(바)
회계기간 말 현재 행사 가능한 주식선택권			45(2)(사)

각 수량에 대한 가중평균 행사가격도 공시하고 있다[K-1102, 45(2)].

(다) 회사는 주식선택권의 보상원가를 이항모형 및 몬테카를로 시뮬레이션 (Monte-Carlo)을 이용한 공정가치접근법을 적용하여 산정하였으며, 보상원가를 산정하기 위한 당기말 현재 제반 가정 및 변수는 다음과 같습니다.

(단위 : %, 원)

구분	2020.2.26.	2020.2.26.	2020.3.27.	2020.4.30.	2020.4.30.	2021.2.23.	2021.2.23.	2021.3.24.
무위험이자율	3.16	3.16	3.15	3.14	3.14	3.18	3.18	3.18
기대만기	2.74년	2.74년	2.82년	2.92년	2.92년	3.73년	3.73년	3.82년
예상주가변동성	26.59	26.59	26.59	26.59	26.59	26.59	26.59	26.59
기대배당률	0.23	0.23	0.23	0.23	0.23	0.23	0.23	0.23
부여일 주식가격	224,000	224,000	224,000	224,000	224,000	224,000	224,000	224,000
부여일 공정가액	67,234	67,214	67,917	68,674	68,654	18,815	18,815	16,470
행사가격	186,000	186,000	186,000	186,000	186,000	362,500	362,500	384,500

설명

주식기준보상거래는 부여한 지분상품의 공정가치에 기초하여 측정하는 것이 일반적이다. 사례회사는 공정가치 측정 사용한 측정방법 등을 다음과 같이 주석공시하고 있다.

주석공시 요구사항	공시내용 (2020.2.26. 부여분)	기준서 (K-1102)
옵션가격결정모형	이항모형 및 LSMC(Least Square Monte-Carlo)	47(1)(가)
가격결정요소	• 공정가치 등 : 67,234원 • 기대만기 : 2.74년 • 기대변동성 : 26.59% • 기대배당률 : 0.23% • 무위험이자율 : 3.16%	

(라) 당기 중 차액결제형 주식선택권과 관련하여 인식한 비용은 1,240백만원(전기 : 수익 2,741백만원)입니다.

설명

사례회사는 주식기준보상거래에서 해당 회계기간에 인식한 총 비용을 공시하고 있다 [K-1102, 51(1)].

공시사례 15.3 선택형 주식기준보상

[출처 : 카카오뱅크 2023년 감사보고서]

주석

18. 주식기준보상

(1) 당기 중 존재한 주식기준보상약정은 다음과 같습니다.

구분	1차-01(주1)	1차-02(주1)	1차-03(주1)	2차	3차
권리부여일	2019.03.25	2019.03.25	2019.03.25	2022.03.10	2022.09.28
부여수량	550,000주	2,890,000주	1,760,000주	467,062주	15,500주
부여방법(주1)	회사선택형 주식기준보상	회사선택형 주식기준보상	회사선택형 주식기준보상	주식결제형 주식기준보상	주식결제형 주식기준보상
행사가격	5,000원	5,000원	5,000원	46,693원	25,215원
행사가능기간	2021.03.25.~ 2026.03.25	1차(50%) : 2021.03.25.~ 2026.03.25	1차(30%) : 2021.03.25.~ 2026.03.25		

구분	1차-01(주1)	1차-02(주1)	1차-03(주1)	2차	3차
		2차(50%) : 2022.03.26.~2026.03.25	2차(30%) : 2022.03.26.~2026.03.25 3차(40%) : 2023.03.26.~2026.03.25	2024.03.10.~2029.03.10	2024.09.28.~2029.09.28
가득조건(주2)	용역제공조건 : 2년	용역제공조건 : 2~3년	용역제공조건 : 2~4년	용역제공조건 : 2년	용역제공조건 : 2년

(주1) 당사의 주식기준보상약정은 신주발행, 자기주식 교부 및 행사가격과 시가의 차액을 현금 교부하는 것 중 당사가 선택가능한 선택형 주식기준보상거래이며, 부여일 현재 현금을 지급해야 하는 의무가 없으므로 주식결제형 주식기준보상거래로 회계처리 하였습니다.

(주2) 1차-03유형에 대한 가득조건은 당사의 성과달성 조건을 포함하고 있습니다.

설명

사례회사의 주식기준보상거래는 선택형이다.
사례회사의 선택형 주식기준보상거래는 회사가 선택가능한 거래이므로, 회사가 현금 지급 의무가 없다고 판단하여 주식결제형으로 회계처리하고 있다.
이하 주식결제형에 따른 회계처리 및 주석사항을 공시하고 있다.

K-IFRS

주석작성실무

CHAPTER

16 법인세

▶ 관련 기업회계기준서

K-IFRS 제1012호 법인세

01 | 기준서 주요 내용

| 당기법인세부채와 당기법인세자산의 인식

당기 및 과거기간에 대한 당기법인세 중 납부되지 않은 부분을 부채로 인식한다(당기법인세부채 또는 미지급법인세).

만일 과거기간에 이미 납부한 금액이 그 기간 동안 납부하여야 할 금액을 초과하였다면 그 초과금액은 자산으로 인식한다(당기법인세자산 또는 선급법인세).

과거 회계기간의 당기법인세에 대하여 소급공제가 가능한 세무상결손금과 관련된 혜택은 자산으로 인식한다.

| 일시적차이

일시적차이란 재무상태표상 자산 또는 부채의 장부금액과 세무기준액의 차이를 말하며, 이러한 일시적차이는 다음의 두 가지로 구분된다.

구분	내용
(1) 차감할 일시적차이	자산이나 부채의 장부금액이 회수나 결제되는 미래 회계기간의 과세소득(세무상결손금) 결정 시 차감할 금액이 되는 일시적차이
(2) 가산할 일시적차이	자산이나 부채의 장부금액이 회수나 결제되는 미래 회계기간의 과세소득(세무상결손금) 결정 시 가산할 금액이 되는 일시적차이

| 이연법인세부채와 이연법인세자산의 인식

다음 각각의 조건을 충족하는 경우 차감할 일시적차이에 대해서는 이연법인세자산을 인식하며, 가산할 일시적차이에 대해서는 이연법인세부채를 인식한다.

종속기업 등에 대한 일시적차이는 미래 소멸 가능성을 판단하여 이연법인세자산(부채)의 인식 여부를 결정한다.

구분	내용
이연법인세자산	차감할 일시적차이가 사용될 수 있는 과세소득의 발생가능성이 높은 경우에, 모든 차감할 일시적차이에 대하여 이연법인세자산을 인식한다. 그러나 종속기업, 지점 및 관계기업에 대한 투자자산 그리고 공동약정 투자지분과 관련된 차감할 일시적차이에 대하여는 문단 44에 따라 이연법인세자산을 인식한다. **문단 44** 종속기업, 지점 및 관계기업에 대한 투자자산과, 공동약정 투자지분과 관련된 모든 차감할 일시적차이에 대하여 다음의 조건을 모두 만족하는 정도까지만 이연법인세자산을 인식한다. (1) 일시적차이가 예측가능한 미래에 소멸할 가능성이 높다. (2) 일시적차이가 사용될 수 있는 과세소득이 발생할 가능성이 높다.
이연법인세부채	모든 가산할 일시적차이에 대하여 이연법인세부채를 인식한다. 그러나 종속기업, 지점 및 관계기업에 대한 투자자산 그리고 공동약정 투자지분과 관련된 가산할 일시적차이에 대하여는 문단 39에 따라 이연법인세부채를 인식한다. **문단 39** 다음의 두 가지 조건을 모두 만족하는 정도까지를 제외하고는 종속기업, 지점 및 관계기업에 대한 투자자산과 공동약정 투자지분과 관련된 모든 가산할 일시적차이에 대하여 이연법인세부채를 인식한다. (1) 지배기업, 투자자, 공동기업 참여자 또는 공동영업자가 일시적차이의 소멸시점을 통제할 수 있다. (2) 예측가능한 미래에 일시적차이가 소멸하지 않을 가능성이 높다.

| 세율의 적용

구분	내용
당기법인세부채(자산)	보고기간 말까지 제정되었거나 실질적으로 제정된 세율(및 세법)을 사용하여, 과세당국에 납부할(과세당국으로부터 환급받을) 것으로 예상되는 금액으로 측정한다.
이연법인세자산(부채)	보고기간 말까지 제정되었거나 실질적으로 제정된 세율(및 세법)에 근거하여 당해 자산이 실현되거나 부채가 결제될 회계기간에 적용될 것으로 기대되는 세율을 사용하여 측정한다. 보고기간 말에 기업이 관련 자산과 부채의 장부금액을 회수하거나 결제할 것으로 예상되는 방식에 따른 세효과를 반영한다.

과세대상수익의 수준에 따라 적용되는 세율이 다른 경우에는 일시적차이가 소멸될 것으로 예상되는 기간의 과세소득(세무상결손금)에 적용될 것으로 기대되는 평균세율을 사용하여 이연법인세 자산과 부채를 측정한다.

즉, 우리나라와 같이 법인세 세율구조가 과세표준에 따라 달리 적용되는 누진세율구조인 경우 이연법인세자산(부채)에 세율을 적용할 경우 평균세율을 적용한다.

예시

평균세율 적용

회사의 올해(20×1년) 과세소득은 100억원이며, 20×2년 이후 예상과세소득은 다음과 같다.

연도	예상과세소득
20×2년	200억원
20×3년	200억원
20×4년	200억원

한편, 회사의 20×1년 가산할 일시적차이는 100억원이며, 20×2년에 소멸 예정이다.

| 현행 우리나라 법인세 세율 |

과세표준	법인세율	법인세율 (지방소득세 포함)
2억원 이하	9%	9.9%
2억원 초과 ~ 200억원 이하	19%	20.9%
200억원 초과 ~ 3,000억원 이하	21%	23.1%
3,000억원 초과	24%	26.4%

1. 당기법인세

당기법인세부담액 = 2억 × 9.9% + 98억 × 20.9% = 20.68억원

2. 이연법인세

$$\text{일시적차이를 고려한 } 20\times2\text{년 과세소득 추정액} = \frac{(2억 \times 9.9\% + 198억 \times 20.9\% + 100억 \times 23.1\%)}{300억}$$

= 21.56%

당기 이연법인세부채의 변동

평균세율 = 100억 × 21.56% = 21.56억원

회사의 회계처리는 다음과 같다.

1. 당기법인세부채

차변		대변	
법인세비용	20.68억원	당기법인세부채	20.68억원

2. 이연법인세부채

차변		대변	
법인세비용	21.56억원	이연법인세부채	21.56억원

| 미사용 세무상결손금과 세액공제

미사용 세무상결손금과 세액공제가 사용될 수 있는 미래 과세소득의 발생가능성이 높은 경우 그 범위 안에서 이월된 미사용 세무상결손금과 세액공제에 대하여 이연법인세자산을 인식한다.

| 이연법인세자산의 실현가능성 평가

이연법인세자산의 장부금액은 매 보고기간 말에 검토한다. 이연법인세자산의 일부 또는 전부에 대한 혜택이 사용되기에 충분한 과세소득이 발생할 가능성이 더 이상 높지 않다면 이연법인세자산의 장부금액을 감액시킨다. 감액된 금액은 사용되기에 충분한 과세소득이 발생할 가능성이 높아지면 그 범위 내에서 환입한다.

| 종속기업, 지점 및 관계기업에 대한 투자지분

다음의 두 가지 조건을 모두 만족하는 정도까지를 제외하고는 종속기업, 지점 및 관계기업에 대한 투자자산과 공동약정 투자지분과 관련된 모든 가산할 일시적차이에 대하여 이연법인세부채를 인식한다.

(1) 지배기업, 투자자, 공동기업 참여자 또는 공동영업자가 일시적차이의 소멸시점을 통제할 수 있다.

(2) 예측가능한 미래에 일시적차이가 소멸하지 않을 가능성이 높다.

종속기업, 지점 및 관계기업에 대한 투자자산과, 공동약정 투자지분과 관련된 모든 차감할 일시적차이에 대하여 다음의 조건을 모두 만족하는 정도까지만 이연법인세자산을 인식한다.

(1) 일시적차이가 예측가능한 미래에 소멸할 가능성이 높다.

(2) 일시적차이가 사용될 수 있는 과세소득이 발생할 가능성이 높다.

| 당기손익 이외로 인식되는 항목

동일 회계기간 또는 다른 회계기간에, 당기손익 이외로 인식되는 항목과 관련된 당기법인세와 이연법인세는 당기손익 이외의 항목으로 인식된다. 따라서 동일 회계기간 또는 다른 회계기간에 인식된 당기법인세와 이연법인세는 다음과 같이 회계처리한다.

(1) 동일 회계기간 또는 다른 회계기간에 기타포괄손익에 인식된 항목과 관련된 금액은 기타포괄손익으로 인식한다.

(2) 동일 회계기간 또는 다른 회계기간에 자본에 직접 인식된 항목과 관련된 금액은 자본에 직접 인식한다.

표시(상계)

다음의 조건을 모두 충족하는 경우에만 당기법인세자산과 당기법인세부채를 상계한다.

(1) 기업이 인식된 금액에 대한 법적으로 집행가능한 상계권리를 가지고 있다.

(2) 기업이 순액으로 결제하거나, 자산을 실현하는 동시에 부채를 결제할 의도가 있다.

다음의 조건을 모두 충족하는 경우에만 이연법인세자산과 이연법인세부채를 상계한다.

(1) 기업이 당기법인세자산과 당기법인세부채를 상계할 수 있는 법적으로 집행가능한 권리를 가지고 있다.

(2) 이연법인세자산과 이연법인세부채가 다음의 각 경우에 동일한 과세당국에 의해서 부과되는 법인세와 관련되어 있다.

(가) 과세대상기업이 동일한 경우

(나) 과세대상기업은 다르지만 당기법인세 부채와 자산을 순액으로 결제할 의도가 있거나, 유의적인 금액의 이연법인세부채가 결제되거나 이연법인세자산이 회수될 미래의 각 회계기간마다 자산을 실현하는 동시에 부채를 결제할 의도가 있는 경우

02 | 주석 작성 핵심 포인트

법인세비용 관련 주요 주석공시사항은 다음과 같이 요약된다.

Key Point

구분	주요 주석공시사항	비고
1. 법인세비용의 구성요소	• 당기법인세 : 당기법인세부담액 및 법인세추납액(환급액) • 이연법인세 : 차감할(가산할) 일시적차이 및 세액공제, 세무상 결손금 • 자본에 가감하는 항목과 관련된 법인세	
2. 자본에 직접 가감하는 법인세항목	• 순확정급여제도의 재측정요소, 기타포괄손익-공정가치측정금융자산평가손익 등 • 자기주식처분손익 등	

구분	주요 주석공시사항	비고
3. 법인세비용과 회계이익의 관계	• 적용세율에 따른 세부담액 • 조정사항 – 비공제비용의 세금효과 – 비과세수익의 세금효과 – 세액공제 – 미인식 이연법인세자산(부채)의 효과 – 기타(세율차이 등) • 유효세율(법인세비용/법인세비용차감전순이익)	
4. 일시적차이, 미사용 세무상 결손금 및 미사용 세액공제의 각 유형별 정보	• 일시적차이와 그 효과를 이연법인세자산(부채)으로 구분 • 미인식 이연법인세자산(부채) 구분	

03 | 주석공시 요구사항

K-IFRS 제1012호(법인세비용) 관련 주석공시 요구사항은 다음과 같다.

79 법인세비용(수익)의 주요 구성요소는 구분하여 공시한다.

80 법인세비용(수익)의 구성요소는 다음을 포함한다.

(1) 당기법인세비용(수익)

(2) 과거기간의 당기법인세에 대하여 당기에 인식한 조정사항

(3) 일시적차이의 발생과 소멸로 인한 이연법인세비용(수익)의 금액

(4) 새로운 세금의 부과나 세율의 변동으로 인한 이연법인세비용(수익) 금액

(5) 당기법인세비용을 감소시키는 데 사용된 이전에 인식하지 못한 세무상결손금, 세액공제 또는 전기이전의 일시적차이로 발생한 효익의 금액

(6) 이연법인세비용을 감소시키는 데 사용된 과거에 인식하지 못한 세무상결손금, 세액공제 또는 과거기간의 일시적차이로 인한 효익의 금액

(7) 문단 56에 따른 이연법인세자산의 감액 또는 전기이전 감액의 환입에서 발생한 이연법인세비용

(8) 기업회계기준서 제1008호에 따라, 소급적으로 회계처리할 수 없으므로 당기손익에 포함된 회계정책의 변경 및 오류와 관련된 법인세비용(수익)의 금액

81 다음의 사항도 별도로 공시되어야 한다.

(1) 자본에 직접 가감되는 항목과 관련된 당기법인세와 이연법인세 총액

(1의2) 기타포괄손익의 각 구성요소와 관련된 법인세액(2007년에 개정된 이 기준서 문단 62와 기업회계기준서 제1001호 참조)

(2) [국제회계기준위원회에 의하여 삭제됨]

(3) 법인세비용(수익)과 회계이익의 관계에 대한 설명. 다음 중 하나의 형식을 사용하거나 두 가지 형식을 모두 사용하여 설명할 수 있다.

(가) 회계이익에 적용세율을 곱하여 산출한 금액과 법인세비용(수익) 간의 수치 조정 및 적용세율의 산출근거

(나) 평균유효세율과 적용세율 간의 수치 조정 및 적용세율의 산출근거

(4) 직전 회계기간 대비 적용세율의 변동에 대한 설명

(5) 재무상태표에 이연법인세자산으로 인식되지 않은 차감할 일시적차이, 미사용 세무상결손금, 미사용 세액공제 등의 금액(만일 만료시기가 있는 경우, 당해 만료시기)

(6) 이연법인세부채로 인식되지 않은 종속기업, 지점 및 관계기업에 대한 투자자산, 그리고 공동약정 투자지분과 관련된 일시적차이 총액(문단 39 참조)

(7) 일시적차이, 미사용 세무상결손금 및 미사용 세액공제의 각 유형별로 다음의 사항

(가) 표시되는 각 회계기간의 재무상태표에 인식된 이연법인세 자산과 부채의 금액

(나) 이연법인세 수익 또는 비용이 재무상태표에 인식된 금액의 변동으로부터 명확히 나타나지 않는 경우, 당기손익으로 인식된 이연법인세 수익 또는 비용의 금액

(8) 중단영업이 있는 경우, 다음 사항으로 인한 법인세비용

(가) 중단으로 인한 이익이나 손실

(나) 중단된 영업의 정상 활동에서 당기 중 발생한 손익과 이에 상응하는 비교표시되는 각 과거기간의 금액

(9) 재무제표의 공표가 승인되기 전에 주주에게 배당을 제안하거나 선언하였으나 재무제표에 부채로 인식되지 않은 배당금의 법인세효과

(10) 기업이 취득자인 사업결합으로 인하여 취득자가 취득 전에 인식한 이연법인세자산 금액이 변동한 경우(문단 67 참조) 그 변동금액

(11) 사업결합으로 획득한 이연법인세효익을 취득일에 인식하지 않았지만 취득일 후에 인식한 경우(문단 68 참조), 이연법인세효익을 인식하는 원인이 된 사건이나 상황의 변동에 대한 설명

82 다음에 해당하는 경우에 이연법인세자산의 금액과 이를 인식하는 근거를 공시한다.

(1) 차감할 일시적차이 등의 금액이 기존 가산할 일시적차이의 소멸로 인한 이익을

82 초과하기 때문에 이연법인세자산의 사용이 미래 과세소득의 발생여부에 따라 결정되는 경우

(2) 이연법인세자산과 관련된 국가 내에서 기업이 당기 또는 전기에 손실을 입은 경우

82A 문단 52A에서 설명하는 상황에서, 기업은 주주에게 지급하는 배당이 가져올 잠재적 법인세효과의 성격을 주석으로 공시한다. 또한 실무적으로 결정될 수 있는 잠재적인 법인세효과의 금액과 실무적으로 결정하기 어려운 법인세효과가 있는지 여부를 주석으로 공시한다.

83 [국제회계기준위원회에 의하여 삭제됨]

84 문단 81(3)의 주석공시사항은 법인세비용(수익)과 회계이익의 관계가 비정상적인지의 여부와 미래에 당해 관계에 영향을 미칠 수 있는 유의적인 요인에 대하여 재무제표이용자가 이해하는 데 유용하다. 법인세비용(수익)과 회계이익과의 관계는 과세되지 않는 수익, 과세소득(세무상결손금) 결정 시 차감되지 않는 비용, 세무상결손금의 효과 및 외국 세율의 효과 등의 요인으로부터 영향을 받는다.

85 법인세비용(수익)과 회계이익의 관계는 재무제표 이용자에게 가장 의미 있는 정보를 제공하는 적용세율을 사용하여 설명한다. 가장 의미 있는 세율은 종종 기업이 소재하는 국가의 내국세율이며, 이는 실질적으로 유사한 과세소득(세무상결손금) 수준에 대하여 적용되는 지방세율과 국세에 적용되는 세율의 합을 의미한다. 그러나 여러 국가에서 영업을 하는 기업의 경우에는 각 개별 국가의 내국세율을 사용하여 작성한 각각의 조정내역을 합하는 것이 더 의미가 있을 수 있다. 다음 예는 적용세율의 선택에 따라 어떻게 수치 조정을 표시하는가를 보이기 위한 것이다.

86 평균유효세율은 법인세비용(수익)을 회계이익으로 나눈 값이다.

87 종속기업, 지점 및 관계기업에 대한 투자자산과 공동약정 투자지분으로부터 발생하였으나 미인식된 이연법인세부채를 실무적으로 계산할 수 없는 경우가 있다(문단 39 참조). 따라서 이 기준에서는 기초가 되는 일시적차이의 총액에 대한 공시를 요구할 뿐 이연법인세부채의 공시는 요구하지 않는다. 그러나 미인식된 이연법인세부채를 실무적으로 계산할

87 수 있다면, 이러한 정보가 재무제표 이용자에게 유용한 정보를 제공할 수 있으므로, 이를 주석으로 공시하도록 권장한다.

87A 문단 82A에서 배당금의 지급이 가져올 잠재적 법인세효과의 성격을 주석으로 공시하도록 요구하고 있다. 법인세 제도의 중요한 특징과 배당의 잠재적 법인세효과 금액에 영향을 미치는 요인에 대하여 주석으로 공시한다.

87B 배당금지급이 가져올 잠재적 법인세효과의 총금액을 실무적으로 계산할 수 없을 수도 있다. 그 예로 기업이 다수의 해외 종속기업을 갖고 있는 경우를 들 수 있다. 그러나 이러한 경우일지라도 총금액의 일부는 쉽게 결정될 수도 있다. 예를 들어 연결실체 내에서 지배기업과 일부 종속기업들이 미배당이익에 대하여 더 높은 세율로 법인세를 납부하였고 연결이익잉여금으로부터 미래에 배당을 지급할 때 당해 환급가능한 금액을 알고 있을 수 있다. 이러한 경우에 환급가능한 금액을 주석으로 공시한다. 실무적으로 결정할 수 없는 잠재적 법인세효과가 있는 경우 그 사실도 주석으로 공시한다. 지배기업의 별도재무제표를 작성한 경우에는 지배기업의 이익잉여금과 관련된 잠재적 법인세효과를 주석으로 공시한다.

87C 문단 82A에 따라 공시하는 기업은 종속기업, 지점 및 관계기업에 대한 투자자산 또는 공동약정 투자지분과 관련한 일시적차이에 관하여 주석으로 공시할 수도 있다. 그러한 경우에는 문단 82A에 따라 주석으로 공시할 정보를 결정할 때 이를 고려한다. 예를 들어 이연법인세부채가 인식되지 않은 종속기업에 대한 투자자산과 관련하여 일시적차이 총액을 주석으로 공시할 수도 있다[문단 81(6) 참조]. 만일 인식하지 않은 이연법인세부채 금액을 실무적으로 계산할 수 없다면(문단 87 참조) 이러한 종속기업과 관련하여 실무적으로 계산할 수 없는 잠재적인 법인세효과 금액이 있을 수 있다.

88 기업회계기준서 제1037호 '충당부채, 우발부채, 우발자산'에 따라 법인세와 관련된 우발부채와 우발자산을 주석으로 공시한다. 예를 들어 우발부채와 우발자산은 과세당국과의 미해결된 분쟁에서 발생할 수 있다. 마찬가지로 보고기간 후에 세율 및 세법이 변경되어 제정되거나 입법예고된 경우 이러한 변경이 당기와 이연 법인세 자산과 부채에 미치는 중요한 효과를 주석으로 공시한다(기업회계기준서 제1010호 '보고기간후사건' 참조).

88A 필라2 법인세와 관련되는 이연법인세 자산·부채의 인식 및 공시에 대한 예외 규정을 적용하였다는 사실을 공시한다(문단 4A 참조).

88B 필라2 법인세와 관련되는 당기법인세비용(수익)은 별도로 공시한다.

88C 필라2 법률이 제정되었거나 실질적으로 제정되었지만 아직 시행일이 도래하지는 않은 기간에는, 재무제표이용자가 그 법률에서 생기는 필라2 법인세에 대한 기업의 익스포저를 이해하는 데 도움이 되는, 이미 알고 있거나 합리적으로 추정할 수 있는 정보를 공시한다.

88D 문단 88C 공시 목적을 이루기 위하여 보고기간 말에 기업의 필라2 법인세 익스포저에 대한 질적 정보와 양적 정보를 공시한다. 이 정보는 필라2 법률의 모든 구체적인 요구사항을 반영할 필요는 없고 대략적인 범위의 형태로 제공할 수도 있다. 정보를 알지 못하거나 합리적으로 추정할 수 없는 경우에는 그 대신에 그러한 사실을 기술하고 기업의 익스포저 평가 진행 상황에 대한 정보를 공시한다.

문단 88C~88D를 설명하는 예시
문단 88C~88D의 목적과 요구사항을 충족하기 위하여 공시할 수 있는 정보의 예는 다음을 포함한다. (1) 필라2 법률에 기업이 어떻게 영향을 받는지와 필라2 법인세에 익스포저가 존재할 수 있는 주요 국가와 같은 질적 정보 (2) 다음 (가) 또는 (나)와 같은 양적 정보 (가) 필라2 법인세 적용 대상이 될 수 있는 순이익의 비율과 해당 순이익에 적용되는 평균유효세율을 나타내는 정보 (나) 필라2 법률이 시행되었다면 기업의 평균유효세율이 어떻게 달라졌을지를 나타내는 정보

법인세비용 관련 주석공시사항과 그 예시는 다음과 같다.

(1) 법인세비용(수익)의 구성요소

주석사항

법인세비용(수익)의 구성요소는 다음을 포함한다(K-1012, 80).

(1) 당기법인세비용(수익)

(2) 과거기간의 당기법인세에 대하여 당기에 인식한 조정사항

(3) 일시적차이의 발생과 소멸로 인한 이연법인세비용(수익)의 금액

(4) 새로운 세금의 부과나 세율의 변동으로 인한 이연법인세비용(수익) 금액

(5) 당기법인세비용을 감소시키는 데 사용된 이전에 인식하지 못한 세무상결손금, 세액공제 또는 전기이전의 일시적차이로 발생한 효익의 금액

(6) 이연법인세비용을 감소시키는 데 사용된 과거에 인식하지 못한 세무상결손금, 세액공제 또는 과거기간의 일시적차이로 인한 효익의 금액

(7) 문단 56에 따른 이연법인세자산의 감액 또는 전기이전 감액의 환입에서 발생한 이연법인세비용

(8) 기업회계기준서 제1008호에 따라, 소급적으로 회계처리할 수 없으므로 당기손익에 포함된 회계정책의 변경 및 오류와 관련된 법인세비용(수익)의 금액 건

예시

1. 법인세비용

(1) 당기 및 전기 중 법인세비용의 주요 구성내역은 다음과 같습니다.

구분	당기	전기	기준서 (K-1012)
1. 당기법인세			
당기법인세비용	1,800	×××	80(1)
과거기간의 당기법인세에 대하여 당기에 인식한 조정사항	100	×××	80(2)
당기법인세비용을 감소시키는 데 사용된 이전에 인식하지 못한 세무상결손금, 세액공제 또는 전기이전의 일시적차이로 발생한 효익의 금액	100	×××	80(5)
기업회계기준서 제1008호에 따라, 소급적으로 회계처리할 수 없으므로 당기손익에 포함된 회계정책의 변경 및 오류와 관련된 법인세비용(수익)의 금액 건	-	×××	80(8)
소계	2,000	×××	
2. 이연법인세			
일시적차이의 발생과 소멸로 인한 이연법인세비용	(800)	×××	80(3)
새로운 세금의 부과나 세율의 변동으로 인한 이연법인세비용(수익) 금액	-	×××	80(4)
이연법인세비용을 감소시키는 데 사용된 과거에 인식하지 못한 세무상결손금, 세액공제 또는 과거기간의 일시적차이로 인한 효익의 금액	-	×××	80(6)
문단 56에 따른 이연법인세자산의 감액 또는 전기이전 감액의 환입에서 발생한 이연법인세비용	-	×××	80(7)
소계	(800)	×××	
3. 자본에 직접 부가되는 법인세부담액	1,000	×××	
법인세비용 계	2,200	×××	

설명

• 법인세비용은 당기법인세와 이연법인세로 구성된다.
• 당기법인세비용과 이연법인세비용의 각각의 구성내역을 법인세비용 주석에 공시한다.
• 법인세비용 금액은 포괄손익계산서상 법인세비용 금액과 일치한다.

(2) 자본에 직접 가감하는 법인세항목

주석사항

(1) 자본에 직접 가감되는 항목과 관련된 당기법인세와 이연법인세 총액[K-1012, 81(1)]

(1의2) 기타포괄손익의 각 구성요소와 관련된 법인세액(2007년에 개정된 이 기준서 문단 62와 기업회계기준서 제1001호 참조)[K-1012, 81(1의 2)]

예시

1. 법인세비용

(2) 당기 및 전기 중 자본으로 인식되는 항목과 관련된 당기법인세와 이연법인세는 다음과 같습니다. [K-1012, 81(1)]

구분	당기	전기
당기법인세 :		
확정급여제도의 재측정요소	1,500	×××
이연법인세 :		
기타포괄손익-공정가치측정금융자산평가손익	(500)	×××
자본에 직접 반영된 법인세	1,000	×××

설명

• 자본에 직접 가감하는 법인세비용 항목은 상기 '(1) 법인세비용(수익)의 구성요소'와 별도로 그 세부내역을 주석공시한다.
• 자본에 직접 반영된 법인세 금액은 상기 '(1) 법인세비용(수익)의 구성요소'의 자본에 직접 가감하는 법인세비용 금액과 일치한다(예시의 1,000원).

(3) 법인세비용(수익)과 회계이익의 관계에 대한 설명

주석사항

법인세비용(수익)과 회계이익의 관계에 대한 설명. 다음 중 하나의 형식을 사용하거나 두 가지 형식을 모두 사용하여 설명할 수 있다[K-1012, 81(3)].

(가) 회계이익에 적용세율을 곱하여 산출한 금액과 법인세비용(수익) 간의 수치 조정 및 적용세율의 산출근거

(나) 평균유효세율과 적용세율 간의 수치 조정 및 적용세율의 산출근거

예시

1. 법인세비용

(3) 당기 중 법인세비용과 회계이익의 관계는 다음과 같습니다. [K-1012. 81(3)]

구분	당기	전기
1. 법인세비용차감전순이익	10,000	×××
2. 적용세율에 따른 세부담액	2,000	×××
3. 조정사항	200	×××
3-1. 비공제비용	200	×××
3-2. 비과세수익	–	–
3-3. 세액공제	–	–
3-4. 기타(세율차이 등)	–	–
4. 법인세비용 계	2,200	×××
유효세율	22%	××%

설명

- 문단 81(3)의 주석공시사항은 법인세비용(수익)과 회계이익의 관계가 비정상적인지의 여부와 미래에 당해 관계에 영향을 미칠 수 있는 유의적인 요인에 대하여 재무제표이용자가 이해하는 데 유용하다. 법인세비용(수익)과 회계이익과의 관계는 과세되지 않는 수익, 과세소득(세무상결손금) 결정 시 차감되지 않는 비용, 세무상결손금의 효과 및 외국 세율의 효과 등의 요인으로부터 영향을 받는다(K-1012. 84).
- 법인세비용(수익)과 회계이익의 관계는 재무제표 이용자에게 가장 의미 있는 정보를 제공하는 적용세율을 사용하여 설명한다. 가장 의미 있는 세율은 종종 기업이 소재하는 국가의 내국세율이며, 이는 실질적으로 유사한 과세소득(세무상결손금) 수준에 대하여 적용되는 지방세율과 국세에 적용되는 세율의 합을 의미한다. 그러나 여러 국가에서 영업을 하는 기업의 경우에는 각 개별 국가의 내국세율을 사용하여 작성한 각각의 조정내역을 합하는 것이 더 의미가 있을 수 있다(K-1012. 85).
- 평균유효세율은 법인세비용(수익)을 회계이익으로 나눈 값이다(K-1012. 86).

법인세비용과 회계이익의 관계 사례

개요

법인세비용을 산출하는 과정은 아래 방법 ① 또는 방법 ②로 모두 가능하다.

- 방법 ① : 영구적차이와 일시적차이를 모두 포함하는 세무조정을 거친 '과세소득'에 대한 당기법인세를 산출한 후, 당기법인세에 포함된 일시적차이를 이연법인세로 인식하여 법인세비용을 산출하는 방법

• 방법 ② : 세전이익에서 영구적차이만 세무조정하여 '회계이익'을 구한 후 회계이익에 대하여 법인세비용을 산출하는 방법

일반적으로 법인세비용은 상기 방법 ①에 의해 산출되며, 법인세비용 주석(법인세비용의 구성요소)도 방법 ①의 세부 내역을 공시하는 것이다.

법인세비용을 산출하는 다른 방식인 방법 ②는 법인세비용과 회계이익의 관계의 세부 내역을 주석에 공시하는 것이다. 동일한 법인세비용을 산출하는 방법 ①과 방법 ②의 산출 과정 예시는 다음과 같다.

구분		방법 ②				
		세전이익	익금산입 (영구적차이)	회계이익	세율	**법인세비용**
방법 ①	**세전이익**	10,000	1,000	11,000	20%	2,200
	익금산입 (영구적차이)	1,000				
	익금산입 (일시적차이)	4,000				
	과세표준	15,000				
	세율	20%				
	당기법인세	3,000				
	이연법인세	(800)				
	법인세비용	2,200				

회계처리

• 당기법인세 산출

차변		대변	
법인세비용	3,000	당기법인세부채	3,000

• 이연법인세 산출

차변		대변	
이연법인세자산	800	법인세비용	800

주석공시

회사는 방법 ①에 의해 법인세비용을 산출하였으며, 다음과 같이 법인세비용의 구성요소를 주석공시하고, 추가로 법인세비용과 회계이익의 관계를 주석공시한다.

(1) 당기 중 법인세비용의 주요 구성내역은 다음과 같습니다. (K-1012, 80)

구분	당기
1. 당기법인세부담액	3,000

구분	당기
2. 일시적차이로 인한 이연법인세비용	(800)
3. 법인세비용 계	2,200

(2) 당기 중 법인세비용과 회계이익의 관계는 다음과 같습니다. [K-1012, 81(3)]

구분	당기	비고
1. 법인세비용차감전순이익	10,000	
2. 적용세율에 따른 세부담액	2,000	(주1)
3. 조정사항	200	
3-1. 비공제비용	200	(주2)
3-2. 비과세수익	-	(주2)
3-3. 세액공제	-	(주3)
3-4. 기타(세율차이 등)	-	(주4)
4. 법인세비용 계	2,200	
유효세율	22%	(주5)

(주1) 적용세율에 따른 세부담액
법인세비용차감전순이익을 과세소득으로 가정하고 '적용세율'을 적용함.
적용세율은 우리나라와 같이 누진세율 구조인 경우, 회사마다 달라짐.
10,000 × 적용세율(20%) = 2,000

| 적용세율 예시 | 현행 우리나라 법인세율

과세표준	법인세율	법인세율 (지방소득세 포함)
2억원 이하	9%	9.9%
2억원 초과 ~ 200억원 이하	19%	20.9%
200억원 초과 ~ 3,000억원 이하	21%	23.1%
3,000억원 초과	24%	26.4%

1. 적용세율 산정(법인세비용차감전순이익 5억원 가정)

법인세비용차감전순이익	법인세율	법인세부담액
200,000,000	9.9%	19,800,000
300,000,000	20.9%	62,700,000
법인세부담액 합계(A)		82,500,000
법인세비용차감전순이익(B)		500,000,000
적용세율(A/B)		16.5%

2. 적용세율에 따른 세부담액 산출

법인세비용차감전순이익	적용세율	적용세율에 따른 세부담액
500,000,000	16.5%	82,500,000

이하 나머지 조정사항(비공제비용, 비과세수익)은 이 적용세율(16.5%)을 적용함.

(주2) 비공제비용, 비과세수익

법인세비용차감전순이익에 직접 영구적차이(비공제비용, 비과세수익)에 적용세율을 적용하여 산정함. 비공제비용은 차감하고, 비과세수익은 차감함.

비공제비용 : 1,000 × 적용세율(20%) = 200

(주3) 세액공제

비공제비용 등에 적용세율을 적용하여 산정한 금액과 동일하게 세액공제는 그 금액 자체를 가산함.

(주4) 기타(세율차이 등)

조정사항은 비공제비용, 비과세소득, 세액공제 등은 '적용세율'을 적용한 반면, 실제 법인세비용은 '평균세율'을 적용해야 하므로, 회적용세율과 평균세율의 차이가 발생함.

이 차이를 조정하면 포괄손익계산서상의 법인세비용과 일치함.

(주5) 유효세율

법인세비용(2,200) / 법인세비용차감전순이익(10,000) = 22%

☞ 공시사례 16.3 법인세비용과 회계이익의 관계

(4) 적용세율 변동

주석사항

직전 회계기간 대비 적용세율의 변동에 대한 설명[K-1012. 81(4)]

예시

1. 법인세비용

(4) 당기 중 내년 이후 법인세율 인상이 확정되어, 이연법인세자산(부채) 산정에 개정된 법인세율을 적용하였습니다.

설명

적용세율이 변동되면, 일시적차이에 적용하는 미래 세율이 변경이 되며 이로 인해 이연법인세자산(부채)금액이 변동이 된다. 이러한 내용의 설명을 주석공시 요구한다.

(5) 미인식 이연법인세자산

주석사항

재무상태표에 이연법인세자산으로 인식되지 않은 차감할 일시적차이, 미사용 세무상결손금, 미사용 세액공제 등의 금액(만일 만료시기가 있는 경우, 당해 만료시기)[K-1012. 81(5)]

예시

1. 법인세비용

(5) 당사는 차기 이후 예상이익 중 세무상 이월결손금의 실현가능성이 있는 것으로 판단되는 부분은 이연법인세자산으로 인식하고 있습니다. 다만, 당사가 미래에 실현될 가능성이 희박하여 법인세효과를 인식하지 아니한 세무상결손금에 대한 이연법인세자산은 ××× 원입니다.

설명

- 차감할 일시적차이, 미사용 세무상결손금, 미사용 세액공제는 이연법인세자산을 구성한다. 다만, 지속적인 결손 등으로 인해 미래 법인세 납부세액이 예상되지 않는 경우 차감할 일시적차이 등은 이연법인세자산으로 인식하지 아니한다.
- 이러한 미인식 이연법인세자산에 해당하는 차감할 일시적차이, 미사용 세무상결손금, 미사용 세액공제 금액을 주석공시한다.
- 다음에 해당하는 경우에 이연법인세자산의 금액과 이를 인식하는 근거를 공시한다(K-1012, 82).
  (1) 차감할 일시적차이 등의 금액이 기존 가산할 일시적차이의 소멸로 인한 이익을 초과하기 때문에 이연법인세자산의 사용이 미래 과세소득의 발생여부에 따라 결정되는 경우
  (2) 이연법인세자산과 관련된 국가 내에서 기업이 당기 또는 전기에 손실을 입은 경우

☞ 공시사례 16.2 미인식 이연법인세자산(부채)

(6) 미인식 이연법인세부채

주석사항

이연법인세부채로 인식되지 않은 종속기업, 지점 및 관계기업에 대한 투자자산, 그리고 공동약정 투자지분과 관련된 일시적차이 총액(문단 39 참조)[K-1012, 81(6)]

예시

1. 법인세비용

(6) 이연법인세부채로 인식되지 않은 일시적차이의 내역은 다음과 같습니다.

구분	당기	전기
종속기업투자주식 순자산변동액(주)	1,000	1,000

(주) 회사는 종속기업 등 투자지분의 순자산변동으로 인하여 발생한 차감할 일시적차이 및 가산할 일시적차이에 대하여 예측 가능한 미래에 소멸할 가능성이 없으므로 이연법인세부채를 인식하지 않았습니다.

설명

- 종속기업투자주식은 종속기업투자손상차손 등으로 인하여 가산할 일시적차이가 발생한다. 다만, 이러한 가산할 일시적 차이가 예측가능한 미래에 일시적차이가 소멸하지 않을 가능성이 높은 경우 이에 대한 이연법인세부채를 인식하지 않는다.
- 이러한 미인식 이연법인세부채에 해당하는 가산할 일시적차이 금액을 주석공시한다.
- 종속기업, 지점 및 관계기업에 대한 투자자산과 공동약정 투자지분으로부터 발생하였으나 미인식된 이연법인세부채를 실무적으로 계산할 수 없는 경우가 있다(문단 39 참조). 따라서 이 기준에서는 기초가 되는 일시적차이의 총액에 대한 공시를 요구할 뿐 이연법인세부채의 공시는 요구하지 않는다. 그러나 미인식된 이연법인세부채를 실무적으로 계산할 수 있다면, 이러한 정보가 재무제표 이용자에게 유용한 정보를 제공할 수 있으므로, 이를 주석으로 공시하도록 권장한다(K-1012, 87).

☞ 공시사례 16.2 미인식 이연법인세자산(부채)

(7) 일시적차이, 미사용 세무상결손금 및 미사용 세액공제의 각 유형별 정보

주석사항

일시적차이, 미사용 세무상결손금 및 미사용 세액공제의 각 유형별로 다음의 사항[K-1012, 81(7)]

(가) 표시되는 각 회계기간의 재무상태표에 인식된 이연법인세 자산과 부채의 금액

(나) 이연법인세 수익 또는 비용이 재무상태표에 인식된 금액의 변동으로부터 명확히 나타나지 않는 경우, 당기손익으로 인식된 이연법인세 수익 또는 비용의 금액

예시

1. 법인세비용

(7) 당기 중 일시적차이와 이연법인세자산(부채)의 변동내역은 다음과 같습니다(평균세율 10% 가정).

과목	누적일시적차이			이연법인세자산(부채)		
	기초잔액	증감액	기말잔액	기초 이연법인세 자산(부채)	증감액	기말 이연법인세 자산(부채)
일시적차이로 인한 이연법인세						
감가상각누계액	12,000	(2,000)	10,000	1,200	(200)	1,000
미수수익	(5,000)	3,000	(2,000)	(500)	300	(200)
자산손상	15,000	5,000	20,000	1,500	500	2,000
퇴직급여	(4,000)	2,000	(2,000)	(400)	200	(200)
소계	18,000	(8,000)	26,000	1,800	800	2,600

과목	누적일시적차이			이연법인세자산(부채)		
	기초잔액	증감액	기말잔액	기초 이연법인세 자산(부채)	증감액	기말 이연법인세 자산(부채)
세액공제로 인한 이연법인세						
세액공제이월액	10,000	(2,000)	8,000	10,000	(2,000)	8,000
자본에 직접 가감하는 이연법인세						
순확정급여자산 재측정요소	20,000	(5,000)	15,000	2,000	(500)	1,500
소계	30,000	(7,000)	23,000	12,000	(2,500)	9,500
				이연법인세자산(부채) 계		12,100

설명

이연법인세자산(부채)은 당기 중 일시적차이의 변동에 의해서 변동된다. 가산할(차감할) 일시적차이 및 이연법인세자산(부채)의 변동내역에 대한 주석공시가 요구된다.

(8) 중단영업 관련 법인세비용

주석사항

중단영업이 있는 경우, 다음 사항으로 인한 법인세비용[K-1012, 81(8)]

(가) 중단으로 인한 이익이나 손실

(나) 중단된 영업의 정상 활동에서 당기 중 발생한 손익과 이에 상응하는 비교표시되는 각 과거기간의 금액

예시

1. 법인세비용

(1) 법인세비용 내역

구분	당기	전기
당기법인세		
당기손익에 대한 당기법인세	1,000	1,500
…	…	…
법인세비용	1,000	1,500
계속영업 법인세비용	800	1,000
중단영업 법인세비용	200	500

설명

- 중단영업이 있는 경우, 계속영업손익과 중단영업손익을 포괄손익계산서에 구분 표시한다.
- 법인세비용은 포괄손익계산서에는 한 줄로 표시하고, 주석에 계속영업 법인세비용과 중단

영업 법인세비용을 구분해서 공시한다.

☞ 공시사례 16.4 중단영업 법인세비용

(9) 배당금의 법인세효과

주석사항

재무제표의 공표가 승인되기 전에 주주에게 배당을 제안하거나 선언하였으나 재무제표에 부채로 인식되지 않은 배당금의 법인세효과[K-1012, 81(9)]

(10) 사업결합 관련 법인세비용

주석사항

- 기업이 취득자인 사업결합으로 인하여 취득자가 취득 전에 인식한 이연법인세자산 금액이 변동한 경우(문단 67 참조) 그 변동금액[K-1012, 81(10)]
- 사업결합으로 획득한 이연법인세효익을 취득일에 인식하지 않았지만 취득일 후에 인식한 경우(문단 68 참조), 이연법인세효익을 인식하는 원인이 된 사건이나 상황의 변동에 대한 설명[K-1012, 81(11)]

(11) 우발부채 관련 법인세비용

주석사항

기업회계기준서 제1037호 '충당부채, 우발부채, 우발자산'에 따라 법인세와 관련된 우발부채와 우발자산을 주석으로 공시한다. 예를 들어 우발부채와 우발자산은 과세당국과의 미해결된 분쟁에서 발생할 수 있다. 마찬가지로 보고기간 후에 세율 및 세법이 변경되어 제정되거나 입법예고된 경우 이러한 변경이 당기와 이연법인세자산과 부채에 미치는 중요한 효과를 주석으로 공시한다(기업회계기준서 제1010호 '보고기간후사건' 참조)(K-1012, 88).

법인세 관련 주석공시 사례를 종합하면 다음과 같다.

☞ 공시사례 16.1 법인세비용 일반

(12) 필라2 법인세

주석사항

- 필라2 법인세와 관련되는 이연법인세 자산 · 부채의 인식 및 공시에 대한 예외 규정을 적용하였다는 사실을 공시한다(문단 4A 참조).[K-1012, 88A]
- 필라2 법인세와 관련되는 당기법인세비용(수익)은 별도로 공시한다.[K-1012, 88B]

- 필라2 법률이 제정되었거나 실질적으로 제정되었지만 아직 시행일이 도래하지는 않은 기간에는, 재무제표이용자가 그 법률에서 생기는 필라2 법인세에 대한 기업의 익스포저를 이해하는 데 도움이 되는, 이미 알고 있거나 합리적으로 추정할 수 있는 정보를 공시한다.[K-1012, 88C]
- 문단 88C 공시 목적을 이루기 위하여 보고기간 말에 기업의 필라2 법인세 익스포저에 대한 질적 정보와 양적 정보를 공시한다. 이 정보는 필라2 법률의 모든 구체적인 요구사항을 반영할 필요는 없고 대략적인 범위의 형태로 제공할 수도 있다. 정보를 알지 못하거나 합리적으로 추정할 수 없는 경우에는 그 대신에 그러한 사실을 기술하고 기업의 익스포저 평가 진행 상황에 대한 정보를 공시한다.[K-1012, 88D]

예시

1. 필라2 법인세의 영향

필라2 법률에 따라 연결회사는 각 구성기업이 속해 있는 관할국별 GloBE 유효세율과 최저한세율 15%의 차액에 대하여 추가 세액을 납부해야 합니다. A국가에서 사업을 영위하는 B사를 제외하고, 연결실체 내의 모든 기업은 해당 국가의 유효세율이 15%를 초과하고 있습니다.

기업회계기준서 제1012호 문단 86에 따라 계산된 A국가에 소재하고 있는 B사의 2023년 평균유효세율은 다음과 같습니다.

(단위 : 백만원)

A국가의 B사	당기
2023년 12월 31일 종료하는 보고기간의 법인세비용	250
법인세비용차감전순이익	3,000
평균유효세율	8.3%

연결회사는 필라2 법률의 시행에 따라 재무제표에 미치는 영향을 검토 중에 있습니다. 현재까지 검토한 바에 따르면, 2023년 12월 31일까지 보고기간의 회계이익에 기초하여 계산된 A국가에 대한 평균유효세율은 8.3%입니다. 평균유효세율이 15% 미만이라도 필라2 법률에 따른 조정사항으로 인해 연결회사는 A국에 대한 필라2 법인세를 납부하지 않을 수 있습니다. 또한, 평균유효세율이 15%를 초과하는 경우에도 필라2 법인세의 영향을 받을 수 있습니다.

필라2 법률의 적용이 복잡하여 영향을 합리적으로 추정하는 것이 어렵습니다. 연결실체의 각 기업은 이를 위해 세무전문가와 계약을 체결하여 검토를 진행하고 있습니다.

04 | 실제 공시 사례

공시사례 16.1 법인세비용 일반

주석

[출처 : SK이노베이션 2023년 감사보고서]

32. 법인세비용

(1) 당기와 전기 중 법인세비용의 구성내역은 다음과 같습니다.

(단위 : 백만원)

구분	당기	전기
1. 당기법인세	116,000	201,253
2. 이연법인세	(55,290)	(34,210)
3. 자본에 반영된 법인세 :		
확정급여제도의 재측정요소	2,415	(1,437)
기타포괄손익-공정가치측정금융자산평가손익	(10,243)	431
자기주식처분이익	(17,080)	(20,292)
파생금융상품평가손익	(1,685)	2,286
소　　계	(26,593)	(19,012)
4. 과거기간의 당기법인세 조정액	–	882
5. 법인세비용 (1+2+3+4)	34,117	148,913

설명

사례회사는 법인세비용의 구성요소를 다음과 같이 공시하고 있다.

주석공시 요구사항	공시내용 (당기)	기준서 (K-1012)
1. 당기법인세		
당기법인세비용	538,015,056	80(1)
과거기간의 당기법인세에 대하여 당기에 인식한 조정사항	(6,088,858)	80(2)
당기법인세비용을 감소시키는 데 사용된 이전에 인식하지 못한 세무상결손금, 세액공제 또는 전기이전의 일시적차이로 발생한 효익의 금액	–	80(5)
기업회계기준서 제1008호에 따라, 소급적으로 회계처리할 수 없으므로 당기손익에 포함된 회계정책의 변경 및 오류와 관련된 법인세비용(수익)의 금액 건	–	80(8)
2. 이연법인세		
일시적차이의 발생과 소멸로 인한 이연법인세비용	(13,754,309)	80(3)
새로운 세금의 부과나 세율의 변동으로 인한 이연법인세비	(92,171)	80(4)

주석공시 요구사항	공시내용 (당기)	기준서 (K-1012)
용(수익) 금액		
이연법인세비용을 감소시키는 데 사용된 과거에 인식하지 못한 세무상결손금, 세액공제 또는 과거기간의 일시적차이로 인한 효익의 금액	-	80(6)
문단 56에 따른 이연법인세자산의 감액 또는 전기이전 감액의 환입에서 발생한 이연법인세비용	-	80(7)
3. 자본에 직접 부가되는 법인세부담액	-	
법인세비용 계	518,079,718	

(2) 당기와 전기의 회계이익과 법인세비용의 관계는 다음과 같습니다.

(단위 : 백만원)

구분	당기	전기
법인세비용차감전순이익	1,144,601	602,096
적용세율에 따른 법인세비용 (주1)	291,812	155,214
조정사항 :		
비과세수익으로 인한 효과	(344,505)	(109,426)
비공제비용으로 인한 효과	73,662	21,241
연결납세로 인한 효과	-	(20,174)
자기주식처분이익	(17,080)	(20,292)
외국납부세액으로 인한 효과	133,125	184,149
미인식 이연법인세 변동 효과	(79,089)	18,285
기타(세율적용차이 등)	(23,808)	(80,966)
소 계	(257,695)	(7,183)
과거기간의 당기법인세에 대하여 당기에 인식한 조정액	-	882
당기손익으로 인식된 법인세비용	34,117	148,913
유효세율	3.0%	24.7%

(주1) 적용세율은 법인세율(당기는 과세표준이 2억원 이하 9%, 2억원 초과 200억원 이하 19%, 200억원 초과 21% 및 3,000억 초과 24%, 전기는 과세표준이 2억원 이하 10%, 2억원 초과 200억원 이하 20%, 200억원 초과 22% 및 3,000억 초과 25%)과 지방소득세(법인세액의 10%)를 고려하였습니다.

설명

사례회사는 법인세비용과 회계이익의 관계를 다음과 같이 공시하고 있다[K-1012, 81(3)].

구분	당기	비고
법인세비용차감전순이익	1,144,601	
적용세율에 따른 법인세비용	291,812	(주1)

구분	당기	비고
조정사항 :		
비과세수익으로 인한 효과	(344,505)	(주2)
비공제비용으로 인한 효과	73,662	(주2)
연결납세로 인한 효과	–	
자기주식처분이익	(17,080)	
외국납부세액으로 인한 효과	133,125	
미인식 이연법인세 변동 효과	(79,089)	
기타(세율적용차이 등)	(23,808)	(주3)
소 계	(257,695)	
과거기간의 당기법인세에 대하여 당기에 인식한 조정액	–	
당기손익으로 인식된 법인세비용	34,117	
유효세율	3.0%	

(주1) 적용세율에 따른 법인세비용

법인세비용차감전순이익	법인세율 (지방소득세 포함)	법인세부담액
200	9.9%	20
19,800	20.9%	4,138
280,000	23.1%	64,680
844,601	26.4%	222,974
법인세부담액 합계(A)		291,812
법인세비용차감전순이익(B)		1,144,601
적용세율(A/B)		3.0%

적용세율에 따른 세부담액

법인세비용차감전순이익	적용세율	적용세율에 따른 세부담액
1,144,601	25.49%	291,812

(주2) 세무상 차감되지 않는 비용(세무상 과세되지 않는 수익)
비과세수익 및 비공제비용 각각에 적용세율(27.69%)을 적용하여 산출함(비과세수익의 법인세효과는 차감하고, 비공제비용의 법인세효과는 가산함).

(주3) 기타
적용세율과 회사가 이연법인세 적용 시 산정한 평균세율과의 차이 등을 조정함.

(3) 당기 및 전기 중 재무상태표에 인식된 이연법인세자산(부채)의 변동내역은 다음과 같습니다.

(당기)

(단위 : 백만원)

구분	기초	당기손익에 인식된 금액	자본에 직접 인식된 금액	기말
유형자산	(4,173)	(183)	–	(4,356)

구분	기초	당기손익에 인식된 금액	자본에 직접 인식된 금액	기말
충당부채	1,494	1,079	–	2,573
장기투자증권	14,683	10,248	(10,243)	14,688
압축기장충당금	(953,474)	8,275	–	(945,199)
투자주식	31,597	(1,458)	–	30,139
기 타	166,674	46,840	731	214,245
합계	(743,199)	64,801	(9,512)	(687,910)

(전기)

(단위 : 백만원)

구분	기초	당기손익에 인식된 금액	자본에 직접 인식된 금액	기말
유형자산	(4,162)	(11)	–	(4,173)
충당부채	2,440	(946)	–	1,494
장기투자증권	15,898	(1,646)	431	14,683
압축기장충당금	(1,003,681)	50,207	–	(953,474)
투자주식	42,550	(10,953)	–	31,597
이월결손금	60,564	(60,564)	–	–
기 타	108,982	56,843	849	166,674
합계	(777,409)	32,930	1,280	(743,199)

설명

사례회사는 이연법인세자산(부채)의 변동을 주석공시하고 있다[K-1012. 81(7)].
이연법인세자산(부채)의 변동은 당기손인으로 인한 변동과 자본에 직접 인식된 금액의 변동으로 그 증감액을 구분하여 공시하고 있다.

(4) 당기말 및 전기말 현재 이연법인세자산으로 인식되지 않은 차감할 일시적차이는 다음과 같습니다.

(단위 : 백만원)

구분	당기	전기
차감할 일시적차이	2,529,017	2,566,506

설명

사례회사는 이연법인세자산으로 인식되지 않은 차감할 일시적차이를 주석공시하고 있다 [K-1012. 81(5)].

(5) 당기말 및 전기말 현재 이연법인세부채로 인식되지 않은 종속기업과 관련된 일시적차이 총액은 다음과 같습니다.

(단위 : 백만원)

구분	당기	전기
종속기업투자	1,459,555	1,202,359

설명

사례회사는 이연법인세부채로 인식되지 않은 종속기업투자에 대한 일시적차이 총액을 주석공시하고 있다[K-1012. 81(6)].

(6) 글로벌최저한세

2024년부터 적용되는 글로벌최저한세 법률에 따라 당사는 각 구성기업이 속해 있는 관할국별 실효세율과 최저한세율 15%의 차액에 대하여 추가세액을 납부해야 할 수 있습니다. 우리나라의 글로벌최저한세 관련 세법이 2024년 1월 1일부터 시행되기 때문에 당기에 대한 당기법인세효과는 없습니다. 당사는 글로벌최저한세 법률의 시행에 따라 재무제표에 미치는 영향을 검토 중에 있으며, 당기말 현재 그 금액을 신뢰성 있게 추정할 수 없습니다.

설명

사례회사는 국제조세개혁 - 필라2 모범규칙에 따라, 시행일이 2024년 1월 1일 이후이기 때문에 2023년말 기준에는 법인세효과가 없다는 점을 공시하고 있다[K-1012. 88A~D].

공시사례 16.2 미인식 이연법인세자산(부채)

주석

[출처 : 케이티앤지 2021년 연결감사보고서]

28. 법인세비용 및 이연법인세

(5) 당기말과 전기말 현재 이연법인세자산으로 인식되지 않은 차감할 일시적차이, 미사용 세무상결손금, 미사용 세액공제 등의 내역은 다음과 같습니다.

(단위 : 백만원)

구분	제35(당)기	제34(전)기
차감할 일시적차이	536,248	513,891
미사용결손금	205,955	214,850
미사용세액공제	304	132
합계	742,507	728,873

(6) 당기말과 전기말 현재 이연법인세자산으로 인식되지 않은 세무상결손금 및 세액공제의 만료시기는 다음과 같습니다.

구분	제35(당)기		제34(전)기	
	미사용결손금	미사용세액공제	미사용결손금	미사용세액공제
1년 이내	47,862	–	27,760	131
1~2년	47,200	–	48,789	1
2~3년	18,954	–	46,715	–
3년 초과	91,345	304	91,586	–
합계	205,361	304	214,850	132

(7) 당기말 및 전기말 현재 이연법인세부채로 인식되지 않은 종속기업, 관계기업에 대한 투자자산 및 공동기업 투자지분과 관련한 가산할 일시적차이는 965,437백만원(전기 : 893,447백만원)입니다.

설명

사례회사는 아래의 일시적차이는 미래 소멸가능성을 판단하여 이연법인세자산을 인식하지 않고 있다[K-1012. 81(5)].

- 차감할 일시적차이
- 미사용결손금
- 미사용세액공제

사례회사는 아래의 일시적차이는 미래 소멸가능성을 판단하여 이연법인세부채를 인식하지 않고 있다[K-1012. 81(6)].

- 종속기업, 관계기업에 대한 투자자산 및 공동기업 투자지분과 관련한 가산할 일시적차이

공시사례 16.3 법인세비용과 회계이익의 관계

주석

[출처 : 에스엠 2023년 감사보고서]

21. 법인세비용

21.4 당기와 전기 중 법인세비용과 회계이익의 관계는 다음과 같습니다.

(단위 : 천원)

구분	당기	전기
법인세비용차감전순이익	100,811,514	102,333,464
적용세율	22.64%	23.75%

구분	당기	전기
적용세율에 따른 세부담액	22,825,460	24,302,698
조정사항		
세무상 과세되지 않는 수익의 법인세 효과	(792,801)	(453,006)
세무상 공제되지 않는 비용의 법인세 효과	799,381	872,993
미인식 이연법인세자산의 변동	10,748,834	7,499,595
과거기간 당기법인세에 대하여 인식한 조정사항	(1,838,646)	(1,541,006)
세액공제 및 감면 등	4,144,984	2,906,366
법인세비용	35,887,212	33,587,640
평균유효세율	35.60%	32.82%

21.5 당기말 현재 일시적차이의 법인세효과는 당해 일시적차이가 소멸되는 회계연도의 미래 예상세율을 적용하여 계산되었는 바, 2023년 기말 이후 실현분에 대해서는 23.1%를 적용하여 산정되었습니다.

설명

사례회사는 법인세비용과 회계이익의 관계를 다음과 같이 공시하고 있다[K-1012. 81(3)].

구분	당기	비고
법인세비용차감전순이익	100,811,514	(주1)
적용세율	22.64%	(주2)
적용세율에 따른 세부담액	22,825,460	(주3)
조정사항		
세무상 과세되지 않는 수익의 법인세 효과	(792,801)	(주4)
세무상 공제되지 않는 비용의 법인세 효과	799,381	(주4)
미인식 이연법인세자산의 변동	10,748,834	(주5)
과거기간 당기법인세에 대하여 인식한 조정사항	(1,838,646)	(주6)
세액공제 및 감면 등	4,144,984	(주7)
법인세비용	35,887,212	(주8)
평균유효세율	35.60%	(주9)

(주1) 법인세비용차감전순이익

포괄손익계산서의 법인세비용차감전순이익과 일치함.

(주2) 적용세율

법인세비용차감전순이익	법인세율	법인세부담액
200,000	9.9%	19,800
19,800,000	20.9%	4,138,200
80,811,514	23.1%	18,667,460
법인세부담액 합계(A)		22,825,460

법인세비용차감전순이익	법인세율	법인세부담액
법인세비용차감전순이익(B)		100,811,514
적용세율(A/B)		22.64%

(주3) 적용세율에 따른 세부담액

법인세비용차감전순이익	적용세율	적용세율에 따른 세부담액
100,811,514	22.64%	22,825,460

(주4) 세무상 과세되지 않는 비용(수익)의 법인세 효과
비과세수익 및 비공제비용 각각에 적용세율(23.72%)을 적용하여 산출함(비과세수익의 법인세효과는 차감하고, 비공제비용의 법인세효과는 가산함).

(주5) 미인식 이연법인세자산의 변동
이 주석에서는 영구적차이만 고려하나, 일시적차이 중 미인식된 부분은 일시적차이를 적용한 게 아니므로 여기에 가감함.

(주6) 과거기간 당기법인세에 대하여 인식한 조정사항
전기이전분 법인세추납액(환급액)을 가산(차감)함.

(주7) 세액공제
세액공제 금액을 가산함(미공제 이월세액공제가 아닌 당기 중 공제받은 세액공제 전체임).

(주8) 법인세비용
포괄손익계산서상 법인세비용과 일치함.

(주9) 유효세율

$$\frac{\text{법인세비용}(35,887,212)}{\text{법인세비용차감전순이익}(100,811,514)} = 35.60\%$$

공시사례 16.4 중단영업 법인세비용

[출처 : LG전자 2023년 연결감사보고서]

손익계산서

제22기 : 2023년 1월 1일부터 2023년 12월 31일까지

제21기 : 2022년 1월 1일부터 2022년 12월 31일까지

LG전자주식회사 (단위 : 백만원)

과목	주석	당기	전기
계속영업			
…		…	…
법인세비용차감전순이익(손실)		1,204,165	1,031,658
법인세비용	18	200,203	8,288
계속영업당기순이익(손실)		1,003,962	1,023,370

과목	주석	당기	전기
중단영업			
중단영업당기순이익(손실)	39	134	(168,407)
당기순이익		1,004,096	854,963
…		…	…

18.1 당기법인세 및 이연법인세

18.1 법인세비용

(1) 법인세비용의 구성 내역

(단위 : 백만원)

구분	당기	전기
당기법인세		
당기 법인세부담액	267,273	238,422
과거기간 법인세의 조정사항	(11,029)	(29,695)
이연법인세		
일시적차이 변동 효과	181,281	174,938
이월세액공제 변동 효과	(196,636)	(350,957)
이월결손금 변동 효과	(40,637)	(82,273)
법인세비용(수익)	200,252	(49,565)
계속영업 법인세비용(수익)	200,203	8,288
중단영업 법인세비용(수익)	49	(57,853)

설명

사례회사는 중단영업이 있는 경우로서, 계속영업손익과 중단영업손익을 포괄손익계산서에 구분 표시한다.
법인세비용은 포괄손익계산서에는 한 줄로 표시하고, 주석에 계속영업 법인세비용과 중단영업 법인세비용을 구분해서 공시하고 있다[K-1012, 81(8)].

K-IFRS

주석작성실무

기타 주석

CHAPTER

17 특수관계자 공시

▶ 관련 기업회계기준서

K-IFRS 제1024호 특수관계자 공시

01 | 기준서 주요 내용

| 특수관계자의 범위

특수관계자는 재무제표를 작성하는 기업(이 기준서에서는 '보고기업'이라 한다)과 특수관계에 있는 개인이나 기업으로 정의된다.

보고기업과 다음의 관계가 있는 개인 또는 법인은 특수관계자에 해당된다.

특수관계자 범위(K-1024. 9)
(1) 개인
(가) 보고기업에 지배력 또는 공동지배력이 있는 개인과 그 가까운 가족(*)
(나) 보고기업에 유의적인 영향력이 있는 개인과 그 가까운 가족
(다) 보고기업 또는 그 지배기업의 주요 경영진(**)과 그 가까운 가족
(2) 법인
(가) 기업과 보고기업이 동일한 연결실체 내의 일원인 경우(지배기업과 종속기업 및 연결실체 내의 다른 종속기업은 서로 특수관계에 있음을 의미)
(나) 한 기업이 다른 기업의 관계기업이거나 공동기업인 경우(또는 그 다른 기업이 속한 연결실체 내의 일원의 관계기업이거나 공동기업인 경우)
(다) 두 기업이 동일한 제3자의 공동기업인 경우
(라) 제3의 기업에 대해 한 기업이 공동기업이고 다른 기업이 관계기업인 경우

(마) 기업이 보고기업이나 그 보고기업과 특수관계에 있는 기업의 종업원급여를 위한 퇴직급여제도인 경우. 보고기업 자신이 퇴직급여제도인 경우, 그 제도의 책임사용자도 보고기업과 특수관계에 있다.
(바) 기업이 '(1)'에서 식별된 개인에 의하여 지배 또는 공동지배되는 경우
(사) '(1)의 (가)'에서 식별된 개인이 기업에 유의적인 영향력이 있거나 그 기업(또는 그 기업의 지배기업)의 주요 경영진의 일원인 경우
(아) 보고기업이나 보고기업의 지배기업에게 주요 경영인력용역을 제공하는 기업이나 그 기업이 속한 연결실체의 모든 일원

(*) 개인의 가까운 가족

개인의 가까운 가족 : 당해 기업과의 거래 관계에서 당해 개인의 영향을 받거나 당해 개인에게 영향력을 행사할 것으로 예상되는 가족으로서 다음의 경우를 포함한다.

(1) 자녀 및 배우자(사실상 배우자 포함. 이하 같다)

(2) 배우자의 자녀

(3) 당해 개인이나 배우자의 피부양자

(**) 주요 경영진

주요 경영진 : 직 · 간접적으로 당해 기업 활동의 계획 · 지휘 · 통제에 대한 권한과 책임을 가진 자로서 모든 이사(업무집행이사 여부를 불문함)를 포함한다.

| 특수관계자가 아닌 경우

다음에 해당하는 경우 특수관계자가 아니다.

특수관계자가 아닌 경우(K-1024. 11)
개인
(1) 단순히 두 기업의 이사가 동일인이거나 그 밖의 주요 경영진의 일원이 동일인인 경우의 두 기업 또는 한 기업의 주요 경영진의 일원이 다른 기업에 유의적인 영향력이 있는 경우의 두 기업
(2) 하나의 공동기업을 공동지배하는 두 참여자
(3) 기업과 단순히 통상적인 업무 관계를 맺고 있는 (가) 자금제공자, (나) 노동조합, (다) 공익기업 그리고 (라) 보고기업에 지배력, 공동지배력 또는 유의적인 영향력이 없는 정부부처와 정부기관(기업 활동의 자율성에 영향을 미치거나 기업의 의사결정과정에 참여할 수 있다 하더라도 상관없음)
(4) 유의적인 규모의 거래를 통해 단지 경제적 의존 관계만 있는 고객, 공급자, 프랜차이저, 유통업자 또는 총대리인

K-IFRS 제1024호(특수관계자 공시) 적용사례에서 특수관계자의 범위에 대한 판단근거를 사례로 제시하고 있다.

| 적용사례. 특수관계자의 정의

사례 2 관계기업과 종속기업

IE4

지배기업은 종속기업 A, B와 C에 지배 지분을 보유하며 관계기업 1과 2에 유의적인 영향력이 있다. 종속기업 C는 관계기업 3에 유의적인 영향력이 있다.

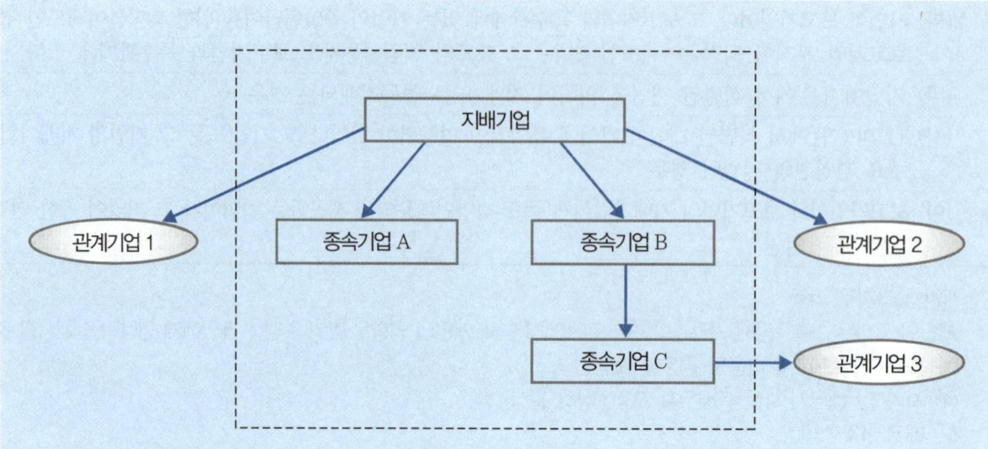

IE5

지배기업의 별도재무제표에서 종속기업 A, B와 C, 그리고 관계기업 1, 2와 3은 특수관계자이다. [K-1024. 9(2)(가)와 (나)]

IE6

종속기업 A의 재무제표에서 지배기업, 종속기업 B와 C, 그리고 관계기업 1, 2와 3은 특수관계자이다. 종속기업 B의 별도재무제표에서 지배기업, 종속기업 A와 C, 그리고 관계기업 1, 2와 3은 특수관계자이다. 종속기업 C의 재무제표에서 지배기업, 종속기업 A와 B, 그리고 관계기업 1, 2와 3은 특수관계자이다. [K-1024. 9(2)(가)와 (나)]

IE7

관계기업 1, 2와 3의 각 재무제표에서 지배기업과 종속기업 A, B와 C는 특수관계자이다. 관계기업 1, 2와 3은 서로 특수관계에 있지 아니하다. [K-1024. 9(2)(나)]

IE8

지배기업의 연결재무제표에서 관계기업 1, 2와 3은 연결실체와 특수관계에 있다. [K-1024. 9(2)(나)]

사례 3 주요경영진

IE9

개인 X는 기업 A에 100% 투자하고 기업 C의 주요 경영진의 일원이다. 기업 B는 기업 C에 100% 투자하고 있다.

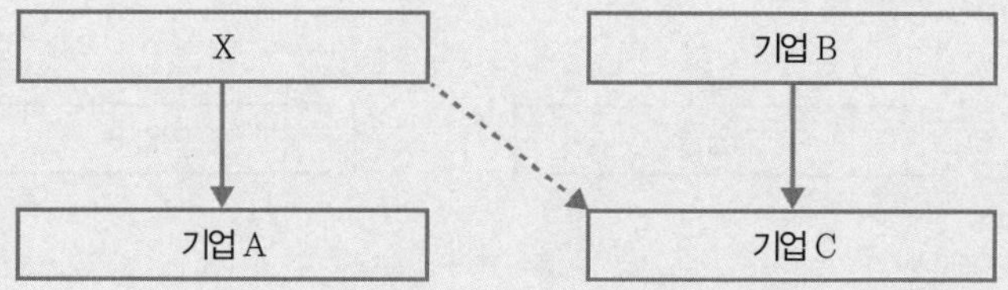

IE10

기업 C의 재무제표에서, 기업 A는 기업 C와 특수관계에 있는데 X가 기업 A에 지배력이 있고 기업 C의 주요 경영진의 일원이기 때문이다. [K-1024. 9(2)(바)~(1)(다)]

IE11

기업 C의 재무제표에서, X가 기업 C가 아닌 기업 B의 주요 경영진의 일원인 경우에도 기업 A는 기업 C와 특수관계에 있다. [K-1024. 9(2)(바)~(1)(다)]

IE12

더 나아가 X가 기업 A에 공동지배력이 있는 경우에도 문단 IE10와 IE11에 기술된 결과는 동일할 것이다. [K-1024. 9(2)(바)~(1)(다)] (X가 기업 A에 지배력이나 공동지배력이 아닌 단지 유의적인 영향력만 있다면 기업 A와 C는 서로 특수관계에 있지 아니하다.)

IE13

기업 A의 재무제표에서, 기업 C는 기업 A와 특수관계에 있는데 X가 A에 지배력이 있고 기업 C의 주요 경영진의 일원이기 때문이다. [K-1024. 9(2)(사)~(1)(가)]

IE14

더 나아가 X가 기업 A에 공동지배력이 있는 경우에도 문단 IE13에 기술된 결과는 동일할 것이다. 또한 X가 기업 C가 아닌 기업 B의 주요 경영진의 일원일 경우에도 결과는 동일할 것이다. [K-1024. 9(2)(사)~(1)(가)]

IE15

기업 B의 연결재무제표에서, X가 연결실체의 주요 경영진의 일원일 경우 기업 A는 연결실체의 특수관계자이다. [K-1024. 9(2)(바)~(1)(다)]

사례 4 투자자로서의 개인

IE16

개인 X는 기업 A와 B에 투자하고 있다.

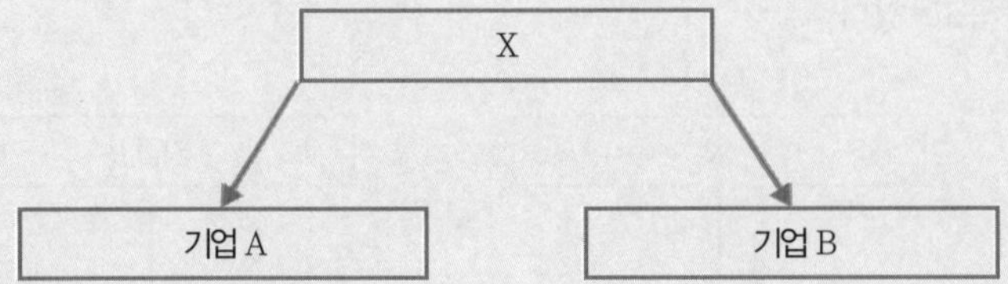

IE17

기업 A의 재무제표에서, X가 기업 A에 지배력 또는 공동지배력이 있는 경우에 X가 기업 B에 지배력, 공동지배력 또는 유의적인 영향력이 있다면 기업 B는 기업 A와 특수관계에 있다. [K-1024, 9(2)(바)~(1)(가), 9(2)(사)~(1)(가)]

IE18

기업 B의 재무제표에서, X가 기업 A에 지배력 또는 공동지배력이 있는 경우에 X가 기업 B에 지배력, 공동지배력 또는 유의적인 영향력이 있다면 기업 A는 기업 B와 특수관계에 있다. [K-1024, 9(2)(바)~(1)(가), 9(2)(바)~(1)(나)]

IE19

X가 기업 A와 B 둘 모두에 유의적인 영향력이 있다면 기업 A와 B는 서로 특수관계에 있지 아니하다.

사례 5 투자를 하고 있는 가까운 가족

IE20

개인 X는 Y의 사실상 배우자이다. X는 기업 A에 투자하고 있으며 Y는 기업 B에 투자하고 있다.

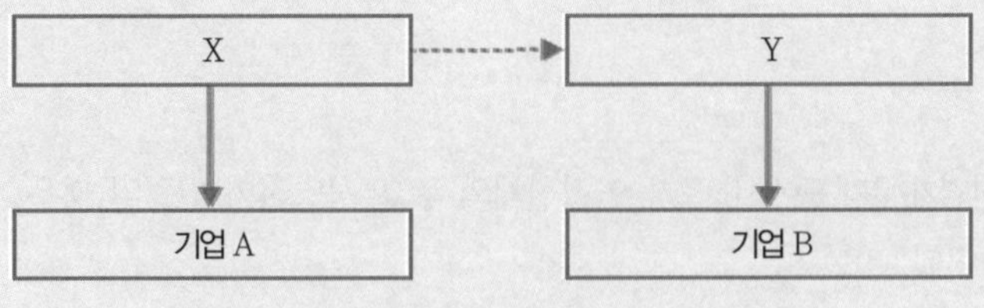

IE21

기업 A의 재무제표에서, X가 기업 A에 지배력 또는 공동지배력이 있는 경우에 Y가 기업 B에 지배력, 공동지배력 또는 유의적인 영향력이 있다면 기업 B는 기업 A와 특수관계에 있다. [K-IFRS 1024. 9(2)(바)~(1)(가) 그리고 9(2)(사)~(1)(가)]

IE22

기업 B의 재무제표에서, X가 기업 A에 지배력 또는 공동지배력이 있는 경우에 Y가 기업 B에 지배력, 공동지배력 또는 유의적인 영향력이 있다면 기업 A는 기업 B와 특수관계에 있다. [K-IFRS 1024. 9(2)(바)~(1)(가) 그리고 9(2)(바)~(1)(나)]

IE23

X가 기업 A에 유의적인 영향력이 있고 Y가 기업 B에 유의적인 영향력이 있다면 기업 A와 B는 서로 특수관계에 있지 아니하다.

| 참고 | 특수관계자 주석공시 관련 유의사항(감리지적사례)

최근 증선위는 공정거래위원회가 지정한 **대규모기업집단 소속회사 간의 거래는 특수관계자 간 거래내역으로 주석공시하는 것이 타당**하다고 의결*

* 2016.9.7. 증선위는 대규모기업집단 소속회사 간 거래내역을 주석공시하지 않은 회사 및 감사인에 대한 조치안을 의결

기업회계기준서 제1024호(특수관계자 공시) 문단 10에 의하면 특수관계자 여부를 판단함에 있어 "법적 형식뿐만 아니라 실질 관계에도 주의를 기울여야 한다."라고 명시

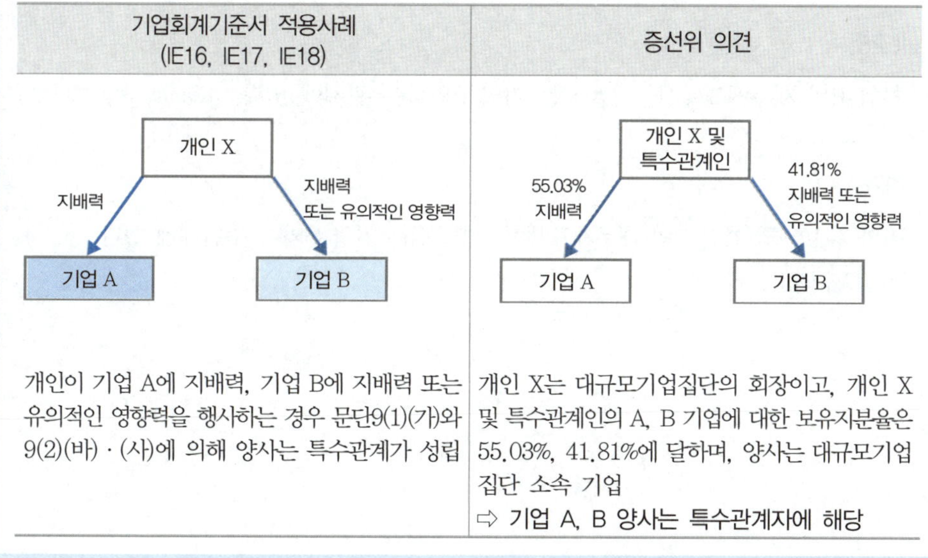

기업회계기준서 적용사례 (IE16, IE17, IE18)	증선위 의견
개인 X / 지배력 / 지배력 또는 유의적인 영향력 / 기업 A / 기업 B	개인 X 및 특수관계인 / 55.03% 지배력 / 41.81% 지배력 또는 유의적인 영향력 / 기업 A / 기업 B
개인이 기업 A에 지배력, 기업 B에 지배력 또는 유의적인 영향력을 행사하는 경우 문단9(1)(가)와 9(2)(바)·(사)에 의해 양사는 특수관계가 성립	개인 X는 대규모기업집단의 회장이고, 개인 X 및 특수관계인의 A, B 기업에 대한 보유지분율은 55.03%, 41.81%에 달하며, 양사는 대규모기업집단 소속 기업 ⇨ 기업 A, B 양사는 특수관계자에 해당

- 증선위는 우리나라의 특수한 기업 지배 구조에서 동일인에 의해 사실상 지배되는 회사들을 공정위가 대규모기업집단계열회사로 지정한 것은 실질 관계상 특수관계를 의미한다고 해석
  - 또한 출자 관계 등 외형상 관계는 없으나 회사와 실질 관계가 있다고 판단*되는 경우, 특수관계자로 공시할 필요

    * 공정거래법 외 법률 등에 의해 특수관계가 있다고 판단되거나, 기업 간 경영진의 상호 교류, 정책결정과정에 참여하는 등
- 다만 회사가 특수관계가 존재하지 않음을 명백히 증명할 수 있는 경우에는 제외하여 공시 가능

사례 6 공동지배의 기업

IE24

기업 A는 기업 B에 공동지배력이 있고 동시에 기업 C에 공동지배력 또는 유의적인 영향력이 있다.

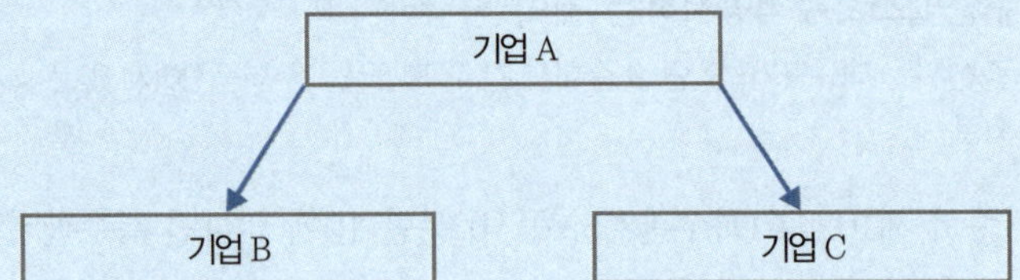

IE25

기업 B의 재무제표에서, 기업 C는 기업 B와 특수관계에 있다. [K-IFRS 1024. 9(2)(다)와 (라)]

IE26

이와 유사하게 기업 C의 재무제표에서, 기업 B는 기업 C와 특수관계에 있다. [K-IFRS 1024. 9(2)(다)와 (라)]

02 | 주석 작성 핵심 포인트

특수관계자 거래 관련 주요 주석공시사항은 다음과 같이 요약된다.

Key Point

구분	주요 주석공시사항	비고
1. 특수관계자 범위	• 지배기업과 그 종속기업 사이의 관계는 거래의 유무에 관계없이 공시 • 최상위 지배자와 지배기업이 다른 경우에는 최상위 지배자의 명칭도 공시	
2. 주요경영진 보상내역	• 주요경영진 보상 (1) 단기종업원급여 (2) 퇴직급여 (3) 기타 장기급여 (4) 해고급여 (5) 주식기준보상	
3. 특수관계자 거래내역	• 거래 금액 • 약정을 포함한 채권 · 채무 잔액과 다음 사항 – 그 채권 · 채무의 조건(담보 제공 여부 포함)과 결제할 때 제공될 대가의 성격 – 그 채권 · 채무에 대하여 제공하거나 제공받은 보증의 상세 내역 • 채권 잔액에 대하여 설정된 대손충당금 • 특수관계자 채권에 대하여 당해 기간 중 인식된 대손상각비	회사별, 범주별 공시
4. 정부특수관계기업	일부 공시 생략 가능	

03 | 주석공시 요구사항

K-IFRS 제1024호(특수관계자 공시) 관련 주석공시 요구사항은 다음과 같이 구분된다.

문단	공시사항
13 ~ 16	1. 특수관계자 범위
17 ~ 17A	2. 주요경영진 보상내역
18 ~ 24	3. 특수관계자 거래내역
25 ~ 27	4. 정부특수관계기업

1. 특수관계자 범위

13	지배기업과 그 종속기업 사이의 관계는 거래의 유무에 관계없이 공시한다. 기업은 지배기업의 명칭을 공시한다. 다만, 최상위 지배자와 지배기업이 다른 경우에는 최상위 지배자의 명칭도 공시한다. 지배기업과 최상위 지배자가 일반이용자가 이용할 수 있는 연결재무제표를 작성하지 않는 경우에는 일반이용자가 이용할 수 있는 연결재무제표를 작성하는 가장 가까운 상위의 지배기업의 명칭도 공시한다.

14	지배력이 있는 경우, 특수관계자거래의 유무에 관계없이 특수관계가 기업에 미치는 영향을 재무제표이용자가 파악하도록 이러한 특수관계를 공시하는 것이 적절하다.

15	기업회계기준서 제1027호와 제1112호 '타 기업에 대한 지분의 공시'에서 요구하는 공시 요구사항에 추가하여 지배기업과 종속기업 사이의 특수관계 사실을 공시한다.

16	문단 13에서는 가장 가까운 상위의 지배기업을 언급하고 있는데 이는 지배기업보다는 상위에 있고 일반이용자가 이용할 수 있는 연결재무제표를 작성하는 지배기업 가운데 연결실체에서 가장 하위에 있는 지배기업을 말한다.

특수관계자 범위 관련 주석공시사항과 그 예시는 다음과 같다.

(1) 특수관계자 범위

주석사항

- 지배기업과 그 종속기업 사이의 관계는 거래의 유무에 관계없이 공시한다(K-1024, 13).
- 다만, 최상위 지배자와 지배기업이 다른 경우에는 최상위 지배자의 명칭도 공시한다(K-1024, 13).
- 지배기업과 최상위 지배자가 일반이용자가 이용할 수 있는 연결재무제표를 작성하지 않는 경우에는 일반이용자가 이용할 수 있는 연결재무제표를 작성하는 가장 가까운 상위의 지배기업의 명칭도 공시한다(K-1024, 13).

예시

1. 특수관계자와의 거래

(1) 당기말 현재 회사의 특수관계자의 내역은 다음과 같습니다.

구분	특수관계자명
최상위 지배기업 (K-1024. 13)	AA홀딩스
당해 기업에 유의적인 영향력을 행사하는 회사	A중공업
종속기업 (K-1024. 13)	A식품, A반도체, A제약
관계기업(*1)	A철강
기타 특수관계자(*1)(*2)	A여행, A정보통신

(*1) 회사와 매출 등의 거래 또는 채권 · 채무 잔액이 있는 특수관계자만 포함하였습니다.

(*2) 동 회사 등은 한국채택국제회계기준 제1024호 문단 9에서 정의하는 특수관계자에는 해당하지 않으나, 공정거래위원회가 지정한 대규모기업집단 계열회사는 한국채택국제회계기준 제1024호 문단 10에서 규정하는 실질관계에 따른 특수관계자라는 증권선물위원회의 의결사항에 따라 특수관계자로 분류되는 회사 등입니다. (K-1024. 10)

설명

- 지배력이 있는 경우, 특수관계자거래의 유무에 관계없이 특수관계가 기업에 미치는 영향을 재무제표이용자가 파악하도록 이러한 특수관계를 공시하는 것이 적절하다(K-1024. 14).
- 지배 종속기업 이외에 관계기업 등은 거래가 존재하지 않는 경우 그 관계를 공시할 의무는 없다.
- 다만, 실무적으로 비교표시를 위해 관계기업 등도 거래 유무와 관계없이 공시하는 경우가 있다.
- 한편, 2016년 금융감독원 감리지적사례 중 공정거래위원회가 지정한 대규모기업집단 계열회사는 실질적으로 특수관계자에 해당된다는 사례가 있었으며, 이후 공정거래위원회가 지정한 대규모기업집단은 계열회사들을 특수관계자로 정의하여 공시하고 있다.

2. 주요경영진 보상내역

17 **주요 경영진에 대한 보상의 총액과 다음 분류별 금액을 공시한다.**

(1) 단기종업원급여

(2) 퇴직급여

(3) 기타 장기급여

(4) 해고급여

(5) 주식기준보상

17A 다른 기업('경영인력용역기업')으로부터 주요 경영인력용역을 제공받는 기업은 경영인력용역기업이 경영인력용역기업의 종업원이나 이사에게 지급하였거나 지급하여야 하는 보상에 대하여 문단 17의 요구사항을 적용하지 않는다.

주요 경영진에 대한 보상 관련 주석공시사항과 그 예시는 다음과 같다.

(1) 주요 경영진 보상

주석사항

주요 경영진에 대한 보상의 총액과 다음 분류별 금액을 공시한다(K-1024, 17).

(1) 단기종업원급여

(2) 퇴직급여

(3) 기타 장기급여

(4) 해고급여

(5) 주식기준보상

예시

1. 특수관계자와의 거래

(2) 당사의 주요 경영진은 기업활동의 계획 · 운영 · 통제에 대한 중요한 권한과 책임을 가지고 있는 등기임원이며, 당기 중 경영진에 대한 보상내역은 다음과 같습니다. (K-1024, 17)

구분	당기	전기
급여	1,000	1,200
퇴직급여	100	200
기타장기종업원급여	100	80
주식보상비용	2,000	-
합계	3,200	1,480

설명

- 주요 경영진 보상은 우선적으로 회사의 주요 경영진이 누구인지에 대한 정의가 필요하다.
- 주요 경영진 보상 주석공시사항 중 상기 '(1) ~ (4)'는 K-IFRS 제1019호(종업원급여)에 해당되고, '(5)'는 K-IFRS 제1102호(주식기준보상)에 해당된다.
- 다른 기업('경영인력용역기업')으로부터 주요 경영인력용역을 제공받는 기업은 경영인력용역기업이 경영인력용역기업의 종업원이나 이사에게 지급하였거나 지급하여야 하는 보상에 대하여 문단 17의 요구사항을 적용하지 않는다(K-1024, 17A).

3. 특수관계자 거래내역

18 **회계기간 내에 특수관계자거래가 있는 경우, 기업은 이용자가 재무제표에 미치는 특수관계의 잠재적 영향을 파악하는 데 필요한 거래, 약정을 포함한 채권 · 채무 잔액에 대한 정보뿐만 아니라 특수관계의 성격도 공시한다. 이러한 공시 요구사항은 문단 17의 요구사항에**

18 **추가된다. 공시는 최소한 다음 내용을 포함한다.**

(1) 거래 금액

(2) 약정을 포함한 채권 · 채무 잔액과 다음 사항

(가) 그 채권 · 채무의 조건(담보 제공 여부 포함)과 결제할 때 제공될 대가의 성격

(나) 그 채권 · 채무에 대하여 제공하거나 제공받은 보증의 상세 내역

(3) 채권 잔액에 대하여 설정된 대손충당금

(4) 특수관계자 채권에 대하여 당해 기간 중 인식된 대손상각비

18A 별개의 경영인력용역기업이 제공하는 주요 경영인력용역으로 인해 보고기업에 의해 발생된 금액을 주석으로 공시한다.

19 **문단 18에서 규정하는 사항은 다음과 같은 범주로 분류하여 공시한다.**

(1) 지배기업

(2) 당해 기업을 공동지배하거나 당해 기업에 유의적인 영향력을 행사하는 기업

(3) 종속기업

(4) 관계기업

(5) 당해 기업이 참여자인 공동기업

(6) 당해 기업이나 당해 기업의 지배기업의 주요 경영진

(7) 그 밖의 특수관계자

20 문단 19에서 규정하는 특수관계자와의 채권 · 채무 금액의 범주별 분류는 기업회계기준서 제1001호 '재무제표 표시'에서 재무상태표나 주석에 표시하도록 요구하는 공시사항이다. 이러한 범주는 특수관계자와의 채권 · 채무 잔액에 대한 보다 포괄적인 분석을 제공하고 특수관계자거래에 적용하기 위하여 추가된 것이다.

21 특수관계자와의 거래가 있는 경우, 공시하는 거래의 예는 다음과 같다.

(1) 재화(완성품이나 재공품)의 매입이나 매출

(2) 부동산과 그 밖의 자산의 구입이나 매각

(3) 용역의 제공이나 수령

(4) 리스

(5) 연구개발의 이전

(6) 라이선스계약에 따른 이전

(7) 금융약정에 따른 이전(대여와 현금출자나 현물출자 포함)

21 (8) 보증이나 담보의 제공
(9) 미래에 특정사건이 발생하거나 발생하지 않을 경우 어떠한 일을 수행하는 약정(인식되었거나 인식되지 않은 미이행계약 기업회계기준 제1037호 '충당부채, 우발부채 및 우발자산'에서는 미이행계약을 포함)
(10) 당해 기업이 특수관계자를 대신하거나 특수관계자가 당해 기업을 대신한 부채의 결제

22 연결실체에 속하는 기업 사이에 위험을 공유하는 확정급여제도에 지배기업이나 종속기업이 참여하는 것은 특수관계자거래에 해당한다[기업회계기준서 제1019호(2011년 개정) 문단 42 참조].

23 독립된 당사자 사이의 거래 조건에 따라 거래가 이루어졌음을 입증할 수 있는 경우에 한하여 특수관계자거래가 그러한 조건으로 이루어졌다는 사실을 공시한다.

24 기업의 재무제표에 미치는 특수관계자거래의 영향을 파악하기 위하여 분리하여 공시할 필요가 있는 경우를 제외하고는 성격이 유사한 항목은 통합하여 공시할 수 있다.

특수관계자 거래내역 관련 주석공시사항과 그 예시는 다음과 같다.

(1) 특수관계자 거래내역 공시

주석사항

회계기간 내에 특수관계자거래가 있는 경우, 기업은 이용자가 재무제표에 미치는 특수관계의 잠재적 영향을 파악하는 데 필요한 거래, 약정을 포함한 채권 · 채무 잔액에 대한 정보뿐만 아니라 특수관계의 성격도 공시한다. 이러한 공시 요구사항은 문단 17의 요구사항에 추가된다. 공시는 최소한 다음 내용을 포함한다(K-1024. 18).

(1) 거래 금액
(2) 약정을 포함한 채권 · 채무 잔액과 다음 사항
  (가) 그 채권 · 채무의 조건(담보 제공 여부 포함)과 결제할 때 제공될 대가의 성격
  (나) 그 채권 · 채무에 대하여 제공하거나 제공받은 보증의 상세 내역
(3) 채권 잔액에 대하여 설정된 대손충당금
(4) 특수관계자 채권에 대하여 당해 기간 중 인식된 대손상각비

거래내역 범주별 분류 공시

기초와 문단 18에서 규정하는 사항은 다음과 같은 범주로 분류하여 공시한다(K-1024. 19).

(1) 지배기업
(2) 당해 기업을 공동지배하거나 당해 기업에 유의적인 영향력을 행사하는 기업
(3) 종속기업
(4) 관계기업
(5) 당해 기업이 참여자인 공동기업
(6) 당해 기업이나 당해 기업의 지배기업의 주요 경영진
(7) 그 밖의 특수관계자

거래내역 공시 예시

특수관계자와의 거래가 있는 경우, 공시하는 거래의 예는 다음과 같다(K-1024. 21).
(1) 재화(완성품이나 재공품)의 매입이나 매출
(2) 부동산과 그 밖의 자산의 구입이나 매각
(3) 용역의 제공이나 수령
(4) 리스
(5) 연구개발의 이전
(6) 라이선스계약에 따른 이전
(7) 금융약정에 따른 이전(대여와 현금출자나 현물출자 포함)
(8) 보증이나 담보의 제공
(9) 미래에 특정사건이 발생하거나 발생하지 않을 경우 어떠한 일을 수행하는 약정(인식되었거나 인식되지 않은 미이행계약 기업회계기준 제1037호 '충당부채, 우발부채 및 우발자산'에서는 미이행계약을 포함)
(10) 당해 기업이 특수관계자를 대신하거나 특수관계자가 당해 기업을 대신한 부채의 결제

예시

1. 특수관계자와의 거래
(3) 당기와 전기 중 특수관계자와의 매출·매입 등 거래 내역은 다음과 같습니다.

특수관계구분	회사명	매출	원재료 매입	유형자산 취득
종속기업	A식품	10,000	–	–
	A반도체	2,000	–	–
관계기업	A철강		1,500	500
기타특수관계기업	A여행	–	–	300
	A정보통신	3,000	–	100
합계		15,000	1,500	900

(4) 당기와 전기 중 특수관계자와의 자금거래 내역은 다음과 같습니다.

특수관계구분	회사명	자금대여		자금차입	
		대여	회수	차입	상환
종속기업	A식품	100	100	–	–
관계기업	A철강	–	–	1,000	800
합계		100	100	1,000	800

(5) 당기말과 전기말 현재 특수관계자에 대한 채권 · 채무 내역은 다음과 같습니다.

특수관계구분	회사명	채권		채무	
		매출채권	대여금	매입채무	차입금
종속기업	A식품	1,000	–	–	–
	A반도체	2,000	–	–	–
관계기업	A철강	–	–	500	200
합계		3,000	–	500	200

회사는 일반적으로 매출 · 매입 거래일의 다음 달 말일에 대금을 회수 · 지급하고 있으나, 종속기업 A식품에 대한 매출 거래는 거래일부터 3개월이 경과한 달의 말일에 대금을 회수하며 회수기간 동안 이자는 없습니다.
회사와 상기 특수관계 회사 간의 대여 · 차입 거래에 대하여는 연 3.5%의 이자율을 적용하고 있습니다.
당기말 현재 종속기업 A식품에 대한 대여금에 대하여 100% 대손충당금을 설정하고 있으며, 이와 관련하여 당기 중 인식한 대손상각비는 200원입니다.

(6) 당기말 현재 당사가 특수관계자의 자금조달 등을 위하여 제공하고 있는 지급보증 및 담보의 내역은 다음과 같으며, 특수관계자로부터 제공받고 있는 담보 및 지급보증은 없습니다.

1) 제공한 지급보증

특수관계구분	회사명	보증처	지급보증금액	보증기간
종속기업	A식품	S보증보험	1,000	~2023.12.31.
합계				

2) 담보 제공 자산

특수관계구분	회사명	담보제공자산	장부가액	담보설정액	제공처
종속기업	A식품	토지건물	5,000	6,500	K은행
합계					

설명

- 상기 예시는 금융감독원 주석공시 모범사례 2013-1(특수관계자거래 공시)에 근거하고 있다.
- 특수관계자 거래내역 공시는 지배기업, 관계기업 등 각 특수관계자를 범주별로 구분하여 공시하도록 요구한다.
- K-IFRS 제1024호(특수관계자 공시) 기준서에서는 특수관계자 회사별 공시를 요구하고 있지 않다. 반면, 금융감독원 주석공시 모범사례 2013-1(특수관계자거래 공시)에서는 회사명을 기재하는 것을 요구하고 있는 점을 유의해야 한다.
- 문단 19에서 규정하는 특수관계자와의 채권 · 채무 금액의 범주별 분류는 기업회계기준서 제1001호 '재무제표 표시'에서 재무상태표나 주석에 표시하도록 요구하는 공시사항이다. 이러한 범주는 특수관계자와의 채권 · 채무 잔액에 대한 보다 포괄적인 분석을 제공하고 특수관계자거래에 적용하기 위하여 추가된 것이다(K-1024, 20).
- 특수관계자 거래내역은 단순히 매출 등, 매입 등으로 구분하여 공시하는 것이 아니라, 상기 '거래내역 공시 예시 (1) ~ (10)'으로 구분하여 공시한다.
- 연결실체에 속하는 기업 사이에 위험을 공유하는 확정급여제도에 지배기업이나 종속기업이 참여하는 것은 특수관계자거래에 해당한다(K-1024, 22).
- 독립된 당사자 사이의 거래 조건에 따라 거래가 이루어졌음을 입증할 수 있는 경우에 한하여 특수관계자거래가 그러한 조건으로 이루어졌다는 사실을 공시한다(K-1024, 23).
- 기업의 재무제표에 미치는 특수관계자거래의 영향을 파악하기 위하여 분리하여 공시할 필요가 있는 경우를 제외하고는 성격이 유사한 항목은 통합하여 공시할 수 있다(K-1024, 24).

4. 정부특수관계기업

25 **다음의 정부와 기업에 대하여, 특수관계자거래 및 약정을 포함한 채권 · 채무 잔액과 관련된 문단 18의 공시 요구사항을 면제한다.**

(1) 보고기업에 대해 지배력, 공동지배력 또는 유의적인 영향력이 있는 정부

(2) 보고기업과 다른 기업 둘 모두에 대해 동일한 정부가 지배력, 공동지배력 또는 유의적인 영향력이 있기 때문에 둘 간에 특수관계자가 된 경우 그 다른 기업

26 **보고기업이 문단 25의 면제규정을 적용하는 경우, 문단 25에서 언급된 거래와 관련 채권 · 채무잔액에 대한 다음의 사항을 공시한다.**

(1) 정부명 및 보고기업과의 관계의 성격(즉, 지배력, 공동지배력, 또는 유의적인 영향력)

(2) 재무제표 이용자가 재무제표상의 특수관계자거래의 영향을 이해할 수 있도록 충분히 자세하게 기술된 다음의 정보

26 (가) 개별적으로 유의적인 각각의 거래의 성격과 금액

(나) 개별적으로 유의적이진 않지만 집합적으로 유의적인 그 밖의 거래에 대하여 그 정도를 나타내는 질적 또는 양적 표시. 거래의 형태에는 문단 21에 나열된 것을 포함한다.

27 문단 26(2)의 요구사항에 따라 공시되는 세부사항의 수준을 결정하기 위하여 판단할 때, 보고기업은 특수관계의 친밀성과 거래의 유의적인 수준을 형성하는 관련 요소를 고려하여야 한다. 이러한 요소는 다음과 같다.

(1) 규모면에서 유의적인가

(2) 비시장조건에 의하여 수행되는가

(3) 사업의 취득 또는 매각과 같이, 정상적인 일상거래 이외의 것인가

(4) 감독당국이나 감독기구에 공시되는가

(5) 상위 경영진에게 보고되는가

(6) 주주의 승인이 필요한가

정부특수관계기업 관련 주석공시사항은 다음과 같다.

(1) 정부특수관계기업

주석사항

정부특수관계기업의 범위

다음의 정부와 기업에 대하여, 특수관계자거래 및 약정을 포함한 채권 · 채무 잔액과 관련된 문단 18의 공시 요구사항을 면제한다(K-1024. 25).

(1) 보고기업에 대해 지배력, 공동지배력 또는 유의적인 영향력이 있는 정부

(2) 보고기업과 다른 기업 둘 모두에 대해 동일한 정부가 지배력, 공동지배력 또는 유의적인 영향력이 있기 때문에 둘 간에 특수관계자가 된 경우 그 다른 기업

정부특수관계기업의 공시사항

보고기업이 문단 25의 면제규정을 적용하는 경우, 문단 25에서 언급된 거래와 관련 채권 · 채무잔액에 대한 다음의 사항을 공시한다(K-1024. 26).

(1) 정부명 및 보고기업과의 관계의 성격(즉, 지배력, 공동지배력, 또는 유의적인 영향력)

(2) 재무제표 이용자가 재무제표상의 특수관계자거래의 영향을 이해할 수 있도록 충분히 자세하게 기술된 다음의 정보

(가) 개별적으로 유의적인 각각의 거래의 성격과 금액

(나) 개별적으로 유의적이진 않지만 집합적으로 유의적인 그 밖의 거래에 대하여 그

정도를 나타내는 질적 또는 양적 표시. 거래의 형태에는 문단 21에 나열된 것을 포함한다.

설명

- 정부특수관계기업은 정부에 의해 지배 또는 공동지배되거나 유의적인 영향을 받는 기업으로 정의된다(K-1024, 9).
- 문단 26(2)의 요구사항에 따라 공시되는 세부사항의 수준을 결정하기 위하여 판단할 때, 보고기업은 특수관계의 친밀성과 거래의 유의적인 수준을 형성하는 관련 요소를 고려하여야 한다. 이러한 요소는 다음과 같다(K-1024, 27).
  (1) 규모면에서 유의적인가
  (2) 비시장조건에 의하여 수행되는가
  (3) 사업의 취득 또는 매각과 같이, 정상적인 일상거래 이외의 것인가
  (4) 감독당국이나 감독기구에 공시되는가
  (5) 상위 경영진에게 보고되는가
  (6) 주주의 승인이 필요한가

참고 금융감독원 감리지적 사례 자료(2018년도~2019년도 주요 감리지적사례 및 유의사항)

감리지적사례 FSS/1912-21 : 특수관계자 거래 주석 기재 누락

- 쟁점분야 : 특수관계자 거래
- 관련기준 : 기업회계기준서 제1024호
- 결정연도 : 2018년
- 회계결산일 : 2017.1.1. ~ 2017.12.31.

1. 회사의 회계처리

W사는 코스닥상장을 준비하면서 특수관계가 있는 회사들에 대하여 보유 지분 처분 및 임원 겸직 해소 등의 방법으로 특수관계를 해소하였으며, 그 결과 W사의 특수관계자는 ×2년 말 12개에서 ×3년 말 2개로 감소하였다.

한편, W사의 최대주주 K씨(W사의 지분 25% 보유)는 ×3년 중 지분 100% 보유한 A사를 개별적으로 설립하고, A사를 통하여 B사 및 C사의 지분을 각각 30% 이상 취득하였다. K씨는 개별적으로 B사 및 C사의 지분도 각각 20%씩 보유하고 있다. 참고로 B사와 C사는 ×2년 말까지 W사의 특수관계자였으며, K씨는 A사의 설립 등에 대하여 W사 회계팀 등에 따로 알려주지 않았으며, W사의 회계팀은 W사가 지분을 보유하고 있거나 임원 등이 겸직하고 있는 경우에 한하여 특수관계 여부를 판단하고 있었다.

2. 회계기준 위반 지적내용

W사는 최대주주 K씨가 지배하고 있는 A사가 회사의 특수관계자에 해당한다는 사실을 인지하지 못하고, 연결 및 별도재무제표상 특수관계자와의 거래에 대한 주석 기재 시 A사 및 B사, C사를 특수관계자에서 누락하고 관련 거래를 주석에 기재하지 아니하였다.

3. 지적근거 및 판단 내용

기업회계기준서 제1024호(특수관계자) 문단 9에 따르면 보고기업에 유의적인 영향력이 있는 개인에 의하여 지배되는 기업은 보고기업과 특수관계에 있으므로 W사에 유의적인 영향력을 가진 최대주주 K씨가 지배하고 있는 A사는 보고기업인 W사와 특수관계에 있다. 또한, B사와 C사의 경우 K씨가 보유하고 있는 지분과 K씨가 지배하고 있는 A사 보유 지분을 합하여 50% 이상의 지분을 보유하고 있으므로 B사와 C사 역시 K씨가 지배력을 보유하고 있어 보고기업과 특수관계에 있다.

4. 감사절차 미흡사항

① 회계감사기준 520(특수관계자) 등에 따르면 감사인은 특수관계자와의 관계와 거래가 공시되지 않을 잠재성을 고려할 때, 전문가적 의구심을 가지고 감사를 계획하고 수행하는 것이 특히 중요하며, 감사인은 경영진이 특수관계자 및 특수관계자 거래의 식별, 회계처리 및 공시를 목적으로 수립한 통제가 있을 경우 그 통제를 이해하기 위해 경영진 및 기업 내부의 다른 사람에게 질문하고 또 적절하다고 고려되는 기타의 위험평가절차를 수행하여야 한다.

② 동 사례의 경우 외부감사인은 특수관계자를 식별하기 위한 회사의 내부 통제 제도에 대한 이해 절차를 수행하지 않았으며, 과거 W사는 다수의 특수관계자가 존재하였고, 특수관계자들 간 지분 관계가 복잡하고, 최대주주인 K씨가 동 특수관계자들에 대하여 유의적인 지분을 보유하고 있는 상황임에도 불구하고, 과거 특수관계자들의 주주명부를 충분히 확인하지 않는 등 감사절차를 소홀히 하였다.

5. 시사점

외부감사인은 특수관계자 거래에 대한 회사의 공시 사항에 대한 검토 시 회사가 인지하고 있는 특수관계자만을 기준으로 검토해서는 아니 되며, 회사의 특수관계자 거래 공시에 대한 전반적인 통제 절차 및 공시 과정 등을 충분히 이해하고, 그 과정에서 특수관계자가 누락될 가능성에 대하여 전문가적인 의구심을 가지고 감사절차를 수행할 필요가 있다.

04 | 실제 공시 사례

공시사례 17.1 특수관계자 공시 일반

주석

[출처 : 삼성바이오로직스 2023년 감사보고서]

31. 특수관계자

(1) 당기말 현재 회사의 지배기업은 삼성물산㈜이며, 회사에 대한 지분율은 43.06%입니다.

(2) 당기말 현재 회사와 매출 등 거래 또는 채권 · 채무 잔액이 있는 특수관계자 등의 현황은 다음과 같습니다.

구분	특수관계자명
지배기업	삼성물산㈜
유의적인 영향력을 보유하는 기업	삼성전자㈜
종속기업	Samsung Biologics America, Inc., 삼성바이오에피스㈜
관계기업 및 공동기업	SVIC 54호 신기술사업투자조합, SVIC 64호 신기술사업투자조합, ㈜에임드바이오
기타	삼성웰스토리㈜, Samsung C&T Deutschland GmbH, Samsung C&T Japan Corporation, 삼성전자판매㈜, 삼성전자서비스㈜, Samsung Electronics America, Inc., ㈜삼우종합건축사사무소
대규모기업집단(*)	삼성카드㈜, 삼성엔지니어링㈜, ㈜에스원, 삼성에스디에스㈜,㈜삼성글로벌리서치, ㈜멀티캠퍼스, 삼성화재해상보험㈜, 삼성생명보험㈜, ㈜호텔신라, ㈜제일기획, Cheil Germany GmbH, 삼성증권㈜, 에스비티엠 주식회사, ㈜시큐아이, ㈜에스에이치피코퍼레이션

(*) 기업회계기준서 제1024호 '특수관계자 공시'에 따른 특수관계자 범위에 포함되지 않으나 독점규제 및 공정거래법에 따른 동일한 대규모기업집단에 소속된 회사입니다.

설명

사례회사는 특수관계자로 지배기업, 종속기업, 유의적인 영향력을 보유하는 기업, 관계기업 및 공동기업, 기타 특수관계자가 해당된다.

지배기업과 종속기업은 거래 유무와 관계없이 특수관계자를 공시하고, 지배기업은 그 명칭을 공시한다(K-1024, 13).

반면, 지배기업이나 종속기업 이외의 특수관계자는 당기 중 거래 또는 채권채무 잔액이 존재할 경우 그 존재사실을 공시한다(K-1024, 13).

한편, 2016년 금융감독원 감리지적사례 중 공정거래위원회가 지정한 대규모기업집단 계열회사는 실질적으로 특수관계자에 해당된다는 사례가 있었으며, 이후 공정거래위원회가 지정한 대규모기업집단은 계열회사들을 특수관계자로 정의하여 공시하고 있다.

(3) 특수관계자에 대한 주요 채권 · 채무내역은 다음과 같습니다.

① 당기말

(단위 : 천원)

구분	특수관계자명	채권			채무		
		매출채권	미수금	미수수익	미지급금 등	선수금	계약부채
지배기업	삼성물산㈜	–	–	–	1,177,528	–	–
유의적인 영향력을 보유하는 기업	삼성전자㈜	–	–	–	14,856,842	–	–
종속기업	Samsung Biologics America, Inc	–	83,710	–	1,553,085	–	–
	삼성바이오에피스㈜	22,252,988	3,114	33,780	–	38,472,241	43,274,570
관계기업	㈜에임드바이오	–	–	–	392,378	–	–
기타	삼성웰스토리㈜	–	1,204	–	1,860,882	–	–
	Samsung Electronics America, Inc	–	–	–	92,669	–	–
대규모기업집단	삼성카드㈜	–	67,354	–	1,055,629	–	–
	삼성엔지니어링㈜	–	–	–	1,314,862	–	–
	㈜에스원	–	–	–	16,876,163	–	–
	삼성에스디에스㈜	–	–	–	6,191,455	–	–
	㈜삼성글로벌리서치	–	–	–	111,618	–	–
	삼성화재해상보험㈜	–	–	–	3,134	–	–
	Cheil Germany GmbH	–	–	–	14,749	–	–
	㈜멀티캠퍼스	–	–	–	123,088	–	–
	㈜에스에이치피코퍼레이션	–	–	–	66,662	–	–
	기타 (*)	–	–	–	1,025,628	–	–
합계		22,252,988	155,382	33,780	46,716,372	38,472,241	43,274,570

(*) ㈜제일기획, 에스비티엠 주식회사와의 거래가 포함되어 있습니다.

② 전기말

(단위 : 천원)

구분	특수관계자명	채권			채무		
		매출채권	미수금	미수수익	미지급금 등	선수금	계약부채
지배기업	삼성물산㈜	–	–	–	741,620	–	–
유의적인 영향력을 보유하는 기업	삼성전자㈜	–	–	–	11,127,327	–	–
종속기업	Samsung Biologics America, Inc	–	45,274	–	487,529	–	–
	삼성바이오에피스㈜	54,732,235	89,030	19,082	–	39,875,596	46,695,101

구분	특수관계자명	채권			채무		
		매출채권	미수금	미수수익	미지급금 등	선수금	계약부채
기타	삼성웰스토리㈜	-	2,899	-	1,527,775	-	-
	삼성전자판매㈜	-	-	-	18,097	-	-
	㈜삼우종합건축사사무소	-	-	-	518,100	-	-
	Samsung C&T Deutschland GmbH	-	-	-	113,058	-	-
대규모기업집단	삼성카드㈜	-	47,306	-	1,038,153	-	-
	삼성엔지니어링㈜	-	-	-	140,936,113	-	-
	㈜에스원	-	-	-	6,624,451	-	-
	삼성에스디에스㈜	-	-	-	4,780,056	-	-
	㈜삼성글로벌리서치	-	-	-	257,457	-	-
	삼성화재해상보험㈜	-	150	-	2,961	-	-
	㈜시큐아이	-	-	-	1,328,527	-	-
	기타 (*)	-	-	-	425,317	-	-
	합계	54,732,235	184,659	19,082	169,926,541	39,875,596	46,695,101

(*) ㈜멀티캠퍼스, ㈜에스에이치피코퍼레이션, 에스비티엠 주식회사와의 거래가 포함되어 있습니다.

(4) 특수관계자와의 주요 거래내역은 다음과 같습니다.

① 당기

(단위 : 천원)

구분	특수관계자명	수익		비용		자산 취득
		매출	기타	지급수수료	기타	
지배기업	삼성물산㈜	-	-	863,140	193,636	3,491,000
유의적인 영향력을 보유하는 기업	삼성전자㈜	-	-	12,657,919	15,600	-
종속기업	Samsung Biologics America, Inc	-	483,199	12,863,975	-	122,236
	삼성바이오에피스㈜	264,464,556	-	-	-	-
관계기업	㈜에임드바이오	-	-	-	1,720,344	-
기타	삼성웰스토리㈜	-	29,096	-	16,647,260	-
	삼성전자판매㈜	-	9,125	-	84,477	-
	㈜삼우종합건축사사무소	-	-	78,000	-	645,268
	Samsung C&T Deutschland GmbH	-	-	-	3,350,204	-
	Samsung C&T Japan Corporation	-	-	-	381,584	-
	Samsung Electronics America, Inc.	-	-	184,895	-	-

구분	특수관계자명	수익		비용		자산 취득
		매출	기타	지급수수료	기타	
대규모기업집단	Cheil Germany GmbH	-	-	476,665	-	-
	삼성카드㈜	-	28,449	-	863,509	-
	삼성엔지니어링㈜	-	-	-	10,000	315,566,212
	㈜에스원	-	-	33,409,575	4,110,452	13,055,770
	삼성에스디에스㈜	-	304,112	3,410,978	18,334,250	6,092,546
	㈜삼성글로벌리서치	-	-	3,456,370	1,694,203	-
	삼성화재해상보험㈜(*1)	-	1,563,264	4,196	11,346,381	-
	삼성생명보험㈜(*1)	-	1,013,167	-	184,080	-
	삼성증권㈜(*1)	-	1,596,551	37,572	-	-
	㈜제일기획	-	-	28,940	1,751	932,070
	에스비티엠 주식회사	-	-	37,253	1,710	-
	기타 (*2)	-	-	94,949	1,724,119	1,288,667
합계		264,464,556	5,026,963	67,604,427	60,663,560	341,193,769

(*1) 기타수익은 사외적립자산에서 발생한 운용수익으로, 퇴직급여의 차감항목으로 인식하였습니다. 당기말 현재 사외적립자산으로 삼성화재해상보험㈜에 33,229백만원(전기말 35,327백만원), 삼성생명보험㈜에 32,320백만원(전기말 29,496백만원) 및 삼성증권㈜에 35,152백만원(전기말 31,693백만원)이 적립되어 있습니다.
(*2) ㈜멀티캠퍼스, 호텔신라㈜, ㈜시큐아이, ㈜에스에이치피코퍼레이션과의 거래가 포함되어 있습니다.

② 전기

(단위 : 천원)

구분	특수관계자명	수익		비용		자산 취득
		매출	기타	지급수수료	기타	
지배기업	삼성물산㈜	-	-	704,690	163,636	627,000
유의적인 영향력을 보유하는 기업	삼성전자㈜	-	-	9,477,463	12,022	-
종속기업	Samsung Biologics America, Inc	-	280,465	6,327,235	-	-
	삼성바이오에피스㈜	137,260,285	-	-	-	-
기타	삼성웰스토리㈜	-	26,001	-	14,927,109	-
	삼성전자판매㈜	-	3,600	-	123,032	-
	삼성전자서비스㈜	-	-	-	2,128	-
	㈜삼우종합건축사사무소	-	-	154,810	-	1,714,000
	Samsung C&T Deutschland GmbH	-	-	-	878,780	-
대규모기업집단	삼성카드㈜	-	23,994	-	571,775	-
	삼성엔지니어링㈜	-	-	-	-	543,927,756
	㈜에스원	-	-	21,588,346	3,060,709	3,146,170
	삼성에스디에스㈜	-	3,979	549,707	16,266,014	8,349,016

구분	특수관계자명	수익		비용		자산 취득
		매출	기타	지급수수료	기타	
대규모기업집단	㈜삼성글로벌리서치	-	-	166,910	2,781,454	-
	삼성화재해상보험㈜(*1)	-	786,113	3,865	8,447,112	-
	삼성생명보험㈜(*1)	-	422,426	-	98,362	-
	삼성증권㈜(*1)	-	506,914	35,133	-	-
	㈜제일기획	-	-	421,850	7,457	-
	에스비티엠 주식회사	-	-	5,531	174,156	-
	기타 (*2)	-	-	105,650	1,735,216	1,207,752
합계		137,260,285	2,053,492	39,541,190	49,248,962	558,971,694

(*1) 기타수익은 사외적립자산에서 발생한 운용수익으로, 퇴직급여의 차감항목으로 인식하였습니다.
(*2) ㈜멀티캠퍼스, 호텔신라㈜, ㈜시큐아이, ㈜에스에이치피코퍼레이션과의 거래가 포함되어 있습니다.

설명

사례회사는 특수관계자와의 거래내역과 채권 · 채무 내역을 공시하고 있다(K-1024. 18).
거래내역은 수익(매출/기타), 비용(지급수수료/기타) 및 자산취득으로 구분하여 공시하고 있다.
채권 · 채무 잔액은 채권(매출채권/미수금/미수수익), 채무(미지급금 등/선수금/계약부채)로 구분하여 공시하고 있다.

(5) 당기와 전기 중 주요경영진에 대한 보상내역은 다음과 같습니다.

(단위 : 천원)

구분	당기	전기
단기종업원급여 등	4,434,094	4,706,320
장기종업원급여 등	3,156,332	3,584,766
퇴직급여	401,708	697,083
합계	7,992,134	8,988,169

회사의 주요경영진에는 등기 임원인 이사(비상임 포함)를 포함하였습니다. 회사의 주요경영진에 대한 보상은 급여, 비화폐성 급여 및 퇴직급여제도에 대한 기여금을 포함하고 있습니다. 한편, 회사는 현직 임원들에게 3년간의 경영실적에 따라 성과급을 지급하는 장기성과인센티브를 부여하였는 바, 향후 지급이 예상되는 금액 중 당기말까지의 누적액을 미지급비용 및 장기미지급비용으로 계상하고 있습니다.

설명

사례회사는 주요 경영진에 대한 보상은 단기급여/장기종업원급여/퇴직급여로 구분하여 공시하고 있다(K-1024. 17).

| 참고 | [출처 : 삼성바이오로직스 2023년 연결감사보고서]

31. 특수관계자

(5) 당기와 전기 중 주요경영진에 대한 보상내역은 다음과 같습니다.

(단위 : 천원)

구분	당기	전기
단기종업원급여 등	4,434,094	4,706,320
장기종업원급여 등	3,156,332	3,584,766
퇴직급여	401,708	697,083
합계	7,992,134	8,988,169

연결회사의 주요경영진에는 등기 임원인 이사(비상임 포함)를 포함하였습니다. 연결회사의 주요경영진에 대한 보상은 급여, 비화폐성 급여 및 퇴직급여제도에 대한 기여금을 포함하고 있습니다. 한편, 연결회사는 현직 임원들에게 3년간의 경영실적에 따라 성과급을 지급하는 장기성과인센티브를 부여하였는 바, 향후 지급이 예상되는 금액 중 당기말까지의 누적액을 미지급비용 및 장기미지급비용으로 계상하고 있습니다.

연결재무제표 주석의 특수관계자 공시에는 연결재무제표에는 종속기업의 재무제표가 합산되므로, 종속기업과의 거래 내역 등은 공시되지 않는다.
다만, 연결재무제표 주석의 주요 경영진 보상은 지배기업의 주요 경영진 보상만 포함하고, 종속기업들의 주요 경영진 보상은 포함하지 않는다. 결론적으로, 별도재무제표 주석의 주요 경영진 보상과 연결재무제표 주석의 주요 경영진 보상 금액은 동일하게 된다.

(6) 당기와 전기 중 특수관계자와의 자금거래는 다음과 같습니다.

(단위 : 천원)

구분	회사명	당기	전기	내역
지배기업	삼성물산㈜	-	1,216,808,721	유상증자
유의적인 영향력을 보유하는 기업	삼성전자㈜	-	882,124,803	유상증자
종속기업, 관계기업 및 공동기업	SVIC 54호 신기술사업투자조합	12,375,000	15,510,000	현금출자
	SVIC 64호 신기술사업투자조합	178,200	-	현금출자
	Archigen Biotech Limited(*1)	4,181,809	-	청산
대규모기업집단계열회사	삼성증권㈜(*2)	-	500,000	유상증자
사내이사	김태한	-	812,808	유상증자
	김동중	-	212,148	유상증자

(*1) 2023년 9월, 회사와 AstraZeneca의 공동기업인 Archigen Biotech Limited의 청산이 완료되어 공동기업에서 제외하였습니다.

(*2) 유상증자에 따른 모집주선수수료를 지급한 거래로 자본잉여금의 감소로 인식하였습니다.

설명

사례회사의 자금거래는 유상증자 등을 공시하고 있다.
일반적으로 특수관계자 간 자금 대여/차입이 존재하는 경우, 별도로 자금 대여/회수 및 자금 차입/상환 거래를 구분하여 공시하도록 금융감독원 모범사례에서 요구하고 있다.

공시사례 17.2 특수관계자 범위

[출처 : 현대백화점 2023년 감사보고서]

주석

34. 특수관계자 거래

가. 보고기간종료일 현재 회사와 거래 또는 채권, 채무 잔액이 있는 특수관계자는 다음과 같습니다.

구분	당기말	전기말
종속기업	한무쇼핑(주), (주)현대쇼핑, (주)현대백화점면세점, (주)지누스	한무쇼핑(주), (주)현대쇼핑, (주)현대백화점면세점, (주)지누스
관계기업	(주)현대홈쇼핑 (주)현대퓨처넷 (주)나이스웨더	(주)현대홈쇼핑 (주)현대퓨처넷 (주)나이스웨더
기업집단에 의한 계열회사 (*)	(주)현대그린푸드, (주)현대드림투어, (주)한섬, (주)현대리바트, (주)현대리바트엠앤에스, (주)현대캐터링시스템, (주)씨앤에스푸드시스템, (주)현대렌탈케어, (주)현대에버다임, (주)현대아이티앤이, (주)현대엘앤씨, (주)한섬라이프앤, (주)현대바이오랜드, (주)현대이지웰, (주)비노에이치, (주)현대에이앤아이, (주)벤디스, (주)대원강업, (주)현대지에프홀딩스	(주)현대그린푸드, (주)현대드림투어, (주)한섬, (주)현대리바트, (주)현대리바트엠앤에스, (주)현대캐터링시스템, (주)씨엔에스푸드시스템, (주)현대렌탈케어, (주)현대에버다임, (주)현대아이티앤이, (주)현대엘앤씨, (주)한섬라이프앤, (주)현대바이오랜드, (주)현대이지웰, (주)비노에이치 (주)현대에이앤아이

(*) 기업회계기준서 제1024호 특수관계자 범위에 포함되지 않으나 독점규제 및 공정거래에 관한 법률에 따른 동일한 대규모기업집단 소속회사가 포함되어 있습니다.

설명

사례회사는 특수관계자로 종속기업, 관계기업, 기타특수관계자가 해당된다.
지배기업과 종속기업은 거래 유무와 관계없이 특수관계자를 공시하고, 지배기업은 그 명칭을 공시한다(K-1024, 13).
한편, 2016년 금융감독원 감리지적사례 중 공정거래위원회가 지정한 대규모기업집단 계열회사는 실질적으로 특수관계자에 해당된다는 사례가 있었으며, 이후 공정거래위원회가 지정한 대규모기업집단은 계열회사들을 특수관계자로 정의하여 공시하고 있다.

나. 당기와 전기 중 특수관계자와의 매출 등 거래내역은 다음과 같습니다.

(단위 : 천원)

구분	회사명	당기				전기		
		매출	유형자산 매각	기타	합 계	매출	기타	합 계
종속기업	한무쇼핑(주)	105,701,662	-	-	105,701,662	103,521,676	500	103,522,176
	(주)현대쇼핑	747	-	-	747	852	-	852
	(주)현대백화점면세점	2,666,814	-	-	2,666,814	1,802,559	-	1,802,559
	(주)지누스(*1)	133,046	-	-	133,046	19,977	-	19,977
소계		108,502,269	-	-	108,502,269	105,345,064	500	105,345,564
관계기업	(주)현대홈쇼핑	4,470,256	-	-	4,470,256	4,801,899	1,000	4,802,899
	(주)현대퓨처넷	54,381	-	172,080	226,461	88,156	172,080	260,236
	(주)나이스웨더	451,242	-	-	451,242	178,953	-	178,953
소계		4,975,879	-	172,080	5,147,959	5,069,008	173,080	5,242,088
기업집단에 의한 계열회사	(주)현대그린푸드(*2)	41,923,305	-	583,255	42,506,560	48,769,563	585,818	49,355,381
	(주)현대지에프홀딩스(*2)	10,139,207	258,983	102,261	10,500,451	-	-	-
	(주)현대드림투어	276,317	-	2,695	279,012	202,052	420	202,472
	(주)한섬	70,792,735	-	1,553	70,794,288	71,931,649	1,053	71,932,702
	(주)현대리바트	16,872,127	-	-	16,872,127	16,520,197	12,059	16,532,256
	(주)현대리바트엠앤에스	58,647	-	-	58,647	5,493	-	5,493
	(주)현대캐터링시스템	35,200	-	-	35,200	39,944	-	39,944
	(주)씨엔에스푸드시스템	21,159	-	-	21,159	19,415	-	19,415
	(주)현대렌탈케어(*3)	87,806	-	-	87,806	787,936	-	787,936
	(주)현대에버다임	131,863	-	-	131,863	84,070	-	84,070
	(주)현대아이티앤이	284,811	-	25,019	309,830	227,215	25,164	252,379
	(주)현대엘앤씨	243,001	-	-	243,001	208,715	-	208,715
	(주)한섬라이프앤	551,652	-	132	551,784	375,137	266	375,403
	(주)현대바이오랜드	205,434	-	-	205,434	132,124	-	132,124
	(주)현대이지웰	786,904	-	-	786,904	310,548	130	310,678
	(주)대원강업(*4)	374	-	-	374	-	-	-
	(주)벤디스(*5)	546,280	-	-	546,280	-	-	-
	(주)비노에이치(*6)	238,001	-	1,770	239,771	40,014	-	40,014
소계		143,194,823	258,983	716,685	144,170,491	139,654,072	624,910	140,278,982
합계		256,672,971	258,983	888,765	257,820,719	250,068,144	798,490	250,866,634

(*1) 전기 중 지분 취득으로 기업집단에 포함되었으며, 공시된 금액은 지분 취득 이후에 발생한 금액입니다.

(*2) (주)현대그린푸드는 당기 중 존속법인인 (주)현대지에프홀딩스와 신설법인인 (주)현대그린푸드로 인적분할되었으며, (주)현대그린푸드의 공시된 거래금액은 분할이후 발생 금액입니다.

(*3) 당기 중 관계기업인 (주)현대홈쇼핑이 보유한 지분을 매각하여 기업집단에서 제외되었으며, 공시된 금액은 지분 매각 이전에 발생한 금액입니다.

(*4) 당기 중 특수관계자의 지분 취득으로 기업집단에 포함되었으며, 공시된 금액은 지분 취득 이후에 발생한

금액입니다.

(*5) 전기 중 특수관계자의 지분 취득으로 (주)현대이지웰의 종속회사로 편입되었으며, 공시된 금액은 지분 취득 이후에 발생한 금액입니다.

(*6) 전기 중 특수관계자의 지분 취득으로 기업집단에 포함되었으며, 공시된 금액은 지분 취득 이후에 발생한 금액입니다.

다. 당기와 전기 중 특수관계자와의 매입 등 거래내역은 다음과 같습니다.

(단위 : 천원)

구분	회사명	당기				전기			
		매입	유형자산 취득	기타	합 계	매입	유형자산 취득	기타	합 계
종속기업	한무쇼핑(주)	16,641,865	-	5,470,314	22,112,179	13,178,431	-	4,374,613	17,553,044
	(주)현대쇼핑	-	-	1,854,000	1,854,000	-	-	1,854,000	1,854,000
	(주)현대백화점면세점	-	-	-	-	-	-	50,000	50,000
소계		16,641,865	-	7,324,314	23,966,179	13,178,431	-	6,278,613	19,457,044
관계기업	(주)현대홈쇼핑	6,352	-	20,808,670	20,815,022	17,036	-	25,461,893	25,478,929
	(주)현대퓨처넷	-	26,640	2,468,266	2,494,906	-	575,800	1,970,813	2,546,613
	(주)나이스웨더	4,776	-	41	4,817	2,757	-	38	2,795
소계		11,128	26,640	23,276,977	23,314,745	19,793	575,800	27,432,744	28,028,337
기업집단에 의한 계열회사	(주)현대그린푸드(*1)	17,985,300	-	22,823,949	40,809,249	23,776,289	92	24,801,719	48,578,100
	(주)현대지에프홀딩스(*1)	5,640,964	-	5,831,395	11,472,359	-	-	-	-
	(주)현대드림투어	-	-	112,112	112,112	-	-	32,139	32,139
	(주)한섬	-	-	24,010	24,010	-	-	16,440	16,440
	(주)현대리바트	-	2,368,160	1,743,041	4,111,201	85,456	2,962,639	2,026,219	5,074,314
	(주)현대렌탈케어 (*2)	-	-	63,678	63,678	-	1,972	769,017	770,989
	(주)현대에버다임	-	-	78,385	78,385	-	-	39,750	39,750
	(주)현대아이티앤이	-	498,000	28,387,451	28,885,451	-	435,930	27,814,148	28,250,078
	(주)한섬라이프앤	-	-	46,264	46,264	-	-	206,082	206,082
	(주)현대이지웰	-	-	527,883	527,883	-	-	337,193	337,193
	(주)현대바이오랜드	44,872	-	160,650	205,522	91,600	-	158,482	250,082
	(주)벤디스(*3)	-	-	91,797	91,797	-	-	-	-
	(주)비노에이치(*4)	21,098	-	1,258	22,356	210,275	-	-	210,275
소계		23,692,234	2,866,160	59,891,873	86,450,267	24,163,620	3,400,633	56,201,189	83,765,442
합계		40,345,227	2,892,800	90,493,164	133,731,191	37,361,844	3,976,433	89,912,546	131,250,823

(*1) (주)현대그린푸드는 당기 중 존속법인인 (주)현대지에프홀딩스와 신설법인인 (주)현대그린푸드로 인적분할되었으며, (주)현대그린푸드의 공시된 거래금액은 분할이후 발생 금액입니다.

(*2) 당기 중 관계기업인 (주)현대홈쇼핑이 보유한 지분을 매각하여 기업집단에서 제외되었으며, 공시된 금액은 지분매각 이전에 발생한 금액입니다.

(*3) 전기 중 특수관계자의 지분 취득으로 (주)현대이지웰의 종속회사로 편입되었으며, 공시된 금액은 지분 취득

이후에 발생한 금액입니다.

(*4) 전기 중 특수관계자의 지분 취득으로 기업집단에 포함되었으며, 공시된 금액은 지분 취득 이후에 발생한 금액입니다.

라. 보고기간종료일 현재 특수관계자에 대한 채권의 내역은 다음과 같습니다.

(단위 : 천원)

구분	회사명	당기말			전기말		
		매출채권 및 미수금	보증금	합계	매출채권 및 미수금	보증금	합계
종속기업	한무쇼핑(주)	23,986,453	620,885	24,607,338	23,678,311	620,885	24,299,196
	(주)현대쇼핑	67	-	67	75	-	75
	(주)현대백화점면세점	468,635	-	468,635	485,570	-	485,570
	(주)지누스(*1)	11,249	-	11,249	-	-	-
소계		24,466,404	620,885	25,087,289	24,163,956	620,885	24,784,841
관계기업	(주)현대홈쇼핑	14,341,845	-	14,341,845	20,306,718	-	20,306,718
	(주)현대퓨처넷	27,367	-	27,367	41,425	-	41,425
소계		14,369,212	-	14,369,212	20,348,143	-	20,348,143
기업집단에 의한 계열회사	(주)현대그린푸드(*2)	520,578	-	520,578	560,463	4,465,133	5,025,596
	(주)현대지에프홀딩스(*2)	80,837	4,465,133	4,545,970	-	-	-
	(주)현대드림투어	43,983	-	43,983	28,909	-	28,909
	(주)한섬	517,782	-	517,782	724,698	-	724,698
	(주)현대리바트	1,496,255	-	1,496,255	1,526,946	-	1,526,946
	(주)현대리바트엠앤에스	2,179	-	2,179	490	-	490
	(주)현대캐터링시스템	13,188	-	13,188	20,532	-	20,532
	(주)씨엔에스푸드시스템	6,787	-	6,787	6,415	-	6,415
	(주)현대렌탈케어(*3)	-	-	-	98,966	-	98,966
	(주)현대에버다임	41,334	-	41,334	47,885	-	47,885
	(주)현대아이티앤이	30,556	-	30,556	52,891	185,120	238,011
	(주)현대엘앤씨	77,883	-	77,883	130,370	-	130,370
	(주)한섬라이프앤	6,458	-	6,458	8,334	-	8,334
	(주)현대바이오랜드	19,434	-	19,434	11,433	-	11,433
	(주)현대이지웰	357,334	-	357,334	226,045	-	226,045
	(주)벤디스(*4)	398,869	-	398,869	-	-	-
	(주)비노에이치(*5)	650	-	650	85	-	85
소계		3,614,107	4,465,133	8,079,240	3,444,462	4,650,253	8,094,715
합계		42,449,723	5,086,018	47,535,741	47,956,561	5,271,138	53,227,699

(*1) 전기 중 지분 취득으로 기업집단에 포함되었습니다.

(*2) (주)현대그린푸드는 당기 중 존속법인인 (주)현대지에프홀딩스와 신설법인인 (주)현대그린푸드로 인적분할 되었습니다.

(*3) 당기 중 관계기업인 (주)현대홈쇼핑이 보유한 지분을 매각하여 기업집단에서 제외되었습니다.
(*4) 전기 중 특수관계자의 지분 취득으로 (주)현대이지웰의 종속회사로 편입되었습니다.
(*5) 전기 중 특수관계자의 지분 취득으로 기업집단에 포함되었습니다.

마. 보고기간종료일 현재 특수관계자에 대한 채무의 내역은 다음과 같습니다.

(단위 : 천원)

구분	회사명	당기말			전기말		
		매입채무 및 미지급금	기타채무	합계	매입채무 및 미지급금	기타채무	합계
종속기업	한무쇼핑(주)	52,860,658	7,123,276	59,983,934	42,993,629	3,343,677	46,337,306
	(주)현대쇼핑	169,950	-	169,950	169,950	-	169,950
	(주)현대백화점면세점	3,682,952	249,847	3,932,799	187,604	105,692	293,296
	(주)지누스(*1)	-	-	-	309	-	309
소계		56,713,560	7,373,123	64,086,683	43,351,492	3,449,369	46,800,861
관계기업	(주)현대홈쇼핑	4,019,297	1,843,074	5,862,371	5,018,592	2,516,115	7,534,707
	(주)현대퓨처넷	182,490	-	182,490	446,084	-	446,084
	(주)나이스웨더	438,723	-	438,723	423,599	-	423,599
소계		4,640,510	1,843,074	6,483,584	5,888,275	2,516,115	8,404,390
기업집단에 의한 계열회사	(주)현대그린푸드(*2)	14,908,889	12,767,672	27,676,561	13,574,587	13,453,649	27,028,236
	(주)현대지에프홀딩스(*2)	875,073	-	875,073	-	-	-
	(주)현대드림투어	34,915	700,869	735,784	14,920	603,475	618,395
	(주)한섬	13,632,289	8,362,597	21,994,886	12,605,105	5,534,019	18,139,124
	(주)현대리바트	2,861,798	3,683,081	6,544,879	3,520,729	2,419,183	5,939,912
	(주)현대리바트엠앤에스	-	163,529	163,529	-	-	-
	(주)현대렌탈케어(*3)	-	-	-	87,570	1,168,095	1,255,665
	(주)현대에버다임	6,837	-	6,837	8,305	-	8,305
	(주)현대아이티앤이	2,628,774	-	2,628,774	2,571,527	-	2,571,527
	(주)현대엘앤씨	784,699	-	784,699	-	-	-
	(주)한섬라이프앤	145,407	4	145,411	72,291	15,177	87,468
	(주)현대바이오랜드	31,878	-	31,878	202,801	-	202,801
	(주)현대이지웰	112,973	76,916	189,889	68,713	23,524	92,237
	(주)대원강업(*4)	11	-	11	-	-	-
	(주)비노에이치(*5)	16,516	112,276	128,792	231,302	248,271	479,573
소계		36,040,059	25,866,944	61,907,003	32,957,850	23,465,393	56,423,243
합계		97,394,129	35,083,141	132,477,270	82,197,617	29,430,877	111,628,494

(*1) 전기 중 지분 취득으로 기업집단에 포함되었습니다.
(*2) (주)현대그린푸드는 당기 중 존속법인인 (주)현대지에프홀딩스와 신설법인인 (주)현대그린푸드로 인적분할 되었습니다.
(*3) 당기 중 관계기업인 (주)현대홈쇼핑이 보유한 지분을 매각하여 기업집단에서 제외되었습니다.

(*4) 당기 중 특수관계자의 지분 취득으로 기업집단에 포함되었습니다.
(*5) 전기 중 특수관계자의 지분 취득으로 기업집단에 포함되었습니다.

바. 당기와 전기 중 특수관계자에게 지급한 배당이나 특수관계자로부터 수취한 배당금 내역은 다음과 같습니다.

(단위 : 천원)

구분	회사명	당기		전기	
		지급	수취	지급	수취
종속기업	한무쇼핑(주)	–	7,055,625	–	7,055,625
	(주)지누스	–	3,704,670	–	–
관계기업	(주)현대홈쇼핑	–	4,930,900	–	4,551,600
	(주)현대퓨처넷	–	1,120,481	–	1,120,481
기업집단에 의한 계열회사	(주)현대지에프홀딩스 (구,(주)현대그린푸드)	3,664,994	–	3,101,149	–
	(주)현대에이앤아이	1,311,570	–	1,109,790	–
합계		4,976,564	16,811,676	4,210,939	12,727,706

사. 당기와 전기 중 특수관계자에 대한 자금거래 내역은 다음과 같습니다.

(단위 : 천원)

구분	회사명	현금출자	
		당기	전기
종속기업	(주)현대백화점면세점(*1)	100,000,000	–
	(주)지누스(*2)	–	120,000,008

(*1) 당기 중 (주)현대백화점면세점의 보통주 100,000백만원을 유상증자방식으로 추가취득하였습니다.
(*2) 전기 중 (주)지누스의 신주 120,000백만원을 제3자배정증자 방식으로 취득하였습니다.

아. 당기와 전기 중 특수관계자의 자산을 리스이용하는 내역은 다음과 같습니다.

(1) 사용권자산

〈당기〉

(단위 : 천원)

특수관계 구분	회사명	기초	신규취득	계약변경	해지	감가상각	당기말
종속기업	한무쇼핑(주)	770,224	2,895	(35,084)	(2,895)	(135,027)	600,113
	(주)현대쇼핑	3,339,144	–	–	–	(1,669,572)	1,669,572
기업집단에 의한 계열회사	(주)현대지에프홀딩스 (구,(주)현대그린푸드)	3,003,119	136,808	84,709	–	(712,614)	2,512,022
	(주)현대아이티앤이	769,457	443,783	–	(5,727)	(529,622)	677,891
합계		7,881,944	583,486	49,625	(8,622)	(3,046,835)	5,459,598

〈전기〉

(단위 : 천원)

특수관계 구분	회사명	기초	신규취득	해지	감가상각	당기말
종속기업	한무쇼핑(주)	911,307	-	(2,895)	(138,188)	770,224
	(주)현대쇼핑	5,008,716	-	-	(1,669,572)	3,339,144
기업집단에 의한 계열회사	(주)현대그린푸드	3,707,499	-	-	(704,380)	3,003,119
	(주)현대아이티앤이	818,451	967,152	(15,084)	(1,001,062)	769,457
합계		10,445,973	967,152	(17,979)	(3,513,202)	7,881,944

(2) 리스부채

〈당기〉

(단위 : 천원)

특수관계 구분	회사명	기초	당기발생	계약변경	해지	상환	이자비용	당기말
종속기업	한무쇼핑(주)	721,923	-	(35,084)	-	(133,130)	12,050	565,759
	(주)현대쇼핑	3,638,400	-	-	-	(1,854,000)	51,393	1,835,793
기업집단에 의한 계열회사	(주)현대지에프홀딩스 (구,(주)현대그린푸드)	2,753,065	106,805	84,709	-	(682,684)	72,731	2,334,626
	(주)현대아이티앤이	812,846	443,783	-	(7,299)	(552,269)	32,147	729,208
합계		7,926,234	550,588	49,625	(7,299)	(3,222,083)	168,321	5,465,386

〈전기〉

(단위 : 천원)

특수관계 구분	회사명	기초	당기발생	해지	상환	이자비용	당기말
종속기업	한무쇼핑(주)	843,536	-	-	(136,194)	14,581	721,923
	(주)현대쇼핑	5,408,419	-	-	(1,854,000)	83,981	3,638,400
기업집단에 의한 계열회사	(주)현대그린푸드	3,353,024	-	-	(663,216)	63,257	2,753,065
	(주)현대아이티앤이	880,136	965,730	(22,714)	(1,033,673)	23,367	812,846
합계		10,485,115	965,730	(22,714)	(3,687,083)	185,186	7,926,234

설명

사례회사는 특수관계자와의 거래내역과 채권 · 채무 내역을 공시하고 있다(K-1024. 18).
거래내역은 수익(매출/유형자산 매각/기타), 비용(매입/유형자산 취득/기타)로 구분하여 공시하고 있다.
채권 · 채무 잔액은 채권(매출채권 및 미수금/보증금), 채무(매입채무 및 미지급금/기타채무)로 구분하여 공시하고 있다.
또한 자금거래와 리스거래는 별도로 구분하여 공시하고 있다.
참고로 기준서에서 제시하는 공시되는 거래의 유형은 다음과 같다(K-1024. 21).

(1) 재화(완성품이나 재공품)의 매입이나 매출
(2) 부동산과 그 밖의 자산의 구입이나 매각
(3) 용역의 제공이나 수령
(4) 리스
(5) 연구개발의 이전
(6) 라이선스계약에 따른 이전
(7) 금융약정에 따른 이전(대여와 현금출자나 현물출자 포함)
(8) 보증이나 담보의 제공
(9) 미래에 특정사건이 발생하거나 발생하지 않을 경우 어떠한 일을 수행하는 약정
(10) 당해 기업이 특수관계자를 대신하거나 특수관계자가 당해 기업을 대신한 부채의 결제

자. 주요 경영진에 대한 보상내역

회사는 기업 활동의 계획 · 운영 · 통제에 대하여 중요한 권한과 책임을 가진 등기임원을 주요 경영진으로 판단하였으며, 당기와 전기 중 주요 경영진에 대한 보상내역은 다음과 같습니다.

(단위 : 천원)

구분	당기	전기
단기급여	8,331,776	9,086,092
퇴직급여	2,768,000	3,332,998
합계	11,099,776	12,419,090

설명

사례회사는 주요 경영진에 대한 보상을 단기급여 및 퇴직급여로 구분하여 공시하고 있다(K-1024. 17).

또한 공시대상 주요 경영진을 등기임원으로 한정하였다는 사실을 주석으로 공시하고 있다. 기준서에서는 주요 경영진을 아래와 같이 정의하면서 모든 이사를 포함한다고 규정하고 있으나, 관리 및 공시 차원에서 모든 이사가 아닌 등기임원만을 포함하는 경우도 있다.

• 주요 경영진 : 직 · 간접적으로 당해 기업 활동의 계획 지휘 통제에 대한 권한과 책임을 가진 자로서 모든 이사(업무집행이사 여부를 불문함)를 포함함(K-1024. 9)

공시사례 17.3 **주요 경영진 보상**

주석

[출처 : 카카오 2023년 감사보고서]

39. 특수관계자 거래

라. 당기 및 전기 중 회사가 주요 경영진(등기임원)에 대한 보상을 위해 비용으로 반영한 금액은 다음과 같습니다.

(단위 : 천원)

구분	당기	전기
급여	5,424,920	2,340,112
퇴직급여	116,329	86,861
기타장기종업원급여	4,861	11,912
주식보상비용	1,241,806	2,471,532
계	6,787,916	4,910,417

설명

사례회사는 주요 경영진에 대한 보상을 아래처럼 구분하여 공시하고 있다(K-1024. 17).

(1) 단기종업원급여
(2) 퇴직급여
(3) 기타장기종업원급여
(4) 주식기준보상

주요 경영진에 대한 보상 주석공시는 주요 경영진이 A대표이사, B전무 등으로 특정되고, 해당 주요 경영진에 대한 보상 내역이 관리되어야 한다.

모든 주요 경영진 보상은 급여, 퇴직급여 등 해당 보고기간의 재무제표에 계상된 금액이어야 한다. 주식기준보상의 경우 해당 주요경영진(예를 들어, A대표이사)에 대한 과거부터의 주식기준보상 총액이 아니라, 당기 주식기준보상으로 인하여 A대표이사에 대한 비용으로 인식한 금액을 말한다.

공시사례 17.4 **정부특수관계기업**

주석

[출처 : 한화오션 2023년 감사보고서]

36. 특수관계자

(1) 당기말 및 전기말 현재 당사의 중요한 특수관계자 현황은 다음과 같습니다.

(당기말)

구분	특수관계자의 명칭
당사에 유의적인 영향력을 행사하는 기업	한화에어로스페이스(주), 한화시스템(주)(*1), Hanwha Impact Partners INC.(*1), 한국산업은행(*1,2)
종속기업	한화해양공정(산동)유한공사(구, 대우조선해양(산동)유한공사), DK Maritime S.A., 한화오션디지털(주)(구, 디에스엠이정보시스템(주)), DSME Kazakhstan LLP, 한화오션에코텍(주)(구, 삼우중공업(주)), Hanwha Ocean USA Holdings Corp. 웡쉽테크놀러지(주), (주)티피아이메가라인, KC LNG TECH(주)
관계기업	웡쉽테크놀러지(주), (주)티피아이메가라인, KC LNG TECH(주)
공동약정	SAME Netherlands B.V.
기타특수관계자	한화에어로스페이스(주)의 종속기업과 한화에어로스페이스(주)의 지배기업인 (주)한화와 그 종속기업 등(*3), 한국수출입은행(*2,4), PT. DSME Indonesia

(*1) 당사의 의사결정기구에 참여할 수 있는 권리를 보유하고 있으므로 당사에 유의적인 영향력을 행사하는 기업으로 분류하였습니다.

(*2) 기업회계기준서 제1024호 '특수관계자 공시'의 정부특수관계기업 관련 공시 면제 규정에 따라, 정부특수관계기업과의 모든 거래 및 약정, 채권, 채무잔액이 당사의 공시에 포함되어 있는 것은 아닙니다.

(*3) 독점규제 및 공정거래법에 따른 동일한 대규모기업집단 소속회사를 포함하고 있습니다.

(*4) 당기말 현재 보통주로 전환할 수 있는 2,332,832백만원 규모의 전환사채를 보유하고 있어 잠재적 의결권 고려시 유의적인 영향력이 있다고 판단하여 기타 특수관계자로 분류하였습니다.

설명

사례회사는 특수관계자와의 거래 및 채권 · 채무 잔액을 주석공시하고 있다(K-1024, 18). 한편, 사례회사는 정부특수관계기업(한국수출입은행 등)에 대한 거래 및 채권 · 채무 잔액에 대한 주석공시를 생략하고 있다(K-1024, 26).

K-IFRS
주석작성실무

CHAPTER

18 주당이익

▶ 관련 기업회계기준서

K-IFRS 제1033호 주당이익

01 | 기준서 주요 내용

| 기본주당이익

지배기업의 보통주에 귀속되는 당기순손익에 대하여 기본주당이익을 계산한다.

$$\text{기본주당이익} = \frac{\text{보통주 당기순이익}}{\text{가중평균유통보통주식수}}$$

기본주당이익은 지배기업의 보통주에 귀속되는 특정 회계기간의 당기순손익(분자)을 그 기간에 유통된 보통주식수를 가중평균한 주식수(분모)로 나누어 계산한다.

기본주당이익을 계산할 때 지배기업의 보통주에 귀속되는 금액은 지배기업에 귀속되는 계속영업손익과 당기순손익 각각의 금액에서 자본으로 분류된 우선주에 대한 세후 우선주 배당금, 우선주 상환 시 발생한 차액 및 유사한 효과를 조정한 금액이다.

기본주당이익을 계산하기 위한 보통주식수는 그 기간에 유통된 보통주식수를 가중평균한 주식수(이하 '가중평균유통보통주식수'라 한다)로 한다.

당해 기간 및 비교표시되는 모든 기간의 가중평균유통보통주식수는 상응하는 자원의 변동 없이 유통보통주식수를 변동시키는 사건을 반영하여 조정한다. 다만, 잠재적보통주의 전환은 제외한다.

희석주당이익

* **희석효과** : 전환금융상품이 전환되거나 옵션 또는 주식매입권이 행사되거나 또는 특정 조건이 충족되어 보통주가 발행된다고 가정하는 경우 주당이익이 감소하거나 주당손실이 증가하는 효과(K-1033. 5)

$$\text{희석주당이익} = \frac{\text{보통주 당기순이익} + \text{희석성 잠재적보통주의 당기손익 변동}}{\text{가중평균유통보통주식수} + \text{희석성 잠재적보통주의 주식수 변동}}$$

지배기업의 보통주에 귀속되는 당기순손익에 대하여 희석주당이익을 계산하고, 지배기업의 보통주에 귀속되는 계속영업손익을 표시할 경우 이에 대하여 희석주당이익을 계산한다.

희석주당이익을 계산하기 위해서는 모든 희석효과가 있는 잠재적보통주(이하 '희석성 잠재적보통주'라 한다)의 영향을 고려하여 지배기업의 보통주에 귀속되는 당기순손익 및 가중평균유통보통주식수를 조정한다.

희석주당이익을 계산하기 위해서는 지배기업의 보통주에 귀속되는 당기순손익을 문단 12에 따라 계산한 것과 같이 다음의 사항에서 법인세효과를 차감한 금액만큼 조정한다.

(1) 문단 12에 따라 지배기업의 보통주에 귀속되는 당기순손익을 계산할 때 차감한 희석성 잠재적보통주에 대한 배당금이나 기타항목
(2) 희석성 잠재적보통주와 관련하여 그 회계기간에 인식한 이자비용
(3) 희석성 잠재적보통주를 보통주로 전환하였다면 발생하였을 그 밖의 수익 또는 비용의 변동사항

희석주당이익을 계산하기 위한 보통주식수는 문단 19와 26에 따라 계산한 가중평균유통보통주식수에 희석성 잠재적보통주가 모두 전환될 경우에 발행되는 보통주의 가중평균유통보통주식수를 가산하여 산출한다. 희석성 잠재적보통주는 회계기간의 기초에 전환된 것으로 보되 당기에 발행된 것은 그 발행일에 전환된 것으로 본다.

잠재적보통주는 보통주로 전환된다고 가정할 경우 주당계속영업이익을 감소시키거나 주당계속영업손실을 증가시킬 수 있는 경우에만 희석성 잠재적보통주로 취급한다.

희석주당이익을 계산할 때 희석효과가 있는 옵션이나 주식매입권은 행사된 것으로 가정한다. 이 경우 권리행사에서 예상되는 현금유입액은 보통주를 회계기간의 평균시장가격으로 발행하여 유입된 것으로 가정한다. 그 결과 권리를 행사할 때 발행하여야 할 보통주식수와 회계기간의 평균시장가격으로 발행한 것으로 가정하여 환산한 보통주식수의 차이는 무상으로 발행한 것으로 본다.

| 소급수정

유통되는 보통주식수나 잠재적보통주식수가 자본금전입, 무상증자, 주식분할로 증가하였거나 주식병합으로 감소하였다면, 비교표시하는 모든 기본주당이익과 희석주당이익을 소급하여 수정한다. 만약 이러한 사건이 보고기간 말과 재무제표의 발행이 승인된 날 사이에 발생하였다면 당기와 표시되는 이전 기간의 주당이익을 새로운 유통보통주식수에 근거하여 재계산한다. 주당이익을 계산할 때 이와 같은 유통보통주식수의 변동을 반영하였다면 그러한 사실을 공시한다. 또 오류의 수정과 회계정책의 변경을 소급적용하는 경우에는 그 효과를 반영하여 비교표시하는 모든 기본주당이익과 희석주당이익을 수정한다.

| 재무제표의 표시

이익의 분배에 대해 서로 다른 권리를 가지는 보통주 종류별로 이에 대한 기본주당이익과 희석주당이익을 지배기업의 보통주에 귀속되는 계속영업손익과 당기순손익에 대하여 계산하고 포괄손익계산서에 표시한다. 기본주당이익과 희석주당이익은 제시되는 모든 기간에 대하여 동등한 비중으로 제시한다.

중단영업에 대해 보고하는 기업은 중단영업에 대한 기본주당이익과 희석주당이익을 포괄손익계산서에 표시하거나 주석으로 공시한다. 기본주당이익과 희석주당이익이 부의 금액(즉, 주당손실)인 경우에도 표시한다.

기본(희석)주당이익 관련 K-IFRS 제1033호(주당이익) 적용사례 중 종합사례는 다음과 같다.

| 적용사례. 종합사례

사례 12 기본 및 희석주당이익의 계산과 표시(종합사례)

이 사례는 복잡한 자본구조를 가진 기업 A의 20×1년도 분기 및 연간 기본주당이익과 희석주당이익의 계산을 보여주고 있다. 기준이익은 지배기업에 귀속되는 계속영업손익이다. 다른 요소에 대한 가정은 다음과 같다.

보통주의 평균시장가격 : 20×1년 보통주의 분기별 평균시장가격은 다음과 같다.

1분기	49원
2분기	60원
3분기	67원
4분기	67원

20×1년 7월 1일부터 9월 1일까지 보통주의 평균시장가격은 65원이다.

보통주 : 20×1년 기초의 유통보통주식수는 5,000,000주였다. 20×1년 3월 1일에 보통주 200,000주를 발행하여 현금이 납입되었다.

전환사채 : 20×0년 4분기에 원금 12,000,000원의 전환사채(만기 20년, 단위당 액면금액 1,000원, 연 이자율 5%)를 액면으로 발행하였다. 이자는 매년 11월 1일과 5월 1일에 지급하고 전환사채 액면금액 1,000원당 보통주 40주로 전환할 수 있다. 20×0년에는 전환청구가 없었으며 20×1년 4월 1일에 전환이 청구되어 모두 보통주로 전환되었다.

전환우선주 : 20×0년 2분기에 자산 매입거래 대가로 전환우선주 800,000주를 발행하였다. 전환우선주 1주에 대한 분기별 배당금은 0.05원으로 분기말 현재 유통되고 있는 전환우선주에 대해서 지급한다. 각 우선주는 1개의 보통주로 전환할 수 있다. 20×1년 6월 1일에 600,000주의 전환우선주가 보통주로 전환되었다.

주식매입권 : 20×1년 1월 1일에 5년 안에 보통주 600,000주를 주당 55원에 취득할 수 있는 주식매입권을 발행하였다. 이 주식매입권은 20×1년 9월 1일에 모두 행사되었다.

옵션 : 20×1년 7월 1일에 10년 안에 보통주 1,500,000주를 주당 75원에 취득할 수 있는 옵션을 발행하였다. 옵션의 행사가격이 보통주의 시장가격을 초과하므로 20×1년에 행사된 옵션은 없다.

세율 : 20×1년의 세율은 40%이다.

20×1년	지배기업에 귀속되는 계속영업이익(손실)[1]	지배기업에 귀속되는 이익(손실)
	원	원
1분기	5,000,000	5,000,000
2분기	6,500,000	6,500,000
3분기	1,000,000	(1,000,000)[2]
4분기	(700,000)	(700,000)
전체	11,800,000	9,800,000

(1) 이것이 기준이익(우선주배당금 조정 전)이다.
(2) 기업 A는 3분기에 중단영업손실 2,000,000원(법인세효과 차감 후)이 발생하였다.

20×1년 전체

기본주당이익 계산	원
지배기업에 귀속되는 계속영업이익	11,800,000
차감 : 우선주배당금	(70,000)
지배기업의 보통주에 귀속되는 계속영업이익	11,730,000
지배기업에 귀속되는 중단영업손실	(2,000,000)
지배기업의 보통주에 귀속되는 이익	9,730,000

날짜	유통보통주식수	기간구분	가중평균주식수
1월 1일 – 2월 28일	5,000,000	2/12	833,333
3월 1일 보통주식발행	200,000		
3월 1일 – 3월 31일	5,200,000	1/12	433,333
4월 1일 연이자율 5% 전환사채 전환	480,000		
4월 1일 – 5월 31일	5,680,000	2/12	946,667
6월 1일 우선주 전환	600,000		
6월 1일 – 8월 31일	6,280,000	3/12	1,570,000
9월 1일 주식매입권 행사	600,000		
9월 1일 – 12월 31일	6,880,000	4/12	2,293,333
가중평균주식수			6,076,667

기본주당이익	
계속영업이익	**1.93원**
중단영업손실	**(0.33원)**
이익	**1.60원**

희석주당이익 계산		
지배기업의 보통주에 귀속되는 계속영업이익		11,730,000원
가산 : 전환가정이 이익에 미치는 영향		
우선주 배당금	70,000원	
연이자율 5% 전환사채의 이자	90,000원[(1)]	
전환가정효과		160,000원
전환가정 시 지배기업의 보통주에 귀속되는 계속영업이익		11,890,000원
지배기업에 귀속되는 중단영업손실		(2,000,000원)
전환가정 시 지배기업의 보통주에 귀속되는 이익		9,890,000원
가중평균주식수		6,076,667

가산 : 전환가정 시의 증분 주식		
주식매입권	14,880[(2)]	
전환우선주	450,000[(3)]	
연이자율 5% 전환사채	120,000[(4)]	
희석성 잠재적보통주		584,880
조정된 가중평균주식수		6,661,547

희석주당이익	
계속영업이익	**1.78원**
중단영업손실	**(0.30원)**
이익	**1.48원**

(1) (12,000,000원 × 5%) ÷ 4; 40%의 세금 차감
(2) [(57.125원* − 55원) ÷ 57.125원] × 600,000 = 22,320주; 22,320 × 8/12 = 14,880주
*20×1년 1월 1일부터 9월 1일까지의 평균시장가격
(3) (800,000주 × 5/12) + (200,000주 × 7/12)
(4) 480,000주 × 3/12

다음은 기업 A가 손익계산서에 주당이익을 어떻게 표시하는지를 예시한다. 중단영업손실에 대한 주당금액은 손익계산서에 표시하도록 요구되지는 않는다.

	20×1년 말
	원
보통주당이익	
계속영업이익	1.93
중단영업손실	(0.33)
이익	1.60
희석보통주당이익	
계속영업이익	1.78
중단영업손실	(0.30)
이익	1.48

다음의 표는 기업 A의 분기별 주당이익과 연간 주당이익을 나타낸 것으로서 각 분기의 주당이익의 합이 연간 주당이익과 반드시 같지는 않다는 것을 예시한다. 이 기준서에서 이 정보의 공시를 요구하지는 않는다.

	1분기	2분기	3분기	4분기	전체
	원	원	원	원	원
기본주당이익					
계속영업이익(손실)	0.98	1.10	0.15	(0.10)	1.93
중단영업손실	–	–	(0.31)	–	(0.33)
이익(손실)	0.98	1.10	(0.16)	(0.10)	1.60
희성주당이익					
계속영업이익(손실)	0.80	1.00	0.15	(0.10)	1.78
중단영업손실	–	–	(0.30)	–	(0.30)
이익(손실)	0.80	1.00	(0.15)	(0.10)	1.48

02 | 주석 작성 핵심 포인트

주당이익 관련 주요 주석공시사항은 다음과 같이 요약된다.

Key Point

구분	주요 주석공시사항	비고
(1) 기본(희석)주당이익 계산근거(분자 및 분모)	• 기본 및 희석주당이익의 계산에서 분자로 사용된 금액과 그 금액으로부터 당기에 지배기업에 귀속되는 당기순손익으로의 조정내역 • 기본 및 희석주당이익의 계산에서 분모로 사용된 가중평균유통보통주식수와 이들 간의 조정내역	
(2) 반희석 잠재적보통주	반희석효과로 인해 잠재적으로 미래에 기본주당이익을 희석할 수 있는 금융상품(조건부발행보통주를 포함)의 내용	

03 | 주석공시 요구사항

K-IFRS 제1033호(주당이익) 관련 주석공시 요구사항은 다음과 같이 구분된다.

문단	공시사항
70 ~ 72	1. 기본(희석)주당이익 계산근거
73 ~ 73A	2. 기타

1. 기본(희석)주당이익 계산근거

70 다음 사항을 공시한다.

(1) 기본 및 희석주당이익의 계산에서 분자로 사용된 금액과 그 금액으로부터 당기에 지배기업에 귀속되는 당기순손익으로의 조정내역. 이러한 조정사항에는 각 종류별 금융상품이 주당이익에 미치는 개별적 영향을 포함하여야 한다.

(2) 기본 및 희석주당이익의 계산에서 분모로 사용된 가중평균유통보통주식수와 이들 간의 조정내역. 이러한 조정사항에는 각 종류별 금융상품이 주당이익에 미치는 개별적 영향을 포함하여야 한다.

(3) 표시되는 기간에는 반희석효과 때문에 희석주당이익을 계산할 때 고려하지 않았지만

70 잠재적으로 미래에 기본주당이익을 희석할 수 있는 금융상품(조건부발행보통주를 포함)의 내용

(4) 문단 64에 따라 회계처리된 거래 외에 보고기간 후에 발생한 거래로서, 보고기간 말 이전에 발생했다면 기말에 유통되는 보통주식수나 잠재적보통주식수를 유의적으로 변동시켰을 보통주나 잠재적보통주 거래에 대한 설명

71 문단 70(4)의 거래에 대한 예는 다음을 포함한다.

(1) 현금납입에 의한 유상증자
(2) 납입액으로 보고기간 말의 부채나 우선주를 상환하기 위한 주식발행
(3) 유통중인 보통주의 매입소각
(4) 보고기간 말의 잠재적보통주의 보통주로의 전환이나 행사
(5) 옵션, 주식매입권 또는 전환금융상품의 발행
(6) 조건부발행보통주의 발행조건 충족

보고기간 후에 위와 같은 거래가 발생한 경우에도 당기의 주당이익의 계산에 영향을 미치지 아니한다. 그 이유는 그러한 거래가 주당이익 산정 대상이 되는 회계기간의 당기순손익의 창출에 사용된 자본에 영향을 미치지 않기 때문이다.

72 잠재적보통주를 발생시키는 금융상품과 계약 등이 기본주당이익과 희석주당이익의 계산에 영향을 미치는 조건을 포함하는 경우가 있다. 이러한 조건에 따라 잠재적보통주의 희석효과 유무가 결정될 수도 있는데, 희석효과가 있는 경우에는 가중평균유통보통주식수와 보통주에 귀속되는 당기순손익의 조정에 영향을 미치게 된다. 따라서 그러한 금융상품과 계약 등에 관련된 조건은 의무적으로 공시가 요구되지 않더라도 공시하도록 권장한다(기업회계기준서 제1107호 '금융상품 : 공시' 참조).

주당이익 관련 주석공시사항과 그 예시는 다음과 같다.

(1) 기본(희석)주당이익 계산근거(분자 및 분모)

주석사항

다음 사항을 공시한다[K-1033, 70(1)·(2)].

(1) 기본 및 희석주당이익의 계산에서 분자로 사용된 금액과 그 금액으로부터 당기에 지배기업에 귀속되는 당기순손익으로의 조정내역. 이러한 조정사항에는 각 종류별 금융상품이 주당이익에 미치는 개별적 영향을 포함하여야 한다.

(2) 기본 및 희석주당이익의 계산에서 분모로 사용된 가중평균유통보통주식수와 이들 간의 조정내역. 이러한 조정사항에는 각 종류별 금융상품이 주당이익에 미치는 개별적 영향을 포함하여야 한다.

예시

1. 기본주당이익

(1) 당기와 전기 기본주당이익 계산내역은 다음과 같습니다.

(단위 : 원, 주)

구분	당기	전기
보통주당기순이익	1,000	
가중평균유통보통주식수	100	
기본주당이익(원)	10	

기본주당이익을 계산하기 위한 보통주당기순이익의 계산내역은 다음과 같습니다. [K-1033. 70(1)]

(단위 : 원)

구분	당기	전기
당기순이익	1,200	
우선주배당금	200	
보통주당기순이익	1,000	

기본주당이익을 계산하기 위한 가중평균보통주식수는 다음과 같습니다. [K-1033. 70(2)]

(단위 : 주)

구분	당기	전기
기초 발행보통주식수	120	
자기주식효과	(30)	
유상증자 및 주식교환	10	
가중평균유통보통주식수	100	

2. 희석주당이익

(1) 당기와 전기 희석주당이익 계산내역은 다음과 같습니다.

(단위 : 원, 주)

구분	당기	전기
희석당기순이익	800	
가중평균유통보통주식수(희석)	160	
희석주당이익(원)	5	

희석주당이익을 계산하기 위한 희석당기순이익은 다음과 같습니다. [K-1033, 70(1)]

(단위 : 원)

구분	당기	전기
보통주당기순이익	1,000	
주식선택권의 효과	(200)	
희석당기순이익	800	

희석주당이익을 계산하기 위한 가중평균보통주식수는 다음과 같습니다. [K-1033, 70(2)]

(단위 : 주)

구분	당기	전기
가중평균유통보통주식수	100	
주식선택권의 효과	60	
가중평균유통보통주식수(희석)	160	

설명

기본(희석)주당이익의 분자(이익)와 분모(가중평균유통보통주식수) 각각의 계산내역을 주석공시하도록 요구한다.

☞ 공시사례 18.1 기본주당이익 및 희석주당이익

(2) 반희석 잠재적보통주

주석사항

다음 사항을 공시한다[K-1033, 70(3)].

- 표시되는 기간에는 반희석효과 때문에 희석주당이익을 계산할 때 고려하지 않았지만 잠재적으로 미래에 기본주당이익을 희석할 수 있는 금융상품(조건부발행보통주를 포함)의 내용

예시

(2) 희석주당이익

당사는 보고기간종료일 현재 발행한 주식매수선택권은 반희석효과로 인하여 희석주당순이익에서 제외하였습니다. 당기와 전기 중 희석효과가 존재하는 잠재적보통주는 존재하지 아니하여 기본주당이익과 희석주당이익은 동일합니다. [K-1033, 70(3)]

설명

- 반희석효과로 인한 잠재적보통주의 내용을 주석공시한다.
- 각 잠재적보통주의 희석/반희석 여부는 잠재적보통주별로 계산해서 판단된다.

- 잠재적보통주를 발생시키는 금융상품과 계약 등이 기본주당이익과 희석주당이익의 계산에 영향을 미치는 조건을 포함하는 경우가 있다. 이러한 조건에 따라 잠재적보통주의 희석효과 유무가 결정될 수도 있는데, 희석효과가 있는 경우에는 가중평균유통보통주식수와 보통주에 귀속되는 당기순손익의 조정에 영향을 미치게 된다. 따라서 그러한 금융상품과 계약 등에 관련된 조건은 의무적으로 공시가 요구되지 않더라도 공시하도록 권장한다(K-1033. 72).

☞ 공시사례 18.1 기본주당이익 및 희석주당이익

(3) 보고기간후사건 관련

주석사항

다음 사항을 공시한다[K-1033. 70(4)].

- 문단 64에 따라 회계처리된 거래 외에 보고기간 후에 발생한 거래로서, 보고기간 말 이전에 발생했다면 기말에 유통되는 보통주식수나 잠재적보통주식수를 유의적으로 변동시켰을 보통주나 잠재적보통주 거래에 대한 설명

설명

- 문단 70(4)의 거래에 대한 예는 다음을 포함한다(K-1033. 71).
  (1) 현금납입에 의한 유상증자
  (2) 납입액으로 보고기간 말의 부채나 우선주를 상환하기 위한 주식발행
  (3) 유통중인 보통주의 매입소각
  (4) 보고기간 말의 잠재적보통주의 보통주로의 전환이나 행사
  (5) 옵션, 주식매입권 또는 전환금융상품의 발행
  (6) 조건부발행보통주의 발행조건 충족
- 보고기간 후에 위와 같은 거래가 발생한 경우에도 당기의 주당이익의 계산에 영향을 미치지 아니한다. 그 이유는 그러한 거래가 주당이익 산정 대상이 되는 회계기간의 당기순손익의 창출에 사용된 자본에 영향을 미치지 않기 때문이다(K-1033. 71).

2. 기타

73 **기본 및 희석주당이익 외에 이 기준서에서 요구하지 않지만 포괄손익계산서의 다른 구성요소에 대하여 계산한 주당금액을 주석으로 공시하는 경우에도 이 기준서에 따라 계산한 가중평균유통보통주식수를 사용한다. 그러한 포괄손익계산서의 구성요소에 대한 기본주당금액과 희석주당금액은 동등한 비중으로 공시하며 재무제표의 주석에 기재한다. 또 이 경우 분자가 세전금액 또는 세후금액을 기준으로 산출되었는지 등의 산출근거를 주석에**

73	나타낸다. 만약 그러한 포괄손익계산서의 구성요소가 포괄손익계산서의 별도 구분항목이 아닌 경우에는 이 구성요소와 포괄손익계산서에 보고된 별도 구분항목 사이의 조정내용을 공시한다.

73A	기본 및 희석주당이익에 더하여 이 기준서에서 요구하지 않지만 보고된 당기순손익 항목을 이용하여 계산한 주당금액을 공시하는 기업도 문단 73을 적용한다.

04 | 실제 공시 사례

공시사례 18.1 기본주당이익

[출처 : 엔씨소프트 2023년 감사보고서]

포괄손익계산서

제27기 2023년 1월 1일부터 2023년 12월 31일까지
제26기 2022년 1월 1일부터 2022년 12월 31일까지

주식회사 엔씨소프트 (단위 : 원)

과목	주석	제27(당)기	제26(전)기
…			
VII. 당기순이익		202,572,961,172	458,275,293,742
…			
X. 주당이익	30	9,975	22,567

설명

사례회사는 포괄손익계산서에 주당이익을 주기하고 있다(K-1033. 66~67).
사례회사는 당기는 기본주당이익(손실)과 희석주당이익(손실)을 동일한 금액으로 표시하고 있다. 이는 희석화효과가 없기 때문이다.

주석

30. 주당이익

(1) 당기와 전기의 기본주당이익은 다음과 같이 계산되었습니다.

(단위 : 주, 원)

구분	당기	전기
보통주 당기순이익	202,572,961,172	458,275,293,742
가중평균 유통보통주식수	20,307,439	20,307,439
주당이익	9,975	22,567

한편, 당기 및 전기 중 발행보통주식수를 유통기간으로 가중평균하여 산정한 유통보통주식수의 산출내역은 다음과 같습니다.

① 당기

(단위 : 주)

구분	주식수	가중치(일)	적수
기초	21,954,022	365	8,013,218,030
자기주식	(1,646,583)	365	(601,002,795)
소계			7,412,215,235
일수			365
가중평균유통보통주식수			20,307,439

② 전기

(단위 : 주)

구분	주식수	가중치(일)	적수
기초	21,954,022	365	8,013,218,030
자기주식	(1,646,583)	365	(601,002,795)
소 계			7,412,215,235
일수			365
가중평균유통보통주식수			20,307,439

설명

기본주당이익은 보통주당기순이익을 가중평균유통보통주식수로 나누어 계산한다. 사례회사는 계산근거를 주석에 공시하고 있다.

보통주당기순이익은 포괄손익계산서의 당기순이익과 일치하며, 가중평균유통보통주식수는 보통주에서 자기주식을 차감한 가중평균 주식수라고 공시하고 있다[K-1033, 70(1)(2)].

(2) 당기말과 전기말 현재 당사는 희석효과를 가지는 잠재적 보통주를 보유하고 있지 않아, 희석주당순이익은 기본주당순이익과 동일합니다.

설명

희석주당이익은 희석당기순이익을 희석화가중평균유통보통주식수로 나누어 계산한다.

사례회사는 잠재적보통주를 보유하고 있지 않아 희석주당손익을 계산하지 않고 있다고 공시하고 있다.

공시사례 18.2 기본주당이익 및 희석주당이익

[출처 : 티웨이항공 2023년 감사보고서]

포괄손익계산서

제21(당)기 : 2023년 1월 1일부터 2023년 12월 31일까지

제20(전)기 : 2022년 1월 1일부터 2022년 12월 31일까지

주식회사 티웨이항공 (단위 : 원)

과목	주석	제21(당)기	제20(전)기
…			
Ⅶ. 당기순손익		96,269,814,906	(119,770,809,913)
…			
Ⅹ. 주당손익	35		
기본주당손익 (단위 : 원)		491	(836)
희석주당손익 (단위 : 원)		451	(836)

설명

사례회사는 포괄손익계산서에 주당이익을 주기하고 있다(K-1033. 66~67).

사례회사는 당기는 기본주당이익보다 희석주당이익이 감소하여 다른 금액으로 표시하고 있다.

반면, 사례회사는 전기는 기본주당이익(손실)과 희석주당이익(손실)을 동일한 금액으로 표시하고 있다. 이는 희석화효과가 없기 때문이다.

주석

35. 주당순이익

당기 및 전기의 주당순이익 계산 내역은 다음과 같습니다.

(1) 기본주당순이익

1) 가중평균유통보통주식수의 계산

(당기)

(단위 : 주)

구분	주식수	일수	적수
기초 보통주식수	160,330,279	365	58,520,551,835
기초 자기주식수	(205,390)	365	(74,967,350)
우선주전환	34,083,993	332	11,315,885,676
전환사채보통주전환	6,357,279	248	1,576,605,192
유통보통주식수 소계	200,566,161	365	71,338,075,353
가중평균유통보통주식수	71,338,075,353 / 365 = 195,446,782주		

(전기)

(단위 : 주)

구분	주식수	일수	적수
기초 보통주식수	110,330,279	365	40,270,551,835
기초 자기주식수	(205,390)	365	(74,967,350)
유상증자	50,000,000	249	12,450,000,000
유통보통주식수 소계	160,124,889	365	52,645,584,485
가중평균유통보통주식수	52,645,584,485 / 365 = 144,234,478주		

2) 당기 및 전기의 기본주당순이익 산정 결과는 다음과 같습니다.

(단위 : 원,주)

구분	당기	전기
당기순이익(손실)	96,269,814,906	(119,770,809,913)
차감 : 우선주배당금(*1)	(240,000,000)	(800,000,008)
보통주 당기순이익(손실)	96,029,814,906	(120,570,809,921)
가중평균유통보통주식수	195,446,782	144,234,478
보통주 기본주당순이익(손실)	491	(836)

(*1) 당기 24,000,000,182원 * 1% / (전기) 80,000,000,608원 * 1%

설명

기본주당이익은 보통주당기순이익을 가중평균유통보통주식수로 나누어 계산한다. 사례 회사는 계산근거를 주석에 공시하고 있다.

보통주당기순이익은 포괄손익계산서의 당기순이익에서 우선주배당금을 차감하여 계산하고, 가중평균유통보통주식수는 보통주에서 자기주식을 차감하고, 전환우선주 전환 및 전환사채 전환을 고려한 가중평균 주식수라고 공시하고 있다[K-1033. 70(1)(2)].

(2) 희석주당순이익

1) 당기 및 전기의 희석성 가중평균잠재적유통보통주식수의 계산내역은 다음과 같습니다.

구분	당기	전기
가중평균유통보통주식수	195,446,782	144,234,478
– 주식매입선택권으로 인한 잠재적보통주식수(*1)	–	2,380,000
– 전환사채의 전환으로 발행될 신주의 수(*2)	2,037,813	6,357,279
– 전환우선주의 전환으로 발행될 신주의 수	17,648,971	48,691,419
희석성 가중평균잠재적유통보통주식수	215,133,566	201,663,176

(*1) 반희석효과로 인하여 희석주당순이익을 계산할 때 유통보통주식수 및 가산조정 항목에 고려하지 아니하였습니다.
(*2) 당기중 모두 보통주로 전환되어 전환전까지의 희석효과를 고려하였습니다.

2) 잠재적 보통주

당기말 및 전기말 현재 잠재적으로 미래에 기본주당순이익을 희석화할 수 있는 잠재적 보통주의 내용은 다음과 같습니다.

(단위 : 주)

당기	청구기간	발행될보통주식수
주식매입선택권(1차)(*1)	2019/12/27 ~ 2027/12/26	–
주식매입선택권(2차)(*1)	2023/04/01 ~ 2031/03/31	–
전환우선주	2022/04/02 ~ 2031/04/01	17,648,971

(*1) 희석주는 행사가격에 따라 유입되는 현금으로 발행되는 주식수의 매입을 고려하여 산정합니다. 당기말 현재 행사가격이 주가를 상회함에 따라 주식선택권의 행사에 따라 발행될 보통주식수 효과는 없습니다.

(단위 : 주)

전기	청구기간	발행될보통주식수
주식매입선택권(1차)	2019/12/27 ~ 2027/12/26	980,000
주식매입선택권(2차)	2023/04/01 ~ 2031/03/31	1,400,000
전환사채	2021/05/29 ~ 2025/05/28	6,357,279
전환우선주	2022/04/02 ~ 2031/04/01	48,691,419

3) 당기 및 전기의 희석주당순이익 산정 내역은 다음과 같습니다.

(단위 : 원,주)

구분	당기	전기
보통주 당기순이익(손실)	96,029,814,906	(120,570,809,921)
(가산조정) 전환사채이자비용	224,770,766	662,354,156
(가산조정) 전환우선주 우선배당금	800,000,006	800,000,008
조정후 보통주 당기순이익(손실)	97,054,585,679	(119,108,455,757)
희석성 가중평균잠재적유통보통주식수	215,133,566	199,283,176
희석주당순이익(손실)	451	(598)

설명

희석주당이익은 희석당기순이익을 희석화가중평균유통보통주식수로 나누어 계산한다. 사례회사는 계산근거를 주석에 공시하고 있다.
사례회사는 잠재적보통주로 전환사채, 전환우선주와 주식선택권을 보유하고 있다. 이 전환사채와 전환우선주 및 주식선택권 각각의 희석화효과를 산정하여 희석화 여부를 판단한다.

분자에 해당하는 희석당기순이익은 보통주순이익에 전환사채 이자비용과 전환우선주 배당금을 가산하여 희석당기순이익이 증가한다[K-1033, 70(1)].
분모에 해당하는 희석화가중평균유통보통주식수는 보통주 유통주식수에 주식선택권의 행사 및 전환우선주 및 전환사채의 전환효과로 인한 주식수의 증가 내역을 공시한다[K-1033, 70(2)].

공시사례 18.3 중단영업 주당손익 및 반희석화

[출처 : 웅진 2019년 감사보고서]

포괄손익계산서

제37(당)기 2019년 1월 1일부터 12월 31일까지
제36(전)기 2018년 1월 1일부터 12월 31일까지

주식회사 웅진 (단위 : 원)

과목	주석	제37(당)기	제36(전)기
…			
XIII. 계속영업이익(손실)		(89,724,018,655)	(84,121,463,933)
XIV. 중단영업이익(손실)	29	(15,270,378,563)	(29,842,756,660)
XV. 당기순이익(손실)		(104,994,397,218)	(113,964,220,593)
…			
XVIII. 주당손익	24		
기본및희석주당손실		(1,406)	(1,570)
기본및희석주당중단사업손실		(205)	(411)
기본및희석주당계속사업손실		(1,202)	(1,159)

설명

사례회사는 포괄손익계산서에 주당이익을 주기하고 있다(K-1033, 66~67).
사례회사는 당기와 전기 모두 기본주당이익(손실)과 희석주당이익(손실)을 동일한 금액으로 표시하고 있다. 이는 희석화효과가 없기 때문이다.

한편, 사례회사는 중단영업이 존재하여 계속사업주당이익과 중단영업주당이익을 공시하고 있다(K-1033. 68).

반면, 사례회사는 전기는 기본주당이익보다 희석주당이익이 감소하여 다른 금액으로 표시하고 있다.

주석

24. 주당손익

(1) 당사의 당기와 전기 주당손익의 계산내역은 다음과 같습니다.

① 기본주당손익

구분	당기			전기		
	기본주당 계속영업손익	기본주당 중단영업손익	기본주당순손익	기본주당 계속사업손익	기본주당 중단사업손익	기본주당순손익
당기순손익	(89,724,018,655)	(15,270,378,563)	(104,994,397,218)	(84,121,463,933)	(29,842,756,660)	(113,964,220,593)
가중평균유통보통주식수(*1)	74,650,446	74,650,446	74,650,446	72,587,839	72,587,839	72,587,839
기본주당손익	(1,202)	(205)	(1,406)	(1,159)	(411)	(1,570)

(*1) 가중평균유통보통주식수

(단위 : 주)

구분	당기	전기
기초 발행보통주식수	74,166,668	72,677,207
자기주식 효과	(215,870)	(215,870)
회생채무 출자전환	699,648	126,502
가중평균유통보통주식수	74,650,446	72,587,839

설명

기본주당이익은 보통주당기순이익을 가중평균유통보통주식수로 나누어 계산한다. 사례회사는 계산근거를 주석에 공시하고 있다.

보통주당기순이익은 포괄손익계산서의 당기순이익과 일치하며, 가중평균유통보통주식수는 보통주에서 자기주식과 회생채무의 출자전환을 가감한 가중평균 주식수라고 공시하고 있다[K-1033. 70(1) · (2)].

(2) 당사의 당기 및 전기 희석주당손익의 내역은 다음과 같습니다.

① 당기말

(단위 : 원, 주)

구분	희석주당 계속영업손익	희석주당 중단영업손익	희석주당순손익
당기순손익	(89,724,018,655)	(15,270,378,563)	(104,994,397,218)

구분	희석주당 계속영업손익	희석주당 중단영업손익	희석주당순손익
이익조정	-	-	-
희석순손익	(89,724,018,655)	(15,270,378,563)	(104,994,397,218)
가중평균유통보통주식수와 희석성 잠재적보통주의 합산 주식수(*1)	74,650,446	74,650,446	74,650,446
희석주당손익	(1,202)	(205)	(1,406)

(*1) 가중평균유통보통주식수와 희석성 잠재적보통주의 합산 주식수

(단위 : 주)

구분	당기	전기
가중평균유통보통주식수	74,650,446	72,587,839
출자전환채무	-	-
합계	74,650,446	72,587,839

② 전기

(단위 : 원, 주)

구분	희석주당 계속영업손익	희석주당 중단영업손익	희석주당순손익
당기순손익	(84,121,463,933)	(29,842,756,660)	(113,964,220,593)
이익조정	-	-	-
희석순손익	(84,121,463,933)	(29,842,756,660)	(113,964,220,593)
가중평균유통보통주식수와 희석성 잠재적보통주의 합산 주식수	72,587,839	72,587,839	72,587,839
희석주당손익	(1,159)	(411)	(1,570)

설명

희석주당이익은 희석당기순이익을 희석화가중평균유통보통주식수로 나누어 계산한다. 사례회사는 계산근거를 주석에 공시하고 있다.

사례회사는 전전기(2017년)에는 출자전환채무가 잠재적 보통주였으나, 전기(2018년) 중 해당 채무의 출자전환으로 더 이상 잠재적 보통주가 없는 것이다. 사례회사는 전기(2018년)와 당기(2019년)는 출자전환채무가 희석화되지 않기 때문에 기본주당손익과 희석주당손익이 동일하다[반면, 전전기(2017년)는 기본주당손익과 희석주당손익이 동일하지 않다].

(3) 반희석성 잠재적 보통주

당기에는 반희석효과로 인하여 희석주당이익 계산시 고려하지 않았으나 향후 희석효과의 발생 가능성이 있는 잠재적 보통주의 내용은 다음과 같습니다.

구분	잠재적 보통주	청구가능기간
주식선택권 18차 부여분	370,020주	2018년 3월 27일 ~ 2022년 3월 26일
주식선택권 19차 부여분	370,020주	2019년 3월 25일 ~ 2023년 3월 24일
주식선택권 20차 부여분	484,550주	2020년 3월 24일 ~ 2024년 3월 23일
주식선택권 21차 부여분	1,047,130주	2021년 3월 30일 ~ 2025년 3월 29일
주식선택권 22차 부여분	617,730주	2022년 3월 29일 ~ 2026년 3월 28일

설명

희석주당이익은 잠재적 보통주의 희석효과를 가산하여 기본주당이익의 희석화 정도를 공시한다. 반면, 잠재적 보통주의 효과를 가산하는 경우 주당이익이 감소하지 않을 수 있는데, 이를 반희석화라고 한다. 반희석화의 경우 반희석화 직전까지의 희석화금액이 희석주당이익이 된다.

반희석화로 당기 희석주당이익에 반영되지 않는 잠재적 보통주는 차기 이후 희석주당이익 계산 시에는 희석효과가 나타날 수 있으므로, 그 내용을 주석공시 요구한다[K-1033. 70(3)].

사례회사는 반희석화된 잠재적 보통주가 주식선택권이 존재하며, 이 주식선택권은 향후 주당손익 계산 시 희석효과가 나타날 수 있으므로 주석공시하고 있다.

CHAPTER

19 환율변동효과

▶ 관련 기업회계기준서

K-IFRS 제1021호 환율변동효과

01 | 기준서 주요 내용

기능통화와 표시통화

기능통화(functional currency)는 영업활동이 이루어지는 주된 경제 환경의 통화를 말하고, 표시통화(presentation currency)는 재무제표를 표시할 때 사용하는 통화를 말한다.

통상적으로 우리나라에서 영업을 영위하는 기업들은 기능통화와 표시통화 모두 대한민국 원화(KRW)이다.

반면, 우리나라 기업들 중에는 수출기업 또는 해운업의 외화결제 등으로 기능통화가 미국 달러화(USD)이고, 표시통화가 대한민국 원화(KRW)인 경우가 있다. 기능통화와 표시통화가 다른 경우 회사는 기말 재무제표 작성 시 표시통화로 재무제표를 환산 작성해서 공시한다.

화폐성 항목

화폐성 항목과 비화폐성 항목은 다음으로 구분된다(K-1021, 16).

구분	정의	예시
화폐성 항목	확정되었거나 결정 가능한 화폐단위의 수량으로 받을 권리나 지급할 의무가 있다.	현금으로 지급하는 연금과 그 밖의 종업원급여, 현금으로 상환하는 충당부채, 리스부채, 부채로 인식하는 현금배당 등 수량이 확정되지 않은 기업 자신의 지분상품이나 금액이 확정되지 않은 자산을 받거나 주기로 한 계약의 공정가치가 화폐단위로 확정되었거나 결정 가능한 경우

구분	정의	예시
비화폐성 항목	확정되었거나 결정 가능한 화폐단위의 수량으로 받을 권리나 지급할 의무가 없다.	재화와 용역에 대한 선급금, 영업권, 무형자산, 재고자산, 유형자산, 사용권자산, 비화폐성 자산을 인도하여 상환하는 충당부채 등

| 기능통화에 의한 외화거래의 보고

기능통화로 외화거래를 최초로 인식하는 경우에 거래일의 외화와 기능통화 사이의 현물환율을 외화금액에 적용하여 기록한다.

보고기간 말의 외화환산방법은 다음과 같다.

(1) 화폐성 외화항목은 마감환율로 환산한다.
(2) 역사적 원가로 측정하는 비화폐성 외화항목은 거래일의 환율로 환산한다.
(3) 공정가치로 측정하는 비화폐성 외화항목은 공정가치가 측정된 날의 환율로 환산한다.

화폐성항목의 결제시점에 생기는 외환차이와 화폐성항목의 환산에 사용한 환율이 회계기간 중 최초로 인식한 시점이나 전기의 재무제표 환산시점의 환율과 다르기 때문에 생기는 외환차이는 그 외환차이가 생기는 회계기간의 손익으로 인식한다. 다만, 기타포괄손익으로 분류하는 외환차이에는 이를 적용하지 아니한다.

비화폐성항목에서 생긴 손익을 기타포괄손익으로 인식하는 경우에 그 손익에 포함된 환율변동효과도 기타포괄손익으로 인식한다. 그러나 비화폐성항목에서 생긴 손익을 당기손익으로 인식하는 경우에는 그 손익에 포함된 환율변동효과도 당기손익으로 인식한다.

해외사업장에 대한 순투자의 일부인 화폐성항목에서 생기는 외환차이는 보고기업의 별도재무제표나 해외사업장의 개별재무제표에서 당기손익으로 적절하게 인식한다. 그러나 보고기업과 해외사업장을 포함하는 재무제표에서는 이러한 외환차이를 처음부터 기타포괄손익으로 인식하고 관련 순투자의 처분시점에 자본에서 당기손익으로 재분류한다.

| 기능통화와 다른 표시통화의 사용

별도재무제표에서 기능통화와 표시통화가 다른 경우 재무제표를 표시통화로 환산한다.

연결재무제표에서도 해외종속기업의 통화가 다른 경우 각 기업의 경영성과와 재무상태를 같은 통화로 표시한다. 예를 들어, 지배기업 A가 국내에 있고, 베트남에 해외종속기업 B가 있는 경우 연결재무제표 작성 시 해외종속기업 B의 베트남 통화(VND)로 작성된 재무제표를 대한민국의 원화(KRW)로 환산한 재무제표를 연결재무제표에 합산한다.

기업의 경영성과와 재무상태를 기능통화와 다른 표시통화로 환산하는 방법은 다음과 같다.

(1) 재무상태표의 자산과 부채는 해당 보고기간 말의 마감환율로 환산한다.
(2) 포괄손익계산서의 수익과 비용은 해당 거래일의 환율로 환산한다.
(3) 환산에서 생기는 외환차이는 기타포괄손익으로 인식한다.

해외사업장의 취득으로 생기는 영업권과 자산 · 부채의 장부금액에 대한 공정가치 조정액은 해외사업장의 자산 · 부채로 본다. 따라서 이러한 영업권과 자산 · 부채의 장부금액에 대한 공정가치의 조정액은 해외사업장의 기능통화로 표시하고 마감환율로 환산한다.

해외사업장을 처분하는 경우에는 기타포괄손익과 별도의 자본항목으로 인식한 해외사업장관련 외환차이의 누계액은 해외사업장의 처분손익을 인식하는 시점에 (재분류조정으로) 자본에서 당기손익으로 재분류한다.

02 | 주석 작성 핵심 포인트

환율변동효과 관련 주요 주석공시사항은 다음과 같이 요약된다.

Key Point

구분	주요 주석공시사항	비고
1. 외환차이	• 당기손익으로 인식한 외환차이 금액 • 기타포괄손익으로 인식하고 별도의 자본항목에 누계한 순외환차이	
2. 기능통화와 표시통화	표시통화와 기능통화가 다른 경우에는 그 사실을 기능통화의 명칭과 기능통화와 다른 표시통화를 사용하는 이유와 함께 공시	

03 | 주석공시 요구사항

K-IFRS 제1021호(환율변동효과) 관련 주석공시 요구사항은 다음과 같이 구분된다.

문단	공시사항
52	1. 외환차이
51, 53 ~ 57	2. 기능통화와 표시통화

1. 외환차이

52	다음 사항을 공시한다. (1) 당기손익으로 인식한 외환차이 금액. 다만, 기업회계기준서 제1109호에 따라 당기손익-공정가치 측정 금융상품에서 생기는 외환차이는 제외한다. (2) 기타포괄손익으로 인식하고 별도의 자본항목에 누계한 순외환차이, 기초와 기말 금액 및 그 변동 내역

외환차이 관련 주석공시사항과 그 예시는 다음과 같다.

(1) 외환차이

주석사항

다음 사항을 공시한다(K-1021. 52).

(1) 당기손익으로 인식한 외환차이 금액. 다만, 기업회계기준서 제1109호에 따라 당기손익-공정가치 측정 금융상품에서 생기는 외환차이는 제외한다.

(2) 기타포괄손익으로 인식하고 별도의 자본항목에 누계한 순외환차이, 기초와 기말 금액 및 그 변동 내역

예시

1. 금융수익 및 금융비용

(1) 당기 및 전기 중 발생한 금융수익 및 금융비용의 내역은 다음과 같습니다.

구분	당기	전기
금융수익 :		
외환차익	100	100
외화환산이익 [K-1021. 52(1)]	80	60
합계		
금융비용 :		
외환차손	200	150
외화환산손실 [K-1021. 52(1)]	120	50
합계		

2. 금융위험

(1) 외화자산 및 외화부채

당기말 현재 당사의 화폐성 외화자산 및 외화부채의 내역은 다음과 같습니다.

(원화단위 : 원)

통화	자산		부채	
	현지통화	원화환산	현지통화	원화환산
USD	100	100,000	200	200,000
EUR	100	90,000	200	180,000
VND	100	2,000	200	4,000
합계				

설명

환율변동효과는 외화환산손익으로 인식된다. 외화환산손익은 당기손익으로 인식한다 [K-1021. 52(1)].

2. 기능통화와 표시통화

51 연결실체의 경우, 문단 53과 문단 55 ~ 57에서의 '기능통화'는 지배기업의 기능통화를 의미한다.

53 표시통화와 기능통화가 다른 경우에는 그 사실을 기능통화의 명칭과 기능통화와 다른 표시통화를 사용하는 이유와 함께 공시한다.

54 보고기업이나 유의적인 해외사업장의 기능통화가 변경된 경우에는 그 사실과 기능통화가 변경되는 이유를 공시한다.

55 기능통화가 아닌 통화로 재무제표를 보고하는 경우에는 문단 39와 42의 환산방법을 포함하여 관련된 한국채택국제회계기준서 및 해석서의 요구사항을 모두 따른 경우에 한하여 한국채택국제회계기준에 따라 재무제표를 작성하였다는 사실을 기재한다.

56 문단 55의 요구사항을 충족하지 않고 기능통화가 아닌 통화로 재무제표나 그 밖의 재무정보를 보고하는 경우가 있다. 예를 들어, 재무제표의 일부 항목만을 기능통화가 아닌 통화로 환산하거나 기능통화가 초인플레이션 경제의 통화가 아닌 기업이 재무제표의 모든 항목을 다른 통화의 최근의 마감환율로 환산할 수 있다. 그러나 이는 한국채택국제회계

56 기준에 따른 환산이 아니므로 문단 57의 사항을 공시하여야 한다.

57 재무제표나 그 밖의 재무정보를 기능통화나 표시통화와 다른 통화로 표시하고 문단 55의 요구사항을 충족하지 못하는 경우에는 다음의 사항을 공시한다.

(1) 한국채택국제회계기준에 따른 정보와 구별되도록 해당 정보가 보충정보임을 명확하게 표시

(2) 보충정보를 표시하는 통화

(3) 기능통화의 명칭과 보충정보를 결정할 때 사용하는 환산방법

기능통화와 표시통화 관련 주석공시사항과 그 예시는 다음과 같다.

(1) 기능통화와 표시통화

주석사항

- 연결실체의 경우, 문단 53과 문단 55 ~ 57에서의 '기능통화'는 지배기업의 기능통화를 의미한다(K-1021. 51).
- 표시통화와 기능통화가 다른 경우에는 그 사실을 기능통화의 명칭과 기능통화와 다른 표시통화를 사용하는 이유와 함께 공시한다(K-1021. 53).
- 보고기업이나 유의적인 해외사업장의 기능통화가 변경된 경우에는 그 사실과 기능통화가 변경되는 이유를 공시한다(K-1021. 54).
- 기능통화가 아닌 통화로 재무제표를 보고하는 경우에는 문단 39와 42의 환산방법을 포함하여 관련된 한국채택국제회계기준서 및 해석서의 요구사항을 모두 따른 경우에 한하여 한국채택국제회계기준에 따라 재무제표를 작성하였다는 사실을 기재한다(K-1021. 55).
- 문단 55의 요구사항을 충족하지 않고 기능통화가 아닌 통화로 재무제표나 그 밖의 재무정보를 보고하는 경우가 있다. 예를 들어, 재무제표의 일부 항목만을 기능통화가 아닌 통화로 환산하거나 기능통화가 초인플레이션 경제의 통화가 아닌 기업이 재무제표의 모든 항목을 다른 통화의 최근의 마감환율로 환산할 수 있다. 그러나 이는 한국채택국제회계기준에 따른 환산이 아니므로 문단 57의 사항을 공시하여야 한다(K-1021. 56).
- 재무제표나 그 밖의 재무정보를 기능통화나 표시통화와 다른 통화로 표시하고 문단 55의 요구사항을 충족하지 못하는 경우에는 다음의 사항을 공시한다(K-1021. 57).
  (1) 한국채택국제회계기준에 따른 정보와 구별되도록 해당 정보가 보충정보임을 명확하게 표시
  (2) 보충정보를 표시하는 통화
  (3) 기능통화의 명칭과 보충정보를 결정할 때 사용하는 환산방법

예시

1. 유의한 회계정책

(1) 기능통화와 표시통화(K-1021. 53)

당사는 별도재무제표 항목들을 기능통화인 USD로 작성하고, 동 기능통화에 의해 작성된 재무제표를 표시통화인 원화로 환산하였습니다. 표시통화로 환산 시에는 재무상태표의 자산과 부채는 해당 재무제표일 현재의 환율, 자본은 역사적 환율로 환산하고 그 차이는 표시통화 환산손익으로 하여 기타자본에 계상하고 있습니다. 포괄손익계산서의 수익과 비용은 해당 거래일의 환율로 환산하고 있으며, 현금흐름표상의 거래는 해당 거래일의 환율 또는 일정기간의 평균환율로 환산하고 있습니다.

설명

우리나라 대부분 기업은 기능통화도 대한민국 원화(KRW)이고, 표시통화도 대한민국 원화(KRW)이다. 반면 해운업 등 일부 회사는 기능통화는 달러화(USD)이며, 표시통화는 대한민국 원화(KRW)이다. 이러한 기능통화와 표시통화의 차이가 존재하는 경우 그 사실과 이유를 주석공시한다(K-1021. 53).

☞ 공시사례 19.1 기능통화와 표시통화

04 | 실제 공시 사례

공시사례 19.1 기능통화와 표시통화

주석 [출처 : HMM 2023년 감사보고서]

2.4 외화환산

(1) 기능통화의 표시

회사는 재무제표에 포함되는 항목들을 각각의 영업활동이 이뤄지는 주된 경제 환경에서의 통화("기능통화")를 적용하여 측정하고 있습니다. 지배기업의 기능통화는 대한민국 원화이며, 재무제표 또한 대한민국 원화로 표시하고 있습니다.

(2) 표시통화로의 환산

회사는 기능통화를 적용한 재무제표를 다음의 방법으로 환산하고 있습니다.

-자산과 부채는 보고기간말의 마감 환율

–수익과 비용은 해당 기간의 평균 환율
–자본은 역사적 환율
–환산에서 발생하는 외환 차이는 기타포괄손익으로 인식

해외사업장의 취득으로 생기는 영업권과 자산 · 부채의 장부금액에 대한 공정가치 조정액은 해외사업장의 자산 · 부채로 보아 마감 환율로 환산합니다.

설명

사례회사는 해운업을 영위하고 있으며, 기능통화는 달러화(USD)이며, 표시통화는 대한민국 원화(KRW)이다.
사례회사는 기능통화와 표시통화가 다른 사실과 그 이유를 공시하고 있다(K-1021, 53).
추가적으로 기능통화를 표시통화로 환산하는 경우의 적용환율을 주석에 공시하고 있다.

CHAPTER 20 영업부문

▶ 관련 기업회계기준서

K-IFRS 제1108호 영업부문

01 | 기준서 주요 내용

| 개요

기업은 영업부문을 최고영업의사결정자에게 영업성과를 구분하여 보고되는 영업부문을 식별하고, 영업부문 중 양적 기준을 충족하는 영업부문은 보고부문으로 결정된다. 보고부문에 대한 경영성과 등을 공시한다.

이와 별개로 기업은 기업전체수준의 지역별 경영성과 및 고객별 매출액을 공시한다.

| 적용범위

재무보고서가 이 기준서의 적용범위에 해당하는 지배기업의 연결재무제표와 지배기업의 별도재무제표를 모두 포함하는 경우에 부문정보는 연결재무제표에서만 요구된다.

구분	K-IFRS 제1108호 적용 여부
개별재무제표 공시 (종속기업 없는 경우)	개별재무제표에 적용
연결재무제표/별도재무제표 공시	연결재무제표에만 적용

영업부문 식별

영업부문은 다음 사항을 모두 충족하는 기업의 구성단위를 말한다.

(1) 수익을 창출하고 비용을 발생시키는 사업활동을 영위한다.
(2) 부문에 배분될 자원에 대한 의사결정을 하고 부문의 성과를 평가하기 위하여 최고영업의사결정자가 영업성과를 정기적으로 검토한다.
(3) 구분된 재무정보의 이용이 가능하다.

영업부문은 아직까지 수익을 창출하지 않는 사업활동을 영위할 수 있다. 예를 들어, 신규 영업은 수익을 창출하기 전에도 영업부문이 될 수 있다.

기업의 모든 부분이 반드시 하나의 영업부문이나 영업부문의 일부에 귀속되는 것은 아니다. 예를 들어, 수익을 창출하지 못하거나 기업 활동에 부수적인 수익을 창출하는 본사나 일부 직능부서는 영업부문이 될 수 없을 것이다. 이 기준서의 목적상 퇴직급여제도는 영업부문에 해당하지 않는다.

보고부문 결정 – 통합기준

부문들의 경제적 특성이 유사하고 다음 사항이 부문 간에 유사한 경우에는 둘 이상의 영업부문을 하나의 영업부문으로 통합할 수 있다.

(1) 제품과 용역의 성격
(2) 생산과정의 성격
(3) 제품과 용역에 대한 고객의 유형이나 계층
(4) 제품을 공급하거나 용역을 제공하는 데 사용하는 방법
(5) 해당사항이 있는 경우, 규제환경의 성격(예 : 은행, 보험 또는 공공설비)

보고부문 결정 – 양적 기준

각각의 영업부문이 기업 전체 수익, 손익 또는 자산의 10% 이상이면 별도의 보고부문으로 구분하여 공시한다.

한편, 각 보고되는 부문의 수익 합계가 전체 수익의 75% 미만이면, 75% 기준을 충족할 때까지 추가로 보고부문을 식별한다.

구분	기준
10% 기준	다음 양적 기준 중 하나에 해당하는 영업부문에 대한 정보는 별도로 보고한다. (1) 부문수익이 모든 영업부문 수익 합계액의 10% 이상인 영업부문 (2) 부문당기손익이 모든 영업부문 손익의 10% 이상인 영업부문 (3) 부문자산이 모든 영업부문 자산 합계액의 10% 이상인 영업부문

구분	기준
75% 기준	보고되는 영업부문들의 외부수익 합계가 기업전체 수익의 75% 미만인 경우, 보고부문들의 외부수익 합계가 기업전체 수익의 최소한 75%가 되도록 추가로 보고부문으로 식별한다.

02 주석 작성 핵심 포인트

영업부문 관련 주요 주석공시사항은 다음과 같이 요약된다.

Key Point

구분	주요 주석공시사항	비고
1. 보고부문별 공시		
(1) 일반 정보	• 보고부문을 식별하기 위하여 사용한 요소 • 각 보고부문이 수익을 창출하는 제품과 용역의 유형	• 우선 영업부문을 구분하여 보고부문을 식별함. • 공시는 보고부문별로 공시
(2) 부문당기손익	• 부문당기손익 • 부문 매출액, 감가상각비 등 추가 • 연결실체 매출액으로의 조정내역 공시	
(3) 부문자산 · 부채	• 부문총자산 및 부문총부채 • (내부적으로 보고되면) 지분법적용 투자지분 금액 및 비유동자산 증가액	
2. 기업전체 수준에서의 공시		
(1) 지역별 정보	• 외부고객으로부터의 수익 • 비유동자산(금융상품, 이연법인세자산, 퇴직급여자산 및 보험계약에서 발생하는 권리는 제외)	지역은 본점 소재지 국가와 외국으로 구분
(2) 고객별 정보	• 고객별 수익금액(수익의 10% 이상) • 고객별 수익금액이 보고되는 부문의 명칭	고객의 신원 및 부문별 수익은 공시 제외

03 | 주석공시 요구사항

K-IFRS 제1108호(영업부문) 관련 주석공시 요구사항은 다음과 같이 구분된다.

문단	공시사항
20 ~ 24	1. 보고부문별 공시
31 ~ 34	2. 기업전체 수준에서의 공시

1. 보고부문별 공시

20 **기업은 재무제표이용자가 기업이 영위하는 사업활동의 내용 및 재무효과 그리고 영업을 영위하는 경제환경을 평가할 수 있도록 정보를 공시한다.**

21 문단 20의 원칙을 따르기 위하여 포괄손익계산서가 보고되는 매 회계기간에 다음 사항을 공시한다.

(1) 문단 22에서 설명하고 있는 일반 정보

(2) 문단 23 ~ 27에서 설명하고 있는 부문당기손익(부문당기손익에 포함된 특정 수익과 비용을 포함), 부문자산, 부문부채 및 측정기준에 대한 정보

(3) 문단 28에서 설명하고 있는 부문수익, 부문당기손익, 부문자산, 부문부채 및 기타 중요한 부문항목의 합계에서 이에 상응하는 기업전체 금액으로의 조정사항

표시되는 매 보고기간 말에 보고부문의 재무상태표 금액을 기업전체 재무상태표 금액으로 조정하여야 한다. 과거기간의 정보는 문단 29와 30에 따라 재작성한다.

일반 정보

22 다음의 일반 정보를 공시한다.

(1) 조직기준을 포함하여 보고부문을 식별하기 위하여 사용한 요소(예 : 경영진이 제품과 용역의 차이, 지리적 위치의 차이, 규제환경의 차이 또는 여러 요소의 결합에 따른 차이 중 어떤 기준을 택하여 기업을 조직하였는지와 영업부문들을 통합하였는지)

(1-1) 문단 12의 통합기준을 적용하면서 이루어진 경영진의 판단. 이러한 방법으로 통합된 영업부문에 대한 간략한 설명과 통합된 영업부문이 유사한 경제적 특성을 공유한다는 결정을 하면서 평가되었던 경제적 지표를 포함한다.

(2) 각 보고부문이 수익을 창출하는 제품과 용역의 유형

부문당기손익, 부문자산 및 부문부채에 관한 정보

23 보고부문별로 당기손익을 보고한다. 보고부문별 자산과 부채의 총액이 최고영업의사결정자에게 정기적으로 제공된다면 그러한 금액들도 보고한다. 다음 사항이 최고영업의사결정자가 검토하는 부문당기손익에 포함되어 있거나 부문당기손익에 포함되어 있지 않더라도 최고영업의사결정자에게 정기적으로 제공된다면, 그 사항도 각 보고부문별로 공시한다.

(1) 외부고객으로부터의 수익
(2) 기업 내의 다른 영업부문과의 거래로부터의 수익
(3) 이자수익
(4) 이자비용
(5) 감가상각비와 상각비
(6) 기업회계기준서 제1001호 '재무제표 표시' 문단 97에 따라 공시하는 수익과 비용의 중요항목
(7) 관계기업 및 공동기업으로부터의 지분법손익
(8) 법인세비용(법인세수익)
(9) 감가상각비와 상각비 외의 중요한 비현금항목

각 보고부문의 이자수익과 이자비용은 총액으로 보고한다. 다만, 이자수익이 부문수익의 대부분이고 최고영업의사결정자가 부문성과를 평가하고 자원을 배분하기 위하여 주로 순이자수익을 사용하는 경우는 예외로 한다. 이러한 상황에서는 부문의 이자수익에서 부문의 이자비용을 차감한 순이자수익으로 보고할 수 있으며 이러한 사실을 공시한다.

24 다음 사항이 최고영업의사결정자가 검토하는 부문자산에 포함되어 있거나 부문자산에 포함되어 있지 않더라도 최고영업의사결정자에게 정기적으로 제공된다면 그 사항을 각 보고부문별로 공시한다.

(1) 관계기업 및 공동기업 투자의 지분법적용 투자지분 금액
(2) 비유동자산의 증가액[금융상품, 이연법인세자산, 순확정급여자산(기업회계기준서 제1019호 '종업원급여' 참조) 및 보험계약에서 발생하는 권리의 취득액은 제외]

보고부문별 주석공시사항과 그 예시는 다음과 같이 구분된다.

구분	기준서 (K-1108)
(1) 일반 정보	22
(2) 부문당기손익, 부문자산 및 부문부채에 관한 정보	23 ~ 24

(1) 일반 정보

주석사항

다음의 일반 정보를 공시한다(K-1108. 22).

(1) 조직기준을 포함하여 보고부문을 식별하기 위하여 사용한 요소(예 : 경영진이 제품과 용역의 차이, 지리적 위치의 차이, 규제환경의 차이 또는 여러 요소의 결합에 따른 차이 중 어떤 기준을 택하여 기업을 조직하였는지와 영업부문들을 통합하였는지)

(1-1) 문단 12의 통합기준을 적용하면서 이루어진 경영진의 판단. 이러한 방법으로 통합된 영업부문에 대한 간략한 설명과 통합된 영업부문이 유사한 경제적 특성을 공유한다는 결정을 하면서 평가되었던 경제적 지표를 포함한다.

(2) 각 보고부문이 수익을 창출하는 제품과 용역의 유형

예시

(1) 영업부문

연결회사의 영업부문은 최고영업의사결정자인 대표이사에게 보고되는 사업본부 단위로 공시하고 있습니다. [K-1108. 22(1)]

연결회사의 영업부문은 차량, 금융, 기타로 구성되어 있습니다. 차량부문은 완성차를 생산하여 최종소비자에게 판매하고 있으며, 금융부문은 차량 할부금융 및 결제대행업무 등을 영위하고 있습니다. 기타 부문은 철도차량 제작, 특장제품 생산, 연구개발 등으로 구성되어 있습니다. [K-1108. 22(2)]

설명

- 연결기업의 영업부문은 최고영업의사결정자에게 보고되는 방식에 의해 결정된다.
- 이 영업부문은 K-IFRS 제1108호의 기준에 따라 보고부문으로 구별되며, 이 보고부문별 정보가 주석공시 대상이 되는 것이다.

(2) 부문당기손익, 부문자산 및 부문부채에 관한 정보

주석사항

- 보고부문별로 당기손익을 보고한다. 보고부문별 자산과 부채의 총액이 최고영업의사결정자에게 정기적으로 제공된다면 그러한 금액들도 보고한다. 다음 사항이 최고영업의사결정자가 검토하는 부문당기손익에 포함되어 있거나 부문당기손익에 포함되어 있지 않더라도 최고영업의사결정자에게 정기적으로 제공된다면, 그 사항도 각 보고부문별로 공시한다(K-1108. 23).

  (1) 외부고객으로부터의 수익

  (2) 기업 내의 다른 영업부문과의 거래로부터의 수익

(3) 이자수익
(4) 이자비용
(5) 감가상각비와 상각비
(6) 기업회계기준서 제1001호 '재무제표 표시' 문단 97에 따라 공시하는 수익과 비용의 중요항목
(7) 관계기업 및 공동기업으로부터의 지분법손익
(8) 법인세비용(법인세수익)
(9) 감가상각비와 상각비 외의 중요한 비현금항목

• 각 보고부문의 이자수익과 이자비용은 총액으로 보고한다. 다만, 이자수익이 부문수익의 대부분이고 최고영업의사결정자가 부문성과를 평가하고 자원을 배분하기 위하여 주로 순이자수익을 사용하는 경우는 예외로 한다. 이러한 상황에서는 부문의 이자수익에서 부문의 이자비용을 차감한 순이자수익으로 보고할 수 있으며 이러한 사실을 공시한다.
• 다음 사항이 최고영업의사결정자가 검토하는 부문자산에 포함되어 있거나 부문자산에 포함되어 있지 않더라도 최고영업의사결정자에게 정기적으로 제공된다면 그 사항을 각 보고부문별로 공시한다(K-1108. 24).

(1) 관계기업 및 공동기업 투자의 지분법적용 투자지분 금액
(2) 비유동자산의 증가액[금융상품, 이연법인세자산, 순확정급여자산(기업회계기준서 제1019호 '종업원급여' 참조) 및 보험계약에서 발생하는 권리의 취득액은 제외]

예시

(2) 당기의 연결실체가 영위하는 영업에 따른 부문별 정보는 다음과 같습니다. (K-1108. 23 · 28)

구분	A부문	B부문	기타부문	연결조정	계
총매출액	1,000	1,000	500	(400)	2,100
내부매출액(*)	(100)	(100)	(200)	400	–
순매출액	900	900	300	–	2,100
영업이익	200	100	100	(100)	300

(*) 내부매출액은 연결실체 내 부문 간 내부매출을 포함하고 있음.

(3) 당기말 현재 영업부문별 부문자산 및 부문부채는 다음과 같습니다. (K-1108. 23 · 28)

구분	A부문	B부문	기타부문	연결조정	계
자산총계	1,000	1,200	400	(300)	2,300
부채총계	500	500	300	(100)	1,200
차입금 및 사채	100	200	100	(100)	300

설명

• 기본적으로 보고부문별로 다음의 2가지 정보를 주석에 공시한다(K-1108. 23).

(1) 보고부문별 당기손익

(2) 보고부문별 자산과 부채의 총액

• 추가적으로 아래 정보들이 내부적으로 보고된다면(구분된다는 의미), 그러한 내용도 보고부문별로 공시한다.

(1) 외부고객으로부터의 수익

(2) 기업 내의 다른 영업부문과의 거래로부터의 수익

(3) 이자수익

(4) 이자비용

(5) 감가상각비와 상각비

(6) 비용의 성격별 분류 각 항목

(7) 관계기업 및 공동기업으로부터의 지분법손익

(8) 법인세비용(법인세수익)

(9) 감가상각비와 상각비 외의 중요한 비현금항목

• 추가적으로 부문자산에 포함되는 항목 중 아래 2가지는 내부적으로 보고된다면(구분된다는 의미), 그러한 내용도 보고부문별로 공시한다(K-1108. 24).

(1) 지분법적용 투자지분 금액

(2) 비유동자산의 증가액

• 비유동자산 증가액 공시는 각 보고부문별로 구분하기 어려운 자산들(예를 들어, 금융상품, 이연법인세자산, 순확정급여자산)은 제외하도록 하고 있다.

• 각 부문별 정보는 조정과정을 통해 연결재무제표의 공시금액과 일치하여야 한다.

측정

25 각 부문항목 금액은 부문에 대한 자원배분의 의사결정과 보고부문의 성과평가를 위하여 최고영업의사결정자에게 보고되는 측정치이어야 한다. 기업전체 재무제표 작성을 위한 수정과 제거 그리고 수익, 비용 및 차익 또는 차손의 배분은 최고영업의사결정자가 이러한 금액을 부문당기손익 측정에 이용하는 경우에 한하여 부문당기손익에 포함한다. 이와 마찬가지로 최고영업의사결정자가 이용하는, 부문의 자산과 부채 측정치에 포함되어 있는 자산과 부채만을 부문자산과 부문부채로 보고한다. 보고되는 부문당기손익, 부문자산 또는 부문부채에 배분되는 금액은 합리적 기준에 따라 배분한다.

26 최고영업의사결정자가 부문성과평가와 자원배분 의사결정에 영업부문의 당기손익, 자산 또는 부채에 대해 하나의 측정치만 이용하는 경우에는 그 측정치로 부문당기손익, 부문자산 및 부문부채를 보고한다. 반면, 최고영업의사결정자가 영업부문의 당기손익, 자산,

26 부채에 둘 이상의 측정치를 이용하는 경우에는 기업전체 재무제표에 상응하는 금액의 측정에 이용되는 측정원칙과 가장 일관성 있게 결정되었다고 경영진이 판단하는 금액을 보고되는 측정치로 한다.

27 최소한 다음 사항을 포함하여 부문당기손익, 부문자산 및 부문부채의 측정에 대한 설명을 부문별로 공시한다.

(1) 보고부문 사이의 거래에 대한 회계처리 방법

(2) 보고부문들의 당기손익 측정치 합계와 기업전체 법인세비용(법인세수익)과 중단영업손익 가감 전 당기손익과의 차이의 내용(이러한 내용은 문단 28에서 설명하고 있는 조정사항에서 명확하게 제시되지 않는 경우에 해당됨). 이러한 차이에는 회계정책과 보고된 부문정보를 이해하는 데 필요한 공통비 배분정책이 포함될 수 있다.

(3) 보고부문들의 자산 측정치 합계와 기업전체 자산과의 차이의 내용(이러한 내용은 문단 28에서 설명하고 있는 조정사항에서 명확하게 제시되지 않는 경우에 해당됨). 이러한 차이에는 회계정책과 보고된 부문정보를 이해하는 데 필요한 공통사용자산의 배분정책이 포함될 수 있다.

(4) 보고부문들의 부채 측정치 합계와 기업전체 부채와의 차이의 내용(이러한 내용은 문단 28에서 설명하고 있는 조정사항에서 명확하게 제시되지 않는 경우에 해당됨). 이러한 차이에는 회계정책과 보고된 부문정보를 이해하는 데 필요한 공통활용부채의 배분정책이 포함될 수 있다.

(5) 부문당기손익의 측정방법이 당기에 변경된 경우 그 변경의 내용과 부문당기손익의 측정에 미치는 효과

(6) 보고부문에 대한 비대칭 배분의 내용과 효과(예 : 감가상각대상자산을 부문에 배분하지 않았지만 감가상각비는 그 부문에 배분한 경우)

조정사항

28 다음 조정사항을 공시한다.

(1) 보고부문들의 수익의 합계에서 기업전체 수익으로의 조정

(2) 보고부문들의 당기손익 측정치 합계에서 기업전체 법인세비용(법인세수익)과 중단영업손익 가감 전 당기손익으로의 조정. 단, 보고부문에 법인세비용(법인세수익)과 같은 항목을 배분한 경우에는, 보고부문들의 당기손익 측정치 합계에서 그러한 항목을 가감한 기업전체 당기손익으로 조정한다.

(3) 문단 23에 따라 부문자산을 보고하는 경우, 보고부문들의 자산 합계에서 기업전체 자산으로의 조정

28 (4) 문단 23에 따라 부문부채를 보고하는 경우 보고부문들의 부채 합계에서 기업전체 부채로의 조정

(5) 공시된 정보 중 기타 중요한 항목에 대한 보고부문들의 합계에서 이에 상응하는 기업전체 금액으로의 조정

모든 중요한 조정사항은 개별적으로 식별하여 설명한다. 예를 들어, 회계정책의 차이로 인하여 발생하는 보고부문 당기손익을 기업전체 당기손익으로 조정하는 데 필요한 각 중요 조정사항은 개별적으로 식별하여 설명한다.

과거에 보고된 부문정보의 재작성

29 내부조직의 구조를 변경하여 보고부문의 구성이 변한 경우 과거기간(중간기간 포함)의 해당 부문정보를 재작성한다. 단, 필요한 정보를 이용할 수 없고 그 정보를 산출하는 비용이 과도한 경우에는 예외로 한다. 필요한 정보를 이용할 수 없고 그 정보를 산출하는 비용이 과도한지는 공시되는 개별 항목별로 결정한다. 보고부문의 구성이 변경된 후에는 과거기간의 부문정보 항목을 재작성하였는지를 공시한다.

30 내부조직의 구조를 변경하여 보고부문 구성이 변하였지만 과거 기간(중간기간 포함)의 부문정보를 재작성하지 않는다면, 변경이 발생한 회계연도의 당기 부문정보를 과거 부문 구분기준과 새로운 부문구분기준에 따라 모두 작성하여 공시한다. 단, 필요한 정보를 이용할 수 없고 그 정보를 산출하는 비용이 과도한 경우에는 예외로 한다.

상기 각 보고부문별 정보(부문당기손익, 부문자산 및 부문부채)는 주석에 기업전체 금액으로의 조정사항을 포함하여 최종적으로 기업전체의 금액과 일치해야 한다.

(1) 측정

주석사항

측정

최소한 다음 사항을 포함하여 부문당기손익, 부문자산 및 부문부채의 측정에 대한 설명을 부문별로 공시한다(K-1108. 27).

(1) 보고부문 사이의 거래에 대한 회계처리 방법

(2) 보고부문들의 당기손익 측정치 합계와 기업전체 법인세비용(법인세수익)과 중단영업손익 가감 전 당기손익과의 차이의 내용(이러한 내용은 문단 28에서 설명하고 있는 조정사항에서 명확하게 제시되지 않는 경우에 해당됨). 이러한 차이에는 회계정책과 보고된 부문정보를 이해하는 데 필요한 공통비 배분정책이 포함될 수 있다.

(3) 보고부문들의 자산 측정치 합계와 기업전체 자산과의 차이의 내용(이러한 내용은 문단 28에서 설명하고 있는 조정사항에서 명확하게 제시되지 않는 경우에 해당됨). 이러한 차이에는 회계정책과 보고된 부문정보를 이해하는 데 필요한 공통사용자산의 배분정책이 포함될 수 있다.
(4) 보고부문들의 부채 측정치 합계와 기업전체 부채와의 차이의 내용(이러한 내용은 문단 28에서 설명하고 있는 조정사항에서 명확하게 제시되지 않는 경우에 해당됨). 이러한 차이에는 회계정책과 보고된 부문정보를 이해하는 데 필요한 공통활용부채의 배분정책이 포함될 수 있다.
(5) 부문당기손익의 측정방법이 당기에 변경된 경우 그 변경의 내용과 부문당기손익의 측정에 미치는 효과
(6) 보고부문에 대한 비대칭 배분의 내용과 효과(예 : 감가상각대상자산을 부문에 배분하지 않았지만 감가상각비는 그 부문에 배분한 경우)

조정사항

다음 조정사항을 공시한다(K-1108. 28).
(1) 보고부문들의 수익의 합계에서 기업전체 수익으로의 조정
(2) 보고부문들의 당기손익 측정치 합계에서 기업전체 법인세비용(법인세수익)과 중단영업손익 가감 전 당기손익으로의 조정. 단, 보고부문에 법인세비용(법인세수익)과 같은 항목을 배분한 경우에는, 보고부문들의 당기손익 측정치 합계에서 그러한 항목을 가감한 기업전체 당기손익으로 조정한다.
(3) 문단 23에 따라 부문자산을 보고하는 경우, 보고부문들의 자산 합계에서 기업전체 자산으로의 조정
(4) 문단 23에 따라 부문부채를 보고하는 경우 보고부문들의 부채 합계에서 기업전체 부채로의 조정
(5) 공시된 정보 중 기타 중요한 항목에 대한 보고부문들의 합계에서 이에 상응하는 기업전체 금액으로의 조정

모든 중요한 조정사항은 개별적으로 식별하여 설명한다. 예를 들어, 회계정책의 차이로 인하여 발생하는 보고부문 당기손익을 기업전체 당기손익으로 조정하는 데 필요한 각 중요 조정사항은 개별적으로 식별하여 설명한다.

예시

(1) 당기의 연결실체가 영위하는 영업에 따른 부문별 정보는 다음과 같습니다. (K-1108. 23 · 28)

구분	A부문	B부문	기타부문	연결조정	계
총매출액	1,000	1,000	500	(400)	2,100

구분	A부문	B부문	기타부문	연결조정	계
내부매출액(*)	(100)	(100)	(200)	400	-
순매출액	900	900	300	-	2,100
영업이익	200	100	100	(100)	300

(*) 내부매출액은 연결실체 내 부문 간 내부매출을 포함하고 있음.

(3) 당기말 현재 영업부문별 부문자산 및 부문부채는 다음과 같습니다. (K-1108. 23·28)

구분	A부문	B부문	기타부문	연결조정	계
자산총계	1,000	1,200	400	(300)	2,300
부채총계	500	500	300	(100)	1,200
차입금 및 사채	100	200	100	(100)	300

설명

기본적으로 보고부문별로 손익 및 자산부채 금액은 기업실체 전체의 금액과 일치하지 않을 수 있다. 이는 내부거래 등이 주요 원인이다. 연결조정 등을 통해 단순합산 이후 조정과정을 거쳐 연결재무제표 금액과 일치하게 조정하고 그 내역을 주석공시한다(K-1108. 28).

부분별 정보 및 조정사항에 대해서 K-IFRS 제1108호(영업부문) 실무적용지침 IG3에서 아래의 예시를 제시하고 있다.

| K-IFRS 제1108호 실무적용지침 IG3

예시 보고부문의 당기손익, 보고부문의 자산 및 보고부문의 부채에 관한 정보

다음 표는 보고부문당기손익, 보고부문자산 및 보고부문부채(문단 23과 24)에 관한 정보를 공시하기 위하여 제안된 형식을 예시한다. 포괄손익계산서가 작성되는 각 연도에 동일한 유형의 정보가 제공되어야 한다. 다각화기업은 법인세비용(법인세수익)과 비반복적 손익을 보고부문에 배분하지 않는다. 또한 모든 보고부문이 포괄손익계산서상 감가상각비와 상각비 이외에 중요한 비현금성 항목을 가지고 있는 것은 아니다. 화폐단위(원)로 표기된 이 예시에서의 금액은 최고영업의사결정자가 사용하는 보고서의 금액과 동일한 것으로 가정한다.

(단위 : 원)

	자동차부품	전동식선박	소프트웨어	전자	금융	기타 부문들	총계
외부고객으로부터의 수익	3,000	5,000	9,500	12,000	5,000	1,000[(1)]	35,500
부문 간 수익	-	-	3,000	1,500	-	-	4,500
이자수익	450	800	1,000	1,500	-	-	3,750

	자동차부품	전동식선박	소프트웨어	전자	금융	기타 부문들	총계
이자비용	350	600	700	1,100	-	-	2,750
순이자 수익[(2)]	-	-	-	-	1,000	-	1,000
감가상각비 및 상각비	200	100	50	1,500	1,100	-	2,950
보고부문이익	200	70	900	2,300	500	100	4,070
기타 중요한 비현금성 항목 :							
자산손상	-	200	-	-	-	-	200
보고부문자산	2,000	5,000	3,000	12,000	57,000	2,000	81,000
보고부문의 비유동성 자산에 대한 지출	300	700	500	800	600	-	2,900
보고부문부채	1,050	3,000	1,800	8,000	30,000	-	43,850

(1) 양적 기준에 미달하는 부문들의 수익은 다각화기업의 4개 영업부문에 귀속됩니다. 소규모 부동산사업, 전자장치 임대사업, 소프트웨어자문과 창고리스업이 이 부문들에 포함됩니다. 이 부문들 중 어떠한 부문도 보고부문을 결정하는 양적 기준을 충족한 경우가 없었습니다.

(2) 금융부문 수익의 대부분은 이자수익이며, 경영진은 이 부문을 운영함에 있어서 총수익과 총비용 대신 순이자수익에 주로 의존합니다. 그러므로 문단 23에서 허용한 바와 같이, 순액기준의 금액만이 공시됩니다.

상기 예시에서 보고부문별 수익의 합계 39,000원, 보고부문별 자산의 합계 79,000원 및 보고부문별 부채의 합계 43,850원은 기업전체의 금액과 일치하지 않는다.

기업전체 금액과 일치하는 조정과정을 주석에 공시해야 하고, 그 사례를 아래의 K-IFRS 제1108호(영업부문) 실무적용지침 IG4에서 제시하고 있다.

| K-IFRS 제1108호 실무적용지침 IG4

예시 | 보고부문수익, 보고부문손익, 보고부문자산 및 보고부문부채의 차이조정

다음은 보고부문수익, 보고부문손익, 보고부문자산 및 보고부문부채를 각 항목에 상응하는 기업전체 금액으로 차이조정하는 것을 예시한다[문단 28(1) ~ (4)]. 공시되는 그 밖의 모든 중요한 항목의 차이조정도 제시되어야 한다[문단 28(5)]. 재무제표는 중단사업을 포함하지 않는 것으로 가정한다. 문단 IG2에서 논의한 바와 같이 보고부문의 퇴직급여비용은 퇴직급여제도에 지급된 현금을 기준으로 인식되고 측정되며, 특정 항목은 보고부문에 배분되지 아니한다.

수익	(단위 : 원)
보고부문 총수익	39,000
기타수익	1,000
부문 간 수익 제거	(4,500)
기업전체 총수익	35,500

당기손익	(단위 : 원)
보고부문 총손익	3,970
기타당기손익	100
부문 간 손익 제거	(500)
미배분액 :	
수취한 소송합의금	500
기타의 회사비용	(750)
연결기준으로 퇴직급여비용 조정	(250)
법인세비용차감전 이익	3,070

자산	(단위 : 원)
보고부문 총자산	79,000
기타자산	2,000
본사로부터 받을 채권 제거	(1,000)
기타 미배분액	1,500
기업전체 총자산	81,500

부채	(단위 : 원)
보고부문 총부채	43,850
미배분 확정퇴직연금부채	25,000
기업전체 총부채	68,850

기타중요항목			(단위 : 원)
	보고부문총계	조정사항	기업전체총계
이자수익	3,750	75	3,825
이자비용	2,750	(50)	2,700
순이자수익 (금융부문에 한정)	1,000	-	1,000
자산에 대한 지출	2,900	1,000	3,900
감가상각비 및 상각비	2,950	-	2,950
자산손상	200	-	200

자산지출에 대한 조정사항은 본사건물로 인하여 발생한 것이며 부문 정보에는 포함되지 않았다. 이외에 중요한 조정사항은 없다.

☞ 공시사례 20.1 영업부문 및 지역별 공시
☞ 공시사례 20.2 영업부문 및 지역별 공시
☞ 공시사례 20.3 지역별 및 주요고객별 공시
☞ 공시사례 20.4 주요고객별 공시

2. 기업전체 수준에서의 공시

31 단 하나의 보고부문을 가진 기업을 포함하여 이 기준서의 적용대상인 모든 기업에 문단 32 ~ 34가 적용된다. 어떤 기업의 사업활동은 관련된 제품과 용역의 차이나 영업지역의 차이에 근거하여 조직되지 않는 경우가 있다. 그런 기업의 경우 보고부문들이 본질적으로 다른 다양한 제품과 용역에서의 수익을 보고하거나 다수의 보고부문이 본질적으로 동일한 제품과 용역을 제공할 수도 있다. 이와 마찬가지로 보고부문들이 다양한 지역에 자산을 보유하고 다양한 지역의 고객으로부터의 수익을 보고하거나 다수의 보고부문이 동일한 지역에서 영업을 할 수도 있다. 문단 32 ~ 34에서 요구하는 사항은 이 기준서에 따라 보고부문 정보의 일부로 제공되지 않는 경우에만 공시한다.

제품과 용역에 대한 정보

32 각각의 제품과 용역 또는 유사한 제품과 용역의 집단별로 외부고객으로부터의 수익을 보고한다. 단, 필요한 정보를 이용할 수 없고 그 정보를 산출하는 비용이 과도한 경우에는 예외로 하며 그러한 경우에는 그 사실을 공시하여야 한다. 보고되는 수익 금액은 기업전체 재무제표를 작성하는 데 사용하는 재무정보에 근거한 금액이어야 한다.

지역에 대한 정보

33 지역에 대한 다음의 정보를 보고한다. 단, 필요한 정보를 이용할 수 없고 그 정보를 산출하는 비용이 과도한 경우에는 예외로 한다.

(1) 다음과 같은 외부고객으로부터의 수익
 (가) 본사 소재지 국가에 귀속되는 금액
 (나) 수익이 발생하는 모든 외국에 귀속되는 금액의 총계. 특정 외국에 귀속되는 외부고객으로부터의 수익이 중요한 경우에는 그러한 수익금액을 별도로 공시한다. 외부고객으로부터의 수익을 개별 국가에 귀속시키는 기준을 공시한다.

(2) 다음과 같은 비유동자산(금융상품, 이연법인세자산, 퇴직급여자산, 및 보험계약에서 발생하는 권리는 제외)
 (가) 본사 소재지 국가에 소재하는 비유동자산 금액
 (나) 모든 외국에 소재하는 비유동자산 금액의 총계. 특정 외국에 소재하는 자산이 중요한 경우에는 그러한 자산금액을 별도로 공시한다.

보고하는 금액은 기업전체 재무제표를 작성하는 데 사용되는 재무정보에 근거한 금액이어야 한다. 필요한 정보를 이용할 수 없고 그 정보를 산출하는 비용이 과도한 경우에는

33 그러한 사실을 공시한다. 이 문단에서 요구하는 사항에 추가하여 여러 국가를 하나의 집단으로 간주한 지역 정보의 소계를 제공할 수도 있다.

주요 고객에 대한 정보

34 주요 고객에 대한 의존도에 관한 정보를 제공한다. 단일 외부고객으로부터의 수익이 기업 전체 수익의 10% 이상인 경우에는, 그 사실, 해당 고객별 수익금액 및 그러한 수익금액이 보고되는 부문의 명칭을 공시한다. 그러나 주요 고객의 신원이나 그 주요 고객으로부터의 각 부문의 수익금액을 공시할 필요는 없다. 이 기준서의 목적상 동일 지배력하에 있는 것으로 보고기업이 인지하고 있는 기업들은 단일고객으로 간주한다. 그러나 정부(지방자치단체, 중앙정부 또는 국제기구인 정부, 정부기관 및 이와 유사한 단체 포함)와 그 정부의 지배력하에 있는 것으로 보고기업이 인지하고 있는 기업들은 단일고객으로 간주할 것인지 여부를 평가하기 위해 판단이 필요하다. 이를 평가함에 있어 보고기업은 그러한 기업들 간의 경제통합의 정도를 고려한다.

기업전체 수준에서의 주석공시사항과 그 예시는 다음과 같이 구분된다.

구분	기준서 (K-1108)
(1) 제품과 용역에 대한 정보	32
(2) 지역에 대한 정보	33
(3) 주요 고객에 대한 정보	34

(1) 제품과 용역에 대한 정보

주석사항

각각의 제품과 용역 또는 유사한 제품과 용역의 집단별로 외부고객으로부터의 수익을 보고한다. 단, 필요한 정보를 이용할 수 없고 그 정보를 산출하는 비용이 과도한 경우에는 예외로 하며 그러한 경우에는 그 사실을 공시하여야 한다. 보고되는 수익 금액은 기업전체 재무제표를 작성하는 데 사용하는 재무정보에 근거한 금액이어야 한다(K-1108, 32).

예시

(1) 연결실체의 수익은 다음과 같습니다. (K-1108, 32)

구분	당기	전기
재화의 판매	1,500	
용역의 제공	200	

구분	당기	전기
로열티수익	100	
기타	300	
계	2,100	

설명

예시의 재화와 용역의 합계(2,100원)는 보고부분별 총수익(연결포괄손익계산서 매출액 총액)과 일치한다.

(2) 지역에 대한 정보

주석사항

지역에 대한 다음의 정보를 보고한다. 단, 필요한 정보를 이용할 수 없고 그 정보를 산출하는 비용이 과도한 경우에는 예외로 한다(K-1108. 33).

(1) 다음과 같은 외부고객으로부터의 수익

(가) 본사 소재지 국가에 귀속되는 금액

(나) 수익이 발생하는 모든 외국에 귀속되는 금액의 총계. 특정 외국에 귀속되는 외부고객으로부터의 수익이 중요한 경우에는 그러한 수익금액을 별도로 공시한다. 외부고객으로부터의 수익을 개별 국가에 귀속시키는 기준을 공시한다.

(2) 다음과 같은 비유동자산(금융상품, 이연법인세자산, 퇴직급여자산, 및 보험계약에서 발생하는 권리는 제외)

(가) 본사 소재지 국가에 소재하는 비유동자산 금액

(나) 모든 외국에 소재하는 비유동자산 금액의 총계. 특정 외국에 소재하는 자산이 중요한 경우에는 그러한 자산금액을 별도로 공시한다.

보고하는 금액은 기업전체 재무제표를 작성하는 데 사용되는 재무정보에 근거한 금액이어야 한다. 필요한 정보를 이용할 수 없고 그 정보를 산출하는 비용이 과도한 경우에는 그러한 사실을 공시한다. 이 문단에서 요구하는 사항에 추가하여 여러 국가를 하나의 집단으로 간주한 지역 정보의 소계를 제공할 수도 있다.

예시

(4) 당기의 연결실체가 위치한 지역에 따른 매출액은 다음과 같습니다. [K-1108. 33(1)]

구분	국내	미주	아시아	유럽	기타	연결조정	계
총매출액	1,000	500	500	400	100	(400)	2,100
내부매출액	(300)	(100)	–	–	–	400	–
순매출액	700	400	500	400	100	–	2,100

(5) 당기말 및 전기말 현재 지역별 비유동자산의 현황은 다음과 같습니다. [K-1108. 33(2)]

구분	당기말	전기말
국내	900	
미주	300	
아시아	100	
유럽	100	
기타	100	
소계	1,500	
연결조정	(100)	
계(*)	1,400	

(*) 유형자산, 무형자산, 투자부동산의 합계액임.

설명

- 보고부문별 정보와 무관하게, 연결실체는 지역별 아래 2가지 정보를 주석에 공시한다.
  (1) 지역별 매출액
  (2) 지역별 비유동자산
- 비유동자산 증가액 공시는 각 보고부문별로 구분하기 어려운 자산들(예를 들어, 금융상품, 이연법인세자산, 순확정급여자산)은 제외하도록 하고 있다.
- 각 지역별 매출액과 비유동자산 정보는 조정과정을 통해 연결재무제표의 공시금액과 일치하여야 한다.

(3) 주요 고객에 대한 정보

주석사항

- 주요 고객에 대한 의존도에 관한 정보를 제공한다. 단일 외부고객으로부터의 수익이 기업 전체 수익의 10% 이상인 경우에는, 그 사실, 해당 고객별 수익금액 및 그러한 수익금액이 보고되는 부문의 명칭을 공시한다(K-1108. 34).
- 그러나 주요 고객의 신원이나 그 주요 고객으로부터의 각 부문의 수익금액을 공시할 필요는 없다(K-1108. 34).
- 이 기준서의 목적상 동일 지배력하에 있는 것으로 보고기업이 인지하고 있는 기업들은 단일고객으로 간주한다. 그러나 정부(지방자치단체, 중앙정부 또는 국제기구인 정부, 정부기관 및 이와 유사한 단체 포함)와 그 정부의 지배력하에 있는 것으로 보고기업이 인지하고 있는 기업들은 단일고객으로 간주할 것인지 여부를 평가하기 위해 판단이 필요하다. 이를 평가함에 있어 보고기업은 그러한 기업들 간의 경제통합의 정도를 고려한다(K-1108. 34).

예시

(1) 연결실체 매출액의 10% 이상을 차지하는 외부 고객 정보는 다음과 같습니다. (K-1108, 34)

구분	매출액		부문
	당기	전기	
고객 A	1,000	900	X부문, Y부문
고객 B	800	1,200	Y부문

설명

- 회사의 당기와 전기 연결매출액이 각각 10,000원이라고 가정하면, 고객 A는 당기에 10% 이상, 고객 B는 전기에 10% 이상에 해당하므로, 그 사실을 주석공시한다.
- 주석공시사항은 아래 2가지가 요구된다.
  - 주요 고객(연결실체 수익의 10% 이상)에 대한 매출액
  - 해당 고객사가 속하는 부문
- 다만, 다음사항은 공시할 필요는 없다.
  - 주요 고객의 신원
  - 주요 고객으로부터의 각 부문의 수익금액(고객 A 매출 1,000이 X부문, Y부문 각각의 금액)

☞ 공시사례 20.1 영업부문 및 지역별 공시
☞ 공시사례 20.2 영업부문 및 지역별 공시
☞ 공시사례 20.3 지역별 및 주요고객별 공시
☞ 공시사례 20.4 주요고객별 공시

04 | 실제 공시 사례

공시사례 20.1 영업부문 및 지역별 공시

[출처 : LG전자 2023년 연결감사보고서]

연결손익계산서

제22기 : 2023년 1월 1일부터 2023년 12월 31일까지
제21기 : 2022년 1월 1일부터 2022년 12월 31일까지

LG전자

(단위 : 백만원)

과목	주석	제22기	제21기
매출액	28	84,227,765	83,467,318
…			
당기순이익		1,150,611	1,863,123

주석

2. 중요한 회계정책

2.3 영업부문

연결회사의 영업부문은 최고영업의사결정자인 대표이사에게 보고되는 사업본부 단위로 공시하고 있으며, 기업회계기준서 제1108호 '영업부문'에 따라 영업부문과 관련된 공시사항을 연결재무제표 '주석 4'에 공시하였습니다.

4. 부문별 정보

연결회사의 보고부문인 사업본부는 서로 다른 제품과 용역을 제공하는 전략적 사업단위입니다. 각 사업은 서로 다른 기술과 마케팅전략에 따라 별도로 운영되고 있습니다. 보고기간말 현재 제조 및 판매하고 있는 각 사업본부별 주요 제품은 다음과 같으며, 비교표시된 전기의 정보는 당기와 동일한 기준에 따라 표시하고 있습니다.

보고부문	약칭	주요 제품 유형
Home Appliance & Air Solution	H&A	냉장고, 세탁기, 에어컨, 청소기 등
Home Entertainment	HE	TV, Audio, 뷰티기기 등
Vehicle component Solutions	VS	자동차 부품 등
Business Solutions	BS	모니터, PC, 인포메이션디스플레이 등
엘지이노텍㈜와 그 종속기업	이노텍	카메라모듈, 기판소재, 모터/센서 등
기타부문	기타	설비제작 등

설명

K-IFRS 제1108호(영업부문)에서는 연결재무제표에 아래 사항을 공시하도록 요구한다.
(1) 부문별 정보(손익 및 자산)
(2) 지역별 정보(매출액 및 자산)
(3) 고객별 정보
따라서, 연결실체가 단일영업부문이라 하더라도, (2) 지역별 정보와 (3) 고객별 정보는 해당되는 경우 주석에 공시해야 한다.

사례회사는 보고부문을 식별하기 위하여 사용한 요소와 수익의 유형을 다음과 같이 공시하고 있다[K-1108. 22(1)·(2)].

주석공시 요구사항	공시내용	기준서 (K-1108)
보고부문을 식별하기 위하여 사용한 요소	각 사업본부별 주요 제품	22(1)
각 보고부문이 수익을 창출하는 제품과 용역의 유형	H&A, HE, VS, BS, 이노텍, 기타	22(2)

(1) 부문별 매출액 및 영업이익(손실) 등에 관한 정보

(단위 : 백만원)

구분	2023년						
	H&A	HE	VS	BS	이노텍	기타(*1)	합계
매출액	30,139,464	14,232,849	10,147,643	5,412,002	20,605,290	3,690,517	84,227,765
외부고객 매출	30,092,129	14,227,863	10,147,643	5,404,099	20,058,791	4,297,240	84,227,765
내부고객 매출	47,335	4,986	-	7,903	546,499	(606,723)	-
영업이익(손실)(*3)	2,007,843	362,352	133,447	(41,730)	830,824	256,338	3,549,074
감가상각비 및 무형자산상각비	940,898	341,560	547,133	128,396	1,045,699	200,420	3,204,106

(단위 : 백만원)

구분	2022년						
	H&A	HE	VS	BS	이노텍	기타(*1)	합계
매출액	29,895,446	15,726,658	8,649,586	6,090,341	19,592,174	3,513,113	83,467,318
외부고객 매출	29,869,149	15,719,892	8,649,584	6,085,982	19,077,123	4,065,588	83,467,318
내부고객 매출	26,297	6,766	2	4,359	515,051	(552,475)	-
영업이익(손실)(*3)	1,135,918	5,354	169,638	25,232	1,270,640	944,190	3,550,972
감가상각비 및 무형자산상각비	884,023	372,016	521,171	111,152	865,857	209,062	2,963,281

(*1) 기타부문은 보고부문의 요건을 충족하지 못하는 영업부문과 영업부문에 대한 지원활동 및 연구개발활동을 수행하는 부서 그리고 내부거래 등을 포함하고 있습니다. 부문 간 매출은 독립된 당사자 간의 거래조건에 따라 회계처리합니다.

(*2) 영업이익(손실)을 구성하지 않는 기타 손익 항목은 최고영업의사결정자가 부문별로 구분하여 검토하지 아니하므로 별도 기재하지 아니하였습니다.

설명

사례회사는 연결실체 내 보고부문별로 아래 사항을 주석공시하고 있다(K-1108. 23).

- 매출액
- 영업손익

- 감가상각비 및 무형자산상각비

주석공시 요구사항	공시내용 (H&A 부문 예시)	기준서 (K-1108)
보고부문별 당기손익(영업손익)	2,007,843	23
외부고객으로부터의 수익	30,092,129	23(1)
기업 내의 다른 영업부문과의 거래로부터의 수익	47,335	23(2)
이자수익	-	23(3)
이자비용	-	23(4)
감가상각비와 상각비	940,898	23(5)
수익과 비용의 중요항목	-	23(6)
관계기업 및 공동기업으로부터의 지분법손익	-	23(7)
법인세비용(법인세수익)	-	23(8)
감가상각비와 상각비 외의 중요한 비현금항목	-	23(9)

보고부문별로 당기손익을 공시해야 하며, 당기손익에 포함된 감가상각비 등이 보고부문별로 내부적으로 보고된다면 해당 내역을 공시한다. 사례회사는 그 예로 감가상각비 및 무형자산상각비를 부문별로 공시하고 있다.

각 부문별 수익의 합계에서 연결실체 전체 수익으로의 조정사항을 공시해야 한다[K-1108.28(1)].

사례회사는 각 부문별 수익(H&A 등)의 합에서 내부거래를 조정하여 연결실체 전체 수익(84,227,765백만원)으로 조정한 내역을 공시하고 있다.

(2) 부문별 자산 및 부채

(단위 : 백만원)

보고부문	2023.12.31		2022.12.31	
	자산	부채	자산	부채
H&A	27,558,451	13,438,157	25,588,868	13,041,861
HE	14,229,400	9,838,073	13,379,291	9,301,351
VS	9,642,087	11,498,661	9,032,375	10,808,828
BS	5,339,239	4,009,534	5,131,988	3,612,383
이노텍	11,204,306	6,489,731	9,793,618	5,527,825
소 계(*)	67,973,483	45,274,156	62,926,140	42,292,248
기타 및 내부거래	(7,732,690)	(8,531,899)	(7,769,999)	(9,628,104)
합계	60,240,793	36,742,257	55,156,141	32,664,144

(*) 보고부문의 자산 · 부채 금액은 내부거래 제거 전이며 공통 자산과 부채를 부문별 영업에 근거해 배부한 후의 금액입니다.

설명

사례회사는 부문별 당기손익 이외에도 보고부문별 자산총액과 부채총액을 아래처럼 보고하고 있다(K-1108. 23).

주석공시 요구사항	공시내용 (H&A 부문 예시)	기준서 (K-1108)
보고부문별 자산과 부채의 총액		23
자산	27,558,451	
부채	13,438,157	

부문별 당기손익 정보와 마찬가지로 각 부문별 자산 및 부채의 총액 합계에서 연결실체 전체 자산 및 부채 총액으로의 조정사항을 공시해야 한다[K-1108. 28(3) · (4)].
사례회사는 각 부문별 자산 및 부채 총액의 합에서 내부거래를 조정하여 연결실체 전체 자산 및 부채 총액(자산 60,240,793, 부채 36,742,257)으로 조정한 내역을 공시하고 있다.

이와 별도로 보고부문별 자산 중 아래의 자산(지분법적용 투자지분 및 비유동자산 증가액)이 최고영업의사결정자가 검토하는 부문자산에 포함되어 있거나 최고영업의사결정자에게 보고된다면, 각 보고부문별로 아래 사항의 공시를 요구한다(K-1108. 24).
사례회사는 해당사항이 없어 보고하지 않은 것으로 보인다.

주석공시 요구사항	공시내용	기준서 (K-1108)
관계기업 및 공동기업 투자의 지분법적용 투자지분 금액	-	24(1)
비유동자산의 증가액	-	24(2)

(3) 지역별 비유동자산

(단위 : 백만원)

지역	비유동자산(*)	
	2023.12.31	2022.12.31
대한민국	13,361,340	12,396,828
중국	919,357	912,927
아시아	1,856,938	1,588,895
북미	2,063,550	1,943,272
유럽	1,060,434	996,680
중남미	129,235	118,280
중동 및 아프리카	275,416	290,662
러시아 등	114,507	141,001
합계	19,780,777	18,388,545

(*) 유형자산, 무형자산 및 투자부동산 금액의 합계입니다.

설명

지역별 정보는 다음 2가지를 공시한다(본사소재지 국가와 외국을 구분)(K-1108, 33).

(1) 외부고객으로부터의 수익

(2) 비유동자산

주석공시 요구사항	공시내용	기준서 (K-1108)
(1) 외부고객으로부터의 수익		33(1)
- 본사 소재지 국가에 귀속되는 금액	33,312,733	
- 모든 외국에 귀속되는 금액(예시 : 북미)	20,337,424	
(2) 비유동자산		33(2)
- 본사 소재지 국가에 귀속되는 금액	13,361,340	
- 모든 외국에 귀속되는 금액(예시 : 북미)	2,063,550	

비유동자산은 금융상품, 이연법인세자산, 퇴직급여자산, 및 보험계약에서 발생하는 권리는 제외하도록 하고 있다.

사례회사는 지역별 비유동자산을 본사 소재지 국가(대한민국)와 외국으로 구분하여 공시하고 있으며, 비유동자산은 유형자산, 무형자산 및 투자부동산 금액의 합계라고 공시하고 있다.

한편, 사례회사는 상기 '(1) 외부고객으로부터의 수익'을 수익인식 주석사항(주석 28. 매출액)에서 같이 공시하고 있다.

(4) 당기 중 연결회사 매출액 중 10% 이상을 차지하는 단일 고객으로부터의 수익은 이노텍 부문 등의 수익 16,627,214백만원(2022년 : 16,199,908백만원)입니다.

설명

사례회사는 연결매출액의 10% 이상인 고객사가 존재하기 때문에, 10% 이상 고객사가 존재한다는 사실, 해당 고객사별 수익금액(고객A) 및 그러한 수익금액이 보고되는 부문의 명칭(이노텍 등)을 공시하고 있다(K-1108, 34).

공시사례 20.2 **영업부문 및 지역별 공시**

[출처 : 삼성전자 2023년 연결감사보고서]

연결손익계산서

제55기 : 2023년 1월 1일부터 2023년 12월 31일까지

제54기 : 2022년 1월 1일부터 2022년 12월 31일까지

삼성전자주식회사와 그 종속기업 (단위 : 백만원)

과목	주석	제55(당)기	제54(전)기
Ⅰ. 매출액	29	258,935,494	302,231,360
…			
Ⅵ. 당기순이익		15,487,100	55,654,077

주석

29. 부문별 보고

가. 부문별 정보

연결회사는 전략적 의사결정을 수립하는 경영진(경영위원회)에게 보고되는 사업 단위를 기준으로 보고부문을 결정하고 있습니다. 경영위원회는 부문에 배분될 자원에 대한 의사결정을 하고 부문의 성과를 평가하기 위하여 부문의 영업이익을 기준으로 검토하고 있습니다. 매출은 대부분 재화의 매출로 구성되어 있습니다. 연결회사의 보고부문은 조직 및 수익을 창출하는 제품의 유형을 기준으로 식별되었으며, 보고기간종료일 현재 보고부문은 DX 부문, DS 부문, SDC, Harman 등으로 구성되어 있습니다.

당기와 전기의 보고부문의 부문별 정보는 감가상각비, 무형자산상각비, 영업이익의 내부거래조정이 배분된 후로 작성되었으며, 보고부문별 자산과 부채는 경영위원회에 정기적으로 제공되지 않아 포함하지 아니하였습니다.

설명

K-IFRS 제1108호(영업부문)에서는 연결재무제표에 아래 사항을 공시하도록 요구한다.

(1) 부문별 정보(손익 및 자산)

(2) 지역별 정보(매출액 및 자산)

(3) 고객별 정보

따라서, 연결실체가 단일영업부문이라 하더라도, (2) 지역별 정보와 (3) 고객별 정보는 해당되는 경우 주석에 공시해야 한다.

사례회사는 보고부문을 식별하기 위하여 사용한 요소와 수익의 유형을 다음과 같이 공시하고 있다[K-1108, 22(1)·(2)].

주석공시 요구사항	공시내용	기준서 (K-1108)
보고부문을 식별하기 위하여 사용한 요소	경영진(경영위원회)에게 보고되는 사업 단위	22(1)
각 보고부문이 수익을 창출하는 제품과 용역의 유형	제품의 유형기준으로 식별 - DX 부문, DS 부문, SDC, Harman 등	22(2)

(1) 당기

(단위 : 백만원)

구분	DX 부문	DS 부문	SDC	Harman	내부거래조정 등	계(*)
매출액	169,992,337	66,594,471	30,975,373	14,388,454	(23,015,141)	258,935,494
감가상각비	2,524,199	29,371,056	3,108,935	327,572	-	35,532,411
무형자산상각비	1,721,938	754,901	222,045	200,896	-	3,134,148
영업이익	14,384,705	(14,879,458)	5,566,478	1,173,702	-	6,566,976

(*1) 기타는 별도로 표시하지 않았습니다.

당기 주요 제품별 매출은 다음과 같습니다.

(단위 : 백만원)

구분	TV, 모니터 등	스마트폰 등	메모리	디스플레이패널	계(*)
매출액	30,375,193	108,632,515	44,125,386	30,975,373	258,935,494

(2) 전기

(단위 : 백만원)

구분	DX 부문	DS 부문	SDC	Harman	내부거래조정 등	계(*)
매출액	182,489,720	98,455,270	34,382,619	13,213,694	(26,309,943)	302,231,360
감가상각비	2,520,708	28,196,959	4,768,498	331,342	-	35,952,098
무형자산상각비	1,678,572	809,270	237,182	211,549	-	3,155,561
영업이익	12,746,074	23,815,810	5,952,973	880,548	-	43,376,630

(*1) 기타는 별도로 표시하지 않았습니다.

전기 주요 제품별 매출은 다음과 같습니다.

(단위 : 백만원)

구분	TV, 모니터 등	스마트폰 등	메모리	디스플레이패널	계(*)
매출액	33,279,488	115,425,375	68,534,930	34,382,619	302,231,360

설명

사례회사는 연결실체 내 보고부문별로 아래 사항을 주석공시하고 있다(K-1108. 23).
- 매출액
- 영업손익

– 감가상각비
– 무형자산상각비

주석공시 요구사항	공시내용 (DX부문 예시)	기준서 (K-1108)
보고부문별 당기손익(영업손익)	14,384,705	23
외부고객으로부터의 수익	169,992,337 (DX부문)	23(1)
기업 내의 다른 영업부문과의 거래로부터의 수익	(26,309,943) (전체 내부거래 제거금액)	23(2)
이자수익	–	23(3)
이자비용	–	23(4)
감가상각비와 상각비	감가상각비 2,524,199/ 무형자산상각비 1,721,938	23(5)
수익과 비용의 중요항목	–	23(6)
관계기업 및 공동기업으로부터의 지분법손익	–	23(7)
법인세비용(법인세수익)	–	23(8)
감가상각비와 상각비 외의 중요한 비현금항목	–	23(9)

보고부문별로 당기손익을 공시해야 하며, 당기손익에 포함된 감가상각비 등이 보고부문별로 내부적으로 보고된다면 해당 내역을 공시한다. 사례회사는 그 예로 감가상각비와 무형자산상각비를 부문별로 공시하고 있다.

각 부문별 수익의 합계에서 연결실체 전체 수익으로의 조정사항을 공시해야 한다[K-1108. 28(1)].

사례회사는 각 부문별 수익(DX부문 등)의 합에서 내부거래를 조정하여 연결실체 전체 수익(258,935,494백만원)으로 조정한 내역을 공시하고 있다.

한편, 사례회사는 보고부문별 자산과 부채는 경영위원회에 정기적으로 제공되지 않아 포함하지 아니한다고 공시하고 있다.

나. 지역별 정보

당기 및 전기 중 지역별 영업현황(소재지 기준)은 다음과 같습니다.

(1) 당기

(단위 : 백만원)

구분	국내	미주	유럽	아시아 및 아프리카	중국	연결실체내 기업간 내부거래조정	조정후금액
순매출액	45,599,419	92,136,669	48,108,965	44,814,355	28,276,086	–	258,935,494
비유동자산(*)	163,312,301	20,346,775	6,288,864	8,737,541	12,191,879	(879,236)	209,998,124

(*) 금융상품, 이연법인세자산, 관계기업 및 공동기업 투자 등이 제외된 금액입니다.

(2) 전기

(단위 : 백만원)

구분	국내	미주	유럽	아시아 및 아프리카	중국	연결실체내 기업간 내부거래조정	조정후금액
순매출액	48,654,656	118,974,561	50,283,975	48,692,399	35,625,769	-	302,231,360
비유동자산(*)	144,936,912	14,022,225	5,839,813	9,056,272	15,338,153	(930,233)	188,263,142

(*) 금융상품, 이연법인세자산, 관계기업 및 공동기업 투자 등이 제외된 금액입니다.

설명

지역별 정보는 다음 2가지를 공시한다(본사소재지 국가와 외국을 구분)(K-1108. 33).

(1) 외부고객으로부터의 수익

(2) 비유동자산

사례회사는 지역별 순매출액과 비유동자산을 본사 소재지 국가(국내)와 외국으로 구분하여 공시하고 있다.

주석공시 요구사항	공시내용	기준서 (K-1108)
(1) 외부고객으로부터의 수익		33(1)
– 본사 소재지 국가에 귀속되는 금액	45,599,419	
– 모든 외국에 귀속되는 금액(예시 : 미주)	92,136,669	
(2) 비유동자산		33(2)
– 본사 소재지 국가에 귀속되는 금액	163,312,301	
– 모든 외국에 귀속되는 금액(예시 : 미주)	20,346,775	

비유동자산은 금융상품, 이연법인세자산, 관계기업 및 공동기업 투자 등이 제외된 금액이라고 공시하고 있다.

공시사례 20.3 지역별 및 주요고객별 공시

[출처 : SK하이닉스 2023년 연결감사보고서]

연결포괄손익계산서

제76기 2023년 1월 1일부터 2023년 12월 31일까지

제75기 2022년 1월 1일부터 2022년 12월 31일까지

에스케이하이닉스 주식회사와 그 종속기업

(단위 : 백만원)

과목	주석	제76기	제75기
Ⅰ. 매출액	4, 25, 32	32,765,719	44,621,568

과목	주석	제76기	제75기
…			
Ⅵ. 당기순이익(손실)		(9,137,547)	2,241,669

주석

2. 중요한 회계정책

2.3 영업부문

연결회사의 최고영업의사결정권자는 지배기업의 이사회이며, 연결회사의 특정 구성단위에 대해 구분된 재무정보를 보고받거나 검토하지 않습니다. 따라서 이 연결재무제표에는 영업부문정보가 포함되어 있지 않습니다. 다만, 기업전체수준에서의 지역, 제품과 용역, 주요고객에 대한 정보는 주석 4 및 25에 포함되어 있습니다.

4. 영업부문

연결회사는 반도체 제품의 제조 및 판매의 단일영업부문으로 구성되어 있습니다. 연결회사의 최고영업의사결정권자는 영업전략을 수립하는 과정에서 단일영업부문의 성과를 검토하고 있습니다.

설명

K-IFRS 제1108호(영업부문)에서는 연결재무제표에 아래 사항을 공시하도록 요구한다.
(1) 부문별 정보(손익 및 자산)
(2) 지역별 정보(매출액 및 자산)
(3) 고객별 정보
사례회사는 단일영업부문에 해당되어, (2) 지역별 정보와 (3) 고객별 정보만을 주석에 공시하고 있다.

(1) 당기말과 전기말 현재 지역별 비유동자산(금융상품, 기타수취채권, 관계기업 및 공동기업투자, 이연법인세자산 제외)의 내역은 다음과 같습니다.

(단위 : 백만원)

구분	당기말	전기말
국내	45,919,915	48,935,513
중국	14,392,758	17,486,061
아시아(중국 제외)	22,328	19,397
미국	513,861	469,699
유럽	7,449	14,128
합계	60,856,311	66,924,798

| 참고 주석 |

25. 매출액

(3) 당기와 전기 중 지역별(법인소재지 기준) 매출액의 내역은 다음과 같습니다.

(단위 : 백만원)

구분	당기	전기
국내	2,033,857	1,225,765
중국	10,110,084	12,210,470
아시아(중국 제외)	4,296,937	5,615,384
미국	15,390,229	23,960,980
유럽	934,612	1,608,969
합계	32,765,719	44,621,568

설명

지역별 정보는 다음 2가지를 공시한다(본사 소재지 국가와 외국을 구분)(K-1108, 33).

(1) 외부고객으로부터의 수익

(2) 비유동자산

사례회사는 지역별 매출액과 비유동자산을 본사 소재지 국가(국내)와 외국으로 구분하여 공시하고 있다.

주석공시 요구사항	공시내용	기준서 (K-1108)
(1) 외부고객으로부터의 수익		33(1)
- 본사 소재지 국가에 귀속되는 금액	2,033,857	
- 모든 외국에 귀속되는 금액(예시 : 중국)	10,110,084	
(2) 비유동자산		33(2)
- 본사 소재지 국가에 귀속되는 금액	45,919,915	
- 모든 외국에 귀속되는 금액(예시 : 중국)	14,392,758	

비유동자산은 금융상품, 기타수취채권, 관계기업 및 공동기업투자, 이연법인세자산이 제외된 금액이라고 공시하고 있다.

(2) 당기 중 단일 외부고객으로부터의 매출액이 연결회사 전체 매출액의 10%를 상회하는 고객은 없으며, 전기 중 단일 외부고객으로부터의 매출액이 연결회사전체 매출액의 10%를 상회하는 고객 (가), (나)로부터 발생한 매출액은 각각 5,153,294백만원, 5,105,879백만원입니다.

설명

사례회사는 연결 전체 매출액의 10% 이상을 차지하는 고객을 아래와 같이 공시하고 있다(K-1108. 34).

주석공시 요구사항	공시내용	기준서 (K-1108)
주요 고객에 대한 매출액		34
– 고객 (가)	5,153,294	
– 고객 (나)	5,105,879	
해당 고객사가 속하는 부문	단일부문	34

공시사례 20.4 주요고객별 공시

주석

[출처 : 현대로템 2023년 연결감사보고서]

38. 영업부문 정보

(1) 연결실체는 3개의 부문(철도부문, 방산부문, 플랜트부문)으로 구성되어 있습니다.

연결회사는 자원배분과 성과평가를 수행하는 경영진에서 검토 및 보고한 정보에 기초하여 영업부문을 결정하고 있습니다. 연결회사는 영업부문의 성과를 매출, 영업손익에 근거해서 평가하고 있으며, 이는 부문 간 내부거래를 제외하고는 연결포괄손익계산서에 보고된 내용과 차이가 없습니다.

(2) 영업부문별 매출액 및 영업이익

(단위 : 천원)

구분	당기	
	매출액	영업손익
철도부문	1,553,623,440	26,264,449
방산부문	1,578,046,995	159,044,336
플랜트부문	455,712,018	24,737,809
합계	3,587,382,453	210,046,594

(단위 : 천원)

구분	전기	
	매출액	영업손익
철도부문	1,778,780,489	20,727,856
방산부문	1,059,219,130	113,845,958

구분	전기	
	매출액	영업손익
플랜트부문	325,343,996	12,912,855
합계	3,163,343,615	147,486,669

설명

K-IFRS 제1108호(영업부문)에서는 연결재무제표에 아래 사항을 공시하도록 요구한다.

(1) 부문별 정보(손익 및 자산)

(2) 지역별 정보(매출액 및 자산)

(3) 고객별 정보

사례회사는 영업부문의 수익이 구분되나, 영업부문의 자산·부채 및 지역별 정보는 구분 관리하지 않아 별도로 공시하고 않는다고 공시하고 있다[K-1108. 5(3)].

(3) 연결실체 매출액의 10% 이상을 차지하는 외부 고객과 관련된 정보

(단위 : 천원)

구분	매출액		관련 보고 부문
	당기	전기	
고객 1	742,147,264	743,574,517	방산
고객 2(*1)	672,569,532	-	방산
고객 3(*1)	70,190,268	337,308,765	철도

(*1) 전기 10% 미만 거래처이나, 당기 10% 이상 거래처로 포함하였습니다.

(*2) 당기 10% 미만 거래처이나, 전기 10% 이상 거래처로 포함하였습니다.

설명

사례회사는 연결 전체 매출액의 10% 이상을 차지하는 고객을 아래와 같이 공시하고 있다 (K-1108. 34).

주석공시 요구사항	공시내용	기준서 (K-1108)
주요 고객에 대한 매출액		34
- 고객 1	742,147,264	
- 고객 2	672,569,532	
- 고객 3	70,190,268	
해당 고객사가 속하는 부문		34
- 고객 1	방산부문	
- 고객 2	방산부문	
- 고객 3	철도부문	

고객의 신원과 각 고객별 매출의 부문별 매출액은 공시할 필요가 없다.

CHAPTER

21 현금흐름표

▶ 관련 기업회계기준서

K-IFRS 제1007호 현금흐름표

01 | 기준서 주요 내용

현금흐름표의 표시

현금흐름표는 회계기간 동안 발생한 현금흐름을 영업활동, 투자활동 및 재무활동으로 분류하여 보고한다.

영업활동 현금흐름

영업활동 현금흐름은 주로 기업의 주요 수익창출활동에서 발생한다. 따라서 영업활동 현금흐름은 일반적으로 당기순손익의 결정에 영향을 미치는 거래나 그 밖의 사건의 결과로 발생한다. 영업활동 현금흐름의 예는 다음과 같다.

(1) 재화의 판매와 용역 제공에 따른 현금유입
(2) 로열티, 수수료, 중개료 및 기타수익에 따른 현금유입
(3) 재화와 용역의 구입에 따른 현금유출
(4) 종업원과 관련하여 직·간접으로 발생하는 현금유출
(5) 보험회사의 경우 수입보험료, 보험금, 연금 및 기타 급부금과 관련된 현금유입과 현금유출
(6) 법인세의 납부 또는 환급. 다만 재무활동과 투자활동에 명백히 관련되는 것은 제외한다.
(7) 단기매매목적으로 보유하는 계약에서 발생하는 현금유입과 현금유출

투자활동 현금흐름

투자활동 현금흐름은 미래수익과 미래현금흐름을 창출할 자원의 확보를 위하여 지출된 정도를 나타내기 때문에 현금흐름을 별도로 구분 공시하는 것이 중요하다. 재무상태표에 자산으로 인식되는 지출만이 투자활동으로 분류하기에 적합하다. 투자활동 현금흐름의 예는 다음과 같다.

(1) 유형자산, 무형자산 및 기타 장기성 자산의 취득에 따른 현금유출. 이 경우 현금유출에는 자본화된 개발원가와 자가건설 유형자산에 관련된 지출이 포함된다.
(2) 유형자산, 무형자산 및 기타 장기성 자산의 처분에 따른 현금유입
(3) 다른 기업의 지분상품이나 채무상품 및 공동기업 투자지분의 취득에 따른 현금유출(현금성자산으로 간주되는 상품이나 단기매매목적으로 보유하는 상품의 취득에 따른 유출액은 제외)
(4) 다른 기업의 지분상품이나 채무상품 및 공동기업 투자지분의 처분에 따른 현금유입(현금성자산으로 간주되는 상품이나 단기매매목적으로 보유하는 상품의 처분에 따른 유입액은 제외)
(5) 제3자에 대한 선급금 및 대여금(금융회사의 현금 선지급과 대출채권은 제외)
(6) 제3자에 대한 선급금 및 대여금의 회수에 따른 현금유입(금융회사의 현금 선지급과 대출채권은 제외)
(7) 선물계약, 선도계약, 옵션계약 및 스왑계약에 따른 현금유출. 단기매매목적으로 계약을 보유하거나 현금유출이 재무활동으로 분류되는 경우는 제외한다.
(8) 선물계약, 선도계약, 옵션계약 및 스왑계약에 따른 현금유입. 단기매매목적으로 계약을 보유하거나 현금유입이 재무활동으로 분류되는 경우는 제외한다.

재무활동 현금흐름

재무활동 현금흐름은 미래현금흐름에 대한 자본 제공자의 청구권을 예측하는 데 유용하기 때문에 현금흐름을 별도로 구분 공시하는 것이 중요하다. 재무활동 현금흐름의 예는 다음과 같다.

(1) 주식이나 기타 지분상품의 발행에 따른 현금유입
(2) 주식의 취득이나 상환에 따른 소유주에 대한 현금유출
(3) 담보 · 무담보부사채 및 어음의 발행과 기타 장 · 단기차입에 따른 현금유입
(4) 차입금의 상환에 따른 현금유출
(5) 리스이용자의 리스부채 상환에 따른 현금유출

영업활동 현금흐름의 보고

영업활동 현금흐름은 다음 중 하나의 방법으로 보고한다.

(1) 직접법 : 총현금유입과 총현금유출을 주요 항목별로 구분하여 표시하는 방법
(2) 간접법 : 당기순손익에 현금을 수반하지 않는 거래, 과거 또는 미래의 영업활동 현금유입이나

현금유출의 이연 또는 발생, 투자활동 현금흐름이나 재무활동 현금흐름과 관련된 손익항목의 영향을 조정하여 표시하는 방법

대부분의 기업들은 간접법으로 영업활동 현금흐름을 표시하고 있다.

| 투자활동 현금흐름과 재무활동 현금흐름의 보고

원칙적으로 투자활동과 재무활동에서 발생하는 총현금유입과 총현금유출은 주요 항목별로 구분하여 총액으로 표시한다.

다만, 다음은 순증감액으로 보고한다.

(1) 현금흐름이 기업의 활동이 아닌 고객의 활동을 반영하는 경우로서 고객을 대리함에 따라 발생하는 현금유입과 현금유출

(가) 은행의 요구불예금 수신 및 인출
(나) 투자기업이 보유하고 있는 고객예탁금
(다) 부동산 소유주를 대신하여 회수한 임대료와 소유주에게 지급한 임대료

(2) 회전율이 높고 금액이 크며 만기가 짧은 항목과 관련된 현금유입과 현금유출

(가) 신용카드 고객에 대한 대출과 회수
(나) 투자자산의 구입과 처분
(다) 기타 단기차입금(예를 들어, 차입 당시 만기일이 3개월 이내인 경우)

금융회사의 경우 다음 활동에서 발생하는 현금흐름은 순증감액으로 표시할 수 있다.

(1) 확정만기조건 예수금의 수신과 인출에 따른 현금유입과 현금유출
(2) 금융회사 간의 예금이체 및 예금인출
(3) 고객에 대한 현금 선지급과 대출 및 이의 회수

| 외화현금흐름

외화거래에서 발생하는 현금흐름은 현금흐름 발생일의 기능통화와 외화 사이의 환율을 외화 금액에 적용하여 환산한 기능통화 금액으로 기록한다.

해외 종속기업의 현금흐름은 현금흐름 발생일의 기능통화와 외화 사이의 환율로 환산한다.

| 이자와 배당금, 법인세

이자와 배당금의 수취 및 지급에 따른 현금흐름은 각각 별도로 공시한다. 각 현금흐름은 매 기간

일관성 있게 영업활동, 투자활동 또는 재무활동으로 분류한다.

법인세로 인한 현금흐름은 별도로 공시하며, 재무활동과 투자활동에 명백히 관련되지 않는 한 영업활동 현금흐름으로 분류한다.

구분	영업활동	투자활동	재무활동
이자 수취, 배당금 수취	당기손익에 영향	투자자산 수익	×
이자 지급	당기손익에 영향	×	재무자원 획득원가
배당금 지급	영업활동에서 배당금 지급할 능력 판단	×	재무자원 획득원가
법인세 지급	일반적으로 영업활동으로 분류	재무활동, 투자활동에 명백히 관련 있다면 각 활동으로 분류	

| 참고 | K-IFRS 제1116호(리스) 관련 현금흐름표 개정사항(K-1116, 50)

리스이용자는 현금흐름표에서 다음과 같이 분류한다.

(1) 리스부채의 원금에 해당하는 현금 지급액은 재무활동으로 분류

(2) 리스부채의 이자에 해당하는 현금 지급액은 기업회계기준서 제1007호 '현금흐름표'의 이자 지급에 관한 요구사항을 적용하여 분류

(3) 리스부채 측정치에 포함되지 않은 단기리스료, 소액자산 리스료, 변동리스료는 영업활동으로 분류

| 종속기업, 관계기업 및 공동기업에 대한 투자

관계기업, 공동기업 또는 종속기업에 대한 투자를 지분법 또는 원가법을 적용하여 회계처리하는 경우, 투자자는 배당금이나 선급금과 같이 투자자와 피투자자 사이에 발생한 현금흐름만을 현금흐름표에 보고한다.

지분법을 사용하여 관계기업 또는 공동기업 투자지분을 보고하는 기업은 관계기업 또는 공동기업에 대한 투자, 분배, 그리고 그 밖의 당해 기업과 관계기업 또는 공동기업 사이의 지급액이나 수취액과 관련된 현금흐름을 현금흐름표에 포함한다.

| 종속기업과 기타 사업에 대한 소유지분의 변동

종속기업과 기타 사업에 대한 지배력의 획득 또는 상실에 따른 총현금흐름은 별도로 표시하고 투자활동으로 분류한다.

지배력을 상실하지 않는 종속기업에 대한 소유지분의 변동으로 발생한 현금흐름은 재무활동 현금흐름으로 분류한다.

02 | 주석 작성 핵심 포인트

현금흐름표 관련 주요 주석공시사항은 다음과 같이 요약된다.

Key Point

구분	주요 주석공시사항	비고
1. 현금및현금성자산의 구성요소	• 현금및현금성자산의 구성요소 • 현금및현금성자산의 사용제한내용	
2. 비현금거래	현금및현금성자산의 사용을 수반하지 않는 투자활동과 재무활동 거래 (1) 자산 취득 시 직접 관련된 부채를 인수하거나 리스로 자산을 취득하는 경우 (2) 주식 발행을 통한 기업의 인수 (3) 채무의 지분전환	
3. 재무활동에서 생기는 부채의 변동	재무활동에서 생기는 다음의 부채 변동(현금흐름에서 생기는 변동과 비현금 변동을 모두 포함)을 공시 (1) 재무현금흐름에서 생기는 변동 (2) 종속기업이나 그 밖의 사업에 대한 지배력 획득 또는 상실에서 생기는 변동 (3) 환율변동효과 (4) 공정가치변동 (5) 그 밖의 변동	2017년 개정
4. 종속기업의 지배력 획득/상실	종속기업의 지배력 획득/상실 시 정보 (1) 총취득대가 또는 총처분대가 (2) 매수대가 또는 처분대가 중 현금및현금성자산으로 지급하거나 수취한 부분 (3) 지배력을 획득하거나 상실한 종속기업 또는 기타 사업이 보유한 현금및현금성자산의 금액 (4) 지배력을 획득하거나 상실한 종속기업 또는 기타 사업이 보유한 현금및현금성자산 이외의 자산·부채 금액에 대한 주요 항목별 요약정보	

03 | 주석공시 요구사항

K-IFRS 제1007호(현금흐름표) 관련 주석공시 요구사항은 다음과 같이 구분된다.

문단	공시사항
45 ~ 49	1. 현금및현금성자산의 구성요소
43 ~ 44	2. 비현금거래
44A ~ 44E	3. 재무활동에서 생기는 부채의 변동
50 ~ 52	4. 기타 공시
40 ~ 41	5. 종속기업과 기타 사업에 대한 소유지분의 변동

1. 현금및현금성자산의 구성요소

45 **현금및현금성자산의 구성요소를 공시하고, 현금흐름표상의 금액과 재무상태표에 보고된 해당 항목의 조정내용을 공시한다.**

46 국제적으로 다양한 현금관리실무와 은행거래약정을 고려하고 기업회계기준서 제1001호 '재무제표 표시'를 준수하기 위하여 현금및현금성자산의 구성요소를 결정함에 있어 채택한 정책을 공시한다.

47 현금및현금성자산의 구성요소를 결정하는 정책의 변경(예를 들어, 투자자산의 일부로 간주되었던 금융상품의 분류 변경)에 따른 효과는 기업회계기준서 제1008호 '회계정책, 회계추정의 변경 및 오류'에 따라 보고한다.

48 **기업이 보유한 현금및현금성자산 중 유의적인 금액을 연결실체가 사용할 수 없는 경우, 경영진의 설명과 함께 그 금액을 공시한다.**

49 기업이 보유한 현금및현금성자산을 연결실체가 사용할 수 없는 여러 가지 상황들이 있다. 예를 들면 외환관리나 다른 법적 규제를 하고 있는 국가에서 영업활동을 영위하는 종속기업의 현금및현금성자산을 지배기업이나 다른 종속기업이 일반 목적으로 사용할 수 없는 경우가 이에 해당한다.

현금및현금성자산의 구성요소 관련 주석공시사항과 그 예시는 다음과 같다.

(1) 현금및현금성자산의 구성요소

주석사항

• 현금및현금성자산의 구성요소를 공시하고, 현금흐름표상의 금액과 재무상태표에 보고된 해당 항목의 조정내용을 공시한다(K-1007. 45).
• 기업이 보유한 현금및현금성자산 중 유의적인 금액을 연결실체가 사용할 수 없는 경우, 경영진의 설명과 함께 그 금액을 공시한다(K-1007. 48).

예시

1. 현금및현금성자산

(1) 당기말과 전기말 현재 현금및현금성자산의 구성내역은 다음과 같습니다. (K-1007. 45)

구분	당기말	전기말	사용제한 (K-1007. 48)
보유현금	100	80	
요구불예금	10,000	7,000	1,000 질권설정
합계	10,100	7,080	

설명

• 현금및현금성자산은 현금과 요구불예금으로 구성되어 있으며, 이 내역을 주석공시한다.
• 기업이 보유한 현금및현금성자산을 연결실체가 사용할 수 없는 여러 가지 상황들이 있다. 예를 들면 외환관리나 다른 법적 규제를 하고 있는 국가에서 영업활동을 영위하는 종속기업의 현금및현금성자산을 지배기업이나 다른 종속기업이 일반 목적으로 사용할 수 없는 경우가 이에 해당한다(K-1007. 49).

2. 비현금거래

43 **현금및현금성자산의 사용을 수반하지 않는 투자활동과 재무활동 거래는 현금흐름표에서 제외한다. 그러한 거래는 투자활동과 재무활동에 대하여 모든 목적적합한 정보를 제공할 수 있도록 재무제표의 다른 부분에 공시한다.**

44 많은 투자활동과 재무활동은 자본과 자산 구조에 영향을 미치지만, 당기의 현금흐름에는 직접적인 영향을 미치지 않는다. 비현금거래의 경우 당기에 현금흐름을 수반하지 않으므로 그 항목을 현금흐름표에서 제외하는 것은 현금흐름표의 목적에 부합한다. 비현금거래의 예를 들면 다음과 같다.

44 (1) 자산 취득 시 직접 관련된 부채를 인수하거나 리스로 자산을 취득하는 경우
(2) 주식 발행을 통한 기업의 인수
(3) 채무의 지분전환

비현금거래 관련 주석공시사항과 그 예시는 다음과 같다.

(1) 비현금거래

주석사항

현금및현금성자산의 사용을 수반하지 않는 투자활동과 재무활동 거래는 현금흐름표에서 제외한다. 그러한 거래는 투자활동과 재무활동에 대하여 모든 목적적합한 정보를 제공할 수 있도록 재무제표의 다른 부분에 공시한다(K-1007. 43).

예시

1. 현금흐름표

(1) 비현금거래

당기와 전기 중 주요한 투자와 재무활동 중 현금 유출입을 수반하지 않는 거래는 다음과 같습니다.

구분	당기	전기
사용권자산과 리스부채의 추가	100	80
채무의 출자전환	100	80
주식발행을 통한 A사 사업결합(합병)	100	80
유형자산 취득 미지급금	100	80
유형자산 처분 미수금	100	80
합계	500	400

설명

- 현금및현금성자산의 사용을 수반하지 않는 투자활동과 재무활동 거래는 단순한 유동성 대체를 의미하지는 않는다.
- K-IFRS 제1007호(현금흐름표)의 비현금거래 예시를 보면, 회사 내부의 유동성 대체가 아닌 외부와의 거래인데 현금흐름을 수반하지 않는 거래를 의미한다(K-1007. 44).
- 비현금거래의 예시는 다음과 같다.

많은 투자활동과 재무활동은 자본과 자산 구조에 영향을 미치지만, 당기의 현금흐름에는 직접적인 영향을 미치지 않는다. 비현금거래의 경우 당기에 현금흐름을 수반하지 않으므로 그 항목을 현금흐름표에서 제외하는 것은 현금흐름표의 목적에 부합한다. 비현금거래의 예를 들면 다음과 같다(K-1007. 44).

(1) 자산 취득 시 직접 관련된 부채를 인수하거나 리스로 자산을 취득하는 경우
(2) 주식 발행을 통한 기업의 인수
(3) 채무의 지분전환

| 실무 tip |

1. 실무적으로 현금흐름표를 작성하는 과정에서 현금흐름표 정산표상의 '비현금거래'로 구분하는 것에는 단순한 유동성 대체, 건설중인자산의 본계정 대체 등이 포함된다. 이 현금흐름표 정산표상의 '비현금거래' 전부가 K-IFRS 제1007호(현금흐름표)에서 요구하는 비현금거래는 아닌 점을 유의해야 한다.
2. 유형자산 취득을 위한 미지급금, 미수금이 존재하는 경우, 이는 비현금거래로 현금흐름표 정산표에서 정확히 구분하고, 이를 비현금거래 주석으로 공시한다. 미지급금, 미수금은 일반적으로 영업현금흐름으로 분류되므로, 이를 정확히 구분하지 않으면 영업현금흐름과 투자현금흐름의 왜곡이 발생한다.

☞ 공시사례 21.1 현금흐름표 표시와 공시 일반
☞ 공시사례 21.3 비현금거래
☞ 공시사례 21.4 비현금거래
☞ 공시사례 21.5 재무활동 현금흐름에서 생기는 부채의 변동

3. 재무활동에서 생기는 부채의 변동

44A 재무제표이용자들이 재무활동에서 생기는 부채의 변동(현금흐름에서 생기는 변동과 비현금 변동을 모두 포함)을 평가할 수 있도록 공시한다.

44B 문단 44A의 요구사항을 충족하기 위해 필요하다면, 재무활동에서 생기는 다음의 부채 변동을 공시한다.
(1) 재무현금흐름에서 생기는 변동
(2) 종속기업이나 그 밖의 사업에 대한 지배력 획득 또는 상실에서 생기는 변동
(3) 환율변동효과
(4) 공정가치변동
(5) 그 밖의 변동

44C 재무활동에서 생기는 부채란 현금흐름표에 재무활동으로 분류되었거나 미래에 재무활

44C 동으로 분류될 현금흐름과 관련된 부채를 말한다. 금융자산(예 : 재무활동에서 생기는 부채의 위험을 회피하기 위한 자산)에서 생기는 현금흐름이 재무활동 현금흐름에 포함되었거나 미래에 포함될 경우, 문단 44A의 공시 요구사항은 해당 금융자산의 변동에도 적용한다.

44D 문단 44A의 공시 요구사항을 이행하기 위한 한 가지 방법은 재무활동에서 생기는 부채에 대해 문단 44B에서 식별하는 변동사항을 포함하여 재무상태표 기초 금액과 기말 금액 사이의 조정내용을 제공하는 것이다. 이러한 조정내용을 공시할 때 재무제표이용자들이 그 조정내용에 포함된 항목들을 재무상태표 및 현금흐름표와 연계할 수 있는 충분한 정보를 제공한다.

44E 문단 44A에서 요구하는 공시를 다른 자산 및 부채의 변동 공시와 함께 제공하는 경우, 재무활동에서 생기는 부채의 변동은 다른 자산 및 부채의 변동과 별도로 공시한다.

재무활동에서 생기는 부채의 변동 관련 주석공시사항과 그 예시는 다음과 같다.

(1) 재무활동에서 생기는 부채의 변동

주석사항

재무활동에서 생기는 다음의 부채 변동(현금흐름에서 생기는 변동과 비현금 변동을 모두 포함)을 공시한다(K-1007, 44A · 44B).

(1) 재무현금흐름에서 생기는 변동
(2) 종속기업이나 그 밖의 사업에 대한 지배력 획득 또는 상실에서 생기는 변동
(3) 환율변동효과
(4) 공정가치변동
(5) 그 밖의 변동

예시

아래 '부록 C' 참조

설명

- 재무활동 현금흐름은 부채와 자본으로 구분되나, 이 주석은 이 중 부채의 변동에만 한정한다.
- 부채의 변동은 기초 장부금액에서 기말 장부금액으로의 변동을 전체적으로 보여주는 것으로, 현금흐름 정보와 비현금흐름 정보로 구분된다.

- 현금흐름 정보는 현금흐름표의 재무활동 현금흐름의 금액과 일치하여야 한다.
- 비현금흐름 정보는 현금흐름표 정산표의 비현금흐름 정보 금액과 일치하여야 한다(유동성 대체 등 포함).

재무활동에서 생기는 부채란 현금흐름표에 재무활동으로 분류되었거나 미래에 재무활동으로 분류될 현금흐름과 관련된 부채를 말한다. 금융자산(예 : 재무활동에서 생기는 부채의 위험을 회피하기 위한 자산)에서 생기는 현금흐름이 재무활동 현금흐름에 포함되었거나 미래에 포함될 경우, 문단 44A의 공시 요구사항은 해당 금융자산의 변동에도 적용한다(K-1007. 44C).

문단 44A의 공시 요구사항을 이행하기 위한 한 가지 방법은 재무활동에서 생기는 부채에 대해 문단 44B에서 식별하는 변동사항을 포함하여 재무상태표 기초 금액과 기말 금액 사이의 조정내용을 제공하는 것이다. 이러한 조정내용을 공시할 때 재무제표이용자들이 그 조정내용에 포함된 항목들을 재무상태표 및 현금흐름표와 연계할 수 있는 충분한 정보를 제공한다(K-1007. 44D).

문단 44A에서 요구하는 공시를 다른 자산 및 부채의 변동 공시와 함께 제공하는 경우, 재무활동에서 생기는 부채의 변동은 다른 자산 및 부채의 변동과 별도로 공시한다(K-1007. 44E).

재무활동에서 생기는 부채의 변동 공시사항 관련 K-IFRS 제1007호(현금흐름표)의 예시는 다음과 같다.

부록 C **재무활동에서 생기는 부채의 조정내용**(K-1007. 부록 C)

1. 다음 예시에서는 문단 44A ~ 44E가 요구하는 공시를 제공하는 가능한 방법 중 하나를 설명한다.
2. 다음 예시에서는 당기 금액만을 보여준다. 기업회계기준서 제1001호 '재무제표 표시'에 따라 이전 기간에 해당하는 금액을 표시해야 한다.

(단위 : 원)

	20×1	현금흐름	비현금 변동			20×2
			취득	환율변동	공정가치변동	
장기차입금	22,000	(1,000)	–	–	–	21,000
단기차입금	10,000	(500)	–	200	–	9,700
리스 부채	4,000	(800)	300	–	–	3,500
장기차입금의 위험을 회피하기 위해 보유하는 자산	(675)	150	–	–	(25)	(550)
재무활동으로부터의 총부채	35,325	(2,150)	300	200	(25)	33,650

☞ 공시사례 21.5 재무활동 현금흐름에서 생기는 부채의 변동

4. 기타 공시

50 추가적인 정보는 재무제표이용자가 기업의 재무상태와 유동성을 이해하는 데 적절할 수 있다. 이러한 정보에 대하여 경영진의 설명과 함께 공시하는 것을 권장하며 다음과 같은 정보는 그 예가 될 수 있다.

(1) 미래 영업활동과 자본약정의 결제에 사용할 수 있는 차입한도 중 미사용금액과 이러한 차입한도의 사용에 제한이 있다면 그 내용

(2) [국제회계기준위원회에 의하여 삭제됨]

(3) 영업능력의 유지를 위하여 필요한 현금흐름과는 별도로 영업능력의 증대를 나타내는 현금흐름의 총액

(4) 각 보고부문의 영업, 투자 및 재무활동에서 발생한 현금흐름의 금액(기업회계기준서 제1108호 '영업부문' 참조)

51 영업능력의 증대를 나타내는 현금흐름과 영업능력의 유지를 위하여 필요한 현금흐름을 구분하여 공시하면, 재무제표이용자가 기업이 영업능력의 유지를 위하여 적절히 투자하고 있는지를 판단하는 데 유용하다. 영업능력의 유지를 위하여 적절히 투자하지 않는 기업은 현재의 유동성과 소유주에 대한 분배를 중시하여 미래 수익성을 손상시킬 수도 있다.

52 부문별 현금흐름의 공시는 재무제표이용자가 전체 사업의 현금흐름과 구성요소별 현금흐름 간의 관계 및 부문별 현금흐름의 이용가능성과 변동가능성을 보다 잘 이해할 수 있도록 한다.

현금흐름표 관련 기타 추가 공시사항은 다음과 같다.

(1) 추가정보(권장)

주석사항

추가적인 정보는 재무제표이용자가 기업의 재무상태와 유동성을 이해하는 데 적절할 수 있다. 이러한 정보에 대하여 경영진의 설명과 함께 공시하는 것을 권장하며 다음과 같은 정보는 그 예가 될 수 있다(K-1007, 50).

(1) 미래 영업활동과 자본약정의 결제에 사용할 수 있는 차입한도 중 미사용금액과 이러한 차입한도의 사용에 제한이 있다면 그 내용

(3) 영업능력의 유지를 위하여 필요한 현금흐름과는 별도로 영업능력의 증대를 나타내는 현금흐름의 총액

(4) 각 보고부문의 영업, 투자 및 재무활동에서 발생한 현금흐름의 금액(기업회계기준서 제1108호 '영업부문' 참조)

설명

- 영업능력의 증대를 나타내는 현금흐름과 영업능력의 유지를 위하여 필요한 현금흐름을 구분하여 공시하면, 재무제표이용자가 기업이 영업능력의 유지를 위하여 적절히 투자하고 있는지를 판단하는 데 유용하다. 영업능력의 유지를 위하여 적절히 투자하지 않는 기업은 현재의 유동성과 소유주에 대한 분배를 중시하여 미래 수익성을 손상시킬 수도 있다(K-1007, 51).
- 부문별 현금흐름의 공시는 재무제표이용자가 전체 사업의 현금흐름과 구성요소별 현금흐름 간의 관계 및 부문별 현금흐름의 이용가능성과 변동가능성을 보다 잘 이해할 수 있도록 한다(K-1007, 52).

5. 종속기업과 기타 사업에 대한 소유지분의 변동

40 회계기간 중 종속기업이나 기타 사업에 대한 지배력을 획득 또는 상실한 경우에는 다음 사항을 총액으로 공시한다.

(1) 총취득대가 또는 총처분대가

(2) 매수대가 또는 처분대가 중 현금및현금성자산으로 지급하거나 수취한 부분

(3) 지배력을 획득하거나 상실한 종속기업 또는 기타 사업이 보유한 현금및현금성자산의 금액

(4) 지배력을 획득하거나 상실한 종속기업 또는 기타 사업이 보유한 현금및현금성자산 이외의 자산·부채 금액에 대한 주요 항목별 요약정보

41 종속기업 또는 기타 사업에 대한 지배력 획득 또는 상실에 따른 현금흐름효과를 한 항목으로 구분 표시하고 취득하거나 처분한 자산·부채 금액을 주석에 별도로 공시하면, 다른 영업활동, 투자활동 및 재무활동으로 인한 현금흐름과 쉽게 구별할 수 있다. 지배력 상실의 현금흐름 효과는 지배력 획득의 현금흐름효과에서 차감하지 않는다.

종속기업과 기타 사업에 대한 소유지분의 변동 관련 주석공시사항과 그 예시는 다음과 같다.

(1) 종속기업 지배력 획득 또는 상실

주석사항

회계기간 중 종속기업이나 기타 사업에 대한 지배력을 획득 또는 상실한 경우에는 다음 사항을 총액으로 공시한다(K-1007, 40).

(1) 총취득대가 또는 총처분대가

(2) 매수대가 또는 처분대가 중 현금및현금성자산으로 지급하거나 수취한 부분
(3) 지배력을 획득하거나 상실한 종속기업 또는 기타 사업이 보유한 현금및현금성자산의 금액
(4) 지배력을 획득하거나 상실한 종속기업 또는 기타 사업이 보유한 현금및현금성자산 이외의 자산 · 부채 금액에 대한 주요 항목별 요약정보

예시

아래 '부록 A' 참조

설명

지배력을 상실하는 종속기업의 처분으로 인한 현금흐름은 투자활동이며, 지배력을 상실하지 않는 종속기업의 처분으로 인한 현금흐름은 재무활동으로 분류한다[K-1007. 39, 42A)].

부록 A 금융회사가 아닌 기업의 현금흐름표(K-1007. 부록 A)

간접법에 의한 현금흐름표[문단 18(2)]

(단위 : 원)

		20×2
영업활동현금흐름		
법인세비용차감전순이익	3,350	
가감 :		
감가상각비	450	
외화환산손실	40	
투자수익	(500)	
이자비용	400	
	3,740	
매출채권 및 기타채권의 증가	(500)	
재고자산의 감소	1,050	
매입채무의 감소	(1,740)	
영업에서 창출된 현금	2,550	
이자지급	(270)	
법인세의 납부	(900)	
영업활동순현금흐름		1,380
투자활동현금흐름		
종속기업 X의 취득에 따른 순현금흐름(주석 A)	(550)	
유형자산의 취득	(350)	
설비의 처분	20	
이자수취	200	
배당금수취	200	
투자활동순현금흐름		(480)

간접법에 의한 현금흐름표[문단 18(2)]

(단위 : 원)

		20×2
재무활동현금흐름		
유상증자	250	
장기차입금	250	
리스부채의 상환	(90)	
배당금지급	(1,200)	
재무활동순현금흐름		(790)
현금및현금성자산의 순증가		110
기초 현금및현금성자산		120
기말 현금및현금성자산		230

주석

A. 종속기업에 대한 지배력의 획득

그룹은 당기에 종속기업 X에 대한 지배력을 획득하였습니다. 취득 자산과 인수 부채의 공정가치는 다음과 같습니다.

(단위 : 원)

현금	40
재고자산	100
수취채권	100
유형자산	650
매입채무	(100)
장기차입금	(200)
현금으로 지급한 총매수가격	590
차감 : 취득한 종속기업 X의 현금	(40)
지배력을 획득하기 위하여 지급한 현금, 현금취득순액	550

04 | 실제 공시 사례

공시사례 21.1 현금흐름표 표시와 공시 일반

[출처 : 삼성전자 2023년 감사보고서]

현금흐름표

제55기 2023년 1월 1일부터 2023년 12월 31일까지

제54기 2022년 1월 1일부터 2022년 12월 31일까지

삼성전자주식회사 (단위 : 백만원)

과목	주석	제55(당)기		제54(전)기	
Ⅰ. 영업활동 현금흐름			34,455,084		44,788,749
1. 영업에서 창출된 현금흐름		8,088,628		49,589,897	
가. 당기순이익		25,397,099		25,418,778	
나. 조정	27	(4,092,924)		31,039,388	
다. 영업활동으로 인한 자산부채의 변동	27	(13,215,547)		(6,868,269)	
2. 이자의 수취		332,111		339,560	
3. 이자의 지급		(798,649)		(287,488)	
4. 배당금 수입		29,497,803		3,551,435	
5. 법인세 납부액		(2,664,809)		(8,404,655)	
Ⅱ. 투자활동 현금흐름			(47,571,537)		(28,123,886)
…					
Ⅲ. 재무활동 현금흐름			15,268,902		(16,665,064)
…					
1. 단기차입금의 순증가(감소)	27	3,274,337		(6,700,826)	
2. 장기차입금의 차입	27	21,990,000		-	
3. 사채 및 장기차입금의 상환	27	(185,316)		(155,264)	
4. 배당금의 지급		(9,810,119)		(9,808,974)	
Ⅳ. 외화환산으로 인한 현금의 변동			(12,591)		2,922
Ⅴ. 현금및현금성자산의 증가(감소) (Ⅰ + Ⅱ + Ⅲ + Ⅳ)			2,139,858		2,721
Ⅵ. 기초의 현금및현금성자산			3,921,593		3,918,872
Ⅶ. 기말의 현금및현금성자산			6,061,451		3,921,593

설명

K-IFRS 제1007호(현금흐름표)에서는 이자, 배당금의 수취, 지급 및 법인세 지급 관련 현금흐름을 영업활동, 투자활동, 재무활동 중에 선택하여 적용하도록 하고 있다(K-1007.

31 ~ 36).

사례회사는 현금흐름표에서 이자, 배당금 등을 아래 활동으로 구분하여 표시하고 있다.

현금흐름	활동 구분	기준서 (K-1007)
이자 수취, 배당금 수취, 이자 지급	영업활동	31
배당금 지급	재무활동	31
법인세 지급	영업활동	35

연결재무제표 작성 시에 지배 · 종속기업이 동일한 회계정책을 적용해야 하므로, 사례회사의 연결현금흐름표 작성을 위한 종속기업의 현금흐름표도 상기와 동일한 활동으로 분류하여 작성하여야 한다.

주석

27. 현금흐름표

가. 회사는 영업활동 현금흐름을 간접법으로 작성하였습니다. 당기 및 전기 중 영업활동현금흐름의 조정내역 및 영업활동으로 인한 자산 · 부채의 변동은 다음과 같습니다.

(1) 조정내역

(단위 : 백만원)

구분	당기	전기
법인세비용(수익)	(7,865,599)	4,273,142
금융수익	(995,482)	(1,224,148)
금융비용	1,316,292	1,565,955
퇴직급여	736,004	974,711
감가상각비	25,619,594	24,311,940
무형자산상각비	2,614,189	2,605,067
대손상각비(환입)	2,308	(178)
배당금수익	(29,096,899)	(3,952,338)
유형자산처분이익	(105,553)	(115,861)
유형자산처분손실	49,044	18,842
재고자산평가손실(환입) 등	3,558,358	2,529,351
기타	74,820	52,905
계	(4,092,924)	31,039,388

(2) 영업활동으로 인한 자산 · 부채의 변동

(단위 : 백만원)

구분	당기	전기
매출채권의 감소(증가)	(6,883,154)	12,354,628
미수금의 감소(증가)	612,652	(711,933)

구분	당기	전기
장단기선급비용의 감소(증가)	(339,588)	11,033
재고자산의 감소(증가)	(4,399,456)	(14,337,291)
매입채무의 증가(감소)	(701,579)	(2,494,560)
장단기미지급금의 증가(감소)	(335,900)	1,522,457
선수금의 증가(감소)	(18,100)	(154,042)
예수금의 증가(감소)	(77,884)	(101,231)
미지급비용의 증가(감소)	(1,677,917)	88,828
장단기충당부채의 증가(감소)	1,076,981	74,664
퇴직금의 지급	(702,328)	(492,366)
사외적립자산의 감소(증가)	(156,245)	(1,402,489)
기타	386,971	(1,225,967)
계	(13,215,547)	(6,868,269)

나. 당기 및 전기 중 투자 · 재무활동 현금흐름 관련 주요 비현금거래는 다음과 같습니다.

(단위 : 백만원)

구분	당기	전기
기타포괄손익-공정가치금융자산평가	490,240	(285,585)
유형자산의 본계정 대체	38,188,436	30,539,179
사용권자산의 취득(리스부채의 신규계약)	873,056	673,493
사채 및 장기차입금의 유동성 대체	228,492	135,753

설명

사례회사는 비현금거래를 주석공시하고 있다(K-1007. 43 ~ 44).
사례회사의 비현금거래 주석공시사항 중 사용권자산의 취득은 K-IFRS 제1007호(현금흐름표) 비현금거래 예시에 부합한 공시사항이다[K-1007. 44(1)].

다. 당기 및 전기 중 재무활동현금흐름에서 생기는 부채의 변동내역은 다음과 같습니다.

(1) 당기

(단위 : 백만원)

구분	기초	재무현금흐름	비현금흐름		기말
			리스신규계약	기타(*)	
단기차입금	2,381,512	3,274,337	-	(30,686)	5,625,163
사채 및 장기차입금	815,644	21,804,684	567,652	(38,390)	23,149,590
계	3,197,156	25,079,021	567,652	(69,076)	28,774,753

(*) 상각, 환율변동에 의한 증감액 등을 포함하고 있습니다.

(2) 전기

(단위 : 백만원)

구분	기초	재무현금흐름	비현금흐름		기말
			리스신규계약	기타(*)	
단기차입금	9,204,268	(6,700,826)	-	(121,930)	2,381,512
사채 및 장기차입금	600,291	(155,264)	673,493	(302,876)	815,644
계	9,804,559	(6,856,090)	673,493	(424,806)	3,197,156

(*) 상각, 환율변동에 의한 증감액 등을 포함하고 있습니다.

한편, 당기 및 전기 중 리스부채와 관련하여 발생한 원금 상환에 따른 현금유출액(재무활동)은 178,979백만원 및 149,337백만원, 이자비용 현금유출액(영업활동)은 28,282백만원 및 10,876백만원입니다.

라. 회사는 거래가 빈번하며 총금액이 크고 단기간에 만기가 도래하는 단기금융상품, 단기차입금 등으로 인한 현금의 유입과 유출항목을 순증감액으로 작성하였습니다. 한편, 보고기간 종료일 현재 회사의 현금및현금성자산은 대부분 예금 등으로 구성되어 있습니다.

설명

사례회사는 재무활동현금흐름에서 생기는 부채의 조정내역을 주석공시하고 있다(K-1007. 44A ~ 44E).

사례회사는 재무활동 관련 부채로 단기차입금과 사채 및 장기차입금이 존재한다. 기초와 기말의 차이는 25,577,597백만원이며, 그 내역을 아래 주석에서 현금흐름과 비현금흐름으로 구분하여 공시하고 있다.

주석공시 요구사항	공시내용	기준서 (K-1007)
(1) 재무현금흐름에서 생기는 변동	25,079,021	44B(1)
(2) 종속기업이나 그 밖의 사업에 대한 지배력 획득 또는 상실에서 생기는 변동	-	44B(2)
(3) 환율변동효과	(69,076)	44B(3)
(4) 공정가치변동	-	44B(4)
(5) 그 밖의 변동	리스신규계약 567,652	44B(5)
합계	25,577,597	

상기 '(1), (2)'는 현금흐름 관련이고, '(3), (4), (5)'는 비현금흐름 관련 정보이다.

공시사례 21.2 **현금흐름표 표시(이자, 배당금)**

[출처 : 한화 2023년 감사보고서]

현금흐름표

제72(당)기 2023년 1월 1일부터 2023년 12월 31일까지

제71(전)기 2022년 1월 1일부터 2022년 12월 31일까지

주식회사 한화 (단위 : 원)

과목	주석	제72(당)기		제71(전)기	
영업활동으로 인한 현금흐름			320,708,859,939		104,290,021,733
영업에서 창출된 현금흐름	36	470,461,812,644		130,070,979,055	
법인세의 납부		(149,752,952,705)		(25,780,957,322)	
투자활동으로 인한 현금흐름			(131,520,999,696)		505,826,361,481
…		6,151,000,000		179,580,431,427	
이자의 수취		21,103,212,286		5,867,367,154	
배당금의 수취		31,249,037,992		17,569,754,188	
재무활동으로 인한 현금흐름			(615,938,037,178)		(425,544,832,546)
…		1,356,445,050,219		752,709,949,735	
이자의 지급		(190,071,691,511)		(92,747,152,260)	
배당금의 지급		(73,730,758,700)		(69,876,927,950)	
…					
현금및현금성자산의 증가(감소)			(426,750,176,935)		184,571,550,668
기초 현금및현금성자산			456,175,634,297		271,604,083,629
외화표시 현금및현금성자산의 환율변동효과			(718,449)		-
기말 현금및현금성자산			29,424,738,913		456,175,634,297

설명

K-IFRS 제1007호(현금흐름표)에서는 이자, 배당금의 수취, 지급 및 법인세 지급 관련 현금흐름을 영업활동, 투자활동, 재무활동 중에 선택하여 적용하도록 하고 있다(K-1007, 31 ~ 36).

사례회사는 현금흐름표에서 이자, 배당금 등을 아래 활동으로 구분하여 표시하고 있다.

현금흐름	활동 구분	기준서 (K-1007)
이자 수취, 배당금 수취	투자활동	31
이자 지급, 배당금 지급	재무활동	31
법인세 지급	영업활동	35

연결재무제표 작성 시에 지배 · 종속기업이 동일한 회계정책을 적용해야 하므로, 사례회사의 연결현금흐름표 작성을 위한 종속기업의 현금흐름표도 상기와 동일한 활동으로 분류하여 작성하여야 한다.

공시사례 21.3 비현금거래

주석

[출처 : 롯데쇼핑 2023년 감사보고서]

35. 현금흐름표

(3) 당기와 전기 중 현금의 유입과 유출이 없는 주요 거래는 다음과 같습니다.

(단위 : 천원)

구분	제54(당)기	제53(전)기
유형자산취득 미지급금	45,828,571	(12,624,612)
사용권자산의 취득	21,192,850	77,650,251
신규리스 부채	20,220,210	76,759,117
합병으로 인한 차입금 증가	–	1,702,601,668
합병으로 인한 유무형자산 증가	–	1,647,353,797

설명

사례회사는 비현금거래를 주석공시하고 있다(K-1007, 43 ~ 44).

사례회사의 비현금거래 주석공시사항 중 사용권자산의 취득은 K-IFRS 제1007호(현금흐름표) 비현금거래 예시에 부합한 공시사항이다[K-1007, 44(1) · (2)].

또한, 사례회사는 유형자산의 취득 관련 미지급금의 증감을 구분하고 있다.

이를 구분하지 않는 경우, 미지급금의 증감이 영업활동으로 분류되는 오류가 발생하게 된다.

예를 들어, 미지급금의 증가 사유에 소모품 구입과 토지 취득이 존재하는 경우, 소모품 구입 미지급금은 영업활동이고, 토지 취득 미지급금은 투자활동이다. 미지급금의 구분을 하지 않으면(즉, 모두 영업활동으로 구분하면) 영업/투자활동 현금흐름 구분에 왜곡을 초래하게 된다.

공시사례 21.4 **비현금거래**

주석

[출처 : 유씨아이 2019년 감사보고서]

33. 현금흐름표

회사는 현금흐름표상의 영업활동으로 인한 현금흐름을 간접법으로 작성하였으며, 현금의 유입과 유출이 없는 중요한 거래내역은 다음과 같습니다.

(단위 : 천원)

구분	당기	전기
전환사채 발행을 통한 관계기업투자주식 취득	-	20,000,000
선급금의 본계정대체	-	8,500,000
관계기업투자주식 처분을 통한 전환사채 취득	6,700,000	-
출자전환을 통한 종속기업투자주식 취득	600,000	458,560
리스의 증가	194,865	728,677
유형자산재평가차익 잉여금 대체	825,453	-
전환사채의 전환	-	9,873,407

설명

사례회사는 비현금거래를 주석공시하고 있다(K-1007, 43 ~ 44).
사례회사의 비현금거래 주석공시사항 중 전환사채의 전환/사용권자산의 증가(리스부채의 증가)는 K-IFRS 제1007호(현금흐름표) 비현금거래 예시에 부합한 공시사항이다 [K-1007, 44(1) · (3)].

공시사례 21.5 **재무활동 현금흐름에서 생기는 부채의 변동**

주석

[출처 : 현대오토에버 2023년 감사보고서]

27. 현금흐름표

27.2 현금의 유입 · 유출이 없는 거래 중 중요한 사항

(단위 : 천원)

구분	당 기	전 기
유형자산의 취득으로 인한 미지급금 증감	14,370,742	(4,505,405)
무형자산의 취득으로 인한 미지급금 증감	94,535	(1,262,445)
퇴직급여로 인한 미지급금 계상	674,328	150,631
리스부채의 유동성 대체	9,618,752	16,380,980
사채의 유동성 대체	-	29,959,431

설명

사례회사는 비현금거래를 주석공시하고 있다(K-1007. 43 ~ 44).
특히, 사례회사는 유·무형자산의 취득과 관련된 미지급금의 증감을 구분하고 있다. 이를 구분하지 않는 경우, 미수금/미지급금의 증감이 영업활동으로 분류되는 오류가 발생하여 현금흐름표의 영업/투자현금흐름의 왜곡이 발생할 수 있음을 유의해야 한다.

27.3 재무활동으로 인한 부채의 변동

〈당기〉

(단위 : 천원)

구분	기초	재무활동 현금흐름 증가(감소)	비현금변동				당기말
			배당결의	유동성대체	사용권자산 증감	이자비용	
사채(유동)	29,987,115	(30,240,248)	-	-	-	253,133	-
사채(비유동)	49,898,392	(1,413,000)	-	-	-	1,456,210	49,941,602
임대보증금(유동)	-	-	-	640,871	-	-	640,871
임대보증금(비유동)	594,536	46,335	-	(640,871)	-	-	-
리스부채(유동)	20,576,084	(22,248,272)	-	9,618,752	14,572,638	2,536,835	25,056,037
리스부채(비유동)	43,666,006	-	-	(9,618,752)	53,586,466	-	87,633,720
미지급배당금	-	(31,262,352)	31,262,352	-		-	-
합계	144,722,133	(85,117,537)	31,262,352	-	68,159,104	4,246,178	163,272,230

〈전기〉

(단위 : 천원)

구분	기초	재무활동 현금흐름 증가(감소)	비현금변동				당기말
			배당결의	유동성대체	사용권자산 증감	이자비용	
사채(유동)	-	(522,807)	-	29,959,431	-	550,491	29,987,115
사채(비유동)	79,802,296	(1,672,593)	-	(29,959,431)	-	1,728,120	49,898,392
임대보증금	619,940	(25,404)	-	-	-	-	594,536
리스부채(유동)	19,240,344	(20,791,052)	-	16,380,980	3,395,668	2,350,144	20,576,084
리스부채(비유동)	56,989,030	-	-	(16,380,980)	3,057,956	-	43,666,006
미지급배당금	-	(19,196,181)	19,196,181	-	-	-	-
합계	156,651,610	(42,208,037)	19,196,181	-	6,453,624	4,628,755	144,722,133

설명

사례회사는 재무활동현금흐름에서 생기는 부채의 조정내역을 주석공시하고 있다(K-1007. 44A ~ 44E).

사례회사는 재무활동 관련 부채로 사채, 임대보증금, 리스부채, 미지급배당금 등이 존재한다. 기초와 기말의 차이는 그 내역을 아래 주석에서 현금흐름과 비현금흐름으로 구분하여 공시하고 있다.

주석공시 요구사항	공시내용	기준서 (K-1007)
(1) 재무현금흐름에서 생기는 변동	(85,117,537)	44B(1)
(2) 종속기업이나 그 밖의 사업에 대한 지배력 획득 또는 상실에서 생기는 변동	–	44B(2)
(3) 환율변동효과	–	44B(3)
(4) 공정가치변동	–	44B(4)
(5) 그 밖의 변동	배당결의 31,262,352 유동성대체 – 사용권자산 증감 68,159,104 이자비용 4,246,178	44B(5)
합계	163,272,230	

상기 '(1), (2)'는 현금흐름 관련이고, '(3), (4), (5)'는 비현금흐름 관련 정보이다.

CHAPTER

22 회계변경 및 오류수정

▶ 관련 기업회계기준서

K-IFRS 제1008호 회계정책, 회계추정의 변경 및 오류

01 | 기준서 주요 내용

| 개요

기업의 재무제표를 작성하는 과정에서는 기업이 회계정책을 선택해야 하는 경우가 필요하다. 예를 들어, 기업이 보유한 유형자산의 후속측정모형을 원가모형 또는 재평가모형 중에 하나로 회계정책을 선택하고 선택한 회계정책대로 회계처리를 유지하여야 한다.

또한, 기업의 재무제표 작성과정에서는 다양한 추정의 과정이 필요하다. 예를 들어, 유형자산의 감가상각을 위해 해당 개별자산의 내용연수, 감가상각방법, 잔존가치를 추정하여야 감가상각비를 계산하여 기간별 비용 인식이 가능해진다.

한편, 기업은 과거에 작성 공시한 재무제표의 오류사항을 이후에 발견한 경우가 있는데 이러한 전기오류를 발견한 경우에는 과거 작성 공시한 재무제표의 재작성이 필요하다.

K-IFRS 제1008호(회계정책, 회계추정의 변경 및 오류)는 이 기준서 이외에 다양한 기준서 [K-IFRS 제1016호(유형자산), 제1040호(투자부동산), 제1109호(금융상품) 등]의 회계정책, 회계추정의 변경 또는 오류수정이 발생한 경우의 재무제표의 작성, 공시에 대한 내용을 규정하고 있는 기준서이다.

| 회계정책, 회계추정의 변경 및 전기오류의 정의

K-IFRS 제1008호(회계정책, 회계추정의 변경 및 오류)에서는 회계정책, 회계추정의 변경 및 전기오류에 대해 다음과 같이 정의한다.

참고 K-IFRS 제1008호 문단 5. 용어의 정의 일부

회계정책

기업이 재무제표를 작성 · 표시하기 위하여 적용하는 구체적인 원칙, 근거, 관습, 규칙 및 관행

회계추정의 변경

자산과 부채의 현재 상태를 평가하거나 자산과 부채와 관련된 예상되는 미래효익과 의무를 평가한 결과에 따라 자산이나 부채의 장부금액 또는 기간별 자산의 소비액을 조정하는 것. 회계추정의 변경은 새로운 정보의 획득, 새로운 상황의 전개 등에 따라 지금까지 사용해오던 회계적 추정치를 바꾸는 것이며, 따라서 이는 오류수정에 해당하지 아니한다.

전기오류

과거기간 동안에 재무제표를 작성할 때 신뢰할 만한 정보를 이용하지 못했거나 잘못 이용하여 발생한 재무제표에의 누락이나 왜곡표시. 신뢰할 만한 정보는 다음을 모두 충족하는 정보를 말한다.

(1) 해당 기간의 재무제표의 발행승인일에 이용가능한 정보

(2) 당해 재무제표의 작성과 표시를 위하여 획득하여 고려할 것이라고 합리적으로 기대되는 정보

이러한 오류에는 산술적 계산오류, 회계정책의 적용 오류, 사실의 간과 또는 해석의 오류 및 부정 등의 영향을 포함한다.

중요한

기업회계기준서 제1001호 문단 7에서 정의하며, 이 기준서에서도 같은 뜻으로 사용된다.

> 중요한
>
> 특정 보고기업에 대한 재무정보를 제공하는 일반목적재무제표에 정보를 누락하거나 잘못 기재하거나 불분명하게 하여, 이를 기초로 내리는 주요 이용자의 의사결정에 영향을 줄 것으로 합리적으로 예상할 수 있다면 그 정보는 중요하다(K-1001, 7).

| 회계정책의 변경

회계정책은 한국채택국제회계기준의 개정이 있거나, 새로운 회계정책을 적용함으로써 회계정보의 신뢰성과 목적적합성을 향상시킬 수 있는 경우에 변경한다. 경과규정이 있는 한국채택국제회계기준을 최초로 적용하는 경우에 발생하는 회계정책의 변경은 해당 경과규정에 따라 회계처리하고 경과규정이 없는 경우는 소급적용하도록 한다. 회계정책변경의 영향을 실무적으로 결정할 수 없는 경우,

소급적용의 누적효과를 실무적으로 적용가능한 최초 회계기간까지 소급적용하도록 한다. 최초 회계기간은 당기일 수도 있으므로 이 경우에는 당기부터 전진적용하도록 한다.

* 유형자산의 회계정책 변경

유형자산과 무형자산의 경우, 후속측정모형을 원가모형에서 재평가모형으로 최초 적용하는 경우에는 소급적용하지 아니한다.

기업회계기준서 제1016호 '유형자산' 또는 기업회계기준서 제1038호 '무형자산'에 따라 자산을 재평가하는 회계정책을 최초로 적용하는 경우의 회계정책 변경은 이 기준서를 적용하지 아니하고 기업회계기준서 제1016호와 기업회계기준서 제1038호에 따라 회계처리한다(K-1008. 17).

| 회계추정의 변경

회계추정의 변경효과는 그 영향이 미치는 기간에 따라 전진적으로 인식한다. 회계추정변경이 자산 및 부채에 영향을 주거나 자본의 구성요소에 관련되는 경우, 회계추정을 변경한 기간에 관련 자산, 부채 또는 자본구성요소의 장부금액을 조정하여 회계추정의 변경효과를 인식하도록 한다.

사업활동에 내재된 불확실성으로 인하여 재무제표의 많은 항목이 정확히 측정될 수 없고 추정될 수밖에 없다. 추정은 최근의 이용가능하고 신뢰성 있는 정보에 기초한 판단을 수반한다. 추정이 필요할 수 있는 항목의 예는 다음과 같다.

(1) 대손
(2) 재고자산 진부화
(3) 금융자산이나 금융부채의 공정가치
(4) 감가상각자산의 내용연수 또는 감가상각자산에 내재된 미래경제적효익의 기대소비행태
(5) 품질보증의무

| 전기오류의 수정

전기오류는 오류의 영향 혹은 오류의 누적효과를 실무적으로 결정할 수 없는 경우를 제외하고는 소급재작성에 의하여 수정한다. 오류의 영향을 실무적으로 결정할 수 없는 경우, 실무적으로 적용가능한 가장 이른 회계기간까지 소급적용하도록 한다.

02 | 주석 작성 핵심 포인트

회계변경 및 오류수정 관련 주요 주석공시사항은 다음과 같이 요약된다.

Key Point

구분	주요 주석공시사항	비고
1. 회계정책의 변경		
(1) 회계기준의 변경	• 관련 한국채택국제회계기준의 명칭 • 경과규정에 따라 회계정책을 변경한 경우 그 사실 • 회계정책 변경의 성격 • 실무적으로 적용할 수 있는 범위까지 당기 및 비교표시된 각 과거기간의 재무제표 항목별 조정금액 및 주당이익 조정금액 • 실무적으로 적용할 수 있는 범위까지, 비교표시된 회계기간보다 앞선 기간에 귀속되는 조정금액 • 실무적으로 소급적용할 수 없는 경우, 그 사유 및 회계정책 변경의 적용방법과 적용한 시기에 관한 내용	전기 기초 재무상태표의 정보에 중요한 영향을 미치면, 3개년 재무상태표 표시
(2) 자발적 회계변경	• 회계정책 변경의 성격 • 새로운 회계정책이 재무정보의 신뢰성과 목적적합성의 제고에 기여하는 근거 • 실무적으로 적용할 수 있는 범위까지, 당기와 비교표시된 각 과거기간의 재무제표 항목별 조정금액 및 주당이익 조정금액 • 실무적으로 적용할 수 있는 범위까지, 비교표시된 회계기간보다 앞선 기간에 귀속되는 조정금액 • 실무적으로 소급적용할 수 없는 경우, 소급적용할 수 없는 사유 및 회계정책변경의 적용방법과 적용한 시기에 관한 내용	전기 기초 재무상태표의 정보에 중요한 영향을 미치면, 3개년 재무상태표 표시
(3) 시행일 미도래 회계기준의 제정 · 공표	• 제정 · 공표되었으나 적용일이 도래하지 않아 적용하지 아니하였다는 사실 • 최초 적용 회계기간의 재무제표에의 영향 관련 정보 변경의 성격	
2. 회계추정의 변경	• 회계추정의 변경내용과 변경효과의 금액 • 다만 미래기간에 미치는 영향을 실무적으로 추정할 수 없는 경우에는 공시하지 아니할 수 있음.	
3. 전기오류	• 전기오류의 성격 • 실무적으로 적용할 수 있는 범위까지 비교표시된 각 과거기간의 수정금액 • 비교표시되는 가장 이른 과거기간의 기초금액의 수정금액 • 특정 과거기간에 대하여 실무적으로 소급재작성할 수 없는 경우, 그 사유 및 오류수정의 적용방법과 적용한 시기에 관한 내용	전기 기초 재무상태표의 정보에 중요한 영향을 미치면, 3개년 재무상태표 표시

03 | 주석공시 요구사항

K-IFRS 제1008호(회계정책, 회계추정의 변경 및 오류)의 주석공시 요구사항은 아래 각각의 상황에 따라 구분된다.

문단	공시사항
28 ~ 31	1. 회계정책의 변경
39 ~ 40	2. 회계추정의 변경
49	3. 전기오류

1. 회계정책의 변경

공시

28 한국채택국제회계기준을 최초로 적용함으로써 발생하는 회계정책의 변경이 당기 또는 과거기간에 영향을 미치는 경우, 당기 또는 과거기간에 영향을 미칠 수 있는 경우(영향의 조정금액을 실무적으로 결정할 수 없는 경우를 제외), 또는 미래기간에 영향을 미칠 수 있는 경우에는 다음 사항을 공시한다.

(1) 관련 한국채택국제회계기준의 명칭
(2) 경과규정에 따라 회계정책을 변경한 경우 그 사실
(3) 회계정책 변경의 성격
(4) 경과규정이 있는 경우 그 내용
(5) 미래기간에 영향을 미칠 수 있는 경과규정이 있는 경우 그 내용
(6) 실무적으로 적용할 수 있는 범위까지 당기 및 비교표시된 각 과거기간의 다음 항목
  (가) 회계정책 변경의 영향을 받는 재무제표의 각 항목별 조정금액
  (나) 기업회계기준서 제1033호 '주당이익'이 적용되는 경우, 기본주당이익과 희석주당이익의 조정금액
(7) 실무적으로 적용할 수 있는 범위까지, 비교표시된 회계기간보다 앞선 기간에 귀속되는 조정금액
(8) 문단 19의 (1) 또는 (2)의 규정을 특정 과거기간이나 비교표시된 회계기간보다 앞선 기간에 대하여 실무적으로 소급적용할 수 없는 경우, 그 사유 및 회계정책변경의 적용방법과 적용한 시기에 관한 내용

후속기간의 재무제표에는 위의 공시사항을 반복하여 공시할 필요는 없다.

29 회계정책의 자발적 변경이 당기 또는 과거기간에 영향을 미치는 경우, 당기 또는 과거기간에 영향을 미칠 수 있는 경우(영향의 조정금액을 실무적으로 결정할 수 없는 경우를 제외), 또는 미래기간에 영향을 미칠 수 있는 경우에는 다음 사항을 공시한다.

(1) 회계정책 변경의 성격

(2) 새로운 회계정책이 재무정보의 신뢰성과 목적적합성의 제고에 기여하는 근거

(3) 실무적으로 적용할 수 있는 범위까지, 당기와 비교표시된 각 과거기간의 다음 항목

(가) 회계정책 변경의 영향을 받는 재무제표의 각 항목별 조정금액

(나) 기업회계기준서 제1033호가 적용되는 경우, 기본주당이익과 희석주당이익의 조정금액

(4) 실무적으로 적용할 수 있는 범위까지, 비교표시된 회계기간보다 앞선 기간에 귀속되는 조정금액

(5) 특정 과거기간이나 비교표시된 회계기간보다 앞선 기간에 대하여 실무적으로 소급적용할 수 없는 경우, 소급적용할 수 없는 사유 및 회계정책변경의 적용방법과 적용한 시기에 관한 내용

후속기간의 재무제표에는 위의 공시사항을 반복하여 공시할 필요는 없다.

30 제정 · 공표되었으나 시행일이 도래하지 않아 적용하지 아니한 새로운 한국채택국제회계기준이 있는 경우 다음의 사항을 공시한다.

(1) 제정 · 공표되었으나 적용일이 도래하지 않아 적용하지 아니하였다는 사실

(2) 새로운 한국채택국제회계기준이 최초로 적용되는 회계기간의 재무제표에 미칠 수 있는 영향을 평가하는 데 관련된 이미 알고 있거나 합리적으로 추정할 수 있는 정보

31 문단 30을 준수함에 있어 다음 사항의 공시를 고려한다.

(1) 새로운 한국채택국제회계기준의 명칭

(2) 회계정책 변경이나 예정된 회계정책 변경의 성격

(3) 새로운 한국채택국제회계기준의 의무 적용일

(4) 새로운 한국채택국제회계기준의 최초 적용 예정일

(5) 다음 중 하나의 사항

(가) 새로운 한국채택국제회계기준의 최초 적용이 재무제표에 미칠 것으로 예상되는 영향에 관한 내용

(나) 그러한 영향을 알 수 없거나 합리적으로 추정할 수 없는 경우, 그러한 효과에 관한 기술

회계정책의 변경 관련 주석공시사항과 그 예시는 다음과 같이 구분된다.

구분	기준서 (K-1008)
(1) 회계기준의 변경으로 인한 회계변경	28
(2) 자발적 회계변경	29
(3) 시행일 미도래 회계기준의 제정 · 공표	30

(1) 회계기준의 변경으로 인한 회계변경

주석사항

한국채택국제회계기준을 최초로 적용함으로써 발생하는 회계정책의 변경이 당기 또는 과거기간에 영향을 미치는 경우, 당기 또는 과거기간에 영향을 미칠 수 있는 경우(영향의 조정금액을 실무적으로 결정할 수 없는 경우를 제외), 또는 미래기간에 영향을 미칠 수 있는 경우에는 다음 사항을 공시한다(K-1008. 28).

(1) 관련 한국채택국제회계기준의 명칭
(2) 경과규정에 따라 회계정책을 변경한 경우 그 사실
(3) 회계정책 변경의 성격
(4) 경과규정이 있는 경우 그 내용
(5) 미래기간에 영향을 미칠 수 있는 경과규정이 있는 경우 그 내용
(6) 실무적으로 적용할 수 있는 범위까지 당기 및 비교표시된 각 과거기간의 다음 항목
  (가) 회계정책 변경의 영향을 받는 재무제표의 각 항목별 조정금액
  (나) 기업회계기준서 제1033호 '주당이익'이 적용되는 경우, 기본주당이익과 희석주당이익의 조정금액
(7) 실무적으로 적용할 수 있는 범위까지, 비교표시된 회계기간보다 앞선 기간에 귀속되는 조정금액
(8) 문단 19의 (1) 또는 (2)의 규정을 특정 과거기간이나 비교표시된 회계기간보다 앞선 기간에 대하여 실무적으로 소급적용할 수 없는 경우, 그 사유 및 회계정책변경의 적용방법과 적용한 시기에 관한 내용

후속기간의 재무제표에는 위의 공시사항을 반복하여 공시할 필요는 없다.

예시

31. 회계정책의 변경

31.1 기준서 제1109호 '금융상품'의 적용 [K-1008. 28(1)]

주석 2에서 설명한 바와 같이 회사는 2018년 1월 1일을 최초적용일로 하여 기준서 제1109호를 적용하였으며, 경과규정에 따라 전기 재무제표는 재작성되지 않았습니다. [K-1008. 28(2)]
기준서 제1109호의 적용이 재무제표에 미치는 영향은 다음과 같습니다. [K-1008. 28(3)]

(1) 금융상품의 분류와 측정

금융상품의 분류와 측정으로 인하여 기초 이익잉여금 및 기타자본항목 2,911백만원을 재분류하였습니다. 기준서 제1109호의 최초적용일인 2018년 1월 1일 현재 보유하고 있는 금융자산에 적용되는 사업모형을 평가하고 금융자산을 기준서 제1109호에 따라 분류한바, 전기말 매도가능증권으로 분류되었던 금융자산은 당기손익-공정가치측정 금융자산으로 재분류되었습니다. 동 금융자산은 계약상 현금흐름이 원리금 지급만을 나타내지 않아 상각후원가로 분류되는 조건을 충족하지 못합니다. 또한 전기말 현재 대여금및수취채권 및 상각후원가로 측정하는 금융상품은 상각후원가 측정금융자산 및 부채로 재분류되었습니다.

(2) 금융자산의 손상

회사는 기준서 제1109호의 새로운 기대신용손실모형 적용대상이 되는 기타금융자산 중 미수금 및 상각후원가로 측정되는 채무상품을 보유하고 있습니다.
회사는 기준서 제1109호의 도입으로 손상차손의 인식 관련 정책을 변경하였으며 기대신용손실모형 적용으로 인하여 기초 이익잉여금에 미치는 중요한 영향은 없습니다.

1) 기타유동금융자산 중 미수금

미수금의 손상 시 간편법을 적용하고 있어 전체 기타금융자산 중 미수금에 대해 전체기간 기대신용손실을 사용합니다.

2) 채무상품

상각후원가나 기타포괄손익-공정가치로 측정되는 채무상품은 신용위험이 낮은 것으로 판단하여 손실충당금은 12개월 기대신용손실로 인식됩니다.

설명

- 기업이 회계정책을 변경하는 첫 번째 사유는 기업의 의지와는 무관하게 기업이 적용하고 있는 회계기준(한국채택국제회계기준)이 제정 또는 개정되는 상황이다. 이 경우의 주석공시사항은 상기와 같다.
- K-IFRS는 2018년부터 K-IFRS 제1109호(금융상품) 및 K-IFRS 제1115호(고객과의 계약에서 생기는 수익)가 제정되었으며, 2019년부터 K-IFRS 제1116호(리스)가 제정되었다.
- K-IFRS 적용법인은 모두 2018년과 2019년에 각각의 회계정책 변경에 따른 영향을 주석에 공시하고 있다.

☞ 공시사례 22.1 회계기준 제정에 따른 회계변경

(2) 자발적 회계변경

주석사항

회계정책의 자발적 변경이 당기 또는 과거기간에 영향을 미치는 경우, 당기 또는 과거기간에 영향을 미칠 수 있는 경우(영향의 조정금액을 실무적으로 결정할 수 없는 경우를 제외), 또는 미래기간에 영향을 미칠 수 있는 경우에는 다음 사항을 공시한다(K-1008. 29).

(1) 회계정책 변경의 성격

(2) 새로운 회계정책이 재무정보의 신뢰성과 목적적합성의 제고에 기여하는 근거

(3) 실무적으로 적용할 수 있는 범위까지, 당기와 비교표시된 각 과거기간의 다음 항목

　(가) 회계정책 변경의 영향을 받는 재무제표의 각 항목별 조정금액

　(나) 기업회계기준서 제1033호가 적용되는 경우, 기본주당이익과 희석주당이익의 조정금액

(4) 실무적으로 적용할 수 있는 범위까지, 비교표시된 회계기간보다 앞선 기간에 귀속되는 조정금액

(5) 특정 과거기간이나 비교표시된 회계기간보다 앞선 기간에 대하여 실무적으로 소급적용할 수 없는 경우, 소급적용할 수 없는 사유 및 회계정책변경의 적용방법과 적용한 시기에 관한 내용

후속기간의 재무제표에는 위의 공시사항을 반복하여 공시할 필요는 없다.

예시

[개요]

회사는 취득원가 50원의 투자부동산을 10년 동안 보유하고 있고, 후속측정모형을 원가모형으로 적용해오고 있다. 회사는 올해(20×2년) 투자부동산의 후속측정모형을 원가모형에서 공정가치모형으로 회계정책의 변경을 하였다.

투자부동산의 공정가치는 다음과 같이 측정되었다.

자산	20×2년 말	20×1년 말	20×0년 말
투자부동산(토지)	300	250	150

[재무상태표 – 20×1년 공시]

과목	20×1년 말	20×0년 말
투자부동산	50	50
…		

[재무상태표 – 20×2년 공시]

과목	20×2년 말	20×1년 말	20×0년 말
투자부동산	300	250	150
…			

[20×2년 주석공시]

1. 회계정책의 변경

회사는 20×2년 1월 1일부터 투자부동산의 후속측정을 원가모형에서 공정가치모형으로 변경하였습니다. [K-1008, 29(1)]

이러한 회계정책의 변경은 투자부동산의 측정이 경제적 실질을 더 반영하게 되는 결과를 가져온다고 판단됩니다. [K-1008, 29(2)]

2. 회계정책 변경의 효과

(1) 20×1년 1월 1일 현재 재무제표 영향 [K-1008, 29(3)]

구분	자산	부채	자본
회계정책 변경 전	800	400	400
조정사항 :			
투자부동산 공정가치모형(*1)	100	–	100
법인세 효과	–	20	(20)
회계정책 변경 후	900	420	480

(*1) 20×1년 초 공정가치(150)와 원가(50)의 차이 = 100

(2) 20×1년 12월 31일 현재 재무제표 영향 [K-1008, 29(3)]

구분	자산	부채	자본	당기손익
회계정책 변경 전	1,000	500	500	300
조정사항 :				
투자부동산 공정가치모형(*2)	200	–	200	100
법인세 효과	–	50	(50)	(20)
회계정책 변경 후	1,200	550	650	380

(*2) 20x1년 말 공정가치(250)와 원가(50)의 차이 = 200

설명

기업이 회계정책을 변경하는 두 번째 사유는 기업이 자발적으로 회계변경을 한 경우이다. 이 경우의 주석공시사항은 상기 예시와 같이 회계변경의 성격 및 근거, 재무제표의 영향 등이다.

상기 예시는 과거(20×1년까지) 적용하여 오던 회계정책을 20×2년부터 변경한 사항으로, 20×2년 1월 1일 이후 회계처리는 새로운 회계정책으로 적용하므로 특별한 문제가 없다. 다만, 20×2년에 비교표시할 경우 20×2년과 20×1년이 서로 다른 회계정책의 적용 결과를 공시하면 비교가능성이 저하되므로 비교표시하는 20×1년 재무제표 항목도 소급적용하여 조정하고, 주석에는 그 조정내용을 공시하는 것이다.

상기 사례에서는 비교표시하는 20×1년의 회계변경의 재무제표 영향을 주석에 공시하고 있다.

한편, K-IFRS 제1001호(재무제표 표시)에서는 회계정책 변경 소급적용의 영향이 전기 이전에 중요하다면 전기 기초 재무상태표도 비교표시하도록 요구한다[K-1001. 40A)].
상기 사례에서는 전기 이전인 20×1년 초의 영향이 중요하다고 판단하여 전기 기초 재무상태표(20×1년 1월 1일)도 비교표시하고, 그 재무제표 영향을 주석에 공시하고 있다.

☞ 공시사례 2.1 전기 기초 재무상태표(회계정책의 변경) 참조

자발적 회계변경은 회계기준의 변경과 달리 새로운 회계정책이 재무정보의 신뢰성과 목적적합성의 제고에 기여하는 근거를 공시하도록 요구한다[K-1008. 29(2)].

☞ 공시사례 22.2 회계정책의 변경

(3) 시행일 미도래 회계기준의 제정 · 공표

주석사항

제정 · 공표되었으나 시행일이 도래하지 않아 적용하지 아니한 새로운 한국채택국제회계기준이 있는 경우 다음의 사항을 공시한다(K-1008. 30).

(1) 제정 · 공표되었으나 적용일이 도래하지 않아 적용하지 아니하였다는 사실
(2) 새로운 한국채택국제회계기준이 최초로 적용되는 회계기간의 재무제표에 미칠 수 있는 영향을 평가하는 데 관련된 이미 알고 있거나 합리적으로 추정할 수 있는 정보 변경의 성격

예시

(2019년 말 기준)

2.2.2 연결회사가 적용하지 않은 제 · 개정 기준서

제정 또는 공표되었으나 시행일이 도래하지 않아 연결회사가 조기 적용하지 아니한 제 · 개정 기준서 및 해석서는 다음과 같습니다. [K-1008. 30(1)]

(1) 기업회계기준서 제1001호 '재무제표 표시', 제1008호 '회계정책, 회계추정의 변경 및 오류' 개정 – 중요성의 정의
'중요성의 정의'를 명확히 하고 기준서 제1001호와 제1008호를 명확해진 정의에 따라 개정하였습니다. 중요성 판단 시 중요한 정보의 누락이나 왜곡표시뿐만 아니라 중요하지 않은 정보로 인한 영향과 연결회사가 공시할 정보를 결정할 때 정보이용자의 특성을 고려하도록 하였습니다. 동 개정사항은 2020년 1월 1일 이후 시작하는 회계연도부터 적용되며, 조기도입이 가능합니다. 연결회사는 동 개정으로 인해 재무제표에 중요한 영향은 없을 것으로 예상하고 있습니다. [K-1008. 30(2)]
(2) 기업회계기준서 제1103호 '사업결합' 개정 – 사업의 정의
개정된 사업의 정의에서는, 취득한 활동과 자산의 집합을 사업으로 판단하기 위해서는

산출물의 창출에 함께 유의적으로 기여할 수 있는 능력을 가진 투입물과 실질적인 과정을 반드시 포함하도록 하였고 원가 감소에 따른 경제적 효익은 제외하였습니다. 이와 함께 취득한 총자산의 대부분의 공정가치가 식별가능한 단일 자산 또는 자산집합에 집중되어 있는 경우, 취득한 활동과 자산의 집합은 사업이 아닌, 자산 또는 자산의 집합으로 결정할 수 있는 선택적 집중테스트가 추가되었습니다. 동 개정사항은 2020년 1월 1일 이후 시작하는 회계연도부터 적용되며, 조기도입이 가능합니다. 연결회사는 동 개정으로 인해 재무제표에 중요한 영향은 없을 것으로 예상하고 있습니다. [K-1008, 30(2)]

설명

시행일 미도래 회계기준의 제정 · 공표 내용은 주석에 그 사실을 공시한다.

2023년말 및 2024년 3분기말 기준이 제정 · 공표되었으나 적용일이 도래하지 않아 적용하지 아니하였다는 사실의 주석공시 예시는 다음과 같다.

| 2023년 기준 재무제표 예시

주석

2.2.2 회사가 적용하지 않은 제 · 개정 기준서

제정 또는 공표됐으나 2023년 1월 1일 이후 시작하는 회계연도에 시행일이 도래하지 않았고, 회사가 조기 적용하지 않은 주요 제 · 개정 기준서는 다음과 같습니다.

(1) 기업회계기준서 제1001호 '재무제표 표시' 개정

보고기간종료일 현재 존재하는 실질적인 권리에 따라 부채가 유동 또는 비유동으로 분류되며, 부채의 결제를 연기할 수 있는 권리의 행사가능성이나 경영진의 기대는 고려하지 않습니다. 또한, 부채의 결제에 자기지분상품의 이전도 포함되나, 복합금융상품에서 자기지분상품으로 결제하는 옵션이 지분상품의 정의를 충족하여 부채와 분리하여 인식된 경우는 제외됩니다.

동 개정사항은 2024년 1월 1일 이후 시작하는 회계연도부터 적용하며, 조기적용이 허용됩니다.

(2) 기업회계기준서 제1116호 '리스' 개정

기업회계기준서 제1115호 '고객과의 계약에서 생기는 수익'을 적용하여 판매로 회계처리 되는 판매후리스에 대하여 후속측정 요구사항을 추가하였습니다. 동 개정사항은 리스개시일 후에 판매자-리스이용자가 계속 보유하는 사용권에 대해서는 판매자-리스이용자가 어떠한 차손익도 인식하지 않는 방식으로 '리스료'나 '수정 리스료'를 산정하도록 요구합니다.

동 개정사항은 2024년 1월 1일 이후 최초로 시작되는 회계연도부터 적용되며, 조기적용이 허용됩니다.

(2) 기업회계기준서 제1007호 '현금흐름표' 및 제1107호 '금융상품 공시' 개정

동 개정사항은 기업회계기준서 제1007호 '현금흐름표'의 공시 목적에 재무제표이용자가 공급자금융약정이 기업의 부채와 현금흐름에 미치는 영향을 평가할 수 있도록 공급자금융약정에 대한 정보를 공시해야 한다는 점을 추가합니다. 또한, 기업회계기준서 제1107호 '금융상품 공시'를 개정하여 유동성위험 집중도에 대한 익스포저와 관련한 정보를 공시하도록 하는 요구사항의 예로 공급자금융약정을 추가하였습니다.

동 개정사항은 2024년 1월 1일 이후 최초로 시작되는 회계연도부터 적용되며, 동 개정사항에는 최초로 적용하는 회계연도에 대한 구체적인 경과 규정을 포함합니다. 또한, 조기적용이 허용됩니다.

2024년 3분기 기준 재무제표 예시

주석

(4) 제정 또는 공표됐으나 2024년 1월 1일 이후 시작하는 회계연도에 시행일이 도래하지 않았고, 회사가 조기 적용하지 않은 주요 제·개정 기준서는 다음과 같습니다.

1) 기업회계기준서 제1021호 '환율변동효과' 개정

외환시장이 정상적으로 작동하지 않을 때 기능통화에 의한 외화거래 보고를 명확히 하기 위해 두 통화간 교환가능성을 평가하는 규정을 추가합니다. 또한, 두 통화간 교환이 가능한지를 평가하여 교환가능성이 결여되었다고 판단한 경우, 적용할 현물환율을 추정하는 규정을 추가하였습니다. 동 개정사항은 2025년 1월 1일 이후 시작하는 회계연도부터 적용하며, 조기 적용할 수 있습니다.

회계정책 변경은 다음의 2가지로 구분되며, 각각의 주석공시사항이 차이가 있다.

1. 회계기준의 변경
2. 자발적 회계변경

회계기준의 변경은 K-IFRS 제1116호(리스) 기준서를 2019년 1월 1일부터 적용하는 경우의 회계변경이 그 예이며, 자발적 회계변경은 유형자산의 후속측정모형을 원가모형으로 유지하다가 특정연도부터 재평가모형으로 변경하는 경우가 그 예이다.

아래의 주석사항은 회계정책의 변경이 발생한 회계기간 이후 후속기간의 재무제표에는 이 공시사항을 반복하여 공시할 필요는 없다.

회계기준의 변경 (K-1008. 28)	자발적 회계변경 (K-1008. 29)
(1) 관련 한국채택국제회계기준의 명칭	–
(2) 경과규정에 따라 회계정책을 변경한 경우 그 사실	–
(3) 회계정책 변경의 성격	(1) 회계정책 변경의 성격
–	(2) 새로운 회계정책이 재무정보의 신뢰성과 목적적합성의 제고에 기여하는 근거
(4) 경과규정이 있는 경우 그 내용	–
(5) 미래기간에 영향을 미칠 수 있는 경과규정이 있는 경우 그 내용	–
(6) 실무적으로 적용할 수 있는 범위까지 당기 및 비교표시된 각 과거기간의 다음 항목 (가) 회계정책 변경의 영향을 받는 재무제표의 각 항목별 조정금액 (나) 기본주당이익과 희석주당이익의 조정금액	(3) 실무적으로 적용할 수 있는 범위까지, 당기와 비교표시된 각 과거기간의 다음 항목 (가) 회계정책 변경의 영향을 받는 재무제표의 각 항목별 조정금액 (나) 기본주당이익과 희석주당이익의 조정금액
(7) 실무적으로 적용할 수 있는 범위까지, 비교표시된 회계기간보다 앞선 기간에 귀속되는 조정금액	(4) 실무적으로 적용할 수 있는 범위까지, 비교표시된 회계기간보다 앞선 기간에 귀속되는 조정금액
(8) 특정 과거기간이나 비교표시된 회계기간보다 앞선 기간에 대하여 실무적으로 소급적용할 수 없는 경우, 그 사유 및 회계정책변경의 적용방법과 적용한 시기에 관한 내용	(5) 특정 과거기간이나 비교표시된 회계기간보다 앞선 기간에 대하여 실무적으로 소급적용할 수 없는 경우, 소급적용할 수 없는 사유 및 회계정책변경의 적용방법과 적용한 시기에 관한 내용

회계정책의 변경은 원칙적으로 소급적용하여야 하나, 특정 과거기간이나 비교표시된 회계기간보다 앞선 기간에 대하여 실무적으로 소급적용할 수 없는 경우에는 회계변경의 효과를 전진적으로 인식한다.

이 경우 주석공시사항은 그 사실을 공시하도록 요구하고 있다[K-1008. 28(8) · 29(5)].

소급적용을 실무적으로 적용할 수 없음에 따른 회계정책변경의 전진적용의 사례와 해당 주석공시 사례는 다음과 같다.

K-IFRS 제1008호 실무적용지침

사례 3 소급적용을 실무적으로 적용할 수 없음에 따른 회계정책변경의 전진적용

사례 상황

3.1. 20×2년 중 델타기업은 요소별 접근법을 더욱 완전하게 적용하기 위해 유형자산에 관한 감가상각정책을 변경하였고, 동시에 재평가모형을 채택하였다.

3.2. 20×2년 전에 델타기업의 자산에 관한 기록은 요소별 접근법을 완전하게 적용하기에는 충분히 상세하지 않았다. 20×1년 말에 경영진은 기술적 조사를 위탁하였으며, 이 조사는 20×2년 기초에 보유하고 있는 요소에 관한 정보와 그 요소의 공정가치, 내용연수,

추정잔존가치 및 감가상각대상금액에 관한 정보를 제공하였다. 그러나 이 조사에서는 종전에 개별적으로 회계처리되지 않았던 요소의 원가를 추정할 만한 신뢰성 있는 충분한 근거가 제공되지 않았으며, 조사 전의 기존 기록도 이 정보를 재구성하는 데 도움이 되지 않았다.

3.3. 델타기업의 경영진은 회계정책변경의 두 가지 측면 각각에 대한 회계처리방법에 대해 검토하였다. 그들은 더욱 완전한 요소별 접근법을 소급적으로 변경하는 회계처리 또는 20×2년 기초보다 이른 기간부터 전진적으로 변경하는 회계처리는 실무적으로 적용할 수 없다고 결정하였다. 또한 원가모형에서 재평가모형으로의 변경은 전진적으로 회계처리하여야 한다. 따라서 경영진은 델타기업의 새로운 회계정책을 20×2년 기초부터 전진적으로 적용하기로 결론지었다.

주석공시 사례

20×2년 기초부터 델타기업은 요소별 접근법을 더욱 완전하게 적용하기 위해 유형자산에 관한 감가상각정책을 변경하였고, 동시에 재평가모형을 채택하였습니다. 경영진은 이 변경으로 유형자산을 요소별로 더욱 정확하게 관리하고 유형자산이 최근 가치에 근거하기 때문에 신뢰성 있고 더욱 목적적합한 정보를 제공한다고 보고 있습니다. 이 정책의 적용효과를 소급적으로 또는 가장 이른 기간부터 전진적으로 추정하는 것은 실무적으로 적용할 수 없기 때문에 20×2년 기초부터 전진적으로 적용하였습니다. 따라서 새로운 회계정책의 채택은 과거기간에 어떤 영향도 미치지 않고 있습니다. 이는 당기에는 기초 유형자산 장부금액과 이연법인세부채는 각각 6,000원과 1,800원만큼 증가하며, 재평가잉여금 4,200원이 발생하는 영향을 미치고 있습니다. 그리고 감가상각비가 500원만큼 증가하며, 법인세비용이 150원만큼 감소하는 영향을 미치고 있습니다.

2. 회계추정의 변경

공시

39	**당기에 영향을 미치거나 미래기간에 영향을 미칠 것으로 예상되는 회계추정의 변경에 대하여 변경내용과 변경효과의 금액을 공시한다. 다만 미래기간에 미치는 영향을 실무적으로 추정할 수 없는 경우에는 공시하지 아니할 수 있다.**

40	**미래기간에 미치는 영향을 실무적으로 추정할 수 없기 때문에 공시하지 아니한 경우에는 그 사실을 공시한다.**

회계추정의 변경 관련 주석공시사항과 그 예시는 다음과 같다.

(1) 회계추정의 변경

주석사항

당기에 영향을 미치거나 미래기간에 영향을 미칠 것으로 예상되는 회계추정의 변경에 대하여 변경내용과 변경효과의 금액을 공시한다(K-1008. 39).

다만 미래기간에 미치는 영향을 실무적으로 추정할 수 없는 경우에는 공시하지 아니할 수 있다(K-1008. 39).

예시

당사는 당기부터 일부 기계장치의 추정내용연수를 10년에서 15년으로 변경하였습니다. 이러한 추정의 변경은 수익과 비용의 적절한 대응 및 거래의 실질과 경제적 사실을 보다 정확하게 재무제표에 반영하기 위한 것입니다. 이로 인하여 당기 및 후속 회계연도에 미치는 영향은 다음과 같습니다. (K-1008. 39)

구분	당기 (20×1년)	20×2년	20×3년	20×4년
변경 전 감가상각비	100	100	100	100
변경 후 감가상각비	90	95	92	94
손익 영향	10	5	8	6

설명

상기 예시는 유형자산(기계장치)의 추정내용연수에 대한 회계추정의 변경으로서 그 변경내용과 변경으로 인한 금액적 영향을 주석공시하고 있다.

미래기간에 미치는 영향을 실무적으로 추정할 수 없기 때문에 공시하지 아니한 경우에는 그 사실을 공시한다(K-1008. 29).

☞ 공시사례 22.3 회계추정의 변경

3. 전기오류

전기오류에 대한 공시

49 **문단 42를 적용하는 경우 다음의 사항을 공시한다.**

(1) 전기오류의 성격

(2) 실무적으로 적용할 수 있는 범위까지 비교표시된 각 과거기간의 다음 항목

49 (가) 오류수정의 영향을 받는 재무제표의 각 항목별 수정금액
(나) 기업회계기준서 제1033호가 적용되는 경우, 기본주당이익과 희석주당이익의 수정금액
(3) 비교표시되는 가장 이른 과거기간의 기초금액의 수정금액
(4) 특정 과거기간에 대하여 실무적으로 소급재작성할 수 없는 경우, 그 사유 및 오류수정의 적용방법과 적용한 시기에 관한 내용
후속기간의 재무제표에는 위의 공시사항을 반복하여 공시할 필요는 없다.

전기오류의 주석공시사항과 그 예시는 다음과 같다.

(1) 전기오류

주석사항

문단 42를 적용하는 경우 다음의 사항을 공시한다(K-1008. 49).

(1) 전기오류의 성격
(2) 실무적으로 적용할 수 있는 범위까지 비교표시된 각 과거기간의 다음 항목
(가) 오류수정의 영향을 받는 재무제표의 각 항목별 수정금액
(나) 기업회계기준서 제1033호가 적용되는 경우, 기본주당이익과 희석주당이익의 수정금액
(3) 비교표시되는 가장 이른 과거기간의 기초금액의 수정금액
(4) 특정 과거기간에 대하여 실무적으로 소급재작성할 수 없는 경우, 그 사유 및 오류수정의 적용방법과 적용한 시기에 관한 내용

후속기간의 재무제표에는 위의 공시사항을 반복하여 공시할 필요는 없다.

예시

1. 전기 재무제표 재작성

당사는 전기 매출채권 대손충당금이 과소계상되어 비교표시된 전년도 재무제표를 소급하여 재작성하였으며, 그 내역은 다음과 같습니다. [K-1008. 49(1)]

(1) 20×1년 12월 31일 이전 회계연도의 오류의 성격과 순자산에 미치는 영향은 다음과 같습니다. [K-1008. 49(2)]

구분	20X1년 말	20X1년 초 [K-1008. 49(3)]
수정전 순자산	1,000	800
오류수정액		
대손충당금 오류수정	(300)	(200)
수정후 순자산	700	600

설명

전기오류가 중요한 경우 비교표시되는 전기재무정보와 전기 기초재무상태표를 재작성하고, 상기 공시사항을 주석공시한다.

| 참고 기준서 | K-IFRS 제1008호(회계정책, 회계추정의 변경 및 오류)

문단 42

문단 43의 예외규정이 적용되는 경우를 제외하고는 중요한 전기오류가 발견된 이후 최초로 발행을 승인하는 재무제표에 다음의 방법으로 전기오류를 소급하여 수정한다.

(1) 오류가 발생한 과거기간의 재무제표가 비교표시되는 경우에는 그 재무정보를 재작성한다.

(2) 오류가 비교표시되는 가장 이른 과거기간 이전에 발생한 경우에는 비교표시되는 가장 이른 과거기간의 자산, 부채 및 자본의 기초금액을 재작성한다.

☞ 공시사례 22.4 오류수정

회계처리 오류는 당기 회계처리 오류를 발견하는 경우와, 전기 이전의 오류를 당기에 발견하는 경우로 구분된다.

전기 이전의 오류를 발견하는 경우에는 소급적용하여 전기재무제표를 재작성하고 그 영향을 주석에 공시한다.

오류수정으로 인한 전진적용은 회계정책의 변경과 그 내용이 기본적으로 유사하며, 일부 차이점이 존재한다.

오류수정으로 인한 주석공시사항을 회계정책의 변경 중 자발적 회계변경과 비교하면 다음과 같다.

자발적 회계변경 (K-1008. 29)	전기오류 수정 (K-1008. 49)
(1) 회계정책 변경의 성격	(1) 전기오류의 성격
(2) 새로운 회계정책이 재무정보의 신뢰성과 목적적합성의 제고에 기여하는 근거	–
(3) 실무적으로 적용할 수 있는 범위까지, 당기와 비교표시된 각 과거기간의 다음 항목 (가) 회계정책 변경의 영향을 받는 재무제표의 각 항목별 조정금액 (나) 기본주당이익과 희석주당이익의 조정금액	(2) 실무적으로 적용할 수 있는 범위까지 비교표시된 각 과거기간의 다음 항목 (가) 오류수정의 영향을 받는 재무제표의 각 항목별 수정금액 (나) 기본주당이익과 희석주당이익의 수정금액
(4) 실무적으로 적용할 수 있는 범위까지, 비교표시된 회계기간보다 앞선 기간에 귀속되는 조정금액	(3) 비교표시되는 가장 이른 과거기간의 기초금액의 수정금액
(5) 특정 과거기간이나 비교표시된 회계기간보다 앞선 기간에 대하여 실무적으로 소급적용할 수 없는 경우, 소급적용할 수 없는 사유 및 회계정책변경의 적용방법과 적용한 시기에 관한 내용	(4) 특정 과거기간에 대하여 실무적으로 소급재작성할 수 없는 경우, 그 사유 및 오류수정의 적용방법과 적용한 시기에 관한 내용

04 | 실제 공시 사례

공시사례 22.1 회계기준 제정에 따른 회계변경

주석

[출처 : 카카오 2019년 감사보고서]

39. 회계정책의 변경

회사는 기업회계기준서 제1116호를 2019년 1월 1일부터 소급하여 적용하였으나 기준서의 경과 규정에 따라 허용되는 방법으로 전기재무제표를 재작성하지 않았습니다. 따라서 새로운 리스 기준에 따른 재분류와 조정은 2019년 1월 1일의 개시 재무상태표에 인식되었습니다.

가. 기업회계기준서 제1116호 '리스'의 채택에 따라 인식된 조정

회사는 기업회계기준서 제1116호의 적용으로 종전에 기업회계기준서 제1017호의 원칙에 따라 '운용리스'로 분류하였던 리스와 관련하여 리스부채를 인식하였습니다. 해당 리스부채는 2019년 1월 1일 현재 리스이용자의 증분차입이자율로 할인한 나머지 리스료의 현재가치로 측정되었습니다. 2019년 1월 1일 현재 리스부채의 측정에 사용된 리스이용자의 가중평균 증분차입이자율은 2.46%입니다.

(단위 : 천원)

구분	당기초
전기말 현재 운용리스약정	104,154,950
최초 적용일 현재 리스이용자의 증분차입이자율을 사용한 할인액	96,072,842
(차감) : 정액법으로 비용 인식한 단기리스료	(4,450,185)
(차감) : 정액법으로 비용 인식한 소액자산리스료	(248,700)
최초 적용일 현재 인식된 리스부채	91,373,956
인식된 리스부채의 유동분류	
유동 리스부채	18,123,938
비유동 리스부채	73,250,017
합계	91,373,956

사용권자산은 리스부채와 동일한 금액에 전기말 현재 재무상태표에 인식된 리스와 관련하여 선급하거나 미지급한 리스료 금액을 조정하여 측정하였습니다. 최초 적용일 현재 사용권자산의 조정이 요구되는 손실부담리스는 없었습니다.

(1) 당기재무상태표에 인식된 금액

리스와 관련해 당기재무상태표에 인식된 금액은 다음과 같습니다.

(단위 : 천원)

구분	당기말	당기초
사용권자산		
부동산	59,905,982	71,902,177
기계장치	41,457,337	18,868,847
차량운반구	618,524	602,932
합계	101,981,843	91,373,956

(단위 : 천원)

구분	당기말	당기초
리스부채		
유동	31,494,695	18,123,938
비유동	88,642,651	73,250,017
합계	120,137,346	91,373,956

당기 중 증가된 사용권자산은 49,916백만원입니다.

회계정책의 변경으로 최초 적용일 현재 재무상태표의 다음 항목이 조정되었습니다.

- 사용권자산 : 91,374백만원 증가
- 리스부채 : 91,374백만원 증가

설명

상기 사례는 K-IFRS 제1116호(리스)를 최초 적용하는 회계연도에만 공시하는 회계정책의 변경 주석공시사항이다.

2019년 K-IFRS 제1116호(리스)를 최초 적용한 이후, 2020년부터는 상기 회계정책의 변경효과를 공시하지 않는다.

사례회사는 2018년 말까지는 기존의 리스기준서인 K-IFRS 제1017호(리스)에 따라 리스를 운용리스로 회계처리하다가, 2019년 1월 1일부터 K-IFRS 제1116호(리스)를 적용하였다. 그리고, 이러한 회계정책 변경을 과거 기간으로 소급[K-1116. C5(1)]하지 않고, 최초적용일인 2019년 1월 1일에 이 기준서의 최초 적용 누적효과를 인식하도록 소급 적용하는 방법(수정소급법)을 선택하였다[K-1116. C5(2)].

주석공시 요구사항	공시내용	기준서 (K-1008)
관련 한국채택국제회계기준의 명칭	기업회계기준서 제1116호를 2019년 1월 1일부터 소급하여 적용	28(1)
회계정책 변경의 성격	회사는 기업회계기준서 제1116호의 적용으로 종전에 기업회계기준서 제1017호의 원칙에 따라 '운용리스'로 분류하였던 리스와 관련하여 리스부채를 인식하였습니다.	28(3)

주석공시 요구사항	공시내용	기준서 (K-1008)
경과규정에 따라 회계정책을 변경한 경우 그 사실	기준서의 경과 규정에 따라 허용되는 방법으로 전기재무제표를 재작성하지 않았습니다.	28(2)
경과규정이 있는 경우 그 내용	따라서 새로운 리스 기준에 따른 재분류와 조정은 2019년 1월 1일의 개시 재무상태표에 인식되었습니다.	28(4)

추가적으로 회계정책의 변경효과를 K-IFRS 제1116호(리스) 경과규정에 따라 선택하였으며, 관련 주석사항을 아래와 같이 공시하고 있다.

주석공시 요구사항	공시내용	기준서 (K-1008)
최초 적용일 현재 재무상태표에 인식된 리스부채에 적용된 리스이용자의 가중평균 증분차입이자율	2.46%	C12(1)
다음 (가)와 (나)가 다른 경우에 그 차이의 설명 (가) 최초 적용일 직전 회계연도 말에 기업회계기준서 제1017호를 적용하여 공시한 운용리스약정을 문단 C8(1)에서 기술하는 최초 적용일의 증분차입이자율을 사용하여 할인한 금액 (나) 최초 적용일 재무상태표에 인식된 리스부채	(가) 최초 적용일인 2019년 1월 1일 시점의 리스약정을 모두 새롭게 할인한 금액은 96,072,842천원 (나) 최초 적용일 현재 인식된 리스부채 금액인 91,373,956천원 (*1) 차이 설명	C12(2)

상기 (가)와 (나)가 차이나는 이유는 리스의 정의는 충족하나 회사가 정책으로 인식면제를 선택한 단기리스와 소액리스라고 설명하고 있다.

(*1) 차이 설명

구분	당기초
최초 적용일 현재 리스이용자의 증분차입이자율을 사용한 할인액 [K-1116, C12(2)(가)]	96,072,842
최초 적용일 현재 인식된 리스부채 [K-1116, C12(2)(나)]	91,373,956
차이 [K-1116, C12(2)]	
(차감) : 정액법으로 비용 인식한 단기리스료	(4,450,185)
(차감) : 정액법으로 비용 인식한 소액자산리스료	(248,700)

(3) 실무적 간편법의 사용

회사는 기업회계기준서 제1116호를 최초 적용하면서 기준서에서 허용하는 다음의 실무적 간편법을 사용하였습니다.

• 특성이 상당히 비슷한 리스 포트폴리오에 단일 할인율의 적용

- 리스가 손실부담계약인지에 대한 종전 평가에 의존한 사용권자산의 손상검토
- 최초 적용일 현재 12개월 이내에 리스기간이 종료되는 운용리스를 단기리스와 같은 방식으로 회계처리
- 최초 적용일의 사용권자산 측정에 리스개설직접원가를 제외
- 연장선택권이나 종료선택권이 있는 계약의 리스기간 결정에 사후판단 사용

또한 회사는 최초 적용일 현재 계약이 리스에 해당하는지 또는 리스가 내재되었는지를 재평가하지 않았습니다. 대신 최초 적용일 이전에 체결된 계약에 대하여 기업회계기준서 제1017호와 기업회계기준해석서 제2104호 '약정에 리스가 포함되어 있는지의 결정'을 적용하여 종전에 리스로 식별된 계약에 기업회계기준서 제1116호를 적용하였습니다.

설명

K-IFRS 제1116호(리스) 적용으로 인한 회계정책 변경 시 수정소급법을 선택하면 추가적으로 실무적 간편법을 사용할 수 있다.
사례회사는 실무적 간편법 사용 내용을 다음과 같이 공시하고 있다.

주석공시 요구사항	공시내용	기준서 (K-1008)
리스이용자가 사용하는 문단 C10에서 규정하는 실무적 간편법의 적용 사실		C13
(1) 리스이용자는 특성이 상당히 비슷한 리스 포트폴리오에 단일 할인율을 적용 가능	특성이 상당히 비슷한 리스 포트폴리오에 단일 할인율의 적용	C10(1)
(2) 리스이용자는 최초 적용일 직전에 기업회계기준서 제1037호 '충당부채, 우발부채, 우발자산'을 적용하여 리스가 손실부담계약에 해당하는지를 판단함으로써 손상 검토 수행 가능	리스가 손실부담계약인지에 대한 종전 평가에 의존한 사용권자산의 손상검토	C10(2)
(3) 리스이용자는 최초 적용일부터 12개월 이내에 리스기간이 종료되는 리스에는 단기리스와 동일한 회계처리 가능	최초 적용일 현재 12개월 이내에 리스기간이 종료되는 운용리스를 단기리스와 같은 방식으로 회계처리	C10(3)
(4) 리스이용자는 최초 적용일의 사용권자산 측정치에서 리스개설직접원가를 제외 가능	최초 적용일의 사용권자산 측정에 리스개설직접원가를 제외	C10(4)
(5) 리스기간을 산정할 때 계약이 리스 연장 또는 종료 선택권을 포함한다면 사후판단을 사용 가능	연장선택권이나 종료선택권이 있는 계약의 리스기간 결정에 사후판단 사용	C10(5)

공시사례 22.2 **회계정책의 변경**

[출처 : 코오롱 2023년 감사보고서]

재무상태표

제69(당)기말 2023년 12월 31일 현재

제68(전)기말 2022년 12월 31일 현재

제68(전)기초 2022년 01월 01일 현재

주식회사 코오롱 (단위 : 원)

과목	제69(당)기말	제68(전)기말	제68(전)기초
자산			
Ⅰ.유동자산	19,248,965,537	40,572,393,887	17,856,123,216
현금및현금성자산(주5,6,12)	6,390,174,868	33,995,110,076	1,176,943,673
매출채권(주5,7,12,34)	300,480,509	451,786,065	382,622,348
기타채권(주5,8,12,34)	2,346,003,574	2,010,564,915	1,257,199,961
금융자산(주5,9,12,35)	3,403,028,701	3,229,313,514	14,650,240,800
파생상품자산(주5,11,12)	6,215,462,566	320,553,933	19,629,994
기타자산(주10)	593,815,319	565,065,384	369,486,440
Ⅱ.비유동자산	1,555,308,280,892	1,493,603,554,686	1,366,499,965,156
기타채권(주5,8,12,34)	83,063,827	532,189,554	97,629,227
금융자산(주5,9,12,21,35)	12,503,558,808	19,666,444,216	40,939,202,337
파생상품자산(주5,11,12)	447,548,002	8,867,100,927	5,727,611,247
종속기업,관계기업및공동지배기업투자(주13,21,34)	1,218,980,365,321	1,145,018,543,954	1,004,636,268,776
유형자산(주14,21,34,35)	10,652,879,815	10,491,866,788	9,520,951,802
사용권자산(주15,35)	481,366,206	457,895,762	331,785,133
무형자산(주17,34)	7,710,364,919	8,628,915,056	9,501,475,193
투자부동산(주16,21,35)	304,449,133,994	298,804,181,144	295,745,041,441
종업원급여자산(주22)	-	1,136,417,285	-
자산총계	1,574,557,246,429	1,534,175,948,573	1,384,356,088,372
부채			
Ⅰ.유동부채	641,243,633,940	529,508,210,411	427,668,708,817
단기차입금(주5,12,18,33,35)	442,000,000,000	372,000,000,000	320,000,000,000
유동성사채(주5,12,18,33,35)	91,615,254,562	59,965,165,196	49,953,519,914
유동성장기차입금(주5,12,18,33,35)	85,000,000,000	80,000,000,000	40,000,000,000
리스부채(주5,12,15,35)	256,483,935	225,353,451	160,894,108
기타채무(주5,12,19,21,34)	17,687,264,620	5,269,034,061	4,371,344,264
파생상품부채(주5,11,12,33)	3,591,506,144	5,826,620,328	11,710,407,674
기타부채(주20)	1,093,124,679	6,053,450,932	986,265,299

과목	제69(당)기말	제68(전)기말	제68(전)기초
당기법인세부채(주31)	-	168,586,443	486,277,558
Ⅱ.비유동부채	267,477,578,254	342,524,358,286	321,567,416,563
장기차입금(주5,12,18,21,33,35)	130,000,000,000	155,000,000,000	165,000,000,000
사채(주5,12,18,21,33,35)	88,453,240,867	128,578,554,873	95,293,347,890
리스부채(주5,12,15,35)	223,993,794	234,660,320	166,687,657
기타채무(주5,12,19,34)	6,650,000	12,867,096,136	12,467,965,543
파생상품부채(주5,11,12)	931,536,543	970,405,148	713,762,175
종업원급여부채(주22)	61,127,837	36,966,859	330,187,475
이연법인세부채(주31)	47,801,029,213	44,836,674,950	47,595,465,823
부채총계	908,721,212,194	872,032,568,697	749,236,125,380
자본			
Ⅰ.자본금(주1,23)	68,514,080,000	68,514,080,000	68,514,080,000
Ⅱ.주식발행초과금(주23)	113,713,220,196	113,713,220,196	113,713,220,196
Ⅲ.이익잉여금(주25)	203,561,581,947	194,506,597,743	171,506,721,091
Ⅳ.기타자본구성요소(주24)	280,047,152,092	285,409,481,937	281,385,941,705
자본총계	665,836,034,235	662,143,379,876	635,119,962,992
부채 및 자본총계	1,574,557,246,429	1,534,175,948,573	1,384,356,088,372

설명

사례회사는 2023년말 기준으로 투자부동산의 후속측정모형을 원가모형에서 공정가치모형으로 변경하였으며, 이 회계정책의 변경은 소급적용하였으며[K-1008. 19(2)], 그 과정에서 전기 기초 재무상태표에 미치는 영향이 중요하다고 판단하여 전기 기초 재무상태표를 같이 표시하였다(K-1001. 40A).

주석

3. 회계정책의 변경

(1) 투자부동산 회계정책 변경

당사는 투자부동산 분류에 대한 최초 인식 후 측정에 대한 회계정책을 변경하였습니다. 당사는 과거에 모든 투자부동산을 기업회계기준서 제1040호 문단 56 및 제1016호 문단 30에 규정된 원가모형을 적용하여 측정하였으며 이에 따라 투자부동산으로 분류된 자산은 최초 인식 후 원가에서 감가상각누계액과 손상차손누계액을 차감한 금액을 장부금액으로 계상하였습니다.

당기에 당사는 모든 투자부동산의 후속측정을 기업회계기준서 제1040호 문단 33에 따른 공정가치모형으로 회계정책을 변경하였습니다. 당사는 공정가치모형이 모든 투자부동산의 재무상태를 효과적으로 나타낸다고 판단하고 있으며, 해당 자산이 소재한 지역의 부동산 시장에서 공정가치를 신뢰성 있게 측정할 수 있다고 보고 있습니다. 당사는 투자부동산의 후속측정과 관련하여 장부금액을 공정가치로 반영하였으며 기준서 제1008호 문단 19에 따라 비교표시되는 전기말 및 전기초 재무상태표와 전기 포괄손익계산서를 소급 재작성하였습니다. 회계정책 변경에 따른 당기 이전의 재무적 영향은 다음과 같습니다.

1) 당기말

(단위 : 천원)

구분	제69(당)기말			제69(당)기		
	자산	부채	자본	매출액	당기순이익	총포괄손익
변경 전	1,403,978,674	875,130,834	528,847,840	83,930,224	8,045,383	4,100,384
조정사항 :						
투자부동산	169,618,290	-	-	-	-	-
유형자산	960,282	-	-	-	-	-
이연법인세부채	-	33,590,378	-	-	-	-
이익잉여금	-	-	136,335,097	-	-	-
유형자산재평가이익	-	-	653,097	-	-	69,679
감가상각비	-	-	-	-	2,089,477	2,089,477
투자부동산평가손익	-	-	-	-	4,862,763	4,862,763
법인세비용	-	-	-	-	160,720	160,720
변경 후	1,574,557,246	908,721,212	665,836,034	83,930,224	15,158,343	11,283,023

2) 전기말

(단위 : 천원)

구분	제68(전)기말			제68(전)기		
	자산	부채	자본	매출액	당기순이익	총포괄손익
변경 전	1,370,627,304	838,281,472	532,345,832	70,587,540	24,941,873	28,005,269
조정사항 :						
투자부동산	163,151,194	-	-	-	-	-
유형자산	397,451	-	-	-	-	-
이연법인세부채	-	33,751,097	-	-	-	-
이익잉여금	-	-	129,214,130	-	-	-
유형자산재평가이익	-	-	583,418	-	-	583,418
감가상각비	-	-	-	-	2,081,162	2,081,162
투자부동산평가손익	-	-	-	-	2,784,855	2,784,855
법인세비용	-	-	-	-	1,159,081	1,159,081
변경 후	1,534,175,949	872,032,569	662,143,380	70,587,540	30,966,971	34,613,785

3) 전기초

(단위 : 천원)

구분	제68(전)기초		
	자산	부채	자본
변경 전	1,226,421,433	714,490,501	511,930,932
조정사항 :			
투자부동산	157,934,655	-	-
이연법인세부채	-	34,745,624	-
이익잉여금	-	-	123,189,031
변경 후	1,384,356,088	749,236,125	635,119,963

| 참고 주석 | 전기(2022년)

32. 주당손익

(1) 당기와 전기 중 기본주당손익의 산정내역은 다음과 같습니다.

(단위 : 원, 주)

구분	당기		전기	
	보통주	우선주	보통주	우선주
귀속되는 당기순이익(손실)	22,933,035,585	2,008,837,505	(1,763,107,612)	(96,483,634)
가중평균유통보통(우선)주식수	12,626,426	1,076,390	12,626,426	1,076,390
기본주당이익(손실)	1,816	1,866	(140)	(90)

| 참고 주석 | 당기(2023년)

32. 주당손익

(1) 당기와 전기 중 기본주당손익의 산정내역은 다음과 같습니다.

(단위 : 원, 주)

구분	당기		전기	
	보통주	우선주	보통주	우선주
귀속되는 당기순이익(손실)	13,918,025,982	1,240,317,087	28,484,847,455	2,482,123,832
가중평균유통보통(우선)주식수(*)	12,626,426	1,076,390	12,626,426	1,076,390
기본주당이익(손실)	1,102	1,152	2,256	2,306

(*) 당기와 전기의 가중평균유통보통주식수는 발행주식수와 동일합니다.

설명

사례회사는 2023년말 기준으로 투자부동산의 후속측정모형을 원가모형에서 공정가치모형으로 변경하였으며, 이 회계정책의 변경은 소급적용하였으며[K-1008. 19(2)], 그 과정에서 전기 기초 재무상태표에 미치는 영향이 중요하다고 판단하여 전기 기초 재무상태표를 같이 표시하였다(K-1001. 40A).

사례회사의 주석공시사항은 다음과 같이 구분된다.

투자부동산 공정가치모형은 공정가치 변동분을 당기손익으로 인식함으로 인해 손익의 조정도 발생한다. 아래 공시내용 표에서는 투자부동산(자산)의 조정사항만을 예시로 제시하였다.

주석공시 요구사항	공시내용	기준서 (K-1008)
(1) 회계정책 변경의 성격	투자부동산에 대한 후속측정방법을 원가모형에서 경제적 실질이 반영된 공정가치모형으로 변경	29(1)
(2) 새로운 회계정책이 재무정보의 신뢰성과 목적적합성의 제고에 기여하는 근거	모든 투자부동산의 재무상태를 효과적으로 나타낸다고 판단하고 있으며, 해당 자산이 소재한 지역의 부동산 시장에서 공정가치를 신뢰성 있게 측정할 수 있다고 보고 있습니다.	29(2)
(3) 실무적으로 적용할 수 있는 범위까지, 당기와 비교표시된 각 과거기간의 다음 항목 (가) 회계정책 변경의 영향을 받는 재무제표의 각 항목별 조정금액		29(3)(가)
– 투자부동산(자산)	당기 169,618,290 전기 163,151,194	
(나) 기업회계기준서 제1033호가 적용되는 경우, 기본주당이익과 희석주당이익의 조정금액(*1)		29(3)(나)
– 기본주당이익(전기 공시 당기(2022년))	보통주 1,816	
– 기본주당이익(당기 공시 전기(2022년))	보통주 2,256	
(4) 실무적으로 적용할 수 있는 범위까지, 비교표시된 회계기간보다 앞선 기간에 귀속되는 조정금액		29(4)
– 투자부동산(자산)	전기초 157,934,655	
(5) 특정 과거기간이나 비교표시된 회계기간보다 앞선 기간에 대하여 실무적으로 소급적용할 수 없는 경우, 소급적용할 수 없는 사유 및 회계정책변경의 적용방법과 적용한 시기에 관한 내용	–	29(5)

(*1) 주당이익은 비교표시했던 전기 공시분 당기순이익이 조정되어 기본주당이익도 수정된 것이다.

공시사례 22.3 **회계추정의 변경**

주석

[출처 : 대한항공 2019년 감사보고서]

2. 재무제표 작성기준 및 중요한 회계정책

(12) 유형자산

유형자산의 감가상각방법, 잔존가치 및 내용연수는 매 보고기간 말에 재검토하고 있으며, 이를 변경하는 것이 적절하다고 판단되는 경우 회계추정의 변경으로 회계처리하고 있습니다.

당사는 당기부터 항공기 및 엔진의 추정내용연수를 15년에서 20년으로 변경함과 동시에, 잔존가치를 20%에서 10%로 변경하였습니다. 이러한 추정의 변경은 수익과 비용의 적절한 대응 및 거래의 실질과 경제적 사실을 보다 정확하게 재무제표에 반영하기 위한 것입니다. 이로 인하여 당기 및 후속 회계연도에 미치는 영향은 다음과 같습니다.

(단위 : 백만원)

구분	2019년	2020년	2021년	2022년
변경전 항공기 및 엔진 감가상각비	(920,838)	(890,017)	(849,805)	(825,952)
변경후 항공기 및 엔진 감가상각비	(914,408)	(761,445)	(724,941)	(702,051)
법인세비용차감전순이익 증가	6,430	128,572	124,864	123,901

설명

사례회사는 유형자산 감가상각의 요소인 내용연수와 잔존가치 기존 추정치를 변경하고 전진적용하고 있다.

이러한 회계추정의 변경 시 실무적으로 추정이 가능하다고 판단하고 그 변경내용과 변경효과의 금액을 공시하고 있다(K-1008. 39).

공시사례 22.4 **오류수정**

[출처 : HMM 2023년 감사보고서]

재무상태표

제48기말 2023년 12월 31일 현재

제47기말 2022년 12월 31일 현재

제47기초 2022년 01월 01일 현재

에이치엠엠 주식회사 (단위 : 백만원)

과목	제48기말		제47기말 (감사받지 아니한 재무제표)		제47기초 (감사받지 아니한 재무제표)	
자산						
유동자산		13,045,242		14,155,355		8,715,111
현금및현금성자산	3,077,288		4,791,062		1,506,142	
매출채권및기타채권	968,333		1,092,171		2,144,838	
…						

주석

41. 전기 재무제표 재작성

(1) 전기오류의 성격

회사는 당기 중 (가) 선박취득 관련 일반차입금 차입원가자본화, (나) 종속기업투자주식 손상, (다) 리스부채 이자 현금흐름표 활동 분류와 관련된 오류를 발견하였으며, 동 사항으로 인한 재무제표에 미치는 영향이 중요하다고 판단하여 비교표시된 전년도 재무제표에 수정사항을 반영하여 재작성하였습니다. (아래의 '이전 보고금액'은 회사의 최초 공시가 이루어졌던 2023년 3월 17일자 감사보고서에 첨부된 재무제표에 따른 보고금액입니다.)

(가)	① 오류 계정과목	유형자산, 이익잉여금, 기타자본구성요소, 매출원가, 금융비용
	② 발생 경위	적격자산인 선박의 취득과 관련하여 일반차입금의 차입원가자본화가 추가 고려되지 않음.
	③ 오류의 내용	-(재무상태표) 제47기 유형자산 93,204백만원 과소계상, 이익잉여금 85,460백만원 과소계상, 기타자본구성요소 7,744백만원 과소계상
		-(재무상태표) 제46기 유형자산 58,102백만원 과소계상, 이익잉여금 53,763백만원 과소계상, 기타자본구성요소 4,339백만원 과소계상
		-(포괄손익계산서) 제47기 매출원가 2,198백만원 과소계상, 금융비용 33,895백만원 과대계상, 기타포괄손익 3,405백만원 과소계상
		-(현금흐름표) 제47기 영업활동으로 인한 현금흐름 33,895백만원 과소계상, 투자활동으로 인한 현금흐름 33,895백만원 과대계상
	④ 관련 기준서	기업회계기준서 제1023호 문단8,14
(나)	① 오류 계정과목	종속기업투자, 기타자본구성요소, 이익잉여금, 종속기업, 공동기업 및 관계기업투자손익
	② 발생 경위	연결재무제표상 공동기업인 Total Terminal International Algeciras S.A.U.(이하 "TTIA")와 별도재무제표상 종속기업인 에이치티알헤시라스 주식회사의 손상검사 대상 자산의 단위가 동일하나, 연결재무제표에서만 공동기업(TTIA)에 대해 손상차손을 인식함.

(나)	③ 오류의 내용	-(재무상태표) 제47기 종속기업투자 17,032백만원 과대계상, 이익잉여금 17,032백만원 과대계상
		-(포괄손익계산서) 제47기 종속기업, 공동기업 및 관계기업투자손실 17,032백만원 과소계상
	④ 관련 기준서	기업회계기준서 제1036호 문단12
(다)	① 오류 계정과목	영업활동으로 인한 현금흐름(이자의 지급), 재무활동으로 인한 현금흐름(리스부채 상환)
	② 발생 경위	회사의 회계정책상 현금흐름표에서 이자의 지급을 영업활동 현금흐름으로 분류하고 있으나, 리스부채 관련 이자의 지급을 재무활동 현금흐름으로 분류함.
	③ 오류의 내용	-(현금흐름표) 제47기 영업활동으로 인한 현금흐름 270,692백만원 과대계상, 재무활동으로 인한 현금흐름 270,692백만원 과소계상
	④ 관련 기준서	기업회계기준서 제1007호 문단31, 기업회계기준서 제1116호 문단50

(2) 오류수정의 영향을 받는 재무제표

① 재무상태표

(단위 : 백만원)

과목	관련 주석	2022년말(전기말)			
		이전보고금액	(가) 관련 수정금액	(나) 관련 수정금액	재작성 금액
비유동자산		11,528,854	93,204	(17,032)	11,605,026
종속기업투자	16	217,591	-	(17,032)	200,559
유형자산	17	4,066,274	93,204	-	4,159,478
자산총계		25,684,209	93,204	(17,032)	25,760,381
이익잉여금	29	10,376,965	85,460	(17,032)	10,445,393
기타자본구성요소	30	3,476,870	7,744	-	3,484,614
자본총계		20,616,537	93,204	(17,032)	20,692,709

(단위 : 백만원)

과목	관련 주석	2021년말(전기초)		
		이전보고금액	(가) 관련 수정금액	재작성 금액
비유동자산		8,892,651	58,102	8,950,753
유형자산	17	3,063,427	58,102	3,121,529
자산총계		17,607,762	58,102	17,665,864
이익잉여금	29	652,632	53,763	706,395
기타자본구성요소	30	2,885,386	4,339	2,889,725
자본총계		10,300,720	58,102	10,358,822

② 포괄손익계산서

(단위 : 백만원)

과목	관련 주석	2022년			
		이전보고금액	(가) 관련 수정금액	(나) 관련 수정금액	재작성 금액
매출원가	17,32	(8,252,818)	(2,198)	–	(8,255,016)
영업이익		9,919,892	(2,198)	–	9,917,694
금융비용	6,35,39	(1,628,623)	33,895	–	(1,594,728)
종속기업, 공동기업 및 관계기업투자손익	16	(75,180)	–	(17,032)	(92,212)
법인세비용차감전순이익	36	10,124,753	31,697	(17,032)	10,139,418
당기순이익	29,37	10,047,898	31,697	(17,032)	10,062,563
기타포괄손익		594,057	3,405	–	597,462
당기총포괄손익		10,641,955	35,102	(17,032)	10,660,025
기본주당손익	37	20,479	65	(35)	20,509
희석주당손익	37	9,831	31	(17)	9,845

③ 자본변동표

(단위 : 백만원)

과목	이전보고금액	(가) 관련 수정금액	(나) 관련 수정금액	재작성 금액
2022.1.1.	10,300,720	58,102	–	10,358,822
당기순이익	10,047,898	31,697	(17,032)	10,062,563
기타포괄손익	594,057	3,405	–	597,462
총포괄손익	10,641,955	35,102	(17,032)	10,660,025
2022.12.31.	20,616,537	93,204	(17,032)	20,692,709

④ 현금흐름표

(단위 : 백만원)

과목	관련 주석	2022년				
		이전보고 금액	(가) 관련 수정금액	(나) 관련 수정금액	(다) 관련 수정금액	재작성 금액
영업활동으로 인한 현금흐름		11,282,471	33,895	–	(270,692)	11,045,674
당기순이익		10,047,898	31,697	(17,032)	–	10,062,563
조정항목	39	1,112,665	(31,697)	17,032		1,098,000
이자의 지급		(57,293)	33,895	–	(270,692)	(294,090)
투자활동으로 인한 현금흐름		(4,790,696)	(33,895)	–	–	(4,824,591)
유형자산 취득		(412,885)	(33,895)	–	–	(446,780)
재무활동으로 인한 현금흐름		(3,561,584)	–	–	270,692	(3,290,892)
리스부채 상환		(3,102,116)	–	–	270,692	(2,831,424)

39. 당기 재무제표 재작성

2020년 2월 27일자 당사의 이사회에서 승인된 재무제표에 대하여 수익인식기준 오류 등에 대한 조정사항을 반영하여 재무제표를 재작성하였으며, 재작성내용은 다음과 같습니다.

(4) 주당손익

(단위 : 원)

구분	2018년		2017년	
	기본주당손익	희석주당손익	기본주당손익	희석주당손익
수정 전	2,781	2,781	2,331	2,328
오류수정액	(1,189)	(1,189)	(568)	(567)
수정 후	1,592	1,592	1,763	1,761

설명

사례회사는 당기(2023년)에 전기(2022년) 및 전기이전의 오류를 발견하고, 비교표시되는 전기재무제표(전기 기초 재무상태표 포함)를 재작성하였다(K-1008. 42).

사례회사의 주석공시사항은 다음과 같이 구분된다.
참고로 사례회사는 금융감독원 주석공시 모범사례 '전기오류수정 관련 주석공시(2023. 11.)'에 따라 23년 전기오류수정 주석공시를 작성한 것으로 보인다.

주석공시 요구사항	공시내용	기준서 (K-1008)
(1) 전기오류의 성격	(가)(나)(다)로 오류사유를 구분함	49(1)
(가) 선박 차입원가 자본화 오류		
(나) 종속기업(에이치티알헤시리스 주식회사) 손상차손 과소계상 오류		
(다) 리스부채 관련 이자의 지급을 영업활동 대신 재무활동 현금흐름으로 분류 오류		
(2) 실무적으로 적용할 수 있는 범위까지 비교표시된 각 과거기간의 다음 항목 (가) 오류수정의 영향을 받는 재무제표의 각 항목별 수정금액	2022년 말	49(2)(가)
- (가) 관련 수정금액 (재무상태표)	순자산 93,204백만원	
- (가) 관련 수정금액 (포괄손익계산서)	순손익 31,697백만원	
- (나) 관련 수정금액 (재무상태표)	(17,032)백만원	
- (나) 관련 수정금액 (포괄손익계산서)	순손익 (17,032)백만원	
- (다) 관련 수정금액		
(나) 기본주당이익과 희석주당이익의 수정금액	기본주당이익 20,509원	49(2)(나)

주석공시 요구사항	공시내용	기준서 (K-1008)
(3) 비교표시되는 가장 이른 과거기간의 기초금액의 수정금액	2022년초	49(3)
– (가) 관련 수정금액 (재무상태표)	58,102백만원	
– (나) 관련 수정금액	–	
– (다) 관련 수정금액	–	
(4) 특정 과거기간에 대하여 실무적으로 소급재작성할 수 없는 경우, 그 사유 및 오류수정의 적용방법과 적용한 시기에 관한 내용	–	49(4)

특수사항 주석

CHAPTER

23 매각예정비유동자산과 중단영업

▶ 관련 기업회계기준서

K-IFRS 제1105호 매각예정비유동자산과 중단영업

01 | 기준서 주요 내용

| 비유동자산(또는 처분자산집단)의 매각예정

비유동자산(또는 처분자산집단)의 장부금액이 계속사용이 아닌 매각거래를 통하여 주로 회수될 것이라면 이를 매각예정으로 분류한다.

매각예정으로 분류하기 위해서는 당해 자산(또는 처분자산집단)은 현재의 상태에서 통상적이고 관습적인 거래조건만으로 즉시 매각가능하여야 하며 매각될 가능성이 매우 높아야 한다.

매각될 가능성이 매우 높으려면 적절한 지위의 경영진이 자산(또는 처분자산집단)의 매각계획을 확약하고, 매수자를 물색하고 매각계획을 이행하기 위한 적극적인 업무진행을 이미 시작하였어야 한다.

| 종속기업에 대한 매각예정 분류

종속기업에 대한 지배력의 상실을 포함하는 매각계획을 확약하는 기업은, 매각예정 기준을 충족하면, 매각 후 종전 종속기업에 대한 비지배지분의 보유 여부에 관계없이 그 종속기업의 모든 자산과 부채를 매각예정으로 분류한다.

| 폐기될 비유동자산

폐기될 비유동자산(또는 처분자산집단)은 매각예정으로 분류할 수 없다. 왜냐하면 해당 장부금액은 원칙적으로 계속사용함으로써 회수되기 때문이다.

| 매각예정으로 분류된 비유동자산(또는 처분자산집단)의 측정

매각예정으로 분류된 비유동자산(또는 처분자산집단)은 공정가치에서 처분부대원가를 뺀 금액과 장부금액 중 작은 금액으로 측정한다.

예시 매각예정 재분류 및 중단영업 표시

개요

회사의 20×1년 기말 유형자산 내역은 다음과 같다.

과목	A공장 (TV사업부)	B공장 (선풍기사업부)	C공장 (에어컨사업부)	합계
토지	50	100	100	250
건물	20	50	100	170
기계장치	30	50	100	180
합계	100	200	300	600

회사는 20×2년 6월 30일자로 B공장(선풍기사업부)을 K사에 매각하기로 계약을 체결하였으며(계약일 : 20×1년 7월 1일), 이 계약은 매각예정 요건을 충족한다.

재무상태표 매각예정분류 전

과목	당기말	전기말
자산		
유동자산		
…		
매각예정비유동자산	–	
비유동자산		
유형자산	600	
…		

재무상태표 매각예정분류

과목	당기말	전기말
자산		
유동자산		

과목	당기말	전기말
…		
매각예정비유동자산	200	
비유동자산		
유형자산	400	
…		

회사의 20×1년 손익계산서 현황은 다음과 같다.

과목	A공장 (TV사업부)	B공장 (선풍기사업부)	C공장 (에어컨사업부)	합계
매출액	900	300	500	1,700
매출원가	600	250	100	950
판매비와관리비	200	100	100	400
영업손익	100	(50)	300	350
기타손익	20	20	20	60
법인세비용	10	–	10	20
당기순손익	110	(30)	310	390

회사는 20×1년 12월 31일자로 B공장(선풍기사업부) 영업을 중단하기로 하였다.
회사의 20×1년 손익계산서는 다음과 같이 표시된다.

과목	합계
매출액	1,400
매출원가	700
판매비와관리비	300
영업손익	400
기타손익	40
법인세비용	20
계속영업손익	420
중단영업손익	(30)
당기순손익	390

계속영업손익은 계속적으로 사업을 영위하는 A, C공장 손익만으로 구성하여 표시되며, 중단영업인 B공장은 그 결과를 중단영업손익 과목으로 한 줄로 표시한다.

02 | 주석 작성 핵심 포인트

매각예정비유동자산과 중단영업 관련 주요 주석공시사항은 다음과 같이 요약된다.

Key Point

구분	주요 주석공시사항	비고
1. 중단영업 표시	• 중단영업은 포괄손익계산서에 한 줄로 표시 – 세후 중단영업손익	비교표시 전기 재작성
2. 중단영업 주석공시	• 세후 중단영업손익 세부내역 공시 – 중단영업의 수익, 비용 및 세전 중단영업손익 – 관련 법인세비용 • 중단영업 현금흐름 정보 공시 – 중단영업의 영업활동, 투자활동 및 재무활동으로부터 발생한 순현금흐름	
3. 매각예정비유동자산 표시	매각예정비유동자산은 재무상태표에 한 줄로 표시	비교표시 전기 재작성하지 않음.
4. 매각예정비유동자산 주석공시	• 매각예정비유동자산 관련 자산 및 부채 – 비유동자산(또는 처분자산집단)의 상세내역 – 매각 관련 사실과 상황, 처분을 기대하게 하는 사실과 상황 및 기대되는 처분의 방법과 시기 – 손상차손 금액	
5. 매각계획의 변경	매각계획 변경사실과 상황	

03 | 주석공시 요구사항

K-IFRS 제1105호(매각예정비유동자산과 중단영업)의 주석공시 요구사항은 아래처럼 구분된다.

문단	공시사항
30, 31 ~ 37	1. 중단영업 표시와 공시
30, 38 ~ 40	2. 매각예정비유동자산 표시와 공시
41 ~ 42	3. 추가 공시

1. 중단영업 표시와 공시

30 재무제표이용자가 중단영업과 비유동자산(또는 처분자산집단) 처분의 재무효과를 평가할 수 있도록 정보를 표시하고 공시한다.

중단영업의 표시

31 기업의 구분단위는 재무보고 목적뿐만 아니라 영업상으로도 기업의 나머지 부분과 영업 및 현금흐름이 명확히 구별된다. 즉 기업의 구분단위는 계속사용을 목적으로 보유 중인 경우 하나의 현금창출단위 또는 현금창출단위집단이 될 것이다.

32 중단영업은 이미 처분되었거나 매각예정으로 분류되고 다음 중 하나에 해당하는 기업의 구분단위이다.

(1) 별도의 주요 사업계열이나 영업지역이다.

(2) 별도의 주요 사업계열이나 영업지역을 처분하려는 단일 계획의 일부이다.

(3) 매각만을 목적으로 취득한 종속기업이다.

33 다음을 공시한다.

(1) 다음의 합계를 포괄손익계산서에 단일금액으로 표시한다.

(가) 세후 중단영업손익

(나) 중단영업에 포함된 자산이나 처분자산집단을 순공정가치로 측정하거나 처분함에 따른 세후 손익

(2) (1)의 단일금액은 다음과 같이 분석하여 공시한다.

(가) 중단영업의 수익, 비용 및 세전 중단영업손익

(나) 기업회계기준서 제1012호 문단 81(8)에 따른 (가)와 관련된 법인세비용

(다) 중단영업에 포함된 자산이나 처분자산집단을 순공정가치로 측정하거나 처분함에 따라 인식된 손익

(라) 기업회계기준서 제1012호 문단 81(8)에 따른 (다)와 관련된 법인세비용

(2)의 공시는 주석이나 포괄손익계산서에 표시할 수 있다. 포괄손익계산서에 표시하는 경우에는 계속영업과 구분되도록 별도의 중단영업항목으로 표시한다. 처분자산집단이 취득 당시 매각예정분류기준을 충족한 신규 취득 종속기업인 경우(문단 11 참조) 위의 내용을 반드시 공시할 필요는 없다.

(3) 중단영업의 영업활동, 투자활동 및 재무활동으로부터 발생한 순현금흐름은 주석이나 재무제표 본문에 표시한다. 처분자산집단이 취득 당시 매각예정분류기준을 충족한

33 신규로 취득한 종속기업인 경우(문단 11 참조) 위의 내용을 반드시 공시할 필요는 없다.

(4) 지배기업의 소유주에게 귀속될 계속영업손익과 중단영업손익의 금액. 이러한 공시는 주석이나 포괄손익계산서에 표시될 수 있다.

33A 기업회계기준서 제1001호(2012년 개정)의 문단 10A에 따라 별개의 보고서에 당기순손익의 항목을 표시하는 경우에는 중단영업과 관련된 부문은 그 보고서에 표시한다.

34 표시된 최종기간의 보고기간 말까지 모든 중단영업과 관련된 공시사항이 표시될 수 있도록 과거재무제표에 문단 33의 공시사항을 다시 표시한다.

35 과거기간에 중단영업의 처분과 직접 관련하여 중단영업으로 표시했던 금액을 당기에 조정하는 경우 그 금액은 중단영업 내에서 별도로 분류하여 표시한다. 이 경우 조정사항의 성격과 금액을 공시한다. 이러한 조정이 필요한 상황의 예는 다음과 같다.

(1) 처분거래의 조건과 관련된 불확실성의 해소. 예를 들어, 매수자와 가격조정 및 보상문제의 해결

(2) 처분 전 구분단위의 영업에서 발생하거나 영업과 직접 관련된 불확실성의 해소. 예를 들어, 매도자가 부담하는 환경보호의무와 제품보증의무의 해소

(3) 처분거래와 직접 연관되어 결제하는 경우의 종업원급여제도와 관련된 채무의 결제

36 기업의 구분단위를 매각예정으로 더 이상 분류할 수 없는 경우, 문단 33 ~ 35에 따라 중단영업으로 표시하였던 당해 구분단위의 영업성과를 비교표시되는 모든 회계기간에 재분류하여 계속영업손익에 포함하고 과거기간에 해당하는 금액이 재분류되었음을 주석으로 기재한다.

36A 종속기업에 대한 지배력의 상실을 포함하는 매각계획을 확약하는 기업은 그 종속기업이 문단 32에 따른 중단영업의 정의를 충족하는 처분자산집단인 경우에 문단 33 ~ 36에서 요구하는 정보를 공시한다.

계속영업과 관련된 평가손익

37 매각예정으로 분류하였으나 중단영업의 정의를 충족하지 않는 비유동자산(또는 처분자산집단)을 재측정하여 인식하는 평가손익은 계속영업손익에 포함한다.

| 중단영업의 정의

이미 처분되었거나 매각예정으로 분류되고 다음 중 하나에 해당하는 기업의 구분단위
(1) 별도의 주요 사업계열이나 영업지역이다.
(2) 별도의 주요 사업계열이나 영업지역을 처분하는 단일 계획의 일부이다.
(3) 매각만을 목적으로 취득한 종속기업이다.

중단영업 관련 재무제표 표시 및 주석공시사항과 그 예시는 다음과 같이 구분된다.

구분	기준서 (K-1105)
(1) 포괄손익계산서 표시	33(1)
(2) 중단영업 관련 손익 주석공시	33(2)
(3) 중단영업 관련 현금흐름 주석공시	33(3)

(1) 포괄손익계산서 표시

포괄손익계산서

다음의 합계를 포괄손익계산서에 단일금액으로 표시한다[K-1105, 33(1)].
(가) 세후 중단영업손익
(나) 중단영업에 포함된 자산이나 처분자산집단을 순공정가치로 측정하거나 처분함에 따른 세후 손익

예시

포괄손익계산서

과목	당기	전기
계속영업		
매출	1,000	1,500
매출원가	(800)	(1,200)
…		
계속영업 당기순이익	200	300
중단영업		
중단영업 당기순이익	(100)	(150)
당기순이익	100	150

설명

회사의 영업이 A, B, C로 구성되어 있는데, 당기 중 B사업부가 중단영업으로 분류되는 경우, 포괄손익계산서에 중단영업인 B사업부 손익은 한 줄로 표시한다.

(2) 중단영업 관련 손익 주석공시

주석사항

포괄손익계산서의 단일금액은 다음과 같이 분석하여 공시한다[K-1105, 33(2)].

(가) 중단영업의 수익, 비용 및 세전 중단영업손익

(나) 관련 법인세비용

(다) 중단영업에 포함된 자산이나 처분자산집단을 순공정가치로 측정하거나 처분함에 따라 인식된 손익

(라) 관련 법인세비용

상기 공시는 주석이나 포괄손익계산서에 표시할 수 있다. 포괄손익계산서에 표시하는 경우에는 계속영업과 구분되도록 별도의 중단영업항목으로 표시한다. 처분자산집단이 취득 당시 매각예정분류기준을 충족한 신규 취득 종속기업인 경우(문단 11 참조) 위의 내용을 반드시 공시할 필요는 없다.

지배기업의 소유주에게 귀속될 계속영업손익과 중단영업손익의 금액. 이러한 공시는 주석이나 포괄손익계산서에 표시될 수 있다.

예시

1. 중단영업손익

당기와 전기의 중단영업손익은 다음과 같습니다.

구분	당기	전기
중단영업손익 :		
매출	800	1,000
영업이익	(200)	(300)
영업외손익	100	–
법인세비용차감전순이익	(100)	(300)
법인세비용	–	(150)
중단영업 당기순이익	(100)	(150)

설명

- 포괄손익계산서에 한 줄로 표시된 중단영업손익의 구성내역을 주석에 다음으로 구분하여 공시한다.
  - 수익
  - 비용
  - 세전 중단영업손익
  - 법인세비용
- 예시는 포괄손익계산서 중단영업손익은 100원이며, 이를 주석에 그 구성내역을 공시한다.

☞ 공시사례 23.4 중단영업

(3) 중단영업 관련 현금흐름 주석공시

주석사항

중단영업의 영업활동, 투자활동 및 재무활동으로부터 발생한 순현금흐름은 주석이나 재무제표 본문에 표시한다[K-1105, 33(3)].

처분자산집단이 취득 당시 매각예정분류기준을 충족한 신규로 취득한 종속기업인 경우(문단 11 참조) 위의 내용을 반드시 공시할 필요는 없다.

예시

2. 중단영업손익 현금흐름

당기와 전기의 중단영업의 활동에서 발생한 현금흐름은 다음과 같습니다.

구분	당기	전기
중단영업으로 인한 현금흐름 :		
영업활동으로 인한 현금흐름	(850)	(400)
투자활동으로 인한 현금흐름	200	100
재무활동으로 인한 현금흐름	200	100
중단영업으로 인한 순현금흐름	(450)	(200)
기초현금	500	700
기말현금	50	500

설명

중단영업의 영업활동, 투자활동 및 재무활동으로부터 발생한 순현금흐름을 주석에 공시한다.

☞ 공시사례 23.4 중단영업

비교표시 전기 포괄손익계산서 및 주석

표시된 최종기간의 보고기간 말까지 모든 중단영업과 관련된 공시사항이 표시될 수 있도록 과거재무제표에 문단 33의 공시사항을 다시 표시한다(K-1105, 34).

과거기간 중단영업의 조정

과거기간에 중단영업의 처분과 직접 관련하여 중단영업으로 표시했던 금액을 당기에 조정하는 경우 그 금액은 중단영업 내에서 별도로 분류하여 표시한다. 이 경우 조정사항의 성격과 금액을 공시한다. 이러한 조정이 필요한 상황의 예는 다음과 같다(K-1105, 35).

(1) 처분거래의 조건과 관련된 불확실성의 해소. 예를 들어, 매수자와 가격조정 및 보상 문제의 해결

(2) 처분 전 구분단위의 영업에서 발생하거나 영업과 직접 관련된 불확실성의 해소. 예를 들어, 매도자가 부담하는 환경보호의무와 제품보증의무의 해소

(3) 처분거래와 직접 연관되어 결제하는 경우의 종업원급여제도와 관련된 채무의 결제

기업의 구분단위를 매각예정으로 더 이상 분류할 수 없는 경우, 문단 33 ~ 35에 따라 중단영업으로 표시하였던 당해 구분단위의 영업성과를 비교표시되는 모든 회계기간에 재분류하여 계속영업손익에 포함하고 과거기간에 해당하는 금액이 재분류되었음을 주석으로 기재한다(K-1105. 36).

종속기업에 대한 지배력의 상실을 포함하는 매각계획을 확약하는 기업은 그 종속기업이 문단 32에 따른 중단영업의 정의를 충족하는 처분자산집단인 경우에 문단 33 ~ 36에서 요구하는 정보를 공시한다(K-1105. 36A).

| 계속영업과 관련된 평가손익

매각예정으로 분류하였으나 중단영업의 정의를 충족하지 않는 비유동자산(또는 처분자산집단)을 재측정하여 인식하는 평가손익은 계속영업손익에 포함한다(K-1105. 37).

| K-IFRS 제1105호 실무적용지침. 중단영업의 포괄손익계산서상 표시

이 기준서의 문단 33은 중단영업을 포괄손익계산서에 단일 금액으로 표시하고 단일 금액에 대한 분석을 주석에 표시하거나 계속영업과 구분되는 포괄손익계산서의 별도 부분으로 제시하도록 하고 있다. 사례 11은 이 규정을 예시하고 있다.

사례 11 XYZ 그룹 - 20×2년 12월 31일로 종료하는 회계연도의 포괄손익계산서(기능별 비용 분류의 예시)

(단위 : 천원)

	20×2	20×1
계속영업		
수익(revenue)[한1]	X	X
매출원가	(X)	(X)
매출총이익	X	X
기타 수익(other income)	X	X
물류원가	(X)	(X)
관리비	(X)	(X)
기타비용	(X)	(X)
금융원가	(X)	(X)
관계기업의 이익에 대한 지분	X	X
법인세비용차감전계속영업이익	X	X
법인세비용	(X)	(X)
계속영업이익	X	X
중단영업		
중단영업이익[(1)]	X	X
당기순이익	X	X

(단위 : 천원)

	20×2	20×1
당기순이익의 귀속		
지배기업의 소유주		
계속영업이익	X	X
중단영업이익	X	X
지배기업의 소유주에 귀속될 당기순이익	X	X
비지배지분		
계속영업이익	X	X
중단영업이익	X	X
비지배지분에 귀속될 당기순이익	X	X
	X	X

(1) 분석은 주석에서 제시하였다.

2. 매각예정비유동자산 표시와 공시

30 재무제표이용자가 중단영업과 비유동자산(또는 처분자산집단) 처분의 재무효과를 평가할 수 있도록 정보를 표시하고 공시한다.

매각예정으로 분류된 비유동자산이나 처분자산집단의 표시

38 매각예정으로 분류된 비유동자산은 다른 자산과 별도로 재무상태표에 표시한다. 매각예정으로 분류된 처분자산집단에 포함되는 자산이나 부채는 다른 자산이나 부채와 별도로 재무상태표에 표시한다. 해당 자산과 부채는 상계하여 단일금액으로 표시할 수 없다. 문단 39에서 허용하는 경우를 제외하고는 매각예정으로 분류된 자산과 부채는 주요 종류별로 재무상태표 또는 주석에 별도로 공시한다. 매각예정으로 분류된 비유동자산(또는 처분자산집단)과 관련하여 기타포괄손익으로 인식한 손익누계액은 별도로 표시한다.

39 처분자산집단이 취득 당시 매각예정분류기준을 충족한 신규 취득 종속기업인 경우(문단 11 참조)에는 자산과 부채를 주요 종류별로 반드시 공시할 필요는 없다.

40 과거 재무상태표에 매각예정으로 분류된 비유동자산 또는 처분자산집단에 포함된 자산과 부채의 금액은 최근 재무상태표의 분류를 반영하기 위하여 재분류하거나 재작성하지 아니한다.

3. 추가 공시

41 비유동자산(또는 처분자산집단)을 매각예정으로 분류한 기간이나 매각한 기간에는 다음을 주석으로 공시한다.

(1) 비유동자산(또는 처분자산집단)의 상세내역

(2) 매각 관련 사실과 상황, 처분을 기대하게 하는 사실과 상황 및 기대되는 처분의 방법과 시기

(3) 문단 20 ~ 22에 따라 인식된 손익과, 포괄손익계산서 본문에 별도로 표시하지 않을 경우 그 손익을 포함하는 포괄손익계산서항목의 명칭

(4) 적용가능한 경우, 기업회계기준서 제1108호 '영업부문'에 따라 당해 비유동자산(또는 처분자산집단)을 표시한 보고부문

42 문단 26 또는 문단 29가 적용되는 경우, 비유동자산(또는 처분자산집단)의 매각계획을 변경한 기간에 그러한 결정을 내리게 된 원인이 된 사실과 상황에 대한 설명, 그러한 결정이 당기 및 비교표시된 모든 과거기간의 영업성과에 미치는 효과를 공시한다.

매각예정비유동자산 관련 재무제표 표시 및 주석공시사항과 그 예시는 다음과 같이 구분된다.

구분	기준서 (K-1105)
(1) 매각예정으로 분류된 비유동자산 재무상태표 표시	38
(2) 매각예정비유동자산 세부내역 공시	38 ~ 39
(3) 매각계획의 변경	41 ~ 42

(1) 매각예정으로 분류된 비유동자산 재무상태표 표시

주석사항

매각예정으로 분류된 비유동자산은 다른 자산과 별도로 재무상태표에 표시한다. 매각예정으로 분류된 처분자산집단에 포함되는 자산이나 부채는 다른 자산이나 부채와 별도로 재무상태표에 표시한다. 해당 자산과 부채는 상계하여 단일금액으로 표시할 수 없다(K-1105, 38).

예시

재무상태표

과목	당기말	전기말
자산		
I. 유동자산		
…		
II. 매각예정비유동자산	1,000	-

과목	당기말	전기말
III. 비유동자산		
…		

설명

- 매각예정비유동자산으로 분류된 자산은 비유동자산에서 제외하고, 별도의 매각예정비유동자산 항목으로 재무상태표에 표시한다.
- 중단영업과 달리 매각예정비유동자산은 전기 재작성하지 않는다.

비교표시 전기 재무상태표

과거 재무상태표에 매각예정으로 분류된 비유동자산 또는 처분자산집단에 포함된 자산과 부채의 금액은 최근 재무상태표의 분류를 반영하기 위하여 재분류하거나 재작성하지 아니한다(K-1105. 40).

(2) 매각예정비유동자산 세부내역 공시

주석사항

- 문단 39에서 허용하는 경우를 제외하고는 매각예정으로 분류된 자산과 부채는 주요 종류별로 재무상태표 또는 주석에 별도로 공시한다(K-1105. 38).
- 매각예정으로 분류된 비유동자산(또는 처분자산집단)과 관련하여 기타포괄손익으로 인식한 손익누계액은 별도로 표시한다(K-1105. 39).
- 처분자산집단이 취득 당시 매각예정분류기준을 충족한 신규 취득 종속기업인 경우(문단 11 참조)에는 자산과 부채를 주요 종류별로 반드시 공시할 필요는 없다(K-1105. 40).

매각예정비유동자산의 내역 공시

비유동자산(또는 처분자산집단)을 매각예정으로 분류한 기간이나 매각한 기간에는 다음을 주석으로 공시한다(K-1105. 41).

(1) 비유동자산(또는 처분자산집단)의 상세내역

(2) 매각 관련 사실과 상황, 처분을 기대하게 하는 사실과 상황 및 기대되는 처분의 방법과 시기

(3) 문단 20 ~ 22에 따라 인식된 손익과, 포괄손익계산서 본문에 별도로 표시하지 않을 경우 그 손익을 포함하는 포괄손익계산서항목의 명칭

(4) 적용가능한 경우, 기업회계기준서 제1108호 '영업부문'에 따라 당해 비유동자산(또는 처분자산집단)을 표시한 보고부문

예시

1. 매각예정비유동자산

보고기간 말 현재 매각예정비유동자산의 세부내역은 다음과 같습니다.

구분	당기말			
	취득원가	감가상각누계액	손상차손누계액	장부금액
토지	500	–	–	500
건물	1,000	(400)	(200)	400
기계장치	500	(300)	(100)	100
합계	2,000	(700)	(300)	1,000

매각예정으로 분류된 자산은 기준서 제1105호에 따라 순공정가치와 장부금액 중 작은 금액인 1,000원으로 측정되었으며, 손상차손 200원 기타비용으로 인식하였습니다.

설명

매각예정으로 분류된 비유동자산은 그 세부내역을 주석에 공시한다.

☞ 공시사례 23.1 매각예정비유동자산

☞ 공시사례 23.2 매각예정비유동자산과 매각예정비유동부채

(3) 매각계획의 변경

주석사항

매각계획의 변경 상황

문단 26 또는 문단 29가 적용되는 경우, 비유동자산(또는 처분자산집단)의 매각계획을 변경한 기간에 그러한 결정을 내리게 된 원인이 된 사실과 상황에 대한 설명, 그러한 결정이 당기 및 비교표시된 모든 과거기간의 영업성과에 미치는 효과를 공시한다.

예시

1. 매각예정비유동자산

(1) 당사는 유동성 확보 및 재무구조 개선을 목적으로 20×1년 4월에 A관계기업 주식 전부를 매각하기로 결의하였는바, 당사는 동 지분을 매각예정비유동자산으로 재분류하였습니다.

한편, 상기 지분매각 계약은 20×2년 9월에 해제되었습니다.

설명

매각예정으로 분류된 비유동자산의 매각계획이 변경된 경우 그 사실과 상황을 설명한다.

04 | 실제 공시 사례

공시사례 23.1 매각예정비유동자산

[출처 : 카카오 2023년 연결감사보고서]

연결재무상태표

제29기 : 2023년 12월 31일 현재

제28기 : 2022년 12월 31일 현재

주식회사 카카오와 그 종속기업 (단위 : 원)

과목	주석	제29(당)기말	제28(전)기말
자산			
I. 유동자산			
…			
매각예정자산	42	49,543,028,507	–
II. 비유동자산			
…			

설명

사례회사는 매각예정비유동자산을 재무상태표 비유동자산에서 재분류하여 유동자산 항목에 포함시켜 표시하고 있다(K-1105. 38).

주석

42. 매각예정자산

(1) 매각예정으로 분류한 내역

(단위 : 천원)

구분	당기
유형자산(주1)	7,928,409
투자부동산	493,759
관계기업주식(주2)	41,120,861
합계	49,543,029

(주1) 연결회사는 당기 중 보유하고 있던 유형자산 7,928,409천원(토지 6,621,185천원, 건물 1,280,264천원, 공기구비품 26,960천원)을 매각예정자산으로 분류하였습니다.

(주2) 연결회사의 경영진은 당기 중 관계기업인 (주)스테이지파이브 지분증권 일부를 매각하기로 결정하였습니다. 2023년 12월 18일 계약이 체결되었으며, 이후 1년 내 매각 진행 예정입니다.

(2) 매각예정으로 분류한 내역과 관련하여 인식한 손익은 없습니다.

설명

재무상태표에 재분류된 매각예정비유동자산에 대한 세부내역을 주석에 공시한다. 사례회사는 매각예정비유동자산 각각에 대해 다음 사항을 주석공시하고 있다.

주석공시 요구사항	공시내용	기준서 (K-1105)
(1) 비유동자산(또는 처분자산집단)의 상세내역	유형자산 투자부동산 관계기업투자주식	41(1)
(2) 매각 관련 사실과 상황, 처분을 기대하게 하는 사실과 상황 및 기대되는 처분의 방법과 시기	–	41(2)
(3) 매각예정비유동자산 손상차손(환입)액	없음	41(3)
(4) 적용가능한 경우, 당해 비유동자산(또는 처분자산집단)을 표시한 보고부문	–	41(4)

공시사례 23.2 매각예정처분자산집단과 매각예정비유동부채

[출처 : KG케미칼 2022년 연결감사보고서]

연결재무상태표

제69기말 2022년 12월 31일 현재

제68기말 2021년 12월 31일 현재

케이지케미칼 주식회사와 그 종속기업 (단위 : 원)

과목	주석	제69기말	제68기말
자산			
유동자산			
…			
매각예정비유동자산	12	175,262,788,210	18,332,708,828
비유동자산			
…			
부채			
유동부채			
…			

과목	주석	제69기말	제68기말
매각예정비유동부채	12	125,762,919,079	613,800,000
비유동부채			

설명

사례회사는 매각예정비유동자산과 관련된 매각예정비유동부채를 재무상태표 비유동자산 및 비유동부채에서 재분류하여 유동항목으로 분류 표시하고 있다(K-1105, 38).

주석

12. 매각예정비유동자산 및 매각예정처분부채

12.1 매각예정으로 분류한 자산 및 부채의 내역

(단위 : 천원)

구분		당기말	전기말
매각예정분류자산	토지(*)	14,907,563	6,599,218
	건물	–	11,733,491
매각예정자산집단	KFC 종속기업에 대한 매각 관련 자산 집단	160,355,225	–
합계		175,262,788	18,332,709
매각예정분류부채	임대보증금	–	613,800
매각예정부채집단	KFC 종속기업에 대한 매각 관련 부채 집단	125,762,919	–
합계		125,762,919	613,800

전기말 매각예정자산 중 1,962,035천원은 당기 중 매각완료되었으며, 16,370,674천원은 당기 중 유형자산으로 대체되었습니다. 또한, 당기 중 투자부동산에서 매각예정분류자산으로 14,907,563천원이 대체되었습니다.

12.2매각예정으로 분류된 자산과 부채는 순공정가치와 장부금액 중 작은 금액으로 측정하였으며, 이와 관련하여 인식한 손상차손은 없습니다.

12.3연결실체는 당기말 현재 ㈜케이에프씨코리아 종속기업에 대한 지분을 매각할 계획이며, 이에 따라 ㈜케이에프씨코리아 종속기업 지분 매각으로 제거될 자산과 부채를 매각예정자산집단과 부채집단으로 표시하였습니다. 매각예정자산 집단과 부채 집단에 대한 내역은 다음과 같습니다.

(단위 : 천원)

구분	금액
매각예정자산 집단	
현금및현금성자산	9,218,899
미수금	5,083,052

(단위 : 천원)

구분	금액
보증금자산	42,723,554
유형자산	28,442,047
사용권자산	56,397,899
무형자산	8,390,565
기타자산	10,099,209
매각예정자산 집단 총계	160,355,225
매각예정부채 집단	
유동부채	93,767,192
비유동부채	31,995,727
매각예정자산 집단 총계	125,762,919

설명

사례회사는 재무상태표에 재분류된 매각예정처분자산집단과 매각예정처분부채집단에 대한 세부내역을 주석에 공시한다.

사례회사는 매각예정처분자산집단과 매각예정처분부채집단의 각각에 대해 다음 사항을 주석공시하고 있다.

주석공시 요구사항	공시내용	기준서 (K-1105)
(1) 비유동자산(또는 처분자산집단)의 상세내역	매각예정자산 집단 - 현금 등 유동자산과 유형자산 등 비유동자산 매각예정부채 집단 - 유동부채와 비유동부채	41(1)
(2) 매각 관련 사실과 상황, 처분을 기대하게 하는 사실과 상황 및 기대되는 처분의 방법과 시기	㈜케이에프씨코리아 종속기업에 대한 지분을 매각할 계획	41(2)
(3) 매각예정비유동자산 손상차손(환입)액	손상차손 없음	41(3)
(4) 적용가능한 경우, 당해 비유동자산(또는 처분자산집단)을 표시한 보고부문	-	41(4)

매각예정비유동자산의 손상평가는 사용가치와 순공정가치 중 큰 금액인 회수가능액이 아니라, 순공정가치를 장부가액과 비교하여 손상차손을 인식한다(K-1105. 20~22).

공시사례 23.3 **매각예정 종속기업(별도, 연결)**

[출처 : 씨제이이엔엠 2019년 별도/연결감사보고서]

저자주

사례회사는 2019년 말 기준 별도재무제표에서 종속기업투자주식을 매각예정비유동자산으로 분류하고, 연결재무제표에서는 해당 사업부를 매각예정비유동자산으로 분류하고 있다.

별도재무제표

재무상태표

제26기 2019년 12월 31일 현재

제25기 2018년 12월 31일 현재

주식회사 씨제이이엔엠 (단위 : 원)

과목	주석	당기말		전기말	
자산					
유동자산					
매각예정자산			4,329,637,389		–
매각예정자산	13	4,329,637,389		–	
비유동자산					

설명

사례회사는 매각예정비유동자산을 별도재무상태표 비유동자산에서 재분류하여 유동항목과 비유동항목이 아닌 별도 항목으로 분류 표시하고 있다(K-1105. 38).

주석

13. 매각예정자산

회사는 (주)하이라이트레코즈와 SCJ TV Shopping Co., Ltd.의 지분을 매각예정자산으로 분류하였습니다.

설명

재무상태표에 재분류된 매각예정비유동자산에 대한 세부내역을 주석에 공시한다. 사례회사는 매각예정비유동자산이 별도재무제표에서는 종속기업투자주식 단일 항목이므로 세부내역은 공시하지 아니하고, 다음의 사항을 주석공시하고 있다.

주석공시 요구사항	공시내용	기준서 (K-1105)
(1) 비유동자산(또는 처분자산집단)의 상세내역	(주)하이라이트레코즈와 SCJ TV Shopping Co., Ltd.의 지분	41(1)
(2) 매각 관련 사실과 상황, 처분을 기대하게 하는 사실과 상황 및 기대되는 처분의 방법과 시기	상동	41(2)

한편, 해당 매각예정비유동자산은 연결실체 입장에서는 매각예정비유동자산집단이므로 세부내역을 주석에서 공시한다.

연결재무제표

연결재무상태표

제26기 2019년 12월 31일 현재

제25기 2018년 12월 31일 현재

주식회사 씨제이이엔엠과 그 종속기업 (단위 : 원)

과목	주석	당기말		전기말	
자산					
유동자산					
매각예정자산			5,136,685,384		-
매각예정자산	13	5,136,685,384		-	
비유동자산					
자산총계					
부채					
유동부채					
매각예정부채			1,316,309,408		-
매각예정부채	13	1,316,309,408		-	
비유동부채					

설명

별도재무제표에서 매각예정비유동자산으로 분류한 종속기업투자주식은 연결재무제표에서는 처분자산집단으로 분류되며, 이는 매각예정비유동자산과 매각예정비유동부채로 분류된다(K-1105. 38).

주석

13. 매각예정자산

1) 연결회사는 2019년 12월에 종속기업인 (주)하이라이트레코즈의 지분 51.1%를 매각하기로 결정하였습니다. 이로 인해 관련된 자산, 부채를 매각예정자산, 매각예정부채로 분류하였습니다. 동 거래는 2020년 1월 중 완료되었습니다.

2) 연결회사는 2019년 12월 공동기업인 SCJ TV Shopping Co., Ltd.의 지분 50%를 매각하기로 결정하였습니다. 이로 인해 관련 자산을 매각예정자산으로 분류하였습니다. 동 거래는 2020년 2분기 내 완료될 예정입니다.

3) 매각예정자산, 매각예정부채의 내역

(단위 : 천원)

구분	당기말	전기말
매각예정자산		
현금및현금성자산	177,046	–
매출채권 및 기타채권	1,217,615	–
재고자산	1,692	–
기타유동자산	45,665	–
유무형자산	44,057	–
기타비유동자산	250,610	–
공동기업투자	3,400,000	–
합계	5,136,685	–
매각예정부채		
매입채무 및 기타채무	179,435	–
기타유동부채	1,042,958	–
퇴직급여부채	93,916	–
합계	1,316,309	–

설명

연결재무제표에서는 매각예정인 종속기업의 매각예정비유동자산과 매각예정비유동부채의 세부내역을 포함하여 주석에 공시하고 있다.

주석공시 요구사항	공시내용	기준서 (K-1105)
(1) 비유동자산(또는 처분자산집단)의 상세내역	비유동자산 – 현금및현금성자산, 매출채권 및 기타채권 등의 상세내역 공시 비유동부채 – 매입채무 및 기타채무, 기타유동부채 등 상세내역 공시	41(1)

주석공시 요구사항	공시내용	기준서 (K-1105)
(2) 매각 관련 사실과 상황, 처분을 기대하게 하는 사실과 상황 및 기대되는 처분의 방법과 시기	2019년 12월에 종속기업인 (주)하이라이트레코즈의 지분 51.1%를 매각하기로 결정하였습니다. 2019년 12월 공동기업인 SCJ TV Shopping Co., Ltd.의 지분 50%를 매각하기로 결정하였습니다.	41(2)
(3) 매각예정비유동자산 손상차손(환입)액	–	41(3)
(4) 적용가능한 경우, 당해 비유동자산(또는 처분자산집단)을 표시한 보고부문	–	41(4)

공시사례 23.4 중단영업

[출처 : 씨제이이엔엠 2019년 연결감사보고서]

저자주

사례회사는 2019년에 종속기업을 매각하였으며, 해당 종속기업을 중단영업으로 포괄손익계산서에 한 줄로 표시하고, 주석에 중단영업에 대한 세부내역을 공시하고 있다.

연결포괄손익계산서

제26기 2019년 1월 1일부터 2019년 12월 31일까지

제25기 2018년 1월 1일부터 2018년 12월 31일까지

주식회사 씨제이이엔엠과 그 종속기업 (단위 : 원)

과목	주석	당기	전기
계속영업			
매출		3,789,723,949,697	2,360,375,323,914
매출원가	30	(2,327,643,979,939)	(1,233,835,941,336)
…			
계속영업 당기순이익		104,256,941,046	142,904,454,761
중단영업			
중단영업 당기순이익	43	(45,641,091,628)	41,314,519,672
당기순이익		58,615,849,418	184,218,974,433

과목	주석	당기	전기
기타포괄손익		17,624,744,778	(50,563,402,419)
…			
당기총포괄이익		76,240,594,196	133,655,572,014
당기순이익의 귀속			
지배기업의 소유주		104,247,156,874	162,632,187,730
계속영업이익		102,247,025,677	140,357,034,091
중단영업이익		2,000,131,197	22,275,153,639
비지배지분		(45,631,307,456)	21,586,786,703
계속영업이익		2,009,915,369	2,547,420,670
중단영업이익		(47,641,222,825)	19,039,366,033
당기총포괄이익의 귀속			
지배기업의 소유주		122,767,780,005	113,224,661,291
비지배지분		(46,527,185,808)	20,430,910,723
지배기업지분에 대한 주당순이익			
계속영업기본주당순이익	33	5,208	10,927
중단영업기본주당순이익	33	102	1,734
계속영업희석주당순이익	33	5,208	10,926
중단영업희석주당순이익	33	102	1,734

설명

사례회사는 중단영업 관련 포괄손익계산서에 중단영업 관련 손익을 중단영업손익 한 줄로 표시하고 있다[K-1105. 33(1)(가)].

비교표시되는 전기 포괄손익계산서 중단영업손익은 재작성한다(K-1105. 34).

과목	주석	당기	전기
중단영업			
중단영업 당기순이익	43	(45,641,091,628)	41,314,519,672

추가로 중단영업 관련 지배기업 소유주 귀속을 계속영업손익과 중단영업손익으로 구분 표시하고 있다[K-1105. 33(4)].

또한, 중단영업에 대한 기본주당이익과 희석주당이익을 포괄손익계산서에 표시하고 있다(K-1033. 68).

주석

43. 중단영업

(1) 연결회사는 당기 중 종속기업인 (주)엘지헬로비전[구, (주)씨제이헬로]의 지분을 (주)엘지유플러스에 매각하였으며, 관련 영업을 중단영업으로 분류하였습니다.

(2) 연결회사는 당기 연결손익계산서에 중단영업에서 발생한 손익을 중단영업손익으로 구분하여 표시하였고, 이에 따라 비교표시되는 전기 연결손익계산서를 재작성하였습니다.

(3) 당기와 전기의 중단영업손익 및 중단영업의 활동에서 발생한 현금흐름은 다음과 같습니다.

(단위 : 천원)

구분	당기	전기
중단영업손익 :		
매출	990,982,780	1,066,441,725
영업이익	19,687,062	68,946,792
영업외손익	(1,400,031)	(15,581,491)
법인세비용차감전순이익	18,287,031	53,365,302
법인세비용	(63,928,123)	(12,050,782)
중단영업 당기순이익	(45,641,092)	41,314,520
중단영업으로 인한 현금흐름 :		
영업활동으로 인한 현금흐름	250,434,425	262,556,593
투자활동으로 인한 현금흐름	(114,659,354)	(207,469,763)
재무활동으로 인한 현금흐름	(164,107,673)	(10,700,135)
중단영업으로 인한 순현금흐름	(28,332,601)	44,386,695
기초현금	109,074,326	64,687,632
기말현금	80,741,726	109,074,326

24. 법인세비용 및 이연법인세

(1) 법인세비용 내역

(단위 : 천원)

구분	당기	전기
당기법인세		
당기손익에 대한 당기법인세	146,110,627	30,154,434
전기법인세의 조정사항	2,681,251	(5,009,473)
총당기법인세	148,791,878	25,144,961
이연법인세		
일시적차이의 증감	2,013,475	(16,527,395)
기타포괄손익에 반영된 당기법인세	(1,577,380)	24,418,181
법인세비용	149,227,973	33,035,747
계속영업 법인세비용	85,299,850	20,984,965
중단영업 법인세비용	63,928,123	12,050,782

설명

중단영업은 포괄손익계산서에 세후 중단영업손익과 관련 손상차손을 단일금액으로 표시한다. 이후 세부내역은 포괄손익계산서 또는 주석에 공시한다.
사례회사의 중단영업손익 관련 공시사항은 다음과 같이 구분된다.

주석공시 요구사항	공시내용		기준서 (K-1105)
	포괄손익계산서	주석	
(1) 다음의 합계를 포괄손익계산서에 단일금액으로 표시한다.			33(1)
(가) 세후 중단영업손익	(45,641,091,628)		
(나) 중단영업 관련 세후 손상차손	-		
(2) (1)의 단일금액은 다음과 같이 분석하여 공시한다.			33(2)
(가) 중단영업의 수익, 비용 및 세전 중단영업손익		매출액 990,982,780 …	
(나) 중단영업 법인세비용		(63,928,123)	
(다) 중단영업 관련 세후 손상차손		-	
(라) 중단영업 관련 세후 손상차손 법인세비용		-	
(3) 중단영업의 영업활동, 투자활동 및 재무활동으로부터 발생한 순현금흐름		영업현금흐름 250,434,425 …	33(3)
(4) 지배기업의 소유주에게 귀속될 계속영업손익과 중단영업손익의 금액	소유주 중단영업손익 2,000,131,197		33(4)

상기 '(1)'은 포괄손익계산서에 공시하고, '(2), (3), (4)'는 재무제표 또는 주석에 공시한다. 사례회사는 '(2), (3)'은 주석에 공시하고, '(4)'는 포괄손익계산서에 표시하고 있다.

33. 주당순이익

기본주당순이익은 주주에게 귀속되는 보통주당기순이익을 자기주식으로 보유하고 있는 보통주를 제외한 당기의 가중평균 유통보통주식수로 나누어 산정하였습니다.

(1) 계속영업 보통주 기본주당순이익

구분	당기	전기
지배주주 보통주당기순이익(A)	102,247,026천원	140,357,034천원
가중평균 유통보통주식수(B)	19,633,244주	12,845,054주
보통주 기본주당순이익(C = A/B)	5,208원	10,927원

(2) 중단영업 보통주 기본주당순이익

구분	당기	전기
지배주주에게 귀속되는 중단영업손익(A)	2,000,131천원	22,275,154천원
가중평균 유통보통주식수(B)	19,633,244주	12,845,054주
보통주 기본주당순이익(C = A/B)	102원	1,734원

설명

사례회사는 중단영업에 대한 기본주당이익과 희석주당이익을 포괄손익계산서에 표시하고 있으며, 이를 구분하여 주석에 공시하고 있다(K-1033. 68).

CHAPTER

24 보고기간후사건

▶ 관련 기업회계기준서

K-IFRS 제1010호 보고기간후사건

01 | 기준서 주요 내용

| 보고기간후사건의 정의

보고기간후사건이란 보고기간 말과 재무제표 발행승인일 사이에 발생한 유리하거나 불리한 사건을 말한다. 보고기간후사건은 다음 두 가지 유형으로 구분한다.

(1) 보고기간 말에 존재하였던 상황에 대해 증거를 제공하는 사건(수정을 요하는 보고기간후사건)
(2) 보고기간 후에 발생한 상황을 나타내는 사건(수정을 요하지 않는 보고기간후사건)

| 재무제표 발행승인일

재무제표를 발행한 이후에 주주에게 승인을 받기 위하여 제출하는 경우가 있다. 이 경우 재무제표 발행승인일은 주주가 재무제표를 승인한 날이 아니라 재무제표를 발행한 날이다.

경영진은 별도의 감독이사회(비집행이사로만 구성)의 승인을 얻기 위하여 재무제표를 발행하는 경우가 있다. 그러한 경우, 경영진이 감독이사회에 재무제표를 제출하기 위하여 승인한 날이 재무제표 발행승인일이다.

예시 (K-1010, 5)

경영진은 20×2년 2월 28일에 20×1년 12월 31일로 종료되는 회계연도의 재무제표 초안을 완성하였다. 이사회는 20×2년 3월 18일에 동 재무제표를 검토하고 발행하도록 승인하였다. 20×2년 3월 19일에 기업의 이익과 선별된 다른 재무정보를 발표하였다. 주주와 그 밖의 이용자는 20×2년 4월 1일부터 재무제표를 이용할 수 있게 되었다. 20×2년 5월 15일에 정기 주주총회에서 해당 재무제표를 승인하였고 20×2년 5월 17일에 감독기관에 제출하였다.

재무제표 발행승인일은 20×2년 3월 18일(이사회가 발행 승인한 날)이다.

| 수정을 요하는 보고기간후사건

수정을 요하는 보고기간후사건을 반영하기 위하여 재무제표에 인식된 금액을 수정한다.

수정을 요하는 보고기간후사건의 예는 다음과 같다. 이러한 사건의 영향으로 재무제표에 이미 인식한 금액은 수정하고, 재무제표에 인식하지 아니한 항목은 새로 인식하여야 한다.

(1) 보고기간 말에 존재하였던 현재의무가 보고기간 후에 소송사건의 확정에 의해 확인되는 경우. 소송사건과 관련하여 기업회계기준서 제1037호 '충당부채, 우발부채, 우발자산'에 따라 이전에 인식하였던 충당부채를 수정하거나 새로운 충당부채를 인식한다. 소송사건의 확정은 기업회계기준서 제1037호의 문단 16에 따라 고려하여야 할 추가적인 증거를 제공하므로 단순히 우발부채로 공시하는 것은 적절하지 아니하다.

(2) 보고기간 말에 이미 자산손상이 발생되었음을 나타내는 정보를 보고기간 후에 입수하는 경우나 이미 손상차손을 인식한 자산에 대하여 손상차손금액의 수정이 필요한 정보를 보고기간 후에 입수하는 경우. 다음과 같은 예를 들 수 있다.

(가) 보고기간 후의 매출처 파산은 일반적으로 보고기간 말에 고객의 신용이 손상되었음을 확인해준다.

(나) 보고기간 후의 재고자산 판매는 보고기간 말의 순실현가능가치에 대한 증거를 제공할 수 있다.

(3) 보고기간 말 이전에 구입한 자산의 취득원가나 매각한 자산의 대가를 보고기간 후에 결정하는 경우

(4) 보고기간 말 이전 사건의 결과로서 보고기간 말에 종업원에게 지급하여야 할 법적 의무나 의제의무가 있는 이익분배나 상여금지급 금액을 보고기간 후에 확정하는 경우

(5) 재무제표가 부정확하다는 것을 보여주는 부정이나 오류를 발견한 경우

| 수정을 요하지 않는 보고기간후사건

수정을 요하지 않는 보고기간후사건을 반영하기 위하여 재무제표에 인식된 금액을 수정하지 아니한다.

수정을 요하지 않는 보고기간후사건의 예로는 보고기간 말과 재무제표 발행승인일 사이에 투자자산의 공정가치 하락을 들 수 있다. 공정가치의 하락은 일반적으로 보고기간 말의 상황과 관련된 것이 아니라 보고기간 후에 발생한 상황이 반영된 것이다. 따라서 그 투자자산에 대해서 재무제표에 인식된 금액을 수정하지 아니한다. 마찬가지로, 문단 21에 따라 추가로 공시해야 할 필요성이 있더라도 보고기간 말의 투자자산에 대한 공시 금액을 수정하지는 아니한다.

02 | 주석 작성 핵심 포인트

보고기간후사건 관련 주요 주석공시사항은 다음과 같이 요약된다.

Key Point

구분	주요 주석공시사항	비고
1. 재무제표 발행 승인일	재무제표의 발행승인일과 승인자	
2. 수정을 요하는 보고기간후사건	보고기간 말에 존재하였던 상황에 대한 정보를 보고기간 후에 추가로 입수한 경우에는 해당 정보를 수정	
3. 수정을 요하는 않는 보고기간후사건	• 사건의 성격 • 사건의 재무적 영향에 대한 추정치 또는 그러한 추정을 할 수 없는 경우 이에 대한 설명	

03 | 주석공시 요구사항

K-IFRS 제1010호(보고기간후사건)의 주석공시 요구사항은 다음과 같이 구분된다.

문단	공시사항
17 ~ 18	1. 발행승인일
19 ~ 20	2. 보고기간 말에 존재하였던 상황에 대한 공시 내용 수정
21 ~ 22	3. 수정을 요하지 않는 보고기간후사건

1. 발행승인일

17 **재무제표의 발행승인일과 승인자를 공시한다. 재무제표 발행 후에 기업의 소유주 등이 재무제표를 수정할 권한이 있다면 그 사실을 공시한다.**

18 재무제표 발행승인일 후에 발생한 사건의 영향은 재무제표에 반영하지 않으므로 재무제표 발행승인일의 공시는 이용자에게 중요한 정보가 된다.

발행승인일 관련 주석공시사항과 그 예시는 다음과 같다.

(1) 재무제표의 발행승인일과 승인자

주석사항

재무제표의 발행승인일과 승인자를 공시한다. 재무제표 발행 후에 기업의 소유주 등이 재무제표를 수정할 권한이 있다면 그 사실을 공시한다(K-1010. 17).

예시

별도재무제표 주석

2.1 재무제표 승인

당사의 재무제표는 2020년 3월 14일자로 이사회에서 승인했으며, 정기주주총회에서 수정 승인될 수 있습니다.

연결재무제표 주석

2.1 재무제표 승인

연결기업의 연결재무제표는 2020년 3월 14일자로 이사회에서 승인했으며, 정기주주총회에서 수정 승인될 수 있습니다.

설명

재무제표 발행승인일 후에 발생한 사건의 영향은 재무제표에 반영하지 않으므로 재무제표 발행승인일의 공시는 이용자에게 중요한 정보가 된다(K-1010. 18).

☞ 공시사례 24.2 보고기간후사건

2. 보고기간 말에 존재하였던 상황에 대한 공시 내용 수정

19 **보고기간 말에 존재하였던 상황에 대한 정보를 보고기간 후에 추가로 입수한 경우에는 그 정보를 반영하여 공시 내용을 수정한다.**

20 어떤 경우에는 보고기간 후에 입수한 정보가 재무제표에 이미 인식된 금액에는 영향을 미치지 않으나 재무제표의 공시 내용을 수정할 필요가 있다. 예를 들면, 보고기간 말에 존재하였던 우발부채에 관하여 보고기간 후에 새로운 증거를 입수한 경우에는 이를 반영하여 우발부채에 관한 공시 내용을 수정한다. 기업회계기준서 제1037호 '충당부채, 우발부채, 우발자산'에 따라서 충당부채를 인식해야 할 것인지 변경해야 할 것인지를 고려하고, 추가적으로 그 증거에 따라 우발부채에 관한 공시 내용을 수정한다.

보고기간 말에 존재하였던 상황에 대한 공시 내용 수정 관련 주석공시사항과 그 예시는 다음과 같다.

(1) 보고기간 말에 존재하였던 상황에 대한 공시 내용 수정

주석사항

- 보고기간 말에 존재하였던 상황에 대한 정보를 보고기간 후에 추가로 입수한 경우에는 그 정보를 반영하여 공시 내용을 수정한다(K-1010. 19).
- 어떤 경우에는 보고기간 후에 입수한 정보가 재무제표에 이미 인식된 금액에는 영향을 미치지 않으나 재무제표의 공시 내용을 수정할 필요가 있다. 예를 들면, 보고기간 말에 존재하였던 우발부채에 관하여 보고기간 후에 새로운 증거를 입수한 경우에는 이를 반영하여 우발부채에 관한 공시 내용을 수정한다. 기업회계기준서 제1037호 '충당부채, 우발부채, 우발자산'에 따라서 충당부채를 인식해야 할 것인지 변경해야 할 것인지를 고려하고, 추가적으로 그 증거에 따라 우발부채에 관한 공시 내용을 수정한다(K-1010. 20).

예시

1. 계류 중인 소송사건의 종결

보고기간 종료일(2019년 12월 31일) 현재 계류 중이던 소송사건이 2020년 1월 15일에 당사 패소로 최종판결로 인하여 보고기간 종료일 현재 우발부채로 공시하였던 소송사건을 소송충당부채 100억원으로 수정하였습니다.

설명

보고기간후사건 중 보고기간 종료일 현재 존재하였던 상황에 대한 추가 정보 입수로 인하여 재무제표를 수정하고 그 내역을 주석에 공시한다.

3. 수정을 요하지 않는 보고기간후사건

21 **수정을 요하지 않는 보고기간후사건이 중요한 경우에 이를 공시하지 않는다면 재무제표에 기초하여 이루어지는 이용자의 경제적 의사결정에 영향을 미칠 수 있다. 따라서 기업은 수정을 요하지 않는 보고기간후사건으로서 중요한 것은 그 범주별로 다음 사항을 공시한다.**

(1) 사건의 성격

(2) 사건의 재무적 영향에 대한 추정치 또는 그러한 추정을 할 수 없는 경우 이에 대한 설명

22 수정을 요하지 않는 보고기간후사건으로서, 일반적으로 공시하게 되는 예는 다음과 같다.

(1) 보고기간 후에 발생한 주요 사업결합(기업회계기준서 제1103호 '사업결합'에서는 이 경우 특정한 공시를 하도록 규정하고 있다) 또는 주요 종속기업의 처분

(2) 영업 중단 계획의 발표

(3) 자산의 주요 구입, 기업회계기준서 제1105호 '매각예정비유동자산과 중단영업'에 따라 자산을 매각예정으로 분류, 자산의 기타 처분, 정부에 의한 주요 자산의 수용

(4) 보고기간 후에 발생한 화재로 인한 주요 생산 설비의 파손

(5) 주요한 구조조정계획의 공표나 이행착수(기업회계기준서 제1037호 참조)

(6) 보고기간 후에 발생한 주요한 보통주 거래와 잠재적보통주 거래(기업회계기준서 제1033호 '주당이익'에서는 그러한 거래에 대한 설명을 공시하도록 하고 있으나, 동 기준서에 따라서 조정되는 자본금전입이나 무상증자, 주식분할, 주식병합 관련 거래는 제외하고 있다.)

(7) 보고기간 후에 발생한 자산 가격이나 환율의 비정상적 변동

(8) 당기법인세 자산과 부채 및 이연법인세 자산과 부채에 유의적인 영향을 미치는 세법이나 세율에 대한 보고기간 후의 변경 또는 변경 예고(기업회계기준서 제1012호 '법인세' 참조)

(9) 유의적인 지급보증 등에 의한 우발부채의 발생이나 유의적인 약정의 체결

(10) 보고기간 후에 발생한 사건에만 관련되어 제기된 주요한 소송의 개시

수정을 요하지 않는 보고기간후사건 관련 주석공시사항과 그 예시는 다음과 같다.

(1) 수정을 요하지 않는 보고기간후사건

주석사항

수정을 요하지 않는 보고기간후사건이 중요한 경우에 이를 공시하지 않는다면 재무제표에 기초하여 이루어지는 이용자의 경제적 의사결정에 영향을 미칠 수 있다. 따라서 기업은 수정을 요하지 않는 보고기간후사건으로서 중요한 것은 그 범주별로 다음 사항을 공시한다 (K-1010. 21).

(1) 사건의 성격

(2) 사건의 재무적 영향에 대한 추정치 또는 그러한 추정을 할 수 없는 경우 이에 대한 설명

수정을 요하지 않는 보고기간후사건으로서, 일반적으로 공시하게 되는 예(K-1010. 22)

(1) 보고기간 후에 발생한 주요 사업결합 또는 주요 종속기업의 처분
(2) 영업 중단 계획의 발표
(3) 자산의 주요 구입, 자산을 매각예정으로 분류, 자산의 기타 처분, 정부에 의한 주요 자산의 수용
(4) 보고기간 후에 발생한 화재로 인한 주요 생산 설비의 파손
(5) 주요한 구조조정계획의 공표나 이행착수
(6) 보고기간 후에 발생한 주요한 보통주 거래와 잠재적보통주 거래
(7) 보고기간 후에 발생한 자산 가격이나 환율의 비정상적 변동
(8) 당기법인세 자산과 부채 및 이연법인세 자산과 부채에 유의적인 영향을 미치는 세법이나 세율에 대한 보고기간 후의 변경 또는 변경 예고
(9) 유의적인 지급보증 등에 의한 우발부채의 발생이나 유의적인 약정의 체결
(10) 보고기간 후에 발생한 사건에만 관련되어 제기된 주요한 소송의 개시

예시

40. 보고기간후사건

(1) S사지분의 매각

당사는 20×1년 12월 10일 이사회 결의를 통하여 당사가 보유하고 있는 S사 지분 전부 매각을 결정하였습니다. 해당 지분의 매각은 20×2년 1월 31일에 완료되었습니다.

설명

재무제표 수정을 요하지 않는 보고기간후사건은 재무제표 주석에 그 사실과 재무적 추정치 또는 재무적 추정이 어려우면 그 설명을 주석에 공시한다.

수정을 요하지 않는 보고기간후사건은 기준서에서 예시하는 10개의 사례를 누락하지 않도록 유의해야 한다.

☞ 공시사례 24.1 보고기간후사건
☞ 공시사례 24.2 보고기간후사건

04 | 실제 공시 사례

공시사례 24.1 보고기간후사건

주석

[출처 : SK 2023년 연결감사보고서]

46. 보고기간 후 사건

(1) SK이노베이션㈜의 자기주식 소각
종속기업인 SK이노베이션㈜는 2024년 2월 5일 이사회 결의에 따라 보유중인 자기 주식 중 4,919,974주(7,936억원)를 2024년 2월 20일자로 소각예정입니다.

(2) 에스케이어스온㈜의 보유지분 매각
종속기업인 에스케이어스온㈜는 보고기간말 이후인 2024년 2월 7일에 미래 성장사업 투자 재원 확보 목적으로 MidOcean Vicuna Holdings LTD.,에 Peru LNG Company L.L.C., 에 대한 보유지분 전체를 매각하는 계약을 체결하였습니다. 동 거래는 2024년 3월 29일 완료될 것으로 예상되며, 향후 거래 추진 과정에서 변경될 수 있습니다.

(3) SKBatteryAmerica.Inc.의 Global Bond 발행
종속기업인 SK Battery America. Inc.는 2024년 1월 23일부로 USD 500백만 규모의 Global Bond를 발행하였습니다.

(4) 에스케이온㈜의 사채 발행
종속기업인 에스케이온㈜는 2024년 3월 7일자로 제5-1회, 제5-2회 무기명식 이권부 무보증사채 300,000백만원을 발행하였습니다.

(5) Route on Delaware, Inc.의 추가 출자
종속기업인 Route on Delaware, Inc.는 2024년 2월 20일 공동기업인 HSAGP Energy LLC에 USD 276백만을 추가출자 하였습니다.

(6) SK지오센트릭㈜의 사채 발행

종속기업인 SK지오센트릭㈜는 2023년 12월 22일 이사회 결의에 따라 회사채(제21-1회, 21-2회)의 발행을 결정하였으며, 2024년 1월 26일 발행조건 확정 후, 1월 29일 발행하였습니다. 발행금액은 총 3,000억원이며, 조달된 자금은 채무상환자금 및 운영자금으로 사용될 예정입니다.

(7) SK인천석유화학㈜의 사채 발행

종속기업인 SK인천석유화학㈜는 2023년 12월 27일 이사회 결의로 제25회 회사채 발행을 결정하고, 2024년 1월 22일자에 총 3,000억원의 회사채를 발행하였습니다.

(8) SK인천석유화학㈜의 신종자본증권 발행 및 중도상환

종속기업인 SK인천석유화학(주)는 2023년 9월 7일 이사회 결의로 2023년 10월 19일자에 제2회 공모 채권형 신종자본증권 1,400억원을 발행하였고, 2024년 3월 7일자에 제3회 사모 채권형 신종자본증권 4,600억원을 발행하였습니다. 한편, 2024년 1월 26일 제1회 사모 채권형 신종자본증권의 중도상환을 결정하였고, 2024년 3월 15일자에 총 6,000억원을 상환할 예정입니다.

(9) SK에코플랜트㈜의 사채 발행

종속기업인 SK에코플랜트㈜는 2024년 2월 1일에 제180-1회 무기명식 이권부 무보증사채 53,000백만원, 제180-2회 무기명식 이권부 무보증사채 75,000백만원, 제180-3회 무기명식 이권부 무보증사채 128,000백만원에 발행하였습니다.

(10) 에스케이엔펄스㈜의 영업 양도

종속회사인 에스케이엔펄스㈜는 2023년 10월 30일 이사회에서 파인세라믹사업부를 한앤코22호 유한회사에 330,318백만원에 매각하기로 결정하고, 2024년 2월 29일자로 매각하였습니다.

(11) SKC㈜의 에스케이피유코어㈜ 매각

종속회사인 SKC㈜는 보유 중인 에스케이피유코어㈜ 발행주식 전량을 2023년 10월 12일 이사회결의에 따라 코리아피유홀딩스㈜에게 410,300백만원에 매각하기로 결정하고, 2024년 2월 29일자로 매각하였습니다.

(12) SKC㈜의 종속회사의 유상증자

NEXILISMANAGEMENTEUROPEB.V은 2024년 1월 17일자로 주식 3,881,024주를 1주당 72,146원에 에스케이넥실리스㈜에게 신주를 발행했습니다. 또한 SK Nexilis Poland sp. z o.o.는 2024년 1월 19일자로 주식 16,950,657주를 1주당 16,509원에 NEXILIS

MANAGEMENT EUROPE B.V에게 신주를 발행했습니다.

(13) 에스케이이이엔에스㈜의 사채 발행

종속기업인 에스케이이이엔에스㈜는 보고기간 후 무보증 공모사채를 발행하였으며, 발행내역은 다음과 같습니다.

(단위 : 백만원)

구 분	발행일	만기일	이자율	발행금액
제20-1회 무보증회사채	2024-01-25	2027-01-25	3.96%	320,000
제20-2회 무보증회사채	2024-01-25	2029-01-25	4.12%	180,000
합 계				500,000

(14) SK네트웍스㈜의 SK렌터카㈜ 처분

종속기업인 SK네트웍스㈜는 2024년 1월 8일자 이사회 결의에 따라 종속기업인 SK렌터카㈜가 보유하는 자기주식 1,187,292주를 14,433백만원에 취득하였으며, SK렌터카㈜와 소규모 주식교환을 통해 아래와 같이 처분을 완료하였습니다.

구분	내역
주식의 종류와 수	보통주 3,415,875주
처분대상 주식 가격	1주당 6,291원
처분가액 총액	21,489백만원
처분일자(주식교환일)	2024년 01월 16일
처분목적	소규모 주식교환 대가
처분방법	자기주식 교부

이에 따라 SK네트웍스㈜는 SK렌터카㈜의 지분을 100% 보유하게 되었으며, SK렌터카㈜는 2024년 1월 31일부로 비상장주식회사로 전환되었습니다.

(15) SK매직㈜의 영업양도

종속기업인 SK매직㈜는 2024년 1월 3일 (주)경동나비엔과 가스레인지, 전기레인지, 전기오븐의 제조, 판매, 유통과 관련된 영업 일체, 재고자산 및 유 · 무형 자산에 대하여 예상양도가액 40,000백만원으로 영업양수도 관련 양해각서(MOU)를 체결하였습니다.

설명

사례회사는 재무제표의 수정을 요하지 않는 아래의 사건을 보고기간후사건으로 주석공시하고 있다(K-1010. 21).

- 자기주식 취득
- 지분인수

- 지분매각
- 사채 발행
- 영업양도

공시사례 24.2 **보고기간후사건**

주석

[출처 : CJ 2023년 연결감사보고서]

2.28. 재무제표의 승인

연결회사의 재무제표는 2024년 2월 13일자로 이사회에서 승인되었으며, 정기주주총회에서 수정승인될 수 있습니다.

40. 보고기간 후 사건

(1) 종속기업 중 씨제이제일제당은 당기 중 바이오 사업 포트폴리오 고도화 및 경영 효율성 제고를 위하여 종속회사 CJ SELECTA S.A. 및 CJ LATAM PARTICIPACOES LTD를 매각하기로 결정하였으며, 이에 따라 재무적투자자가 보유하던 CJ SELECTA S.A.의 잔여 지분 전량을 2024년 1월 매입하였습니다.

(2) 회사는 2024년 2월 7일 채무상환자금 목적으로 사용하기 위하여 총 1,500억원의 사채를 발행하였습니다.

(3) 종속기업 중 씨제이제일제당(주)는 2024년 1월 22일 채무상환자금 목적으로 사용하기 위하여 총 6,000억원의 사채를 발행하였습니다.

(4) 종속기업 중 씨제이대한통운(주)은 2024년 3월 7일 이사회 결의를 통하여 2024년 3월 28일자로 제101회 사모 채권형 신종자본증권 1,500억원을 발행할 예정입니다.

설명

사례회사는 연결재무제표 발생승인일을 2024년 2월 13일 이사회 승인일로 공시하였다(K-1010. 17).

사례회사는 재무제표의 수정을 요하지 않는 아래의 사건을 보고기간후사건으로 주석공시하고 있다(K-1010. 21).

- 사채 발행 등

K-IFRS

주석작성실무

CHAPTER

25 한국채택국제회계기준의 최초채택

▶ 관련 기업회계기준서

K-IFRS 제1101호 한국채택국제회계기준의 최초채택

01 | 기준서 주요 내용

| 적용범위

이 기준서는 기업이 한국채택국제회계기준을 준수하였다는 명시적이고 제한 없이 기술된 문구를 기재하면서 최초로 한국채택국제회계기준을 채택하는 경우 적용한다.

| 개시 한국채택국제회계기준 재무상태표

한국채택국제회계기준 전환일에 개시 한국채택국제회계기준 재무상태표를 작성하고 표시하는데, 이것이 한국채택국제회계기준을 적용하는 회계처리의 출발점이 된다.

| 회계정책

개시 한국채택국제회계기준 재무상태표와 최초 한국채택국제회계기준 재무제표에 표시된 모든 회계기간에는 동일한 회계정책을 적용하여야 한다.

개시 한국채택국제회계기준 재무상태표에 적용하는 회계정책이 동일한 시점에 적용한 과거회계기준의 회계정책과 다를 수 있다. 이에 따른 조정금액은 한국채택국제회계기준 전환일 전에 발생한 사건과 거래에서 비롯된다. 따라서 한국채택국제회계기준 전환일에 그 조정금액을 직접 이익잉여금(또는 적절하다면 자본의 다른 분류)에서 인식한다.

회계정책은 원칙적으로 최초 한국채택국제회계기준 보고기간 말 현재 시행 중인 모든 한국채택국제회계기준을 준수하여야 하나, 아래의 예외항목도 고려하여야 한다.

구분	문단	구분	예시
예외 1	문단 13 ~ 19, 부록 B	소급적용 금지	추정치, 비지배지분, 위험회피회계 등
예외 2	부록 C ~ E	선택적 면제	사업결합, 유형자산 간주원가 등

사례 최근 한국채택국제회계기준의 일관된 적용(K-1101. 8)

배경

기업 A의 최초 한국채택국제회계기준 재무제표의 보고기간 말은 20×5년 12월 31일이다. 기업 A는 재무제표에 1년의 비교정보만 표시하기로 하였다(문단 21 참조). 따라서 한국채택국제회계기준 전환일은 20×4년 1월 1일 사업의 개시시점(또는 마찬가지로 20×3년 12월 31일 사업의 종료시점)이다. 기업 A는 과거회계기준에 따라 20×4년 12월 31일까지 매년 12월 31일을 기준으로 재무제표를 작성하였다.

규정의 적용

기업 A는 다음 사항에 대해 20×5년 12월 31일로 종료하는 회계기간에 시행 중인 한국채택국제회계기준을 적용하여야 한다.

(1) 20×4년 1월 1일 현재의 개시 한국채택국제회계기준 재무상태표의 작성과 표시

(2) 20×5년 12월 31일의 재무상태표(20×4년도의 비교금액 포함), 동일로 종료하는 회계연도의 포괄손익계산서, 자본변동표와 현금흐름표(20×4년도의 비교금액 포함) 및 주석(20×4년도의 비교정보 포함)의 작성과 표시

새로운 한국채택국제회계기준을 아직 의무적으로 적용해야 하는 것은 아니지만 조기 적용이 허용되는 경우, 기업 A는 최초 한국채택국제회계기준 재무제표에 그 한국채택국제회계기준을 반드시 적용할 의무는 없으나 적용이 허용된다.

참고 - 설명

20×4년 말 기준 과거 회계기준(K-GAAP) 재무상태표

과목	20×4년 말	20×3년 말
유형자산		
토지	1,000	1,000

회사는 과거 K-GAAP에 따라 보유토지의 후속측정모형으로 원가모형을 선택하여 적용해왔으며, 20×3년 말 및 20×4년 말 토지 장부금액을 당초 취득원가인 1,000원으로 측정 인식하고 있다.

20×5년 말 기준 K-IFRS 재무상태표

과목	20×5년 말	20×4년 말	20×4년 초
유형자산			
토지	5,000	5,000	5,000

회사는 20×5년부터 K-IFRS를 최초채택하였으며, 과거 K-GAAP으로 인식하였던 재무제표를 처음부터 K-IFRS를 적용했었을 경우의 재무제표로 소급 적용하여야 한다.

그러나, 소급적용의 실무적인 어려움 등으로 인하여 선택적 면제조항들이 존재하는바, 회사는 선택적 면제조항 중 유형자산의 최초채택시점의 취득원가를 그 시점의 공정가치로 측정하면 이를 최초채택 시점의 원가로 보는 것으로 허용하였으며, 이를 간주원가라 한다.

회사는 K-IFRS 최초채택 전환일인 20×4년 초에 토지의 공정가치를 5,000원으로 측정하였으며(감정평가보고서 등), 이 금액을 장부금액으로 인식하였다.

2. 개시 한국채택국제회계기준 재무상태표 작성 시 준수사항

일반적으로 기업은 최초 한국채택국제회계기준 재무제표의 보고기간 말 현재 시행 중인 한국채택국제회계기준을 준수해야 한다. 특히, 한국채택국제회계기준에 따른 회계처리의 출발점인 개시 한국채택국제회계기준 재무상태표를 작성하는 경우 다음 사항을 준수해야 한다.

(1) 한국채택국제회계기준에서 인식을 요구하는 모든 자산과 부채를 인식한다.
(2) 한국채택국제회계기준에서 인식을 허용하지 않는 항목을 자산이나 부채로 인식할 수 없다.
(3) 과거회계기준에 따라 인식한 자산, 부채 또는 자본의 구성요소를 한국채택국제회계기준에 따라 재분류한다.
(4) 인식한 모든 자산과 부채를 측정할 때 한국채택국제회계기준을 적용한다.

3. 상기 준수사항 중 면제 규정

이 기준서는 상기의 규정에 따른 작성 비용이 이용자의 효익을 초과할 수 있는 특정 영역에 대하여 제한적인 면제항목을 규정하고 있다. 또한, 특정 거래의 결과가 이미 알려진 이후에 경영진이 과거 조건에 대한 판단을 요구하는 특정 영역에 대하여는 소급적용을 금지하고 있다.

18 부록 C ~ E의 면제조항 중 하나 이상을 선택하여 적용할 수 있다. 이러한 면제조항을 유추하여 다른 항목에 적용하지 아니한다.

부록 D. 다른 한국채택국제회계기준서에 대한 면제

구분	선택적 면제조항 내용
사업결합	• 전환일 전에 발생한 사업결합에 관련 기준서 소급적용하지 아니할 수 있음. • 과거에 취득한 관계기업투자와 공동기업투자에 대하여도 면제조항 적용
주식기준보상거래	• 2002년 11월 7일 이전에 부여한 지분상품 : 관련 기준서 반드시 적용할 의무 없지만 적용이 권장됨. • 2002년 11월 7일 후에 부여한 지분상품이 (1) 전환일과 (2) 2005년 1월 1일 중 늦은 날 전에 가득된 경우 관련 기준서 반드시 적용할 의무 없지만 적용이 권장됨.
보험계약	관련 기준서 경과규정을 적용할 수 있음.
간주원가	• 대상 : 유형자산, 투자부동산(원가모형), 사용권자산, 일부 무형자산 • 간주원가 적용 가능 – 전환일의 개별항목의 공정가치 – (또는) 과거 기준에 따른 재평가액
리스	전환일에 존재하는 계약에 전환일에 존재하는 사실과 상황에 기초하여 리스 적용 여부 판단 가능
누적환산차이	• 전환일에 모든 해외사업장에 대한 누적환산차이를 영(0)으로 간주 • 해외사업장의 후속적인 처분으로 인한 손익에 전환일 전에 발생한 환산차이는 제외하며 이후에 발생한 환산차이를 포함
종속기업, 공동기업 및 관계기업에 대한 투자	• 별도재무상태표 작성 시 다음 중 하나로 측정 (1) 기업회계기준서 제1027호에 따라 결정된 원가 (2) 간주원가 (다음 중 하나) (가) 별도재무제표상 전환일의 공정가치 (나) 전환일의 과거회계기준에 따른 장부금액
종속기업, 관계기업 및 공동기업의 자산과 부채	• 종속기업이 <u>지배기업보다 늦게</u> 최초채택기업이 되는 경우 : 종속기업의 전환일의 재무제표에 (1) 지배기업의 전환일에 기초하여 지배기업의 연결재무제표에 포함될 장부금액, (2) 종속기업의 전환일에 관련 기준서에 따른 금액으로 측정 • 지배기업이 <u>종속기업 등보다 늦게</u> 최초채택기업이 되는 경우 : 종속기업 등의 재무제표에 기재된 자산과 부채의 장부금액을 기초로 연결과 지분법 조정 및 종속기업을 취득한 사업결합의 조정을 반영한 금액으로 자산과 부채를 측정하여 연결재무제표를 작성
복합금융상품	전환일에 부채요소가 더 이상 없는 경우 최초채택기업은 두 부분을 분리할 필요 없음.
과거에 인식한 금융상품의 지정	• 전환일에 금융부채를 당기손익–공정가치 측정 항목으로 지정하는 것이 허용 • 전환일에 금융자산을 당기손익–공정가치 측정 항목으로 지정할 수 있음. • 전환일에 지분상품에 대한 투자를 기타포괄손익–공정가치 측정 항목으로 지정할 수 있음. • 당기손익–공정가치 측정 항목으로 지정한 금융부채에 대해 전환일에 당기손익의 회계불일치가 발생하는지를 판단
최초 인식시점의 금융자산이나 금융부채의 공정가치 측정	전환일 이후 체결된 거래부터 최초 인식시점에 금융자산이나 금융부채를 공정가치로 측정하며, 금융자산의 취득이나 해당 금융부채의 발행과 직접 관련되는 거래원가는 공정가치에 가감하는 회계처리를 전진적으로 적용 가능
유형자산의 원가에 포함된 사후처리부채	• 전환일에 충당부채 기준서에 따라 부채 측정 • 관련 해석서 제2101호의 적용범위에 해당하는 상기 부채를 과거기간에 대해 해당 부채에 적용될 역사적 위험조정할인율에 대한 최선의 추정치로 부채의 최초 발생일까지 할인하여 부채가 최초 발생할 때 관련 자산의 원가에 포함되었을 금액을 추정

구분	선택적 면제조항 내용
유형자산의 원가에 포함된 사후처리부채	• 채택한 감가상각방법과 자산의 현행 추정 내용연수를 적용하여 전환일의 감가상각누계액을 계산
차입원가	• 기준서 제1023호의 요구사항들을 전환일부터 적용하거나 더 이른 날부터 적용하는 것을 선택할 수 있음. • 다만, 과거회계기준에 따라 자본화되어 그날의 자산 장부금액에 포함된 차입원가 요소를 수정하지 아니함.
수익	2018년 1월 1일부터 적용인 기업회계기준서 제1115호의 수익인식 기준서의 경과규정을 소급적용 시 실무적 간편법을 적용할 수 있음.

4. 공시

과거회계기준에서 한국채택국제회계기준으로의 전환이 보고되는 재무상태, 재무성과와 현금흐름에 미치는 영향을 공시해야 한다.

02 | 주석 작성 핵심 포인트

한국채택국제회계기준의 최초채택 관련 표시 및 주요 주석공시사항은 다음과 같이 요약된다.

Key Point

구분	주요 주석공시사항	비고
1. 비교정보 표시	• 3개년치 재무상태표와 2개년치 포괄손익계산서, 자본변동표, 현금흐름표를 표시 • 2개년치 주석공시	
2. 한국채택국제회계기준으로의 전환에 대한 설명	• 한국채택국제회계기준 전환일 및 과거회계기준에 따른 최근 연차재무제표에 표시된 최종 기간의 종료일 • K-IFRS에 따른 자본으로의 조정 • K-IFRS에 따른 총포괄손익으로의 조정 • K-IFRS에 따른 현금흐름표의 중요한 조정내용	간주원가 등 해당사항이 있으면 각 항목별 주석사항 추가됨.
3. 중간재무보고	중간재무보고하는 경우, 비교되는 전기 중간재무보고에서 당기 중간재무보고까지의 조정사항 주석공시	

03 | 주석공시 요구사항

K-IFRS 제1101호(한국채택국제회계기준의 최초채택)의 주석공시 요구사항은 다음과 같이 구분된다.

문단	공시사항
20 ~ 22	1. 비교정보
23 ~ 31	2. 한국채택국제회계기준으로의 전환에 대한 설명
32 ~ 33	3. 중간재무보고

1. 비교정보

20 이 기준서는 다른 한국채택국제회계기준서에서 요구하고 있는 표시와 공시 규정에 대한 면제는 제공하지 않는다.

비교정보

21 최초 한국채택국제회계기준 재무제표는 적어도 세 개의 재무상태표, 두 개의 포괄손익계산서, 두 개의 별도 손익계산서(표시하는 경우), 두 개의 현금흐름표 및 두 개의 자본변동표와 관련 주석(표시된 모든 재무제표에 대한 비교정보를 포함)을 포함하여야 한다.

한국채택국제회계기준에 의하지 않은 비교정보와 역사적 요약정보

22 일부 기업은 한국채택국제회계기준에 따라 완전한 비교정보를 표시하는 최초기간 전의 기간에 대해 선별된 자료의 역사적 요약정보를 표시하기도 한다. 이 기준서는 이러한 요약정보가 한국채택국제회계기준의 인식과 측정규정을 준수하도록 요구하지는 않는다. 또 일부 기업은 기업회계기준서 제1001호에서 요구하는 비교정보뿐만 아니라 과거회계기준에 따른 비교정보를 표시하기도 한다. 역사적 요약정보나 과거회계기준에 따른 비교정보를 포함하는 재무제표를 공시하는 기업은 다음을 준수하여야 한다.

(1) 과거회계기준 정보가 한국채택국제회계기준에 따라 작성된 것이 아니라는 사실을 분명히 표시한다.

(2) 한국채택국제회계기준을 준수할 경우 필요한 주요 조정사항의 내용을 공시한다. 그러한 조정사항을 계량화할 필요는 없다.

비교정보 관련 재무제표 표시 및 주석공시사항은 다음과 같다.

(1) 비교정보

주석사항

- 최초 한국채택국제회계기준 재무제표는 적어도 세 개의 재무상태표, 두 개의 포괄손익계산서, 두 개의 별도 손익계산서(표시하는 경우), 두 개의 현금흐름표 및 두 개의 자본변동표와 관련 주석(표시된 모든 재무제표에 대한 비교정보를 포함)을 포함하여야 한다(K-1101, 21).

설명

- 한국채택국제회계기준을 최초채택하는 경우, 3개년치 재무상태표와 2개년치 포괄손익계산서, 자본변동표, 현금흐름표를 표시하고 주석을 공시한다(K-1101, 21).
- 한국채택국제회계기준에 의하지 않은 비교정보와 역사적 요약정보(K-1101, 22)
- 일부 기업은 한국채택국제회계기준에 따라 완전한 비교정보를 표시하는 최초기간 전의 기간에 대해 선별된 자료의 역사적 요약정보를 표시하기도 한다. 이 기준서는 이러한 요약정보가 한국채택국제회계기준의 인식과 측정규정을 준수하도록 요구하지는 않는다. 또 일부 기업은 기업회계기준서 제1001호에서 요구하는 비교정보뿐만 아니라 과거회계기준에 따른 비교정보를 표시하기도 한다. 역사적 요약정보나 과거회계기준에 따른 비교정보를 포함하는 재무제표를 공시하는 기업은 다음을 준수하여야 한다.
  (1) 과거회계기준 정보가 한국채택국제회계기준에 따라 작성된 것이 아니라는 사실을 분명히 표시한다.
  (2) 한국채택국제회계기준을 준수할 경우 필요한 주요 조정사항의 내용을 공시한다. 그러한 조정사항을 계량화할 필요는 없다.

2. 한국채택국제회계기준으로의 전환에 대한 설명

23	**과거회계기준에서 한국채택국제회계기준으로의 전환이 보고되는 재무상태, 재무성과와 현금흐름에 어떻게 영향을 미치는지 설명하여야 한다.**

23A	문단 4A에서 기술한 바와 같이 과거 보고기간에 한국채택국제회계기준을 적용한 적이 있었던 기업은 다음 사항을 공시한다. (1) 한국채택국제회계기준 적용을 중단하였던 이유 (2) 한국채택국제회계기준 적용을 재개하는 이유

23B	문단 4A에 따라 기업이 이 기준서를 적용하지 않기로 선택한 경우, 한국채택국제회계기

23B 준의 적용을 중단한 적이 없었던 것처럼 한국채택국제회계기준을 적용하기로 선택한 이유를 설명하여야 한다.

조정

24 문단 23을 따르기 위하여, 최초 한국채택국제회계기준 재무제표는 다음을 포함하여야 한다.

(1) 다음 각각의 기준일에 과거회계기준에 따라 보고된 자본에서 한국채택국제회계기준에 따른 자본으로의 조정

(가) 한국채택국제회계기준 전환일

(나) 과거회계기준에 따른 최근 연차재무제표에 표시된 최종 기간의 종료일

(2) 최근 연차재무제표의 최종 기간에 대해 한국채택국제회계기준에 따른 총포괄손익으로의 조정. 이러한 조정의 시작 항목은 같은 기간의 과거회계기준에 따른 총포괄손익 또는 만약 그러한 총포괄손익을 보고하지 않았다면 과거회계기준에 따른 당기손익이 되어야 한다.

(3) 개시 한국채택국제회계기준 재무상태표를 작성하면서 손상차손을 최초로 인식하거나 환입하는 경우, 그러한 손상차손이나 손상차손환입을 한국채택국제회계기준 전환일에 개시하는 회계기간에 인식하였다면 기업회계기준서 제1036호 '자산손상'에서 요구하는 공시사항

25 문단 24(1)과 (2)에서 요구하는 조정내용은 이용자가 재무상태표와 포괄손익계산서의 중요한 조정을 이해할 수 있도록 충분히 상세한 내용으로 표시하여야 한다. 또한, 과거회계기준에 따른 현금흐름표를 보고한 경우 현금흐름표의 중요한 조정내용도 설명하여야 한다.

26 과거회계기준에 따라 발생한 오류를 발견하는 경우, 문단 24(1)과 (2)의 조정내용은 이러한 오류의 수정과 회계정책의 변경을 구분하여야 한다.

27 기업회계기준서 제1008호는 기업이 한국채택국제회계기준을 채택할 때 이루어지는 회계정책 변경이나 최초 한국채택국제회계기준 재무제표를 표시할 때까지 이루어지는 그러한 정책의 변경에는 적용하지 않는다. 따라서 회계정책 변경에 관한 기업회계기준서 제1008호의 규정은 최초 한국채택국제회계기준 재무제표에 적용하지 않는다.

27A 최초 한국채택국제회계기준 재무제표에 속하는 기간 중에 기업이 회계정책이나 이 기준서에 포함된 면제규정의 사용을 변경하는 경우, 최초 한국채택국제회계기준 중간 재무보고와 최초 한국채택국제회계기준 재무제표 사이의 변경사항을 문단 23에 따라 설명하고, 문단 24(1)과 (2)에서 요구하는 조정을 갱신하여야 한다.

28 과거기간의 재무제표를 표시하지 않은 경우에는 최초 한국채택국제회계기준 재무제표에 그 사실을 공시한다.

금융자산이나 금융부채의 지정

29 문단 D19A에 따라 과거에 인식한 금융자산을 당기손익–공정가치 측정 항목으로 지정하는 것을 허용한다. 이 경우에 지정한 금융자산의 지정일 현재의 공정가치, 과거 재무제표에서의 분류와 장부금액을 공시한다.

29A 문단 D19에 따라 과거에 인식한 금융부채를 당기손익–공정가치 측정 항목으로 지정하는 것을 허용한다. 이 경우 지정한 금융부채의 지정일 현재의 공정가치, 과거 재무제표에서의 분류와 장부금액을 공시한다.

간주원가로서 공정가치의 사용

30 개시 한국채택국제회계기준 재무상태표에서 유형자산, 투자부동산, 무형자산, 사용권자산에 대하여 공정가치를 간주원가로 사용하는 경우(문단 D5와 D7 참조), 최초 한국채택국제회계기준 재무제표는 개시 한국채택국제회계기준 재무상태표의 각 항목에 대해 다음 사항을 공시한다.

(1) 공정가치의 총계

(2) 과거회계기준에 따라 보고한 장부금액에 대한 조정의 총계

종속기업, 공동기업 및 관계기업에 대한 투자에 간주원가 사용

31 이와 유사하게, 기업이 별도재무제표에 있는 종속기업, 공동기업 또는 관계기업에 대한 투자의 간주원가를 개시 한국채택국제회계기준 재무상태표에서 사용하는 경우(문단 D15 참조), 최초 한국채택국제회계기준 별도재무제표에 다음 사항을 공시한다.

(1) 간주원가가 과거회계기준에 따른 장부금액인 경우 그러한 투자들의 간주원가 총계

31	(2) 간주원가가 공정가치인 경우 그러한 투자들의 간주원가 총계 (3) 과거회계기준에 따라 보고한 장부금액에 대한 조정의 총계

석유 · 가스자산에 간주원가 사용

31A	기업이 석유 · 가스자산에 대해 문단 D8A(2)의 면제조항을 적용하는 경우, 면제조항 적용 사실과 과거회계기준에 따라 결정된 장부금액의 배분되는 기준을 공시하여야 한다.

요율규제대상영업의 간주원가 사용

31B	기업이 요율규제대상영업에 문단 D8B의 면제규정을 사용하는 경우, 그 사실과 과거회계기준에서 장부금액이 결정되었던 근거를 공시하여야 한다.

극심한 초인플레이션 후의 간주원가 사용

31C	극심한 초인플레이션(문단 D26 ~ D30 참조)으로 인해, 자산과 부채를 공정가치로 측정하고 그 공정가치를 개시 한국채택국제회계기준 재무상태표의 간주원가로 사용하기로 선택한 경우 다음 두 가지 특성을 모두 가진 기능통화를 어떻게 그리고 왜 사용하다가 중단했는지에 대한 설명을 최초 한국채택국제회계기준 재무제표에 공시한다. (1) 해당 통화의 거래와 잔액이 있는 모든 기업이 신뢰성 있는 일반물가지수를 이용할 수 없다. (2) 해당 통화와 상대적으로 안정된 외화 간의 교환이 가능하지 않다.

한국채택국제회계기준으로의 전환에 대한 설명 관련 주석공시사항과 그 예시는 다음과 같이 구분된다.

(1) 한국채택국제회계기준으로의 전환에 대한 설명

주석사항

최초 한국채택국제회계기준 재무제표는 다음을 포함하여야 한다(K-1101. 24).

(1) 다음 각각의 기준일에 과거회계기준에 따라 보고된 자본에서 한국채택국제회계기준에 따른 자본으로의 조정
  (가) 한국채택국제회계기준 전환일
  (나) 과거회계기준에 따른 최근 연차재무제표에 표시된 최종 기간의 종료일

(2) 최근 연차재무제표의 최종 기간에 대해 한국채택국제회계기준에 따른 총포괄손익으로의 조정. 이러한 조정의 시작 항목은 같은 기간의 과거회계기준에 따른 총포괄손익 또는 만약 그러한 총포괄손익을 보고하지 않았다면 과거회계기준에 따른 당기손익이 되어야 한다.

(3) 개시 한국채택국제회계기준 재무상태표를 작성하면서 손상차손을 최초로 인식하거나 환입하는 경우, 그러한 손상차손이나 손상차손환입을 한국채택국제회계기준 전환일에 개시하는 회계기간에 인식하였다면 기업회계기준서 제1036호 '자산손상'에서 요구하는 공시사항

문단 24(1)과 (2)에서 요구하는 조정내용은 이용자가 재무상태표와 포괄손익계산서의 중요한 조정을 이해할 수 있도록 충분히 상세한 내용으로 표시하여야 한다. 또한, 과거회계기준에 따른 현금흐름표를 보고한 경우 현금흐름표의 중요한 조정내용도 설명하여야 한다(K-1101. 25).

예시

[개요] 2021년 한국채택국제회계기준을 최초채택한 경우 가정

(1) 2020년 1월 1일(한국채택국제회계기준 전환일) 현재 재무상태 조정 내역 [K-1101. 24(1)]

구분	총자산	총부채	총자본
과거 회계기준(일반기업회계기준)	1,000	400	600
한국채택국제회계기준 조정액 :			
수익인식기준 변경	(100)	200	(300)
감가상각방법 변경	200	–	200
손실충당금 설정 변경	(200)	–	(200)
이연법인세효과	–	100	(100)
조정액 합계 :	(100)	300	(400)
한국채택국제회계기준	900	700	200

(2) 2020년 12월 31일(과거회계기준에 따른 최근 연차재무제표에 표시된 최종기간의 종료일) 현재 재무상태 및 경영성과 조정 내역 [K-1101. 24(2)]

구분	총자산	총부채	총자본	총포괄손익
과거 회계기준(일반기업회계기준)	1,500	500	1,000	2,000
한국채택국제회계기준 조정액 :				
수익인식기준 변경	(200)	100	(300)	(200)
감가상각방법 변경	100	–	100	150
손실충당금 설정 변경	(100)	–	(100)	(50)
이연법인세효과	–	100	(100)	(100)
주식보상비용	–	100	(100)	(100)
기타	–	–	–	–

구분	총자산	총부채	총자본	총포괄손익
조정액 합계 :	(200)	300	(500)	(300)
한국채택국제회계기준	1,300	800	500	1,700

(3) 2020년(2020년 1월 1일 ~ 2020년 12월 31일) 현금흐름표의 중요한 조정사항에 대한 설명 (K-1101, 25)

한국채택국제회계기준에 따라 과거 회계기준에 따르면 별도 표시되지 않았던 이자수취 및 법인세지급액을 현금흐름표상에 별도로 표시하기 위하여 관련 수익(비용) 및 관련 자산(부채)에 대한 현금흐름내역을 조정하였습니다.

또한 외화환산금액을 총액으로 표시하고 현금성자산의 환산손익을 차감하는 형식으로 표시하였습니다. 한국채택국제회계기준에 따라 표시한 현금흐름표와 과거 회계기준에 따라 표시한 현금흐름표 사이에 그 밖의 중요한 차이는 없습니다.

설명

- 한국채택국제회계기준을 최초채택하는 경우, 전기에 공시한 재무제표는 과거 회계기준에 따른 것이다. 전환일 이후 전기말까지의 이미 공시했던 과거 회계기준에 따른 자본과 손익 항목은 한국채택국제회계기준을 적용하여 새롭게 작성하게 된다. 이러한 과거 회계기준에서 한국채택국제회계기준으로의 전환 과정에서의 조정사항을 주석에 공시한다.
- 예시는 회사가 2020년까지는 과거 회계기준으로 작성 공시하고, 2021년에 한국채택국제회계기준을 최초채택한 경우이다.
- 2021년 한국채택국제회계기준을 최초채택 재무제표 공시할 경우, 2020년 1월 1일을 전환일로 하여 2020년 기초의 회계기준의 차이를 자본(이익잉여금)에서 조정한다[K-1101, 24(1)].
- 비교표시되는 2020년 포괄손익계산서 항목은 2020년 과거 회계기준과 2020년 한국채택국제회계기준을 새롭게 적용한 경우의 차이를 비교표시되는 2020년 손익에 조정한다[K-1101, 24(2)].

☞ 공시사례 25.1 한국채택국제회계기준의 최초채택

한국채택국제회계기준으로의 전환에 대한 주요 항목별 공시사항은 다음과 같다.

한국채택국제회계기준으로의 전환 항목 중 아래 항목에 해당되는 경우, 각 항목의 주석공시사항을 추가로 공시한다.

구분	주석공시사항
1. 금융자산이나 금융부채의 지정	• 문단 D19A에 따라 과거에 인식한 금융자산을 당기손익-공정가치 측정 항목으로 지정하는 것을 허용한다. 이 경우에 지정한 금융자산의 지정일 현재의 공정가치, 과거 재무제표에서의 분류와 장부금액을 공시한다(K-1101, 29).

구분	주석공시사항
1. 금융자산이나 금융부채의 지정	• 문단 D19에 따라 과거에 인식한 금융부채를 당기손익–공정가치 측정 항목으로 지정하는 것을 허용한다. 이 경우 지정한 금융부채의 지정일 현재의 공정가치, 과거 재무제표에서의 분류와 장부금액을 공시한다(K–1101, 29A).
2. 간주원가로서 공정가치의 사용	개시 한국채택국제회계기준 재무상태표에서 유형자산, 투자부동산, 무형자산, 사용권자산에 대하여 공정가치를 간주원가로 사용하는 경우(문단 D5와 D7 참조), 최초 한국채택국제회계기준 재무제표는 개시 한국채택국제회계기준 재무상태표의 각 항목에 대해 다음 사항을 공시한다(K–1101, 30). (1) 공정가치의 총계 (2) 과거회계기준에 따라 보고한 장부금액에 대한 조정의 총계
3. 종속기업, 공동기업 및 관계기업에 대한 투자에 간주원가 사용	이와 유사하게, 기업이 별도재무제표에 있는 종속기업, 공동기업 또는 관계기업에 대한 투자의 간주원가를 개시 한국채택국제회계기준 재무상태표에서 사용하는 경우(문단 D15 참조), 최초 한국채택국제회계기준 별도재무제표에 다음 사항을 공시한다(K–1101, 31). (1) 간주원가가 과거회계기준에 따른 장부금액인 경우 그러한 투자들의 간주원가 총계 (2) 간주원가가 공정가치인 경우 그러한 투자들의 간주원가 총계 (3) 과거회계기준에 따라 보고한 장부금액에 대한 조정의 총계
4. 석유 · 가스자산에 간주원가 사용	기업이 석유 · 가스자산에 대해 문단 D8A(2)의 면제조항을 적용하는 경우, 면제조항 적용 사실과 과거회계기준에 따라 결정된 장부금액의 배분되는 기준을 공시하여야 한다(K–1101, 31A).
5. 요율규제대상영업의 간주원가 사용	기업이 요율규제대상영업에 문단 D8B의 면제규정을 사용하는 경우, 그 사실과 과거 회계기준에서 장부금액이 결정되었던 근거를 공시하여야 한다(K–1101, 31B).
6. 극심한 초인플레이션 후의 간주원가 사용	극심한 초인플레이션(문단 D26 ~ D30 참조)으로 인해, 자산과 부채를 공정가치로 측정하고 그 공정가치를 개시 한국채택국제회계기준 재무상태표의 간주원가로 사용하기로 선택한 경우 다음 두 가지 특성을 모두 가진 기능통화를 어떻게 그리고 왜 사용하다가 중단했는지에 대한 설명을 최초 한국채택국제회계기준 재무제표에 공시한다(K–1101, 31C). (1) 해당 통화의 거래와 잔액이 있는 모든 기업이 신뢰성 있는 일반물가지수를 이용할 수 없다. (2) 해당 통화와 상대적으로 안정된 외화 간의 교환이 가능하지 않다.

3. 중간재무보고

중간재무보고서

32 문단 23을 준수하기 위하여 기업회계기준서 제1034호에 따라 최초 한국채택국제회계기준 재무제표에 속하는 기간에 대해 중간재무보고서를 표시하는 경우, 기업회계기준서 제1034호의 규정에 추가하여 다음 사항을 충족하여야 한다.

(1) 직전 회계연도의 비교대상중간기간에 대해 중간재무보고서를 표시한 경우 각 중간재무보고서에는 다음 조정사항을 포함하여야 한다.

32 (가) 비교대상중간기간의 종료일 현재의 과거회계기준에 따른 자본에서 동일자의 한국채택국제회계기준에 따른 자본으로의 조정

(나) 비교대상중간기간(중간기간과 누적중간기간)에 대해 한국채택국제회계기준에 따른 총포괄손익으로의 조정. 이러한 조정의 시작 항목은 같은 기간의 과거회계기준을 적용한 총포괄손익 또는 만약 그러한 총포괄손익을 보고하지 않았다면 과거회계기준에 따른 당기손익이 되어야 한다.

(2) 상기 (1)에서 요구하는 조정사항에 추가하여, 최초 한국채택국제회계기준 재무제표에 속하는 기간에 대해 기업회계기준서 제1034호에 따른 최초 중간재무보고서에는 문단 24(1)과 (2)에서 설명한 조정사항(문단 25와 26에서 요구하는 상세한 내용 포함)이나 이러한 조정사항을 포함하고 있는 다른 공표된 문서의 상호참조를 포함하여야 한다.

(3) 회계정책을 변경하거나 이 기준서에 포함된 면제규정의 사용을 변경하는 경우, 그 변경사항을 문단 23에 따라 해당 각 중간재무보고서에서 설명하고 (1)과 (2)에서 요구하는 조정을 갱신하여야 한다.

33 중간재무보고서의 이용자가 최근의 연차재무제표도 이용할 수 있다는 가정에 기초하여, 기업회계기준서 제1034호는 최소한의 공시를 요구한다. 그러나 기업회계기준서 제1034호는 '해당 중간기간을 이해하는 데 중요한 사건이나 거래'는 공시할 것을 요구한다. 따라서 최초채택기업이 과거회계기준에 따른 최근의 연차재무제표에서 해당 중간기간을 이해하는 데 중요한 정보를 공시하지 않았다면, 중간재무보고서에 그 정보를 공시하거나 그런 정보를 포함하고 있는 다른 공표된 문서의 상호참조를 포함하여야 한다.

한국채택국제회계기준으로의 전환의 중간재무보고 관련 주석공시사항은 다음과 같다.

(1) 중간재무보고서

주석사항

문단 23을 준수하기 위하여 기업회계기준서 제1034호에 따라 최초 한국채택국제회계기준 재무제표에 속하는 기간에 대해 중간재무보고서를 표시하는 경우, 기업회계기준서 제1034호의 규정에 추가하여 다음 사항을 충족하여야 한다(K-1101, 32).

(1) 직전 회계연도의 비교대상중간기간에 대해 중간재무보고서를 표시한 경우 각 중간재무보고서에는 다음 조정사항을 포함하여야 한다.

(가) 비교대상중간기간의 종료일 현재의 과거회계기준에 따른 자본에서 동일자의 한국채택국제회계기준에 따른 자본으로의 조정

(나) 비교대상중간기간(중간기간과 누적중간기간)에 대해 한국채택국제회계기준에 따른

총포괄손익으로의 조정. 이러한 조정의 시작 항목은 같은 기간의 과거회계기준을 적용한 총포괄손익 또는 만약 그러한 총포괄손익을 보고하지 않았다면 과거회계기준에 따른 당기손익이 되어야 한다.

(2) 상기 (1)에서 요구하는 조정사항에 추가하여, 최초 한국채택국제회계기준 재무제표에 속하는 기간에 대해 기업회계기준서 제1034호에 따른 최초 중간재무보고서에는 문단 24(1)과 (2)에서 설명한 조정사항(문단 25와 26에서 요구하는 상세한 내용 포함)이나 이러한 조정사항을 포함하고 있는 다른 공표된 문서의 상호참조를 포함하여야 한다.

(3) 회계정책을 변경하거나 이 기준서에 포함된 면제규정의 사용을 변경하는 경우, 그 변경사항을 문단 23에 따라 해당 각 중간재무보고서에서 설명하고 (1)과 (2)에서 요구하는 조정을 갱신하여야 한다.

중간재무보고서의 이용자가 최근의 연차재무제표도 이용할 수 있다는 가정에 기초하여, 기업회계기준서 제1034호는 최소한의 공시를 요구한다. 그러나 기업회계기준서 제1034호는 '해당 중간기간을 이해하는 데 중요한 사건이나 거래'는 공시할 것을 요구한다. 따라서 최초채택기업이 과거회계기준에 따른 최근의 연차재무제표에서 해당 중간기간을 이해하는 데 중요한 정보를 공시하지 않았다면, 중간재무보고서에 그 정보를 공시하거나 그런 정보를 포함하고 있는 다른 공표된 문서의 상호참조를 포함하여야 한다(K-1101. 33).

설명

- 일반적으로 한국채택국제회계기준을 최초채택하는 경우는 비상장법인이 상장하려고 하는 경우이거나, 지배기업이 한국채택국제회계기준을 적용하여 비상장 종속기업이 공시 재무제표를 한국채택국제회계기준으로 전환하는 경우이다.
- 이 중 비상장법인이 상장하려고 하는 경우 중간재무보고를 하게 되는 경우가 발생하는데, 해당 비상장법인은 전기에는 중간재무보고를 공시하지 않았을 가능성이 높다.
- 이 경우 연차재무보고와 동일하게 비교표시되는 전기 중간재무보고를 한국채택국제회계기준에 따라 작성 표시하고, 관련 한국채택국제회계기준 전환에 대한 설명 등 주석요구사항을 중간재무보고에도 적용한다(K-1101. 32).

04 | 실제 공시 사례

공시사례 25.1 한국채택국제회계기준의 최초채택

[출처 : 빅히트엔터테인먼트 2019년 감사보고서]

저자주

사례회사는 2020년 10월에 코스피시장에 상장하였으며, 상장 이전인 2019년 말 기준으로 한국채택국제회계기준을 최초채택하였다. 따라서 최초채택 전환일은 2018년 1월 1일이다.

[재무상태표 일부]

(단위 : 천원)

과목	주석	제15(당)기말		제14(전)기말 (감사받지 아니한 재무제표)		제14(전)기초 (감사받지 아니한 재무제표)	
자산							
…							
비유동자산			76,913,444		38,392,318		10,248,018
…							
유형자산	10	6,718,324		8,671,568		1,497,060	
…							

| 참고 | (과거회계기준에 따른) 제14기 재무상태표 일부

(단위 : 원)

과목	제14(당)기		제13(전)기	
자산				
…				
Ⅱ. 비유동자산		33,582,807,357		8,822,596,524
…				
(2) 유형자산(주석 6, 16)		8,150,199,799		1,144,606,577
1. 차량운반구	32,490,000		–	
감가상각누계액	(14,652,996)		–	
2. 비품	1,946,413,328		791,155,433	
감가상각누계액	(698,829,274)		(331,084,134)	
3. 시설장치	7,312,826,800		1,062,093,000	
감가상각누계액	(428,048,059)		(377,557,722)	
…				

설명

사례회사는 2018년 말(제14기)까지는 과거회계기준(일반기업회계기준)을 적용하여 재무제표를 작성 공시하였으며, 2019년 말(제15기)부터 한국채택국제회계기준을 적용하여 재무제표를 작성 공시하고 있다.
사례회사의 한국채택국제회계기준 전환일은 2018년 1월 1일이다.

상기 재무상태표 중 유형자산의 차이를 예를 들면 다음과 같다.

(단위 : 천원)

구분	과거회계기준 (제13기말)	K-IFRS (제14기초)	전환차이
유형자산	1,144,606	1,497,060	352,454

사례회사는 과거 일반기업회계기준에서는 유형자산의 감가상각방법으로 정률법을 적용하였다. 그러나, 한국채택국제회계기준을 적용하면서 유형자산의 감가상각방법으로 정액법을 적용하였으며, 그 효과를 한국채택국제회계기준 전환일인 제14기초(2017년 말)부터 반영하여 차이금액 352,454천원을 재무상태표 장부금액에 조정하였다. 이 차이는 전환일의 이익잉여금에 반영된다(K-1101. 6 ~ 11).
이러한 한국채택국제회계기준으로의 조정으로 인한 차이내역은 주석에서 공시하고 있다.

주석

2.1 재무제표 작성기준

당사는 2019년 1월 1일 이후에 개시하는 연차보고기간부터 한국채택국제회계기준을 도입하였습니다. 기업회계기준서 제1101호 '한국채택국제회계기준의 최초채택'에 따른 한국채택국제회계기준으로의 전환일은 2018년 1월 1일이며, 과거회계기준에서 한국채택국제회계기준으로의 전환에 따른 조정사항은 주석 35에서 설명하고 있습니다.

35. 한국채택국제회계기준으로의 전환

(1) 한국채택국제회계기준의 최초채택

당사의 과거기간 재무제표는 한국의 일반적으로 인정된 회계처리기준(이하 '과거회계기준')에 따라 작성되었으나, 2019년 1월 1일로 개시되는 2019회계연도의 재무제표는 한국채택국제회계기준에 따라 작성되었습니다. 따라서 비교표시된 전기 재무제표는 한국채택국제회계기준에 따라 2018년 1월 1일을 한국채택국제회계기준전환일로 하고 기업회계기준서 제1101호를 적용하여 재작성되었습니다.

(2) 기업회계기준서 제1101호의 면제조항 선택 적용

당사의 연차재무제표는 기업회계기준서 제1101호(한국채택국제회계기준의 최초채택)에

따라 한국채택국제회계기준의 완전한 소급적용이 아닌 관련 의무적 예외항목과 특정 선택적 면제조항을 적용했습니다.

① 수익

당사는 수익인식과 관련하여 전환일 전에 완료된 계약을 재작성하지 않기로 선택했습니다. 또한, 다음의 항목에 대해서는 실무적 간편법을 적용하기로 선택했습니다.

- 같은 회계연도에 개시되어 완료된 계약이나 전환일 현재 완료된 계약에 대해서는 재작성하지 않음.
- 변동대가가 있는 완료된 계약에 대해서는 비교 보고기간의 변동대가를 추정하지 않고 계약이 완료된 날의 거래가격을 사용함.
- 전환일 전에 변경된 계약은 계약을 소급하여 재작성하지 않음.
- 전환일 전에 표시되는 모든 보고기간에 대하여 나머지 수행의무에 배분된 거래가격과 그 금액을 수익으로 인식할 것으로 예상하는 시기에 대한 설명을 공시하지 않음.

② 리스

당사는 전환일에 존재하는 사실과 상황에 기초하여 전환일에 존재하는 계약이 리스를 포함하는지를 기준서 제1116호를 적용하여 판단하였습니다.

당사는 전환일 현재 리스이용자의 증분차입이자율로 할인한 나머지 리스료의 현재가치로 리스부채를 측정하였으며, 사용권자산은 리스부채와 동일한 금액에 전환일 직전에 재무상태표에 인식된 리스와 관련하여 선급하거나 발생한(미지급) 리스료 금액을 조정하여 측정하였습니다. 또한, 전환일에 기준서 제1036호에 따라 사용권자산의 손상여부를 검토하였습니다.

설명

한국채택국제회계기준을 최초채택하는 경우, 원칙적으로 전환일부터 과거의 회계기준이 아닌 새로운 한국채택국제회계기준을 적용하도록 요구한다.
사례회사는 2018년 말(제14기)까지 작성 공시한 과거회계기준(일반기업회계기준)에 따른 재무제표를 전환일(2018년 초)부터 새로운 한국채택국제회계기준을 적용하고 있다.
과거기간 재무제표는 한국의 일반적으로 인정된 회계처리기준(이하 '과거회계기준')에 따라 작성되었음을 공시하고 있다(K-1101, 28).
한국채택국제회계기준 전환일은 2018년 1월 1일이라고 공시하고 있다[K-1101, 24(1)(가)].

다만, 한국채택국제회계기준을 최초채택 시 소급적용 예외항목 중 아래 항목을 적용하였다.

항목	소급적용 예외
수익 (K-1101, 부록 D34~D35)	• 수익인식과 관련하여 전환일 전에 완료된 계약을 재작성하지 않기로 선택 • 소급적용 시 실무적 간편법 적용 – 같은 회계연도에 개시되어 완료된 계약이나 전환일 현재 완료된 계약에 대해서는 재작성하지 않음.

항목	소급적용 예외
수익 (K－1101, 부록 D34～D35)	－ 변동대가가 있는 완료된 계약에 대해서는 비교 보고기간의 변동대가를 추정하지 않고 계약이 완료된 날의 거래가격을 사용함. － 전환일 전에 변경된 계약은 계약을 소급하여 재작성하지 않음. － 전환일 전에 표시되는 모든 보고기간에 대하여 나머지 수행의무에 배분된 거래가격과 그 금액을 수익으로 인식할 것으로 예상하는 시기에 대한 설명을 공시하지 않음.
리스 (K-1101, 부록 D9)	• 전환일에 존재하는 사실과 상황에 기초하여 전환일에 존재하는 계약이 리스를 포함하는지를 판단 • 전환일 현재 리스이용자의 증분차입이자율로 할인한 나머지 리스료의 현재가치로 리스부채를 측정 • 사용권자산은 리스부채와 동일한 금액에 전환일 직전에 재무상태표에 인식된 리스와 관련하여 선급하거나 발생한(미지급) 리스료 금액을 조정하여 측정 • 전환일에 기준서 제1036호에 따라 사용권자산의 손상여부를 검토

(3) 한국채택국제회계기준으로의 전환으로 인한 자본의 차이조정

개시 한국채택국제회계기준 재무상태표의 작성과 관련하여 당사가 적용한 회계정책과 과거 회계기준에서 한국채택국제회계기준으로의 전환이 당사의 보고된 재무상태, 재무성과와 현금흐름에 미친 영향은 다음과 같습니다.

① 2018년 1월 1일(전환일) 현재 자본의 차이조정

(단위 : 천원)

구분	자산	부채	자본
과거 회계기준	61,172,329	20,652,775	40,519,554
한국채택국제회계기준 도입 조정액			
고객과의 계약에서 생기는 수익	3,082,948	1,051,379	2,031,569
대손충당금(주1)	(33,860)	－	(33,860)
유형자산(주2)	352,454	－	352,454
리스(주3)	1,257,483	1,257,483	－
전환상환우선주 부채(주4)	－	84,335,432	(84,335,432)
확정급여채무(주5)	－	359,695	(359,695)
당기손익-공정가치측정 금융자산 평가(주6)	185,539	－	185,539
이연법인세(주7)	353,021	238,068	114,953
기타	50,440	759,781	(709,341)
조정액 소계	5,248,025	88,001,838	(82,753,814)
한국채택국제회계기준	66,420,354	108,654,613	(42,234,260)

② 2018년 12월 31일 현재 자본의 차이조정

(단위 : 천원)

구분	자산	부채	자본
과거 회계기준	149,715,799	58,304,063	91,411,736
한국채택국제회계기준 도입 조정액			
고객과의 계약에서 생기는 수익	12,316,964	(85,257)	12,402,221
유형자산(주2)	521,368	−	521,368
리스(주3)	8,825,941	9,475,601	(649,660)
전환상환우선주 부채(주4)	−	14,078,462	(14,078,462)
확정급여채무(주5)	64,889	801,814	(736,925)
당기손익−공정가치측정 금융자산 평가(주6)	113,898	−	113,898
이연법인세(주7)	(64,888)	934,744	(999,632)
기타	863,384	8,515,101	(7,651,717)
조정액 소계	22,641,556	33,720,465	(11,078,910)
한국채택국제회계기준	172,357,355	92,024,528	80,332,826

(4) 한국채택국제회계기준으로의 전환으로 인한 총포괄손익의 차이조정

2018년 12월 31일로 종료하는 회계연도 총포괄손익의 차이조정

(단위 : 천원)

구분	당기순손익	총포괄손익
과거 회계기준	50,233,412	50,612,379
한국채택국제회계기준 도입 조정액		
고객과의 계약에서 생기는 수익	10,370,652	10,370,652
대손충당금(주1)	33,860	33,860
유형자산(주2)	168,915	168,915
리스(주3)	(649,660)	(649,660)
전환상환우선주 부채(주4)	(128,300,544)	(128,300,544)
확정급여채무(주5)	(173,983)	(377,230)
당기손익−공정가치측정 금융자산 평가(주6)	307,326	(71,641)
이연법인세(주7)	(1,114,586)	(1,114,586)
기타	(7,849,400)	(7,849,400)
조정액 소계	(127,207,421)	(127,789,635)
한국채택국제회계기준	(76,974,009)	(77,177,256)

(주1) 기대신용손실을 적용하여 평가

(주2) 유형자산의 상각방법을 정률법에서 정액법으로 변경

(주3) 리스에서 생기는 사용권자산과 리스부채를 최초에 현재가치기준으로 측정

(주4) 보유한 전환상환우선주의 상환우선주는 부채로 분류하고, 금융부채의 정의를 충족하는 전환권은 내재파생상품으로 별도로 분리하여 공정가치로 인식하고 변동분을 당기손익으로 인식

(주5) 확정급여채무에 대하여 보험수리적 방법으로 평가하고 보험수리적손익은 기타포괄손익으로 반영함.

(주6) 보유한 당기손익-공정가치 측정 금융자산을 공정가치로 인식하고 변동분은 당기손익으로 인식

(주7) 이연법인세 자산, 부채의 인식 및 조정사항에 대한 이연법인세 효과 반영

(5) 한국채택국제회계기준으로의 전환으로 인한 현금흐름표의 차이조정

한국채택국제회계기준에 따라 과거 회계기준에 따르면 별도 표시되지 않았던 이자수취, 배당금수취, 이자지급 및 법인세지급액을 현금흐름표상에 별도로 표시하기 위하여 관련 수익(비용) 및 관련 자산(부채)에 대한 현금흐름내역을 조정하였습니다.

과거회계기준에 따라 운용리스로 처리했던 리스계약에 대하여 사용권자산과 리스부채를 인식함에 따라 영업활동과 재무활동이 각각 변동되었으며, 그 외에 한국채택국제회계기준하의 현금흐름표는 과거회계기준하의 현금흐름표와 중요한 차이가 없습니다.

설명

사례회사의 주석공시사항은 다음과 같이 구분된다.

주석공시 요구사항	공시내용	기준서 (K-1101)
과거회계기준에 따라 보고된 자본에서 한국채택국제회계기준에 따른 자본으로의 조정	① 2018년 1월 1일(전환일) 현재 자본의 차이조정	24(1)
(가) 한국채택국제회계기준 전환일	2018년 1월 1일	24(1)(가)
(나) 과거회계기준에 따른 최근 연차재무제표에 표시된 최종 기간의 종료일	2018년 12월 31일	24(1)(나)
최근 연차재무제표의 최종 기간에 대해 한국채택국제회계기준에 따른 총포괄손익으로의 조정	2018년 12월 31일로 종료하는 회계연도 총포괄손익의 차이조정	24(2)
손상차손 인식 시 한국채택국제회계기준 전환일에 개시하는 회계기간에 인식하였다면 기업회계기준서 제1036호 '자산손상'에서 요구하는 공시사항	-	24(3)
과거기간의 재무제표를 표시하지 않은 경우에는 최초 한국채택국제회계기준 재무제표에 그 사실을 공시	-	28

사례회사는 상기 재무상태표 항목과 포괄손익계산서 항목의 차이조정에 추가하여 현금흐름에 미치는 영향도 설명하고 있다(K-1101, 23).

K-IFRS

주석작성실무

CHAPTER

26 중간재무보고

▶ 관련 기업회계기준서

K-IFRS 제1034호 중간재무보고

01 | 기준서 주요 내용

용어의 정의

중간기간	한 회계연도보다 짧은 회계기간
중간재무보고서	중간기간에 대한 재무보고서로서 기업회계기준서 제1001호 '재무제표 표시'에 따른 전체 재무제표 또는 이 기준서에 따른 요약재무제표를 포함한 보고서

중간재무보고서의 내용

중간재무제표는 다음 2가지 방법 중 1개를 선택하여 작성, 공시할 수 있다.

구분	전체 재무제표 포함	요약재무제표와 선별적 주석 포함
기준	K-IFRS 제1001호(재무제표 표시)에 따른 전체 재무제표를 포함할 수 있음.	중간재무보고서는 연차재무제표에 비하여 적은 정보를 공시할 수 있음.
재무제표	(1) 기말 재무상태표 (2) 기간손익과 기타포괄손익계산서 (3) 기간 자본변동표 (4) 기간 현금흐름표	(1) 요약재무상태표 (2) 요약된 하나 또는 그 이상의 포괄손익계산서 (3) 요약자본변동표 (4) 요약현금흐름표
주석	(5) 주석(유의적인 회계정책 및 기타의 설명으로 구성)	(5) 선별적 주석

| 중요성

중간재무보고서를 작성할 때 인식, 측정, 분류 및 공시와 관련된 중요성의 판단은 해당 중간기간의 재무자료에 근거하여 이루어져야 한다. 중요성을 평가하는 과정에서 중간기간의 측정은 연차재무자료의 측정에 비하여 추정에 의존하는 정도가 크다는 점을 고려하여야 한다.

| 인식과 측정

중간재무제표는 연차재무제표에 적용하는 회계정책과 동일한 회계정책을 적용하여 작성한다. 다만 직전 연차보고기간 말 후에 회계정책을 변경하여 그 후의 연차재무제표에 반영하는 경우에는 변경된 회계정책을 적용한다. 그러나 연차재무제표의 결과가 보고빈도(연차보고, 반기보고, 분기보고)에 따라 달라지지 않아야 한다. 이러한 목적을 달성하기 위하여 중간재무보고를 위한 측정은 당해 회계연도 누적기간을 기준으로 하여야 한다.

당해 회계연도 누적기간의 측정은 당해 회계연도의 이전 중간기간에 보고된 추정금액에 대한 변경을 수반할 수 있다. 그러나 중간기간에 자산, 부채, 수익 및 비용을 인식하는 원칙은 연차재무제표에서의 원칙과 동일하다.

예를 들면 다음과 같다.

중간기간의 손상	중간기간에 재고자산의 감액, 구조조정 및 자산손상을 인식하고 측정하는 원칙은 연차재무제표만을 작성할 때 따르는 원칙과 동일하다. 그러나 이러한 항목들이 특정 중간기간에 인식되고 측정되었으나 그 추정치가 당해 회계연도의 후속 중간기간에 변경되는 경우에는 당해 후속 중간기간에 추가로 손실금액을 인식하거나 이전에 인식한 손실을 환입함으로써 당초 추정치가 변경된다. | 참고	K-IFRS 제2110호(중간재무보고와 손상)
자산성	중간보고기간 말 현재 자산의 정의를 충족하지 못하는 원가는 그 후에 이러한 정의를 충족할 가능성이 있다는 이유로 또는 중간기간의 이익을 유연화하기 위하여 자산으로 계상할 수 없다.
법인세비용	법인세비용은 각 중간기간에 전체 회계연도에 대해서 예상되는 최선의 가중평균연간법인세율의 추정에 기초하여 인식한다. 연간법인세율에 대한 추정을 변경하는 경우에는 이미 한 중간기간에 인식한 법인세비용을 이후 중간기간에 조정하여야 할 수도 있다.

| 계절적, 주기적 또는 일시적인 수익

계절적, 주기적 또는 일시적으로 발생하는 수익은 연차보고기간 말에 미리 예측하여 인식하거나 이연하는 것이 적절하지 않은 경우 중간보고기간 말에도 미리 예측하여 인식하거나 이연하여서는 아니 된다.

배당수익, 로열티수익 및 정부보조금 등이 위와 같은 예이다. 또한 소매업의 계절적 수익 등과 같이 특정 중간기간마다 다른 중간기간에 비해 지속적으로 더 많이 발생하는 수익도 있다. 이러한 수익은 발생할 때 수익으로 인식한다.

| 연중 고르지 않게 발생하는 원가

연중 고르지 않게 발생하는 원가는 연차보고기간 말에 미리 비용으로 예측하여 인식하거나 이연하는 것이 타당한 방법으로 인정되는 경우에 한하여 중간재무보고서에서도 동일하게 처리한다.

| 추정치의 사용

중간재무보고서 작성을 위한 측정절차는 측정결과가 신뢰성이 있으며 기업의 재무상태와 경영성과를 이해하는 데 적합한 모든 중요한 재무정보가 적절히 공시되었다는 것을 보장할 수 있도록 설계한다. 연차기준과 중간기준의 측정 모두 합리적인 추정에 근거하지만, 일반적으로 중간기준의 측정은 연차기준의 측정보다 추정을 더 많이 사용한다.

| 연금(순확정급여부채 관련)

기업회계기준서 제1019호에서는 기업이 매 보고기간 말에 확정급여채무의 현재가치와 사외적립자산의 공정가치를 결정하도록 하고 있으며, 그 채무를 측정할 때 자격이 있는 전문 보험계리인의 참여를 권장하고 있다. 중간보고목적의 신뢰성 있는 측정은 종종 최근의 보험수리적 가치평가의 외삽법(extrapolation)*을 통해 얻어질 수 있다.

* 외삽법(extrapolation) : 과거의 추세가 장래에도 그대로 지속되리라는 전제 아래 과거의 추세선을 연장해 미래 일정 시점에서의 상황을 예측하고자 하는 미래예측기법

순확정급여부채 산출을 위한 보험계리보고서 상당수가 전년도 말 보험계리보고서 발행 시 1년후인 당기의 순확정급여부채를 추정(예상)한 내용을 첨부하며, 회사는 당기 중간재무보고 시 이 정보를 활용하여 당기 추정치(예상치)가 유지된다고 가정하고 추정치를 적용하는 경우도 있다.

| 중간기간 법인세비용의 측정

중간기간의 법인세비용은 기대총연간이익에 적용될 수 있는 법인세율, 즉 추정평균연간유효법인세율을 중간기간의 세전이익에 적용하여 계산한다.

중간기간 법인세비용 = 중간기간 세전이익 × 추정평균연간 유효법인세율*

$$\text{* 추정평균연간 유효법인세율} = \frac{\text{연간예상 법인세비용}}{\text{기대 총연간이익}}$$

사례 1

분기별로 보고하는 한 기업이 매 분기에 10,000원의 세전이익을 기대하고 있으며 최초 연간이익 20,000원에 20%, 이후 모든 추가 이익에 30%의 법인세율을 적용하는 국가에서 영업하고 있다.

	1Q	2Q	3Q	4Q	연간
세전이익	10,000	10,000	10,000	10,000	40,000
법인세비용	2,500	2,500	2,500	2,500	10,000

- 연간 총 세전이익 40,000원
- 연간 총 법인세 10,000원(=20,000 × 20% + 20,00 × 30%) 예상
- 추정평균 연간유효법인세율 : $\frac{10,000원}{40,000원} = 25\%$
- 분기별로 인식할 법인세비용 : 10,000원 × 25% = 2,500원

사례 2

한 기업이 분기별로 보고하며, 1분기의 세전이익이 15,000원이지만 나머지 3분기에 각각 5,000원의 손실이 발생[따라서 연간이익은 영(0)원]할 것으로 기대되며, 추정평균연간유효법인세율이 20%로 기대되는 국가에서 영업하고 있다.

	1Q	2Q	3Q	4Q	연간
세전이익	15,000	(5,000)	(5,000)	(5,000)	–
법인세비용	3,000	(1,000)	(1,000)	(1,000)	–

- 분기별로 인식할 법인세비용 : 각 분기별 손익에 20%를 곱하여 산출한 법인세비용을 인식한다.

☞ 공시사례 26.1 중간재무보고 - 확정급여제도
☞ 공시사례 26.2 중간재무보고 - 법인세비용

02 | 주석 작성 핵심 포인트

중간재무보고 관련 주요 주석공시사항은 다음과 같이 요약된다.

Key Point

구분	주요 주석공시사항	비고
1. 유의적인 사건과 거래	• 전기 연차보고 이후 당기 중 유의적인 거래나 사건을 공시 – 손상, 구조조정, 특수관계자 거래 등	유의적인 사건 목록 예시
2. 선별적 주석	• 선별적 주석사항 공시 – 유의성 여부와 무관하게 관련 사건이나 거래가 발생하는 경우 그 내용을 공시 – 영업활동의 계절적 또는 주기적 특성에 대한 설명 등	선별적 주석 목록 예시
3. 한국채택국제회계기준의 준수에 대한 공시	한국채택국제회계기준의 준수 사실 공시	
4. 연차재무제표 공시	4/4분기 중요한 추정의 변동 발생 시 추정의 변동 성격과 금액을 연차재무보고 시 공시	(일반기업회계기준) 최종 중간기간(4/4분기)의 경영성과 공시

03 | 주석공시 요구사항

K-IFRS 제1034호(중간재무보고)의 주석공시 요구사항은 다음과 같이 구분된다.

문단	공시사항
15 ~ 15C	1. 유의적인 사건과 거래
16A	2. 선별적 주석
19, 한19.1	3. 한국채택국제회계기준의 준수에 대한 공시
26 ~ 27	4. 연차재무제표 공시

1. 유의적인 사건과 거래

유의적인 사건과 거래 관련 중간재무보고 주석공시사항은 다음과 같이 구분된다.

구분	기준서 (K-1034)
(1) 중간재무보고 공시사항 개요	15 ~ 15A
(2) 유의적인 사건과 거래 공시	15B

15 중간재무보고서에는 직전 연차보고기간 말 후 발생한 재무상태와 경영성과의 변동을 이해하는 데 유의적인 거래나 사건에 대한 설명을 포함한다. 이러한 사건과 거래에 관하여 공시된 정보는 직전 연차재무보고서에 표시된 관련 정보를 갱신한다.

15A 중간재무보고서의 이용자는 해당 기업의 직전 연차재무보고서도 이용할 수 있을 것이다. 따라서 직전 연차재무보고서에 이미 보고된 정보에 대한 갱신사항이 상대적으로 경미하다면 중간재무보고서에 주석으로 보고할 필요는 없다.

15B 다음은 사건과 거래가 유의적인 경우 공시하여야 할 사항의 목록이다. 이 목록은 모든 예를 망라한 것은 아니다.

(1) 재고자산을 순실현가능가치로 감액한 평가손실 또는 평가손실환입
(2) 금융자산, 유형자산, 무형자산, 고객과의 계약에서 생기는 자산, 그밖의 자산에 대한 손상차손의 인식 또는 손상차손환입
(3) 구조조정충당부채의 환입
(4) 유형자산의 취득과 처분
(5) 유형자산 매입 약정
(6) 소송사건의 해결
(7) 전기오류의 수정
(8) 금융자산이나 금융부채가 공정가치와 상각후원가 중 어느 것으로 인식되든지에 관계없이, 기업의 금융자산과 금융부채의 공정가치에 영향을 미치는 사업환경 또는 경제적인 환경의 변화
(9) 직전 연차보고기간 말 전에 해소되지 못한 채무불이행 또는 차입약정의 위반사항
(10) 특수관계자거래
(11) 금융상품의 공정가치 측정에 사용된 공정가치 서열체계의 수준사이의 이동
(12) 금융자산의 목적이나 사용의 변경으로 인한 금융자산의 분류 변경
(13) 우발자산이나 우발부채의 변동

15C 개별 한국채택국제회계기준서에서는 문단 15B에서 열거하고 있는 항목의 많은 사항에 대하여 공시 요구사항과 관련된 지침을 제공하고 있다. 직전 연차보고기간 말 후에 발생한 사건이나 거래가 재무상태와 경영성과의 변동을 이해하는 데 유의적인 경우에, 중간재무보고서는 직전 연차보고기간의 재무제표에 포함되어 있는 관련 정보에 대하여 설명하고 갱신하여야 한다.

16 [국제회계기준위원회에 의하여 삭제됨]

(1) 중간재무보고 공시사항 개요

개요

- 중간재무보고서에는 직전 연차보고기간 말 후 발생한 재무상태와 경영성과의 변동을 이해하는 데 유의적인 거래나 사건에 대한 설명을 포함한다. 이러한 사건과 거래에 관하여 공시된 정보는 직전 연차재무보고서에 표시된 관련 정보를 갱신한다(K-1034. 15).
- 중간재무보고서의 이용자는 해당 기업의 직전 연차재무보고서도 이용할 수 있을 것이다. 따라서 직전 연차재무보고서에 이미 보고된 정보에 대한 갱신사항이 상대적으로 경미하다면 중간재무보고서에 주석으로 보고할 필요는 없다(K-1034. 15A).

설명

- 중간재무보고는 전기 연차보고 이후 당기 중 유의적인 거래나 사건만을 공시하는 것으로 허용한다. 이는 중간재무보고의 정보이용자는 전기 연차보고 정보를 이해하고 있다고 가정하기 때문이다.
- 따라서, 당기 중 변동이 경미하다면 중간재무보고에 주석공시를 생략할 수도 있다.

(2) 유의적인 사건과 거래 공시

개요

- 다음은 사건과 거래가 유의적인 경우 공시하여야 할 사항의 목록이다. 이 목록은 모든 예를 망라한 것은 아니다(K-1034. 15B).

(1) 재고자산을 순실현가능가치로 감액한 평가손실 또는 평가손실환입

(2) 금융자산, 유형자산, 무형자산, 고객과의 계약에서 생기는 자산, 그밖의 자산에 대한 손상차손의 인식 또는 손상차손환입

(3) 구조조정충당부채의 환입

(4) 유형자산의 취득과 처분
(5) 유형자산 매입 약정
(6) 소송사건의 해결
(7) 전기오류의 수정
(8) 금융자산이나 금융부채가 공정가치와 상각후원가 중 어느 것으로 인식되든지에 관계없이, 기업의 금융자산과 금융부채의 공정가치에 영향을 미치는 사업환경 또는 경제적인 환경의 변화
(9) 직전 연차보고기간 말 전에 해소되지 못한 채무불이행 또는 차입약정의 위반사항
(10) 특수관계자거래
(11) 금융상품의 공정가치 측정에 사용된 공정가치 서열체계의 수준사이의 이동
(12) 금융자산의 목적이나 사용의 변경으로 인한 금융자산의 분류 변경
(13) 우발자산이나 우발부채의 변동

• 개별 한국채택국제회계기준서에서는 문단 15B에서 열거하고 있는 항목의 많은 사항에 대하여 공시 요구사항과 관련된 지침을 제공하고 있다. 직전 연차보고기간 말 후에 발생한 사건이나 거래가 재무상태와 경영성과의 변동을 이해하는 데 유의적인 경우에, 중간재무보고서는 직전 연차보고기간의 재무제표에 포함되어 있는 관련 정보에 대하여 설명하고 갱신하여야 한다(K-1034. 15C).

설명

이 문단에서 예시하는 유의적인 사건과 거래는 유의적인(significant) 경우에만 공시하는 것이고, 반면에 후술하는 선별적 주석(K-1034. 16A)은 유의적이지 않아도 공시하는 것을 요구한다.

2. 선별적 주석

기타 공시

16A 문단 15 ~ 15C에 따라 유의적인 사건과 거래를 공시하는 것에 추가하여, 다음과 같은 정보가 중간재무제표에 대한 주석 또는 중간재무보고서의 다른 곳에 포함되어야 한다. 아래의 공시는 중간재무제표에서 하거나, 다른 보고서(예 : 경영진설명서, 위험보고서)에서 하고 중간재무제표에서 이를 상호참조하여 포함할 수도 있다. 상호참조를 하는 경우 재무제표 이용자는 다른 보고서를 중간재무제표와 동일한 조건으로 동시에 이용할 수 있어야 한다. 재무제표 이용자가 상호참조로 포함된 정보에 동일한 조건으로 동시에

16A 접근할 수 없다면 그러한 중간재무보고서는 불완전한 것이다. 이러한 정보는 일반적으로 당해 회계연도 누적기준으로 보고한다.

(1) 직전 연차재무제표와 동일한 회계정책과 계산방법을 사용하였다는 사실 또는 회계정책이나 계산방법에 변경이 있는 경우 그 성격과 영향
(2) 중간기간 영업활동의 계절적 또는 주기적 특성에 대한 설명
(3) 성격, 크기 또는 발생빈도 때문에 비경상적으로 자산, 부채, 자본, 순이익, 현금흐름에 영향을 미치는 항목의 성격과 금액
(4) 당해 회계연도의 이전 중간기간에 보고된 추정금액에 대한 변경 또는 과거 회계연도에 보고된 추정금액에 대한 변경으로서 그 성격과 금액
(5) 채무증권과 지분증권의 발행, 재매입 및 상환
(6) 보통주식과 기타 주식으로 구분하여 지급된 배당금(배당금 총액 또는 주당배당금)
(7) 다음의 부문정보(기업회계기준서 제1108호 '영업부문'에서 연차재무제표에 공시를 요구하는 경우에만 중간재무보고서에도 부문정보에 대해 공시한다)
  (가) 최고영업의사결정자가 검토하는 부문당기손익에 포함되는 외부고객으로부터의 수익 또는 부문당기손익에 포함되어 있지 않더라도 최고영업의사결정자에게 정기적으로 제공되는 외부고객으로부터의 수익
  (나) 최고영업의사결정자가 검토하는 부문당기손익에 포함되는 부문간수익 또는 부문당기손익에 포함되어 있지 않더라도 최고영업의사결정자에게 정기적으로 제공되는 부문간수익
  (다) 부문당기손익
  (라) 최고영업의사결정자에게 정기적으로 제공되고 직전 연차재무제표에 공시된 금액에서 중요한 변동이 있는 특정 보고부문의 자산 총액과 부채 총액의 측정치
  (마) 부문을 구분하는 기준이나 부문당기손익의 측정기준에 있어서 직전 연차재무제표와의 차이점에 대한 설명
  (바) 보고부문들의 당기손익 측정치 합계에서 기업전체 법인세비용(법인세수익)과 중단영업손익 가감 전 당기손익으로의 조정. 단 보고부문에 법인세비용(법인세수익)과 같은 항목을 배분한 경우에는, 보고부문들의 당기손익 측정치 합계에서 그러한 항목을 가감한 기업전체 당기손익으로 조정할 수 있다. 중요한 조정사항은 별도로 식별하고 설명하여야 한다.
(8) 중간보고기간 후에 발생하였으나 중간재무제표에 반영되지 않은 사건
(9) 사업결합, 종속기업 및 장기투자에 대한 지배력의 획득이나 상실, 구조조정, 중단영업 등으로 중간기간 중 기업 구성에 변화가 있는 경우 그 효과. 사업결합에 대해서는 기업회계기준서 제1103호 '사업결합'에서 요구하는 정보를 공시한다.
(10) 금융상품에 대한 공정가치에 관한 공시. 이러한 공시는 기업회계기준 제1113호

16A '공정가치 측정' 문단 91 ~ 93(8), 94 ~ 96, 98 및 99와 기업회계기준서 제1107호 '금융상품공시' 문단 25, 26 및 28 ~ 30의 요구사항에 따른다.

(11) 기업회계기준서 제1110호 정의에 따른 투자기업으로 분류되거나 분류가 중단된 기업의 경우 기업회계기준서 제1112호 '타 기업에 대한 지분의 공시'의 문단 9B의 공시

(12) 기업회계기준서 제1115호 '고객과의 계약에서 생기는 수익'의 문단 114 ~ 115에서 요구하는 고객과의 계약에서 생기는 수익의 구분

중간재무보고에서의 선별적 주석에 대한 공시사항은 다음과 같다.

(1) 선별적 주석

주석사항

문단 15 ~ 15C에 따라 유의적인 사건과 거래를 공시하는 것에 추가하여, 다음과 같은 정보가 중간재무제표에 대한 주석 또는 중간재무보고서의 다른 곳에 포함되어야 한다(K-1034, 16A).

(1) 직전 연차재무제표와 동일한 회계정책과 계산방법을 사용하였다는 사실 또는 회계정책이나 계산방법에 변경이 있는 경우 그 성격과 영향

(2) 중간기간 영업활동의 계절적 또는 주기적 특성에 대한 설명

(3) 성격, 크기 또는 발생빈도 때문에 비경상적으로 자산, 부채, 자본, 순이익, 현금흐름에 영향을 미치는 항목의 성격과 금액

(4) 당해 회계연도의 이전 중간기간에 보고된 추정금액에 대한 변경 또는 과거 회계연도에 보고된 추정금액에 대한 변경으로서 그 성격과 금액

(5) 채무증권과 지분증권의 발행, 재매입 및 상환

(6) 보통주식과 기타 주식으로 구분하여 지급된 배당금(배당금 총액 또는 주당배당금)

(7) 다음의 부문정보

 (가) 외부고객으로부터의 수익

 (나) 부문간수익

 (다) 부문당기손익

 (라) 중요한 변동이 있는 특정 보고부문의 자산 총액과 부채 총액의 측정치

 (마) 부문을 구분하는 기준이나 부문당기손익의 측정기준에 있어서 직전 연차재무제표와의 차이점에 대한 설명

 (바) 보고부문들의 당기손익 측정치 합계에서 기업전체 법인세비용(법인세수익)과 중단영업손익 가감 전 당기손익으로의 조정

(8) 중간보고기간 후에 발생하였으나 중간재무제표에 반영되지 않은 사건

(9) 사업결합, 종속기업 및 장기투자에 대한 지배력의 획득이나 상실, 구조조정, 중단영업

등으로 중간기간 중 기업 구성에 변화가 있는 경우 그 효과

(10) 금융상품에 대한 공정가치에 관한 공시

(11) 기업회계기준서 제1110호 정의에 따른 투자기업으로 분류되거나 분류가 중단된 기업의 경우 기업회계기준서 제1112호 '타 기업에 대한 지분의 공시'의 문단 9B의 공시

(12) 기업회계기준서 제1115호 '고객과의 계약에서 생기는 수익'의 문단 114 ~ 115에서 요구하는 고객과의 계약에서 생기는 수익의 구분

설명

이 문단에서 예시하는 선별적 주석은 앞서 기술한 유의적인 사건과 거래(K-1034, 15B)와 달리 유의성 여부와 무관하게 관련 사건이나 거래가 발생하는 경우 그 내용을 공시해야 한다.

☞ 공시사례 26.3 영업활동의 계절적 특성

3. 한국채택국제회계기준의 준수에 대한 공시

19	이 기준서에 따라 중간재무보고서를 작성한 경우, 그 사실을 공시하여야 한다. 중간재무보고서가 한국채택국제회계기준의 요구사항을 모두 충족한 경우가 아니라면 한국채택국제회계기준을 준수하여 작성되었다고 기재하여서는 아니 된다.

한19.1	한국채택국제회계기준을 준수하여 작성된 재무제표는 국제회계기준을 준수하여 작성된 재무제표임을 주석으로 공시할 수 있다.

한국채택국제회계기준의 준수에 대한 주석공시사항과 그 예시는 다음과 같다.

(1) 한국채택국제회계기준의 준수에 대한 공시

주석사항

- 이 기준서에 따라 중간재무보고서를 작성한 경우, 그 사실을 공시하여야 한다. 중간재무보고서가 한국채택국제회계기준의 요구사항을 모두 충족한 경우가 아니라면 한국채택국제회계기준을 준수하여 작성되었다고 기재하여서는 아니 된다(K-1034, 19).
- 한국채택국제회계기준을 준수하여 작성된 재무제표는 국제회계기준을 준수하여 작성된 재무제표임을 주석으로 공시할 수 있다(K-1034, 한19.1).

예시

2. 중요한 회계처리방침

2.1 재무제표 작성기준 (K-1034, 19)

회사의 2020년 9월 30일로 종료하는 9개월 보고기간에 대한 분기재무제표는 기업회계기준서 제1034호 '중간재무보고'에 따라 작성되었습니다. 이 분기재무제표는 보고기간종료일인 2020년 9월 30일 현재 유효한 한국채택국제회계기준에 따라 작성되었습니다.

2.2 회계정책 (K-1034, 19)

분기재무제표의 작성에 적용된 유의적 회계정책과 계산방법은 주석 2.1에서 설명하는 제·개정 기준서의 적용으로 인한 변경 및 아래 문단에서 설명하는 사항을 제외하고는 2019년 12월 31일로 종료하는 회계연도에 대한 연차재무제표 작성 시 적용된 회계정책이나 계산방법과 동일합니다.

설명

기준서 제1034호(중간재무보고)에 따라 중간재무보고서를 작성한 경우, 그 사실을 공시한다.

4. 연차재무제표 공시

26 **특정 중간기간에 보고된 추정금액이 최종 중간기간에 중요하게 변동하였지만 최종 중간기간에 대하여 별도의 재무보고를 하지 않는 경우, 추정의 변동 성격과 금액을 해당 회계연도의 연차재무제표에 주석으로 공시하여야 한다.**

27 기업회계기준서 제1008호는 당기에 중요한 영향을 미치거나 후속기간에 중요한 영향을 미칠 것으로 예상되는 추정의 변경에 대하여 그 성격을 공시하도록 하고 있고, 실무적으로 추정할 수 있는 경우에는 그 금액도 공시하도록 하고 있다. 이 기준서의 문단 16A(4)는 중간재무보고서에 이와 유사한 공시를 하도록 정하고 있다. 당해 회계연도의 이전 중간기간에 보고된 재고자산 감액, 구조조정 및 손상차손과 관련된 추정이 최종중간기간에 변경된 경우가 그러한 예이다. 직전 문단에서 요구하는 공시는 기업회계기준서 제1008호의 요구사항과 일관성이 있으며, 추정의 변경에만 적용한다는 점에서 적용범위가 축소되어 있다. 연차재무제표에 중간기간에 대한 추가적 재무정보를 포함할 필요는 없다.

연차재무제표에 공시되는 중간재무보고의 변동에 대한 주석공시사항은 다음과 같다.

(1) 연차재무제표 공시

주석사항

특정 중간기간에 보고된 추정금액이 최종 중간기간에 중요하게 변동하였지만 최종 중간기간에 대하여 별도의 재무보고를 하지 않는 경우, 추정의 변동 성격과 금액을 해당 회계연도의 연차재무제표에 주석으로 공시하여야 한다(K-1034. 26).

기업회계기준서 제1008호는 당기에 중요한 영향을 미치거나 후속기간에 중요한 영향을 미칠 것으로 예상되는 추정의 변경에 대하여 그 성격을 공시하도록 하고 있고, 실무적으로 추정할 수 있는 경우에는 그 금액도 공시하도록 하고 있다. 이 기준서의 문단 16A(4)는 중간재무보고서에 이와 유사한 공시를 하도록 정하고 있다(K-1034. 27).

당해 회계연도의 이전 중간기간에 보고된 재고자산 감액, 구조조정 및 손상차손과 관련된 추정이 최종중간기간에 변경된 경우가 그러한 예이다. 직전 문단에서 요구하는 공시는 기업회계기준서 제1008호의 요구사항과 일관성이 있으며, 추정의 변경에만 적용한다는 점에서 적용범위가 축소되어 있다. 연차재무제표에 중간기간에 대한 추가적 재무정보를 포함할 필요는 없다(K-1034. 27).

설명

- 중간재무보고 시의 추정치가 최종 중간기간(즉, 4/4분기)에 중요하게 변동된 경우 그 변동의 성격과 금액을 연차재무제표 주석에 공시하여야 한다.
- 참고로 일반기업회계기준에서는 상기 추정의 변경 이외에 최종 중간기간의 경영성과를 주석에 공시하도록 요구하고 있다는 점이 다르다[일반기업회계기준 제29장. 29.7(1)].

| 참고 기준서 | 일반기업회계기준 제29장 중간재무제표

최종 중간기간에 관한 공시

29.7	최종 중간기간의 재무제표는 별도로 작성하지 아니할 수 있다. 다만, 법령이나 계약 등에 의하여 중간재무제표를 정기적으로 작성하는 기업이 최종 중간기간의 재무제표를 별도로 작성하지 않는 경우에는 연차재무제표에 다음 사항을 주석으로 기재한다. (1) 당 회계연도 최종 중간기간의 매출액, 당기순손익 및 등 주요 경영성과 (2) 최종 중간기간에 회계추정의 변경이 있는 경우 그 내용과 영향

04 | 실제 공시 사례

공시사례 26.1 중간재무보고 – 확정급여제도

주석

[출처 : 삼성전자 2023년 반기보고서]

11. 순확정급여부채(자산)

가. 보고기간종료일 현재 순확정급여부채(자산)의 내역은 다음과 같습니다.

(단위 : 백만원)

구분	당반기말	전기말
기금이 적립된 확정급여채무의 현재가치	11,318,275	10,729,126
기금이 적립되지 않은 확정급여채무의 현재가치	31,169	29,546
소 계	11,349,444	10,758,672
사외적립자산의 공정가치	(15,010,972)	(15,168,895)
순확정급여부채(자산) 계	(3,661,528)	(4,410,223)

나. 당반기 및 전반기 중 확정급여제도 관련 비용의 세부 내역은 다음과 같습니다.

(단위 : 백만원)

구분	당반기	전반기
당기근무원가	481,183	515,017
순이자원가(수익)	(137,623)	(45,950)
계	343,560	469,067

다. 당반기 및 전반기 중 확정급여제도 관련 비용의 계정과목별금액은 다음과 같습니다.

(단위 : 백만원)

구분	당반기	전반기
매출원가	137,491	186,374
판매비와관리비 등	206,069	282,693
계	343,560	469,067

설명

사례회사는 중간재무보고 시 확정급여제도에 대한 순확정급여자산을 간략하게 공시하고 있다.

일부 회사는 확정급여부채(자산)의 산출은 최근의 보험수리적 가치평가의 외삽법(extrapolation)을 통해 얻어질 수 있고 주석공시를 간략하게 할 수도 있다(K-1034, 부록 C4).

☞ 공시사례 13.1 확정급여제도

공시사례 26.2 중간재무보고 – 법인세비용

주석

[출처 : 삼성전자 2023년 반기보고서]

22. 법인세비용

법인세비용은 전체 회계연도에 대해서 예상되는 최선의 가중평균연간법인세율의 추정에 기초하여 인식하였습니다. 당반기 현재 2023년 12월 31일로 종료하는 회계연도의 예상평균 연간법인세율은 0.9%입니다.

설명

사례회사는 중간재무보고 시 중간기간의 법인세비용을 추정평균연간 유효법인세율을 중간기간의 세전이익에 적용하여 계산한다.
주석에는 기말 연차재무보고와 달리 간략하게 추정평균연간 유효법인세율(0.9%) 정도를 공시하고 있다[K-1034, 30(3)].

☞ 공시사례 16.1 법인세비용 일반(SK이노베이션 2023년 기말 감사보고서)

공시사례 26.3 영업활동의 계절적 특성

주석

[출처 : 롯데웰푸드 2024년 반기연결보고서]

12. 영업의 계절적 특성

연결회사의 주요 사업 중 빙과제품류는 제품의 특성상 계절적 영향을 크게 받습니다. 1년 동안 빙과제품류는 전체 매출 중 성수기인 5월부터 8월 사이에 발생하는 매출이 높은 비중을 차지합니다. 그 외의 사업부는 계절적 요인에 의한 영향을 크게 받지 않습니다.

설명

사례회사는 중간재무보고 시 재무제표 주석에 선별적 주석으로 영업의 계절적 특성을 공시하고 있다[K-1034, 16A(2)].

K-IFRS
주석작성실무

CHAPTER

27 농림어업

▶ 관련 기업회계기준서

K-IFRS 제1041호 농림어업

01 | 기준서 주요 내용

적용범위

이 기준서는 다음 사항이 농림어업활동과 관련되는 경우의 회계처리에 적용한다.

(1) 생산용식물(bearer plants)을 제외한 생물자산
(2) 수확시점의 수확물
(3) 생물자산과 관련된 정부보조금

이 기준서는 다음의 경우에는 적용하지 아니한다.

(1) 농림어업활동에 관련된 토지
(2) 농림어업활동에 관련된 생산용식물(그러나 생산용식물에서 자라는 생산물에는 이 기준서를 적용)
(3) 생산용식물에 관련된 정부보조금
(4) 농림어업활동에 관련된 무형자산
(5) 농림어업활동에 관련되는 토지의 리스에서 생기는 사용권자산

아래의 표에서는 생물자산, 수확물 및 수확 후 가공품의 예를 제시하고 있다.

생물자산	수확물	수확 후 가공품
젖소	우유	치즈
돼지	돈육	소시지, 햄
포도나무	수확한 포도	포도주

포도나무는 생물자산이긴 하나 보통 생산용식물에 해당하므로, 포도나무 자체는 K-IFRS 제1016호(유형자산)를 적용한다. 반면, 포도나무의 수확물인 포도는 수확한 시점의 수확물로 K-IFRS 제1041호(농림어업)의 생물자산을 적용한다.

| 용어의 정의

생물자산	살아 있는 동물이나 식물
생산용식물	다음 모두에 해당하는 살아 있는 식물 (1) 수확물을 생산하거나 공급하는 데 사용한다. (2) 한 회계기간을 초과하여 생산물을 생산할 것으로 예상한다. (3) 수확물로 판매될 가능성이 희박하다.
수확물	생물자산에서 수확한 생산물
농림어업활동	판매목적 또는 수확물이나 추가적인 생물자산으로의 전환목적으로 생물자산의 생물적 변환과 수확을 관리하는 활동

다음은 생산용식물이 아니다.

(1) 수확물로 수확하기 위해 재배하는 식물(예 : 목재로 사용하기 위해 재배하는 나무)
(2) 부수적인 폐물 판매가 아닌, 수확물로도 식물을 수확하고 판매할 가능성이 희박하지 않은 경우 수확물을 생산하기 위해 재배하는 식물(예 : 과일과 목재 모두를 얻기 위해 재배하는 나무)
(3) 한해살이 작물(예 : 옥수수와 밀)

| 소비용 생물자산과 생산용 생물자산

구분	정의	예시
소비용 생물자산	수확물로 수확하거나 생물자산으로 판매할 자산	정육용 가축, 판매용 가축, 양식장의 어류, 옥수수나 밀과 같은 곡물, 생산용식물에서 자라는 생산물, 목재용으로 재배된 나무
생산용 생물자산	소비용 생물자산을 제외한 생물자산	착유용 가축, 과실을 수확하는 과실수

| 생물자산이나 수확물의 인식

다음의 조건이 모두 충족되는 경우에 한하여 생물자산이나 수확물을 인식한다.

(1) 과거 사건의 결과로 자산을 통제한다.
(2) 자산과 관련된 미래경제적효익의 유입가능성이 높다.
(3) 자산의 공정가치나 원가를 신뢰성 있게 측정할 수 있다.

| 생물자산의 측정(소비용 생물자산)

생물자산은 최초 인식시점과 매 보고기간 말에 공정가치에서 처분부대원가를 뺀 금액으로 측정하여야 한다. 다만, 공정가치를 신뢰성 있게 측정할 수 없는 문단 30의 경우는 제외한다.

| 수확물의 측정

생물자산에서 수확된 수확물은 수확시점에 공정가치에서 처분부대원가를 뺀 금액으로 측정하여야 한다. 이러한 측정치는 기업회계기준서 제1002호 '재고자산'이나 적용가능한 다른 한국채택국제회계기준서를 적용하는 시점의 원가가 된다.

| 생물자산의 평가손익

생물자산을 최초 인식시점에 공정가치에서 처분부대원가를 뺀 금액으로 인식하여 발생하는 평가손익과 생물자산의 공정가치에서 처분부대원가를 뺀 금액의 변동으로 발생하는 평가손익은 발생한 기간의 당기손익에 반영한다.

| 수확물의 평가손익

수확물을 최초 인식시점에 공정가치에서 처분부대원가를 뺀 금액으로 인식하여 발생하는 평가손익은 발생한 기간의 당기손익에 반영한다.

| 생물자산의 공정가치를 신뢰성 있게 측정할 수 없는 경우(생산용 생물자산)

생물자산의 공정가치는 신뢰성 있게 측정할 수 있다고 추정한다. 그러나 생물자산을 최초로 인식하는 시점에 시장 공시가격을 구할 수 없고, 대체적인 공정가치측정치가 명백히 신뢰성 없게 결정되는 경우에는 최초 인식 시점에 한해 그러한 추정에 반론이 제기될 수 있다. 그러한 경우 생물자산은 원가에서 감가상각누계액과 손상차손누계액을 차감한 금액으로 측정한다.

| 수확물의 공정가치는 항상 신뢰성 있게 측정할 수 있다고 봄

어떠한 경우에도 수확시점의 수확물은 공정가치에서 처분부대원가를 뺀 금액으로 측정한다. 이 기준서는 수확시점에는 수확물의 공정가치를 항상 신뢰성 있게 측정할 수 있다는 관점을 반영하고 있다.

| 정부보조금

공정가치에서 처분부대원가를 뺀 금액으로 측정하는 생물자산과 관련된 정부보조금에 다른 조건이 없는 경우에는 이를 수취할 수 있게 되는 시점에만 당기손익으로 인식한다.

기업이 특정 농림어업활동에 종사하지 못하게 요구하는 경우를 포함하여 공정가치에서 처분부대원가를 뺀 금액으로 측정하는 생물자산과 관련된 정부보조금에 부수되는 조건이 있는 경우에는 그 조건을 충족하는 시점에만 당기손익으로 인식한다.

| 정부보조금의 적용 예시

정부보조금의 조건은 다양하다. 예를 들어, 특정지역에서 5년 동안 경작할 것을 요구하고, 경작기간이 5년 미만인 경우에는 모두 반환해야 하는 보조금이 있을 수 있다. 이러한 경우에는 5년이 경과하기 전까지는 보조금을 당기손익으로 인식하지 아니한다. 그러나 시간의 경과에 따라 보조금의 일부가 기업에 귀속될 수 있는 경우에는 시간의 경과에 따라 그 정부보조금을 당기손익으로 인식한다.

원가에서 감가상각누계액과 손상차손누계액을 차감한 금액으로 측정하는 생물자산(문단 30 참조)과 관련된 정부보조금에 대해서는 기업회계기준서 제1020호를 적용한다.

정부보조금 관련 회계처리를 구분 요약하면 다음과 같다.

공정가치 측정 생물자산	공정가치 측정 생물자산 – 정부보조금에 부수되는 조건이 있는 경우	상각후원가측정 생물자산
수취할 수 있게 되는 시점에만 당기손익으로 인식	그 조건을 충족하는 시점에만 당기손익으로 인식	K-IFRS 제1020호(정부보조금의 회계처리)를 적용

02 | 주석 작성 핵심 포인트

농림어업 관련 주요 주석공시사항은 다음과 같이 요약된다.

Key Point

구분	주요 주석공시사항	비고
1. 일반사항	• 각 생물자산집단에 관련된 기업 활동의 성격 • 다음에 대한 물리적 수량의 비재무적 측정치나 추정치 – 기말의 각 생물자산집단 – 기중 수확물의 산출 • 생물자산 또는 수확물의 최초 인식시점의 평가손익 총액 • 생물자산의 순공정가치 변동에 따른 평가손익 총액	
2. 생물자산 장부금액 변동	• 기초에서 기말로의 생물자산 장부금액의 변동내용(아래 내용 포함 등) – 순공정가치의 변동으로 발생한 평가손익 – 매입에 따른 증가 – 판매와 매각예정으로의 분류에 따른 감소 – 수확에 따른 감소	
3. 기타 공시사항	• 소유권이 제한된 생물자산의 존재 유무와 그 장부금액, 채무에 대한 담보로 제공된 생물자산의 장부금액 • 생물자산을 개발하거나 취득하기 위한 약정금액 • 농림어업활동과 관련된 재무위험 관리 전략	
4. 공정가치를 신뢰성 있게 측정할 수 없는 경우(원가모형 적용 시)	• 생물자산의 내용 • 공정가치를 신뢰성 있게 측정할 수 없는 이유에 대한 설명 • 가능한 경우, 공정가치가 존재할 가능성이 매우 높은 추정치의 범위 • 감가상각방법 • 내용연수 또는 감가상각률 • 기초와 기말의 총 장부금액, 감가상각누계액(손상차손누계액 포함) • 처분손익 및 손상차손금액	
5. 생물자산 신뢰성 있게 공정가치 측정 시	• 생물자산의 내용 • 공정가치를 신뢰성 있게 측정할 수 있게 된 이유 • 변경의 효과	
6. 정부보조금	• 재무제표에 인식한 정부보조금의 성격과 범위 • 정부보조금에 부수되었으나 미이행된 조건과 그밖의 우발상황 • 정부보조금 수준에 대하여 예상되는 유의적인 감소	

03 | 주석공시 요구사항

K-IFRS 제1041호(농림어업)의 주석공시 요구사항은 다음과 같이 구분된다.

문단	공시사항
40 ~ 53	1. 일반사항
54 ~ 56	2. 공정가치를 신뢰성 있게 측정할 수 없는 생물자산에 대한 추가적인 공시
57	3. 정부보조금

1. 일반사항

40 **당기에 발생한, 생물자산과 수확물의 최초 인식시점의 평가손익 총액과 생물자산의 순공정가치 변동에 따른 평가손익 총액을 공시한다.**

41 생물자산집단별 내역을 공시한다.

42 문단 41에서 규정하는 사항은 서술이나 계량의 형식으로 공시할 수 있다.

43 소비용 생물자산과 생산용 생물자산으로 구분하거나 성숙 생물자산과 미성숙 생물자산으로 구분하는 등 적절한 방식으로 각각의 생물자산집단에 대해 계량 형식의 설명을 제공하는 것이 바람직하다. 예를 들어, 생물자산의 각 집단별로 소비용 생물자산과 생산용 생물자산의 장부금액을 공시할 수 있고 그러한 장부금액은 다시 성숙 생물자산과 미성숙 생물자산으로 구분할 수 있다. 이렇게 구분함으로써 미래 현금흐름의 시기를 평가하는 데 도움이 되는 정보를 제공할 수 있다. 이러한 경우에는 그 구분기준을 공시한다.

44 소비용 생물자산은 수확물로 수확하거나 생물자산으로 판매할 자산을 말한다. 소비용 생물자산의 예로는 정육용 가축, 판매용 가축, 양식장의 어류, 옥수수나 밀과 같은 곡물, 생산용식물에서 자라는 생산물, 목재용으로 재배된 나무가 있다. 생산용 생물자산은 소비용 생물자산을 제외한 생물자산을 말한다. 생산용 생물자산의 예로는 착유용 가축, 과실을 수확하는 과실수가 있다. 생산용 생물자산은 수확물은 아니지만 생산물을 생산하기 위해 보유한다.

45 생물자산은 성숙 생물자산이나 미성숙 생물자산으로 분류할 수 있다. 성숙 생물자산은 수확할 수 있는 특성을 갖추었거나(소비용 생물자산의 경우) 정기적으로 수확물을 산출할 수 있는(생산용 생물자산의 경우) 생물자산을 말한다.

46 재무제표와 함께 공표되는 정보에 달리 공시되지 않는 경우에는 다음 사항도 기술한다.

(1) 각 생물자산집단에 관련된 기업 활동의 성격

(2) 다음 항목에 대한 물리적 수량의 비재무적 측정치나 추정치

(가) 기말의 각 생물자산집단

(나) 기중 수확물의 산출

47~48 [국제회계기준위원회에 의하여 삭제됨]

49 다음 사항을 공시한다.

(1) 소유권이 제한된 생물자산의 존재 유무와 그 장부금액, 채무에 대한 담보로 제공된 생물자산의 장부금액

(2) 생물자산을 개발하거나 취득하기 위한 약정금액

(3) 농림어업활동과 관련된 재무위험 관리 전략

50 기초에서 기말로의 생물자산 장부금액의 변동내용을 주석으로 공시한다. 변동내용에는 다음의 사항을 포함한다.

(1) 순공정가치의 변동으로 발생한 평가손익

(2) 매입에 따른 증가

(3) 판매와 기업회계기준서 제1105호에 따라 매각예정(또는 매각예정으로 분류하는 처분자산집단에 포함)으로의 분류에 따른 감소

(4) 수확에 따른 감소

(5) 사업결합에 따른 증가

(6) 재무제표를 다른 표시통화로 환산할 때 발생하는 순외환차이와 해외사업장을 보고기업의 보고통화로 환산할 때 발생하는 순외환차이

(7) 그 밖의 변동

51	생물자산의 순공정가치는 물리적 변화와 시장의 가격변동 모두에 따라 변동할 수 있다. 특히 생산주기가 1년 초과인 경우에는 물리적 변화와 가격변동을 구분하여 공시하면 당해 보고기간의 성과와 미래의 전망을 평가하는 데 유용하다. 그러한 경우에는 물리적 변화와 가격변동에 따라 당기손익에 반영된 순공정가치의 변동을 자산집단별 등으로 구분하여 공시하는 것이 바람직하다. 생산주기가 1년 미만인 경우(예 : 양계, 곡물재배)에는 이러한 정보의 유용성은 일반적으로 적다.

52	생물적 변환으로 성장, 퇴화, 생산, 생식과 같은 여러 형태의 물리적 변화가 발생하는데, 이러한 물리적 변화는 관찰할 수 있고 측정할 수 있다. 각각의 물리적 변화는 미래경제적효익과 직접적인 관련이 있다. 수확으로 생물자산의 공정가치가 변동하는 경우도 물리적 변화에 해당한다.

53	농림어업활동은 흔히 기후, 질병 및 그밖의 자연 위험에 노출되어 있다. 수익이나 비용의 중요한 항목을 발생 시키는 사건이 일어나는 경우 기업회계기준서 제1001호 '재무제표 표시'에 따라 그러한 항목의 성격과 금액을 공시한다. 그러한 사건의 예로는 심한 질병, 홍수, 극심한 가뭄이나 서리, 대규모 충해의 발생이 있다.

농림어업의 주석공시 일반사항의 주석공시사항과 그 예시는 다음과 같이 구분된다.

구분	기준서 (K-1041)
(1) 생물자산 장부금액 변동	40, 46, 50
(2) 생물자산 기타공시사항	49

(1) 생물자산 장부금액 변동

주석사항

생물자산 일반사항

재무제표와 함께 공표되는 정보에 달리 공시되지 않는 경우에는 다음 사항도 기술한다 (K-1041, 46).

(1) 각 생물자산집단에 관련된 기업 활동의 성격

(2) 다음 항목에 대한 물리적 수량의 비재무적 측정치나 추정치

(가) 기말의 각 생물자산집단

(나) 기중 수확물의 산출

당기에 발생한 다음 내역을 공시한다(K-1041. 40).

• 생물자산의 최초 인식시점의 평가손익 총액
• 수확물의 최초 인식시점의 평가손익 총액
• 생물자산의 순공정가치 변동에 따른 평가손익 총액

생물자산 장부금액 변동

기초에서 기말로의 생물자산 장부금액의 변동내용을 주석으로 공시한다(K-1041. 50).

(1) 순공정가치의 변동으로 발생한 평가손익
(2) 매입에 따른 증가
(3) 판매와 매각예정으로의 분류에 따른 감소
(4) 수확에 따른 감소
(5) 사업결합에 따른 증가
(6) 재무제표를 다른 표시통화로 환산할 때 발생하는 순외환차이와 해외사업장을 보고기업의 보고통화로 환산할 때 발생하는 순외환차이
(7) 그 밖의 변동

예시

2. 유의적인 회계정책

(1) 생물자산은 젖소와 암소 등으로 구성되어 있습니다. 젖소는 월령, 품종이 유사한 젖소의 시장가격에서 판매부대비용을 차감한 금액으로 측정합니다. 판매부대비용은 출하되기까지 추가로 투입되는 사료비, 농가 위탁수수료와 운반비를 포함하고 있습니다. 젖소 공정가치의 변동은 매출원가에 반영되어 있습니다. [K-1041. 46(1)]

3. 생물자산

(1) 20×1년 12월 31일 현재 기업은 우유 생산이 가능한 젖소(성숙 자산) 419마리와 미래에 우유를 생산할 목적으로 사육하는 어린 암소(미성숙 자산) 137마리를 보유하고 있습니다. [K-1041. 46(2)]

(2) 생물자산의 변동내역은 다음과 같습니다.

구분	젖소 계	암소 계	기준서 (K-1041)
기초 장부금액	1,000	1,000	
(1) 순공정가치의 변동으로 발생한 평가손익	100	100	50(1)
(2) 매입에 따른 증가	200	200	50(2)
(3) 판매와 매각예정으로의 분류에 따른 감소	(200)	(100)	50(3)
(4) 수확에 따른 감소	(100)	(100)	50(4)
(5) 사업결합에 따른 증가	200	200	50(5)
(6) 순외환차이	–	–	50(6)

구분	젖소 계	암소 계	기준서 (K-1041)
(7) 기타	-	-	50(7)
기말 장부금액	1,200	1,300	

설명

- 생물자산도 유형자산 등과 유사하게 매입, 판매 등으로 인하여 기초 장부가액 대비 기중 변동이 발생한다.
- 반면, 생물자산은 유형자산 등과 달리 상기 '(1) 순공정가치의 변동으로 발생한 평가손익'과 '(4) 수확에 따른 감소' 등의 차이점이 존재한다.
- 이 중 '(1) 순공정가치의 변동으로 발생한 평가손익'은 시장의 가격변동 이외에도 생물적 변환으로 성장, 퇴화, 생산, 생식과 같은 여러 형태의 물리적 변화가 포함된다는 점에서 유형자산 등의 재평가모형과 차이가 있다.
- 예시는 생물자산집단을 젖소집단과 암소집단으로 구분하여 공시한다(K-1041, 41).
- 생물자산의 순공정가치 변동에 따른 평가손익 총액(K-1041, 40)의 내역은 생물자산의 변동 내역의 첫 번째 주석에서 함께 공시하고 있다[K-1041, 50(1)].
- 기말의 각 생물자산집단의 물리적 수량의 추정치를 419마리 등으로 추정하여 공시하고 있다[K-1041, 46(2)(가)].

(2) 생물자산 기타공시사항

주석사항

다음 사항을 공시한다(K-1041, 49).

(1) 소유권이 제한된 생물자산의 존재 유무와 그 장부금액, 채무에 대한 담보로 제공된 생물자산의 장부금액

(2) 생물자산을 개발하거나 취득하기 위한 약정금액

(3) 농림어업활동과 관련된 재무위험 관리 전략

예시

(1) 담보제공 생물자산 [K-1041, 49(1)]

회사는 K은행 차입금 500원에 대해 젖소 생물자산 전부를 차입금의 담보로 제공하고 있습니다.

(2) 생물자산을 개발하거나 취득하기 위한 약정금액 [K-1041, 49(2)]

회사는 생물자산을 신규 취득하기 위해 P사와 1,000원의 구입약정을 체결하고 있습니다.

(3) 농림어업활동과 관련된 재무위험 관리 전략 [K-1041, 49(3)]

회사는 우유가격의 변동으로부터 발생하는 재무위험에 노출되어 있습니다.

회사는 예측가능한 미래에 우유가격이 유의적으로 하락할 것이라고 예상하지는 않으며 따라서 우유가격의 하락에 따른 위험을 관리하기 위하여 파생상품이나 그 밖의 계약은 체결하지 않고 있습니다.
회사는 적극적인 재무위험 관리의 필요성을 고려하기 위해 우유가격에 대한 전망을 주기적으로 검토하고 있습니다.

설명

- '(1), (2)'는 유형자산과 유사한 주석공시사항이다.
- '(3)'은 금융상품의 재무위험 관리 전략과 유사한 개념이긴 하나, 금융상품의 신용위험, 유동성위험, 시장위험처럼 구체적인 재무위험 관리 전략을 규정하고 있지는 않다.

생물자산의 분류

소비용 생물자산과 생산용 생물자산으로 구분하거나 성숙 생물자산과 미성숙 생물자산으로 구분하는 등 적절한 방식으로 각각의 생물자산집단에 대해 계량 형식의 설명을 제공하는 것이 바람직하다. 예를 들어, 생물자산의 각 집단별로 소비용 생물자산과 생산용 생물자산의 장부금액을 공시할 수 있고 그러한 장부금액은 다시 성숙 생물자산과 미성숙 생물자산으로 구분할 수 있다. 이렇게 구분함으로써 미래 현금흐름의 시기를 평가하는 데 도움이 되는 정보를 제공할 수 있다. 이러한 경우에는 그 구분기준을 공시한다(K-1041, 43).

소비용 생물자산은 수확물로 수확하거나 생물자산으로 판매할 자산을 말한다. 소비용 생물자산의 예로는 정육용 가축, 판매용 가축, 양식장의 어류, 옥수수나 밀과 같은 곡물, 생산용식물에서 자라는 생산물, 목재용으로 재배된 나무가 있다.

생산용 생물자산은 소비용 생물자산을 제외한 생물자산을 말한다. 생산용 생물자산의 예로는 착유용 가축, 과실을 수확하는 과실수가 있다. 생산용 생물자산은 수확물은 아니지만 생산물을 생산하기 위해 보유한다(K-1041, 44).

생물자산은 성숙 생물자산이나 미성숙 생물자산으로 분류할 수 있다. 성숙 생물자산은 수확할 수 있는 특성을 갖추었거나(소비용 생물자산의 경우) 정기적으로 수확물을 산출할 수 있는(생산용 생물자산의 경우) 생물자산을 말한다(K-1041, 45).

생물자산의 순공정가치의 변동

생물자산의 순공정가치는 물리적 변화와 시장의 가격변동 모두에 따라 변동할 수 있다. 특히 생산주기가 1년 초과인 경우에는 물리적 변화와 가격변동을 구분하여 공시하면 당해 보고기간의 성과와 미래의 전망을 평가하는 데 유용하다. 그러한 경우에는 물리적 변화와 가격변동에 따라 당기손익에 반영된 순공정가치의 변동을 자산집단별 등으로 구분하여 공시하는 것이 바람직하다. 생산주기가 1년 미만인 경우(예 : 양계, 곡물재배)에는 이러한 정보의 유용성은 일반적으로 적다(K-1041, 51).

생물적 변환으로 성장, 퇴화, 생산, 생식과 같은 여러 형태의 물리적 변화가 발생하는데, 이러한 물리적 변화는 관찰할 수 있고 측정할 수 있다. 각각의 물리적 변화는 미래경제적효익과 직접적인 관련이 있다. 수확으로 생물자산의 공정가치가 변동하는 경우도 물리적 변화에 해당한다(K-1041, 52).

농림어업활동은 흔히 기후, 질병 및 그밖의 자연 위험에 노출되어 있다. 수익이나 비용의 중요한 항목을 발생 시키는 사건이 일어나는 경우 기업회계기준서 제1001호 '재무제표 표시'에 따라 그러한 항목의 성격과 금액을 공시한다. 그러한 사건의 예로는 심한 질병, 홍수, 극심한 가뭄이나 서리, 대규모 충해의 발생이 있다(K-1041, 53).

유형자산, 투자부동산 등의 비금융자산은 후속측정모형으로 재평가모형 또는 공정가치모형 등을 선택하는 경우 가치변동분을 순공정가치의 변동으로 당기손익 또는 기타포괄손익으로 인식한다.

금융상품 중 공정가치로 측정하는 금융상품의 가치 변동분을 순공정가치의 변동으로 당기손익 또는 기타포괄손익으로 인식한다.

이와 유사하게 생물자산도 순공정가치의 변동을 당기손익으로 인식한다. 다만, 생물자산은 그 특성상 유형자산 또는 금융상품과 달리 생물적 변환으로 성장, 퇴화, 생산, 생식과 같은 여러 형태의 물리적 변화가 발생하며 이러한 물리적 변화가 순공정가치의 변동에 포함된다.

☞ 공시사례 27.1 생물자산 일반
☞ 공시사례 27.2 생물자산과 담보제공

2. 공정가치를 신뢰성 있게 측정할 수 없는 생물자산에 대한 추가적인 공시

54 기말에 생물자산을 원가에서 감가상각누계액과 손상차손누계액을 차감한 금액(문단 30 참조)으로 측정하는 경우에는 당해 생물자산에 대하여 다음 사항을 공시한다.

(1) 생물자산의 내용
(2) 공정가치를 신뢰성 있게 측정할 수 없는 이유에 대한 설명
(3) 가능한 경우, 공정가치가 존재할 가능성이 매우 높은 추정치의 범위
(4) 감가상각방법
(5) 내용연수 또는 감가상각률
(6) 기초와 기말의 총 장부금액, 감가상각누계액(손상차손누계액 포함)

55 생물자산을 원가에서 감가상각누계액과 손상차손누계액을 차감한 금액으로 측정하는

55 경우(문단 30 참조) 당기에 그러한 생물자산을 처분할 때 인식한 처분손익을 공시하며, 문단 50에 따른 변동내용에는 그러한 생물자산과 관련된 금액을 구분하여 공시한다. 또 변동내용에는 그러한 생물자산과 관련하여 당기손익에 포함되는 다음 금액을 포함한다.

(1) 손상차손

(2) 손상차손환입

(3) 감가상각

56 원가에서 감가상각누계액과 손상차손누계액을 차감한 금액으로 측정하던 생물자산의 공정가치를 당기에 신뢰성 있게 측정할 수 있게 된 경우에는 당해 생물자산에 대하여 다음 사항을 공시한다.

(1) 생물자산의 내용

(2) 공정가치를 신뢰성 있게 측정할 수 있게 된 이유

(3) 변경의 효과

공정가치를 신뢰성 있게 측정할 수 없는 생물자산에 대한 주석공시사항과 그 예시는 다음과 같다.

(1) 공정가치를 신뢰성 있게 측정할 수 없는 생물자산

주석사항

원가로 측정된 생물자산

기말에 생물자산을 원가에서 감가상각누계액과 손상차손누계액을 차감한 금액으로 측정하는 경우에는 당해 생물자산에 대하여 다음 사항을 공시한다(K-1041, 54).

(1) 생물자산의 내용

(2) 공정가치를 신뢰성 있게 측정할 수 없는 이유에 대한 설명

(3) 가능한 경우, 공정가치가 존재할 가능성이 매우 높은 추정치의 범위

(4) 감가상각방법

(5) 내용연수 또는 감가상각률

(6) 기초와 기말의 총 장부금액, 감가상각누계액(손상차손누계액 포함)

생물자산 처분 및 손상차손

생물자산을 원가에서 감가상각누계액과 손상차손누계액을 차감한 금액으로 측정하는 경우 당기에 그러한 생물자산을 처분할 때 인식한 처분손익을 공시하며, 문단 50에 따른 변동내용에는 그러한 생물자산과 관련된 금액을 구분하여 공시한다.

또 변동내용에는 그러한 생물자산과 관련하여 당기손익에 포함되는 다음 금액을 포함한다(K-1041, 55).

(1) 손상차손
(2) 손상차손환입
(3) 감가상각

생물자산 신뢰성 있게 공정가치 측정 시

원가에서 감가상각누계액과 손상차손누계액을 차감한 금액으로 측정하던 생물자산의 공정가치를 당기에 신뢰성 있게 측정할 수 있게 된 경우에는 당해 생물자산에 대하여 다음 사항을 공시한다(K-1041. 56).

(1) 생물자산의 내용
(2) 공정가치를 신뢰성 있게 측정할 수 있게 된 이유
(3) 변경의 효과

예시

3. 생산용 생물자산

(1) 회사는 우유 생산이 가능한 젖소(성숙 자산)를 생산용 생물자산으로 보유하고 있습니다. [K-1041. 54(1)]
(2) 생산용 생물자산은 활성시장 및 유사한 자산의 시장가격이 존재하지 않고, 거래가 빈번하지 않으며 기대현금흐름 및 현행시장이자율을 신뢰성 있게 추정하기 어려워 상각후원가로 평가하였습니다. [K-1041. 54(2)]
(3) 생산용 생물자산은 우유 생산이 가능한 시점부터 잔존가치를 영("0")으로 하여 산란가능기간인 36개월의 내용연수 동안 정액법으로 상각하고 있습니다. [K-1041. 54(4)~(5)]
(4) 당기 중 생산용 생물자산의 변동내역은 다음과 같습니다. [K-1041. 54(6)]

구분	젖소
취득원가 :	
기초금액	1,000
취득금액	200
사육으로 인한 증가	100
처분금액	(100)
기말금액	1,200
감가상각누계액 :	
기초금액	300
상각비 [K-1041. 55(3)]	200
처분금액	(100)
기말금액	400
장부금액 :	
기초금액	700
기말금액	800

당기 중 생물자산의 처분으로 인한 처분손익은 50원입니다. (K-1041, 55)

설명

- 공정가치를 신뢰성 있게 측정할 수 없는 생물자산은 생산용 생물자산이 일반적이며, 후속 측정모형으로 원가모형을 따른다.
- 이 경우 유형자산 등의 원가모형과 유사하게 생물자산을 감가상각을 수행하며, 손상차손이 발생한 경우 손상차손을 인식한다.

3. 정부보조금

57 **이 기준서의 적용범위에 해당하는 농림어업활동과 관련된 다음 사항을 공시한다.**

(1) 재무제표에 인식한 정부보조금의 성격과 범위

(2) 정부보조금에 부수되었으나 미이행된 조건과 그밖의 우발상황

- 정부보조금 수준에 대하여 예상되는 유의적인 감소

농림어업의 정부보조금 관련 주석공시사항은 다음과 같다.

(1) 정부보조금

주석사항

농림어업활동과 관련된 다음 사항을 공시한다(K-1041, 57).

(1) 재무제표에 인식한 정부보조금의 성격과 범위

(2) 정부보조금에 부수되었으나 미이행된 조건과 그밖의 우발상황

(3) 정부보조금 수준에 대하여 예상되는 유의적인 감소

설명

농림어업활동과 관련되어 인식한 정부보조금의 내역을 주석공시한다.

04 | 실제 공시 사례

공시사례 27.1 생물자산 일반

[출처 : 하림 2023년 감사보고서]

재무상태표

제13(당)기말 2023년 12월 31일 현재

제12(전)기말 2022년 12월 31일 현재

주식회사 하림 (단위 : 원)

과목	주석	제13(당)기말	제12(전)기말
자산			
Ⅰ. 유동자산			
…			
생물자산	10	34,398,131,667	46,097,987,130
…			

주석

4. 유의적인 회계정책

(3) 생물자산

① 소비용 생물자산

소비용 생물자산은 최초인식시점과 매 보고기간 말에 공정가치에서 추정매각부대원가를 차감한 순공정가치로 측정하고 있습니다. 또한, 생물자산에서 수확된 수확물은 수확시점에 순공정가치로 측정하여 평가하고 있습니다.

한편, 소비용 생물자산의 순공정가치 변동으로 발생하는 평가손익은 발생한 기간의 당기손익으로 인식하고 있습니다.

② 생산용 생물자산

생산용 생물자산의 경우에는 취득원가에서 감가상각누계액과 손상차손누계액을 차감한 금액으로 측정하고 있습니다.

생산용 생물자산은 산란가능한 시점부터 잔존가치를 영("0")으로 하여 산란가능기간인 10개월의 내용연수 동안 정액법으로 상각하고 있습니다.

10. 생물자산

(1) 당기말과 전기말 현재 생물자산의 구성내역은 다음과 같습니다.

(단위 : 천원)

구분	제13(당)기말	제12(전)기말
생산용생물자산	9,705,764	11,042,526
소비용생물자산	24,692,368	35,055,461
합계	34,398,132	46,097,987

설명

생물자산은 소비용 생물자산과 생산용 생물자산으로 구분하거나 성숙 생물자산과 미성숙 생물자산으로 구분하는 등 적절한 방식으로 각각의 생물자산집단을 구분한다(K-1041. 43). 사례회사는 생물자산을 생산용 생물자산과 소비용 생물자산으로 구분하고 있다.
소비형 생물자산은 순공정가치로 측정하고, 생산용 생물자산은 공정가치를 신뢰성 있게 측정할 수 없다고 판단하여 취득원가에서 감가상각누계액과 손상차손누계액을 차감한 금액으로 측정하고 있다.

원가로 측정하는 생산용 생물자산 관련 사례회사의 주석공시사항은 다음과 같다.

주석공시 요구사항	공시내용	기준서 (K-1041)
생물자산의 내용	생산용 생물자산	54(1)
감가상각방법	정액법	54(4)
내용연수 또는 감가상각률	산란가능시점부터 산란가능기간인 10개월의 내용연수	54(5)

(2) 당기와 전기 중 생산용 생물자산의 변동내역은 다음과 같습니다.

① 제13(당)기

(단위 : 천원)

구분	원종계	종계	합계
취득원가 :			
기초금액	5,535,778	10,612,226	16,148,004
취득금액	3,226,771	-	3,226,771
사육으로 인한 증가	705,700	14,214,063	14,919,763
처분금액	(3,583,154)	(15,278,067)	(18,861,221)
기말금액	5,885,095	9,548,222	15,433,317
감가상각누계액 :			
기초금액	(1,715,510)	(3,389,968)	(5,105,478)
상각비	(3,703,934)	(15,779,362)	(19,483,296)
처분금액	3,583,154	15,278,067	18,861,221

구분	원종계	종계	합계
기말금액	(1,836,290)	(3,891,263)	(5,727,553)
장부금액 :			
기초금액	3,820,268	7,222,258	11,042,526
기말금액	4,048,805	5,656,959	9,705,764

② 제12(전)기

(단위 : 천원)

구분	원종계	종계	합계
취득원가 :			
기초금액	4,405,584	10,384,669	14,790,253
취득금액	3,581,559	–	3,581,559
사육으로 인한 증가	474,495	15,979,304	16,453,799
처분금액	(2,925,860)	(15,751,747)	(18,677,607)
기말금액	5,535,778	10,612,226	16,148,004
감가상각누계액 :			
기초금액	(1,103,594)	(3,942,775)	(5,046,369)
상각비	(3,537,774)	(15,198,940)	(18,736,714)
처분금액	2,925,858	15,751,747	18,677,605
기말금액	(1,715,510)	(3,389,968)	(5,105,478)
장부금액 :			
기초금액	3,301,990	6,441,894	9,743,884
기말금액	3,820,268	7,222,258	11,042,526

설명

사례회사는 생산용 생물자산을 공정가치를 신뢰성 있게 측정할 수 없는 생물자산으로 판단하여 기말에 생물자산을 원가에서 감가상각누계액과 손상차손누계액을 차감한 금액으로 측정하고 그 증감내역을 주석공시하고 있다(K-1041. 54).

사례회사의 생산용 생물자산의 장부금액 정보의 주석은 다음과 같다.

주석공시 요구사항	공시내용	기준서 (K-1041)
기초와 기말의 총 장부금액, 감가상각누계액 (손상차손누계액 포함)		54(6)
– 기초 장부금액	11,042,526	
– 기말 장부금액	9,705,764	
– 기말 감가상각누계액	(5,727,553)	

(3) 소비용 생물자산에 대한 공정가치

① 공정가치 서열체계

당기말과 전기말 현재 공정가치로 측정되는 생물자산에 대한 공정가치 측정치는 다음과 같습니다.

i) 제13(당)기말

(단위 : 천원)

구분	수준 1	수준 2	수준 3	합계
소비용 생물자산 – 생계	–	–	24,692,368	24,692,368

ii) 제12(전)기말

(단위 : 천원)

구분	수준 1	수준 2	수준 3	합계
소비용 생물자산 – 생계	–	–	35,055,461	35,055,461

② 당기와 전기 중 수준 3으로 분류되는 반복적인 공정가치 측정치의 기초금액과 기말금액의 변동내역은 다음과 같습니다.

(단위 : 천원)

구분	제13(당)기	제12(전)기
기초 장부금액	35,055,461	24,608,229
사육으로 인한 증가	532,705,127	494,607,147
외부매입으로 인한 증가	24,215,683	21,500,264
수확물의 순공정가치 변동	170,664,220	165,266,480
보유중인 생물자산의 순공정가치의 변동	(668,360)	9,649,572
수확후 재고자산으로 대체	(737,279,763)	(680,576,231)
기말 장부금액	24,692,368	35,055,461

③ 공정가치 서열체계에서 수준 3으로 분류되는 반복적인 공정가치 측정치에 대한 가치평가기법과 공정가치측정에 사용된 투입변수는 다음과 같습니다.

구분	가치평가기법	관측불가능한 투입변수	주요 관측불가능한 변수와 공정가치의 상관관계
소비용 생물자산	공정가치는 시장접근법에 따라 결정	– Kg당 단가 : 보고기간종료일 현재 (사)한국육계협회, (사)대한양계협회, (사)한국토종닭협회의 시장가격을 활용한 조정단가 – Kg당 단위 : 예상평균체중 적용	Kg당 단가 추정치가 증가할수록 공정가치 추정치가 증가

(4) 소비용 생물자산에 대한 공정가치 평가 방법 및 가정

공정가치 평가 대상이 되는 소비용 생물자산인 생계의 경우 활성거래시장이 존재하지 아니함에 따라 가장 최근에 거래된 유통시장의 거래가격을 단위당 공정가치로 적용하여 평가하였습니다. 또한, 성장 중인 생계의 경우에는 거래시세가 존재하지 않기 때문에 평균체중에 따른 생계의 시세가 선형분포를 이룬다고 가정하여 평가하였습니다.

설명

사례회사는 소비용 생물자산을 순공정가치로 측정하고 있다.
순공정가치로 측정한 소비용 생물자산의 기초에서 기말로의 생물자산 장부금액의 변동내용을 주석으로 공시하고 있다.

주석공시 요구사항	공시내용	기준서 (K-1041)
기초 장부금액	35,055,461	
사육으로 인한 증가	532,705,127	50(2)
외부매입으로 인한 증가	24,215,683	50(2)
수확물의 순공정가치 변동	170,664,220	50(1)
보유 중인 생물자산의 순공정가치의 변동	(668,360)	50(1)
수확 후 재고자산으로 대체	(737,279,763)	50(4)
기말 장부금액	24,692,368	

이는 공정가치로 측정하는 경우로서, K-IFRS 제1113호(공정가치 측정) 기준서에 따라 공정가치의 서열체계와 이후 주석공시사항을 추가하고 있다(K-1113. 93).
사례회사의 생물자산의 공정가치는 서열체계 수준 3으로 분류하고 있다.
서열체계 수준 3 공정가치에 대해서는 가치평가기법, 관측불가능한 투입변수 및 범위 등에 대한 내용을 추가로 공시하고 있다.

(5) 생물자산과 관련하여 노출된 위험

당사는 생물자산과 관련하여 다음과 같은 다양한 위험을 가지고 있습니다.

① 규제와 환경 위험

당사는 사업장이 존재하는 지역 또는 대한민국의 법률과 규제를 준수하고 있습니다. 당사는 지역의 환경 및 기타 법률을 준수하기 위한 목적으로 환경정책을 만들어 실행하고 있으며, 당사의 경영진은 환경위험을 확인하고 당사의 정책이 이러한 위험의 관리에 적합한지에 대해 확신하기 위해 주기적으로 검토를 수행하고 있습니다.

② 공급 및 수요 위험

당사는 생물자산의 가격변동으로부터 발생하는 재무위험에 노출되어 있습니다. 당사는 시장의 수요 및 공급의 규모에 맞게 사육함으로써 예측가능한 미래에 생물자산 가격이 유의적으로 하락하지 않을 것으로 예상하고 있습니다.

또한, 경영진은 예상 사육규모와 기대수요가 일치하는지 확인하기 위해 산업추세를 분석하여 생물자산의 가격에 대한 전망을 주기적으로 검토하고 있습니다.

③ 기후 및 기타 위험

당사는 보유 중인 생물자산의 질병 및 기타위험 등으로 인하여 재무적 영향이 발생할 수 있습니다. 당사는 질병가능성에 대하여 주기적으로 모니터링하고, 질병 징후가 발생할 경우 광범위한 방역 및 살처분을 통해 질병 확산을 방지하고 있습니다. 또한, 질병에 대한 면역력을 높이기 위하여 사육시설을 개선하고 양질의 사료를 공급하여 생물자산을 사육하고 있습니다.

설명

사례회사는 농림어업활동과 관련된 재무위험 관리 전략을 ① 규제와 환경 위험, ② 공급 및 수요 위험, ③ 기후 및 기타 위험으로 구분하여 주석공시하고 있다[K-1041, 49(3)].

공시사례 27.2 생물자산

[출처 : 마니커 2023년 감사보고서]

재무상태표

제39(당)기 2023년 12월 31일 현재

제38(전)기 2022년 12월 31일 현재

주식회사 마니커 (단위 : 원)

과목	주석	제39(당)기	제38(전)기
자산			
Ⅰ.유동자산			
…			
소비용 생물자산	10	10,664,109,509	9,517,525,481
…			

주석

2. 재무제표 작성기준 및 유의적인 회계정책

(7) 생물자산

1) 소비용생물자산

소비용생물자산은 최초인식시점과 매 보고기간 말에 공정가치에서 추정매각부대원가를 차감한 순공정가치로 측정하고 있습니다. 또한, 소비용생물자산에서 수확된 수확물은 수확시점에 순공정가치로 측정하여 평가하고 있습니다.

한편, 소비용생물자산의 순공정가치 변동으로 발생하는 평가손익은 발생한 시점의 제품매출원가에서 가감하고 있습니다.

2) 생산용생물자산
생산용생물자산의 경우에는 취득원가에서 감가상각누계액과 손상차손누계액을 차감한 금액으로 측정하고 있습니다.

생산용생물자산은 산란가능한 시점부터 잔존가치를 영("0")으로 하여 산란가능기간인 10개월의 내용연수 동안 정액법으로 상각하고 있습니다.

10. 생물자산

(1) 생물자산의 내역은 다음과 같습니다.

(단위 : 천원)

구분	당기말	전기말
소비용생물자산	10,664,110	9,517,525
생산용생물자산	212,493	345,821
합계	10,876,603	9,863,346

(2) 소비용생물자산의 내역은 다음과 같습니다.

(단위 : 천원)

구분	당기말			전기말		
	취득원가	공정가치	장부금액	취득원가	공정가치	장부금액
종란(주1)	1,225,709	1,225,709	1,225,709	1,446,034	1,446,034	1,446,034
생계	8,219,391	9,438,401	9,438,401	6,738,605	8,071,491	8,071,491
합계	9,445,100	10,664,110	10,664,110	8,184,639	9,517,525	9,517,525

(주1) 부화 중인 종란은 시장가격이 형성되지 않아 공정가치를 합리적으로 추정할 수 없어 취득원가로 평가하였습니다.

(3) 소비용생물자산의 증감내역은 다음과 같습니다.

(단위 : 천원)

구분	당기	전기
기초	9,517,525	9,816,268
사육 또는 매입으로 인한 증가	165,205,468	170,173,511
보유 중인 소비용 생물자산의 순공정가치의 변동	1,219,010	1,332,886
수확 후 재고자산으로 대체	(165,277,893)	(171,805,140)

구분	당기	전기
기말	10,664,110	9,517,525

(4) 소비용생물자산 중 생계에 대한 공정가치

1) 공정가치 서열체계

(단위 : 천원)

구분		소계	수준 1	수준 2	수준 3
생계	당기말	9,438,401	–	–	9,438,401
	전기말	8,071,491	–	–	8,071,491

2) 보고기간 말 현재 재무상태표에서 공정가치로 측정되는 자산 · 부채 중 공정가치 서열체계 수준 3으로 분류된 생계의 공정가치 측정은 시장접근법에 기초하여 결정되었습니다. 보고기간 말의 공정가치 계산에 사용된 주된 가정은 다음과 같습니다.

투입변수	가정
kg당 단가	한국육계협회 가격정보를 활용하여 해당 운반비 등을 반영한 조정단가
kg당 단위	일령별표준체중

(5) 생산용생물자산의 변동내용은 다음과 같습니다.

(단위 : 천원)

구분	당기	전기
[취득원가]		
기초	345,821	–
취득	374,395	345,821
처분	(507,723)	–
기말	212,493	345,821
[상각누계액]		
기초	–	–
상각	(507,723)	–
처분	507,723	–
기말	–	–
[장부금액]		
기초	345,821	–
기말	212,493	345,821

설명

사례회사는 소비용 생물자산을 순공정가치로 측정하고 있다.
순공정가치로 측정한 소비용 생물자산의 기초에서 기말로의 생물자산 장부금액의 변동내용을 주석으로 공시하고 있다.

주석공시 요구사항	공시내용	기준서 (K-1041)
기초	9,517,525	
사육 또는 매입으로 인한 증가	165,205,468	50(2)
보유 중인 소비용 생물자산의 순공정가치의 변동	1,219,010	50(1)
수확 후 재고자산으로 대체	(165,277,893)	50(4)
기말	10,664,110	

이는 공정가치로 측정하는 경우로서, K-IFRS 제1113호(공정가치 측정) 기준서에 따라 공정가치의 서열체계와 이후 주석공시사항을 추가하고 있다(K-1113, 93).
사례회사의 생물자산의 공정가치는 서열체계 수준 3으로 분류하고 있다.
서열체계 수준 3 공정가치에 대해서는 가치평가기법, 관측불가능한 투입변수 및 범위 등에 대한 내용을 추가로 공시를 요구한다.

CHAPTER

28 광물자원의 탐사와 평가

▶ 관련 기업회계기준서

K-IFRS 제1106호 광물자원의 탐사와 평가

01 | 기준서 주요 내용

용어의 정의

탐사평가자산	기업의 회계정책에 따라 자산으로 인식한 탐사와 평가 관련 지출
탐사와 평가 관련 지출	광물자원 추출의 기술적 실현가능성과 상업화가능성을 제시하기 전에 광물자원의 탐사와 평가와 관련하여 발생한 지출
광물자원의 탐사와 평가	특정지역의 탐사에 대한 법적 권리를 획득한 후에 수행하는 광물자원(광물, 석유, 천연가스, 이와 유사한 비재생자원 포함)에 대한 조사와 광물자원 추출의 기술적 실현가능성과 상업화가능성에 대한 결정

탐사평가자산의 인식 시점에서의 측정

탐사평가자산은 원가로 측정한다.

탐사평가자산의 원가 구성요소

탐사평가자산을 최초로 측정할 때 포함할 수 있는 지출의 예는 다음과 같다(모든 예를 망라한 것은 아님).

(1) 탐사 권리의 취득
(2) 지형학적, 지질학적, 지구화학적 및 지구물리학적 연구
(3) 탐사를 위한 시추
(4) 굴착
(5) 표본추출
(6) 광물자원 추출의 기술적 실현가능성과 상업화가능성에 대한 평가와 관련된 활동

탐사평가자산의 인식 시점 이후의 측정

탐사평가자산을 인식한 후에는 원가모형이나 재평가모형을 적용한다.

탐사평가자산의 분류

탐사평가자산은 그 성격에 따라 유형자산이나 무형자산으로 분류하고 이 분류를 일관되게 적용한다. 탐사평가자산은 무형자산(예 : 시추권)이나 유형자산(예 : 차량운반구, 시추장비)으로 처리된다.

탐사평가자산의 재분류

광물자원 추출에 대한 기술적 실현가능성과 상업화가능성을 제시할 수 있는 시점에는 더 이상 탐사평가자산으로 분류하지 아니한다.

탐사평가자산을 재분류하기 전에 손상을 검토하여 손상차손을 인식한다.

손상

탐사평가자산의 장부금액이 회수가능액을 초과할 수 있는 사실이나 상황이 나타나면 손상에 대해 검토하여야 한다.

장부금액이 회수가능액을 초과하는 사실이나 상황이 나타나면 K-IFRS 제1036호(자산손상)에 따라 손상차손을 측정, 표시하고 공시한다.

탐사평가자산의 손상을 검토하여야 하는 사실이나 상황의 예는 다음과 같다(모든 예를 망라한 것은 아님).

(1) 특정지역 탐사에 대한 권리의 보유기간이 당기 중 만료되었거나 가까운 미래에 만료될 예정이고 갱신될 가능성이 없는 경우
(2) 특정지역 광물자원의 추가 탐사와 평가를 위한 중요한 지출에 대한 예산이 편성되지 아니하거나 계획되지 아니한 경우
(3) 특정지역 광물자원의 탐사와 평가를 통하여 상업적으로 실행가능한 수량의 광물자원을 발견하지 못하였고 그 지역에 대한 탐사와 평가 활동을 중단하기로 결정한 경우

(4) 특정지역을 개발할 가능성이 있더라도 탐사평가자산의 장부금액이 개발의 성공이나 판매로 전액 회수되지 아니할 수 있다는 충분한 자료가 있는 경우

탐사평가자산의 손상을 검토하기 위하여 해당 자산을 현금창출단위나 현금창출단위집단으로 배분하기 위한 회계정책을 결정하여야 한다. 탐사평가자산이 배분된 각 현금창출단위나 현금창출단위집단은 K-IFRS 제1108호(영업부문)에 따라 결정된 영업부문보다 클 수 없다.

02 | 주석 작성 핵심 포인트

광물자원의 탐사와 평가 관련 주요 주석공시사항은 다음과 같이 요약된다.

Key Point

구분	주요 주석공시사항	비고
1. 광물자원의 탐사와 평가	• 탐사와 평가 관련 지출에 대한 회계정책 • 광물자원의 탐사와 평가에서 발생한 자산, 부채, 수익, 비용의 금액과 영업현금흐름 및 투자현금흐름	
2. 탐사평가자산	탐사평가자산은 유형자산(K-IFRS 제1016호) 또는 무형자산(K-IFRS 제1038호)에서 규정한 사항을 공시	

03 | 주석공시 요구사항

K-IFRS 제1106호(광물자원의 탐사와 평가)의 주석공시 요구사항은 다음과 같다.

23 광물자원의 탐사와 평가에서 발생하여 재무제표에 인식된 금액을 식별하고 설명하는 정보를 공시한다.

24 문단 23에 따라 다음과 같은 사항을 공시한다.
(1) 탐사와 평가 관련 지출에 대한 회계정책(탐사평가자산의 인식 포함)

24 (2) 광물자원의 탐사와 평가에서 발생한 자산, 부채, 수익, 비용의 금액과 영업현금흐름 및 투자현금흐름

25 탐사평가자산을 별도의 자산으로 처리하고 그 자산이 분류된 방법과 일관되게 기업회계기준서 제1016호 또는 기업회계기준서 제1038호에서 규정한 사항을 공시한다.

광물자원의 탐사와 평가 관련 주석공시사항과 그 예시는 다음과 같다.

(1) 광물자원의 탐사와 평가

주석사항

광물자원의 탐사와 평가

(1) 탐사와 평가 관련 지출에 대한 회계정책(탐사평가자산의 인식 포함)[K-1106. 24(1)]

(2) 광물자원의 탐사와 평가에서 발생한 자산, 부채, 수익, 비용의 금액과 영업현금흐름 및 투자현금흐름[K-1106. 24(2)]

탐사평가자산

탐사평가자산을 별도의 자산으로 처리하고, 해당 탐사평가자산은 유형자산(K-IFRS 제1016호) 또는 무형자산(K-IFRS 제1038호)에서 규정한 사항을 공시한다(K-1106. 25).

예시

3. 유의적인 회계정책 [K-1106. 24(1)]

(1) 탐사평가자산

자원개발과 관련한 탐사 권리의 취득, 탐사단계에서 발생한 지형학적, 지질학적, 지구물리학적 연구와 관련한 지출 및 탐사정의 시추와 관련하여 발생하는 직접비용 등은 탐사평가와 관련한 자산의 취득원가로 인식합니다.

탐사평가자산의 손상을 검토하기 위하여 광물자원별/지역별로 현금창출단위를 설정하고 동 현금창출단위별로 만약 광구에서 천연자원을 발견하지 못할 것으로 판명되면 해당 무형탐사평가자산은 손상차손을 인식합니다.

(2) 당기 중 탐사평가활동에서 발생한 자산, 부채, 수익, 비용의 금액과 영업현금흐름 및 투자현금흐름은 다음과 같습니다. [K-1106. 24(2)]

구분	당기
자산	1,000
부채	100

구분	당기
수익	200
비용	(150)
영업현금흐름	50
투자현금흐름	(400)

무형자산의 당기 중 변동내역은 다음과 같습니다. (K-1106. 25)

구분	기초	취득	처분	상각	손상	기타	기말
…							
탐사평가자산	1,000	500	–	–	(1,200)	–	300
…							

설명

- 탐사평가자산은 유형자산 또는 무형자산의 분류 내에의 다른 유형자산 또는 무형자산과 동일하게 K-IFRS 제1016호(유형자산) 또는 K-IFRS 제1038호(무형자산)의 주석요구사항을 적용한다.
- 손상차손이 발생한 경우도 K-IFRS 제1036호(자산손상)에 따라 손상 회계처리를 수행한다.

☞ 공시사례 28.1 탐사평가자산

04 | 실제 공시 사례

공시사례 28.1 탐사평가자산

주석

[출처 : 포스코홀딩스 2023년 연결감사보고서]

3. 유의적인 회계정책

(11) 탐사평가자산 및 개발광구자산

연결실체는 산유국 등과 생산물분배계약 및 조광계약 등의 체결, 그리고 지분취득을 통하여 해외 천연자원개발사업에 참여하고 있습니다. 한편, 광구에 대한 투자비는 무형자산 중 탐사평가자산 및 개발광구자산의 과목으로 계상하고 있으며, 각각의 원가구성요소는 다음과 같습니다.

1) 탐사평가자산

탐사시추를 위한 지형학적, 지구물리학적 조사비용 및 유망구조에 대한 굴착비용 등으로 구성되어 있으며, 탐사사업의 광물자원 추출에 대한 기술적 실현가능성과 상업화 가능성을 제시할 수 있는 시점에 개발광구자산으로 대체됩니다.

2) 개발광구자산

탐사단계에서 취득한 정보를 이용하여 유전평가, 생산시설건설 및 생산정시추 등에서 발생한 원가로 구성되며, 해당 광구의 생산개시시점에 산업재산권(광업권)으로 대체됩니다.

설명

사례회사는 탐사평가와 관련된 지출을 무형자산의 탐사평가자산 등으로 인식하고 있다. 사례회사는 각 탐사평가자산 관련 회계정책을 유의적인 회계정책으로 공시하고 있다 [K-1106. 23(1)].

15. 영업권 및 기타무형자산

(1) 당기말과 전기말 현재 영업권 및 기타무형자산의 내역은 다음과 같습니다.

(단위 : 백만원)

구분	제56(당)기				제55(전)기			
	취득원가	상각누계액과 손상누계액	정부보조금	장부가액	취득원가	상각누계액과 손상누계액	정부보조금	장부가액
영업권	1,720,753	(1,317,581)	-	403,172	1,723,974	(1,281,487)	-	442,487
산업재산권	5,167,677	(2,138,026)	-	3,029,651	4,944,973	(1,808,901)	-	3,136,072
임차권리금	141,306	(3,122)	-	138,184	135,905	(2,963)	-	132,942
개발비	758,878	(631,974)	(86)	126,818	687,437	(571,266)	-	116,171
항만시설이용권	681,530	(499,119)	-	182,411	681,530	(484,319)	-	197,211
탐사평가자산	324,324	(160,878)	-	163,446	260,548	(159,557)	-	100,991
개발광구자산	10,235	-	-	10,235	78,970	-	-	78,970
고객관계	865,753	(668,858)	-	196,895	865,691	(624,380)	-	241,311
기타무형자산	1,260,067	(796,052)	(43)	463,972	1,175,409	(783,088)	(25)	392,296
합계	10,930,523	(6,215,610)	(129)	4,714,784	10,554,437	(5,715,961)	(25)	4,838,451

(2) 당기 및 전기 중 영업권 및 기타무형자산 장부금액의 변동내역은 다음과 같습니다.

1) 제54(당)기

(단위 : 백만원)

구분	기초	취득	처분	상각	손상(주3)	기타(주2)	기말
영업권	442,487	-	-	-	(36,093)	(3,222)	403,172
산업재산권	3,136,072	208,874	(5)	(321,752)	(89,986)	96,448	3,029,651
임차권리금(주1)	132,942	7,360	(1,920)	(170)	11	(39)	138,184

구분	기초	취득	처분	상각	손상(주3)	기타(주2)	기말
개발비	116,171	13,130	(97)	(73,319)	-	70,933	126,818
항만시설이용권	197,211	-	-	(14,800)	-	-	182,411
탐사평가자산	100,991	67,000	-	-	(1,204)	(3,341)	163,446
개발광구자산	78,970	27,831	-	-	-	(96,566)	10,235
고객관계	241,311	-	-	(44,478)	-	62	196,895
기타무형자산	392,296	139,100	(625)	(43,674)	(2,055)	(21,070)	463,972
합계	4,838,451	463,295	(2,647)	(498,193)	(129,327)	43,205	4,714,784

(주1) 임차권리금에는 내용연수가 비한정인 회원권이 포함되어 있습니다.

(주2) 본계정 대체 및 환산차이 조정 등을 포함하고 있습니다.

(주3) 당기 중 종속기업인 POSCO Canada Ltd.는 공동영업으로 인식 중인 Greenhills Mine를 주운영권자인 Teck Coal Partnership이 신설하는 파트너쉽에 현물출자하기로 결정하였습니다. POSCO Canada Ltd.는 신설 파트너쉽의 공정가치 및 획득 지분율을 고려하여 회수가능액을 추정하였으며, 회수가능액이 장부금액에 미달하는 자산에 대하여 88,518백만원의 손상차손을 인식하였습니다.

설명

사례회사는 무형자산으로 인식한 탐사평가자산을 다른 무형자산과 동일하게 K-IFRS 제1038호(무형자산)에 따라 주석공시하고 있다(K-1106. 25).

또한 사례회사는 무형자산으로 인식한 탐사평가자산의 일부를 K-IFRS 제1036호(자산손상)에 따라 회계처리하고, 손상차손으로 인한 감소내역을 주석공시하고 있다(K-1106. 25).

PART 5

금융감독원 주석공시 모범사례 · 감리지적사례

CHAPTER

29 금융감독원 주석공시 모범사례

K-IFRS에서 요구하는 주석사항이 방대하고, 실무적으로 그 내용을 이해하고 적용하는 데 어려움이 있어 금융감독원에서는 2013년부터 주석공시 모범사례를 제공하여 기업의 충실한 주석 기재를 유도하여 정보의 유용성 및 기업 간 비교가능성을 제고할 수 있도록 하고 있다.

2013년부터 금융감독원이 제시한 모범사례는 다음과 같다.

[모범사례 2013-1] 특수관계자 주석공시(2013.11.)
[모범사례 2013-2] 타 기업에 대한 지분의 주석공시(2013.12.)
[모범사례 2014-1] 공정가치 측정 주석공시(2014.5.)
[모범사례 2015-1] 금융자산 양도 주석공시(2015.12.)
[모범사례 2016-1] K-IFRS 제1109호 및 제1115호 주석공시(2016.12.)
[모범사례 2018-1] K-IFRS 제1116호 '리스' 주석공시(2018.1.)
[모범사례 2018-2] 개발비 주석공시(2018.2.)
[모범사례 2021-1] 온실가스 배출권과 배출부채 관련 주석공시(2021.5.)
[모범사례 2021-2] K-IFRS 제1117호 '보험계약'관련 사전공시(2021.8.)
[모범사례 2023-1] 전기오류수정 관련 주석공시(2023.11.)
[모범사례] 가상자산 주석공시(2023.11.)
[모범사례] 건설회사의 건설계약 관련 '우발부채' 주석공시(2023.11.)

01 | 특수관계자 거래 주석공시 모범사례(2013.11.11.)

▶ K-IFRS 제1024호(특수관계자공시)

(1) 지배 · 종속기업 등 현황

1) 당기말과 전기말 현재 당사의 지배기업은 ㉮사(지분율 ××%)이며 최상위 지배자는 ㉯사입니다.

2) 당기말과 전기말 현재 당사의 종속기업 현황은 다음과 같습니다.

회사명	지분율(%)		비고
	당기말	전기말	
A사 B사 …			 (주1)

(주1) 당기말 현재 B사에 대한 당사의 지분율은 30%이나 당사의 종속기업인 A사가 40%의 지분을 추가로 보유하고 있어 종속기업에 포함하였습니다.

3) 당기와 전기에 당사와 매출 등 거래 또는 채권 · 채무 잔액이 있는 관계기업 및 기타 특수관계자는 다음과 같습니다.

구분	당기말	전기말	비고
관계기업	a사 b사 …	a사 …	 (주1)
기타 특수관계자	㉠사 ㉡사	㉠사 ㉡사 ㉢사	㉯사의 종속기업 a사의 종속기업 (주2)

(주1) 당기 중 b사의 제3자배정 유상증자에 참여함에 따라 당사는 25%의 지분을 취득하였는바, b사를 관계기업에 포함하였습니다.

(주2) 당사의 최상위 지배기업인 ㉯사가 당기 중 ㉢사의 지분증권 전부를 매각하여 ㉢사는 당기말 현재 특수관계자에서 제외되었습니다.

(2) 당사는 기업 활동의 계획 · 운영 · 통제에 대하여 중요한 권한과 책임을 가진 등기임원, 비등기임원, 내부감사 책임자 및 각 사업부문장 등을 주요 경영진으로 판단하였으며, 당기와 전기 중 주요 경영진에 대한 보상을 위해 지급한 금액은 다음과 같습니다.

(단위 : 천원)

구분	당기	전기
단기급여		
퇴직급여		

구분	당기	전기
기타장기급여		
해고급여		
주식기준보상		
합계		

(3) 당기와 전기 중 특수관계자와의 매출 · 매입 등 거래 내역은 다음과 같습니다.

1) 당기

(단위 : 천원)

특수관계 구분	회사명	매출	원재료 매입	유형자산 취득	…	기타
지배기업						
종속기업						
관계기업						
기타						
합계						

2) 전기(생략)

(4) 당기와 전기 중 특수관계자와의 자금거래 내역은 다음과 같습니다.

1) 당기

(단위 : 천원)

특수관계 구분	회사명	자금대여 거래		자금차입 거래		현금출자	…
		대여	회수	차입	상환		
지배기업							
종속기업							
관계기업							
기타							
합계							

2) 전기(생략)

(5) 당기말과 전기말 현재 특수관계자에 대한 채권 · 채무 내역은 다음과 같습니다.

1) 당기말

(단위 : 천원)

특수관계 구분	회사명	채권				채무			
		매출 채권	대여금	…	기타 채권	매입 채무	차입금	…	기타 채무
지배기업									
종속기업									
관계기업									
기타특수 관계기업									
주요 경영진									
합계									

회사는 일반적으로 매출·매입 거래일의 다음 달 말일에 대금을 회수·지급하고 있으나, 종속기업 ㅇㅇ사에 대한 매출 거래는 거래일부터 3개월이 경과한 달의 말일에 대금을 회수하며 회수기간 동안 이자는 없습니다.

회사와 상기 특수관계 회사 간의 대여·차입 거래에 대하여는 연 ×.×%의 이자율을 적용하고 있습니다.

당기말 현재 관계기업 ㅇㅇ사에 대한 대여금에 대하여 100% 대손충당금을 설정하고 있으며, 이와 관련하여 당기중 인식한 대손상각비는 ×××천원입니다.

2) 전기말(생략)

(6) 당기말 현재 당사가 특수관계자의 자금조달 등을 위하여 제공하고 있는 지급보증 및 담보의 내역은 다음과 같으며, 특수관계자로부터 제공받고 있는 담보 및 지급보증은 없습니다.

1) 제공한 지급보증

특수관계구분	회사명	보증처	지급보증금액	보증기간	비고
종속기업					
관계기업					
…					

상기 지급보증 이외에 당사는 ×1년 ×월에 체결된 종속기업 OO사와 OO사 간의 △△△계약 및 관계기업 OO사와 OO사 간의 ###계약과 관련하여 OO사 및 OO사의 계약이행에 대하여 보증하였습니다.

2) 담보 제공 자산

특수관계구분	회사명	담보제공자산	장부가액	담보설정액	제공처
종속기업					
관계기업					
…					

02 | 타 기업에 대한 지분의 주석공시 모범사례(2013.12.30.)

▶ K-IFRS 제1112호(타 기업에 대한 지분의 공시)

1. 주석공시 요구사항

구분	주석공시 요구사항	관련 문단 (K-1112)
종속기업 관련	지배력을 보유한다고 판단한 근거	7(1), 9(1) ~ (3)
	연결실체의 구성	10(1)(가), 11
	비지배지분이 갖는 몫	12(1) ~ (7)
	연결실체 내 자산이전 등에 대한 제약	13(1) ~ (3)
	소유지분의 변동이 자본에 미치는 영향	18
	지배력 상실에 따른 발생 손익 등	19
	연결구조화기업의 지분관련 위험	14 ~ 17
관계기업과 공동기업 관련	유의적 영향력을 보유한다고 판단한 근거 등	7(2) ~ (3), 9(4) ~ (5)
	관계기업과 공동약정에 대한 현황	21(1)
	관계기업과 공동기업의 지분법 평가 정보	21(2), B12 ~ 13, B16
	지분법 중단 시 미인식 손실 등	22(1) ~ (3)
	관계기업과 공동기업에 대한 지분과 관련된 위험	23(1) ~ (2)
비연결구조화 기업 관련	비연결구조화 기업에 대한 지분 및 위험의 성격	26, 29 ~ 31
	후원하는 비연결구조화 기업에서 발생한 수익 등	27 ~ 28

2. 주석공시 모범사례

1. 종속기업에 대한 지분

(1) 20××년 ×월 ×일 현재 연결대상 종속기업 현황은 다음과 같습니다. [문단 10(1)(가), 기존 모범사례]

기업명	소유지분율		소재지	사용재무제표일	업종
	당기말	전기말			
A	48%*1	48%	한국	12월 31일	건설업
B	45%*2	40%	한국	12월 31일	컴퓨터부품 제조
C	1%*3	1%	미국	9월 30일*4	자산유동화업
…	…	…	…	…	…

*1 A사에 대해서는 소유지분율이 과반수 미만이나, 나머지 주주는 모두 1% 이하 주주로 넓게 분산되어 있으며 과거 5년간 주주총회 참석율이 평균 60%로 지배기업의 지분율만으로도 의사결정과정에서 과반수의 의결권을 행사할 수 있었던 상황 등을 감안하여 지배력이 있는 것으로 판단됩니다. [문단 9(2)]

*2 B사에 대해서는 소유지분율이 과반수 미만이나, 주주 간 약정에 의해 의사결정기구의 의사결정에 과반수 이상의 의결권을 행사할 수 있는 등 실질적인 지배력이 있는 것으로 판단됩니다. [문단 9(2)]

*3 C사에 대해서는 소유지분율이 과반수 미만이나, C사는 구조화기업으로 보고기업이 약정 등을 통해 관련활동을 지시할 수 있는 능력을 보유하고 변동이익에 유의적으로 노출되므로 지배력이 있는 것으로 판단됩니다. [문단 9(2)]

*4 해외 종속기업 C사는 12월 결산 재무제표를 입수할 수 없어 9월 결산 재무제표를 사용하여 연결하였으며, 10～12월 중 발생한 유의적인 거래나 사건의 영향을 검토 후 반영하였습니다. [문단 11]

(2) 20××년 ×월 ×일 현재 중요한 연결대상 종속기업의 요약재무현황은 다음과 같습니다. (단위 : ××원) [문단 10(1)(가), 기존 모범사례]

기업명	자산	부채	자본	매출	당기순이익	총포괄손익
A						
…						

(3) 20××년 ×월 ×일 현재 지분율 과반수 보유기업이나 연결대상 종속기업에서 제외한 기업은 다음과 같습니다. [문단 9(1)]

기업명	소유지분율		종속기업에서 제외한 사유
	당기말	전기말	
A	60%	60%	다른 주주와의 약정에 의해 의결권의 과반수를 행사할 수 없어 관계기업으로 분류하였습니다.
…	…	…	…

(4) 당기에 신규로 연결재무제표에 포함된 종속기업과 당기 중 연결재무제표의 작성 대상에서 제외된 종속기업의 현황은 다음과 같습니다. [문단 10(1)(가), 기존 모범사례]

가. 신규로 연결에 포함된 회사

기업명	사유
A	당기 중 신설되었습니다.
B	당기 중 35% 지분의 추가 취득을 통해 관계기업에서 종속기업으로 편입되었습니다.
…	…

나. 연결에서 제외된 회사

회사명	사유
A	당기 중 투자주식 처분하였습니다.
B	당기 중 제3자 유상증자로 인한 지분율 하락에 따라 관계기업으로 분류되었습니다.
…	…

※ 연결에서 제외된 회사와 관련해서, 지배력 상실에 따라 손익이 발생한 경우 ① 처분손익, ② 손익인식 계정과목, ③ 종전 종속기업에 대한 투자를 공정가치로 측정함에 따른 손익 부분을 추가로 기재 [문단 19]

(5) 종속기업에 대한 비지배지분이 보고기업에 중요한 경우 해당 종속기업에 대한 비지배지분의 몫은 다음과 같습니다. [문단 12]

기업명	비지배지분에 배분된 당기순손익 [문단 12(5)]	누적 비지배지분 [문단 12(6)]	비지배지분에 지급한 배당금 [문단 B10(1)]
A			
…	…		

(6) 종속기업에 대해 다음과 같은 유의적인 제약이 있습니다. [문단 13]

가. 연결실체의 자산에 접근하거나 자산을 사용할 수 있는 능력과 부채를 상환할 수 있는 능력에 대한 유의적인 제약 [문단13(1), (3)]

기업명	유의적 제약 내용	유의적인 제약이 적용되는 자산 · 부채의 장부가액	
		자산	부채
A	A사는 ××국가에 위치한 종속기업으로 보유한 현금 및 단기금융상품 등은 해당국가의 외환규제를 받습니다. 따라서 해당 국가의 현금 및 단기금융상품의 외부 반출에 대한 제약이 존재합니다.		
…	…		

나. 연결실체의 자산에 접근하거나 자산을 사용할 수 있는 능력과 부채를 상환할 수 있는 능력을 유의적으로 제약할 수 있는 비지배지분의 방어권의 성격과 범위 [문단13(2), (3)]

기업명	유의적 제약 내용	유의적인 제약이 적용되는 자산 · 부채의 장부가액	
		자산	부채
A	다음 사항에 대해서는 비지배주주가 임명한 이사의 동의가 필요 – 사업계획에 포함되지 아니한 ××억 초과 자산의 취득 및 처분 – 사업계획에 포함되지 아니한 ××억 초과 차입 및 사채의 발행 – 사업계획에 포함되지 아니한 ××억 초과 지출		
B	배당 결정 시 비지배주주를 포함한 모든 주주의 승인 필요		
…	…		

(7) 연결구조화기업에게 재무지원을 제공하는 계약상 약정의 성격 및 의도는 다음과 같습니다. [문단 14, 17]

기업명	재무지원을 제공하는 계약상 약정	지원을 제공하는 의도
A	지배회사(또는 종속회사 甲)는 A사가 발행한 ABCP에 대해 ××백만원의 매입약정을 제공하고 있습니다. 이 매입약정은 구조화기업이 발행한 ABCP를 인수하는 투자자가 부족한 경우 지배회사(또는 종속회사 D)가 그 부족분을 인수할 것을 요구하고 있습니다.	
B	지배회사(또는 종속회사 乙)는 B사와 출자약정을 체결하였습니다. 동 출자약정 중 현재 미집행된 금액은 ××백만원입니다. 이 출자약정에 따르면, 자산운용사의 요청 또는 출자 당사자들의 동의가 있는 경우 기존 출자자에게 출자금액의 증액을 요청할 수 있도록 되어 있습니다.	
C	지배회사(또는 종속회사 丙)는 신탁상품 중에서 일부 상품에 원리금보전 약정과 원금보전 약정을 제공하고 있습니다. 이 원리금보전 약정은 신탁상품의 운용결과 상품가입장의 약정된 원리금 또는 원금이 부족한 경우 그 부족분을 지배회사(또는 종속회사 丙)가 보존해 줄 것을 요구하고 있습니다.	
…	…	

2. 관계기업과 공동약정에 대한 지분

(1) 20××년 ×월 ×일 현재 중요한 관계기업과 공동약정의 현황은 다음과 같습니다. [문단 21]

가. 관계기업

기업명 [문단 21(1)(가)]	소유지분율 [문단 21(1)(라)]		주된사업장 [문단 21(1)(다)]	사용재무제표일	관계기업 활동의 성격 [문단 21(1)(나)]
	당기말	전기말			
A	19%[*1]	19%	한국	12월 31일	
B	25%[*2]	25%	미국	9월 30일[*3]	
C	30%[*4]	28%	한국	12월 31일	
…	…	…	…	…	…

*1 A사에 대한 지분율은 20% 미만이나 대표이사 등 임원 겸직을 통하여 피투자회사에 대한 유의적인 영향력을 보유하는 것으로 판단됩니다. [문단 9(5)]

*2 B사의 소유지분율은 25%이나 B사가 보유한 자기주식으로 인해 의결권 지분율은 30%입니다. [문단 21(1)(라)]

*3 해외 관계기업 B사는 12월 결산 재무제표를 입수할 수 없어 9월 결산 재무제표를 사용하여 지분법을 적용하였으며, 10～12월 중 발생한 유의적인 거래나 사건의 영향을 검토 후 반영하였습니다. [문단 22(2)]

*4 C사의 소유지분율 30% 중 3%는 종속회사인 ××벤처캐피탈이 보유하고 있는 지분으로 지분법 적용이 면제되어 공정가치로 평가하였습니다. [문단 21(2)(가)]

나. 공동약정

기업명[*1] [문단 21(1)(가)]	소유지분율 [문단 21(1)(라)]		주된사업장 [문단 21(1)(다)]	사용재무제표일	공동약정 활동의 성격 [문단 21(1)(나)]
	당기말	전기말			
A	50%	50%	한국	12월 31일	
B	45%[*2]	45%	중국	9월 30일[*3]	
…	…	…	…	…	…

*1 연결실체가 공동지배력을 보유하고 있는 모든 공동약정들은 별도의 회사를 통하여 구조화되었으며, 공동약정에 대하여 공동지배력을 보유하는 당사자들이 약정의 순자산에 대한 권리를 보유하고 있다고 판단하여 공동기업으로 분류하고 있습니다. [문단 7(3)]

*2 B사의 소유지분율은 45%이나 B사가 보유한 자기주식으로 인해 의결권 지분율은 50%입니다. [문단 21(1)(라)]

*3 B사는 해외에 소재한 공동기업으로 12월 결산 재무제표를 입수할 수 없어 9월 결산 재무제표를 사용하여 지분법을 적용하였으며, 10～12월 중 발생한 유의적인 거래나 사건의 영향을 검토 후 반영하였습니다. [문단 22(2)]

(2) 20××년 ×월 ×일 현재 소유지분율을 20% 이상 보유한 기업에 대해 유의적인 영향력이 없다고 판단한 기업은 다음과 같습니다. [문단 9(4)]

기업명	소유지분율		유의적인 영향력이 없다고 판단한 근거
	당기말	전기말	
A	21%	21%	다른 주주와의 약정에 의해 A사에 대한 의결권행사가 제한되어 있어 유의적인 영향력이 없다고 판단하였습니다.
…	…	…	…

(3) 20××년 ×월 ×일 현재 중요한 관계기업과 공동기업의 재무정보 등은 다음과 같습니다. [문단 21(2)(나)]

가. 관계기업 [문단 21(2)(나), B12]

기업명	관계기업의 요약재무정보									관계기업에서 수령한 배당금
	유동 자산	비유동 자산	유동 부채	비유동 부채	수익	계속 영업손익	세후중단 영업손익	기타포괄 손익	총포괄 손익	
A										
B										
…										

나. 공동기업

– 요약재무정보 등 [문단 21(2)(나), B12]

기업명	공동기업의 요약재무정보									공동기업에서 수령한 배당금
	유동 자산	비유동 자산	유동 부채	비유동 부채	수익	계속 영업손익	세후중단 영업손익	기타포괄 손익	총포괄 손익	
A										
B										
…										

– 추가 재무정보 [문단 21(2)(나), B13]

기업명	현금 및 현금성자산	유동 금융부채	비유동 금융부채	감가상각비	기타상각비	이자수익	이자비용	법인세 비용(이익)
A								
B								
…								

(4) 20××년 ×월 ×일 현재 중요한 관계기업 및 공동기업의 재무정보금액을 관계기업 및 공동기업에 대한 지분의 장부금액으로 조정한 내역은 다음과 같습니다. [문단 B14(2)]

가. 관계기업

기업명	당기말 순자산(a)	연결실체지분율(b)	순자산지분금액(a × b)	영업권	내부거래	…	장부금액
A							
…							

나. 공동기업

기업명	당기말 순자산(a)	연결실체지분율(b)	순자산지분금액(a × b)	영업권	내부거래	…	장부금액
A							
…							

(5) 당기 중 중요한 관계기업 및 공동기업에 대한 지분법 평가내역은 다음과 같습니다. [기존모범사례]

가. 관계기업

회사명	기초	취득(처분)	지분법평가내역			기말
			지분법손익	지분법 자본변동	…	
A						
…						
합계						

구분	성격, 목적, 활동 등
B	연결실체는 이와 관련하여 이자수익, 지분투자평가손익 또는 배당수익을 인식하고 있습니다. 프로젝트파이낸싱투자회사의 불확실성에 대해 연결실체에 앞서 자금보충, 연대보증, 선순위 신용 공여 등의 재무지원을 제공하는 실체가 존재하나, 계획된 일정에 따른 자금 회수 실패, 프로젝트의 중단 등이 발생 시 회사는 투자지분 가치 하락에 따른 원금손실 또는 대출금 회수 불가로 인한 손실에 노출될 수 있습니다.
C	C는 투자신탁으로 신탁약정에 따라 투자 및 운용을 신탁업자에게 지시하고 투자신탁 투자자에게 운용수익을 배분하는 구조입니다. 연결실체는 투자신탁에 대한 투자자로서 지분율에 비례하여 지분투자 평가손익과 배당수익을 인식하고 있으며, 해당 투자신탁의 가치 하락 시 원금손실에 노출될 수 있습니다.
D	D는 사모투자전문회사로 경영권 참여, 지배구조 개선 등을 위한 지분증권의 투자자금을 사모로 조달하고 발생하는 수익을 투자사원들 간에 배분하는 구조입니다. 연결실체는 사모투자전문회사에 대한 투자자로서 지분율에 비례하여 지분투자 평가손익과 배당수익을 인식하고 있으며, 해당 사모투자전문회사의 가치 하락 시 원금 손실에 노출될 수 있습니다.
…	…

(2) 당기말 현재 비연결구조화기업의 규모 및 비연결구조화기업에 대한 연결실체의 지분과 관련된 위험의 성격은 다음과 같습니다. [문단 26, 29]

구분	A	B	C	D	…
비연결구조화기업의 자산총액 [문단 26]					
재무상태표에 인식된 자산 [문단 29(1) · (2)]					
지분법적용투자주식					
파생상품금융자산					
…					
재무상태표에 인식된 부채 [문단 29(1) · (2)]					
파생상품부채					
충당부채					
…					
최대손실 노출액*1 [문단 29(3)]					
투자자산					
매입약정					

구분	A	B	C	D	…
신용공여					
…					
비연결구조화기업으로부터 발생한 손실 [문단 B26(2)]					

*1 최대손실 노출액은 재무제표에 인식한 투자자산금액과 매입약정, 신용공여 등 계약에 의해 장래에 일정한 조건 충족 시 확정될 가능성이 있는 금액을 포함합니다.

03 | 공정가치 측정 관련 주석공시 모범사례(2014.5.30.)

▶ K-IFRS 제1113호(공정가치 측정)

1. 주석공시 요구사항

구분	주석공시 요구사항	관련문단 (K-1113)
자산 · 부채의 공정가치 서열체계별 공정가치 측정치	• 보고기간 말의 공정가치 측정치 • 비반복적인 공정가치 측정치의 경우(예 : 매각예정자산) 그러한 측정의 이유 • 공정가치 서열체계에서 공정가치 측정치 전체가 분류되는 수준(수준 1, 2 또는 3) • 수준 1과 수준 2 사이에서 이동한 금액	93(1) ~ (3)
공정가치 평가기법 및 투입변수	• 수준 2와 수준 3의 공정가치 평가기법과 공정가치 측정에 사용된 투입변수에 대한 설명 • 가치평가기법에 변경이 있었다면 이러한 변경 사실과 그 이유 • 수준 3의 공정가치 측정에 사용된 유의적이지만 관측가능하지 않은 투입변수에 대한 양적 정보 • 수준 3에 대해 기업이 사용한 가치평가과정에 대한 설명	93(4), (7)
수준 3으로 측정된 공정가치 변동내역	• 수준 3으로 측정한 공정가치의 기초잔액과 기말잔액의 변동내역 - 당기손익금액 및 관련 계정과목 - 기타포괄손익금액 및 관련 계정과목 - 매입, 매도, 발행 및 결제 - 수준 3으로의 이동 - 수준 3으로부터의 이동 • 수준 3으로의 이동 및 수준 3으로부터의 이동의 이유 및 이동 시점을 결정한 기업의 정책 • 보고기간 말 보유하고 있는 수준 3으로 측정된 자산 · 부채와 관련된 당기손익 금액 및 인식된 계정과목	93(5) ~ (6)

구분	주석공시 요구사항	관련문단 (K-1113)
수준 3으로 측정된 공정가치의 민감도	• 관측가능하지 않은 투입변수의 변동으로 인한 공정가치 측정치의 민감도에 대한 서술적 기술 • 관측가능하지 않은 투입변수의 변동으로 공정가치가 유의적으로 변동한다면 그러한 변동의 효과	93(8)
공정가치가 공시되는 자산 · 부채에 대한 공정가치 관련 정보 등	• 공정가치로 측정되지 않으나 공정가치가 공시되는 자산 · 부채의 서열체계별 (수준 1, 수준 2, 수준 3) 공정가치 현황과 수준 2와 수준 3의 가치평가기법 및 투입변수 등	97
	• 비금융자산이 최고 최선의 사용과 다른 방식으로 사용되는 경우 그 이유	93(9)
	• 금융자산 · 부채를 순노출에 근거하여 관리하는 등 공정가치 측정의 예외를 적용하는 경우 그러한 사실	96
	• 신용보강이 존재하는 부채를 공정가치로 측정하는 경우 공정가치 측정 시 신용보강을 반영하였는지 여부 등	98

2. 주석공시 모범사례

1. 공정가치로 측정되는 자산 · 부채의 공정가치 측정치

(1) 공정가치 서열체계 및 측정방법

공정가치란 측정일에 시장참여자 사이의 정상거래에서 자산을 매도하면서 수취하거나 부채를 이전하면서 지급하게 될 가격을 의미합니다. 공정가치 측정은 측정일에 현행 시장 상황에서 자산을 매도하거나 부채를 이전하는 시장참여자 사이의 정상거래에서의 가격을 추정하는 것으로, 연결실체는 공정가치 평가 시 시장정보를 최대한 사용하고, 관측 가능하지 않은 변수는 최소한으로 사용하고 있습니다.

연결실체는 공정가치로 측정되는 자산 · 부채를 공정가치 측정에 사용된 투입변수에 따라 다음과 같은 공정가치 서열체계로 분류하였습니다.

- 수준 1 : 활성시장에서 공시되는 가격을 공정가치로 측정하는 자산 · 부채의 경우 동 자산 · 부채의 공정가치는 수준 1로 분류됩니다. 공정가치가 수준 1로 분류되는 자산 · 부채는 한국거래소에서 거래되는 ㅇㅇ 등이 있습니다.
- 수준 2 : 가치평가기법을 사용하여 자산 · 부채의 공정가치를 측정하는 경우, 모든 유의적인 투입변수가 시장에서 관측한 정보에 해당하면 자산 · 부채의 공정가치는 수준 2로 분류됩니다. 공정가치 수준 2로 분류되는 자산 · 부채는 ㅇㅇ 등이 있습니다.
- 수준 3 : 가치평가기법을 사용하여 자산 · 부채의 공정가치를 측정하는 경우, 하나 이상의 유의적인 투입변수가 시장에서 관측불가능한 정보에 해당하면 동 금융상품의 공정가치는 수준 3으로 분류됩니다. 공정가치 수준 3으로 분류되는 자산 · 부채는 ㅇㅇ 등이 있습니다.

자산 · 부채의 공정가치는 자체적으로 개발한 내부평가모형을 통해 평가한 값을 사용하거나 독립적인 외부평가기관이 평가한 값을 제공받아 사용하고 있습니다.

(2) 20××년 ×월 ×일 현재 재무상태표에 공정가치로 측정되는 자산 · 부채의 공정가치 서열체계별 공정가치 금액은 다음과 같습니다. (단위 : ××원) [문단 93(1), (2)]

구분주1)		수준별 공정가치 금액			합계
		수준 1	수준 2	수준 3	
자산	금융자산				
	매도가능금융자산	×××*1	×××*1	×××	×××
	…				
	투자부동산주2)				
	…				
부채	금융부채				
	…				

*1 해당 증권에 대한 시장에서의 거래량 증가로 인해 수준 2에서 수준 1로 변경된 금액은 ×××백만원이며, 연결실체는 공정가치 수준 간의 이동을 발생 시키는 사건이나 상황의 변동이 일어난 보고기간 말에 수준의 변동을 인식하고 있습니다. [문단 93(3)]

주1) 자산 · 부채의 구분은 자산 · 부채의 성격, 특성, 위험과 공정가치 서열체계에서 공정가치 측정치가 분류되는 수준 등을 고려하여 기업이 적절히 판단해야 함. [문단 92(3), 94]

2) 투자부동산의 공정가치 측정에 관한 공시사항을 별도의 '투자부동산' 주석에 기재하는 경우 자산 구분란에서 제외할 수 있음(이하 다른 표에서도 동일).

2. 공정가치 서열체계 수준 2의 가치평가기법 및 투입변수 설명

20××년 ×월 ×일 현재 재무상태표에서 공정가치로 측정되는 자산 · 부채 중 공정가치 서열체계 수준 2로 분류된 항목의 가치평가기법과 투입변수는 다음과 같습니다. (단위 : ××원) [문단 93(4)]

구분		공정가치 금액	가치평가기법	투입변수
자산	금융자산			
	매도가능금융자산			
	채무증권	×××	현금흐름 할인모형	할인율
	…			
	투자부동산			
	…			
부채	금융부채			
	…			

3. 공정가치 서열체계 수준 3 관련 공시

(1) 공정가치로 측정되는 자산 · 부채 중 공정가치 서열체계 수준 3으로 분류된 자산 · 부채의 당기 변동내역은 다음과 같습니다. (단위 : ××원) [문단 93(5)]

구분	금융자산	투자부동산	금융부채	합계
	…	…	…	
기초잔액	×××			
수준 3으로의 이동	×××*1			
수준 3에서의 이동	×××*2			
당해 기간의 총손익				
당기손익에 포함된 손익*3	×××			
기타포괄손익에 포함된 손익	×××			
매입, 발행, 매도 및 결제				
매입	×××			
발행	–			
매도	×××			
결제	–			
기말잔액	×××			

*1 평가방법이 시장가격에서 외부평가값으로 변경되어 수준 1에서 수준 3으로 이동하였으며, 연결실체는 수준 간 이동을 발생 시키는 사건이나 상황의 변동이 일어난 보고기간 말에 수준의 변동을 인식합니다.

*2 평가방법이 외부평가값에서 시장가격으로 변경되어 수준 3에서 수준 1로 이동하였으며, 연결실체는 수준 간 이동을 발생 시키는 사건이나 상황의 변동이 일어난 보고기간 말에 수준의 변동을 인식합니다.

*3 당기의 공정가치 서열체계 수준 3 변동내역 중 당기손익으로 인식된 금액과 보고기간 말 현재 보유하고 있는 자산 · 부채의 미실현 손익 변동액으로서 당기손익에 포함된 금액은 포괄손익계산서상 다음과 같은 개별항목으로 표시되고 있습니다. (단위 : ××원) [문단 93(5) · (6)]

구분 \ 개별항목	당기손익인식 금융상품 관련손익	금융자산관련 손상차손	…	합계
당기손익 인식금액				
보고기간 말 현재 보유하고 있는 자산 · 부채의 미실현손익의 변동액으로서 당기손익에 포함된 금액				

(2) 20××년 ×월 ×일 현재 재무상태표에서 공정가치로 측정된 자산 · 부채 중 공정가치 서열체계에 수준 3으로 분류된 항목의 가치평가기법, 투입변수, 유의적이지만 관측가능하지 않은 투입변수에 대한 범위 등은 다음과 같습니다. (단위 : ××원) [문단 93(4)]

구분		공정가치	가치평가기법	투입변수	유의적이지만 관측 가능하지 않은 투입변수	유의적이지만 관측가능하지 않은 투입변수의 범위
자산	금융자산					
	매도가능금융자산					
	지분증권	×××	현금흐름 할인모형	성장률 할인율	성장률 할인율	0.00% ~ 2.00% 1.84% ~ 9.78%
	…					

구분		공정가치	가치평가기법	투입변수	유의적이지만 관측 가능하지 않은 투입변수	유의적이지만 관측가능하지 않은 투입변수의 범위
	투자부동산					
	…					
부채	금융부채					
	…					

(3) 관측가능하지 않은 투입변수의 변동에 의한 공정가치 측정치의 민감도

※ 관측가능하지 않은 투입변수의 변동으로 공정가치 측정치가 유의적으로 변동하는 경우에만 작성

가. 관측가능하지 않은 투입변수의 변동이 공정가치 측정치에 미치는 영향은 다음과 같습니다. (단위 : ××원) [문단 93(8)(가)]

구분		공정가치	가치평가기법	관측 가능하지 않은 투입변수	관측가능하지 않은 투입변수가 공정가치 측정에 미치는 영향
자산	금융자산				
	매도가능금융자산				
	지분증권	×××	현금흐름 할인모형	성장률 할인율	성장률 상승에 따라 공정가치 상승 할인율 상승에 따라 공정가치 하락
	…				
자산	투자부동산				
	…				
부채	금융부채				
	…				

나. 관측가능하지 않은 투입변수의 변동이 금융자산과 금융부채의 공정가치 측정치에 미치는 효과는 다음과 같습니다. (단위 : ××원) [문단 93(8)(나)]

구분	공정가치	변동효과의 계산방법	공정가치 변동 효과			
			당기손익		기타포괄손익	
			유리한 변동	불리한 변동	유리한 변동	불리한 변동
금융자산						
매도가능금융자산						
지분증권	×××	성장률과 할인율을 1%p 증가 또는 감소시킴으로써 공정가치 변동을 산출			×××	×××
…						
금융부채						
…						

4. 공정가치로 측정되지는 않으나 공정가치가 공시되는 자산과 부채

※ 상각 후 원가로 측정되는 금융자산 · 부채, 원가로 측정되는 투자부동산 등과 같이 공정가치로 측정되지는 않으나, 관련 기준서*에 의해 공정가치를 공시해야 하는 경우 다음의 사항을 공시함.

*K-IFRS 제1107호(금융상품 : 공시) 문단 25, K-IFRS 제1040호(투자부동산) 문단 79(5) 등

(1) 20××년 ×월 ×일 현재 재무상태표에서 공정가치로 측정되지는 않으나 공정가치가 공시되는 자산 · 부채의 공정가치 서열체계에 따른 수준별 현황은 다음과 같습니다. (단위 : ××원) [문단 97, 93(2)]

구분		장부금액	공정가치 금액			
			수준 1	수준 2	수준 3	합계
자산	금융자산					
	…					
	투자부동산					
	…					
부채	금융부채					
	…					

(2) 20××년 ×월 ×일 현재 재무상태표에서 공정가치로 측정되지는 않으나 공정가치가 공시되는 자산 · 부채 중 공정가치 서열체계에 수준 2로 분류된 항목의 가치평가기법과 투입변수는 다음과 같습니다. (단위 : ××원) [문단 97, 93(4)]

구분		공정가치	가치평가기법	투입변수
자산	금융자산			
	…			
	투자부동산			
	…			
부채	금융부채			
	…			

(3) 20××년 ×월 ×일 현재 재무상태표에서 공정가치로 측정되지는 않으나 공정가치가 공시되는 자산 · 부채 중 공정가치 서열체계에 수준 3으로 분류된 항목의 가치평가기법, 투입변수, 관측가능하지 않은 투입변수 등에 대한 현황은 다음과 같습니다. [문단 97, 93(4)]

구분		공정가치	가치평가기법	투입변수	유의적이지만 관측 가능하지 않은 투입변수
자산	금융자산				
	…				
	투자부동산				
	…				
부채	금융부채				
	…				

04 | 금융자산 양도 관련 주석공시 모범사례(2015.12.)

▶ K-IFRS 제1109호(금융상품) 및 K-IFRS 제1107호(금융상품 공시)

1. 주석공시 요구사항

주석공시 요구사항	관련 문단 (K-1107)
1. 전체가 제거되지는 않은 양도 금융자산 [전부 또는 일부 미제거]	
(1) 양도자산의 성격	42D(1)
(2) 소유권으로 인하여 기업에 노출된 위험과 보상의 성격	42D(2)
(3) 양도자산과 관련 부채 간 관계의 성격에 대한 기술(양도로 인해 보고기업이 양도자산을 사용하는 데 대해 갖는 제약을 포함)	42D(3)
• 부채나 우발부채에 대한 담보로 제공된 금융자산의 장부금액	14(1)
• 담보와 관련된 조건	14(2)
(4) 관련 부채의 거래상대방이 양도자산에 대해서만 소구권을 가지고 있는 경우, 양도자산의 공정가치, 관련 부채의 공정가치 및 순포지션(양도자산과 관련 부채의 공정가치의 차이)의 내역	42D(4)
(5) 양도자산의 전체를 계속하여 인식하는 경우 그 양도자산과 관련 부채의 장부금액	42D(5)
(6) 양도자가 지속적으로 관여하는 정도까지만 금융자산을 계속하여 인식하는 경우, 양도 전 최초 자산의 총 장부금액, 양도자가 계속하여 인식하는 자산의 장부금액 및 관련 부채의 장부금액	42D(6)
2. 전체가 제거되었으나 지속적으로 관여하는 양도 금융자산 2-1 지속적 관여의 유형별로 다음 사항을 매 보고기간 말에 공시	42E
(1) 양도자의 재무상태표에 인식되어 있고 제거된 금융자산에 대한 양도자의 지속적 관여를 나타내는 자산과 부채의 장부금액, 그리고 해당 자산과 부채의 장부금액이 인식된 개별 항목	42E(1)
(2) 제거된 금융자산에 대한 양도자의 지속적 관여를 나타내는 자산과 부채의 공정가치	42E(2)
(3) 제거된 금융자산에 대한 양도자의 지속적 관여에서 발생하는 손실의 최대 익스포저 금액을 가장 잘 나타내는 금액, 그리고 손실의 최대 익스포저 금액이 어떻게 결정되는지를 보여주는 정보	42E(3)
(4) 제거된 금융자산을 재매입하기 위해 요구되거나 요구될 수 있는 미할인현금유출액 또는 양도자산과 관련되어 양수자에게 지급해야 하는 금액	42E(4)
(5) 위 (4)의 미할인현금유출액 또는 양수자에게 지급해야 하는 금액에 대한 만기분석(양도자의 지속적 관여의 잔여 계약만기를 포함)	42E(5)
(6) 위 (1) ~ (5)의 양적 공시를 설명하고 보완하는 질적 정보	42E(6)
2-2 양도자가 제거된 금융자산에 대해 두 가지 유형 이상의 지속적 관여를 갖는다면 양도자는 위 2-1에서 요구된 정보를 그 자산과 관련하여 통합할 수 있으며, 한 가지 유형의 지속적 관여로 보고	42F

주석공시 요구사항	관련 문단 (K-1107)
2-3 지속적 관여의 유형별로 다음 사항을 포괄손익계산서가 표시되는 매 기간에 공시	42G
(1) 자산의 양도일에 인식한 손익	42G(1)
(2) 제거된 금융자산에 대해 보고기간 및 누적기간 동안 양도자의 지속적 관여로 인해 인식한 수익과 비용	42G(2)
(3) (제거조건을 충족하는) 양도 행위에 따른 대가총액이 보고기간에 걸쳐 균등하게 발생하지 않는 경우, 다음 사항을 공시	42G(3)
(가) 보고기간 중 가장 큰 양도행위가 일어난 시기	42G(3)(가)
(나) 보고기간 중 (가)에 해당하는 기간에 일어난 양도행위로 인식한 금액	42G(3)(나)
(다) 보고기간 중 (가)에 해당하는 기간에 일어난 양도행위에 따른 대가총액	42G(3)(다)

2. 주석공시 모범사례

1. 중요한 회계정책

1.1 금융자산의 제거

1.1.1 연결회사는 다음 중 어느 하나에 해당하는 경우에 해당 금융자산을 전부 제거하고 있습니다. 이때 금융자산의 소유에 따른 위험과 보상의 이전 여부는 양도 금융자산에서 발생하는 순현금흐름의 금액과 시기의 변동에 대한 양도 전·후 양도자의 노출 정도를 비교하여 평가하며, 양도된 금융자산의 통제 여부는 양수자가 그 양도된 금융자산을 처분하는 데 명시적·암묵적 제약이 있는지에 따라 판단합니다.

(1) 금융자산의 현금흐름에 대한 계약상 권리가 소멸한 경우

(2) 금융자산의 현금흐름에 대한 권리를 양도하고, 그 양도된 금융자산의 소유에 따른 위험과 보상의 대부분(substantially all)을 이전한 경우

(3) 금융자산의 현금흐름에 대한 권리를 양도하고, 그 양도된 금융자산의 소유에 따른 위험과 보상의 대부분을 이전하지 않고 보유하지도 않으면서 그 양도된 금융자산을 통제하지도 않는 경우

1.1.2 반면에 연결회사가 금융자산의 현금흐름에 대한 권리를 양도하였으나 그 금융자산의 소유에 따른 위험과 보상의 대부분을 연결실체가 보유하고 있는 경우에는 해당 금융자산을 계속 인식하고, 양도할 때에 수취한 대가를 부채로 인식하고 있습니다(주석 2.1.1 참조). 이때 연결회사가 양도 금융자산의 소유에 따른 위험과 보상의 대부분을 보유하는 경우는 아래와 같습니다.

(1) 연결회사(양도자)가 금융자산을 매도한 후에 다음 중 어느 하나의 가격으로 양도 금융자산을 재매입하는 거래의 경우

① 미리 정한 가격

② 매도가격에 연결회사(양도자)에 금전을 대여하였더라면 그 대가로 받았을 이자수익을 더한 금액

(2) 유가증권대여계약을 체결한 경우

(3) 시장위험을 다시 연결회사(양도자)에 이전하는 총수익스왑과 함께 금융자산을 매도한 경우

(4) 연결회사(양도자)가 매도한 금융자산에 대한 콜옵션을 보유하고 있거나 양수자가 해당 금융자산에 대한 풋옵션을 보유하고 있으며, 해당 콜옵션이나 풋옵션이 깊은 내가격 상태이기 때문에 만기 이전에 해당 옵션이 외가격 상태가 될 가능성이 매우 낮은 경우

(5) 연결회사(양도자)가 양수자에게, 발생가능성이 높은 대손의 보상을 보증하면서 단기수취채권을 매도한 경우

1.1.3 한편 연결회사가 양도 금융자산의 소유에 따른 위험과 보상의 대부분을 보유하지도 않고 이전하지도 않지만 그 양도 금융자산을 계속 통제하고 있는 경우에는, 그 금융자산에 대하여 지속적으로 관여하는 정도까지 계속하여 인식하고, 관련부채도 함께 인식하고 있습니다(주석 2.1.2 참조). 이때 지속적 관여의 정도는 그 양도 금융자산의 가치 변동에 대하여 연결회사가 부담하는 노출정도를 말하는 것으로, 예를 들면 아래와 같습니다.

(1) 연결회사(양도자)가 양도 금융자산에 대한 보증을 제공하는 형태로 지속적 관여가 이루어지는 경우에 지속적 관여의 정도는 (가) 양도 금융자산의 장부금액, (나) 수취한 대가 중 상환을 요구받을 수 있는 최대금액(보증금액) 중 작은 금액이 됩니다.

(2) 연결회사(양도자)가 발행한 풋옵션에 따른 의무나 연결회사가 보유하는 콜옵션에 따른 권리로 인해 지속적 관여가 이루어지는 경우에 지속적 관여의 정도는 양도 금융자산 중 연결회사가 재매입할 수 있는 금액이 됩니다. 다만, 공정가치로 측정하는 금융자산에 대하여 풋옵션을 발행하는 경우에 지속적 관여의 정도는 양도 금융자산의 공정가치와 옵션의 행사가격 중 작은 금액이 됩니다.

1.1.4 또한 연결회사가 양도 금융자산의 소유에 따른 위험과 보상의 대부분을 보유하지 않아 그 금융자산을 제거하였으나, 양도된 금융자산에 대하여 지속적으로 관여하는 경우에는 지속적 관여의 성격 및 관련된 위험을 공시하고 있습니다(주석 2.2 참조).

2. 금융자산의 양도

2.1 전체가 제거되지는 않은 (양도거래 후에도 해당 금융자산 전체나 일부가 재무상태표에 표시되는) 양도 금융자산

2.1.1 당기말 및 전기말 현재 존재하는, 전체가 제거되지 못한 (양도거래 후에도 해당 자산 전체가 재무상태표에 표시되는) 양도 금융자산과 관련 부채에 대한 정보는 다음과 같습니다.

(단위 : 백만원)

구분	매출채권		매도가능증권		…	
	당기말[1), 2)]	전기 말[2)]	당기말[3), 4)]	전기 말[4)]	당기말	전기말
• 양도 자산의 장부금액 • 관련 부채의 장부금액	× (×)	× (×)	× (×)	× (×)	× (×)	× (×)
• 양수인이 양도자산에 대해서만 소구권을 갖고 있는 경우[2)] : 양도 자산의 공정가치(A) 관련 부채의 공정가치(B)	× (×)	× (×)	–	–	–	–
순포지션(A – B)	×	×				

주 : 1) 20××.×.×. 연결회사는 ㅇㅇ은행 등과의 매출채권 팩토링 계약에 따라 매출채권을 할인하였습니다. 이 거래는 해당 매출채권이 만기에 회수되지 않는 경우 연결회사가 은행 등에 그 회수되지 않은 매출채권 금액을 지급할 의무를 부담하고 있으므로 소구권(상환청구권)이 있는 거래에 해당합니다. 연결회사는 양도 후에도 해당 매출채권에 대한 위험과 보상 대부분을 보유하고 있어, 동 거래를 담보부 차입으로 회계처리하였습니다.

2) 20××.×.×. 종속기업인 ㅇㅇ사는 보유 중인 매출채권을 유동화하기 위해 ㅇㅇ제×차유동화전문유한회사(이하 'SPC')에 매출채권을 양도하였습니다. SPC는 양수한 매출채권을 기초자산으로 선순위 및 후순위 유동화증권을 발행하였으며, 종속기업인 ㅇㅇ사는 후순위 유동화증권을 전액 인수하는 방법으로 신용보강을 제공하고 있어 기초자산인 매출채권에 대손이 발생할 경우 그 위험은 연결실체에 우선적으로 귀속됩니다. SPC는 양수한 매출채권에 대해서만 소구권을 갖고 있습니다. 연결회사는 양도 후에도 해당 매출채권에 대한 위험과 보상 대부분을 보유하고 있어, 동 거래를 담보부 차입으로 회계처리하였습니다.

3) 20××.×.×. 연결회사는 보유 중인 ㅇㅇ사 주식(매도가능증권)을 총수익스왑(TRS; Total Return Swap) 조건으로 매각하였습니다. 총수익스왑 계약에 따르면, 양수인이 ㅇㅇ사 주식을 처분하거나 계약기간이 종료할 때까지 ㅇㅇ사 주식에서 발생하는 배당금은 연결회사가 수취하며, 양수인이 ㅇㅇ사 주식을 처분할 때나 계약기간이 종료할 때 주식의 처분가격 또는 공정가치와 연결회사가 양도한 가격과의 차이를 추가 정산(가치 상승분은 추가 수취, 가치 하락분은 추가 지급)하기로 되어 있습니다. 연결회사는 양도 후에도 ㅇㅇ사 주식의 위험과 보상 대부분을 보유하고 있어, 동 거래를 담보부 차입으로 회계처리하였습니다.

4) 연결회사는 보유 중인 국 · 공채(매도가능증권)를 ㅇㅇ증권에 환매조건부로 매각하였습니다. 연결회사는 매각과 동시에, 계약종료일에 특정가격으로 증권을 재매입하기로 약정하였고, 그 환매약정기간에 ㅇㅇ증권은 매입한 국 · 공채를 매각하거나 다른 금융기관에 담보로 제공하는 것이 금지됩니다. 연결회사는 양도 후에도 해당 국 · 공채에 대한 위험과 보상 대부분을 보유하고 있어, 동 거래를 담보부 차입으로 회계처리하였습니다.

2.1.2 당기말 및 전기말 현재 존재하는, 지속적으로 관여하는 정도까지 제거되지 않은 (양도거래 후에도 해당 금융자산의 일부가 재무상태표에 표시되는) 양도 금융자산과 관련 부채에 대한 정보는 다음과 같습니다.

(단위 : 백만원)

구분	매출채권		매도가능증권		…	
	당기말[1), 2)]	전기 말[2)]	당기말[3), 4)]	전기 말[4)]	당기말	전기말
• 양도 전 자산의 장부금액 • 양도 후 자산의 장부금액 • 관련 부채의 장부금액	×× × (×)	×× × (×)	×× × (×)	×× × (×)	×× × (×)	×× × (×)
• 양수인이 양도자산에 대해서만 소구권을 갖고 있는 경우[3)] : 양도 자산의 공정가치(A) 관련 부채의 공정가치(B)	–	–	× (×)	–	–	–
순포지션(A – B)			×			

주 : 1) 20××.×.×. 연결회사는 매출채권을 ○○ 등에 양도하고, ○○ 등이 양도 매출채권을 적시에 회수하지 못할 경우 최장 6개월분에 해당되는 지연이자를 지급하기로 약정하였습니다. 연결회사는 양도거래 이후에도 해당 매출채권의 회수지연에 대한 위험은 계속 보유하고 있어, 해당 매출채권과 관련된 위험과 보상의 대부분을 이전하지도 보유하지도 않습니다. 또한 양수자인 ○○ 등은 해당 매출채권을 독립된 제3자에게 추가적인 제약 없이 매도할 수 있는 실질적 능력을 행사할 수 없으므로 해당 매출채권을 통제하지도 못합니다. 따라서 연결회사는 해당 매출채권 중 지속적으로 관여하는 정도까지 양도 매출채권을 계속 인식하고 관련 부채는 차입금으로 계상하였습니다.

2) 20××.×.×. 연결회사는 ○○은행에 매출채권을 할인 양도하고, 양도한 매출채권이 만기에 회수되지 않을 경우 ×백만원을 한도로 하여 회수되지 않은 매출채권에 대한 소구의무를 부담하기로 약정하였습니다. 연결회사는 양도거래 이후에도 해당 매출채권의 신용위험 일부를 계속 부담하고 있어 해당 매출채권과 관련된 위험과 보상의 대부분을 이전하지도 보유하지도 않습니다. 또한 양수자인 ○○ 은행은 해당 매출채권을 독립된 제3자에게 추가적인 제약 없이 매도할 수 있는 실질적 능력을 행사할 수 없으므로 해당 매출채권을 통제하지도 못합니다. 따라서 연결회사는 해당 매출채권 중 지속적으로 관여하는 정도까지 재무상태표에 계속 인식하고 관련 부채는 차입금으로 계상하였습니다.

3) 20××.×.×. 연결회사는 보유 중이던 ○○사 주식을 양수인이 3년간 제3자에게 처분하지 않는 조건으로 ○○ PEF에 양도하였고, ○○PEF가 양수한 주식을 기초자산으로 하여 발행한 후순위채권 중 일부를 인수하였습니다. ○○PEF는 양수한 주식에 대해서만 소구권을 갖고 있습니다. 연결회사는 양도거래 이후에도 ○○사 주식의 공정가치 변동 위험에 노출되어 있어, ○○사 주식에 대한 위험과 보상의 대부분을 이전하지도 보유하지도 않습니다. 또한 양수자인 ○○PEF는 해당 주식을 독립된 제3자에게 추가적인 제약 없이 매도할 수 있는 실질적 능력을 행사할 수 없으므로 해당 주식을 통제하지도 못합니다. 따라서 연결회사는 해당 주식 중 지속적으로 관여하는 정도까지 재무상태표에 계속 인식하고 관련 부채는 차입금으로 계상하였습니다.

4) 20××.×.×. 연결회사는 보유 중이던 ○○사 발행 무보증회사채를 2년 이내에 콜옵션을 행사할 수 있는 조건으로 양도하였습니다. 이때 콜옵션 행사가격은 깊은 내가격 상태도 아니고, 깊은 외가격 상태도 아니어서 양도인은 양도거래 이후에도 해당 회사채에 대한 위험과 보상의 대부분을 이전하지도 보유하지도 않습니다. 또한 해당 무보증회사채는 시장에서 용이하게 매매할 수 없어 양수인은 해당 회사채를 독립된 제3자에게 추가적인 제약 없이 매도할 수 있는 실질적 능력을 행사할 수 없으므로 해당 회사채를 통제하지도 못합니다. 따라서 연결회사는 해당 회사채 중 지속적으로 관여하는 정도까지 재무상태표에 계속 인식하고 관련 부채는 차입금으로 계상하였습니다.

2.2 전체가 제거된(양도거래로 해당 금융자산이 더 이상 재무상태표에 표시되지 않는) 양도 금융자산에 대한 지속적 관여

2.2.1 당기말 및 전기말 현재 존재하는, 전체가 제거된 양도 금융자산에 대한 지속적 관여와 관련하여, 지속적 관여를 나타내는 자산과 부채, 지속적 관여에서 발생하는 손실에 대한 최대 익스포저 금액에 관한 정보는 다음과 같습니다.

(당기)

(단위 : 백만원)

지속적 관여의 유형	지속적 관여 관련 자산 · 부채						지속적 관여에서 발생 가능한 최대 손실 익스포저 금액[3]
	파생상품자산		파생상품부채		…		
	장부금액	공정가치	장부금액	공정가치	장부금액	공정가치	
풋옵션 매도[1]			(×)	(×)			×
콜옵션 매수[2]	×	×					×
⋮							
합계	×	×	(×)	(×)	×	×	×

(전기)

(단위 : 백만원)

지속적 관여의 유형	지속적 관여 관련 자산 · 부채						지속적 관여에서 발생 가능한 최대 손실 익스포저 금액[3]
	파생상품자산		파생상품부채		…		
	장부금액	공정가치	장부금액	공정가치	장부금액	공정가치	
풋옵션 매도[1]			(×)	(×)			×
콜옵션 매수[2]	×	×					×
⋮							
총금액	×	×	(×)	(×)	×	×	×

주 : 1) 20××.×.×. 연결회사는 보유 중이던 ○○사 주식을 양수인이 풋옵션을 보유하는 조건으로 양도하였습니다 [만일 연결회사가 풋옵션에 내재된 위험을 관리하기 위하여 위험회피활동을 한다면 "한편 연결회사는 양수인에게 발행한 풋옵션에 내재된 위험(○○사 주식의 가치가 하락할 위험)을 관리하기 위하여, ○○사 주식 가치와 상관관계가 높은 KOSPI 200에 대한 풋옵션을 매입하였습니다."와 같이 위험을 관리하는 방법을 설명].

2) 20××.×.×. 연결회사는 보유 중이던 ○○사 발행 회사채를 연결회사가 콜옵션을 보유하는 조건으로 양도하였습니다.

3) 풋옵션 매도로 인한 지속적 관여의 최대 손실 익스포저 금액은 양도 금융자산의 가치가 "0"이 될 경우를 가정하여 산정하였으며, 콜옵션 매수로 인한 지속적 관여의 최대 손실 익스포저 금액은 콜옵션을 보유하기 위하여 지불한 금액으로 산정하였습니다.

2.2.2 당기와 전기 중 전체가 제거된 양도 금융자산에 대한 지속적 관여와 관련하여, 제거된 금융자산을 재매입하기 위한 미할인현금유출액 및 양수인에게 지급해야 하는 기타 금액과 각각의 만기는 다음과 같습니다.

(당기)

(단위 : 백만원)

지속적 관여의 유형	재매입에 필요한 미할인현금유출액 및 양수인에게 지급해야 할 금액	만기별 구분						
		1개월 미만	1 ~ 3 개월	3 ~ 6 개월	6개월 ~ 1년	1 ~ 3년	3 ~ 5년	5년 초과
풋옵션 매도	×	×		×		×		×
콜옵션 매수	×	×	×			×		
⋮								

(전기)

(단위 : 백만원)

지속적 관여의 유형	재매입에 필요한 미할인현금유출액 및 양수인에게 지급해야 할 금액	만기별 구분						
		1개월 미만	1 ~ 3 개월	3 ~ 6 개월	6개월 ~ 1년	1 ~ 3년	3 ~ 5년	5년 초과
풋옵션 매도	×	×		×		×		×
콜옵션 매수	×	×	×			×		
⋮								

2.2.3 당기말 및 전기말 현재 존재하는, 전체가 제거된 양도 금융자산에 대한 지속적 관여와 관련하여 해당 양도거래와 지속적 관여에서 발생한 손익은 다음과 같습니다.

(당기)

(단위 : 백만원)

지속적 관여의 유형	양도거래로 인식한 손익		지속적 관여로 인해 인식한 손익[1]	
	매출채권처분손익	매도가능증권처분손익	보고기간	누적기간
풋옵션 매도		×	×	×
콜옵션 매수		×	×	×
⋮				
합계	×	×	×	×

(전기)

(단위 : 백만원)

지속적 관여의 유형	양도거래로 인식한 손익		지속적 관여로 인해 인식한 손익[1]	
	매출채권처분손익	매도가능증권처분손익	보고기간	누적기간
풋옵션 매도		×	×	×
콜옵션 매수		×	×	×
⋮				
합계	×	×	×	×

주 : 1) 지속적 관여로 인해 인식한 손익은 전체가 제거된 양도 금융자산에 대한 지속적 관여를 나타내는 콜옵션 · 풋옵션의 평가손익 등입니다.

2.2.4 당기 및 전기에 연결회사의 지속적 관여가 존재하나 전체가 제거된 금융자산의 양도거래 중 상당부분이 보고기간 말에 이루어졌으며, 이와 관련한 정보는 다음과 같습니다.

(당기)

(단위 : 백만원)

지속적 관여의 유형	보고기간 중 가장 큰 양도행위가 일어난 시기(A)	(A)기간에 발생한 양도거래의	
		발생 손익	양도대가 총액
풋옵션 매도	보고기간 말 이전 5일간	×	×
콜옵션 매수	보고기간 말 7일 전	×	×
⋮			
합계		×	×

(전기)

(단위 : 백만원)

지속적 관여의 유형	보고기간 중 가장 큰 양도행위가 일어난 시기(A)	(A)기간에 발생한 양도거래의	
		발생 손익	양도대가 총액
풋옵션 매도	보고기간 말 이전 5일간	×	×
콜옵션 매수	보고기간 말 7일 전	×	×
⋮			
합계		×	×

3. 금융자산

1) 매출채권

당기말 및 전기말 현재 매출채권 내역은 다음과 같습니다.

(단위 : 백만원)

구분	금액	
	당기말	전기말
매출채권[1)]	×	×
대손충당금	(×)	(×)
합계	×	×

주 : 1) 매출채권 팩토링, 자산유동화방식 등으로 양도하였으나 양도 금융자산의 전부 또는 일부가 제거조건을 충족하지 못하여 담보부 차입으로 회계처리한 매출채권의 장부금액(당기말 × 백만원, 전기말 × 백만원)이 포함되어 있습니다(주석 2, 4 참조).

2) 매도가능증권

당기말 및 전기말 현재 매도가능증권의 내역은 다음과 같습니다.

(단위 : 백만원)

구분	금액	
	당기말	전기말
상장주식[1)]	×	×
비상장주식	×	×
국공채[2)]	×	×
상장 회사채	×	×
비상장 회사채[3)]	×	×
합계	×	×

주 : 1) 주식을 양도하면서 총수익스왑 계약을 체결하거나 양수인이 양수한 주식을 기초자산으로 하여 발행한 후순위채권을 인수함에 따라 양도 금융자산의 전부 또는 일부가 제거조건을 충족하지 못하여 담보부 차입으로 회계처리한 주식의 장부금액(당기말 × 백만원, 전기말 × 백만원)이 포함되어 있습니다(주석 2, 4 참조).

2) 환매조건부로 국공채를 양도함에 따라 금융자산의 제거조건을 충족하지 못하여 담보부 차입으로 회계처리한 국공채의 장부금액(당기말 × 백만원, 전기말 × 백만원)이 포함되어 있습니다(주석 2, 4 참조).

3) 시장성이 없는 회사채를 양도하면서 콜옵션을 보유함에 따라 양도 금융자산의 일부가 금융자산의 제거조건을 충족하지 못하여 담보부 차입으로 회계처리한 회사채의 장부금액(당기말 × 백만원, 전기말 × 백만원)이 포함되어 있습니다(주석 2, 4 참조).

4. 차입금

당기말 및 전기말 현재 차입금 내역은 다음과 같습니다.

(단위 : 백만원)

구분	차입처	차입일	만기일	이자율(%)	금액	
					당기	전기
외화단기차입금	ㅇㅇ은행				×	×
매출채권 담보차입금[1)]	ㅇㅇ은행				×	×
유동화차입금[1)]	ㅇㅇ유동화전문(유)				×	×
증권 담보차입금[2)]	ㅇㅇ증권					
…						
합계					×	×

주 : 1) 매출채권 팩토링, 자산유동화방식 등으로 금융자산을 양도하면서 소구권(상환청구권)을 부여하거나 양수인이 발행한 후순위채권을 인수함에 따라, 양도 금융자산의 전부 또는 일부가 제거조건을 충족하지 못하여 담보부 차입으로 회계처리한 양도 매출채권과 관련한 차입금(당기말 × 백만원, 전기말 × 백만원)이 포함되어 있습니다 (주석 2, 3 참조).

2) 주식이나 채권을 양도하면서 총수익스왑, 환매조건, 콜옵션 계약 등을 체결함에 따라 양도된 증권의 전부 또는 일부가 제거조건을 충족하지 못하여 담보부 차입으로 회계처리한 양도 증권과 관련한 차입금(당기말 × 백만원, 전기말 × 백만원)이 포함되어 있습니다(주석 2, 3 참조).

05 | K-IFRS 제1109호 및 제1115호 관련 주석공시 모범사례(2016.12.)

▶ K-IFRS 제1109호(금융상품), K-IFRS 제1115호(고객과의 계약에서 생기는 수익)

1. 중요한 회계정책

201×년 ××월 ××일 현재 제정 · 공표되었으나 시행일이 도래하지 않아 적용하지 아니한 새로운 한국채택국제회계기준은 다음과 같습니다.

1.1 기업회계기준서 제1109호 「금융상품」

2015년 9월 25일 제정된 기업회계기준서 제1109호 「금융상품」은 2018년 1월 1일 이후 최초로 시작되는 회계연도부터 적용하되 조기 적용할 수도 있습니다. 동 기준서는 현행 기업회계기준서 제1039호 「금융상품 : 인식과 측정」을 대체할 예정입니다. 연결회사는 기업회계기준서 제1109호를 2018년 1월 1일 이후 시작되는 회계연도부터 적용할 예정입니다.

❑ 보험회사가 기업회계기준서 제1109호 한시적 면제 규정을 적용할 계획인 경우

2015년 9월 25일 제정된 기업회계기준서 제1109호 「금융상품」은 원칙적으로 2018년 1월 1일 이후 최초로 시작되는 회계연도부터 적용해야 하지만, 연결회사는 기업회계기준서 제1104호 「보험계약」이 개정 · 공표되어 기업회계기준서 제1109호의 적용을 한시적으로 면제받을 수 있게 될 경우, 2020년까지 기업회계기준서 제1109호의 적용을 면제받을 계획입니다. 국제회계기준위원회(IASB)는 2016년 9월 13일 IFRS 4를 개정 · 공표하였고, 한국회계기준원은 기업회계기준서 제1104호 「보험계약」의 개정 절차를 진행 중입니다. 연결회사는 201×년 ××월 ××일 현재 보험과 관련된 부채의 비율이 총부채금액의 90%를 초과하므로 기업회계기준서 제1109호 적용의 한시적 면제 요건을 충족할 수 있어 기업회계기준서 제1109호는 2021년 1월 1일 이후 시작되는 회계연도부터 적용할 것으로 예상합니다.

새로운 기업회계기준서 제1109호는 소급 적용함이 원칙이나, 금융상품의 분류 · 측정, 손상의 경우 비교정보 재작성을 면제하는 등 일부 예외조항을 두고 있고, 위험회피회계의 경우 옵션의 시간가치 회계처리 등 일부 예외조항을 제외하고는 전진적으로 적용합니다.

기업회계기준서 제1109호의 주요 특징으로 금융자산의 관리를 위한 사업모형과 금융자산의 계약상 현금흐름 특성에 근거한 금융자산의 분류와 측정, 기대신용손실에 기초한 금융상품의 손상모형, 위험회피회계 적용조건을 충족하는 위험회피대상항목과 위험회피수단의 확대 또는 위험회피효과 평가방법의 변경 등을 들 수 있습니다.

기업회계기준서 제1109호의 원활한 도입을 위해서는 일반적으로 재무영향분석 및 회계정책 수립, 회계시스템 구축, 시스템 안정화 등의 준비 작업이 필요합니다. 동 기준서를 최초로 적용하는 회계기간의 재무제표에 미치는 영향은 동 기준서에 따른 회계정책의 선택과 판단뿐 아니라 해당 기간에 연결회사가 보유하는 금융상품과 경제상황 등에 따라 다를 수 있습니다.

❑ 상황 2 「예비적 재무영향분석 실시 기업」의 추가 기재사항

연결회사는 기업회계기준서 제1109호의 최초 적용에 따른 재무적 영향을 평가하기 위하여 201×년 ××월 ××일 현재 상황 및 입수 가능한 정보에 기초하여 201×년 재무제표에 미치는 잠재적인 영향을 예비 평가하였고, 동 기준서를 적용할 경우 재무제표에 미칠 것으로 예상되는 재무적 영향은 다음과 같습니다. 연결회사는 향후 추가적인 정보에 기초하여 보다 구체적인 재무영향을 분석할 예정이고, 201×년 ××월 ××일 기준 예비영향평가 결과는 향후 연결회사가 이용할 수 있는 추가 정보 등에 따라 변경될 수 있습니다.

❑ 상황 1 「재무영향분석 미실시 기업」의 추가 기재사항

연결회사는 기업회계기준서 제1109호의 도입과 관련하여 금융상품 보고와 관련한 내부관리 프로세스 정비 또는 회계처리시스템 변경 작업에 착수하지 못하였고, 동 기준서를 적용할 경우 재무제표에 미칠 수 있는 재무적 영향을 분석하지 못했습니다. 다만, 동 기준서의 주요 사항별로 재무제표에 미칠 수 있는 일반적인 영향은 다음과 같습니다.

❑ 상황 3 「구체적 재무영향분석 실시 기업」의 추가 기재사항

연결회사는 기업회계기준서 제1109호의 적용을 위하여 금융상품 보고와 관련한 내부관리 프로세스 정비 또는 회계처리시스템 변경 작업을 완료하였습니다. 연결회사가 동 기준서의 최초 적용에 따른 영향을 평가하기 위하여 201×년 ××월 ××일 현재 상황 및 입수 가능한 정보에 기초하여 201×년 재무제표에 미치는 재무적 영향을 분석한 결과 동 기준서의 주요사항별로 재무제표에 미칠 것으로 예상되는 재무적 영향은 다음과 같습니다.

1.1.1 금융자산의 분류 및 측정

새로운 기업회계기준서 제1109호를 적용할 경우 연결회사는 금융자산의 관리를 위한 사업모형과 금융자산의 계약상 현금흐름 특성에 근거하여 다음 표와 같이 금융자산을 후속적으로 상각후원가, 기타포괄손익-공정가치, 당기손익-공정가치로 측정되도록 분류하고, 복합계약이 금융자산을 주계약으로 포함하는 경우에는 내재파생상품을 분리하지 않고 해당 복합계약 전체를 기준으로 금융자산을 분류합니다.

계약상 현금흐름 특성 / 사업모형	원금과 이자만으로 구성	그 외의 경우
계약상 현금흐름 수취 목적	상각후원가 측정[1]	당기손익-공정가치 측정[2]
계약상 현금흐름 수취 및 매도 목적	기타포괄손익-공정가치 측정[1]	
매도 목적, 기타	당기손익-공정가치 측정	

주 : 1) 회계불일치를 제거하거나 감소시키기 위하여 당기손익-공정가치 측정 항목으로 지정할 수 있음(취소 불가).

2) 단기매매목적이 아닌 지분증권의 경우 기타포괄손익-공정가치 측정 항목으로 지정할 수 있음(취소 불가).

기업회계기준서 제1109호에서 금융자산을 상각후원가 또는 기타포괄손익-공정가치 측정 대상으로 분류하기 위한 요건이 현행 기업회계기준서 제1039호의 요건보다 엄격하므로, 기업회계기준서 제1109호 도입 시 당기손익-공정가치 측정 대상 금융자산의 비중이 증가하여 당기손익의 변동성이 확대될 수 있습니다.

연결회사는 201×년 ××월 ××일 현재 대여금 및 수취채권 ○○○백만원, 만기보유금융자산 ○○○백만원, 매도가능금융자산 ○○○백만원, 당기손익인식금융자산 ○○○백만원을 보유하고 있습니다.

기업회계기준서 제1109호에 따르면 계약조건에 따라 특정일에 원금과 원금 잔액에 대한 이자만으로 구성된 현금흐름이 발생하고 계약상 현금흐름 수취를 목적으로 하는 채무상품만 상각후원가로 측정할 수 있습니다. 연결회사는 201×년 ××월 ××일 현재 대여금 및 수취채권 ○○○백만원, 만기보유금융자산 ○○○백만원을 상각후원가로 측정하고 있습니다.

❏ 상황 2「예비적 재무영향분석 실시 기업」의 추가 기재사항

예비영향평가 결과에 따르면 기업회계기준서 제1109호를 201×년 ××월 ××일 현재 위 금융자산에 적용할 경우, 대부분 계약조건에 따라 특정일에 원금과 원금 잔액에 대한 이자만으로 구성된 현금흐름이 발생하고 계약상 현금흐름 수취를 목적으로 하므로 상각후원가로 측정되는 항목으로 분류되어 재무제표에 중대한 영향을 미치지 않을 것으로 판단합니다.

기업회계기준서 제1109호에 따르면 계약조건에 따라 특정일에 원금과 원금 잔액에 대한 이자만으로 구성된 현금흐름이 발생하고 계약상 현금흐름 수취 및 매도를 목적으로 하는 채무상품을 기타포괄손익–공정가치로 측정합니다. 연결회사는 201×년 ××월 ××일 현재 매도가능금융자산으로 분류된 채무상품 ○○○백만원을 보유하고 있고, 이 중에는 복합상품에서 내재파생상품을 분리한 후 주계약이 채무상품인 경우도 ○○○백만원 포함되어 있습니다.

❏ 상황 2「예비적 재무영향분석 실시 기업」의 추가 기재사항

예비영향평가 결과에 따르면 기업회계기준서 제1109호를 201×년 ××월 ××일 현재 위 매도가능금융자산으로 분류된 채무상품에 적용할 경우, 대부분이 기타포괄손익–공정가치로 측정되는 금융자산으로 분류될 것으로 예상합니다. 다만, 수익증권 ○○○백만원과 복합상품의 주계약인 채무상품 ○○○백만원의 경우 계약상 현금흐름이 원금과 원금 잔액에 대한 이자만으로 구성되어 있지 않아 당기손익–공정가치 측정 항목으로 분류될 가능성이 있어 당기손익 변동성이 다소 증가할 것으로 판단합니다.

기업회계기준서 제1109호에 따르면 단기매매목적으로 보유하지 않는 지분상품은 최초 인식시점에 기타포괄손익–공정가치 측정 항목으로 지정하는 취소불가능한 선택을 할 수 있고, 동 포괄손익은 후속적으로 당기손익으로 재순환(recycling)되지 않습니다. 연결회사의 201×년 ××월 ××일 현재 매도가능금융자산으로 분류된 지분상품은 ○○○백만원이고, 201× 회계연도 중 매도가능지분상품 관련 미실현평가손익 ○○○백만원이 당기손익으로 재순환되었습니다.

❑ 상황 2 「예비적 재무영향분석 실시 기업」의 추가 기재사항

예비영향평가 결과에 따르면 연결회사는 매도가능지분상품 중 대부분을 차지하는 장기 투자 목적의 지분상품을 기타포괄손익-공정가치 측정 항목으로 지정할 계획을 갖고 있어, 기업회계기준서 제1109호를 적용하더라도 해당 금융자산이 재무제표에 중대한 영향을 미치지는 않을 것으로 판단합니다.

기업회계기준서 제1109호에 따르면 계약조건에 따른 현금흐름이 원금과 원금 잔액에 대한 이자만으로 구성되지 않거나 매매가 주된 목적인 채무상품과 기타포괄손익-공정가치 측정 항목으로 지정하지 않은 지분상품은 당기손익-공정가치로 측정합니다. 연결회사는 201× 년 ××월 ××일 현재 당기손익인식금융자산으로 분류된 채무상품과 지분상품을 각각 ○○○백만원, ○○○백만원 보유하고 있습니다.

❑ 상황 2 「예비적 재무영향분석 실시 기업」의 추가 기재사항

예비영향평가 결과에 따르면 기업회계기준서 제1109호를 201×년 ××월 ××일 현재 당기손익인식금융자산에 적용할 경우, 대부분이 당기손익-공정가치 측정 항목으로 분류되어 해당 금융자산이 재무제표에 미치는 영향은 거의 없을 것으로 판단합니다.

❑ 상황 3 「구체적 재무영향분석 실시 기업」의 추가 기재사항

기업회계기준서 제1109호를 적용하려고 연결회사가 구축한 금융상품 회계처리시스템을 이용하여 추정한, 201×년 ××월 ××일 현재 연결회사가 보유하고 있는 금융자산(파생상품 제외)의 분류 및 측정에 미치는 영향은 아래 표와 같습니다.

(단위 : 백만원)

계정과목	K-IFRS 제1039호에 따른 분류	K-IFRS 제1109호에 따른 분류	K-IFRS 제1039호에 따른 금액	K-IFRS 제1109호에 따른 금액
예치금	대여금 및 수취채권	상각후원가	×××	×××
…				
채무상품	만기보유금융자산	상각후원가	×××	×××
채무상품	만기보유금융자산	당기손익-공정가치	×××	×××
…				
채무상품	매도가능금융자산	기타포괄손익-공정가치	×××	×××
채무상품	매도가능금융자산	당기손익-공정가치	×××	×××
지분상품	매도가능금융자산	기타포괄손익-공정가치 지정	×××	×××
지분상품	매도가능금융자산	당기손익-공정가치	×××	×××
…				

계정과목	K-IFRS 제1039호에 따른 분류	K-IFRS 제1109호에 따른 분류	K-IFRS 제1039호에 따른 금액	K-IFRS 제1109호에 따른 금액
채무상품	당기손익인식금융자산	당기손익-공정가치	×××	×××
지분상품	당기손익인식금융자산	당기손익-공정가치	×××	×××
파생상품을 제외한 금융자산 합계			×××	×××

기업회계기준서 제1109호를 적용할 경우 201×년 ××월 ××일 현재 상각후원가로 측정되는 대여금 및 수취채권과 만기보유금융자산 중 ○○○백만원, 매도가능금융자산 중 ○○○백만원이 당기손익-공정가치 측정 항목으로 분류되어 전체 금융자산(파생상품 제외) ○○○백만원 중 당기손익-공정가치 측정 금융자산의 비중이 ○○%에서 ○○%로 증가하고, 금융자산의 공정가치 변동에 따른 당기손익 변동성이 심화될 것으로 판단합니다.

1.1.2 금융부채의 분류 및 측정

새로운 기업회계기준서 제1109호에 따르면 당기손익-공정가치 측정 항목으로 지정한 금융부채의 공정가치 변동 중 해당 금융부채의 신용위험 변동으로 인한 부분은 당기손익이 아닌 기타포괄손익으로 표시하고, 동 기타포괄손익은 후속적으로 당기손익으로 재순환하지 않습니다. 다만, 금융부채의 신용위험 변동에 따른 공정가치 변동을 기타포괄손익으로 인식하면 회계불일치가 발생하거나 확대될 경우에는 해당 공정가치 변동을 당기손익으로 인식합니다.

현행 기업회계기준서 제1039호에서 모두 당기손익으로 인식했던 당기손익-공정가치 측정 항목으로 지정한 금융부채의 공정가치 변동 중 일부가 기타포괄손익으로 표시되므로 금융부채의 평가 관련 당기손익이 감소할 수 있습니다.

연결회사는 201×년 ××월 ××일 현재 금융부채 ○○○백만원 중 ○○○백만원을 당기손익-공정가치 측정 항목으로 지정하였고, 201× 회계연도 중 당기손익-공정가치 측정 금융부채와 관련하여 ○○○백만원의 공정가치 상승(하락)을 당기손실(이익)로 인식하였습니다.

❑ 상황 2 「예비적 재무영향분석 실시 기업」의 추가 기재사항

예비영향평가 결과에 따르면 201×년 ××월 ××일 현재 당기손익인식 금융부채는 대부분 만기가 짧고 금융부채의 신용위험 변동이 미미하여, 기업회계기준서 제1109호를 적용하더라도 해당 금융부채가 재무제표에 미치는 영향은 크지 않을 것으로 판단합니다.

□ 상황 3 「구체적 재무영향분석 실시 기업」의 추가 기재사항

기업회계기준서 제1109호를 201×년 ××월 ××일 현재 당기손익-공정가치 측정 항목으로 지정된 금융부채에 적용할 경우 재무적 영향을 분석한 결과 해당 금융부채의 공정가치 변동금액 ○○○백만원 중 신용위험 변동에 따른 금액은 ○○○백만원으로 파악되었습니다.

1.1.3 손상 : 금융자산과 계약자산

현행 기업회계기준서 제1039호에서는 발생손실모형(incurred loss model)에 따라 손상발생의 객관적 증거가 있는 경우에만 손상을 인식하지만, 새로운 기업회계기준서 제1109호에서는 상각후원가 또는 기타포괄손익-공정가치로 측정하는 채무상품, 리스채권, 계약자산, 대출약정, 금융보증계약에 대하여 기대신용손실모형(expected credit loss impairment model)에 따라 손상을 인식합니다.

기업회계기준서 제1109호에서는 금융자산 최초 인식 후 신용위험의 증가 정도에 따라 아래 표와 같이 3단계로 구분하여 12개월 기대신용손실이나 전체기간 기대신용손실에 해당하는 금액으로 손실충당금을 측정하도록 하고 있어 현행 기업회계기준서 제1039호의 발생손실모형에 비하여 신용손실을 조기에 인식할 수 있습니다.

구분[1]		손실충당금
Stage 1	최초 인식 후 신용위험이 유의적으로 증가하지 않은 경우[2]	12개월 기대신용손실 : 보고기간 말 이후 12개월 내에 발생 가능한 금융상품의 채무불이행 사건으로 인한 기대신용손실
Stage 2	최초 인식 후 신용위험이 유의적으로 증가한 경우	전체기간 기대신용손실 : 기대존속기간에 발생할 수 있는 모든 채무불이행 사건으로 인한 기대신용손실
Stage 3	신용이 손상된 경우	

주 : 1) 기업회계기준서 제1115호 「고객과의 계약에서 생기는 수익」의 적용범위에 포함되는 거래에서 생기는 매출채권이나 계약자산의 경우 유의적인 금융요소가 없다면 전체기간 기대신용손실에 해당하는 금액으로 손실충당금을 측정해야 하고, 유의적인 금융요소가 있다면 전체기간 기대신용손실에 해당하는 금액으로 손실충당금을 측정하는 것을 회계정책으로 선택할 수 있음. 리스채권도 전체기간 기대신용손실에 해당하는 금액으로 손실충당금을 측정하는 것을 회계정책으로 선택할 수 있음.

2) 보고기간 말 신용위험이 낮은 경우에는 신용위험이 유의적으로 증가하지 않은 것으로 간주할 수 있음.

기업회계기준서 제1109호에서는 최초 인식 시점에 신용이 손상된 금융자산은 최초 인식 후 전체기간 기대신용손실의 누적변동분만을 손실충당금으로 계상합니다.

연결회사는 201×년 ××월 ××일 현재 상각후원가로 측정하는 채무상품 ○○○백만원(대여금 및 수취채권 ○○○백만원, 만기보유금융자산 ○○○백만원), 매도가능금융자산으로 분류되어 기타포괄손익-공정가치로 측정하는 채무상품 ○○○백만원, 리스채권 ○○○백만원을 보유하고 있고, 이들 자산에 대하여 손실충당금 ○○○백만원을 설정하고 있습니다.

❑ 상황 2 「예비적 재무영향분석 실시 기업」의 추가 기재사항

유의적 금융요소가 있는 매출채권 및 계약자산과 리스채권에 대해 전체기간 기대신용손실에 해당하는 금액으로 손실충당금을 측정하고, 보고기간 말 현재 신용위험이 낮은 경우 신용위험이 유의적으로 증가하지 않은 것으로 보는 간편법을 사용하여 예비영향평가를 한 결과 연결회사의 201×년 ××월 ××일 현재 손실충당금 ○○○백만원이 ○○ ~ ○○%가량 증가할 것으로 예상합니다.

❑ 상황 3 「구체적 재무영향분석 실시 기업」의 추가 기재사항

연결회사는 기업회계기준서 제1109호 적용 시 유의적인 금융요소가 있는 매출채권 및 계약자산과 리스채권에 대하여 전체기간 기대신용손실에 해당하는 금액으로 손실충당금을 측정하고, 보고기간 말 현재 신용위험이 낮은 경우 신용위험이 유의적으로 증가하지 않은 것으로 보는 간편법을 사용할 계획입니다. 연결회사가 구축한 금융상품 회계처리시스템을 이용하여 추정한 201×년 ××월 ××일 현재 손실충당금에 미치는 영향은 아래 표와 같습니다.

(단위 : 백만원)

계정과목	K-IFRS 제1039호에 따른 손실충당금(A)	K-IFRS 제1109호에 따른 손실충당금(B)	증감(B-A)
매출채권	×××	×××	×××
대여금	×××	×××	×××
…			
만기보유 채무상품	×××	×××	×××
매도가능 채무상품	×××	×××	×××
…			
…			
운용리스채권	×××	×××	×××
금융리스채권	×××	×××	×××
합계	×××	×××	×××

1.1.4 위험회피회계

새로운 기업회계기준서 제1109호에서는 현행 기업회계기준서 제1039호에서 정한 위험회피회계의 체계(mechanics of hedge accounting : 공정가치위험회피, 현금흐름위험회피, 해외사업장순투자위험회피)를 유지하지만, 복잡하고 규정중심적인 기업회계기준서 제1039호의 위험회피회계 요구사항을 기업의 위험관리활동에 중점을 둔 원칙중심적인 방식으로 변경했습니다. 위험회피대상항목과 위험회피수단을 확대하였고, 높은 위험회피효과가 있는지에 대한 평가 및 계량적인 판단기준(80 ~ 125%)을 없애는 등 위험회피회계 적용요건을 완화하였습니다.

기업회계기준서 제1109호의 위험회피회계를 적용할 경우, 현행 기업회계기준서 제1039호의 위험회피회계 적용요건을 충족하지 못하는 일부 거래에 대해서도 위험회피회계를 적용할 수 있게 되어 당기손익의 변동성이 축소될 수 있습니다.

201×년 ××월 ××일 현재 연결회사가 위험회피회계를 적용하는 자산 · 부채 · 확정계약 · 예상거래는 합계 ○○○백만원(재무상태표에 계상되지 않은 예상거래 등 ○○○백만원 포함)입니다. 위험회피회계를 적용함에 따라 201× 회계연도 중 공정가치위험회피대상항목의 공정가치 변동금액 ○○○백만원이 당기손익으로 인식되었고, 기타포괄손익으로 인식된 현금흐름위험회피수단의 공정가치 변동금액 중 ○○○백만원이 당기손익으로 대체되었습니다. 201×년 ××월 ××일 현재 기타포괄손익으로 누적된 현금흐름위험회피수단의 공정가치 변동금액은 ○○○백만원입니다.

위험회피회계에 대한 경과규정에 따르면 기업회계기준서 제1109호를 최초 적용할 때 현행 기업회계기준서 제1039호의 위험회피회계 관련 규정을 계속해서 적용할 것을 회계정책으로 선택할 수 있습니다.

❑ 상황 2 「예비적 재무영향분석 실시 기업」의 추가 기재사항

연결회사는 기업회계기준서 제1109호를 최초 적용할 때 동 기준서의 위험회피회계 요구사항을 적용할지 현행 기업회계기준서 제1039호의 위험회피회계 관련 규정을 계속해서 적용할지 아직 결정하지 않았지만, 기업회계기준서 제1109호의 위험회피회계를 적용한다고 가정하여 예비영향평가를 하였습니다. 연결회사는 항공유 예상 매입거래의 현금흐름 변동 위험과 보유 항공유의 공정가치 변동 위험에 대한 위험회피회계를 적용하였다가, 기업회계기준서 제1039호의 위험회피회계 적용요건 중 높은 위험회피효과(80 ~ 125%)의 소급적 발생 요건을 충족하지 못하여 201× 회계연도부터 위험회피회계를 중단한 결과, 201× 회계연도 중 관련 위험회피수단에서 파생상품평가손익 ○○○백만원(전체 당기손익의 ○○%)이 발생하였습니다. 동 예상 매입거래와 재고자산에 대한 위험관리활동은 기업회계기준서 제1109호의 위험회피회계 적용 요건을 충족하므로, 동 기준서 적용 시 당기손익 변동성이 감소할 것으로 예상합니다.

❑ 상황 3 「구체적 재무영향분석 실시 기업」의 추가 기재사항

연결회사는 기업회계기준서 제1109호를 적용할 경우 동 기준서의 위험회피회계 요구사항을 적용하고, 동 기준서의 위험회피회계 적용요건을 충족하는 위험관리활동에 대해 최대한 위험회피회계를 적용할 계획입니다.

현행 기업회계기준서 제1039호의 위험회피회계 적용요건을 충족하지 못하여 위험회피회계가 적용되지 않은 연결회사의 위험관리활동 중 기업회계기준서 제1109호가 도입되면 위험회피회계를 적용할 수 있는 거래와 그 효과는 다음과 같습니다.

(단위 : 백만원)

위험회피대상	위험회피수단	위험회피회계 미적용으로 위험회피수단에서 발생한 손익(A)	(A) 중 제1109호의 위험회피회계 적용 시 상쇄 또는 이연되는 손익
보유 중인 항공유의 공정가치 변동	원유 선도계약	×××	×××
경유 및 연료유 가격에 연동하여 공급가격이 결정되는 천연가스 공급계약에 있는 경유 요소의 공정가치 변동	경유 선도계약	×××	×××
…		×××	×××
고정금리채무상품 집합의 이자수익 현금흐름 변동	이자율스왑계약	×××	×××
합계		×××	×××

1.2 기업회계기준서 제1115호「고객과의 계약에서 생기는 수익」

2015년 11월 6일 제정된 기업회계기준서 제1115호「고객과의 계약에서 생기는 수익」은 2018년 1월 1일 이후 최초로 시작하는 회계연도부터 적용하되 조기 적용할 수도 있습니다. 동 기준서는 현행 기업회계기준서 제1018호「수익」, 제1011호「건설계약」, 기업회계기해석서 제2031호「수익 : 광고용역의 교환거래」, 제2113호「고객충성제도」, 제2115호「부동산건설약정」, 제2118호「고객으로부터의 자산이전」을 대체할 예정입니다. 연결회사는 기업회계기준서 제1115호를 2018년 1월 1일 이후 시작되는 회계연도부터 적용하되, 기업회계기준서 제1008호「회계정책, 회계추정의 변경 및 오류」에 따라 비교 표시되는 과거 보고기간에 대해서도 소급하여 적용하고, 2017년 1월 1일 현재 완료된 계약 등에 대해서는 재무제표를 재작성하지 않는 실무적 간편법을 적용할 예정입니다.

현행 기업회계기준서 제1018호 등에서는 재화의 판매, 용역의 제공, 이자수익, 로열티수익, 배당수익, 건설계약과 같은 거래 유형별로 수익인식기준을 제시하지만, 새로운 기업회계기준서 제1115호에 따르면 모든 유형의 계약에 5단계 수익인식모형(① 계약 식별 → ② 수행의무 식별 → ③ 거래가격 산정 → ④ 거래가격을 수행의무에 배분 → ⑤ 수행의무 이행 시 수익 인식)을 적용하여 수익을 인식합니다.

❑ 상황 1 「재무영향분석 미실시 기업」의 추가 기재사항

201×년 ××월 ××일 현재 연결회사는 기업회계기준서 제1115호의 도입과 관련하여 내부통제절차의 정비 또는 회계처리시스템 변경 작업에 착수하지 못하였고, 동 기준서를 적용할 경우 재무제표에 미칠 수 있는 영향을 분석하지 못했습니다. 연결회사는 201×년 ×분기까지 기업회계기준서 제1115호의 도입에 따른 재무영향을 분석하여 그 결과를 201×년 ×분기 재무제표 주석에 공시할 예정입니다. 동 기준서의 주요 사항별로 연결회사의 재무제표에 미칠 수 있는 일반적인 영향은 다음과 같습니다.

❑ 상황 2 「예비적 재무영향분석 실시 기업」의 추가 기재사항

연결회사는 기업회계기준서 제1115호 도입 준비를 위하여 201×년 ××월 ××일 현재 회계, 전산 부서 소속직원으로 구성되고 필요 시 실무 부서의 도움을 받는 TF팀을 구성하였습니다.
연결회사는 201×년 ×분기까지 기업회계기준서 제1115호의 도입에 따른 재무영향을 구체적으로 분석하여 그 결과를 201×년 ×분기 재무제표 주석에 공시할 예정입니다.

연결회사는 201×년 ××월 ××일 현재 상황 및 입수 가능한 정보에 기초하여 기업회계기준서 제1115호 적용 시 201×년 재무제표에 미치는 잠재적인 영향을 예비 평가하였고, 그 결과는 다음과 같습니다. 201×년 ××월 ××일 기준 예비영향평가 결과는 향후 연결회사가 이용할 수 있는 추가 정보 등에 따라 변경될 수 있습니다.

❑ 상황 3 「구체적 재무영향분석 실시 기업」의 추가 기재사항

연결회사는 201×년 ×월부터 별도의 TF팀을 구성하여 기업회계기준서 제1115호 도입을 준비하였고, 회계법인 및 전산전문가의 도움을 받아 연결회사의 수익 구조를 분석하여 관련 내부관리 프로세스를 정비하고 회계처리시스템을 구축하였습니다. 기업회계기준서 제1115호는 회계처리뿐만 아니라 제품판매 전략, 영업행태를 비롯한 전반적인 사업 관행에도 영향을 줄 것으로 판단되므로 임직원을 대상으로 새로운 기준서 도입에 따른 변화에 관한 교육을 실시하고 있고, 도입 추진 계획과 진행상황을 경영진에게 주기적으로 보고하고 있습니다.

연결회사는 동 기준서의 최초 적용에 따른 영향을 평가하기 위하여 201×년 ××월 ××일 현재 상황 및 입수 가능한 정보에 기초하여 201×년 재무제표에 미치는 재무적 영향을 추정한 결과는 다음과 같습니다.

〈(연결)재무상태표〉

(단위 : 백만원)

계정과목	현행 회계기준에 따른 금액(A)	K-IFRS 제1115호에 따른 금액(B)	증감(B－A)
…	×××	×××	×××
유동자산 합계	×××	×××	×××
…	×××	×××	×××
비유동자산합계	×××	×××	×××
자산총계	×××	×××	×××
…	×××	×××	×××
유동부채 합계	×××	×××	×××
…	×××	×××	×××
비유동부채 합계	×××	×××	×××
부채총계	×××	×××	×××
자본금	×××	×××	×××
…	×××	×××	×××
자본총계	×××	×××	×××

〈(연결)포괄손익계산서〉

(단위 : 백만원)

계정과목	현행 회계기준에 따른 금액(A)	K-IFRS 제1115호에 따른 금액(B)	증감(B－A)
매출액	×××	×××	×××
…	×××	×××	×××
영업이익	×××	×××	×××
…	×××	×××	×××
당기순이익	×××	×××	×××

〈(연결)현금흐름표〉

기업회계기준서 제1115호를 도입하더라도 연결회사의 현금흐름에 미치는 영향은 중요하지 않을 것으로 예상합니다.

기업회계기준서 제1115호의 주요 사항별로 연결회사의 재무제표에 미칠 것으로 예상되는 재무적 영향은 다음과 같습니다.

1.2.1 수행의무의 식별

연결회사는 고객에게 컨설팅, 시스템 구축 · 운영 · 유지 · 보수 등 IT서비스 전반에 걸친 토탈 솔루션을 제공하는 사업을 영위하고 있고, 201× 회계연도 중 IT서비스 부문 수익은 ○○○백만원으로 연결회사 총 수익의 약 ○○%에 해당합니다.

기업회계기준서 제1115호 적용 시 고객과의 IT 통합 계약에서 (1) 소프트웨어 판매, (2) 설치용역, (3) 소프트웨어 업데이트 및 (4) 유지보수 등과 같이 기술지원으로 구별되는 수행의무를 식별합니다. 각각의 수행의무를 한 시점에 이행하는지, 기간에 걸쳐 이행하는지에 따라 연결실체의 수익인식 시점이 변경될 수 있습니다.

❑ 상황 2 「예비적 재무영향분석 실시 기업」의 추가 기재사항

연결회사는 계약기간 동안 고객에게 소프트웨어 업데이트 및 유지보수 용역을 제공할 의무가 있으므로 이러한 수행의무에 배분된 거래가격을 용역을 제공하는 기간에 걸쳐 수익으로 인식할 예정입니다.

연결회사는 수행의무의 분리에 따른 재무적 영향을 구체적으로 분석하지는 못했습니다. 다만, 201× 회계연도 기준 예비영향평가 결과 연결회사의 수익이 증가(감소)하고, △△이 감소(증가)할 것으로 예상합니다.

❑ 상황 3 「구체적 재무영향분석 실시 기업」의 추가 기재사항

연결회사는 계약기간 동안 고객에게 소프트웨어 업데이트 및 유지보수 용역을 제공할 의무가 있으므로 이러한 수행의무에 배분된 거래가격을 용역을 제공하는 기간에 걸쳐 수익으로 인식할 예정입니다.

201× 회계연도를 기준으로 재무영향을 분석한 결과 수행의무 분리에 따라 연결회사의 IT서비스 부문 수익이 ○○○백만원 증가(감소)하고, △△이 ○○○백만원 감소(증가)할 것으로 예상합니다.

1.2.2 기간에 걸쳐 이행하는 수행의무 : 주문 제작 장비

연결회사의 기계 사업부문은 고객이 주문한 특수기계를 제작하여 판매하고 있고, 일반적으로 2년의 제작 기간이 소요됩니다. 연결회사는 투입원가를 기준으로 산정한 진행률에 따라 수익을 안분하여 인식하고, 201× 회계연도 중 인식한 관련 사업부문의 수익은 ○○○백만원으로 연결회사 총 수익의 ○○%에 해당합니다.

기업회계기준서 제1115호에 따르면 기업이 의무를 수행하여 만든 자산이 기업 자체에는 대체용도가 없고, 지금까지 의무수행을 완료한 부분에 대해 집행 가능한 지급청구권이 기업에 있어야 진행기준을 적용하여 수익을 인식할 수 있습니다.

❑ 상황 2 「예비적 재무영향분석 실시 기업」의 추가 기재사항

연결회사는 주문 제작 장비의 수익인식 시점과 관련한 재무적 영향을 구체적으로 분석하지 못했습니다. 다만, 법률전문가에게 의뢰하여 계약 조건을 분석한 결과, 연결회사가 지금까지 수행을 완료한 부분에 대해 집행 가능한 지급청구권이 없다고 판단됩니다. 201× 회계연도 기준 예비영향평가 결과 기업회계기준서 제1115호 적용 시 연결회사의 수익이 증가(감소)하고, △△이 감소(증가)할 것으로 예상합니다.

❑ 상황 3 「구체적 재무영향분석 실시 기업」의 추가 기재사항

연결회사는 내부 법무팀의 의견을 참고하여 계약 조건을 분석한 결과, 지금까지 수행을 완료한 부분에 대해 집행 가능한 지급청구권이 없다고 판단됩니다. 201× 회계연도를 기준으로 재무영향을 분석한 결과 기업회계기준서 제1115호 적용 시 주문 제작 장비와 관련하여 연결회사의 수익이 ○○○백만원 증가(감소)하고, △△이 ○○○백만원 감소(증가)할 것으로 예상합니다.

1.2.3 투입법을 이용한 진행률 측정

연결회사의 플랜트 사업부문은 특수장비의 구매, 설치를 포함한 플랜트 공사계약을 체결하고, 3년 이상의 장기간에 걸쳐 공사를 진행합니다. 201× 회계연도 중 플랜트 공사계약에서 발생한 수익은 ○○○백만원으로 연결회사 총 수익의 ○○%에 해당합니다.

연결회사는 외부 업체에 특수장비의 제작을 의뢰하여 납품받은 장비를 설치하며, 특수장비 원가는 총공사예정원가의 약 ○○%를 차지합니다. 특수장비 공급과 건설용역의 제공은 구별되지 않는 하나의 수행의무입니다.

기업회계기준서 제1115호에 따르면 계약 개시 시점에 재화가 구별되지 않고, 고객이 재화와 관련된 용역을 제공받기 전에 그 재화를 유의적으로 통제할 것으로 예상되며, 이전되는 재화의 원가가 수행의무를 완전히 이행하기 위해 예상되는 총 원가와 비교하여 유의적인데다, 기업이 제삼자에게서 재화를 조달받고 그 재화의 설계와 생산에 유의적으로 관여하지 않는다고 예상한다면, 수행의무를 이행하기 위해 사용한 재화의 원가와 동일한 금액을 수익으로 인식하는 방법이 기업의 수행 정도를 충실하게 나타낼 수 있습니다.

❑ 상황 2 「예비적 재무영향분석 실시 기업」의 추가 기재사항

연결회사는 플랜트 건설계약의 수익인식 시점과 관련한 재무적 영향을 구체적으로 분석하지 못했습니다. 다만, 201× 회계연도 기준 예비영향평가 결과 기업회계기준서 제1115호 적용 시 특수장비 원가가 진행률 산정에 포함되지 않고, 원가와 동일한 금액을 수익으로 인식하게 되므로 연결회사의 수익이 증가(감소)하고, △△이 감소(증가)할 것으로 예상합니다.

❑ 상황 3「구체적 재무영향분석 실시 기업」의 추가 기재사항

201× 회계연도를 기준으로 재무영향을 분석한 결과 연결회사는 기업회계기준서 제1115호 적용 시 특수장비 원가가 진행률 산정에 포함되지 않고, 원가와 동일한 금액을 수익으로 인식하게 되므로 연결회사의 수익이 ×××백만원 증가(감소)하고, △△이 ○○○백만원 감소(증가)할 것으로 예상합니다.

1.2.4 변동대가

연결회사의 의류사업 부문은 고객에게 의류를 공급하는 계약에서 반품을 허용하기 때문에 고객에게서 받은 대가가 변동될 수 있습니다. 201× 회계연도 의류사업 부문의 수익은 ○○○백만원으로 연결회사 총 수익의 ○○%에 해당합니다.

기업회계기준서 제1115호 적용 시 연결회사는 받을 권리를 갖게 될 대가를 더 잘 예측할 것으로 예상하는 기댓값 방법을 사용하여 변동 대가를 추정하고, 반품기한이 경과할 때 이미 인식한 누적 수익금액 중 유의적인 부분을 되돌리지 않을 가능성이 매우 높은 금액까지만 변동대가를 거래가격에 포함하여 수익을 인식합니다. 기업이 받았거나 받을 대가 중에서 권리를 갖게 될 것으로 예상하지 않는 금액은 환불부채로 계상합니다.

❑ 상황 2「예비적 재무영향분석 실시 기업」의 추가 기재사항

연결회사는 변동대가 규정에 따른 재무적 영향을 구체적으로 분석하지 못했습니다. 다만, 201× 회계연도 기준 예비영향평가 결과 기업회계기준서 제1115호 적용 시 연결회사의 수익이 증가(감소)하고, △△이 감소(증가)할 것으로 예상합니다.

❑ 상황 3「구체적 재무영향분석 실시 기업」의 추가 기재사항

201× 회계연도를 기준으로 재무영향을 분석한 결과 기업회계기준서 제1115호 적용 시 변동대가 규정에 따라 연결회사의 의류사업 부문 수익이 ○○○백만원 증가(감소)하고, △△이 ○○○백만원 감소(증가)할 것으로 예상합니다.

1.2.5 거래가격의 배분

연결회사는 기업회계기준서 제1115호 적용 시 하나의 계약에서 식별된 여러 수행의무에 상대적 개별 판매가격을 기초로 거래가격을 배분합니다. 연결회사는 각 수행의무의 개별 판매가격을 추정하기 위하여 '시장평가 조정 접근법'을 사용하며, 예외적으로 일부 거래에 대해서는 예상원가를 예측하고 적절한 이윤을 더하는 '예상원가 이윤 가산 접근법'을 사용할 예정입니다.

❑ 상황 2 「예비적 재무영향분석 실시 기업」의 추가 기재사항

연결회사는 상대적 개별 판매가격을 기초로 거래가격을 배분함에 따른 재무적 영향을 구체적으로 분석하지 못했습니다. 다만, 201× 회계연도 기준 예비영향평가 결과 기업회계기준서 제1115호 적용 시 연결회사의 수익이 증가(감소)하고, △△이 감소(증가)할 것으로 예상합니다.

❑ 상황 3 「구체적 재무영향분석 실시 기업」의 추가 기재사항

201× 회계연도를 기준으로 재무영향을 분석한 결과 기업회계기준서 제1115호 적용 시 연결회사는 거래가격의 배분에 따라 수익이 ○○○백만원 증가(감소)하고, △△이 ○○○백만원 감소(증가)할 것으로 예상합니다.

1.2.6 계약체결 증분원가

연결회사는 종업원의 IT통합 공급 계약 체결 실적에 따라 영업수수료를 지급하고 있고, 201× 회계연도 중 인식한 영업수수료는 총 ○○○백만원입니다. 이러한 수수료는 고객과 계약을 체결하려고 들인 원가로, 계약을 체결하지 않았다면 들지 않았을 원가입니다.

기업회계기준서 제1115호에 따르면 이러한 계약체결 증분원가는 자산으로 인식하고, 계약기간에 걸쳐 상각합니다. 다만, 연결회사는 상각기간이 1년 이하인 경우 계약체결 증분원가를 발생 시점에 비용으로 인식하는 실무적 간편법을 적용할 예정입니다.

❑ 상황 2 「예비적 재무영향분석 실시 기업」의 추가 기재사항

연결회사는 계약체결 증분원가의 자산화에 따른 재무적 영향을 구체적으로 분석하지 못했습니다. 다만, 201× 회계연도 기준 예비영향평가 결과 기업회계기준서 제1115호 적용 시 비용으로 인식하던 금액의 일부를 자산으로 인식하여 일정 기간에 걸쳐 상각하므로 연결회사의 □□이 증가(감소)하고, △△가 감소(증가)할 것으로 예상합니다.

❑ 상황 3 「구체적 재무영향분석 실시 기업」의 추가 기재사항

201× 회계연도를 기준으로 재무영향을 분석한 결과 기업회계기준서 제1115호 적용 시 연결회사는 계약체결 증분원가의 자산화에 따라 □□이 ○○○백만원 증가(감소)하고, △△가 ○○○백만원 감소(증가)할 것으로 예상합니다.

1.2.7 보증

연결회사 가전사업 부문의 201× 회계연도 수익은 ○○○백만원으로 총 수익의 ○○%에 해당합니다. 연결회사는 고객과 제품 판매계약 체결 당시 소비자보호법에서 요구하는 법정 보증기간이 경과한 후에도 제품의 품질에 대한 보증을 제공하는데, 고객에게는 추가 보증을

별도로 구매할 수 있는 선택권이 있으므로 기업회계기준서 제1115호에 따라 그 보증은 구별되는 용역입니다.

> ❑ 상황 2 「예비적 재무영향분석 실시 기업」의 추가 기재사항
>
> 연결회사는 고객에게 약속한 보증을 별도의 수행의무로 회계처리하고, 그 수행의무에 거래가격의 일부를 배분할 예정이나, 보증의무 구별에 따른 재무적 영향을 구체적으로 분석하지 못했습니다. 다만, 201× 회계연도 기준 예비영향평가 결과 기업회계기준서 제1115호 적용 시 보증에 거래가격의 일부를 배분하여 그 수행의무 이행 시 수익을 인식하므로 연결회사의 수익이 증가(감소)하고, △△이 감소(증가)할 것으로 예상합니다.

> ❑ 상황 3 「구체적 재무영향분석 실시 기업」의 추가 기재사항
>
> 201× 회계연도를 기준으로 재무영향을 분석한 결과 기업회계기준서 제1115호 적용 시 연결회사는 고객에게 약속한 보증을 별도의 수행의무로 회계처리하고, 그 수행의무에 거래가격의 일부를 배분함에 따라 수익이 ○○○백만원 증가(감소)하고, △△이 ○○○백만원 감소(증가)할 것으로 예상합니다.

1.2.8 본인 대 대리인

연결회사의 마케팅 사업부는 고객과 맺은 계약에 따라 제품 구매 및 물류서비스를 제공합니다. 연결회사는 동 거래를 할 때 '본인'에 해당하고, 연결회사 총 수익의 ○○%에 해당하는 ○○○백만원을 201× 회계연도 수익으로 인식하였습니다.

> ❑ 상황 2 「예비적 재무영향분석 실시 기업」의 추가 기재사항
>
> 연결회사는 기업회계기준서 제1115호 적용 시 본인 대 대리인 판단에 차이가 발생할 수 있다고 예상하나, 재무적 영향은 구체적으로 분석하지 못했습니다. 다만, 201× 회계연도 기준 예비영향평가 결과 기업회계기준서 제1115호 적용 시 종전에 총액으로 인식하던 금액의 일부만 수익으로 인식하게 되어 연결회사의 수익이 감소(증가)하고, △△이 증가(감소)할 것으로 예상합니다.

> ❑ 상황 3 「구체적 재무영향분석 실시 기업」의 추가 기재사항
>
> 201× 회계연도를 기준으로 재무영향을 분석한 결과 기업회계기준서 제1115호 적용 시 연결회사는 총액으로 인식하던 금액의 일부만 수익으로 인식하게 되어 수익이 ○○○백만원 감소(증가)하고, △△이 ○○○백만원 증가(감소)할 것으로 예상합니다.

1.2.9 라이선싱 : 사용권

연결회사의 엔터테인먼트 부문은 고객과의 계약에 따라 영화 및 음반 라이선스를 제공하고 있고, 라이선스 제공 의무 외에 계약상 고객에게 이전할 다른 재화나 용역은 없습니다.

201× 회계연도에 인식한 영화 및 음반 라이선스 수익은 ○○○백만원으로 연결회사 총 매출액의 ○○%에 해당합니다.

기업회계기준서 제1115호 적용 시 위 라이선스 계약은 라이선스를 부여한 시점에 존재하는 지적재산을 사용할 권리에 해당하는데, 이는 라이선스를 이전하는 시점에 고객이 라이선스의 사용을 지시할 수 있고 라이선스에서 생기는 나머지 효익의 대부분을 획득할 수 있음을 의미합니다. 연결회사는 기업회계기준서 제1115호 적용 시에도 현행 회계기준과 동일하게 영화 및 음반 사용권을 제공하는 약속은 한 시점에 이행하는 수행의무로 회계처리할 예정입니다.

1.2.10 라이선싱 : 접근권

연결회사는 엔터테인먼트 부문에서 보유한 만화영화 주인공 캐릭터를 고객에게 일정기간 사용하도록 라이선스하고, 라이선스에 대한 대가를 수령하고 있습니다. 연결회사는 캐릭터를 계속하여 업그레이드하면서, 만화영화를 TV, 인터넷 포털 등 다양한 매체를 통하여 방영하고, 캐릭터를 이용한 홍보활동을 합니다. 201× 회계연도에 인식한 캐릭터 라이선스 수익은 ○○○백만원으로 연결회사 총 수익의 ○○%에 해당합니다.

캐릭터 라이선스 약속의 성격은 고객에게 라이선스 기간 동안 연결회사의 지적재산에 접근할 수 있도록 하는 것이므로 기업회계기준서 제1115호에 따르면 약속된 라이선스를 기간에 걸쳐 이행하는 수행의무로 회계처리합니다. 연결회사는 라이선스 기간 기준으로 수행의무의 진행률을 측정하는 것이 바람직하다고 판단하고 있습니다.

❑ 상황 2 「예비적 재무영향분석 실시 기업」의 추가 기재사항

연결회사는 만화영화 캐릭터 라이선스 수익과 관련한 재무적 영향을 구체적으로 분석하지 못했습니다. 다만, 201× 회계연도 기준 예비영향평가 결과 기업회계기준서 제1115호 적용 시 라이선스 수익 인식과 관련하여 연결회사의 수익이 증가(감소)하고, △△가 감소(증가)할 것으로 예상합니다.

❑ 상황 3 「구체적 재무영향분석 실시 기업」의 추가 기재사항

201× 회계연도를 기준으로 재무영향을 분석한 결과 기업회계기준서 제1115호 적용 시 연결회사는 만화영화 캐릭터 라이선스 수익 인식과 관련하여 수익이 ○○○백만원 증가(감소)하고, △△가 ○○○백만원 감소(증가)할 것으로 예상합니다.

06 | K-IFRS 제1116호 관련 주석공시 모범사례(2018.1.)

▶ K-IFRS 제1116호(리스)

1. 중요한 회계정책

201×년 ××월 ××일 현재 제정 · 공표되었으나 시행일이 도래하지 않아 적용하지 아니한 새로운 한국채택국제회계기준은 다음과 같습니다.

1.1 기업회계기준서 제1116호 「리스」

2017년 5월 22일 제정된 기업회계기준서 제1116호 「리스」는 2019년 1월 1일 이후 최초로 시작되는 회계연도부터 적용하되 조기 적용할 수도 있습니다. 이 기준서는 현행 기업회계기준서 제1017호 「리스」, 기업회계기준해석서 제2104호 「약정에 리스가 포함되어 있는지의 결정」, 기업회계기준해석서 제2015호 「운용리스 : 인센티브」, 기업회계기준해석서 제2027호 「법적 형식상의 리스를 포함하는 거래의 실질에 대한 평가」를 대체할 예정입니다.

회사는 계약의 약정시점에, 계약 자체가 리스인지, 계약이 리스를 포함하는지를 판단하며, 최초 적용일에도 이 기준서에 따라 계약이 리스인지, 리스를 포함하고 있는지를 식별합니다. 다만, 회사는 최초 적용일 이전 계약에 대해서는 실무적 간편법을 적용하여 모든 계약에 대해 다시 판단하지 않을 수 있습니다.

◉ 리스의 식별에 대한 실무적 간편법을 적용하는 경우 추가 기재사항

회사는 실무적 간편법을 선택하여 최초 적용일 이후 체결된(또는 변경된) 계약에만 기업회계기준서 제1116호를 적용할 예정입니다.

리스이용자 및 리스제공자는 리스계약이나 리스를 포함하는 계약에서 계약의 각 리스요소를 리스가 아닌 요소(이하 '비리스요소'라고 함)와 분리하여 리스로 회계처리해야 합니다. 리스이용자는 기초자산을 사용할 권리를 나타내는 사용권자산(리스자산)과 리스료를 지급할 의무를 나타내는 리스부채를 인식해야 합니다. 다만, 단기리스(리스개시일에, 리스기간이 12개월 이하인 리스)와 소액자산(예 : 기초자산 $5,000 이하) 리스의 경우 동 기준서의 예외 규정을 선택할 수 있습니다. 또한, 리스이용자는 실무적 간편법으로 비리스요소를 리스요소와 분리하지 않고, 각 리스요소와 관련 비리스요소를 하나의 리스요소로 회계처리하는 방법을 기초자산의 유형별로 선택하여 적용할 수 있습니다.

리스제공자 회계처리는 현행 기업회계기준서 제1017호의 회계처리와 유의적으로 변동되지 않았습니다.

◉ 회사가 판매후리스를 보유하는 경우 추가 기재사항

판매후리스와 관련하여, 회사(판매자-리스이용자)는 자산 이전을 자산의 판매로 회계처리할지를 판단하기 위해 기업회계기준서 제1115호 「고객과의 계약에서 생기는 수익」을 먼저 적용하도록 하고 있습니다. 다만, 최초 적용일 전에 체결된 판매후리스에 대해서는 다시 평가하지 않습니다.

1.2 리스이용자로서의 회계처리

1.2.1 기업회계기준서 제1116호 「리스」의 적용 방법

리스이용자는 기업회계기준서 제1008호 「회계정책, 회계추정의 변경 및 오류」에 따라 표시되는 각 과거 보고기간에 소급 적용하는 방법(완전 소급법)과, 최초 적용일에 최초 적용누적효과를 인식하도록 소급 적용하는 방법(누적효과 일괄조정 경과조치) 중 하나의 방법으로 적용할 수 있습니다.

❑ 상황 1 : 완전 소급법을 적용하는 경우 기재사항

회사는 201×년 ××월 ××일을 기준으로 완전 소급법을 적용하여 기업회계기준서 제1116호를 최초 적용할 계획입니다. 따라서 비교표시되는 재무제표는 재작성할 예정입니다.

❑ 상황 2 : 누적효과 일괄조정 경과조치를 적용하는 경우 기재사항

회사는 201×년 ××월 ××일을 기준으로 누적효과 일괄조정 경과조치를 적용하여 기업회계기준서 제1116호를 최초 적용할 계획입니다. 따라서 기업회계기준서 제1116호 적용의 누적효과가 최초적용일의 이익잉여금(또는 적절하다면 자본의 다른 구성요소)에서 조정되고, 비교표시되는 재무제표는 재작성하지 않을 예정입니다.

1.2.2 기업회계기준서 제1116호 「리스」의 재무적 영향

회사는 기업회계기준서 제1116호의 최초 적용에 따른 재무적 영향을 평가하기 위하여 201×년 ××월 ××일 현재 상황 및 입수 가능한 정보에 기초하여 201×년 재무제표에 미치는 영향을 평가하였습니다.

❑ 상황 1 : 예비적 재무영향을 평가한 경우 기재사항

회사가 현재 운용리스로 이용하고 있는 자산의 현재가치 할인 전 최소리스료의 총합계는 ×××백만원이며, 리스이용자의 증분차입이자율로 할인하면 ×××백만원입니다.

◆ 계약의 구성요소 분리 관련 실무적 간편법 적용하는 경우 선택 기재사항

다만, 회사는 전체 (또는 일부) 리스계약이나 리스를 포함하는 계약에 대해 실무적

간편법을 적용하여 각 리스요소와 관련 비리스요소를 하나의 리스요소로 회계처리할 예정입니다.

◆ 계약의 구성요소를 분리하여 추정이 어려운 경우 선택 기재사항

다만, 회사는 전체 (또는 일부) 리스계약이나 리스를 포함하는 계약에 대해 각 리스요소와 비리스요소를 분리하여 회계처리할 예정입니다.

회사는 재무제표에 미치는 영향을 분석 중에 있으나, 회사가 이러한 분석을 완료하기 전까지는 재무적 영향에 대한 합리적 추정치를 제공하는 것이 실무상 어렵습니다.

❑ 상황 2 : 구체적 재무영향을 평가한 경우 기재사항

회사가 현재 운용리스로 이용하고 있는 자산의 현재가치 할인 전 최소리스료의 총합계는 ×××백만원이며, 리스이용자의 증분차입이자율로 할인하면 ×××백만원입니다.

◆ 계약의 구성요소를 분리 관련 실무적 간편법 적용하는 경우 선택 기재사항

다만, 회사는 전체 (또는 일부) 리스계약이나 리스를 포함하는 계약에 대해 실무적 간편법을 적용하여 각 리스요소와 관련 비리스요소를 하나의 리스요소로 회계처리할 예정입니다.

◆ 계약의 구성요소를 분리한 경우 선택 기재사항

회사는 전체 (또는 일부) 리스계약이나 리스를 포함하는 계약에 대해 각 리스요소와 비리스요소를 분리하여 회계처리할 예정으로, 계약대가 총금액 ×××백만원 중 ××%인 비리스요소를 구분하였습니다.

회사는 재무제표에 미치는 영향을 구체적으로 분석한 결과, 201×년 ××월 ××일 기준 사용권자산 및 리스부채가 각각 ×××백만원, ×××백만원 증가할 것으로 예상합니다. 201×년 기준으로 운용리스료비용 ×××백만원이 감소하고, 사용권자산에 대한 감가상각비 ×××백만원과 리스부채에 대한 이자비용 ×××백만원이 증가할 것으로 예상합니다. 다만, 재무영향 평가는 향후 이용할 수 있는 추가 정보 등에 따라 변경될 수 있습니다.

1.3 리스제공자로서의 회계처리

1.3.1 기업회계기준서 제1116호 「리스」의 적용 방법 및 재무적 영향

❑ 상황 1 : 예비적 재무영향을 평가한 경우 기재사항(회계처리가 유의적으로 달라지지 않음)

회사는 리스제공자로서 현재의 리스 회계처리가 기업회계기준서 제1116호를 적용하더라도

유의적으로 달라지지 않아 재무제표에 미치는 영향도 유의적이지 않을 것으로 예상합니다.

❑ 상황 2 : 예비적 재무영향을 평가한 경우 기재사항(회계처리가 유의적으로 달라짐)

회사는 리스제공자로서 기업회계기준서 제1116호에 따라 리스계약의 식별, 리스 구성요소의 분리 등의 회계처리가 유의적으로 달라지는 것으로 평가하여, 재무제표에 미치는 예비적인 영향을 분석 중에 있습니다. 회사가 이러한 분석을 완료하기 전까지는 재무적 영향에 대한 합리적 추정치를 제공하는 것이 실무상 어렵습니다.

❑ 상황 3 : 구체적 재무영향을 평가한 경우 기재사항

회사는 리스제공자로서 기업회계기준서 제1116호에 따라 리스계약의 식별, 리스 구성요소의 분리 등의 회계처리가 유의적으로 변동되어 재무제표에 미치는 영향을 구체적으로 평가하였습니다. 201×년 ××월 ××일 기준 금융리스채권이 ×××백만원 증가(감소)하고 201×년 기준 이자수익이 ×××백만원 증가(감소)할 것으로 예상됩니다. 다만, 향후 이용할 수 있는 추가 정보 등에 따라 변경될 수 있습니다.

◉ 회사가 중간리스제공자에 해당하는 경우 추가 기재사항

회사가 중간리스제공자인 경우, 최초적용일 이전에 운용리스로 분류하였고 최초 적용일에도 유지되는 전대리스에 대해 회사는 운용리스 또는 금융리스의 분류를 기업회계기준서 제1116호에 따라 다시 판단합니다. 판단결과 해당리스가 금융리스로 분류된다면 최초 적용일에 체결되는 새로운 금융리스로 회계처리합니다.

❑ 상황 1 : 예비적 재무영향을 평가한 경우 기재사항

회사는 201×년 ××월 ××일 기준 전대리스계약은 ×××백만원이나, 운용리스 또는 금융리스의 분류의 판단 등 재무제표에 미치는 예비적인 영향을 분석 중에 있습니다. 회사가 이러한 분석을 완료하기 전까지는 재무적 영향에 대한 합리적 추정치를 제공하는 것이 실무상 어렵습니다.

❑ 상황 2 : 구체적 재무영향을 평가한 경우 기재사항

회사는 201×년 ××월 ××일 현재 상황 및 입수 가능한 정보에 기초하여 구체적 재무영향을 평가한 결과 새로운 금융리스로 회계 처리되어 201×년 ××월 ××일 기준 금융리스채권이 ×××백만원 증가(감소)하고 201×년 기준 이자수익이 ×××백만원 증가(감소)할 것으로 예상됩니다. 다만, 향후 이용할 수 있는 추가 정보 등에 따라 변경될 수 있습니다.

07 | 개발비 관련 주석공시 모범사례(2018.2.)

▶ K-IFRS 제1001호(재무제표 표시), K-IFRS 제1038호(무형자산)

1. 개발비 자산화기준 : 중요한 회계정책 공시

□ 기준서 주석공시 요구사항

- 다음으로 구성된 유의적인 회계정책을 공시한다(K-1001, 117).
  (1) 재무제표를 작성하는 데 사용한 측정기준
  (2) 재무제표를 이해하는 데 목적적합한 그밖의 회계정책
- 회계정책을 적용하는 과정에서 추정에 관련된 공시와는 별도로(문단 125 참조), 재무제표에 인식되는 금액에 유의적인 영향을 미친 경영진이 내린 판단은 유의적인 회계정책 또는 기타 주석 사항과 함께 공시한다(K-1001, 122).

□ 주석공시 모범사례(예시 : 제약 · 바이오업종)

〈내부창출의 경우〉

신규개발 프로젝트는 신약후보물질발굴, 전임상, 임상1상, 임상2상, 임상3상, 정부승인신청, 정부승인완료, 제품 판매시작 등의 단계로 진행됩니다. 회사는 일반적으로 해당 프로젝트가 OOO단계를 통과한 이후 발생한 지출을 무형자산으로 인식하고, 이전 단계에서 발생한 지출은 연구개발비로 보아 당기 비용처리하고 있습니다.

〈외부취득의 경우〉

회사는 제3자로부터 신약 관련 기술도입계약을 체결하면서 지급한 계약금 등의 지출에 대하여 …한 이유에 따라 무형자산으로 인식하고 있습니다.

2. 손상차손 발생 무형자산에 대한 정보

□ 기준서 주석공시 요구사항

- 문단 118(5)(다) ~ (마)에서 요구하는 정보 외에 기업회계기준서 제1036호에 따라 손상차손이 발생한 무형자산에 대한 정보를 추가로 공시한다(K-1038, 120).
- 회계기간 중 손상차손이나 손상차손환입을 인식한 개별 자산(영업권 포함) 또는 현금창출단위에 대해서는 다음 사항을 공시한다(K-1036, 130).
  (1) 손상차손이나 손상차손환입을 불러온 사건과 상황
  (2) 인식한 손상차손 금액이나 손상차손환입 금액
  (3) ~ (4) (생략)

(5) 자산(현금창출단위)의 회수가능가액과 그 회수가능가액이 처분부대원가를 뺀 공정가치인지 또는 사용가치인지

(6) 회수가능가액이 처분부대원가를 뺀 공정가치인 경우에 다음의 정보

(가) ~ (다) (생략)

(7) 회수가능가액이 사용가치인 경우에 사용가치의 현재 추정치와 과거 추정치(해당되는 경우)에 사용된 할인율

□ 주석공시 모범사례

〈손상차손의 경우〉

(단위 : 천원)

분류	개별자산	장부금액	손상차손 금액		회수가능액 평가방법
			당기	누계액	
개발비	○○○	×××	(×××)	(×××)	사용가치
	△△△	×××	(×××)	(×××)	사용가치
	◇◇◇	×××	(×××)	(×××)	사용가치
…	…	×××	(×××)	(×××)	공정가치
	…	×××	(×××)	(×××)	사용가치
합계		×××	(×××)	(×××)	

가. ○○○와 관련하여 …자료 등을 평가한 결과 개발 프로젝트를 중단하기로 결정하였습니다. 따라서 관련 장부금액을 전액 감액하였습니다.

나. △△△와 관련하여 개발 프로젝트의 진행이 늦어지고 경쟁 환경의 변화로 사업성이 떨어지는 등 손상검사 결과 회수가능액을 ×××천원으로 추정하였습니다. 따라서 장부금액을 동 회수가능액으로 감액하였습니다.

다. ◇◇◇와 관련하여 ◎◎◎사와 ××××년에 체결하였던 기술이전계약(License-out)이 추가적으로 진행되지 않고 당기에 종료되었습니다. 동 자산에 대한 손상검사 결과 회수가능액을 ×××천원으로 추정하여 장부금액을 동 회수가능액으로 감액하였습니다.

라. …

〈손상차손환입의 경우〉

(단위 : 천원)

분류	개별자산	손상차손환입 금액		회수가능액 평가방법
		당기	누계액	
개발비	□□□	(×××)	(×××)	사용가치
…	…	(×××)	(×××)	공정가치
합계		(×××)	(×××)	

가. ㅁㅁㅁ와 관련하여 개발 프로젝트의 지연 등으로 인해 ××××년에 손상차손 ××× 원을 인식하였었으나, 당기에 정부의 판매승인을 획득함에 따라 과거에 인식하였던 손상차손 금액을 전액 환입하였습니다.

나. …

〈회수가능가액 추정 관련〉

가. △△△ 및 ◇◇◇와 관련하여 자산의 공정가치를 신뢰성 있게 추정할 수 없어 회수가능액은 사용가치로 측정하였습니다.

나. 사용가치 측정을 위한 미래현금흐름은 회사의 과거 영업성과와 미래 사업계획을 근거로 향후 ×개년 치를 추정하고, 이후의 현금흐름은 ×.×%의 영구성장률을 적용하여 추정하였습니다.

다. 사용가치 측정을 위한 할인율은 자산의 특유한 위험을 반영하여 조정한 가중평균자본비용인 ×.×%로 추정하였습니다.

〈손상차손(환입)이 포함된 포괄손익계산서 항목〉

(단위 : 천원)

구분	당기	전기
매출원가(제조원가)	×××	×××
판매비와 관리비	×××	×××
영업외비용	×××	×××
…	×××	×××
합계	×××	×××

3. 중요한 개별 무형자산에 대한 설명 등

ㅁ 기준서 주석공시 요구사항

다음 사항도 추가로 공시한다(K-1038, 122).

(1) (생략)

(2) 기업의 재무제표에 중요한 개별 무형자산에 대한 설명, 장부금액과 잔여상각기간

(3) ~ (5) (생략)

□ 주석공시 모범사례(예시 : 제약 · 바이오업종)

(단위 : 천원)

분류	개별자산명	장부금액	잔여 상각기간[1]
개발비	○○○	×××	×년
	△△△	×××	×년
	◇◇◇	×××	–
…	…	×××	×년

주 : 1) 상각을 시작한 경우 잔여 상각기간을 기재하고, 시작하지 않은 경우 '–'로만 표시

가. ○○○은 고지혈증 및 고혈압 등의 대사성 질환 통합 치료가 가능한 제품으로 201×년 판매승인 후 현재 발매 중입니다.

나. △△△은 기미치료제로서 201×년 계약을 통해 기술이전을 완료하였습니다.

다. ◇◇◇은 심장질환 신약을 개발하는 프로젝트이며, 현재 임상 3단계로 201×년 허가를 목표로 하고 있습니다.

…

4. 당기에 비용으로 인식한 연구개발 관련 지출총액

□ 기준서 주석공시 요구사항

당기에 비용으로 인식한 연구와 개발 지출의 총액을 공시한다(K-1038. 126).

□ 주석공시 모범사례

(단위 : 천원)

구분	당기	전기
매출원가(제조원가)	×××	×××
판매비와 관리비	×××	×××
…	×××	×××
정부보조금	(×××)	(×××)
합계	×××	×××

5. 무형자산 증가금액의 구분 표시(내부개발 및 외부취득)

□ 기준서 주석공시 요구사항

무형자산은 각 분류별로, 내부적으로 창출한 무형자산과 기타 무형자산을 구분하여 다음 사항을 공시한다(K-1038. 118).

(1) ~ (4) (생략)

(5) 무형자산 기초장부금액에 다음의 변동내용을 가감하여 기말장부금액으로 조정한 내용

(가) 증가금액 : 내부적으로 개발한 부분, 개별 취득한 부분과 사업결합으로 취득한 부분을 구분하여 표시

(나) ~ (아) (생략)

□ 주석공시 모범사례

(단위 : 천원)

구분	×××	개발비	…	합계
기초 장부금액	×××	×××	×××	×××
증가금액				
내부개발	×××	×××	×××	×××
개별취득	×××	×××	×××	×××
사업결합취득				
…	×××	×××	×××	×××
감소금액				
상각	(×××)	(×××)	(×××)	(×××)
정부보조금	×××	×××	×××	×××
손상차손	(×××)	(×××)	(×××)	(×××)
…	(×××)	(×××)	(×××)	(×××)
기말 장부금액	×××	×××	×××	×××

08 | 온실가스 배출권과 배출부채 관련 주석공시 모범사례(2021.5.)

▶ 주석공시 모범사례의 성격

▣ **주석공시 모범사례는 기업의 주석공시 작성 편의를** 도모하고 **재무정보이용자의 이해가능성을 높이기 위해** 참고목적으로 제시하는 것임

- ㅇ 본 모범사례는 일반기업회계기준이 정하고 있는 **모든 공시사항을 포함하고 있지 않으므로**, 기업은 모범사례에서 제시된 사항 이외에 **추가로 기재하여야 할 사항이 있는지 검토**하여야 함

▣ 모범사례가 제시하는 양식 및 기재범위는 **기업의 합리적 판단에 따라 조정**될 수 있으며, **한국채택국제회계기준**(K-IFRS)**을 적용**하고 있는 기업도 동 모범사례를 **준용할 수 있음**

- ㅇ 기업은 재무제표에 대한 주석 작성 시 **재무정보이용자의 정보이용 효익**과 영위하는 **업종의 특성 등 기업의 실정을 고려**하여 공시사항을 **추가하거나 변경 · 축소**하여 사용할 필요가 있음

1. 중요한 회계정책

(1) 온실가스 배출권

연결실체는「온실가스 배출권의 할당 및 거래에 관한 법률」에 따라 발생하는 온실가스 배출권 및 배출부채에 대하여 다음과 같이 회계처리하고 있습니다.

1) 온실가스 배출권

온실가스 배출권은 정부에서 무상으로 할당받은 배출권과 유상으로 매입한 배출권으로 구성됩니다. 무상할당 배출권은 영(0)으로 측정하여 인식하고, 매입 배출권은 매입원가에 취득과 직접 관련되어 정상적으로 발생하는 그 밖의 원가를 가산하여 취득원가로 인식합니다.

연결실체는 관련 제도에서 규정한 의무를 이행하기 위해 보유하는 온실가스 배출권을 무형자산으로 분류하여 원가에서 손상차손누계액을 차감한 금액을 장부금액으로 측정하고 있으며, 보고기간 말부터 1년 이내에 정부에 제출할 부분은 유동자산으로 분류합니다.

⊙ 배출권을 보유하는 주된 목적이 단기간의 매매차익을 얻기 위한 것인 경우 추가기재사항

단기간의 매매차익을 얻기 위해 보유하는 온실가스 배출권은 유동자산으로 분류하여 매 보고기간 말에 공정가치로 측정하며, 공정가치 변동분은 당기손익으로 인식합니다.

온실가스 배출권은 정부에 제출 · 매각하거나, 제출 · 매각에 사용할 수 없게 되어 더 이상 미래경제적 효익이 예상되지 않을 때 제거합니다.

2) 배출부채

배출부채는 정부에 배출권을 제출해야 하는 현재의무로서, 보유한 배출권의 장부금액과 초과 배출량에 대한 의무를 이행하는 데 소요될 예상지출을 합산하여 측정합니다. 배출부채는 배출권을 정부에 제출할 때 제거합니다.

2. 주석공시 요구사항

(1) 온실가스 배출권

1) 의무이행 목적으로 보유하는 온실가스 배출권

① 3차 계획기간(2021년~2025년)에 대한 무상할당 배출권 수량은 다음과 같습니다.

(단위 : 톤(tCO2-eq))

구분	2021년도분	2022년도분	2023년도분	2024년도분	2025년도분	합계
무상할당 배출권						

② 당기 및 전기 중 배출권 증감 내용 및 장부금액은 다음과 같습니다.

〈당기〉

(단위 : 톤(tCO2-eq), 원)

구분	2020년도분[1]		2021년도분		…	2025년도분		합계	
	수량	장부금액	수량	장부금액		수량	장부금액	수량	장부금액
기초 및 무상할당									
매입(매각)									
정부 제출					…				
차입(이월)									
재분류									
기말									

주 : 1) 당기(2021년) 중 전기(2020년) 배출권에 대해 주무관청의 승인을 받았거나 정부에 제출한 내역을 기재함

〈전기〉

(단위 : 톤(tCO2-eq), 원)

구분	2020년도분	
	수량	장부금액
기초 및 무상할당		
매입(매각)		
정부 제출		
차입(이월)		
재분류		
기말		

⊙ 상황1 : 2022년 중 2021년도 배출량과 관련하여 정부에 제출하는 배출권이 부족하여 2022년도분 배출권 차입*을 정부로부터 승인받은 경우 기재사항

* 계획기간 내 다른 이행연도에 할당된 배출권만 차입이 가능하므로, 계획기간이 다른 2020년도(2차 계획기간 2018년~2020년) 부족분에 대해 3차 계획기간(2021년~2025년)에 할당된 배출권을 차입할 수 없음

① 2021년

〈당기〉

(단위 : 톤(tCO2-eq), 원)

구분	2021년도분		…	2025년도분		합계	
	수량	장부금액		수량	장부금액	수량	장부금액
기초 및 무상할당	100	–	…	100	–	500	–
…	…	…		…	…	…	…
기말	100	–		100	–	500	–

② 2022년

〈당기〉

(단위 : 톤(tCO2-eq), 원)

구분	2021년도분		2022년도분		…	2025년도분		합계	
	수량	장부금액	수량	장부금액		수량	장부금액	수량	장부금액
기초 및 무상할당	100	–	100	–	…	100	–	500	–
정부 제출	(110)	–	–	–		–	–	(110)	–
…	…	…	…	…		…	…	…	…
차입	10	–	(10)	–		–	–	–	–
기말	–	–	90	–		100	–	390	–

〈전기〉

(단위 : 톤(tCO2-eq), 원)

구분	2021년도분		…	2025년도분		합계	
	수량	장부금액		수량	장부금액	수량	장부금액
기초 및 무상할당	100	–	…	100	–	500	–
정부 제출	–	–		–	–	–	–
…	…	…		…	…	…	…
기말	100	–		100	–	500	–

⊙ 상황2 : 2021년 중 2020년도분 배출권 이월*을 정부로부터 승인받은 경우 기재사항

* 보유한 배출권에 대해 계획기간 내 다른 이행연도 또는 다음 계획기간의 최초 이행연도로 이월 가능

① 2020년

〈당기〉

(단위 : 톤(tCO2-eq), 원)

구분	2020년도분		2021년도분		…	2025년도분		합계	
	수량	장부금액	수량	장부금액		수량	장부금액	수량	장부금액
기초 및 무상할당	100	–	100	–	…	100	–	600	–
…	…	…	…	…		…	…	…	…
기말	100	–	100	–		100	–	600	–

② 2021년

〈당기〉

(단위 : 톤(tCO2-eq), 원)

구분	2020년도분		2021년도분		…	2025년도분		합계	
	수량	장부금액	수량	장부금액		수량	장부금액	수량	장부금액
기초 및 무상할당	100	–	100	–		100	–	600	–
정부 제출	(90)	–	–	–	…	–	–	(90)	–
…	…	…	…	…		…	…	…	…
이월	(10)	–	10	–		–	–	–	–
기말	–	–	110	–		100	–	510	–

〈전기〉

(단위 : 톤(tCO2-eq), 원)

구분	2020년도분		…	2025년도분		합계	
	수량	장부금액		수량	장부금액	수량	장부금액
기초 및 무상할당	100	–		100	–	600	–
정부 제출	–	–	…	–	–	–	–
…	…	…		…	…	…	…
기말	100	–		100	–	600	–

⊙ 상황3 : 2021년에 2020년도분 무상할당 배출권을 이월하여 단기간 매매차익을 얻기 위해 보유하는 것으로 목적을 변경한 경우 기재사항

〈당기〉

(단위 : 톤(tCO2-eq), 원)

구분	2020년도분		2021년도분		…	2025년도분		합계	
	수량	장부금액	수량	장부금액		수량	장부금액	수량	장부금액
기초 및 무상할당	100	–	100	–		100	–	600	–
정부 제출	(90)	–	–	–		–	–	(90)	–
…	…	…	…	…	…	…	…	…	…
재분류손익	–	–	–	100		–	–	–	100
재분류	–	–	(10)	(100)		–	–	(10)	(100)
이월	(10)	–	10	–		–	–	–	–
기말	–	–	100	–		100	–	500	–

③ 당기 말 현재 담보로 제공된 배출권은 xx 톤(tCO2-eq)로, 금액은 xx원입니다.

2) 단기간 매매차익을 얻기 위해 보유하는 온실가스 배출권

① 당기 및 전기 중 배출권 증감 내용 및 장부금액은 다음과 같습니다.

(단위 : 톤(tCO2-eq), 원)

구분	당기(2021년)		전기(2020년)	
	수량	장부금액	수량	장부금액
기초				
매입(매각)				
재분류				
평가				
기말				

⊙ 상황 3-1 : 2021년에 2020년도분 무상할당 배출권을 이월하여 단기간 매매차익을 얻기 위해 보유하는 것으로 목적을 변경한 경우 기재사항

(단위 : 톤(tCO2-eq), 원)

구분	당기(2021년)		전기(2020년)	
	수량	장부금액	수량	장부금액
기초	-	-	-	-
매입	-	-	-	-
재분류	10	100	-	-
평가손익	-	20	-	-
기말	10	120	-	-

(2) 배출부채

① 당기 이행연도에 대한 연결실체의 온실가스 배출량 추정치는 xx 톤(tCO2-eq)입니다.

② 당기 및 전기 중 배출부채의 증감 내용은 다음과 같습니다.

(단위 : 톤(tCO2-eq), 원)

구분	당기(2021년)		전기(2020년)	
	수량	장부금액	수량	장부금액
기초				
전입				
환입				
기말				

09 | K-IFRS 제1117호 '보험계약'관련 사전공시 모범사례(2021.8.)

▶ K-IFRS 제1117호 '보험계약'관련 사전공시 모범사례

(금융감독원 회계관리국, 보험리스크제도실, '21. 8월)

◈ 금융감독원은 '23년부터 시행되는 **新 보험회계기준**(K-IFRS 제1117호 '보험계약')의 **도입영향**이 **충실히 공시**될 수 있도록 「**사전공시 모범사례**」를 **마련 · 배포**

ㅇ보험회사는 동 사례를 활용하여 **재무제표, 홈페이지** 등에 **주요 회계정책 변경, 도입준비 상황** 및 **재무영향** 등을 **분기별 공시**

➡ **이해관계자**들이 보험회사의 **회계기준 변경**에 따른 **영향** 등을 **손쉽게 사전 파악**함으로써 회사와의 **정보비대칭**이 **축소될 것으로 기대**

Ⅰ 배경

□ '21.6월 **K-IFRS 제1117호가 제정 · 공표**됨에 따라 보험회사는 **新 회계기준관련 도입준비상황 및 재무영향** 등을 **공시**할 **의무**(보험업법, 외감법 등)

ㅇ 금융감독원은 보험회사의 **일관**되고 **충실한 공시**를 유도하고, **공시정보**의 **유용성**을 **제고**하고자 「**사전공시 모범사례**」를 **마련 · 배포**

[보험회사의 사전공시 의무]

① **(재무제표 주석공시)** 시행일 전에 **新 회계기준의 도입영향**을 공시 (외부감사법)

② **(경영공시, 홈페이지 공시) 新 회계기준 도입 준비상황** 및 **영향분석** 등을 공시 (보험업법 등)

재무제표 주석공시 (전자공시시스템)	경영공시 (보험회사 홈페이지 등)
● 근거 : 외부감사법 (K-IFRS 제1008호) ➡ 재무정보이용자에 목적적합 정보제공	● 근거 : 보험업 감독규정 제7-44조 등 ➡ 보험계약자의 권리 보호 등

Ⅱ 사전공시 주요 내용

◈ **新 회계기준 도입준비 상황, 주요 영향정보** 등을 **시점별로 단계적 공시**

※ '23년 시행일에 가까워질수록 정보의 구체성이 높아짐(회사 상황, 특성에 맞게 공시)

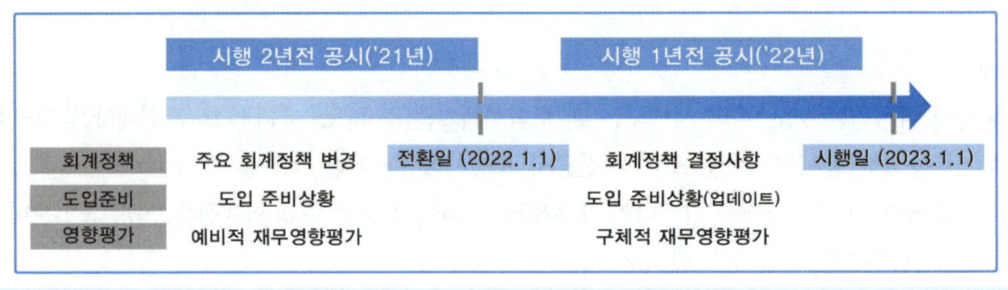

1. 주요 회계정책 변경

□ 보험회사는 **新 기준서 적용**에 따른 **회계정책 변경사항*** 등을 **사전공시**함으로써 **이해관계자**들에게 회사의 **재무수치 변동가능성** 등을 예고

* 부채측정 : (현행) 원가기준 → (변경) 현행가치, 수익인식 : (현행) 현금주의 → (변경) 발생주의

❶ **('21년)** '23년부터 달라지는 **회계정책의 주요내용*** 등

* 재무제표에 유의적인 차이를 발생시킬 것으로 예상되는 회계정책 위주로 기재, K-IFRS 제1117호 도입에 따라 새로이 신설되는 계정과목(예 : 보험계약마진 등) 설명

❷ **('22년) 회사가 적용할 회계정책**과 **기존 회계정책** 간의 **주요 차이점** 등

【 '주요 회계정책 변경' 관련 사전공시 모범사례 (요약) 】

▶ **('21년)** K-IFRS 제1104호에서는 과거 정보(보험판매 시점의 금리 등)를 이용하여 보험부채를 측정하는 반면, K-IFRS 제1117호에서는 현재시점(보고시점)의 가정과 위험을 반영한 할인율을 사용하여 보험부채를 현행가치로 측정합니다.

▶ **('22년)** ◇◇보험회사가 K-IFRS 제1117호 적용시 사용할 보험부채 평가모형은 다음과 같습니다. 일반 생명보험계약 등에 대해서는 일반모형을, 일정 요건을 충족하고 있는 직접참가특성이 있는 보험계약에 대해서는 변동수수료접근법을 적용할 예정입니다.

공시 시점	K-IFRS 제1104호	K-IFRS 제1117호
'21년	• 과거 정보(판매시점의 금리 등)를 이용하여 보험부채를 원가 측정	• 현재시점(보고시점)의 정보를 이용하여 보험부채를 현행가치로 측정
'22년	상동	• 회사가 선택한 회계정책 (예시) 보험부채 평가모형 : 일반모형, 변동수수료접근법 등

2. 도입 준비상황

□ **新 기준서 적용**을 위해서는 **결산시스템 구축**, **임직원 교육** 등이 수반되며, 보험회사는 이와 관련된 **준비상황** 및 **향후 계획**을 **사전 공시**

【 K-IFRS 제1117호 관련 결산시스템 구축과정 (일반적 경우)】

■ 회사는 보험부채가액을 산출하는 **부채평가시스템**, 이를 결산업무로 연결하는 회계결산시스템을 구축한 후, 검증작업 등을 통해 **시스템 안정화** 작업 진행

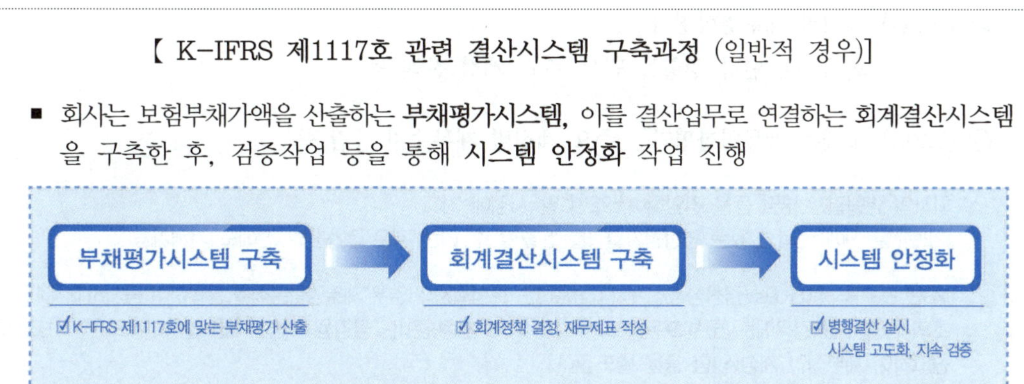

❶ ('21년) **도입추진팀 구성**, **결산시스템 구축현황**, 관련 **교육실시 내역**, **경영진 보고현황** 등 **제반 준비상황**과 **향후 추진계획** 등

❷ ('22년) '21년 기재한 **추진계획**의 **이행여부**, **추가 준비상황** 등

【 '도입 준비상황' 관련 사전공시 모범사례 (요약) 】

▶ **('21년)** ◇◇보험회사는 K-IFRS 제1117호 도입 준비를 위해 2017년 2월부터 별도의 도입추진팀을 구성하여 2020년 11월 통합 회계결산시스템의 구축을 완료하였습니다. 2021년 12월 현재 동 시스템을 시범운영하며 시스템 값 산출에 대한 적정성 검증을 진행하고 있으며, 2022년까지 시스템을 고도화할 계획입니다.

또한, K-IFRS 제1117호 관련 사내교육과정을 신설하여, 회계 · 계리 · 상품 관련 임직원을 대상으로 대내외 교육을 실시하는 한편, 이사회 및 경영진에 도입 준비상황 등을 보고하고 있습니다. 구체적인 도입 준비상황 및 향후 추진계획은 다음과 같습니다.

주요 활동	준비상황 (보고시점 기준)	향후 추진계획
도입추진팀 구성	• '17.2월 IFRS17 도입추진팀 구성 (현재 총 O명의 전담인력)	• 도입추진팀 지속 운영 • 전담인력 보강 등
결산시스템 구축	• '17.3월 시스템 구축 용역의뢰 • 시스템 개발 완료, 시범운영 중	• 시스템 고도화 (병행결산) • 내부회계관리제도 구축
임직원 교육	• 실무자 교육과정 마련 및 실시	• 교육과정 증설 등
경영진 보고	• 시스템 구축, 재무영향 등 보고	• 병행결산 관련 제반사항 보고

▶ **('22년)** '21년 사전공시 내용을 업데이트

3. 주요 재무영향 분석결과

□ 보험회사는 新 기준서 적용에 따른 재무적 영향을 단계적으로 사전 공시함으로써 **회계기준 변동**으로 인한 **이해관계자** 등의 **혼란**을 **최소화**

❶ ('21년) **예비적 재무영향평가**

회계기준 변경 영향을 받는 **주요 계정 잔액** 등

❷ ('22년) **구체적 재무영향평가***, **주요 계정별 재무수치 증감** 등

* 회사의 병행결산 부담 등을 감안하여 '22년 말 시점에 기재
'22년 말 전에 신뢰성 있는 영향평가결과를 산출할 수 있는 경우 '22년 말 전에도 기재가능

'23년 K-IFRS 제1109호(금융상품)를 동시 적용하는 보험회사의 경우 재무영향분석을 통합하여 공시하고, 제1109호의 영향이 큰 경우에는 旣 발표된 보도자료(新 IFRS 시행 준비, "금감원 모범사례를 활용하세요."('17.1.3.))를 참고하여 세부적인 계정 영향 등을 별도 공시

【 '주요 재무영향 분석결과' 관련 사전공시 모범사례 (요약) 】

▶ **('21년) 예상되는 재무영향 방향성, 영향을 받는 주요 계정잔액**

◇◇보험회사가 2021.12.31. 현재 입수 가능한 정보 등에 기초하여 K-IFRS 제1117호 적용이 2021년 재무제표에 미치는 잠재적인 영향을 평가한 결과, 보유중인 고금리 확정계약 등의 영향으로 K-IFRS 제1117호 시행 이후 보험계약부채 평가액이 증가할 것으로 예상됩니다. 2021.12.31. 현재 총 OO백만원의 보험계약부채를 보유하고 있습니다.

▶ **('22년) 구체적인 재무수치 증감, 중요 계정과목별 예상수치**

◇◇보험회사가 2022년 재무제표에 대해 K-IFRS 제1117호를 적용할 경우 2022.12.31. 기준 자산, 부채, 자본은 각각 OO백만원....이며, 이는 K-IFRS 제1104호 대비 OO백만원....증가(감소)한 수치입니다.

K-IFRS 제1117호 적용시 2022.12.31. 기준 보험계약부채는 OO백만원이며, 동 보험계약부채에 포함된 보험계약마진은 OO백만원입니다.

K-IFRS 제1104호와 제1117호 간 재무수치 변동

(단위 : 백만원)

계정과목	K-IFRS 제1104호(A)	K-IFRS 제1117호(B)	증감(B-A)
자산	XX	XX	XX
부채	XX	XX	XX
자본	XX	XX	XX
…	XX	XX	XX

☞ 그 밖의 **주요 회계기준 변경사항별 예시**는 **붙임「사전공시 모범사례」** 참조

Ⅲ 기대효과

□ 금번 「**사전공시 모범사례**」의 **마련 · 배포**로 보험회사의 **공시작성 편의**가 **도모**되고, **보험회사** 간 **사전공시 내용**의 **비교가능성**이 **제고**

ㅇ **이해관계자**는 공시내용을 통해 보험회사별 **회계기준 도입효과**를 **사전 파악**함으로써 **회사**와의 **정보비대칭**이 **축소**될 것으로 기대

Ⅳ 향후 계획

1. 보험회사의 충실한 공시의무 이행을 유도

• **생명 · 손해보험협회, 공인회계사회** 등을 통해 「**사전공시 모범사례**」를 **안내**하여 **보험회사, 회계법인, 투자자** 등이 **업무**에 **활용**할 수 있도록 지원

2. 보험회사의 도입준비 현황, 사전공시 사항 등을 지속 점검

• 보험회사별 **회계결산시스템 구축현황, 사전공시 의무 이행여부** 등을 **지속 점검**하여 **新 기준서**의 **연착륙**을 **도모**

3. 新 기준서 체계에 맞도록 관련 법규 · 제도정비

• 「**보험 자본건전성 선진화 추진단***」을 통해 **보험감독회계** 등 **관련 법규 개정**을 **조속히 마련** 및 **전파**할 계획

* 금융위원회, 금융감독원, 예금보험공사, KDI, 보험개발원, 금융 · 자본 · 보험연구원, 보험학계, 생명 · 손해보험협회 등으로 구성 ('18.11월부터 운영)

☞ 본 자료를 인용하여 보도할 경우에는 출처를 표기하여 주시기 바랍니다.(http : //www.fss.or.kr)

붙임 K-IFRS 제1117호 '보험계약'관련 사전공시 모범사례

※ '주석공시 모범사례' 2021-2로 활용계획

▶ 사전공시 모범사례의 성격

▣ 보험회사의 **사전공시 작성 편의를 도모**하고 **재무정보이용자의 이해가능성을 제고**하고자 **참고목적으로 제시**하는 것으로 K-IFRS 제1117호에서 정한 **모든 공시사항을 포함하고 있지 않으므로**, 회사는 모범사례에서 제시된 사항 이외에 **추가로 기재하여야 할 사항을 검토**하여야 함

▣ 사전공시 모범사례가 제시하는 양식 및 기재범위는 **회사 합리적 판단**에 따라 **조정**될 수 있음

ㅇ 회사는 사전공시 작성시 **재무정보이용자의 정보이용 효익**과 영위하는 **업종의 특성** 등 **회사의 실정**을 고려하여 공시사항을 **추가**하거나 **변경 · 축소하여 사용할 필요**가 있음

1. 주요 회계정책 변경사항

202X년 XX월 XX일 현재 제정 · 공표되었으나 시행일이 도래하지 않아 적용하지 아니한 새로운 한국채택국제회계기준은 다음과 같습니다.

2021년 4월 23일 제정된 K-IFRS 제1117호『보험계약』은 2023년 1월 1일 이후 최초로 시작되는 회계연도부터 적용되며, 동 기준서는 현행 K-IFRS 제1104호『보험계약』을 대체할 예정입니다.

K-IFRS 제1117호의 주요 특징은 보험부채의 현행가치 측정, 발생주의에 따른 보험수익 인식, 보험손익과 투자손익의 구분표시 등입니다. 즉, 현행 K-IFRS 제1104호에서는 과거 정보(보험 판매 시점의 금리 등)를 이용하여 보험부채를 측정하고, 회사가 보험료를 수취하면 수취한 보험료를 그대로 현금주의에 따라 보험수익으로 인식하며 보험손익과 투자손익 간 구분표시 의무가 없었습니다. 반면, K-IFRS 제1117호에서는 현재시점(보고시점)의 가정과 위험을 반영한 할인율을 사용하여 현행가치로 보험부채를 측정하고, 보험수익은 매 회계연도별로 보험회사가 계약자에게 제공한 서비스를 반영하여 발생주의에 따라 수익을 인식하며 보험손익과 투자손익을 구분표시하게 됩니다.

보험회사가 K-IFRS 제1117호를 적용하여 재무제표를 작성하는 경우 현행 재무제표와 유의적인 차이를 발생시킬 것으로 예상되는 부분은 다음과 같습니다. 이러한 부분은 향후 발생할 모든 차이를 포함한 것은 아니며 향후 추가적인 분석결과에 따라 변경될 수 있습니다.

(보험부채 등의 평가)

K-IFRS 제1117호에 따르면, 보험회사는 보험계약에 따른 모든 현금흐름을 추정하고 보고시점의 가정과 위험을 반영한 할인율을 사용하여 보험부채 등을 측정합니다.

구체적으로, 보험회사는 유사한 위험에 노출되어 있고 함께 관리되는 계약으로 구성된 보험계약 포트폴리오를 식별한 후 동 포트폴리오 내에서 수익성이 유사한 계약 등으로 보험계약집합을 구분합니다. 이후 보험계약집합은 미래현금흐름에 대한 추정치(보험계약대출 관련 현금흐름 포함, 화폐의 시간가치 등 반영), 위험조정, 보험계약마진의 합계로 측정됩니다. K-IFRS 제1117호 도입에 따라 보험계약마진 계정이 새로 도입되는데, 이는 미래에 보험계약서비스를 제공함에 따라 인식하게 될 미실현이익을 의미합니다.

한편, 재보험계약은 재보험회사가 다른 보험회사가 발행한 원수 보험계약 등에서 발생하는 보험금 등을 보상하기 위해 발행한 보험계약을 의미하며, 출재된 보험계약집합도 보험계약집합에 대한 미래현금흐름의 현재가치를 추정할 때에는 원수보험계약집합과 일관된 가정을 적용합니다.

(재무성과의 인식 및 측정)

K-IFRS 제1117호에 따르면, 보험수익은 매 회계연도별로 보험회사가 계약자에게 제공한 서비스(보험보장)를 반영하여 수익을 발생주의에 따라 인식하며, 보험사건과 관계없이 보험계약자에게 지급하는 투자요소(해약 · 만기환급금 등)는 보험수익에서 제외합니다. 또한, 보험손익과 투자손익을 구분 표시함에 따라 정보이용자는 손익의 원천을 확인할 수 있습니다.

또한, 보험회사는 보험계약집합 관련 화폐의 시간가치와 금융위험 및 이들의 변동효과를 보험금융손익에 포함하며, 해당 기간의 보험금융손익을 당기손익과 기타포괄손익으로 구분할지에 대한 회계정책을 선택하여야 합니다.

(보험계약의 전환 관련 회계정책)

K-IFRS 제1117호 경과규정에 의하면, 보험회사는 전환일(2022.1.1., 최초 적용일 직전 연차보고기간의 기초시점) 전 발행된 보험계약집합에 대해 완전소급법, 수정소급법 또는 공정가치법을 적용하여 기존 원가기준 평가액을 현행가치 평가액으로 조정하여야 합니다.

원칙적으로 보험회사는 전환일 이전에도 K-IFRS 제1117호를 계속 적용해 온 것처럼 보험계약집합을 식별 · 인식 · 측정(완전소급법)하여야 하지만, 동 방법이 실무적으로 불가능한 경우 수정소급법 또는 공정가치법 중 하나의 방법을 선택하여 적용할 수 있습니다. 다만, 일정요건을 충족하는 직접참가특성이 있는 보험계약집합의 경우 완전소급법 적용이 가능하더라도 공정가치법을 적용할 수 있습니다.

한편, 수정소급법은 과도한 원가나 노력 없이 이용할 수 있는 합리적이고 뒷받침될 수 있는 정보를 사용하여 완전소급법과 매우 근접한 결과를 얻기 위한 방법이며, 공정가치법은 K-IFRS 제1113호(공정가치 측정)에 따른 공정가치 평가액 등을 활용하여 보험계약집합을 평가하는 방법입니다. 공정가치법 적용시 잔여보장부채에 대한 보험계약마진 등은 전환일의 보험계약집합 공정가치와 이행현금흐름의 차이로 산정합니다.

【'주요 회계정책 변경' 관련 시점별 추가기재사항(예시 : 보험부채 평가방법)】

▶ **('21년) 예상되는 주요 회계정책 변경**

K-IFRS 제1104호에서는 과거 정보를 이용하여 보험부채를 측정하여 왔으나, K-IFRS 제1117호에서는 현재시점(보고시점)의 가정과 위험을 반영한 할인율을 사용하여 보험부채를 현행가치로 측정합니다. 또한 전환일 전 발행된 보험계약집합에 대해 완전소급법, 수정소급법 또는 공정가치법을 적용(선택)하여 기존 원가기준 평가액을 현행가치 평가액으로 조정하여야 합니다.

구분	K-IFRS 제1104호	K-IFRS 제1117호
보험부채 평가	■ 과거 정보를 이용하여 원가로 측정	■ 보고시점의 정보를 이용하여 현행가치로 측정 ■ 전환일 시점에 과거 보험계약집합을 현행가치로 조정하는 전환방법 선택 필요 (완전/수정소급법, 공정가치법 중 적용)
…	…	…
…	…	…

▶ **('22년) 'K-IFRS 제1117호 시행 이후 실제 적용할 회계정책 등' 위주**

◇◇보험회사는 K-IFRS 제1117호에서는 현재시점(보고시점)의 가정과 위험을 반영한 할인율을 사용하여 보험부채를 현행가치로 측정하게 되며, 이 때 사용하게 될 평가모형은 다음과 같습니다. 원칙적으로 일반 생명보험계약 등에 대해서는 일반모형을 적용하되, 일정 요건을 충족하고 있는 직접참가특성이 있는 보험계약에 대해서는 변동수수료접근법을 적용할 예정입니다. 또한 최초 인식시점에서 보험계약 보장기간이 1년 이하인 일반손해보험계약 등에 대해서는 보험료배분접근법을 적용할 예정입니다.

한편, 전환일 전 발행된 보험계약집합에 대해 완전소급법과 공정가치법을 적용하여 원가기준 평가액을 현행가치 평가액으로 조정하였습니다.

구분	K-IFRS 제1104호	K-IFRS 제1117호
보험부채 평가	■ 과거 정보를 이용하여 원가로 측정	■ 보고시점의 정보를 이용하여 현행가치로 측정

구분	K-IFRS 제1104호	K-IFRS 제1117호
		평가모형 : 일반모형, 변동수수료 접근법, 보험료배분접근법 ▪ 회사는 과거 보험계약집합의 전환방법으로 완전소급법, 공정가치법을 선택 적용
…	…	…
…	…	…

※ 상기 사례를 참고하여, 재무제표에 유의적인 차이를 발생시킬 것으로 예상되는 회계정책들을 위주로 공시내용 기재

2. 도입준비상황

보험회사가 K-IFRS 제1117호를 원활히 도입하기 위해서는 별도의 도입추진팀 구성, 회계결산 시스템 구축, 임직원 교육, 재무영향분석 등의 준비 작업이 필요합니다.

무엇보다, 보험부채 평가의 적정성을 위해 회계결산 시스템의 안정성, 시스템 산출값의 정합성 등이 확보되어야 하며, 회계정책, 계리적 가정 등이 합리적으로 설정되어 매 기간 일관되게 적용되어야 합니다. 이를 위해 보험회사는 시스템을 지속적으로 검증하는 한편, 여러 내부통제장치 등을 마련해야 합니다. 특히, 新 회계기준 시행 이후 신뢰성 있는 회계정보가 작성 · 공시될 수 있도록 회사는 변화된 회계환경에 맞는 내부회계관리제도를 수립하고 준수해야 합니다.

K-IFRS 제1117호의 도입은 단순히 회계기준의 변경에 그치지 않고 보험상품 개발, 판매 전략, 장기 경영전략 등에도 영향을 줄 것입니다. 이에, 회사는 新 회계기준 시행 이후 여러 경영전략 등을 재수립하는 한편, 관련 임직원 등을 대상으로 지속적으로 교육을 실시하고 경영진에게 도입 준비상황과 향후 추진 계획 등을 보고할 필요가 있습니다.

【 '도입 준비상황' 관련 시점별 추가기재사항 (예시) 】

▶ **('21년)** ◇◇보험회사는 K-IFRS 제1117호 도입 준비를 위해 2017년 2월부터 O명으로 구성된 별도의 도입추진팀을 구성 및 운영하여 왔습니다.

2017년 3월 회계 · 계리법인 등에 부채평가시스템 등 결산시스템의 구축 용역을 의뢰하였으며 2020년 11월 통합 회계결산시스템을 완료하였습니다. 2021년 12월 현재 시스템을 시범운영하며 정합성 검증을 하고 있으며, 2022년까지 지속적으로 시스템을 고도화하는 한편 전반적인 내부회계관리제도 체계도 구축해 나갈 계획입니다.

또한, K-IFRS 제1117호 관련 사내교육과정을 신설하여, 회계 · 계리 · 상품 관련 임직원을

대상으로 대내외 교육을 실시하는 한편, 2022년에는 심화 교육과정을 마련할 예정입니다. 한편, 2021년 중 이사회 및 경영진에 도입 준비상황 등을 O회 보고하였습니다.

구체적인 도입 준비상황 및 향후 추진계획은 다음과 같습니다.

주요 활동	준비상황 (보고시점 기준)	향후 추진계획
도입추진팀 구성	• '17.2월 IFRS17 도입추진팀 구성 (현재 총 O명의 전담인력)	• 도입추진팀 지속 운영, • 전담이력 인력 보강 등
결산시스템 구축	• '17.3월 시스템 구축 용역의뢰 • 시스템 개발 완료, 시범운영 중	• 시스템 고도화 (병행결산) • 내부회계관리제도 구축
임직원 교육	• 실무자 교육과정 마련 및 실시	• 교육과정 증설, 심화과정 신설
경영진 보고	• 시스템 구축, 재무영향 등 보고	• 병행결산 관련 제반사항 보고

▶ **('22년)** '21년 사전공시 내용을 업데이트

3. 재무영향평가

K-IFRS 제1117호 시행으로 부채의 평가방법, 수익인식방법 등이 변경됨에 따라 2023년 재무제표의 경우 재무수치 변동성이 발생할 것으로 예상됩니다. 또한, 2023년 1월 1일부터 K-IFRS 제1109호(금융상품)가 제1117호와 함께 동시에 최초 적용됨에 따라 보험회사의 전체 재무상태표, 손익계산서 수치 등에는 제1109호의 영향이 포함되어 있습니다.

〈'23년 K-IFRS 제1117호(보험계약)와 제1109호(금융상품) 동시 최초적용 관련〉

- IASB는 보험회사가 IFRS17보다 IFRS9을 우선 적용하는 경우, 자산·부채간 회계불일치 우려 등이 있어 IFRS9 적용을 IFRS17 시행일까지 한시적으로 연기할 수 있는 선택권을 부여

- 재무영향은 제1117호, 제1109호를 통합하여 공시하고, 제1109호의 영향이 큰 경우에는 세부적인 계정 영향 등을 별도 공시
  (제1109호 사전공시 : 보도자료('17.1.3.) 新 IFRS 시행 준비, "금감원 모범사례를 활용하세요." 참고)

2021년의 경우 지속적인 시스템 정합성 검증, 2022년 병행결산 준비 등의 작업이 수행될 것으로 예상됩니다. 이에, 2021년에는 K-IFRS 제1117호 시행에 따른 예비적·잠재적 영향(예시 : 재무변동의 방향성, 평가방법이 변경되는 보험부채(자산)가액 등)을 공시하고 2022년 연간 재무제표에 구체적인 재무영향 결과를 공시하였습니다.

【 '주요 재무영향 분석결과' 관련 시점별 추가기재사항 (예시) 】

▶ ('21년) 예비적, 잠재적 재무영향평가 결과

◇◇보험회사가 2021.12.31. 현재 입수 가능한 정보 등에 기초하여 K-IFRS 제1117호 적용이 재무제표에 미치는 잠재적인 영향을 평가한 결과, 보유중인 고금리 확정계약 등의 영향으로 K-IFRS 제1117호 시행 이후 보험계약부채 평가액이 증가할 것으로 예상됩니다. 2021.12.31. 현재 총 OO백만원의 규모의 보험계약부채를 보유하고 있습니다.

또한, K-IFRS 제1117호를 적용할 경우 보험수익에서 저축성 보험료 등이 제외됨에 따라 보험수익의 감소가 예상되며, 2021년 기준 보험수익에서 저축성 보험이 차지하는 비중은 OO%(OO백만원)입니다.

※ 회사의 상황에 맞게 예비적, 잠재적 재무영향평가를 추가 분석, 공시

▶ ('22년) 구체적 재무영향평가 결과

1. 재무상태표, 손익계산서 등 수치 변동

◇◇보험회사가 2022.12.31. 현재 구축된 결산시스템 등을 활용하여 2022년 재무제표에 대해 K-IFRS 제1117호 최초 적용에 따른 재무영향 평가를 실시한 결과는 다음과 같습니다.

K-IFRS 제1117호를 적용할 경우 2022.12.31. 기준 자산, 부채, 자본은 각각 OO백만원, OO백만원, OO백만원, 당기손익과 총포괄손익은 각각 OO백만원, OO백만원으로 예상됩니다. 이는 K-IFRS 제1104호 대비 자산, 부채, 자본이 각각 OO백만원, OO백만원, OO백만원 증가(감소), 당기손익과 총포괄손익은 각각 OO백만원, OO백만원 증가(감소)한 수치입니다.

동 분석결과는 향후 이용할 수 있는 추가정보 및 경제상황 등에 따라 변경될 수 있습니다.

〈재무상태표〉

(단위 : 백만원)

계정과목	K-IFRS 제1104호(A)[1]	계정과목	K-IFRS 제1117호(B)[2]	증감(B-A)
자산총계	xx	**자산총계**	xx	xx
금융자산	xx	보험계약자산	xx	
재보험자산	xx	재보험계약자산	xx	
…	xx	…	xx	
부채총계	xx	**부채총계**	xx	xx
보험계약부채	xx	보험계약부채	xx	
금융부채	xx	재보험계약부채	xx	
…	xx	…	xx	
자본총계	xx	**자본총계**	xx	xx

〈포괄손익계산서〉

(단위 : 백만원)

계정과목	K-IFRS 제1104호[1]	계정과목	K-IFRS 제1117호(B)[2]	증감(B-A)
영업수익	**xx**	**보험수익**	**xx**	
보험료수익	xx	예상보험금 및 사업비	xx	
투자수익	xx	…	xx	
…		…	xx	
영업비용	**xx**	**보험서비스비용**	**xx**	
보험부채전입액	xx	실제보험금 및 사업비	xx	
지급보험금	xx	…	xx	
사업비	xx	…	xx	
신계약비상각액	xx	**보험서비스결과**	**xx**	
…	xx	**투자손익**	**xx**	
…	xx	투자수익	xx	
		투자비용	xx	
영업손익	**xx**	**영업손익**	**xx**	**xx**
영업외수익	xx	영업외수익	xx	
영업외비용	xx	영업외비용	xx	
당기손익	**xx**	**당기손익**	**xx**	**xx**
기타포괄손익	xx	기타포괄손익	xx	
총포괄손익	**xx**	**총포괄손익**	**xx**	**xx**

〈현금흐름표〉

(단위 : 백만원)

구분	K-IFRS 제1104호(A)[1]	K-IFRS 제1117호(B)[2]	증감(B-A)
영업활동 현금흐름	xx	xx	xx
투자활동 현금흐름	xx	xx	xx
재무활동 현금흐름	xx	xx	xx

주 1) K-IFRS 제1104호 '보험계약'과 제1039호 '금융상품 : 인식과 측정'을 적용한 금액
('23년 전에 K-IFRS 제1109호 '금융상품'을 도입한 회사는 제1104호와 제1109호를 적용한 금액)
2) K-IFRS 제1109호 '금융상품'과 K-IFRS 제1117호 '보험계약'을 동시 적용한 금액

2. K-IFRS 제1117호로의 전환방법에 따른 재무영향

◇◇보험회사는 전환일(2022.1.1.) 기준 직전 5년 이내(2017년~2021년) 발행된 보험계약집합에 대해 완전소급법을, 전환일 기준 5년 전(2016년 이전) 발행된 보험계약에 대해서는 공정가치법을 적용하여 보험계약부채의 평가액을 원가에서 현행가치로 조정하였습니다. 공정가치법 적용시 보험계약의 공정가치(K-IFRS 제1113호)는 신지급여력제도(K-ICS)에 의해 산출되는 보험계약부채 평가액을 토대로 일부 조정사항 등을 반영하여 산정하였습니다.

전환회계처리 관련 재무영향을 분석한 결과, 2022.1.1.기준 K-IFRS 제1117호 적용 보험계약자산, 보험계약부채는 각각 OO백만원, OO백만원으로 예상됩니다.

〈전환방법이 보험계약부채 평가액 등에 미치는 영향(예상치)〉

(단위 : 백만원)

전환 방법	대상 연도	K-IFRS 제1117호		
		보험 계약자산[1]	보험 계약부채[1]	보험계약 마진[2]
완전소급법	2017~2021년			
공정가치법	2016년 이전			
합계	–			

주 1) 보험계약자산과 보험계약부채에는 각각 재보험계약자산, 재보험계약부채를 포함하고, 모든 구성항목을 포함하여 전체 금액을 기재

2) 보험계약자산, 보험계약부채에 포함되어 있는 보험계약마진은 합산하여 기재

3. 보험부채 관련 재무영향

◇◇보험회사가 2022.12.31. 기준 보험부채에 대해 K-IFRS 제1117호를 적용할 경우 보험계약자산 및 보험계약부채는 각각 OO백만원, OO백만원으로 평가됩니다. 보험계약부채에 보험계약대출 현금흐름 등이 OO백만원 반영됨에 따라 부채 감소효과가 발생하였으나, 보유중인 고금리계약의 영향 등으로 결과적으로 보험계약부채는 증가할 것으로 예상됩니다.

〈K-IFRS 제1117호 적용시 보험계약자산 · 부채의 구성(예상치)〉

(단위 : 백만원)

구분	K-IFRS 제1117호 적용 자산					K-IFRS 제1117호 적용 부채				
	합계 (A+B)	보험계약 자산(A)[1)2)]	보험계약 마진[4)]	재보험계약 자산(B)[1)3)]	보험계약 마진[4)]	합계 (C+D)	보험계약 부채(C)[1)2)]	보험계약 마진	재보험계약 부채(D)[1)3)]	보험계약 마진[4)]
평가액										

주 1) 보험(재보험)계약자산, 보험(재보험)계약부채는 모든 구성요소를 포함하여 전체 금액을 기재

2) 보험회사가 발행한 보험계약집합 관련 자산, 부채 기재

3) 보험회사가 보유한 재보험계약(출재보험계약)집합 관련 자산, 부채 기재

4) 보험(재보험)계약자산, 보험(재보험)계약부채에 포함되어 있는 보험계약마진은 구분하여 별도 기재

※ 상기 사례를 참고하되, 재무제표에 유의적인 차이를 발생시킬 것으로 예상되는 영향분석 등을 추가하여 공시 가능

10 | 전기오류수정 관련 주석공시(2023.11.)

▶ 주요 내용

□ **전기오류수정**과 관련하여 **기업회계기준서**(제1008호)에서 **주석 공시 사항***을 **규정**하고 있으나, **구체적**이고 **표준화**된 **공시지침**이 **없어** 기업들이 **다양한 형태**로 **주석 공시**를 하고 있었습니다.

* ①전기오류의 성격, ②오류수정의 영향을 받는 재무제표 각 항목별 수정금액 등

ㅇ 구체적으로 기업들은 ①전기오류 **발생경위 등**을 **상세히 기재**하지 **않거나**, ②**여러 유형의 오류**를 **한 계정과목**(예 : 비유동자산)으로 **일괄공시**하거나 ③**다른 주석**을 **함께 수정**하였음에도 이를 **기재**하지 **않아** 투자자 및 채권자 등 **정보이용자들**이 전기오류수정 사항을 **쉽게 파악**할 수 **없는** 불편이 있었습니다.

〈 전기오류수정 주석 공시 미흡 사례 〉

1 A사는 **오류**가 **발생**했다는 **사실만 공시**하고 **발생 경위** 등은 구체적으로 **기재하지 않았으며**, B사는 재무제표 **재작성 사실만 주석**에 **기재**하고 오류 여부 등 **세부내용**을 **주석**으로 **기재하지 않았음**

2 C사는 **여러 유형**의 **오류***를 하나의 계정과목(비유동자산)에 **수정내역**을 **합산**하여 **공시**

* 금융상품 평가방법 수정, 유형자산 감가상각방법 변경 등

3 D사는 **오류수정** 관련 내용을 기재한 **주석 이외**에 **연계된 다른 주석**이 수정되었음에도 **수정**했다는 **사실만 공시**하였으며 **관련 주석**이 무엇인지 **미기재**

□ 이에 따라 **금융감독원**은 전기오류수정에 대해 **기업들**의 **충실한 주석 기재**를 **유도**하기 위해 「(2023-1) **전기오류수정 관련 주석공시 모범사례**」를 **마련**하였습니다.

ㅇ **정보이용자들**은 전기오류 발생원인에 대한 **이해 및 편의성**이 **증대**되고, **기업들**은 **회계투명성**이 **제고**될 것으로 **기대**됩니다.

〈 전기오류수정 관련 주석 공시 개선내용 〉

현황 및 문제점		개선 내용
오류 발생경위 등 불충분 또는 미기재	➤	❶ 전기오류의 성격 기재 사항 구체화
유형별 오류금액 합산 공시		❷ 여러 유형의 오류수정 항목 금액적 효과 구분 표시
관련 주석 재작성 사실만 공시		❸ 오류수정의 영향 받는 주석 번호 연계 표시

□ **금융감독원**은 한국상장회사협의회 등을 통해 **주석공시 모범사례**를 **기업들**에 **안내**하는 한편, 「**기업공시서식 작성지침**」에도 **반영**하여 기업들이 쉽게 참고할 수 있도록 할 예정입니다.

Ⅰ 추진 배경

□ **전기오류수정**과 관련하여 기업회계기준서(제1008호)에서 **공시사항***을 **규정**하고 있으나, **표준화된 공시지침**이 **없어** 기업별 **공시방식**이 **다양****

* ①전기오류의 성격 ②오류수정의 영향을 받는 재무제표 각 항목별 수정금액 ③기초금액 수정금액 ④소급작성이 불가능한 경우 사유, 오류수정 적용방법 · 시기

** 사업보고서 또는 감사보고서에만 기재, 서술식 또는 표 형식 등

□ 국내 기업의 **전기오류수정** 공시를 살펴본 결과, 기업별로 **주석 공시 내용** 및 **형식**에 **일관성**이 **없고** 다수의 **미비점**이 있는 것으로 **파악**

○ 기준서상 **전기오류의 성격 등**을 **어느 정도**까지 **상세히 공시**하여야 하는지 **명시**되어 있지 **않아**, 기업별 **주석공시 형식**이 **상이**하고 **공시 충실도**에 **차이**가 발생

○ 특히, **전기오류의 성격** 및 **발생원인**을 **구체적**으로 **기술하지 않거나**, **여러 유형**의 **전기오류**에 대해 **합계금액**만 **기재**한 경우도 존재

○ 이에 따라 **정보이용자**에 대한 효율적인 **정보제공**이 **어렵고 기업 간 비교가능성**이 **저해**되는 실정

➡ **재무제표 이용자**가 기업의 **일관되고 충실한 주석공시**를 통해 **유용한 재무정보**를 얻을 수 있도록 **전기오류수정** 관련 **주석공시 모범사례**를 **마련**하여 기업에 **안내**하고자 함

Ⅱ 주석공시 모범사례 주요 내용

※ 「(2023-1) 전기오류수정 관련 주석공시 모범사례」는 (붙임1) 참조

▣ **금융감독원**은 기업들의 **전기오류수정** 관련 **주석공시**가 **미비**한 경우가 많음에 따라 **주요 주석공시 기재사항**을 **제시**하는 **주석공시 모범사례**를 마련

○ 다만, 주석공시 **표준문안** 및 **작성양식**은 **참고목적**으로 **제시**하는 것으로 **회사 상황** 및 **실정**에 맞게 **가감** 또는 **변경**하여 **사용**할 **필요**

❶ **전기오류의 성격**에 대해 **기재할 사항**을 **구체화**

❷ **오류수정 항목**이 **여러 유형**일 경우 **금액적 효과**를 **구분 표시**

❸ **오류수정**으로 **영향**을 받는 **관련 주석 번호**를 **연계 표시**

1. 전기오류의 성격 관련 기재사항 구체화

□ 기업들이 **공시의무**가 있는 **전기오류의 성격**을 **기재**하지 **않거나, 오류 발생 경위** 등을 **상세히 설명**하지 **않고 있어**

ㅇ 재무제표 **정보이용자들**은 기업이 **재무제표**를 **재작성**하게 된 **경위** 등을 **파악**하기 **어려웠음**

〈국내기업 미비점 사례〉

(예1) A사는 재무제표 재작성 관련 주석에 **'전기오류의 성격' 미기재**

– 금융보증비용 인식, 매각예정비유동자산평가이익 인식, 기타비유동자산의 기타수취채권 계정재분류 등으로 인하여 XX년 12월 31일로 재무제표를 재작성하였으며 상세내역은 다음과 같습니다.

(예2) B사는 **회계처리 오류**에 대한 **발생 경위** 등 **'전기오류의 성격' 불충분 기재**

– 회사는 매출액 및 매출원가 등과 관련하여 주요 관련 계정인 매출액, 매출채권, 매출원가 및 재고자산 등에 대한 회계처리 오류가 재무제표에 미치는 영향이 중요하다고 판단하여 XX년 12월 31일로 종료되는 회계연도의 재무제표를 재작성하였으며, 재작성 내용은 다음과 같습니다.

□ **전기오류의 성격**을 재무제표 **주석**에 **상세히 공시**할 수 있도록 ①**오류 계정과목,** ②**발생 경위,** ③**오류의 내용,** ④**관련 기준서**를 **구분**한 **표준 서식 마련**

① **(오류 계정과목) 오류**로 인해 **영향받는** 재무제표 **계정과목**을 **공시**

– **오류**가 **발생**하게 된 **경위**와 **연관**된 **계정과목**을 **모두 기재***

* 예) 재고자산 관련 오류의 경우 : 재고자산, 매출원가 등

② **(발생 경위)** 오류에 따른 **재무제표 재작성 사유***를 **구체적**으로 **기재**하고, **오류**의 **유형**이 **다를 경우 항목별**로 **구분**하여 **기재**

* 예) 재고의 입·출고 관리 미비 등 내부통제 미비, 유동성 분류 등 회계처리 오류, 회계추정치 계산오류, 사기·횡령 등 회계 부정 발견 등

③ **(오류의 내용)** 오류가 발생한 **사업연도**와 **계정과목, 오류수정**의 **영향**을 받는 **재무제표 금액**을 **모두 기재**

– **재무제표 구성요소**(재무상태표, 손익계산서 등) 별로 **구분**하여 **공시**하며, **각 사업연도**의 **영향**을 **구분**하여 **기재**

④ **(관련 기준서) 오류**가 **발생**한 **계정과목** 관련하여 **연관**된 **기준서** 및 **문단**을 **공시**

〈 주석공시 모범사례 〉

■ (전기오류의 성격)

(가)	① 오류 계정과목	재고자산, 매출원가
	② 발생 경위	재고의 입·출고 관리 미비로 재고수불부에 실물이 없거나 판매가 불가능한 재고자산이 일부 포함됨
	③ 오류의 내용	- (재무상태표) 제XX기 재고자산 XXX백만원 과대계상 - (손익계산서) 제XX기 매출원가 XXX백만원 과소계상
	④ 관련 기준서	기업회계기준서 제1002호 문단 10
(나)	① 오류 계정과목	이연법인세부채, 법인세비용
	② 발생 경위	관계기업투자주식에서 발생한 가산할 일시적차이에 대하여 청산·배당에 의한 소멸시점을 통제할 수 있는 별도의 법적·계약적 권리 또는 약정을 보유하고 있지 않아 이연법인세부채를 인식하여야 함에도 별도재무제표상 이를 고려하지 않음
	③ 오류의 내용	- (재무상태표) 제XX기 이연법인세부채 XXX백만원 과소계상 - (손익계산서) 제XX기 법인세비용 XXX백만원 과소계상 - (재무상태표) 제XX기 이연법인세부채 XXX백만원 과소계상 - (손익계산서) 제XX기 법인세비용 XXX백만원 과소계상
	④ 관련 기준서	기업회계기준서 제1012호 문단 39, 42

2. 여러 유형의 오류수정 항목에 대한 금액적 효과 구분 표시

□ 일부 기업들은 **여러 유형**의 **오류수정 금액적 효과**(영향)를 구분 표시하지 않고 **합산 공시**하여 **유형별** 세부 **수정 금액** 파악 곤란

〈국내기업 미비점 사례〉

(예) A사는 **여러 유형**의 **오류수정 항목**을 **합산**하여 **공시**

– 아래 (주2) **매도가능금융자산 평가방법 수정** 및 **관계기업투자자산으로 계정재분류**와 (주3) **감가상각방법의 변경**에 따른 자산의 변동 효과를 비유동자산 과목으로 **합산**하여 **공시**

(단위 : XX원)

과목	수정전	수정사항	수정후	비고
유동자산	XXX,XXX	XXX	XXX,XXX	(주1)
비유동자산	XXX,XXX	XXX	XXX,XXX	(주2,3)
자산총계	XXX,XXX	XXX	XXX,XXX	

(주1) 원가계산방식의 변경
(주2) 매도가능금융자산 평가방법 수정 및 관계기업투자자산으로 계정재분류
(주3) 감가상각방법의 변경에 따른 자산의 변동

□ **전기오류 항목**이 **여러 유형**일 경우 **각각**의 **전기오류 항목**에 대한 **금액적 효과**를 **구분 표시**((가), (나) 등)*하도록 개선

* 금액적 효과를 구분할 수 없는 경우에는 합산하여 표시 가능. 다만, 전기오류의 성격은 모두 각각 기술해야 함

○ **(관련 수정금액)** **오류수정**의 **영향**을 받는 **계정과목별 금액**을 **기재**하며, **여러 유형**의 **오류**가 발생한 경우 각각 **구분**((가), (나) 등)하여 **기재**

〈 주석공시 모범사례 〉

■ **(오류수정의 영향을 받는 재무제표)**

○ **재무상태표**

(단위 : XX원)

과 목	관련 주석	20X2년말(전기말)			
		이전 보고금액	(가)관련 수정금액	(나)관련 수정금액	재작성 금액
자 산					
Ⅰ. 유동자산		XXX,XXX	(XX,XXX)	–	XXX,XXX
재고자산	1	XXX,XXX	(XX,XXX)	–	XXX,XXX
자산총계		XXX,XXX	(XX,XXX)	–	XXX,XXX
부 채					
Ⅱ. 비유동부채		XXX,XXX	–	X,XXX	XXX,XXX
이연법인세부채	2	XXX,XXX	–	X,XXX	XXX,XXX
부채총계		XXX,XXX	–	X,XXX	XXX,XXX
자 본					
Ⅲ. 이익잉여금	3	XXX,XXX	(XX,XXX)	(X,XXX)	XXX,XXX
자본총계		XXX,XXX	(XX,XXX)	(X,XXX)	XXX,XXX

3. 오류수정으로 영향을 받는 관련 주석 번호 연계 표시

□ 재무제표 **재작성**시 **연계된 다른 주석**도 **수정**이 되었음에도 **그러한 사실**을 **표시**하지 **않거나, 재작성 사실만 공시**하여 이해도 저하

〈국내기업 미비점 사례〉

(예1) A사는 관련된 주석사항으로 아래와 같이 **재작성 사실만**을 **공시**

– 상기 연결재무제표와 관련된 주석도 재작성하였습니다.

(예2) B사도 관련된 주석사항으로 아래와 같이 **재작성 사실만 공시**

– 상기에 기재된 연결재무상태표, 연결포괄손익계산서, 연결자본변동표 및 현금흐름표 수정과 관련된 주석을 정정하여 재작성하였습니다.

(예3) C사는 **관련된 주석사항 미기재**

□ **재무제표**를 **재작성**함에 따라 **다른 관련 주석**이 **수정**될 경우 **해당 주석 번호**를 각 **계정과목별**로 **공시**하도록 모범사례 **서식**에 **추가**

○ (관련 주석) **오류수정**의 **영향**을 받는 재작성된 **계정과목**과 관련되는 **주석 번호**를 **서식에 표시**

〈 주석공시 모범사례 〉

■ (오류수정의 영향을 받는 재무제표)

○ 재무상태표

(단위 : XX원)

과 목	관련 주석	20X2년말(전기말)			
		이전 보고금액	(가)관련 수정금액	(나)관련 수정금액	재작성 금액
자 산					
Ⅰ. 유동자산		XXX,XXX	(XX,XXX)	–	XXX,XXX
재고자산	1	XXX,XXX	(XX,XXX)	–	XXX,XXX
자산총계		XXX,XXX	(XX,XXX)	–	XXX,XXX
부 채					
Ⅱ. 비유동부채		XXX,XXX	–	X,XXX	XXX,XXX
이연법인세부채	2	XXX,XXX	–	X,XXX	XXX,XXX
부채총계		XXX,XXX	–	X,XXX	XXX,XXX
자 본					
Ⅲ. 이익잉여금	3	XXX,XXX	(XX,XXX)	(X,XXX)	XXX,XXX
자본총계		XXX,XXX	(XX,XXX)	(X,XXX)	XXX,XXX

Ⅲ 향후 계획

□ (유관기관을 통한 안내) **'23사업연도**부터 기업들이 **전기오류수정 모범사례**를 **활용**하여 **주석 공시**를 충실히 할 수 있도록 **보도자료** 내용을 **유관기관**(한국상장회사협의회, 코스닥협회, 한국공인회계사회 등)을 통해 **안내**

□ (기업공시서식 작성지침* 개정) **전기오류수정** 관련 주석공시 **모범사례**를 **작성지침**에 **반영**하여 **기업**이 **참고**할 수 있도록 **개정 추진**

* 제5절 기타 재무에 관한 사항(제5-5-1조 재무제표 재작성 등 유의사항)

〈참고〉 주석공시 모범사례의 발표 현황

ㅁ **(발표 현황)** '13.11월부터 총 9건 발표

① 특수관계자거래 주석공시 모범사례('13.11.11.)
② 타기업에 대한 지분 관련 주석공시 모범사례('13.12.30.)
③ 공정가치 측정 관련 주석공시 모범사례('14.5.29.)
④ 금융자산 양도 관련 주석공시 모범사례('15.12.23.)
⑤ K-IFRS 제1109호(금융상품) 및 제1115호(수익) 주석공시 모범사례('17.1.3.)
⑥ K-IFRS 제1116호(리스) 관련 주석공시 모범사례('18.1.16.)
⑦ 개발비 관련 주석공시 모범사례('18.1.29.)
⑧ 온실가스 배출권과 배출부채 관련 주석공시 모범사례('21.4.9.)
⑨ K-IFRS 제1117호 '보험계약' 관련 사전공시 모범사례('21.8.1.)

붙임1 (2023-1) 전기오류수정 관련 주석공시 모범사례

▶ 주석공시 모범사례의 성격

▣ 기업의 주석공시 **작성 편의를 도모**하고 재무정보 **이용자**의 **이해가능성**을 **제고**하고자 **참고목적**으로 제시하는 것으로 해당 기업회계기준서에서 정한 **모든 공시사항**을 **포함하고 있지 않으므로,** 기업은 모범사례에서 **제시된 사항 이외**에 **추가**로 **기재**하여야 할 **사항**이 있는지 **검토**하여야 함

▣ 모범사례가 제시하는 **양식** 및 **기재범위**는 **기업**의 **합리적인 판단**에 따라 **조정**될 수 있음
 ㅇ 따라서 **기업**은 재무제표에 대한 주석 작성 시 재무정보 이용자의 정보이용 효익과 기업의 **특성** 등을 **고려**하여 **공시사항**을 **추가**하거나 **변경**·**축소**하여 **사용**할 수 있음

※ 아래 주석 내용은 '예시'를 기재한 것이며, 연결재무제표 주석 및 별도재무제표 주석에 대해 각각 작성할 필요가 있음

〈기업회계기준서(제1008호) 주석 공시 요구사항〉

(문단 49) 문단42를 적용하는 경우 다음의 사항을 공시한다.
(1) 전기오류의 성격
(2) 실무적으로 적용할 수 있는 범위까지 비교표시된 각 과거기간의 다음 항목
 (가) 오류수정의 영향을 받는 재무제표의 각 항목별 수정금액
 (나) 기업회계기준서 제1033호가 적용되는 경우, 기본주당이익과 희석주당이익의 수정금액
(3) 비교표시되는 가장 이른 과거기간의 기초금액의 수정금액

(4) 특정 과거기간에 대하여 실무적으로 소급재작성할 수 없는 경우, 그 사유 및 오류수정의 적용방법과 적용한 시기에 관한 내용

후속기간의 재무제표에는 위의 공시사항을 반복하여 공시할 필요는 없다.

1. 중요한 회계정책

□ 오류수정

회사는 당기 중에 발견한 당기의 잠재적 오류는 재무제표의 발행승인일 전에 수정합니다. 그러나 중요한 오류를 후속기간에 발견하는 경우, 이러한 전기오류는 해당 후속기간의 재무제표에 비교표시된 재무정보를 재작성하여 수정합니다. 비교표시되는 하나 이상의 과거기간의 비교정보에 대해 특정기간에 미치는 오류의 영향을 실무적으로 결정할 수 없는 경우, 실무적으로 소급재작성할 수 있는 가장 이른 회계기간의 자산, 부채 및 자본의 기초금액을 재작성합니다.

2. 재무제표 재작성

회사는 당기 중 재고자산 과대계상, 매출원가 과소계상, 이연법인세부채 과소계상 등의 오류를 발견하였으며, 동 사항으로 인한 재무제표에 미치는 영향이 중요하다고 판단하여 비교표시된 전년도 재무제표에 수정사항을 반영하여 재작성하였습니다. (아래의 '이전 보고금액'은 당사의 최초 공시가 이루어졌던 20X3년 3월 22일자 감사보고서에 첨부된 재무제표에 따른 보고금액입니다.)

(1) 전기오류의 성격

(가)	① 오류 계정과목	재고자산, 매출원가
	② 발생 경위	재고의 입·출고 관리 미비로 재고수불부에 실물이 없거나 판매가 불가능한 재고자산이 일부 포함됨
	③ 오류의 내용	- (재무상태표) 제XX기 재고자산 XXX백만원 과대계상 - (손익계산서) 제XX기 매출원가 XXX백만원 과소계상
	④ 관련 기준서	기업회계기준서 제1002호 문단 10
(나)	① 오류 계정과목	이연법인세부채, 법인세비용
	② 발생 경위	관계기업투자주식에서 발생한 가산할 일시적차이에 대하여 청산·배당에 의한 소멸시점을 통제할 수 있는 별도의 법적·계약적 권리 또는 약정을 보유하고 있지 않아 이연법인세부채를 인식하여야 함에도 별도재무제표상 이를 고려하지 않음
	③ 오류의 내용	- (재무상태표) 제XX기 이연법인세부채 XXX백만원 과소계상 - (손익계산서) 제XX기 법인세비용 XXX백만원 과소계상 - (재무상태표) 제XX기 이연법인세부채 XXX백만원 과소계상 - (손익계산서) 제XX기 법인세비용 XXX백만원 과소계상
	④ 관련 기준서	기업회계기준서 제1012호 문단 39, 42

〈주석공시 참고사항〉

▣ 수정사항별로 '**전기오류의 성격**'을 **판단**할 수 있는 전기오류 **발생 경위**에 대해서는 **정보이용자**가 **오류의 성격**을 **명확히 이해**할 수 있게 **작성**해야 함

▣ **여러 항목**의 **수정사항**이 있는 경우 **중요 항목**의 수정금액은 **각각 구분 표시**하되, **금액적 효과를 구분할 수 없는 경우**에는 **합산**하여 **표시** 가능.

※ 다만, **전기오류의 성격**은 **모두 각각 기술**해야 함

(2) 오류수정의 영향을 받는 재무제표

2-1) 재무상태표

(단위 : XX원)

과 목	관련 주석	20X2년말(전기말)			
		이전 보고금액	(가)관련 수정금액	(나)관련 수정금액	재작성 금액
자 산					
Ⅰ. 유동자산		XXX,XXX	(XX,XXX)	–	XXX,XXX
재고자산	1	XXX,XXX	(XX,XXX)	–	XXX,XXX
자산총계		XXX,XXX	(XX,XXX)	–	XXX,XXX
부 채					
Ⅱ. 비유동부채		XXX,XXX	–	X,XXX	XXX,XXX
이연법인세부채	2	XXX,XXX	–	X,XXX	XXX,XXX
부채총계		XXX,XXX	–	X,XXX	XXX,XXX
자 본					
Ⅲ. 이익잉여금	3	XXX,XXX	(XX,XXX)	(X,XXX)	XXX,XXX
자본총계		XXX,XXX	(XX,XXX)	(X,XXX)	XXX,XXX

(단위 : XX원)

과 목	관련 주석	20X1년말(전기초)			
		이전 보고금액	(가)관련 수정금액	(나)관련 수정금액	재작성 금액
자 산					
Ⅰ. 유동자산		XXX,XXX	(XX,XXX)	–	XXX,XXX
재고자산	1	XXX,XXX	(XX,XXX)	–	XXX,XXX
자산총계		XXX,XXX	(XX,XXX)	–	XXX,XXX
부 채					
Ⅱ. 비유동부채		XXX,XXX	–	X,XXX	XXX,XXX
이연법인세부채	2	XXX,XXX	–	X,XXX	XXX,XXX
부채총계		XXX,XXX	–	X,XXX	XXX,XXX
자 본					
Ⅲ. 이익잉여금	3	XXX,XXX	(XX,XXX)	(X,XXX)	XXX,XXX
자본총계		XXX,XXX	(XX,XXX)	(X,XXX)	XXX,XXX

2-2) 손익계산서 및 포괄손익계산서

(단위 : XX원)

과 목	관련 주석	20X2년			
		이전 보고금액	(가)관련 수정금액	(나)관련 수정금액	재작성 금액
Ⅰ. 매출액		XXX,XXX	–	–	XXX,XXX
Ⅱ. 매출원가		(XXX,XXX)	(XX,XXX)		(XXX,XXX)
상품매출원가	1	(XX,XXX)	(XX,XXX)		(XX,XXX)
Ⅲ. 영업이익		XXX,XXX	(XX,XXX)		XXX,XXX
Ⅳ. 법인세비용차감전순이익		XXX,XXX	(XX,XXX)		XXX,XXX
법인세비용	2	XX,XXX		(X,XXX)	XX,XXX
Ⅴ. 당기순이익		XXX,XXX	(XX,XXX)	(X,XXX)	XXX,XXX
총 포괄손익		XXX,XXX	(XX,XXX)	(X,XXX)	XXX,XXX
주당순이익		X,XXX	(XXX)	(XX)	X,XXX
희석주당순이익		X,XXX	(XXX)	(XX)	X,XXX

2-3) 자본변동표

(단위 : XX원)

과 목	이전 보고금액	(가)관련 수정금액	(나)관련 수정금액	재작성 금액
20X2년초	XXX,XXX	(XX,XXX)	(X,XXX)	XXX,XXX
당기순이익	XXX,XXX	(XX,XXX)	(X,XXX)	XXX,XXX
총 포괄손익	XXX,XXX	(XX,XXX)	(X,XXX)	XXX,XXX
20X2년말	XXX,XXX	(XX,XXX)	(X,XXX)	XXX,XXX

2-4) 현금흐름표

재고자산 과대계상, 매출원가 과소계상, 이연법인세부채 과소계상 등의 오류와 관련하여 전기 현금흐름표에 미치는 영향은 없으나, 현금흐름표 관련 주석 XX이 수정되었습니다.

〈주석공시 참고사항〉

▣ K-IFRS 1008.49(2)에 따라 **실무적으로 적용할 수 있는 범위**까지 **비교표시**하여야 함

▣ 예시와 달리 **비교표시**되는 **현금흐름표**의 **영향**이 있을 경우 예시된 다른 재무제표 **기본서식**(관련주석, 수정금액 등)을 **준용**할 것

붙임2 K-IFRS 제1008호 전기오류수정 관련 기준서 문단

5 이 기준서에서 사용하는 용어의 정의는 다음과 같다.

전기오류 : 과거기간 동안에 재무제표를 작성할 때 신뢰할 만한 정보를 이용하지 못했거나 잘못 이용하여 발생한 재무제표에의 누락이나 왜곡표시. 신뢰할 만한 정보는 다음을 모두 충족하는 정보를 말한다.

(1) 해당 기간의 재무제표의 발행승인일에 이용가능한 정보
(2) 당해 재무제표의 작성과 표시를 위하여 획득하여 고려할 것이라고 합리적으로 기대되는 정보

이러한 오류에는 산술적 계산오류, 회계정책의 적용 오류, 사실의 간과 또는 해석의 오류 및 부정 등의 영향을 포함한다.

42 문단 43의 예외규정이 적용되는 경우를 제외하고는 중요한 전기오류가 발견된 이후 최초로 발행을 승인하는 재무제표에 다음의 방법으로 **전기오류**를 **소급**하여 **수정**한다.

(1) 오류가 발생한 **과거**기간의 **재무제표**가 **비교표시**되는 경우에는 그 **재무정보**를 **재작성**한다.
(2) 오류가 비교표시되는 가장 이른 **과거기간 이전**에 **발생**한 경우에는 비교표시되는 **가장 이른 과거기간**의 자산, 부채 및 자본의 **기초금액**을 **재작성**한다.

43 **전기오류**는 특정기간에 미치는 오류의 영향이나 오류의 누적효과를 실무적으로 결정할 수 없는 경우를 제외하고는 **소급재작성**에 의하여 **수정**한다.

49 문단42를 적용하는 경우 <u>**다음의 사항**을 **공시**한다</u>.

<u>(1) 전기오류의 성격</u>
(2) **실무적으로 적용할 수 있는 범위**까지 **비교표시**된 각 과거기간의 **다음 항목**
  (가) **오류수정의 영향**을 받는 **재무제표**의 **각 항목별 수정금액**
  (나) 기업회계기준서 제1033호가 적용되는 경우, **기본주당이익**과 **희석주당이익**의 **수정금액**
(3) **비교표시**되는 **가장 이른 과거기간**의 **기초금액**의 **수정금액**
(4) 특정 과거기간에 대하여 **실무적**으로 **소급재작성할 수 없는 경우**, **그 사유** 및 **오류수정의 적용방법**과 **적용한 시기**에 관한 내용

후속기간의 재무제표에는 위의 공시사항을 반복하여 공시할 필요는 없다.

11 | 가상자산 주석공시(2023.11.)

▶ 주석공시 모범사례의 성격

▣ 기업의 주석공시 작성 편의를 도모하고 재무정보이용자의 이해가능성을 제고하고자 참고목적으로 제시하는 것으로 해당 기업회계기준서에서 정한 모든 공시사항을 포함하고 있지 않으므로, 기업은 모범사례에서 제시된 사항 이외에 추가로 기재하여야 할 사항이 있는지 검토하여야 함

▣ 모범사례가 제시하는 양식 및 기재범위는 기업의 합리적인 판단에 따라 조정될 수 있음

ㅇ 따라서 기업은 주석 작성 시 재무정보이용자의 정보이용 효익과 기업의 특성 등을 고려하여 공시사항을 추가하거나 변경 · 축소하여 사용할 수 있음

※ 주석공시 모범사례에는 '연결회사'라고 표현되어 있으나 회사가 주석공시 대상 가상자산을 보유하고 있다면 연결재무제표뿐만 아니라 개별재무제표나 별도재무제표에서도 이를 공시하여야 함

I 가상자산 발행자

1. 중요한 회계정책

ㅁ 연결회사는 「가상자산 이용자 보호 등에 관한 법률」에 의한 가상자산을 발행하는 경우 다음과 같이 회계처리하고 있습니다.

① 가상자산의 개발 및 발행관련 비용

(ㄱ) 가상자산 개발비용

ㅁ (비용으로 계상하는 경우) 연결회사는 플랫폼 및 가상자산의 개발활동이 기업회계기준서 제1038호 문단 57의 무형자산의 인식기준을 충족한다고 보기 어려워 개발원가를 지출 당시 비용으로 계상하고 있습니다.

플랫폼 및 가상자산 개발비용 현황

(단위 : 원)

가상자산명	개발비용(계정명 :)			
	전전기 이전	전기	당기	계

ㅁ (자산으로 계상하는 경우) 연결회사는 플랫폼 및 가상자산의 개발활동이 기업회계기준서 제1038호 문단 57의 무형자산의 인식기준을 충족한다고 판단하여 개발원가를 무형자산으로 계상하고 있습니다.

– 무형자산으로 계상한 개발비는 내용연수가 비한정된 것으로 보아 상각하지 아니하며, 매년 또는 손상을 시사하는 징후가 있을 때 손상검사를 수행하고 회수가액이 장부가액보다 낮은 경우 손상차손을 계상합니다.

플랫폼 및 가상자산 개발원가 현황

– 무형자산 계상

(단위 : 원)

가상자산명	무형자산 총장부금액(A)		손상차손 누계액(B)		무형자산 장부가액(C=A-B)
	전기	당기	전기	당기	

(ㄴ) 가상자산 발행비용

ㅁ (원가를 식별할 수 없는 경우) 연결회사의 가상자산 발행비용은 자산의 정의를 충족하지 않으므로 가상자산 발행과정에서 지출한 원가는 비용으로 계상하였습니다.

〈주석공시 참고사항〉

▣ 토큰 개발비용 관련 회계정책

ㅇ 플랫폼 및 토큰 등 개발 시, 지출된 원가를 자산화했다면 그 근거*

* 무형자산 기준의 개발활동 6가지 요건 중 특히 '무형자산이 미래경제적효익을 창출하는 방법'을 상세히 기술, 재고자산으로 인식한 경우 취득원가 구성 관련 회계정책 및 판단근거

ㅇ 플랫폼 및 토큰 등 개발 시, 지출된 원가를 비용화했다면 그 이유

ㅇ 무형자산으로 인식하는 경우, 이후 손상여부 검토 및 재평가모형 적용 여부

② 가상자산 배분 등 관련

ㅁ 연결회사는 발행한 가상자산을 유상매각, 생태계 활성촉진목적의 무상배포(Air Drop), 개발자 배분물량으로 제3자 및 연결회사에 배분하고 있으며, 유상 매각 금액은 매각금액 수령 당시 선수수익으로 계상하고 가상자산 백서에서 정하는 발행회사 수행의무 이행시점(또는 이행기간)(예시 : 가상자산과 교환하여 플랫폼 서비스 제공 등)에 수익을 계상합니다.

ㅁ 개발자 배분물량의 경우 개발자에게 지급해야 할 용역대가로 가상자산을 배분하는 경우 관련 용역대가를 비용으로 계상하고 같은 금액을 선수수익으로 계상하며 가상자산 백서에서 정하는 발행회사 수행의무 이행시점(예시 : 가상자산과 교환하여 플랫폼 서비스 제공 등)에 수익을 계상합니다.

ㅁ 무상배포의 경우 배분 당시에는 별도의 회계처리를 하지 않습니다. 만일 가상자산 백서에서 정하는 수행의무와 관련하여 배분물량의 귀속주체가 구분되지 않는 경우에는 수행의무 이행정도를 반영하는 합리적인 방법(예시 : 총배분물량에서 수행의무 제공물량 비중)으로 수익을 인식합니다.

〈주석공시 참고사항〉

▣ 토큰 배분 등에 대한 회계정책

- ㅇ 배분된 토큰에 대한 수익인식 정책
- ㅇ 현금을 수령하지 않고 배분된 토큰(용역대가, 무상배포 등)에 대한 회계정책

③ 유보물량(Reserved) 관련

ㅁ 발행자가 보유하고 있는 유보분(reserved)과 관련하여 자산으로 인식한 금액은 없습니다.

④ 자체발행 가상자산 재취득 관련

ㅁ 연결회사는 자체발행 가상자산을 OOO(예시 : 용역대가 등)으로 재취득하는 경우가 있는데, 가상자산 취득과 관련한 교환가치에 해당하는 금액을 무형자산으로 계상합니다. 다만, 수행의무 완료 이전 단계에 발행자에게 재유입되는 경우, 계약부채의 잔액이 있다면 우선 계약부채와 지급대가를 상계합니다.

2. 가상자산 개발 및 발행 현황

① 가상자산 발행목적 및 관련 위험

ㅁ 연결회사는 OOOO년 메인넷 OOO 및 가상자산 OOO을 개발하였습니다. 가상자산 OOO는 OOO 메인넷 이용시 발생하는 각종 수수료의 지급수단으로 사용될 목적으로 개발되었습니다.

ㅁ 회사가 개발한 가상자산 OOO는 OOO플랫폼에서 운영되는 다수 게임들의 게임토큰과 교환 가능하며, 연결회사는 OOO의 가치가 유지되고 생태계가 활성화될 수 있도록 다양한 게임을 지속적으로 OOO 플랫폼에 온보딩하고, 다수의 이용자가 해당 게임들을 즐길 수 있도록 노력하고 있습니다. 이는 다양한 게임이 하나의 플랫폼을 통해 연결되어 유저 간의 상호작용을 바탕으로 공통의 이해 충족을 목적으로 하고 있습니다.

ㅁ 연결회사는 메인넷 활성화 등을 위해 OOO 등의 의무를 수행해야 합니다. 만일 메인넷이 OOO 이유로 예상대로 활성화되지 않을 경우, 가상자산 사용가치가 낮아질 위험이 있으며, 총 발행물량 대비 유보물량의 비중이 높은 경우 추가 배분되는 경우 가상자산 가치의 희석요인으로 작용할 수 있습니다.

ㅁ 가상자산 OOO 유보물량은 총 발행물량의 OO%이며, 추가 매각 등으로 유통되는 경우 거래소 시세의 희석요인으로 작용할 수 있습니다.

〈주석공시 참고사항〉

▣ 플랫폼 및 토큰 등 개발 프로젝트 성공 여부와 보고기간말 현재 진행 상황

- ㅇ 발행자인 회사의 사업모델과 프로젝트의 목적
- ㅇ 발행자에게 노출되어 있는 위험(예 : 시장위험, 기술적 위험) 등
- ㅇ 계약상대방이 발행자인 회사에 무엇을 기대하고 구매하였는지, 받은 대가의 유형(예 : 현금, 다른 가상자산)과 금액
- ㅇ 계약상대방에 대한 발행자의 의무와 그 이행 상황
- ㅇ 특히 백서상 공표한 약속 중 개발사의 의무가 아닌 것은 무엇인지, 백서상 각 약속의 이행 주체는 누구인지 등
- ㅇ 발행자의 의무범위에 변경이 있다면 그 변경사항

▣ 보고기간 후 사건

- ㅇ 토큰 등 판매 계약 또는 기타 유의적인 목표치의 달성 또는 실패

② 가상자산 발행 및 배분현황

ㅁ 가상자산 OOO는 현재 총 OOO개가 발행되었고, 이중 OOO개가 배분되었으며 OOO개는 유보물량으로 연결회사가 보관하고 있습니다.

ㅁ 가상자산은 유상매각 OOO개, 무상배포(Air Drop) OOO개, 개발자 배분물량 OOO개(연결회사 OOO 포함) 등으로 배분되었습니다.

ㅁ 가상자산 OOO는 OOOO년 총 OOO개가 발행하였고, 이중 OOO가 배분되었으며 OOO는 유보물량으로 연결회사가 보관하고 있습니다. 배분물량은 유상매각 OOO, 무상배포(Air Drop), 개발자 물량 OOO(연결회사 OOO 포함) 등입니다.

가상자산 발행 및 유통현황(누적기준)

(단위 : 개)

구분	총 발행물량	배분물량				유보물량
		유상매각	무상배포	개발자 물량	계	
전기						
당기						

〈주석공시 참고사항〉

▣ 발행 및 배분된 토큰의 현황

- ㅇ 총발행수량 및 유상매각, 무상배포, 종업원 및 용역제공회사 등에 지급한 물량

③ 가상자산 유상매각 등의 수익인식 현황

ㅁ 연결회사는 상기 매각 이후 메인넷의 안정성 및 인터페이스가 목표한 수준에 도달하여 회사가

개발한 가상자산 플랫폼의 의사결정 권한을 OOO위원회에 이양함으로써 탈중앙화가 이루어졌고 이에 매각과 관련된 수행의무가 모두 이행되었다고 판단하여 당기에 수익으로 인식한 금액은 OOO원입니다.

ㅁ 연결회사는 메인넷의 안정성 및 인터페이스가 목표한 수준에 도달하였다고 보아 회사가 개발한 가상자산 플랫폼의 의사결정 권한을 OOO위원회에 이양하였으나, 최근 해킹 사건 및 시스템 정지 등의 발생으로 다수의 DApp들이 연결회사의 메인넷과 결별하는 등 메인넷의 안정성이 목표한 수준에 도달하지 못하였음이 판명되었습니다. 이에 연결회사는 매각과 관련된 수행의무가 아직까지 이행되지 못하였다고 판단하여 이를 수익으로 인식하지 아니하였고 매각 대가는 당기말 현재 선수금(계약부채)으로 계상(선수금 인식 금액 : OOO원)하였습니다.

ㅁ 연결회사는 사전판매계약 등을 통해 일반인에게 가상자산 OOO개를 OOO에 매각하고(개당 OO원)하고, 메인넷 개발자에게 용역대가 OOO 대신 가상자산을 OOO을 지급하였습니다.

ㅁ 연결회사는 OOOO년 가상자산 OOO개를 OOO원에 유상매각 하였으며, 이와 관련하여 매출로 인식한 금액은 OOO원입니다.

(단위 : 개, 원)

가상자산 명칭	배분방식	배분일자	연도별 수익인식 금액			
			전전기	전기	당기	합계

ㅁ (플랫폼 내 서비스대가로 가상자산 결제시 수익을 인식하는 경우) 유상매각, 무상배포 등을 통해 배분된 가상자산 보유자가 플랫폼 내에서 서비스이용 수수료결제시 가상자산을 사용하는 경우 관련 수익을 인식합니다. 총 배분수량 대비 결제시 사용된 수량의 비중을 고려하여 영업수익을 인식합니다.

가상자산 유상매각 등 관련 수익인식

(단위 : 개, 원)

총 배분물량	유상매각 등				플랫폼 내 사용물량			수익인식 금액			선수수익 잔액
	유상매각	용역대가	…주)	계	전기	당기	누적	전기	당기	누적	

주) 기타의 방법을 기재

〈주석공시 참고사항〉

▣ 토큰 판매 내역

- 회사가 판매한 토큰의 명칭, 수량, 매각일, 매각금액
- 토큰을 판매하고 수익을 인식하였는지 여부와 수익을 인식한 경우 수익을 인식하게 된 이유, 수익인식 금액, 손익계산서에 반영한 계정과목명 공시

ㅇ 토큰을 판매하였으나 관련 수익을 인식하지 않은 경우, 수익을 인식하지 않은 이유와 판매와 관련해 재무제표에 반영한 계정과목 및 그 금액

④ 유보물량 현황 및 향후 관리계획

ㅁ '23년말 연결회사가 발행한 가상자산 OOO의 유보물량은 OOO개입니다. 이중 OOO개는 초기 개발 용역회사인 OOO에게 용역대가의 잔여 지급을 목적으로 '24년 중 지급할 예정이며, OOO 개는 '25년까지 소각할 예정입니다.

(단위 : 개, 원)

가상자산 명칭	총발행수량	유보물량	향후 계획			
			24년	25년		

〈주석공시 참고사항〉

▣ 유보 토큰에 대한 정보

ㅇ 개발된 토큰의 총 수량 및 유보 토큰 수량, 시세정보 등

ㅇ 유보 토큰에 대한 향후 활용 및 발행계획

⑤ 자체발행 가상자산 상장 및 거래소가격 현황

ㅁ 가상자산 OOO은 국내 O개 거래소 및 국외 O개 거래소에 상장되어 거래되고 있습니다. OOOO.OO.OO 시 현재 OO 거래소가격(거래소 명칭)은 OOO입니다.

ㅁ 총 배분된 물량(연결회사에 재유입된 OOO포함)의 시가총액은 OOO원입니다. 이 경우 유보물량은 시가총액에 포함하지 않았습니다.

ㅁ 총 배분된 물량 중 연결회사에 배분된 물량 및 재유입된 물량의 거래소가격은 OOO원이나, 연결회사가 동 가상자산을 OOO등의 방법으로만 처분할 수 있으므로 실현가치는 OOO원입니다.

<u>가상자산 상장 및 거래소가격 현황</u>

(단위 : 개, 원)

총 발행 물량	배분물량			연결회사 보유 물량					
	거래불가 물량[주1)]	거래가능		최초 배분	배분 후 재유입	소계	처분 가능 물량	처분 가능 물량의 시장가치[주2)]	처분 가능 물량의 순실현가치
		물량	거래소 가격[주)]						

주1) 예약물량 등

주2) 시세 산정방식(거래소 평균 등) 및 시점 등을 기재

〈주석공시 참고사항〉

▣ 토큰의 거래소가격 현황

- 가상자산거래소 상장일, 상장폐지일
- 당기말 현재 가상자산 거래소가격
- 매각에 제한이 있거나 거래소에서 매각이 어려운 경우 실현가치 산정방식 등

Ⅱ 가상자산 보유자

1. 중요한 회계정책

① 취득목적별 가상자산 계정분류

▫ (플랫폼 운영으로 인한 취득) 연결회사는 플랫폼 운영(채굴 등)을 통해 가상자산 OOO개를 수령하였으며, 토큰 취득과 직접 관련된 원가 OOO원을 취득가액으로 인식하였습니다.

▫ (용역제공으로 인한 취득원가) 연결회사는 플랫폼 개발에 기여한 대가로 토큰 OOO개를 수령하였으며, 용역제공 대가로 취득한 토큰 등의 공정가치로 토큰과 수익 OOO원을 인식하였습니다.

▫ (무상수령) 연결회사는 가상자산 OOO개는 무상으로 수령하여 보유하고 있습니다. 무상으로 수령하여 보유한 가상자산은 플랫폼 내에서 재화나 용역 이용대가로 자유롭게 사용할 수 있고 공정가치가 형성되어 있어 공정가치로 인식하였습니다.

- (마케팅 목적의 Airdrop으로 취득한 경우) 연결회사는 가상자산 OOO개를 발행회사로부터 마케팅 목적으로 무상으로 수령하였으나, 상장물량 대비 대규모 Airdrop으로 시가에 영향을 줄 수 있다고 보아 취득원가를 0으로 인식하였습니다.

▫ (무형자산 분류시) 연결회사는 취득한 가상자산을 무형자산으로 분류하며, 취득시 구입가격에 취득과 직접 관련된 원가를 가산하여 취득가액을 인식합니다.

▫ (재고자산 분류시) 연결회사는 OOO업을 영위하는 과정에서 OOO 메인넷 운영과 관련하여 OOO 역할을 하고 있으며, 용역제공 대가로 가상자산 OOO을 배분받아 제3자에게 매각할 목적으로 보유하고 있으며 매각되기 전까지 재고자산으로 분류하고 있습니다.

▫ (기타자산 분류시) 연결회사(일반기업회계기준 적용시)는 경영진의 판단에 따라 취득한 가상자산을 OO자산으로 분류하며, 취득시점에 가상자산에 제공한 대가의 공정가치로 측정하여 자산으로 인식합니다.

② 무형자산으로 분류한 가상자산 상각 · 후속평가

▫ 무형자산으로 분류한 가상자산은 내용연수가 비한정된 것으로 보아 상각하지 않고 원가는

선입선출법(또는 가중평균법)에 따라 결정됩니다.

ㅁ (원가모형 적용시) 무형자산으로 분류한 가상자산에 대하여는 매년 또는 손상을 시사하는 징후가 있을 때 손상검사를 수행하고 손상차손누계액을 차감한 금액을 장부금액으로 합니다.

ㅁ (재평가모형 적용시) 무형자산으로 분류한 가상자산의 활성시장이 존재하는 경우에는, 공정가치로 재평가하고 공정가치에서 재평가 이후의 손상차손 누계액을 차감한 금액을 장부가액으로 합니다.

ㅁ (기타자산의 공정가치법 적용시) OO자산으로 인식된 가상자산은 거래되는 항목이 동질적이고, 일반적으로 거래의사가 있는 구매자들과 판매자들을 언제든지 찾을 수 있으며, 가격이 공개되어 이용가능한 시장이 있어, 시장에서 공개되어 이용가능한 가격으로 평가하고 평가손익을 당기손익에 반영하고 있습니다.

③ 가상자산 손상 · 처분손익 손익분류 등

ㅁ 가상자산의 손상차손 및 처분손익은 영업외손익(또는 영업손익)으로 분류하였습니다. (분류한 근거를 기술)

〈주석공시 참고사항〉

▣ 토큰의 계정분류, 인식 및 측정 등 회계정책

- o 토큰의 계정분류 및 판단근거
- o 공정가치로 후속측정하는 토큰 등의 현황 및 판단근거 등

2. 가상자산 취득, 보유 및 처분현황

① 취득목적

ㅁ 연결회사는 가상자산 OOO 플랫폼 구축 및 토큰 개발과정 등에 개발회사로 참여하여 용역을 제공한 대가로 토큰을 분배받았고 당시 가상자산 공정가치(또는 용역제공대가)에 해당하는 금액을 무형자산(또는 재고자산)으로 계상하였습니다. (보유하고 있는 가상자산의 상장여부 등에 대하여 기재)

ㅁ (취득목적) 연결회사는 주된 OOO업을 영위하는 과정(기타 매매차익 확보 목적 등)에서 가상자산을 취득하여 보유하고 있습니다.

② 취득 및 보유현황

ㅁ 가상자산 취득 및 보유현황은 다음과 같습니다.

가상자산 취득 및 보유현황

(단위 : 개, 원)

가상 자산명	상장 여부[주1)]	수량				공정가치(개당) [주2)]	
		전기말	취득	처분	당기말	전기말	당기말

주1) 국내 및 국외 가상자산 거래소에 상장된 경우 해당내용 기재

주2) 공정가치 산정방식 및 시점 등을 기재

ㅁ 가상자산과 관련하여 당기와 전기 중 무형자산손상차손으로 인식한 금액은 각각 OOO원, OOO원입니다.

가상자산 계상현황

(단위 : 원)

가상 자산명	계정 분류	평가 방법	취득 경로	전기말			당기말		
				취득 원가	손상차손 누계액	장부 가액	취득 원가	손상차손 누계액	장부 가액

③ 처분현황

ㅁ 취득한 가상자산은 주로 OOO 경우 OOO방법으로 처분하며 당기와 전기의 무형 자산처분손익으로 인식한 금액은 각각 OOO원, OOO원입니다.

가상자산 처분현황

(단위 : 개, 원)

가상 자산명	전기(말)				당기(말)				계정분류
	처분 수량	처분 가액	장부 가액	처분 손익	처분 수량	처분 가액	장부 가액	처분 손익	

〈주석공시 참고사항〉

▣ 토큰의 취득목적 및 회사의 영업에 활용 계획, 처분계획

▣ 토큰 취득, 처분 현황

- ㅇ 보유 토큰 등의 취득원가, 재무제표에 반영된 계정과목, 취득경로, 보고기간말 평가금액, 관련 손익현황
- ㅇ 보유 토큰 처분에 따른 당기손익 효과
- ㅇ 토큰 처분손익을 영업손익으로 분류한 경우 그 판단근거
- ㅇ 취득 및 보유 토큰의 공정가치 평가방법

3. 가상자산 보유위험

ㅁ 가상자산 OOO 백서에 따르면 플랫폼 구축회사 및 가상자산 발행회사는 가상자산이 사용되는 생태계를 지속적으로 활성화하기 위해 OOO 의무가 있으나, 사업이 계획대로 진행되지 않을 경우 가상자산이 상장폐지되는 등 가치가 소멸될 수도 있는 상황입니다. 또한, 가상자산 거래소에 위탁 보관된 경우 거래소의 파산 및 해킹사고 발생시 위탁한 가상자산을 반환받지 못할 위험이 있습니다.

ㅁ 가상자산 OOO는 OOO 등 O개 거래소에 상장되어 거래되고 있고 OOO거래소 가격을 기준으로 평가하여 재무제표에 무형자산으로 계상하고 있으나, 재평가모형 적용시 공정가치의 변동성이 크기 때문에 회계연도간 자산가액에 큰 영향을 줄 수 있습니다.

ㅁ 참고로 전년도의 최고가격은 OOO, 최저가격은 OOO이고 당해연도 최고가격은 OOO, 최저가격은 OOO입니다.

ㅁ 연결회사가 당기말 현재 보유하고 있던 가상자산의 공정가치가 당기말 이후 유의적으로 변동하고 있으나, 감사보고서일 현재 이러한 유의적 변동이 재무제표에 미칠 영향을 예측할 수 없습니다. 회사의 재무제표에는 이러한 불확실성으로 인하여 발생 가능한 조정사항이 반영되어 있지 않습니다.

〈주석공시 참고사항〉

▣ 토큰 보유에 따라 노출된 위험

- ㅇ 공정가치 측정과 관련된 사항(예 : 거래소, 측정시점 등)과 가격변동위험에 대한 정보
- ㅇ 토큰 보유에 따른 위험의 성격에 대한 정보

Ⅲ 가상자산 거래소

1. 중요한 회계정책

① 사업자 자체 소유 가상자산

- 연결회사는 주된 영업활동인 가상자산 중개 · 보관 사업을 영위하는 과정에서 가상자산 취득 및 처분 거래를 하고 있습니다.
- (무형자산 분류) 연결회사는 관련 법규 등 규제로 인해 취득 후 단기간 내에 처분하지 못하는 가상자산의 경우 무형자산으로 분류하고 있습니다.
- (무형자산 분류) 취득시 지급한 원가를 무형자산으로 최초 인식한 후 손상차손 누계액을 차감한 금액을 장부금액으로 하고 있습니다.
- (재고자산 분류) 연결회사는 가상자산을 영업과정에서 판매 및 사업에 사용할 목적으로 취득하거나, 단기간 내에 매도하여 가격변동이익이나 중개이익을 얻을 목적으로 취득한 경우에는 재고자산으로 분류합니다.
- 연결회사는 취득하여 보유하고 있는 가상자산을 재고자산으로 계상하고 있으며, 취득원가와 순실현가능가치 중 낮은 금액으로 측정하고 있습니다.
- (일반상품인 경우) 연결회사는 취득하여 보유하고 있는 가상자산을 재고자산으로 계상하고 있으며, 공정가치에서 처분부대원가를 뺀 금액으로 측정하고 있습니다.
- (기타자산 분류시) 연결회사(일반기업회계기준 적용시)는 경영진의 판단에 따라 취득한 가상자산을 OO자산으로 분류하며, 취득시점에 가상자산에 제공한 대가의 공정가치로 측정하여 자산으로 인식합니다.

> **〈주석공시 참고사항〉**
>
> ▣ 토큰 보유목적
>
> ▣ 취득 토큰 등의 계정분류, 인식 및 측정 등 회계정책
> - 취득 토큰 등의 계정분류 및 판단근거(토큰 증권으로 판단한 근거 등 포함)
> - 재고자산으로 분류하였으나 공정가치로 후속측정하는 토큰 등의 현황 및 판단근거

② 고객위탁 가상자산

- (자산 · 부채 미인식) 연결회사는 고객으로부터 가상자산을 위탁받아 보관하고 있으며, 해당 가상자산에 대한 통제권이 없다고 보아 이를 연결회사의 자산으로 계상하지 않았습니다. (경제적 통제권을 중심으로 판단근거를 상세기술)

ㅁ (자산 · 부채 인식) 연결회사 플랫폼의 디지털 지갑에서 고객의 가상자산을 보관하는 업무절차를 고려하여 고객으로부터 위탁받은 가상자산을 고객위탁 자산 및 고객위탁 부채로 인식하였습니다.(경제적 통제권을 근거로 판단근거를 상세기술)

ㅁ 고객위탁 가상자산에서 발생하는 평가손익은 순액으로 표시하였으며, 이와 관련한 평가이익은 OOO원이고, 평가손실은 OOO원입니다.

ㅁ 연결회사는 고객으로부터 예치받은 가상자산을 블록체인 검증에 활용하고 가상자산을 보상으로 분배하는 스테이킹 서비스를 제공하고 있으며, 스테이킹된 자산은 고객위탁 자산과 동일하게 콜드월렛에 안전하게 보관하고 있습니다.

〈주석공시 참고사항〉

▣ 고객위탁 토큰을 사업자의 자산 · 부채로 인식하였는지 여부

- ㅇ 고객소유 자산으로 판단한 경우 그 근거
- ㅇ 사업자의 자산 · 부채로 판단한 경우 그 근거

2. 가상자산 자체 취득, 보유 및 처분현황

① 가상자산 취득목적

ㅁ 연결회사는 주된 영업활동인 가상자산 중개 · 보관 사업을 영위하는 과정에서 가상자산 취득 및 처분 거래를 하고 있습니다.

② 가상자산 취득 및 처분에 대한 관리기준

ㅁ 연결회사는 가상자산의 취득 및 처분에 대한 기준을 마련하여 동 기준을 준수하는 범위에서 거래를 하고 있으며, 동 기준의 주요내용은 OOO입니다. (재무제표 이용자 및 고객에 대한 거래소의 리스크 관리현황 등을 잘 파악할 수 있도록 해당사항이 있는 경우 기재 필요)

③ 자체취득 및 보유현황

ㅁ 연결회사가 가상자산을 자체 취득 및 보유한 현황은 다음과 같습니다.

가상자산 자체 취득 및 보유현황

(단위 : 개, 원)

가상 자산명	계정과목	수량		거래소가격(개당) 주1		장부금액	
		전기말	당기말	전기말	당기말	전기말	당기말

주1) 산정방식(거래소 평균 등) 및 시점 등을 기재

ㅁ 가상자산과 관련하여 당기와 전기 중 무형자산손상차손으로 인식한 금액은 각각 OOO원, OOO원이고, 당기말과 전기말 무형자산손상차손누계액은 각각 OOO원, OOO원입니다.

④ 자체취득 가상자산 처분현황

ㅁ 취득한 가상자산은 주로 OOO 경우 OOO방법으로 처분하며 당기와 전기의 무형자산 처분손익으로 인식한 금액은 각각 OOO원, OOO원입니다.

자체 취득 가상자산 처분현황

(단위 : 개, 원)

가상 자산명	전기(말)				당기(말)				계정분류
	처분 수량	처분 가액	장부 가액	처분 손익	처분 수량	처분 가액	장부 가액	처분 손익	

〈주석공시 참고사항〉

▣ 토큰 취득, 처분 현황

- 보유 토큰 등의 취득원가, 재무제표에 반영된 계정과목, 취득경로, 보고기간말 평가금액, 관련 손익현황
- 보유한 토큰 처분에 따른 당기손익 효과
- 토큰 처분손익을 영업손익으로 분류한 경우 그 판단근거
- 취득 및 보유 토큰의 거래소가격 평가방법

3. 고객위탁 가상자산 현황

① 고객위탁 가상자산 현황

ㅁ 연결회사가 당기말과 전기말 현재 위탁받아 보관하고 있는 가상자산의 현황은 다음과 같습니다.

(단위 : 개, 원)

가상자산 명칭	당기말		전기말	
	수량	거래소가격주)	수량	거래소가격주)
합계금액				

주) 당기말 및 전기말의 수량에 가상자산거래소 OO(거래소명 명시)에 고시된 해당 가상자산의 당기말 및 전기말 금액을 각각 곱하여 산출하였으며, 여러 거래소 중 OO 거래소의 시세를 적용한 이유는 O입니다.

② 고객위탁 가상자산 보관정책

ㅁ 연결회사는 위험을 분산하고자 위탁받아 보관하고 있는 가상자산의 암호키 정보에 대한 관리를 제3자에게 위탁하고 있습니다.

ㅁ 연결회사는 고객으로부터 위탁받은 가상자산을 안전하게 저장할 의무가 있으며, 가상자산의 도난 및 분실 위험을 최소화하기 위해 개인키 관리에 대한 보안을 설정했습니다. OOO을 사용하여 보관된 자산을 전략적으로 오프라인에 저장합니다.

ㅁ 연결회사는 회사 보유 가상자산과 고객위탁 가상자산을 분리하여 보관하고 있습니다. OOO(콜드월렛 스토리지) 등을 통해 가상자산은 전용주소에 별도로 보관되며 독점적인 하드웨어 보안모듈 조합을 사용하여 원장에 기록됩니다.

③ 가상자산 보관 등 고객위탁자산 관련 위험

ㅁ 연결회사가 위탁받아 보관하고 있는 가상자산은 연결회사의 전자지갑에 연결회사 소유의 가상자산과 함께 혼합하여 보관되어 있어 연결회사의 파산 및 해킹사고 발생시 고객에게 가상자산을 반환하지 못할 위험이 존재합니다.

ㅁ 연결회사가 위탁받아 보관하고 있는 가상자산의 암호키 정보의 파괴, 망실, 도난 또는 사용불능 및 연결회사가 위탁받아 보관하고 있는 가상자산의 도난 등이 연결회사의 지속적인 사업, 재무상태, 영업실적 및 현금흐름에 미칠 수 있는 잠재적인 영향은 OOO원에 달할 수 있는 것으로 판단됩니다.(잠재적 영향 판단 근거를 구체적으로 기술)

④ 고객위탁 가상자산의 분류현황(사업자 자산 · 부채 및 기타)

ㅁ 연결회사가 고객위탁 자산 및 고객위탁 부채로 인식한 가상자산은 OOO원이고, 연결회사 자산 및 부채로 계상하지 않은 가상자산의 거래소 가격은 OOO원입니다.
(경제적 통제권을 중심으로 판단근거를 상세기술)

(단위 : 개, 원)

자산 · 부채 인식		주석기재	
장부금액	공정가치 (거래소가격)	수량	공정가치 (거래소가격)

〈주석공시 참고사항〉

▣ 고객위탁 토큰의 총수량 및 시세정보 등

ㅇ 고객위탁 토큰 등의 종류, 수량, 기말 거래소가격(사업자의 자산 · 부채로 인식하는 경우와 그 외로 구분)

▣ 고객위탁 토큰 등의 계약관계 및 위험 관리 현황

ㅇ 계약관계상 사업자의 권리 · 의무
ㅇ 사업자 청산 시 고객의 청구권 행사관계
ㅇ 해킹위험 등에서 고객위탁 토큰 등을 보호하기 위한 절차

▣ 고객위탁 토큰 등과 사업자 소유 토큰 등을 분리하기 위해 실시하는 정책
ㅇ 위탁정책 및 위탁현황(사업자가 외부에 위탁한 토큰의 종류, 수량, 공정가치, 위탁기관 현황 등)
ㅇ 고객별 보유 토큰 등의 거래원장 관리정책 및 주기적 검증절차 실시내역
ㅇ 전자지갑 등 고객토큰 등의 보관정책

Ⅳ 경과규정

1. 중요한 회계정책

ㅁ (소급법) 연결회사는 가상자산 회계처리에 대하여 「가상자산 회계처리 감독지침」을 적용하였습니다. 감독지침의 경과규정에 따라 가상자산 회계처리는 소급적으로 적용되었고 비교 표시된 전기 재무제표는 재작성되었습니다.

ㅁ (수정소급법) 연결회사는 가상자산 회계처리에 대하여 「가상자산 회계처리 감독지침」을 적용하였습니다. 감독지침의 경과규정에 따라 가상자산 회계처리는 최초 적용으로 인한 누적효과를 기초자본에서 조정하였습니다. 그러므로 비교표시 기간의 정보는 재작성되지 않았습니다.

2. 재무제표에 대한 영향

ㅁ (소급법) 「가상자산 회계처리 감독지침」 최초 적용일(당기초)과 비교표시되는 기간의 개시일(전기초) 현재 재무상태표에 반영한 수정금액은 다음과 같습니다.

(단위 : 원)

구분	전기말 재무제표	당기초 수정 재무제표	이익잉여금 효과

ㅁ (수정소급법) 다음은 당기말 「가상자산 회계처리 감독지침」 적용으로 인한 연결재무제표의 영향을 요약하였습니다.

연결재무상태표

(단위 : 원)

구분	장부금액		
	감독지침 적용 전	조정금액	보고금액
재고자산			
무형자산			
총자산			
이익잉여금			
…			
순자산			

연결포괄손익계산서

(단위 : 원)

구분	장부금액		
	감독지침 적용 전	조정금액	보고금액
영업외손익			
가상자산손상차손			
가상자산처분손익			
…			
당기순이익			

3. 조기적용하지 않는 경우 사전공시

ㅁ 연결회사는 기업회계기준서 제1001호 개정사항(한 138.6, 가상자산 공시)을 조기적용하지 않으며, '24.1.1. 이후 최초 개시되는 회계연도(의무적용일)부터 적용할 예정입니다.

ㅁ 동 기준서 개정으로 인해, 연결회사는 발행 가상자산(보유 가상자산 및 고객위탁 가상자산 등)에 대해 보다 충분하게 공시할 예정이며, 주석 OO(수익관련), 주석 OO(무형자산 관련) 주석 OO*의 내용이 상세하게 보완될 것으로 예상됩니다.

* 영향을 받는 주석사항 모두 기재

12 | 건설회사의 건설계약 관련 '우발부채' 주석공시(2023.11.)

※ K-IFRS 제1037호 적용 관련

▶ 주석공시 모범사례의 성격

▣ **기업의 주석공시 작성 편의를 도모하고 재무정보이용자의 이해가능성을 제고하고자 참고목적**으로 제시하는 것으로 해당 기업회계기준서에서 정한 모든 공시사항을 포함하고 있지 않으므로, 기업은 모범사례에서 제시된 사항 이외에 추가로 기재하여야 할 사항이 있는지 검토하여야 함

▣ 모범사례가 제시하는 양식 및 기재범위는 기업의 합리적 판단에 따라 조정될 수 있음

- ㅇ 기업은 재무제표에 대한 주석 작성 시 재무정보이용자의 정보이용 효익과 영위하는 업종의 특성 등 기업의 실정을 고려하여 공시사항을 추가하거나 변경·축소하여 사용할 필요가 있음

▣ **동 모범사례는 주재무제표를 기준으로 작성되었으며, 별도재무제표의 경우에도 참고할 필요가 있음**

▣ **동 모범사례에 제시되지 않은 우발부채가 존재하는 경우 모범사례에 제시되지 않았다는** 이유만으로 기재의무가 면제되는 것이 아니므로, 모범사례 양식에 준하여 관련 정보를 적절히 공시하여야 함

1. PF 우발부채

(1) 부동산 PF 종합요약표(책임준공, 중도금대출, SOC 미포함)

연결회사는 보고기간 말에 PF와 관련한 총 XXX백만원(전기말 XXX백만원)의 신용보강을 제공하고 있으며, 이중 연결회사 단독 사업에 대한 금액은 XXX백만원(전기말 XXX백만원), 컨소시엄 참여 사업에 대한 금액은 XXX백만원(전기말 XXX백만원)입니다. (보증금액으로 기재)

전기말에는 우발부채로 계상되었으나, 충당부채로 전환된 금액은 XXX백만원이며, 관련 사항은 주석 XX를 참고하시기 바랍니다. (기타 주요변동요인 기재 필요)

이중 특수관계자에 제공하는 신용보강은 총 XXX백만원(전기말 XXX백만원)이며, 대부분 기타 사업과 관련됩니다.

정비사업 및 기타사업과 관련한 PF 우발부채 내역은 아래와 같습니다.

〈연결기업(또는 개별기업) 단독 사업〉 (단위 : 백만원)

구분[1]	종류[2]	보증 한도[3] (연결)	보증 금액[4] (연결)	대출잔액[5](연결)							
				당기	만기 구분[6]						전기
					3개월 이내	3개월 초과 6개월 이내	6개월 초과 12개월 이내	1년 초과 2년 이내	2년 초과 3년 이내	3년 초과	
정비 사업	브릿지론[7]	X	X	X	X	X	X	X	X	X	X
	본PF[7]	X	X	X	X	X	X	X	X	X	X
	계	X	X	X	X	X	X	X	X	X	X
기타 사업	브릿지론[7]	X	X	X	X	X	X	X	X	X	X
	본PF[7]	X	X	X	X	X	X	X	X	X	X
	계	X	X	X	X	X	X	X	X	X	X
총계		X	X	X	X	X	X	X	X	X	X

주 1) 구분 기준

정비사업 : 재개발 · 재건축 등 대부분 도급공사에 의해 이뤄지며 분양위험이 상대적으로 낮은 사업

기타사업 : 정비사업 이외의 경우, 대부분 민간시행사 또는 시공사 자체 분양에 의한 사업이며 분양위험이 상대적으로 높은 사업

2) 시공 이전 토지매입, 인허가 등을 위한 브릿지론과 인허가 후 공사비 마련 등을 위한 본PF로 구분

3) 보증한도 : 금융기관 등에 부담하는 PF대출에 관하여 시공사가 보증하는 한도액

4) 보증금액 : 보증한도 내에서 실제 보증을 실행한 금액

5) 대출잔액 : 대출약정 내에서 실제 대출을 실행한 후 상환하고 남은 금액

6) 기초자산에 보증을 제공하는 경우에는 기초자산의 만기를 기재하고, 유동화증권에 보증을 제공하는 경우에는 유동화증권의 만기를 기재

7) 사업장 기준으로 연대보증, 채무인수, 자금보충이 중복되는 경우, 중복되는 금액은 제외한 금액을 고려(책임준공의 경우 대부분 신용보강과 중복되며 상대적으로 위험도가 낮으므로 포함하지 않고, 중도금대출 사항도 미포함)

❑ 건설회사가 컨소시엄 형태의 보증 · 도급이 있는 경우 컨소시엄 참여 사업을 컨소시엄(전체)과 연결회사 부담분으로 각각 공시

* 다만, 컨소시엄 형태의 보증 등을 아래 표 외에 효과적으로 공시할 수 있는 다른 표시도 가능

〈컨소시엄 참여 사업(전체)〉 (단위 : 백만원)

구분[1]	종류[2]	보증 한도[3] (전체)	보증 금액[4] (전체)	대출잔액[5](전체)							
				당기	만기 구분[6]						전기
					3개월 이내	3개월 초과 6개월 이내	6개월 초과 12개월 이내	1년 초과 2년 이내	2년 초과 3년 이내	3년 초과	
정비 사업	브릿지론	X	X	X	X	X	X	X	X	X	X
	본PF[7]	X	X	X	X	X	X	X	X	X	X
	계	X	X	X	X	X	X	X	X	X	X
기타 사업	브릿지론	X	X	X	X	X	X	X	X	X	X
	본PF[7]	X	X	X	X	X	X	X	X	X	X
	계	X	X	X	X	X	X	X	X	X	X
총계		X	X	X	X	X	X	X	X	X	X

주 1) 구분 기준
정비사업 : 재개발 · 재건축 등 대부분 도급공사에 의해 이뤄지며 분양위험이 상대적으로 낮은 사업
기타사업 : 정비사업 이외의 경우, 대부분 민간시행사 또는 시공사 자체 분양에 의한 사업이며 분양위험이 상대적으로 높은 사업
2) 시공 이전 토지매입, 인허가 등을 위한 브릿지론과 인허가 후 공사비 마련 등을 위한 본PF로 구분
3) 보증한도 : 금융기관 등에 부담하는 PF대출에 관하여 시공사가 보증하는 한도액
4) 보증금액 : 보증한도 내에서 실제 보증을 실행한 금액
5) 대출잔액 : 대출약정 내에서 실제 대출을 실행한 후 상환하고 남은 금액
6) 기초자산에 보증을 제공하는 경우에는 기초자산의 만기를 기재하고, 유동화증권에 보증을 제공하는 경우에는 유동화증권의 만기를 기재
7) 사업장 기준으로 연대보증, 채무인수, 자금보충이 중복되는 경우, 중복되는 금액은 제외한 금액을 고려(책임준공의 경우 대부분 신용보강과 중복되며 상대적으로 위험도가 낮으므로 포함하지 않고, 중도금대출 사항도 미포함)

〈컨소시엄 참여 사업(연결회사 부담분)〉 (단위 : 백만원)

구분[1]	종류[2]	보증 한도[3] (연결)	보증 금액[4] (연결)	대출잔액[5](연결)							
				만기 구분[6]							전기
				당기	3개월 이내	3개월 초과 6개월 이내	6개월 초과 12개월 이내	1년 초과 2년 이내	2년 초과 3년 이내	3년 초과	
정비사업	브릿지론	X	X	X	X	X	X	X	X	X	X
	본PF[7]	X	X	X	X	X	X	X	X	X	X
	계	X	X	X	X	X	X	X	X	X	X
기타사업	브릿지론	X	X	X	X	X	X	X	X	X	X
	본PF[7]	X	X	X	X	X	X	X	X	X	X
	계	X	X	X	X	X	X	X	X	X	X
총계		X	X	X	X	X	X	X	X	X	X

주 1)~7) 앞 표와 동일

(2) 부동산 PF(대출) 보증 세부 내역(중도금대출, SOC 관련 사항은 미포함)

※ 책임준공은 연대보증 · 채무인수 · 자금보충 등과 중복으로 약정되므로 같이 표시하고, 중도금대출, SOC 관련사항은 미포함

1) 보고기간 말 현재 XX건의 정비사업 관련 PF(대출) 보증 내역은 아래와 같습니다. PF 보증 관련 일부 약정에는 차주가 금융계약에 따라 지급하여야 할 금액을 지급하지 아니한 경우, 시공사 또는 차주에게 부도사유가 발생하는 경우, 시공사의 신용등급이 하락하는 경우(*1 참고) 등이 발생시 XXX백만원(전기말 XXX백만원)의 기한이익상실 사유가 있습니다.

〈연결기업(또는 개별기업)〉

(단위 : 백만원)

사업지역[1]	사업장구분[2]	PF종류[3]	신용보강종류[4]	보증한도[5] (전체)	부담률[6] (연결)	보증금액 (연결)	채무자	특수관계자여부[7]	채권기관종류[8]	대출잔액[9] (연결)		대출기간[9]	만기일[10]	유형[11]	책임준공약정금액
										당기	전기				
A	X	X	X	X	X%	X	X	X	X	X	X	‘xx.xx~’xx.xx	X	X	X
	조기상환조항(*1)	조기상환 조항이 있는 경우 해당 사항 기재													
	기재된 신용보강 외 신용보강 유형(연대보증, 채무인수, 자금보충)이 있는 경우 해당 사항 기재														
기타[12]	X	X	X	X	X%	X	X	X	X	X	X	‘xx.xx~’xx.xx	X	X	X
	조기상환조항(*1)	조기상환 조항이 있는 경우 해당 사항 기재													
단독사업 계				X	X%	X				X	X				X
…	…	…	…	…	…	…	…	…	…	…	…	…	…	…	…
컨소시엄 계				X	X%	X				X	X				X

주 1) 사업지역 : 광역시, 특별시, 시 또는 군으로 표시

2) 사업장 구분 : 공동주택, 오피스텔, 지식산업센터, 업무시설 등 사업장의 특성을 고려하여 구분

3) 브릿지론, 본PF로 구분

4) 연대보증, 채무인수, 자금보충 등으로 구분하되, 복수의 신용보강이 제공되는 경우 중복금액 제외하고 가장 큰 금액의 신용보강으로 기재

5) 컨소시엄 형태의 보증 · 도급이 있는 경우 컨소시엄의 보증한도를 기재

6) 컨소시엄 사업인 경우 연결회사 부담률 기재하되, 단독 사업인 경우 100% 기재

7) 특수관계자인 경우 해당여부 표시(상세한 내용은 특수관계자와의 거래 주석에 기재)

8) 은행, 증권회사, 대주단 등 채권기관 유형 기재

9) 전기에 잔액이 있었으나 당기에 '0'인 경우도 기재하며(유동화증권이 아닌 PF대출의 잔액 및 기간 기재), 충당부채로 전환되어 감소된 경우 관련 사실 명시

10) 부동산 PF 유동화증권의 만기일을 기재(유동화증권의 만기가 있는 경우 기재, 그 외의 경우 기재사항 없음)

11) PF Loan 또는 유동화증권 종류를 기재

12) 부동산PF 전체 보증금액(컨소시엄 포함) 기준으로 1%(또는 100억원) 미만인 사업장인 경우 기타로 일괄하여 표시

2) 보고기간 말 현재 XX건의 기타사업 관련 PF(대출) 보증 내역은 아래와 같습니다. PF 보증 관련 일부 약정에는 차주가 금융계약에 따라 지급하여야 할 금액을 지급하지 아니한 경우, 시공사 또는 차주에게 부도사유가 발생하는 경우, 시공사의 신용등급이 하락하는 경우(*1 참고) 등이 발생시 XXX백만원(전기말 XXX백만원)의 기한이익상실 사유가 있습니다.

〈연결기업(또는 개별기업)〉

(단위 : 백만원)

<table>
<tr><th rowspan="2">사업지역[1)]</th><th rowspan="2">사업장구분[2)]</th><th rowspan="2">PF종류[3)]</th><th rowspan="2">신용보강종류[4)]</th><th rowspan="2">보증한도[5)] (전체)</th><th rowspan="2">부담률[6)] (연결)</th><th rowspan="2">보증금액 (연결)</th><th rowspan="2">채무자</th><th rowspan="2">특수관계자 여부[7)]</th><th rowspan="2">채권기관 종류[8)]</th><th colspan="2">대출잔액[9)] (연결)</th><th rowspan="2">대출기간[9)]</th><th rowspan="2">만기일[10)]</th><th rowspan="2">유형[11)]</th><th rowspan="2">책임준공약정금액</th></tr>
<tr><th>당기</th><th>전기</th></tr>
<tr><td rowspan="3">A</td><td>X</td><td>X</td><td>X</td><td>X</td><td>X%</td><td>X</td><td>X</td><td>X</td><td>X</td><td>X</td><td>X</td><td>'xx.xx~' xx.xx</td><td>X</td><td>X</td><td>X</td></tr>
<tr><td colspan="2">조기상환조항(*1)</td><td colspan="13">조기상환 조항이 있는 경우 해당 사항 기재</td></tr>
<tr><td colspan="15">기재된 신용보강 외 신용보강 유형(연대보증, 채무인수, 자금보충)이 있는 경우 해당 사항 기재</td></tr>
<tr><td rowspan="2">기타[12)]</td><td>X</td><td>X</td><td>X</td><td>X</td><td>X%</td><td>X</td><td>X</td><td>X</td><td>X</td><td>X</td><td>X</td><td>'xx.xx~' xx.xx</td><td>X</td><td>X</td><td>X</td></tr>
<tr><td colspan="2">조기상환조항(*1)</td><td colspan="13">조기상환 조항이 있는 경우 해당 사항 기재</td></tr>
<tr><td colspan="2">단독사업 계</td><td></td><td></td><td>X</td><td>X%</td><td>X</td><td></td><td></td><td></td><td>X</td><td>X</td><td></td><td></td><td></td><td>X</td></tr>
<tr><td>…</td><td>…</td><td>…</td><td>…</td><td>…</td><td>…</td><td>…</td><td>…</td><td>…</td><td>…</td><td>…</td><td>…</td><td>…</td><td>…</td><td>…</td><td>…</td></tr>
<tr><td colspan="2">컨소시엄 계</td><td></td><td></td><td>X</td><td>X%</td><td>X</td><td></td><td></td><td></td><td>X</td><td>X</td><td></td><td></td><td></td><td>X</td></tr>
</table>

주 1)~12) 앞 표와 동일

(3) 부동산 PF 책임준공 약정

연결회사는 보고기간말 현재 정비사업 및 기타사업과 관련하여, 아래와 같이 책임준공 미이행시 조건부 채무인수약정을 제공하고 있습니다.

(단위 : 개, 백만원)

구분	당기				전기			
	공사건수	도급금액	약정금액	대출잔액	공사건수	도급금액	약정금액	대출잔액
정비사업[1)] (연결회사분)	X (X)	X (X)	X (X)	X (X)	X (X)	X (X)	X (X)	X (X)
기타사업[1)] (연결회사분)	X (X)	X (X)	X (X)	X (X)	X (X)	X (X)	X (X)	X (X)
계[1)] (연결회사분)	X (X)	X (X)	X (X)	X (X)	X (X)	X (X)	X (X)	X (X)

주 1) 컨소시엄에 따라 전체 및 연결회사 금액이 다른 경우 연결회사 금액은 괄호에 추가 표시

(4) 부동산 PF의 SOC 보증

연결회사의 SOC법인과 시행사의 차입금 등과 관련하여 전체 XXX백만원(전기 XXX백만원)을 한도로 자금보충 및 자금제공 등의 신용보강을 제공하고 있으며, SOC법인의 필수 사업경비 부족시 자금을 보충할 의무를 부담하고 있습니다.

〈연결기업(또는 개별기업)〉

(단위 : 백만원)

구분	당기			전기		
	공사건수	전체	연결회사분	공사건수	전체	연결회사분
보증한도	X	X	X	X	X	X

(5) 본 PF의 중도금대출

연결회사는 보고기간 말에 정비사업과 관련하여 수분양자의 중도금대출에 XXX백만원(전기말 XXX백만원)을 보증하는 약정을 체결하고 있으며, 기타사업과 관련해서는 수분양자의 중도금대출에 XXX백만원(전기말 XXX백만원)을 보증하는 약정을 체결하고 있습니다.

〈연결기업(또는 개별기업) 단독 사업〉

(단위 : 백만원)

구분	당기				전기			
	사업건수	보증한도	약정금액	대출잔액	사업건수	보증한도	약정금액	대출잔액
정비사업[1)] (연결회사분)	X (X)	X (X)	X (X)	X (X)	X (X)	X (X)	X (X)	X (X)
기타사업[1)] (연결회사분)	X (X)	X (X)	X (X)	X (X)	X (X)	X (X)	X (X)	X (X)
계[1)] (연결회사분)	X (X)	X (X)	X (X)	X (X)	X (X)	X (X)	X (X)	X (X)

주 1) 컨소시엄에 따라 전체 및 연결회사 금액이 다른 경우 연결회사 금액은 괄호에 추가 표시

(6) 기타 (PF 우발부채에 해당하나 (1)~(5)에 표시할 수 없는 사항 기재)

2. 非 PF 우발부채

연결회사는 보고기간 말에 아래와 같이 보증보험회사 등에 보험을 가입하거나 보증서를 발급하는 방식 등으로 현재 발주처 등에 대하여 XXX백만원(전기말 XXX백만원)의 계약이행, 분양보증 및 하자보증 등 지급보증을 제공하고 있습니다.

(1) 종합요약표

〈연결기업(또는 개별기업)〉

(단위 : 백만원)

구분	피보증처명	보증종류	보증한도	보증금액	보증처	특수 관계자 여부	기타
제공한 지급보증[1)]	X	X	X	X	X	X	X
제공받은 지급보증[2)]	X	X	X	X	X	X	X
기타[3)]	X	X	X	X	X	X	X
계			X	X			

주 1) 계약이행보증, 운영자금 지급보증, 주택분양보증 등 연결회사가 타인의 금융거래 등을 위하여 제공한 지급보증
2) 계약이행보증, 하자보수보증 등 연결회사가 계약 등을 위해 보증처로부터 제공받은 지급보증
3) 제공한 지급보증 또는 제공받은 지급보증에 분류가 명확하지 않은 사항 기재

(2) 제공한 지급보증

〈연결기업(또는 개별기업)〉

(단위 : 백만원)

피보증처	보증종류	보증한도	보증금액	보증처	특수관계자 여부	비고(설명)
X	X	X	X	X	X	X
계		X	X			

(3) 제공받은 지급보증

〈연결기업(또는 개별기업)〉

(단위 : 백만원)

보증처	보증종류	보증한도	보증금액	특수관계자 여부	비고(설명)
X	X	X	X	X	X
계		X	X		

(4) 기타(소송 등)

CHAPTER

30 금융감독원 감리지적사례

(주석공시 관련 지적사항 중심)

01 | 금융감독원 지적사례를 통해 살펴보는 틀리기 쉬운 주석공시사항

(출처 : 금융감독원 회계포탈, 2020.12.22.)

특수관계자 거래

▶ 회사에 유의적인 영향력이 있는 개인이 지배하는 기업은 회사의 특수관계자입니다.

1. 회사의 회계기준 위반 내용

회사는 코스닥상장을 준비하면서 당초 특수관계에 있던 기업들의 지분을 처분하고 임원 겸직을 해소하는 등의 방법으로 특수관계자 수를 줄인 결과 2017년 재무제표 주석에 특수관계자 2인이 존재한다고 공시하였다. 회사는 2018년 4월 상장주선인이 회사의 최대주주 B와 인터뷰하는 과정에서 그때까지 인지하지 못했던 C사가 특수관계자로 존재한다는 사실을 확인하였다. 개인 B 및 B의 특수관계자가 회사의 지분 22.4%를 보유하고 있어 B는 회사에 유의적인 영향력이 있는 개인에 해당하였고, B 및 B의 특수관계자는 C사 지분도 100% 보유하고 있었다. 결국 개인 B가 지배하는 C사는 회사의 특수관계자에 해당하므로, 회사는 C사와의 거래를 특수관계자 거래로 공시해야 함에도 2017년 재무제표 주석에 해당 거래를 기재하지 않았다.

2. 관련 회계처리기준

기업회계기준서 제1024호(특수관계자 공시) 문단 9에 따르면 기업이 아래 (1)에서 식별된 개인에 의하여 지배 또는 공동지배되는 경우 보고기업(재무제표를 작성하는 기업)과 특수관계에 있다.

(1) 개인이 다음 중 어느 하나에 해당하는 경우, 그 개인이나 그 개인의 가까운 가족은 보고기업과 특수관계에 있다.

(가) 보고기업에 지배력 또는 공동지배력이 있는 경우

(나) 보고기업에 유의적인 영향력이 있는 경우

(다) 보고기업 또는 그 지배기업의 주요 경영진의 일원인 경우

같은 기준서 문단 BC19에 따르면 국제회계기준위원회(IASB)는 특수관계자 정의를 개정하면서 아래와 같은 접근방식을 취하였다.

(3) 한 기업(또는 개인)이 두 번째 기업을 지배(또는 공동지배)하고 있고 첫 번째 기업(또는 개인)이 세 번째 기업에 유의적인 영향력이 있다면, 두 번째 기업과 세 번째 기업은 특수관계에 있다.

▶ 종속기업에 대한 현금출자도 별도재무제표 주석에 특수관계자 거래로 기재하세요.

1. 회사의 회계기준 위반 내용

회사는 2009년부터 2016년 1분기까지 사이에 금융기관 차입 및 회사채 발행과 관련하여 대표이사 겸 최대주주로부터 연대보증을 제공받았으나, 재무제표 주석에 이를 기재하지 아니하였다. 회사는 관계기업의 종속기업인 B사가 원자재 구입 및 설비투자 등을 위해 금융회사로부터 금전을 차입할 때 회사의 종속기업인 C사가 지급보증을 하였는데 해당 내용을 연결재무제표 주석에 기재하지 아니하였다.

회사는 2016년에 종속기업 N사가 주주배정방식으로 유상증자를 할 때 참여하여 132억원을 납입하고 보통주 980만주를 추가 취득하였는데 해당 거래를 별도재무제표 주석에 기재하지 아니하였다. 지배기업과 종속기업 간 자금거래는 연결재무제표 작성과정에서 제거되므로 연결실체 기준으로는 특수관계자 거래 주석 공시 대상에 해당하지 않지만, 별도재무제표 기준으로는 특수관계자 거래로 주석에 기재해야 한다.

2. 관련 회계처리기준

기업회계기준서 제1024호(특수관계자 공시) 문단 9에 따르면 개인이 보고기업(재무제표를 작성하는 기업) 주요 경영진의 일원인 경우 보고기업과 특수관계에 있고, 기업이 다음 조건 중 어느 하나에 해당하면 보고기업과 특수관계에 있다.

(가) 기업과 보고기업이 동일한 연결실체 내의 일원인 경우

(나) 한 기업이 다른 기업의 관계기업이거나 공동기업인 경우(또는 그 다른 기업이 속한 연결실체 내의 일원의 관계기업이거나 공동기업인 경우)

같은 기준서 문단 21에 따르면 특수관계자와의 거래가 있는 경우 공시하는 거래의 예는 다음과 같다.

(7) 금융약정에 따른 이전(대여와 현금출자나 현물출자 포함)

(8) 보증이나 담보의 제공

▶ 특수관계자 주석 공시 내용에는 기말 채권 · 채무 잔액뿐만 아니라 기중 거래금액도 포함하세요.

1. 회사의 회계기준 위반 내용

회사는 아파트건설업을 영위하는 비상장기업이다. 회사의 특수관계자*인 B사는 주상복합건물을 시공하면서 시공대가로 받게 될 해당 주상복합건물의 일부(지하 1 · 2층)를 공사 완공 전에 C사에 매각하는 계약을 체결하였다. B사가 해당 계약으로 받은 계약금과 관련하여 D보증보험회사와 '매매계약 이행에 따른 반환지급보증'을 내용으로 하는 이행보증계약(피보험자 · C사)을 체결할 때 회사는 해당 보증계약에 대하여 연대보증을 제공하였는데, 회사는 해당 보증 내용을 주석에 기재하지 아니하였다.

* 회사의 최대주주인 개인 A와 그 특수관계인이 B사 지분 89.7% 소유

회사는 B사에 대여한 자금 및 미수이자의 기초 및 기말 잔액은 주석에 기재하였으나, 기중 증감내역은 주석에 기재하지 아니하였다.

2. 관련 회계처리기준

일반기업회계기준 제25장(특수관계자 공시) 문단 25.6에 따르면 특수관계자 거래가 있는 경우 재무제표에 미치는 특수관계자의 잠재적 영향을 파악하는 데 필요한 거래, 채권 · 채무 잔액에 대한 정보뿐만 아니라 특수관계의 성격도 공시한다. 이러한 공시는 최소한 다음 내용을 포함한다.

(1) 거래금액

(2) 채권 · 채무 잔액과 다음의 사항

(가) 그 채권 · 채무의 조건(담보 제공 여부 포함)과 결제할 때 제공될 대가의 성격

(나) 그 채권 · 채무에 대하여 제공하거나 제공받은 보증의 상세내역

같은 기준 문단 25.9에 따르면 특수관계자와의 거래가 있는 경우 공시하는 거래의 예는 다음과 같다.

(8) 보증이나 담보의 제공

▶ 특수관계자 거래내역을 자본시장법상 사업보고서 등을 통해 공시하였더라도 재무제표 주석에 기재해야 합니다.

1. 회사의 회계기준 위반 내용

회사는 2018년 7월과 10월 두 차례에 걸쳐 전환사채를 각각 80억원 및 36억원 발행하였고, 같은 해 12월에 주주우선공모방식으로 유상증자를 실시하여 184억원의 자금을 조달하였다. 전환사채 발행액 합계 116억원 중 76억원은 최대주주인 A사가, 30억원은 대표이사 B가 인수하였

다. 최대주주인 A사는 유상증자에도 참여하여 52억원을 납입하였다. 회사는 2018년 7월에 전환사채를 발행하여 조달한 자금으로 대표이사 B가 보유하고 있던 C사 주식을 76억원에 매입하였다. 회사는 2018년에 이루어진 최대주주 A사 및 대표이사 B와의 특수관계자 거래내역을 자본시장법상 사업보고서와 주요사항보고서를 통해 공시하였지만 재무제표 주석에는 기재하지 않았다.

2. 관련 회계처리기준

기업회계기준서 제1024호(특수관계자 공시) 문단 18에 따르면 회계기간 내에 특수관계자거래가 있는 경우 기업은 이용자가 재무제표에 미치는 특수관계의 잠재적 영향을 파악하는 데 필요한 거래, 약정을 포함한 채권 · 채무 잔액에 대한 정보뿐만 아니라 특수관계의 성격도 공시한다. 해당 공시에는 최소한 다음 내용을 포함한다.

(1) 거래 금액

(2) 약정을 포함한 채권 · 채무 잔액과 다음 사항

(가) 그 채권 · 채무의 조건(담보 제공 여부 포함)과 결제할 때 제공될 대가의 성격

(나) 그 채권 · 채무에 대하여 제공하거나 제공받은 보증의 상세 내역

(3) 채권 잔액에 대하여 설정된 대손충당금

(4) 특수관계자 채권에 대하여 당해 기간 중 인식된 대손상각비

같은 기준서 문단 21에 따르면 특수관계자와의 거래가 있는 경우 공시하는 거래의 예는 다음과 같다.

(2) 부동산, 그 밖의 자산의 구입이나 매각

(7) 금융약정에 따른 이전(대여와 현금출자나 현물출자 포함)

우발부채 및 약정사항 관련

▶ **부채의 담보로 제공한 금융자산의 장부금액과 담보 관련 조건을 재무제표 주석으로 공시하세요.**

1. 회사의 회계기준 위반 내용

회사는 2016년 3월에 사모전환사채*1를 발행하면서 사채권자에게 조기상환청구권(put option)을 부여하였을 뿐 아니라 보유 중인 A사*2 주식도 담보로 제공하였다.

*1 발행가액 · 80억원, 발행일 : 2016.3.21., 전환기간 : 2017.3.21.~2019.2.21., 만기일 : 2019.3.21.
조기상환청구권 행사일 : 발행일로부터 1년(2017.3.21.) 및 그 후 매 3개월마다
이율/만기보장수익률 : 5%, 담보 : A사 주식

*2 A사는 종속기업, 관계기업 또는 공동기업에 해당하지 아니함.

회사는 조기상환청구권 부여사실을 주요사항보고서(전환사채권 발행 결정) 및 재무제표 주석 등을 통해 공시하였다. 회사는 전환사채 발행과 관련하여 아래와 같이 A사 주식을 담보로 제공한 사실을 정기보고서(사업보고서, 분·반기보고서) 중 「Ⅲ. 기타 재무에 관한 사항」란에 기재하였지만 재무제표 주석에는 기재하지 않았다.

A사 주식 담보제공내역

(단위 : 백만원)

구분	담보제공자산	장부가액	담보설정가액	차입금 종류
2016.12.31.	A사 주식	4,225	8,000	사모 전환사채
2017.3.31.		4,182	8,000	
2017.6.30.		3,312	6,410	
2017.9.30.		2,186	4,610	

2. 관련 회계처리기준

기업회계기준서 제1107호(금융상품 : 공시) 문단 14에 따르면 (1) 부채 또는 우발부채의 담보로 제공한 금융자산의 장부금액[구 기업회계기준서 제1039호 문단 37(1) 또는 기업회계기준서 제1109호 문단 3.2.23(1)에 따라 재분류한 금액 포함]과 (2) 담보와 관련된 조건을 공시한다.

▶ 부채의 담보로 제공한 유형자산의 내용과 금액을 재무제표 주석으로 공시하세요.

1. 회사의 회계기준 위반 내용

회사는 가구제조업을 영위하는 비상장기업인데, 2010년에 A은행에서 금전을 차입하면서 토지, 건물, 기계장치 등 유형자산을 담보로 제공하였다. 회사는 외부감사법에 따라 2011년부터 독립된 외부감사인에 의한 회계감사를 받아야 했고, 2011년 및 2012년 재무제표를 작성할 때 위 유형자산 담보 제공 내역을 주석에 기재하지 아니하였다. 2012년 말 현재 유형자산 담보 제공 내역 및 관련 차입금 현황은 아래와 같다.

담보제공 내역 및 관련 차입금 현황

(단위 : 백만원)

담보 제공 자산	장부가액 (2012년 말 기준)	감정가액	담보설정액	관련 차입금 (2012년 말)
토지	1,036	2,414	4,500	3,418
건물	2,075	1,925		
기계장치	452	1,535		
합계	3,563	5,874	4,500	3,418

2. 관련 회계처리기준

일반기업회계기준 제10장(유형자산) 문단 10.48에 따르면 유형자산 과목별로 다음 사항을 주석으로 기재하고, 토지(유형자산의 토지, 투자자산의 투자부동산)에 대해서는 공시지가를 주석에 추가한다.

(3) 소유권이 제한되거나 담보로 제공된 유형자산의 내용과 금액

같은 기준 문단 10.46에 따르면 유형자산은 영업상 유사한 성격과 용도로 분류하며, 유형자산 과목 분류의 예는 다음과 같다.

(1) 토지

(2) 건물 : 건물, 냉난방, 전기, 통신 및 기타의 건물부속설비 등

(4) 기계장치 : 기계장치 · 운송설비(콘베어, 호이스트, 기중기 등)와 기타의 부속설비 등

▶ 사모사채 발행 시 담보로 제공한 금융자산 및 유형자산의 내용과 금액을 재무제표 주석으로 공시하세요.

1. 회사의 회계기준 위반 내용

회사는 2017년 5월에 무기명무보증 사모전환사채 150억원을 A사와 B저축은행에 각각 100억원과 50억원씩 발행하면서 정기예금 90억원을 B저축은행과 C저축은행에 각각 48억원과 42억원씩 담보로 제공하였고, 회사 소유 부동산 우선수익권 60억원을 B저축은행과 C저축은행에 각각 32억원과 28억원씩 담보로 제공하였다. A사는 회사의 전 감사 D가 부동산 개발을 위해 설립한 기업인데, B저축은행과 C저축은행에서 각각 30억원과 70억원씩 대출을 받아 본 건 사모전환사채 인수자금 100억원을 조달하였다.

사모전환사채 발행 내역

(단위 : 억원)

발행일	만기일	인수자	인수금액	표면이자율	만기이자율
2017.5.29.	2020.5.29.	A사	100	4%	5%
		B저축은행	50		

회사는 2017년 6월에 위 정기예금 담보 90억원 중 60억원을 해제하는 대신 자기주식 120만주(장부금액 60억원)를 담보로 제공하였다. 회사는 위 사모전환사채 150억원을 발행하면서 B저축은행과 C저축은행에 담보로 제공한 정기예금, 자기주식, 부동산 우선수익권의 장부금액과 해당 담보와 관련된 조건 등을 재무제표 주석에 기재하지 아니하였다.

2. 관련 회계처리기준

기업회계기준서 제1107호(금융상품 : 공시) 문단 14에 따르면 부채 또는 우발부채의 담보로 제공한 금융자산의 장부금액과 담보와 관련된 조건을 재무제표에 주석으로 공시한다.

기업회계기준서 제1016호(유형자산) 문단 74에 따르면 소유권이 제한되거나 부채의 담보로 제공된 유형자산의 내용과 금액도 재무제표에 주석으로 공시한다.

▶ 자원 유출 가능성이 희박하지 않다면 책임준공 약정 관련 우발부채를 재무제표 주석으로 공시해야 합니다.

1. 회사의 회계기준 위반 내용

회사는 2018년 말 현재 기성불 사업장*1 4곳의 시공사인데, 해당 사업장과 관련하여 1조 1,700억원의 책임준공*2 미이행 시 조건부 채무인수약정을 체결하였으며, 해당 대출금 잔액은 2018년 말 현재 2,886억원이다. 회사가 대주단 등에 제공한 책임준공 미이행 시 조건부 채무인수약정은 건설회사가 다양한 방식으로 제공하는 신용보강의 한 형태로서, 해당 약정과 관련하여 회사가 자원을 유출할 가능성은 희박하지 않다. 회사는 위 4곳의 사업장과 관련하여 PF대주단 등에 제공한 책임준공 약정 및 조건부 채무인수 관련 금액 등을 재무제표 주석에 기재하지 아니하였다.

*1 '기성불 사업장'이란 시공사가 공사대금을 PF대출금에서 전적으로 회수하도록 되어 있는 사업장을 말하며, '분양불 사업장'이란 재건축 · 재개발 사업처럼 공사대금을 분양대금에서 상당부분 회수토록 되어 있는 사업장을 말함.

*2 건설공사에서 '책임준공'이란 금융회사의 건설공사 대출에 대한 신용보강 방식의 하나로서 시공사가 해당 건물을 책임지고 준공시키겠다는 약정을 금융회사에 제공하는 것을 의미함.

2018년 말 책임준공약정 제공 내역

(단위 : 억원)

사업장	약정상대방(차주)	대주	보증한도	대출잔액
평택	평택프로젝트금융회사㈜	A은행 등	3,400	908
서초	서초프로젝트금융회사㈜	B은행 등	2,620	991
동탄	㈜동탄위탁관리부동산투자회사	C생명 등	1,874	937
고척	㈜고척위탁관리부동산투자회사	D은행 등	3,806	50
합계			11,700	2,886

2. 관련 회계처리기준

기업회계기준서 제1037호(충당부채, 우발부채, 우발자산) 문단 86에 따르면 의무를 이행하기 위한 자원의 유출 가능성이 희박하지 않다면 보고기간 말에 우발부채의 분류별로 그 특성을 공시하고 실무적으로 적용할 수 있는 경우에는 재무적 영향의 추정 금액, 자원의 유출 금액 또는 시기와 관련된 불확실성의 정도, 변제 가능성을 공시한다.

기타 사항

▶ 주요 고객 의존도에 관한 정보도 주석 공시사항입니다.

1. 회사의 회계기준 위반 내용

회사는 자동차부품을 제조하는 단일 영업(보고)부문에서 소수의 국내 · 외 완성차업체 및 부품가공업체 등에 집중적으로 제품을 매출하는 구조를 가지고 있고, 총매출액의 10% 이상을 차지하는 단일 거래처들이 2011년부터 2017년 3분기까지 총 4사, 즉 A사(2016년 35.4% 등), B사(2016년 16.2% 등), C사(2016년 12.9% 등), D사(2014년 11.2% 등)가 있었다. 회사는 2011년부터 2017년 3분기까지의 재무제표를 작성 · 공시함에 있어서 주요 고객(총 매출액의 10% 이상을 차지하는 단일 거래처)이 있었음에도 이러한 사실과 해당 거래처별 매출액 등을 주석에 기재하지 아니하였다.

2. 관련 회계처리기준

기업회계기준서 제1108호(영업부문) 문단 34에 따르면 주요 고객에 대한 의존도에 관한 정보를 주석으로 공시한다. 단일 외부고객으로부터의 수익이 기업전체 수익의 10% 이상인 경우에는, 그 사실, 해당 고객별 수익금액 및 그러한 수익금액이 보고되는 부문의 명칭을 공시한다. 그러나 주요 고객의 신원이나 그 주요 고객으로부터의 각 부문의 수익금액을 공시할 필요는 없다. 이 기준서의 목적상 동일 지배력하에 있는 것으로 보고기업이 인지하고 있는 기업들은 단일고객으로 간주한다. 그러나 정부(지방자치단체, 중앙정부 또는 국제기구인 정부, 정부기관 및 이와 유사한 단체 포함)와 그 정부의 지배력하에 있는 것으로 보고기업이 인지하고 있는 기업들은 단일고객으로 간주할 것인지 여부를 평가하기 위해 판단이 필요하다. 이를 평가함에 있어 보고기업은 그러한 기업들 간의 경제통합의 정도를 고려한다.

같은 기준서 문단 31에 따르면 단 하나의 보고부문을 가진 기업을 포함하여 이 기준서의 적용대상인 모든 기업에 문단 34가 적용되며, 문단 4에 따르면 재무보고서가 이 기준서의 적용범위에 해당하는 지배기업의 연결재무제표와 지배기업의 별도재무제표를 모두 포함하는 경우에 부문정보는 연결재무제표에서만 요구된다.

▶ 유형자산 항목이 재평가금액으로 기재된 경우에는 원가모형으로 평가되었을 경우 장부금액도 재무제표 주석으로 공시하세요.

1. 회사의 회계기준 위반 내용

회사는 토지에 대해 원가모형[*1]이 아닌 재평가모형[*2]을 회계정책으로 선택하였고 해당 사실을 재무제표 주석에 기재하였다. 하지만 원가모형으로 평가되었을 경우의 장부금액은 주석에 기재하지 아니하였다.

*1 '원가모형'이란 유형자산을 최초 인식한 후에 원가에서 감가상각누계액과 손상차손누계액을 차감한 금액을 해당 유형자산의 장부금액으로 하는 방식을 말함(K-IFRS 1016.30).

*2 '재평가모형'이란 공정가치를 신뢰성 있게 측정할 수 있는 유형자산에 한하여 해당 유형자산을 최초 인식한 후에 재평가일의 공정가치에서 이후의 감가상각누계액과 손상차손누계액을 차감한 재평가금액을 장부금액으로 하는 방식을 말하는데, 재평가는 보고기간 말에 자산의 장부금액이 공정가치와 중요하게 차이가 나지 않도록 주기적으로 수행함(K-IFRS 1016.31).

2. 관련 회계처리기준

기업회계기준서 제1016호(유형자산) 문단 29에 따르면 기업은 문단 30의 원가모형이나 문단 31의 재평가모형 중 하나를 회계정책으로 선택하여 유형자산 분류별로 동일하게 적용한다.

같은 기준서 문단 37에 따르면 유형자산은 영업상 비슷한 특성 및 용도로 분류하는데, 개별 분류의 예로 (1) 토지, (2) 토지와 건물, (3) 기계장치, (4) 선박, (5) 항공기, (6) 차량운반구, (7) 집기, (8) 사무용 비품, (9) 생산용 식물을 들 수 있다.

같은 기준서 문단 77에 따르면 유형자산의 항목이 재평가금액으로 기재된 경우 기업회계기준서 제1113호(공정가치 측정)에서 요구하는 공시 사항에 추가하여 (1) 재평가기준일, (2) 독립적인 평가인이 평가에 참여했는지 여부, (3) 재평가된 유형자산의 분류별로 원가모형으로 평가되었을 경우 장부금액, (4) 재평가잉여금의 변동과 재평가잉여금에 대한 주주배당제한 내용을 공시한다.

▶ 사용이 제한된 자금이 있다면 경영진 설명과 함께 그 금액을 재무제표 주석으로 공시해야 합니다.

1. 회사의 회계기준 위반 내용

회사는 2017년 8월에 운영자금 및 타 법인 발행 전환사채 인수자금 등 합계 157억원을 조달하기 위해 제3자 배정방식으로 유상증자를 실시하였다. 금융기관에 납입된 증자대금 157억원 가운데 50억원이 A사 전환사채 인수자금으로 지급되었고, 7억원은 회사 운영자금 계좌에 입금되었다. 나머지 100억원은 회사가 위 제3자 배정방식의 유상증자에 참여한 B사로부터 A사 지분 100%를 취득하는 데 사용하기 위해 별도로 다른 계좌에 예치하였다. 하지만 회사가 제3자 배정방식의 유상증자로 회사의 신주를 취득한 자에 대하여 해당 취득일로부터 6월 이내에 A사 지분 양수도 계약에 따른 매매대금을 지급하는 행위는 코스닥시장 상장규정상 투자주의 환기종목 지정사유에 해당될 수 있다는 우려가 제기되자 회사는 해당 거래를 종결하지 못하고 유보하였다.

B사는 위 유상증자 대금 100억원이 A사 지분 취득자금 외에 다른 용도로 사용되지 못하도록 회사에 사용 제한 및 질권 설정을 요청하였고, 회사는 2017년 9월에 해당 자금에 대해 인출제한을 설정하였다. 회사는 2017년 9월에 법무법인이 작성한 '투자주의 환기종목 지정사유 해당 여부에

대한 의견서'를 한국거래소에 제출하였고, 2017년 10월에 한국거래소로부터 해당 거래가 투자주의 환기종목 지정사유에 해당하지 않는다는 의견을 들은 후 B사로부터 A사 지분 100%를 취득하는 거래를 종결하였다. 회사는 2017년 8월 유상증자 대금 중 100억원에 대해 A사 지분 취득 목적 외에 다른 용도로 사용되지 못하도록 인출이 제한된 사실을 재무제표 주석에 기재하지 아니하였다.

2. 관련 회계처리기준

기업회계기준서 제1007호(현금흐름표) 문단 48에 따르면 기업이 보유한 현금 및 현금성자산 중 유의적인 금액을 연결실체가 사용할 수 없는 경우 경영진의 설명과 함께 그 금액을 재무제표 주석에 공시한다.

02 | 2020년 이후 지적사례

▶ 감리지적사례 FSS/2405-14 : 특수관계자 거래내역 주석 미기재

- 쟁점 분야 : 특수관계자 거래내역 주석 미기재
- 관련 기준 : 기업회계기준서 제1024호
- 결정일 : 2023년
- 회계결산일 : 2021.1.1.~2021.12.31.

1. 회사의 회계처리

식품가공업을 영위하고 있는 A사(이하 '회사') 및 그 종속기업 R사는 계열회사인 S사와 특수관계자 거래가 빈번히 발생하고 있다.

R사는 특수관계자 S사로부터 차입금에 대한 지급보증을 제공받았는데 이를 R사의 개별재무제표 주석에만 기재하고, 회사의 연결재무제표 특수관계자 거래 주석에는 누락하였다.

또한 회사는 당기 중 유상증자를 실시하였고 이에 특수관계자 S사가 참여하였으나, 동 내용을 특수관계자 거래 주석에 누락하였다.

2. 회계기준 위반 지적내용

회사와 그 종속기업 R사는 계열회사인 S사와 특수관계자거래(유상증자, 제공받은 지급보증)가 발생하였음에도 이를 특수관계자 거래내역 주석에 기재하지 않았다.

3. 지적근거 및 판단 내용

① 기업회계기준서 제1024호(특수관계자 공시) 문단 18에 따르면, 채무에 대하여 제공받은 보증의 상세내역은 특수관계자 거래에 해당한다.

② 또한 동 기준서 문단 21에서 공시하는 특수관계자 거래의 예를 나열하고 있는데, 금융약정에 따른 이전(현금출자를 포함)을 명시하고 있다.

4. 시사점

회사는 특수관계자 거래내역을 주석공시 할 때 지급보증이나 출자거래 등 기타 약정사항이 누락되지 않도록 유의해야 한다. 또한 연결재무제표에는 종속기업과 그 특수관계자의 거래내역을 포함하여 공시해야 한다.

▶ 감리지적사례 FSS/2206-15 : 특수관계자거래 주석 미기재

- 쟁점 분야 : 특수관계자거래 주석기재
- 관련 기준 : 기업회계기준서 제1024호
- 결정일 : 2021년
- 회계결산일 : 2018.1.1.~2019.6.30.

1. 회사의 회계처리

A사(이하 '회사')는 플라스틱 접착처리제품 제조업을 영위하는 업체로, 당시 회사의 대표이사 B와 사내이사 C는 페이퍼컴퍼니를 설립하여 회사 주식을 인수하면서 동 주식을 담보로 인수자금을 차입하였는바, 회사의 주가를 유지하지 못해 채권자들이 담보로 제공된 주식을 처분하는 경우 경영권이 상실될 것을 우려하여 특수관계자와의 거래내역을 재무제표 주석에 기재하지 아니하였다.

회사는 C가 실질 지배하는 D사에 전환사채를 발행하면서 회사의 자산인 E사 주식을 담보로 제공한 사실을 의도적으로 은폐하였으며, C가 실질 지배하고 있는 E사 및 F사 주식인수거래를 특수관계자 거래로 주석에 기재하지 아니하여 거래의 실체를 일반 투자자들이 알아채지 못하도록 하였다.

〈회사의 전환사채 발행관련 거래구조〉

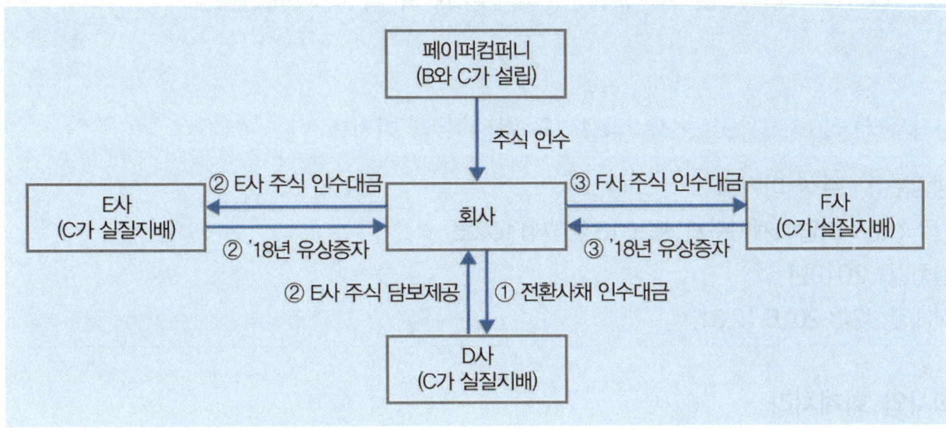

2. 회계기준 위반 지적 내용

회사는 주요 경영진 및 주요 경영진이 지배하는 기업 등 특수관계자와의 거래내역을 재무제표 주석에 기재하지 아니하였다.

3. 지적 근거 및 판단 내용

① 기업회계기준서 제1024호(특수관계자 공시) 문단 9 및 문단 10에 따르면, 보고기업 또는 그 지배기업의 주요 경영진의 일원인 개인과 그 개인에 의하여 지배 또는 공동 지배되는 기업은 보고기업과 특수관계에 있으며, 특수관계 유무를 고려할 때에는 단지 법적 형식뿐만 아니라 실질 관계에도 주의를 기울여야 한다.

② 금융감독원은 회계기준과 거래 실질 등을 고려하여, 회사가 특수관계자와 이루어진 전환사채 발행 및 주식인수거래의 실체를 의도적으로 은폐하고자 특수관계자와의 거래내역을 재무제표 주석에 미기재하였다고 판단하였다.

4. 시사점

기업이 회사의 주요 경영진의 일원인 개인에 의해 지배되는 경우 회사와 특수관계에 있으며 특수관계자거래의 공시는 재무제표 이용자가 특수관계의 잠재적 영향을 파악할 수 있도록 하는 데 목적이 있으므로 자금거래의 외관상 형태만이 아니라 거래의 실질을 파악하여 특수관계자 거래 여부 등을 판단할 필요가 있다.

03 | 2018 ~ 2019년 지적사례 – 재무제표 주석 미기재 관련

▶ 감리지적사례 FSS/1912-20 : 담보제공 자산 주석 미기재

- 쟁점분야 : 주석 미기재
- 관련기준 : 기업회계기준서 제1016호, 제1107호
- 결정일 : 2019년
- 회계결산일 : 2016.12.31.

1. 회사의 회계처리

A사는 ×1년 10월 C은행 등 금융기관으로부터 자금을 조달하면서 회사 소유의 재고자산 33억원, 공장부지 및 기계장치 등 유형자산 100억원을 담보로 제공하였으나 ×1년부터 ×7년 1분기까지의 재무제표 주석에 이를 기재하지 아니하였다.

2. 회계기준 위반 지적내용

A사는 금융기관으로부터 차입하면서 담보로 제공한 재고자산 및 유형자산 등을 ×1년부터 ×7년 1분기까지의 재무제표 주석에 기재하지 아니하였다.

3. 지적근거 및 판단 내용

(1) 기업회계기준서 제1002호(재고자산) 문단 36 및 제1016호(유형자산) 문단 74에 따르면 담보로 제공된 재고자산 및 유형자산의 내용과 금액을 재무제표에 공시하여야 한다.

(2) 금융감독원은 A사가 금융기관으로부터 자금을 조달하면서 재고자산 및 유형자산을 담보로 제공한 사실이 차입약정서, 부동산 등기부등본 등에 기재되어 있음에도 이를 주석에 공시하지 않아 상기 회계처리기준을 위반하였다고 판단하였다.

4. 감사절차 미흡사항

(1) 회계감사기준 505(외부조회) 등에 따르면 감사인은 외부조회에 대한 회신에서 발견된 불일치 사항이 재무제표의 왜곡표시 등에 해당하는지 검토하고 왜곡표시로 식별될 경우 부정의 징후나 내부통제의 미비점에 해당하는지 평가하여야 한다.

(2) 동 사례의 경우 외부감사인은 금융기관 조회서에 재고자산, 유형자산 등의 담보제공 사실이 기재되어 있었음에도 동 내역이 재무제표 주석에 누락된 사실을 간과하는 등 감사절차를 소홀히 하였다.

5. 시사점

회사 및 감사인은 담보제공 내역의 완전성을 확보하기 위해 이사회의사록, 차입약정서, 부동산 등기부등본, 금융기관조회서 · 은행연합회 자료 등을 검토하여 담보제공 자산이 재무제표 주석에 적절히 공시되었는지를 확인할 필요가 있다.

▶ 감리지적사례 FSS/1912-21 : 특수관계자 거래 주석 기재 누락

- 쟁점분야 : 특수관계자 거래
- 관련기준 : 기업회계기준서 제1024호
- 결정연도 : 2018년
- 회계결산일 : 2017.1.1. ~ 2017.12.31.

1. 회사의 회계처리

W사는 코스닥상장을 준비하면서 특수관계가 있는 회사들에 대하여 보유 지분 처분 및 임원 겸직 해소 등의 방법으로 특수관계를 해소하였으며, 그 결과 W사의 특수관계자는 ×2년 말 12개에서 ×3년 말 2개로 감소하였다.

한편, W사의 최대주주 K씨(W사의 지분 25% 보유)는 ×3년 중 지분 100% 보유한 A사를 개별적으로 설립하고, A사를 통하여 B사 및 C사의 지분을 각각 30% 이상 취득하였다. K씨는 개별적으로 B사 및 C사의 지분도 각각 20%씩 보유하고 있다. 참고로 B사와 C사는 ×2년 말까지 W사의 특수관계자였으며, K씨는 A사의 설립 등에 대하여 W사 회계팀 등에 따로 알려주지 않았으며, W사의 회계팀은 W사가 지분을 보유하고 있거나 임원 등이 겸직하고 있는 경우에 한하여 특수관계 여부를 판단하고 있었다.

2. 회계기준 위반 지적내용

W사는 최대주주 K씨가 지배하고 있는 A사가 회사의 특수관계자에 해당한다는 사실을 인지하지 못하고, 연결 및 별도재무제표상 특수관계자와의 거래에 대한 주석 기재 시 A사 및 B사, C사를 특수관계자에서 누락하고 관련 거래를 주석에 기재하지 아니하였다.

3. 지적근거 및 판단 내용

기업회계기준서 제1024호(특수관계자 공시) 문단 9에 따르면 보고기업에 유의적인 영향력이 있는 개인에 의하여 지배되는 기업은 보고기업과 특수관계에 있으므로 W사에 유의적인 영향력을 가진 최대주주 K씨가 지배하고 있는 A사는 보고기업인 W사와 특수관계에 있다. 또한, B사와 C사의 경우 K씨가 보유하고 있는 지분과 K씨가 지배하고 있는 A사 보유 지분을 합하여 50%

이상의 지분을 보유하고 있으므로 B사와 C사 역시 K씨가 지배력을 보유하고 있어 보고기업과 특수관계에 있다.

4. 감사절차 미흡사항

(1) 회계감사기준 520(특수관계자) 등에 따르면 감사인은 특수관계자와의 관계와 거래가 공시되지 않을 잠재성을 고려할 때, 전문가적 의구심을 가지고 감사를 계획하고 수행하는 것이 특히 중요하며, 감사인은 경영진이 특수관계자 및 특수관계자 거래의 식별, 회계처리 및 공시를 목적으로 수립한 통제가 있을 경우 그 통제를 이해하기 위해 경영진 및 기업 내부의 다른 사람에게 질문하고 또 적절하다고 고려되는 기타의 위험평가절차를 수행하여야 한다.

(2) 동 사례의 경우 외부감사인은 특수관계자를 식별하기 위한 회사의 내부 통제 제도에 대한 이해 절차를 수행하지 않았으며, 과거 W사는 다수의 특수관계자가 존재하였고, 특수관계자들 간 지분 관계가 복잡하고, 최대주주인 K씨가 동 특수관계자들에 대하여 유의적인 지분을 보유하고 있는 상황임에도 불구하고, 과거 특수관계자들의 주주명부를 충분히 확인하지 않는 등 감사절차를 소홀히 하였다.

5. 시사점

외부감사인은 특수관계자 거래에 대한 회사의 공시 사항에 대한 검토 시 회사가 인지하고 있는 특수관계자만을 기준으로 검토해서는 아니 되며, 회사의 특수관계자 거래 공시에 대한 전반적인 통제 절차 및 공시 과정 등을 충분히 이해하고, 그 과정에서 특수관계자가 누락될 가능성에 대하여 전문가적인 의구심을 가지고 감사절차를 수행할 필요가 있다.

04 | 2017년 지적사례 – 재무제표 주석 미기재 관련

1. A사의 담보제공 자산 주석 미기재

(1) 회사 지적사항

회사는 은행 대출약정 등과 관련하여 유형자산 담보제공 금액을 주석에 과소 기재하거나, 2015년에 대출금 전액 상환으로 관련 신탁담보가 말소된 유형자산을 신탁예치되어 있는 것으로 잘못 기재하였다.

(2) 감사인 지적사항

감사인은 은행연합회 여신조회금액, 금융기관조회서, 부동산등기부등본 등에 표시된 담보제공액이 재무제표 주석에 적절히 기재되었는지 대사하는 절차를 소홀히 하여, 이를 감사의견에 적절히 반영하지 못하였다.

(3) 시사점

- 회사의 차입금 및 채무약정한도에 비하여 주석에 기재된 사용제한자산 금액이 과도하게 큰 경우, 오류가 존재할 가능성이 높으며,
- 기말에 관련 차입금 잔액이 없더라도 채무약정이 있는 한, 대부분 회사가 부동산 등을 금융기관에 담보로 제공하므로,
- 담보제공 여부 등에 대하여 회사 담당자에게 질문하고, 부동산등기부등본, 은행연합회 조회자료, 금융기관조회서 등을 면밀하게 검토할 필요가 있다.

2. B사의 특수관계자 간의 거래내역 주석 과소기재

(1) 회사 지적사항

회사는 특수관계자로부터의 공사용역 매입액을 재무제표 주석에 과소기재하거나, 누락한 사실이 있다.

(2) 감사인 지적사항

- 감사인은 세금계산서 검토가 아닌 대금 결제자료를 통해 특수관계자 거래 금액의 적정성을 검토하여 회사의 과소기재 사실을 확인하지 못하였고,

  * 거래처별 미지급금 결제금액이 공사용역 금액과 동일할 것이라고 잘못 판단하고, 거래금액을 정확히 확인할 수 있는 세금계산서 등의 자료검토를 누락

- 또한 감사인은 전기 재무제표상의 특수관계자 거래금액과 당기 재무제표상의 금액의 비교 · 검토, 회사 담당자에 대한 질문절차 등 감사절차를 소홀히 하여, 회사의 특수관계자 거래 주석기재 누락 사실을 발견하지 못하였다.

(3) 시사점

특수관계자 거래는 매입 및 매출 등 통상의 거래에서 주로 발생하지만, 회사 사옥 건설공사 등 비정기적인 거래에서도 발생할 수 있으므로, 해당 거래의 거래상대방이 특수관계자인지 파악한 후 특수관계자 거래인 경우에는 주석에 기재되어 있는지 확인할 필요가 있다.

3. C사의 특수관계자와의 자금거래내역 주석 미기재

(1) 회사 지적사항

회사는 특수관계자로부터 자금을 차입하고 상환하였음에도, 특수관계자에 대한 기말 미상환 차입금 잔액만을 주석에 기재하고 기중 자금거래내역(차입 · 상환)은 재무제표 주석에 기재하지 아니하였다.

(2) 감사인 지적사항

감사인은 특수관계자 거래와 관련하여 일반적인 감사절차를 취하였으나, 주석에 특수관계자와의 기중 자금거래내역(차입 · 상환)이 미기재된 사실을 감사의견에 적절히 반영하지 못하였다.

(3) 시사점

특수관계자와의 자금거래와 관련하여 기말시점의 자금거래 잔액만이 아니라 기중 자금거래내역(차입 · 상환) 또한 기업회계기준서에서 요구하는 주석기재사항에 해당되는 점을 유의하여야 한다.

4. D사의 매출채권 매각잔액 주석 미기재

(1) 회사 지적사항

회사는 비금융기관 거래처에게 배서양도한 어음에 대하여 어음양수인의 지급청구가 있을 때 지급을 담보하여야 하며 담보책임은 우발부채로서 재무제표 주석에 기재하여야 함에도 이를 누락하였다.

(2) 감사인 지적사항

배서양도, 할인어음 중 만기미도래분에 대한 금액을 파악하여 우발부채와 연결 검토하여야 함에도, 거래처에 배서양도한 어음 명세를 징구하는 등의 감사절차를 취했다는 내용이 없어 감사절차 소홀의 책임이 있다.

(3) 시사점

비금융기관 거래처에 배서양도한 어음의 경우 회사가 제시하지 않으면 파악하기 어렵다는 점을 고려할 필요가 있다.

05 | 2016년 지적사례 – 재무제표 주석 미기재 관련

1. A사의 담보제공 자산 주석 미기재

(1) 회사 지적사항

- 회사는 차입부채를 조달하며 회사자산의 상당부분(2012년 총자산의 67.2%, 2013년 총자산의 73.5%, 2014년 총자산의 74%)을 담보로 제공하였음에도,
- 2011년도 IFRS적용 재무제표를 작성하면서 담보제공 자산의 공시누락 사실을 인지하지 못하고, 이후 동일한 양식을 계속 사용하여 유형자산의 담보제공 사실을 지속적으로 주석에서 누락하였다.

(2) 감사인 지적사항

감사인은 금융기관조회서 및 은행연합회 신용정보 조회결과 등의 감사증거를 통하여 유형자산의 담보제공 사실을 확인하였으나, 토지 · 건물의 소유권과 권리사항이 표시된 등기부등본 확인 절차 및 주석공시 여부에 대한 감사절차를 소홀히 하여 회사의 회계처리기준 위반사실을 감사의견에 적절히 반영하지 못하였다.

(3) 시사점

감사인은 담보제공 사항의 완전성을 확인하기 위해 이사회의사록 검토, 은행조회서 · 은행연합회 여신자료 확인, 등기부등본상의 권리관계 확인 등 필수적인 감사절차를 수행할 필요가 있다.

2. B사의 유형자산 담보제공 사실 주석 미기재

(1) 회사 지적사항

회사는 은행과 체결한 원화한도약정과 관련하여 유형자산(건물 및 토지)이 담보로 제공된 사실을 개별재무제표 주석에 기재하지 아니하였다.

(2) 감사인 지적사항

감사인은 회사의 유형자산 담보제공 내역을 파악하기 위하여 유형자산 등기부등본 및 원화한도 약정서, 경영자확인서 등을 확인하여 회사가 작성한 주석과 대사하는 등의 감사절차를 진행하였으나, 원화한도약정과 관련한 차입금이 회계연도 말 기준으로 전액 상환되었고, 관련 약정만이 존재하여 채무와 관련된 담보제공 내역에 대한 주의를 기울이지 않아 상기 누락사실을 감사의견에 적절히 반영하지 못하였다.

(3) 시사점

감사인은 회사가 기말시점에 차입금이 없더라도 기말시점에 존재하는 약정계약과 관련하여 약정계약서, 금융기관 조회서 등을 검토하여 담보제공 내역 등의 주석기재사항을 확인하여야 한다.

3. C사의 특수관계자로부터 제공받은 담보 기재 누락

(1) 회사 지적사항

회사는 금융회사에서 차입하면서 대표이사로부터 주식을 담보로 제공받았으나 주석사항에 특수관계자 거래를 사실과 다르게 기재하고 제공받은 담보 내역, 금액 등을 미흡하게 기재하였다.

(2) 감사인 지적사항

감사인은 담보 거래 등과 관련하여 일반적인 감사절차를 취하였으나 주석에 특수관계자와의 담보거래 내역이 미흡하게 기재된 사실을 감사의견에 적절히 반영하지 못하였다.

(3) 시사점

담보나 지급보증 등을 제공받는 경우는 우발부채 성격은 아니나 기업회계기준서 제1024호 문단 21에서 주석기재를 요하는 사항이므로 이를 간과하지 않도록 주의할 필요가 있다.

4. D사의 특수관계자 간의 거래내역 주석 부실기재

(1) 회사 지적사항

회사는 ㈜OOO는 공정거래법상 대규모기업집단 내 계열회사이며, 이는 공정위가 동일인에 의해 사실상 지배되는 회사를 지정한 것이라는 것을 감안할 때, 문단 10에 의한 실질 관계상 특수관계에 해당함에도 양사의 거래내역을 주석에 적정하게 기재하지 아니하였다.

(2) 감사인 지적사항

감사인은 회사와 ㈜OOO 간의 실질 관계에 의한 특수관계를 간과하였으며, 그룹업무팀이 알고 있는 모든 특수관계자 목록을 부문감사인과 공유하여야 함에도 이 중 일부만 부문감사인에게 전달함으로써 특수관계자 공시의 완전성을 확보하지 못하였다.

(3) 시사점

- 공정위가 우리나라의 특수한 기업 지배 구조에서 동일인에 의해 사실상 지배되는 회사들을 대규모기업집단으로 지정한 것은 실질 관계상 특수관계를 의미하는 것으로 판단하여야 하며, 출자 관계 등 외형상 관계는 없으나 회사와 실질 관계가 있다고 판단*되는 경우 특수관계자로 공시할 필요가 있다.

  * 공정거래법 외 법률 등에 의해 특수관계가 있다고 판단되거나, 기업 간 경영진의 상호 교류, 정책결정과정에 참여하는 등

- 한편 그룹감사인은 기업 경영진 및 그룹감사인이 파악한 모든 특수관계자 목록을 부문감사인과 공유하여야 한다.

5. E사의 특수관계자 간의 거래내역 주석 미기재

(1) 회사 지적사항

- 실질 최대주주였던 OOO씨는 금융기관으로부터 사기대출로 거액의 자금을 편취하여 인수* 한 회사가 영업실적이 악화되어 상장폐지될 위기에 놓이자,

  * 자신이 편취한 자금으로 상장회사를 인수하였다는 사실을 은폐하기 위해 명목상으로 사모투자전문회사를 설립(유한책임사원으로 참여)하여 인수

- 자신이 운영하던 ㈜△△△의 우량한 사업부문(핸드폰 액세서리 생산)을 회사로 이전시켜 핸드폰 액세서리를 생산하게 하고 ㈜△△△는 동 제품을 매입하여 유통하는 사업구조로 변경하였는바,
- 회사와 ㈜△△△는 동일인인 OOO씨에 의해 지배 또는 유의적인 영향력이 행사되고 있어 양 사 간에 특수관계가 성립함에도 OOO씨가 회사를 인수하였다는 사실을 은폐하기 위하여 핸드폰 액세서리 매출·매입 거래 등을 재무제표 주석에 기재하지 아니하였다.

(2) 감사인 지적사항

감사인은 특수관계자 파악과 관련해 실질적으로 수행한 감사절차 없이 관련 조서를 형식적으로 구비하였으며, ㈜△△△는 기중 회사의 유상증자에 참여하여 2대주주(지분율 12%)가 되는 등 특수관계자로 볼 수 있는 정황이 존재하였음에도 이에 대해 경영진에게 질문 등의 절차를 취하지 아니하는 등 감사절차를 소홀히 하였다.

(3) 시사점

감사인은 재무제표가 중요하게 왜곡표시될 수 있는 상황이 존재할 수 있다는 전문가적인 의구심을 가지고 형식적인 감사절차보다는 실질적으로 회사의 위법사항을 발견할 수 있는 감사절차를 수행하여야 한다.

06 | 2015년 지적사례 – 재무제표 주석 미기재 관련

1. A사의 특수관계자 간의 거래내역 주석 미기재

(1) 회사 지적사항

회사는 ① 관계기업의 관계기업이 종속기업으로 편입되어 회사의 특수관계자가 된 사실을 파악하지 못해, 회사와 관계기업의 종속기업(특수관계자) 간의 거래내역을 연결재무제표 주석에 미기재하였으며, ② 회사의 종속기업과 관계기업 간의 거래내역이 있었음에도, 이를 연결재무제표 주석에 미기재하였다.

(2) 감사인 지적사항

감사인은 회사와 동일한 기업집단에 속해 있고, 동일 감사인인 ① 관계기업의 감사인에게 특수관계자의 추가적 존재여부를 질문하거나, 입수한 관계기업의 연결감사보고서상 특수관계자 거래내역을 확인하지 못하였고, ② 종속기업의 감사보고서상 주석을 면밀히 검토하지 못하는 등 일부 감사절차를 소홀히 하였다.

(3) 시사점

그룹감사인은 외감법상 관계회사 및 관계회사 감사인에게 감사 관련 자료 제출 등 필요한 협조를 요청할 권리가 있으므로, 이를 적절히 활용하여 특수관계자 거래가 충실히 기재되도록 할 필요가 있다.

2. B사의 특수관계자 거래 주석 미기재

(1) 회사 지적사항

- 회사는 과거 화의신청 이력 및 영업이익 실적이 없어 금융기관 차입이 어려워 신규법인을 통해 금융기관으로부터 자금 조달을 통한 사업을 추진할 목적으로 A사를 신규 설립하여 회사 대표이사의 지인으로 하여금 A사의 자본금을 납입 및 명목상 대표자를 역임하게 하고,
- 회사는 대여금 형식으로 투자 후 A사의 법인인감, 법인 통장을 회사가 보관하고 A사의 투자의사결정도 회사가 하였으며, 대여한 금액을 2개월 만에 모두 손상 처리하였으나, 지분 관계가 없으므로 특수관계자가 아니라고 판단하여 특수관계자 주석에 대여금 및 대손충당금을 누락하였다.

(2) 감사인 지적사항

- A사는 기중 설립되어 자본금 1억원으로 영업활동이 없는 회사이며, 회사로부터 대여한 20억원으로 추진하던 사업이 불과 2개월 만에 관련 사업취소로 100% 대손설정하였다.
- 회사가 정상적인 사업과정을 벗어난 유의적 거래를 식별한 경우에는 경영진에게 동 거래의 성격과 특수관계자의 관련가능성에 대해 질문하여야 하며, 동 거래의 사업상 논리적 근거와 그 체결조건을 이해하는 등의 방법으로 특수관계자와의 거래 여부를 파악하여야 함에도 대여금 발생 경위 및 대여 후 단기간 내에 대손설정하게 된 경위 등에 대하여 면밀히 검토하지 않아 회사가 A사의 모든 정책결정 과정에서 의사결정을 하는 등 특수관계자에 해당함에도 이를 간과하였다.

(3) 시사점

감사인은 회사가 정상적인 사업과정을 벗어난 유의적 거래를 식별한 경우에는 경영진에게 동 거래의 성격과 특수관계자의 관련가능성에 대해 질문하여야 하며, 동 거래의 사업상 논리적 근거와 그 체결조건을 이해하는 등의 방법으로 특수관계자와의 거래 여부를 파악할 필요가 있다.

3. C사의 특수관계자를 위한 담보제공 사실 주석 미기재

(1) 회사 지적사항

회사는 해외 종속회사가 현지 금융기관으로부터 자금을 차입하면서 종속회사 자신의 총자산

을 담보로 제공하였음에도 이를 파악하지 못하고 담보제공 사실을 주석에서 누락하였다.

(2) 감사인 지적사항

감사인은 해외종속회사의 감사보고서를 입수하였음에도 검토를 소홀히 함으로써 해외 종속회사가 현지 금융기관에게 자금을 차입하면서 총자산을 담보제공한 사실을 발견하지 못하여 회사의 감사보고서에 동 사실이 누락된 사항을 지적하지 못하였다.

(3) 시사점

감사인은 해외 종속회사가 존재하는 경우 회사가 제공한 담보제공 명세만 신뢰할 것이 아니라 해외 종속회사의 현지 언어 등으로 발간된 감사보고서상의 주요사항이 누락되지 않도록 감사절차 수행 시 직접 면밀히 검토할 필요가 있다.

4. D사의 특수관계자를 위한 지급보증 주석 미기재 등

(1) 회사 지적사항

특수관계자의 금융기관 차입금과 관련하여 담보 및 지급보증을 제공하였으나, 이를 주석으로 기재하지 아니하였다.

(2) 감사인 지적사항

감사인은 회사의 부동산등기부등본과 이사회의사록, 은행연합회 신용정보자료의 검토 등을 통해 특수관계자를 위한 지급보증 사실을 발견할 수 있었음에도 이를 면밀히 검토하지 않는 등 감사절차를 소홀히 하였다.

(3) 시사점

감사인은 특수관계자와의 거래내역, 지급보증 및 우발부채 등 주석기재 사항의 완전성을 확인하기 위해 이사회의사록 검토, 은행조회서 · 은행연합회 여신자료 확인 및 관계자 질문 등 필수적인 감사절차를 수행할 필요가 있다.

07 | 2014년 지적사례 – 재무제표 주석 미기재 관련

1. A사의 특수관계자를 위한 지급보증 주석 미기재 등

(1) 회사 지적사항

회사는 특수관계자를 위하여 금융기관에 지급보증을 제공한 사실이 있음에도, 이를 연결재무제표 및 별도재무제표 주석에 기재하지 않거나 과대기재하였다.

(2) 감사인 지적사항

감사인은 회사의 이사회의사록 검토 등을 통해 특수관계자를 위한 지급보증 사실을 발견할 수 있었음에도 이를 면밀히 검토하지 않는 등 감사절차를 소홀히 하였다.

(3) 시사점

감사인은 특수관계자와의 거래내역, 지급보증 및 우발부채 등 주석기재 사항의 완전성을 확인하기 위해 이사회의사록 검토, 은행조회서 · 은행연합회 여신자료 확인 및 회사 관계자 질문 등 필수적인 감사절차를 수행할 필요가 있다.

2. B사의 특수관계자 거래 주석 미기재

(1) 회사 지적사항

종속기업과 특수관계자 간의 매입 등 손익거래 및 대여금과 차입금 등 채권 · 채무 잔액을 연결재무제표상 주석에 미기재하였다.

(2) 감사인 지적사항

특수관계자거래에 대한 일부 감사절차를 소홀히 하여 회사가 연결재무제표상 종속기업과 특수관계자 간의 거래내역을 주석에 기재하지 아니하였음에도 이를 감사의견에 반영하지 못하였다.

(3) 시사점

연결실체를 기준으로 특수관계자를 파악하여 연결실체와 특수관계자 간 발생한 거래 혹은 자산 · 부채를 연결재무제표상 주석으로 공시하여야 함을 유의할 필요가 있다.

3. C사의 특수관계자 거래 주석 미기재 등

(1) 회사 지적사항

회사는 특수관계자 등의 금융기관 차입금에 대하여 지급보증을 제공한 사실을 재무제표 주석에 기재하여야 함에도 이를 누락하였다.

(2) 감사인 : 지적제외

- 감사인은 회사의 지급보증 제공사실을 파악하기 위해 이사회의사록, 경영자확인서 등을 징구 · 검토하였으나, 회사가 감사인에게 제출한 자료(경영자확인서 등)에서 지급보증 내용을 의도적으로 누락하거나 관련 이사회의사록을 제출하지 않았고,
- 감사인이 은행연합회의 신용공여 자료를 검토하였으나 동 자료에서도 지급보증 제공내용이 조회되지 않았으므로, 통상적인 감사절차를 통해 감사인이 회사의 위법사실을 확인하기 어려웠던 것으로 판단되어 지적하지 아니하였다.

(3) 시사점

지급보증 제공사실 등 정보이용자의 의사결정에 영향을 미칠 수 있는 사항의 경우, 그 내용을 재무제표 주석에 충실히 기재하여야 한다.

4. D사의 담보제공 사실 주석 미기재

(1) 회사 지적사항

회사는 신주인수권부사채 발행과 관련하여 저축은행에 부동산 · 매출채권 · 정기적금을 담보로 제공하였으나, 담보제공 사실을 주석으로 기재하지 아니하였다.

(2) 감사인 지적사항

감사인은 회사의 이사회의사록 검토 등을 통해 회사의 담보제공 사실을 발견할 수 있었음에도, 이를 면밀히 검토하지 않는 등 감사절차를 소홀히 하였다.

(3) 시사점

담보제공 관련 주석기재 사항은 체계적인 관리가 쉽지 않아 회사가 주석기재를 누락할 가능성이 높은 항목으로 감사 수행 시 보다 면밀한 검토가 요구되는 항목으로, 감사인은 이사회의사록 검토, 은행조회서 및 은행연합회 여신자료 확인 등의 감사절차를 수행할 필요가 있다.

5. E사의 우발부채 주석 미기재

(1) 회사 지적사항

회사가 G사와 체결한 부품 구매계약과 관련하여 G사가 회사를 상대로 국제중재법원에 중재를 신청하여 회사가 부담해야 하는 잠재적인 부채가 발생하였음에도, 중재사건 관련 내용을 주석에 기재하지 아니하였다.

(2) 감사인 지적사항

법률자문수수료 지급내역 검토 등 감사절차를 소홀히 하여 중재사건이 주석에 기재되지 않은 사실을 감사의견에 적절히 반영하지 못하였다.

(3) 시사점

- 중재판정은 법원의 확정판결과 동일한 효력이 있으므로 현재의무의 발생 가능성, 자원의 유출가능성 등을 확인하여 주석기재 여부 등을 검토할 필요가 있고,
- 감사인은 회사가 제시한 소송리스트에 기재된 법무법인에게만 변호사조회서를 발송할 것이 아니라, 조회처 선정과정에서 회사의 지급수수료 내역 등을 면밀히 검토하여 법률비용의 발생내역을 확인하는 등의 절차를 수행할 필요가 있다.

08 | 2013년 지적사례 – 재무제표 주석 미기재 관련

1. A사의 특수관계자 거래 주석 미기재 등

(1) 회사 지적사항

- 회사는 연결재무제표상 종속회사들 간의 내부거래 제거 시 수익인식기준이 상이함에도 이를 일치시키지 아니하여 연결 매출액 등을 과대계상하고, 연결회사와 특수관계자 간의 거래금액을 기재함에 있어 종속회사의 특수관계자 거래금액 집계오류 등으로 인하여 특수관계자와의 거래금액 및 채권 · 채무 잔액을 잘못 기재하였다.
- 회사는 별도재무제표상 특수관계자(해외종속회사)에 대여한 원리금에 대하여 주식전환권을 보유하였음에도 재무제표 주석에 자금대여 사실만 기재하고 주식전환권에 관한 사항은 기재하지 아니하였다.

(2) 감사인 지적사항

감사인은 별도재무제표에 대한 감사 시 특수관계자 대여금에 포함된 주식전환권이 주석기재사항에 해당되는지 여부를 잘못 판단하여 회사가 특수관계자 대여금의 주식전환권 등을 주석에 기재하지 아니한 사실을 감사의견에 적절히 반영하지 못하였다.

(3) 시사점

- 회사가 종속회사 등 계열회사가 많은 특수한 상황에서, 감사인은 지배 · 종속회사 간 거래 등 특수관계자 거래에 보다 주의를 기울였어야 한다.
- 주식전환권 등 재무제표에 영향을 미칠 수 있는 사항의 경우, 주석 등에 기재하여 정보이용자의 올바른 의사결정에 도움을 줄 수 있어야 한다.

2. B사의 지급보증 사실 주석 미기재 및 과소기재 등

(1) 회사 지적사항

회사는 타사의 차입금과 관련하여 차주사를 위하여 금융기관에 지급보증을 제공하였음에도 이를 주석에 미기재하거나 과소기재하였고, 차입금에 대한 이자비용을 과소계상하였다.

(2) 감사인 지적사항

감사인은 회사가 차입금에 대한 지급보증과 분양계약자에 대한 중도금 대출 보증 등을 과소하게 주석에 기재하였고, 차입금에 대한 이자비용을 과소계상하였음에도, 은행연합회 자료, 이사회의사록 등에 대한 검토절차를 소홀히 하고, 차입금과 관련된 금전소비대차계약서 등의 확인절차를 소홀히 하여 이를 감사의견에 적절히 반영하지 못한 사실이 있다.

(3) 시사점

지급보증은 빈번하게 발생하므로, 은행연합회 신용정보조회(월보) 결과 활용, 이사회의사록 확인 등을 통해 지급보증 여부 및 주석 누락 여부를 검토할 필요가 있고, 차입금과 관련된 금전소비대차계약서 등을 확인하여 이자비용 계상의 적정성을 확인한 필요가 있다.

3. C사의 특수관계자 거래 주석 미기재

(1) 회사 지적사항

회사는 특수관계자로부터 온라인게임 판권을 구입하면서 관련 매입액 및 채무잔액을 주석으로 기재하지 아니한 사실이 있다.

(2) 감사인 지적사항

감사인은 주주명부 및 자회사 투자내역 검토 등으로 특수관계자를 파악하고 보조부 원장 조회 등을 통해 거래내역 등을 확인하였음에도 주석사항을 검토하면서 회사가 제시한 주석자료를 전적으로 믿어 감사 시 파악된 거래내역 및 채무 잔액이 누락된 것을 발견하지 못하였다.

(3) 시사점

- 특수관계자 거래내역 감사 시 회사의 신규 주식취득현황을 검토하여 신규로 특수관계에 해당되는 회사가 있는지 확인할 필요가 있고, 회사의 특수관계자와의 거래내역 및 채권 · 채무잔액이 주석으로 공시되어 있는지 회사 제시 주석자료와 감사결과 등을 대조하여 완전하게 공시하고 있는지 확인해야 한다.
- 가능한 한 경우 거래상대방의 주석 공시내용을 비교하여 거래내역 및 채권 · 채무 잔액 등이 일치하는지 여부를 확인할 필요가 있다.

4. D사의 담보제공 사실 주석 미기재

(1) 회사 지적사항

회사의 선박 건조비용 중 미지급금에 대해 동 선박을 건조사에 담보로 제공한 사실을 주석에 기재하지 아니하였다.

(2) 감사인 지적사항

감사인은 회사 자산의 대부분을 차지하는 선박에 대해 선박등록부에 나란히 기재되어 있는 O건의 담보설정내역 중 △건의 담보설정내역을 주석에서 누락하였음에도 지적하지 않는 등 유형자산 담보제공에 대한 감사절차를 소홀히 하였다.

(3) 시사점

부동산임대업을 영위하는 법인에 대한 감사업무 수행 시 토지 및 건물에 대한 실재성과 소유권 및 관련 권리 · 의무에 대한 검토를 위해 부동산등기부등본을 확인하듯, 선박관련회사를 감사하는 경우 선박등록부를 반드시 검토하여 담보제공 여부 등을 확인하여야 한다.

09 | 2012년 지적사례 – 재무제표 주석 미기재 관련

1. A사의 우발부채 주석 미기재

(1) 회사 지적사항

회사는 D사와과 저축은행들 간 대출약정(△△△억원) 과정에 '옵션 등 계약서'라는 이면계약을 통해 저축은행들과 풋옵션, 대상자산의 처분 및 기타 담보계약에 따른 권리 행사 등에 관한 약정을 체결하여, 저축은행들의 동 약정에 따른 채권 회수 이후에도 미회수 대출금 및 이자가 잔존할 경우 회사는 이에 대한 변제의무 등의 우발부채를 부담함에도 불구하고 이를 재무제표 주석으로 기재하지 아니하였다.

(2) 감사인 : 지적제외

감사인은 우발부채를 확인하기 위해 이사회의사록을 회사에 요청하여 충실하게 확인하는 등 정당한 주의의무를 기울였으나, 회사가 옵션계약 내용과 관련한 이사회 의사록을 의도적으로 감사인에게 제출하지 않았고, 저축은행으로부터 회신된 금융기관조회서에도 옵션계약 내용이 누락되어 있었는바, 감사인이 동 계약 내용을 파악하여 재무제표 주석에 반영하기 어려웠을 뿐만 아니라, 회사가 저축은행들에 대납한 이자지급액을 이자비용이 아닌 기타투자자산 계정으로 처리함에 따라 감사인이 우발부채 확인을 위한 이자지급내역 확인 절차를 통해서도 발견하기 어려웠다고 판단하여 감사인에 대해서는 지적하지 아니하였다.

(3) 시사점

우발부채 등과 관련하여 이사회의사록은 중요한 감사증거가 되므로 충분한 주의를 기울여야 하며 거래사실이 있는 경우 거래계약서 등 추가 증빙을 확인하고 감사절차를 확대할 필요가 있다.

2. B사의 담보제공 자산 등 주석 미기재

(1) 회사 지적사항

회사의 단기차입금 등과 관련하여 금융기관에 매도가능증권 등을 담보로 제공한 사실과 특수관계자를 위한 지급보증 사실 등을 주석에 기재하지 아니하였다.

(2) 감사인 지적사항

감사인은 금융거래조회서, 은행연합회 신용정보 조회 결과, 이사회의사록 등을 검토하는 절차를 소홀히 하였다.

(3) 시사점

특수관계자 간 지급보증과 담보제공은 빈번하게 발생하므로 은행연합회 신용정보조회(월보) 결과 활용, 이사회의사록 확인 등 방법을 통해 특수관계자에 대한 지급보증 여부 및 주석 누락 여부를 검토할 필요가 있다.

3. C사의 지급보증 주석 미기재

(1) 회사 지적사항

특수관계자인 A사를 위하여 H사 등에 △△△△백만원의 지급보증을 제공하고, 특수관계자인 B사를 위하여 금융기관에 ○○○○백만원의 지급보증을 제공하였음에도 이를 주석에 미기재하였다.

(2) 감사인 지적사항

회사의 지급보증 제공여부에 대한 검토절차를 소홀히 하였다.

(3) 시사점

지급보증은 빈번하게 발생하므로, 은행연합회 신용정보조회(월보) 결과 활용, 이사회의사록 확인 등을 통해 지급보증 여부 및 주석 누락 여부를 검토할 필요가 있고, 소규모 회사의 경우 회계지식이 부족할 수 있으므로, 회계 감사 시 지급보증내역의 주석기재 의무 등을 회사에게 알려줄 필요가 있다.

4. D사의 특수관계자와의 거래내역 주석 미기재

(1) 회사 지적사항

회사는 2009년에 선급금 · 선수금, 매출 · 매입 등 거래 등 총 ○○○○억원, 2010년에 선급금 · 선수금, 매출 · 매입 등 거래 등 총 △△△△억원의 특수관계자와의 거래사실을 주석에 기재하지 아니하였다.

(2) 감사인 지적사항

회사가 H사 등 회사의 특수관계자와의 거래사실 주석기재를 누락하였음에도, 감사인은 특수관계자와의 거래내역 확인절차를 소홀히 하여 감사의견에 적절히 반영하지 못하였다.

(3) 시사점

특수관계자 거래내역 감사 시 회사의 신규 주식취득현황을 검토하여 신규로 특수관계 해당자가 있는지 확인할 필요가 있고, 회사의 특수관계자와의 거래내역 및 채권 · 채무잔액과 거래방대방의 주석 공시내용을 비교하여 거래내역 및 채권 · 채무 잔액 등이 일치하는지 여부를 확인할 필요가 있다.

5. E사의 자산담보제공 사실 주석 미공시 등

(1) 회사 지적사항

타인을 위하여 저축은행에 회사의 예금을 담보로 제공하였음에도 재무제표 주석에 기재하지 아니하였고, 특수관계자로부터 제공받은 연대보증 사실을 주석에 기재하지 아니하였다.

(2) 감사인 : 지적제외

감사인이 모든 이사회의사록을 요청하였음에도 회사는 예금 담보제공 관련 이사회의사록을 누락하여 제출하였고, 금융기관조회서에도 관련 내용이 누락되어 있는 등 회사가 예금담보제공사실을 은폐함으로써 관련 사항을 확인하기 곤란하였다고 판단되어 지적제외하였다.

(3) 시사점

금융기관과 체결한 계약서 원본을 입수하여 회사의 차입금에 연대보증을 한 특수관계자가 있는지 확인할 필요가 있고, 특수관계에 있는 회사의 재무제표를 입수하여, 회사가 그 특수관계자를 위하여 담보 또는 보증을 제공한 사실이 있는지 여부를 확인할 필요가 있다.

6. F사의 특수관계자를 위한 연대보증 주석 미기재

(1) 회사 지적사항

회사는 전 대표이사의 채무를 위하여 거액의 연대보증을 하였음에도 이를 재무제표 주석에 기재하지 아니하였다.

(2) 감사인 : 지적제외

특수관계자를 위한 연대보증이 금융기관이 아닌 개인과의 약정에 의한 연대보증이므로 은행조회서 등을 통한 확인이 어렵고, 적법한 이사회결의를 통하여 연대보증이 이루어지지 아니한 점 등을 감안하여 지적하지 아니하였다.

(3) 시사점

특수관계자의 부정행위가 발생하여 관계기관의 조사결과 대표이사 등을 고발조치한 경우 고발내용에 대한 확인이 필요하고, 연대보증의 경우 전 대표이사와 관련한 채권자 중 1인이 소송을 제기한 사실이 있는 점 등에 비추어 다른 채권자의 존재가능성을 배제할 수 없으므로 채권자와의 소송서류에 대해서는 면밀히 검토하여 다른 채권자와의 교신내용 또는 증거서류가 제출되는지의 여부에 유의하여 감사할 필요성이 있다.

7. G사의 계류 중인 소송사건 주석 미기재

(1) 회사 지적사항

2009년 코스닥시장 우회상장과 관련하여 S와 체결한 코스닥 상장 D사 주식양수도 계약에 대하여 사해행위취소 소송 등이 제기되었음에도 그 내용을 재무제표 주석에 기재하지 아니하였다.

(2) 감사인 지적사항

감사인은 코스닥시장 우회상장과 관련된 코스닥 상장 D사 주식양수도 계약에 대하여 사해행위취소소송 등이 제기되었음에도, 소송사건의 존재여부에 대하여 법률자문수수료 지급내역 검토 및 변호사 조회 등의 감사절차를 소홀히 함으로써, 계류 중인 소송사건이 주석에 미기재된 사실을 감사의견에 적절히 반영하지 못하였다.

(3) 시사점

- 소송이 제기되어 소송결과에 따라 손해발생가능성이 있는 경우 그 가능성이 매우 낮더라도 관련 내용을 주석으로 기재해야 한다.
- 소송관련사항은 단순히 변호사조회서만을 확인하지 말고 정확한 사실관계와 권리관계 파악 등을 위해 소송사건 관련자와의 면담, 법률자문수수료 지급내역 검토 등의 추가적인 감사절차를 수행할 필요가 있다.

8. H사의 담보제공 자산 주석 미기재

(1) 회사 지적사항

회사는 시공사로서 시행사의 PF대출과 관련하여 저축은행에 지급보증을 해주면서 추가로 공사비채권 등을 양도담보로 제공하였음에도 이를 재무제표 주석에 기재하지 아니하였다.

(2) 감사인 지적사항

이사회의사록을 통해 공사비채권 등이 담보제공된 사실을 알 수 있었음에도 이를 면밀히 검토하지 않는 등 감사절차를 소홀히 하였다.

(3) 시사점

이사회의사록 제목이 PF대출 관련 '연대보증'이었고, 공사비채권 담보제공 내용은 이사회의사록 '기타' 기재사항에 표시되어 있었으나 감사인이 이를 인지하지 못하였는바, 중요서류 검토 시 충분한 주의가 필요하다.

9. I사의 특수관계자와의 거래내역 주석 미기재

(1) 회사 지적사항

회사는 중단사업관련 자산 등을 회사 실소유주가 실질적으로 지분 100%를 소유하는 특수관계자에게 매출하였음에도 동 사실을 주석에 미기재하였다.

(2) 감사인 지적사항

회사가 기중에 특수관계자에 ○○○○백만원을 매출하였다는 사실을 알고 있었으나 기말에는 동 특수관계가 소멸되었다고 판단하여 기중 발생했던 거래를 주석에 기재하지 아니하였고, 형식적으로 특수관계가 해소된 이후 발생한 매출의 경우에도 특수관계의 실질적 해소 여부에 대해 전문가적 의구심을 가지고 확대된 감사절차를 수행했어야 함에도 동 거래처에 직접 확인하지 않는 등 특수관계자와의 거래에 대한 감사절차를 소홀히 하였다.

(3) 시사점

- 회사와 동일한 주소에 소재하고 대표이사가 회사의 전 임원인 소규모 회사에 대해 결산기에 근접하여 거액의 비경상적 거래가 발생하고, 동 매출채권을 기말에 투자금으로 전환하는 등 대금 회수절차도 비정상적인 거래가 발생한 경우 그 거래상대방에게 직접 회사와의 관계 및 거래의 성격을 질문하고 확인할 필요가 있다.
- 또한, 기말시점에는 특수관계자에 해당하지 않더라도 기중에 특수관계자에 해당되는 경우에는, 기중 특수관계자와의 거래내역도 주석기재 사항임을 유의할 필요가 있다.

저자 약력

윤현택

한국공인회계사, 세무사
한양대학교 경영학과
서울시립대학교 경영대학원 회계학 전공
(前) KPMG 삼정회계법인
(現) 현대회계법인

hyuntaekyoon@naver.com

K-IFRS 주석작성실무

저 자	**윤현택**
발 행 인	**서원진**
편집 · 교정	**류현수, 김영림, 박가온**
편집디자인	**이은희, 이미영, 황자애**
발 행 처	**㈜조세통람**
펴 낸 날	**2021년 1월 11일 초판 발행**
	2024년 12월 13일 3판 발행
주 소	서울특별시 중구 동호로 14길 5-6(신당동)
등 록	1976. 11. 5. 제9-81호
대 표 전 화	02) 2231-7027
F A X	02) 2231-7994
구 입 문 의	02) 2231-7027~9
I S B N	979-11-6064-328-2 13320
정 가	**90,000원**

저자와의 협의하에 인지생략

(주)조세통람은 좋은 책을 만들기 위해 독자 여러분의 의견을 기다립니다.
• 독자 의견 및 도서 문의 메일 : josetop@inaus.co.kr